# 児童書
## レファレンスブック

日外アソシエーツ

# Reference Books of Books for Children

Compiled by
Nichigai Associates, Inc.

©2011 by Nichigai Associates, Inc.
Printed in Japan

本書はディジタルデータでご利用いただくことができます。詳細はお問い合わせください。

●編集担当● 城谷 浩
装 丁：赤田 麻衣子

# 刊行にあたって

　子どもの学習には事典・図鑑・地図帳などのレファレンスブックが欠かせない。学校教育でも総合的な学習の時間が設けられるなど、子どもがみずから調べ、学び、考える力が重視され、レファレンスブックが活用されている。

　小社では、辞書・事典などの「参考図書」を分野別に調べられるツールとして、『福祉・介護 レファレンスブック』『「食」と農業 レファレンスブック』(2010年刊)、『動植物・ペット・園芸 レファレンスブック』(2011年10月刊)を刊行した。本書はそれに続く第4冊で、児童の学習・指導のための参考図書を収録している。全体を、図書館員や教師・保護者向けの選定目録・事典・ハンドブック等と、児童向けの学習用参考図書に分けて収録した。それぞれを参考図書のテーマに沿った分類別にわかりやすく排列し、さらに事典、年表、図鑑、地図帳、年鑑など参考図書の形式ごとに分けて収録した。また、すべての参考図書に内容解説または目次のデータを付記し、どのような調べ方ができるのかわかるようにした。巻末の索引では、書名、著編者名、主題（キーワード）から検索することができる。

　インターネットの検索で必要最小限の情報をすぐに得られるようになった現代だが、部分的な情報を手に入れるだけではなく、1冊の本を開き、調べ、学ぶ点で、児童の参考図書は今日も図書館や学校・家庭において重要な資料である。本書が、児童のための参考図書を調べるツールとして、既刊と同様にレファレンスの現場で大いに利用されることを願っている。

　　2011年9月

　　　　　　　　　　　　　　　　　　　　　　　日外アソシエーツ

## 凡　例

1．本書の内容

　　本書は、児童書・児童文学に関する書誌、事典など研究・指導用の参考図書と、児童向けの事典、図鑑、地図帳、年鑑などの参考図書の目録である。いずれの図書にも、内容解説あるいは目次を付記し、どのような参考図書なのかがわかるようにした。

2．収録の対象

　　1990年（平成2年）から2010年（平成22年）までの間に日本国内で発売された、児童書・児童文学に関する参考図書305点、児童向けの参考図書2,303点、計2,608点を収録した。

3．見出し

(1) 全体を「研究・指導書」「児童書」に大別し、大見出しを立てた。
(2) 上記の区分の下に、各参考図書の主題によって分類し、114の中見出し・小見出しを立てた。
(3) 同一主題の下では、参考図書の形式別に「書誌」「年表」「事典」「辞典」「索引」「名簿」「ハンドブック」「図鑑」「地図帳」「年鑑・白書」「統計集」の小見出しを立てた。

4．図書の排列

　　同一主題・同一形式の見出しの下では、書名の五十音順に排列した。

5．図書の記述

　　記述の内容および記載の順序は以下の通りである。
　　　書名／副書名／巻次／各巻書名／版表示／著者表示／出版地（東京以外を表示）／出版者／出版年月／ページ数または冊数／大きさ／叢書名／叢書番号／注記／定価（刊行時）／ISBN（Ⓘで表示）／NDC（Ⓝ

で表示)／目次／内容

6．索引
 (1) 書名索引
　　各図書を書名の五十音順に排列し、所在を掲載ページで示した。
 (2) 著編者名索引
　　各図書の著者・編者を姓の五十音順、名の五十音順に排列し、その下に書名と掲載ページを示した。機関・団体名は全体を姓とみなして排列、欧文のものは五十音順の後にABC順に排列した。
 (3) 事項名索引
　　本文の各見出しに関連するテーマ、教科名などを五十音順に排列し、その見出しと掲載ページを示した。

7．典拠・参考資料
　　各図書の書誌事項は、データベース「BOOKPLUS」およびJAPAN/MARCに拠った。内容解説はできるだけ原物を参照して作成した。

# 目　次

### 研究・指導書

児童書 ………………………… 1
　絵本 ……………………… 11
　まんが …………………… 16
　児童図書館 ……………… 17
　学校図書館 ……………… 18
　読書指導 ………………… 21
　学習・教科書 …………… 22
児童文学 ………………… 24
　日本児童文学 …………… 34

### 児童書

知識全般 ………………… 39
　コンピュータ …………… 40
　図書館 …………………… 41
　読書 ……………………… 43
　百科事典 ………………… 46
　雑学 ……………………… 51
　学習年鑑 ………………… 53
哲学・思想 ……………… 56
　宗教・神話 ……………… 57
　魔法・妖精 ……………… 58
　キリスト教 ……………… 58
歴史 ……………………… 59
　世界史 …………………… 65
　日本史 …………………… 69
　東洋史 …………………… 77
　西洋史 …………………… 77
　人名事典 ………………… 83
　　日本人 ………………… 85
　地理 ……………………… 87
　　日本地理 ……………… 99
　　国旗 …………………… 105
社会 ……………………… 108

政治 ……………………… 114
　戦争と平和 ……………… 116
法律 ……………………… 116
　犯罪 ……………………… 116
経済 ……………………… 117
税金 ……………………… 118
統計 ……………………… 118
仕事・資格 ……………… 120
福祉 ……………………… 124
学校 ……………………… 126
　進学・転校 ……………… 126
　サポート校・高卒認定 … 128
民俗・くらし …………… 144
　行事・祭 ………………… 147
　妖怪・怪談 ……………… 148
軍事 ……………………… 148
科学 ……………………… 149
　数学 ……………………… 155
　物理 ……………………… 157
　化学 ……………………… 157
　天文・宇宙 ……………… 158
　地学 ……………………… 165
　生物 ……………………… 171
　植物 ……………………… 176
　動物 ……………………… 187
　昆虫 ……………………… 198
　　カブトムシ・クワガタ … 205
　魚・貝 …………………… 207
　両生類・爬虫類 ………… 212
　鳥類 ……………………… 213
　哺乳類 …………………… 217
　大昔の生き物・化石 …… 221
　　恐竜 …………………… 223
保健・医学 ……………… 229
食べもの・栄養 ………… 238

# 目 次

技 術 ……………………… 239
　工 作 ………………… 242
　建 設 ………………… 242
　環境問題 ……………… 242
　建 築 ………………… 248
　機 械 ………………… 249
　乗りもの ……………… 250
　　鉄 道 ……………… 252
　電 気 ………………… 254
　武器・兵器 …………… 255
　化学工業 ……………… 255
　製造業 ………………… 256
　家庭・生活 …………… 256
　　料 理 ……………… 256
産 業 ……………………… 259
　農 業 ………………… 260
　園 芸 ………………… 261
　水産業 ………………… 262
　商 業 ………………… 262
　交 通 ………………… 262
芸 術 ……………………… 263
　絵 画 ………………… 264
　アニメ・テレビ ……… 264
　工芸・デザイン ……… 265
　音 楽 ………………… 265
　舞 踊 ………………… 266
　演劇・映画 …………… 267
　体育・スポーツ ……… 267
　釣 り ………………… 271
言 語 ……………………… 271
　国 語 ………………… 272
　　国語辞典 …………… 277
　　漢字辞典 …………… 282
　　古語辞典 …………… 291
　　ことわざ・慣用句 … 292
　　語 源 ……………… 297
　　類 語 ……………… 298
　　外来語・カタカナ語 … 299
　　作 文 ……………… 300
　英 語 ………………… 300
　　英和辞典 …………… 308

　　和英辞典 …………… 312
　　英単語・熟語 ……… 314
文 学 ……………………… 317
　日本文学 ……………… 318
　　俳句・歳時記 ……… 319
　中国文学 ……………… 321
　英米文学 ……………… 322

**書名索引** ……………………… 323

**著編者名索引** ………………… 357

**事項名索引** …………………… 419

( 7 )

# 研究・指導書

## 児童書

### <書 誌>

**うれしいな一年生 親と子に贈るブックリスト** 読書研究会編 (京都)かもがわ出版 1992.4 62p 21cm (かもがわブックレット 46) 450円 ①4-87699-037-9

(目次)学校ってどんなところ,ちょっぴり心配(入学式),やさしい先生だといいな,あの人が校長先生,ぼくは1年生,ともだち100人できるかな,男の子,女の子ってふしぎ,みんなともだち,けんかもたのしい,ぼくのお父さん,お母さん,ぼくのおとうとわたしのいもうと,ぼくのおにいちゃん〔ほか〕

(内容)1年生に薦める本と、1年生を扱った本を紹介するブックガイド。主に1980年以降に発行された本の中から350冊を収録。図書館や子ども文庫の専門家24人が読んで選定している。内容は、絵本、読物、科学、遊び、社会、詩など幅広く取り上げている。

**科学読物データバンク 98** 科学読物研究会編 連合出版 1998.12 239p 26cm 2000円 ①4-89772-143-1

(目次)科学入門,数学,物理・化学,天文・宇宙,地球の科学・地学・地質学,古生物・化石,生物,植物,動物,無脊椎動物,脊椎動物,自然の文学,考古学,人体・医学・性,電気,地図・地理,環境の科学,科学技術,土木・建築,書名索引・著者名索引

(内容)子ども向けの自然科学の本(社会科学的な本も一部含む)のブックガイド。主に1970年から1998年までに出版された図書から5775冊を収録。対象年齢は、幼児から中学生まで。掲載データは、書名、サブタイトル、シリーズ名、著者名、出版社、価格、出版年など。書名索引、著者名索引付き。

**かんこのミニミニ子どもの本案内 図書館員のカキノタネ** 赤木かん子著 リブリオ出版 1996.7 221p 21cm 1850円 ①4-89784-470-3

(目次)第1章 子どもが自分で読める本,第2章 日本の新しい本,第3章 ホラーとミステリーの本,第4章 昔ばなしの本,第5章 子どもが読んでもらう本,第6章 クラシックな本——本の好きな人に,第7章 おまけ

(内容)6～12歳の児童向けの図書を、内容のジャンル別に紹介する読書ガイド。1ページに1冊づつ計200冊を収録。書名・著者名・訳者名・出版社名のほか、図書の表紙写真を掲載し、児童向けに内容の解説をする。五十音順の書名索引が巻末にある。書名索引には著者名・訳者名・出版年・出版社・価格・掲載ページを示す。

**国立国会図書館所蔵児童図書目録 1987～1991** 国立国会図書館収集部編纂 国立国会図書館 1992.9 1327, 31p 27cm 〈東京 日本図書館協会〉 14563円 ①4-87582-335-5

(内容)国立国会図書館が所蔵する児童図書の目録。1971年以来刊行されている。昭和62年(1987)から平成3年(1991)までに収集整理した邦文児童図書1万6962タイトルと、欧文児童図書317タイトルの蔵書目録。昭和45年(1970)の目録刊行以来、約5年毎に増加目録として刊行されている。邦文児童図書の部は一般・文学・絵本・漫画に分かれ、それぞれ書名の五十音順に排列。欧文児童図書の部は、国立国会図書館分類表の記号順、同一分類中は標目のABC順に排列している。それぞれ、著者・書名索引を付す。

**国立国会図書館所蔵児童図書目録 1992～1996** 国立国会図書館収集部編 国立国会図書館 1997.6 1660, 33p 27cm 〈東京 日本図書館協会(発売)〉 20000円 ①4-87582-495-5 Ⓝ028.09

(内容)国立国会図書館が所蔵する児童図書の目録。

**子どもと本をつなぐあなたへ 新・この一冊から** 「新・この一冊から」をつくる会編 東京子ども図書館 2008.6 71p 19cm 600円 ①978-4-88569-073-0 Ⓝ028.09

(内容)図書館員や図書館ボランティアのために児童書を紹介する選定書誌。これだけは読んでほしい、と思われる41冊を選び、紹介する。

**子どもにおくるいっさつの本** 鈴木喜代春編 らくだ出版 2006.1 125p 19cm 1200円 ①4-89777-434-9

(内容)本好きの人120人が120冊の本を選び、解説した児童書ガイド。幼児から中学生まで、ほぼ年齢順に構成されており、年齢に合わせて本

## 研究・指導書

**子供に読ませたい世界名作・童話100冊の本** 西本鶏介著 PHP研究所 1992.10 212p 19cm 1250円 ⓘ4-569-53743-X

(内容)世界の子供の心を魅了しつづける良書の数々…。夢に遊び、愛を語り、空想を旅する、世界名作との出会い。小学生～中学生向き。

**子供に読ませたい100冊の本** PHP研究所編 PHP研究所 1991.3 221p 19cm 1100円 ⓘ4-569-53006-0 Ⓝ028.09

(目次)1 日本の絵本(いないいないばあ、かぞえてみよう、あかちゃんのくるひ、なつのあさ、はるかぜのたいこ、みんなうんち ほか)、2 日本の童話(きいろいばけつ、きかんしゃやえもん、ばけたふうせん、かいぞくオネシヨン、ネバオのきょうりゅうたんけん、ネッシーのおむこさん ほか)、3 外国の絵本・童話(あおくんときいろちゃん、ロージーのおさんぽ、はらぺこあおむし、おばけのバーバパパ、はなをくんくん、どろんこハリー ほか)

(内容)夢と感動を子供たちに伝えつづけてきた名作・傑作の数々を紹介。幼児～小学校低学年向き。

**子どもの本 この1年を振り返って 2000年** 図書館の学校編 図書館の学校、リブリオ出版(発売) 2001.5 135p 21cm 1000円 ⓘ4-89784-888-1 Ⓝ028.09

(内容)児童図書のブックガイド。公共図書館・学校図書館・文庫・家庭など子どもたちと読書の現場に向け、「図書館の学校」の推薦児童図書の中から、無理なく手にとって読める冊数として200点を選定収録する。また2000年12月1日に開かれた「第1回・子どもの本この一年を振り返って」で行われた講演の内容も収録する。

**子どもの本 この1年を振り返って おすすめの本200選 2001年** NPO図書館の学校編 図書館の学校、リブリオ出版(発売) 2002.4 250p 21cm 1300円 ⓘ4-86057-054-5 Ⓝ028.09

(目次)発表(絵本のこの1年、フィクションのこの1年、ノンフィクションのこの1年、ヤングアダルト本のこの1年、編集者から―私の編集・企画とは、まとめ―ことし、物語たべる?)、阪田寛夫さんのお話「童謡・唱歌のあゆみ―ことばの持つ力」を伺って、書評

(内容)児童図書のブックガイド。NPO「図書館の学校」の推薦児童図書の中から200点を選定収録する。また2001年12月1日に開かれた「第2回・子どもの本この一年を振り返って」で行われた講演の内容も収録する。

**子どもの本 この1年を振り返って おすすめの本200選 2002年** 図書館の学校編 図書館の学校、リブリオ出版(発売) 2003.4 184p 21cm 1300円 ⓘ4-86057-119-3 Ⓝ028.09

(内容)児童図書のブックガイド。公共図書館・学校図書館・文庫・家庭など子どもたちと読書の現場に向け、「図書館の学校」の推薦児童図書の中から、無理なく手にとって読める冊数として200点を選定収録する。また「第3回・子どもの本この一年を振り返って」で行われた講演の内容も収録する。

**子どもの本 この1年を振り返って 2003年** 図書館の学校編 図書館の学校、リブリオ出版〔発売〕 2004.4 203p 21cm 1300円 ⓘ4-86057-162-2

(目次)講演『どうぶつ見てたら絵本になった』、発表(今年の絵本、今年のフィクション、今年のノンフィクション、今年のヤングアダルト ほか)、おすすめ本200選(紹介文のページ、絵本、フィクション、ノンフィクション)

(内容)おすすめの本200選。

**子どもの本 この1年を振り返って 2004年** NPO図書館の学校編 NPO図書館の学校、リブリオ出版〔発売〕 2005.4 203p 21cm 1300円 ⓘ4-86057-196-7

(目次)講演「落語の楽しみ方、楽しませ方」(桂文我)、発表(今年の絵本、今年のフィクション、今年のノンフィクション、今年のヤングアダルト、子どもの本―この一年を振り返って2004年 ほか)、おすすめの本200選(絵本、フィクション、ノンフィクション)

**子どもの本 この1年を振り返って 2005年** NPO図書館の学校編 NPO図書館の学校、リブリオ出版〔発売〕 2006.4 155p 21cm 1886円 ⓘ4-86057-269-6

(目次)講演「YA世代を知る―10代の心と性」(河野美香)、発表(今年の絵本、今年のフィクション、今年のノンフィクション、今年のヤングアダルト)、寄稿(今年の紙芝居、今年のマンガ)、おすすめの本200選(絵本、フィクション、ノンフィクション)

**子どもの本 この1年を振り返って おすすめの本200選 2006年** 図書館の学校編 図書館の学校、リブリオ出版(発売) 2007.5 164p 21cm 1886円 ⓘ978-4-86057-332-4 Ⓝ028.09

(内容)児童図書のブックガイド。公共図書館・学校図書館・文庫・家庭など子どもたちと読書の現場に向け、「図書館の学校・新刊児童書選書委員会」「新刊児童書を読む会」の委員が選定した新刊児童書の中から、無理なく手にとって読める冊数として200点を選定収録する。

**子どもの本 この1年を振り返って おすす**

研究・指導書　　　　　　　　　児童書

めの本200選　2007年　図書館の学校編　リブリオ出版　2008.5　164p　26cm　2000円　Ⓘ978-4-86057-362-1　Ⓝ028.09

(目次)発表（絵本、フィクション、ノンフィクション、ヤングアダルト）、寄稿（紙芝居、マンガ）、おすすめの本200選（絵本、フィクション、ノンフィクション）、資料

(内容)公共図書館・学校図書館・文庫・家庭など子どもたちと読書の現場や、あるいは出版社や書店などで、前年度の子どもの本の出版動向を知ったり、選定する際の一助になるよう、推薦図書200冊を掲載する。200冊という数は、無理なく手にとって読める冊数としてあげている。

子どもの本　この1年を振り返って　おすすめの本200選　2008年　NPO図書館の学校編　リブリオ出版　2009.5　175p　26cm　〈索引あり〉　2000円　Ⓘ978-4-86057-394-2　Ⓝ028.09

(目次)発表（絵本、フィクション、ノンフィクション、ヤングアダルト）、寄稿（紙芝居、マンガ）、おすすめの本200選、資料

子どもの本　この1年を振り返って　おすすめの本200選　2009年　NPO図書館の学校編　岩崎書店　2010.5　159p　26cm　〈2008年までの出版者：リブリオ出版　索引あり〉　2000円　Ⓘ978-4-265-80194-7　Ⓝ028.09

(目次)発表（絵本、フィクション、ノンフィクション、ヤングアダルト）、寄稿（紙芝居、マンガ）、おすすめの本200選（絵本、フィクション、ノンフィクション）、資料（主要受賞作品一覧、書名さくいん、著者名さくいん、出版社リスト）

子どもの本科学を楽しむ3000冊　日外アソシエーツ株式会社編　日外アソシエーツ　2010.8　394p　21cm　〈索引あり〉　7600円　Ⓘ978-4-8169-2271-8　Ⓝ403.1

(目次)理科・科学、算数、宇宙・地球、自然・環境、化石・恐竜、生きもの、ヒト・からだ

(内容)理科・算数・宇宙・生きもの・人体などについて小学生以下を対象に書かれた本2922冊を収録。公立図書館・学校図書館での本の選定・紹介・購入に最適のガイド。最近10年の本を新しい順に一覧できる。便利な内容紹介つき。

子どもの本社会がわかる2000冊　日外アソシエーツ株式会社編　日外アソシエーツ　2009.8　336p　21cm　〈索引あり〉　6600円　Ⓘ978-4-8169-2202-2　Ⓝ290.31

(目次)地理（地図と国旗の本、世界の国と人びと、わたしたちの日本）、現代社会（時事・政治・法律、経済・仕事・産業、社会・生活）、書名索引、事項名索引

(内容)子どもたちが社会について知りたい・調べたいときに。世界・日本の地理、政治・経済・現代社会について小学生以下を対象に書かれた本2462冊を収録。公立図書館・学校図書館での本の選定・紹介・購入に最適のガイド。最近10年の本を新しい順に一覧できる。便利な内容紹介つき。

こどもの本　新聞書評から　2　子どもの本書評研究同人編　白石書店　1990.11　153,35p　22cm　〈監修：小河内芳子〉　2266円　Ⓘ4-7866-0243-4

(内容)1985年以来、継続して刊行されている子どもの本の紹介書。自費出版であったものが、1989年刊行分より白石書店から市販された。本版はその2巻め。

子どもの本　新聞書評から　3　子どもの本書評研究同人編　白石書店　1991.8　161,31p　21cm　2266円　Ⓘ4-7866-0250-7　Ⓝ028.09

(目次)絵本（幼児向き、小学生向き）、童話・物語（小学生初級・中級向き、小学生上級向き、中学生向き）、詩、科学（動物・植物、工作）、その他（歴史・社会、伝記、記録、言語・芸術）

子どもの本　1991年新聞書評から　4　子どもの本書評研究同人編　白石書店　1992.7　164, 23p　21cm　2266円　Ⓘ4-7866-0260-4

(内容)1991年に一般紙・専門誌の書評にとりあげられた図書を基本にした解題書誌。日刊新聞全国紙（朝日・毎日・読売・日本経済・産経・東京・共同通信・赤旗）に、各週または各月に定期的に掲載された子どもの本の書評を土台とし、主として児童図書館員たちが若干の取捨選択をして選定している。

子どもの本　1992年新聞書評から　5　子どもの本書評研究同人編　白石書店　1993.9　168, 29p　21cm　〈監修：小河内芳子〉　2266円　Ⓘ4-7866-0274-4

(内容)1992年に一般紙・専門誌の書評にとりあげられた図書を基本にした解題書誌。絵本、童話・物語などに分類掲載する。人名索引、書名索引を付す。1984年の創刊以来9冊目にあたる。

子どもの本　1993年新聞書評から　6　子どもの本書評研究同人編　(鎌ヶ谷)白石書店　1994.10　160p　21cm　2266円　Ⓘ4-7866-0280-9

(内容)1993年に一般紙・専門誌の書評にとりあげられた図書を基本にした解題書誌。絵本、童話・物語などに分類掲載する。巻末資料として93年児童文学関係各賞一覧、93年刊行のブックガイド＆ブックリストの紹介。月刊書評一覧があり、人名索引、書名索引を付す。1984年の創刊以来10冊目にあたる。

児童書 レファレンスブック　3

児童書　　　　　　　　　研究・指導書

**子どもの本伝記を調べる2000冊**　日外アソシエーツ株式会社編　日外アソシエーツ　2009.8　305p　21cm　〈索引あり〉　6600円　①978-4-8169-2201-5　Ⓝ280.31

(目次)人物について調べる―人名事典，歴史の中の人びと(世界)，歴史の中の人びと(日本)，先史時代～平安時代の人びと，鎌倉時代～室町時代の人びと，戦国時代～安土・桃山時代の人びと，江戸時代の人びと，幕末・維新期の人びと，明治～今の人びと，未知の世界を切り開いた人びと―探検家・冒険家，社会につくした人びと―教育者・社会事業家，科学の発展に貢献した人びと―科学者・宇宙飛行士，自然の謎にいどんだ人びと―生物学者・博物学者，医学の進歩のために努力した人びと―医学者・薬学者，新たな事物を作り出した人びと―発明家・事業家，芸術の才能を開花させた人びと―芸術家，美術作品で名を残した人びと―画家・建築家，音楽・芸能分野で功績をあげた人びと―音楽家・俳優，スポーツの世界で活躍した人びと―スポーツ選手・監督，すぐれた文学作品を生み出した人びと―作家・文学者，独自の思想を打ち立てた人びと―学者・思想家，教えを開き広めた人びと―宗教家・僧侶，書名索引，事項名索引

(内容)子どもたちが人物について知りたい・調べたいときに。「豊臣秀吉」「ファーブル」「イチロー」など小学生以下を対象に書かれた伝記2237冊を収録。公立図書館・学校図書館での本の選定・紹介・購入に最適のガイド。最近30年の本を新しい順に一覧できる。便利な内容紹介つき。

**子どもの本のカレンダー　Children's Books with 366 days**　鳥越信著　ゆまに書房　1996.5　225p　19cm　1600円　①4-89714-010-2

(目次)4月，5月，6月，7月，8月，9月，10月，11月，12月，1月，2月，3月

(内容)1年366日の各日付が出てくる児童書(物語・民話・詩・伝記・ノンフィクション・絵本・漫画等)を4月1日～3月31日まで，1日1点ずつ紹介したもの。書名，作者名，訳者名，画家名，出版社名と表紙写真，その日付のエピソードを含む内容紹介を掲載する。本文の下に「豆ちしき」欄を設け，その日の歴史的事件や記念日，その日生まれた有名人，その日の誕生花と花言葉を記す。巻末に五十音順の書名索引がある。

**子どもの本ハンドブック**　野上暁，ひこ・田中編　三省堂　2009.6　321p　21cm　〈索引あり〉　1500円　①978-4-385-41061-6　Ⓝ028.09

(目次)第1部 子どもの本への招待(子どもの本とは何か?，子どもの本の歴史，この本のねらい)，第2部 子どもの本五〇〇選(絵本(家族・親子，暮らし(生活・習慣)，いろいろな友だち，ことばで遊ぶ・絵で遊ぶ，昔のはなし(神話・伝説・古典)，遊びと冒険，不思議なはなし，社会・歴史・戦争・世界の人々)，読み物(家族・親子，暮らし(生活・習慣)友だち・学校，昔のはなし(神話・伝説・古典)，遊びと冒険，異世界ファンタジー，日常につながる不思議，社会・歴史・戦争・世界の人々)，詩の本，図鑑・事典・科学絵本(やってみよう・観察しよう，調べてみよう)

(内容)日本の子どもの本の歴史を大まかにたどり，次にその豊かな広がりを，具体的な作品を通して案内。現在簡単に手に入りやすい本を中心に，ユニークな配列で500編を紹介した，コンパクトで便利な誌上図書館。

**子どもの本歴史にふれる2000冊**　日外アソシエーツ株式会社編　日外アソシエーツ　2010.8　287p　21cm　〈索引あり〉　7600円　①978-4-8169-2270-1　Ⓝ203.1

(目次)世界の歴史(世界の歴史，アジアの歴史，欧米・アフリカの歴史)，日本の歴史(日本の歴史，郷土の歴史，国の成り立ちから貴族の世の中へ―古代，武士の世の中からいくさの時代へ―中世，泰平の世の中から激動の時代へ―近世，近代化からわたしたちの時代へ―近現代)

(内容)世界・日本の歴史について小学生以下を対象に書かれた本2257冊を収録。公立図書館・学校図書館での本の選定・紹介・購入に最適のガイド。最近30年の本を新しい順に一覧できる。便利な内容紹介つき。

**児童図書総合目録 小学校用　1990**　日本児童図書出版協会編　日本児童図書出版協会　1990.4　989, 223p　21cm　1900円

(内容)日本児童図書出版協会、加盟出版社44社が、平成2年3月末日までに発行した小学生向優良児童図書を掲載した総合目録。

**児童図書総合目録 小学校用　1991**　児童図書総合目録編集委員会編　日本児童図書出版協会　1991.4　1080, 127p　21cm　2000円

(内容)日本児童図書出版協会の加盟出版社44社が、1991年3月末までに発行した小学校向けの図書を掲載している。

**児童図書総合目録 小学校用　1992**　日本児童図書出版協会編　日本児童図書出版協会　1992.4　1冊　26cm　2136円　①4-930923-51-4

(内容)日本児童図書出版協会の加盟出版社が1992年3月末までに発行した小学校向けの図書を掲載する。

**児童図書総合目録 小学校用　1993**　児童図書総合目録編集委員会編　日本児童図書出

版協会　1993.4　754, 93p　26cm　2200円　①4-930923-53-0

(内容)児童図書を対象とした総合在庫目録。日本児童図書出版協会の加盟出版社45社が、1993年3月末までに発行した小学校向けの図書を掲載する。

**児童図書総合目録 小学校用　1994**　日本児童図書出版協会編　日本児童図書出版協会　1994.4　1冊　26cm　2200円　①4-930923-55-7

(内容)児童図書を対象とした総合在庫目録。日本児童図書出版協会の会員出版社45社、会員外出版社19社が、1994年3月末までに発行した小学校向けの図書を掲載する。

**児童図書総合目録 中学校用　1990**　児童図書総合目録編集委員会編　日本児童図書出版協会　1990.4　297, 12, 74p　21cm　900円

(内容)日本児童図書出版協会、加盟出版社44社が、平成2年3月末日までに発行した中学生向優良児童図書の集成。

**児童図書総合目録 中学校用　1991**　児童図書総合目録編集委員会編　日本児童図書出版協会　1991.4　327, 44, 42p　21cm　1000円

(内容)日本児童図書出版協会の加盟出版社44社が、1991年3月末までに発行した中学校向けの図書を掲載している。

**児童図書総合目録 中学校用　1992**　日本児童図書出版協会編　日本児童図書出版協会　1992.4　1冊　26cm　1068円　①4-930923-52-2

(内容)日本児童図書出版協会の加盟出版社が1992年3月末までに発行した中学校向けの図書を掲載する。

**児童図書総合目録 中学校用　1993**　児童図書総合目録編集委員会編　日本児童図書出版協会　1993.4　248, 31p　26cm　1100円　①4-930923-54-9

(内容)児童図書を対象とした総合在庫目録。日本児童図書出版協会の加盟出版社45社が、1993年3月末までに発行した中学校向けの図書を掲載する。

**児童図書総合目録 中学校用　1994**　日本児童図書出版協会編　日本児童図書出版協会　1994.4　1冊　26cm　1100円　①4-930923-56-5

(内容)児童図書を対象とした総合在庫目録。日本児童図書出版協会の会員出版社45社、会員外出版社19社が、1994年3月末までに発行した中学校向けの図書を掲載する。

**児童図書総目録 小学校用　1995年度**　日本児童図書出版協会　1995.4　876p　26cm　2200円　①4-930923-57-3

(内容)小学生向けの図書の総合目録。児童図書出版社90社の書目21598点を収録。排列はNDC（日本十進分類法）順で、絵本は別にまとめる。タイトル・著者・出版社名・価格・ISBNと内容解説を記載。巻末に学校図書館法、図書廃棄基準などの資料を掲載。著者索引・シリーズ索引・書名索引を付す。

**児童図書総目録 小学校用　1996年度**　日本児童図書出版協会編　日本児童図書出版協会　1996.4　1冊　26cm　2200円　①4-930923-59-X

(目次)総記, 哲学, 歴史, 社会科学, 自然科学, 技術・工学・工業, 産業, 芸術, 言語, 文学, 絵本

(内容)児童図書出版社89社から刊行された小学生向けの図書の目録。記載内容は書名、著・編者名、内容解説、判型、頁数、定価、読者対象、発行年、発行所等。図書の分類はNDCに準拠。絵本は末尾にまとめて掲載する。内容は1996年3月現在。巻末に著者索引、シリーズ索引、書名索引がある。

**児童図書総目録 小学校用　1997**　日本児童図書出版協会編　日本児童図書出版協会　1997.4　1冊　26cm　2140円　①4-930923-61-1　Ⓝ028

(内容)日本児童図書出版協会の会員出版社の総合目録。小学校向けの図書をNDCの要目表の順に収録。

**児童図書総目録 小学校用　1998**　日本児童図書出版協会編　日本児童図書出版協会　1998.4　1冊　26cm　2200円　①4-930923-63-8　Ⓝ028

(内容)日本児童図書出版協会の会員出版社の総合目録。小学校向けの図書をNDCの要目表の順に収録。

**児童図書総目録 小学校用　1999**　日本児童図書出版協会編　日本児童図書出版協会　1999.4　1冊　26cm　2200円　①4-930923-65-4　Ⓝ028

(内容)日本児童図書出版協会の会員出版社の総合目録。小学校向けの図書をNDCの要目表の順に収録。

**児童図書総目録 小学校用　2000**　日本児童図書出版協会編　日本児童図書出版協会　2000.4　1冊　26cm　2200円　①4-930923-67-0　Ⓝ028

(内容)日本児童図書出版協会の会員出版社の総合目録。小学校向けの図書をNDCの要目表の順

に収録。

**児童図書総目録 小学校用 2001** 日本児童図書出版協会編 日本児童図書出版協会 2001.4 1冊 26cm 2200円 ⓘ4-930923-69-7 Ⓝ028
(内容)日本児童図書出版協会の会員出版社の総合目録。小学校向けの図書をNDCの要目表の順に収録。

**児童図書総目録 小学校用 2002** 日本児童図書出版協会編 日本児童図書出版協会 2002.4 1冊 26cm 2200円 ⓘ4-930923-71-9 Ⓝ028
(内容)日本児童図書出版協会の会員出版社の総合目録。小学校向けの図書をNDCの要目表の順に収録。

**児童図書総目録 小学校用 2003** 日本児童図書出版協会編 日本児童図書出版協会 2003.4 1冊 26cm 2200円 ⓘ4-930923-73-5 Ⓝ028
(内容)日本児童図書出版協会の会員出版社の総合目録。小学校向けの図書をNDCの要目表の順に収録。

**児童図書総目録 小学校用 2004** 日本児童図書出版協会編 日本児童図書出版協会 2004.4 1冊 26cm 2200円 ⓘ4-930923-76-X Ⓝ028
(内容)日本児童図書出版協会の会員出版社の総合目録。小学校向けの図書をNDCの要目表の順に収録。

**児童図書総目録 小学校用 2005** 日本児童図書出版協会編 日本児童図書出版協会 2005.4 1冊 26cm 2200円 ⓘ4-930923-78-6 Ⓝ028
(内容)日本児童図書出版協会の会員出版社の総合目録。小学校向けの図書をNDCの要目表の順に収録。

**児童図書総目録 小学校用 2006年度** 「児童図書総目録」編集委員会編 日本児童図書出版協会 2006.4 1冊 26cm 2200円 ⓘ4-930923-80-8
(目次)総記, 哲学, 歴史, 社会科学, 自然科学, 技術・工学・工業, 産業, 芸術, 言語, 文学, 絵本, 紙芝居
(内容)児童図書出版社主要91社が2006年3月末までに発行した小学校向けの図書を日本十進分類法(NDC)の要目表(三桁の表)の順に配列した図書目録。巻末に著者索引、シリーズ索引、書名索引、NDC索引が付く。

**児童図書総目録 小学校用 2007年度** 「児童図書総目録」編集委員会編 日本児童図書出版協会 2007.4 1冊 26cm 1200円 ⓘ978-4-930923-82-0
(目次)総記, 哲学, 歴史, 社会科学, 自然科学, 技術・工学・工業, 産業, 芸術, 言語, 文学, 絵本, 紙芝居
(内容)日本児童図書出版協会47と会員外出版社45社が2007年3月末までに発行した小学校向け図書をNDC(日本十進分類法)順に掲載した児童図書総目録。巻末に著者名索引、シリーズ索引、書名索引、NDC索引が付く。

**児童図書総目録 小学校用 2008年度** 日本児童図書出版協会編 日本児童図書出版協会 2008.4 1冊 26cm 1200円 ⓘ978-4-930923-84-4 Ⓝ028
(目次)総記, 哲学, 歴史, 社会科学, 自然科学, 技術・工学・工業, 産業, 芸術, 言語, 文学, 絵本, 紙芝居
(内容)日本児童図書出版協会の会員出版社48社、会員外出版社43社が、2008年3月末までに発行した小学校向けの図書をNDCの要目表の順に収録した図書目録。配列はNDCの要目表の順、シリーズ名、ISBN、NDC、巻数、書名、著・編者、内容解説、判型、頁数、定価、本体価格、読者対象、発行年、発行所を記載。巻末に著者索引、シリーズ索引、書名索引、キーワード索引、NDC索引が付く。

**児童図書総目録 小学校用 2009** 日本児童図書出版協会編 日本児童図書出版協会 2009.4 1冊 26cm 1200円 ⓘ978-4-930923-86-8 Ⓝ028
(内容)日本児童図書出版協会の会員出版社の総合目録。主要93社が2009年3月末までに発行した小学校向けの図書をNDCの要目表の順に収録。

**児童図書総目録 小学校用 2010** 日本児童図書出版協会編 日本児童図書出版協会 2010.4 1冊 26cm 1200円 ⓘ978-4-930923-88-2 Ⓝ028
(内容)日本児童図書出版協会の会員出版社の総合目録。主要90社が2010年3月末までに発行した小学校向けの図書をNDCの要目表の順に収録。

**児童図書総目録 中学校用 1995年度** 日本児童図書出版協会 1995.4 314p 26cm 1100円 ⓘ4-930923-58-1
(内容)中学生向けの図書の総合目録。児童図書出版社81社の書目7616点を収録。排列はNDC(日本十進分類法)順で、絵本は別にまとめる。タイトル・著者・出版社名・価格・ISBNと内容解説を記載。巻末に学校図書館法、図書廃棄基準などの資料を掲載。著者索引・シリーズ索引・書名索引を付す。

**児童図書総目録 中学校用 1996年度** 日本児童図書出版協会編 日本児童図書出版協会 1996.4 1冊 26cm 1100円 ⓘ4-

930923-60-3
(目次)総記，哲学，歴史，社会科学，自然科学，技術・工学・工業，産業，芸術，言語，文学，絵本
(内容)児童図書出版社81社から刊行された中学生向けの図書の目録。記載内容は書名、著・編者名、内容解説、判型、頁数、定価、読者対象、発行年、発行所等。図書の分類はNDCに準拠。絵本は末尾にまとめて掲載する。内容は1996年3月現在。巻末に著者索引、シリーズ索引、書名索引がある。

児童図書総目録 中学校用 1997 日本児童図書出版協会編 日本児童図書出版協会 1997.4 1冊 26cm 1070円 ①4-930923-62-X Ⓝ028
(内容)日本児童図書出版協会の会員出版社の総合目録。中学校向けの図書をNDCの要目表の順に収録。

児童図書総目録 中学校用 1998 日本児童図書出版協会編 日本児童図書出版協会 1998.4 1冊 26cm 1100円 ①4-930923-64-6 Ⓝ028
(内容)日本児童図書出版協会の会員出版社の総合目録。中学校向けの図書をNDCの要目表の順に収録。

児童図書総目録 中学校用 1999 日本児童図書出版協会編 日本児童図書出版協会 1999.4 1冊 26cm 1100円 ①4-930923-66-2 Ⓝ028
(内容)日本児童図書出版協会の会員出版社の総合目録。中学校向けの図書をNDCの要目表の順に収録。

児童図書総目録 中学校用 2000 日本児童図書出版協会編 日本児童図書出版協会 2000.4 1冊 26cm 1100円 ①4-930923-68-9 Ⓝ028
(内容)日本児童図書出版協会の会員出版社の総合目録。中学校向けの図書をNDCの要目表の順に収録。

児童図書総目録 中学校用 2001 日本児童図書出版協会編 日本児童図書出版協会 2001.4 1冊 26cm 1100円 ①4-930923-70-0 Ⓝ028
(内容)日本児童図書出版協会の会員出版社の総合目録。中学校向けの図書をNDCの要目表の順に収録。

児童図書総目録 中学校用 2002 日本児童図書出版協会編 日本児童図書出版協会 2002.4 1冊 26cm 1100円 ①4-930923-72-7 Ⓝ028
(内容)日本児童図書出版協会の会員出版社の総合目録。中学校向けの図書をNDCの要目表の順に収録。

児童図書総目録 中学校用 2003 日本児童図書出版協会編 日本児童図書出版協会 2003.4 1冊 26cm 1100円 ①4-930923-74-3 Ⓝ028
(内容)日本児童図書出版協会の会員出版社の総合目録。中学校向けの図書をNDCの要目表の順に収録。

児童図書総目録 中学校用 2004 日本児童図書出版協会編 日本児童図書出版協会 2004.4 1冊 26cm 1100円 ①4-930923-77-8 Ⓝ028
(内容)日本児童図書出版協会の会員出版社の総合目録。中学校向けの図書をNDCの要目表の順に収録。

児童図書総目録 中学校用 2005 日本児童図書出版協会編 日本児童図書出版協会 2005.4 1冊 26cm 1100円 ①4-930923-79-4 Ⓝ028
(内容)日本児童図書出版協会の会員出版社の総合目録。中学校向けの図書をNDCの要目表の順に収録。

児童図書総目録 中学校用 2006年度 「児童図書総目録」編集委員会編 日本児童図書出版協会 2006.4 1冊 26cm 1100円 ①4-930923-81-6
(目次)総記，哲学，歴史，社会科学，自然科学，技術・工学・工業，産業，芸術，言語，文学，絵本，紙芝居
(内容)児童図書出版社主要89社が2006年3月末までに発行した中学校向けの図書を日本十進分類法(NDC)の要目表(三桁の表)の順に配列した図書目録。巻末に著者索引、シリーズ索引、書名索引、NDC索引が付く。

児童図書総目録 中学校用 2007年度 日本児童図書出版協会編 日本児童図書出版協会 2007.4 1冊 26cm 600円 ①978-4-930923-83-7
(目次)総記，哲学，歴史，社会科学，自然科学，技術・工学・工業，産業，芸術，言語，文学，絵本，紙芝居
(内容)日本児童図書出版協会の会員出版社47社、会員外出版社45社が、2007年3月末までに発行した中学校向けの図書を掲載。日本十進分類法(NDC)の要目表の順に配列。巻末に「著者索引」「シリーズ索引」「書名索引」「NDC索引」を付し、資料として、「文字・活字文化振興法」「子どもの読書活動の推進に関する法律」「学校図書館法」「学校図書館図書廃棄規準」「学校図書館メディア基準」文部科学省「学校図書館図書標準」早見表等を掲載。

**児童図書総目録 中学校用 2008年度** 日本児童図書出版協会編 日本児童図書出版協会 2008.4 1冊 26cm 600円 ⓘ978-4-930923-85-1 Ⓝ028

㊚総記、哲学、歴史、社会科学、自然科学、技術・工学・工業、産業、芸術、言語、文学、絵本、紙芝居

㊛日本児童図書出版協会の会員出版社46社、会員外出版社40社が、2008年3月末までに発行した中学校向けの図書をNDCの要目表の順に収録した図書目録。配列はNDCの要目表の順、シリーズ名、ISBN、NDC、巻数、書名、著・編者、内容解説、判型、頁数、定価、本体価格、読者対象、発行年、発行所を記載。巻末に著者索引、シリーズ索引、書名索引、キーワード索引、NDC索引が付く。

**児童図書総目録 中学校用 2009** 日本児童図書出版協会編 日本児童図書出版協会 2009.4 1冊 26cm 600円 ⓘ978-4-930923-87-5 Ⓝ028

㊛日本児童図書出版協会の会員出版社の総合目録。主要89社が2009年3月末までに発行した中学校向けの図書をNDCの要目表の順に収録。

**児童図書総目録 中学校用 2010** 日本児童図書出版協会編 日本児童図書出版協会 2010.4 1冊 26cm 600円 ⓘ978-4-930923-89-9 Ⓝ028

㊛日本児童図書出版協会の会員出版社の総合目録。主要85社が2010年3月末までに発行した中学校向けの図書をNDCの要目表の順に収録。

**小学生が好きになるこんなに楽しい子どもの本** まとりょーしか編著 メイツ出版 2003.6 160p 19cm 1500円 ⓘ4-89577-622-0

㊚すてきなかわりものたち、笑いと人情の友だち絵本シリーズ、平和な日常になにかが起こる…、時を超えて伝わるやさしい古典絵本、けったいな味わいの抱腹絵本、自分のからだのこと知ってる?、動物や恐竜となかよくなろう、となえてうれしい あそびうた、昔話に流れる祖先の血、最初の一歩はじめての読みもの[ほか]

㊛「本を好きになってほしいのに、ちっとも読まなくて」「どんな本をすすめたらいいのか、わからない」と嘆く、小学生のお母さんや先生たちに。ある本好きの母・娘・孫娘が選んだ、小学生が夢中になる本216冊を収録。

**新・どの本で調べるか "調べたい本がかならず探せる" 2006年版** 図書館流通センター編 リブリオ出版 2006.5 1111p 30cm 〈付属資料：CD-ROM1〉 6200円 ⓘ4-86057-270-X

㊛2005年の1年間に刊行された児童書を主題別に探すことができる図書目録。2005年以前の情報は付録のCD-ROMに収録。

**1800冊の「戦争」 子どもの本を検証する** 読書研究会編 （京都）かもがわ出版 1991.8 178, 40p 21cm 1456円 ⓘ4-87699-017-4 Ⓝ319.8

㊛平和運動、原爆、沖縄から、マンガで知る戦争まで13の章に分けて紹介。巻末に戦争と平和を考えるためのブックリストを掲載。

**TRCDジュニア こどもの本のデータブック 2000** 図書館流通センターソフト制作 リブリオ出版 2000.7 151p 27×19cm 〈付属資料：CD-ROM2〉 20000円 ⓘ4-89784-808-3 Ⓝ028.09

㊚大航海に挑戦しよう、TRCDジュニア児童用操作マニュアル、TRCDジュニア教師用操作マニュアル

㊛児童図書館のための書誌データベース。2000年6月2日時点のTRC MARCから児童書を中心に119206件をCD-ROMに収録。CD-ROMは児童用検索システムと教師用検索システムで構成。児童用では学習件名、社会・理科・国語の教科書単元キーワードによる検索、文学キーワードによる検索が可能、教師用では図書館管理システムと教材用図書資料リストの作成ができる。ほかに調べ学習を始める先生や子供向けの入門ガイドとなる「ボクの調べ学習奮戦記」を登載する。

**東京都立日比谷図書館児童図書目録 1991年10月15日現在** 東京都立日比谷図書館編 東京都立日比谷図書館 1992.10 3冊 27cm

㊛平成3年10月15日迄に受入整理した児童図書（和書）6万2435冊を収録した蔵書目録。本篇3分冊は、日本十進分類法（新訂6版）及びK（研究書）、E（絵本）、M（漫画）、の児童資料室独自の分類により、分類順、同一分類内は受入番号順により排列する。多巻ものの図書も各冊単位で収録され、詳細な書誌事項が記載されている。内容細目では、文学全集や昔話・民話集等などは収録作品の全てが一覧出来る。

**東京都立日比谷図書館児童図書目録 書名索引 1991** 東京都立日比谷図書館編 東京都立日比谷図書館 1992.3 6冊 27cm 〈1991年10月15日現在〉

㊛平成3年10月15日迄に受入整理した児童図書（和書）6万2435冊を収録した蔵書目録。書名索引は、本書名、叢書名（下位叢書名を含む）、内容細目の各書名から検索可能。五十音順排列で書誌事項の記載もあり、書名目録としても使える。

**東京都立日比谷図書館児童図書目録 著者**

**名索引** 東京都立日比谷図書館編　東京都立日比谷図書館　1992.10　2冊　27cm

(内容)平成3年10月15日迄に受入整理した児童図書(和書)6万2435冊を収録した蔵書目録。著者名索引は、本書名の著者の他、本シリーズの著者、内容細目の著者からも検索可能。五十音順排列で、書誌事項の記載もあり、著者名目録としても使える。

**2009年に出た子どもの本**　教文館子どもの本のみせナルニア国編　教文館　2010.5　127p　26cm　〈索引あり〉　1000円　①978-4-7642-0501-7　Ⓝ028.09

(目次)絵本、フィクション、昔話・伝記・詩、ノンフィクション、書名索引

(内容)2009年1年間に教文館ナルニア国の「日本の子どもの本・この1年」に入荷した新刊から578点を選択。

**ヤングアダルト図書総目録　2008年版**　ヤングアダルト図書総目録刊行会　2008.2　38, 322p　21cm　286円　①978-4-946384-04-2　Ⓝ028.09

(内容)13歳から19歳までのヤングアダルト(YA)世代向けの図書を分野別に収録した目録。出版社で構成するヤングアダルト図書総目録刊行会による合同出版目録。

**ヤングアダルト図書総目録　2009年版**　ヤングアダルト図書総目録刊行会　2009.2　32, 284p　21cm　286円　①978-4-946384-05-9　Ⓝ028.09

(内容)13歳から19歳までのヤングアダルト(YA)世代向けの図書を分野別に収録した目録。出版社で構成するヤングアダルト図書総目録刊行会による合同出版目録。2009年版は掲載社数105社、収録図書約3100点。13の大分類、60の小分類に分けて紹介する。巻頭カラーページでは掲載出版社による「YAおすすめの1冊」を掲載する。

**ヤングアダルト図書総目録　2010年版**　ヤングアダルト図書総目録刊行会　2010.2　28, 261p　21cm　286円　①978-4-946384-06-6　Ⓝ028.09

(内容)13歳から19歳までのヤングアダルト(YA)世代向けの図書を分野別に収録した目録。出版社で構成するヤングアダルト図書総目録刊行会による合同出版目録。2010年版は掲載社数101社、収録図書約3000点。13の大分類、58の小分類に分けて紹介する。巻頭カラーページでは掲載出版社による「YAおすすめの1冊」を掲載する。

**ヤングアダルトの本　1　中高生の悩みに答える5000冊**　日外アソシエーツ株式会社編　日外アソシエーツ　2008.12　474p　21cm　7600円　①978-4-8169-2141-4　Ⓝ028.09

(目次)心の問題(「若者」は何を考えているか、メディア・テクノロジーの世界で ほか)、学校・受験(学校・勉強とは何か、学校に行きにくい… ほか)、進路・仕事(「働く」とは・夢へ向かって、働き方はふえた?)、からだ・性(からだと健康、「性」について知る ほか)

(内容)「心の問題」「学校・受験」「進路・仕事」「からだ・性」などについて悩んだときに参考となるような図書4809冊を収録。公立図書館・学校図書館での本の選定・紹介・購入に最適のガイド。最近10年の本を新しい順に一覧できる。便利な内容紹介つき。

**ヤングアダルトの本　2　社会との関わりを考える5000冊**　日外アソシエーツ株式会社編　日外アソシエーツ　2008.12　488p　21cm　7600円　①978-4-8169-2142-1　Ⓝ028.09

(目次)社会(世界を知ろう、人権とは何か ほか)、障害(障害を考える、発達障害の友だち ほか)、戦争と平和(戦争・紛争・テロはなぜ起こる?、過去の戦争を知る ほか)、環境問題(環境問題は重要か?、地球環境は危ない? ほか)

(内容)「社会」「障害」「戦争と平和」「環境問題」などについて知りたいときに役立つ図書4746冊を収録。公立図書館・学校図書館での本の選定・紹介・購入に最適のガイド。最近10年の本を新しい順に一覧できる。便利な内容紹介つき。

**ヤングアダルトの本　3　読んでみたい物語5000冊**　日外アソシエーツ株式会社編　日外アソシエーツ　2008.12　599p　21cm　7600円　①978-4-8169-2143-8　Ⓝ028.09

(目次)日本の作品、海外の作品、読んでみたい名作・この一冊(日本の名作、海外の名作)

(内容)児童文学・一般文学、日本・海外を問わず、作家492人の作品4984冊を収録。公立図書館・学校図書館での本の選定・紹介・購入に最適のガイド。便利な内容紹介つき。人気のシリーズ・読んでみたい名作の一覧も。

**読み聞かせで育つ子どもたち　とっておきの本12か月ブックリスト**　清水鉄郎、京都この本だいすきの会編　(京都)かもがわ出版　1991.4　63p　21cm　(かもがわブックレット 38)　450円　①4-87699-007-7　Ⓝ028.09

(目次)本好きな子どもを育てるために—子どもたちの明るい笑顔は私たちの力、輝く瞳は私たちの宝、心耕す読み聞かせ—「瓜つくるより土つくれ」、とっておきの本12か月—読み聞かせブックリスト

**ヨムヨム王国　子どものガイドブック**　斎

藤次郎, 増田喜昭編著　晶文社出版, 晶文社〔発売〕　2000.8　175, 14p　19cm　1400円　①4-7949-7605-4　Ⓝ028

(目次)びっくり島, そんなバカな島, 友達島, 厚いけどイケてる島, ふしぎの島, 冒険島, じぶんай島, ぼくは怒った島

(内容)児童書のガイドブック。びっくり島, そんなバカな島, 友達島などテーマごとに本を紹介する。本はタイトルと作者, 出版社, 価格と紹介文を記載。各テーマに作家に直撃インタビュー, 本選びの途中ですがなどのコラムを掲載。巻末に書名別, 作者別の索引と掲載図書の出版社住所, 子どもの本専門店を収録。

## ＜事　典＞

**児童の賞事典**　日外アソシエーツ株式会社編　日外アソシエーツ　2009.7　739p　22cm　〈索引あり〉　15000円　①978-4-8169-2197-1　Ⓝ371.45

(目次)文学, 文化, 美術, 科学, 音楽・芸能, 世界の賞

(内容)国内外の児童の賞284賞を収録。中学生までの児童及び児童文化に貢献した人物に与えられる賞の概要と第1回以来の全受賞情報を掲載。赤い鳥文学賞, 東レ理科教育賞, 小学館漫画賞, 日本学生科学賞, 全日本吹奏楽コンクール, 国際アンデルセン賞など様々な分野の賞を収録。個人の受賞歴がわかる「受賞者名索引」付き。

**賞をとった子どもの本　70の賞とその歴史**　ルース・アレン著, こだまともこ監訳, 熊谷淳子, 本間裕子訳　（町田）玉川大学出版部　2009.12　702p　22cm　〈索引あり　原書名：Winning books.〉　8000円　①978-4-472-40394-1　Ⓝ909

(目次)この本について, 本と子どもたち, ニューベリー賞（アメリカ）, CILIPカーネギー賞（イギリス）, コールデコット賞（アメリカ）, CILIPケイト・グリーナウェイ賞（イギリス）, ボストングローブ・ホーンブック賞（アメリカ）, 絵本のイラストレーションとテキストの賞, 主流の賞を補完または補正するためにつくられた賞, ノンフィクションと詩の賞, 大企業がスポンサーの賞, ほかの国々の児童図書賞, 正当な作品がいつも受賞してきたか?, ハリー・ポッター効果とクロスオーバー現象, 反応, 結論

(内容)英語圏の70の児童図書賞を解説する事典。沿革・歴史を紹介し, 長年にわたる受賞作のリスト（邦訳情報付）, 賞に対するとらえ方の変遷, 受賞者の反応に至るまでを記載。巻末の索引では, 計11,000項目以上に及ぶ日本語タイトル・人名索引, 欧文タイトル・人名索引を掲載。

**新・こどもの本と読書の事典**　黒沢浩, 佐藤宗子, 砂田弘, 中多泰子, 広瀬恒子, 宮川健郎編　ポプラ社　2004.4　502p　29×22cm　16000円　①4-591-99566-6

(目次)こどもの本の理論と実践（こどもの本, こどもの文化, こどもの文学, 図書館, 読書運動, 学校図書館・読書教育）, こどもの本の作品紹介（絵本―日本, 物語・ノンフィクション―日本, 絵本―外国, 物語・ノンフィクション―外国, 総合的な学習に有効な本）, こどもの本の人物紹介, 付録

**日本の児童図書賞　解題付受賞作品総覧　1987年‐1991年**　東京子ども図書館編　日本エディタースクール出版部　1993.6　290p　21cm　6500円　①4-88888-205-3

(内容)日本国内の児童図書賞の概要と受賞作品・受賞者のデータをまとめた賞の事典。1987年1月から1991年12月までの期間に発表された日本の児童図書賞とその周辺の賞, あわせて82賞, および外国の賞5賞を収録対象とし, 賞の趣旨と変遷, 主催者, 対象, 選考委員, 受賞作品や受賞者名を掲載する。単行本として刊行された作品については, くわしい書誌的事項をつけ, 解題も付す。

**日本の児童図書賞　解題付受賞作品総覧　1992年‐1996年**　東京子ども図書館編　日本エディタースクール出版部　1998.2　250p　21cm　5000円　①4-88888-270-3

(目次)赤い靴児童文化大賞, 赤い鳥さし絵賞, 赤い鳥文学賞, アンデルセンのメルヘン大賞, いたばし国際絵本翻訳大賞, 巌谷小波文芸賞, 遠鉄ストア童話大賞, 大阪国際児童文学館ニッサン童話と絵本のグランプリ, 岡山市文学賞・市民の童話賞, 岡山市文学賞・坪田譲治文学賞〔ほか〕

(内容)1992年1月から1996年12月までの日本の児童書賞とその周辺の賞87タイトル, 外国の賞5タイトルを収録し, 賞名の五十音順に賞の概要と受賞作品を紹介。巻末には作品名, 人名, 欧文の索引が付く。

## ＜名　簿＞

**YA（ヤングアダルト）人名事典**　中西敏夫編　（小平）出版文化研究会　2000.10　528p　26cm　（児童文学者人名事典シリーズ 補巻1）　11000円　①4-921067-05-8　Ⓝ909.035

(内容)国内で出されたヤングアダルト（中・高校生）向け図書やコミック関係の画家・作家・評論家・翻訳家等を収録した人名事典。五十音順に排列し, 人名の読み, 主な活動分野, 生誕年, 経歴, 作品名を掲載し, また, 可能な限りの全作品を掲載する。「児童文学者人名事典」（全4巻）の姉妹編として編集された。

◆絵本

<書誌>

**赤ちゃん絵本ノート 赤ちゃんが微笑む,とっておきの絵本160冊** 田中尚人,あべみちこ監修 マーブルトロン,中央公論新社〔発売〕 2005.8 126p 21cm (MARBLE BOOKS) 1600円 ⓘ4-12-390099-2
[目次]第1章 赤ちゃんのためのブックガイド(ファーストブック,ペロペロ,ガジガジしたい,この音,なーんだ? ほか),第2章 絵本選びと読み聞かせに関するQ&A(絵本選びについて,読み聞かせについて),第3章 ママとパパの現場から(伊藤まさこ×あべみちこ—絵本の世界でそれぞれのセンスをみがく,パパイヤ鈴木×田中尚人—絵本は親子のコミュニケーションを楽しむための遊びのひとつ,赤ちゃん絵本が買える全国オンラインショップガイド)
[内容]おなかの中から,3歳までの赤ちゃんへ贈る,胸に残りつづける1冊がきっと見つかるファーストブックガイドの決定版。大事な初めての絵本選びのポイントは?絵本のエキスパートが絵本選びのコツを教えてくれる。

**あかちゃんの絵本箱 はじめて出会う絵本ガイド** こどもと本-おかやま-「あかちゃんの絵本箱」編集委員会著 吉備人出版 2001.11 147p 19cm 857円 ⓘ4-906577-78-4 Ⓝ019.53
[目次]あかちゃんと絵本,絵本タイムのすすめ,いきもの,ごっこ遊び,たべもの,紙芝居,のりもの,エプロンシアター,あそび,パネルシアター,せいかつ,ペープサート,リズム・おと・ことば(詩),ものがたり,お母さんへのメッセージ,絵本タイムのQ&A
[内容]赤ちゃんのための絵本の目録。いきもの,たべもの,のりもの,あそび,せいかつ,ものがたりなどのテーマ別に紹介。五十音順の作品名のさくいんがある。

**あなたのことが大好き!の絵本50冊** 赤木かん子著 自由國民社 2003.12 79p 21cm 1600円 ⓘ4-426-77500-0
[目次]あなたのことが大好き!の本,おまけの8冊
[内容]子どもたちが,あなたの大切な人が,どんなふうに愛されたら幸せか,ということを的確に描いている絵本50冊を紹介。

**絵本カタログ Pooka Select** Pooka編集部編 学習研究社 2007.7 127p 21cm (BOOKS POOKA) 1600円 ⓘ978-4-05-403392-4
[目次]第1章 ようこそ!かわいい絵本の森へ(いぬの絵本,ねこの絵本,くまの絵本,かわいい絵本),第2章 不思議の国の絵本(おやすみの絵本,びっくり絵本,LOVEの絵本),第3章 絵本タウンにでかけよう!(お買い物の絵本,くいしんぼうの絵本,絵本のおくりもの),第4章 元気のでる絵本(笑う絵本,旅の絵本,涙の絵本)
[内容]かわいくて,笑って,泣けて,あたたかくて…。絵本がもっと好きになる,とびきりのガイドブック。いぬ,ねこ,かわいい,LOVE,お買い物,くいしんぼう,旅,涙…など,定番から知られざる名作絵本まで13ジャンル300冊を収録。酒井駒子,杉浦さやか,松長絵菜ほか,豪華メンバーによる絵本コラムも掲載。

**えほん 子どものための300冊 『えほん 子どものための500冊』続編** 日本子どもの本研究会絵本研究部編 一声社 2004.7 205p 21cm 2200円 ⓘ4-87077-182-9
[目次]幼児向—『あっぷっぷ!』から『わんわんわんわん』まで,小学校・初級向—『あかいとり』から『わたしのろばベンジャミン』まで,小学校・中級向—『赤牛モウサー』から『わらでっぽうとよるのみち』まで,小学校・上級以上—『青い馬の少年』から『わすれないで』まで
[内容]1989年以降に出版された絵本を選定して紹介する解題書誌。毎年1000冊以上も出版されている絵本を1点1点,全て手にとって吟味し,302冊厳選。幼児向,小学校低学年向,中学年向,高学年以上(中学生も含む)に分けて収録。表紙画像と,子どもに読みきかせた反応等,子どもの声を反映した解題付きで紹介する。書名,作者名,画家名,訳者名で引ける索引を付す。1988年までに出版された絵本を選定収録した『えほん子どものための500冊』(1989年刊)の続編。

**えほん 子どものための140冊 えほん子どものための500冊追補** 日本子どもの本研究会絵本研究部編 一声社 1995.7 108p 21cm 1236円 ⓘ4-87077-141-1
[目次]幼児向,小学校・初級向,小学校・中級向,小学校・上級以上
[内容]1989年1月~1994年12月に出版された新刊絵本の中から選定された141冊のブックリスト。排列は幼児向け,小学校初級向け,中級向け,上級以上の順で,各冊に解説と表紙の写真を付す。「えほん—子どものための500冊」(1989年刊)の追補にあたる。巻末に2冊共通の索引がある。

**絵本・子どもの本 総解説 読んで欲しい,読んであげたい一緒に読みたい子どもの本** 赤木かん子著 自由国民社 1995.12 305p 21cm (総解説シリーズ) 2000円 ⓘ4-426-61700-6
[目次]がんばりやさんのひとたちへ,おかあさん大好き おとうさんあそんで!,きょうだいの

絵本・子どもの本 総解説 読んで欲しい、読んであげたい 一緒に読みたい子どもの本　第2版　赤木かん子著　自由国民社　1997.1　337p　21cm　（総解説シリーズ）1942円　Ⓘ4-426-61701-4

⦅目次⦆がんばりやさんのひとたちへ、おかあさん大好き おとうさんあそんで!、きょうだいの本、ともだち ともだち、こんなふうに愛してほしいの、わたしはわたし ぼくはぼく、モノつくりの子どもたちへ、自分を解放できる本、ねむれない ねむれない、親がドキッとする本、おじいちゃん おばあちゃん、大声で叫びたいときのために、小さな人たちのためのことばの本、民話、読みきかせの本、NATURE、クリスマスの本

絵本・子どもの本 総解説 読んで欲しい、読んであげたい 一緒に読みたい子どもの本　第3版　赤木かん子著　自由国民社　1998.8　350p　21cm　1900円　Ⓘ4-426-61702-2

⦅目次⦆がんばりやさんのひとたちへ、おかあさん大好きおとうさんあそんで!、きょうだいの本、ともだちともだち、こんなふうに愛してほしいの、わたしはわたしぼくはぼく、モノつくりの子どもたちへ、自分を解放できる本、ねむれないねむれない、親がドキッとする本、おじいちゃん おばあちゃん、大声でさけびたいときのために、小さな人たちのためのことばの本、民話、よみきかせの本、NATURE、クリスマスの本

⦅内容⦆16テーマ全447冊の、子どもの絵本のブックガイド。書名索引、作家別索引、出版社別リスト、出版社リスト、全国子どもの本の専門店リスト付き。

絵本・子どもの本 総解説 読んで欲しい 読んであげたい いっしょに読みたい子どもの本　第4版　赤木かん子著　自由国民社　2000.8　355p　21cm　1900円　Ⓘ4-426-61703-0　Ⓝ028.09

⦅目次⦆がんばりやさんのひとたちへ、おかあさん大好き。おとうさんあそんで!、きょうだいの本、ともだち ともだち、こんなふうに愛してほしいの、わたしはわたしぼくはぼく、モノつくりの子どもたちへ、自分を解放できる本、ねむれないねむれない、親がドキッとする本、おじいちゃん おばあちゃん、叫んでみたり!つぶやいたり…ことばを愉しむ本、ロマンス、民話、読みきかせの本、NATURE、クリスマスの本〔ほか〕

⦅内容⦆子どもの本のガイドブック。ストーリーがわかり始める3～4歳から7、8歳の小学校2年生までを対象に絵本を紹介。第四版では前版以降（1998年以降）に新しく出版された本、未収録だった本など80冊を加え、全457冊を収録する。17テーマごとに分類収録し、タイトルと文、絵、訳者と出版社、出版年、価格と表紙の写真、内容紹介と解説を掲載する。巻末に掲載書索引、作家別索引、出版社別掲載ページ、出版社リスト、全国子どもの本専門店リストを収録。ほかに子どもの本のためのコラムなどを掲載する。

絵本・子どもの本 総解説　第5版　赤木かん子著　自由国民社　2002.7　352p　21cm　1900円　Ⓘ4-426-61704-9　Ⓝ028.09

⦅目次⦆がんばりやさんのひとたちへ、おかあさん大好き、おとうさんあそんで!、きょうだいの本、ともだちともだち、こんなふうに愛してほしいの、わたしはわたしぼくはぼく、モノつくりの子どもたちへ、自分を解放できる本、ねむれないねむれない、親がドキッとする本、おじいちゃんおばあちゃん、叫んでみたりつぶやいたり…ことばを楽しむ本、ロマンス、民話、読みきかせの本、クリスマスの本、ファンタジー

⦅内容⦆子どもにどんな本を与えればいいのかに悩む親、児童図書館員、教師、幼稚園、保育園の担当者のための児童書の解題書誌。460冊を解説・紹介する。

絵本・子どもの本 総解説　第6版　赤木かん子著　自由国民社　2007.1　317p　21cm　1900円　Ⓘ4-426-61705-7

⦅内容⦆子どもの本のガイドブックの定番、改訂第6版。463冊を5章に分けて紹介。子どもの本のためのコラムや全国子どもの本専門店リストなどを収載。

絵本・子どもの本 総解説　第7版　赤木かん子著　自由国民社　2009.6　287p　21cm　〈索引あり〉　1900円　Ⓘ978-4-426-10694-2　Ⓝ028

⦅目次⦆巻頭特集 いまの絵本はみんな元気でカッコいい!、第1章 こんなふうに愛してほしいの（おとうさん・おかあさん、抱っことおやすみなさいの本、きょうだい、おじいちゃん・おばあちゃん、家族、愛するものとの別れ、ぼくたちもいますよ／犬・猫、ともだちともだち）、第2章 子どもたちが大好きな本（乗りもの、ことばあそび、女の子たちに、クリスマス)、第3章 ひとり静かに読む本（これは大人向き、こころ）

⦅内容⦆子どもの本のブック・ガイド＆親子のためのガイド・ブック。急速に世代交代をとげる絵本の世界の最前線も紹介する。

絵本、大好き!「日本」と「海外」の絵本300冊!精選ガイドブック 私が1ばん好きな絵本・愛蔵版　マーブルブックス編

研究・指導書　　　　　　　　　　　　　　　　　　　　　　　　　　　児童書

マーブルトロン，中央公論新社〔発売〕2007.5　190p　19×15cm　（MARBLE BOOKS）　1700円　①978-4-12-390160-4

(目次)日本の絵本150選（五感がひろがっていく絵本，心の扉をたたく絵本，センスアップお役だち絵本，犬・猫好きにたまらない絵本たち，新人作家の絵本），海外の絵本150選（心をじんわり満たす絵本，感性にひびく絵本，人生の味わいを深める絵本，海外ならではの人気シリーズ絵本，大切な人にプレゼントしたい絵本）

(内容)今でもふとしたときに思いだす，あなたの心の中にそっとある，あの名作絵本と必ず再会できる。信頼おける大人の絵本ガイドとして定評あるシリーズから2 in 1ブックとして新装愛蔵版登場。

**絵本と絵本作家を知るための本　ママ100人が選ぶ作家別絵本ガイド223冊**　マーブルブックス編集部編　マーブルトロン，中央公論新社〔発売〕　2006.8　142p　21cm　1600円　①4-12-390132-8

(目次)第1章 100人のおかあさんが選んだ国内の絵本作家たち（林明子『おふろだいすき』，わかやまけん『しろくまちゃんのほっとけーき』，中川李枝子『ぐりとぐら』ほか），第2章 100人のおかあさんが選んだ海外の絵本作家たち（エリック・カール『はらぺこあおむし』，ディック・ブルーナ『うさこちゃんとうみ』，アン・グットマン／ゲオルグ・ハレンスレーベン『リサひこうきにのる』ほか），第3章 いま期待される注目の絵本作家たち（石井聖岳，かとうまふみ，さいとうしのぶ ほか）

(内容)絵本を作家別に紹介。主婦、保育士、会社員などさまざまなおかあさん100人のアンケート結果にもとづいて，絵本を紹介するガイドブック。おかあさんが選んだ一番好きな絵本を，大きく見開きで紹介し，代表作から隠れた名作まで，今すぐ手に入るものを中心に紹介。

**大人だって、絵本！　大人が楽しむ絵本の世界**　上田絵理著　東京図書出版会，リフレ出版（発売）　2009.10　142p　19cm　1000円　①978-4-86223-370-7　Ⓝ028.09

(内容)大人でも十分に楽しめ、人生における大切なことに気づかせてくれる示唆に富んだ絵本。数ある絵本の中から、著者がすすめる大人向けの絵本を紹介する。

**こども絵本ガイド　豊かな心をはぐくむ0～7才**　さわださちこ絵本セレクト，なかじまえりこ構成・文，主婦の友社編　主婦の友社　2010.7　125p　21cm　（セレクトbooks）　〈索引あり〉　1400円　①978-4-07-269268-4　Ⓝ028.09

(内容)親子で楽しめる絵本を紹介するブックガイド。0才～7才まで、子どもの成長や興味に合わせた46のテーマ別に、約300冊の絵本を紹介する。親子で楽しむためのアドバイスやQ&A、絵本の中のおやつレシピも掲載。

**子どもがよろこぶ！読み聞かせ絵本101冊ガイド**　西本鶏介著　講談社　2003.10　143p　21cm　1300円　①4-06-211854-8

(目次)2-4歳から（はらぺこあおむし、ぼくのくれよん、どろんこハリー、ねずみくんのチョッキ ほか）、4-6歳から（おおきなかぶ、にじいろのさかな、おじさんのかさ、じごくのそうべえ ほか）、6歳から（100万回生きたねこ、どんなにきみがすきだかあててごらん、こぶたがずんずん、ともだちくるかな ほか）

(内容)全国訪問おはなし隊公認読み聞かせ最強ガイドブック。おすすめ絵本も読み聞かせノウハウもこの1冊でなんでもわかる。

**この絵本が好き！　2004年版**　別冊太陽編集部編　平凡社　2004.3　195p　21cm　1000円　①4-582-83217-2

(目次)アンケート回答結果発表!2003年刊絵本ベスト23、国内絵本ベスト11、海外翻訳絵本ベスト12、座談会 2003年の絵本をふりかえってみて、全アンケート結果一挙掲載！

**この絵本が好き！　2006年版**　別冊太陽編集部編　平凡社　2006.3　175p　21cm　1000円　①4-582-83324-1

(目次)アンケート回答結果発表!2005年刊絵本ベスト23、アンケート回答結果による作家別集計、2005年国内絵本総評、国内絵本ベスト11、惜しくももれてしまった次点3冊と、その次点6冊、注目の国内絵本10冊、2005年海外翻訳絵本総評、海外翻訳絵本ベスト12、惜しくももれてしまった次点11冊、注目の海外翻訳絵本10冊〔ほか〕

**この絵本が好き！　2008年版**　別冊太陽編集部編　平凡社　2008.3　182p　21cm　1000円　①978-4-582-83389-8　Ⓝ019.53

(内容)発表!2007年の絵本ベスト23冊（国内絵本ベスト12冊／海外翻訳絵本ベスト11冊）。絵本好き106名のアンケート「この絵本が好き！」を一挙掲載。2007年刊行のおもな絵本約1300冊。

**こんなとき子どもにこの本を　あなたの子育てに確かなヒントを与える117冊の絵本　第3版**　下村昇，岡田真理子著　自由国民社　2000.9　253p　19cm　〈索引あり〉　1238円　①4-426-47902-9　Ⓝ028.09

(目次)また、なくしちゃった 新しいの買って！―くまのコールテンくん、だれかのために何かすることをいやがる子―おおきな木、仲間はずれにされている子がいたら―まっくろネリノ、目に入るもの、何でも欲しがる子―まんげつのよるまちなさい、気持ちが妙にすれ違ってき

児童書 レファレンスブック　*13*

児童書　　　　　　　　　研究・指導書

たような気が―わたしのパパ、のんきで軽率で、真剣みが足りない―うさぎくんはやくはやく、もしも「いじめ」が―わたしのいもうと、うちの子にかぎって―花さき山、はじめの努力を途中でほうり投げてしまう―あかりの花、二人だけであそびたかったのに―まっくろけのまよなかネコよおはいり〔ほか〕

**幸せの絵本　大人も子どももハッピーにしてくれる絵本100選**　金柿秀幸編　ソフトバンクパブリッシング　2004.10　223p　21cm　1600円　Ⓘ4-7973-2782-0

(目次)いっしょにいたいね(親子の絆を確かめ合う幸せ、愛し愛される幸せ ほか)、大切なもの見つけた(友達がいる幸せ、仲間で苦楽を分かち合う幸せ ほか)、世界でたったひとりのあなたへ(自分は自分でいいんだと思える幸せ、前に進む元気がもらえる幸せ ほか)、なんだかとっても幸せな気分(意味はないけど楽しい気分が幸せ、おいしい気持ちが幸せ ほか)

(内容)絵本名作100冊のあらすじ・イラスト&生の声一挙掲載。

**幸せの絵本　2　大人も子どもも、もっとハッピーにしてくれる絵本100選**　金柿秀幸編　ソフトバンクパブリッシング　2005.7　223p　21cm　1600円　Ⓘ4-7973-3008-2

(目次)ずっと眺めていたい(美しい色彩に心奪われる幸せ、絵のすみずみまで探す幸せ ほか)、ときには深く考える(悲しみを乗り越える幸せ、ありのままでいいんだと思える幸せ ほか)、絵本っておもしろい!(コワイけどおもしろい幸せ、知らないことを知る幸せ ほか)、ポカポカ、ホンワカするね(癒される幸せ、祝福されて世界と触れ合う幸せ ほか)

(内容)絵本選びが100倍楽しくなるサイト「絵本ナビ」から誕生した、新感覚絵本ガイドブックの続編がいよいよ登場。名作絵本100冊のあらすじ、イラストをフルカラーで紹介。

**自然とかがくの絵本　総解説**　赤木かん子編著　自由国民社　2008.1　159p　21cm　〈「絵本子どもの本・総解説」の別冊〉　1800円　Ⓘ978-4-426-10271-5　Ⓝ028.09

(目次)恐竜・考古学・進化、宇宙・地球、探検、理科、算数、無脊椎・軟体・節足動物、昆虫、両生類・爬虫類、変温動物図鑑、魚、鳥、哺乳類、人体、生態系・植物、絶滅動物

(内容)絵本・子どもの本のガイドブックの名著『絵本・子どもの本総解説』の姉妹本"自然・科学本編"ついに登場!"恐竜" "宇宙・地球"から"生態系・植物"まで、全15ジャンルを600冊を収録。子どもと本と図書館のためのコラムも満載。

**猫を愛する人のための猫絵本ガイド**　さわ

ださちこ編著　講談社　2010.5　127p　21cm　〈他言語標題：The guide to Picture Books with Cats 索引あり〉　1600円　Ⓘ978-4-06-216265-4　Ⓝ019.53

(目次)美しすぎる猫、いやしてくれる猫、友だちになりたい猫、働きものの猫、頼りになる猫、子どもごころがわかる猫、なぞめいた猫、おともにしたい猫、名作のなかの猫、思わず笑っちゃう猫、いい味してる脇役猫、心をあたためてくれる猫、猫とわかりあうために

(内容)猫好きの絵本コーディネーター・さわださちこ氏が選んだ227冊がならぶ、珠玉の猫絵本ガイド。猫のタイプ別に、対象年齢表示や読み聞かせ対応などもナビゲート。絵本の雰囲気がよりわかる、見開きページも掲載。

**保育者と学生・親のための乳児の絵本・保育課題絵本ガイド**　福岡貞子、礒沢淳子編著　(京都)ミネルヴァ書房　2009.8　140,12p　26cm　〈索引あり〉　1800円　Ⓘ978-4-623-05359-9　Ⓝ028.09

(内容)子どもにぜひ読み聞かせたい絵本を「保育課題絵本」として紹介するブックガイド。11の分野別に500冊以上を収録。保育課題絵本の活用例、絵本にかかわる理論・実践・活動も紹介する。

**みんなで楽しむ絵本　おはなし会のためのリスト**　徳丸邦子著、あすなろ文庫編　(川崎)てらいんく　2008.3　59p　19×26cm　500円　Ⓘ978-4-86261-017-1　Ⓝ028.09

(目次)1 詩・ことばあそび、2 外国の昔話、3 日本の昔話、4 科学、5 外国の創作絵本、6 日本の創作絵本

(内容)二十年近く本読みのボランティアを続けてきた中で感じたり、経験してきたことなどを書き留めておきたい、人に伝えたいと思ったことが、この本を出すきっかけになりました(あすなろ文庫主宰・徳丸邦子)。

**よい絵本　全国学校図書館協議会選定　第16回**　全国学校図書館協議会絵本委員会編　全国学校図書館協議会　1992.11　109p　26cm　1600円　Ⓘ4-7933-4030-X　Ⓝ028.09

(内容)全国学校図書館が選定した「よい絵本」を紹介する選定目録。

**よい絵本　全国学校図書館協議会選定　第17回**　全国学校図書館協議会絵本委員会編　全国学校図書館協議会　1993.11　112p　26cm　1600円　Ⓘ4-7933-4033-4　Ⓝ028.09

(内容)全国学校図書館が選定した「よい絵本」を紹介する選定目録。

**よい絵本　全国学校図書館協議会選定　第18回**　全国学校図書館協議会　1995.11

研究・指導書　　　　　　　　　　　　　　　　　児童書

113p　26cm　1600円　④4-7933-4036-9
(目次)日本の絵本，日本の絵本(昔話)，外国の絵本，知識の絵本
(内容)1992年4月～94年8月に刊行された絵本のうち，全国学校図書館が選定した「よい絵本」202点を紹介したもの。日本の絵本、日本の絵本(昔話)、外国の絵本、知識の絵本の4分類別に、各図書の表紙写真、書誌事項、内容紹介、解説を掲載する。解説は署名入り。データは1995年10月現在。

**よい絵本　全国学校図書館協議会選定　第19回**　全国学校図書館協議会絵本委員会編　全国学校図書館協議会　1997.11　121p　26cm　1600円　④4-7933-4040-7
(目次)日本の絵本(いないいないばあ，おふろでちゃぷちゃぷ ほか)，日本の絵本―昔話(かさじぞう，かにむかし ほか)，外国の絵本(あたらしいおふとん，お月さまってどんなあじ？ ほか)，知識の絵本(いしころ，しっぽのはたらき ほか)
(内容)1994年9月から1996年8月までに刊行された絵本1385点の中から216点を選定した図書目録。日本の絵本、日本の絵本(昔話)、外国の絵本、知識の絵本の4つに分類し、書誌事項、対象年齢、ストーリーの紹介と解題がつく。巻末に書名索引つき。

**よい絵本　全国学校図書館協議会選定　第20回**　全国学校図書館協議会絵本委員会編　全国学校図書館協議会　1999.11　125p　26cm　1800円　④4-7933-4044-X
(目次)日本の絵本(いないいないばあ，おふろでちゃぷちゃぷ ほか)，日本の絵本(昔話)(かさじぞう，かにむかし ほか)，外国の絵本(あたらしいおふとん，お月さまってどんなあじ？ ほか)，知識の絵本(いしころ，しっぽのはたらき ほか)
(内容)第19回「よい絵本」に1996年9月から1998年12月までに刊行された絵本の中から選ばれた18点を加え、総数225点を収録した絵本の目録。日本の絵本、日本の絵本(昔話)、外国の絵本、知識の絵本の4つの分野に分類し掲載。内容事項は、1999年10月1日現在で、書名、著者、画家、訳者名、出版社名、最新刊年、初版年、ページ数、本の大きさ、叢書名、程度、定価ほか。巻末に索引がある。

**よい絵本　全国学校図書館協議会選定　第21回**　全国学校図書館協議会絵本委員会編　全国学校図書館協議会　2001.11　133p　26cm　1900円　④4-7933-4047-4　Ⓝ028.09
(内容)全国学校図書館が選定した「よい絵本」を紹介する選定目録。

**よい絵本　全国学校図書館協議会選定　第22回**　全国学校図書館協議会絵本委員会編　全国学校図書館協議会　2003.11　81p　26cm　1600円　④4-7933-4051-2　Ⓝ028.09
(内容)全国学校図書館が選定した「よい絵本」を紹介する選定目録。

**よい絵本　全国学校図書館協議会選定　第23回**　全国学校図書館協議会絵本委員会編　全国学校図書館協議会　2005.11　87p　26cm　1600円　④4-7933-4055-5　Ⓝ028.09
(内容)全国学校図書館が選定した「よい絵本」を紹介する選定目録。子どもたちへの読み聞かせや絵本をすすめるときの選書の手がかりとなる優れた絵本を、子どもの反応や、作家、画家についてふれながら、絵本の内容や評価の観点などの解説とともに収録する。

**よい絵本　全国学校図書館協議会選定　第24回**　全国学校図書館協議会絵本委員会編　全国学校図書館協議会　2008.7　95p　26cm　1800円　①978-4-7933-4059-8　Ⓝ028.09
(内容)全国学校図書館が選定した「よい絵本」全228点をを紹介する選定目録。子どもたちへの読み聞かせや絵本をすすめるときの選書の手がかりとなる優れた絵本を、子どもの反応や、作家、画家についてふれながら、絵本の内容や評価の観点などの解説とともに収録する。

**よい絵本　全国学校図書館協議会選定　第25回**　全国学校図書館協議会絵本委員会編　全国学校図書館協議会　2010.7　99p　26cm　〈索引あり〉　1800円　①978-4-7933-4062-8　Ⓝ028.09
(内容)全国学校図書館が選定した「よい絵本」全239点をを紹介する選定目録。子どもたちへの読み聞かせや絵本をすすめるときの選書の手がかりとなる優れた絵本を、子どもの反応や、作家、画家についてふれながら、絵本の内容や評価の観点などの解説とともに収録する。

**読み聞かせのための音のある英語絵本ガイド　子どものために、そして自分のためにフル活用**　外山節子監修・著，宮下いづみ著，コスモピア編集部編　コスモピア　2010.1　253p　21cm　〈奥付のタイトル：音のある英語絵本ガイド　解説：田縁真弓ほか　索引あり〉　2400円　①978-4-902091-74-8　Ⓝ376.158
(目次)音のある英語絵本TOP100(Baby Bear, Baby Bear, What Do You See?, Bear Hunt, Bears in the Night, Big Red Barn ほか)，音のある英語絵本NEXT35(Alice the Fairy, Berenstain Bears and the Spooky Old Tree, The, Blue Seed, The, Dinosaur Encore ほか)
(内容)特選TOP100。まるごと1冊、絵本Quick as a Cricketを読む。45冊の絵本のサンプル音

児童書 レファレンスブック　15

声が聞けるCD付。

**わが子をひざにパパが読む絵本50選**　桑原聡著　産経新聞ニュースサービス　2005.5　107p　21cm　952円　①4-902970-08-2

〔目次〕せきたんやのくまさん、ペレのあたらしいふく、ガンピーさんのふなあそび、かいじゅうたちのいるところ、どろんこハリー、どろんここぶた、ひとまねこざる、げんきなマドレーヌ、くまのコールテンくん、あおくんときいろちゃん〔ほか〕

〔内容〕子供に読んで聞かせたい、パパも読み返したい…語り継ぐ不朽の名作を厳選紹介。

**私が1ばん好きな絵本　100人が選んだ絵本　改訂版**　マーブルブックス編　マーブルトロン、中央公論新社〔発売〕　2004.8　165p　19cm　（マーブルブックス）　1700円　①4-12-390075-5

〔目次〕物語と展開が好きな絵本、ワンダーに満ちた物語絵本と「漫画」以降の絵本たち、絵やビジュアルが好きな絵本、ビジュアルのプロに聞く人気絵本、"絵"の魅力とは?、言葉が好きな絵本、風通しのいい言葉、進化途中の言葉―絵本の「言葉」を読んでみる、キャラクターが好きな絵本、定番キャラにはわけがある?人気絵本のキャラクターを読む、私が1ばん好きな絵本―総合ランキング10位の絵本、こっそり教えたいこの一冊―ランキング外の絵本30冊

〔内容〕自他ともに認める「絵本好き」100人が選んだ絵本たち。その人気の秘密を、小説家・長島有、歌人・枡野浩一、グラフィックデザイナー・田名網敬一らが独自の視点をもって読み解く。そして、料理作家・高山なおみが食べもの絵本を、明和電機・土佐信道がかがく絵本を、さらに内田也哉子、クラムボン・原田郁子、女優・市川実和子らによる、もっと絵本が読みたくなる絵本コラムを収録。

## ＜事典＞

**図説 絵本・挿絵大事典 全3巻**　川戸道昭、榊原貴教編著　大空社　2008.11　3冊（セット）　26cm　95000円　①978-4-283-00621-8　Ⓝ726

〔目次〕第1巻 図説日本の児童書400年（江戸期、明治期、大正・昭和（戦前）期、昭和（戦後）期）、第2巻 絵本・挿絵画家事典 あ〜そ、第3巻 絵本・挿絵画家事典 た〜わ

〔内容〕江戸時代から今日に至る日本の子どもの絵本を時代順解説と画家事典でまとめた資料集。全3巻構成。第1巻では絵巻、口絵、装幀画、絵本など江戸時代から昭和戦前期までの400年の児童書の歴史的流れを時代順に解説する。カラー図版も多数掲載し、巻末に五十音順の人名索引、キーワード索引を付す。第2巻・第3巻では江戸時代から平成までの絵本・挿絵画家1,500名を五十音順に収録し、生没年、略歴、展覧会情報、挿絵掲載書などを記載する。

## ◆まんが

### ＜書誌＞

**心を育てるマンガ 親子で楽しむ130冊**　日本子どもの本研究会マンガ研究部編　一声社　1999.8　220p　21cm　1900円　①4-87077-156-X　Ⓝ726.101

〔内容〕子どもの文化活動における有用性という観点から、漫画130冊を選定・紹介するガイドブック。学校・図書館・親子で、安心して読めるマンガを、石子順が中心となって厳選した。マンガの歴史年表などの資料も掲載する。

**Comic catalog 2009**　福家書店編　福家書店（発売）　2008.11　1217p　21cm　〈本文は日本語〉　4000円　①978-4-901512-09-1　Ⓝ025.1

〔内容〕コミックや漫画文庫、イラスト集、アニメ等の目録。1996年刊の「1997」版以来、毎年刊行されている。2009版では、2008年9月までに発行されたものを著作者別に収録し、書名索引を付す。掲載した著作者は約6400人、出版社は198社。

**Comic catalog 2010**　福家書店編　福家書店　2009.11　1309p　21cm　〈本文は日本語　索引あり〉　4000円　①978-4-901512-10-7　Ⓝ025.1

〔内容〕コミックや漫画文庫、イラスト集、アニメ等の目録。2009年9月までに発行されたものを著作者別に収録し、書名索引を付す。掲載した著作者は約6700人、出版社は199社。

**Comic catalog 2011**　福家書店編　福家書店　2010.11　1387p　21cm　〈本文は日本語　索引あり〉　4000円　①978-4-901512-11-4　Ⓝ025.1

〔内容〕コミックや漫画文庫、イラスト集、アニメ等の目録。2010年9月までに発行されたものを著作者別に収録し、書名索引を付す。掲載した著作者は約7200人、出版社は195社。

### ＜名簿＞

**漫画家人名事典**　まんがseek, 日外アソシエーツ編集部編　日外アソシエーツ　2003.2　482p　22cm　〈東京 紀伊國屋書店（発売）〉　8500円　①4-8169-1760-8　Ⓝ726.101

〔内容〕戦後、新聞や雑誌（個人誌・同人誌を除く）に作品を掲載したことのある漫画家・漫画原作

者3181人のプロフィールを収録した人名事典。配列は人名の五十音順で別ペンネームも含め可能な限り収録。巻末の付録に漫画受賞者一覧、出版社連絡先一覧、漫画雑誌一覧が付く。

◆児童図書館

&lt;書　誌&gt;

ぶっくす　優良図書目録カラー版　'94　クリーンブックス・グループ　1994.4　304p　26cm　1200円

(目次)低学年のための本，日本の児童文学，世界の児童文学，日本および世界の名作と古典・民話，伝記・ノンフィクション，知識と教養の本，学習・クラブ活動に役立つ本，百科・事典・辞典・図鑑，教材(ビデオ・スライド・紙芝居)

(内容)児童図書の年刊版図書目録。小学校・中学校・公私立図書館・児童館及び幼稚園・保育園・家庭文庫・読書会・地域文庫等の図書選定・購入用資料。

本・ほん　小学校・中学校・公共図書館　図書選定資料　'90　本・ほん'90編集委員会編　児童図書十社の会　1990.4　542, 7, 7p　26cm　2600円　Ⓝ028.09

(目次)1 低学年のための本，2 日本の児童文学，3 世界の児童文学，4 名作と古典文学，5 SF・推理・冒険，6 伝記，7 ノンフィクション，8 知識と教養の本，9 学習・クラブ活動に役立つ本，10 百科・事典・図鑑

(内容)児童図書を専門に刊行している主要出版社の図書がすべて収録されている。実物をそっくりカラー写真にとり、全シリーズの全貌が一眼でわかるように工夫されたカラー版目録。

本・ほん　小学校・中学校・公共図書館　図書選定資料　カラー版目録　'93　「本・ほん'93」編集委員会編集　児童図書十社の会　1993.4　462, 6, 6p　26cm　2136円

(目次)教科別(すべての教科にわたる本，生活科，国語，算数・数学，理科 ほか)，読みもの(絵本，低学年のための本，日本の児童文学，世界の児童文学，名作と古典文学 ほか)

(内容)小学校・中学校・公共図書館の図書選定資料として編集された児童図書のカタログ。図書は「教科別」と「読みもの」に大別され、さらに教科・ジャンル別に分類して掲載。表紙等のカラー写真付き。

本・ほん　小学校・中学校・公共図書館　図書選定資料　カラー版目録　'94　「本・ほん'94」編集委員会編　児童図書十社の会　1994.4　240p　30cm　2200円

(目次)教科別(すべての教科にわたる本，生活科，国語，算数・数学，理科 ほか)，読みもの(絵本，低学年のための本，日本の児童文学，世界の児童文学，名作と古典文学 ほか)

(内容)小学校・中学校・公共図書館の図書選定資料として編集された児童図書のカタログ。図書は「教科別」と「読みもの」に大別され、さらに教科・ジャンル別に分類して掲載。表紙等のカラー写真付き。

本・ほん　小学校・中学校・公共図書館：図書選定資料　'95　「本・ほん'95」編集委員会編　児童図書十社の会　1995.4　264, 3p　30cm　2200円

(目次)教科別(すべての教科にわたる本，生活科，国語，算数・数学，理科 ほか)，読みもの(絵本，低学年のための本，日本の児童文学，世界の児童文学，名作と古典文学 ほか)

(内容)小・中学生向けの学習用図書と読み物の年刊ブックガイド。学校・公共図書館を利用対象とする。学習用は教科別、読み物は分野別に排列。NDC(日本十進分類法)番号と価格、写真入りで解説を記載。シリーズ五十音順索引、NDC索引を付す。

本・ほん　図書館のためのカラーカタログ　'96　児童図書十社の会　1996.4　272, 7p　30cm　2200円

(目次)教科別(すべての教科にわたる本，生活科，国語，算数・数学，理科，社会(歴史・地理)，図工・美術，保健・体育，技術・家庭，音楽，英語，道徳，特活(クラブ活動など)，自然保護・環境，百科・事典・図鑑)，読みもの(絵本，低学年のための本，日本の児童文学，世界の児童文学，名作と古典文学，SF・推理・冒険，伝記，ノンフィクション，シリーズ五十音索引，NDC索引)

(内容)小学校・中学校・公共図書館の図書選定資料として編集された児童図書のカタログ。図書は「教科別」と「読みもの」に大別され、さらに教科・ジャンル別に分類して掲載。表紙等のカラー写真付き。内容は1996年4月1日現在。巻末にNDC索引、五十音順のシリーズ索引がある。

&lt;名　簿&gt;

子どもの豊かさを求めて　全国子ども文庫調査報告書　3　日本図書館協会　1995.12　118p　26cm　2000円　ⓘ4-8204-9516-X

(目次)1 子ども文庫を比較する—1981年と1993年の調査から，2 子ども文庫を比較する—過去の主な調査から，3 子ども文庫の「現在」，4 座談会「子ども文庫を考える」，5 調査のあらましと資料

＜年鑑・白書＞

年報こどもの図書館1997-2001　2002年版　児童図書館研究会編　日本図書館協会　2003.3　366p　26cm　6000円　①4-8204-0228-5

(目次)1 子どもをめぐる社会・文化状況，2 児童図書館界の動向，3 職員とボランティア，4 地域家庭文庫の動向，5 学校図書館の動向，6 児童図書出版の動向，7 資料編

◆学校図書館

＜書　誌＞

学校図書館基本図書目録　1990年版　全国学校図書館協議会基本図書目録編集委員会編　全国学校図書館協議会　1990.3　921p　22cm　4806円　①4-7933-4022-9　Ⓝ028.09

(内容)小・中・高等学校図書館の選定のための「基本図書」の年刊目録。全国学校図書館協議会(SLA)の選定に合格し，入手可能な図書を収録。小・中・高校の3部門に大別しその中をNDC分類順に排列。書誌事項および内容紹介を記載する。書名索引，著者名索引を付す。

学校図書館基本図書目録　1991年版　全国学校図書館協議会基本図書目録編集委員会編　全国学校図書館協議会　1991.3　901p　22cm　4806円　①4-7933-4026-1　Ⓝ028.09

(内容)小・中・高等学校図書館の選定のための「基本図書」の年刊目録。全国学校図書館協議会(SLA)の選定に合格し，各年で入手可能な図書を収録。小・中・高校の3部門に大別しその中をNDC分類順に排列。書誌事項および内容紹介を記載する。書名索引，著者名索引を付す。

学校図書館基本図書目録　1992年版　全国学校図書館協議会基本図書目録編集委員会編　全国学校図書館協議会　1992.3　909p　22cm　4806円　①4-7933-4029-6　Ⓝ028.09

(内容)小・中・高等学校図書館の選定のための「基本図書」の年刊目録。全国学校図書館協議会(SLA)の選定に合格し，入手可能な図書を収録。小・中・高校の3部門に大別しその中をNDC分類順に排列。書誌事項および内容紹介を記載する。書名索引，著者名索引を付す。

学校図書館基本図書目録　1993年版　全国学校図書館協議会基本図書目録編集委員会編　全国学校図書館協議会　1993.3　898p　22cm　4806円　①4-7933-4031-8　Ⓝ028.09

(内容)小・中・高等学校図書館の選定のための「基本図書」の年刊目録。全国学校図書館協議会(SLA)の選定に合格し，入手可能な図書を収録。小・中・高校の3部門に大別しその中をNDC分類順に排列。書誌事項および内容紹介を記載する。書名索引，著者名索引を付す。

学校図書館基本図書目録　1994年版　全国学校図書館協議会基本図書目録編集委員会編　全国学校図書館協議会　1994.3　892p　22cm　5243円　①4-7933-4034-2　Ⓝ028.09

(内容)小・中・高等学校図書館の選定のための「基本図書」の年刊目録。全国学校図書館協議会(SLA)の選定に合格し，入手可能な図書を収録。小・中・高校の3部門に大別しその中をNDC分類順に排列。書誌事項および内容紹介を記載する。書名索引，著者名索引を付す。

学校図書館基本図書目録　1995年版　基本図書目録編集委員会編　全国学校図書館協議会　1995.3　886p　21cm　5400円　①4-7933-4035-0

(内容)小・中・高等学校図書館の蔵書構築の基準となる「基本図書」の目録。小・中・高校の3部門に分け，それぞれNDC(日本十進分類法)に基づいて排列。小学校の部には低学年用の図書を別にまとめて排列してある。小学校2270冊，中学校2082冊，高校3866冊を収録する。タイトル・著者・出版社名・価格などの書誌事項と共に解説を記載。巻末に五十音順の書名・著者名両索引を付す。

学校図書館基本図書目録　1996年版　全国学校図書館協議会　1996.3　897p　21cm　5400円　①4-7933-4037-7

(目次)基本図書目録 小学校の部，基本図書目録 中学校の部，基本図書目録 高等学校の部，基本図書目録 全国SLAの本

(内容)全国学校図書館協議会が選定した「基本図書」のうち，現在入手可能なものだけを集めた図書目録。小学校の部1120点，中学校の部942点，高等学校の部1369点を収録する。図書の排列はNDC(日本十進分類法)8版に準拠。全点に内容紹介を付す。内容は1995年9月現在。巻末に書名索引，著者名索引がある。

学校図書館基本図書目録　1997年版　全国学校図書館協議会　1997.3　954p　21cm　5631円　①4-7933-4038-5

(目次)基本図書目録 小学校の部，基本図書目録 中学校の部，基本図書目録 高等学校の部，基本図書目録 全国SLAの本，資料の部

(内容)全国学校図書館協議会が選定した基本図書のうち，現在入手可能なものだけを集めた図書目録。図書の排列はNDC(日本十進分類法)9版に準拠。内容は1996年9月現在。巻末に書名索引，著者名索引がある。

学校図書館基本図書目録　1998年版　全国学校図書館協議会基本図書目録編集委員会編　全国学校図書館協議会　1998.3　970p

研究・指導書　　　　　　　　　　　　　　　　児童書

22cm　5700円　ISBN4-7933-4041-5　NDC028.09
(内容)小・中・高等学校図書館の選書のための「基本図書」の年刊目録。全国学校図書館協議会(SLA)の選定に合格し、各年で入手可能な図書を収録。小・中・高校の3部門に大別しその中をNDC分類順に排列。書誌事項および内容紹介を記載する。書名索引、著者名索引を付す。

**学校図書館基本図書目録　1999年版**　全国学校図書館協議会基本図書目録編集委員会編　全国学校図書館協議会　1999.3　979p
21cm　5700円　ISBN4-7933-4043-1
(目次)基本図書目録 小学校の部，基本図書目録 中学校の部，基本図書目録 高等学校の部，基本図書目録 全国SLAの本
(内容)小・中・高等学校図書館の蔵書構築の基準となる「基本図書」の目録。小・中・高校の3部門に分け、それぞれNDC(日本十進分類法)に基づいて排列。書名・著者名・出版社名・出版年・価格・ISBNなどの書誌事項と共に解説を記載。五十音順の書名索引、著者名索引付き。

**学校図書館基本図書目録　2000年版**　全国学校図書館協議会　2000.3　987p　21cm　5700円　ISBN4-7933-4045-8　NDC028.09
(目次)基本図書目録(小学校の部，中学校の部，高等学校の部，全国SLAの本)，資料の部(全国学校図書館協議会図書選定基準，全国学校図書館協議会コンピュータ・ソフトウェア選定基準，学校図書館数量基準，SCP学校図書館資料費計上方式，学校図書館図書標準，学校図書廃棄基準)，優良図書案内，用品・取次会社案内，掲載出版社一覧
(内容)小・中・高等学校図書館の選書のための「基本図書」の目録。1999年9月までに全国学校図書館協議会の選定に合格し、現在入手可能なものを収録。全体を小・中・高校の3部門に大別し、そのなかをNDCの分類番号順で排列。書誌事項および内容紹介を記載する。ほかに全国SLAの図書目録を収録。巻末に資料と優良図書案内、用品・取次会社案内、掲載出版社一覧を掲載。書名索引、著者名索引を付す。

**学校図書館基本図書目録　2001年版**　全国学校図書館協議会基本図書目録編集委員会編　全国学校図書館協議会　2001.3　973p
21cm　5700円　ISBN4-7933-4046-6　NDC028.09
(目次)小学校の部，中学校の部，高等学校の部，全国SLAの本，資料の部
(内容)学校図書館向けの書籍を紹介した図書目録。小・中・高校の3部門に分けてNDC順に排列。1999年9月までに全国学校図書館協議会の選定に合格した図書のうち、入手可能なものを収録し、書誌事項と内容紹介を掲載する。資料の部には「全国学校図書館協議会図書選定基準」

などの基準や「優良図書案内」「用品・取次会社案内」がある。巻末に五十音順書名索引、著者名索引を付す。

**学校図書館基本図書目録　2002年版**　全国学校図書館協議会基本図書目録編集委員会編　全国学校図書館協議会　2002.3　970p
21cm　5700円　ISBN4-7933-4049-0　NDC028.09
(目次)基本図書目録 小学校の部，基本図書目録 中学校の部，基本図書目録 高等学校の部，基本図書目録 全国SLAの本，資料の部，優良図書案内，用品・取次会社案内，掲載出版社一覧
(内容)全国学校図書館協議会の選定に合格した図書を対象とした図書目録。小・中・高校の3部門に分けてNDC順に排列。2001年9月までに全国学校図書館協議会の選定に合格した図書のうち、入手可能なものを収録し、書誌事項と内容紹介を掲載する。NDC1次区分の冒頭には解説がある。資料の部には「全国学校図書館協議会図書選定基準」などの基準や「優良図書案内」「用品・取次会社案内」がある。巻末に五十音順の書名索引、著者名索引を付す。

**学校図書館基本図書目録　2003年版**　全国学校図書館協議会基本図書目録編集委員会編　全国学校図書館協議会　2003.3　970p
22cm　5700円　ISBN4-7933-4050-4　NDC028.09
(内容)小・中・高等学校図書館の選書のための「基本図書」の年刊目録。全国学校図書館協議会(SLA)の選定に合格し、各年で入手可能な図書を収録。小・中・高校の3部門に大別しその中をNDC分類順に排列。書誌事項および内容紹介を記載する。書名索引、著者名索引を付す。

**学校図書館基本図書目録　2004年版**　全国学校図書館協議会基本図書目録編集委員会編　全国学校図書館協議会　2004.3　964p
21cm　5700円　ISBN4-7933-4053-9
(目次)基本図書目録 小学校の部(総記，哲学，歴史，社会科学，自然科学，技術，産業，芸術，言語，文学)，基本図書目録 中学校の部，基本図書目録 高等学校の部，基本図書目録 全国SLAの本，資料の部，優良図書案内，用品・取次会社案内，掲載出版社一覧

**学校図書館基本図書目録　2005年版**　全国学校図書館協議会基本図書目録編集委員会編　全国学校図書館協議会　2005.3　982p
22cm　5700円　ISBN4-7933-4054-7　NDC028.09
(内容)小・中・高等学校図書館の選書のための「基本図書」の年刊目録。全国学校図書館協議会(SLA)の選定に合格し、各年で入手可能な図書を収録。小・中・高校の3部門に大別しその中をNDC分類順に排列。書誌事項および内容紹介を記載する。書名索引、著者名索引を付す。

**学校図書館基本図書目録　2006年版**　全国

学校図書館協議会基本図書目録編集委員会編　全国学校図書館協議会　2006.3　101p　21cm　5700円　Ⓘ4-7933-4056-3

〔目次〕基本図書目録 小学校の部（総記，哲学，歴史，社会科学，自然科学，技術，産業，芸術，言語，文学），基本図書目録 中学校の部（総記，哲学，歴史，社会科学，自然科学，技術，産業，芸術，言語，文学），基本図書目録 高等学校の部（総記，哲学，歴史，社会科学，自然科学，技術，産業，芸術，言語，文学），基本図書目録 全国SLAの本，資料の部

〔内容〕2005年9月までに全国学校図書館協議会の選定に合格した図書を対象に，小学校，中学校，高等学校の3部門にわけ，NDCの分類番号順に配列した図書目録。巻末に書目索引，著者名索引が付く。

**学校図書館基本図書目録　2007年版**　全国学校図書館協議会基本図書目録編集委員会編　全国学校図書館協議会　2007.3　977p　21cm　5700円　Ⓘ978-4-7933-4057-4

〔目次〕基本図書目録 小学校の部（総記，哲学，歴史，社会科学，自然科学，技術，産業，芸術，言語，文学，小学校低学年），基本図書目録 中学校の部（総記，哲学，歴史，社会科学，自然科学，技術，産業，芸術，言語，文学），基本図書目録 高等学校の部（総記，哲学，歴史，社会科学，自然科学，技術，産業，芸術，言語，文学），基本図書目録 全国SLAの本（図書館．学校図書館，読書指導．利用指導，集団読書テキスト 小学校向，集団テキスト 中学・高校向），資料の部（全国学校図書館協議会図書選定基準，全国学校図書館協議会コンピュータ・ソフトウェア選定基準，学校図書館メディア基準，学校図書館図書標準，学区図書館図書廃棄基準），優良図書案内，用品・取次会社案内

〔内容〕全体を小・中・高校の3部門に分け，NDC分類番号順に配列した図書目録。巻末に五十音順の書名索引，著者名索引が付く。

**学校図書館基本図書目録　2008年版**　全国学校図書館協議会基本図書目録編集委員会編　全国学校図書館協議会　2008.3　964p　22cm　5700円　Ⓘ4-7933-4058-1　Ⓝ028.09

〔内容〕小・中・高等学校図書館の選書のための「基本図書」の年刊目録。全国学校図書館協議会（SLA）の選定に合格し，各年で入手可能な図書を収録。小・中・高校の3部門に大別しその中をNDC分類順に排列。書誌事項および内容紹介を記載する。書名索引，著者名索引を付す。

**学校図書館基本図書目録　2009年版**　全国学校図書館協議会基本図書目録編集委員会編　全国学校図書館協議会　2009.3　947p　22cm　5700円　Ⓘ4-7933-4060-3　Ⓝ028.09

〔内容〕小・中・高等学校図書館の選書のための「基本図書」の年刊目録。全国学校図書館協議会（SLA）の選定に合格し，各年で入手可能な図書を収録。小・中・高校の3部門に大別しその中をNDC分類順に排列。書誌事項および内容紹介を記載する。書名索引，著者名索引を付す。

**学校図書館基本図書目録　2010年版**　全国学校図書館協議会基本図書目録編集委員会編　全国学校図書館協議会　2010.3　934p　22cm　5700円　Ⓘ4-7933-4061-1　Ⓝ028.09

〔内容〕小・中・高等学校図書館の選書のための「基本図書」の年刊目録。全国学校図書館協議会（SLA）の選定に合格し，各年で入手可能な図書を収録。小・中・高校の3部門に大別しその中をNDC分類順に排列。書誌事項および内容紹介を記載する。書名索引，著者名索引を付す。

### <年表>

**学校図書館50年史年表**　全国学校図書館協議会『学校図書館50年史年表』編集委員会編　全国学校図書館協議会　2001.3　197p　26cm　4000円　Ⓘ4-7933-0055-3　Ⓝ017.021

〔目次〕学校図書館50年史年表，参考文献，学校図書館50年史年表付録（資料）（全国学校図書館協議会創立時の記録，アピール・憲章・定款等，機関誌『学校図書館』の特集主題一覧，研究活動の記録，選定活動の記録 ほか）

〔内容〕学校図書館に関する1945年から1999年までの，活動や法制度，研究に関する事項などをまとめた年表。全国SLAの活動，学校図書館活動および学校図書館に関わる法政上・行政上の措置に関する事項，学校図書館に関する研究，学校図書館に影響を及ぼした図書館界ないし出版界の動向，教育社会一般についての事項を採録，原則1年を見開き2ページにまとめる。付録として学校図書館に関連する資料を多数収録。

### <ハンドブック>

**こうすれば子どもが育つ学校が変わる　学校図書館活用教育ハンドブック**　山形県鶴岡市立朝暘第一小学校編著，髙鷲忠美解説　国土社　2003.10　199p　26cm　〈付属資料：CD-ROM1〉　2500円　Ⓘ4-337-45034-3

〔目次〕はじめに 学校の風が変わった―図書館活用教育をすすめる「風」が吹いた，第1章 本が好き，図書館が大好き，第2章 読書をすすめる図書館づくり―魅力ある図書館に，第3章 気軽に「調べ学習」できる図書館づくり―子どもの学びたい気持ちに応える図書館に，第4章 読書を生かして，心を育てる授業づくり，第5章 調べ学習を通して，考える子どもを育てる授業づくり，第6章 地域・保護者との連携をすすめる図書館づくり，第7章 経営の基盤に「学校図

館」をおいたとき、学校が変わった，第8章 司書教諭・学校司書・図書主任の役割分担と連携，終章 明日の「致道図書館」に向けて，おわりにうれしい成果が、全国発進への勇気を生んだ，朝暘第一小学校 図書館活用教育これまでのあゆみ

(内容)「学校図書館」を学校経営の中核に据える。「第33回・学校図書館賞」大賞受賞校の図書館活用教育のすべてを公開。

**小学校件名標目表** 第2版 全国学校図書館協議会件名標目表委員会編 全国学校図書館協議会 2004.11 303p 27cm 5400円 ①4-7933-0071-5 Ⓝ014.49

(内容)図書を、ことばを手がかりにして検索するための件名標目を収録した小学校図書館用の件名標目表。「音順件名標目表」「分類順件名標目表」の、2種の標目表で構成。小学校で必要とする件名の範囲を具体的に示す。巻末には「国名標目表」を付ける。1985年刊の第2版。

**中学・高校件名標目表** 第3版 全国学校図書館協議会件名標目表委員会編 全国学校図書館協議会 1999.10 337p 21cm 4800円 ①4-7933-0050-2

(目次)音順件名標目表，分類順件名標目表，国名対照表，変更・削除標目対照表

(内容)図書を、ことばを手がかりにして検索するための件名標目を収録した中学・高校図書館用の件名標目表。学校・高等学校において使用されている教科書などから件名標目を収集し構成する。「音順」と「分類順」の2部構成。

<年鑑・白書>

**データに見る今日の学校図書館 学校図書館白書 3** 全国学校図書館協議会編 全国学校図書館協議会 1998.11 111p 26cm 2200円 ①4-7933-4042-3

(目次)第1章 学校図書館の施設，第2章 学校図書館の資料，第3章 学校図書館の予算，第4章 学校図書館の職員，第5章 学校図書館の運営，第6章 学校図書館の利用，第7章 児童生徒の読書状況，第8章 読書指導，第9章 学校図書館の利用指導，第10章 学校図書館とコンピュータ，第11章 学校図書館への期待

(内容)学校図書館と子どもの読書の実態を把握し、課題を明らかにする目的でまとめられたもの。

◆読書指導

<書誌>

**子どもにすすめたいノンフィクション 1987～1996** 日本子どもの本研究会ノンフィクション部会編 一声社 1998.7 289p 21cm 3300円 ①4-87077-150-0

(目次)社会科読みもの，自然科学読みもの，歴史，戦争，伝記，記録，人生，環境，性とからだ，芸術，スポーツ，生活，国語・漢和辞典，英和・和英辞典，事典・年鑑

(内容)1987年1月から1996年12月までに刊行された子供向けのノンフィクションのうち、単行本362冊、シリーズ56点を収録したブックガイド。掲載項目は、出版社、初版発行年、大きさ、本体価格、ページ数、解説文など。1987年に刊行された『ノンフィクション子どもの本900冊』の増補版。

**世界の古典名著 総解説** 改訂新版 自由国民社 2001.8 459p 21cm （総解説シリーズ） 2000円 ①4-426-60108-8 Ⓝ028

(目次)政治・経済の現代古典，政治の古典名著，経済の古典名著，法思想の古典名著，思想・哲学の古典名著，歴史・戦記の古典名著

(内容)世界の古典名著を作品別に解説するブックガイド。本文は政治・経済、法思想などジャンル別に構成。各作品には書名、著者名、解説、大要、解題を記載。各頁下欄に用語解説を付記する。巻末に五十音順の書名索引がある。

**世界文学の名作と主人公 総解説** 改訂新版 自由国民社 2001.6 16,351p 21cm （わかる・よむ総解説シリーズ） 2000円 ①4-426-60608-X Ⓝ903.1

(目次)フランス文学編，イギリス文学編，アメリカ文学編，ドイツ文学編，ロシア文学編，その他・各国の文学編，追編・世界の児童文学とアイドルたち

(内容)世界の著名な文学作品240編を作品別に解説するブックガイド。本文を文学別に構成し、「ノーベル賞について」などのコラムを挟む。各作品には邦題、原題、著者名、作品のアウトライン、主人公ハイライト、作者の生涯、名文句点滴などを記載。また、各頁欄外にその著者にまつわるエピソードを付記する。巻頭特集として原卓也「なぜ世界文学か」と世界の文学・早わかり年表、巻末にノーベル文学賞受賞者一覧がある。

**中国の古典名著 総解説** 改訂新版 自由国民社 2001.6 16,404p 21cm （わかる・よむ総解説シリーズ） 2000円 ①4-426-60208-4 Ⓝ028

(目次)1 史書・史論・政治論・言行録篇，2 思想篇(儒家・道家・神仙家・法家・兵家・雑家・仏家)，3 小説・戯曲・記録文学篇，4 詩人・詩集・詩論・詩文集篇，5 芸道・自然科学書篇，6 追篇・現代中国の作品と論説

⑩中国の古典名著約210編を作品別に解説するブックガイド。本文はジャンル別に構成。各作品には書名、解説、大要、名言集、解題などを記載。表見返しには「中国4000年の時代区分と王朝の系譜」、裏見返しには「中国古典地図」がある。

**日本の古典名著 総解説 改訂新版** 自由国民社 2001.6 463p 21cm （わかる・よむ 総解説シリーズ） 2000円 ⓘ4-426-60308-0 Ⓝ028

(目次)1 史書・国学・儒学・時論編（史書・史論・歴史、儒学・国学・処世論）、2 物語・日記・歌集・小説編（物語文学、説話文学 ほか）、3 仏典・講話編（仏典、禅書 ほか）、4 武道・芸道・自然科学書編（武道・礼法・芸道、自然科学）、追編 古典名著を読む人のために（古典文学を学ぶ人のために―時代別にみる古典文学の流れ、歴史から見た名著の今日的意義について―広い視野で名著を見直すことが必要）

(内容)日本の古典名著を作品別に解説するブックガイド。本文はジャンル別に構成。各作品には書名、解説、大要を記載。また、各頁欄外で古典名著のエピソードを紹介する。巻頭特集は黄色瑞華「芭蕉と旅と『おくのほそ道と』」があり、巻末には古典名著の現行本と参考書一覧、収録する古典の五十音順書名索引、作家索引、「解題」索引辞典がある。

◆学習・教科書

<書 誌>

**往来物解題辞典** 石川松太郎監修、小泉吉永編著 大空社 2001.3 2冊 27cm 45000円 ⓘ4-7568-0231-1 Ⓝ375.9

(目次)解題編、図版編

(内容)平安時代から明治時代初期まで用いられた初等教科書（往来物）を集大成する事典。解題編と図版編の2分冊で構成する。3570項目収録。

**学習参考書総目録 2001年版** 学習書協会 2001.2 312p 21cm 400円 Ⓝ375

(目次)小学の部（参考書シリーズ、問題集シリーズ、単品（各科））、中学の部（参考書シリーズ、問題集シリーズ、単品（各科））、高校の部（学参単品、シリーズ、その他、関係雑誌一覧）

(内容)用途と学習レベルから探せる学習参考書のガイドブック。「使用時期・目的」では、日常学習用、受験用、入試直前用に、「レベル」別では、入門、基礎、標準、応用、入試レベル、難などに分類する。書名、内容解説、用途、レベル、科目と対象、判型・頁数、本体価格を記載。巻末に五十音順書名索引がある。

**教科書掲載作品 読んでおきたい名著案内**

小・中学校編 日外アソシエーツ株式会社編 日外アソシエーツ 2008.12 690p 21cm 9333円 ⓘ978-4-8169-2152-0 Ⓝ375.98

(内容)1949～2006年刊の教科書から小説・戯曲・評論・随筆・詩・古文などの作品をすべて掲載。高校国語教科書を対象にした「読んでおきたい名著案内教科書掲載作品13000」とあわせ、小学校から高校までの作品が通覧可能に。図書館のレファレンス業務、読書指導にも役立つ一冊。

**教科書掲載作品13000 読んでおきたい名著案内** 阿武泉監修 日外アソシエーツ 2008.4 905p 21cm 9333円 ⓘ978-4-8169-2097-4 Ⓝ375.984

(内容)高校国語教科書に載った作品を網羅。1949～2006年刊の教科書から小説・戯曲・評論・随筆・詩・短歌・俳句・古文・漢文などの作品をすべて掲載。国語教育の潮流を一望。図書館のレファレンス業務にも役立つ一冊。

**国語教育文献総合目録 1958（昭和33）年～2007（平成19）年** 浜本純逸編 （広島）渓水社 2008.2 279p 31cm 3800円 ⓘ978-4-86327-008-4 Ⓝ375.7

(目次)国語教育文献総合目録、索引

(内容)1958（昭和33）年～2007（平成19）年のおよそ50年間の国語教育の理論と実践に関する文献を中心に関連領域（言語学・日本語教育学・教育学）文献を時系列で記載した総合目録。

**この辞書・事典が面白い！ 「辞書」「事典」「図鑑」ベストランキング発表** 室伏哲郎監修 トラベルジャーナル 1999.6 157p 21cm 1200円 ⓘ4-89559-455-6

(目次)プロローグ 出版・読書界初の知的・ランキング発表にあたって、1「国語辞書」の良い奴、悪い奴、2 ジョイフル＆ジョイレスな「英語辞書」、3「事典」の人気者、隠れ人気者、4「図鑑」を超鑑定する、5「電子辞書・事典・図鑑」ベストバイ

(内容)辞書、事典、図鑑類を分析・評価した格付けランキングを掲載したもの。掲載辞書計270冊。索引付き。

**参考図書研究ガイド** 3訂版 全国学校図書館協議会参考図書研究ガイド編集委員会編 全国学校図書館協議会 1992.3 238p 26cm 1900円 ⓘ4-7933-4028-8 Ⓝ028

(内容)内外の主要参考図書100点を詳しく紹介する解題書誌。見開きごとに当該参考図書の外観写真、書誌的データおよび索引等の検索手段、凡例などを掲載する。

**辞書の図書館 所蔵9,811冊** 清久尚美編 駿河台出版社 2002.8 729p 21cm 3800

円 ①4-411-00392-9 Ⓝ028

(目次)総記，哲学，歴史，社会科学，自然科学，技術，産業，芸術，言語，文学

(内容)「調べる」ために使う本の目録。語学辞書・専門事典だけでなく便覧・名鑑など幅広くツールを対象とする。国内の出版社273社の最新版の出版目録等々に基づき9811冊を収録。内容的には学術的なものから生活および趣味に関するものまで，幅広い選択を行い，形態では書籍・CD・ROM版・電子ブック版・オンデマンド版他にわたる。日本十進分類表の第一次区分(類目表)に従って全体を10章を基本に独自の変更も加えて分類順に排列・掲載する。巻末に書名索引，出版者名簿がある。

**先生と司書が選んだ調べるための本 小学校社会科で活用できる学校図書館コレクション** 鎌田和宏，中山美由紀編著 少年写真新聞社 2008.8 159p 30cm 2200円 ①978-4-87981-261-2 Ⓝ375.3

(目次)第1部 小学校社会科で活用できる調べるための本(学校のまわり・町の様子を調べよう，人びとのしごとを調べよう(地域の生産)，くらしをまもるはたらきを調べよう，健康なくらしとまちづくりを調べよう ほか)，第2部 小学校社会科授業の質を高める情報リテラシーの育成と学校図書館(社会科でなぜ学校図書館を利用すべきなのか，社会科授業で育てる情報リテラシー——社会科学習で学校図書館をどう利用していくか，社会科の授業に対応した学校図書館をどうつくっていくのか，学校図書館を活用し情報リテラシーを育て展開する社会科授業)

**調査研究・参考図書目録 本編，索引 改訂新版** 図書館流通センター企画編集室編 図書館流通センター 2002.12 2冊(1129p, 324p) 31cm 各21000円 ①4-86039-019-9 Ⓝ028

(内容)参考資料として利用できる図書を収録した書籍。ガイドブックや実用書も含む幅広い参考図書を対象とし，1987年〜2002年6月に刊行された23011点を収録，改訂版や年刊版は最新版のみ収録する。NDC9版の1000区分の分類順(児童書は文学の後にまとめる)，その中は書名五十音順に排列する。NDCや件名を含む書誌事項，TRC MARC No.、一部に内容紹介文，またежедневни1しやすい基本参考図書には☆印を記載する。巻末に件名索引，書名索引，著者名索引がある。1998年刊の改訂新版。

## <事典>

**社会科読み物資料活用小事典** 向山洋一編 明治図書出版 1998.9 146p 21cm (法則化小事典シリーズ) 1800円 ①4-18-448006-3

(目次)歴史的分野(三内丸山遺跡，土器，銅鐸，はにわ，前方後円墳 ほか)，地理的分野(雪，流氷，米，みかんとりんご，カレーライス ほか)，公民的分野(ごみ，自動車，電気，セブンイレブン，一万円札 ほか)

## <索引>

**世界商売往来用語索引** 飛田良文，村山昌俊著 武蔵野書院 2000.9 373, 226p 21cm 15000円 ①4-8386-0188-3 Ⓝ375.9

(目次)本文編，索引編(国語索引，英語索引)，研究編(伝記，著作目録，書誌，異版の資料，国語索引校注，英語索引校注，英語正誤表)

(内容)明治6年(1873)の小学校創設時に教科書に指定された『世界商売往来』の語彙索引。『世界商売往来』は初等教育の語彙を知るうえで重要な資料であり，また，開化期の言語の実態や訳語を知るという観点から興味深い資料。『世界商売往来』(正編)，『続世界商売往来』(続編)，『続々世界商売往来』(続々編)，『世界商売往来補遺』(補遺編)，『世界商売往来追加』(追加編)の五冊を対象として調査・編集している。

## <ハンドブック>

**小學讀本便覽 第8巻** 古田東朔編 武蔵野書院 2007.8 586p 26cm 13000円 ①978-4-8386-0225-4

(内容)国定四期(昭和八年度から使用)小學國語讀本(文部省編)巻一から巻十二までと，小學國語讀本尋常科用編纂趣意書(第四次国定)巻一編から巻十二編まで収録。

**調べ学習ガイドブック なにをどこで調べるか 2004-2005** 神林照道監修，こどもくらぶ編 ポプラ社 2004.4 287p 29×22cm 5800円 ①4-591-07983-X

(目次)特集調べ学習実践例——どうすれば国際交流ができるか，調べてみよう！(国際交流のテーマを決めよう——長崎県時津東小学校の実践例，国際交流の方法を決めよう，国際交流の場所を考えよう ほか)，どうやって調べるか(調べ学習のテーマをみつけよう，まずは図書館へ行こう！，博物館や科学館で調べよう ほか)，どこで調べるか(自然と環境，暮らしと地方行政，国のしくみと経済 ほか)

(内容)調べ学習でよくとりあげられるテーマごとに調べ先を紹介したガイドブック。全国の主な博物館，図書館の利用方法，ホームページの検索方法，問い合わせの電話のかけ方，答えてもらいやすい問い合わせ方など，調べ学習のノウハウをていねいに解説。テーマ選びのヒントになるチャートをつけ調べ学習の可能性を広げている。

# 児童文学

<書誌>

**アンソロジー内容総覧 児童文学** 日外アソシエーツ編 日外アソシエーツ,紀伊國屋書店〔発売〕 2001.5 979p 21cm 30000円 Ⓘ4-8169-1667-9 Ⓝ909.031

(目次)作家名索引,挿絵画家名索引,作品名索引
(内容)1冊に多数の作家の作品を収録したアンソロジーの内容細目集。1945年～2000年に日本で刊行されたアンソロジーのうち、児童よみものが中心の1471冊、6500作家、22279作品を収録。排列は書名の五十音順。各アンソロジーには書誌事項のほか、内容細目として内容目次、作品名、著者・訳者名、挿絵画家名、該当頁を記載。巻頭に五十音順による収録アンソロジー一覧、巻末に作家名索引、挿絵画家名索引、作品名索引(いずれも五十音順)がある。

**イギリス・アメリカ児童文学ガイド** 定松正編 荒地出版社 2003.4 322p 21cm 2800円 Ⓘ4-7521-0130-0

(目次)イギリスの児童文学(イギリス児童文学の流れ、ダニエル・デフォー ほか)、アメリカの児童文学(アメリカ児童文学の流れ、ルイーザ・メイ・オルコット ほか)、カナダ・オーストラリア・ニュージーランドの児童文学(カナダ・オーストラリア・ニュージーランド児童文学の流れ、ルーシー・モード・モンゴメリ ほか)、児童文学の周辺(19世紀の挿絵・絵本作家たち、ビアトリクス・ポター ほか)
(内容)イギリス、アメリカをはじめとする英語圏の児童文学を作家・作品別に紹介した案内書。作家のプロフィールとゆかりの土地の解説、作品のあらすじや主題の分析に加え、児童文学を専攻する学生のために、論文・レポート作成のヒントとなる具体的なテーマ例をあげた。また、挿絵・絵本作家やマザーグースなどの紹介に加え、用語解説・参考文献一覧も付してあるので、英語圏の児童文学に関する手軽な参考書としても利用できる。

**子どもと楽しむ はじめての文学** 棚橋美代子,幼年文学選書の会編 (大阪)創元社 1999.4 146p 21cm 1200円 Ⓘ4-422-12054-9

(目次)あらしのよるに、うさんごろとおばけ、おさる日記、おさるのまいにち、おしいれのぼうけん、オバケちゃん、かがりちゃん、かみなりドーン!、カメヤマカメタのいちがつき、すずめのおくりもの〔ほか〕
(内容)文学作品として優れていること、子どもの読書の入口となること、今の子どもたちが読者であること、を基準に幼年文学を紹介したガイド。小学校国語教科書に出てくる文学作品一覧、書名索引付き。1993年に出版された『お母さんが選んだ128冊の絵本』の姉妹編。

**子どもの本 世界の児童文学7000** 日外アソシエーツ編 日外アソシエーツ 2005.8 555p 21cm 4700円 Ⓘ4-8169-1895-7

(目次)アヴィ、アシモフ、アイザック、アップルゲイト,K.A.、アトリー、アリソン、アミーチス、エドモンド・デ、アーモンド、デイヴィッド、アリグザンダー、ロイド、アルバーグ、アラン、アンデルセン、ハンス・クリスチャン、イェップ、ローレンス〔ほか〕
(内容)「人魚姫」「ロッタちゃん」「ハリー・ポッター」など、古典的名作から最近の話題作まで、海外の作家221人の7269冊を収録。公立図書館・学校図書館での選書・読書指導に最適の読書ガイド。『子どもの本 日本の名作童話6000』『子どもの本 現代日本の創作5000』の姉妹編。

**作品名から引ける 世界児童文学全集案内** 日外アソシエーツ編 日外アソシエーツ 2006.8 761p 21cm 9500円 Ⓘ4-8169-1997-X

(内容)国内で刊行された世界の児童文学に関する全集・アンソロジーの収載作品を、作品名から引ける総索引。1945年～2003年に国内で刊行された物語・ノンフィクションの全集・アンソロジーに収載された作品を収録。収録点数は、児童文学全集・アンソロジー355種4974冊の収載作品のべ32595点。

**作家名から引ける世界児童文学全集案内** 日外アソシエーツ編 日外アソシエーツ,紀伊國屋書店〔発売〕 2007.2 712p 21cm 9333円 Ⓘ978-4-8169-2028-8

(目次)相沢裕文、アイスキュロス、会田由、アイトマートフ、チンギス・トレクロビッチ、あいばみつやす、アイヒェンドルフ、ヨーゼフ・フォン、アイリッシュ、ウィリアム、アインシュタイン、アルベルト、アイン・ドック、アーヴィング、ワシントン〔ほか〕
(内容)ある作家の作品がどの全集・アンソロジーに載っているかを一覧できる。1945年以降の児童文学全集・アンソロジーを収載。西洋人作家の原綴から引ける便利な「作家名原綴索引」つき4974冊の作品23913点を調べられる、読書・学習に役立つ1冊。

**児童文学書全情報 51／90** 日外アソシエーツ編 日外アソシエーツ,紀伊国屋書店〔発売〕 1998.5 3冊(セット) 21cm 45000円 Ⓘ4-8169-1488-9

(内容)1951年から1990年までの40年間に日本国内で刊行された児童文学に関する研究書1827点、児童文学作品37443点、全集・アンソロジー2617

**児童文学書全情報 91／95** 日外アソシエーツ編 日外アソシエーツ,紀伊国屋書店〔発売〕 1999.5 778p 21cm 19000円 ⓘ4-8169-1542-7

(目次)研究書(テーマ別),テーマ別見出し一覧,作品(著者・訳者名五十音順)

(内容)1991(平成3)年から1995(平成7)年迄の5年間に日本国内で刊行された、児童文学に関する研究書、児童文学作品(伝記・ノンフィクション等の読み物を含む)、児童文学の全集・アンソロジー(著者が特定できない講談・落語・ノベライゼーションなどを含む)を収録した図書目録。研究書914点、4800人の著者・訳者の手によるのべ5964点、全集・アンソロジー348点を収録。排列は、研究書は、書名の50音順、作品は、著作と翻訳に分け、書名の50音順、全集・アンソロジーは書名の50音順。掲載項目は、書名、副書名、巻次、各巻書名、著者表示、資料種別表示、版表示、出版地、出版者、出版年月、ページ数または冊数、大きさ、叢書名、叢書番号、注記、定価(刊行時)、ISBN、NDC、内容、文献番号など。巻末に、書名、著者名、挿絵画家名索引を付す。

**児童文学書全情報 1996-2000** 日外アソシエーツ株式会社編 日外アソシエーツ,紀伊國屋書店〔発売〕 2001.3 745p 22cm〈索引あり〉 19000円 ⓘ4-8169-1653-9 Ⓝ909.031

(目次)研究書,作品,付録 全集・アンソロジー一覧,書名索引(研究書,作品),著者名索引,挿絵画家名索引

(内容)1996年から2000年までの5年間に日本国内で刊行された児童文学関連図書を収録する図書目録。1999年に刊行した同名図書の継続版にあたる。児童文学の研究書878点、2400人の著者・訳者による作品5480点、全集・アンソロジー456点を収録対象とし、各図書の書誌事項を記す。巻末に付録として書名五十音順による全集・アンソロジー一覧があるほか、書名索引、著者名索引、挿絵画家名索引を付す。

**児童文学書全情報 2001-2005** 日外アソシエーツ編 日外アソシエーツ 2006.4 914p 21cm 19000円 ⓘ4-8169-1971-6

(目次)研究書(テーマ別),作品(著者・訳者名五十音順),附録 全集・アンソロジー一覧(書名五十音順)

(内容)2001年から2005年までの5年間に刊行された児童文学書・研究書7817点を収録。「研究書」「作品」「附録 全集・アンソロジー一覧」の3部構成。「研究書」は717点をテーマ別に分類。「作品」は2919人の著訳者の、のべ6838点を内容紹介付きで収録。「全集・アンソロジー」262点も収載。巻末に「書名索引」「著者名索引(研究書)」「挿絵画家名索引」付き。

**児童文学テーマ全集内容総覧 世界編** 日外アソシエーツ編 日外アソシエーツ,紀伊國屋書店〔発売〕 2003.12 616p 15cm 28000円 ⓘ4-8169-1814-0

(目次)物語,ノンフィクション,民話,詩

(内容)SF、推理、ノンフィクション、民話など特定テーマのもとに編纂された世界の児童文学全集140種2019冊に掲載の1600作家9900作品を収録。巻頭に収録全集一覧が、巻末に作家名索引、作品名索引が付く。

**児童文学翻訳作品総覧 イギリス編明治大正昭和平成の135年翻訳目録** 川戸道昭,榊原貴教編 大空社 2005.6 2冊(セット) 26cm 35000円 ⓘ4-283-00434-0

(目次)第一巻(研究編(ディケンズの"児童文学"翻訳概観,明治の『アリス』―ナンセンス文学受容の原点,『アリス』翻訳にみる子どもの視点の確立と少女像の創成―『ふしぎなお庭 まりちゃんの夢の国旅行』),目録編(デフォー,スウィフト,ディケンズ ほか)),第二巻(目録編(ワイルド,キプリング,バリー),索引編)

(内容)児童文学として紹介された作品500点余を選択し年表形式で目録化。口絵に300点の写真を掲載。この「イギリス編」ではデフォー、スウィフト、ディケンズなどを採り上げる。

**児童文学翻訳作品総覧 明治大正昭和平成の135年翻訳目録 北欧・南欧・スペイン・ロシア編** 川戸道昭,榊原貴教編 大空社,ナダ出版センター 2005.12 2冊(セット) 26cm 35000円 ⓘ4-283-00436-7

(目次)北欧・南欧編(研究編(アンデルセン集)(馬に乗った裸の王様―アンデルセンの翻訳に与えた『ナショナル・リーダー』の影響,"Tommelise"を越えた「親指姫」―Tommelise受容の変遷),目録編(アンデルセン―略歴／翻訳書の序文・解説等による紹介,デ・アミーチス―略歴／翻訳書の序文・解説等による紹介,メーテルリンク―略歴／翻訳書の序文・解説等による紹介 ほか)),スペイン・ロシア編(研究編1(セルバンテス特集)(なぜ今、セルバンテスなのか、セルバンテスの人と作品,日本におけるセルバンテス研究 ほか),研究編2(ロシア編)(『ロシア児童文学の世界―昔話から現代の作品まで』展をめぐって、「せむしのこうま」の誕生とあゆんだ道,明治の児童向け出版におけるトルストイ受容),目録編(セルバンテス―略歴／翻訳書の序文・解説等による紹介,クルイローフ―略歴／翻訳書の序文・解説等による紹介,エルショーフ―略歴／翻訳書の序文・解説等による紹介 ほか))

児童文学　　　　　　　　　研究・指導書

**児童文学翻訳作品総覧**　川戸道昭, 榊原貴教編　大空社　2006.3　2冊(セット)　26cm　35000円　ⓘ4-283-00437-5

(目次)第7巻 アメリカ編(研究編(明治のマザーグース—英語リーダーを仲立ちとするその受容の全容, 日本の「黒猫」における一人称代名詞の変遷について ほか), 目録編(ホーソーン, ポー ほか)), 第8巻 千一夜物語・イソップ寓話編(目録編(アラビアン・ナイト, イソップ寓話), 索引編(訳者別翻訳索引, 挿絵画家索引))

(内容)明治大正昭和平成の135年翻訳目録。

**児童文学翻訳作品総覧 フランス・ドイツ編　明治・大正・昭和・平成の135年翻訳目録**　川戸道昭, 榊原貴教編　大空社, ナダ出版センター　2005.9　2冊(セット)　26cm　35000円　ⓘ4-283-00435-9

(目次)第3巻 フランス編(研究編, 目録編), 第4巻 ドイツ編・附スイス編(研究編, 目録編, 索引編—「フランス編」「ドイツ編」の統合索引)

**図説 子どもの本・翻訳の歩み事典**　子どもの本・翻訳の歩み研究会編　柏書房　2002.4　398p　26cm　8500円　ⓘ4-7601-2189-7　Ⓝ909.036

(目次)1 児童文学をめぐって, 2 翻訳児童文学の歩み(子どもの文学の誕生, 成長する子どもの文学, 花開く時代, 広がる子どもの本, 戦争をはさんで, 「近代」から「現代」へ, 「現代」への出発, 変化の波:「紙上シンポジウム」子どもの本の翻訳・そのありかたを考える), 3 翻訳児童文学データ集(世界の児童図書賞, 翻訳児童文学はどの程度出版されてきたか, 子どもたちはどのように翻訳作品を読んできたか), 4 翻訳児童文学関連施設紹介, 5 翻訳児童文学出版年表

(内容)明治期から今日までの翻訳児童文学を総覧する作品事典。時代別に構成し, 時代解説, 作品解説(総数962点), テーマ別コラム, 児童文学書300点の写真などを掲載する。巻末に作品解説索引(作品名・書名・雑誌名索引, 著者名・原作者名索引, 翻訳者名索引)と記事索引が付く。

**世界児童文学個人全集・作品名綜覧**　日外アソシエーツ編　日外アソシエーツ, 紀伊国屋書店〔発売〕　2000.11　587p　23×16cm　(世界文学綜覧シリーズ13)　34000円　ⓘ4-8169-1627-X　Ⓝ903.1

(内容)海外作家の児童文学作家の個人全集を収録作品名から引く索引。1945年(昭和20年)から2000年(平成12年)6月までに日本国内で刊行が完結した個人全集233種1412冊に収載の作品15378件を収録し, 作品名の五十音順に排列。記載事項は作品名, 作品名原綴, 訳者名, 収録全集名・巻次, 出版者, 刊行年, 原本掲載開始頁。

作品名原綴索引付き。

**世界児童文学個人全集・内容綜覧**　日外アソシエーツ編　日外アソシエーツ, 紀伊国屋書店〔発売〕　2000.10　421p　21cm　(世界文学綜覧シリーズ12)　30000円　ⓘ4-8169-1626-1　Ⓝ903.1

(目次)アリグザンダー, ロイド, アルベルティ, レオン バティスタ, アレークシン, アナトーリー, アンデルセン, ハンス・クリスチャン, イソップ, ヴィーヘルト, エルンスト, ヴェルヌ, ジュール, エッケ, ヴォルフガング, エロシェンコ, ワシーリー, オルコット, ルイザ・メイ 〔ほか〕

(内容)海外作家の児童文学作家の個人全集の内容細目集。1945年(昭和20年)から2000年(平成12年)6月までに刊行が完結した個人全集, 選集, 著作集, 作品集233種1412冊を収録し, 作家名の五十音順に排列。記載事項は全集名, 出版者, 総巻数, 刊行期間, 注記, 巻次, 巻名, 刊行年月日, 注記, 作品名・論題, 訳者・解説などの著者・挿絵画家名, 原本掲載開始頁。

**世界児童文学全集・作品名綜覧**　日外アソシエーツ編　日外アソシエーツ, 紀伊国屋書店〔発売〕　1999.4　2冊(セット)　21cm　(世界文学綜覧シリーズ11)　46000円　ⓘ4-8169-1521-4

(内容)国内で翻訳刊行された, 世界各国の児童文学作品を収録した全集の作品名索引。1945年(昭和20年)から1994年(平成6年)までに刊行が完結した児童文学全集116種, 3162冊に収載27657件を収録。2巻構成で, 上巻に「あ〜せ」, 下巻に「そ〜わ」を収録した。収録全集一覧, 出版社別一覧付き。

**世界児童文学全集・作家名綜覧**　日外アソシエーツ編　日外アソシエーツ, 紀伊国屋書店〔発売〕　1999.2　2冊(セット)　21cm　(世界文学綜覧シリーズ)　42000円　ⓘ4-8169-1520-6

(内容)国内で翻訳刊行された, 世界各国の児童文学作品を収録した全集の作家名索引。1945年(昭和20年)から1994年(平成6年)までに刊行が完結した児童文学全集116種, 3162冊に収載の1744名の作家による作品24772件を収録した。作家名の五十音順に排列。上巻「ア〜シ」, 下巻「ス〜ワ」の二巻構成。

**世界の海洋文学・総解説 海を舞台に繰り広げられる冒険とロマンの名作集大成**　小島敦夫編著　自由国民社　1998.7　375p　21cm　1900円　ⓘ4-426-61304-3

(目次)海外・海洋小説(ロビンソン・クルーソー, 白鯨, 洋上都市, 海底牧場 ほか), 日本・海洋小説(ジョン万次郎漂流記, オホーツク老人, 還らぬ海 ほか), 海洋冒険小説(女王陛下のユ

リシーズ号，海の男／ホーンブロワー・シリーズ，タイタニックを引き揚げろ ほか），海洋戦記文学（海の鷲，ケイン号の叛乱，非情の海，全軍突撃 ほか），海洋少年文学（宝島，海底二万海里，謎の北西航路，対馬丸，沖縄の少年 ほか），海洋ドキュメント（SOSタイタニック，オホーツク諜報戦，至高の銀杯 ほか），探検・冒険・漂流の記録（コン・ティキ号探検記，沈黙の世界，たった一人の生還 ほか），航海記録（ウイル船長回想録，リブ号の航海，どくとるまんぼう航海記 ほか），紀行・随想・詩歌・戯曲（海路残照，イルカと海に帰る日，太平洋 ほか）

**占領下の文壇作家と児童文学　索引**　根本正義編　高文堂出版社　2005.12　81p　19cm　952円　Ⓘ4-7707-0743-6

〔目次〕作家（詩人・歌人・評論家・翻訳家等含）索引，児童文学者索引，画家（装幀・挿絵・口絵）索引，漫画家索引，絵物語作家索引，外国人名索引，文化・教育・科学・スポーツ・児童等人名索引，少年雑誌・少女雑誌・児童雑誌索引，出版人（編集人）索引，出版社索引，各種団体等索引，新聞・雑誌名索引，主要文献索引

**たのしく読める英米児童文学　作品ガイド120**　本多英明，桂宥子，小峰和子編著　（京都）ミネルヴァ書房　2000.3　286p　21cm　（シリーズ文学ガイド　6）　2800円　Ⓘ4-623-03156-X　Ⓝ909

〔目次〕第1章 英米児童文学の誕生，第2章 イギリス児童文学の古典，第3章 アメリカ児童文学の古典，第4章 イギリス児童文学の発展，第5章 アメリカ児童文学の発展，第6章 英米以外の英語圏の児童文学，第7章 新しい児童文学，第8章 英米絵本の収穫

〔内容〕英米を中心とする英語圏の児童文学を紹介するガイドブック。19世紀頃から現代までの120編を収録。全体を英米文学の誕生，イギリス児童文学の古典などの8つの章に分類し，それぞれに文学史的アプローチを主旨としたコラムを付す。各作品は見開き2ページであらすじ，読み方，作家の履歴，読書案内，さわりの部分の原文引用で構成。巻末に五十音順の作家索引と作品索引を付す。

**チェコへの扉　子どもの本の世界　国立国会図書館国際子ども図書館展示会**　国立国会図書館国際子ども図書館編　国立国会図書館国際子ども図書館　2008.1　80p　30cm　〈他言語標題：Door to the Czech Republic 他言語標題：Brána do České republiky　会期：平成20年1月26日—9月7日　年表あり〉　Ⓘ978-4-87582-662-0　Ⓝ989.5

〔内容〕チェコの児童書を紹介する解題目録。国際子ども図書館で平成20年1月26日〜平成20年9月7日に開催された展示会の展示目録。昔話や伝説の本のほか，20世紀のチャペック兄弟やラダ，第二次大戦後では詩人のフルビーン，作家のジーハやペチシカ，画家ではトゥルンカ，ズマトリーコヴァー，ミレル，パツォウスカーなどの作品をとりあげる。翻訳書を含め収録点数263点。巻末に五十音順の作家紹介，参考文献などを付す。

**日本におけるグレアム・グリーン書誌**　岩崎正也編著　彩流社　2010.1　238p　22cm　〈他言語標題：A bibliography of Graham Greene in Japan　索引あり〉　3500円　Ⓘ978-4-7791-1503-5　Ⓝ930.278

〔目次〕1 グレアム・グリーン著作の翻訳，2 グレアム・グリーン研究（翻訳も含む），3 グレアム・グリーンの注釈，4 本邦公開のグレアム・グリーンの映画，5 グレアム・グリーン著作一覧（MLA6版準拠），6 昭和20年代のグリーン論文の紹介，7 「著作が私自身なのだ」

〔内容〕多面的な巨匠に関するわが国における受容と研究・注釈の足跡を網羅した書誌情報の集大成。

**文学賞受賞作品目録　2005-2009**　日外アソシエーツ株式会社編　日外アソシエーツ　2010.7　468p　21cm　〈索引あり〉　14000円　Ⓘ978-4-8169-2265-7　Ⓝ910.31

〔内容〕2005年から2009年までの5年間に実施された332賞の受賞作品3,739点を収録する作品目録。小説，ノンフィクション，随筆，詩歌，戯曲，児童文学など各種文学賞に加え，翻訳，装丁，漫画など出版文化に関する賞も幅広く収録。受賞作品が収録されている図書3,429点の書誌データも併載。巻末に作品名索引付き。

**掘りだしものカタログ　3　子どもの部屋×小説**　藤本恵編著　明治書院　2009.3　156p　21cm　〈索引あり〉　952円　Ⓘ978-4-625-65409-1　Ⓝ903.1

〔目次〕1章 Beginning—この本，一人で読んでみよう（『いやいやえん』，『ちいさいモモちゃんシリーズ』 ほか），2章 Entertainment—とにかく楽しい，おもしろい！（『おさるシリーズ』，『ぼくは王さまシリーズ』 ほか），3章 Fantasy—ふしぎな世界に出会う（『不思議の国のアリス』，『クレヨン王国　月のたまごPART1』 ほか），4章 Contemporary—わたしたちの"今"が見える（『宇宙のみなしご』，『12歳たちの伝説』 ほか），5章 Classic—名作にはわけがある（『こがね丸』，『ベロ出しチョンマ』 ほか）

〔内容〕本を読む子はどこか違う？童話，シリーズ作品，ファンタジー，ミステリーなど，子ども心を捉えて離さない国内・海外の名作52作を紹介。

**ほんとうに読みたい本が見つかった！　4つのキーワードで読む児童文学の〈現在〉セレクト56**　上原里佳，神戸万知，鈴木宏

児童文学　　　　　　　研究・指導書

枝，横田順子著　原書房　2009.6　238，24p　20cm　〈索引あり〉　1900円　①978-4-562-04291-3　Ⓝ028.09

(目次)風の章(『トラベリング・パンツ』・われらが友情に一点の曇りなし，『クラリス・ビーンあたしがいちばん!』・ユーモアあるおしゃべりは地球を救う ほか)，火の章(『チューリップ・タッチ』・邪悪さの正体，『マルコとミルコの悪魔なんかこわくない!』・悪知恵二倍で，楽しさも二倍! ほか)，土の章(『ウォーターシップ・ダウンのウサギたち』・壮大な神話が斬る人間の諸相，『恐竜の谷の大冒険』・体験型の百科事典 ほか)，水の章(『コンチキ号漂流記』・ダイナミックな海洋ショー，『タイの少女カティ』・ココナツの香る国のさわやかな少女 ほか)

(内容)神宮輝夫訳の名作と海外の最新作を厳選。児童文学案内の決定版!『影の絵』から『ツバメ号とアマゾン号』まで。年齢別ブックリストとシリーズ4冊の書名索引，著者名索引付。

**ほんとうはこんな本が読みたかった! 児童文学の「現在」セレクト57**　神宮輝夫監修，上原里佳，横田順子，鈴木宏枝，神戸万知著　原書房　2000.2　240，20cm　1800円　①4-562-03276-6　Ⓝ028.09

(目次)ふしぎのたまご(『クマのプーさん』―やすらぎ系のクマのお話，『風にのってきたメアリー・ポピンズ』―遊園地へようこそ ほか)，もうひとつの世界へ(『しずくの首飾り』―身近な暮らしと魔法のあいだ，『シャーロットのおくりもの』―クモが織りあげた橋 ほか)，こころのアンサンブル(『クローディアの秘密』―仮想家出ノススメ，『めぐりめぐる月』―謎を追いかけて三千キロ ほか)，子どもたちの四季(『がんばれヘンリーくん』―「普通」のアイドル，『リトル・カーのぼうけん』―小さな車の大きな冒険 ほか)

**民話・昔話全情報　45／91**　日外アソシエーツ編　日外アソシエーツ，紀伊國屋書店〔発売〕　1992.6　661p　21cm　19800円　①4-8169-1135-9　Ⓝ388.031

(内容)日本および世界各国地域・民族の神話・民話・昔話・伝説・民謡などの口承文芸，ならびにその周辺図書を網羅した書誌。1945～1991年に日本国内で刊行された図書を収録。地域別に分類排列。各地の民話・昔話などを収録しているもの，民話・昔話などに関する研究書，合わせて約1万点を収録。

**民話・昔話全情報　92／99**　日外アソシエーツ編集部編　日外アソシエーツ，紀伊国屋書店〔発売〕　2000.9　527p　21cm　19600円　①4-8169-1623-7　Ⓝ388.031

(内容)民話，昔話，神話，伝説，民謡等に関する図書目録。1992～1999年に刊行された図書6531点を収録。日本，海外に大別し，それぞれ地域別に分類，各分類の下では五十音順に排列する。巻末に書名索引と事項名索引付き。

**民話・昔話全情報　2000-2007**　日外アソシエーツ株式会社編　日外アソシエーツ　2008.2　617p　22cm　19000円　①978-4-8169-2092-9　Ⓝ388.031

(目次)民話・昔話全情報(民話・昔話全般，日本，海外)，書名索引，事項名索引

(内容)民話・昔話・神話・伝説・民謡に関する図書5,682点を収録。2000～2007年の8年間に国内で刊行された図書を内容紹介付きで収録。民話・昔話、神話、伝説、民謡から民間信仰、寺社縁起、都市伝説まで、口承文芸に関する図書を地域やテーマ別に分類。巻末に便利な「書名索引」「事項名索引」付。

**やさしさと出会う本　「障害」をテーマとする絵本・児童文学のブックガイド**　菊地澄子〔ほか〕編　ぶどう社　1990.9　158p　21cm　〈「障害」をテーマとする絵本・児童文学の本：p147～151〉　1602円　①4-89240-094-7　Ⓝ369.49

(内容)障害問題にかかわる児童文学および絵本(翻訳を含む)で、第二次大戦後に刊行された図書185冊を掲載し、うち65点については内容紹介を付けている。

<事　典>

**「赤毛のアン」の生活事典**　テリー神川著　講談社　1997.1　318p　21cm　2330円　①4-06-206969-5

(目次)1章 場所，2章 家・インテリア，3章 生活，4章 服装・流行，5章 学校・教育，6章 社交・習慣，7章 宗教・政治，8章 植物

(内容)事柄、習慣、食べ物、植物など、『赤毛のアン』の物語の中に登場した事物を分野別にまとめ解説した事典。

**一冊で親子で読み合う昔話100選を知る**　板倉弘幸編著　友人社　1994.10　230p　19cm　（一冊で100シリーズ 29）　1360円　①4-946447-35-0

(目次)1 本格昔話，2 動物昔話，3 笑話，4 伝説・神話

(内容)日本の昔話・伝説100編を選び、内容の基礎知識や研究情報を紹介するもの。資料収集が可能な100話にしぼり、類似の内容ごとに分類排列する。各話には出典・成立年代、粗筋、エピソードなどを記載する。記述にあたっては中学生にも読めるように平易な言葉づかい・表現に努めた、としている。巻末に参考文献あり。

**英語文学事典**　木下卓，窪田憲子，高田賢一，

野田研一, 久守和子編著 (京都)ミネルヴァ書房 2007.4 829p 21cm 4500円 ①978-4-623-04129-9

目次 第1部 人と作品, 第2部 用語

内容 児童文学やネイチャーライティングを含む多様なジャンルから、作家、作品、用語を約1700項目厳選。作家項目では、「生涯と作品」「特質と評価」「エピソード」「名言・名句」など独自のセクションに分け、読みやすく・わかりやすく立体的に解説。「調べる事典」としてだけでなく、「読む事典」をめざし編集。

**英米児童文学辞典** 定松正, 本多英明編著 研究社 2001.4 562p 21cm 6400円 ①4-7674-3000-3 Ⓝ909.033

内容 英語圏の児童文学のガイドブック。英米やカナダなどの英語圏で発行された児童文学の古典から最新作までを対象とし、作家、さし絵画家、作品、キャラクター、ゆかりの地名、児童文学の用語など、約3000項目を収録する。見出し語はアルファベット順に排列、固有名詞については標準的な発音を示す。付録として主な児童文学賞の受賞作品一覧、児童文学史年表、和英対照表を収録し、巻末に事項索引、作品名索引を付す。

**オックスフォード世界児童文学百科** ハンフリー・カーペンター, マリ・プリチャード著, 神宮輝夫監訳 原書房 1999.2 1003p 21cm 9500円 ①4-562-03104-2

内容 作家、作品、物語の主人公、さし絵画家など、2000以上の項目を収録した児童文学百科事典。和文対照の欧文項目一覧付き。

**グリム童話を読む事典** 高木昌史著 三交社 2002.2 504p 21cm 8000円 ①4-87919-149-3 Ⓝ943.6

目次 第1部 『子供と家庭の童話集』(KHM)事典(「小さな版」(50話)注釈、「小さな版」以外のメルヘン注釈(12篇)、その他のKHMの「出典/テクスト」「AT番号」一覧表)、第2部 モティーフ/キーワード/人名事典(モティーフ事典、キーワード集、人名事典)、第3部 資料集(グリム兄弟の主要著作内、年譜、グリム兄弟系図 ほか)

内容 グリム童話を読むための基本的な情報を整理してまとめた事典。第1部はグリム童話に関する注釈を物語ごとに記載し、第2部ではメルヘンの世界を構成する諸要素を分類して簡単に解説。第3部では10章に分けてヨーロッパにおけるメルヘン研究の基礎資料を収録する。巻末に人名・事項・地名・KHM(『子供と家庭の童話集』)索引がある。

**グリム童話・伝説・神話・文法小辞典** 下宮忠雄編著 同学社 2009.1 249p 18cm ([同学社小辞典シリーズ]) 〈他言語標題: Taschenworterbuch zu Grimms Marchen, Sagen, Mythologie und Grammatik 文献あり 年譜あり 索引あり〉 2800円 ①978-4-8102-0104-8 Ⓝ943.6

内容 グリムの多面的な著作を(1)童話〈Märchen〉、(2)伝説〈Sage〉、(3)神話〈Mythologie〉、文法〈Grammatik〉、その他、の観点から解説する事典。文法に関してはJacob Grimm特有の事項のみにとどめている。

**C.S.ルイス文学案内事典** ウォルター・フーパー著, 山形和美監訳, 小野功生, 川崎佳代子, 竹野一雄, 中尾セツ子, 野呂有子訳 彩流社 1998.11 658p 26cm 〈原書名: C.S.LEWIS: A COMPANION AND GUIDE〉 18000円 ①4-88202-493-4

目次 C.S.ルイス関係著作一覧、C.S.ルイス年譜、C.S.ルイスの生涯、著作(初期作品、詩、自伝的作品、小説、神学的ファンタジー、神学、ナルニア国年代記物語、文学批評)、重要概念項目、関係人物項目、関係事項項目、C.S.ルイス著作目録、日本におけるC.S.ルイス関係文献

内容 作家にして批評家、ヒューマニストである、C.S.ルイスの文学世界を解説した事典。39項目に分けてたどられる「生涯」をはじめ、各作品の背景・概要・同時代批評を収めた「著作集」、思想の根幹に迫る「重要概念項目」、庭師まで入った「関係人物項目」、67項目に及ぶ「関係事項項目」、詳細な「著作年表」と「文献目録」で構成される。五十音順の索引付き。

**世界児童文学百科 現代編** 神宮輝夫編 原書房 2005.10 444p 21cm 7500円 ①4-562-03940-X

内容 『オックスフォード児童文学百科』の続編。1960年以降の世界の児童文学の流れを作家と作品からとらえた現代児童文学事典。オックスフォード版と共通の「項目一覧」「欧文項目一覧」充実したクロスレファレンス。

**ディケンズ鑑賞大事典** 西條隆雄, 植木研介, 原英一, 佐々木徹, 松岡光治編著 南雲堂 2007.5 836p 21cm 〈付属資料: CD-ROM1〉 20000円 ①978-4-523-31045-7

目次 1 ディケンズの生涯、2 作品、3 想像力の源泉、4 多岐にわたる活動、5 ディケンズ文学の広がり、6 批評の歴史、7 書誌

内容 ディケンズに関する最新の研究成果を踏まえて、その全貌を詳しく解説する事典。全体を、生涯、作品論、作家として以外の活動など6項目に分けて論じる。巻末に「挿絵一覧表」「索引」を収録。「索引」には、ディケンズの作品、作品の登場人物、実在人物、キーワード等を収載。付録として、年譜、家計、ロンドンの地図等を収録したCD-ROMが付く。

児童文学　　　　　研究・指導書

**ハリー・ポッター大事典**　寺島久美子著　東洋館出版社　2002.12　528p　19cm　1900円
①4-491-01849-9　Ⓝ933.7
(内容)物語「ハリー・ポッター」に登場するキーワードを解説する事典。既刊1~4巻に登場するキャラクター、アイテム、魔法の呪文など計1400語を収録。日本語見出しの五十音順に排列し、見出しには原語を併記、用語解説と出典を記載。魔法省の組織図、年表、敵対図などの資料も掲載する。巻末に日本語五十音順、英語アルファベット順の各索引、参考文献リストがある。

**ハリー・ポッター大事典　1巻から7巻までを読むために　2**　寺島久美子著　原書房　2008.4　804p　20cm　〈他言語標題：Unauthorized Harry Potter magical guide　年譜あり　文献あり〉　2000円　①978-4-562-04141-1　Ⓝ933.7
(目次)1巻~6巻の事典(ロン・ウィーズリー年表、ウィーズリー・ウィザード・ウィーズ商品リスト、ヴォルデモート年表、クィディッチ代表選手ほか)、7巻の事典(物語年表、JKローリング年表、参考文献、分類項目別索引(1巻~7巻)ほか)
(内容)人気サイト「ポッターマニア」から生まれた、ファン必携の事典。キャラクター、アイテム、歴史など、物語世界を集大成した約1200項目。日本語未訳7巻の用語の解説も収録。

**ファンタジーズキャラクター**　岸本明子著　インフォレスト、ローカス(発売)　2008.6　239p　21cm　(Eternal vision series 1)　〈他言語標題：Fantasy characters　文献あり〉　2000円　①978-4-89814-915-7　Ⓝ388.3
(目次)1 美しき者たちのしぐさ—自然の中に息づく精霊たち(暗い森の陰から、見え隠れ 光を投げかける妖精族 エルフ、波の狭間から、生まれた娘 自由で気丈な水の精たち ウンディーネ ほか)、2 彼岸と此岸を併せ持つ—半人半獣の悲哀(月夜に響く、哀しき遠吠え 森という闇の領域に住む、狼人間 ウェアウルフ、美人姉妹が授かった死の視線 ついには魔よけとなる首の物語 メドゥーサ ほか)、3 空を駆け地を走る—力を授かった怪物たち(人々を苦しめる邪悪な怪物 陣地の及ばぬ宝を守る、火を噴く番人 ドラゴン、複数の蛇頭が猛毒を放つ 水から生まれた怪獣の祖 ヒュドラ ほか)、4 天地の狭間に—それは善なのか悪なのか(血を求めて夜をさすらい 人に食らいつく、死ねない者たち ヴァンパイア、天から転げ落ちて地獄を生き、神と正反対に進む。反逆者の世界 デヴィル ほか)
(内容)最新の海外文献から新しい解釈を網羅！メデューサは美人三姉妹の末娘だった、怪鳥ハーピーは恐ろしい腐臭がする…。ファンタジーに

彩る、妖精・怪物・悪魔たち。精霊たちの真実の姿。

**「星の王子さま」事典**　三野博司著　大修館書店　2010.6　375p　20cm　〈他言語標題：ENCYCLOPEDIE DU PETIT PRINCE　文献あり 年表あり 索引あり〉　2400円
①978-4-469-25077-0　Ⓝ953.7
(目次)第1章『星の王子さま』の誕生、第2章『星の王子さま』の物語、第3章『星の王子さま』の登場人物、第4章『星の王子さま』の世界、第5章『星の王子さま』の草稿、出版、翻訳、翻案、第6章『星の王子さま』はどのように読まれてきたか、第7章 サン=テグジュペリの生涯、付録『星の王子さま』全訳
(内容)時代を超えて人の心を動かし続ける『星の王子さま』。物語世界の内奥、そして作者サン=テグジュペリの生きた時代へといざなう作品事典。オリジナル全訳も収録。

**ムーミン童話の世界事典**　トーベ・ヤンソン絵、渡部翠監修　講談社　2005.4　149p　19cm　1200円　①4-06-212783-0
(目次)秋、朝、雨、あらし、歌、海のオーケストラ号、絵、おさびし山、かぎ、かくれ場所、風、髪、雷、木の皮の船、空想、雲、クリスマス、劇場、結婚式、この世の終わり、死、しっぽ：島、シルクハット、親友、水晶玉、彗星、たき火、たばこ、旅、誕生日、手紙、手まわしオルガン、テント、夏、夏まつり、庭づくり、沼地、パーティー、ハーモニカ、橋、八月、花、春、ハンドバッグ、ピクニック、ひとりぼっち、冬、冬まつり、プレゼント、ペット、ベランダ、冒険、本、まものぼうし、まるい丘の国、水あび小屋、ムーミン谷、ムーミン屋敷、森、屋根うらべや、雪、夢、ルビーの王さま
(内容)ムーミン童話を理解するうえで重要と考えられる語句を解説。ムーミン童話の謎解き事典。

**ムーミン童話の仲間事典　クイズ集付き**　トーベ・ヤンソン絵、渡部翠監修　講談社　2005.4　149p　19cm　1200円　①4-06-212782-2
(目次)ありじごく、アンゴスツーラ、うみうま、うみへび、エンマ、王さま、大だこ、おしゃまさん、おばあさん、おばけ、ガフサ夫人、氷姫、ご先祖さま、サロメちゃん、じゃこうねずみ、スクルッタおじさん、スナフキン、スナフキンのママのおばさん、スニフ、スノーク、スノークのおじょうさん、ソースユール、小さいりゅう、小さい動物、小さなヘムル、ちびのミイ、天文学者、灯台もり(漁師)、トフスランとビフスラン、流しの下の住人、ニブリング、ニョロニョロ、人魚、ニンニ、はい虫、飛行おに、フィリフヨンカ、フレドリクソン、ヘムレンおばさん、ヘムレンさん、ホムサ、ミーサ、ミムラね

30　児童書 レファレンスブック

えさん，ミムラ夫人，ムーミントロール，ムーミンパパ，ムーミンママ，めそめそ，森の子どもたち，ユキのうま，ヨクサル，竜のエドワード，ロッドユール

〔内容〕ムーミン童話に登場する主な仲間たちを五十音順に紹介。

**ムーミン童話の百科事典** 高橋静男，渡部翠編 講談社 1996.5 367p 21cm 2800円 ①4-06-207999-2

〔目次〕ムーミン百科，ムーミン童話の色，ムーミン童話に登場する主な生き物，ムーミン童話に登場する主な植物，ムーミン童話の魅力，ムーミン童話名言集，ムーミン童話クイズ集

〔内容〕ムーミン童話（トーベ・ヤンソン著，全8巻）の主要登場人物，語句，フィンランドの自然および文化的事項等について解説したもの。排列は見出し語の五十音順。解説文中の引用箇所および引用と関連する箇所には，その作品名の略名と章数を示す。底本は青い鳥文庫（講談社）。巻末に事項索引がある。—おとなから子どもまで，すべてのムーミンファン待望の事典。

**「もの」から読み解く世界児童文学事典** 川端有子，こだまともこ，水間千恵，本間裕子，遠藤純編著 原書房 2009.9 454p 22cm 〈文献あり 索引あり〉 5800円 ①978-4-562-04520-4 Ⓝ909

〔目次〕1 食べもの，2 身につけるもの，3 道具，4 植物，5 生きもの，6 乗りもの，7 家の中のもの，8 家の外のもの

〔内容〕日本・外国の創作児童文学作品に登場する「もの」に焦点をあて，「もの」から読み解く作品案内。食べもの，身につけるもの，道具，植物，生きもの，乗りもの，家の中のもの，家の外のもの—全体を8つに分類，見開き1項目計200項目200冊をイラスト・写真・書影と共に紹介した読む事典。巻末にタイトル・人名・もの索引を掲載。

**ルイザ・メイ・オルコット事典** グレゴリー・アイスレイン，アン・K.フィリップス共編，篠目清美訳 雄松堂出版 2008.10 428p 23cm 〈アメリカ文学ライブラリー5〉 〈肖像あり 年譜あり 著作目録あり 文献あり〉 原書名：The Louisa May Alcott encyclopedia.〉 18000円 ①978-4-8419-0372-0 Ⓝ930.268

〔内容〕オルコットの生涯と作品に関する最も重要な事実を包括的に1冊にまとめたもの。1832年のオルコット誕生から1888年の死至にいたるまでの彼女自身と家族をめぐる伝記的な詳細を網羅。19世紀の出版界におけるオルコットの地位，様々な改革運動，南北戦争など主要な歴史的出来事といった彼女を取り巻く歴史的・文化的背景についての重要な情報などが含まれている。

**ルイス・キャロル小事典** 定松正編 研究社出版 1994.7 198p 21cm 〈小事典シリーズ〉 2800円 ①4-327-37404-0

〔目次〕1 ルイス・キャロル小伝，2 オックスフォードのルイス・キャロル，3 名作ダイジェスト，4 キャロル文学と挿絵，5 登場人物・事項インデックス，6 キャロル学の周辺，巻末（ルイス・キャロルの研究，ルイス・キャロルの言語世界，ルイス・キャロルの研究案内）

〔内容〕「アリス」の著者，ノンセンス文学の先駆者として知られるルイス・キャロルの人物・作品に関する事項をまとめた作家資料集。

<名 簿>

**児童文学者人名事典 外国人作家編** 中西敏夫編 （小平）出版文化研究会 2000.3 414,12p 26cm 10000円 ①4-921067-04-X Ⓝ909.035

〔内容〕日本で出版されている子供向けの本に関わっている人々の経歴と活動歴を掲載した人名事典。全4巻で構成され，第4巻の本巻は外国人作家について収録。作家ごとに姓のアルファベット順で排列。各項目は人名原綴，よみがな，主な活動分野と生誕年，生誕国，経歴および作品を掲載。巻末に作家の姓のよみがなで五十音順索引を付した。

**児童文学者人名事典 外国人イラストレーター編** 中西敏夫訳・編 （小平）出版文化研究会 1998.2 371,10p 26cm 9000円 ①4-921067-00-7

〔内容〕児童書で活躍する外国人イラストレーター1430人を収録した人名事典。排列はアルファベット順。掲載データは，原綴，出身国，カタカナ名，生没年，経歴説明，作品名など。五十音順の人名索引付き。

**世界児童・青少年文学情報大事典 第1巻 ア−ウィ** 藤野幸雄編訳 勉誠出版 2000.6 448p 31cm 16000円 ①4-585-06021-9 Ⓝ909.033

〔内容〕日本の読者に知られている児童・青少年文学作家および挿絵画家の作家と作品を解説する事典。日本語で作品が紹介された作家・画家に加え，各種の賞を受賞している作家・画家を収録。児童文学の範囲は，絵本や創作童話，民話から動物物語，ヤングアダルト小説，スポーツ小説，推理小説，冒険小説，ファンタジー，SF，歴史小説，ナンセンス小説，児童詩，児童劇，動物記，ノンフィクション，伝記などを幅広く網羅する。作家名，生没年，略歴，学歴，職歴，受賞，作者情報などのデータを掲載する。五十音順に全15巻で排列する。アメリカのゲール・リサーチ出版の児童文学に関する事典『作

児童書 レファレンスブック 31

者についての情報」およびこれをもとに編纂した『児童・ヤングアダルト主要作家=挿絵画家事典』さらに、古典作家の何人かについては『過去の作家たち』の項目のなかから翻訳・編集したもの。

**世界児童・青少年文学情報大事典　第2巻**
ウェ-オ　藤野幸雄編訳　勉誠出版
2000.12　382p　31cm　16000円　①4-585-06022-7　Ⓝ909.033
(内容)児童・青少年文学作家および挿絵画家の作家と作品を解説する事典。

**世界児童・青少年文学情報大事典　第3巻**
カ-クラ　藤野幸雄編訳　勉誠出版
2001.5　423p　31cm　16000円　①4-585-06023-5　Ⓝ909.033
(内容)児童・青少年文学作家および挿絵画家の作家と作品を解説する事典。

**世界児童・青少年文学情報大事典　第4巻**
クリ-コ　藤野幸雄編訳　勉誠出版
2001.7　10, 411p　30cm　16000円　①4-585-06024-3　Ⓝ909.033
(目次)クリアリー、ベヴァリー、クリーヴァー、ウィリアム、クリーヴァー、ヴェラ、グリーヴス、マーガレット、クリスチャン、メアリー・ブラウント、クリスティー、アガサ、クリストファー、ジョン、クリストファー、ミルボーン、クリスピン、A.C.、クーリッジ、オリヴィア・E.〔ほか〕

**世界児童・青少年文学情報大事典　第5巻**
サ-ステ　藤野幸雄編訳　勉誠出版
2001.10　439p　31cm　16000円　①4-585-06025-1　Ⓝ909.033
(内容)児童・青少年文学作家および挿絵画家の作家と作品を解説する事典。

**世界児童・青少年文学情報大事典　第6巻**
スト-テ　藤野幸雄編訳　勉誠出版
2002.1　560p　30cm　16000円　①4-585-06026-X　Ⓝ909.033
(目次)ストー、キャサリン、ストウ、ハリエット・ビーチャー、ストーカー、ブラム、ストダート、サンドル、ストックトン、フランク・R.、ストライカー、スーザン、ストラッサー、トッド、ストラトマイヤー、エドワード・L.、ストラットン=ポーター、ジーン、ストリート、クレイグ・キー〔ほか〕

**世界児童・青少年文学情報大事典　第7巻**
ト-ハケ　藤野幸雄編訳　勉誠出版
2002.5　430p　31cm　16000円　①4-585-06027-8　Ⓝ909.033
(内容)児童・青少年文学作家および挿絵画家の作家と作品を解説する事典。

**世界児童・青少年文学情報大事典　第8巻**
ハシ-ヒ　藤野幸雄編訳　勉誠出版
2002.8　475p　31cm　16000円　①4-585-06028-6　Ⓝ909.033
(内容)児童・青少年文学作家および挿絵画家の作家と作品を解説する事典。

**世界児童・青少年文学情報大事典　第9巻**
フ-フリ　藤野幸雄編訳　勉誠出版　2003.1
402p　30cm　16000円　①4-585-06029-4
(目次)ファー、フィニス、ファイルマン、ローズ、ファイン、アン、ファウルズ、ジョン、ファージョン、アナベル、ファージョン、エリナー、ブアスティン、ダニエル・J.、ファースト、ハワード、ファティオ、ルイーゼ、ファディマン、クリフトン〔ほか〕

**世界児童・青少年文学情報大事典　第10巻**
フル-ヘ　藤野幸雄編訳　勉誠出版
2003.5　383p　31×22cm　16000円　①4-585-06030-8
(目次)ブル、アンジェラ、プール、ジョセフィーヌ、プール、ダニエル、プール、ピエール、ブルックス、マーサ、ブルッキンズ、デイナ、ブルック、ジュディ、ブルック、L.レズリー、ブルックス、ウォルター・R.、ブルックス、テリー〔ほか〕

**世界児童・青少年文学情報大事典　第11巻**
ホ-マス　藤野幸雄編訳　勉誠出版
2003.12　414p　31×22cm　16000円　①4-585-06031-6
(目次)ポー、エドガー・アラン、ホー、ミンフォン、ホイットニー、フィリス・A.、ホイットマン、ウォルト、ホイト、エドウィン・P.、ホイト、エリック、ホイル、ジェフリー、ボイルストン、ヘレン・ドア、ボーヴァ、ベン、ホーウッド、ウィリアム〔ほか〕

**世界児童・青少年文学情報大事典　第12巻**
マツ-ヨ　藤野幸雄編訳　勉誠出版
2004.3　423p　31×22cm　16000円　①4-585-06032-4
(内容)児童・青少年文学作家および挿絵画家の作家と作品を解説する事典。

**世界児童・青少年文学情報大事典　第13巻**
ラ-ル　藤野幸雄編訳　勉誠出版　2004.4
360p　31×22cm　16000円　①4-585-06033-2
(目次)ライアー、ベッキー、ライアン、ジョン、ライアン、ピーター、ライヴリー、ペネロピ、ライケン、デイドラ・S.、ライス、イヴ、ライス、ヨハンナ・デ・レーウ、ライダー、ジョアン、ライト、ジュディス、ライト、セイモア〔ほか〕

**世界児童・青少年文学情報大事典　第14巻**
レ-ワ　藤野幸雄編訳　勉誠出版　2004.5
338p　31×22cm　16000円　①4-585-06034-

0

⦿目次 レアード, エリザベス, レイ, ジェーン, レイ, デボラ, レイ, マーガレット, レイ, H.A., レイサム, ジーン・リー, レイサム, フィリップ, レイナー, ウィリアム, レイナー, メアリー, レイノルズ, マリリン〔ほか〕

**世界児童・青少年文学情報大事典 第15巻 補遺・索引** 藤野幸雄編訳 勉誠出版 2004.10 445p 30cm 16000円 ⓘ4-585-06035-9

⦿内容 第1巻から第15巻までの日本語訳作品と総目次を五十音順に排列、掲載。

**世界児童・青少年文学情報大事典 第16巻 欧文作者・作品索引** 勉誠出版編集部編 勉誠出版 2004.10 723p 30cm 28000円 ⓘ4-585-06045-6

⦿内容 第1巻から第15巻までの欧文作品・作者を五十音順に排列、掲載。

**世界・日本 児童文学登場人物辞典** 定松正編 (町田)玉川大学出版部 1998.4 342p 21cm 8000円 ⓘ4-472-11891-2

⦿目次 赤おに, アキレウス, アーサー王, アスラン, アリエッティ, アリス, アン, アンクル・トム, 安寿〔ほか〕

⦿内容 世界の児童文学に登場する人物を紹介した辞典。世界および日本の児童文学の古典から現代までの作品に登場する主な人物の特徴を解説すると共に、作品の中でその人物がどのような働きをして、その作品を高めているかを探ろうとするもの。項目数は412。作品一覧、児童文学・文化年表付き。

**世界の児童文学登場人物索引 アンソロジーと民話・昔話集篇** DBジャパン編 (横浜)DBジャパン 2005.6 767p 21cm 21000円 ⓘ4-86140-004-X

⦿目次 アイ, アイオガ, アイカ, アイ・ガム・ソルガイ(ソルガイ), アイカロク, アイキ, アイク, アイグ(お父さん), あいぐ(おとうさん), アイコー, アイシー〔ほか〕

⦿内容 世界の児童文学のアンソロジーと民話・昔話集に収録された作品に登場する主な登場人物を採録した人物索引。白雪姫, ヘンゼルとグレーテル, 赤ずきん, 「長ぐつをはいたネコ」のカラバ侯爵, 「ジャックと豆の木」のジャック, 親指トム, シンデレラ(灰かぶり), シンドバッド, 「雪の女王」のカイとゲルダ, イワン王子, ウサギどんなど主要な登場人物(動物など)の べ8118人を収録。

**世界の児童文学登場人物索引 単行本篇** DBジャパン編 (横浜)DBジャパン 2006.3 2冊(セット) 21cm 28000円 ⓘ4-86140-007-4

⦿内容 世界の児童文学の単行本にする主な登場人物の人物索引。1985年以降20年間に国内で翻訳刊行された図書を対象とする。ピノッキオ, ドン・キホーテ, トム・ソーヤー, 孫悟空, 赤毛のアン, 不思議の国の少女アリス, 「若草物語」の4人姉妹, ムーミン, 浮浪児の女の子モモ, 怪盗紳士ルパン, 「飛ぶ教室」のヨーナタン, ハリー・ポッターなど主要な登場人物(動物など)のべ16520人を収録。

**世界の物語・お話絵本登場人物索引** DBジャパン編 (横浜)DBジャパン 2008.1 837p 21cm 22000円 ⓘ4-86140-010-4 ⓝ909.033

⦿目次 アイザック, アイスクリームやさん, アイダ, アイダおばさん, アイビー, アイラ, アイリス, アイリーン, アインスレイ, アウリーほうや〔ほか〕

⦿内容 国内で翻訳刊行された海外の物語・お話絵本に登場する主な登場人物の人物索引。1987年～2006年の20年間に国内で翻訳刊行された海外作家の物語・お話絵本3509点に登場する, 主な登場人物のべ7020人を収録する。人名のほか, 男, 女の子, お父さん, おばあちゃんなどの呼び名, いぬ, ねこ, くま, きつね, ねずみなどの擬人化された動物名, また人形, 植物名なども収録対象とする。『日本の物語・お話絵本登場人物索引』(2007年刊)の姉妹編。

**世界の物語・お話絵本登場人物索引 1953-1986(ロングセラー絵本ほか)** DBジャパン編 (横浜)DBジャパン 2009.2 669p 21cm 20000円 ⓘ978-4-86140-012-4 ⓝ909.033

⦿内容 国内で翻訳刊行された海外の物語・お話絵本に登場する主な登場人物の人物索引。1953年～1986年の34年間に国内で翻訳刊行された海外作家の物語・お話絵本2243点に登場する, 主な登場人物のべ5157人を収録。人名のほか動物なども収録。「ちびくろ・さんぼ」をはじめ, しりたがりやのこざるのじょーじなどを収録。

**メルヘンに出会える 全国児童文学館・絵本館ガイド** 日本児童文芸家協会編 (名古屋)KTC中央出版 2002.5 174p 21cm 1500円 ⓘ4-87758-243-6 ⓝ909

⦿目次 北海道エリア, 東北エリア, 関東エリア, 信越エリア, 北陸エリア, 東海エリア, 近畿エリア, 中国エリア, 四国エリア, 九州・沖縄エリア

⦿内容 児童文学関連の記念館や絵本美術館を地域別に紹介するガイドブック。

## ◆日本児童文学

### <書 誌>

**子どもの本 現代日本の創作5000** 日外アソシエーツ編　日外アソシエーツ　2005.8　547p　21cm　4700円　①4-8169-1894-9

(目次)青木和雄、赤座憲久、赤羽じゅんこ、あさのあつこ、阿部夏丸、尼子騒兵衛、天沢退二郎、あまんきみこ、池田美代子、石井睦美〔ほか〕

(内容)現在活躍中の日本の作家159人の作品5926冊を収録。公立図書館・学校図書館での選書・読書指導に最適の読書ガイド。『子どもの本 日本の名作童話6000』『子どもの本 世界の児童文学7000』の姉妹編。

**子どもの本 日本の名作童話6000** 日外アソシエーツ編　日外アソシエーツ　2005.2　374p　21cm　4700円　①4-8169-1893-0

(目次)赤木由子、芥川龍之介、浅原六朗、荒木精之、有島武郎、有本芳水、安房直子、安藤美紀夫、飯沢匡、池田宣政〔ほか〕

(内容)「ごんぎつね」から「銀河鉄道の夜」「坊ちゃん」まで、今も読み継がれている明治・大正・昭和期の作家204人の名作6027冊を収録した読書ガイド。図書館や学校での選書・読書指導に最適。ここ50年の出版状況が一覧でき、最近の本は内容もわかる。「書名索引」付き。

**作品名から引ける 日本児童文学全集案内**　日外アソシエーツ編　日外アソシエーツ　2006.8　1032p　21cm　9500円　①4-8169-1996-1

(内容)国内で刊行された日本の児童文学に関する全集・アンソロジーの収載作品を、作品名から引ける総索引。1945年～2003年に国内で刊行された物語・ノンフィクションの全集・アンソロジーに収載された作品を収録。収録点数は、児童文学全集・アンソロジー895種4038冊の収載作品のべ48433点。

**作家名から引ける日本児童文学全集案内**　日外アソシエーツ編　日外アソシエーツ,紀伊國屋書店〔発売〕　2007.2　1042p　21cm　9333円　①978-4-8169-2027-1

(目次)阿曽朱、相内とみ子、相川郁恵、相川公司、相川日出雄、相川瑠菜、相子典代、相沢志帆、あいざわただし、相沢仁子〔ほか〕

(内容)ある作家の作品がどの全集・アンソロジーに載っているかを一覧できる。1945年以降の児童文学全集・アンソロジーを収録。4038冊の作品47811点を調べられる、読書・学習に役立つ1冊。

**児童文学個人全集・作品名綜覧**　日外アソシエーツ,紀伊国屋書店〔発売〕　1995.1　2冊（セット）　21cm　（現代日本文学綜覧シリーズ 15）　48000円　①4-8169-1265-7

(内容)1945～93年に刊行された児童文学作家・評論家など115名の個人全集173種、1316冊の作品名索引。これらの個人全集に収録されている作品3万2000点の収載全集名、出版者名、出版年、掲載開始頁を指示する。創作作品群をまとめた「本編」と、各作家・作品に関する解説、関連資料等を集めた「作家編」で構成。排列は作品名の五十音順。

**児童文学個人全集・内容綜覧**　日外アソシエーツ,紀伊国屋書店〔発売〕　1994.12　560p　21cm　（現代日本文学綜覧シリーズ 14）　32000円　①4-8169-1264-9

(内容)児童文学分野の作家の個人全集の内容目次を一覧掲載するもの。1945年から1993年までに国内で刊行された日本の児童文学全集のうち、作家・評論家等115名の個人全集173種1316冊を収録、作家名五十音順、全集ごとに、各巻の内容細目（掲載ページまで）を記載する。

**児童文学個人全集・内容綜覧作品名綜覧 第2期**　日外アソシエーツ編　日外アソシエーツ,紀伊國屋書店〔発売〕　2004.12　565p　21cm　（現代日本文学綜覧シリーズ 30）　28000円　①4-8169-1873-6

(目次)内容綜覧,作品名綜覧,作品名綜覧 作家編

(内容)1994年以降に刊行された日本の児童文学作家135名の個人全集・作品集165種、506冊の10622作品を収録。

**児童文学全集・作家名綜覧**　日外アソシエーツ,紀伊國屋書店〔発売〕　1995.7　876p　21cm　（現代日本文学綜覧シリーズ 17）　23400円　①4-8169-1318-1

(内容)1945～94年に刊行された日本児童文学の全集類（個人全集を除く）49種、923冊の作家名索引。1300名の作家名の下に作品2万1000点、解説類5000点を収録する。排列は作家名の五十音順。

**児童文学全集・作家名綜覧第2期**　日外アソシエーツ編　日外アソシエーツ,紀伊國屋書店〔発売〕　2004.11　393p　21cm　（現代日本文学綜覧シリーズ 29）　20000円　①4-8169-1872-8

(目次)会田綱雄、相田裕美、会津八一、アヴィ、青い鳩、青木明代、青木存義、青木みゆき、青戸かいち、青山克弥〔ほか〕

(内容)文学全集の内容細目が検索できる唯一の目録。1995年から2003年までに刊行された児童文学全集・叢書52種、541冊から1495作家の9154作品を収録。

**児童文学全集・内容綜覧 作品名綜覧**　日外

アソシエーツ、紀伊国屋書店〔発売〕1995.7　1022p　21cm　（現代日本文学綜覧シリーズ 16）　26500円　④4-8169-1317-3

(内容)1945～94年に刊行された日本児童文学の全集類（個人全集を除く）49種、923冊の内容細目および作品名索引。収録点数は作品2万1000点、解説類5000点。内容総覧では全集名の五十音順に、書誌事項、収録作家とその作品・解説類を掲載する。また作品名総覧では、固有の題名をもつ作品のみをその五十音順に排列し、その作品を収録する全集名・巻次・掲載開始頁を指示する。

**児童文学全集・内容綜覧作品名総覧第2期**
　日外アソシエーツ編　日外アソシエーツ、紀伊國屋書店〔発売〕　2004.11　540p　21cm　（現代日本文学綜覧シリーズ 28）　28000円　④4-8169-1871-X

(目次)「赤い鳥代表作集」全6巻小峰書店（新版）1998年4月、「いまに語りつぐ日本民話集（第一集）動物昔話・本格昔話」全15巻作品社（大きな活字で読みやすい本）2001年4月、「いまに語りつぐ日本民話集（第二集）笑い話・世間話」全15巻作品社（大きな活字で読みやすい本）2002年4月、「いまに語りつぐ日本民話集（第三集）伝説・現代民話」全15巻作品社（大きな活字で読みやすい本）2003年4月、「おーいぽんたー声で読む日本の詩歌166」全1巻福音館書店2001年4月、「お話し日本の童謡」全3巻汐文社2003年2月～2003年4月、「おもしろ落語ランド」全3巻金の星社（新版）2003年12月、「親子で楽しむ歴史と古典」全22巻（第1期11巻、第2期11巻）勉誠社1996年5月～1997年1月、「学年別・中学校劇脚本集」全4巻小峰書店1997年4月、「かもとりごんべえ—ゆかいな昔話50選」全1巻岩波書店（岩波少年文庫）2000年6月〔ほか〕

(内容)文学全集の内容細目が検索できる唯一の目録。1995年以降に刊行された日本の児童文学の全集・叢書52種541冊の12,039作品を収録。

**児童文学テーマ全集内容綜覧 日本編**　日外アソシエーツ編　日外アソシエーツ、紀伊國屋書店〔発売〕　2003.12　1066p　21cm　32000円　④4-8169-1813-2

(目次)物語、ノンフィクション、民話、詩

(内容)SF、推理、ノンフィクション、民話など特定テーマのもとに編纂された日本児童文学全集180種2439冊に掲載の3000作家27600作品を収録。巻頭に収録全集一覧が、巻末に作家名索引、作品名索引が付く。

**児童文学の魅力　いま読む100冊　日本編**
　日本児童文学者協会編　文渓堂　1998.5　271p　21cm　2800円　④4-89423-194-8

(目次)日本の児童文学・いま読む100冊（青葉学園物語、赤い風船、朝はだんだん見えてくる、あほうの星、いやいやえん、兎の眼、絵にかくとへんな家、おおやさんはねこ、おかしな金曜日、お菓子放浪記 ほか）、日本の児童文学・これから読む18冊（A DAY、いたずらおばあさん、うそつきト・モ・ダ・チ、宇宙のみなしご、うっかりウサギのう～んと長かった1日 ほか）

(内容)戦後の日本児童文学作品の中から、子供たちによく読まれた作品100冊を解説。80年代以降の作品も18冊収録されている。現代日本児童文学史年表、人名索引付き。

**たのしく読める日本児童文学　戦前編**　鳥越信編著　（京都）ミネルヴァ書房　2004.4　241, 6p　21cm　2800円　④4-623-03941-2

(目次)一八六八～一八八七年（『訓蒙 窮理図解』福沢諭吉、『天変地異』小幡篤次郎 ほか）、一八八八～一九〇七年（『十日間世界一周』石井研堂、『少年之玉』三輪弘忠 ほか）、一九〇八～一九二七年（『御殿桜』尾島菊子、『赤い船』小川未明 ほか）、一九二八～一九三七年（『あゝ玉杯に花うけて』佐藤紅緑、『三つの宝』芥川龍之介 ほか）、一九三八～一九四五年（『おらんだ正月—日本の科学者達』森銑三、『咲きだす少年群』石森延男 ほか）、論理書（『お伽噺仕方の理論と実際』岸辺福雄、『童話及び児童の研究』松村武雄 ほか）

(内容)明治維新から昭和初期にかけて出版された、子どものための科学読み物・知識読み物から理論書までを、各々見開きページで、あらすじ・読み方のポイント及びテキストの引用でコンパクトに紹介。

**たのしく読める日本児童文学　戦後編**　鳥越信編著　（京都）ミネルヴァ書房　2004.4　241, 6p　21cm　2800円　④4-623-03942-0

(目次)一九四六～一九四九年（『面白くて為になる創作科学童話 まき割り』富塚清、『ノンちゃん雲に乗る』石井桃子 ほか）、一九五〇～一九五九年（『風船は空に』塚原健二郎、『五十一番めのザボン』与田準一 ほか）、一九六〇～一九六九年（『龍の子太郎』松谷みよ子、『山のむこうは青い海だった』今江祥智 ほか）、一九七〇～一九七九年（『グリックの冒険』斎藤惇夫、『マヤの一生』椋鳩十 ほか）、一九八〇～一九八九年（『はれときどきぶた』矢玉四郎、『昼と夜のあいだ—夜間高校生』川村たかし ほか）、一九九〇年～（『お引越し』ひこ・田中、『おさるのまいにち』いとうひろし ほか）、理論書（『日本の児童文学』菅忠道、『危機の児童文学』高山毅 ほか）

(内容)敗戦から現代にかけて出版された、社会風刺性の強いもの・子どもむけ読み物から理論書までを、各々見開きページで、あらすじ・読み方のポイント及びテキストの引用でコンパクトに紹介。

児童文学　　　　　　　研究・指導書

**壺井栄**　鷺只雄編　日外アソシエーツ，紀伊国屋書店〔発売〕　1992.10　287p　21cm（人物書誌大系 26）　14800円　Ⓘ4-8169-1149-9　Ⓝ910.268

⦅目次⦆1 指作目録，2 参考文献目録，3 年譜
⦅内容⦆壺井栄の人物書誌。初出目録は、研究誌に発表時から画期的な調査・発掘として高い評価を受けたものに3割を増補。年譜は新事実を発掘すると共に、未発表の厖大な書簡やメモなどの新資料をもとに掲載。他に詳細な参考文献と便利な索引を収録する。

**日本児童図書研究文献目次総覧 1945-1999**　佐藤苑生，杉山きく子，西田美奈子編　遊子館　2006.3　2冊（セット）　26cm〈付属資料：CD-ROM1〉　47600円　Ⓘ4-946525-73-4

⦅目次⦆上巻（文学史・文学論，作家・作品論・創作法・エッセイ，絵本史・絵本論・挿絵・童画，絵本作家・作品論・創作法・エッセイ，科学読み物・伝記・ノンフィクション，民話・昔話・再話，詩・童謡・わらべうた・ことば，雑誌・新聞），下巻（子ども論，児童文化（紙芝居・児童演劇・人形劇・ペープサート・パネルシアター等），アニメ・漫画，読書論・読書運動・親子読書，児童図書館・児童図書館員・学校図書館・文庫，おはなし会・読み聞かせ・ブックトーク・ストーリーテリング，書店・出版社，書誌・出版社，その他）
⦅内容⦆昭和21（1946）年から平成11（1999）年までに出版された、児童文学、絵本、昔話、詩・童謡・わらべうた、児童文化、子どもと読書、児童図書館、児童書出版・書店等に関する研究書を収録の対象とした。

**宮沢賢治の全童話を読む**　改装版　国文学編集部編　學燈社　2003.5　205p　21cm〈「国文学」増刊〉　1700円　Ⓘ4-312-10055-1

⦅目次⦆青木大学士の野宿，朝に就ての童話的構図，「或る農学生の日誌」，イーハトーボ農学校の春，イギリス海岸，一九三一年度極東ビヂテリアン大会見聞録，いてふの実，インドラの網，馬の頭巾，狼森と笊森，盗森〔ほか〕
⦅内容⦆約140におよぶ作品の一篇一篇について、「読み」をすすめながら、「あらすじ」「初出・分類」等を紹介。「原文の一部」も掲げる。最新の成果を踏まえて、豊かな賢治ワールドへ。

<年表>

**年譜 宮沢賢治伝**　堀尾青史著　中央公論社　1991.2　471p　15cm（中公文庫）　820円　Ⓘ4-12-201782-3

⦅目次⦆家系，小学校時代，盛岡中学校時代，盛岡高等農林学校時代と出京，花巻農学校時代，羅須地人協会時代，東北砕石工場時代，終焉
⦅内容⦆文学・宗教・自然科学の合一を希求し東北農業の改革に尽瘁した詩人宮沢賢治。その軌跡を未発表資料や関係者の談話を織りこみつつ丹念にたどる。時代を分けおのおのに「補述」として主要事項の解説を付した年譜。

**宮沢賢治年譜**　堀尾青史編　筑摩書房　1991.2　325p　21cm　4940円　Ⓘ4-480-82287-9

⦅目次⦆家系（父系，母系，宮沢政次郎，宮沢イチ，系図），年譜
⦅内容⦆定評ある校本宮沢賢治全集「年譜」の新装単行本。賢治の生涯を年次順に細緻・克明に辿った貴重な労作に、最近十有余年の研究成果を踏まえ、130箇所以上に及ぶ訂正を施したもの。

<事典>

**愛知児童文化事典**　中京大学文化科学研究所編　（名古屋）KTC中央出版　2000.6　351p　21cm　2600円　Ⓘ4-87758-184-7　Ⓝ379.3

⦅内容⦆愛知県の児童文化に関する事典。愛知県の作家、詩人、文学団体、劇団、事項、施設など子どもの学校外での文化活動と周辺事情について掲載。個人240項目、団体67項目、児童文化に関する重要な事項88項目と児童文化に関する施設118項目の計513項目を収録。五十音順に排列。巻末に個人・団体・事項の分野別索引と関連項目を含めた五十音順索引を付す。

**新・宮沢賢治語彙辞典**　原子朗著　東京書籍　1999.7　930, 139p　21cm　15000円　Ⓘ4-487-73149-6

⦅内容⦆宮沢賢治作品で使われている難読語や造語など約5000項目を収録した語彙辞典。旧仮名遣いによる50音順配列。賢治作品にちなんだ凡例付表、難読項目索引と50音順索引も掲載している。

**日本童謡事典**　上笙一郎編　東京堂出版　2005.9　463p　21cm　4800円　Ⓘ4-490-10673-4

⦅目次⦆事項（青い鳥児童合唱団，「赤い鳥」ほか），わらべ唄（青山土手から，赤い山青い山ほか），唱歌（嗚呼玉杯に花うけて，仰げば尊しほか），童謡（青い目の人形，赤い靴 ほか），人名（作詩者，作曲家）
⦅内容⦆"日本の子どもの歌"の大事典。代表的なわらべ唄・唱歌・童謡の作品とその作者を主軸に、事項解説にも力を注入。歌詞のすべてを収載し、作品の成立事情から歌曲的価値・歴史的意味までを、過不足なく解説。

**宮沢賢治大事典**　渡部芳紀編　勉誠出版　2007.8　599, 18p　23×17cm　9800円

研究・指導書　　　　　　　　　　　　児童文学

①978-4-585-06050-5
(目次)第1部 作品篇，第2部 一般項目篇
(内容)詩・童話などの作品はもちろん、関連人物・音楽・宗教・星座・鉱物・植物・地名など、関連する700項目以上を網羅。賢治の人物と文学を知る、基礎理解・総合研究に最適の書。

<名　簿>

**紙芝居登場人物索引**　DBジャパン編　（横浜）DBジャパン　2009.9　48, 590p　21cm　22000円　①978-4-86140-013-1　Ⓝ779.8033
(内容)ある特定の人物が登場する紙芝居を知るための登場人物索引、1952年から2009年までに刊行された紙芝居2745点から、主要な登場人物（動物など）のべ5133人を収録。五十音順に排列する。

**現代日本児童文学作家事典**　〔保存版〕　日本児童文学者協会編　教育出版センター　1991.10　367p　21cm　6800円　①4-7632-2405-0　Ⓝ910.35
(目次)現代日本の児童文学作家一覧、主要物故作家一覧、主要研究・評論家・翻訳家一覧、主要劇作家一覧、日本児童文学者協会・支部機関誌一覧、主要児童文学賞一覧

**現代日本児童文学詩人名鑑**　日本児童文学者協会編　教育出版センター　1996.7　418p　21cm　3500円　①4-7632-2407-7
(内容)太平洋戦争後に日本児童文学の詩・童謡分野で活動した人物186人の経歴と作品を紹介したもの。活動中の人物も含む。詩人の生年月日、出生地、本名、成長の地、最終学歴、文学活動歴・所属同人誌・その他の活動、主な著書（出版社・発行年・受賞）、アンソロジー・共著・代表作品名、現住所・連絡先、没年月日・享年のほか、<人と作品>の解説と、代表作1編を掲載する。排列は人名の五十音順。巻末に過去50年間の少年詩・童謡の通史を付す。

**児童文学者人名事典　日本人編 上巻　あ～さ行**　中西敏夫編　（小平）出版文化研究会　1998.10　737p　26cm　11000円　①4-921067-01-5　Ⓝ909.035
(内容)子どもの本にたずさわる様々な関係者の略歴やその著作活動を収録した人名事典。五十音順に収録。掲載項目は、人名、人名のよみがな、主な活動分野、生誕年、生誕都道府県名、経歴、所属団体、作品など。上、下の2分冊で上巻は「あ～さ行」を収録。

**児童文学者人名事典　日本人編 下巻　た～わ行**　中西敏夫編　出版文化研究会　1999.3　702p　26cm　11000円　①4-921067-02-3
(内容)子どもの本にたずさわる様々な関係者の略歴やその著作活動を収録した人名事典。五十音順に収録。掲載項目は、人名、人名のよみがな、主な活動分野、生誕年、生誕都道府県名、経歴、所属団体、作品など。上、下の2分冊で下巻は「た～わ行」を収録。

**児童文化人名事典**　日外アソシエーツ, 紀伊国屋書店〔発売〕　1996.1　591p　21cm　14800円　①4-8169-1352-1
(内容)国内で子供の文化の創造や啓発活動に関わる明治以降の人物を集めた事典。児童文学者、童画家、作曲家、童謡詩人、口演童話家、人形劇演出家、アニメーション作家、子供文庫主宰者等、3620名を収録する。排列は見出し人名の五十音順。

**日本の児童文学登場人物索引 単行本篇**　DBジャパン編　（横浜）DBジャパン　2004.10　2冊（セット）　21cm　28000円　①4-86140-003-1
(内容)1988年以降15年間に国内で刊行された日本の児童文学の単行本に登場する主な登場人物を採録した人物索引。風の又三郎、「路傍の石」の愛川吾一、ガンの頭の残雪、下町のガキ大将の元太郎、くまの子ウーフ、ぽっぺん先生、「太陽の子」のふうちゃん、魔女の女の子キキ、ズッコケ三人組のハカセ・モーちゃん・ハチベエなど主要な登場人物（動物など）のべ19527人を収録。

**日本の児童文学登場人物索引 民話・昔話集篇**　DBジャパン編　（横浜）DBジャパン　2006.11　966p　21cm　22000円　①4-86140-008-2
(内容)日本の児童文学の民話・昔話集に収録されたお話に登場する主な登場人物を採録した人物索引。浦島太郎、一寸法師、桃太郎、花さかじい、瓜子姫、だいだらぼっち、きつねのおさん、犬のしっぺい太郎、かっぱ、てんぐ、山んば、へっこきよめさん、弘法大師、とんちの名人の吉四六さん、アイヌの男パナンベとペナンペなど主要な登場人物（動物など）のべ8681人を収録。

**日本の物語・お話絵本登場人物索引**　DBジャパン編　（横浜）DBジャパン　2007.8　640p　21cm　22000円　①4-86140-009-0
(内容)日本の物語・お話絵本に登場する主な登場人物を採録した人物索引。名作「ごんぎつね」のごんと兵十、「花さき山」の少女あや、昔話のももたろう、「山のいのち」の自閉症の少年静一、「あらしのよる」のオオカミのガブとヤギのメイ、のねずみのおとこのこたちぢりとぐら、つんつくえんのつんつくせんせい、ひとりぐらしのルラルさんなど主要な登場人物（動物など）のべ6169人を収録。

児童書 レファレンスブック　37

児童文学　　　　　　研究・指導書

日本の物語・お話絵本登場人物索引
　1953-1986（ロングセラー絵本ほか）
　DBジャパン編　　(横浜)DBジャパン
　2008.8　643p　21cm　22000円　①978-4-
　86140-011-7, 4-86140-011-2　Ⓝ909.033
(目次)あい，アイウエ王，あいぬ，アウダ，あ
お，あおいとりのむすめ，あおおくん，あおお
に，あおおに(おに)，青木沢太さん(沢太じい
さん)〔ほか〕
(内容)日本の物語・お話絵本に登場する主な登
場人物を採録した人物索引。1953年～1986年に
刊行された3,470点の図書に登場する主要な登
場人物(動物など)のべ6193人を収録。五十音順
に排列。2007年刊の「1987-2006」版の続刊。

# 児童書

## 知識全般

### <書誌>

高校生のための参考書選びの本 平成13〜14年版 16訂版 高校学習研究会編 日栄社 2001.3 127p 21cm 380円 ④4-8168-0200-2 Ⓝ375

(目次)高校生活・学習・情報ガイド、学習書ガイド(英語、国語、数学、社会、理科、辞典)、付録(高校生のための良書100選、大学入試頻出出典)

(内容)人気の参考書・問題集・辞典などについての調査と批評を収録した、高校生のための学習ガイド。「勉強のしかた」「時間の使い方」「中学と高校の違い」「大学入試の最近の傾向」などの記事を掲載。

高校生のための参考書選びの本 平成14〜15年版 増補17訂版 高校学習研究会編 日栄社 2002.3 135p 21cm 400円 ④4-8168-1061-7 Ⓝ375

(目次)高校生活・学習・情報ガイド、学習書ガイド(英語、国語、数学、社会、理科、辞典)、付録(高校生のための良書100選、大学入試頻出出展、大学の選び方、私大偏差値のめやす)

(内容)高校生のための参考書ガイドブック。高校での生活・学習・情報について解説し、英語・国語・数学・社会・理科の5教科別の参考書・問題集、及び各辞典について、複数の有力書店の売れ行き調査資料に基づく人気書籍の書名、著書名、出版社名、判型・ページ数、価格、難易等のデータと、高校学習研究会会員による短評を紹介する。巻末に高校生のための良書100選、大学入手頻出出典、大学の選び方、私大偏差値のめやすを掲載。読者カードの質問への回答や読者の声についても紹介している。

新・どの本で調べるか 調べたい本がかならず探せる 図書館流通センター編 リブリオ出版 2003.1 663p 30cm 〈付属資料:CD-ROM1〉 5900円 ④4-86057-065-0

(内容)「どの本で調べるか」の全面改定版。子どもが自分で問題を解くために必要な参考図書が探せる本。調べる項目を五十音順で排列、項目別に書名とその項にふれているページを記載。書名は分類番号順に排列。

どの本で調べるか 調べたい本がかならず探せる 小学校版 増補改訂版 図書館資料研究会編 リブリオ出版 1997.5 10冊(セット) 26cm 37000円 ④4-89784-520-3

(内容)1975年から1996年12月までに出版された19414冊を調べたいことがらで探せる件名図書目録。書名、著者名、発行所、定価、分類記号、対象学年等を記載。

どの本で調べるか 調べたい本がかならず探せる 中学校版 増補改訂版 図書館資料研究会編 リブリオ出版 1997.5 8冊(セット) 26cm 29600円 ④4-89784-531-9

(内容)1975年から1996年12月までに出版された13175冊を調べたいことがらから探せる件名図書目録。書名、著者名、発行所、定価、分類番号等記載。

### <事典>

辞典・資料がよくわかる事典 読んでおもしろい もっと楽しくなる調べ方のコツ 深谷圭助監修 PHP研究所 2007.10 79p 29×22cm 2800円 ④978-4-569-68740-7

(目次)1 辞典には発見がいっぱい!(国語辞典を読んでみよう!、いろいろな言葉を漢字にしてみよう!、国語辞典を引いてみよう!、漢字辞典を読んでみよう!部首に注目してみよう!)、2 言葉の広がりを楽しむ!(古語辞典では何がわかるの?、古語と現代用語を比べてみよう!、有名な俳句を調べてみよう!、英和・和英辞典を読んでみよう!、次々に知識が広がる!、類語辞典ってどんな辞典?、逆引き辞典ってどんな辞典?)、3 さらにくわしい知識をふやそう!(百科事典でわかること、百科事典の使い方、日本と世界の百科事典、地図帳を見てみよう!、図鑑は見ているだけで楽しい!)、4 辞典・資料を使い分けてみよう!(身近な言葉を調べてみよう!、地球について調べてみよう!、暦について調べてみよう!、桜について調べてみよう!、コンビニについて調べてみよう!)、資料ページ 辞典についてもっと知ろう!(日本と世界の辞典の歴史、国語辞典ができるまで、こんな辞典があったんだ!、国立国会図書館ってどんなところ?)

(内容)辞典・資料を読むコツを、図解やイラス

**表・グラフのかき方事典　調べ学習に役立つ　ひと目でわかる「まとめ」にしよう！**
どりむ社編，小西豊文監修　PHP研究所
2009.9　79p　29cm　〈文献あり 索引あり〉
2800円　①978-4-569-68987-6　Ⓝ350.1

(目次)序章 調べ学習と資料，第1章 ひと目でわかる表とグラフ，第2章 表とグラフのかき方，第3章 表とグラフを使った調べ学習，第4章 表とグラフを使った発表，第5章 知っておきたいこと

(内容)調べ学習において，どのように効果的に表とグラフを使っていけばよいか，わかりやすく解説する。

### ＜ハンドブック＞

**記録・報告のまとめ方　第2版**　TOSS著　騒人社　2000.3　47p　26cm　〈新学習指導要領完全準拠 伝え合う能力を育てるじつれいじてん〉　2500円　①4-88290-029-7　Ⓝ375

(目次)基礎編(連絡事項のメモ，観察の記録の仕方，実験の記録の仕方，算数のノートのとり方，社会科の授業のまとめ，社会科見学に言ったときの記録，自由研究(社会科)のレポート，ノートのとり方の基本)，実例編(連絡帳の書き方，友だちの意見の書きとり方，草花の観察記録，こん虫の観察記録，実験の記録(電池の実験，ホウセンカの実験)，力がつく算数ノートのとり方，単元をまとめた新聞作り，社会科のまとめ方，工場見学した後のまとめ方，旅行記の作り方，まとめカルタの作り方，自由研究のまとめ方，作文で書くことがうかぶ方法(テーマについて九分法，場面をしぼって九分法)))

**子どものための頭がよくなる読み薬　よみがえる子どもたちハンドブック版　その2**　武田利幸著　日教，声の教育社〔発売〕　2003.10　144p　19cm　762円　①4-7715-6279-2

(目次)第1章 頭がよいとは？すばらしい人とは？，第2章 大切なのは反復と集中力，第3章 心と頭を開く！，第4章 15分のがまんで成績アップ！，第5章 必ずできる！覚えられる！，最終章 ウソみたいにできてしまう学法，付録 ほほえみ診断(生徒用)

**調べ学習ガイドブック　なにをどこで調べるか　2000-2001**　神林照道監修　ポプラ社　2000.4　231p　30cm　5800円　①4-591-99322-1　Ⓝ375

(目次)どうやって調べるか(調べ学習のテーマを見つけよう，まずは図書館へ行こう，博物館や科学館で調べよう，市役所や町村役場で調べよう ほか)，どこで調べるか(自然と環境，暮らしと地方行政，国のしくみと経済，日本の産業 ほか)

(内容)調べ学習のためのガイドブック。調べ学習でよく取り上げられるテーマごとに調べ先を紹介。図書館の利用法，ホームページの検索方法，問い合わせの電話のかけ方，答えてもらいやすい問い合わせ方など調べ学習のノウハウを解説。どうやって調べるか，どこで調べるか，イエローページの3部で構成。イエローページは問い合わせ先リスト，参考図書リスト，博物館リストを収録。巻末にさくいんを付す。

### ◆コンピュータ

### ＜事典＞

**子どものためのパソコン・IT用語事典**　渋井哲也著，内田かずひろ漫画　汐文社　2007.8　143p　26cm　2800円　①978-4-8113-8424-5

(目次)第1章 きほんの用語(RSS(あーるえすえす)，ID(あいでぃー)，IPアドレス(あいぴーあどれす)，IP電話(あいぴーでんわ) ほか)，第2章 ニュース・テレビで目にする用語(アダルトサイト(あだるとさいと)，e-Japan構想(いーじゃぱんこうそう)，e-ラーニング(いーらーにんぐ)，インターネット依存症(いんたーねっといぞんしょう) ほか)

(内容)インターネットなどに関する基本用語とニュース・テレビで目にする用語に分けてそれぞれ五十音順に解説。

**初・中級者のためのパソコン・IT・ネット用語辞典基本＋最新キーワード1100**　アスキー書籍編集部，オフィス加減責　アスキー・メディアワークス，角川グループパブリッシング〔発売〕　2010.3　599p　19cm　〈索引あり〉　1680円　①978-4-04-868490-3　Ⓝ548.2

(目次)数字用語，英字用語，日本語五十音用語

(内容)最新Windows7対応PC・IT・インターネット用語の意味がしっかり身につく。

**パソコン&インターネットまるわかり用語じてん　ドラえもんのなるほどインターネット**　小学館ドラネット編集部編　小学館　2001.1　175p　19cm　〈ドラゼミ・ドラネットブックス〉　850円　①4-09-253520-1　Ⓝ007.6

(目次)第1章 知っておきたいパソコン用語，第2章 ネットワークってどんなこと？，第3章 インターネットを使ってみよう，第4章 メールやけい示板で楽しもう，第5章 いろいろあるぞ!ハイテク用語

(内容)パソコン・インターネットに関する用語

を、イラストやまんがを用いて解説する子供向けの事典。用語を関連ごとに5章に分けて解説し、巻末に数字・アルファベット・五十音順の索引を付す。

&lt;ハンドブック&gt;

**インターネット探検隊** 横山験也編著 ほるぷ出版 2000.8 95p 25×19cm 1600円 ①4-593-59351-4 Ⓝ547

[目次]1章 学習に役立つ!先生が選んだホームページ42(漢字や記号の成り立ちをアニメで見る、漢字の書き順を調べる、世界の民話を聞くほか)、2章 ホームページを探しだせ!インターネット探検のコツ(インターネットでホームページを見よう、見たいページを探そう ほか)、3章 インターネットのしくみとマナーを知ろう(インターネットとは、何か?、インターネットのマナーと利用法、いろいろな方法で調べよう!)
[内容]子どものためのインターネットガイドブック。インターネットで自分の知りたい情報を探す、見たいホームページを見るための方法を子供向けに解説する。教科別の学習に役立つ先生が選んだホームページ、アドレスの打ち込み方、検索エンジンの解説によるインターネット探検のコツ、インターネットのしくみとマナーの3章で構成。ほかにお役立ちホームページ紹介、インターネット用語集、コラム・ローマ字入力のやり方を掲載。事項索引を付す。

**コンピュータの仕事&資格オールガイド 2007年度版** 資格試験研究会編 実務教育出版 2005.12 317p 21cm 1700円 ①4-7889-0270-2

[目次]序章 IT関連職種のキャリアガイド、第1章 情報処理技術者の14資格、第2章 ベンダー主催の資格、第3章 情報処理・システムの資格、第4章 ビジネスの資格、第5章 クリエイティブの資格、第6章 インターネットの資格、第7章 インストラクターの資格、第8章 その他の資格
[内容]仕組み、対策、活用法がまるごとわかる多角的ガイド。いま注目されている111資格の最新情報が満載。

&lt;図 鑑&gt;

**分解ずかん 8 パソコンのしくみ** しおざきのほる文・絵 岩崎書店 2002.3 39p 22×28cm 2200円 ①4-265-04258-9 Ⓝ548.29

[目次]しんかした、けいさんきこれがパソコンだ、ここがパソコンほんたい、パソコンの頭マザーボード、ここがパソコンの頭脳CPU、パソコンとにんげんのつうやくOS(オペレーティングシステム)、データをきろくする(ハードディスク, ディスクドライブ)、パソコンにめいれいをだす(キーボード, マウス)、目で見えるようにするモニタ、もちはこびできるノートパソコン、いんさつするインクジェットプリンタ〔ほか〕
[内容]子ども(小学校低学年以上)向けにパソコンの仕組を解説する絵本図鑑。パソコンの中はどうなっていて、なぜ動くのか、本体、CPU、ハードディスクなど各パーツごとに分解、説明している。ひとつひとつの部品の役割や機械が成り立っている様子、またそれをつくってきた人々のいろいろな工夫を説明している。巻末に用語索引が付く。

◆図書館

&lt;書 誌&gt;

**図書館探検シリーズ 第1巻 恐竜の時代** 小田英智著 リブリオ出版 1990.4 24p 31cm 〈監修:本田睨 編集:タイム・スペース 関連図書紹介:p20～23〉 ①4-89784-199-2 Ⓝ028

[内容]小学生や中学生が、あるテーマについて図書館や図書室で本をさがすときの、そのテーマの基本的なことがらを解説し、基本の図書を紹介している。小学校上級以上向。

**図書館探検シリーズ 第2巻 ミツバチの王国** 小田英智著 リブリオ出版 1990.4 24p 31cm 〈監修:本田睨 編集:タイム・スペース 関連図書紹介:p20～23〉 ①4-89784-200-X Ⓝ028

[内容]小学生や中学生が、あるテーマについて図書館や図書室で本をさがすときの、そのテーマの基本的なことがらを解説し、基本の図書を紹介するシリーズ。小学校上級以上向。

**図書館探検シリーズ 第3巻 日本の野生動物** 今泉忠明著 リブリオ出版 1990.4 24p 31cm 〈監修:本田睨 編集:タイム・スペース 関連図書紹介:p20～23〉 ①4-89784-201-8 Ⓝ028

[内容]小学生や中学生が、あるテーマについて図書館や図書室で本をさがすときの、そのテーマの基本的なことがらを解説し、基本の図書を紹介するシリーズ。小学校上級以上向。

**図書館探検シリーズ 第4巻 すばらしい人間のからだ** 相沢省三著 リブリオ出版 1990.4 24p 31cm 〈監修:本田睨 編集:タイム・スペース 関連図書紹介:p20～23〉 ①4-89784-202-6 Ⓝ028

[内容]小学生や中学生が、あるテーマについて図書館や図書室で本をさがすときの、そのテーマの基本的なことがらを解説し、基本の図書を紹介するシリーズ。小学校上級以上向。

図書館探検シリーズ 第5巻 自然がつくる形 田中真知著 リブリオ出版 1990.4 24p 31cm 〈監修：本田睨 編集：タイム・スペース 関連図書紹介：p20～23〉 ①4-89784-203-4 Ⓝ028
(内容)小学生や中学生が、あるテーマについて図書館や図書室で本をさがすときの、そのテーマの基本的なことがらを解説し、基本の図書を紹介するシリーズ。小学校上級以上向。

図書館探検シリーズ 第6巻 銀河鉄道と星めぐり 小田英智著 リブリオ出版 1990.4 24p 31cm 〈監修：本田睨 編集：タイム・スペース 関連図書紹介：p20～23〉 ①4-89784-204-2 Ⓝ028
(内容)小学生や中学生が、あるテーマについて図書館や図書室で本をさがすときの、そのテーマの基本的なことがらを解説し、基本の図書を紹介するシリーズ。小学校上級以上向。

図書館探検シリーズ 第7巻 わたしたちの地球 田中三彦著 リブリオ出版 1990.4 24p 31cm 〈監修：本田睨 編集：タイム・スペース 関連図書紹介：p20～23〉 ①4-89784-205-0 Ⓝ028
(内容)小学生や中学生が、あるテーマについて図書館や図書室で本をさがすときの、そのテーマの基本的なことがらを解説し、基本の図書を紹介するシリーズ。小学校上級以上向。

図書館探検シリーズ 第8巻 火の歴史 小田英智著 リブリオ出版 1990.4 24p 31cm 〈監修：本田睨 編集：タイム・スペース 関連図書紹介：p20～23〉 ①4-89784-206-9 Ⓝ028
(内容)小学生や中学生が、あるテーマについて図書館や図書室で本をさがすときの、そのテーマの基本的なことがらを解説し、基本の図書を紹介するシリーズ。小学校上級以上向。

図書館探検シリーズ 第9巻 イネと日本人 向田由紀子著 リブリオ出版 1990.4 24p 31cm 〈監修：本田睨 編集：タイム・スペース 関連図書紹介：p20～23〉 ①4-89784-207-7 Ⓝ028
(内容)小学生や中学生が、あるテーマについて図書館や図書室で本をさがすときの、そのテーマの基本的なことがらを解説し、基本の図書を紹介するシリーズ。小学校上級以上向。

図書館探検シリーズ 第10巻 家とくらし 本田ニラム著 リブリオ出版 1990.4 24p 31cm 〈監修：本田睨 編集：タイム・スペース 関連図書紹介：p20～23〉 ①4-89784-208-5 Ⓝ028
(内容)小学生や中学生が、あるテーマについて図書館や図書室で本をさがすときの、そのテー

マの基本的なことがらを解説し、基本の図書を紹介するシリーズ。小学校上級以上向。

図書館探検シリーズ 第11巻 海と人間 平見修二著 リブリオ出版 1990.4 24p 31cm 〈監修：本田睨 編集：タイム・スペース 関連図書紹介：p20～23〉 ①4-89784-209-3 Ⓝ028
(内容)小学生や中学生が、あるテーマについて図書館や図書室で本をさがすときの、そのテーマの基本的なことがらを解説し、基本の図書を紹介するシリーズ。小学校上級以上向。

図書館探検シリーズ 第12巻 エジソンの発明 藤野励一、柴田弘子著 リブリオ出版 1990.4 24p 31cm 〈監修：本田睨 編集：タイム・スペース 関連図書紹介・エジソンの一生：p20～23〉 ①4-89784-210-7 Ⓝ028
(内容)小学生や中学生が、あるテーマについて図書館や図書室で本をさがすときの、そのテーマの基本的なことがらを解説し、基本の図書を紹介するシリーズ。小学校上級以上向。

図書館探検シリーズ 第13巻 未知の世界に挑む 伊藤幸司著 リブリオ出版 1991.5 24p 31cm 〈監修：本田睨 編集：タイム・スペース 関連図書紹介：p24〉 ①4-89784-255-7 Ⓝ028
(内容)小学生や中学生が、あるテーマについて図書館や図書室で本をさがすときの、そのテーマの基本的なことがらを解説し、基本の図書を紹介している。小学校上級以上向。1～12の第1期シリーズに続き、13～24を第2期シリーズとして刊行。

図書館探検シリーズ 第14巻 動物の親子いろいろ 今泉忠明著 リブリオ出版 1991.5 24p 31cm 〈監修：本田睨 編集：タイム・スペース 関連図書紹介：p24〉 ①4-89784-256-5 Ⓝ028
(内容)小学生や中学生が、あるテーマについて図書館や図書室で本をさがすときの、そのテーマの基本的なことがらを解説し、基本の図書を紹介するシリーズ。小学校上級以上向。

図書館探検シリーズ 第15巻 アインシュタインの考えたこと 田中三彦著 リブリオ出版 1991.5 24p 31cm 〈監修：本田睨 編集：タイム・スペース 関連図書紹介：p24〉 ①4-89784-257-3 Ⓝ028
(内容)小学生や中学生が、あるテーマについて図書館や図書室で本をさがすときの、そのテーマの基本的なことがらを解説し、基本の図書を紹介するシリーズ。小学校上級以上向。

図書館探検シリーズ 第16巻 科学と遊ぶ本がいっぱい 山辺昭代著 リブリオ出

版 1991.5 24p 31cm 〈監修：本田睨 編集：タイム・スペース 関連図書紹介：p24〉 Ⓘ4-89784-258-1 Ⓝ028

(内容)小学生や中学生が，あるテーマについて図書館や図書室で本をさがすときの，そのテーマの基本的なことがらを解説し，基本の図書を紹介するシリーズ。小学校上級以上向。

図書館探検シリーズ 第17巻 昔話は絵本で読む 平見修二著 リブリオ出版 1991.5 24p 31cm 〈監修：本田睨 編集：タイム・スペース 関連図書紹介：p24〉 Ⓘ4-89784-259-X Ⓝ028

(内容)小学生や中学生が，あるテーマについて図書館や図書室で本をさがすときの，そのテーマの基本的なことがらを解説し，基本の図書を紹介するシリーズ。小学校上級以上向。

図書館探検シリーズ 第18巻 スポーツってなんだろう 三原道弘著 リブリオ出版 1991.5 24p 31cm 〈監修：本田睨 編集：タイム・スペース 関連図書紹介：p24〉 Ⓘ4-89784-260-3 Ⓝ028

(内容)小学生や中学生が，あるテーマについて図書館や図書室で本をさがすときの，そのテーマの基本的なことがらを解説し，基本の図書を紹介するシリーズ。小学校上級以上向。

図書館探検シリーズ 第19巻 きみはなにになるのか 三宅直人著 リブリオ出版 1991.5 24p 31cm 〈監修：本田睨 編集：タイム・スペース 関連図書紹介：p24〉 Ⓘ4-89784-261-1 Ⓝ028

(内容)小学生や中学生が，あるテーマについて図書館や図書室で本をさがすときの，そのテーマの基本的なことがらを解説し，基本の図書を紹介するシリーズ。小学校上級以上向。

図書館探検シリーズ 第20巻 コンピュータが変えたこと 相沢省三著 リブリオ出版 1991.5 24p 31cm 〈監修：本田睨 編集：タイム・スペース 関連図書紹介：p24〉 Ⓘ4-89784-262-X Ⓝ028

(内容)小学生や中学生が，あるテーマについて図書館や図書室で本をさがすときの，そのテーマの基本的なことがらを解説し，基本の図書を紹介するシリーズ。小学校上級以上向。

図書館探検シリーズ 第21巻 なぜ男の子と女の子がいるの 本田ニラム著 リブリオ出版 1991.5 24p 31cm 〈監修：本田睨 編集：タイム・スペース 関連図書紹介：p24〉 Ⓘ4-89784-263-8 Ⓝ028

(内容)小学生や中学生が，あるテーマについて図書館や図書室で本をさがすときの，そのテーマの基本的なことがらを解説し，基本の図書を紹介するシリーズ。小学校上級以上向。

図書館探検シリーズ 第22巻 飛行機の世紀 北代省三著 リブリオ出版 1991.5 24p 31cm 〈監修：本田睨 編集：タイム・スペース 関連図書紹介：p24〉 Ⓘ4-89784-264-6 Ⓝ028

(内容)小学生や中学生が，あるテーマについて図書館や図書室で本をさがすときの，そのテーマの基本的なことがらを解説し，基本の図書を紹介するシリーズ。小学校上級以上向。

図書館探検シリーズ 第23巻 音楽を聞く、読む 坪井賢一，能本功生著 リブリオ出版 1991.5 24p 31cm 〈監修：本田睨 編集：タイム・スペース〉 Ⓘ4-89784-265-4 Ⓝ028

(内容)小学生や中学生が，あるテーマについて図書館や図書室で本をさがすときの，そのテーマの基本的なことがらを解説し，基本の図書を紹介するシリーズ。小学校上級以上向。

図書館探検シリーズ 第24巻 植物と人間の生活 埴沙萌著 リブリオ出版 1991.5 24p 31cm 〈監修：本田睨 編集：タイム・スペース 関連図書紹介：p24〉 Ⓘ4-89784-266-2 Ⓝ028

(内容)小学生や中学生が，あるテーマについて図書館や図書室で本をさがすときの，そのテーマの基本的なことがらを解説し，基本の図書を紹介するシリーズ。小学校上級以上向。

◆読 書

<書 誌>

学問の鉄人が贈る14歳と17歳のBOOKガイド 河合塾編 メディアファクトリー 1999.1 319p 21cm 1600円 Ⓘ4-88991-692-X

(目次)バーチャル図書館にようこそ，本書で登場する研究者とその推薦書について（現代を生きる，人間を探る，文化を味わう，21世紀の社会を創る）

(内容)466名の研究者による「それぞれ専門領域の魅力を伝える一冊」と「若い人たちに薦めたい一冊，自分の大好きな一冊」を掲載した読書ガイド。学問分野別ごとに研究者の50音順配列。掲載研究者50音さくいん付き。

大正の名著 浪漫の光芒と彷徨 渡辺澄子編 自由国民社 2009.9 341p 21cm （明快案内シリーズ） 1800円 Ⓘ978-4-426-10827-4

(目次)1 新しい女，2 女徳に抗う，3 こころ追い求め，4 青春の碑，5 あるがままの美しさ，6 人びとの足跡，7 真実の旅人，8 源流をめぐる，9

見聞ひろく, 10 貧しきを噛みしめ, 11 あるべきかたちは
(内容)大正の日本は、第一次大戦の戦勝国となって、好景気ではじまる。旧秩序からの解放、あたらしい社会の建設のもと、大正デモクラシーの陰では貧富の差が拡大する。個人主義、自然主義、理想主義が開花して、そして、大衆が登場する。大正の「名著」は、平成の今の世を生きるのに妙に効く。

**中高生のブック・トリップ** 岡崎千鶴子, 高橋啓介編著 河合出版 1990.11 351, 3p 19cm 1300円 ⓘ4-87999-042-6
(目次)第1章 とにかく楽しく読んで、読むことに慣れてしまおう。, 第2章 読むことに慣れたら、考えることにも慣れよう。, 第3章 深く考えるために、読むという行為はあるのだ。, 第4章 深く考える素材、感じる素材は、どこにでもあるのだ。, 第5章 読むこと、深く考えることを、ただひたすら楽しんでしまおう。
(内容)若い人たちが、実際に読んで親しむことができるように、興味深いもの、感動的なもの、考えを深めたり広げたりしてくれるものなどを、様々な分野から選び出したブックガイド。

**どの本よもうかな? 1・2年生** 日本子どもの本研究会編 国土社 2000.3 214p 21cm 2500円 ⓘ4-337-25351-3 Ⓝ019
(目次)あいさつがいっぱい、あげは、アサガオ、あのときすきになったよ、あのね、わたしのたからものはね、あめがふるときちょうちょうはどこへ、あらしのよるに、あらどこだ、アンナの赤いオーバー、いしころ〔ほか〕
(内容)小学1・2年生向けの本をジャンル別に紹介し解説した読書ガイド。五十音順排列。内容は1999年現在。索引として、事項(テーマ)さくいん、書名さくいん、作者さくいんがある。

**どの本よもうかな? 3・4年生** 日本子どもの本研究会編 国土社 2000.3 206p 21cm 2500円 ⓘ4-337-25352-1 Ⓝ019
(目次)1 絵本(赤牛モウサー、エタシペカムイ ほか), 2 物語(日本)(アリーナと風になる、いぬうえくんがやってきたほか ほか), 3 物語(外国)(アルフはひとりぼっち、アレックスとネコさん ほか), 4 詩(雨のにおい星の声、いちわのにわとり ほか), 5 科学(あめんぼがとんだ、いっぽんの鉛筆のむこうに ほか)
(内容)小学3・4年生向けの本をジャンル別に紹介し解説した読書ガイド。五十音順排列。内容は1999年現在。索引として、事項(テーマ)さくいん、書名さくいん、作者さくいんがある。

**どの本よもうかな? 5・6年生** 日本子どもの本研究会編 国土社 2000.3 206p 21cm 2500円 ⓘ4-337-25353-X Ⓝ019

(目次)1 絵本(ウエズレーの国, 絵で読む広島の原爆 ほか), 2 物語(日本)(雨やどりはすべり台の下で, アライグマのコンチェルト ほか), 3 物語(外国)(合言葉はフリンドル!, アレックスとゆうれいたち ほか), 4 詩(ゴリラはごりら, 詩集胸のどどめき ほか), 5 科学読み物(イヌビワとコバチのやくそく, イラガのマユのなぞ ほか), 6 伝記(命燃やす日々, ステファニー ほか), 7 ノンフィクション(アラスカたんけん記, いのちのふるさと水田稲作 ほか)
(内容)小学5・6年生向けの本をジャンル別に紹介し解説した読書ガイド。五十音順排列。内容は1999年現在。索引として、事項(テーマ)さくいん、書名さくいん、作者さくいんがある。

**どの本よもうかな? 中学生版 日本編** 日本子どもの本研究会編 金の星社 2003.3 254p 21cm 2500円 ⓘ4-323-01595-X
(目次)1 物語, 2 詩歌, 3 伝記, 4 科学・ノンフィクション, 5 絵本, 6 調べ学習シリーズ
(内容)「どの本よもうかな?」と本を探すときに…読みたい本がすぐに見つかるブックガイドの決定版。おもしろい本、感動する本、役に立つ本、あなたにぴったりの本にきっと出会える。「朝の読書」の本選びにも最適。

**どの本よもうかな? 中学生版 海外編** 日本子どもの本研究会編 金の星社 2003.3 254p 21cm 2500円 ⓘ4-323-01596-8
(目次)1 物語(アーミッシュに生まれてよかった, 愛と悲しみの12歳, 青い図書カード ほか), 2 ノンフィクション(アイスマン, アンネの日記, イシ ほか), 3 絵本(あなたがもし奴隷だったら, アリスンの百日草, アンジュール ほか)
(内容)「どの本よもうかな?」と本を探すときに…読みたい本がすぐに見つかるブックガイドの決定版。おもしろい本、感動する本、役に立つ本、あなたにぴったりの本にきっと出会える。

**どの本よもうかな? 1900冊 続** 日本子どもの本研究会編 国土社 1998.8 362p 21cm 3800円 ⓘ4-337-45033-5
(目次)グレード別 1900冊の本(幼児向、小学校―初級向、小学校―中級向、小学校―上級向、中学校向、シリーズもの、年鑑・図鑑・事典・辞典), 子どもの本 その現状と見かた・選びかた(絵本―文化財としての絵本を、民話―民話を考える、創作児童文学―子どもたちには、ありったけの物語を、外国児童文学―外国児童文学の底力、詩と童謡―評価の尺度は「好き」、自然科学―科学の本の楽しさを!、伝記―「伝記」出版の現状と問題点、ノンフィクション―豊かで魅力にみちた世界)
(内容)『どの本よもうかな?1900冊』(初版1986年)以後の子どもの本の出版状況を検討し、自

**ブックス ライブ こども以上おとな未満 おもしろ本ガイド** L's Voice編著 公人社 1994.1 164p 21cm 1545円 ⓘ4-906430-42-2

(目次)1 スグに役立つ，2 大ワライする，3 ゾッとする，4 ほのぼのする，5 ワクワクする，6 ハラハラドキドキ，7 ハチャメチャ，8 元気になる，9 ちょっとマジメに，10 恋する人へ，11 マニアック，12 アブない世界

(内容)ティーンエイジャーを対象とした読書ガイド。マンガ、ファンタジーからやおい本、ヌード写真集までをテーマ別に紹介する。

**本選び術 よみたい本が必ず探せる 小学校版** リブリオ出版 1995.4 6冊(セット) 26×22cm 21630円 ⓘ4-89784-430-4

(内容)物語や記録文学などの読み物を中心とした小学生向け読書ガイド。「自分を見つめる」「自然や生物とのかかわり」等16のテーマ別にサブテーマとさらに細かなキーワードを設け、関連する作品を著者名の五十音順に掲載する。各作品に内容紹介つき。5巻の巻末にテーマ、サブテーマ、キーワードを五十音順に並べた索引がある。

**本選び術 よみたい本が必ず探せる 中学校版** リブリオ出版 1995.4 6冊(セット) 26×22cm 21630円 ⓘ4-89784-437-1

(内容)物語や記録文学などの読み物を中心とした中学生向け読書ガイド。「自分を見つめる」「自然や生物とのかかわり」等16のテーマ別にサブテーマとさらに細かなキーワードを設け、関連する作品を著者名の五十音順に掲載する。各作品に内容紹介つき。5巻の巻末にテーマ、サブテーマ、キーワードを五十音順に並べた索引がある。

**本の探偵事典 いろの手がかり編** あかぎかんこ著 フェリシモ 2005.2 110p 17cm 1238円 ⓘ4-89432-339-7

(内容)色を手がかりに、それが登場する子どもの本を検索できる『本の探偵事典』。「あか」「ばらいろ」など14色の項目に分け、作品の表紙(カラー写真)と内容の概略を記載。収録作品は約190点。巻末に「作品名さくいん」「作者 画家 訳者名さくいん」付き。

**本の探偵事典 ごちそうの手がかり編** あかぎかんこ著 フェリシモ 2005.3 112p 17cm 1238円 ⓘ4-89432-352-4

(内容)たべものを手がかりに、それが登場する子どもの本を検索できる『本の探偵事典』。「ドリンク・スープ」「サラダ・やさい」「パン」など8項目に分け、作品の表紙(カラー写真)と内容の概略を記載。収録作品は約240点。巻末に「作品名さくいん」「作者名さくいん」付き。

**本の探偵事典 どうぐの手がかり編** あかぎかんこ著 フェリシモ 2005.4 111p 17cm 1238円 ⓘ4-89432-353-2

(内容)道具を手がかりに、それが登場する子どもの本を検索できる『本の探偵事典』。「こどもべや」「クローゼット」「いえ・にわ」など7項目に分け、作品の表紙(カラー写真)と内容の概略を記載。収録作品は約300点。巻末に「作品名さくいん」「作者名さくいん」付き。

**本の探偵事典 どうぶつの手がかり編** あかぎかんこ著 (神戸)フェリシモ 2005.5 112p 17cm 1238円 ⓘ4-89432-354-0

(目次)冷たい生きもの，温かくて卵を生む生きもの，温かい生きもの

(内容)「ガールフレンドに会いに行くミミズ」「コインを運ぶカニ」「ポケットがないカンガルー」「けむくじゃらのラクダ」…"どうぶつの手がかり"で思い出の本をみつける『本の探偵事典』。子どもの本300点を収録。本文はNDC(十進分類)順に排列。表紙(カラー写真)と内容の概略を記載。巻末に「作品名さくいん」「作者名さくいん」を収録。

**無理なく身につく 文字・数・科学絵本ガイド 興味しんしん傑作絵本50選** 宮崎清著 学陽書房 1996.6 182p 19cm 1400円 ⓘ4-313-66010-0

(目次)プロローグ 幼児の発達と絵本のずれ，第1章 無理なく知識を身につけるには?，第2章 優れた知識絵本の実例，第3章 科学絵本を中心とした傑作絵本30選，第4章 数量感覚を育てる傑作絵本10選，第5章 文字感覚を育てる傑作絵本10選，エピローグ 良い絵本選びを

(内容)幼児向けの科学絵本、文字・数字関係の知識絵本を紹介したガイド。「科学絵本を中心とした傑作絵本30選」「数量感覚を育てる傑作絵本10選」「文字感覚を育てる傑作絵本10選」の各章に分けて、推奨する絵本の概要を紹介する。表紙写真・内容見本付き。

**明治の名著 1 論壇の誕生と隆盛** 小田切秀雄,渡辺澄子編 自由国民社 2009.9 269p 21cm (明快案内シリーズ 知の系譜 読書入門) 〈索引あり〉 1600円 ⓘ978-4-426-10826-7 ⓘ028

(目次)1 世界への序奏，2 進取の気象，3 清心研磨，4 貧しさを討て，5 声を上げよ，6 強く問う，7 心性史事始め，8 夢・生・旅，9 知と学わきたつ

(内容)百五十年前、日本は、大いに迷っていた。

竜馬も、西郷も、諭吉も、若しくて熱かった。今の日本人は、どうか。迷うこと、大いに結構。その果てに、めざすものが、見えてくる。「明治の機運」が、読書できる好著。

**明治の名著　2　文芸の胎動と萌芽**　渡辺澄子編　自由国民社　2009.10　239p　21cm　（明快案内シリーズ　読書入門）〈執筆：浦西和彦ほか〉　1500円　①978-4-426-10829-8　Ⓝ028

(目次)1 近代文学のあけぼの、2 新風を巻き起こす、3 観念小説・深刻小説の流行、4 新しい言葉、新しい文体、5 私を語る、6 我が道をゆく、7 己に迫る、8 覚醒する女性たち

(内容)坪内逍遥『当世書生気質』、与謝野晶子『みだれ髪』、夏目漱石『吾輩は猫である』、北原白秋『邪宗門』、田村俊子『生血・あきらめ』etc.精選62作品を紹介。古典から歴史的大作、重要基本作品で教養がつく。読みやすいダイジェスト編集版。

**山の名著　明治・大正・昭和戦前編**　近藤信行編　自由国民社　2009.11　267p　21cm　（明快案内シリーズ　知の系譜）　1700円　①978-4-426-10830-4

(目次)1 山へ行く―近代登山黎明期の記録（松浦武四郎紀行集（吉田武三編）近代日本の登山紀行、探検記録を考えるための第一文献、日本風景論（志賀重昂）日本人の景観意識に重要な変革を与えた記念碑的作品、欧洲山水奇勝（高島北海）明治初年はじめて欧州の山水に接した著者の山岳風景画集、日本アルプス―登山と探検（ウォルター・ウェストン）近代登山黎明期の輝かしい業績 ほか）、2 山を抱く・挑むものと愛するものたちの軌跡（山行（槇有恒）近代日本登山史の中に聳える大いなる金字塔、わたしの山旅（槇有恒）古き時代に生きた偉大なる岳人の回想、アルプス記（松方三郎）情操豊かで稀有な山岳人の見事な随筆集、アルプスと人（松方三郎）スイス・アルプスの人文的な記述 ほか）

(内容)志賀重昂『日本風景論』、ウェストン『極東の遊歩場』、槇有恒『山行』、大島亮吉『先蹤者』、藤島敏男『山に忘れたパイプ』etc.精選78作品を紹介。ここに集められた書物から日本の登山における原点がわかる。

### ＜ハンドブック＞

**高校生のための評論文キーワード100**　中山元著　筑摩書房　2005.6　223,7p　18cm　（ちくま新書）　720円　①4-480-06242-4

(目次)アイデンティティ、アイロニー、アウラ、アナロジー（類推）、アプリオリ／アポステリオリ、アレゴリー、異端、一元論と二元論、イデオロギー、イメージ〔ほか〕

(内容)評論文が読めるようになるための近道は、独特で難解な用語を根本から理解すること。本書は、最新の入試傾向を踏まえて、読解に欠かせない100語を厳選して収録。それぞれ見開きで、定義およびその語が持っている思想的背景や、押さえておきたい文脈などを複数提示する。これらの用語を、ただ辞書どおりの意味ではなく、もっと深い背景も含めて把握できれば、評論文中での文脈をある程度推測する力がつくのではないか。文章を読む＜視点＞が養える、「急がば回れ」の一冊。

### ◆百科事典

### ＜事典＞

**学習百科大事典　ジュニアニッポニカ**　小学館　1995.3　575p　26cm　4900円　①4-09-219501-X

(内容)小学生を対象にした百科事典。収録項目数は約1万で五十音順に排列。生物の図集や日本史年表、学習漢字の読み・書き方など、新学習指導要領に準拠した各教科の学習ガイドを掲載する。

**きっずジャポニカ　小学百科大事典**　小学館国語辞典編集部編、江崎玲於奈、荒俣宏、陰山英男監修　小学館　2006.7　799p　29cm　5700円　①4-09-219511-7　Ⓝ031.9

(内容)小学生向けのオールインワン型のカラー百科事典。小学生に必要な10800項目を収録。漢字はもちろん、アルファベットもふりがな付き。新しい教科書に対応し、中学受験に必要な内容も解説。クイズを解いて楽しみながら知識が身につく。

**こども　もののなまえ絵じてん**　三省堂編修所編　三省堂　1999.12　232,7p　26×21cm　2800円　①4-385-15029-X

(目次)1 たべもの、2 ようふく、3 いえのなか、4 まちのなか、5 のりもの、6 いきもの、7 マークとことば

(内容)幼児が6歳までに習得するといわれる約2100語を収録した絵辞典。「たべもの」「いきもの」など幼児にも理解しやすい分野別に分類し掲載。各見出しごとに大人向け解説コーナーを設けている。巻末に50音順の索引がある。

**辞書びきえほんもののはじまり**　陰山英男監修　（大阪）ひかりのくに　2010.3　241p　27×13cm　1800円　①978-4-564-00846-7　Ⓝ031.4

(内容)歴史を知れば楽しいがもっと広がる。実用品から乗り物、食べ物やスポーツまで、身のまわりにあるさまざまなもののはじまりを写真や図、イラストまじえて紹介する。

児童書　知識全般

ちがいのわかる絵事典　もの知り博士になれる！調べ学習にやくだつ　村越正則監修　PHP研究所　2002.3　95p　30cm　2800円　Ⓘ4-569-68328-2　Ⓝ031

㋱第1章 ちがいがわかると、うれしい、楽しい（野山で見つけた「ここがちがう」、お買いもので見つけた「ここがちがう」、家や学校で見つけた「ここがちがう」ほか）、第2章 絵でわかる、「ちがい」いろいろ（海や川などの生きもの―カレイ／ヒラメ、陸や空にいる生きもの―インドゾウ／アフリカゾウ、花や草や木―クローバー／レンゲソウ ほか）、第3章 ちがい小事典（コンピュータ「用語」のちがいを知ろう、スポーツのルールと道具のちがいを知ろう、体の中の「しくみ」のちがいを知ろう ほか）

㋳ものの「ちがい」をテーマとした子供向けの学習事典。自然、食べ物、乗り物、建物、道具などを対象に、特徴を比較して簡潔に解説。難しい漢字にはルビが振られている。巻末に五十音順の索引あり。

ちがいのわかる絵事典　似ているものを見分けよう！観察力が身につく　改訂版　村越正則監修　PHP研究所　2010.4　79p　29cm　〈文献あり　索引あり〉　2800円　Ⓘ978-4-569-78042-9　Ⓝ031.8

㋱第1章 ちがいがわかると、うれしい、楽しい（ちがいって、なんだろう、季節の変化、ここがちがう、情報の整理、ここがちがう ほか）、第2章 絵でわかる、「ちがい」いろいろ（海や川などの生きもの、陸や空にいる生きもの、花や草や木 ほか）、第3章 ちがい小事典（動物の誕生のちがいを知ろう、災害のちがいを知ろう、体のしくみのちがいを知ろう ほか）

㋳カレイとヒラメ、イモリとヤモリ…。身近にある"よく似ているもの"のちがいを絵で解説する。

21世紀こども百科　小学館　1991.12　517p　29×22cm　5200円　Ⓘ4-09-221101-5　Ⓝ031

㋳「あい」（愛）からはじまる240テーマ、3600項目を収録。約5000点のイラスト・写真でビジュアルに。すすんで学ぶ力を伸ばす発展学習システム。自然と地球を守るエコロジカルな視点で編集。テーマの英語表記をはじめ21世紀を生きる国際感覚を重視。関連テーマパーク、博物館の情報や人物事典も掲載。

21世紀こども百科　第2版 増補版　羽豆成二、日高敏隆、山田卓三監修　小学館　2002.8　493p　30cm　5000円　Ⓘ4-09-221103-1　Ⓝ031

㋱あい、あいさつ、アイスクリーム、アゲハチョウ、アサガオ、アジア、アニメーション、アブラナ、アフリカ、あめ〔ほか〕

㋳小学生のための総合的な学習事典。229のテーマを五十音順に排列。1テーマにつき見開き1頁を使い、写真や図版、関連項目、教科名・学年、テーマ関連施設の紹介、関連URL、解説を記載。内容は新学習指導要領に準拠する。巻頭に五十音順の全項目一覧、巻末にインターネットガイド、2900項目から引く五十音順索引がある。

21世紀こども百科　大図解　小学館　1995.7　303p　30cm　4500円　Ⓘ4-09-221161-9

㋳さまざまな事物のしくみと働きをイラストと写真で解説する小学生向けの図解百科。見開き2頁を1テーマとし、計134テーマについて五十音順に掲載する。各テーマには対応教科・学年、教科書名を明記。巻末に2500項目からなる事項索引がある。全国約200の科学館・博物館ガイド付き。

21世紀こども百科　もののはじまり館　小学館　2008.12　223p　29cm　〈他言語標題：The 21st century encyclopedia of origins of things〉　3800円　Ⓘ978-4-09-221271-8　Ⓝ031.4

㋱家、衣服、インスタント食品、絵、映画・アニメーション、エレベーター・エスカレーター、お菓子、お金、おもちゃ、オリンピック〔ほか〕

㋳豊富な写真やイラストで、「はじまり」をわかりやすく解説。「なぜ?」の視点～「はじまり」の理由や意味も考える。学校、歳時記の特集など、生活に密着した「はじまり」を紹介。

別冊21世紀こども百科 大疑問　21世紀こども百科編集部編　小学館　2002.8　175p　30cm　1600円　Ⓘ4-09-221112-0　Ⓝ031

㋱第1章 昆虫・動物・植物の大疑問（アゲハチョウ、アサガオ ほか）、第2章 自然と環境の大疑問（雨と雪、宇宙 ほか）、第3章 暮らしと社会のしくみの大疑問（市場、インターネット ほか）、第4章 もののしくみ、作られ方の大疑問（宇宙ステーション、おかしとケーキ ほか）

㋳子供向けの総合的な学習事典。「十二支って何だろう？」や「魚には、なぜうろこがあるの？」など1000項目の疑問を4カテゴリの下で五十音順に排列。写真・図版を多用しながら関連項目、21世紀こども百科シリーズでのページ、関連施設、関連URL、参考図書、解説文を記載する。振り仮名入り。巻末に500件分のインターネットホームページガイドあり。

ポプラディア　総合百科事典　1　あ・い・う　ポプラ社　2002.3　322p　29cm　〈付属資料：ビデオ1本+CD2枚（12cm）+58p〉　Ⓘ4-591-07161-8

㋳こどもが自分で調べられる百科事典、の編集方針のもとにつくられた、小学生向け百科事典。23000項目と50000語以上の索引を収録。

児童書 レファレンスブック　47

知識全般　　　　　　　児童書

五十音順の本文10巻、11（索引）、12（学習資料集）で構成、後にプラス1（2005補遺）が刊行された。なお、2011年に9年ぶりの全面改訂版が刊行された。

**ポプラディア　総合百科事典　2　え・お・かよ**　ポプラ社　2002.3　313p　29cm　④4-591-07162-6
(内容)こどもが自分で調べられる、小学生向け百科事典。

**ポプラディア　総合百科事典　3　から・き・く・け**　ポプラ社　2002.3　319p　29cm　④4-591-07163-4
(内容)こどもが自分で調べられる、小学生向け百科事典。

**ポプラディア　総合百科事典　4　こ・さ**　ポプラ社　2002.3　271p　29cm　④4-591-07164-2
(内容)こどもが自分で調べられる、小学生向け百科事典。

**ポプラディア　総合百科事典　5　し**　ポプラ社　2002.3　273p　29cm　④4-591-07165-0
(内容)こどもが自分で調べられる、小学生向け百科事典。

**ポプラディア　総合百科事典　6　す・せ・そ・た**　ポプラ社　2002.3　311p　29cm　④4-591-07166-9
(内容)こどもが自分で調べられる、小学生向け百科事典。

**ポプラディア　総合百科事典　7　ち・つ・て・と・な**　ポプラ社　2002.3　339p　29cm　④4-591-07167-7
(内容)こどもが自分で調べられる、小学生向け百科事典。

**ポプラディア　総合百科事典　8　に・ぬ・ね・の・は・ひ**　ポプラ社　2002.3　294p　29cm　④4-591-07168-5
(内容)こどもが自分で調べられる、小学生向け百科事典。

**ポプラディア　総合百科事典　9　ふ・へ・ほ・ま・み**　ポプラ社　2002.3　343p　29cm　④4-591-07169-3
(内容)こどもが自分で調べられる、小学生向け百科事典。

**ポプラディア　総合百科事典　10　む・め・も・や・ゆ・よ・ら・り・る・れ・ろ・わ・ん**　ポプラ社　2002.3　303p　29cm　④4-591-07170-7
(内容)こどもが自分で調べられる、小学生向け百科事典。

**ポプラディア　総合百科事典　11　索引**　ポプラ社　2002.3　359p　29cm　④4-591-07171-5
(内容)こどもが自分で調べられる、小学生向け百科事典。

**ポプラディア　総合百科事典　12　学習資料集**　ポプラ社　2002.3　231p　29cm　④4-591-07172-3
(内容)こどもが自分で調べられる、小学生向け百科事典。

**ポプラディア　総合百科事典　プラス1　2005補遺**　ポプラ社　2005.2　359p　29cm　〈年表あり〉　8800円　④4-591-08303-9　Ⓝ031.9
(内容)2002年刊の「総合百科事典ポプラディア」全12巻をおぎなう最新情報を収録。巻頭には特集ページをもうけ、最新の用語など700項目以上を五十音順に解説し、調べ学習に役だつ新しい資料をまとめている。

**わたしと世界　リブリオ読みもの百科**　マリー・ファレほか著、シルヴェーヌ・ペロルほか画、あわづひろこほか訳　リブリオ出版　1993.4　12冊（セット）　29×23cm　〈原書名：Encyclopedie de Benjamin〉　39552円　④4-89784-347-2
(目次)1 身近にいる動物、2 動物のくらし、3 野生の動物、4 物はなにでできているか、5 さまざまな仕事、6 食べものを生む大地、7 生きもののすみか、8 宇宙のなかの地球、9 わたしたちの体、10 くらしの歴史、11 発明の歴史、12 世界の子どもたち
(内容)児童向けのテーマ別百科。身のまわりの物事のなかから代表的なものを取りあげ、それを根本から説明することによって、最終的には、その物事の全体像がつかめる構成をとっている。従来の百科事典のような事物の数多くの羅列ではなく、ひとつのことがらを深く知ることによって、世界のしくみや成り立ちが理解できることをねらいとしている。小学中級以上。

＜図鑑＞

**おもしろたんけんずかん**　フレーベル館　1996.6　58p　21cm　600円　④4-577-01659-9
(目次)はる、なつ、あき、ふゆ、のりもの
(内容)春・夏・秋・冬の虫・動物・植物などの様子や種類・飼い方・育て方、自動車・電車・飛行機・船の種類をカラー写真とともに紹介した幼児向けの図鑑。

**こども大図鑑　なんでも！いっぱい！**　ジュ

リー・フェリスほか編，米村でんじろう日本語版監修　河出書房新社　2009.11　297p　31cm　〈索引あり　原書名：Wow!〉　4743円　①978-4-309-61540-0　Ⓝ033
(目次)1 自然，2 ヒトのからだ，3 科学と技術，4 宇宙，5 地球，6 人びととくらし，7 歴史，8 芸術と文化，まめ知識
(内容)「自然」「ヒトのからだ」「科学と技術」「宇宙」「地球」「人びととくらし」「歴史」「芸術と文化」という幅広い分野を1冊で網羅する図鑑。環境やメディア、経済や戦争など、現代性のあるテーマを充実させている。

**情報図鑑　博物館から大自然までのガイドブック**　上田篤，さとうち藍編著，松岡達英絵　福音館書店　1992.9　494p　19cm　1800円　①4-8340-1091-0
(内容)見たり聞いたり遊んだりのテーマを紹介する図鑑。4000以上あるといわれる博物館、美術館や歴史的な施設、科学館、またさまざまなフィールドなどから、楽しいもの、よくわかるものなど、約500か所（項目数、約2600）を選び、すべて現地取材により掲載する。少年少女から大人まで。

**ニューワイド ずかん百科**　学習研究社　2004.3　335p　30×23cm　〈付属資料：ポスター3〉　3800円　①4-05-202016-2
(目次)あかちゃん，アサガオ，アザラシ，アジア，アフリカ，アメリカザリガニ，アルファベット，いえ，イカ・タコ，いし〔ほか〕
(内容)約160項目のテーマを「あいうえお」順に収録した学習図鑑。

**みぢかなぎもん図鑑　1月**　国土社　1992.3　39p　27×21cm　2100円　①4-337-05310-7
(内容)子どもたちが季節の移り変りの中で出会うさまざまなぎもんに絵と写真で答える図鑑。月別の全12冊。小学校1～2年生の生活科のよみもの向け。みのまわりの、なぜ・どうしてなど、ぎもんやふしぎに答える。1月は、お正月には、なぜ門松を立てるの? 年がじょうはどうして出すの? ねむるとなぜゆめを見るの? など。

**みぢかなぎもん図鑑　2月**　国土社　1992.3　39p　27×21cm　2100円　①4-337-05311-5
(内容)子どもたちが季節の移り変りの中で出会うさまざまなぎもんに絵と写真で答える図鑑。2月は、「おには外、ふくは内」と言うのはなぜ? 冬の間、虫たちはどうしているの? 2月はなぜ28日の年と29日の年があるの? など、

**みぢかなぎもん図鑑　3月**　国土社　1992.3　39p　27×21cm　2100円　①4-337-05312-3
(内容)子どもたちが季節の移り変りの中で出会うさまざまなぎもんに絵と写真で答える図鑑。3月は、3月3日に、なぜおひなさまをかざるの? 虫やカエルは、どうして春が来たのがわかるの? ウサギの耳って、なぜ長いの? など。

**みぢかなぎもん図鑑　4月**　国土社　1992.4　39p　27×21cm　2100円　①4-337-05301-8
(目次)春になると、なぜサクラがさくの?, なぜ、花にはいろいろな色があるの?, 草や花でどんなあそびができるの?, たねの中はどうなっているの?, きょうりゅうは、何を食べていたの?, アメンボは、どうして水の上を歩けるの?, オタマジャクシは、どうやってカエルになるの?, たまごの中は、どうなっているの?〔ほか〕
(内容)子どもたちが季節の移り変りの中で出会うさまざまなぎもんに絵と写真で答える図鑑。月別の全12冊。

**みぢかなぎもん図鑑　5月**　国土社　1992.2　39p　27×22cm　2100円　①4-337-05302-6
(内容)子どもたちが季節の移り変りの中で出会うさまざまなぎもんに絵と写真で答える図鑑。5月は、こいのぼりは、どうしてかざるの? クモはなぜじぶんのすにひっかからないの? おならはなぜでるの? ほか。

**みぢかなぎもん図鑑　6月**　国土社　1992.2　39p　27×22cm　2100円　①4-337-05303-4
(内容)子どもたちが季節の移り変りの中で出会うさまざまなぎもんに絵と写真で答える図鑑。6月は、アジサイの花は、七色にかわるってほんとう? カタツムリはどこでも歩けるの? かんづめは、どうしてくさらないの? など。

**みぢかなぎもん図鑑　7月**　国土社　1992.2　39p　27×22cm　2100円　①4-337-05304-2
(内容)子どもたちが季節の移り変りの中で出会うさまざまなぎもんに絵と写真で答える図鑑。7月は、たなばた（七夕）って何のおまつり? アサガオは、朝しかさかないの? 花火は、なぜいろいろな色が出るの? など。

**みぢかなぎもん図鑑　8月**　国土社　1992.3　39p　27×21cm　2100円　①4-337-05305-0
(内容)子どもたちが季節の移り変りの中で出会うさまざまなぎもんに絵と写真で答える図鑑。8月は、バナナは、どうやってできるの? カニはどうしてよこに歩くの? れいぞうこの中はなぜつめたいの? など。

**みぢかなぎもん図鑑　9月**　国土社　1992.3　39p　27×21cm　2100円　①4-337-05306-9
(内容)子どもたちが季節の移り変りの中で出会うさまざまなぎもんに絵と写真で答える図鑑。9月は、ススキは花なの? コオロギはどうやって鳴くの? 月はどうしてまん月や三日月に形をかえるの? など。

知識全般　　　　　　　　　　児童書

みぢかなぎもん図鑑　10月　国土社
1992.3　39p　27×21cm　2100円　ⓘ4-337-05307-7
㊤子どもたちが季節の移り変りの中で出会うさまざまなぎもんに絵と写真で答える図鑑。10月は、秋には、どんな実がなるの? ゴキブリは昼間どこにいるの? 船は鉄でできているのにどうしてしずまないの? など。

みぢかなぎもん図鑑　11月　国土社
1992.3　39p　27×21cm　2100円　ⓘ4-337-05308-5
㊤子どもたちが季節の移り変りの中で出会うさまざまなぎもんに絵と写真で答える図鑑。11月は、七五三は、何をおいわいするの? なぜ、葉っぱは、秋になると赤や黄色になるの? なぜ、いびきをかくの? など。

みぢかなぎもん図鑑　12月　国土社
1992.3　39p　27×21cm　2100円　ⓘ4-337-05309-3
㊤子どもたちが季節の移り変りの中で出会うさまざまなぎもんに絵と写真で答える図鑑。12月は、クリスマスって何のおまつりなの? こおりの上で、スケートができるのはなぜ? きゅうきゅう車の中はどうなっているの? など。

ミニミニずかん　世界文化社　2007.4　6冊（セット）　25×16cm　1300円　ⓘ978-4-418-07800-4
㊤どうぶつ、きょうりゅう、くだもの、でんしゃ、マーク、こっき
㊤手のひらサイズの図鑑6冊セット。「どうぶつ」ライオン、うさぎ、レッサーパンダなど14種類の動物の写真と簡単な説明。「きょうりゅう」11種類の恐竜のイラストと説明。「くだもの」りんご、かき、みかんなど21種類のくだものの写真を掲載。「でんしゃ」特急さざなみ、新幹線のぞみ、山手線など11種類の電車の写真を掲載。「マーク」交通標識、街で見かけるマークなど39個を掲載。簡単な説明を付けたものもある。「こっき」21か国の国旗を収録。国旗の説明とその国の場所がわかる簡単な地図、首都も掲載。

1月のこども図鑑　中山周平監修　フレーベル館　1997.12　55p　27×21cm　（しぜん観察せいかつ探検）　1600円　ⓘ4-577-01720-2
㊤きょうはなんのひ?、しぜんだいすき、そだててみよう、せいかつたんけんたい、いってみたいね、わくわくクッキング、しらべてみよう、つくってみよう、しっているかな?

2月のこども図鑑　中山周平監修　フレーベル館　1998.1　55p　27×21cm　（しぜん観察せいかつ探検）　1600円　ⓘ4-577-01721-0
㊤きょうはなんのひ?―2月のカレンダー、しぜんだいすき（雪とこおりの世界、北極・南極の生きものたち）、そだててみよう―ハムスター・もやし、せいかつたんけんたい―テレビ、あっちこっちたんけん、いってみたいね―いちごがり、わくわくクッキング―2月のメニュー、しらべてみよう―ねむりのしくみ、つくってみよう―おにのゲーム、しっているかな?―せつぶん

3月のこども図鑑　中山周平監修　フレーベル館　1998.2　55p　27×21cm　（しぜん観察せいかつ探検）　1600円　ⓘ4-577-01722-9
㊤きょうはなんのひ?―3月のカレンダー、しぜんだいすき（春がきたよ、ちょう）、そだててみよう（めだか、春の花だん）、せいかつたんけんたい―くらしと電気、いってみたいね―ゆうえんち、わくわくクッキング―3月のメニュー、しらべてみよう―耳のしくみ、つくってみよう―風車・水車、しっているかな?―ひなまつり

4月のこども図鑑　しぜん観察せいかつ探検　フレーベル館　1997.3　55p　26×21cm　1648円　ⓘ4-577-01711-3
㊤4月のカレンダー、野原の小さななかまたち、みつばちのくらし、アメリカざりがに、たねまき あさがお・へちま、ゆうびんのしくみ、どうぶつえん、4月のメニュー、紙のリサイクル、やさいの紙、星の話

5月のこども図鑑　しぜん観察せいかつ探検　中山周平監修　フレーベル館　1997.4　55p　26×21cm　1600円　ⓘ4-577-01712-1
㊤5月のカレンダー、鳥は友だち、つばめのこそだて、おたまじゃくし、ミニトマト、かんごふさんのしごと、アイスクリーム工場、5月のメニュー、町を歩こう、母の日のプレゼント、こどもの日

6月のこども図鑑　中山周平監修　フレーベル館　1997.5　55p　26×21cm　（しぜん観察せいかつ探検）　1600円　ⓘ4-577-01713-X
㊤6月のカレンダー、雨がふったら、とんぼ、かたつむり、はつかだいこん、水ぞくかんのひみつ、えんそう会、6月のメニュー、時計とくらし、楽器、歯の話

7月のこども図鑑　中山周平監修　フレーベル館　1997.6　55p　26×21cm　（しぜん観察せいかつ探検）　1600円　ⓘ4-577-01714-8
㊤7月のカレンダー、海は広いね、ふしぎだね、くじら、きんぎょ、ハーブ、船のたび、花火大会、7月のメニュー、おし花、七夕、星の話

8月のこども図鑑　しぜん観察せいかつ探検　フレーベル館　1997.7　55p　27×21cm　1600円　ⓘ4-577-01715-6

**9月のこども図鑑　しぜん観察せいかつ探検**　中山周平監修　フレーベル館　1997.8
55p　27×21cm　1600円　Ⓓ4-577-01716-4

(目次)きょうはなんのひ?―9月のカレンダー，しぜんだいすき(1)―空を見よう，しぜんだいすき(2)―秋に鳴く虫，そだててみよう―すずむし・たねのしゅうかく，せいかつたんけんたい―わくわく飛行場，いってみたいね―クリーニングやさん，わくわくクッキング―9月のメニュー，しらべてみよう―お米ができたよ，つくってみよう―しゃぼん玉，しっているかな?―月の話

**10月のこども図鑑**　フレーベル館　1997.9
55p　27×22cm　(しぜん観察せいかつ探検)　1600円　Ⓓ4-577-01717-2

(目次)きょうはなんのひ?(10月のカレンダー)，しぜんだいすき(秋のみのり，さけ)，そだててみよう(ぶんちょう，いもほり)，せいかつたんけんたい(すてきな服)，いってみたいね(電車のたび)，わくわくクッキング(10月のメニュー)，しらべてみよう(目のしくみ)，つくってみよう(木の実のおもちゃ)，しっているかな?(星の話)

**11月のこども図鑑　しぜん観察せいかつ探検**　フレーベル館　1997.10　55p　27×21cm　1600円　Ⓓ4-577-01718-0

(目次)きょうはなんのひ?(11月のカレンダー)，しぜんだいすき(秋の野山に行こう，みのむし)，そだててみよう(みどりがめ，きゅうこんをうえよう)，せいかつたんけんたい(しょうぼうしょの仕事)，いってみたいね(はくぶつかん)，わくわくクッキング(11月のメニュー)，しらべてみよう(トイレ)，つくってみよう(てぶくろ人形)，しっているかな?(七五三)

**12月のこども図鑑　しぜん観察せいかつ探検**　中山周平監修　フレーベル館　1997.12
55p　27×21cm　1600円　Ⓓ4-577-01719-9

(目次)きょうはなんのひ?―12月のカレンダー，しぜんだいすき(冬がきたよ，しまります)，そだててみよう，せいかつたんけんたい，いってみたいね―おもしろ市，わくわくクッキング―12月のメニュー，しらべてみよう―クリスマス，つくってみよう―クリスマスツリーとリース，しっているかな?―大みそか

◆雑学

＜事典＞

**おもしろ雑学事典　1**　A.リーオウクム著，熊谷鉱司訳，たきほがら画　金の星社　1993.6　225p　18cm　(フォア文庫C116)　〈原書名：TELL ME WHY SERIES〉　550円　Ⓓ4-323-01953-X

(目次)1 物事のはじまり，2 この世界の不思議，3 生き物のくらし，4 人間のからだ，5 宇宙や自然のこと

(内容)子どもの身近な100の疑問に答える事典。とりあげた疑問は，サンタクロースってどんな人，国際連合ってどんなところ，女の人にはなぜひげがないの，自然保護ってどんなことなの? など。小学校高学年・中学生向。

**おもしろ雑学事典　2**　アルカジイ・リーオウクム著，熊谷鉱司訳，たきほがら画　金の星社　1993.8　225p　18cm　(フォア文庫C117)　〈原書名：TELL ME WHY SERIES〉　550円　Ⓓ4-323-01954-8

(目次)1 物事のはじまり，2 この世界の不思議，3 生き物のくらし，4 人間のからだ，5 宇宙や自然のこと

(内容)子どもの身近な100の疑問に答える事典。とりあげた疑問は，トランプはいつごろできたの?アライグマは食べ物を洗うの?どうして夢を見るの?など。小学校高学年・中学生向。

**おもしろ雑学事典　3**　A.リーオウクム著，熊谷鉱司訳，たきほがら画　金の星社　1993.9　225p　18cm　(フォア文庫C118)　〈原書名：TELL ME WHY SERIES〉　550円　Ⓓ4-323-01955-6

(目次)1 物事のはじまり，2 この世界の不思議，3 生き物のくらし，4 人間のからだ，5 宇宙や自然のこと

(内容)子どもの身近な100の疑問に答える事典。とりあげた疑問・テーマは，動物園のルーツ，カーレースのはじまり，正体不明のUFOや竜のなぞ，など。小学校高学年・中学生向。

**おもしろ雑学事典　4**　A.リーオウクム著，熊谷鉱司訳，たきほがら画　金の星社　1993.9　225p　18cm　(フォア文庫C119)　〈原書名：TELL ME WHY SERIES〉　550円　Ⓓ4-323-01956-4

(目次)1 物事のはじまり，2 この世界の不思議，3 生き物のくらし，4 人間のからだ，5 宇宙や自然のこと

(内容)子どもの身近な100の疑問に答える事典。とりあげた疑問は，キスの習慣がはじまったのはいつ?，恐竜はどう進化したの?、など。

**おもしろ雑学事典　5**　アルカジイ・リーオウクム著，熊谷鉱司訳，たきほがら画　金の星社　1993.11　225p　18cm　〈フォア文庫C120〉〈原書名：TELL ME WHY SERIES〉　590円　⑴4-323-01957-2

(目次)1 物事のはじまり，2 この世界の不思議，3 生き物のくらし，4 人間のからだ，5 宇宙や自然のこと

(内容)子どもの身近な100の疑問に答える事典。とりあげた疑問は、いつも使っている数字はいつごろできたの?、魔女はほんとうにいたの?、昆虫の種類はどれくらい?、いろんな声があるのはなぜ?、なぜ水で火が消えるの?、など。

**おもしろ雑学事典　6**　A.リーオウクム著，熊谷鉱司訳，たきほがら画　金の星社　1994.1　227p　18cm　〈フォア文庫 C121〉〈原書名：TELL ME WHY SERIES〉　590円　⑴4-323-01958-0

(目次)1 物事のはじまり，2 この世界の不思議，3 生き物のくらし，4 人間のからだ，5 宇宙や自然のこと，6 愛・家族・赤ちゃん

(内容)恐竜の骨はいつ見つかったの?、夏時間ってなに?、なぜオーロラが見られるの?、友情と恋愛はちがうの?、などの子どもの疑問に答える『おもしろ雑学事典』の第6巻。

<ハンドブック>

**ギネス世界記録　2004**　クレア・フォルカード編　ポプラ社　2004.3　255p　24×19cm　1800円　⑴4-591-99567-4

(目次)人類，自然界，現代世界のできごと，ものの世界，建築と乗りもの，科学技術，芸術とメディア，音楽，スポーツ

(内容)毎日さまざまな記録が，ギネス・ワールド・レコーズ社に申請される。世界一と認定されるのはスポーツ選手や，探検家や著名人だけではなく、大勢でなにかに挑戦したり、ユニークで新しいことを試みたりして，世界記録に認定されることもある。ページをめくるたびに，新しい発見、思いがけない驚き、新鮮な感動が目に飛びこんでくる。

**ギネス世界記録　2005**　クレア・フォルカード編　ポプラ社　2004.12　255p　26cm　1800円　⑴4-591-08383-7

(目次)人類，自然界，現代世界のできごと，ものの世界，建築と乗りもの，科学技術，芸術とメディア，音楽，スポーツ

(内容)挑戦，栄光，非運，喜び…驚きと感動の世界記録の数かず。記録保持者のインタビューがのった50周年特別編集版。

**ギネス世界記録　2006**　クレイグ・グレンディ編，こどもくらぶ日本語版編集　ポプラ社　2005.12　255p　26cm　〈原書名：GUINNESS WORLD RECORDS 2006〉1800円　⑴4-591-08957-6

(目次)人のからだ，人類の偉業，自然界，科学技術，現代社会，エンターテインメント，建築と乗りもの，スポーツ

(内容)地球上で最大の動物は何?30人31脚の最高タイムは?人間が地球からもっとも離れた場所にいた記録は?世界中の「世界一」を集めた世界一の本，それが『ギネス世界記録』だ。

**ギネス世界記録　2007**　クレイグ・グレンディ編　ポプラ社　2006.11　255p　26cm　1800円　⑴4-591-09476-6

(目次)惑星「地球」，地球の生きもの，人のからだ，人類の偉業，社会と人びと，科学技術，芸術とメディア，建築と乗りもの，スポーツ

(内容)1955年にはじめて出版された，世界中の世界一記録を集めた本。今では37の言語に訳されて100カ国で発売されている。通算1億冊以上も売れている，驚異の大ベストセラー。

**ギネス世界記録　2008**　クレイグ・グレンディ編，こどもくらぶ日本語版編集　ポプラ社　2007.11　255p　25×19cm　〈ギネス世界記録5〉〈原書名：GUINNESS WORLD RECORDS 2008〉1800円　⑴978-4-591-09987-2

(目次)宇宙，惑星地球，地球の生き物，人間，見事な離れ業，壮大な旅，現代社会，科学技術，芸術とメディア，いろいろな技術，スポーツ

(内容)世界中の「世界一」を集めた世界一の本の最新版。みんなが知っている有名な世界一から，聞いたこともない世界一までまとめて大公開。思わず見入ってしまう写真や記事満載で楽しむ，世界一の数々。

**ギネス世界記録　2010**　クレイグ・グレンディ編　ゴマブックス　2009.10　303p　28cm　〈索引あり　原書名：Guinness world records.2010.〉2952円　⑴978-4-7771-1529-7　⓪49.1

(目次)巻頭特集 ギネス世界記録IN JAPAN，まずはじめに，宇宙，惑星地球，生命の星，人体の不思議，限界を超えろ，記録を旅する，エリア別世界記録，現代の世界，技術工学，芸術とメディア，スポーツ

(内容)ここ10年間で誕生した大いなる記録100を振りかえる。

**ギネス世界記録　2011**　クレイグ・グレンディ編　角川マーケティング，角川グループパブリッシング(発売)　2010.11　303p　28cm　〈2010までの出版者：ゴマブックス　索引あり　原書名：Guinness world records.2011.〉 2952円 Ⓘ978-4-04-895407-5 Ⓝ049.1

(目次)巻頭特集 ギネス世界記録も認めた!AKB48のキセキ,日本人が打ち立てたギネス世界記録を見よ!,宇宙,地球,生きている地球,人間,超離れ業,人間の偉業,人間の社会,動物の不思議,大衆文化,工学と技術,スポーツ

(内容)石川遼,浅田真央,イチロー,宇多田ヒカルら日本が誇るトップスターから,マイケル・ジャクソン,レディー・ガガなどあらゆる世界一が集結。AKB48がギネス世界記録認定,全員プロフィール&秋元康インタビュー一挙掲載。

◆学習年鑑

<事典>

ユニボス21 ジュニア情報年鑑 '94年度版 文渓堂 1993.10 528p 26cm 3398円 Ⓘ4-89423-001-1

(内容)小学校・中学校の教科に対応した学習用時事用語事典。1年間のニュースを紹介する巻頭特集ページと,社会・科学などのテーマ別に分類掲載する用語ページとで構成する。巻末資料として日本史年表・世界史年表がある。

ユニボス21 ジュニア情報年鑑 現代用語がわかる '95年度版 文渓堂 1994.11 496p 26cm 2800円 Ⓘ4-89423-040-2

(目次)1章 文化と生活を知る,2章 社会を知る,3章 世界を知る,4章 경제を知る,5章 政治と行政を知る,6章 科学を知る

(内容)小学校・中学校の教科に対応した学習用時事用語事典。最新の話題・情報から各分野の用語まで2500語を6章26分野で構成・解説する。他に8編の巻頭特集,世界マップ,宇宙開発,発明・発見の各年表,五十音・アルファベット・人名・分野別の4種の索引がある。―テレビや新聞のニュースがよくわかる,やさしく読める現代用語辞典。

ユニボス21 ジュニア情報年鑑 '96 文渓堂 1995.11 400p 26cm 2800円 Ⓘ4-89423-090-9

(目次)巻頭カラー特集!!(有人宇宙飛行,若田光一さんまでの歩み,わが家の地震対策 ほか),用語ページ(環境と世界を考える,産業と経済を考える,政治と行政を考える,社会を考える,科学を考える,生活と文化を考える)

(内容)児童向けの現代用語事典。収録項目数2000。「環境と世界を考える」「産業と経済を考える」「生活と文化を考える」等6章で構成される。巻末に用語の五十音順索引,アルファベット順索引,主なグラフ・表・図版の索引,「自然科学の発明・発見年表」「この一年間のできごと」の年表等がある。

<年鑑・白書>

朝日学習年鑑 2000 朝日新聞社 2000.4 2冊(セット) 26cm 2300円 Ⓘ4-02-220801-5 Ⓝ059

(目次)学習,統計

(内容)社会科,調べ学習に役立つジュニアのための年鑑。学習編,統計編の2分冊で構成。1999年のトピックを小学生向けに解説した学習編と統計編で構成。統計編は日本と世界に分け,国土と自然,人口などの基本的な統計に解説付きで掲載。学習編・統計編ともに事項索引を付す。

朝日学習年鑑 2001 学習・統計 朝日新聞社出版局事典編集部編 朝日新聞社 2001.4 2冊(セット) 26cm 〈索引あり〉 2300円 Ⓘ4-02-220802-3 Ⓝ059

(目次)学習編(キレる,ムカつく―10代はいま,もっと知りたい韓国・朝鮮,2000年のおもなできごと,やってみよう自由研究のてびき),統計編(統計・日本,統計・世界)

(内容)社会科,調べ学習に役立つ小中学生のための年鑑。学習編,統計編の2分冊で構成。2000年のトピックを小学生向けに解説した学習編と統計編で構成。統計編は日本と世界に分け,国土と自然,人口などの基本的な統計に解説付きで掲載。学習編・統計編ともに事項索引を付す。

朝日学習年鑑 2002 朝日新聞社出版局事典編集部編 朝日新聞社 2002.4 2冊(セット) 26×18cm 2500円 Ⓘ4-02-220803-1 Ⓝ059

(目次)学習(地球はどこへ―21世紀の見取り図,子どもだって知りたい「仕事」),統計編(統計・日本(国土と自然,人口,私たちの郷土(都道府県別の歴史,自然,産業など),産業のすがたほか),統計・世界(世界の国ぐに,自然,人の交流,人口ほか)

(内容)小中学生のための学習用年鑑。学習編,統計編の2分冊で構成。学習編は2001年のトピックを小学生向けに解説。統計編は日本と世界に分け,国土と自然,人口などの基本的な統計に解説付きで掲載。学習編・統計編ともに事項索引を付す。

朝日学習年鑑 2003 朝日新聞社 2003.4 2冊(セット) 26cm 2600円 Ⓘ4-02-220804-X

(目次)調べ学習(2002年のできごと,世界のうごき,政治と経済,環境,情報,自然と科学,くらしと社会,福祉,やってみよう自由研究,スポーツ,歴史と文化,こども・学校,からだと健康),統計(統計・日本,統計・世界)

知識全般　　　　　　　　児童書

内容)総合学習に役立つ教科書にない最新情報。調べ学習編、統計編にヒントと情報がぎっしり。

**朝日学習年鑑　2004**　朝日新聞社　2004.3　2冊(セット)　26cm　2700円　①4-02-220805-8
目次)統計編(日本(国土と自然、人口、私たちの郷土(都道府県別の歴史、自然、産業など)、産業のすがた、農業 ほか)、世界(世界の国ぐに、自然、人の交流、人口、農業 ほか))、調べ学習編(へえ〜なるほどアメリカ 9つのとびら、もっと知りたいおかね、世界のうごき、くらしと経済、政治 ほか)
内容)使いやすい2分冊。ニュースのはてな?が広がる「調べ学習」編。社会科、総合学習に便利な「統計」編。

**朝日ジュニア学習年鑑　2009**　教育・ジュニア編集部編　朝日新聞出版　2009.3　272p　26cm　2300円　①978-4-02-220810-1 Ⓝ059
目次)特集1 地球の環境と未来を考えよう、特集2 ニセ科学ってなんだろう?、2008年のできごと、ニュースのことば、キッズミニ百科、日本、世界
内容)ニュースや統計、知りたいことは全部載ってる。学校でも受験でも役立つ知識の泉。

**朝日ジュニア学習年鑑　2010**　朝日新聞出版編　朝日新聞出版　2010.3　272p　26cm　2300円　①978-4-02-220811-8　Ⓝ059
目次)時事ニュース解説(環境編 地球温暖化、国内編 政権交代 ほか)、キッズミニ百科(世界遺産、日本の世界遺産 ほか)、日本の戦後史年表、統計編(日本大図鑑、世界大図鑑)
内容)ニュースや統計、知りたいことは全部載ってる学校でも受験でも役立つ知識の泉。地球温暖化、政権交代ほか時事ニュース解説。

**朝日ジュニア百科年鑑　2005**　朝日新聞社編　朝日新聞社　2005.3　384p　26cm　2700円　①4-02-220806-6
目次)学習編(終わらない戦争、戦後世相グラフィティ、政治、社会、科学 ほか)、統計編(日本、世界)
内容)世界の動きから身近なことまで調べることができる百科年鑑。豊富な写真、年長、イラストが理解を助ける。学習編と統計編とで構成されている。巻末にアルファベット・五十音順の索引付き。子ども向け学習サイトを多数掲載。

**朝日ジュニア百科年鑑　2006**　朝日新聞社編　朝日新聞社　2006.3　384p　26cm　〈付属資料:別冊1〉　2700円　①4-02-220807-4
目次)特集 パソコンで世界めぐり!空から世界を見てみよう!、戦後 お菓子年表&ヒーロー年表、学習編(政治、経済、くらし、科学・考古学・環境、文化、スポーツ、世界の中の日本)、ミニ百科、統計編 日本(国土と自然、私たちの郷土、人口、産業のすがた、農業、林業(木材)、水産業、資源とエネルギー、工業、環境、貿易、商業、交通、情報、政治、暮らし、教育、社会保障、労働、事故、保険と衛生、スポーツ)、統計編 世界(自然、世界の国ぐに、農業、農林業・畜産・漁業、資源、エネルギー、工業、国際連合、国際組織)

**朝日ジュニア百科年鑑　2007**　朝日新聞社編　朝日新聞社　2007.3　384p　26cm　〈付属資料:別冊1〉　2700円　①978-4-02-220808-8
目次)特集 みんなの夢をさぐってみよう!(50年後の未来をみんなで考えてみよう、働くってどんなこと?、戦後おもちゃ年表&ウルトラマンの40年・リカちゃんの40年)、僕らのスーパーヒーロー ウルトラマンの40年、私たちのスーパーヒロイン リカちゃんの40年、おもちゃは思い出の詰まった宝物—北原照久氏インタビュー、2006年のできごと

**朝日ジュニア百科年鑑　2008**　朝日新聞社編　朝日新聞社　2008.3　272p　26cm　2200円　①978-4-02-220809-5　Ⓝ059
目次)特集 これからの私たちの生活を想像してみよう(日本人の食べ物が変わる!?、私たちがいつも使う「乗り物」について考えよう ほか)、2007年のできごと、キッズミニ百科(生物界の変遷と恐竜の時代、仏像 ほか)、日本(国土と自然、私たちの郷土 ほか)、世界(自然、世界の国ぐに ほか)
内容)日本が分かる。世界が分かる。役立つグラフや統計がもりだくさん。

**ジュニア朝日年鑑　1990年版 理科**　朝日新聞社　1990.3　2冊　26cm　1903円　①4-02-220790-6　Ⓝ059
内容)本巻と別巻データブックの2冊からなる。本巻は、生き物、地球と宇宙、物質・エネルギー・情報、の3部で構成。特集として、伝えていこうきれいな地球、さよならボイジャー、など。

**ジュニア朝日年鑑　1991年版 社会 学習**　年鑑・事典編集室編集　朝日新聞社　1990.9　288p　26cm　Ⓝ059
内容)日本や世界のできごと、世の中のしくみ、統計などを小・中学生に理解しやすいようにまとめている。全体は「学習」「統計」の2分冊。

**ジュニア朝日年鑑　1991年版 理科**　朝日新聞社編　朝日新聞社　1991.3　2冊　26cm　1942円　①4-02-220791-4　Ⓝ059
内容)本巻のカラー特集は、新時代のレースはソーラーカーで、南極のドライバレー、等8項、本文には、生き物、地球と宇宙、物質・エネル

児童書　　　　　　　　　　　　　　　　　　　　知識全般

ギー・情報他。別冊として「すぐ役立つデータブック」を付す。

**ジュニア朝日年鑑　1992年版　社会　学習**
年鑑・事典編集室編　朝日新聞社　1991.9
248p　26cm　Ⓝ059
[内容]社会学習・社会統計の2分冊。本巻は湾岸戦争、多民族国家ソ連の共和国、リサイクル、等のカラー特集と自然、環境、世界の動き、歴史と文化、等の解説で構成。統計は国土と自然他を収めた2色刷。

**ジュニア朝日年鑑　1992年版　理科**　朝日新聞社　1992.3　383p　26cm　2100円
Ⓘ4-02-220792-2
[目次]カラー特集(豪快!ザトウクジラの魚狩り、洞窟の闇に息づく、小さな小さな命、東京のてっぺんに生きる―雲取山荘の自然、東アフリカで人類の祖先を探す、完全にとらえた天体ショー、火星・金星お隣さんの素顔はすごい、大火砕流が暮らしをのみこんだ―200年ぶり雲仙噴火、「環境」へ走りだした東京モーターショー、バーチャルリアリティーのリアルさ、海底の地図を作る、科学と遊びがひとつになって『子どもの科学館』、冷戦が去り核の傷が残った)、特別読み物(「無」から急膨張したビッグバン前の宇宙、「ふしぎ」に挑戦する科学者たち)、施設ガイド(標津サーモン科学館、三瓶自然館)、「食」の幻想まんが「グルメの国の少女」、生き物、地球と宇宙、物質・エネルギー・情報、テーマ読み物　新大陸発見1万年、1991年科学ニュース、理科がおもしろくなる読み物、すぐ役に立つデータ編

**ジュニア朝日年鑑　1993年版　社会**　朝日新聞社　1992.9　2冊(セット)　26cm　2300円　Ⓘ4-02-220593-8
[目次]成功?ちょっと失敗?―ダイナマイトでビルを壊した、絶滅の危機?で注目をあびるクロマグロ、長崎オランダ村「ハウステンボス」で異国体験、午前4時までやるセビリア万博、戦争と人と自然が崩すアンコール遺跡、「噴火よとまれ!」―雲仙・普賢岳1年こえた避難生活、私たちを取りまく環境、ソ連崩壊につながった建国の歴史、おもしろスポーツ大行進、女性も活躍建設現場、小学校で始まった性教育、障害者だって高校に行きたい、この1年のおもなできごと、世界の動き、産業と政治、自然とくらし、歴史と文化〔ほか〕、統計のひろば、統計　日本、統計　世界
[内容]教材を超えた社会へのガイド。学習編、統計編、ゆとりと向上の2分冊。

**ジュニア朝日年鑑　1994年版　社会**　朝日新聞社編　朝日新聞社　1993.9　2冊(セット)　26cm　2200円　Ⓘ4-02-220594-6
[目次]学習(政府専用ジャンボ機へようこそ!、京都の1200年、廃虚になったサラエボの街、不況で後退する日本の環境政策、PKOで「世界の警察官」に?、『清貧』ってなに?、この1年のおもなできごと　ほか)、統計(日本、世界)
[内容]小・中学生を対象とした社会科学習用年鑑。日本と世界の動きを解説する「学習編」、社会科各分野の資料を収載する「統計編」の2分冊構成。

**ジュニア朝日年鑑　1995年版　社会**　朝日新聞社編　朝日新聞社　1994.9　2冊(セット)　26cm　2400円　Ⓘ4-02-220595-4
[内容]小・中学生を対象とした社会科学習用年鑑。日本と世界の動きを解説する「学習編」、社会科各分野の資料を収載する「統計編」の2分冊構成。

**ジュニア朝日年鑑　1995-1996　社会　統計**　朝日新聞社　1995.3　3冊(セット)　26cm　2400円　Ⓘ4-02-220596-2
[内容]児童を対象にした、1994年に起きた出来事についての年鑑。学習編・統計編・別冊「戦後50年のおもなできごと」の3冊で構成。別冊では戦後の主な出来事を年表風に記述し、「子どもと世相」という視点から当時の世相・文化を記載。

**ジュニア朝日年鑑　1996-1997　社会**　朝日新聞社　1996.3　2冊(セット)　26cm　2400円　Ⓘ4-02-220597-0
[目次]社会編(1995年のおもなできごと、特集1　オウム・ショック、特集2　ボランティア、特集3　日本の経済大解剖、世界のうごき、政治と経済、自然と科学、スポーツ、くらしと社会、歴史、ひろば、ブックガイド・女の子が主役の本、やってみよう・自由研究のてびき)、統計編(統計のひろば(女性の地位向上、広告の40年)、ズームアップ(統計で見るマルチメディア社会、マルチメディア関連商品の動向、世界の国々の「豊かさ」を比べてみると　ほか)、統計・日本、統計・世界)

**ジュニア朝日年鑑　1997-1998　社会　学習・統計**　年鑑事典編集部編　朝日新聞社　1997.3　2冊(セット)　26cm　2400円　Ⓘ4-02-220598-9
[内容]児童を対象にした、1996年に起きた出来事についての年鑑。学習編・統計編の2分冊で構成。

**ジュニア朝日年鑑　1998-1999　社会**　年鑑事典編集部編　朝日新聞社　1998.4　2冊(セット)　26cm　2500円　Ⓘ4-02-220599-7
[目次]学習編(1997年のおもなできごと、世界のうごき、政治と経済、自然と科学、スポーツ、くらしと社会、歴史と文化、ひろば)、統計編(統計・日本、統計・世界)

児童書　レファレンスブック　55

ジュニア朝日年鑑 1999-2000 社会 学習・統計　年鑑事典編集部編　朝日新聞社　1999.4　2冊（セット）　26cm　2500円　④4-02-220600-4

(目次)学習編（特集 20世紀大たんけん隊，1998年のおもなできごと，世界のうごき，政治と経済，自然と科学，スポーツ，くらしと社会，歴史と文化，ひろば，ブックガイド，やってみよう（自由研究のてびき）），統計編（特集1 最近の子どもたちの食事（好きな物・嫌いな物，朝食をちゃんと食べている？，朝食ぬきの影響は？，バランスのいい食事が心も育てる，自分の食事について考えよう），特集2「そば」はえらい（日本の伝統食を科学する，そばは日本の国民食？，そばはどこで栽培しているの），現代っ子「体力」あるのに「運動能力」低下，子どもたちの生活体験（きみはできる？，きみならどうする？），日本の子どもは思いやりがない？，世界一暮らしやすい国は？）

(内容)児童を対象にした，1998年に起きた出来事についての年鑑。学習編・統計編の2分冊で構成。

ニュース年鑑 2007　こどもくらぶ編　ポプラ社　2007.3　247p　25×19cm　2800円　①978-4-591-09627-7

(目次)1月2月3月（ヒトES細胞のデータはでっちあげ（1/10），スターダスト，彗星の物質採取（1/15）ほか），4月5月6月（「ワンセグ」サービスはじまる（4/1），センバツ，横浜高校が優勝（4/4）ほか），7月8月9月（北朝鮮，ミサイル発射（7/5），サッカーW杯でイタリアが24年ぶりに優勝（7/9）ほか），10月11月12月（女子レスリング7階級でメダル（10/1），ディープインパクトが凱旋門賞で3位（10/1）ほか）

(内容)重大ニュースまるわかり。2006年1月から12月までに起こったできごとから，96のニュースを選んで解説。

ニュース年鑑 2008　ニュース年鑑編集部編　ポプラ社　2008.3　247p　25×19cm　2800円　①978-4-591-10078-3　⑩300

(目次)台湾高速鉄道開業（1/5），防衛庁から防衛省に昇格（1/9），イラク新政策発表，アメリカ軍2万人増派へ（1/10），不二家，洋菓子販売休止（1/11），関西テレビ，「納豆で減量」はねつ造（1/20），そのまんま東さん，宮崎県知事に（1/21），世界文化遺産の暫定リストに追加4件（1/23），給食費滞納，9万9000人，22億円に（1/24），敬語の種類，3分類から5分類に（2/2），携帯電話，PHS1億台突破（2/7）〔ほか〕

(内容)写真とチャートでニュースがわかる。1月から12月まで，コラムもふくめた計108本のニュースについて，くわしい背景や理由を解説。

ニュース年鑑 2009　池上彰監修，こどもくらぶ編　ポプラ社　2009.3　247p　26cm　2800円　①978-4-591-10812-3　⑩300

(目次)「古紙40％の年賀はがき」じつは1％，松下電器産業，パナソニックに社名・ブランド変更，石川遼選手，プロ転向，薬害C型肝炎被害者救済特別措置法，成立，新テロ対策特別措置法案成立，石ノ森章太郎さん，ギネス記録に認定，大阪府知事にタレント弁護士の橋下氏，中国製ギョーザに農薬混入，10人が中毒，沖縄で米軍兵士が女子中学生に乱暴し逮捕，小中学校の授業時間40年ぶりに増加〔ほか〕

(内容)2008年の1月から12月までコラムもふくめた計108本のニュースについて，くわしい背景や理由を解説する年鑑。世界の「今」を伝える108本のニュースを通じて，世界で何が起きているのかを知り，さまざまなことを考える1冊。

ニュース年鑑 2010　池上彰監修　ポプラ社　2010.2　247p　26cm　2800円　①978-4-591-11530-5　⑩300

(目次)1月，2月，3月，4月，5月，6月，7月，8月，9月，10月，11月，12月

(内容)オバマ就任から政権交代まで，1月から12月までコラムもふくめた計108本のニュースについて，くわしい背景や理由を解説。

## 哲学・思想

### ＜事典＞

カラー図解哲学事典　Peter Kunzmann, Franz-Peter Burkard, Franz Wiedmann著，忽那敬三訳　共立出版　2010.7　263p　23cm　〈図作：Axel Weiss　文献あり　索引あり　原書名：Dtv-atlas philosophie.〉　4500円　①978-4-320-09640-0　⑩102

(目次)哲学の分野，東洋哲学，古代，中世，ルネサンス，啓蒙主義，ドイツ観念論，19世紀，20世紀

用語集 倫理 最新版　菅野覚明，山田忠彰監修　清水書院　2006.1　241p　19cm　850円　①4-389-21438-1

(目次)第1編 人間としてのあり方・生き方（青年期の課題と自己形成，倫理・哲学の基本用語 ほか），第2編 国際社会に生きる日本人としての自覚（日本の風土と日本人の考え方，仏教の伝来と隆盛 ほか），第3編 現代社会と倫理（現代の特質と倫理的課題，人間の尊厳 ほか），第4編 現代の諸課題と倫理（自然と人間（生命と環境），社会生活と自己（家族・地域社会と情報社会）ほか）

倫理用語集 新課程用　浜井修監修，小寺聡編　山川出版社　2005.2　300p　19cm　762円　①4-634-05350-0

(目次)第1部 青年期の特質と課題，第2部 思想の源流，第3部 日本の思想，第4部 西洋近代の思想，第5部 現代の思想，第6部 現代社会の課題
(内容)高等学校公民科「倫理」の教科書11冊（2004年度使用）から学習に必要と思われる用語を選び，系統別に配列した用語集。

◆宗教・神話

### <事 典>

**神社とお寺がわかる事典 どこが，どうちがう？ 建築から行事・参拝の仕方まで**
井上智勝監修 PHP研究所 2009.9 79p 29cm 〈文献あり 索引あり〉 2800円
①978-4-569-68978-4 Ⓝ175
(目次)第1章 神社にお参りしよう！(神社ってどんなところ？，神社にはなにがある？)，第2章 お寺に行ってみよう！(お寺はどういうところ？，お寺のなかを見てみよう！，金堂の中はどうなっている？)，第3章 神社についてくわしく知ろう（上手なお参りの仕方は？，お祈り・お祓いを受けるときは？，神社にいるのはどんな人？，神社とお祭りの関係は？，さまざまな行事と神社，神社の建物を見てみよう，神社の呼び名のちがい），第4章 お寺にもっとくわしくなろう（お寺にお参りするときは，仏具ってどんなもの？，僧侶ってどんな人？仏様ってなんだろう？，仏像ってなに？，お葬式にお坊さんが来るのはなぜ？），第5章 日本のお寺と神社をたずねよう（どの神社にお参りする？，あのお寺が有名なわけ）
(内容)身近にあるお寺や神社。建築様式のちがい，参拝の方法など，意外と知らないお寺と神社の基礎知識やちがいをさまざまな角度からわかりやすく紹介。

**世界の宗教がわかる絵事典 国際理解に役立つ 「信じる心」を尊重しよう** 井上順孝監修 PHP研究所 2006.12 79p 30cm 2800円 ①4-569-68650-8
(目次)第1章 世界の宗教（ユダヤ教，キリスト教，イスラム教，ヒンドゥー教，仏教，世界にあるほかの宗教），第2章 日本の宗教（神道，日本の仏教），第3章 もっと知りたい！宗教のあれこれ（冠婚葬祭にみる宗教，世界の神話と遺跡，宗教をめぐる戦争，5つの宗教を比較してみよう）
(内容)古代から受けつがれ，複雑な展開をしてきた宗教について，歴史や生活習慣などをできるだけわかりやすく解説。

### <図 鑑>

**神話入門** ニール・フィリップ著，松村一男日本語版監修 あすなろ書房 2004.11 55p 30cm （「知」のビジュアル百科 12） 2000円 ①4-7515-2312-0
(内容)子供向けの1冊1テーマの図解百科事典シリーズ。いにしえの時代から人々が心の支えにしてきた世界中の"神"にまつわる物語。ギリシア神話からイザナギ，イザナミによる国造りまで，神話の世界が楽しく学べる。

**世界の宗教入門** マートル・ラングリー著，保坂俊司監修 あすなろ書房 2004.5 55p 29×22cm （「知」のビジュアル百科 7） 2000円 ①4-7515-2307-4
(目次)宗教のはじまり，古代エジプト人の死生観，古代ギリシアの神々と自然，原始宗教，人生の儀礼，ヒンドゥー教，神々と英雄たち，解脱への3つの道，仏教，信心と瞑想，チベット仏教，儒教，道教，神道，ジャイナ教，シク教，ゾロアスター教，ユダヤ教，律法の民，家族と共同体，キリスト教，十字架の道，教会と聖書，イスラム教，『コーラン』の民，モスクと祈り
(内容)子供向けの1冊1テーマの図解百科事典シリーズ。世界中のさまざまな宗教についてその成り立ちや創始者の教え，信者の生活や儀式のようすをまとめる。世界の宗教を知る入門書として最適な1冊。

**ビジュアル博物館 68 宗教** マートル・ラングリー著，保坂俊司日本語版監修 同朋社 1998.4 59p 30cm 2800円 ①4-8104-2467-7
(目次)宗教のはじまり，古代エジプト人の死生観，古代ギリシアの神々と自然，原始宗教，人生の儀礼，ヒンドゥー教，神々と英雄たち，解脱への3つの道，仏教，信心と瞑想，儒教，道教，神道，ジャイナ教，シク教，ゾロアスター教，ユダヤ教，律法の民，家族と共同体，キリスト教，十字架の道，教会と聖書，イスラム教，『コーラン』の民，モスクと祈り
(内容)1冊1テーマ，全88巻の博物図鑑シリーズ。世界のあらゆる宗教を取り上げ，その創始者の教えや歴史，独特の儀式や祭り，信者の生活習慣などを，豊富なカラー写真で紹介。

**ビジュアル博物館 77 神話 時空を超えた神々の世界をビジュアルで訪ねる**
ニール・フィリップ著，松村一男日本語版監修 同朋舎，角川書店〔発売〕 1999.10 59p 29×23cm 〈原書名：EYEWITNESS GUIDES, VOLUME 101 - MYTHOLOGY〉 3400円 ①4-8104-2578-9
(目次)神話とは？，世界の創造，宇宙の姿，太陽と月，人類創造，至高神，洪水と嵐，自然の要素，神々と自然界，豊穣と出産〔ほか〕
(内容)1冊1テーマ，全88巻の博物図鑑シリーズ。世界の神話の世界を紹介。イザナキ，イザナミによる国造りとは？太陽神ラアが毎夜戦ってい

る相手とは? 北欧神話の「神々の黄昏」とは何か? などの疑問に答える。

## ◆魔法・妖精

### <事典>

**妖精事典** キャサリン・ブリッグズ編著, 平野敬一, 井村君江, 三宅忠明, 吉田新一共訳 冨山房 1992.9 618p 21cm 〈原書名:A DICTIONARY OF FAIRIES〉 6800円 ⓘ4-572-00093-X

内容ケルト圏を含む英国諸島や西欧に伝わる妖精約400種が登場。妖精や妖怪との遭遇体験など読んでおもしろい話がいっぱい。超自然的存在に魅せられた詩人や作家や研究者の評伝も豊富。伝承にあらわれる妖精との交際法や妖怪を避ける方法を紹介。

**妖精図鑑 海と草原の精** ピエール・デュボア著, ロラン・サバティエ絵, つじかおり訳 文渓堂 2000.9 85p 30cm 〈原書名:LA GRANDE ENCYCLPÉDIE DES LUTINS〉 2800円 ⓘ4-89423-242-1 Ⓝ388

目次草原、畑、庭の妖精 (パン, シレーノス, サテュロス, パンの子孫たち ほか), 家に住む妖精 (ブラウニー, ボガート, ブッカ, ボギー, チャーチ・グリム ほか), 池や川に住む妖精 (礼儀正しいルイ, ウジェー ほか), 海や海岸に住む妖精 (クラブテール, ダヴィッド・ジョーン ほか)

内容ヨーロッパの神話・民話に登場する妖精の図鑑。草原・庭・家・川・海に住む、70の妖精を収録。北欧神話、ケルト民話などで、ヨーロッパの文化に深く根づいている妖精について解説。妖精は背丈、すみか、生活、行動、エピソードなどを挿絵とともに紹介する。

**妖精 Who's Who** キャサリン・ブリッグズ著, 井村君江訳 筑摩書房 1996.11 355p 15cm (ちくま文庫) 860円 ⓘ4-480-03192-8

内容ドワーフ, エルフ, 巨人, ゴブリンなど, イギリス全土の妖精101をイラスト付きで紹介。

### <図鑑>

**ビジュアル博物館 70 魔女と魔術** ダグラス・ヒル著, 高山宏日本語版監修 同朋舎 1998.7 57p 30cm 2800円 ⓘ4-8104-2501-0

目次魔法使いの技, 魔法使いのイメージ, 有名な魔法使いたち, フィクションのなかの魔女, 古代の魔術, 魔女狩り, セーラムの魔女裁判, 魔術の儀式と道具, 魔よけ, お守り, 護符, 魔法をかける, 魔法の材料, 占い, 動物と魔術, アフリカの魔術, 北米の魔術, 中南米の魔術, インド, チベットの魔術, 東南アジアの魔術, 中国と日本の魔術, オセアニアの魔術, 現代の魔術

内容1冊1テーマ、全88巻の博物図鑑シリーズ。古今東西の魔術や呪術を解説。魔術の道具や衣装、実際の魔術師たちの仕事などを貴重なカラー写真で紹介。

**魔術事典** ダグラス・ヒル著, 高山宏日本語版監修 あすなろ書房 2004.10 55p 29×22cm (「知」のビジュアル百科 11) 〈原書名:Eyewitness Witches〉 2000円 ⓘ4-7515-2311-2

目次魔法使いの技, 魔法使いのイメージ, 有名な魔法使いたち, フィクションのなかの魔女, 古代の魔術, 魔女狩り, セーラムの魔女裁判, 魔術の儀式と道具, 魔よけ, お守り, 護符, 魔法をかける, 魔法の材料, 占い, 動物と魔術, アフリカの魔術, 北米の魔術, 中南米の魔術, インド, チベットの魔術, 東南アジアの魔術, 中国と日本の魔術, オセアニアの魔術, 現代の魔術

内容子供向けの1冊1テーマの図解百科事典シリーズ。魔法、まじない、占いなど、科学では説明できない世界を解説する事典。古今東西の神秘の世界を一挙公開。魔術から世界の文化が見えてくるユニークな文化人類学入門。

## ◆キリスト教

### <図鑑>

**写真でみる聖書の世界** ジョナサン・N.タブ著, 小川英雄日本語版監修 あすなろ書房 2006.10 63p 29×22cm (「知」のビジュアル百科) 2500円 ⓘ4-7515-2331-7

目次聖書のふるさとの風土, 人類の祖先たち, 聖書における族長たち, エジプト, 遺丘の上の生活, カナン人, 死と埋葬, 古代イスラエル人, フェニキア人, 神々の世界〔ほか〕

内容子供向けの1冊1テーマの図解百科事典シリーズ。「聖書の世界」がわかる図鑑。聖書に登場するストーリーをたどりながら、いにしえの人びととの暮らしぶりを、紹介する。各地で発見された貴重な出土品も多数掲載。

**ビジュアル博物館 30 聖書の世界** ジョナサン・N.タブ著, リリーフ・システムズ訳 (京都)同朋舎出版 1992.7 63p 29×23cm 3500円 ⓘ4-8104-1089-7

目次聖書のふるさとの風土, 人類の祖先たち, 聖書における族長たち, エジプト, 丘の上の生活, カナン人, 死と埋葬, 古代イスラエル人,

フェニキア人、神々の世界、食生活、動物、衣服、装身具、通貨と交易、工芸、武器と戦争、アッシリア人、バビロニア人、ペルシア人、ギリシア・ローマ人、ヘロデ王、証拠としての聖書、考古学の成果

(内容)1冊1テーマ、全88巻の博物図鑑シリーズ。聖書の世界の魅力に満ちた歴史を紹介する。刀剣や彫像から船にいたるまで、美しく正確な写真がキリストを迎えるまでの聖書の世界の人々のくらしを証言する。

## 歴　史

### <年　表>

**2元方式による歴史年代記憶法日本史・世界史**　三浦啓義著　洛陽社　2006.9　141p　18cm　700円　ⓘ4-8442-0118-2

(内容)紀元前から1990年代までの歴史を収録。本文は日本史・世界史それぞれ年代順に収載。

### <事　典>

**学習カレンダー 365日今日はどんな日?**
　1月　PHP研究所編　PHP研究所　1999.9
　49p　30cm　2700円　ⓘ4-569-68151-4

(目次)元日、大化の改新の詔がだされる、豊臣秀吉がうまれる、リンカーン、奴隷解放を宣言、昭和天皇の「人間宣言」、メートル法実施、日露戦争の激戦地、旅順が開城、箱根駅伝、道元がうまれる、プチャーチン、修好条約案〔ほか〕

(内容)一年365日の、その日に起こった出来事を集め、ひと月1巻、全12巻にまとめたシリーズの1月編。その日にまつわる歴史上の出来事や人物、発明・発見、文学、美術、音楽、数学、お祭りや記念日、年中行事などの項目を収録。

**学習カレンダー 365日今日はどんな日?**
　2月　PHP研究所編　PHP研究所　1999.9
　49p　30cm　2700円　ⓘ4-569-68152-2

(目次)竹本座が道頓堀にできる、京都で初の市電開業、東京一大阪間に長距離電話開通、山県有朋がなくなる、テレビ放送はじまる、東京の人口が一千万人をこす、行基がなくなる、日本の航空、国際線の再開、藤原頼通がなくなる、将軍足利義昭の二条御所建造〔ほか〕

(内容)一年365日の、その日に起こった出来事を集め、ひと月1巻、全12巻にまとめたシリーズの2月編。その日にまつわる歴史上の出来事や人物、発明・発見、文学、美術、音楽、数学、お祭りや記念日、年中行事などの項目を収録。

**学習カレンダー 365日今日はどんな日?**
　3月　PHP研究所編　PHP研究所　1999.9
　49p　30cm　2700円　ⓘ4-569-68153-0

(目次)第五福竜丸が死の灰をあびる、郵便のはじまり、チョコレートが発売される、国民学校令を公布、岡山の後楽園が公園に、最初の新聞号外、野球用語の英語禁止、お水送り、ひなまつり、桜田門外の変〔ほか〕

(内容)一年365日の、その日に起こった出来事を集め、ひと月1巻、全12巻にまとめたシリーズの3月編。その日にまつわる歴史上の出来事や人物、発明・発見、文学、美術、音楽、数学、お祭りや記念日、年中行事などの項目を収録。

**学習カレンダー 365日今日はどんな日?**
　4月　PHP研究所編　PHP研究所　1999.9
　49p　30cm　2700円　ⓘ4-569-68154-9

(目次)選抜高校野球はじまる、国鉄からJRへ、信越線が開通する、海外渡航が自由化、消費税がスタート、御柱まつり、上野駅ができる、週刊誌のはじまり、鎖国の完成、夏目漱石が朝日新聞社に入社〔ほか〕

(内容)一年365日の、その日に起こった出来事を集め、ひと月1巻、全12巻にまとめたシリーズの4月編。その日にまつわる歴史上の出来事や人物、発明・発見、文学、美術、音楽、数学、お祭りや記念日、年中行事などの項目を収録。

**学習カレンダー 365日今日はどんな日?**
　5月　PHP研究所編　PHP研究所　1999.9
　49p　30cm　2700円　ⓘ4-569-68155-7

(目次)血のメーデー事件おきる、中央本線が全線開通、福沢諭吉が三田演説館をつくる、正午の時報がサイレンに、美空ひばりがデビュー、エンパイア・ステートビル完成、八十八夜、聖武天皇がなくなる、風土記の編さんを命じる、レオナルド・ダ・ビンチなくなる〔ほか〕

(内容)一年365日の、その日に起こった出来事を集め、ひと月1巻、全12巻にまとめたシリーズの5月編。その日にまつわる歴史上の出来事や人物、発明・発見、文学、美術、音楽、数学、お祭りや記念日、年中行事などの項目を収録。

**学習カレンダー 365日今日はどんな日?**
　6月　PHP研究所編　PHP研究所　1999.9
　49p　30cm　2700円　ⓘ4-569-68156-5

(目次)東京気象台設置、日比谷公園開園、幕府、佐渡金山を直轄とする、日本初の写真撮影、「青鞜社」をつくる、パンダの出産、本能寺で織田信長が死ぬ、横浜開港、平清盛、福原遷都、竜安寺が創建される〔ほか〕

(内容)一年365日の、その日に起こった出来事を集め、ひと月1巻、全12巻にまとめたシリーズの6月編。その日にまつわる歴史上の出来事や人物、発明・発見、文学、美術、音楽、数学、お祭りや記念日、年中行事などの項目を収録。

**学習カレンダー 365日今日はどんな日?**
　7月　PHP研究所編　PHP研究所　1999.9

歴史　　　　　　　　　　児童書

49p 30cm 2700円 ①4-569-68157-3
(目次)弘安の役，名神高速道路，全線開通，東海道線，新橋―神戸間全線開通，第一回総選挙，東京市が東京都になる，富士山，山びらき，薩英戦争がおこる，金閣寺が全焼，開聞岳が噴火，新田義貞，越前藤島で死ぬ〔ほか〕
(内容)一年365日の，その日に起こった出来事を集め，ひと月1巻，全12巻にまとめたシリーズの7月編。その日にまつわる歴史上の出来事や人物，発明・発見，文学，美術，音楽，数学，お祭りや記念日，年中行事などの項目を収録。

学習カレンダー 365日今日はどんな日?
8月　PHP研究所編　PHP研究所 1999.9
49p 30cm 2700円 ①4-569-68158-1
(目次)徳川家康，江戸城にはいる，弘前，ねぶたまつり，日清戦争がはじまる，甲子園球場が完成，日本初のトーキー映画公開，箱根，彫刻の森美術館完成，織田幹雄，三段飛びで金メダル，東京で歩行者天国，箱根関所の旅人とりしまり，江戸幕府，目安箱をおく〔ほか〕
(内容)一年365日の，その日に起こった出来事を集め，ひと月1巻，全12巻にまとめたシリーズの8月編。その日にまつわる歴史上の出来事や人物，発明・発見，文学，美術，音楽，数学，お祭りや記念日，年中行事などの項目を収録。

学習カレンダー 365日今日はどんな日?
9月　PHP研究所編　PHP研究所 1999.9
49p 30cm 2700円 ①4-569-68159-X
(目次)関東大震災，帝国ホテル開館式，リョウコウバトが絶滅，コカコーラが日本上陸，清水トンネル開通，竹久夢二がなくなる，リニアモーターカーの有人走行，二百十日，東京専門学校，早稲田大学に，岡倉天心がなくなる〔ほか〕
(内容)一年365日の，その日に起こった出来事を集め，ひと月1巻，全12巻にまとめたシリーズの9月編。その日にまつわる歴史上の出来事や人物，発明・発見，文学，美術，音楽，数学，お祭りや記念日，年中行事などの項目を収録。

学習カレンダー 365日今日はどんな日?
10月　PHP研究所編　PHP研究所 1999.9
49p 30cm 2700円 ①4-569-68160-3
(目次)超特急「つばめ」号，運転開始，東海道新幹線が開業，錦帯橋ができる，三越呉服店にエスカレーター，第一回国勢調査，警視庁が110番を設置，安政の大地震，大鵬と柏戸がそろって横綱に，吉備真備がなくなる，学生の徴兵猶予停止〔ほか〕
(内容)一年365日の，その日に起こった出来事を集め，ひと月1巻，全12巻にまとめたシリーズの10月編。その日にまつわる歴史上の出来事や人物，発明・発見，文学，美術，音楽，数学，お祭りや記念日，年中行事などの項目を収録。

学習カレンダー 365日今日はどんな日?
11月　PHP研究所編　PHP研究所 1999.9
49p 30cm 2700円 ①4-569-68161-1
(目次)山手線が全線開通する，電車特急「こだま号」がはしる，灯台記念日，「少年倶楽部」が創刊される，明治神宮が完成する，文人紙幣が発行される，北原白秋がなくなる，トイレットペーパー騒動おきる，読売新聞が創刊される，オールコックがなくなる〔ほか〕
(内容)一年365日の，その日に起こった出来事を集め，ひと月1巻，全12巻にまとめたシリーズの11月編。その日にまつわる歴史上の出来事や人物，発明・発見，文学，美術，音楽，数学，お祭りや記念日，年中行事などの項目を収録。

学習カレンダー 365日今日はどんな日?
12月　PHP研究所編　PHP研究所 1999.9
49p 30cm 2700円 ①4-569-68162-X
(目次)丹那トンネル開通，築地魚河岸開場，釜石，洋式高炉による製鉄，警察犬はじめて採用，西海橋が開通，一万円札発行，秋山豊，日本人初の宇宙飛行，醍醐寺五重塔ができる，北京原人の頭蓋骨発見，世界ではじめて原子の火〔ほか〕
(内容)一年365日の，その日に起こった出来事を集め，ひと月1巻，全12巻にまとめたシリーズの12月編。その日にまつわる歴史上の出来事や人物，発明・発見，文学，美術，音楽，数学，お祭りや記念日，年中行事などの項目を収録。

学習に役立つものしり事典365日　1月
新版　谷川健一，根本順吉監修　小峰書店
1999.2 65p 26cm 2500円 ①4-338-15601-5
(目次)あけましておめでとうございます，天皇人間宣言―神から人間へ，豊臣秀吉生まれる?，門松はトシ神様のホテル?，初夢はナスよりハンバーグ?，日本海で重油流出事故おきる，道元生まれる，初荷と書き初め，中浜万次郎，琉球へ帰る，鳥羽・伏見の戦い〔ほか〕
(内容)どんな事件があり，どんな人が生まれたり死んだりしたのか，年中行事や記念日の由来など，遠い昔から現代までに起きた出来事を，同じ日付ごとにまとめた事典。本巻は1月の日付を収録。索引付き。

学習に役立つものしり事典365日　2月
新版　谷川健一，根本順吉監修　小峰書店
1999.2 61p 26cm 2500円 ①4-338-15602-3
(目次)冬の風物詩，札幌雪まつり，日本最初のテレビ放送，『遊ぶ人』ホイジンガ没，スチュワーデスの誕生，わが国初の空の国際線，アメリカ・メキシコ戦争終結，アイルランドの作家ジョイス生，蔵王山のモンスターたち，活版印刷術とグーテンベルク，諸芸の天才，本阿弥光悦〔ほか〕

(内容)どんな事件があり、どんな人が生まれたり死んだりしたのか、年中行事や記念日の由来など、遠い昔から現代までに起きた出来事を、同じ日付ごとにまとめた事典。本巻は2月の日付を収録。索引付き。

**学習に役立つものしり事典365日 3月**
　　新版　谷川健一，根本順吉監修　小峰書店
　　1999.2　65p　26cm　2500円　①4-338-15603-1
(目次)芥川竜之介生まれる，ビキニ環礁で水爆実験，評論家，小林秀雄なくなる，日本人は緑がきらい?, ギザのピラミッドひらかれる，南極大陸横断成功，スメタナ生まれる，なだれはどうしておこる?, ひな祭り，桜田門外の変〔ほか〕
(内容)どんな事件があり、どんな人が生まれたり死んだりしたのか、年中行事や記念日の由来など、遠い昔から現代までに起きた出来事を、同じ日付ごとにまとめた事典。本巻は3月の日付を収録。索引付き。

**学習に役立つものしり事典365日 4月**
　　新版　谷川健一，根本順吉監修　小峰書店
　　1999.2　63p　26cm　2500円　①4-338-15604-X
(目次)楽しい新学期，花の万博，開幕する，浄土真宗の開祖親鸞，エイプリル・フールズ・デー，童話の父アンデルセン生まれる，近代図書館の誕生，高村光太郎なくなる，サクラ前線，北上する，一七条の憲法定められる，きっぷの自動販売機〔ほか〕
(内容)どんな事件があり、どんな人が生まれたり死んだりしたのか、年中行事や記念日の由来など、遠い昔から現代までに起きた出来事を、同じ日付ごとにまとめた事典。本巻は4月の日付を収録。索引付き。

**学習に役立つものしり事典365日 5月**
　　新版　谷川健一，根本順吉監修　小峰書店
　　1999.2　65p　26cm　2500円　①4-338-15605-8
(目次)メーデー，万国博覧会始まる，北杜夫生まれる，ブラックバスは大食漢，『風土記』の編纂始まる，野茂，大リーグデビュー，景山英子なくなる，夏も近づく八十八夜，憲法記念日，第一回世界柔道選手権大会〔ほか〕
(内容)どんな事件があり、どんな人が生まれたり死んだりしたのか、年中行事や記念日の由来など、遠い昔から現代までに起きた出来事を、同じ日付ごとにまとめた事典。本巻は5月の日付を収録。索引付き。

**学習に役立つものしり事典365日 6月**
　　新版　谷川健一，根本順吉監修　小峰書店
　　1999.2　63p　26cm　2500円　①4-338-15606-6

(目次)写真の日，気象記念日，柔道で活躍した山下泰裕，ドラマチックなアユの一生，横浜開港記念日，本能寺の変おこる，ゲーリッグなくなる，バラは文化交流の結晶?, ペリー，浦賀に来航，雲仙普賢岳で大火砕流発生〔ほか〕
(内容)どんな事件があり、どんな人が生まれたり死んだりしたのか、年中行事や記念日の由来など、遠い昔から現代までに起きた出来事を、同じ日付ごとにまとめた事典。本巻は6月の日付を収録。索引付き。

**学習に役立つものしり事典365日 7月**
　　新版　谷川健一，根本順吉監修　小峰書店
　　1999.2　65p　26cm　2500円　①4-338-15607-4
(目次)第一回総選挙行われる，香港，中国に返還される，阿倍仲麻呂なくなる，『赤い鳥』の誕生日，間宮林蔵が樺太を探検，亀の子たわし，ヘッセ生まれる，金閣が焼け落ちた日，日出る処から遣隋使が出発，自由の女神100年祭〔ほか〕
(内容)どんな事件があり、どんな人が生まれたり死んだりしたのか、年中行事や記念日の由来など、遠い昔から現代までに起きた出来事を、同じ日付ごとにまとめた事典。本巻は7月の日付を収録。索引付き。

**学習に役立つものしり事典365日 8月**
　　新版　谷川健一，根本順吉監修　小峰書店
　　1999.2　65p　26cm　2500円　①4-338-15608-2
(目次)水は大自然の恵み，日清戦争おこる，メルビル生まれる，「キヨスク」は宮殿?, 目安箱設置される，ベトナム戦争始まる，大岡忠相，町奉行に就任する，自動車をしめだした歩行者天国，大宝律令が完成した日，ポケット計算機発売〔ほか〕
(内容)どんな事件があり、どんな人が生まれたり死んだりしたのか、年中行事や記念日の由来など、遠い昔から現代までに起きた出来事を、同じ日付ごとにまとめた事典。本巻は8月の日付を収録。索引付き。

**学習に役立つものしり事典365日 9月**
　　新版　谷川健一，根本順吉監修　小峰書店
　　1999.2　63p　26cm　2500円　①4-338-15609-0
(目次)関東大震災おこる，ドイツ軍，ポーランドへ侵入，与謝野晶子が反戦歌を発表，中野浩一選手が10連覇達成，「子どもの権利条約」発効する，トールキンなくなる，画家のルソーなくなる，二百十日，アウシュビッツで大虐殺，ノーモア・ヒロシマ!〔ほか〕
(内容)どんな事件があり、どんな人が生まれたり死んだりしたのか、年中行事や記念日の由来など、遠い昔から現代までに起きた出来事を、同じ日付ごとにまとめた事典。本巻は9月の日

## 学習に役立つものしり事典365日 10月
新版 谷川健一，根本順吉監修 小峰書店
1999.2 65p 26cm 2500円 Ⓢ4-338-15610-4

(目次)「赤い羽根共同募金」、東海道新幹線開通、石田三成処刑される、初めての国勢調査、ガンジー生まれる、ナポレオン、ゲーテと会見、華岡清洲なくなる、国立競技場の大改修工事完成、統一ドイツ実現する、大津皇子なくなる〔ほか〕
(内容)どんな事件があり、どんな人が生まれたり死んだりしたのか、年中行事や記念日の由来など、遠い昔から現代までに起きた出来事を、同じ日付ごとにまとめた事典。本巻は10月の日付を収録。索引付き。

## 学習に役立つものしり事典365日 11月
新版 谷川健一，根本順吉監修 小峰書店
1999.2 63p 26cm 2500円 Ⓢ4-338-15611-2

(目次)ウェーゲナー生まれる、灯台記念日、萩原朔太郎生まれる、灯台の話、水俣の漁民、工場へ抗議、ハッカー登場する、北原白秋なくなる、魚と公害、文化の日、湯川博士、ノーベル賞受賞〔ほか〕
(内容)どんな事件があり、どんな人が生まれたり死んだりしたのか、年中行事や記念日の由来など、遠い昔から現代までに起きた出来事を、同じ日付ごとにまとめた事典。本巻は11月の日付を収録。索引付き。

## 学習に役立つものしり事典365日 12月
新版 谷川健一，根本順吉監修 小峰書店
1999.2 65p 26cm 2500円 Ⓢ4-338-15612-0

(目次)「デゴイチ」第一号完成する、郵便はがきの始まり、渋川春海を天文方に任命、温暖化防止京都会議始まる、メキシコの征服者コルテス、ナポレオン、皇帝となる、劇作家ロスタンなくなる、秩父の夜祭り、新暦を採用、今日が元旦?、諏訪湖の「御神渡り」〔ほか〕
(内容)どんな事件があり、どんな人が生まれたり死んだりしたのか、年中行事や記念日の由来など、遠い昔から現代までに起きた出来事を、同じ日付ごとにまとめた事典。本巻は12月の日付を収録。索引付き。

## きょうはこんな日365 1 4月・5月・6月
学校放送研究会編 国土社 2008.3 104p 29×22cm 3000円 Ⓢ978-4-337-27201-9

(目次)この本の特色、使い方とお願い、4月~6月の主な祭りと年中行事、発展学習誕生日を調べてみよう、暦とカレンダーの見方について、4月、暦とカレンダー十干十二支について、5月、6月、暦とカレンダー祝祭日について
(内容)ふだん何気なく見ているカレンダーや暦の、その日の記念日・できごと・生まれた人を1日1ページで構成した事典。きょうがどんな日かを知ることからはじまる「新しい学び」の手助けの1冊。1は、4月~6月の主な祭りと年中行事。発展学習—誕生日調べ。暦とカレンダー—十干十二支、祝祭日。

## きょうはこんな日365 2 7月・8月・9月
学校放送研究会編 国土社 2008.5 124p 29cm 3000円 Ⓢ978-4-337-27202-6 Ⓝ203.6

(目次)7月~9月の主な祭りと年中行事、特別活動 校内放送原稿づくり、暦とカレンダーの見方について、7月、8月、9月、暦とカレンダー 五節句について
(内容)2は、7月~9月のそれぞれの日の記念日、過去のできごと、生まれた有名人などを、1日1日頁でわかりやすく解説する。

## きょうはこんな日365 3 10月・11月・12月
学校放送研究会編 国土社 2008.5 124p 29cm 3000円 Ⓢ978-4-337-27203-3 Ⓝ203.6

(目次)10月~12月の主な祭りと年中行事、発展学習 歴史人物新聞づくり、暦とカレンダーの見方について、10月、11月、暦とカレンダー 二十四節気・雑節について、12月
(内容)3は、10月~12月のそれぞれの日の記念日、過去のできごと、生まれた有名人などを、1日1日頁でわかりやすく解説する。

## きょうはこんな日365 4 1月・2月・3月
学校放送研究会編 国土社 2008.5 124p 29cm 3000円 Ⓢ978-4-337-27204-0 Ⓝ203.6

(目次)1月~3月の主な祭りと年中行事、発展学習 晴雨表つき年間予定表、暦とカレンダーの見方について、1月、2月、暦とカレンダー 七曜・六曜・九星について、3月
(内容)4は、1月~3月のそれぞれの日の記念日、過去のできごと、生まれた有名人などを、1日1日頁でわかりやすく解説する。

## 365日事典 きょうはなんの日
田代しんたろう著 あかね書房 1993.10 127p 21cm （まんがで学習） 1200円 Ⓢ4-251-06548-4

(内容)1年365日の話題事典。「ひな祭りに人形をかざるのはどうして?」「なぜ土用の丑の日にうなぎを食べるの?」「どうして10月10日は体育の日なの?」など、年中行事や記念日のいわれ、それに各地のお祭りや季節のことばなどを、まんがと解説で説明する。巻末に、その日におこった歴史上のできごとや、スポーツのこよみをまとめている。

## 21世紀こども百科 歴史館 増補版
大塚初

重, 石井進総監修 小学館 2002.4 364p 30cm 4700円 ⓘ4-09-221212-7 ⓝ210

(目次)旧石器時代, 縄文時代, 弥生時代, 古墳時代, 飛鳥時代, 奈良時代, 平安時代, 鎌倉時代, 室町時代(南北朝・戦国時代), 安土桃山時代〔ほか〕

(内容)小学中・高学年向け歴史資料集。旧石器時代～現代を13時代に分け, 時代順に166の歴史テーマについて解説する。各テーマは, 遺跡や建物を写真や模型で説明する〔ワイド大図解〕, 衣・食・住等の歴史・文化について復元物(レプリカ)を用いて説明する〔体験ルポ〕, 歴史人物を対比して紹介する〔ライバル人物伝〕など6つの切り口に区分し, 1ページまたは見開きの形で構成している。各時代の世界情勢や子どものくらし, 資料となる史跡や博物館についてもピックアップして解説する。インターネット学習にも対応, 巻末には歴史年表や史跡・博物館ガイド, 自由研究ガイドを付す。

**日本考古学用語小辞典** 斎藤忠著 學生社 2003.4 319p 19cm 2400円 ⓘ4-311-75032-3

(内容)考古学用語に加え関連する諸分野の用語についても出来るだけ収録したハンディサイズの考古学用語辞典。配列は見出し語の五十音順, 見出し語, 見出し語のよみ, 用語解説, 一部の用語には挿図や表を付けている。

**日本と世界の365日なんでも大事典** こよみ研究会編 ポプラ社 2003.4 215p 31×22cm 6000円 ⓘ4-591-07577-X

(目次)世界の祭りと年中行事, 1月～12月なんでも事典, こよみと日本の年中行事

(内容)1月1日から12月31日まで, 「きょうは何の日?」「きょうはどんなことがあったの?」がひと目でわかる。記念日や祝祭日, 祭りや年中行事, できごと, 歴史的人物の生没日を知ることができる。

<辞 典>

**歴史・文化・行事のことば** 江川清監修 偕成社 2008.3 143p 22cm (ことば絵事典探検・発見授業で活躍する日本語 8) 2000円 ⓘ978-4-03-541380-6 ⓝ814

(目次)歴史のことば(時代区分, 政治のしくみ, 地位・身分 ほか), 文化のことば(文化史, 旧石器遺跡, 縄文遺跡 ほか), しきたりのことば(大安・仏滅, 吉日・悪日, 赤ちゃんの祝い ほか)

(内容)歴史・文化・行事のことばを, 絵と文章で分かりやすく説明する辞典。全10巻の『ことば絵事典』シリーズの1冊。小学校中級から。

<図 鑑>

**考古学入門** ジェーン・マッキントッシュ著, 佐々木花江訳, 田辺勝美日本語版監修 あすなろ書房 2007.2 63p 29×22cm (「知」のビジュアル百科 35) 〈原書名: Eyewitness - Archaeology〉 2500円 ⓘ978-4-7515-2335-3

(目次)過去の発見, 保存と腐敗, 地下, 地形を見る, いろいろな史料, 図像からみた過去, 都市遺跡を歩く, なぜ発掘するのか, 遺跡を掘る, 出土状況〔ほか〕

(内容)子供向けの1冊1テーマの図解百科事典シリーズ。「考古学」の果たした役割から, これからの可能性, 意外な真実まで, わかりやすく紹介する。

**ビジュアル博物館 14 古代人** ドーリング・キンダースリー編著, リリーフ・システムズ訳 (京都)同朋舎出版 1991.3 63p 29×23cm 3500円 ⓘ4-8104-0933-3

(目次)ヒトか?サルか?, 原始時代の食物, 道具をつくる, フリント石器, 北への移動, 火の使用, 氷河時代の生活, 氷河時代の狩人たち, 現代人, 最初の芸術家たち, 狩猟と採集, 砂漠の狩人たち, 土を耕す, 衣服と織物, 体の装飾, 魔術, 死と埋葬, 古代の文字, 青銅器, 青銅器の美しさ, 青銅器時代の戦士, 鉄器時代の装飾品, 鉄器時代の生活, 鉄人, 古代の中国, 代価としての貨幣, 中米の人々, 過去を掘り起こす

(内容)1冊1テーマ, 全88巻の博物図鑑シリーズ。先史時代の人々とその暮らし方を紹介。先史時代の人々の道具, 武器, 装飾品, 衣服, さらには彼ら自身の遺骨の実物写真によって, この400万年の間に人類の生活がどのように変化してきたかを示す。

**ビジュアル博物館 16 旗** ウィリアム・クランプトン著, リリーフ・システムズ訳 (京都)同朋舎出版 1991.3 63p 29×23cm 3500円 ⓘ4-8104-0935-X

(目次)旗の構造, 最初のしるし, 紋章, 敵か, 味方か, 旗幟(きし)を鮮明に, 出帆, 旗による信号, 民衆の旗, スポーツや祝典のための旗, アメリカ合衆国, フランス, ドイツ, オランダとベルギー, オーストリアとスイス, イタリア, スペインとポルトガル, ギリシアとユーゴスラビア, デンマーク, ノルウェーとアイスランド, スウェーデンとフィンランド, イギリス, カナダとニュージーランド, オーストラリア, 日本, アフリカと南アメリカ, ソ連, 中国, 世界の国旗

(内容)1冊1テーマ, 全88巻の博物図鑑シリーズ。世界の旗の歴史を探る。最も古い紋章旗から今日の国旗まで, 実物写真によって, 旗の物語を示す。

ビジュアル博物館　56　考古学　古代文明を蘇らせる素晴らしい技術の数々
ジェーン・マッキントッシュ著，佐々木花江訳　(京都)同朋舎出版　1995.7　63p　30cm　2800円　④4-8104-2134-1

目次 過去の発見，保存と腐敗，地下，地形を見る，いろいろな史料，図像からみた過去，都市遺跡を歩く，なぜ発掘するのか，遺跡を掘る，出土状況〔ほか〕

内容 1冊1テーマ，全88巻の博物図鑑シリーズ。

＜年鑑・白書＞

こども10大ニュース　1985　こどもニュース研究会著　国土社　1995.4　64p　26cm　2500円　④4-337-26501-5

目次 1 日航ジャンボ機墜落，2 ゴルバチョフ・ソ連共産党書記長に就任，3 電電公社，専売公社が民営化，4 阪神が二十一年ぶりに優勝，5 オゾン層の保護条約採択，6 中南米大地震と噴火泥流になく，7 指紋押なつ問題，8 脳死判定の基準できる，9 エイズ日本上陸，10 グリコ・森永事件，ロス疑惑

内容 今と未来を考える子どものためのニュース事典。1985年から1997年までを年ごとに構成。第一線の新聞記者たちが，特に子どもたちの今と未来に関わりのあるニュースを，やさしく，わかりやすく解説する。小学校中学年～高学年向。

こども10大ニュース　1986　こどもニュース研究会著　国土社　1995.4　1冊　26cm　2500円　④4-337-26502-3

目次 1 チェルノブイリ原発事故，2 同日選で自民圧勝，社会党委員長に土井たか子，3 フィリピン革命，アキノ大統領誕生，4 三原山大噴火，5 鹿川君いじめ自殺事件，6 バース，落合が二年連続三冠王，7 パンダ二世誕生，8 ハレーすい星大接近，9 男女雇用機会均等法施行，10 チャレンジャー爆発事故

こども10大ニュース　1987　こどもニュース研究会著　国土社　1995.3　63p　26cm　2500円　④4-337-26503-1

目次 1 若王子さん，無事解放，2 国鉄と日本航空が民間会社に，3 大韓航空機爆破事件，4 防衛費がGNP比1％枠突破，5 岡本，ゴルフ米賞金女王に，6 米ソINF全廃条約調印，7 朝日新聞阪神支局襲撃事件，8 ニューヨークで株が大暴落，9 利根川教授にノーベル賞，10 連合スタート

こども10大ニュース　1988　こどもニュース研究会著　国土社　1995.4　64p　26cm　2500円　④4-337-26504-X

目次 1 リクルート事件，2 ソ連軍，アフガニスタンから撤退，3「ドラクエ」に長い列，4 イラン・イラク戦争停戦，5 ソウル五輪でベン・ジョンソン，ドーピング失格，6 潜水艦「なだしお」事故，7 中国修学旅行で列車事故，8 青函トンネル開業，瀬戸大橋開通，9 牛肉とオレンジの輸入自由化，10 中二金属バットで家族を殺害

こども10大ニュース　1989　こどもニュース研究会著　国土社　1995.4　64p　26cm　2500円　④4-337-26505-8

目次 1 昭和天皇崩御，平成に，2 天安門事件，3 消費税導入，4 ベルリンの壁崩壊，5 幼女連続誘かい殺人事件，6 わずか一年で首相三人，与野党逆転，7 サンフランシスコ大地震，8 子どもの権利条約，国連で採択，9 ボイジャー海王星最接近，10 吉野ケ里に環濠集落遺跡

こども10大ニュース　1990　こどもニュース研究会著　国土社　1995.4　64p　26cm　2500円　④4-337-26506-6

目次 1 東西ドイツ統一，2 小選挙区比例代表制答申，3 合併で新銀行が誕生，4 女子高校生校門にはさまれ死亡，5 サッチャー英首相辞任，6 生体部分肝移植の裕弥ちゃんの死亡，7 長崎市長，銃撃される，8 働く女性三人に一人をこえる，9 ペルー大統領に日系フジモリ氏就任，10「花の万博」開かれる

こども10大ニュース　1991　こどもニュース研究会著　国土社　1995.4　64p　26cm　2500円　④4-337-26507-4

目次 1 湾岸戦争ぼっ発，2 雲仙・普賢岳で大火砕流，3 横綱，千代の富士が引退，4 有害指定図書の規制強化，5 ソ連で政変，ソ連邦消滅，6 バブル経済の崩壊，7 南アフリカがアパルトヘイト撤廃，8 信楽鉄道事故，9 米ソ核軍縮を発表，10 女性初の六大陸最高峰登頂

こども10大ニュース　1992　こどもニュース研究会著　国土社　1995.4　63p　26cm　2500円　④4-337-26508-2

目次 1 地球サミット開幕，2 毛利さん宇宙へ，3 アルベールビル・バルセロナ五輪，4 学校五日制はじまる，5 東京佐川急便事件，6 ソマリア飢餓深刻化，7 日の丸，君が代が教科書に，8 ロス暴動，9 米国で日本人留学生射殺，10 新幹線「のぞみ」運行開始

こども10大ニュース　1993　こどもニュース研究会著　国土社　1995.4　63p　26cm　2500円　④4-337-26509-0

目次 1 連立政権時代の幕開け，2 カンボジア制憲選挙と日本人の死，3 Jリーグ開幕，4 山形でいじめマット死事件，5 皇太子結婚，6 クリントン大統領就任，7 冷夏で大凶作・コメ緊急輸入，8 イスラエルとPLOの相互承認，9 北海道

南西沖地震で大被害，10 欧州連合条約発効

こども10大ニュース　1994　こどもニュース研究会著　国土社　1995.4　63p　26cm　2500円　④4-337-26510-4

(目次)1 自さ社連立・村山政権の誕生，2 金日成主席死去・北朝鮮核疑惑，3「銃犯罪」急増，市民をねらう銃弾，4 イチロー二百十安打の大記録達成，5 史上最高の猛暑と水不足，6 関西国際空港「カンクウ」開港，7 円高1ドル100円を突破，8 横浜エイズ国際会議開催，9 平成不況から景気回復へ，10 広島アジア大会

こども10大ニュース　1995　日本がふるえた日　こどもニュース研究会著　国土社　1996.6　79p　26cm　3000円　④4-337-26511-2

(目次)1 阪神大震災「その瞬間」，2 オウム強制捜査，『麻原』代表逮捕，3 野茂，大リーグで大活躍，4 戦後五十年の世界と日本，5 日米安保をゆるがす沖縄の怒り，6 フランス，核実験を強行，7 金融機関の破綻，あいつぐ，8 アジアの夜明け，9 統一地方選挙で青島，ノック知事誕生，10 ウィンドウズ95発売

こども10大ニュース　1995-2　こどもニュース　こどもニュース研究会著　国土社　1996.7　79p　26cm　3000円　④4-337-26512-0

(目次)奥尻っ子が手紙180通，昔の遊びもおもしろい，日本人だよ！アンデレちゃん，「ベエゴマサミット」楽しく，恐怖を刻んだ心救え，サケの稚魚5万匹を放流，ぼくらが選ぶ「復興の顔」，都会でも自然に親しもう，家なきオウムの子供たち，伝統芸能「角乗り」に挑戦〔ほか〕

こども10大ニュース　1996　こどもニュース研究会著　国土社　1998.3　94p　26cm　3000円　④4-337-26513-9

(目次)1 O157の大量感染，2 自民党復調，単独内閣が復活，3 将棋の羽生さんが夢の七冠，4「薬害エイズ」で逮捕者続出，5 アトランタ五輪でメダル14個，6 島根で銅鐸がぞくぞく出土，7 岡光前厚生事務次官を逮捕，8「百歳以上」七千人台をこえる，9 14歳少年が，ヨットで太平洋単独横断，10 ペルー日本大使館占拠される

こども10大ニュース　1997　こどもニュース研究会著　国土社　1999.1　95p　26cm　3000円　④4-337-26514-7

(目次)1 ダイアナ元皇太子妃，パリで事故死，2 決めた！サッカーのワールドカップ初出場，3 日本中をふるえ上がらせた酒鬼薔薇事件，4 動燃の再処理工場で火災・爆発事故が発生，5 移植医療の道を開く臓器移植法の施行，6 日本の未来を切り開くか，行財政改革，7 朝鮮半島に新時代が到来，8 エジプトで外国人観光客がテロの的に，9 金融機関の経営破たんが相次ぐ，10 地球温暖化に歯止めを！

写真ニュース年鑑　第1集　少年写真新聞社編　少年写真新聞社　1997.9　135p　26cm　2600円　④4-87981-078-9

(内容)写真ニュース創刊の昭和29年より39年までの10年間の紙面から抜粋して編集したもの。

写真ニュース年鑑　第2集　少年写真新聞社編　少年写真新聞社　1998.1　135p　26cm　2600円　④4-87981-079-7

(内容)昭和40年から43年の約4年分の写真ニュースをまとめたもの。

写真ニュース年鑑　第3集　少年写真新聞社編　少年写真新聞社　1998.4　135p　26cm　2600円　④4-87981-083-5

(内容)昭和44年から昭和49年までの約6年分の写真ニュースをまとめたもの。アポロ11号の月面着陸が成功，佐藤栄作元首相がノーベル平和賞を受賞などを収録。

写真ニュース年鑑　第4集　少年写真新聞社編　少年写真新聞社　1998.6　135p　26cm　2600円　④4-87981-084-3

(内容)昭和50年から57年までの約8年分の写真ニュースをまとめたもの。沖縄国際海洋博や東北新幹線の開通などを収録。

写真ニュース年鑑　第5集　少年写真新聞社編　少年写真新聞社　1998.6　135p　26cm　2600円　④4-87981-085-1

(内容)昭和58年から昭和64年までの写真ニュースをまとめたもの。

写真ニュース年鑑　別巻　少年写真新聞社編　少年写真新聞社　1998.7　135p　26cm　〈付属資料：別冊1〉　2600円　④4-87981-086-X

(内容)海外取材でのニュースをまとめたもの。

◆世界史

<年表>

学習漫画 世界の歴史年表　岩田一彦立案・構成，渡辺潔ほか漫画　集英社　1993.2　398p　21cm　1600円　④4-08-288018-6

(目次)第1章 文明のあけぼの(紀元前270万年～紀元1年)，第2章 ヨーロッパと東アジアの変貌(紀元1～1400年)，第3章 近代ヨーロッパと中国の帝国(1401～1599年)，第4章 革命と世界進出の時代(1600～1900年)，第5章 帝国主義の時代(1901～1945年)，第6章 現代の世界(1946～現代)

(内容)世界史のなぞをとき明かすマンガ・地図・

**新世界史年表 地図対照** 木村尚三郎編 三省堂 1995.3 265p 19cm 980円 Ⓝ4-385-26050-8
(目次)1 地中海周辺, 2 西ヨーロッパ, 3 イスラム世界, 4 ロシア, 5 ラテン＝アメリカ, 6 北アメリカ, 7 インド, 8 中国, 9 東南アジア, 10 東西交渉
(内容)高校の学習用の, 歴史地図付き世界史年表。総合年表と10種の地域別年表からなる。総合年表には年表3ページに対し1ページの割合で地図・図版を挙げ, 地図の入らない奇数ページ下には「日本史」欄を設けた。巻末に五十音順索引を付す。

**世界史年表・地図** 亀井高孝, 三上次男, 林健太郎, 堀米庸三編 吉川弘文館 1995.4 1冊 19×26cm 1300円 Ⓝ4-642-07841-X
(内容)高校での学習用に作られた世界史年表及び世界歴史地図帳。年表編では人名対照表や各王室の系図, 西洋・東洋文化史年表などを資料として掲載。地図帳編では歴史の流れに沿って世界各国の歴史地図を掲載。五十音順索引・地名対照表を付す。

**世界史年表・地図** 第7版 亀井高孝ほか編 吉川弘文館 2001.4 1冊 19×26cm 〈索引あり〉 1300円 Ⓝ4-642-07841-X Ⓝ203.2
(内容)世界史の基礎知識をまとめた資料集。歴史地図と西洋および東洋の文化史年表で構成する。2000年刊に次ぐ第7版。「日本史年表・地図」の姉妹編。

**世界史年表・地図** 第8版 亀井高孝, 三上次男, 林健太郎, 堀米庸三編 吉川弘文館 2002.4 1冊 26cm 1300円 Ⓝ4-642-07841-X Ⓝ203.2
(目次)歴史年表, 系図(朝鮮(・新羅・高句麗・百済・高麗・李朝), 中国(周・秦・前漢・後漢・三国・晋・北魏・五胡十六国興亡表), 中国(隋・唐・宋・遼・金・元(蒙古)・明・清), ペルシア(アケーメネス・ササン), サラセン帝国カリフ・チムール帝国 ほか), 西洋文化史年表, 東洋文化史年表
(内容)世界史の基礎知識をまとめた資料集。歴史地図と西洋および東洋の文化史年表で構成する。2001年刊に次ぐ第8版。「日本史年表・地図」の姉妹編。

**世界史年表・地図** 第9版 亀井高孝, 三上次男, 林健太郎, 堀米庸三編 吉川弘文館 2003.4 1冊 19×26cm 1300円 Ⓝ4-642-07841-X
(目次)世界史対照年表, 年号表, 考古学上の推定年表, 西洋人名対照表, 欧亜暦年対照表, 歴史年表, 系図, 西洋文化史年表, 東洋文化史年表, 年代の異説・異同について
(内容)世界史という総合的観点から, 人類の全歴史を世界各地域にわたってできるだけ広く見るよう編集した世界史年表。従来は東洋史・西洋史と並立的に排列されていたのを, 地域を細分し, 収載事項を豊富にする一方, 政治史・文化史・社会経済史など各般にわたって縦横に理解できるようにしている。

**世界史年表・地図** 第10版 亀井高孝, 三上次男, 林健太郎, 堀米庸三編 吉川弘文館 2004.4 1冊 19×26cm 1300円 Ⓝ4-642-07841-X
(目次)年号表, 考古学上の推定年表(西洋人名対照表, 欧亜暦年対照表), 歴史年表, 系図(朝鮮(新羅・高句麗・百済・高麗・李朝), 中国(周・秦・前漢・後漢・三国・晋・北魏・五胡十六国興亡表), 中国(隋・唐・宋・遼・金・元(蒙古)・明・清), ペルシア(アケーメネス・ササン), サラセン帝国カリフ・チムール帝国, ムガール帝国・トルコ(オスマン家) ほか)

**世界史年表・地図** 第12版 亀井高孝, 三上次男, 林健太郎, 堀米庸三編 吉川弘文館 2006.4 120, 64, 2, 16p 19×26cm 1300円 Ⓝ4-642-07841-X
(目次)歴史年表, 系図(朝鮮(新羅・高句麗・百済・高麗・李朝), 中国(周・秦・前漢・後漢・三国・晋・北魏・五胡十六国興亡表), 中国(隋・唐・宋・遼・金・元(蒙古)・明・清), ペルシア(アケーメネス・ササン), サラセン帝国カリフ・チムール帝国, ムガール帝国・トルコ(オスマン家), フランク(メロヴィング・カロリング), フランス(カペー・ヴァロワ・ブルボン・ボナパルト), イスパニア(ブルボン), イギリス(アングロサクソン・デーン・ノルマン・プランタジネット・ランカスター・ヨーク・チューダー・スチュアート・ハノーヴァー) ほか)
(内容)世界史という総合的観点から, 人類の全歴史を世界各地域にわたってできるだけ広く見るよう編集した世界史年表。従来は東洋史・西洋史と並立的に排列されていたのを, 地域を細分し, 収載事項を豊富にする一方, 政治史・文化史・社会経済史など各般にわたって縦横に理解できるようにしている。

**世界史年表・地図** 第14版 亀井高孝, 三上次男, 林健太郎, 堀米庸三編 吉川弘文館 2008.4 120, 64, 16p 19×26cm 1400円 Ⓝ978-4-642-09505-1 Ⓝ209
(内容)世界史対照年表, 年号表, 考古学上の推定年表, 西洋人名対照表, 欧亜暦年対照表, 歴史年表, 西洋文化史年表, 東洋文化史年表, 年代の異説・異同について, 歴史年表欄外事項索引

**世界史年表・地図** 第15版 亀井高孝, 三上

次男, 林健太郎, 堀米庸三編　吉川弘文館
2000.4　122, 64, 16p　19×26cm　1400円
Ⓘ978-4-642-09507-5　Ⓝ209

(目次)世界史対照年表, 年号表, 考古学上の推定年表, 西洋人名対照表, 欧亜暦年対照表, 歴史年表, 系図, 西洋文化史年表, 東洋文化史年表, 年代の異説・異同について, 歴史年表欄外事項索引

**世界史年表・地図**　第16版　亀井高孝, 三上次男, 林健太郎, 堀米庸三編　吉川弘文館
2010.4　1冊　19×26cm　〈索引あり〉
1400円　Ⓘ978-4-642-09513-6　Ⓝ209

(目次)世界史対照年表, 年号表, 考古学上の推定年表, 西洋人名対照表, 欧亜暦年対照表, 歴史年表, 系図, 西洋文化史年表, 東洋文化史年表, 年代の異説・異同について, 歴史年表欄外事項索引

**標準世界史年表**　第45版　亀井高孝, 三上次男, 林健太郎編　吉川弘文館　2008.4　120p
19×26cm　750円　Ⓘ978-4-642-09502-0
Ⓝ200

(目次)世界史対照年表, 年号表, 西洋文化史年表, 東洋文化史年表, 年代の異説・異同について, 歴史年表欄外事項索引

**標準世界史年表**　第46版　亀井高孝, 三上次男, 林健太郎編　吉川弘文館　2010.4　122p
19×26cm　〈索引あり〉　750円　Ⓘ978-4-642-09510-5　Ⓝ200

(目次)世界史対照年表, 年号表, 考古学上の推定年表, 西洋人名対照表, 欧亜暦年対照表, 歴史年表, 系図, 西洋文化史年表, 東洋文化史年表, 年代の異説・異同について, 歴史年表欄外事項索引

<事 典>

**旺文社世界史事典**　3訂版　旺文社編　旺文社　2000.10　870p　20×14cm　2200円
Ⓘ4-01-035314-7　Ⓝ203.3

(内容)高校生向けの世界史の学習用事典。教科書・入試データを基に7200項目を収録、五十音順に掲載する。解説は定義解説と本解説の2段階構成で二色刷りで表示。人物や美術作品などには写真も掲載。巻末にテーマ史・各国・地域史、欧文略語一覧を掲載する。三訂版では2000年現在の情報を盛り込んでいる。

**詳解 世界史用語事典**　三省堂　1995.8
507p　19cm　850円　Ⓘ4-385-26032-X

(目次)第1編 歴史的世界の成立, 第2編 諸世界の歴史的展開, 第3編 近代ヨーロッパと世界, 第4編 近代世界の展開, 第5編 帝国主義と二つの世界大戦, 第6編 現代の世界

(内容)高等学校の「世界史A」「世界史B」の教科書27冊に準拠した学習用用語事典。収録語数8200語。排列は時代順。各用語の使用頻度を教科書の冊数で明示。巻末に9000語を収録した五十音索引がある。

**世界史B用語集**　全国歴史教育研究協議会編
山川出版社　1995.4　359p　19cm　780円
Ⓘ4-634-03310-0

(内容)高等学校の「世界史B」教科書18冊に記載されている用語を学習指導要領に準拠して編年順に排列・構成し、解説を加えた用語集。各用語に、その語を使用している教科書の冊数を頻度数として明示。巻末に五十音順の「世界史用語索引」を付す。

**世界史B用語集**　改訂版　全国歴史教育研究協議会編　山川出版社　2008.1　426p
19cm　819円　Ⓘ978-4-634-03302-3　Ⓝ200

(目次)先史の世界, オリエントと地中海世界, アジア・アメリカの古代文明, 東アジア世界の形成と発展, 内陸アジア世界の変遷, イスラーム世界の形成と発展, ヨーロッパ世界の形成と発展, 諸地域世界の交流, アジア諸地域の繁栄, 近代ヨーロッパの成立, ヨーロッパ主権国家体制の展開, 欧米における近代社会の成長, 欧米における近代国民国家の発展, アジア諸地域の動揺, 帝国主義とアジアの民族運動, 二つの世界大戦, 冷戦と第三世界の自立, 現代の世界

(内容)2008年度使用の高等学校「世界史B」教科書11冊から学習に必要と思われる用語を選び解説を加えた用語集。巻末に五十音順「世界史用語索引」が付く。

**必携世界史用語**　3訂版　世界史用語研究会著　実教出版　2005.3　388p　21cm　819円
Ⓘ4-407-30568-1

(目次)文明社会への道すじ、西アジアと地中海世界、南アジア・東南アジア世界の形成、東アジア・内陸アジア世界の形成、アフリカ・アメリカの王国形成、イスラーム世界の形成と拡大、内陸アジア・東アジア世界の展開、ヨーロッパ世界の形成と展開、近代ヨーロッパの形成、アジア諸国の繁栄、大西洋革命の展開、19世紀のヨーロッパ・アメリカ世界、19世紀のアジア・アフリカ世界、帝国主義の時代、第一次世界大戦と世界の変動、ファシズムと第二次世界大戦、冷戦の時代、冷戦の終結と現代の課題

(内容)日常学習・大学入試に役立つ7200語を収録。重要度がひとめでわかる2色刷り。

**必携世界史用語 世界史A・B対応**　4訂
世界史用語研究会著　実教出版　2009.2
389p　19cm　819円　Ⓘ978-4-407-31660-5　Ⓝ209

(目次)文明社会への道すじ、西アジアと地中海

世界，南アジア・東南アジア世界の形成，東アジア・内陸アジア世界の形成，アフリカ・アメリカの王国形成，イスラーム世界の形成と拡大，内陸アジア・東アジア世界の展開，ヨーロッパ世界の形成と展開，近代ヨーロッパの形成，アジア諸国の繁栄，大西洋革命の展開，19世紀のヨーロッパ・アメリカ世界，19世紀のアジア・アフリカ世界，帝国主義の時代，第一次世界大戦と世界の変動，ファシズムと第二次世界大戦，冷戦の時代，冷戦の終結と現代の課題，最近の世界情勢
(内容)日常学習と受験に役立つ7500語を収録。詳しい解説と索引で確実に実力アップ。

**山川世界史小辞典** 改訂新版 世界史小辞典編集委員会編 山川出版社 2004.1 1063p 19cm 2800円 Ⓘ4-634-62110-X
(内容)世界史に関する用語約9400項目を収録。最新の研究成果を盛り込んで解説。本文は五十音順に排列し，巻末に世界史年表，主要王朝系図，略号一覧などを収録。1968年初版刊の改題改訂新版。

### <ハンドブック>

**図説 ユニバーサル新世界史資料** 3訂版 岡崎勝世，鈴木董，並木頼寿監修，帝国書院編集部編 帝国書院 2000.3 248p 30cm 848円 Ⓘ4-8071-5216-5 Ⓝ209
(目次)オリエント世界の成立，オリエント諸国の興亡，ギリシア世界の成立，ギリシア世界の展開，ギリシア文化，ヘレニズム世界，ローマ世界の成立，ローマ世界の展開，キリスト教の発展，インド文明〔ほか〕
(内容)世界史の資料集。オリエント世界、ギリシャ世界から20世紀までの資料を時代ごとに分類し年代順に排列。資料は勢力図、宗教、人物等を掲載。巻末には系図、年表・資料と五十音順の地名索引と人名・事項索引を付す。

**世界史の要点整理 ハンドブック** 学習研究社 2009.7 256p 19cm 950円 Ⓘ978-4-05-303005-4 Ⓝ200
(目次)先史時代の世界、古代オリエント世界、古代地中海時代、インドの文明、中国文明の誕生と古代国家、東アジア世界の成立と発展、アジア諸地域とアメリカ大陸の世界、イスラーム世界の成立、ヨーロッパ社会の形成、内陸アジアの発展とモンゴル帝国、アジア諸地域の発展、ヨーロッパ世界の拡大と大西洋世界、ヨーロッパ、アメリカの変革と国民国家の形成、世界市場の形成とアジア・ヨーロッパ、帝国主義の時代と世界分割、二つの世界大戦、米ソ冷戦と第三世界、冷戦体制の終焉と国際関係の変化、世界史の新局面、科学技術の発達と現代世界

(内容)オールカラーで見やすい、図版+写真が豊富でわかりやすい。歴史の流れをシンプルに整理した手のひらサイズのハンドブック。日常学習から受験対策まで対応。

**ビジュアルワイド 図説世界史** 改訂4版 東京書籍編集部編著 東京書籍 2000.2 256p 26×21cm 819円 Ⓘ4-487-68491-9 Ⓝ209
(目次)世紀の世界(全体地図)，第1章 古代文明の形成と発展，第2章 東アジア世界の形成と発展，第3章 イスラム世界の形成と発展，第4章 ヨーロッパ世界の形成と発展，第5章 近代と世界の変容，第6章 20世紀の世界
(内容)世界史の資料集。世界各地域の形成と発展について資料により解説する。本文は古代文明、東アジア世界、イスラム世界、ヨーロッパ世界の各地域における形成と発展いついて、近代と世界の変容、20世紀の世界の全6章で構成。ほかに巻頭に年代別による世界の全体地図、巻末に系図および年表を収録。五十音順の事項索引を付す。

**明解世界史図説 エスカリエ** 初訂版 帝国書院編集部編 帝国書院 2010.2 220p 26×21cm 800円 Ⓘ978-4-8071-5859-1 Ⓝ200
(目次)世界全図で見る世界史(世界史の舞台，先史時代～文明の発生 ほか)，1部 諸地域世界の形成(西アジア世界の形成，地中海世界の形成 ほか)，2部 諸地域世界の交流と再編(東アジア世界の再編と成長，イスラーム世界の出現 ほか)，3部 世界の一体化と諸地域(欧米近代社会の形成と世界進出，二つの世界大戦)，4部 地球社会の到来(戦後世界の概観，冷戦のはじまり ほか)

### <図鑑>

**写真が語る第一次世界大戦** サイモン・アダムズ著，アンディ・クロフォード写真，猪口邦子日本語版監修 あすなろ書房 2005.4 63p 29cm (「知」のビジュアル百科 16) 〈関連タイトル：第一次世界大戦 「第一次世界大戦」(同朋舎2002年刊)の新装改訂 原書名：Eyewitness-World War 1.〉 2000円 Ⓘ4-7515-2316-3 Ⓝ209.71
(内容)子供向けの1冊1テーマの図解百科事典シリーズ。戦った兵の数6500万人以上、その半数が戦死・負傷した第一次世界大戦とはどんな戦争だったのか? 開戦から終結までを臨場感溢れる写真で辿る。

**写真が語る第二次世界大戦** サイモン・アダムズ著，猪口邦子日本語版監修 あすなろ書房 2005.5 63p 29×22cm (「知」のビジュアル百科 17) 2000円 Ⓘ4-7515-

2317-1

(目次)分裂した世界,近づく戦争,戦争の準備,電撃作戦,占領,レジスタンス,ドイツ軍,バトル・オブ・ブリテン,空襲,全面戦争〔ほか〕
(内容)子供向けの1冊1テーマの図解百科事典シリーズ。死者推定5500万人,世界各地を焼きつくした第二次世界大戦。残された写真が伝える第二次世界大戦の真実。

ビジュアル博物館 87 第一次世界大戦 兵士たちが経験した戦争のおそろしさをビジュアルで知る サイモン・アダムズ著,アンディ・クロフォード写真,猪口邦子日本語版監修 同朋舎 2002.1 63p 29cm 〈東京 角川書店 (発売)〉原書名:World War 1.〉 3400円 ①4-8104-2723-4 Ⓝ209.71
(内容)1冊1テーマ,全88巻の博物図鑑シリーズ。塹壕の中の兵士たちはどのようにして清潔を保ったか?「祖国は君を必要としている」といったのは誰か? ケシの花が大戦のシンボルとなったのはなぜか? 兵士たちが経験した戦争のおそろしさをビジュアルで示す。

ビジュアル博物館 88 第二次世界大戦 人類史上最大の悲劇をビジュアルで振り返る サイモン・アダムズ著,アンディ・クロフォード写真,猪口邦子日本語版監修 同朋舎 2002.2 63p 29cm 〈東京 角川書店 (発売)〉 3400円 ①4-8104-2724-2 Ⓝ209.74
(内容)1冊1テーマ,全88巻の博物図鑑シリーズ。人類の歴史上,最も悲惨な出来事のひとつである第二次世界大戦。その決定的瞬間や世界の指導者,兵器などの写真を多数収録。5000万人以上の命を奪った悲劇を振り返る。

<地図帳>

地図で訪ねる歴史の舞台 世界 5版 帝国書院編集部著 帝国書院 2009.8 202p 30cm 〈年表あり 索引あり〉 2000円 ①978-4-8071-5852-2 Ⓝ291.038
(内容)パリ,ローマ,バチカン,イスタンブールなど,歴史と伝統の街を探訪する特集を新規で掲載!「赤壁の戦い」,「コンスタンティノープル陥落」,「アステカ帝国の滅亡」など,歴史が動いた舞台を鳥瞰図で掲載。

標準世界史地図 増補第43版 亀井高孝,三上次男,堀米庸三編 吉川弘文館 2008.4 64, 2, 16p 19×26cm 750円 ①978-4-642-09503-7 Ⓝ200
(目次)古人骨の発見地と現生人類のひろがり,先史時代の遺跡の分布,前二千年紀の世界,前十五世紀のオリエント諸国,中国の先史時代及び殷代遺跡,エーゲ世界の文化(1 ミノア文明),エーゲ世界の文化(1 ミケーネ文明),前十世紀前後のオリエント,前七世紀の世界,前600年頃のオリエント〔ほか〕

標準世界史地図 増補第44版 亀井高孝,三上次男,堀米庸三編 吉川弘文館 2010.4 64, 2, 16p 19×26cm 〈索引あり〉 750円 ①978-4-642-09511-2 Ⓝ200
(目次)先史時代の遺跡の分布,前二千年紀の世界,前十五世紀のオリエント諸国,中国の先史時代及び殷代遺跡,エーゲ世界の文化,前十世紀前後のオリエント,前七世紀の世界,前600年頃のオリエント,前六・七世紀の中国(春秋時代),前500年前後の世界〔ほか〕

◆日本史

<年表>

学習漫画 日本の歴史年表 岩井渓ほか漫画,笠原一男編 集英社 1993.2 398p 21cm 1600円 ①4-08-288017-8
(目次)第1章 紀元前40万~紀元300年日本のあけぼの「旧石器・縄文・弥生時代」,第2章 300~710年大国の国づくり「大和・古墳・飛鳥時代」,第3章 710~791年奈良の都と大仏「奈良時代」,第4章 792~1191年さかえる貴族「平安時代」,第5章 1192~1333年武家政治のはじまり「鎌倉時代」,第6章 1333~1573年ゆらぐ室町幕府「南北朝・室町時代」,第7章 1573~1603年天下統一「安土・桃山時代」,第8章 1603~1867年天下泰平の時代「江戸時代」,第9章 1868~1912年近代日本の夜明け「明治時代」,第10章 1912~1926年大正デモクラシー「大正時代」,第11章 1926~現在 戦争と平和の時代「昭和・平成時代」
(内容)全日本史20万年の日本史を収録。マンガ・地図・写真でみる日本史年表。

誰でも読める日本近世史年表 ふりがな付き 吉川弘文館編集部編 吉川弘文館 2007.12 437, 71p 23×16cm 4600円 ①978-4-642-01441-0
(内容)移徙・釈奠・阿蘭陀通詞・闕所・櫨方役所など,どう読めば良いのかわからない近世史の人名や用語。そのすべてにふりがなを付けた便利で詳細な年表。収録範囲は1600から1867年まで。巻末に典拠一覧と,「国史大辞典」と連動した索引を収録。

誰でも読める日本近代史年表 ふりがな付き 吉川弘文館編集部編 吉川弘文館 2008.8 327, 67p 23cm 4200円 ①978-4-642-01445-8 Ⓝ210.6
(内容)人名や用語にふりがなを付けた日本史年表。「誰でも読める」と題したシリーズで、2006

年刊「日本古代史年表」、2007年刊「日本中世史年表」「日本近世史年表」に続く4巻めにあたり、1868～1945年を収録する。先鋒嚮導隊・舎密局・邏卒・讒謗律・癈兵院など、どう読めば良いのかわからない近代史の人名や用語のすべてにふりがなを付けている。『国史大辞典』と連動した索引などを付載する。第11回「学校図書館出版賞」受賞。

**誰でも読める日本現代史年表 ふりがな付き** 吉川弘文館編集部編 吉川弘文館 2008.11 358, 52p 23cm 4200円 Ⓘ978-4-642-01446-5 Ⓝ210.76

(内容)幣原内閣・硫安工業・杵島炭鉱・土呂久鉱山など、どう読めば良いのかわからない現代史の人名や用語。そのすべてにふりがなを付けた便利で詳細な年表。1945～2004年をおさめ、『国史大辞典』と連動した索引などを付載する。

**誰でも読める日本古代史年表 ふりがな付き** 吉川弘文館編集部編 吉川弘文館 2006.12 619, 42p 24×17cm 5700円 Ⓘ4-642-01436-5

(内容)屯倉・国造・防人・出挙・中務省・白馬節会など、どう読めば良いのかわからない古代史の人名や用語。そのすべてにふりがなを付けた便利で詳細な年表。原始～1155年をおさめ、『国史大辞典』と連動した索引などを付載する。

**誰でも読める日本中世史年表 ふりがな付き** 吉川弘文館編集部編 吉川弘文館 2007.10 531, 61p 21cm 4800円 Ⓘ978-4-642-01439-7

(内容)以仁王・践祚・憑支・撰銭令・雑賀衆など、どう読めば良いのかわからない中世史の人名や用語。そのすべてにふりがなを付けた便利で詳細な年表。1156～1599年をおさめる『国史大辞典』と連動した索引などを付載する。

**日本史年表・地図** 児玉幸多編 吉川弘文館 1995.4 58, 56, 16p 19×26cm 1200円 Ⓘ4-642-07840-1

(内容)高校での学習用に作られた日本史年表及び日本歴史地図帳。年表編では各時代の職制表や、皇室・将軍家など主要な家門の系図、文化勲章受賞者一覧などを資料として掲載。地図帳編では歴史の流れに沿って各時代の歴史地図を掲載。五十音順地名索引を付す。

**日本史年表・地図 第7版** 児玉幸多編 吉川弘文館 2001.4 1冊 19×26cm 〈索引あり〉 Ⓘ4-642-07840-1 Ⓝ210.032

(内容)日本史の基礎知識をまとめた資料集。年表のほか歴史地図・図版で構成する。年表は政治・外交・文化のほか世界史の事象を縦に区切り、年代を横に区切る。2000年刊に次ぐ第7版。「世界史年表・地図」の姉妹編。

**日本史年表・地図 第8版** 児玉幸多編 吉川弘文館 2002.4 1冊 26cm 1200円 Ⓘ4-642-07840-1 Ⓝ210.032

(目次)年表(?～350頃(原始時代)、350～645(原始・飛鳥時代)、645～794(飛鳥・奈良時代) ほか)、諸表(文献一覧、官制表(令制・延喜式制)、鎌倉幕府職制表、室町幕府職制表、江戸幕府職制表 ほか)、系図(皇室、中臣氏、藤原氏 ほか)、文化勲章受章者一覧、年号表

(内容)日本史の基礎知識をまとめた資料集。年表のほか歴史地図・図版で構成する。年表は政治・外交・文化のほか世界史の事象を縦に区切り、年代を横に区切る。2001年刊に次ぐ第8版。「世界史年表・地図」の姉妹編。

**日本史年表・地図 第9版** 児玉幸多編 吉川弘文館 2003.4 1冊 19×26cm 1200円 Ⓘ4-642-07840-1

(目次)図式日本史年表、日本史重要年表、年表(?～350頃(原始時代)、350～645(原始・飛鳥時代) ほか)、諸表(文献一覧、官制表(令制・延喜式制) ほか)、文化勲章受章者一覧、年号表

(内容)この年表に入れた事項は、諸種の著書や論文に引用されたり記述されたりしているものをできるだけ多く収録するようにした。また関係事項を多くして、年表を見ながら、時勢の推移を知ることができるように考えた。同じ目的で所々に見出しを入れたり、項目中でもその目的に添う表現をしたりもした。

**日本史年表・地図 第10版** 児玉幸多編 吉川弘文館 2004.4 1冊 19×26cm 1200円 Ⓘ4-642-07840-1

(目次)年表(?～350頃(原始時代)、350～645(原始・飛鳥時代)、645～794(飛鳥・奈良時代) ほか)、諸表(文献一覧、官制表(令制・延喜式制)、鎌倉幕府職制表、室町幕府職制表、江戸幕府職制表 ほか)、系図(皇室、中臣氏、藤原氏、大伴氏、物部氏、蘇我氏・紀氏、小野氏、橘氏、清原氏、大江氏、菅原氏、高階氏・高氏、越智氏・河野氏 ほか)

**日本史年表・地図 第12版** 児玉幸多編 吉川弘文館 2006.4 63, 56, 7, 9p 19×26cm 1200円 Ⓘ4-642-07840-1

(目次)年表(?～350頃(原始時代)、350～645(原始・飛鳥時代)、645～794(飛鳥・奈良時代) ほか)、諸表(文献一覧、官制表(令制・延喜式制)、鎌倉幕府職制表・室町幕府職制表・江戸幕府職制表 ほか)、系図(皇室、中臣氏、藤原氏 ほか)

(内容)社会科学習用の年表・歴史地図。関係事項を多くして、年表を見ながら、時勢の推移を知ることができるように編集。所々に見出しを入れたり、項目中でもその目的に添う表現をとる。年表の生命の正確さのため、大部分は原典

を調査して誤りのないように収録。また従来の年表にないものも多く追加。とくに民衆生活を何らかの形で示すため、社会生活の欄中に災害や風俗に関するものを多く収録する。

**日本史年表・地図** 第14版 児玉幸多編 吉川弘文館 2008.4 64, 56, 16p 19×26cm 1300円 ⓘ978-4-642-09504-8 Ⓝ210.032

(目次)図式日本史年表，日本史重要年表，年表，諸表，系図，文化勲章受章者一覧，年号表

**日本史年表・地図** 第15版 児玉幸多編 吉川弘文館 2009.4 64, 56, 16p 19×26cm〈索引あり〉 1300円 ⓘ978-4-642-09506-8 Ⓝ210.032

(目次)図式日本史年表，日本史重要年表，年表，諸表，系図，文化勲章受章者一覧，年号表

**日本史年表・地図** 第16版 児玉幸多編 吉川弘文館 2010.4 1冊 19×26cm 1300円 ⓘ978-4-642-09512-9 Ⓝ210.032

(目次)図式日本史年表，日本史重要年表，年表，諸表，文化勲章受章者一覧，年号表

**日本なんでも年表 すぐに使える** 日本なんでも年表編集委員会編 岩崎書店 2005.4 255p 29×22cm 7600円 ⓘ4-265-05954-6

(目次)1 政治(日本と世界の出来事，日本の年号 ほか)，2 暮らしと産業(衣服，食事 ほか)，3 科学(技術の歴史，物理学 ほか)，4 宗教・芸術・スポーツ(仏教，キリスト教 ほか)，5 人物(聖徳太子，天智天皇 ほか)
(内容)日本を中心に国の成立や政治の変化だけでなく、身近なくらしの変化や産業、文化、芸術、スポーツの発展などをテーマ別にとりあげる学習年表。できごとのほか、それらに大きな影響を与えた人々についてもとりあげている。

**日本の歴史年表事典** しいやみつのり漫画 小学館 1993.3 528p 21cm (小学館版学習まんが) 1950円 ⓘ4-09-298501-0

(内容)時代を動かした出来事を年代順に226項目収録した、まんが年表。「もくじ年表」で歴史の流れを示す。

**年代早覚え日本史まんが年表** 学習研究社 1992.10 351p 26×22cm (学研のまるごとシリーズ) 2000円 ⓘ4-05-105647-3

(目次)第1部 日本の国の成り立ち，第2部 貴族の世の中，第3部 武士の世の中へ，第4部 士農工商の世の中，第5部 明治からの新しい世の中，第6部 戦争から平和の世の中へ
(内容)平安京や鎌倉幕府、江戸幕府の成立など歴史の重要ポイントが確実にわかる。

**標準日本史年表** 第51版 児玉幸多編 吉川弘文館 2008.4 64p 19×26cm 650円

ⓘ978-4-642-09500-6 Ⓝ210

(目次)年表(?～350頃(原始時代)，350～645(原始・飛鳥時代)，645～794(飛鳥・奈良時代) ほか)，諸表(文献一覧，官制表(令制・延喜式制)，鎌倉幕府職制表 室町幕府職制表 江戸幕府職制表 ほか)，系図(皇室，中臣氏，藤原氏 ほか)

**標準日本史年表** 第52版 児玉幸多編 吉川弘文館 2010.4 64p 19×26cm 650円 ⓘ978-4-642-09508-2 Ⓝ210

(目次)年表(?～350頃(原始時代)，350～645(原始・飛鳥時代)，645～794(飛鳥・奈良時代) ほか)，諸表(文献一覧，官制表(令制・延喜式制)，鎌倉幕府職制表 室町幕府職制表 江戸幕府職制表 ほか)，系図(皇室，中臣氏，藤原氏 ほか)，文化勲章受章者一覧，年号表

### <事典>

**アジア・太平洋戦争** 森武麿監修 ポプラ社 2006.3 199p 30cm (ポプラディア情報館) 6800円 ⓘ4-591-09043-4

(目次)1 アジア・太平洋戦争のはじまり，2 戦争は、どのようにしておきたの?，3 戦争は、どのようにすすんでいったの?，4 日本の軍隊は、どのようにつくられていたの?，5 戦争は、なにをもたらしたの?，6 戦時下で、人びとはどのようにくらしたの?，7 戦争は、どのようにおわったの?，8 戦争は、ほんとうにおわったの?，9 もっとしらべよう

**江戸のくらしがわかる絵事典 衣食住から行事まで あなたも江戸博士になれる!** 宮本裟裟雄監修 PHP研究所 2003.7 95p 31×22cm 2800円 ⓘ4-569-68404-1

(目次)第1章 江戸のくらし見学ツアー(空から見た「江戸時代」、町で見つけた「江戸時代」 ほか)，第2章 江戸の人々のくらし(食事のようす、台所の道具 ほか)，第3章 江戸の文化(江戸時代の本屋さん、江戸時代のレジャーランド ほか)，第4章 江戸の社会生活(江戸時代の身分制度、武士の道具 ほか)，第5章 江戸博士になろう(北海道～沖縄県、江戸時代の年表 ほか)
(内容)江戸の人々の日々のくらしと社会のようすを、生活用具などの具体的な絵180点で表現。「江戸」を調べる学習には欠かせない、便利でユニークな絵事典。

**旺文社日本史事典** 3訂版 旺文社編 旺文社 2000.10 703p 20×14cm 2000円 ⓘ4-01-035313-9 Ⓝ210.033

(内容)高校生向けの日本史の学習用事典。本文・付録とも2色刷で表示、用語解説は定義部分と発展的解説との2段階構成で記述。また本文中に系図・図版・写真も掲載する。巻末付録には、

蝦夷地と北海道の歴史、年号索引などのテーマ資料、および20ページにわたる日本史年表を収録する。

**鎌倉・横浜がわかる事典 歴史と文化にふれてみよう 修学旅行・社会科見学に役立つ** 深光富士男著 PHP研究所 2009.3 79p 29cm 2800円 ①978-4-569-68936-4 Ⓝ291.37

(目次)鎌倉(鎌倉見学に役立つ年表、鎌倉見学マップ、鎌倉駅・段葛―段葛は、鶴岡八幡宮へ続く一段高い参道、鶴岡八幡宮―源頼朝が鎌倉の中心としてまつった源氏の守り神 ほか)、横浜(横浜見学マップ、山下公園―関東大震災のがれきをうめ立ててつくられた臨海公園、大さん橋―複数の豪華客船が同時着岸できる、新しい国際客船ターミナル、山手(港の見える丘公園周辺)―ながめのよい展望台を中心に広がる丘の上の公園 ほか)

**ジュニア 日本の歴史辞典** 歴史教育者協議会編 岩崎書店 2005.12 476p 29×22cm 9500円 ①4-265-05955-4

(目次)時代の移り変わり、年表、旧国名地図、歴史地図、日本の年号一覧
(内容)何十年も何百年も昔のことを、わかりやすく、短く、しかも正確に説明するようつとめた。だいじなできごとや人物については、とくにページを割いて説明してある。日本の歴史が中心だが、日本の歴史にかかわる世界の歴史、とくに朝鮮・韓国、中国などの歴史的ことがらも取りあげた。

**戦争とくらしの事典** ポプラ社 2008.3 192p 29cm 〈年表あり〉 4750円 ①978-4-591-10082-0 Ⓝ210.75

(目次)青空教室、赤紙、慰問袋、衣料切符、沖縄、学童疎開、学徒出陣、学徒動員、鬼畜米英、教育勅語〔ほか〕
(内容)70年前に日本が行った戦争を語り伝える事典。赤紙、出征、学童疎開、教育勅語、国民服、隣組、防空ごうなど、それらのことばを解説しながら、写真を用いて当時の人びとのくらしや気持ちができるだけ伝わるように編集。

**データでくらべる1970年代の日本と今の日本 お父さん・お母さんの子ども時代とどう変わったの?** PHP総合研究所監修 PHP研究所 2008.6 79p 29×22cm 2800円 ①4-569-68613-3

(目次)第1章 日本のすがた、第2章 社会のうごき、第3章 人々のくらし、第4章 教育と文化・スポーツ、第5章 環境と自然、お父さん・お母さんが子どものころにできたもの、子どものころにはなかったもの

**日本の歴史 1 旧石器～平安時代** 山岸良二, 滝浪貞子, 朧谷寿監修 ポプラ社 2009.3 231p 30cm (ポプラディア情報館) 6800円 ①978-4-591-10680-8

(目次)旧石器時代、縄文時代、弥生時代、古墳時代、飛鳥時代、奈良時代、平安時代
(内容)縄文時代のくらしって?聖徳太子ってどんな人?旧石器時代、縄文時代から奈良、平安時代までの歴史をわかりやすく解説。貴重な写真資料や図版が満載。歴史上の重要人物や用語などについてのコラムが充実。巻末には年表のほか、調べ学習に役立つ博物館・資料館の案内も掲載。

**日本の歴史 2 鎌倉～安土桃山時代** 木村茂光監修 ポプラ社 2009.3 215p 30cm (ポプラディア情報館) 6800円 ①978-4-591-10681-5

(目次)鎌倉時代(源頼朝と鎌倉幕府、北条氏の執権政治、変わり行く社会、鎌倉時代の文化、北条時宗とモンゴルの襲来)、南北朝時代(鎌倉幕府の滅亡と建武の新政、南北朝の争い、内乱の世の文化)、室町時代(室町幕府と中国・朝鮮との交易、経済の発展で力をのばす民衆、一揆と応仁の乱、室町時代の文化)、戦国時代(下剋上と戦国大名、ヨーロッパ人との出会い、戦国の社会と民衆のくらし)、安土桃山時代(織田信長の戦い、豊臣秀吉の天下統一、桃山文化と人々のくらし)
(内容)鎌倉時代の仏教って?織田信長ってどんな人?鎌倉時代から、室町時代をへて安土桃山時代までの歴史をわかりやすく解説。貴重な写真資料や図版が満載。歴史上の重要人物や用語などについてのコラムが充実。巻末には年表のほか、調べ学習に役立つ博物館・資料館の案内も掲載。

**日本の歴史 3 江戸時代** 菅野則子監修 ポプラ社 2009.3 223p 30cm (ポプラディア情報館) 6800円 ①978-4-591-10682-2

(目次)江戸時代前期(江戸幕府の成立と基礎がため、江戸の町づくり、身分ごとにことなるくらし、鎖国の完成と鎖国下の日本、徳川綱吉の政治、農業の進歩と産業の発達、三都の繁栄と商人の活躍、元禄文化)、江戸時代後期(享保の改革と社会の変化、ききんと百姓一揆、新しい学問、化政文化、外国船の来航と幕府の対応、天保の改革と農村復興)
(内容)江戸幕府を開いた人は?寺子屋ってどんなもの?江戸に幕府が開かれてから、鎖国体制が終わる前まで、江戸時代の歴史をわかりやすく解説。貴重な写真資料や図版が満載。歴史上の重要人物や用語などについてのコラムが充実。巻末には年表のほか、調べ学習に役立つ博物館・資料館の案内も掲載。

**日本の歴史 4 幕末～昭和時代** 安田常雄

監修　ポプラ社　2009.3　207p　30cm　（ポプラディア情報館）　6800円　①978-4-591-10683-9

(目次)幕末・明治維新（開国と幕府の滅亡），明治時代（近代国家への歩み，日清・日露戦争，明治時代の文化），大正時代（デモクラシーの時代），昭和時代（前期）（戦争への道，アジア・太平洋戦争）

(内容)アジア・太平洋戦争はどんな戦争だった？明治維新ってどんなこと？幕末から，明治，大正時代をへてアジア・太平洋戦争敗戦までの歴史をわかりやすく解説。貴重な写真資料や図版が満載。歴史上の重要人物や用語などについてのコラムが充実。巻末には年表のほか，調べ学習に役立つ博物館・資料館の案内も掲載。

**日本の歴史　5　昭和時代～現代**　古川隆久監修　ポプラ社　2009.3　207p　30cm　（ポプラディア情報館）　6800円　①978-4-591-10684-6

(目次)昭和時代（後期）～現代（占領下の日本―1945～1950年，独立と復興の歩み―1951～1959年，日本の高度成長―1960～1972年，石油危機から経済大国へ―1973～1984年，バブル経済から平成不況へ―1985～1994年，21世紀の日本―1995～2008年）

(内容)新幹線が開通した年は？バブル経済ってどんなこと？戦後の復興から東京オリンピック，バブル経済とその後まで，現代の歴史をわかりやすく解説。貴重な写真資料や図版が満載。歴史上の重要人物や用語などについてのコラムが充実。巻末には年表のほか，調べ学習に役立つ博物館・資料館の案内も掲載。

**日本の歴史できごと事典**　岡村道雄，吉村武彦，入間田宣夫，池上裕子，高埜利彦ほか監修，柳川創造，坂田稔文，岩井渓，望月あきら，荘司としお，阿部高明漫画　集英社　2001.12　334p　21cm　（集英社版・学習漫画）　1500円　①4-08-239022-7　⑪210

(目次)コメのムラから古墳の国へ―旧石器・縄文・弥生・古墳時代　いまから400万年前～592年，飛鳥の朝廷―飛鳥時代　592～710年，奈良の都―奈良時代　710～794年，平安1000年の都―平安時代　794～1192年，武士の世の中―鎌倉時代　1192～1333年，戦乱と民衆の時代―南北朝・室町時代　1333～1573年，天下統一の時代―安土・桃山時代　1573～1603年，江戸幕府ひらく―江戸時代　1603～1868年，明治の新しい世の中―明治　1868～1912年，ふたつの戦争と人びとのくらし―大正・昭和前期　1912～1945年，新しい平和な日本をきずく―昭和後期～現在　1945年～現在

(内容)小・中学校で学習する重要項目を解説したもの。本文は年代別。イラストや写真，関連するトピックなどをあわせ解説する。巻末に年表と索引を付す。

**ビジュアル　日本の歴史**　学習研究社　2006.9　336p　30×23cm　（ニューワイドずかん百科）　3800円　①4-05-202368-4

(目次)原始　旧石器時代，原始　縄文時代，原始　弥生時代，古代　古墳時代，古代　飛鳥時代，古代　奈良時代，古代　平安時代，中世　鎌倉時代，中世　室町時代，近世　安土桃山時代，近世　江戸時代，近代　明治・大正時代，現代　昭和・平成時代

(内容)豊富な写真資料，イラストで時代，人物，生活…日本の歴史のすべてがわかる。

**必携日本史用語**　新訂版　日本史用語研究会著　実教出版　1998.3　377p　19cm　829円　①4-407-05088-8

(目次)日本文化のあけぼの，国家の形成と東アジア，古代国家の確立，古代国家の解体，武家社会の成立と鎌倉文化，武家社会の展開と室町文化，幕藩体制の展開と近世文化の成立，幕藩体制の発展と文化の成熟，幕藩体制の動揺と文化の新気運，近代国家の成立，立憲国家の形成，第一次世界大戦と日本，第二次世界大戦と日本，現代の日本と世界

(内容)高等学校用の教科書「日本史B」でとりあげられている歴史用語など9400語を年代順に排列，解説した日本史用語集。用語の一部には「日本史A」用のマークがついている。

**必携日本史用語**　3訂版　日本史用語研究会著　実教出版　2005.3　403p　19cm　819円　①4-407-30567-3

(目次)原始・古代（日本文化のあけぼの，水稲農業の開始と社会生活の進展　ほか），中世（武家社会の成立と文化の新機運，武家社会の展開と室町文化），近世（幕藩体制の展開と近世文化の成立，幕藩体制の動揺と文化の成熟），近・現代（近代への転換，近代国家の形成　ほか）

(内容)日常学習・大学入試に役立つ9900語を収録。6900語に詳しい解説。重要度がひとめでわかる2色刷り。

**必携日本史用語　日本史A・B対応**　4訂　日本史用語研究会著　実教出版　2009.2　403p　19cm　819円　①978-4-407-31659-9　⑪210

(目次)日本文化のあけぼの，水稲農業の進展，東アジア文化の影響と律令制度の成立，摂関政治と荘園公領制の展開，武家社会の成立と文化の新機運，武家社会の展開と室町文化，幕藩体制の展開と近世文化の成立，幕藩体制の動揺と文化の成熟，近代への転換，近代国家の形成，両大戦間の日本と市民文化，十五年戦争と日本，現代の日本と新しい文化

(内容)日常学習と受験に役立つ9900語を収録。詳しい解説と索引で確実に実力アップ。

**明治もののはじまり事典** 湯本豪一著 柏書房 2005.12 318p 21cm （絵で見る歴史シリーズ） 3800円 ⓘ4-7601-2844-1

(目次)第1部 社会の出来事(ペリー来航(嘉永六年)、税関(運上所)ができた(安政六)、アメリカ使節団(万延元年)、ヨーロッパ使節団(文久元年) ほか)、第2部 人びとの暮らし(生活・事物、趣味・芸能、情報伝達、乗り物・交通 ほか)
(内容)イラストやマンガ、錦絵を道案内に、明治時代に生まれたものや事柄をわかりやすくていねいな解説で、面白く伝えるビジュアル事典。収録図版数353点、項目数141、主要人名・事項索引つき。

<ハンドブック>

**日本史の要点整理 ハンドブック** 学習研究社 2009.8 256p 19cm 950円 ⓘ978-4-05-303006-1 Ⓝ210

(目次)旧石器・縄文・弥生・古墳時代、飛鳥・白鳳・奈良・平安時代(初期)、平安時代(中期)、平安時代(後期)〜鎌倉時代、室町時代〜戦国時代、安土桃山時代〜江戸時代(初期)、江戸時代(中期)、江戸時代(後期)、幕末〜明治時代、大正時代〜昭和時代(前期)、昭和時代(占領期)、昭和時代(高度成長期)、1980年代〜現代、テーマ史

**ビジュアルワイド 図説日本史** 改訂4版 東京書籍編集部編著 東京書籍 2000.2 272p 26×21cm 800円 ⓘ4-487-68492-7 Ⓝ210

(目次)原始・古代(日本人はどこから来たか、旧石器時代の日本列島、縄文時代の自然と土器の変遷 ほか)、中世(源平の争乱、中世都市鎌倉がもつ二つの顔、鎌倉幕府の成立と支配体制 ほか)、近世(鉄砲とキリスト教の伝来、織田信長の全国統一、豊臣秀吉の全国統一と朝鮮侵略 ほか)、近代・現代(ペリー来航と開国、開港とその影響、幕末の動乱と幕府の滅亡 ほか)
(内容)日本史の資料集。日本の歴史を資料により解説する。本文は原始時代、中世、近世、近代・現代の4部構成でそれぞれ時系列的に政権、文化、生活などの資料を掲載する。ほかに巻頭特集として日本史発掘、同時代の世界の情勢、その他コラム等を掲載。巻末に日本史重要地名・史跡名、国周対照表・地図などの資料と年表、五十音順の事項索引を付す。

**ビジュアルワイド 図説日本史** 改訂新版 東京書籍編集部編 東京書籍 2002.2 292p 26×21cm 914円 ⓘ4-487-68508-7 Ⓝ210

(目次)原始・古代(縄文時代、弥生時代、古墳時代、飛鳥時代、奈良時代、平安時代)、中世(平安、鎌倉時代、室町時代)、近世(安土桃山時代、江戸時代)、近代(江戸、明治時代、大正時代、昭和時代)、現代(昭和・平成時代)

**山川詳説日本史図録** 詳説日本史図録編集委員会編 山川出版社 2007.11 360p 26×21cm 848円 ⓘ978-4-634-02511-0

(目次)原始・古代、中世、近世、近代・現代、戦後、巻末付録

**山川詳説日本史図録** 第2版 詳説日本史図録編集委員会編 山川出版社 2008.11 360p 26cm 〈表紙のタイトル：詳説日本史図録 年表あり〉 848円 ⓘ978-4-634-02522-6 Ⓝ375.324

(目次)原始・古代(日本列島と日本人、旧石器時代人の生活 ほか)、中世(延久の荘園整理令と荘園公領制、院政の開始 ほか)、近世(ヨーロッパ人の東アジア進出と南蛮貿易、織田信長の統一事業 ほか)、近代・現代(開国、開港とその影響 ほか)、戦後(戦後世界秩序の形成、占領と改革の開始 ほか)、巻末付録(国県対照地図、干支・暦・時 ほか)
(内容)構成は『詳説日本史』に準拠。各テーマごとの構成も『詳説日本史』の節・小見出しに沿って構成されている。すべてのテーマの冒頭に項目のまとめとして、年表や模式図を入れ込み、その項目が一目で分かるよう工夫した。

**山川詳説日本史図録** 第3版 詳説日本史図録編集委員会編 山川出版社 2010.1 360p 26cm 〈表紙のタイトル：詳説日本史図録 年表あり 索引あり〉 848円 ⓘ978-4-634-02523-3 Ⓝ375.324

(目次)歴史のスポット、原始・古代、中世、近世、近代・現代、戦後、巻末付録

<図鑑>

**各地を訪ねて描いた戦国時代の道具図鑑 調べ学習のヒントがいっぱい！** 本山賢司著 PHP研究所 2003.12 79p 30cm 2800円 ⓘ4-569-68444-0

(目次)第1章 戦いに使われた道具たち(火縄銃、大筒、兜 ほか)、第2章 戦いをいろどる道具たち(陣羽織、鷹狩、軍配・采配 ほか)、第3章 生活と文化をささえた道具たち(貨幣、陶器、酒杯・酒壷 ほか)
(内容)火縄銃から南蛮漆器まで、戦国時代の道具がたくさん登場。画家の本山賢司が、一つ一つを全国に訪ねて絵にした。激動の時代がいきいきと伝わってくるユニークな歴史図鑑。

**教科書に出てくる歴史ビジュアル実物大図鑑** 山下裕二監修 ポプラ社 2010.3 199p 29cm 〈年表あり 索引あり〉 5800

円 ①978-4-591-11539-8 Ⓝ210
(目次)縄文・弥生・古墳時代,飛鳥・奈良時代,平安時代,鎌倉時代,室町時代,安土桃山時代,江戸時代,明治時代
(内容)縄文時代から明治時代にいたるまで、教科書に出てくる数々の歴史史料を、実物大で、みなさんに紹介。

調べ学習にやくだつ くらしの歴史図鑑 1
食物の歴史 写真や絵でみる食生活のうつりかわり ポプラ社 1994.4 47p
26cm 2500円 ①4-591-04543-9
(目次)縄文時代(四季の幸—季節に合わせた食生活,貝塚),塩づくりのうつりかわり,弥生時代 米食の始まり—安定してきた食生活,飛鳥～奈良時代 中国風の食事—大陸の食べものと食習慣,奈良時代 豊かな食事—貴族と庶民で大きな差,平安時代 貴族の食事—豪華だがかたよったメニュー,鎌倉時代 武士の食事—質素だが健康的なメニュー,室町時代(調味料のルーツ—醤油づくりが始まる,3食の始まり—日本食のルーツ),戦国時代(戦陣食—戦のときの食べもの,外国の食品—南蛮船がもたらしたもの),江戸時代(身分と食事—食生活に大きな差,江戸の食品—江戸っ子がすきなもの,江戸の飲食店—外食店が大はやり),明治時代 洋食の流行—西洋の食習慣がひろまる,大正～昭和時代初期 食事の近代化—家庭にひろまった洋風料理,昭和時代～平成 現代の食事—食料難からぜいたくな時代へ

調べ学習にやくだつ くらしの歴史図鑑 2
衣服の歴史 美しい日本の服装の原点をさぐる ポプラ社 1994.4 47p 26cm 2500円 ①4-591-04544-7
(目次)縄文時代 衣服の始め—動物の皮や木の皮の服,弥生時代 大陸からの新技術—機織りがつたわる,古墳時代 埴輪にみる服装—大陸からつたわったスタイル,飛鳥時代 飛鳥貴族の服装—聖徳太子が着ていた衣服は?,奈良時代 貴族と庶民の服—服装でわかる身分のちがい,平安時代(平安貴族の服装—男性貴族の正装,束帯,宮廷女性の服装—貴族女性の正装,十二単,庶民の服装—そまつだが活動的な衣服),鎌倉～安土桃山時代 武士の服装—戦にそなえた活動的な衣服,平安末期～鎌倉時代 大よろい—身を守るさまざまな工夫,鎌倉～室町時代 武家女性の服装—はなやかだが動きやすい衣服,室町～江戸時代 木綿の普及—麻から木綿にかわる衣服,室町～安土桃山時代 小袖の登場—現在の着物の始まり,戦国～安土桃山時代 南蛮の風俗—大名のあいだに流行,江戸時代(町人の服装—身分や職業をあらわす衣服,武士の服装—裃姿や羽織袴姿が一般的に),明治時代 文明開化の風俗—西洋のスタイルがはやる,大正時代 ひろまる洋服—学生服やセーラー服ができる,昭和時代初期 戦時下の服装—男は国民服,女はもんぺ姿,昭和時代後期～平成 戦後の服装—うつりかわるファッション

調べ学習にやくだつ くらしの歴史図鑑 3
住まいの歴史 自然に合わせた日本の住まいのうつりかわり ポプラ社 1994.4
47p 26cm 2500円 ①4-591-04545-5
(目次)縄文時代 竪穴式住居—何千年もつづいたつくり,弥生時代 高床式倉庫—湿気から米を守る建物,古墳時代 豪族の館—ひろい敷地に大きな建物,飛鳥時代 建築技術の伝来—渡来人の技術の成果,法隆寺,奈良時代(平城京の住居—豪華な邸宅とそまつな家,東大寺大仏殿—世界最大の木造建築),平安時代(貴族の住まい—広大で優雅な館,寝殿造,平等院鳳凰堂—この世の極楽をあらわした建物),鎌倉時代 武士の館—戦いにそなえたとりで,鎌倉～室町時代 建築道具—いろいろな道具や工夫,室町時代(京の町屋—商工業の発達でふえた店,日本間の始まり—書院をもつ建築,書院造,金閣・銀閣—室町時代を代表する建築),室町～江戸時代 城と城下町—軍事の中心から政治の中心へ,江戸時代(武家屋敷—格式や石高による大きなちがい,豪商の家—土蔵造・瓦屋根・2階建,農家—農作業に合わせたつくり,江戸の長屋—庶民の住まい),明治時代 明治の洋館—日本建築にあたえた影響,大正時代～平成 住宅の変化—文化住宅から高層住宅へ

調べ学習にやくだつ くらしの歴史図鑑 4
交通・通信の歴史 古代から現代までの交通や通信の発達 ポプラ社 1994.4
47p 26cm 2500円 ①4-591-04546-3
(目次)縄文時代 くらしの道—ものが運ばれ,道はできる,古墳時代 日本の馬—大陸からつたわった乗馬技術,飛鳥～奈良時代(税を運ぶ旅—つらく苦しい農民の旅,遣唐使の旅—中国への命がけの航海),平安時代(都の乗り物—にぎわう平安京の旅,貴族の旅—日記がつたえる当時の旅),鎌倉時代 鎌倉への道—戦いにそなえた道づくり,室町時代 大きくなる船—さかんになった海上輸送,戦国時代 交通・通信網—戦国大名の大作戦,江戸時代(街道と関所—人の往来と取りしまり,大名行列—参勤交代で進む街道整備,宿場の役割—交通・経済の中継基地,旅道中—東海道五十三次の旅,海運の発達—日本列島をめぐる千石船),明治時代(文明開化の交通—新しい乗り物の登場,新しい通信—郵便・電信・電話),明治時代～平成 ふえる自動車—車社会と道路の整備,昭和時代～平成 大量輸送時代—大きく,はやくなる交通機関,江戸時代～平成 情報と通信—新聞・ラジオ・テレビの報道

調べ学習にやくだつ くらしの歴史図鑑 5

農業・漁業の歴史 稲作を中心にした農業や漁業のうつりかわり ポプラ社 1994.4 47p 26cm 2500円 ⓘ4-591-04547-1

[目次]縄文時代 山の幸・海の幸―自然のめぐみにたよるくらし,弥生時代(農耕の始まり―稲作技術がつたわる,米づくりの1年―かわる日本人のくらし),弥生～古墳時代 鉄製農具が普及―むらをかえた強力な道具,飛鳥～奈良時代 重税に苦しむ農民―租・庸・調・雑徭,奈良～平安時代 奈良時代の産物―豊富な魚貝類,平安～鎌倉時代 荘園の発達―くずれる律令制,鎌倉時代 農業の発達―二毛作が始まる,室町時代 団結する農民―農作業から一揆まで,室町～戦国時代 戦国大名と産業―さかんな領国経営,安土桃山時代 太閤検地―全国の土地と農民を支配,江戸時代(農民のくらし―年貢にあけくれる1年,新しい農具―農業の発展に威力を発揮,すすむ新田開発―全国でふえる耕地,江戸時代の名産―今につたわる各地の特産物,百姓一揆―農民の不満が爆発,さかんな漁業―イワシ漁やクジラ,カツオ漁),明治時代 地租改正と農民―維新後も苦しめられる農民,大正～昭和時代 戦前・戦後の農業―農村恐慌から農地改革まで,昭和時代～平成 うつりかわる漁業―漁業国日本のすがた,昭和時代～平成 かわりゆく農業―進む機械化・共同化

調べ学習にやくだつ くらしの歴史図鑑 6 商業・工業の歴史 物々交換からキャッシュレスまで商工業の歩み ポプラ社 1994.4 47p 26cm 2500円 ⓘ4-591-04548-X

[目次]旧石器～縄文時代 石器と物々交換―最初の工業製品,縄文～古墳時代 土器づくり―縄文土器から須恵器へ,弥生～古墳時代(青銅器の伝来―日本最初の金属器へ,鉄と鉄器づくり―農具や武器に飛躍的な変化),古墳～飛鳥時代 渡来人の技術―機織りや金属工芸,奈良時代 貨幣づくり―日本最初のお金,和同開珎,奈良～平安時代 市の発達―大ぜいの人でにぎわう,平安～鎌倉時代 貿易と銭―さかんな商工業と輸入銭,鎌倉～室町時代 さまざまな職人―専門の手工業者の誕生,室町～安土桃山時代 発達する産業 座の発達から楽市・楽座へ,戦国～江戸時代(外国との貿易―南蛮貿易から鎖国下の貿易へ,鉱業の発達―銀・銅の産出が世界一に),江戸時代(貨幣の統一―全国に流通した寛永通宝,にぎわう東西の都―江戸・大阪・京都,諸国の産業―さかんになった手工業),江戸時代末期 開国と貿易―混乱する日本の産業,明治時代 新しい貨幣制度―円・銭・厘の新しい単位,明治～大正時代 近代工業の発展―軽工業から重工業へ,大正～昭和時代 経済不況と戦争―恐慌の時代から戦争の時代へ,昭和時代後期 立ちなおる日本―戦後の改革と経済復興,昭和時代後期～平成 経済成長と日本―さまざまな課題が生まれる

調べ学習にやくだつ くらしの歴史図鑑 7 文化の歴史 絵巻物や仏像でさぐる日本文化 ポプラ社 1994.4 47p 26cm 2500円 ⓘ4-591-04549-8

[目次]縄文時代 火と土の文化―縄文人の精神世界,弥生時代 金属器の文化―米づくりとともにつたわる,古墳時代 大王と豪族の墓―古墳にさぐる渡来文化,飛鳥時代 飛鳥文化―日本最初の仏教文化,奈良時代 天平文化―大仏造立と正倉院の宝物,平安時代 国風文化―女流文学の開花,平安～鎌倉時代 絵巻物の世界―社会や風俗を知る貴重な資料,鎌倉時代 武家文化花ひらく―写実的な仏像彫刻と似絵,室町時代 室町文化―公家文化と武家文化の合体,戦国時代 南蛮文化―ヨーロッパ文明との出会い,安土桃山時代 桃山文化―豪華な絵画・わびの茶道,室町～江戸時代 屏風絵の世界―時代を代表する画家がえがく,江戸時代(元禄文化―活気にみちた明るい町人の文化,新しい学問―国学と蘭学の発達,錦絵の世界―庶民に身近な文化を華麗にえがく,出版と芸能―江戸町人の娯楽・文化),江戸～明治時代 寺子屋から小学校へ―国民すべての教育をめざす,明治時代 文明開化―国の近代化とくらしの西洋化,大正～昭和時代 大衆の文化―くらしを豊かにする生活文化,昭和時代 戦中・戦後の文化―統制から自由へ,昭和時代～平成 豊かさの中の文化―進む文化の個性化

調べ学習にやくだつ くらしの歴史図鑑 8 国際関係の歴史 日本のくらしをかえた外国との交流 ポプラ社 1994.4 47p 26cm 2500円 ⓘ4-591-04550-1

[目次]弥生時代 卑弥呼の使い―邪馬台国と中国との交流,古墳時代 渡来人の活躍―日本の国づくりに貢献した人々,飛鳥時代 遣隋使の派遣―聖徳太子の新しい政治,飛鳥～平安時代(遣唐使の派遣―はるかな長安をめざして,遣唐使の廃止―遣唐使にかかわった人々),平安～鎌倉時代 宋との貿易―貿易でさかえた平氏,鎌倉時代 元との戦い―日本におしよせたモンゴル軍,室町時代 倭寇と遣明船―足利義満の勘合貿易,戦国時代 南蛮との出会い―鉄砲とキリスト教の伝来,安土桃山時代 朝鮮への侵略―秀吉の野望に苦しんだ人々,江戸時代(家康の貿易―東南アジアに進出した日本人,鎖国の時代―かぎられた世界への窓,黒船の来航―おしよせる欧米の列強),明治時代(西洋化の時代―近代国家の道のり,日清・日露戦争―欧米への対抗と条約改正),大正時代 日本と朝鮮・中国―日本の侵略と排日運動,昭和時代(孤立する日本―十五年戦争の始まり,日米対立の激化―太平洋戦争が始まる,新しい日本へ―敗戦と国際社会への復帰),昭和時代～平成 国際化の時代―経済大国日本の役割

なるほど忍者大図鑑　ヒサクニヒコ絵・文
　国土社　2009.6　69p　29cm　〈索引あり〉
　3800円　Ⓘ978-4-337-25151-9　Ⓝ789.8
(目次)巻之1 忍者の武器と道具(忍者の使った武器，忍者の使った道具 ほか)，巻之2 忍者の術と戦い方(忍び込み，待ち伏せ ほか)，巻之3 忍者の生活(忍者の普段の仕事，薬を作る ほか)，おまけ(忍者の歴史，戦国時代の主な忍術流派分布図)
(内容)なぞに包まれている忍者の武器や道具、忍術や戦い方を紹介。その時代の生活や歴史もイラストや写真で楽しく、まるわかり。

### <地図帳>

地図で訪ねる歴史の舞台　日本　6版　帝国書院編集部著　帝国書院　2009.8　218p　30cm　〈年表あり 索引あり〉　2000円　Ⓘ978-4-8071-5851-5　Ⓝ291.038
(内容)高知、金沢、会津若松、函館など、歴史と伝統の街を探訪する特集を新規で掲載！「高松城水攻め」、「大坂の陣」、「関ヶ原の戦い」、「桶狭間の戦い」、「川中島の戦い」、「山崎の戦い」、「厳島の戦い」など、歴史が動いた合戦の舞台を鳥瞰図で掲載。

標準日本史地図　新修第42版　児玉幸多編
　吉川弘文館　2008.4　56, 9, 7p　19×26cm
　750円　Ⓘ978-4-642-09501-3　Ⓝ210
(目次)旧石器時代の遺跡の分布、縄文文化遺跡の分布、縄文土器の例、関東地方の貝塚の分布、北海道の先史文化遺跡、弥生文化遺跡の分布、北九州の弥生文化の主要遺跡、近畿地方の弥生文化の主要遺跡、弥生土器の例 [ほか]

標準日本史地図　新修第43版　児玉幸多編
　吉川弘文館　2010.4　56, 16p　19×26cm
　〈索引あり〉　750円　Ⓘ978-4-642-09509-9
　Ⓝ210
(目次)旧石器時代の遺跡の分布、縄文文化遺跡の分布、縄文土器の例、関東地方の貝塚の分布、北海道の先史文化遺跡、弥生文化遺跡の分布、北九州の弥生文化の主要遺跡、近畿地方の弥生文化の主要遺跡、弥生土器の例、青銅器の例 [ほか]

## ◆東洋史

### <図鑑>

写真が語るベトナム戦争　スチュアート・マレー著、赤尾秀子訳、村井友秀日本語版監修　あすなろ書房　2006.8　63p　29×22cm　(「知」のビジュアル百科 29)　2000円
　Ⓘ4-7515-2329-5
(目次)フランス領インドシナの戦争、アメリカの軍事顧問、トンキン湾事件、北ベトナムとアメリカの同盟国、指導者たち、サイゴンとハノイ、ローリング・サンダー作戦、ホーチミン・ルート、ナパーム弾と枯れ葉剤、中央高地の戦い [ほか]
(内容)子供向けの1冊1テーマの図解百科事典シリーズ。ベトナムをめぐる複雑な歴史から、戦いを経てようやくたどり着いた平和への道のりを、残された写真でたどる。

写真でたどる中国の文化と歴史　アーサー・コットレル著、佐々木達夫日本語版監修、中村慎一訳　あすなろ書房　2006.1　63p　29×23cm　(「知」のビジュアル百科)　2000円　Ⓘ4-7515-2323-6
(目次)世界最古の帝国、中国の始まり、孔子の教え、戦争の芸術、秦の始皇帝、帝国の宮仕え、発明の国、紙、印刷術、書籍、三大宗教、健康と漢方薬 [ほか]
(内容)子供向けの1冊1テーマの図解百科事典シリーズ。「三絶」として知られる書・詩・画芸術をはじめ、庶民の暮らしぶりから中国哲学までコンパクトにまとめる。神秘の大国、中国の心を読み解く待望の1冊。

ビジュアル博物館　55　中国　万里の長城からラスト・エンペラーまで　アーサー・コットレル著、アラン・ヒルズ、ジェフ・ブライトリング写真、中村慎一訳　(京都)同朋舎出版　1995.6　63p　30cm　2800円
　Ⓘ4-8104-2133-3
(目次)世界最古の帝国、中国の始まり、孔子の教え、戦争の芸術、秦の始皇帝、帝国の宮仕え、発明の国、紙、印刷術、書籍、三大宗教、健康と漢方薬 [ほか]
(内容)1冊1テーマ、全88巻の博物図鑑シリーズ。青銅器時代に始まり今世紀初頭まで続いた帝政中国の人々の暮らしぶりをカラー写真と模型で紹介する。

## ◆西洋史

### <事典>

英和 欧州近代史学習基本用語辞典　海外子女・留学生必携　アルク　1995.6　350p　21cm　5500円　Ⓘ4-87234-426-X
(内容)英語による近現代史の学習に必要な用語を集めた辞典。見出し語は英文で、791項目をアルファベット順に排列する。巻末に見出し語と解説文中の関連項目を元にした1600〜1980年の欧州近代史年表、西洋人名・地名の英語・フランス語・ドイツ語・ラテン語等による対照表、世界188カ国の日本語・英語による正式名称と地図、五十音順の用語索引がある。英米の高校

**英和学習基本用語辞典アメリカ史　海外子女・留学生必携**　今井夏彦, 岩政伸治, 大野美砂, 河内山康子, 斎藤忠志, 中村文紀, 中島祥子用語解説, 池田智用語監修　アルク　2009.7　537p　21cm　（留学応援シリーズ）〈他言語標題：English-Japanese the student's dictionary of U.S.history　『英和アメリカ史学習基本用語辞典』(2001年刊)の新装版　文献あり　年表あり　索引あり〉　5800円　①978-4-7574-1615-4　Ⓝ253

(内容)「英語で学ぶ」人のための、科目別、やさしい学習基本用語辞典シリーズ。アメリカの教科書・統一テストに登場する歴史用語を選定。発言や発表を助ける「発音記号」を掲載。年表、地図などの参考資料も充実、高校生レベルに合わせたわかりやすい解説。

**英和学習基本用語辞典欧州近代史　海外子女・留学生必携**　藤沢皖用語監修・解説　アルク　2009.7　395p　21cm　（留学応援シリーズ）〈他言語標題：English-Japanese the student's dictionary of European modern history　『英和欧州近代史学習基本用語辞典』(1995年刊)の新装版　年表あり　索引あり〉　5800円　①978-4-7574-1614-7　Ⓝ230.6

(内容)「英語で学ぶ」人のための、科目別、やさしい学習基本用語辞典シリーズ。英米の教科書・統一テストに登場する歴史用語を選定。発言や発表を助ける「発音記号」を掲載。年表、地図などの参考資料も充実、高校生レベルに合わせたわかりやすい解説。

**図解 古代エジプト**　スティーヴン・ビースティイラスト, ステュワート・ロス文, デリア・ペンバートン, ジョアン・フレッチャー監修, 松原国師監訳, 倉嶋雅人訳　東京書籍　2005.5　29p　35×25cm　2000円　①4-487-80039-0

(目次)偉大なるナイル川を下る―デディアが体験した冒険の旅の地図、エレファンティネの港―ウェンヌフェルは自分の船に荷物を積む。乗り遅れた二人を残して出向、ジェベル・エル=シルシラの石切り場―生活物資をおろす。乗り遅れたメリタトおばさんたちが追いつく、カルナクのアムン=ラー神殿―神殿に供物を届ける。デディアが冗談を言って気まずい雰囲気になる、王家の谷―エジプトで最も秘められた神聖な場所を少しだけ見せてもらう、デイル・エル=メディーナで宿泊―デディアはウェンヌフェルの懐かしい友だちの家で一夜を過ごす、デイル・エル=メディーナでの葬儀―首長の魂と肉体は来世で生まれ変わるための準備を施された、サッカラの階段ピラミッド―旅の一行はサッカラの大修復工事現場を訪れる、ナイルの恵み―デディアは長官からある申し出を受け、断わることができなかった、ピラメセスのラメセス王の宮殿―デディアとイプイアの生涯で最も思い出となる1日

(内容)今から約3200年前の古代エジプトは、偉大なる「神のごとき王」ラメセス2世によって治められていた。これから、11歳の少年デディアの冒険が始まる。デディアにはお父さんと、たえず彼を悩ませるいとこのイプイアという道連れがいた。カルナク（現在のルクソール）の壮麗なアムン=ラー神殿、王家の谷、エジプト人の葬式やミイラ作り、この時代よりはるか昔に造られたサッカラの階段ピラミッド、ピラメセスのラメセス王の豪華な王宮など、見るものすべてが驚きに満ちている。

**中世ヨーロッパ騎士事典**　クリストファー・グラヴェット著, 森岡敬一郎監修, リリーフ・システムズ訳　あすなろ書房　2005.9　63p　29×22cm　（「知」のビジュアル百科 20）　2000円　①4-7515-2320-1

(目次)最古の騎士、ノルマン人、騎士になる、全身を鉄でおおう、鋼鉄のファッション、甲冑の内側、武器、馬上の騎士、城、戦時の城〔ほか〕
(内容)子供向けの1冊1テーマの図解百科事典シリーズ。時代による騎士の装いの変遷、美と機能をかねそなえた甲冑、15世紀の書に描かれた騎士道精神、甲冑のつけ方、城の攻め方・守り方など、ヨーロッパの騎士に関する項目を解説。巻末に五十音順の索引を付す。

<図　鑑>

**アステカ・マヤ・インカ文明事典**　エリザベス・バケダーノ著, 川成洋日本語版監修　あすなろ書房　2007.4　63p　29×23cm　（「知」のビジュアル百科 36）　2500円　①978-4-7515-2336-0

(目次)アステカ、マヤ、インカ、メソアメリカのインディオ、インカを築いたインディオ、農耕、狩りと魚とり、メソアメリカの都市、アンデスの都市、ファミリーの生活、家と家具、食べ物と飲み物〔ほか〕
(内容)子供向けの1冊1テーマの図解百科事典シリーズ。1521年アステカ王国、1532年インカ帝国、1697年マヤ王国壊滅。スペイン人によって滅亡に追い込まれたアメリカ大陸の国々の起源をたどり、その文化をわかりやすく紹介する。

**ヴァイキング事典**　スーザン・M.マーグソン著, 久保実訳, 川成洋日本語版監修　あすなろ書房　2007.1　63p　29×23cm　（「知」のビジュアル百科 34）〈原書名：Eyewitness-Viking〉　2500円　①978-4-7515-2334-6

〖目次〗ヴァイキングは何者だったのか？，海の王者，戦闘用のヴァイキング船，ヴァイキングの戦士，武器，恐怖のおののく西ヨーロッパ社会，東方のロシアへ，新天地を求めて，ヴァイキングの砦，ヴァイキング船，東方と西方との交易，王と自由人，女性と子ども，ヴァイキングの住居，ヴァイキングの食事，野生の動物と架空の動物，農場，陸路を行く，手工芸，糸紡ぎと機織り，装身具，ゲーム，音楽，物語，神々と伝説，ヴァイキングの埋葬，ルーン文字と石碑，イェリング石碑，キリスト教の伝来

〖内容〗子供向けの1冊1テーマの図解百科事典シリーズ。「北方の蛮族」として恐れられたヴァイキング。真のヴァイキングの姿と，その独自の文化をあますところなく伝えるビジュアル事典。

**海賊事典** リチャード・プラット著，ティナ・チャンバース写真，朝比奈一郎訳 あすなろ書房 2006.4 63p 29×22cm （「知」のビジュアル百科 26）〈原書名：Eyewitness - Pirate〉 2000円 ④4-7515-2326-0

〖目次〗海の盗賊，古代ギリシャ時代の海賊，ローマ世界の海賊，北方の侵略者，バルバリア海岸，マルタのコルセアー，プライベーティア，スパニッシュ・メイン，新世界のプライベーティア，航海と海図，バッカニーア，武器，カリブ海の海賊，ジョリー・ロジャー，海賊の財宝，海賊と奴隷，海上生活，船での食べ物，陸の生活，インド洋の海賊，絶海の孤島，フランスのコルセアー，アメリカのプライベーティア，シナ海の海賊，刑罰，海賊の終焉，文学の中の海賊，映画と芝居の海賊

〖内容〗子供向けの1冊1テーマの図解百科事典シリーズ。紀元前から19世紀まで，世界をふるえあがらせてきた各地の海賊。略奪の歴史と血塗られた文化を紹介。イギリス海事博物館所蔵の貴重な写真を多数掲載。

**古城事典** クリストファー・グラヴェット著，森岡敬一郎日本語版監修 あすなろ書房 2006.2 63p 29×22cm （「知」のビジュアル百科 24） 2000円 ④4-7515-2324-4

〖目次〗城とはなにか，初期の城，大きな塔（主塔），同心型城郭，ロワール河畔の城，スペインの城，ドイツの城，礼拝堂，城攻め，兵士と飛び道具〔ほか〕

〖内容〗子供向けの1冊1テーマの図解百科事典シリーズ。城はどのようにして建てられたのか？ その背景と城内での生活を再現。当時の人びとの知恵と技術をわかりやすく解き明かす。

**古代エジプト入門** ジョージ・ハート著，吉村作治日本語版監修，リリーフ・システムズ，大英博物館訳協力 あすなろ書房 2004.6 63p 29×22cm （「知」のビジュアル百科 8） 2000円 ④4-7515-2308-2

〖目次〗ファラオ以前のエジプト，ナイル河畔に生きる，有名なファラオたち，エジプトの宮廷，死後への準備，永遠に不滅のなきがら，冥界への旅立ち，巨大なピラミッド，王家の谷，神々と女神たち〔ほか〕

〖内容〗子供向けの1冊1テーマの図解百科事典シリーズ。ピラミッドやミイラ，数々の宝飾品など，5000年もの時を超え，人々を魅了する古代エジプト。ファラオの王宮や民衆の生活道具や絵などを通して古代エジプトの文化を解き明かす。

**古代ギリシア入門** アン・ピアソン著，豊田和二日本語版監修 あすなろ書房 2005.7 63p 29×22cm （「知」のビジュアル百科 18） 2000円 ④4-7515-2318-X

〖目次〗ギリシア世界，ミノス文明，ミケーネ文明，トロイアへ，ギリシア世界の拡大，女神アテナとアテネの町，アテネの権力と政治，神々と英雄たち，祭礼と神託，神殿，家庭生活，ギリシアの女性，ギリシアの子どもたち，娯楽とゲーム，酒宴と晩餐，野外劇場，肉体の美，着やすい衣服，ギリシアのスポーツ，学問と美学，壺と容器，農業と漁業，食料，工芸，旅，貿易，戦争，スパルタ，科学と医学，死と死後の世界，アレクサンドロスへレニズム時代

〖内容〗子供向けの1冊1テーマの図解百科事典シリーズ。西洋文明に，そして世界の歴史に多大な影響を与えた古代ギリシア文明。哲学，科学，文学，美術…さまざまな分野に花ひらいた，その華麗なる全貌に迫る。

**古代ローマ入門** サイモン・ジェイムズ著，阪本浩日本語版監修，大英博物館協力 あすなろ書房 2004.8 62p 29×22cm （「知」のビジュアル百科 9）〈『ビジュアル博物館 古代ローマ』新装改訂・改題書 原書名：Eyewitness - Ancient Roma〉 2000円 ④4-7515-2309-0

〖目次〗都市国家から超大国へ，皇帝，レギオの兵士，戦争と防衛，兵士の生活，貴族・市民・奴隷，ローマの女性たち，子どもの成長，家族，住まいとくらし〔ほか〕

〖内容〗子供向けの1冊1テーマの図解百科事典シリーズ。西洋古代最大の帝国，ローマ帝国。最強とうたわれた軍隊，そして高度な土木技術をはじめ，古代ローマ時代の人びとの生活や娯楽，宗教などを紹介。大国が衰退していく過程もわかりやすく解説。

**写真でたどるロシアの文化と歴史** キャスリーン・バートン・ミューレル著，栗原成郎日本語版監修 あすなろ書房 2007.1 55p 29×22cm （「知」のビジュアル百科 32）〈『ビジュアル博物館 ロシア』新装・改訂・改題書 原書名：Eyewitness-Russia〉 2500円 ④978-4-7515-2332-2

初期のロシア、広大な国土、ロシアの人々、豊かな天然資源、農奴の生活、ロシア正教、皇帝の支配、帝国の拡大、宮廷の生活、モスクワの教会〔ほか〕

(内容)子供向けの1冊1テーマの図解百科事典シリーズ。遺族のきらびやかな生活から極寒の地に生きる庶民の姿まで、大国ロシアの文化と歴史をわかりやすく紹介。本当のロシアが見えてくる歴史入門書。

**写真でみるアメリカ・インディアンの世界** デヴィッド・マードック著、スタンリー・A.フソード監修、富田虎男日本語版監修、吉枝彰久訳 あすなろ書房 2007.5 62p 29×22cm (「知」のビジュアル百科 37) 〈原書名：Eyewitness - North American Indian〉 2500円 ⓤ978-4-7515-2337-7

(目次)アメリカ大陸に人類が住み始めた、広大な大陸、メディシンと霊的世界、北東部地方、イロコイ部族連盟、三姉妹—トウモロコシ、カボチャ、豆、中部大西洋岸地方、オハイオ川流域地方、五大湖地方西部、南東部の定住民〔ほか〕

(内容)子供向けの1冊1テーマの図解百科事典シリーズ。

**知られざる難破船の世界** リチャード・プラット著、川成洋日本語版監修 あすなろ書房 2008.6 55p 29cm (「知」のビジュアル百科 47) 〈原書名：Eyewitness-shipwreck.〉 2500円 ⓤ978-4-7515-2457-2 ⓝ557.84

(目次)難破、危険な海、古代の難破船、難破船探査の歴史、中国のジャンク、メアリー・ローズ号の沈没、イギリスの海難事故、無敵艦隊の沈没、オンタリオ湖に沈む、姿を現したヴァサ号、"不沈船"タイタニック号、石油タンカー事故、航海法、灯台と灯台船、海上での通信技術、難破船からのサバイバル、救助活動、救助艇の装備、潜水の歴史、スキューバ・ダイビング、深海探査、沈没船の発見と引き揚げ、生活のなごり、サルベージ、復元と保存、難破船と芸術

(内容)子供向けの1冊1テーマの図解百科事典シリーズ。海底に眠る難破船が教えてくれる真実。古代から現代まで、貴重な写真とともに難破船の不思議に迫る。

**中世ヨーロッパ入門** アンドリュー・ラングリー著、池上俊一監修 あすなろ書房 2006.3 63p 29×23cm (「知」のビジュアル百科 25) 2000円 ⓤ4-7515-2325-2

(目次)中世とはどんな時代か、中世の社会、農民の生活、土にまみれて、荘園の経営、中世の家庭、調理場からテーブルまで、中世の女性、大貴族、宮廷〔ほか〕

(内容)子供向けの1冊1テーマの図解百科事典シリーズ。5世紀から15世紀、ヨーロッパの暮らしを解き明かす。領主、職人、農民など、さまざまな階級の人びとの暮らしを再現したビジュアル版歴史入門書。

**パイレーツ図鑑 歴史のなかの海賊たち** ジョン・マシューズ著、前沢明枝訳 岩崎書店 2006.7 1冊 27×31cm 〈原書名：Pirates〉 2300円 ⓤ4-265-81017-9

(内容)覚悟はいいか。ここから先は、邪悪な海賊たちの世界だ。血ぬられた陰謀と冒険の物語。黒ひげ、キッド船長、アン・ボニー…。その名を聞けば目にうかぶ、切れ味するどい短剣カトラス、刑罰の板を歩かされる不運な船員、恐怖の海賊旗から逃げまどう船、そして埋蔵品の数々…。物語の世界を彩どる、のっぽのジョン・シルヴァーやジャック・スパロウ船長、そんな個性あふれるキャラクターの原点となった伝説の海賊たちがいた。海で、陸で、彼らがしかけた大胆不敵な襲撃、船上での厳しい掟、掟破りへの非情な刑罰…。やつらの世界を知りたければ、さあ、この本を取るがいい。

**ビジュアル博物館 23 古代エジプト** リリーフ・システムズ訳 ジョージ・ハート著 (京都)同朋舎出版 1991.11 63p 29cm 3398円 ⓤ4-8104-0981-3 ⓝ403.8

(内容)1冊1テーマ、全88巻の博物図鑑シリーズ。ナイル河畔に生きる、エジプト王家、死後への準備、巨大なピラミッド、王家の谷、魔術と医学、神官と神殿、軍の組織と武具、食べ物と飲み物、音楽と舞踊、等29項で古代エジプトがわかる。

**ビジュアル博物館 24 古代ローマ** リリーフ・システムズ訳 サイモン・ジェイムズ著 (京都)同朋舎出版 1991.11 62p 29cm 〈監修：大英博物館〉 3398円 ⓤ4-8104-0982-1 ⓝ403.8

(内容)1冊1テーマ、全88巻の博物図鑑シリーズ。古代ローマの世界を、都市国家から超大国へ、皇帝、兵士の生活、ローマの女性たち、闘技場、文字の文化、職人と工芸、食卓、神々の世界、交通と交易、等28項で紹介する。

**ビジュアル博物館 37 古代ギリシア** アン・ピアスン著、リリーフ・システムズ訳 (京都)同朋舎出版 1993.4 63p 29×23cm 2800円 ⓤ4-8104-1289-X

(目次)ギリシア世界、ミノア文明、ミケーネ文明、トロイへ、ギリシア拡大、女神アテナとアテネの町、アテネの権力と政治、神々と英雄、祭りと神託、神殿、家庭生活、ギリシアの女性、ギリシアの子どもたち、娯楽とゲーム、酒宴と晩餐、野外劇場、肉体の美、着やすい衣服、ギリシアのスポーツ、学問と美学、壺と器、農業と漁業、食料、工芸、旅、交易、戦争、スパルタ、科学と医学、死と死後の世界、アレクサン

ドロスとヘレニズム時代
(内容)1冊1テーマ、全88巻の博物図鑑シリーズ。大英博物館・大英自然史博物館の監修のもと、同館収蔵品をカラー写真で紹介する。神殿、よろい、装身具、工芸品ほか、古代ギリシアの歴史と生活を示す文物を掲載。

**ビジュアル博物館 43 騎士** クリストファー・グラヴェット著、リリーフ・システムズ訳 (京都)同朋舎出版 1994.2 63p 29×23cm 2800円 ④4-8104-1765-4
(目次)最古の騎士、ノルマン人、騎士になる、全身を鉄でおおう、鋼鉄のファッション、甲冑の内側、武器と人間、馬上の騎士、荘園の貴婦人、騎士道の理想、馬上槍試合、紋章、信仰と巡礼、十字軍、日本の武士、職業兵士、騎士道の凋落〔ほか〕
(内容)1冊1テーマ、全88巻の博物図鑑シリーズ。大英博物館・大英自然史博物館の監修のもと、同館収蔵品をカラー写真で紹介する。騎士をテーマとし、中世の騎士とスクワイヤの生活、甲冑、戦い、盛装の荘園貴族、貴婦人など中世の人々の生活を写真で再現する。

**ビジュアル博物館 44 ミイラ** リリーフ・システムズ訳 ジェームズ・パトナム著 (京都)同朋舎出版 1994.3 63p 29cm 〈日本語版監修:桜井清彦〉 2718円 ④4-8104-1766-2
(内容)1冊1テーマ、全88巻の博物図鑑シリーズ。大英博物館・大英自然史博物館の監修のもと、同館収蔵品をカラー写真で紹介する。

**ビジュアル博物館 47 インディオの世界 アメリカ大陸に花開いたアステカ、マヤ、インカの文明** リリーフ・システムズ訳 エリザベス・バケダーノ著 (京都)同朋舎出版 1994.6 63p 29cm 〈日本語版監修:川成洋、写真:Michel Zabe〉 2718円 ④4-8104-1839-1
(内容)1冊1テーマ、全88巻の博物図鑑シリーズ。大英博物館・大英自然史博物館の監修のもと、同館収蔵品をカラー写真で紹介する。

**ビジュアル博物館 49 城 中世の城と、人々の暮らしを再発見** クリストファー・グラヴェット著、坂本憲一訳 (京都)同朋舎出版 1994.11 63p 29cm 〈日本語版監修:森岡敬一郎、写真:Geoff Dan〉 2718円 ④4-8104-2110-4
(内容)1冊1テーマ、全88巻の博物図鑑シリーズ。大英博物館・大英自然史博物館の監修のもと、同館収蔵品をカラー写真で紹介する。

**ビジュアル博物館 50 ヴァイキング ヴァイキングの戦いとその歴史を再発見** スーザン・M.マーグソン著、久保実訳 (京都)同朋舎出版 1994.12 63p 29cm 〈日本語版監修:川成洋、写真:Peter Anderson〉 2718円 ④4-8104-2111-2
(内容)1冊1テーマ、全88巻の博物図鑑シリーズ。大英博物館・大英自然史博物館の監修のもと、同館収蔵品をカラー写真で紹介する。

**ビジュアル博物館 53 ピラミッド 時間を超越したピラミッドの偉大さを探訪する** ジェームズ・パットナム著、鈴木麻穂訳 (京都)同朋舎出版 1995.4 63p 30cm 2800円 ④4-8104-2131-7
(目次)ピラミッドとは何か?、国王のための建物、偉大な階段ピラミッド、階段ピラミッド複合、最初の正ピラミッド、ギーザのピラミッド群、ギーザのファラオ達、大ピラミッド、ピラミッドの内部、神殿と供物〔ほか〕
(内容)1冊1テーマ、全88巻の博物図鑑シリーズ。古代エジプトとメキシコの墓、道具、彫刻、壁画、エジプトやメキシコのピラミッドの復元の様子をカラー写真で紹介する。

**ビジュアル博物館 59 海賊** リチャード・プラット著、ティナ・チャンバース写真、朝比奈一郎訳 (京都)同朋舎出版 1995.10 63p 30cm 2800円 ④4-8104-2141-4
(目次)海の盗賊、古代ギリシャ時代の海賊、ローマ世界の海賊、北方の侵略者、バルバリア海岸、マルタのコルセアー、プライベーティア、スパニッシュ・メイン、新世界のプライベーティア、航海と海図〔ほか〕
(内容)1冊1テーマ、全88巻の博物図鑑シリーズ。大英博物館・大英自然史博物館の監修のもと、同館収蔵品をカラー写真で紹介する。

**ビジュアル博物館 60 アメリカ・インディアン** デヴィッド・マードック著、吉枝彰久訳 (京都)同朋舎出版 1995.12 63p 30cm 2800円 ④4-8104-2142-2
(目次)アメリカに人類が住み始めた、広大な大陸、メディシンと霊的世界、北東部地方、イロコイ部族連盟、三姉妹—トウモロコシ、カボチャ、豆、中部大西洋岸地方、オハイオ川流域地方、五大湖地方西部、南東部の定住民〔ほか〕
(内容)1冊1テーマ、全88巻の博物図鑑シリーズ。南西部のプエブロに住む部族から北極圏の狩猟民イヌイットまで、北米先住民の文化をカラー写真で紹介する。

**ビジュアル博物館 65 中世ヨーロッパ** アンドリュー・ラングリー著、池上俊一日本語版監修 同朋舎 1997.12 63p 30cm 2800円 ④4-8104-2464-2
(目次)中世とはどんな時代か、中世の社会、農民の生活、土にまみれて、荘園の経営、中世の家庭、調理場からテーブルまで、中世の女性、

大貴族，宮廷，中世の兵士，中世の教会〔ほか〕

(内容)1冊1テーマ，全88巻の博物図鑑シリーズ。中世の工芸品，衣装，家具，建築物などの写真を交えて，中世の人々の日々の生活を，新たな角度から紹介する。農民の厳しい生活や，宮廷の華やかな生活ぶり，宴会の食卓にのぼって食べ物，美しい装飾入りの写本や，ステンドグラスをつくり上げる職人の技―謎に満ちた時代の光景が，再現される。

**ビジュアル博物館　72　難破船**　リチャード・プラット著，川成洋日本語版監修　同朋舎　1998.9　59p　29×23cm　2800円　⑭4-8104-2503-7

(目次)難破，危険な海，古代の難破船，難破船探査の歴史，中国のジャンク，メアリー・ローズ号の沈没，イギリスの海難事故，無敵艦隊の沈没，オンタリオ湖に沈む，姿を現したヴァサ号〔ほか〕

(内容)1冊1テーマ，全88巻の博物図鑑シリーズ。海底に沈んだ難破船には，多くの積み荷を携え，ありし日の姿そのままに眠っているものも少なくない。引き揚げられたその船体と遺物から実にさまざまなことがわかり，人々を悠久のロマンに誘う。こうした魅力と謎にあふれた難破船の数々を紹介。さらに，海と人間の闘いの歴史，航海法や潜水技術，救命活動に至るまで，難破船にまつわるドラマを海中写真を交えて紹介。

**ビジュアル博物館　73　ロシア**　キャスリーン・バートン・ミューレル著，栗原成郎日本語版監修　同朋舎　1998.11　59p　29×23cm　2800円　⑭4-8104-2529-0

(目次)初期のロシア，広大な国土，ロシアの人々，豊かな天然資源，農奴の生活，ロシア正教，皇帝の支配，帝国の拡大，宮廷の生活，モスクワの教会〔ほか〕

(内容)1冊1テーマ，全88巻の博物図鑑シリーズ。ヨーロッパとアジアの2大陸にまたがる世界最大の国ロシア。宝石や木材，石油など，天然資源に富む魅力的な大地。そしてまた，活力に満ちた文化をはぐくみつづけ，数え切れないほどの偉大な芸術家，文学者，科学者を生み出してきた。そんなロシアのすべてをカラー写真で紹介する。歴史，美術品や伝統工芸，そこに暮らす人々の風俗・習慣などがわかる。

**ビジュアル博物館　78　ルネサンス　レオナルド・ダ・ヴィンチとその時代を一望する**　アンドリュー・ラングリー著，森田義之日本語版監修　同朋舎，角川書店〔発売〕　1999.11　59p　29×23cm　3400円　⑭4-8104-2579-7

(目次)初期ルネサンス，古典の再発見，イタリアの都市国家，ルネサンス人，新たな貿易と航海，国家と権力，メディチ家の都市，キリスト教会，新しい建築，美術家の工房〔ほか〕

(内容)1冊1テーマ，全88巻の博物図鑑シリーズ。活気にあふれたルネサンスの時代を，特別に撮影した写真によって再現。レオナルド・ダ・ヴィンチを軸として，ライバルのミケランジェロ，建築の巨匠ブルネレスキ，印刷機を発明したグーテンベルク，天文学の革命児ガリレオらの偉業をたどり，その背景となる政治・経済・宗教の状況や当時のファッション，庶民の生活まで解説。

**ピラミッド事典**　ジェームズ・パトナム著，鈴木八司日本語版監修　あすなろ書房　2005.10　63p　29×22cm　(「知」のビジュアル百科 21)　〈原書名：Eyewitness Pyramid〉　2000円　⑭4-7515-2321-X

(目次)ピラミッドとは何か?，国王のための建物，偉大な階段ピラミッド，階段ピラミッド複合，最初の正ピラミッド，ギーザのピラミッド群，ギーザのファラオ達，大ピラミッド，ピラミッドの内部，神殿と供物〔ほか〕

(内容)子供向けの1冊1テーマの図解百科事典シリーズ。今から約4500年前につくられた巨大な石造建築ピラミッド。古代エジプト人は，この巨大な物体をどうやってつくりあげたのか? ピラミッドにこめられた願いとは? 今なお人びとを魅了してやまない，その壮大な謎に迫る。

**ミイラ事典**　ジェームズ・パトナム著，吉村作治監修，リリーフ・システムズ訳協力　あすなろ書房　2004.7　63p　29×22cm　(「知」のビジュアル百科 10)　2000円　⑭4-7515-2310-4

(目次)ミイラとは?，自然のミイラ，時に埋もれた土地，エジプトの「死者の書」，ミイラをつくる，ミイラを包む，ミイラのマスク，お守り，ミイラのかくれ家，石棺，来世にもっていくもの，来世の労働者，ミイラとオシリス神，王のミイラ，ツタンカーメンの財宝，ミイラの呪い，ギリシアとローマのミイラ，動物のミイラ，ミイラの秘密を解く，アンデスのミイラ，アイスマン，湿地のミイラ，シチリアのミイラ，そのほかのミイラ

(内容)子供向けの1冊1テーマの図解百科事典シリーズ。ミイラにこめられた古代エジプト人の思いと技術を公開。氷河や砂漠で生まれたミイラや，アンデス，シチリアのミイラなど，世界のミイラも紹介。

**ルネサンス入門**　新装・改訂版　アンドリュー・ラングリー著，森田義之日本語版監修　あすなろ書房　2005.11　55p　29×22cm　(「知」のビジュアル百科 22)　2000円　⑭4-7515-2322-8

(目次)初期ルネサンス，古典の再発見，イタリアの都市国家，ルネサンス人，新たな貿易と航海，国家と権力，メディチ家の都市，キリスト

教会, 新しい建築, 美術家の工房〔ほか〕

(内容)子供向けの1冊1テーマの図解百科事典シリーズ。絵画・彫刻から解剖学、機械工学まで、はばひろい分野で活躍した天才、レオナルド・ダ・ヴィンチ。彼の生きたルネサンスとは、どんな時代だったのか？"ルネサンス"という時代の空気をリアルに伝える。

◆人名事典

<事典>

ノーベル賞がわかる事典 世界を変えた偉業の数々 人類の知恵が見えてくる！　土肥義治監修　PHP研究所　2009.9　79p　29cm　〈索引あり〉　2800円　Ⓘ978-4-569-68989-0　Ⓝ377.7

(目次)1 ノーベル賞のフシギ発見（アルフレッド・ノーベル、ノーベル賞は全6部門、ノーベル財団とノーベル委員会、受賞の条件と選考方法、賞金一億円と金メダル)、2 世界が認めた日本人（下村脩、益川敏英と小林誠、南部陽一郎、田中耕一、小柴昌俊、野依良治、白川英樹、大江健三郎、利根川進、福井謙一、佐藤栄作、江崎玲於奈、川端康成、朝永振一郎、湯川秀樹)、3 世界を変えた偉大な受賞者(物理学賞、化学賞、生理学・医学賞、文学賞、平和賞、経済学賞)

(内容)ノーベル賞がほしいキミに！賞のフシギや、偉大な業績を残した受賞者たちを調べよう。

<名簿>

学習人名辞典　成美堂出版　1994.9　421p　21cm　1300円　Ⓘ4-415-08073-1

(内容)小・中・高校の教科書・参考書にでてくる重要人物を収載した人名辞典。架空の人物も含め日本と世界の約2600人を収録、五十音順に排列する。学習用辞典として、各人物の解説は、重要ポイントと経歴・業績・歴史的背景・関連事項の2段階に分けて記述、学習上重要な人物には星印を付けている。巻末資料として、日本・外国人物対照表、和暦・西暦対照表がある。

学習人名辞典　宮沢嘉夫監修　成美堂出版　1999.8　506p　19cm　1000円　Ⓘ4-415-00806-2

(内容)小・中・高校の全科目の学習に活用できるよう、教科書・参考書に出てくる人物2600名を収録した人名辞典。人名の配列は五十音順。和暦・西暦対照表付き。

学生のための世界人名事典　1992年版　教学研究社編集部編　（大阪)教学研究社　1992.1　489, 15p 19cm　〈背の書名：学生世界人名事典 付(48p)〉　1800円　Ⓘ4-318-02355-9

(内容)中学生・高校生向けの学習人名事典。

学生のための世界人名事典　'91年版　教学研究社編集部編　（大阪)教学研究社　1991.1　489, 15p 19cm　〈背の書名：学生世界人名事典 付（別冊 48p)〉　1650円　Ⓘ4-318-02354-0　Ⓝ280

(内容)1500人を収録し、中・高生にも親しめるよう平易に解説する。巻末に歴代将軍一覧、歴代内閣一覧、アメリカ歴代大統領一覧を掲載。別冊付録に文化勲章、芥川・直木賞、ノーベル賞の受賞者一覧を収める。

学生のための世界人名事典　〔93年版〕　教学研究社編集部編　（大阪)教学研究社　1993.1　489, 15, 別冊48p　19cm　1748円　Ⓘ4-318-02356-7

(内容)中学生・高校生向けの学習人名事典。世界史上の1500人を収録する。巻末に歴代将軍一覧、歴代内閣一覧、アメリカ合衆国歴代大統領一覧、別冊付録に文化勲章、芥川賞・直木賞、ノーベル賞の各受賞者を掲載する。

小学生世界人名事典　'91年版　教学研究社編集部編　（大阪)教学研究社　1991.1　452, 77p 19cm　〈付（別冊 52p)〉　巻末：総合歴史年表〉　1650円　Ⓘ4-318-00554-2　Ⓝ280

(内容)小中学校の教科書に登場する人物や現在活躍中の人物1000人を五十音順に収録。巻末に、名作の人物、歴代内閣など、別冊に文化勲章・芥川賞・直木賞・ノーベル賞の各受賞者一覧、オリンピック優勝者一覧の資料を収める。

小学生世界人名事典　〔93年版〕　教学研究社編集部編　（大阪)教学研究社　1993.1　452, 71, 別冊54p 19cm　1748円　Ⓘ4-318-00556-9

(内容)小学生向けの学習人名事典。教科書に登場する人物や現在活躍中の人物を1000人収録する。巻末に総合歴史年表などの資料、別冊に文化勲章、芥川賞・直木賞、ノーベル賞、オリンピック優勝の人物一覧がある。

小学生世界人名事典　1992年版　教学研究社編集部編　（大阪)教学研究社　1992.1　452, 83p 19cm　〈付(52p)〉　1800円　Ⓘ4-318-00555-0

(内容)小学生向けの学習用人名事典。小・中学校の教科書に出てくる人々、現在活躍中の人々の中から約1000名をとりあげ、その生い立ちや業績をわかりやすく解説する。理解を助けるための年表、文化勲章などの受賞者一覧ほかの資料も掲載。1975年刊の「76年版」以来、改訂を重ねた最新版。

小学生の歴史人物はかせ エピソードいっぱいの人物事典　改訂新版　梶井貢編著

学燈社　1991.9　223p　21cm　（はかせシリーズ）　1010円　ⓘ4-312-56021-8
(内容)楽しいエピソードと絵でつづった、小学生のためのやさしい人物事典。

**小学・中学学習人物事典**　旺文社編　旺文社　2002.2　551p　21cm　2300円　ⓘ4-01-010901-7　Ⓝ280
(内容)小学校・中学校の教科書に出てくる主な人物と、歴史上の重要な人物を掲載する事典。見出しの人名を五十音順に排列。特に学習上大切だと思われる人物は1〜2ページにまとめて解説されている。各人物の生没年、解説を記載。この他、用語の解説、学習のポイント、年号の覚え方、エピソードなどを記載。巻末に人物索引とキーワード索引を付す。

**人物を調べる事典　どの人物をどうやって調べるか**　増田信一編　リブリオ出版　1990.6　460p　26cm　8240円　ⓘ4-89784-180-1　Ⓝ280
(内容)小・中・高校生にとって必要な500名を、Aランク49名、Bランク101名、Cランク350名に分類し、A・Bには解説と顔写真、Cには1行のコメントをつけ、さらに全ランクにブックリスト（総冊数6,000冊）をつけた。

**人物事典**　春日井明、関真興監修、川崎堅二、堀ノ内雅一、柳川創造、坂田稔、小林隆文、岩井渓、郡山誉世夫、阿部高明、井上大助、石川森彦、小沼直人イラスト　集英社　2008.10　253p　23cm　（集英社版・学習漫画　中国の歴史）〈年表あり〉　1500円　ⓘ978-4-08-248211-4　Ⓝ282.2
(目次)第1章 先史時代／殷・周・春秋・戦国時代〜秦・漢時代—先史〜二二〇年（伝説の時代、殷ほか）、第2章 三国・魏晋南北朝時代〜隋・唐時代—二二〇〜九〇七年（三国、西晋 ほか）、第3章 五代十国・宋・遼・金時代〜元時代—九〇七〜一三六八年（五代十国、宋 ほか）、第4章 明時代〜清時代—一三六八〜一九一二年（明、清）、第5章 近代中国〜中華人民共和国—一八九五年〜現在（清末〜中華民国、中華民国 ほか）
(内容)中国全史をいろどる皇帝をはじめ、英雄・豪傑、文人や学者など400名あまりをとりあげた中国の歴史人物事典。古代から現代まで王朝ごとに5章に分け、時代の概説、王朝系図から始まり、その時代に活躍したおもな人物を楽しい漫画とイラストで紹介。

**世界史のための人名辞典**　新版　水村光男編著　山川出版社　2010.6　493p　20cm　1500円　ⓘ978-4-634-62014-8　Ⓝ280.3
(内容)世界史に登場する約1900名を、エピソードを交え時代背景とともに紹介する、ハンディで詳細な読む辞典。

**ビジュアル版 世界を動かした世界史有名人物事典　1000年 冒険家・発明家からアーティストまで**　「世界を動かした世界史有名人物事典」日本語版翻訳プロジェクトチーム編　PHP研究所　2005.1　255p　29×22cm　4700円　ⓘ4-569-68512-9
(目次)第1章 世界の指導者、第2章 探検者・冒険家、第3章 科学者、第4章 技術者・発明家、第5章 文学者・改革者、第6章 舞台・映画のスター、第7章 芸術家・建築家、第8章 音楽家・舞踏家、第9章 アスリート、第10章 変革者
(内容)「余の辞書に不可能の文字はない」という名言を残したナポレオン、東方への海路を切り開いたマゼラン、世界中を魅了したマリリン＝モンロー、万能の天才と呼ばれたダ＝ヴィンチ、ピアノの詩人ショパン、ファッション界をリードしたシャネル—。この1000年間に活躍した人物を中心に、引き込まれるような人間物語、彼らの知られざる側面を満載した人物事典。年代を問わず、人物から世界を読み取ることができる。

**もっと知りたい!人物伝記事典　1　芸術・宗教**　漆原智良監修　フレーベル館　2003.4　103p　31×22cm　2800円　ⓘ4-577-02599-X
(目次)雪舟、レオナルド・ダ・ヴィンチ、歌川広重、ゴッホ、ピカソ、棟方志功、モーツァルト、ベートーベン、ショパン、滝廉太郎〔ほか〕
(内容)ゴッホ、モーツァルト、夏目漱石、キリストなど美術、音楽、文学、宗教の分野で活躍した国内外の100人を収録。21人については、2頁見開きで、経歴や作品、年譜、関連人物等を紹介し、次の2頁に子ども時代のエピソードを中心とした読みものを掲載している。32人については、人物事典として肖像写真入りで説明。47人は概要を記載。巻末に、1巻から4巻に収録されている400人の五十音順人名総索引が付く。参考文献付き。

**もっと知りたい!人物伝記事典　2　歴史・政治**　漆原智良監修　フレーベル館　2003.4　103p　31×22cm　2800円　ⓘ4-577-02600-7
(目次)聖徳太子、平清盛、源頼朝、源義経、チンギス・ハン、足利尊氏、毛利元就、武田信玄、織田信長、豊臣秀吉〔ほか〕
(内容)聖徳太子、織田信長、ナポレオン、リンカーンなど歴史、政治の分野で活躍した国内外の100人を収録。21人については、2頁見開きで、経歴や作品、年譜、関連人物等を紹介し、次の2頁に子ども時代のエピソードを中心とした読みものを掲載している。32人については、人物事典として肖像写真入りで説明。47人は概要を記載。巻末に、1巻から4巻に収録されている400人の五十音順人名総索引が付く。参考文献付き。

**もっと知りたい!人物伝記事典　3　社会・**

**冒険・スポーツ**　漆原智良監修　フレーベル館　2003.4　103p　31×22cm　2800円　Ⓘ4-577-02601-5

(目次)コロンブス、フレーベル、ナイチンゲール、田中正造、津田梅子、ガンジー、アムンゼン、シュバイツァー、野口英世、ヘレン・ケラー〔ほか〕

(内容)ガンジー、ヘレン・ケラー、コロンブス、植村直己など社会、冒険、スポーツの分野で活躍した国内外の100人を収録。21人については、2頁見開きで、経歴や作品、年譜、関連人物等を紹介し、次の2頁に子ども時代のエピソードを中心とした読みものを掲載している。32人については、人物事典として肖像写真入りで説明。47人は概要を記載。巻末に、1巻から4巻に収録されている400人の五十音順人名総索引が付く。参考文献付き。

**もっと知りたい!人物伝記事典　4　学問・科学技術・産業**　漆原智良監修　フレーベル館　2003.4　103p　31×22cm　2800円　Ⓘ4-577-02602-3

(目次)ガリレオ、ニュートン、平賀源内、本居宣長、杉田玄白、伊能忠敬、ダーウィン、ファーブル、ノーベル、コッホ〔ほか〕

(内容)ガリレオ、エジソン、平賀源内、杉田玄白など学問、科学技術、産業の分野で活躍した国内外の100人を収録。21人については、2頁見開きで、経歴や作品、年譜、関連人物等を紹介し、次の2頁に子ども時代のエピソードを中心とした読みものを掲載している。32人については、人物事典として肖像写真入りで説明。47人は概要を記載。巻末に、1巻から4巻に収録されている400人の五十音順人名総索引が付く。参考文献付き。

**もっと知りたい!人物伝記事典　5　わたしたちの時代に感動を与えた人びと**　漆原智良監修　フレーベル館　2003.4　95p　31×22cm　2800円　Ⓘ4-577-02603-1

(目次)増山たづ子、塩屋賢一、やなせたかし、増井光子、藤子不二雄A、衣笠祥雄、安藤忠雄、神戸俊平、毛利衛、大場満郎〔ほか〕

(内容)安藤忠雄、やなせたかし、毛利衛、高橋尚子をはじめ、現代の人々に感動を与えた15人を紹介。

**歴史人物絵事典　国際交流がひと目でわかる**　河合敦監修　PHP研究所　2003.9　79p　31×22cm　2800円　Ⓘ4-569-68416-5

(目次)飛鳥時代(200年～710年)(小野妹子、南淵請安 ほか)、奈良時代(710年～794年)(阿倍仲麻呂、吉備真備 ほか)、平安時代(794年～1192年)(最澄、空海)、鎌倉時代(1192年～1333年)(栄西、道元)、室町時代(1333年～1467年)(雪舟)、安土・桃山時代(1467年～1603年)(ザビエル、天正遣欧使節 ほか)、江戸時代(1603年～1868年)(アダムズ、隠元 ほか)、明治時代(1868年～1912年)(岩倉具視、大久保利通 ほか)、大正時代(1912年～1925年)(尾崎行雄、高橋是清 ほか)、昭和～現代(1925年～)(人見絹枝、天野芳太郎 ほか)

(内容)日本から海外へわたって活躍した人、海外の文化を吸収して日本で活躍をした人、海外から日本にやってきて日本のために力をつくした人などをとりあげた人物事典。

◆◆日本人

&lt;事　典&gt;

**日本の歴史を学んでみよう　戦国武将がわかる絵事典　名将のエピソードを知ろう**　山村竜也著　PHP研究所　2006.11　79p　30cm　2800円　Ⓘ4-569-68633-8

(目次)第1章 織田信長の活躍(桶狭間の戦いで名をあげる、上洛して天下取りをねらう ほか)、第2章 豊臣秀吉の天下統一(信長の家来となる、主君信長の仇を討つ ほか)、第3章 徳川家康の野望(つらい人質生活をおくる、秀吉と天下をあらそう ほか)、第4章 全国各地の戦国武将(東北、関東 ほか)

&lt;名　簿&gt;

**アラマタ人物伝**　荒俣宏監修　講談社　2009.6　271p　21cm　〈索引あり〉　1900円　Ⓘ978-4-06-215522-9　Ⓝ281.04

(目次)スゴい子ども、紀元前2～10世紀、11～17世紀、18世紀、19世紀初期、19世紀中期、19世紀後期、20世紀

(内容)これ、だれ?世にもおかしな人物事典。アラマタ博士がみつけたニッポンの偉人・奇人・変人226人。

**教科書人物事典**　学習研究社　1991.10　256p　21cm　(学研まんが 日本の歴史 別巻)　880円　Ⓘ4-05-105879-4

(内容)日本の歴史に登場する42人の人物を中心に166人の重要人物をわかりやすくまとめた一冊。小学校中学年～中学生向。

**郷土をつくった偉人事典　地理と歴史がよくわかる　47都道府県**　どりむ社編、上田孝俊監修　PHP研究所　2010.3　103p　29cm　〈文献あり　索引あり〉　3500円　Ⓘ978-4-569-78035-1　Ⓝ281.04

(内容)土地の整備や産業の発展など、地域のためにつくした人物を都道府県ごとに紹介。地図と主な地名とともに、作家や学者、武将といっ

**人物事典 日本史で活躍した人びと 増補版** 児玉幸多監修，学習まんが「少年少女日本の歴史」編集部編 小学館 1998.2 193p 21cm （小学館版 学習まんが 少年少女日本の歴史 別巻1） 760円 ⓘ4-09-298122-8

(目次)弥生・古墳・飛鳥時代，奈良時代，平安時代，鎌倉時代，南北朝・室町時代，戦国・安土桃山時代，江戸時代（前期，中・後期，末期），明治時代，大正・昭和・平成

(内容)日本の歴史で活躍した人物328人を収録した『少年少女日本の歴史』の別巻。排列は本巻にあわせた時代順，生没年，出身，登場する巻，業績などを記載したほか肖像画や遺品なども写真も掲載。巻末に五十音順索引が付く。

**日本をつくった日本史有名人物事典 ビジュアル版 1175人―さまざまなジャンルのヒーローたち** 「日本史有名人物事典」編集委員会編 PHP研究所 2008.3 254p 29cm 4700円 ⓘ978-4-569-68761-2 Ⓝ281.03

(目次)第1章 スポーツマン・競技者，第2章 探険家・冒険家，第3章 タレント・演出家，第4章 芸術家，第5章 音楽家・舞踏家，第6章 作家・文学者，第7章 技術者・実業家，第8章 教育者・思想家，第9章 学者・研究家，第10章 宗教家・改革者，第11章 政治家・軍人

(内容)今日の日本をつくった人物1175人を分野別に紹介する事典。

**日本の歴史人物** 佐藤和彦監修 ポプラ社 2006.3 287p 29×22cm （ポプラディア情報館） 6800円 ⓘ4-591-09041-8

(目次)弥生・古墳・飛鳥・奈良時代のようす，平安時代のようす，鎌倉・南北朝・室町時代のようす，戦国・安土桃山時代のようす，江戸時代のようす，幕末・明治維新のようす，明治・大正・昭和・平成時代のようす

(内容)日本の歴史を動かした人物がわかる人物事典。卑弥呼から手塚治虫まで，日本の歴史の流れを大きくかえた歴史人物500人を，時代順に写真や図版を用いて解説する。小・中学校の教科書に出てくる歴史人物はもちろん，郷土の歴史につくした人びとについても紹介する。「時代のようす」をまとめたページで，人物たちの生きた時代の背景もよくわかる。歴代総理大臣，旧国名・都道府県名対照表，年表などの資料も掲載する。

**日本の歴史人物事典** 小井土繁漫画 小学館 1993.3 527p 21cm （小学館版学習まんが） 1950円 ⓘ4-09-298502-9

(内容)日本の歴史を動かした重要人物130人をとりあげ，人物の生没年，肖像，業績などを解説するまんが事典。

**日本の歴史人物事典** 岡村道雄，吉村武彦，入間田宣夫，池上裕子，高埜利彦ほか監修，小林隆シナリオ，柳川創造，坂田稔文，岩井渓，荘司としお，阿部高明，井上大助漫画 集英社 2001.12 333p 21cm （集英社版・学習漫画） 1500円 ⓘ4-08-239021-9 Ⓝ280

(目次)弥生／古墳／飛鳥時代―200～710年，奈良時代―710～794年，平安時代―794～1192年，鎌倉時代―1192～1333年，南北朝／室町時代―1333～1467年，戦国／安土・桃山時代―1467～1603年，江戸時代（前期）―1603～1716年，江戸時代（後期）―1716～1868年，近代（明治）―1868～1912年，近・現代（大正／昭和／平成）―1912年～

(内容)小・中学校の教科書で習う人物を中心に，学習の参考になる人物の事典。850人を収録。本文は時代別。まんが，文章，イラストで，人物の一生と業績をわかりやすく解説する。巻末に人物年表と索引を付す。1990年刊の全面新版。

**幕末維新の人物事典 日本の歴史を変えた100人 激動の時代がよくわかる ビジュアル版** 「幕末維新の人物事典」編集委員会編 PHP研究所 2010.3 79p 29cm 〈文献あり 年表あり 索引あり〉 2800円 ⓘ978-4-569-78031-3 Ⓝ281.03

(目次)徳川家存続の働きかけを行った篤姫，攘夷派から開国派へ変わったとされる姉小路公知，イギリス領事館通訳アーネスト・サトウ，ペリー来航の危機に直面した老中阿部正弘，軍を率いて和宮のいる江戸城へせまった有栖川宮熾仁，公武合体を実現させ，命をねらわれた安藤信正，幕末の政局を開国に導き暗殺に倒れた井伊直弼，尊王攘夷を進めた土佐の暴れん坊板垣退助，幕末・維新を生きぬき，総理大臣となった伊藤博文，イギリス密航で尊王攘夷派から倒幕派へ井上馨〔ほか〕

**まんが日本の歴史人物事典** 小西聖一シナリオ，おだ辰夫まんが 小学館 2008.3 439p 19cm （ビッグ・コロタン 102） 〈年表あり〉 1000円 ⓘ978-4-09-259102-8 Ⓝ281.03

(目次)弥生／古墳／飛鳥時代―二〇〇～七一〇年，奈良時代―七一〇～七九四年，平安時代―七九四～一一九二年，鎌倉時代――一九二～一三三三年，南北朝／室町時代――三三三～一四六七年，戦国／安土・桃山時代――四六七～一六〇三年，江戸時代―一六〇三～一八六八年，近・現代（明治，大正，昭和，平成）――八六八年～

(内容)時代を変えた人!勇かんに戦った人!努力を重ねた人!楽しく自分の道を生きた人!日本の歴史を，人々の生き方から見ていくと…ほら，こ

んなにおもしろい。

**歴史人物事典** 菊地家達著 国土社 1994.9 78p 26cm (社会科事典 10) 2200円 ⓘ4-337-26310-1

(目次)卑弥呼、聖徳太子、小野妹子、蘇我入鹿、中大兄皇子、中臣鎌足、聖武天皇、行基、鑑真、最澄〔ほか〕

(内容)日本歴史の重要人物の学習人名事典。卑弥呼から野口英世までの75人を時代順に収録。1人1ページで解説と人物イラストを記載する。

◆地 理

&lt;事 典&gt;

**辞書びきえほん世界地図** 陰山英男監修 (大阪)ひかりのくに 2009.3 241p 27×13cm 1800円 ⓘ978-4-564-00843-6 Ⓝ290

(内容)あいうえお順で調べられる、世界194か国。"知っている"が広がる、楽しい。

**世界地理** 田辺裕監修 ポプラ社 2005.3 295p 30cm (ポプラディア情報館) 6800円 ⓘ4-591-08448-5

(目次)特集 目でみる世界の今(世界の子どもたち、世界のスポーツ、世界遺産)、世界をくらべるテーマ別情報(世界地図のいろいろ、世界の国々、世界の国旗 ほか)、世界を知る 国別情報(アジアの国々、オセアニアの国々、アフリカの国々、ヨーロッパの国々、ロシアとその周辺地域の国々、北アメリカの国々、中央・南アメリカの国々)

(内容)世界193の国と地域の情報を網羅し、豊富な写真と図表で、世界の最新事情を示す情報事典。「世界をくらべるテーマ別情報」では、テーマごとに世界各地の特色を比較できる資料を掲載。「世界を知る国別情報」では、国と地域ごとに、産業・自然・歴史・文化の特色をわかりやすく解説。索引から知りたいことがすぐに探せる。

**地図の読みかた遊びかた絵事典** こうすればわかる、よくわかる あなたも地図博士になれる! 清水靖夫監修、渡辺一夫文 PHP研究所 2003.10 79p 31×22cm 2800円 ⓘ4-569-68424-6

(目次)第1章 たのしい地図の世界(地図はだれでも読める、地図は目的別につくられる ほか)、第2章 地図のやくそく(縮尺、方位 ほか)、第3章 地図記入門(高さと位置の記号、道路の記号 ほか)、第4章 地図で遊ぼう(おもしろ地図ゲーム、宝島の宝さがし ほか)

(内容)地図の基本的な知識と利用法を解説する事典。地図を使った楽しみ方も紹介する。

**レインボー世界の旅じてん 国際理解に役立つ** 学研辞典編集部編 学習研究社 2004.4 160p 21cm 1400円 ⓘ4-05-301563-4

(目次)アジア(中国、韓国 ほか)、ヨーロッパ(イギリス、フランス ほか)、アフリカ(エジプト、モロッコ ほか)、オセアニア(オーストラリア、ニュージーランド)、北アメリカ南アメリカ(アメリカ、カナダ ほか)

&lt;辞 典&gt;

**地理・地図・環境のことば** 江川清監修 偕成社 2008.3 143p 22cm (ことば絵事典探検・発見授業で活躍する日本語 9) 2000円 ⓘ978-4-03-541390-5 Ⓝ814

(目次)日本の地理のことば、世界の地理のことば、地形のことば(1)海域の地形、地形のことば(2)陸上の地形、地図のことば、地球と環境のことば

(内容)日本人が培ってきたことばから、進歩し続けている科学の新しいことばまで、広い分野にわたる日本語を集成、絵と文章でわかりやすく説明した日本語絵事典。

&lt;ハンドブック&gt;

**国別大図解世界の地理 1 アジアの国々1(東・東南アジア)** 井田仁康監修 学研教育出版, 学研マーケティング(発売) 2010.2 36p 29cm 2800円 ⓘ978-4-05-500739-9, 978-4-05-811141-3 Ⓝ290.8

(内容)世界の国々を地域別・国別に解説する資料集。自然や農林水産業、宗教や料理などから、子どもたちの生活まで、豊富な地図・写真・グラフでビジュアルに解説。する。1では、東アジア・東南アジアの国々を取り上げる。

**国別大図解世界の地理 2 アジアの国々2(南・西・中央アジア)** 井田仁康監修 学研教育出版, 学研マーケティング(発売) 2010.2 36p 29cm 2800円 ⓘ978-4-05-500740-5, 978-4-05-811141-3 Ⓝ290.8

(内容)世界の国々を地域別・国別に解説する資料集。2では、南アジア・西アジア・中央アジアの国々を取り上げる。

**国別大図解世界の地理 3 ヨーロッパの国々 1(西ヨーロッパ)** 井田仁康監修 学研教育出版, 学研マーケティング(発売) 2010.2 34p 29cm 2800円 ⓘ978-4-05-500741-2, 978-4-05-811141-3 Ⓝ290.8

(内容)世界の国々を地域別・国別に解説する資料集。3では、西ヨーロッパの国々を取り上げる。

**国別大図解世界の地理 4 ヨーロッパの**

国々　2（東ヨーロッパ）　井田仁康監修
　学研教育出版，学研マーケティング（発売）
　2010.2　36p　29cm　2800円　①978-4-05-
　500742-9，978-4-05-811141-3　Ⓝ290.8
(内容)世界の国々を地域別・国別に解説する資料
集。4では，東ヨーロッパの国々を取り上げる。

国別大図解世界の地理　5　南北アメリカ
　の国々　井田仁康監修　学研教育出版，学
　研マーケティング（発売）　2010.2　36p
　29cm　2800円　①978-4-05-500743-6，978-
　4-05-811141-3　Ⓝ290.8
(内容)世界の国々を地域別・国別に解説する資料
集。5では，南北アメリカの国々を取り上げる。

国別大図解世界の地理　6　アフリカ・オ
　セアニアの国々　井田仁康監修　学研教育
　出版，学研マーケティング（発売）　2010.2
　36p　29cm　2800円　①978-4-05-500744-3，
　978-4-05-811141-3　Ⓝ290.8
(内容)世界の国々を地域別・国別に解説する資
料集。6では，アフリカ・オセアニアの国々を取
り上げる。

国別大図解世界の地理　7　テーマ別ビ
　ジュアル資料集　1　井田仁康監修　学研
　教育出版，学研マーケティング（発売）
　2010.2　36p　29cm　2800円　①978-4-05-
　500745-0，978-4-05-811141-3　Ⓝ290.8
(内容)世界の国々を地域別・国別に解説する資
料集。本編に続くテーマ別資料集。

国別大図解世界の地理　8　テーマ別ビ
　ジュアル資料集・総さくいん　2　井田仁
　康監修　学研教育出版，学研マーケティング
　（発売）　2010.2　36p　29cm　2800円
　①978-4-05-500746-7，978-4-05-811141-3
　Ⓝ290.8
(内容)世界の国々を地域別・国別に解説する資
料集。本編に続くテーマ別資料集と、全巻索引。

グローバルデータブック　1993　神奈川県
　教科研究会社会科地理部会編　清水書院
　1993.3　104p　26cm　〈「1992」までの書
　名：高校生のグローバルデータブック〉
　437円　①4-389-21051-3
(目次)世界の国々，地理的知識の発達，地図投
影法，地形環境，気候環境，都市，人口，食料
自給率と農業経営，米・小麦，穀物・いも類，
野菜・果実・花卉，工芸作物〔ほか〕
(内容)地理の学習用として作られた主要統計表。
巻末に統計のテーマの五十音索引がある。

グローバルデータブック　1994　神奈川県
　教科研究会社会科地理部会編　清水書院
　1994.3　104p　26cm　450円　①4-389-
　21051-3

(目次)世界の国々，地理的知識の発達，地図投
影法，地形環境，気候環境，都市，人口，食料
自給率と農業経営，米・小麦，穀物・いも類，
野菜・果実・花卉，工芸作物〔ほか〕

新詳地理資料COMPLETE　2010　帝国
　書院編集部編　帝国書院　2010.2　244p
　26cm　876円　①978-4-8071-5861-4　Ⓝ290
(目次)自然環境と生活，資源と産業，生活と文
化，世界の諸地域，グローバルに結びつく世界，
地球的な課題，補章
(内容)「系統地理」を主体として構成し，とくに
農業と工業については，地域による差を理解す
るため「農業地誌」と「工業地誌」を掲載。「自
然環境と生活」「資源と産業」「生活と文化」
「世界の諸地域」「グローバルに結びつく世界」「地
球的な課題」「補章」で構成。

世界なんでも情報館　世界192の国と地域
　のデータブック　田辺裕監修　ポプラ社
　2001.4　263p　30cm　7000円　①4-591-
　06663-0　Ⓝ302
(目次)世界をくらべる情報（世界地図のいろい
ろ，世界の国々，世界の国旗，世界の時刻 ほ
か），世界の国々情報（アジアの国々，オセアニ
アの国々，アフリカの国々，ヨーロッパの国々
ほか）
(内容)世界192の国と地域をさまざまなテーマで
比較しながら紹介したもの。世界の自然・気候・
産業から，宗教・文化まで，あらゆる分野の最
新の情報を集め，わかりやすく解説。グラフや
図表も満載した，世界地理の学習百科。

大学受験対策用　地理データファイル
　2000年度版　帝国書院編集部編　帝国書院
　2000.3　136p　21cm　467円　①4-8071-
　5232-7　Ⓝ290
(目次)対策編（世界の地域別国家面積（マトリッ
クス），世界の地域別人口密度（マトリックス），
世界の地域別国家所得（マトリックス），世界の
国家人口と国家面積（マトリックス）ほか），本
編（世界の現勢，自然，地球環境問題，交通・通
信 ほか）
(内容)大学受験対策用の地理統計集。対策編と
本編で構成。対策編では世界および国内につい
ての人口，産業等のデータを国別や地域別のパ
ターンから全体の傾向について解説。本編では
世界の現勢，自然，地球環境問題などの統計資
料を収録した。

地図で知る世界の国ぐに　新訂第2版　正井
　泰夫監修　平凡社　2006.7　104p　31×
　22cm　2500円　①4-582-44311-7
(目次)アジアの自然，アジアの国ぐに，ヨーロッ
パの自然，ヨーロッパの国ぐに，アフリカの自
然，アフリカの国ぐに，北アメリカの自然，北

アメリカの国ぐに，南アメリカの自然，南アメリカの国ぐに，オセアニアの自然と国ぐに，南極大陸

(内容)小さな国も大きく掲載，大きな文字ときれいな色で，見やすい世界地図。面積・人口・言語など最新データのほか，色などが正確な国旗をすべて掲載。各大陸の地図は，世界の地形の特徴，気候などの自然が一目でわかる。

**地理データファイル 大学受験対策用 2002年度版** 帝国書院編集部編 帝国書院 2002.3 136p 21cm 467円 ①4-8071-5300-5 Ⓝ290

(目次)対策編(世界の地域別国家面積，世界の地域別人口密度，世界の地域別国家所得，世界の国家人口と国家面積，おもな指標の大陸別割合ほか)，本編(世界の現勢，自然，地球環境問題，交通・通信，人口 ほか)

(内容)大学受験用の地理データ集。地域別に統計をパターンで覚えるための工夫をしている。

**データブック世界各国地理 新版** 竹内啓一著 岩波書店 1993.3 230p 18cm （岩波ジュニア新書218） 750円 ①4-00-500218-8

(内容)東西冷戦の終結後に統一した国，分離独立した国，国名が変わった国をふくめ，200余の世界の全独立国と主要海外領について，概要，面積・人口・GNP・識字率・宗教などの基本データを，二色刷地図と共に簡潔に紹介する世界地理のデータブック。

**データブック世界各国地理 第3版** 竹内啓一著 岩波書店 2004.9 228p 18cm （岩波ジュニア新書） 940円 ①4-00-500484-9

(目次)1 東・東南アジア，2 南・中央・西アジア，北アフリカ，3 ヨーロッパ，4 アメリカ，5 中・南(サハラ以南)アフリカ，6 オセアニア

(内容)経済のグローバル化やEC(欧州連合)の拡大などによって，急速に変化する現代世界。世界各国の歴史や政治・社会を概観し，人口，面積，産業構造，経済指標，言語，宗教などの基本データを紹介。2色刷地図入り，巻末に国・地域索引が付く。

**一目でわかる地理ハンドブック 大学受験 2009-2010** 高橋和明著 (武蔵野)ナガセ 2008.11 265p 19cm （東進ブックス） 1200円 ①978-4-89085-422-6 Ⓝ290

(目次)西ヨーロッパ，中央ヨーロッパ，ロシア連邦とその周辺，アングロアメリカ，ラテンアメリカ，オセアニア，東アジア，東南アジア，南アジア，西アジア，アフリカ，日本

**目で見る世界の国々 別巻 資料・総索引編** 国土社編集部編 国土社 2007.4 149p 26cm 3200円 ①978-4-337-26171-6

(内容)前半には，全70か国を50音順に並べ，基礎的なデータ・資料を紹介。それぞれの国の位置も確認でき，日本との比較もできるように工夫した。後半には，全70巻のシリーズ総索引を掲載。

**もっと知りたい日本と世界のすがた** 帝国書院編集部編 帝国書院 2008.2 248p 26cm 857円 ①978-4-8071-5755-6 Ⓝ290

(目次)日本(日本の成り立ちと自然，日本の諸地域，さまざまな面からとらえた日本)，世界(世界の人々の生活・文化，世界の諸地域)

<図 鑑>

**写真でみる探検の歴史** ルパート・マシューズ著，川成洋日本語版監修 あすなろ書房 2008.6 63p 29×22cm （「知」のビジュアル百科 48） 2500円 ①978-4-7515-2458-9

(目次)初期の探検家，古代エジプトの探検隊，帝国の拡大，ヴァイキングの航海，ポリネシアの移住者たち，シルクロード，アラブの冒険家たち，大航海時代，新世界，世界一周〔ほか〕

(内容)子供向けの1冊1テーマの図解百科事典シリーズ。未知なる土地への第一歩は，どのようにして踏み出されたのか？ 世界は平たい長方形で，はじまで行くと滝から滑り落ちるように落下してしまうと信じられていた時代から，多くの犠牲をともないながら，地球の真の姿が解明されてきた過程を紹介。

**世界の国ぐに 探検大図鑑** 小学館編 小学館 2005.1 288p 29×22cm 〈付属資料：別冊1〉 4286円 ①4-09-213171-2

(目次)アジアの国ぐに，ヨーロッパの国ぐに，アフリカの国ぐに，北アメリカの国ぐに，南アメリカの国ぐに，オセアニアの国ぐに

(内容)小・中学校の社会科や国際理解のための授業に役立つ記事がいっぱい。世界192か国それぞれの基礎データと，日本との関係がよくわかる。世界の子どもたちの生活，衣食住や習慣など，身近な分野がたっぷり。ふんだんなカラー写真やイラスト図解満載で，世界がよく見える。世界地図帳を別冊付録に。本書との連動で多角的に世界を理解。

**ビジュアル博物館 31 探検** ルパート・マシューズ著，リリーフ・システムズ訳 (京都)同朋舎出版 1992.7 63p 29×23cm 3500円 ①4-8104-1090-0

(目次)初期の探検家，古代エジプトの探検隊，帝国の拡大，ヴァイキングの航海，ポリネシアの移住者たち，シルクロード，アラブの冒険家たち，大航海時代，新世界，世界一周，船上の生活，航海用具，黄金と福音，南太平洋，エンデヴァー号，オーストラリア横断，北西航路，

開かれた北米大陸,暗黒大陸,博物学者の探検,北極,南極,空の先駆者たち,宇宙へ,深海を探る,探検ルート
(内容)1冊1テーマ,全88巻の博物図鑑シリーズ。冒険と危険に満ちた探検の世界を独創的に描き出す。有名な探検家たちの使った道具や個人的な持ち物,さらには彼らが発見したものなど,写真を通して探検の世界を目のあたりに見ることができる。

**ビジュアル博物館 51 砂漠 きびしい熱暑と寒冷の世界、砂漠** ミランダ・マッキュイティ著,加藤珪訳 (京都)同朋舎出版 1995.1 63p 30cm 2800円 ①4-8104-2112-0
(目次)砂漠とは?,砂漠は何でできているのだろう?,岩砂漠,砂の海,砂漠の水,雨が降ると,砂漠の植物の生きのこり術,砂漠の昆虫,砂漠の爬虫類,砂漠の鳥類,砂漠の哺乳類,砂漠の生活に適応する,砂漠の船,ラクダの飾り,家畜〔ほか〕
(内容)1冊1テーマ,全88巻の博物図鑑シリーズ。

**ビジュアル博物館 57 北極と南極** バーバラ・テイラー著,ジェフ・ブライトリング写真,幸島司郎訳 (京都)同朋舎出版 1995.8 63p 30cm 2800円 ①4-8104-2139-2
(目次)地球の最果て,北極のツンドラ,南極大陸,南極海の生物,移住する動物と定住する動物,動物の適応,植物の適応,北極の鳥,南極の鳥,空の王者〔ほか〕
(内容)1冊1テーマ,全88巻の博物図鑑シリーズ。北極と南極の雪に覆われた山脈や、凍りついた海、珍しい動物や植物、氷の上や下にいる生物等をカラー写真で紹介する。

**ビジュアル博物館 61 アフリカ** イボンヌ・アヨ著,レイ・モラー,ジェフ・ダン写真,,日野舜也訳・監修 (京都)同朋舎出版 1997.1 63p 30cm 2800円 ①4-8104-2247-X
(目次)多彩な大陸,住居,偉大なる文明,家を建てる,家庭生活,コンパウンドの生活,食料の調達,模様と色彩,スポーツと娯楽,女たちの服装〔ほか〕
(内容)1冊1テーマ,全88巻の博物図鑑シリーズ。広大で神秘的な大陸に生活する人々の伝統的なくらしと文化を紹介。アフリカ諸国の人々、その家、道具、工芸品などのカラー写真を多数掲載。

**ビジュアル博物館 62 海洋** ミランダ・マッキュイティ著,フランク・グリーンナウェイ写真,毛利匡明日本語版監修 (京都)同朋舎出版 1997.2 63p 29×23cm 2718円 ①4-8104-2248-3

(目次)昔の海,現代の海,海の生物,波と天候,砂と泥の海底,やわらかい砂の海底,岩場の海底,岩の上での生活,サンゴの王国,サンゴ礁で生きる,資源豊かな海,食うものと、食われるもの,マイホームと隠れ家,攻めたり守ったり,ジェット推進で泳ぐ,海中を進む,海を旅する,薄暗い世界で生きる,暗黒の深海で生きる,海底で生きる,熱い水の噴出,潜水装置の発達,潜水機械,海を探る,海底の沈没船,魚をとる,海の産物,石油と天然ガスの探査,危機にさらされる海
(内容)1冊1テーマ,全88巻の博物図鑑シリーズ。

**ビジュアル博物館 86 山** レベッカ・スティーブンス著,長谷川憲絵訳,稲村哲也,山本紀夫日本語版監修 同朋舎,角川書店〔発売〕 2001.12 62p 30cm 〈原書名:Eyewitness guides, volume 116 - Everest〉3400円 ①4-8104-2722-6 Ⓝ454.5
(目次)世界の山,山ができるまで,7大陸最高峰,山の特徴,山の気候,山頂に暮らす生き物,山に適応した動物たち,ヒマラヤの住民,ヨーロッパアルプスの住民,アンデスの神々〔ほか〕
(内容)1冊1テーマ,全88巻の博物図鑑シリーズ。雲の上の家、ケーブルカーと山岳鉄道、イエティと山の神話の事実、アルプスを越えた象の物語、登山家はどうやってけわしい岸壁を登るのかなど、人々を魅了する山の世界を紹介。巻末に五十音順の事項名索引がある。

<地図帳>

**アトラス世界地図絵本** アリソン・クーパー,アン・マクレー著,ダニエラ・デ・ルカ絵,岡田好恵訳 学習研究社 2005.3 45p 34×27cm 〈付属資料:ポスター1原書名:The Children's Pictorial Atlas of the World〉1600円 ①4-05-202271-8
(目次)地球という星,世界,地図ってなあに?,世界をとりまく環境,カナダ,アラスカ,北極圏,アメリカ合衆国,メキシコ,中央アメリカ,南アメリカ北部,南アメリカ大陸と南極大陸,北ヨーロッパ,中央ヨーロッパ〔ほか〕
(内容)15組の美しいフルカラー地図で見る世界七大陸の国と地域と日本。各国の主要都市や建造物、文化や経済の特色が一目でわかる楽しいイラストと、役に立つ英単語つき。おとなからこどもまでみんなで楽しめる地図絵本。

**イラスト 世界まるごと絵地図** 学研 1993.4 184p 26×21cm 〈学研のまるごとシリーズ〉2000円 ①4-05-105648-1
(目次)国と国旗,自然(動物・植物,地理),スポーツ,観光,文化,政治・経済
(内容)世界のおおよその姿が、一目でわかる絵

地図。世界のようすを、分野別に7つのブロックに分けて紹介、動物・植物の原産地、国名表記など、いくつかの説や表記があるものは、最も一般的なものにしたがっている。

**絵でわかる世界大地図** コリン・セール編、ジャレックス訳 ネコ・パブリッシング 2004.8 128p 35×28cm 〈原書名：Children's Atlas of the World〉 1900円 ①4-7770-5058-0

(目次)北アメリカ大陸、南アメリカ大陸、ヨーロッパ、アジア、アフリカ、オーストラリアとオセアニア、極地

(内容)全体を7つの地域に分け、大陸地図とイラスト入り地図で大陸の概要、各国の人口、首都名を記載したほか、3000以上のイラストを使用して場所、野生生物、イベントなど重要な事柄を目立つように示している。巻末に五十音順の索引が付く。

**基本地図帳 2003-2004** 二宮書店編集部編 二宮書店 2003.3 128p 30cm 1500円 ①4-8176-0208-2

(目次)世界の諸地域（アジアの自然と文化、東アジア、中国東部 ほか），日本の諸地域（日本の位置、南西諸島、九州、中国・四国 ほか），分野別主題図（日本の主題図，世界の課題，球面上の世界 ほか），統計資料・地名索引

**基本地図帳 2004-2005** 二宮書店編集部編 二宮書店 2004.4 128p 30cm 1524円 ①4-8176-0220-1

(目次)世界の諸地域（アジアの自然と文化、東アジア、中国東部、朝鮮半島、東アジアの都市図、ほか），日本の諸地域（日本の位置、南西諸島、九州、中国・四国、近畿、神戸・奈良、京阪神 ほか），分野別主題図（日本の主題図，世界の課題，球面上の世界，結びつく現代世界，人種・民族・言語・宗教 ほか），統計資料・地名索引

**基本地図帳 世界と日本のいまを知る 2009-2010** 二宮書店編集部著 二宮書店 2009.3 153p 30cm 〈索引あり〉 1524円 ①978-4-8176-0337-1 ℕ290.38

(目次)世界、アジア、アフリカ、ヨーロッパ、北アメリカ、南アメリカ、オセアニア・海洋・両極、日本、主題図、統計・事項索引・地名索引

**基本地図帳 世界と日本のいまを知る 2010-2011** 二宮書店編集部著 二宮書店 2010.3 153p 30cm 〈索引あり〉 1524円 ①978-4-8176-0344-9 ℕ290.38

(目次)世界、アジア、アフリカ、ヨーロッパ、北アメリカ、南アメリカ、オセアニア・海洋・両極、日本、主題図、統計・事項索引・地名索引

**教科書対応版 世界の地図 衛星写真とイラストで世界が見えてくる** 成田喜一郎監修 成美堂出版 1996.7 78p 26cm 1000円 ①4-415-08400-1

(目次)日本語では「こんにちは」世界の国々の言葉では?，世界は一つ、でも世界地図は一つじゃない、世界はいま何時?，気候が違う、だから住む家や着るものもさまざま、食べるものもこんなに違う、衛星・イラストマップ、いま、地球が危ない、世界の平和と人類の未来のために、世界の国旗，世界国別データ，世界のほ乳動物いろいろ

(内容)衛星写真とイラスト地図で各地域の特徴を解説した児童向けの世界地図帳。アジア、アフリカ等のブロックごとに掲載する。それぞれの解説文に総てルビが振られている。巻末に「世界の国旗」や国名・正式名称・面積・人口・首都名を記した「世界国別データ」、五十音順の「地名索引」がある。

**現代地図帳 2004-2005** 二宮書店編集部編 二宮書店 2004.3 152p 26cm 1524円 ①4-8176-0219-8

(目次)分野別主題図（世界の国々、国家間の結合、など，地形(1)～(3) ほか），世界の諸地域（一般図・主題図・都市図）（アジアの自然と東西交流，東アジア ほか），日本の諸地域（一般図・主題図・都市図）（日本の位置，日本主題図(1)～(3) ほか），統計資料・地名索引（統計資料（自然統計），統計資料（世界の国一覧）ほか）

**高等地図帳 2003-2004** 二宮書店編集部編 二宮書店 2003.3 144p 26cm 1500円 ①4-8176-0206-6

(目次)世界の総図，世界の一般図，世界の一般図・主題図，分野別主題図

**高等地図帳 2004-2005** 二宮書店編集部編 二宮書店 2004.3 144p 26cm 1524円 ①4-8176-0218-X

(目次)世界の総図，世界の一般図，日本の一般図・主題図，分野別主題図，統計資料(1)～(13)，地名索引

**高等地図帳 2010-2011** 二宮書店編集部著 二宮書店 2010.3 152p 26cm 〈他言語標題：The world atlas 索引あり〉 1524円 ①978-4-8176-0342-5 ℕ290.38

(目次)世界の一般図（ユーラシア、東アジア ほか），日本の一般図（日本全図，日本の位置 ほか），主題図（日本主題図，地形 ほか），統計資料・地名索引（統計資料：地名索引（世界）ほか）

**こどもの世界地図** 偕成社 〔1992.7〕 96p 33×24cm 2800円 ①4-03-531090-5

(内容)世界各地の国土や自然、人々の生活や文化、産業などのありさまを地図と写真、イラス

## 歴史　　　　　　　　　児童書

トで示した、こどものための最新の世界地図。世界をヨーロッパ、旧ソビエト連邦、北アメリカ、南アメリカ、アジア、アフリカ、オセアニアの7地域に分け、それぞれの地域にぞくする国々のようすを紹介する。

**コンパクト地図帳　地図から学ぶ現代社会 2009-2010**　二宮書店編集部著　二宮書店　2009.3　240p　21cm　〈他言語標題：Compact atlas of the world　年表あり　索引あり〉　1524円　①978-4-8176-0338-8　Ⓝ290

(目次)国家と平和、経済と生活、人間と環境、創造と遺産、アジア、アフリカ、ヨーロッパ、北アメリカ、南アメリカ、海洋、オセアニア、両極、日本、都市図、地図

(内容)世界の独立国194か国基本データ。

**コンパクト地図帳　地図から学ぶ現代社会 2010-2011**　二宮書店編集部著　二宮書店　2010.3　240p　21cm　〈他言語標題：Compact atlas of the world　年表あり　索引あり〉　1524円　①978-4-8176-0345-6　Ⓝ290

(目次)国家と平和、経済と生活、人間と環境、創造と遺産、アジア、アフリカ、ヨーロッパ、北アメリカ、南アメリカ、海洋、両極、都市図、地図

**最新基本地図　世界・日本**　35訂版　帝国書院著　帝国書院　2010.12　272p　30cm　2500円　①978-4-8071-5949-9　Ⓝ290

(目次)世界編（アジア、アフリカ、ヨーロッパ、南北アメリカ、太平洋・オセアニア・両極）、日本編（日本列島・沖縄、九州地方、中国・四国地方、近畿地方、中部地方、関東地方、東北地方、北海道地方）

(内容)日本は全市町村名を完全網羅。世界は豊富な図取りと充実した地名。「平成の市町村合併」が分かる特集地図。見たい場所がすぐに探せる「さくいん」。194ヵ国の国旗と基本情報が分かる特集ページ。

**最新版　中学校社会科地図**　帝国書院　1995.9　142p　26cm　1300円　①4-8071-4007-8

(内容)中学校社会科の学習用地図帳。世界と日本の地図のほか、主要都市の人口等、各種統計資料も掲載する。巻末に五十音順の地名索引（世界／日本）がある。

**社会科地図帳　小学校総復習**　帝国書院編集部著　帝国書院　1999.1　124p　30cm　1700円　①4-8071-5163-0

(内容)小学生向けの地図帳。地図や写真、統計資料を通して具体的に地域の特色を読みとり、今まで学んできた社会科学習の基礎を地図帳から総復習することをねらいとして編集されている。

**ジュニア地図帳　こども世界の旅**　新版　高木実構成・文、花沢真一郎イラスト　平凡社　1998.11　64p　30cm　2500円　①4-582-40721-8

(目次)日本の自然、日本の都道府県、日本イラストマップ、アジアの自然、アジアの国々、アジアイラストマップ、ヨーロッパの自然、ヨーロッパの国々、ヨーロッパイラストマップ、アフリカの自然、アフリカの国々、アフリカイラストマップ、北アメリカの自然、北アメリカの国々、北アメリカイラストマップ、南アメリカの自然、南アメリカの国々、南アメリカイラストマップ、オセアニアの自然、オセアニアの国々、オセアニアイラストマップ、北極・南極の自然、北極・南極イラストマップ、世界全図、世界地図いろいろ、地球から宇宙へ、世界の国々、イラスト一口事典

**詳解現代地図　2003-2004**　二宮書店編集部編　二宮書店　2003.3　144p　26cm　1500円　①4-8176-0207-4

(目次)分野別主題図（現代の課題・自然）、世界の諸地域（一般図・主題図）、日本の諸地域（一般図・主題図）、さまざまな地図、統計資料・地名索引

**小学校総復習　社会科地図帳**　帝国書院編集部編　帝国書院　1997.12　124p　30cm　1553円　①4-8071-5136-3

(目次)日本の国土、地図の見方、いろいろな地形と地図、国土の成り立ちと自然、日本全図、九州地方、中国・四国地方、近畿地方、中部地方、関東地方、東北地方、北海道地方、日本の鉱工業、日本の農業、日本の水産業・人口、日本と世界の環境問題、日本と世界の結びつき、世界の人口・米と小麦・世界の動き・宗教、世界の地形、世界の気候、ユーラシア・オセアニア・北極・南極、アジア、アフリカ、ヨーロッパ、ユーラシア北部、アメリカ、オセアニア・太平洋、オーストラリア

**小学校総復習　社会科地図帳**　初訂版　帝国書院編集部著　帝国書院　2000.1　124p　30cm　1700円　①4-8071-5230-0　Ⓝ291.038

(目次)国土の成り立ちと自然（日本の地形、日本の気候）、日本全図、九州地方、中国・四国地方、近畿地方、中部地方、関東地方、東北地方、北海道地方

(内容)小学校の社会科学習用の地図帳。各地の写真、統計資料を併載し、日本全図は地方ごとに掲載し資料を合わせて収載。統計資料は日本の鉄鋼業、農業、水産業・人口、環境問題とほかに世界との結びつき、世界の人口、地形、気候等を収録。また世界の大陸ごとの地図も掲載。巻

**小学校総復習 社会科地図帳 最新版** 帝国書院 2009.12 135p 30cm 1700円 ⓘ978-4-8071-5887-4 Ⓝ290

（目次）地図の見方（一）方位・距離・縮尺・等高線，地図の見方（二）地形図の記号，地形図の見方・読み方，地球儀と地図，日本の地形（一）地形のようす，プレート，日本の地形（二）日本の自然地形，日本の気候，日本全図，南西諸島，九州地方（一），九州地方（二）資料図〔ほか〕

**昭和25年版復刻版地図帳** 復刻版 帝国書院 2006.11 115p 26cm 2000円 ⓘ4-8071-5611-X

（目次）九州地方，中国・四国地方，近畿地方，中部地方，関東地方，奥羽地方，北海道地方，日本の人口，日本の交通と貿易，ユーラシア，アジア主部〔ほか〕

**昭和48年版復刻版地図帳** 復刻版 帝国書院 2006.11 138p 26cm 2000円 ⓘ4-8071-5612-8

（目次）日本（九州地方，中国・四国地方，近畿地方 ほか），世界（アジア，アフリカ，ヨーロッパ ほか），資料図（世界の中の日本の農業・水産業，世界の中の日本の工業，世界を結ぶ貿易と交通 ほか）

**調べ学習に役立つ 世界の地図 もっと世界を知りたくなる！見て，読んで，考える地図帳―教科書対応 新学習指導要領対応** 江波戸昭監修 成美堂出版 2001.6 81p 26cm 980円 ⓘ4-415-01520-4 Ⓝ290.38

（目次）アジア，アフリカ，ヨーロッパ，ロシアとその周辺地域，北・中央アメリカ，南アメリカ，オセアニア，北極・南極

（内容）写真やイラストで世界を紹介する小学生向けの地図帳。世界を7地域に分け，地形・様子・知るページから成る。地形のコーナーでは地形図や写真で概観を紹介，ようすのコーナーでは行政地図と国旗を紹介，知るページではその地域の歴史や政治問題などのトピックを取り上げて解説。巻末に統計集と，地名索引を付す。新学習指導要領・教科書に対応。

**調べ学習に役立つ 世界の地図** 江波戸昭監修 成美堂出版 2006.7 81p 26cm 980円 ⓘ4-415-30017-0

（目次）宇宙から見た世界，アジア，アフリカ，ヨーロッパ，ロシアとその周辺地域，北・中央アメリカ，南アメリカ，オセアニア，北極・南極

（内容）詳しい地図，美しい衛星写真に加え，名所などの観光写真，楽しいイラストを使って世界のさまざまな姿を紹介。まるで本当に旅をしている気分で，世界を知ることができる新しい地図帳。

**調べ学習に役立つ 世界の地図** 江波戸昭監修 成美堂出版 2007.8 81p 26cm 980円 ⓘ978-4-415-30269-0

（目次）宇宙から見た世界，アジア，アフリカ，ヨーロッパ，ロシアとその周辺地域，北・中央アメリカ，南アメリカ，オセアニア，北極，南極

（内容）世界を7つの地域に分け，地域ごとに「地形」，「ようす」，「知るページ」のページを設けた。「地形」のページには地形図とともに写真でその地域を紹介，「ようす」のページには行政地図とともに国旗を記載。「知るページ」については，歴史や政治など幅広い分野から，地域のトピックをとりあげ，写真やイラストを使って説明。巻末には調べ学習に役立つように，最新の資料と地域さくいんも収録。

**新詳高等社会科地図** 5訂版 帝国書院編集部編 帝国書院 1993.10 148p 26cm 1500円 ⓘ4-8071-1559-6

（内容）世界と日本の高等学校学習地図帳。世界図は9地域32面，日本地図は全体図と地方図をあわせて15面で構成。他に，民族・文化，環境問題・開発，地図の発達・地球の歴史などテーマ別の図版，統計資料を掲載する。巻末に世界と日本に分けた地名索引がある。

**新詳高等社会科地図** 5訂版 帝国書院 1994.12 148p 26cm 1500円 ⓘ4-8071-4005-1

（内容）世界と日本の地図を中心とする学習地図帳。地図は世界各地32面，日本各地15面。人口，開発と公害，文化，気候等世界の情勢を示した地図資料，統計資料も収録する。巻末に地名索引（外国，日本），主な出典資料一覧を付す。一家族みんなに役立つ高等学校用地図帳。最新の世界・日本の地理ニュース付。

**新詳高等社会科地図** 5訂版 帝国書院 1995.9 148p 26cm 1500円 ⓘ4-8071-4011-6

（内容）世界と日本の地図を中心とする学習地図帳。人口，開発と公害，文化，気候等世界の情勢を示した地図資料，統計資料も収録する。巻末に地名索引（外国，日本），主な出典資料一覧を付す。

**新詳高等地図 最新版** 帝国書院編集部編 帝国書院 1994.9 144p 26cm 1500円 ⓘ4-8071-4003-5

（内容）世界と日本の高等学校学習地図帳。世界図，日本地図（全体図と地方図）の順に構成する。他に，民族・文化，環境問題・開発，地図の発達・地球の歴史などテーマ別の図版，統計資料を掲載する。巻末に世界と日本に分けた地名索

歴 史　　　　　　　　　　児童書

引がある。

**新詳高等地図　最新版　帝国書院　1995.9
144p　26cm　1500円　Ⓘ4-8071-4008-6**
(内容)高等学校社会科の学習用地図帳。世界と日本の地図のほか、主要都市の人口等、各種統計資料も掲載する。巻末に五十音順の地名索引(外国／日本)がある。

**新詳高等地図　最新版　帝国書院編集部編
帝国書院　2003.9　152p　26cm　1500円
Ⓘ4-8071-4084-1**
(目次)世界の国々、地図帳の記号と文字、結びつく世界、ユーラシア・北極・オセアニア、東アジア、中国要部、中国の資料図、中国の資料図、台湾、朝鮮半島、朝鮮半島の資料図、日本の近隣諸国〔ほか〕

**新詳高等地図　平成21年初訂版　帝国書院編集部編　帝国書院　2009.10　156p　26cm
(Teikoku's atlas)　〈索引あり〉　1500円
Ⓘ978-4-8071-5855-3　Ⓝ290.38**
(目次)世界の国々・国旗、ユーラシア・北極・オセアニア、東アジア、東南アジア要部、南アジア、西アジア、アフリカ、ヨーロッパ、ユーラシア北部、南北アメリカ・大西洋〔ほか〕

**新詳高等地図　平成22年初訂版　帝国書院編集部編　帝国書院　2010.10　156p　26cm
(Teikoku's atlas)　〈索引あり〉　1500円
Ⓘ978-4-8071-5945-1　Ⓝ290.38**
(目次)東アジア、中国要部、中国資料図、中国沿岸部拡大図、朝鮮半島、日本の近隣諸国、東南アジア要部、東南アジア資料図、結びつく世界―アジア、南アジア資料図〔ほか〕

**新詳高等地図　最新版　帝国書院編集部編
帝国書院　2004.10　152p　26cm　1500円
Ⓘ4-8071-4097-3**
(目次)世界の国々、地図帳の記号と文字、結びつく世界、ユーラシア・北極・オセアニア、東アジア、中国要部、中国の資料図、中国の資料図、台湾、朝鮮半島、朝鮮半島の資料図、日本の近隣諸国〔ほか〕

**新詳高等地図　最新版　帝国書院編集部編
帝国書院　2005.10　151p　26cm　1500円
Ⓘ4-8071-4113-9**
(目次)世界の国々、地図帳の記号と文字、結びつく世界、ユーラシア・北極・オセアニア、東アジア、中国要部、中国の資料図、中国の資料図、台湾、朝鮮半島、朝鮮半島の資料図、日本の近隣諸国〔ほか〕

**新詳高等地図　最新版　帝国書院編集部編
帝国書院　2006.10　152p　26cm　1500円
Ⓘ4-8071-5607-1**

**新詳高等地図 最新版　帝国書院編集部編
帝国書院　2007.10　152p　26cm　1500円
Ⓘ978-4-8071-5732-7**
(内容)高等学校で使用されている地図帳の市販版。自然、産業、環境、民族、文化など多角的なテーマの地域資料図を多数掲載。統計資料も豊富に収録。地名索引付き。

**新編 中学校社会科地図　初訂版　帝国書院編集部編　帝国書院　2006.10　152p　26cm
1400円　Ⓘ4-8071-5606-3**
(目次)地図帳で都道府県を調べよう、地図帳で国を調べよう、世界の地形、世界の気候、世界の生活・文化、世界の環境問題、アジア・オーストラリア・北極、東アジア、中国の資料図、朝鮮半島、東アジアと日本〔ほか〕

**新編 中学校社会科地図　初訂版　帝国書院編集部編　帝国書院　2007.10　152p　26cm
1400円　Ⓘ978-4-8071-5728-0**
(内容)世界・日本地図、拡大図、統計資料をコンパクトにまとめた、中学校用地図帳の市販版。写真も豊富に掲載し、地図を見るポイントも記載。巻頭で地図帳の使い方・調べ方を説明。統計資料を収載。索引付き。

**新編中学校社会科地図　平成21年初訂版　帝国書院編集部編　帝国書院　2009.10　152p
26cm　(Teikoku's atlas)　〈索引あり〉
1400円　Ⓘ978-4-8071-5854-6　Ⓝ290.38**
(目次)世界の国々、アジア・オーストラリア・北極、アフリカ／アフリカの資料図、ヨーロッパ、大西洋／アメリカ合衆国の資料図、南北アメリカ・南極、環太平洋、日本列島、統計資料

**新編中学校社会科地図　平成22年初訂版　帝国書院編集部編　帝国書院　2010.10　152p
26cm　(Teikoku's atlas)　〈索引あり〉
1400円　Ⓘ978-4-8071-5944-7　Ⓝ290.38**
(目次)世界の地形、世界の気候、世界の生活・文化、世界の環境問題、アジア・オーストラリア・北極、東アジア、中国の資料図、朝鮮半島、東アジアと日本、東southern アジア〔ほか〕

**中学校社会科地図　新編　帝国書院編集部編
帝国書院　2002.9　139p　26cm　1400円
Ⓘ4-8071-4077-9　Ⓝ290**
(目次)アジア・オーストラリア・北極、東アジア、中国の資料図、朝鮮半島、東南アジア、東南アジアの資料図、南・西アジア、アフリカ・アフリカの資料図、ヨーロッパ、ヨーロッパ中央

94　児童書 レファレンスブック

部〔ほか〕
(内容)中学生向けの地図帳。世界および日本の一般図、資料図が収録されている。「やってみよう」「考えてみよう」というメモがあり、中学生の学習に役立つようになっている。この他に、世界と日本の人口、日本と世界の結びつき、人間活動と環境問題などの資料も収録されている。巻末に統計資料と索引が付く。

**新編 中学校社会科地図 最新版** 帝国書院編集部編 帝国書院 2003.9 140p 26cm 1400円 Ⓘ4-8071-4087-6
(目次)世界の国々,世界の地形・地図の記号,世界の気候,世界の生活文化,アジア・オーストラリア・北極,東アジア,中国の資料図,朝鮮半島,東南アジア,東南アジアの資料図〔ほか〕

**新編 中学校社会科地図 最新版** 帝国書院編集部編 帝国書院 2004.10 139p 26cm 1400円 Ⓘ4-8071-4096-5
(目次)世界の国々,世界の地形・地図の記号,世界の気候,世界の生活文化,アジア・オーストラリア・北極,東アジア,中国の資料図,朝鮮半島,東南アジア,東南アジアの資料図〔ほか〕

**新編 中学校社会科地図 最新版** 帝国書院編集部編 帝国書院 2005.10 139p 26cm 1400円 Ⓘ4-8071-4112-0
(目次)世界の国々,世界の地形・地図の記号,世界の気候,世界の生活文化,アジア・オーストラリア・北極,東アジア,中国の資料図,朝鮮半島,東南アジア,東南アジアの資料図〔ほか〕

**新編 標準高等地図 最新版** 帝国書院編集部編 帝国書院 2003.9 142p 26cm 1500円 Ⓘ4-8071-4085-X
(目次)世界の国々,地図帳の記号と文字,交通・通信,ユーラシア・北極・オセアニア,アジア(一)東アジア,アジア(二)中国要部,アジア(三)東アジア都市図,アジア(四)朝鮮半島・台湾,アジア(五)ソウル・ピョンヤン,アジア(六)東南アジア〔ほか〕

**図解 地図資料 大学地理受験必携** 4訂版 帝国書院編集部編 帝国書院 2000.4 170p 26cm 2000円 Ⓘ4-8071-4033-7 Ⓝ290.38
(目次)地図と写真で綴る資料(空から見た地形と地図,気候 ほか),世界の諸地域の地図(東アジア,東南アジア ほか),日本の諸地域の地図(日本の位置,九州地方・南西諸島 ほか),系統的にみた世界の地図資料(領土と国境,人種・民族・宗教 ほか),世界地誌からみた地図資料(モンスーンアジアの地誌,西アジア・アフリカの地誌 ほか)
(内容)世界と日本の基本的な地図と種々のテーマを扱った主題地図、グラフ、模式図、写真を掲載した地図資料集。各種図版は系統項目や地域の理解に必要な基本的なものを収録。内容は世界の諸地域の地図と日本の諸地域の地図、領土と国境、人種・民族・宗教、国家群・民族紛争などの系統的にみた地図資料、モンスーンアジア、西アジア・アフリカなど地誌からみた地図資料で構成。巻末に地図の発達、地球の歴史、都道府県の統計等を収録。世界地名索引と日本地名索引を付す。

**図解 地図資料** 6訂版 帝国書院編集部編 帝国書院 2002.4 178p 26cm 2000円 Ⓘ4-8071-4055-8 Ⓝ290.38
(目次)地図と写真で綴る資料,世界の諸地域の地図,日本の諸地域の地図,系統的にみた世界の地図資料,世界地誌からみた地図資料
(内容)世界と日本の基本的な地図と種々のテーマを扱った主題地図、グラフ、模式図、写真を掲載した地図資料集。各種図版は系統項目や地域の理解に必要な基本的なものを収録。内容は世界の諸地域の地図と日本の諸地域の地図、領土と国境、人種・民族・宗教、国家群・民族紛争などの系統的にみた地図資料、モンスーンアジア、西アジア・アフリカなど地誌からみた地図資料で構成。巻末に地図の発達、地球の歴史、都道府県の統計等を収録。世界地名索引と日本地名索引を付す。

**図解 地図資料** 第13版 帝国書院編集部編,河合塾編集協力 帝国書院 2009.3 192p 26cm 2000円 Ⓘ978-4-8071-5834-8 Ⓝ290
(目次)地図と写真で綴る資料(地形,気候(一)―ケッペンの気候区分 ほか),世界の諸地域の地図(東アジア,中国要部 ほか),日本の諸地域の地図(日本列島,九州地方,福岡 ほか),系統的にみた世界の地図資料(自然環境―地形、気候、陸水と海洋,世界の農業と食料問題 ほか),世界地誌からみた地図資料(モンスーンアジアの地誌,西アジア・アフリカの地誌 ほか)
(内容)世界と日本の基本地図(一般図)と種々のテーマを扱った主題地図・グラフ・模式図・地形図・写真を掲載した地図帳。図版は、系統項目や地域の理解に必要な基本的なものに加え、入試や試験問題で素材としてそのままとりあげられる頻度の高いものを選定収録。主要な図版には、自学・自習に使えるようその読図のポイントなどの解説を付す。

**世界白地図作業帳** 塔文社 2010.1 60p 30cm 667円 Ⓘ978-4-88678-346-2 Ⓝ290
(目次)世界の陸地と海洋,世界の地形,世界の気候,世界の人口,世界の交通路,世界の農業,世界の漁業,世界の林業,世界の綿花と羊毛〔ほか〕

**綜合 地歴新地図 世界・日本** 3訂版 帝国

書院　1997.4　159p　26cm　1500円　①4-8071-5105-3

(目次)アジア，アフリカ，ヨーロッパ，ユーラシア北部，アメリカ，オセアニア・両極，日本，基礎資料図（現代の諸問題，総合年表，統計資料，さくいん，古代の主要遺跡，日本全図・国立・国定公園）

**楽しい小学校社会科地図帳　家庭学習用**
　帝国書院編集部著　帝国書院　1997.4　67p　26cm　771円　①4-8071-4017-5

(目次)わたしたちの国土―むかしの境界・都道府県の区分，この地図帳の見方，九州地方の基本図，本州南西・中央部の基本図，本州中央・東北部の基本図，北海道地方の基本図，九州地方の拡大図，福岡市・北九州市とそのまわり―都市のくらし，沖縄島の拡大図，中国地方の拡大図〔ほか〕

**楽しい小学校社会科地図帳**　3訂版　帝国書院編集部編　帝国書院　2000.4　70p　26cm　800円　①4-8071-4032-9　⑩290

(目次)日本の南西諸島を見わたす地図，日本の西部・中央部を見わたす地図，日本の東北部を見わたす地図，九州地方のくわしい地図，中国地方のくわしい地図，四国地方のくわしい地図，近畿地方のくわしい地図，大阪市とそのまわり，中部地方のくわしい地図，名古屋市とそのまわり〔ほか〕

(内容)小学校社会科学習用の地図帳。日本と世界の地図を掲載し，地図の使用法についても解説をしている。地図は地域ごとに掲載し，日本地図は地域とその中心都市について詳細な地図を載せている。ほかには日本，都道府県，世界のおもな統計資料を収録。日本の部と世界の部に分けた主な地名の索引を巻末に付す。

**楽しい小学校社会科地図帳　家庭学習用**
　3訂版　帝国書院編集部編　帝国書院　2001.4　66p　26cm　〈付属資料：世界全図1〉　800円　①4-8071-4038-8　⑩290

(目次)日本の南西諸島を見わたす地図，福岡市・北九州市とそのまわり，沖縄島，日本の西部・中央部を見わたす地図，日本の東北部を見わたす地図，九州地方のくわしい地図，中国地方のくわしい地図，四国地方のくわしい地図，近畿地方のくわしい地図，大阪市とそのまわり〔ほか〕

(内容)小学生の家庭学習用の社会科地図帳。地域ごとの概観図と地方別のくわしい地図，都市の地図，世界地図，資料図・統計からなり，くわしい地図・都市の地図には社会科に登場する地名や産業についての情報を掲載。巻末に索引がある。

**楽しく学ぶ小学生の地図帳　家庭学習用**
　最新版　帝国書院編集部編　帝国書院　2003.4　65p　26cm　〈付属資料：地図1〉　830円　①4-8071-4079-5

(目次)わたしたちの日本，地図であそぼう，わくわく島をたんけんしよう!，わたしたちの県（都道府）のようすを調べてみよう，地図づくり，わたしたちの国土―日本とそのまわりのようす，日本の南西諸島を見わたす地図，日本列島を見わたす地図，九州地方のくわしい地図（福岡市・北九州市とそのまわり），中国地方のくわしい地図〔ほか〕

**楽しく学ぶ小学生の地図帳　家庭学習用**
　大判世界全図付き　最新版　帝国書院編集部編　帝国書院　2004.4　70p　26cm　〈付属資料：地図1〉　830円　①4-8071-4088-4

(目次)わたしたちの日本，地図であそぼう，わくわく島をたんけんしよう，わたしたちの県（都道府）のようすを調べてみよう，地図づくり，わたしたちの国土―日本とそのまわりのようす，日本の南西諸島を見わたす地図，日本列島を見わたす地図，九州地方のくわしい地図（福岡市・北九州市とそのまわり），中国地方のくわしい地図〔ほか〕

**楽しく学ぶ小学生の地図帳　家庭学習用**
　帝国書院編集部編　帝国書院　2005.4　76p　26cm　850円　①4-8071-4101-5

(内容)小学校で使用されている地図帳の市販版。地名にはルビを付与。付録として「大判世界全図」付き。

**楽しく学ぶ小学生の地図帳　家庭学習用**
　大判世界全図付き　初訂版　帝国書院編集部編　帝国書院　2006.4　71p　26cm　〈付属資料：大判世界全図〉　850円　①4-8071-5589-X

(目次)地図帳で遊ぼう，絵地図を使って道案内，地図を使ってたんけんしよう，地図帳の記号を読みとろう，県（都道府）のようすをくわしくみよう，広い地域を見わたそう，我が国と日本とそのまわりのようす，日本の南西諸島を見わたす地図，日本列島を見わたす地図〔ほか〕

**楽しく学ぶ小学生の地図帳**　初訂版　帝国書院編集部編　帝国書院　2007.4　76p　26cm　〈付属資料：地図1〉　850円　①978-4-8071-5720-4

(内容)小学校で使用されている地図帳の市販版。日本の全市町村を掲載。地名にはルビを付与。付録として「大判世界全図」付き。

**楽しく学ぶ小学生の地図帳　家庭学習用**
　平成21年初訂版　帝国書院編集部編　帝国書院　2009.4　76p　26cm　〈索引あり〉　850円　①978-4-8071-5845-4　⑩290.38

(内容)日本と世界各地の地図を収録した学習地図帳。各地域の特色を明記している。大判の世

界地図付き。

**楽しく学ぶ小学生の地図帳　家庭学習用**
平成22年初訂版　帝国書院編集部編　帝国書院　2010.4　76p　26cm　〈索引あり〉　850円　⑪978-4-8071-5905-5　Ⓝ290.38

(目次)地図帳で遊ぼう，絵地図を使って道案内，地図を使ってたんけんしよう，地図帳の記号を読みとろう，県（都道府）のようすをくわしくみよう，広い地域を見わたそう，地図づくり，日本とそのまわりのようす，日本の南西諸等を見わたす地図，日本列島を見わたす地図〔ほか〕

**地図で知る世界の国ぐに**　正井泰夫監修
平凡社　2000.7　104p　30cm　2500円　⑪4-582-44308-7　Ⓝ290

(目次)アジアの自然，アジアの国ぐに，ヨーロッパの自然，ヨーロッパの国ぐに，アフリカの自然，アフリカの国ぐに，北アメリカの自然，北アメリカの国ぐに，南アメリカの自然，南アメリカの国ぐに，オセアニアの自然と国ぐに，南極大陸

(内容)世界191ヵ国すべての国を収録した国別地図帳。各地図には自然，歴史，国旗，面積，人口，首都，言語などの解説とデータも記載する。

**地図で知る世界の大都市**　正井泰夫監修
平凡社　2001.9　95p　31×22cm　2600円　⑪4-582-44310-9　Ⓝ290

(目次)ソウル，北京，上海，香港，バンコク，シンガポール，ジャカルタ，デリー，テヘラン，イスタンブール〔ほか〕

(内容)主要大都市の詳細地図に，各地のみどころを掲載した家族向けの大都市地図帳。主要40都市を収録。みどころでは史跡，美術館，繁華街，市場などを紹介，その他，人口，通貨，日本との時差，日本の姉妹都市などのデータや歴史地図も付す。

**中学校社会科地図　最新版**　帝国書院編集部編　帝国書院　1993.11　142p　26cm　1300円　⑪4-8071-1519-7

(内容)世界と日本の中学校学習地図帳。世界図は7地域19面、日本地図は基本図と地方図をあわせ25面で構成。他に「人々の生活と環境」「日本と世界の結びつき」などのテーマ別の図版、統計資料を掲載する。巻末に世界と日本に分けた地名索引がある。

**中学校社会科地図　最新版**　帝国書院
1994.9　142p　26cm　1300円　⑪4-8071-4002-7

(内容)世界と日本の中学校学習地図帳。世界図は7地域19面、日本地図は基本図と地方図をあわせ25面で構成。他に「人々の生活と環境」「日本と世界の結びつき」などのテーマ別の図版、統計資料を掲載する。巻末に世界と日本に分けた地名索引がある。

**中学校社会科地図**　帝国書院編集部編　帝国書院　1997.4　139p　26cm　1400円　⑪4-8071-4018-3

(目次)世界の国々，世界の地図の記号・日本の地図の記号，世界の地形，世界の気候，人々の生活と環境，アジア・オーストラリア・北極，東アジアの環境と人間活動，中国の資料図，台湾，ホンコン・マカオの環境と人間活動，朝鮮半島の環境と人間活動〔ほか〕

(内容)中学校社会科の学習用地図帳。世界と日本の地図のほか、主要都市の人口等、各種統計資料も掲載する。巻末に五十音順の地名索引（世界／日本）がある。

**中学校社会科地図　初訂版**　帝国書院編集部著　帝国書院　1999.10　42p　26cm　1400円　⑪4-8071-4028-0

(目次)世界の国々，世界の地図の記号・日本の地図の記号，世界の地形，世界の気候，人々の生活と環境（食事，衣服と住居，言語と宗教），アジア・オーストラリア・北極（1：4500万），東アジアの環境と人間活動（1：1600万），中国の資料図，台湾（1：320万），ホンコン・マカオ（1：100万）の環境と人間活動，朝鮮半島の環境と人間活動（1：500万）〔ほか〕

**中学校社会科地図　初訂版**　帝国書院編集部編　帝国書院　2001.11　142p　26cm　1400円　⑪4-8071-4043-4　Ⓝ290

(目次)世界の国々，世界の地図の記号・日本の地図の記号，世界の地形，世界の気候，人々の生活と環境，アジア・オーストラリア・北極，東アジアの環境と人間活動，中国の資料図，台湾，ホンコン・マカオの環境と人間活動，朝鮮半島の環境と人間活動〔ほか〕

(内容)世界と日本の基本図、拡大図および資料図・統計資料などを収載する社会科地図。

**地歴高等地図　現代世界とその歴史的背景**
新訂版　帝国書院編集部編　帝国書院　2003.9　146p　26cm　1500円　⑪4-8071-4086-8

(目次)世界の国々，地図の記号・もくじ，結びつく世界，ユーラシア・北極・オセアニア，アジア，アフリカ・インド洋，地中海・西アジア，大西洋，ヨーロッパ，ユーラシア北部〔ほか〕

**地歴高等地図　現代世界とその歴史的背景**
新訂版　帝国書院編集部編　帝国書院　2004.10　145p　26cm　1500円　⑪4-8071-4098-1

(目次)ユーラシア・北極・オセアニア，アジア，アフリカ・インド洋，地中海・西アジア，大西洋，ヨーロッパ，ユーラシア北部，アメリカ，太平洋，オセアニア〔ほか〕

**地歴高等地図 現代世界とその歴史的背景**
新訂版 帝国書院編集部編 帝国書院
2005.10 145p 26cm 1500円 ⓘ4-8071-4114-7

(内容)高等学校で使用されている地図帳の市販版。現在の世界各地域および日本各地の地図に、歴史的背景や史跡などが記載されている。歴史学習でよく使う地域の拡大図や都市図を充実。人物や場所の写真・イラストも併載。最新の統計資料も豊富に収録。地名索引付き。

**地歴高等地図 現代世界とその歴史的背景**
新訂版 帝国書院編集部編 帝国書院
2006.10 144p 26cm 1500円 ⓘ4-8071-5608-X

(内容)高等学校で使用されている地図帳の市販版。現在の世界各地域および日本各地の地図に、歴史的背景や史跡などが記載されている。歴史学習でよく使う地域の拡大図や都市図を充実。人物や場所の写真・イラストも併載。最新の統計資料も豊富に収録。地名索引付き。

**地歴高等地図 現代世界とその歴史的背景**
最新版 帝国書院編集部編 帝国書院
2007.10 152p 26cm 1500円 ⓘ978-4-8071-5730-3

(内容)高等学校で使用されている地図帳の市販版。現在の世界各地域および日本各地の地図に、歴史的背景や史跡などが記載されている。歴史学習でよく使う地域の拡大図や都市図を充実。人物や場所の写真・イラストも豊富に掲載。最新の統計資料も多数。地名索引付き。

**地歴高等地図 現代世界とその歴史的背景**
平成21年最新版 帝国書院編集部編 帝国書院 2009.10 152p 26cm (Teikoku's atlas) 〈索引あり〉 1500円 ⓘ978-4-8071-5856-0 Ⓝ290.38

(目次)世界の国々／地図にみる世界、ユーラシア、東アジア、東南アジア／シンガポール、南アジア／コルカタ、アフリカ・インド洋、ヨーロッパ・地中海、南北アメリカ・大西洋／北極／南極、北アメリカ、南アメリカ、日本の位置〔ほか〕

**地歴高等地図 現代世界とその歴史的背景**
平成22年最新版 帝国書院編集部編 帝国書院 2010.10 152p 26cm (Teikoku's atlas) 〈索引あり〉 1500円 ⓘ978-4-8071-5946-8 Ⓝ290.38

(目次)世界の国々／地図にみる世界、ユーラシア、東アジア、内陸アジア東部、東アジア要部、中国要部、西安・洛陽周辺、ペキン／シーアン、長江下流デルタ／シャンハイ、ホンコン、台湾海峡周辺／コワンチョウ・ホンコン周辺〔ほか〕

**21世紀こども地図館** 小学館 1992.12

309p 29×22cm 〈付：ワイド版・最新学習地図〉 4500円 ⓘ4-09-221121-X

(内容)130のテーマで楽しむ最新オールカラー地図百科。冒険、探検による世界の広がりがひと目でわかる。国名、国旗の最新情報など豊富なデータを満載。衛星写真や立体イラストが見やすくわかりやすい。昆虫やモンスターなどの楽しい地図もいっぱい。毎日の学習にもすぐ役立つ新学習指導要領準拠。

**標準高等社会科地図** 5訂版 帝国書院編集部編 帝国書院 1993.10 148p 26cm 1500円 ⓘ4-8071-1549-9

(内容)世界と日本の高等学校学習地図帳。世界図は10地域30面、日本地図は全体図と地方図をあわせて19面で構成し、ともに都市図を多く収録する。他に国際関係、気候などテーマ別の図版、統計資料を掲載する。巻末に世界と日本に分けた地名索引がある。

**標準高等社会科地図** 5訂版 帝国書院 1994.9 148p 26cm 1500円 ⓘ4-8071-4004-3

(内容)世界と日本の高等学校学習地図帳。世界図は10地域30面、日本地図は全体図と地方図をあわせて19面で構成し、ともに都市図を多く収録する。他に国際関係、気候などテーマ別の図版、統計資料を掲載する。巻末に世界と日本に分けた地名索引がある。

**標準高等社会科地図** 5訂版 帝国書院 1995.9 148p 26cm 1500円 ⓘ4-8071-4010-8

(内容)高等学校社会科の学習用地図帳。世界と日本の地図のほか、主要都市の人口等、各種統計資料も掲載する。巻末に五十音順の地名索引(外国／日本)がある。

**標準高等地図 地図でよむ現代社会** 新訂版 帝国書院編集部編 帝国書院 2004.10 134p 28×22cm 1500円 ⓘ4-8071-4099-X

(目次)世界の国々、ユーラシア・北極・オセアニア、東アジア、中国要部、朝鮮半島、日本の近隣諸国、東南アジア要部、南アジア、中央アジア、アフリカ〔ほか〕

**標準高等地図 地図でよむ現代社会** 新訂版 帝国書院編集部編 帝国書院 2005.10 134p 28×22cm 1500円 ⓘ4-8071-4115-5

(目次)序章 変化する国際社会、経済：社会主義国の市場経済、経済：グローバル化する世界、政治：噴出する民族問題、経済：活発化する地域経済、経済：冷戦後の超大国、基礎資料図 地形、基礎資料図 気候、基礎資料図 言語・宗教、政治：民族の問題〔ほか〕

**標準高等地図 地図でよむ現代社会** 新訂

版　帝国書院編集部編　帝国書院　2006.10　133p　29×22cm　1500円　ⓘ4-8071-5609-8

(目次)ユーラシア・北極・オセアニア、東アジア、中国要部、朝鮮半島、日本の近隣諸国、東南アジア要部、南アジア、中央アジア、アフリカ、ヨーロッパ〔ほか〕

**標準高等地図　地図でよむ現代社会　新訂版**　帝国書院編集部編　帝国書院　2007.10　134p　28×22cm　1500円　ⓘ978-4-8071-5731-0

(内容)アジア、アフリカ、ヨーロッパ、北アメリカ、南アメリカ、オセアニア、日本列島(九州、中国・四国、近畿、中部、関東、東北、北海道)の地図帳。政治・経済・環境・軍事などの資料図を多数掲載。基礎資料として各地域の地形、気候、言語、宗教を収録。巻末に外国の部・日本の部に分けた五十音順の地名索引付き。

**標準高等地図　地図でよむ現代社会　平成21年初訂版**　帝国書院編集部編　帝国書院　2009.10　140p　29cm　(Teikoku's atlas)　〈索引あり〉　1500円　ⓘ978-4-8071-5857-7　Ⓝ290.38

(目次)環境：環境問題(1)さまざまな地球環境の破壊、環境：環境問題(2)地球温暖化と世界的な取り組み、社会：資源・エネルギー問題―エネルギー消費の課題と対策、社会：豊かな生活と福祉社会―少子高齢化する社会と福祉、社会：科学技術と生命の問題―科学技術がもたらす変化と問題、社会：日常生活と宗教―さまざまな宗教と文化の結びつき、経済：国際経済(1)世界経済とグローバル化、経済：国際経済(2)地域経済統合の拡大、経済：現代の日本経済―グローバル化と日本経済の変化、政治：地方自治と財政―地方自治の課題と変化〔ほか〕

**標準高等地図　地図でよむ現代社会　平成22年初訂版**　帝国書院編集部編　帝国書院　2010.10　140p　29cm　(Teikoku's atlas)　〈索引あり〉　1500円　ⓘ978-4-8071-5947-5　Ⓝ290.38

(目次)世界の国々、現代社会を読み解く基礎データ―経済の地図・人口の地図、環境：環境問題(さまざまな地球環境の破壊、地球温暖化と世界的な取り組み)、社会：資源・エネルギー問題―エネルギー消費の課題と対策、社会：豊かな生活と福祉社会―少子高齢化する社会と福祉、社会：科学技術と生命の問題―科学技術がもたらす変化と問題、社会：日常生活と宗教―さまざまな宗教と文化の結びつき、経済：国際経済(世界経済とグローバル化、地域経済統合の拡大)、経済：現代の日本経済―グローバル化と日本経済の変化、政治：地方自治と財政―地方自治の課題と変化、政治：民主主義と選挙―国民の政治参加と選挙〔ほか〕

## ◆◆日本地理

### <事　典>

**イラスト日本(にっぽん)まるごと事典　対訳　ジュニア版 改訂第2版　インターナショナル・インターンシップ・プログラムズ著**　講談社インターナショナル　2009.3　238p　23cm　〈他言語標題：Japan at a glance for young adult　英語併記　年表あり 索引あり〉　1800円　ⓘ978-4-7700-4114-2　Ⓝ382.1

(目次)1 これが日本だ(分県地図、日本の地形 ほか)、2 日本人の生活をかいま見る(衣服、食生活 ほか)、3 日本の文化にふれる(茶の湯、生け花 ほか)、4 今日の日本の姿(人口、宗教 ほか)、付録

(内容)イラストと簡潔な文章で、日本のすべてを紹介する小事典の決定版。自然、地理、衣・食・住、文化、風俗・習慣から政治、経済、社会、歴史まで、日本をまるごと簡潔な英語で説明できる。さらに、外国の人との交流を深められるように、手巻き寿司の作り方、浴衣の着方、花の生け方、習字、俳句、折り紙、じゃんけん遊びなど、日本文化の教授法をわかりやすく図解。ホームステイや海外留学をするときに頼りになる1冊。

**都市の歴史が見えてくる　東京ドーム周辺まるわかり絵事典**　東京ドーム監修　PHP研究所　2005.12　79p　29×22cm　2800円　ⓘ4-569-68564-1

(目次)1 東京ドームシティを100倍楽しもう！(東京のど真ん中に位置する広大なアミューズメントエリア 東京ドームシティに行こう！、日本ではじめての全天候型球場 外から見た東京ドーム、おどろきのしかけがいっぱい！東京ドームの内側を探る ほか)、2 文京区の歴史(位置と特徴―東京の中心、文京区には緑がいっぱい！、古代・先史時代―昔もいまも、坂の多い町、弥生時代―弥生人がここにいた!! ほか)、3 東京ドームシティと文京区のQ&A(なるほど 東京ドームシティのQ&A、なるほど 文京区のQ&A)

**都道府県がわかる地理地名事典　1　あい-いぶ**　渋沢文隆監修　小峰書店　2001.4　55p　26cm　2700円　ⓘ4-338-17901-5　Ⓝ291.033

(内容)地理学習に登場する重要項目を解説し、都道府県ごとの地理情報をもまとめた子ども向けの事典。項目ページと都道府県紹介ページで構成され、項目ページは五十音順排列で、その項目について写真や図を使用して解説、都道府県紹介ページでは自然・産業・行事や伝統・歴史や人物などを解説する。第1巻はあ～いぶで、都道府県紹介は愛知県、青森県、秋田県、石川県、

茨城県。

**都道府県がわかる地理地名事典 2 いぼ－おぜ** 渋沢文隆監修 小峰書店 2001.4 55p 26cm 2700円 ⓘ4-338-17902-3 Ⓝ291.033

(内容)地理学習に登場する重要項目を解説し、都道府県ごとの地理情報をもまとめた子ども向けの事典。項目ページと都道府県紹介ページで構成され、項目ページは五十音順排列で、その項目について写真や図を使用して解説、都道府県紹介ページでは自然・産業・行事や伝統・歴史や人物などを解説する。第2巻はいぼ～おぜで、都道府県紹介は岩手県、愛媛県、大分県、大阪府、岡山県、沖縄県。愛知県・青森県・秋田県・石川県・茨城県。

**都道府県がわかる地理地名事典 3 おそ－きゆ** 渋沢文隆監修 小峰書店 2001.4 55p 26cm 2700円 ⓘ4-338-17903-1 Ⓝ291.033

(内容)地理学習に登場する重要項目を解説し、都道府県ごとの地理情報をもまとめた子ども向けの事典。項目ページと都道府県紹介ページで構成され、項目ページは五十音順排列で、その項目について写真や図を使用して解説、都道府県紹介ページでは自然・産業・行事や伝統・歴史や人物などを解説する。第3巻はおそ～きゆで、都道府県紹介は香川県、鹿児島県、神奈川県、岐阜県。

**都道府県がわかる地理地名事典 4 きよ－さがえ** 渋沢文隆監修 小峰書店 2001.4 55p 26cm 2700円 ⓘ4-338-17904-X Ⓝ291.033

(内容)地理学習に登場する重要項目を解説し、都道府県ごとの地理情報をもまとめた子ども向けの事典。項目ページと都道府県紹介ページで構成され、項目ページは五十音順排列で、その項目について写真や図を使用して解説、都道府県紹介ページでは自然・産業・行事や伝統・歴史や人物などを解説する。第4巻はきよ～さがえで、都道府県紹介は京都府、熊本県、群馬県、高知県、埼玉県。

**都道府県がわかる地理地名事典 5 さがけ－すそ** 渋沢文隆監修 小峰書店 2001.4 55p 26cm 2700円 ⓘ4-338-17905-8 Ⓝ291.033

(内容)地理学習に登場する重要項目を解説し、都道府県ごとの地理情報をもまとめた子ども向けの事典。項目ページと都道府県紹介ページで構成され、項目ページは五十音順排列で、その項目について写真や図を使用して解説、都道府県紹介ページでは自然・産業・行事や伝統・歴史や人物などを解説する。第5巻はさがけ～すそで、都道府県紹介は佐賀県、滋賀県、静岡県、

島根県。

**都道府県がわかる地理地名事典 6 すみ－でんとうげ** 渋沢文隆監修 小峰書店 2001.4 55p 26cm 2700円 ⓘ4-338-17906-6 Ⓝ291.033

(内容)地理学習に登場する重要項目を解説し、都道府県ごとの地理情報をもまとめた子ども向けの事典。項目ページと都道府県紹介ページで構成され、項目ページは五十音順排列で、その項目について写真や図を使用して解説、都道府県紹介ページでは自然・産業・行事や伝統・歴史や人物などを解説する。第6巻はすみ～でんとうげで、都道府県紹介は千葉県。

**都道府県がわかる地理地名事典 7 でんとうこ－なり** 渋沢文隆監修 小峰書店 2001.4 55p 26cm 2700円 ⓘ4-338-17907-4 Ⓝ291.033

(内容)地理学習に登場する重要項目を解説し、都道府県ごとの地理情報をもまとめた子ども向けの事典。項目ページと都道府県紹介ページで構成され、項目ページは五十音順排列で、その項目について写真や図を使用して解説、都道府県紹介ページでは自然・産業・行事や伝統・歴史や人物などを解説する。第7巻はでんとうこ～なりで、都道府県紹介は東京都、徳島県、栃木県、鳥取県、富山県、長崎県、長野県、奈良県。

**都道府県がわかる地理地名事典 8 なる－ひろしまけ** 渋沢文隆監修 小峰書店 2001.4 55p 26cm 2700円 ⓘ4-338-17908-2 Ⓝ291.033

(内容)地理学習に登場する重要項目を解説し、都道府県ごとの地理情報をもまとめた子ども向けの事典。項目ページと都道府県紹介ページで構成され、項目ページは五十音排列で、その項目について写真や図を使用して解説、都道府県紹介ページでは自然・産業・行事や伝統・歴史や人物などを解説する。第8巻はなる～ひろしまけで、都道府県紹介は新潟県、兵庫県、広島県。

**都道府県がわかる地理地名事典 9 ひろしまし－みやこ** 渋沢文隆監修 小峰書店 2001.4 55p 26cm 2700円 ⓘ4-338-17909-0 Ⓝ291.033

(内容)地理学習に登場する重要項目を解説し、都道府県ごとの地理情報をもまとめた子ども向けの事典。項目ページと都道府県紹介ページで構成され、項目ページは五十音順排列で、その項目について写真や図を使用して解説、都道府県紹介ページでは自然・産業・行事や伝統・歴史や人物などを解説する。第9巻はひろしまし～みやこで、都道府県紹介は福井県、福岡県、福島県、北海道、三重県、宮城県。

**都道府県がわかる地理地名事典 10 み**

やざ-わん　渋沢文隆監修　小峰書店
2001.4　55p　26cm　2700円　ⓉⒿ4-338-17910-4　Ⓝ291.033
(内容)地理学習に登場する重要項目を解説し、都道府県ごとの地理情報をもまとめた子ども向けの事典。項目ページと都道府県紹介ページで構成され、項目ページは五十音順排列で、その項目について写真や図を使用して解説、都道府県紹介ページでは自然・産業・行事や伝統・歴史や人物などを解説する。第10巻はみやざ～わんで、都道府県紹介は宮崎県、山形県、山口県、山梨県、和歌山県。

**都道府県がわかる地理地名事典　11　総さくいん**　渋沢文隆監修　小峰書店
2001.4　39p　26cm　1000円　ⓉⒿ4-338-17911-2　Ⓝ291.033
(目次)50音順さくいん、都道府県別さくいん、地理用語さくいん、巻末資料・目次一覧、都道府県ホームページ一覧
(内容)地理学習に登場する重要項目を解説し、都道府県ごとの地理情報をもまとめた子ども向けの事典。第11巻は総索引で、見出し語と関連ページを取り上げた五十音順索引、見出し語を都道府県別にまとめた都道府県別索引、地理用語の見出しをまとめた地理用語索引の3種の索引の他、各巻の巻末資料・目次の一覧、都道府県のホームページ一覧を付す。

**都道府県別日本地理　北海道・東北地方**
小松陽介、伊藤徹哉、鈴木厚志監修　ポプラ社　2010.3　215p　29×22cm　(ポプラディア情報館)　6800円　Ⓙ978-4-591-11588-6
(目次)北海道・東北地方の地図(北海道地方、北海道(北部)、北海道(南部)、東北地方、青森県、岩手県、宮城県、秋田県、山形県、福島県、日本全図)、北海道地方のすがた(北海道)、東北地方のすがた(青森県、岩手県、宮城県、秋田県、山形県、福島県)
(内容)日本の地理学習に必要な知識や情報を地域別にまとめた情報事典。平成の大合併に対応。本巻では北海道と東北地方6県の自然、歴史、産業、文化の特色を、カラー写真やグラフ資料とともに紹介。県別の詳細な見開き地図を巻頭に収録。巻末には、北海道と東北地方の全市町村一覧、調べ学習に役立つ博物館ガイドを掲載。

**都道府県別日本地理　関東地方**　小松陽介、伊藤徹哉、鈴木厚志監修　ポプラ社　2010.3　215p　29×22cm　(ポプラディア情報館)　6800円　Ⓙ978-4-591-11589-3
(目次)関東地方の地図(関東地方、茨城県、栃木県、群馬県、埼玉県、千葉県、東京都、神奈川県、日本全図)、関東地方のすがた(茨城県、栃木県、群馬県、埼玉県、千葉県、東京都、神奈川県)
(内容)日本の地理学習に必要な知識や情報を地域別にまとめた情報事典。平成の大合併に対応。本巻では関東地方1都6県の自然、歴史、産業、文化の特色を、カラー写真やグラフ資料とともに紹介。県別の詳細な見開き地図を巻頭に収録。巻末には、関東地方の全市町村一覧、調べ学習に役立つ博物館ガイドを掲載。

**都道府県別日本地理　中部地方**　小松陽介、伊藤徹哉、鈴木厚志監修　ポプラ社　2010.3　247p　29×22cm　(ポプラディア情報館)　6800円　Ⓙ978-4-591-11590-9
(目次)中部地方の地図(中部地方、新潟県、富山県、石川県、福井県、山梨県、長野県、岐阜県、静岡県、愛知県、日本全図)、中部地方のすがた(新潟県、富山県、石川県、福井県、山梨県、長野県、岐阜県、静岡県、愛知県)
(内容)日本の地理学習に必要な知識や情報を地域別にまとめた情報事典。平成の大合併に対応。本巻では中部地方9県の自然、歴史、産業、文化の特色を、カラー写真やグラフ資料とともに紹介。県別の詳細な見開き地図を巻頭に収録。巻末には、中部地方の全市町村一覧、調べ学習に役立つ博物館ガイドを掲載。

**都道府県別日本地理　近畿地方**　小松陽介、伊藤徹哉、鈴木厚志監修　ポプラ社　2010.3　207p　29×22cm　(ポプラディア情報館)　6800円　Ⓙ978-4-591-11591-6
(目次)近畿地方の地図(近畿地方、三重県、滋賀県、京都府、大阪府、兵庫県、奈良県、和歌山県、日本全図)、近畿地方のすがた(三重県、滋賀県、京都府、大阪府、兵庫県、奈良県、和歌山県)
(内容)日本の地理学習に必要な知識や情報を地域別にまとめた情報事典。平成の大合併に対応。本巻では近畿地方2府5県の自然、歴史、産業、文化の特色を、カラー写真やグラフ資料とともに紹介。県別の詳細な見開き地図を巻頭に収録。巻末には、近畿地方の全市町村一覧、調べ学習に役立つ博物館ガイドを掲載。

**都道府県別日本地理　中国・四国地方**　小松陽介、伊藤徹哉、鈴木厚志監修　ポプラ社　2010.3　247p　29×22cm　(ポプラディア情報館)　6800円　Ⓙ978-4-591-11592-3
(目次)中国・四国地方の地図(中国・四国地方、鳥取県、島根県、岡山県、広島県、山口県)、中国地方のすがた(鳥取県、島根県、岡山県、広島県、山口県、徳島県、香川県、愛媛県、高知県、日本全図)、四国地方のすがた(徳島県、香川県、愛媛県、高知県)
(内容)日本の地理学習に必要な知識や情報を地域別にまとめた情報事典。平成の大合併に対応。本巻では中国・四国地方9県の自然、歴史、産業、文化の特色を、カラー写真やグラフ資料とともに

**都道府県別日本地理 九州地方** 小松陽介、伊藤徹哉、鈴木厚志監修 ポプラ社 2010.3 231p 29×22cm （ポプラディア情報館） 6800円 ⓘ978-4-591-11593-0

(目次)九州地方の地図（九州地方、福岡県、佐賀県、長崎県、熊本県、大分県、宮崎県、鹿児島県、沖縄県、日本全図）、九州地方のすがた（福岡県、佐賀県、長崎県、熊本県、大分県、宮崎県、鹿児島県、沖縄県）

(内容)日本の地理学習に必要な知識や情報を地域別にまとめた情報事典。平成の大合併に対応。本巻では九州地方8県の自然、歴史、産業、文化の特色を、カラー写真やグラフ資料とともに紹介。県別の詳細な見開き地図を巻頭に収録。巻末には、九州地方の全市町村一覧、調べ学習に役立つ博物館ガイドを掲載。

**奈良がわかる絵事典 修学旅行にもつかえる!古都の楽しさを知ろう!** PHP研究所編 PHP研究所 2006.6 79p 30cm 2800円 ⓘ4-569-68605-2

(目次)1 奈良公園の魅力を探検（鹿と友達になろう、奈良公園にある世界遺産 ほか）、2 古きものから現代へ、奈良が語り継ぐもの（大和の年中行事を見てみよう、老舗の技を今に伝える伝統工芸品 ほか）、3 日本の歴史ロマンを体感しよう（斑鳩エリア、法隆寺の見どころはどんなところ ほか）、4 歴史や文学に登場する人物からもっと奈良に近づこう（大和郡山と柳生の里、奈良の有名人）

**日本地理** 保岡孝之監修 ポプラ社 2005.3 255p 30cm （ポプラディア情報館） 6800円 ⓘ4-591-08447-7

(目次)目でみる日本はっけん編（日本の国土・面積、日本の気候 ほか）、データでくらべる自然編（おもな山地・山脈、おもな河川・湖沼 ほか）、データでくらべる 産業編（各県の土地利用、各県の産業別人口の割合 ほか）、データでくらべる 文化編（各地の文化財、各地の歴史的な町並み ほか）、都道府県ものしり情報編（北海道・東北地方、関東地方、中部地方、近畿地方、中国・四国地方、九州地方）

(内容)日本全国の産業・自然・文化に関する最新データをまとめた情報事典。豊富な写真やグラフで、現在の日本の姿がわかる。「データでくらべる編」では、テーマごとに各地の特色を比較でき、「データの読み方まわかりやすく解説。「都道府県ものしり情報編」では、全国47の都道府県ごとに、産業・自然・文化の特色をわかりやすくまとめる。索引では知りたいことがすぐに探せる。

＜ハンドブック＞

**京都修学旅行ハンドブック 学び・調べ・考えよう** 京都平和・国際教育研究会編 平和文化 2003.5 72p 21cm 600円 ⓘ4-89488-019-9

(目次)第1章 京都の歴史と文化を学ぼう、第2章 洛中を歩こう、第3章 洛西を歩こう、第4章 洛東を歩こう、第5章 洛北を歩こう、第6章 洛南・宇治を歩こう

(内容)京都の歴史と文化を洛中・洛西・洛東・洛北・洛南・宇治の地域に分け紹介した修学旅行のためのガイドブック。巻末に見学先電話番号とメモ、参考・学習文献を収録。見学先マップを掲載。

**ジュニア版・地理学習の旅 1 東日本編** 天井勝海監修 あすなろ書房 2001.3 106p 30cm 4500円 ⓘ4-7515-2151-9 Ⓝ290

(目次)北海道・東北地方（北海道、青森県、岩手県 ほか）、関東地方（茨城県、栃木県、群馬県 ほか）、北陸地方（新潟県、富山県、石川県 ほか）、中部・東海地方（山梨県、長野県、岐阜県 ほか）

(内容)小学生向けの地理資料集。各地の地勢・産業・伝統工芸・芸能などを、細密イラスト地図と写真・図版で紹介。東日本編、西日本編の2巻で構成する。

**ジュニア版・地理学習の旅 2 西日本編** 天井勝海監修 あすなろ書房 2001.3 107p 26×22cm 4500円 ⓘ4-7515-2152-7 Ⓝ291

(目次)近畿地方、中国地方、四国地方、九州・沖縄地方

(内容)小学生向けの地理資料集。各地の地勢・産業・伝統工芸・芸能などを、細密イラスト地図と写真・図版で紹介。東日本編、西日本編の2巻で構成、2は三重県から沖縄県までを収録する西日本編。

**テーマで調べる日本の地理 7 わたしのふるさと 都道府県別資料集** 小松亮一編 岩崎書店 2002.4 51p 27×22cm 3000円 ⓘ4-265-02697-4 Ⓝ291.08

(目次)北海道、青森県、岩手県、宮城県、秋田県、山形県、福島県、茨城県、栃木県、群馬県〔ほか〕

(内容)地理学習のための資料集。北海道から沖縄県までの都道府県別に、面積、人口、気温、就業者数、産業、所得、おもな祭などのデータを収録。日本の地理をカラー写真で学ぶ、テーマ別地域学習のシリーズの最終巻。

**都道府県別日本なんでも情報館** 保岡孝之監修 ポプラ社 1999.4 216p 30cm

5800円　①4-591-05873-5

(目次)日本くらべる情報編(日本の国土,日本の気候,日本の人口,日本の行政区分,産業と交通,自然と文化),都道府県別情報編(各県の花・木・鳥,各県の県章,各地の旧国名,北海道・東北地方,関東地方,中部地方,近畿地方,中国・四国地方,九州地方)
(内容)社会科の調べ学習に役立つ都道府県別データブック。日本全国の産業・交通・自然・文化に関するデータを,グラフや図表を使って掲載。索引付き。

**都道府県別日本なんでも情報館**　新訂版
　保岡孝之監修　ポプラ社　2001.4　215p
　30cm　5800円　①4-591-06668-1　Ⓝ291.036

(目次)日本くらべる情報編(産業と交通,自然と文化),都道府県別情報編(北海道・東北地方,関東地方,中部地方,近畿地方,中国・四国地方,九州地方)
(内容)日本全国の都道府県や地域の産業・交通・自然・文化に関する最新の情報を集め,わかりやすく解説した学習百科。グラフや図表も多数収録する。

**都道府県別日本の地理データマップ　1**
　日本の国土と産業データ　宮田利幸監修
　小峰書店　2007.4　71p　29×22cm　3600円
　①978-4-338-23001-8

(目次)第1章 地球と日本,第2章 日本の国土・気候・人口,第3章 日本の自然と環境,第4章 日本の産業,第5章 日本の都市,第6章 世界とのつながり,都道府県別主要統計

**都道府県別日本の地理データマップ　2**
　北海道・東北地方　工藤隆,松浦順一監修
　小峰書店　2007.4　71p　29×22cm　3600円
　①978-4-338-23002-5

(目次)1 広大な土地と冷涼な気候、豊かな自然のめぐみ 北海道、2 まぐろやりんご、豊かな海と大地からのめぐみ 青森県、3 牧畜と畑作、リアス式海岸、面積最大の県 岩手県、4 日本屈指の米どころと水産県。東北の中心仙台 宮城県、5 全国有数の米どころ。鉱物資源も多様 秋田県、6 さかんな果樹栽培と米、のびる先端産業 山形県、7 米づくりと果樹栽培。さかんな工業 福島県、巻末資料 もっと知りたい北海道・東北地方

**都道府県別日本の地理データマップ　3**
　関東地方　宮田利幸監修　小峰書店
　2007.4　71p　29×22cm　3600円　①978-4-338-23003-2

(目次)1 臨海工業と科学都市。畑作、漁業もさかんな 茨城県、2 世界遺産の日光。農業と先端工業が発達 栃木県、3 からっ風とさかんな畑作。工業でも発展 群馬県、4 発展つづくベッドタウン。工業団地と近郊農業 埼玉県、5 近郊農業と漁業。日本の空の玄関かかえる 千葉県、6 政治・経済・文化の中心。最先端と伝統が共存する 東京都、7 貿易港と臨海工業地帯。観光もさかんな 神奈川県、巻末資料 もっと知りたい関東地方

**都道府県別日本の地理データマップ　4**
　中部地方　砂田武嗣,水谷学監修　小峰書店　2007.4　91p　29×22cm　3800円
　①978-4-338-23004-9

(目次)1 有数の米どころ。豊かな水とさかんな工業 新潟県、2 蜃気楼とほたるいか。製薬の伝統と先進工業 富山県、3 加賀百万石の伝統。さかんな漁業と工業 石川県、4 おいしい米と豊かな自然・電力供給になう 福井県、5 有数の果樹王国。工業も発展。水資源豊かな 山梨県、6 高原野菜とさかんな先端工業。地域ごとの文化 長野県、7 世界遺産の白川郷。河川のめぐみ豊かな 岐阜県、8 温暖な気候と海のめぐみ。工業生産もさかんな 静岡県、9 日本一の自動車生産県。新空港でさらに発展 愛知県、巻末資料 もっと知りたい中部地方

**都道府県別日本の地理データマップ　5**
　近畿地方　山岡義昭監修　小峰書店
　2007.4　71p　29×22cm　3600円　①978-4-338-23005-6

(目次)1 海のめぐみとさかんな工業、伊勢神宮の伝統 三重県、2 関西の水がめ琵琶湖と進む開発 滋賀県、3 世界遺産の古都とのびゆく新しい工業 京都府、4「天下の台所」の伝統と上方文化の中心 大阪府、5 のりこえた大震災、発展する産業 兵庫県、6 伝統工業とかなう「日本のふるさと」奈良県、7 黒潮の豊かなめぐみとさかんな果樹栽培 和歌山県、巻末資料 もっと知りたい近畿地方

**都道府県別日本の地理データマップ　6**
　中国・四国地方　堀之内修,植松勝監修
　小峰書店　2007.4　91p　29×22cm　3800円
　①978-4-338-23006-3

(目次)1 豊かな海、山の幸。鳥取砂丘と大山がある 鳥取県、2 宍道湖、日本海からの幸。神話の舞台となった 島根県、3 豊かな自然、さかんな産業。瀬戸大橋がある 岡山県、4 古代と現代の世界遺産。さかんな工業と漁業 広島県、5 海峡のぞむ交通の要所。工業、漁業さかんな 山口県、6 温暖な気候と豊かな自然、阿波おどりもある 徳島県、7 ため池と香川用水。うどんはブームである 香川県、8 太陽のめぐみ。みかん王国。地域ごとの文化 愛媛県、9 清流や黒潮からのめぐみ。観光もさかんな 高知県、巻末資料 もっと知りたい中国・四国地方

**都道府県別日本の地理データマップ　7**
　九州・沖縄地方　有川政秀,座安政侑監修
　小峰書店　2007.4　79p　29×22cm　3600円

歴史　　　　　　　　　　　　　児童書

①978-4-338-23007-0
(目次)1 九州の玄関口, アジア各地とのつながり 福岡県, 2 有明海からの幸, 世界のあこがれ伊万里焼 佐賀県, 3 「ナガサキ」は平和の象徴。日本一の島の数 長崎県, 4 広大な阿蘇カルデラ。環境対策への努力 熊本県, 5 全国一の温泉の数。ここから一村一品運動 大分県, 6 温暖な気候と自然のめぐみ。神話のくに 宮崎県, 7 活動つづく桜島。南国の自然と宇宙基地 鹿児島県, 8 あらたな国際交流の拠点。亜熱帯の自然 沖縄県, 巻末資料 もっと知りたい九州・沖縄地方

**都道府県別日本の地理データマップ　8**
総さくいん　小峰書店　2007.4　63p　29×22cm　1800円　①978-4-338-23008-7
(目次)五十音順さくいん, 都道府県別五十音順さくいん, 都道府県別市町村一覧

**47都道府県なるほどデータブック　上**　教育画劇　2009.3　103p　27cm　〈文献あり〉　4500円　①978-4-7746-0971-3　Ⓝ291
(目次)都道府県パズル, 北海道・東北地方, 関東地方, 北陸地方, 中部・東海地方, お化け・妖怪日本地図, おもしろ地名日本地図, 都道府県パズル
(内容)日本の47都道府県について, 面白く興味深く学ぶためのデータブック。県の形を見せて何県かあてるクイズや, 「なんでもナンバーワン」といった楽しく学べる話題を掲載する。2分冊構成で, 上巻は北海道から愛知県まで, 下巻は近畿地方から九州・沖縄までを収録。

**47都道府県なるほどデータブック　下**　教育画劇　2009.4　103p　27cm　〈文献あり〉　4500円　①978-4-7746-0972-0　Ⓝ291
(目次)近畿地方(どこの都道府県かわかるかな？カタカナの「メ」の形に似てるね！, どこの都道府県かわかるかな？ピーマンの形に似てるね！ ほか), 中国地方(どこの都道府県かわかるかな？ライオンが走る形に似てるね！, どこの都道府県かわかるかな？キュウリの形に似てるね！ ほか), 四国地方(どこの都道府県かわかるかな？ヒラメの形に似てるね！, どこの都道府県かわかるかな？バクの親子の形に似てるね！ ほか), 九州・沖縄地方(どこの都道府県かわかるかな？左向きの天狗の顔の形に似てるね！, どこの都道府県かわかるかな？上を向くピエロの顔の形に似てるね！ ほか)

<図　鑑>

**にっぽん探検大図鑑**　小学館　2006.12　304p　29×22cm　（NIPPON-PAL）　4286円　①4-09-213172-0
(目次)特集・日本ってどんな国?, 海に囲まれた島国・日本, 日本の各地方の特色, 北海道地方(北海道—大自然が広がる北の大地と海), 東北地方(青森県—祭りとりんごが名物, 岩手県—日本でもっとも大きな県, 宮城県—東北地方の中心地・仙台がある ほか), 関東地方(茨城県—農家が多く, いろいろな作物がとれる, 栃木県—世界遺産がある関東で最大面積の県, 群馬県—豊かな自然を生かす内陸の県 ほか), 中部地方(新潟県—おいしい米と豊富な地下資源, 富山県—海の幸, 美しい自然にめぐまれた, 石川県—伝統工芸と天下の名園 ほか), 近畿地方(三重県—湾を生かした水産業が盛ん, 滋賀県—県の6分の1を琵琶湖がしめる, 京都府—1200年の伝統文化をつくってきた ほか), 中国・四国地方(鳥取県—日本海最大の漁港と砂丘, 島根県—国造り神話のふるさと, 岡山県—太陽のめぐみ豊かな瀬戸内の県 ほか), 九州地方(福岡県—九州の経済・文化の中心地, 佐賀県—世界に名だたる焼き物のふるさと, 長崎県—海外文化を伝え続けて400年 ほか), 日本おもしろ情報館(いろいろなちがいを探検！, 日本おもしろ名字マップ, 「ふしぎな自然」写真館 ほか), 都道府県調べ学習ガイド(日本の人口とおもな自然ベスト10, 都道府県基本データ集)
(内容)自然・産業・暮らし・伝統文化…日本がはっきり見えてくる。都道府県ごとに特色を紹介。学校で, 家庭で, 日本の"いま"がわかる最新ビジュアル図鑑。

<地図帳>

**教科書対応版 日本の地図 衛星写真とイラストで日本が見えてくる**　成田喜一郎監修　成美堂出版　1996.7　81p　26cm　1000円　①4-415-08399-4
(目次)日本の地形と自然, 九州地方, 中国地方・四国地方, 近畿地方, 中部地方, 関東地方, 東北地方, 北海道地方, 日本のようす
(内容)衛星写真とイラスト地図で各地域の特徴を解説した児童向けの日本地図帳。排列は九州地方から北海道地方までの地域順。それぞれの解説文に総てルビが振られている。巻末に五十音順の地名索引がある。

**辞書びきえほん日本地図**　陰山英男監修　(大阪)ひかりのくに　2008.3　241p　27×13cm　1800円　①978-4-564-00842-9　Ⓝ291
(目次)北海道地方, 東北地方, 関東地方, 中部地方, 近畿地方, 中国地方, 四国地方, 九州地方, 九州地方(沖縄県)
(内容)日本の各都道府県のそれぞれのようすを, カラフルな地図やたのしい絵, たくさんの写真をつかって紹介する地図帳。6才から。

**小学生のためのおもしろ日本地図帳**　社会科地図研究会著　メイツ出版　2010.9　1冊

26cm （まなぶっく） 1500円 ⓘ978-4-7804-0852-2

(目次)1 日本の位置・区分けと基本データ, 2 日本の地形の姿, 3 地図で知る日本の文化いろいろ, 4 地図で知る日本の歴史, 5 地図で見る日本の産業と自然, 6 日本の交通と未来のいろいろ, 7 47都道府県の姿を見てみよう

(内容)社会科学習のための日本地図帳。大きな地図・わかりやすい図解・いろいろな写真で、楽しみながら社会科の勉強に役立つ。

**調べ学習に役立つ 日本の地図 もっと日本を知りたくなる!見て、読んで、考える地図帳―教科書対応 新学習指導要領対応**
江波戸昭監修 成美堂出版 2001.6 81p 26cm 980円 ⓘ4-415-01519-0 Ⓝ290.38

(目次)九州, 中国・四国, 近畿, 中部, 関東, 東北, 北海道

(内容)写真やイラストで日本の姿を紹介する小学生向けの地図帳。日本の8地方区分に従い、地形と自然・ようす・めぐりの3コーナーから成る。地形と自然のページでは地形図とその地方の自然を代表する写真を掲載、ようすのコーナーでは行政地図とその地方の特色を紹介、めぐりのページではその地方ごとの特色を解説。巻末に資料集と、地名索引を付す。新学習指導要領・教科書に対応。

**調べ学習に役立つ 日本の地図** 江波戸昭監修 成美堂出版 2002.6 81p 26cm 980円 ⓘ4-415-02066-6 Ⓝ290.38

(目次)宇宙から見た日本, 九州, 中国・四国, 近畿, 中部, 関東, 東北, 北海道

(内容)写真やイラストで日本の姿を紹介する小学生向けの地図帳。日本の8地方区分に従い、それぞれ地方の地形と自然・ようす・地方めぐりの3コーナーから成る。地形と自然のページでは地形図とその地方の自然を代表する写真を掲載、地方のようすのコーナーでは行政地図とその地方の特色を紹介、地方めぐりのページではその地方ごとの特色を解説。巻末に資料集と、地名索引を付す。新学習指導要領・教科書に対応。

**調べ学習に役立つ 日本の地図** 江波戸昭監修 成美堂出版 2003.8 81p 26cm 980円 ⓘ4-415-02407-6

(目次)宇宙から見た日本, 九州, 中国・四国, 近畿, 中部, 関東, 東北, 北海道

(内容)詳しい地図、美しい衛星写真に加え、名所などの観光写真、楽しいイラストを使って日本のさまざまな姿を紹介。まるで本当に旅をしている気分で、日本を知ることができる新しい地図帳。

**調べ学習に役立つ 日本の地図 教科書対応 新学習指導要領対応** 江波戸昭監修 成美堂出版 2006.5 81p 26cm 980円 ⓘ4-415-03164-1

(目次)宇宙から見た日本, 九州, 中国・四国, 近畿, 中部, 関東, 東北, 北海道

(内容)詳しい地図、美しい衛星写真に加え、名所などの観光写真、楽しいイラストを使って日本のさまざまな姿を紹介。本当に旅をしている気分で、日本を知ることができる新しい地図帳。

**日本白地図作業帳** 塔文社 2010.1 56p 30cm 667円 ⓘ978-4-88678-345-5 Ⓝ290

(目次)日本の位置, 日本周辺の海洋と海流, おもな平野・盆地・川, おもな山・山地・山脈・高地, おもな湖・海峡・水道・湾・島・半島, 各地の気候の特色, 気象の記録, おもな自然災害, 都道府県と都道府県庁所在地, 都道府県名クイズ〔ほか〕

**読んで見て楽しむ 日本地図帳** 井田仁康監修 学習研究社 2006.7 79p 26cm 950円 ⓘ4-05-202440-0

(目次)ふるさと何でも自慢のページ(自然編日本一マップ, 建造物編日本一マップ, 日本の世界遺産マップ ほか), 最新日本地図のページ(九州・沖縄地方, 四国地方, 中国地方 ほか), 都道府県のすがたを知るページ(九州・沖縄地方, 四国地方, 中国地方 ほか)

(内容)なんでも日本一、ふるさと自慢がいっぱい。知れば知るほど、日本が好きになる、おもしろ情報まんさいの日本地図帳。平成の市町村大合併対応版。

◆◆国 旗

<事 典>

**学習漫画 世界の国旗事典** 集英社 1990.11 279p 21cm 980円 ⓘ4-08-288010-0

(目次)世界の国旗, まんがでわかる国旗のひみつ, くわしく知ろう!各国の国旗(アジアの国ぐに, ヨーロッパの国ぐに, アメリカの国ぐに, オセアニアの国ぐに, アフリカの国ぐに), 国旗ひとくちメモ(絵や写真にでてくる国旗, 国旗にえがかれたシンボル, 国旗以外の有名な旗, 国旗の形, 国旗のかかげ方), 数字でみよう!世界の国ぐに

(内容)世界170か国の国旗をとりあげ、それぞれの国旗のなりたちや、国の歴史や地理などが、エピソードをつうじて楽しく学べるように、まんがや、文章、地図で紹介してある。

**国旗と地図 世界の歴史と地理がよくわかる** 国際地学協会 2004.9 77p 26cm 1400円 ⓘ4-7718-2621-8

(目次)世界の地理と歴史が見える!国旗のなぜなに(日出づる国のシンプルな日の丸、世界の歴史とユニオンジャック、自由の象徴、星条旗、「自由・平等・博愛」を表す三色旗、国の枠を越えた意味を持つ旗 ほか)、地図で見る世界の国と国旗(ヨーロッパの国旗、NIS諸国(旧ソ連の新独立国)の国旗、アジアの国旗、オセアニアの国旗、北アメリカの国旗 ほか)

(内容)国旗に興味を持ち、国旗を覚えやすいよう構成した事典。また、国旗そのものだけでなく、その国や周辺の歴史、地理なども理解しやすいよう掲載している。

**国旗と地図** フレーベル館 2007.12 84p 24×24cm (ピクチャーコミュニケーション) 1800円 ①978-4-577-03490-3

(目次)ヨーロッパ(グリーンランド、アイスランド ほか)、アフリカ(マデイラ諸島、カナリア諸島 ほか)、アジア(トルコ、キプロス ほか)、オセアニア(クリスマス島、オーストラリア ほか)、北アメリカ(アラスカ、アメリカ)、南アメリカ(ベネズエラ、グラン・コロンビア ほか)

(内容)国連加盟国と、その他の国や地域の旗を…正しい比率、由来や色の意味、より理解を深める地図とともに251旗紹介する。

**国旗のほん** 鈴木出版 1997.10 48p 24×24cm 1600円 ①4-7902-6096-8

(目次)北アメリカ、南アメリカ、アジア、アセアニア、アフリカ、ヨーロッパ、ロシアとまわりの国々

(内容)世界191か国の国旗を国名、首都、面積、人口の情報を付け7つの地域に分けて掲載。地域ごとに目次や地図(国名と小さな国旗入り)が付く。巻末に50音順索引、国旗図柄解説付き。

**新・世界がわかる国旗の本** 学習研究社 2007.9 119p 22×25cm 1500円 ①978-4-05-202881-6

(目次)アジア、オセアニア、ヨーロッパ、アフリカ、北アメリカ、南アメリカ、国際連合、国際オリンピック委員会、動物が描かれている国旗、植物が描かれている国旗、アラブの色を使っている国旗、スラブの色を使っている国旗、アフリカの色を使っている国旗、こんなに似ている国旗のいろいろ、国内使用時の縦と横の比率の違う国旗、あいうえお順・世界の国旗紹介

(内容)国花や国鳥、名所・旧跡などをイラストで全紹介。世界の国々がわかる国旗の本。

**世界がわかる国旗の本** 学習研究社 2003.9 119p 22×25cm 1500円 ①4-05-201946-6

(目次)アイスランド、アイルランド、アゼルバイジャン、アフガニスタン、アメリカ、アラブ首長国、アルジェリア、アルゼンチン、アルバニア、アルメニア〔ほか〕

(内容)世界193か国の国旗をすべて掲載。世界の国々が楽しくわかる国旗の本。イラストで国花や国鳥、名所・旧跡などを紹介。

**世界の国旗** 改訂5版 森重民造著 偕成社 1992.4 216p 19cm (マチュア選書) 1800円 ①4-03-529080-7

(内容)世界のすべての国々の国旗を大型サイズで正確に図示し、国のなりたちや国旗のいわれを簡潔に説明した事典。

**世界の国旗 世界193か国が登場・国旗で知ろう世界の国々!** 辻原康夫監修 成美堂出版 2006.10 64p 26cm 880円 ①4-415-30071-5

(目次)アジアの国々の国旗、オセアニアの国々の国旗、アフリカの国々の国旗、ヨーロッパの国々の国旗、北アメリカの国々の国旗、南アメリカの国々の国旗

(内容)国旗はその国の顔。国旗を通して世界各国の特徴が手にとるようにわかる。国旗と色分けされた地図で、その国の名前や位置を楽しくかんたんに覚えることができる。

**せかいのこっきずかん** 岡美里絵、小学館外国語編集部編 小学館 2007.3 95p 27×22cm 1600円 ①978-4-09-219521-9

(目次)アジア、ヨーロッパ、アフリカ、オセアニア、北アメリカ、南アメリカ

(内容)せかいにはどんな国があって、どんな人たちがいて、どんなことばを話すのかがわかる。たのしいイラストがいっぱい。すべての国の国旗と意味、地図、国の特徴、あいさつがわかる絵本。全世界の国旗がまるごと見られるポスター付き。

**世界の国旗図鑑 歴史とともに進化する国旗** 苅安望著 偕成社 2007.9 239p 21cm 1900円 ①978-4-03-529550-1

(目次)アジア、NIS諸国、ヨーロッパ、アフリカ、北アメリカ、南アメリカ、オセアニア

(内容)全独立国+IOC加盟地域を掲載。新旧国旗を同時掲載。国旗の由来・正確な比率・首都・面積・人口・言語・通貨・IOC略号の最新情報。

**世界の国旗と国ぐに 社会科の勉強に役立つ** 歴史と文化研究会編著 メイツ出版 2003.12 159p 21cm 1500円 ①4-89577-687-5

(目次)アジアの国々、中東の国々、ヨーロッパの国々、アフリカの国々、北アメリカの国々、中央アメリカの国々、南アメリカの国々、オセアニアの国々、おもな国際機関

(内容)世界中の国旗と、いくつかの地域や組織を代表する旗を紹介する事典。国旗は、ただ美しくデザインされたわけではなく、そこには、

国の地理、歴史、文化、宗教、民族のことなど、それぞれがもっともアピールしたいメッセージがぎっしりとつまっている。

**世界の国旗ビジュアル大事典** 吹浦忠正著
学習研究社 2007.2 231p 26cm 3500円
①978-4-05-403198-2

(目次)アジア、オセアニア、ヨーロッパ、アフリカ、北アメリカ、南アメリカ

(内容)世界194カ国と地域の国旗、国連旗、欧州連合旗、オリンピック旗を国際会議などで用いる縦横比2：3の国旗及び、国内で使用されているオリジナル比率の国旗を合わせて紹介。国花、国鳥をはじめ、その国で親しまれている、植物や鳥をリアルなイラストで紹介。人口、面積、主な言語、宗教、通貨単位、在日各国大使館の住所などの役に立つデータを掲載。国旗の正確な色を表現する、印刷インクの数値を掲載。

**徹底図解 世界の国旗 国旗の由来・配色の意味から、正しい比率と色まで** 辻原康夫著 新星出版社 2007.6 223p 21cm 1400円 ①978-4-405-10659-8

(目次)第1章 アジア(47か国)、第2章 オセアニア(14か国)、第3章 アフリカ(53か国)、第4章 ヨーロッパ(44か国)、第5章 北・中央アメリカ(23か国)、第6章 南アメリカ(12か国)、第7章 国際機関旗

(内容)日本政府が承認する192の独立国及び北朝鮮の国旗、主要な地域の旗を収録した。

<図 鑑>

**国旗のずかん** 偕成社 1996.7 88p 26cm 2400円 ①4-03-531170-7

(目次)第1章 アジアの国ぐに、第2章 オセアニアの国ぐに、第3章 アフリカの国ぐに、第4章 ヨーロッパの国ぐに、第5章 ロシアとまわりの国ぐに、第6章 北アメリカ、南アメリカの国ぐに

(内容)世界193か国の国旗を縦70ミリ横105ミリで紹介した図鑑。排列はアジア、オセアニア等の地域ごと。国旗とともに各国の正式国名・首都名・面積・人口・民族・言語・宗教を記載する。国旗は1996年5月現在のもの。巻末に五十音順の国名索引がある。

**国旗のずかん** 改訂2版 斎藤毅監修 偕成社 1999.7 88p 26cm (マチュア選書) 2400円 ①4-03-531600-8

(目次)第1章 アジアの国ぐに、第2章 オセアニアの国ぐに、第3章 アフリカの国ぐに、第4章 ヨーロッパの国ぐに、第5章 ロシアとまわりの国ぐに、第6章 北アメリカ、南アメリカの国ぐに

(内容)世界193か国の国旗をタテ70mm、ヨコ105mmで図示した図鑑。掲載項目は、国名、首都、面積、人口、民族、言語、宗教など。索引付き。内容は1999年4月現在。

**こども世界国旗図鑑** 苅安望編著 平凡社 2009.6 64p 31cm 〈索引あり〉 1800円 ①978-4-582-40736-5 Ⓝ288.9

(目次)アジア、ヨーロッパ、アフリカ、北アメリカ、南アメリカ、オセアニア

(内容)世界の全独立国+IOC(国際オリンピック委員会)加盟地域(207の国と地域)+国連旗、赤十字旗、オリンピック旗を掲載。すべての国旗の解説と国の面積・人口・首都名・主な言語など最新データ付き。漢字にふりがなを付けた子ども向け図鑑。国の位置がよくわかる地図付き。

**辞書びきえほん国旗** 陰山英男監修 (大阪)ひかりのくに 2008.3 241p 27×13cm 1800円 ①978-4-564-00841-2 Ⓝ288.9

(目次)アジアの国ぐに、ヨーロッパの国ぐに、アフリカの国ぐに、アメリカの国ぐに、オセアニアの国ぐに

(内容)全部で193ある世界の国旗を中心に、それぞれの国のようすを、カラフルな図がらやたのしい絵、地図をつかって紹介する図鑑。6才から。

**ジュニア世界の国旗図鑑** 平凡社 2000.7 64p 31×22cm 1800円 ①4-582-40724-2 Ⓝ288

(目次)アジア(アゼルバイジャン、アフガニスタン、アラブ首長国連邦 ほか)、ヨーロッパ(アイスランド、アイルランド、アルバニア ほか)、アフリカ(アルジェリア、アンゴラ、ウガンダ ほか)、北アメリカ(アメリカ合衆国、アンティグア・バーブーダ、エルサルバドル ほか)、南アメリカ(アルゼンチン、ウルグアイ、エクアドル ほか)、オセアニア(オーストラリア、キリバス、サモア ほか)

(内容)世界191ヵ国すべてを収録した国旗の図鑑。国旗のイラストとその由来、オリンピックで使われる国の略号、国の面積、人口、首都、言語を記載。国旗はアジア、ヨーロッパ、アフリカ、北アメリカ、南アメリカ、オセアニアの6大州にわけ、それぞれ国名の五十音順に排列する。

**ジュニア世界の国旗図鑑** 増補改訂版 平凡社編 平凡社 2002.8 64p 31×22cm 1800円 ①4-582-40725-0 Ⓝ288

(目次)アジア(アゼルバイジャン、アフガニスタン ほか)、ヨーロッパ(アイスランド、アイルランド ほか)、アフリカ(アルジェリア、アンゴラ ほか)、北アメリカ(アメリカ合衆国、アンティグア・バーブーダ ほか)、南アメリカ(アルゼンチン、ウルグアイ ほか)、オセアニア(オーストラリア、キリバス ほか)

(内容)世界191ヵ国すべてを収録した国旗の図鑑。国旗のイラストとその由来、オリンピックで使

われる国の略号、国の面積、人口、首都、言語を記載。国旗はアジア、ヨーロッパ、アフリカ、北アメリカ、南アメリカ、オセアニアの6大州にわけ、それぞれ国名の五十音順に排列する。

**ジュニア世界の国旗図鑑** 新訂第3版 平凡社編 平凡社 2006.10 64p 31×22cm 1800円 Ⓘ4-582-40730-7

(目次)アジア、ヨーロッパ、アフリカ、北アメリカ、南アメリカ、オセアニア

(内容)世界193カ国すべての国旗デザインの由来、面積、人口、首都、言語など最新データ付き。全漢字ふりがな付きなので小学校低学年にも楽しく読める。大きな図版で色の正確な国旗を193カ国すべて掲載。

**世界がよくわかる国旗図鑑** 講談社編 講談社 2003.6 79p 26cm 1600円 Ⓘ4-06-211853-X

(目次)第1部 研究編─世界の国旗をデザイン別に分類してみると（丸と赤と太陽の関係、三日月はイスラムのシンボル、十字架はキリストのシンボル、星は夜の道しるべ、オールスターゲーム、国旗のなかの動物たち、国旗のなかの植物たち、国旗のなかの武器と言葉、紋章が入っている国旗、国旗の色のいろいろな意味 ほか）、第2部 資料編─五十音順にならべた205の国と地域の旗一覧

(内容)国旗のデザイン・色・紋様の比較から、世界のすがたが見えてくる。調べたい国旗がすぐにさがせる、五十音順にならべた「旗一覧」。面積・人口・首都・宗教・言語など、基本データも一目でわかる。その国の位置がすぐにさがせる、見やすく便利な世界地図付き。

**世界の国旗 世界191か国・国旗で知ろう世界の国々！** 辻原康夫監修 成美堂出版 2000.4 64p 26cm 880円 Ⓘ4-415-01035-0 Ⓝ288

(目次)アジアの国々の国旗，オセアニアの国々の国旗，アフリカの国々の国旗，ヨーロッパの国々の国旗，北アメリカの国々の国旗，南アメリカの国々の国旗

(内容)2000年1月1日現在の独立国の国旗、国際機構旗を掲載したもの。アジア、オセアニア、アフリカ、ヨーロッパ、北アメリカ、南アメリカの6地域に区分し、それぞれを五十音順に排列。

**世界の国旗 世界192か国が登場・国旗で知ろう世界の国々！** 辻原康夫監修 成美堂出版 2002.9 64p 26cm 880円 Ⓘ4-415-02146-8 Ⓝ288

(目次)アジアの国々の国旗，オセアニアの国々の国旗，アフリカの国々の国旗，ヨーロッパの国々の国旗，北アメリカの国々の国旗，南アメリカの国々の国旗

**世界の国旗 地球を結ぶわたしたちの旗** 改訂新版 吹浦忠正著 ほるぷ出版 2008.3 63p 19×25cm 1600円 Ⓘ978-4-593-59399-6 Ⓝ288.9

(目次)アジア（日本国，アラブ首長国連邦 ほか），オセアニア（オーストラリア連邦，ソロモン諸島 ほか），ヨーロッパ（アイスランド共和国，アイルランド（EU）ほか），アフリカ（アルジェリア民主人民共和国，エジプト・アラブ共和国 ほか），アメリカ（北・南アメリカ）（アメリカ合衆国，アルゼンチン共和国 ほか）

(内容)世界194カ国・地域の国旗をオールカラーでのせた最新の国旗図鑑。国際連合（国連）や赤十字、国際オリンピック委員会の旗のほか、国旗についてのユニークな情報も紹介する。わたしたち日本人に密接に関わりのある国を中心に配列している。

**はじめてのこっきえほん** てづかあけみえ ピエ・ブックス 2009.11 65p 25cm 〈他言語標題：My first national flag picture book 文献あり〉 1600円 Ⓘ978-4-89444-821-6 Ⓝ288.9

(内容)各国の国旗ビジュアル／国旗の形や色の意味・成り立ち／各国の基本情報（首都／言語／通貨／あいさつ言葉／特色や文化／地域や位置）。ゆかいな絵本を見るだけで、これだけの情報がまるわかり。

## 社 会

### <事 典>

**アトラス地球百科 1 国際問題** リブリオ出版 1992.4 63p 32cm 〈原書名：Atlas of world issue.〉 Ⓘ4-89784-312-X

(内容)1980年代の国際社会の問題をわかりやすく解説する時事ニュース事典。小学校上級以上。1では国際問題を取りあげる。

**アトラス地球百科 2 環境問題** リブリオ出版 1992.4 63p 32cm 〈原書名：Atlas of environmental issue.〉 Ⓘ4-89784-313-8

(内容)1980年代の国際社会の問題をわかりやすく解説する時事ニュース事典。小学校上級以上。2では環境問題を取りあげる。

**アトラス地球百科 3 社会問題** リブリオ出版 1992.4 63p 32cm 〈原書名：Atlas of social issue.〉 Ⓘ4-89784-314-6

(内容)1980年代の国際社会の問題をわかりやすく解説する時事ニュース事典。小学校上級以上。3では社会問題を取りあげる。

**アトラス地球百科 4 地球の誕生からいま** リブリオ出版 1992.4 63p 32cm

〈原書名：Atlas of the natural world.〉
①4-89784-315-4
(内容)1980年代の国際社会の問題をわかりやすく解説する時事ニュース事典。小学校上級以上。4では地球の自然を取りあげる。

現代社会用語集　改訂版　現代社会教科書研究会編　山川出版社　2008.3　329p　19cm　762円　①978-4-634-05516-2　Ⓝ300
(目次)第1部 現代に生きる私たちの課題，第2部 現代の社会生活と青年，第3部 現代の経済社会と経済活動のあり方，第4部 現代の民主政治と民主社会の倫理，第5部 国際社会の動向と日本の果たすべき役割，付録 課題追究学習の方法

現代用語の基礎知識 学習版　現代社会が、小・中学生にもわかる　現代用語検定協会監修　自由国民社　1999.3　421p　21cm　1524円　①4-426-10901-9
(目次)第1部 国際情勢，第2部 国内政治，第3部 経済／生活／社会，第4部 地球環境／宇宙／科学，第5部 教育／文化／歴史，第6部 スポーツ／マスコミ

現代用語の基礎知識 学習版　2000　現代用語検定協会監修　自由国民社　2000.3　421p　21cm　1428円　①4-426-10902-7　Ⓝ031
(目次)1 国際情勢，2 国内政治，3 経済／生活／社会，4 地球環境／宇宙／科学，5 教育／文化／歴史，6 スポーツ／マスコミ
(内容)現代社会用語を小中学生の学習用に解説したもの。用語は現代の現代の政治、経済、文化の動きを理解するめのニュース用語、今日的な芸術、科学を理解するために必要な常識語、現代社会の常識として知っておきたい人名、商品名、外来語、社会変化の動きを反映する流行語について選定。用語は分野ごとに前後の脈略にあわせて順に排列し解説。また、各大分野から論点をクローズアップし、テーマ別解説して58テーマを特別に解説した。巻末に五十音順索引を付す。

現代用語の基礎知識 学習版　2001　現代用語検定協会監修　自由国民社　2001.1　407p　21cm　1429円　①4-426-10903-5　Ⓝ031
(目次)1 国際情勢，2 政治，3 経済，4 社会，5 環境／科学，6 文化／スポーツ
(内容)ニュース用語、常識語、知っておきたい固有名詞、流行語など、現代社会を理解するために欠かせないとされる用語を小中学生にもわかりやすいように解説した事典。用語は6つの大分野ごとに選定、分野ごとに前後の流れに沿って解説するほか、各大分野から最も大切と判断される論点を「テーマ別解説」として特別に取

り上げる。巻頭に五十音順の用語さくいん、巻末に資料編として世界各国データを付すほか、本文欄外にはカタカナ語を簡略に解説する「カタカナ語学習帳」、巻末付録として話題の人物を紹介する「人物ファイル2001」を収録する。

現代用語の基礎知識 学習版　2002　現代用語検定協会監修　自由国民社　2002.2　405p　21cm　1429円　①4-426-10904-3　Ⓝ031
(目次)1 国際情勢，2 政治，3 経済，4 社会，5 環境／科学，6 文化／スポーツ
(内容)現代社会を理解するためのキーワードを子供向けに解説したもの。現代の政治・経済・文化の動きを理解するためのニュース用語、今日的な芸術・科学を理解するために必要な常識語、現代社会の常識として知っておきたい人名や外来語、社会の変容を反映する流行語などから用語を選定。分野ごとに体系立てて構成し、小中学生が理解できるように解説。また、テーマ別解説として54件の論点を取り上げる。巻末に五十音順索引を付す。

現代用語の基礎知識 学習版　'03　現代用語検定協会監修　自由国民社　2002.12　371p　21cm　1400円　①4-426-10905-1　Ⓝ031
(目次)1 国際情勢，2 政治／経済，3 産業／情報，4 社会／生活，5 環境／科学，6 文化／スポーツ
(内容)ニュース用語、常識語、知っておきたい固有名詞、流行語など、現代社会を理解するために欠かせないとされる用語を小中学生にもわかりやすいように解説した事典。用語は6つの大分野ごとに選定、分野ごとに前後の流れに沿って解説するほか、各大分野から最も大切と判断される論点を「テーマ別解説」として特別に取り上げる。巻頭に五十音順の用語さくいん、巻末に資料編として日本国憲法を付すほか、本文欄外にはカタカナ語を簡略に解説する「カタカナ語学習帳」、巻末付録として話題の人物を紹介する「人物学習帳」を収録。

現代用語の基礎知識 学習版　2004　現代用語検定協会監修　自由國民社　2004.1　369p　21cm　1429円　①4-426-10906-X
(目次)1 国際情勢，2 政治／経済，3 産業／情報，4 社会／生活，5 環境／科学，6 文化／スポーツ
(内容)現代社会を理解するために欠かせない基礎知識を"国際情勢""政治／経済""産業／情報""社会／生活""環境／科学""文化／スポーツ"の6の大分野ごとに選定し、小学生や中学生にもわかりやすいように解説。また、各大分野から最も大切と判断される「論点」をクローズアップし、"テーマ特集"として39テーマを特別

**現代用語の基礎知識 学習版 2005** 現代用語検定協会監修 自由國民社 2004.12 383p 21cm 1429円 ⓘ4-426-10907-8

⟨目次⟩1 国際情勢（国連改革，サミット ほか），2 政治／経済（憲法改正，日本の安全保障 ほか），3 情報／社会（ユビキタス社会，「食の安全・安心」社会 ほか），4 環境／科学（核燃料サイクル，ヒトクローン胚解禁と再生医療 ほか），5 文化／スポーツ（日本の世界遺産，年代測定法とハイテク考古学 ほか）

**現代用語の基礎知識 学習版 2006** 現代用語検定協会監修 自由国民社 2005.12 383p 21cm 1429円 ⓘ4-426-10908-6

⟨目次⟩1 国際情勢（失速する国連改革，拡散する国際テロと日本の対策 ほか），2 政治／経済（憲法改正，在日米軍の再編協議 ほか），3 情報／社会（アスベスト問題，ニート ほか），4 環境／科学（ポスト京都議定書，ナノテク時代 ほか），5 文化／スポーツ（サッカーW杯06ドイツ大会，2005ノーベル賞 ほか）

⟨内容⟩「現代用語の基礎知識」の「学習版」と銘打ち，子供から大人まで，年齢を問わず「学習」を目的とするための「現代用語集」として編集。現代社会を理解するために欠かせない基礎知識を「国際情勢」「政治／経済」「情報／社会」「環境／科学」「文化／スポーツ」の5つの大分野ごとに選定し，小学生や中学生にもわかりやすいように解説を付与。また，2006年版では，各大分野から最も大切と判断される「論点」をクローズアップし，「テーマ解説」として51テーマを特集。

**現代用語の基礎知識 学習版 2007** 現代用語検定協会監修 自由国民社 2007.1 383p 21cm 1429円 ⓘ4-426-10909-4

⟨目次⟩1 国際情勢，2 政治／経済，3 情報／社会，4 環境／科学，5 文化／スポーツ，巻末「調べ学習」攻略作戦，人物学習帳'06・'07

⟨内容⟩学びたい人，知りたい人のために12歳からの「現代用語」。

**現代用語の基礎知識 学習版 2008** 現代用語検定協会監修 自由国民社 2008.3 389p 21cm 1429円 ⓘ978-4-426-10463-4 Ⓝ302

⟨目次⟩1 国際情勢，2 政治／経済，3 情報／社会，4 環境／科学，5 文化／スポーツ，特集

⟨内容⟩子供から大人まで，年齢を問わず，「学習」を目的とするための「現代用語集」として編集した事典。現代社会を理解するために欠かせない基礎知識を"国際情勢""政治／経済""情報／社会""環境／科学""文化／スポーツ"の5つの大分野ごとに選定し，小学生や中学生にもわかりやすいように解説する。2008年版では，各大分野から最も大切と判断される「論点」をクローズアップし，"テーマ解説"として51テーマを特集する。

**現代用語の基礎知識 学習版 2009** 現代用語検定協会監修 自由国民社 2008.12 360p 21cm 1500円 ⓘ978-4-426-10600-3 Ⓝ302

⟨目次⟩1 国際情勢（米国大統領に黒人のバラク・オバマ，コソボ悲願の独立宣言 ほか），2 政治・経済（麻生政権，裁判員制度スタート ほか），3 情報・社会（地上デジタル放送時代，ネット犯行予告とネット社会の闇 ほか），4 環境・科学（深刻さを増す地球温暖化，四川大地震と日本の地震対策 ほか），5 文化・スポーツ（険しさ増す世界遺産への道のり，子どもの携帯電話と学校裏サイト ほか）

⟨内容⟩「現代用語の基礎知識」の「学習版」と銘打ったこの本は，子供から大人まで，年齢を問わず，「学習」を目的とするための「現代用語集」として編集している。現代社会を理解するために欠かせない基礎知識を「国際情勢」「政治／経済」「情報／社会」「環境／科学」「文化／スポーツ」の大分野ごとにセレクトし，小・中学生にもわかりやすいように解説する。2009年版では，各大分野から最も大切と判断される"今年の論点"をクローズアップし，「テーマ解説」として25テーマを特集する。

**現代用語の基礎知識 学習版 2010→2011** 現代用語検定協会監修 自由国民社 2010.2 256p 21cm 〈索引あり〉 1429円 ⓘ978-4-426-10752-9 Ⓝ302

⟨目次⟩巻頭特集，国際情勢，政治／経済，情報／社会，環境／科学，文化／スポーツ

⟨内容⟩「現代用語の基礎知識」の「学習版」と銘打ったこの本は，子供から大人まで，年齢を問わず，「学習」を目的とするための「現代用語集」として編集している。現代社会を理解するために欠かせない基礎知識を"国際情勢""政治／経済""情報／社会""環境／科学""文化／スポーツ"の大分野ごとにセレクトし，小・中学生にもわかりやすいように解説する。2010年版では，各大分野から最も大切と判断される"今年のニュース"をクローズアップし，"テーマ解説"として26テーマを特集する。

**小学社会科学習事典** 3訂版 益田宗，倉富崇人者 文英堂 2002.3 575p 21cm （シグマベスト） 〈付属資料：別冊1〉 2380円 ⓘ4-578-13083-5 Ⓝ290

⟨目次⟩さまざまな地域，食料生産と生活，工業生産と生活，運輸・貿易と通信，日本の国土とくらし，日本の各地の生活，歴史を考える，国のはじめと貴族の世の中，武士の世の中，新し

い世の中,国民生活と政治,日本と世界,日本と関係の深い国々

(内容)小学生の社会科について自習向けに解説した学習参考書。新学習指導要領に基づく内容を学習順序にそって排列し,重要事項のほか研究問題と解答を記載する。巻末に研究問題一覧と五十音順の索引がある。別冊付録は歴史年表。

**小学社会科事典** 3訂版 有田和正編著, 旺文社編 旺文社 2002.2 534p 21cm 2500円 ⓘ4-01-010428-7 Ⓝ290

(目次)わたしたちのくらし,日本の産業,日本の国土,日本の歴史,世界の中の日本,わたしたちのくらしと政治

(内容)小学校3年生から6年生向けに編集された社会科の参考書。実際に使用されている5社の教科書をもとにした内容構成。6分野以下230単元に分類し,要点,重要語,関連記事などから解説する。巻末付録は県庁と県庁所在地,西暦と年号の対象年表,日本史年表など。五十音順の索引あり。

**新課程 現代社会用語集** 現代社会教科書研究会編 山川出版社 1995.2 207p 19cm 750円 ⓘ4-634-05570-8

(目次)第1部 現代社会における人間と文化,第2部 環境と人間生活,第3部 現代の政治・経済と人間,第4部 国際社会と人類の課題

(内容)高等学校公民科「現代社会」の用語集。1994年現在の教科書11冊に基づき,約3250語を収録。内2500語には解説を付す。排列は高等学校学習指導要領に拠る分野別。各用語には何冊の教科書に取り上げられているを示す頻度数を明記する。巻末に五十音順索引とアルファベット順の欧文略語索引がある。

**中学社会用語集** 旺文社編 旺文社 2010.9 341p 19cm 950円 ⓘ978-4-01-021442-8 Ⓝ300

(目次)地理編(世界と日本の地域構成,さまざまな国の調査,さまざまな面からみた世界と日本),歴史編(古代までの日本,中世の日本,近世の日本,近代日本のあゆみ,二度の世界大戦と日本,現代日本と世界),公民編(現代社会とわたしたちの生活,人間の尊重と日本国憲法,現代の民主政治,暮らしと経済,地球市民としてのわたしたち),資料編

(内容)毎日の学習から入試まで対応した約1800語を収録。この1冊で地理・歴史・公民の3分野すべてがカバーできる。

**ニュースを読みとくキーワード100 目からうろこ小学生の大疑問 別巻スペシャル** 講談社編 講談社 2003.8 255p 21cm 1500円 ⓘ4-06-211225-6

(目次)1部 毎日のニュース、ここがわからんコーナー(政治ニュースでつかわれるキーワード,犯罪と災害ニュースのキーワード,世界のもめごとニュースのキーワード,経済のニュースでつかわれるキーワード,毎日の生活をおびやかすニュースのキーワード,スポーツニュースのキーワード,映画・テレビ・イベントなどの情報キーワード),2部 おとなでもよくわからん!ニュースのふしぎ言葉大研究(いったい、どんな意味?まぎらわしいきまり文句あれこれ)

(内容)ニュースの源がわかれば,ニュースはおもしろくなる。本書には,ニュースの「理解力」を高めるヒントが,いっぱいつまっている。ニュース言葉を分別、区別、判別できる本。

**ニュースに出てくる人物・用語事典** 高野尚好監修 学習研究社 2004.3 63p 29×23cm (よのなかのニュースがわかる本 7) 3000円 ⓘ4-05-201933-4

(目次)ニュースに出てくる人物,ニュースに出てくる用語

(内容)国際社会、日本の政治・経済、科学、社会や文化、スポーツに関するニュースによく出てくる人物と用語を収録。

**ニュースの言葉** 毎日中学生新聞編集部編著 岩波書店 2005.2 212p 18cm (岩波ジュニア新書) 780円 ⓘ4-00-500498-9

(目次)IAEA、IAEA保障措置協定、愛知万博、IP電話、青色発光ダイオード、アカネ色素、芥川賞、アザデガン油田、アジア・ブロードバンド計画、アシュラ〔ほか〕

(内容)イラク、北朝鮮をはじめ世界はもちろん、憲法や自衛隊派遣で日本も大きく揺れる今日。ニュース用語は日々の動きを理解するのに欠かせない。イラク復興特措法、皇室典範、三位一体改革、地上デジタル放送、ニート、ミサイル防衛など、ひんぱんに登場する用語を、事件・できごとと関連づけながら、やさしく解説。

**用語集 現代社会＋政治・経済 '08-'09年版** 用語集「現代社会」編集委員会編 清水書院 2008.3 389p 19cm 890円 ⓘ978-4-389-21477-7 Ⓝ300

(目次)第1編 現代の青年と社会生活及び課題(青年期の課題と自己形成,現代社会の特質と人間,芸術と人生 ほか),第2編 現代の経済(経済社会と経済体制,現代経済のしくみ,現代の日本経済 ほか),第3編 現代の政治(民主政治の基本原理,大日本帝国憲法から日本国憲法へ,基本的人権の保障 ほか)

(内容)高等学校の「現代社会」および「政治・経済」の授業に必要かつ十分な用語を選択し、具体例などをもとにしながらできるだけ詳しく解説した。学習指導要領の配列に準じているので、授業の進度にあわせて参考書として、また、さくいんを活用して小事典として利用することも

可能である。同義語・対義語・類義語まで幅広く取り扱った、必携の書。

**用語集 現代社会＋政治・経済 '09－'10年版** 用語集「現代社会」編集委員会編　清水書院　2009.3　409p　19cm　890円　①978-4-389-21489-0　Ⓝ300

(目次)第1編 現代の青年と社会生活及び課題(青年期の課題と自己形成，現代社会の特質と人間，芸術と人生 ほか)，第2編 現代の経済(経済社会と経済体制，現代経済のしくみ，現代の日本経済 ほか)，第3編 現代の政治(民主政治の基本原理，大日本帝国憲法から日本国憲法へ，基本的人権の保障 ほか)

(内容)高等学校の「現代社会」および「政治・経済」の授業に必要かつ十分な用語を選択し、具体例などをもとにしながらできるだけ詳しく解説した。学習指導要領の配列に準じているので、授業の進度にあわせて参考書として、また、さくいんを活用して小事典として利用することも可能である。同義語・対義語・類義語まで幅広く取り扱った、必携の書。収録語数4700。

**用語集 現代社会＋政治・経済 '10－'11年版** 用語集「現代社会」編集委員会編，上原行雄，大芝亮，山岡道男，菅野覚明，山田忠彰監修　清水書院　2010.3　423p　19cm　890円　①978-4-389-21501-9　Ⓝ300

(目次)第1編 現代の青年と社会生活及び課題(青年期の課題と自己形成，現代社会の特質と人間，芸術と人生 ほか)，第2編 現代の経済(経済社会と経済体制，現代経済のしくみ，現代の日本経済 ほか)，第3編 現代の政治(民主政治の基本原理，大日本帝国憲法から日本国憲法へ，基本的人権の保障 ほか)

(内容)高等学校の「現代社会」および「政治・経済」の授業に必要かつ十分な用語を選択し、具体例などをもとにしながらできるだけ詳しく解説した。学習指導要領の配列に準じているので、授業の進度にあわせて参考書として、また、さくいんを活用して小事典として利用することも可能である。同義語・対義語・類義語まで幅広く取り扱った必携の書。

**用語集 政治・経済 最新版** 上原行雄，大芝亮，山岡道男監修　清水書院　2005.1　301p　19cm　850円　①4-389-21439-X

(目次)第1編 現代の政治と民主社会(民主政治の基本原理，大日本帝国憲法から日本国憲法へ，基本的人権の保障，平和主義と安全保障，国民主権と政治機構 ほか)，第2編 現代の経済と国民生活(経済社会と経済体制，現代経済のしくみ，現代の日本経済，国民福祉の向上，国際経済と日本)

(内容)教科書掲載頻度とセンター試験出題頻度のダブル頻度分析。関連事項や発展的内容にも

言及した詳しい解説。収録語数約3200。

**用語集 政治・経済 最新第2版** 上原行雄，大芝亮，山岡道男監修　清水書院　2008.3　289p　19cm　850円　①978-4-389-21478-4　Ⓝ300

(目次)第1編 現代の政治(民主政治の基本原理，大日本帝国憲法から日本国憲法へ，基本的人権の保障，国民主権と政治機構，現代日本の政治，国際政治と日本)，第2編 現代の経済(経済社会と経済体制，現代経済のしくみ，現代の日本経済，国民福祉の向上，国際経済と日本)

(内容)高等学校の「政治・経済」の授業に必要かつ十分な用語を選択し、具体例などをもとにしながらできるだけ詳しく解説した。学習指導要領の配列に準じているので、授業の進度にあわせて参考書として、また、さくいんを活用して小事典として利用することも可能。同義語・対義語・類義語まで幅広く取り扱った、必携の書。

**用語集 政治・経済 最新第3版** 上原行雄，大芝亮，山岡道男監修　清水書院　2010.2　324p　19cm　850円　①978-4-389-21502-6　Ⓝ300

(目次)第1編 現代の政治(民主政治の基本原理，大日本帝国憲法から日本国憲法へ，基本的人権の保障，平和主義と安全保障，国民主権と政治機構，現代日本の政治，国際政治と日本)，第2編 現代の経済(経済社会と経済体制，現代経済のしくみ，現代の日本経済，国民福祉の向上，国際経済と日本)

(内容)高等学校の「政治・経済」の授業や受験に必要かつ十分な用語4200語を収録、具体例などをもとにしながら詳しく解説。学習指導要領の配列に準じているので、授業の進度にあわせて参考書として、また、さくいんを活用して小事典として利用することも可能。同義語・対義語・類義語まで幅広く取り扱った、必携の書。

<辞典>

**政治・産業・社会のことば** 江川清監修　偕成社　2008.3　143p　22cm（ことば絵事典探検・発見授業で活躍する日本語7）2000円　①978-4-03-541370-7　Ⓝ814

(目次)国と国民のことば(国土と領域，日本国憲法 ほか)，国と政治のことば(三権分立，国会のしくみ ほか)，経済と産業のことば(経済活動のしくみ，産業の種類 ほか)，社会とくらしのことば(社会保障と福祉，ユニバーサルデザイン ほか)

(内容)政治・産業・社会のことばを、絵と文章で分かりやすく説明する辞典。全10巻の『ことば絵事典』シリーズの1冊。小学校中級から。

## ＜ハンドブック＞

**現代社会ライブラリーへようこそ！ 2009年版** 清水書院 2008.2 335p 26cm 1300円 ①978-4-389-21475-3

(目次)巻頭特集 世界と日本と私たち―現代社会の動向，課題編―現代に生きる私たちの課題，現代社会編―現代社会の特質と社会生活，青年期編―青年期の意義と課題，社会・倫理編―民主社会と倫理，政治編―現代の民主政治，経済編―現代の経済，国際編―国際社会と日本の役割

**現代社会ライブラリーへようこそ！ 2010年版** 清水書院 2008.12 335p 26×18cm 1300円 ①978-4-389-21488-3

(目次)巻頭特集 世界と日本と私たち―2008年フラッシュバック，課題編 現代に生きる私たちの課題，現代社会編 現代社会の特質と社会生活，青年期編 青年期の意義と課題，社会・倫理編 民主社会と倫理，政治編 現代の民主政治，経済編 現代の経済，国際編 国際社会と日本の役割

**現代社会ライブラリーへようこそ！ 2011** 清水書院 2009.12 337p 26cm 1300円 ①978-4-389-21500-2 Ⓝ375

(目次)巻頭特集 世界と日本と私たち―2009年フラッシュバック，課題編 現代に生きる私たちの課題，現代社会編 現代社会の特質と社会生活，青年期編 青年期の意義と課題，社会・倫理編 民主社会と倫理，政治編 現代の民主政治，経済編 現代の経済，国際編 国際社会と日本の役割，付録

**現代社会ライブラリーへようこそ！ 2012年版** 清水書院 2010.12 341p 26cm 1300円 ①978-4-389-21621-4

(目次)巻頭特集 世界と日本と私たち―2010年フラッシュバック，課題編 現代に生きる私たちの課題，現代社会編 現代社会の特質と社会生活，青年期編 青年期の意義と課題，社会・倫理編 民主社会と倫理，政治編 現代の民主政治，経済編 現代の経済，国際編 国際社会と日本の役割，付録

**高校生のグローバルデータブック 1992** 清水書院 1992.6 96p 26cm 450円 ①4-389-21050-5

(目次)世界の国々，地理的知識の発達，地図投影法，地形環境，気候環境，都市，人口，食料・農業，米・小麦，穀類・いも類〔ほか〕

**最新 世界各国要覧** 12訂版 東京書籍 2006.7 447p 26cm 3600円 ①4-487-80141-9

(目次)世界の概況，アジア概況，オセアニア概況，ヨーロッパ概況，旧ソビエト連邦諸国概況，北・中央アメリカ（カリブ諸国を含む）概況，南アメリカ概況，アフリカ概況，資料編

(内容)最新の国際情勢をこの1冊に集約!全独立国と地域200の最新データと情報を国ごとに見開き2ページに収録した決定版!巻末資料編はさらに見やすく，より充実。

**資料 政・経 2010** 東学 2010.1 476p 21cm 933円 ①978-4-924533-59-2 Ⓝ300

(目次)巻頭特集 偽装される世論，政治・経済便覧，第1編 現代の政治（民主政治の基本原理，日本国憲法の基本的性格，政治機構と政治の運営，現代政治の特質と課題，現代の国際政治），第2編 現代の経済（経済社会の変容と経済体制，現代経済のしくみ，日本経済のあゆみ，労働と社会保障，国際経済），第3編 現代社会の諸課題（現代日本の諸課題，国際社会の諸課題）

**新資料・現社 '10** 東学 2010.2 288p 26cm 838円 ①978-4-924533-57-8 Ⓝ300

(目次)第1編 現代に生きるわたしたちの課題，第2編 現代の民主政治と私たちの倫理，第3編 現代の経済社会と経済活動のあり方，第4編 国際社会の動向と日本，第5編 現代の社会生活と青年，法令，小論文，付録

**新総合資料 政治・経済 2000年版** 改訂5版 東京書籍編集部編 東京書籍 2000.2 360p 21cm 705円 ①4-487-68494-3 Ⓝ300

(目次)憲法・法令編，第1編 10のテーマで知る世界，第2編 現代の政治と民主社会（民主政治の基本原理，日本国憲法の基本，日本の政治機構，現代日本の政治と課題，国際政治の動向と課題か），第3編 現代の経済と国民生活（経済社会の変容と経済体制，現代経済のしくみ，現代の日本経済，国民生活の向上，国民経済と国際経済）

(内容)政治・経済の資料集。憲法・法令編、国際・政治・経済の各編で構成。各事項について法令等の本文および資料等を掲載して解説、また用語解説を併載して詳説する。巻末に付録として世界の国一覧、用語解説、略語解説、略語一覧、最近公布された法律を収録。五十音順の事項索引を付す。

**政治・経済資料集 '93年度** 清水書院 1993.3 319p 21cm 730円 ①4-389-21042-4

(目次)憲法編，第1編 日本国憲法と民主政治，第2編 日本の経済と国民福祉，第3編 国際社会と日本

**政治・経済資料集 '94年度** 清水書院 1994.2 319p 21cm 730円 ①4-389-21042-4

(目次)憲法編，第1編 日本国憲法と民主政治，

第2編 日本の経済と国民福祉,第3編 国際社会と日本
(内容)「政治・経済」の学習副教材となる資料集。収録資料数700、図版、解説と事例を掲載する。

**政治と経済がわかる事典 これからの社会が見えてくる ニュースの言葉につよくなろう** PHP研究所編 PHP研究所 2007.3 79p 29×22cm 2800円 ⓘ978-4-569-68667-7
(目次)1 わたしたちのくらしと政治(憲法—日本国憲法って?,国会—国会ってどんなところ?,内閣—内閣の役割は?,政党—政党って何のためにあるの? ほか),2 わたしたちのくらしと経済(景気—景気って何でみるの?,貿易—円高ってどういうこと?,金融—日本銀行ってどんな銀行?,会社—株式会社のしくみは? ほか)

**ビジュアルワイド 現代社会 2000年版** 改訂7版 東京書籍編集部編著 東京書籍 2000.2 263p 26×21cm 800円 ⓘ4-487-68493-5 Ⓝ300
(目次)第1章 人間と環境,第2章 人間と文化,第3章 現代社会と青年,第4章 現代の日本経済と人間,第5章 現代の民主政治と人間,第6章 国際社会と人類の課題
(内容)現代社会の資料集。世界及び日本の現代社会情勢について資料により解説する。本文は人間と環境、人間と文化、現代社会と生年、現代の日本経済と人間、現代の民主政治と人間、国際社会と人類の歴史の全6章により構成。各項目のトピックについて導入事例と資料、指針、要点整理、事例研究を掲載。巻末に資料として日本国憲法、大日本国憲法、国際連合憲章などを収録。五十音順の事項索引を付す。

**ワイド現代 2010** 東学 2010.2 192p 26×21cm 886円 ⓘ978-4-924533-58-5 Ⓝ300
(目次)第1編 現代に生きるわたしたちの課題,第2編 現代の社会生活と青年,第3編 現代の経済社会と経済活動のあり方,第4編 現代の民主政治と民主社会の倫理,第5編 国際社会の動向と日本,付録 法令集

<図鑑>

**世界がわかる子ども図鑑** 河添恵子著 学習研究社 2004.7 311p 30×23cm (ニューワイドずかん百科) 3500円 ⓘ4-05-201926-1
(目次)1 学校生活(世界の小学校から、時間割りほか),2 家庭生活(世界の家庭から、子ども部屋 ほか),3 地域と生活(世界の街から、よくある光景 ほか),4 民族と文化(世界の暮らしから、民族衣装 ほか),巻末資料

(内容)各国の子どもたちの学校生活、家庭生活、地域での生活を密着取材。世界の地理、民族や文化、何でもベスト5など、社会科の勉強にも最適。世界のあいさつやミニ辞典が英語学習にも役立つ。

**ビジュアル博物館 76 未来** マイケル・タンビーニ著,伊藤恵夫日本語版監修 同朋舎,角川書店〔発売〕 1999.3 59p 30cm 2800円 ⓘ4-8104-2532-0
(目次)未来と20世紀,小さくなる地球,地球を観測する,人口の増大,環境との調和,未来の都市,未来の交通,未来の乗り物,2020年の家庭生活,快適な生活〔ほか〕
(内容)1冊1テーマ、全88巻の博物図鑑シリーズ。2020年の生活はどうなっているのか。人格移植は本当に可能か。遺伝子操作から農業革命が起きるか。未来についてのいろいろな疑問に答える。

**ビジュアル博物館 80 メディア メディアとコミュニケーションの歴史をビジュアルで探る** クライブ・ギフォート著,水越伸日本語版監修 同朋舎 2000.1 59p 29cm 〈東京 角川書店(発売)〉 3400円 ⓘ4-8104-2581-9 Ⓝ361.453
(内容)1冊1テーマ、全88巻の博物図鑑シリーズ。メッセージを伝達するのろしから、テレパシーを実現する最新のマイクロチップまで、コミュニケーションの歴史を写真と情報満載で紹介。「メディア」に関するいろいろな疑問に答える。

◆政治

<事典>

**国際組織** 渡部茂己,阿部浩己監修 ポプラ社 2006.3 207p 29×22cm (ポプラディア情報館) 6800円 ⓘ4-591-09044-2
(目次)1章 国際連合(国連のおもな機関、国連のおもな活動にかかわる組織),2章 国連専門機関(国連専門機関って、なに?、国際労働機関(ILO)ほか),3章 世界的な国際組織(世界的な国際組織って、なに?、世界貿易機関(WTO)ほか),4章 地域的な国際組織(地域的な国際組織って、なに?、ヨーロッパ連合(EU)ほか),5章 NGO(NGOって、なに?、アムネスティ・インターナショナル(AI)ほか)
(内容)新聞やテレビ、教科書に出てくる国際組織を解説する情報事典。ユニセフ、ユネスコといった国際連合の機関からEUやASEANまで、国際組織を網羅。また世界で活躍するNGOを、人権・開発援助・環境・平和などの分野ごとに紹介する。「成り立ちと目的」で国際組織ができた歴史が、「おもな活動」でそのはたらきがわかる。索引では知りたいことがすぐに探せる。

21世紀をつくる国際組織事典　1　平和にかかわる国際組織　大芝亮監修，こどもくらぶ編・著　岩崎書店　2003.3　55p　30cm　3500円　ⓘ4-265-04471-9

(目次)国際連合(UN)，国連総会(General Assembly)，安全保障理事会(Security Council)，経済社会理事会(ECOSOC)，信託統治理事会(Trusteeship Council)，国連事務局(UN Secretariat)，国際司法裁判所(ICJ)，国際刑事裁判所(ICC)，国連平和維持活動(PKO)，主要先進国首脳会議(サミット)(Summit Meeting)〔ほか〕

21世紀をつくる国際組織事典　2　人権・人道にかかわる国際組織　大芝亮監修，こどもくらぶ編・著　岩崎書店　2003.3　55p　30cm　3500円　ⓘ4-265-04472-7

(目次)国連人権高等弁務官事務所(UNHCHR)，国連人権委員会(UNCHR)，国連子どもの権利委員会(CRC)，国連難民高等弁務官事務所(UNHCR)，ユニセフ(国連児童基金)(UNICEF)，国連パレスチナ難民救済事業機関(UNRWA)，国際労働機関(ILO)，人権にかかわる国連の会議，アムネスティ・インターナショナル(Amnesty International)，ヒューマン・ライツ・ウォッチ(Human Rights Watch)〔ほか〕

21世紀をつくる国際組織事典　3　開発・食糧にかかわる国際組織　大芝亮監修，こどもくらぶ編・著　岩崎書店　2003.3　55p　30cm　3500円　ⓘ4-265-04473-5

(目次)国連開発計画(UNDP)，世界銀行(The World Bank)，国際通貨基金(IMF)，経済協力開発機構(OECD)，世界貿易機関(WTO)，国連貿易開発会議(UNCTAD)，国連工業開発機関(UNIDO)，国連食糧農業機関(FAO)，国際農業開発基金(IFAD)，国連世界食糧計画(WFP)〔ほか〕

21世紀をつくる国際組織事典　4　保健・医療にかかわる国際組織　大芝亮監修，こどもくらぶ編・著　岩崎書店　2003.3　55p　30cm　3500円　ⓘ4-265-04474-3

(目次)世界保健機関(WHO)，国連人口基金(UNFPA)，人口問題に取りくむ国際組織，国連ハビタット(国連人間居住計画)(UN-HABITAT)，エイズ問題に取りくむ国際組織，水問題に取りくむ国際組織，災害支援に取りくむ国際組織，薬物問題に取りくむ国際組織，国際赤十字(International Red Cross)，国境なき医師団(MSF)〔ほか〕

21世紀をつくる国際組織事典　5　環境にかかわる国際組織　大芝亮監修，こどもくらぶ編・著　岩崎書店　2003.3　55p　30cm　3500円　ⓘ4-265-04475-1

(目次)国連環境計画(UNEP)，世界気象機関(WMO)，地球サミット(Earth Summit)／持続可能な開発委員会(CSD)，気候変動にかんする政府間パネル(IPCC)，地球温暖化と京都議定書，国際熱帯木材機関(ITTO)，生物多様性とワシントン条約，国際捕鯨委員会(IWC)，自然保護とラムサール条約，酸性雨・砂漠化と国際条約〔ほか〕

21世紀をつくる国際組織事典　6　科学・技術にかかわる国際組織　大芝亮監修，こどもくらぶ編・著　岩崎書店　2003.3　55p　30cm　3500円　ⓘ4-265-04476-X

(目次)国際電気通信連合(ITU)，万国郵便連合(UPU)，国際民間航空機関(ICAO)，国際海事機関(IMO)，国際標準化機構(ISO)，世界知的所有権機関(WIPO)，インターネットにかかわる国際的な民間団体，国際原子力機関(IAEA)，朝鮮半島エネルギー開発機構(KEDO)，代替エネルギーに取りくむ国際組織〔ほか〕

21世紀をつくる国際組織事典　7　文化・教育にかかわる国際組織　大芝亮監修，こどもくらぶ編・著　岩崎書店　2003.3　55p　30cm　3500円　ⓘ4-265-04477-8

(目次)ユネスコ(UNESCO)，国連大学(United Nations University)，国際オリンピック委員会(IOC)，国際パラリンピック委員会(IPC)，スポーツにかかわる国際組織，ノーベル財団(The Nobel Foundation)，国際ペンクラブ(International PEN)，YMCA・YWCA，フルブライト委員会(Fulbright Commissions)，AFSインターナショナル(AFS International)〔ほか〕

<図鑑>

政治の現場が見える国会議事堂大図鑑　建物と中の人たちの役割がよくわかる!　PHP研究所編　PHP研究所　2005.11　79p　29×22cm　2800円　ⓘ4-569-68568-4

(目次)第1章 国会議事堂ってこんな建物だ(わが国の国会のしくみを表す形，計画から完成までの55年，各地から集められた建築材料 ほか)，第2章 議事堂のなかを探検しよう(各階はこんなふうになっている，中央玄関・中央広間，衆議院と参議院の正玄関 ほか)，第3章 国会の仕事 早わかり(国会の基本(1)三権分立のしくみ，国会の基本(2)二院制って何?，国会の基本(3)強い衆議院のひみつ ほか)

(内容)国会議事堂のなかはどうなっているのか。何をするための建物か。この本は，そんな疑問に答えるためにつくられた。この本を一通り読むと，国会議事堂のことや国会のしくみがよくわかり，調べ学習に役立つ。

社会　　　　　　　　児童書

◆◆戦争と平和

<書誌>

**今だから知っておきたい 戦争の本70**　北影雄幸著　光人社　1999.5　229p　19cm　1700円　①4-7698-0906-9

(目次)第1章 日本人であることに誇りを持つ本,第2章 純粋多感な青春に涙する本,第3章 清潔な生き方を学ぶ本,第4章 本当の優しさに感動する本,第5章 人を愛する心をみがく本,第6章 かけがえのない家族を思う本,第7章 責任の重さをかみしめる本,第8章 出処進退をいさぎよくする本,第9章 勇気をふるいおこす本,第10章 無私の精神の尊さを知る本

(内容)本当の愛とは,勇気とは,優しさとは!?平和の尊さと人間の素晴らしさを知る珠玉,感動のおすすめ本70冊!戦争という極限状況の中で,人はいかに生きようとし,みずからを燃焼させたのか!混迷混沌,不確実の時代に希望の光を灯す心の処方箋。逆境最悪の中にあっても,人間性の尊厳を失うことなく,真実の道を追いつづけた人びとの魂の絶唱を伝える異色の読書案内。心を磨き,豊かにし,生きるヒントを得る厳選された70冊のエッセンス。

**きみには関係ないことか 戦争と平和を考えるブックリスト'97～'03**　京都家庭文庫地域文庫連絡会編　(京都)かもがわ出版　2004.4　118p　21cm　1200円　①4-87699-802-7

(目次)第1章 今,世界で何が起こっているのか(イラク戦争・アフガン侵攻,湾岸戦争・コソボ侵攻・ベトナム戦争・カンボジア侵攻 ほか),特集「戦争をするアメリカ」ってどんな国?,第2章 過去を忘れない(日本の戦争,被爆国からの伝言 ほか),第3章 戦争を起こさせないために(戦争はなぜ起きる,いろんな国いろんな生きかた ほか)

◆法律

<事典>

**子どもの権利ガイドブック**　日本弁護士連合会編　明石書店　2006.6　666p　21cm　3600円　①4-7503-2346-2

(目次)総論 子どもの権利に関する基本的な考え方,各論(いじめ,教師の体罰・暴力等,校則,学校における懲戒処分,原級留置(いわゆる「落第」),不登校,学校事故(学校災害),教育情報の公開・開示,障害のある子どもの権利―学校生活をめぐって ほか),資料

**「こどもの権利条約」絵事典**　木附千晶,福田雅章文,森野さかな絵　PHP研究所　2005.4　79p　29×22cm　2800円　①4-569-68537-4

(目次)愛される権利―こどもの基本的権利("自分らしく思いやりのあるおとな"になる権利(成長発達権6条),呼びかけ向き合ってもらう権利(意見表明権12条)ほか),自分らしく元気に大きくなる権利―成長発達するためのいろいろな権利(遊んだりのんびりしたりする権利(休息・遊び・文化的活動への権利31条)ほか),自分の力をのばす権利(教育への権利28条・29条)ほか),社会の中で大きくなる権利―市民的自由(秘密を持つ権利(プライバシーの権利16条),自由に考えたり行動したりする権利(思想・信条・表現の自由13条～15条)),特別な助けを求める権利―特別なニーズを必要としているこどもの権利(障害を持ったこどもの権利(障害を持ったこどもの権利23条),悪いことをしてしまったこどもの権利(少年司法37条・39条・40条)ほか),こどもの権利をいかすために(助けを求める権利(自分の権利を使おう!とくに12条・19条・39条),おとながやらなければならないこと(おとなの役割と責務とくに5条・12条・18条)ほか)

**日本国憲法**　角替晃監修　ポプラ社　2005.3　199p　30cm　(ポプラディア情報館)　6800円　①4-591-08449-3

(目次)1 憲法って,なんだろう?,2 日本国憲法って,どんな憲法?,3 国民が,国の主人公,4 ぜったいに戦争はしない,5 みんな,自由で平等,6 民主主義をまもるしくみ,7 世界にほこれる日本国憲法,8 資料

(内容)わたしたちの自由と権利をまもる大事なきまり,日本国憲法をわかりやすく紹介した。より深く理解するために,日本国憲法をテーマごとに分けて,条文の意義,役割などを最適な資料とともに,解説している。むずかしい専門用語や歴史的なことがらなどの解説も充実,より深い学習の手助けに役立つ。日本国憲法と大日本帝国憲法を全文収録。日本国憲法のあゆみ(年表)など,付録も充実。

◆◆犯罪

<事典>

**こんなときどうする?犯罪から身を守る絵事典 "安全"について考えよう**　国崎信江,Kセキュリティー著,かまたいくよ絵　PHP研究所　2006.12　79p　29×22cm　2800円　①4-569-68644-3

(目次)第1章 危険な場所に近づかないで!何があぶないの?なぜあぶないの?(人がいないところ,暗いところ,連れ込みやすいところ ほか),第2章 危険を早く察知するんだ!―警戒のしかたと心がまえ(「不審者」ってどんな人?,キョロ

116　児童書 レファレンスブック

キョロしてまわりに気をつけよう，フォトグラフィックメモリー ほか)，第3章 とにかくすばやく逃げるんだ!―逃げ方や応援の求め方(「タッチ&ゴー」「カットイン」，つかまったら「上にポンッ」，だだをこねる／抱きつかれたらすわる ほか)
(内容)自分で自分の身を守るために知っておくべきこと。

<図　鑑>

**ビジュアル博物館　74　犯罪と捜査**　ブライアン・レーン著，河合修治日本語版監修
　同朋舎　1998.12　59p　29×23cm　2800円
　①4-8104-2530-4
(目次)犯罪と社会，裁判と刑罰，賞金稼ぎと盗賊逮捕請負人，盗みと押し込み，詐欺，偽造，殺人と誘拐，禁酒法時代，世界のギャングたち，密輸と海賊行為〔ほか〕
(内容)1冊1テーマ，全88巻の博物図鑑シリーズ。犯罪との戦いの歴史を豊富な写真で図解。殺人や窃盗をはじめ，詐欺，密輸，放火にいたるまで，ありとあらゆる犯罪の手口を解説。それに対する捜査の手段と，DNA鑑定を含む最新の鑑識技術を紹介。犯行現場に残されたわずかな手がかりからどうやって容疑者を割り出すのか，誘拐犯の電話の声から果たして犯人が突きとめられるのか。刑事ドラマでおなじみの興味深い話題も満載。

◆経　済

<事　典>

**株の絵事典　お金の流れがよくわかる　社会をささえる会社の役割**　佐和隆光著
　PHP研究所　2006.12　79p　30cm　2800円
　①4-569-68651-6
(目次)1 会社と株のかかわり(株の始まりを見てみよう!，株はお金を動き回らせる ほか)，2 市場での取り引きのしくみ(証券取引所のしくみと役割，株を上場するメリット ほか)，3 株の値動きのしくみ(金融商品の種類はいっぱい，ローソクチャートのしくみ ほか)，株がわかる小事典(株がもっとよくわかる!Q&A，株がもっとよくわかる!用語解説)
(内容)豊富なイラストで楽しく学べる，子どもにもわかる株式入門事典。経済のしくみをきちんと学ぼうとするのなら，企業のしくみを知る必要があり，企業の多くをしめる株式会社のしくみ，ひいては株のしくみを理解することが不可欠となる。

**世界のお金事典**　平井美帆文，佐藤英人協力
　汐文社　2006.2　155p　26cm　2800円

　①4-8113-8068-1
(目次)アジア，大洋州，中東，欧州，北米，中南米，アフリカ
(内容)世界各国の紙幣と貨幣をビジュアルで紹介。国ごとに政治・経済，社会情勢の概要や面積，首都などの情報とともに，お金の単位などのコラムを収載。2005年時の日本円との交換比率も掲載。「単位一覧」付き。

**用語でわかる! 経済かんたん解説　上巻**
　大滝雅之著　フレーベル館　2007.1　127p
　29×22cm　3800円　①978-4-577-03355-5
(目次)1章 身近な経済(労働，賃金 ほか)，2章 経済の基本(経済主体，家計 ほか)，3章 経済の動き(GDP，経済成長率 ほか)，4章 日本経済の歴史(経済の民主化，ドッジ・ライン ほか)，5章 日本経済のしくみ(歳入・歳出，国債 ほか)
(内容)現在よく使われる経済用語を精選し，くわしく解説。上巻には巻頭特集「お金って，何?」があり，さらにくわしく解説。

**用語でわかる! 経済かんたん解説　下巻　現代の経済問題・社会と経済・企業と経済・投資と経済・日本と世界経済**　武長脩行著　フレーベル館　2007.3　127p　29×22cm　3800円　①978-4-577-03356-2
(目次)1章 現代の経済問題(インターネット，情報社会 ほか)，2章 社会と経済(外国人労働者，NPO ほか)，3章 企業と経済(株式会社，コーポレートガバナンス ほか)，4章 投資と経済(投資，独占禁止法 ほか)，5章 日本と世界経済(国際通貨，円高・円安 ほか)

<図　鑑>

**コインと紙幣の事典**　ジョー・クリブ著，湯本豪一日本語版監修　あすなろ書房　2006.9
　63p　29×22cm　(「知」のビジュアル百科　30)　2000円　①4-7515-2330-9
(目次)貨幣とは何か?，変わった貨幣，最初の硬貨，最初の紙幣，硬貨のできるまで，紙幣のできるまで，偽造と偽造貨幣，貨幣と商取引，戦時の貨幣，貨幣の力，100万ドル，国際的な通貨，フランスの貨幣，ドイツの貨幣〔ほか〕
(内容)子供向けの1冊1テーマの図解百科事典シリーズ。エジプトの銀塊，中国の鋳形貨幣，日本の大判小判から，ユーロ通貨まで，古今東西500種類を超える世界の通貨を写真で紹介。大英博物館の貴重なコレクションも多数掲載。

**ビジュアル博物館　18　貨幣　銀塊やタカラガイから始まり"コンピューター・マネー"まで これら貨幣の歴史を探る**
　ジョー・クリブ著，リリーフ・システムズ訳
　(京都) 同朋舎出版　1991.7　63p　29cm
　〈監修：大英博物館〉　3500円　①4-8104-

児童書 レファレンスブック　117

0964-3　Ⓝ337.2
(内容)1冊1テーマ、全88巻の博物図鑑シリーズ。大英博物館・大英自然史博物館の監修のもと、同館収蔵品をカラー写真で紹介する。

◆税 金

＜事 典＞

**税金の絵事典　知っておきたい大切なこと**
　PHP研究所編　PHP研究所　2005.5　79p
　29×22cm　2800円　①4-569-68541-2
(目次)第1章 税金ってなんだろう?(税金って昔からあったの?、税金のしくみをしらべる ほか)、第2章 どんな税金があるの?(税金にはどんな種類があるの?、国税にはどんな種類があるの? ほか)、第3章 税金はどうつかわれているの?(税金のつかい道はこうして決まる、国の予算はどうなっているの? ほか)、第4章 税金がわかる小事典(日本の税金物語、税金Q&A ほか)
(内容)税金は何に使われているか。税金を4つの章に分け詳しく解説。

◆統 計

＜統計集＞

**グローバルデータブック　地理主要統計表　1995**　神奈川県教科研究会社会科地理部会編　清水書院　1995.4　104p　26cm　450円
　①4-389-21051-3
(目次)世界の国々、地理的知識の発達、地図投影法、地形環境、気候環境、都市、人口、食料自給率と農業経営、米・小麦、穀物・いも類〔ほか〕
(内容)地理の学習用として作られた主要統計表。巻末に統計のテーマの五十音索引がある。

**日本のすがた　表とグラフでみる社会科資料集　1990**　改訂第21版　矢野恒太記念会編　国勢社　1990.3　198p　21cm　610円
　①4-87549-210-3
(目次)第1章 日本の国土と産業、第2章 日本の農林水産業、第3章 日本の工業、第4章 商業と貿易、第5章 交通と通信、第6章 産業の発展と国民生活
(内容)「日本国勢図会」ジュニア版として、小学生高学年から中学生を対象に、日本の経済や社会をグラフを使ってわかりやすく説明した統計資料集。毎年刊行されている。生きた社会に対する正しい考え方を身につけ、新しい社会のあり方を考える社会科の勉強のために、基礎のひとつとして、いまの日本の産業・経済のすがたを、信頼のおける統計資料をもちいて示す。

**日本のすがた　表とグラフでみる社会科資料集　1991**　改訂第22版　矢野恒太記念会編　国勢社　1991.3　222p　21cm　890円
　①4-87549-211-1
(目次)第1章 日本の国土と産業、第2章 日本の農林水産業、第3章 日本の工業、第4章 商業と貿易、第5章 交通と通信、第6章 産業の発展と国民生活
(内容)「日本国勢図会」を小学生高学年から中学生の社会科学習用に再編集した、年刊の資料集。

**日本のすがた　表とグラフでみる社会科資料集　1992**　改訂第23版　矢野恒太記念会編　国勢社　1992.3　222p　21cm　890円
　①4-87549-212-X
(内容)「日本国勢図会」を小学生高学年から中学生の社会科学習用に再編集した、年刊の資料集。

**日本のすがた　表とグラフでみる社会科資料集　1993**　改訂第24版　矢野恒太記念会編　国勢社　1993.3　230p　21cm　980円
　①4-87549-213-8
(目次)第1章 日本の国土と産業、第2章 日本の農林水産業、第3章 日本の工業、第4章 商業と貿易、第5章 交通と通信、第6章 産業の発展と国民生活

**日本のすがた　表とグラフでみる社会科資料集　1994**　改訂第25版　矢野恒太記念会編　国勢社　1994.3　230p　21cm　980円
　①4-87549-214-6
(目次)第1章 日本の国土と産業、第2章 日本の農林水産業、第3章 日本の工業、第4章 商業と貿易、第5章 交通と通信、第6章 産業の発展と国民生活

**日本のすがた　表とグラフでみる社会科資料集　1995**　改訂第26版　矢野恒太記念会編　国勢社　1995.3　222p　21cm　980円
　①4-87549-215-4
(目次)第1章 日本の国土と産業、第2章 日本の農林水産業、第3章 日本の工業、第4章 商業と貿易、第5章 交通と通信、第6章 産業の発展と国民生活

**日本のすがた　表とグラフでみる社会科資料集　1996**　改訂第27版　国勢社　1996.3　222p　21cm　980円　①4-87549-216-2
(目次)第1章 日本の国土と産業、第2章 日本の農林水産業、第3章 日本の工業、第4章 商業と貿易、第5章 交通と通信、第6章 産業の発展と国民生活

**日本のすがた　表とグラフでみる社会科資料集　1997**　改訂第28版　国勢社　1997.3　222p　21cm　1030円　①4-87549-217-0
(目次)第1章 日本の国土と産業、第2章 日本の農林水産業、第3章 日本の工業、第4章 商業と

**日本のすがた　表とグラフでみる社会科資料集　1998**　改訂第29版　矢野恒太記念会編　国勢社　1998.3　222p　21cm　1000円　①4-87549-218-9
(目次)第1章 日本の国土と産業，第2章 日本の農林水産業，第3章 日本の工業，第4章 商業と貿易，第5章 交通と通信，第6章 産業の発展と国民生活

**日本のすがた　表とグラフでみる社会科資料集　1999**　改訂第30版　矢野恒太記念会編　国勢社　1999.3　222p　21cm　1000円　①4-87549-219-7
(目次)第1章 日本の国土と産業，第2章 日本の農林水産業，第3章 日本の工業，第4章 商業と貿易，第5章 交通と通信，第6章 産業の発展と国民生活

**日本のすがた　表とグラフでみる社会科資料集　2000**　改訂第31版　矢野恒太記念会編　国勢社　2000.3　222p　21cm　〈「日本国勢図会」ジュニア版〉　1000円　①4-87549-221-9
(内容)「日本国勢図会」を小学生高学年から中学生の社会科学習用に再編集した、年刊の資料集。

**日本のすがた　日本をもっと知るための社会科資料集　2001**　改訂第32版　矢野恒太記念会編　国勢社　2001.3　222p　21cm　〈表とグラフでみる社会科資料集　「日本国勢図会」ジュニア版〉　952円　①4-87549-222-7
(目次)第1章 日本の国土と産業，第2章 日本の農林水産業，第3章 日本の工業，第4章 商業と貿易，第5章 交通と通信，第6章 産業の発展と国民生活

**日本のすがた　表とグラフでみる 日本をもっと知るための社会科資料集　2002**　改訂第33版　矢野恒太記念会編　矢野恒太記念会　2002.3　222p　21cm　952円　①4-87549-224-5　Ⓝ602.1
(内容)「日本国勢図会」を小学生高学年から中学生の社会科学習用に再編集した、年刊の資料集。

**日本のすがた　表とグラフでみる 日本をもっと知るための社会科資料集　2003**　改訂第34版　矢野恒太記念会編　矢野恒太記念会　2003.3　230p　21cm　952円　①4-87549-225-1
(目次)第1章 国土と人口，第2章 農林水産業，第3章 日本の工業，第4章 商業と貿易，第5章 交通と通信，第6章 国民の生活，第7章 世界のすがた

(内容)日本の社会はどのようになっていて、これからどう変化していくの?この本はこうした疑問にたくさんの統計グラフや統計表を使って答えている。社会科学習のもっとも身近な参考書。

**日本のすがた　表とグラフでみる 日本をもっと知るための社会科資料集　2004**　改訂第35版　矢野恒太記念会編　矢野恒太記念会　2004.3　230p　21cm　952円　①4-87549-227-8
(目次)第1章 国土と人口，第2章 農林水産業，第3章 日本の工業，第4章 商業と貿易，第5章 交通と通信，第6章 国民の生活，第7章 世界のすがた

**日本のすがた　表とグラフでみる 日本をもっと知るための社会科資料集　2005**　改訂第36版　矢野恒太記念会編　矢野恒太記念会　2005.3　230p　21cm　952円　①4-87549-228-6　Ⓝ602.1
(内容)「日本国勢図会」を小学生高学年から中学生の社会科学習に再編集した、年刊の資料集。

**日本のすがた　表とグラフでみる 日本をもっと知るための社会科資料集　2006**　改訂第37版　矢野恒太記念会編　矢野恒太記念会　2006.3　230p　21cm　952円　①4-87549-230-8　Ⓝ602.1
(内容)「日本国勢図会」を小学生高学年から中学生の社会科学習に再編集した、年刊の資料集。

**日本のすがた　表とグラフでみる 日本をもっと知るための社会科資料集　2007**　改訂第38版　矢野恒太記念会編　矢野恒太記念会　2007.3　230p　21cm　952円　①978-4-87549-231-3
(目次)第1章 国土と人口，第2章 経済と財政，第3章 農林水産業，第4章 日本の工業，第5章 商業と貿易，第6章 交通と通信，第7章 国民の生活，第8章 世界のすがた

**日本のすがた　表とグラフでみる 日本をもっと知るための社会科資料集　2008**　改訂第39版　矢野恒太記念会編　矢野恒太記念会　2008.3　230p　21cm　〈「日本国勢図会」ジュニア版〉　952円　①978-4-87549-232-0　Ⓝ300
(目次)第1章 国土と人口，第2章 経済と財政，第3章 農水産業，第4章 日本の工業，第5章 商業と貿易，第6章 交通と通信，第7章 国民の生活，第8章 世界のすがた

**日本のすがた　表とグラフでみる 日本をもっと知るための社会科資料集　2009**　改訂第40版　矢野恒太記念会編　矢野恒太記念会　2009.3　230p　21cm　〈「日本国勢図会」ジュニア版　索引あり〉　952円　①978-4-87549-233-7　Ⓝ300

児童書 レファレンスブック　119

社会　　　　　　　　　児童書

(目次)第1章 国土と人口、第2章 経済と財政、第3章 農林水産業、第4章 日本の工業、第5章 商業と貿易、第6章 交通と通信、第7章 国民の生活、第8章 世界のすがた

**日本のすがた　表とグラフでみる　日本をもっと知るための社会科資料集　2010**
改訂第41版　矢野恒太記念会編　矢野恒太記念会　2010.3　230p　21cm　〈『日本国勢図会』ジュニア版　索引あり〉　952円
Ⓘ978-4-87549-234-4　Ⓝ300

(目次)第1章 国土と人口、第2章 経済と財政、第3章 農林水産業、第4章 日本の工業、第5章 商業と貿易、第6章 交通と通信、第7章 国民の生活、第8章 世界のすがた

◆仕事・資格

&lt;ハンドブック&gt;

**決定版 夢をそだてるみんなの仕事101**　講談社　2005.10　271p　26×21cm　2800円
Ⓘ4-06-213126-9

(目次)第1章 くらしをささえる仕事、第2章 人を助ける仕事、第3章 人を育てる仕事、第4章 人を楽しませる仕事、第5章 人に伝える仕事、第6章 地球と宇宙の未来を考える仕事

(内容)どんな仕事か、なぜその職についたのか、何が楽しく、何がつらいか等々、ここでしか読めないインタビュー記事。胸打たれる逸話も満載。豊富なイラスト、写真では仕事の内容を紹介。知っているようで知らない仕事の内幕には、「へえ！」と驚くことばかり。松井秀喜、小野伸二、毛利衛、安野モヨコ、唐沢寿明各氏ほか著名人、また子どもたちに人気の職業も豊富に登場。101の仕事を一枚絵にした豪華な観音扉・口絵付き。「どこにだれがいる？」絵探しとしても楽しめる。

**現代「手に職」ガイド　Web系から伝統的職業まで**　上田信一郎著　実業之日本社　2001.11　318p　21cm　（実日ビジネス）　1900円　Ⓘ4-408-10475-2　Ⓝ366.29

(目次)1章 今、「手に職」をつける眼のつけどころ、2章 デジタル先端技術で時流に乗る、3章 健康に貢献する医療技術の専門職、4章 美しさとデザインを追求する、5章 機械から通信までの技術を生かす、6章 美味しさを提供する食の専門家、7章 手づくり作品の専門家、8章 住まいづくりに腕を振るう、9章 リペア・リサイクルでモノを大事にする、10章 好きなことを追求する

(内容)数年で習得可能な102職種を収録した職業のガイドブック。デジタル先端技術や医療技術、美しさとデザインなどの9つの分野で、仕事の内容、将来性、年齢や適性などの条件、学習・実務コース、教育投資の目安、独立の可能性とポイントなどを記載。

**資格でハローワーク　17歳からの「やりたい仕事に直結する」資格選び**　梧桐書院編集部編　梧桐書院　2004.11　328p　19cm　1500円　Ⓘ4-340-50116-6

(目次)プロローグ「ハローワーク」の壁を突き破ろう、第1部 資格選びの基本を知っておこう（資格って、どこがくれるもの？─資格の種類、時代が変われば、有望資格も変わる─役に立つ資格、役に立たない資格）、第2部 ハローワークに役立つ資格厳選210（やっぱり、これからはITでしょ！、「手に職」で、この道一筋！、脱都会、第一次産業で働きたい！、空、海、大地を舞台に働きたい！ ほか）

(内容)フリーターなんてもう古い。やりたい、なりたい、仕事への近道を探そう。ハローワークに役立つ資格を厳選。

**仕事の内容がよくわかる職業別ユニフォーム・制服図鑑事典**　日本ユニフォームセンター監修　PHP研究所　2005.10　95p　29×22cm　2800円　Ⓘ4-569-68561-7

(目次)1 働いている人をめだたせる（警察官、鉄道運転士 ほか）、2 体のきれいさを保つ（医師、看護師、食品加工業、コック、板前）、3 危険から体を守る（消防士、レスキュー隊（特別救助隊）、自衛隊員、宇宙飛行士、バイク便ライダー）、4 スポーツをする時に着る（野球選手、サッカー選手、アメリカンフットボール選手、F1レーサー、柔道選手、剣道選手）、5 いろいろな活動に役立つ（落語家、僧侶、神主（神職）、舞妓、大工、学生）

(内容)警察官、医師、看護師、野球選手…、それぞれの仕事ごとに制服・ユニフォームを説明。イラストをもとに説明しているのでわかりやすい。

**小中学生からとれる資格と検定大事典！**　オバタカズユキ、斎藤哲也編　学習研究社　2005.12　273p　21cm　1500円　Ⓘ4-05-302124-3

(目次)1 国語にトライ！、2 数学にトライ！、3 外国語にトライ！、4 理科・自然にトライ！、5 歴史・地理にトライ！、6 食べ物・ファッションにトライ！、7 パソコンにトライ！、8 福祉・医療にトライ！、9 スポーツにトライ！

(内容)「学校の勉強」にも、「進路発見」にも役立つ。小中学生が今すぐトライできる50資格＆検定を徹底紹介。

**将来の仕事なり方完全ガイド　中学生の進路さがし最強Book**　学研編　学習研究社　2000.4　239p　21cm　1400円　Ⓘ4-05-300846-8　Ⓝ366

(目次)将来さがしサポート特集，教える仕事をしたい!，人を守る仕事をしたい!，人の役に立ちたい!，法律・金融・政治の仕事，国際的に活躍したい!，乗り物・機械に興味あり!，コンピューターの仕事，あこがれは芸術界!，「オシャレ」を仕事にしたい!，創造的な才能を伸ばしたい!，生活を演出する仕事，動物や自然が好き!，業界ストーリー＆業界クイズ他，きみ知ってる?高校生のための

(内容)中学生のための職業ガイドブック。教える仕事，人を守る仕事の12の分野から120種の職業を紹介。各職業は高校を卒業してからの進学および資格試験等の就職するまでのチャート，なるためのポイント，仕事内容と展望，収入，休暇などの待遇・勤務条件などを掲載。ほかに将来探しサポート特集と業界ストーリー＆業界クイズで構成。巻末に仕事の基礎知識Q&A，進路で考える資格一覧を収録。掲載職業五十音順索引を付す。

進路決定オール・ガイド 高校生のための"なりたい職業"マルチリサーチ '99
　旺文社編　旺文社　1999.2　257p　26cm
　952円　④4-01-033061-9

(目次)あなたの"夢"を育む!職業・資格インフォメーション（文化を高める，余暇を充実させる，暮らしをよくする，生命を尊ぶ，企業をリードする，公務・法務に捧げる），"夢"がかなえられる進路を探そう!―進路インフォメーション（国公立大，私立大ともに選抜方法は多様化!セ試は6教科31科目。私立大も半数の大学でセ試を利用―大学入試のアウトライン，一般入試は「英語」と「国語」がキー教科!推薦入試の出願は11月1日以降が中心―短大入試のアウトライン，人気の医療系は相変わらず高難易!学科選び=職業選び!明確な目的が必要―専門学校入試のアウトライン，全大学のおよそ70％が設置している「大学院」ってどんなところ?―大学を選ぶとき，ぜひ調べておきたい，間違いのない針路選定のキーワードは「5K&1L」―21世紀をリードする職業の研究)，学科内容をよく研究して志望校を決定―大学の学科インフォメーション（学部系統別学科リサーチ（法学部系，経済学部系，経営学・商学・経営情報学部系，社会学部系，国際関係学部系，文学部系，外国語学部系，教育学部系，教員養成学部系，理学部系，工学部系，商船学部系，農・獣医畜産・水産学部系，医学部系・歯学部系，薬学部系，保健・栄養学部系，家政・生活科学部系，芸術学部系，体育学部系，人文・教養・総合科学部系））

進路決定オール・ガイド　2000　旺文社編
　旺文社　2000.2　264p　26cm　952円　④4-01-033192-5

(目次)あなたの"夢"を育む!職業・資格インフォメーション（文化を高める，余暇を充実させる，暮らしをよくする ほか），"夢"がかなえられる進路を探そう!進路インフォメーション（あなたもきっと活躍できる!新ミレニアムの"注目職業・職種"をピックアップリサーチ，21世紀に飛躍する職業・職種のキーワードは「宇宙・メディア・都市」，SPACE FRONTIER，生命を尊ぶ，企業をリードする，公務・法務に捧げる），学科内容をよく研究して志望校を決定 大学の学科インフォメーション（入試のアウトライン，学部系統別学科リサーチ）

中学生・高校生の仕事ガイド　進路情報研究会編　桐書房　2007.6　324p　21cm
　2500円　①978-4-87647-705-0

(目次)学校教育・社会教育，保育・福祉，医療・医療事務，法律・公務員・事務，金融・経済・経理，ジャーナリズム・文芸，IT・コンピュータ，放送・映像，芸能・舞踊，音楽・音響・楽器，スポーツ，広告・宣伝・デザイン・写真，語学・旅行・ホテル，美容・理容，食品・栄養・調理，販売・接客・サービス，ファッション・洋裁・和裁，工芸・手芸・装飾品，インテリア・フラワー・照明，環境・バイオ・自然，農林水産・酪農・動物，建築・土木・不動産，自動車・鉄道，航空・船舶，電子・電気・機械・工業，通信・記録，安全・衛生・施設管理

(内容)仕事の内容，必要な資格，関連職種をわかりやすく紹介したガイド。

中学生・高校生のための仕事ガイド　改訂新版　進路・就職研究会編　桐書房　1999.4
　351p　21cm　2800円　①4-87647-433-8

(目次)環境浄化・自然保護の関連，コンピュータ・事務・公務の関連，金融・保険・経営・経理の関連，衣服アパレルの関連，開発・企画・設計の関連，食品・嗜好品の関連，建築・不動産の関連，非金属・セラミック・木材の関連，機械・金属・車両・電気の関連，手工芸・装飾品の関連，交通・運輸の関連，広告・宣伝・商業デザインの関連，医療・コメディカルの関連，労働安全・施設管理の関連，理美容・化粧・清潔の関連，司法・社会的保安の関連，観光・ホテル・海外交流・貿易の関連，放送・映画・演技者の関連，スポーツ・健康の関連，音楽・楽器の関連，新聞・出版・印刷の関連，放送・映画・演技者の関連，スポーツ・健康の関連，音楽・楽器の関連，新聞・出版・印刷の関連，情報伝達・情報提供・通信の関連，教育・文化・芸術の関連，農林水産業・鉱業・動物の関連，インテリア・装飾の関連，趣味・レジャー・イベントの関連，市場調査・営業・消費の関連，福祉の関連

(内容)中学生・高校生を対象に，日本の全業界1900余種の仕事内容を紹介した職業・資格データマニュアル。各項目は，仕事の内容，どうしたらその仕事につけるのか，資格，給与水準，

勤務条件などを紹介。索引付き。

**中学生・高校生のための仕事ガイド　2002年版**　進路・就職研究会編　桐書房　2001.11　350p　21cm　2800円　ⓘ4-87647-540-7　Ⓝ366.29

(目次)コンピュータ・事務・公務の関連，金融・保険・経営・経理の関連，衣服アパレルの関連，開発・企画・設計の関連，食品・嗜好品の関連，環境浄化・自然保護の関連，建築・不動産の関連，非金属・セラミック・木材の関連，機械・金属・車輌・電気の関連，手工芸・装飾品の関連，交通・運輸の関連，広告・宣伝・商業デザインの関連，医療・コメディカルの関連，労働安全・施設管理の関連，理美容・化粧・清潔の関連，司法・社会的保安の関連，観光・ホテル・海外交流・貿易の関連，放送・映画・演技者の関連，スポーツ・健康の関連，音楽・楽器の関連，新聞・出版・印刷の関連，情報伝達・情報提供・通信の関連，教育・文化・芸術の関連，農林水産業・鉱業・動物のかな連，インテリア・装飾の関連，趣味・レジャー・イベントの関連，市場調査・営業・消費の関連，福祉の関連

(内容)主に中学生・高校生に各種の職業を紹介したもの。1900余種の職業を28の分野に分けて，仕事の内容，どうしたらその仕事につけるのか，給与や勤務の条件や資格などについて解説する。巻末に五十音順の索引がある。

**天職事典　好きな仕事が見つかる本**　造事務所編著　PHP研究所　2000.12　382p　19cm　1500円　ⓘ4-569-61411-6　Ⓝ366.29

(目次)マスコミ・文学のしごと，アート・デザインのしごと，ファッションのしごと，芸能・音楽のしごと，映像のしごと，スポーツ・趣味のしごと，公務員のしごと，医療のしごと，福祉のしごと，教えるしごと，コンピュータのしごと，サービスのしごと，フード・ドリンクのしごと，旅行・運輸などのしごと，販売・流通のしごと，住宅・建築のしごと，お金関係のしごと，コンサルティングのしごと，職人のしごと，自然相手のしごと，自営のしごと，その他のしごと

(内容)362種の仕事を紹介する職業ガイド。労働時間，やりがい，ライフスタイルなど，ユニークな分類で紹介。

**天職事典　Ver.2　好きな仕事が見つかる本**　造事務所編著　PHP研究所　2005.11　414p　19cm　1500円　ⓘ4-569-64604-2

(目次)マスコミ・文学のしごと，アート・デザインのしごと，ファッションのしごと，芸能・音楽のしごと，映像のしごと，スポーツ・趣味のしごと，公務員のしごと，医療のしごと，福祉のしごと，教えるしごと，コンピュータのしごと，サービスのしごと，フード・ドリンクのし

ごと，旅行・運輸などのしごと，販売・流通のしごと，住宅・建築のしごと，お金関係のしごと，コンサルティングのしごと，職人のしごと，自然相手のしごと，自営のしごと，その他のしごと

(内容)テーマ別に仕事を紹介する職業ガイド。「海外で働ける仕事」「休みの多い仕事」など，ユニークな分類であらゆる職種を紹介する。2000年刊の新版。

**はじめて知るみんなの未来の仕事**　学習研究社　2008.4　271p　26cm　（学研の新まるごとシリーズ）　2700円　ⓘ978-4-05-202880-9　Ⓝ366.29

(目次)人を守る仕事，人を教えたり育てる仕事，社会を支える仕事，国際的に活躍できる仕事，乗り物にかかわる仕事，お金や経済にかかわる仕事，動物・植物や自然にかかわる仕事，ファッションやおしゃれにかかわる仕事，人に伝え感動させる仕事，コンピュータや機械にかかわる仕事，スポーツにかかわる仕事，食べ物にかかわる仕事，住まいやくらしにかかわる仕事，伝統文化を守る仕事，人の命や健康にかかわる仕事

(内容)21世紀にふさわしい仕事が218種類。

**人と地球にやさしい仕事100　すぐにつかえる資格&職業ガイド**　人と地球にやさしい仕事100編集委員会編著　七つ森書館　2005.10　239p　21cm　1600円　ⓘ4-8228-0509-3

(目次)緑・自然系，動物系，福祉・医療・レスキュー系，法律・公務員系，心理系，住環境系，環境ビジネス系，趣味・実用系，フード系，就職活動ステップ

(内容)なるにはステップ&資格取得方法から，収入・適性・やりがい・活躍の場まで徹底網羅。

**120の仕事なり方完全ガイド　高校生の進路さがし最強BOOK**　学研編　学習研究社　1999.3　239p　21cm　1400円　ⓘ4-05-300684-8

(目次)巻頭インタビュー　「なりたい」を仕事にしたプロたち，仕事未来予想「やってうれしい」それが君，そんな時代がやってきた，進路指導スペシャル仕事ってどうやって選んだらいいの?，仕事発見テスト自分向きの仕事，探そっ!，120の仕事なり方完全ガイド

(内容)高校生がなりたいと思う仕事を紹介したガイドブック。全体を12のグループに分け，興味，関心別にアクセスできるようにまとめている。巻末に，掲載職業名の50音順索引付き。

**やってみよう!こどもの資格&コンクールガイド　2001年度版**　PHP研究所編　PHP研究所　2001.3　287p　21cm　1400円　ⓘ4-569-68282-0　Ⓝ375.036

**やってみよう！こどもの資格&コンクールガイド　2002年度版**　PHP研究所編
PHP研究所　2002.3　287p　21cm　1400円
ⓣ4-569-68329-0　Ⓝ317

(目次)チャレンジ拝見！，勉強にチャレンジ，すきなことにチャレンジ，エコ&ボランティアにチャレンジ，アートにチャレンジ，ことばにチャレンジ，スポーツにチャレンジ，コンピュータにチャレンジ

(内容)小中学生対象の資格&コンクールガイドブック。勉強関連，写真・編物等の特技，エコ&ボランティア，アート，ことば，スポーツ，コンピュータの7つの分野に分けて，小中学生がチャレンジできる資格試験・コンクール・イベントについて，2002年度の開催予定日，問合せ先，対象，試験内容と練習問題等の情報を紹介している。賞品等チャレンジすることによって獲得できる特典の情報も紹介。チャレンジの仕方についてはマンガで説明し，その他，検定試験の練習問題や勉強法アイデアも紹介している。巻頭にチャレンジの実例を紹介する。

**やってみよう！こどもの資格&コンクールガイド　2003年度版**　PHP研究所編
PHP研究所　2003.3　287p　21cm　1600円
ⓣ4-569-68388-6

(目次)勉強にチャレンジ，すきなことにチャレンジ，エコ&ボランティアにチャレンジ，アートにチャレンジ，ことばにチャレンジ，スポーツにチャレンジ，コンピュータにチャレンジ

(内容)「なにかおもしろいこと，ないかな」この本は，そんな小学生と中学生がチャレンジできるものばかりをあつめた。うごきだすための情報の本。親子でできる資格や，最新の資格，めずらしいコンクール，学校のみんなでチャレンジできるものもある。ページをめくってチャレンジをはじめれば，チョット人とちがう自分をみつけられるはず。

**やりたい仕事がある！　好きな仕事・向いている仕事741職**　池上彰監修　小学館
2005.11　670p　19cm　1800円　ⓣ4-09-387587-1

(内容)741の職業を，ジャンル別にわかりやすく，丁寧に紹介。まずは，自分の適性を知るために「エニアグラム」でテストし，大項目へ。「アート」「ネイチャー」「サイエンス」「情報産業」等，17の大項目を展開。さらに52の中項目に細分化し，職種を完全網羅。問い合わせ先・URL・資格試験の紹介など徹底ガイド。先輩従事者からのお役立ちアドバイス付き。

### <図鑑>

**小学生のためのしごと大事典　ぼくとわたしの「なりたい！」ブック**　梅澤職業研究所編著　竹書房　2005.12　399p　21cm　1905円　ⓣ4-8124-2504-2

(目次)料理の世界，ファッションの世界，建築の世界，医療の世界，福祉の世界，教育の世界，心と宗教の世界，動物の世界，自然の世界，金融の世界，運輸の世界，サービスの世界，公務員の世界，スポーツの世界，マスコミの世界，芸術の世界，ITの世界，そのほかの世界

(内容)メジャーリーガー，宇宙飛行士，ファッションデザイナー…，好奇心旺盛な子どもたちの目線で，世の中のたくさんのしごとを紹介。「しごと」と「なり方」を表とイラストで分かりやすく解説。コンパクトにまとまっているから「職業学習」にも最適。

**夢に近づく仕事の図鑑　1　動物や昆虫が好き！**　仕事の図鑑編集委員会編　あかね書房　1996.4　79p　26cm　2800円　ⓣ4-251-00831-6

(目次)騎手，競走馬の厩務員，警察犬訓練士，昆虫学者，昆虫カメラマン，昆虫飼育係，獣医師，水族館飼育係，水族館トレーナー，畜産指導員，動物園飼育係，動物学者，トリマー，盲導犬歩行指導員，野生動物保護管理，酪農家

(内容)様々な分野の仕事を児童向けに紹介したもの。全6巻構成で，134職種を収録する。本巻では動物や昆虫にかかわる職種について，仕事の概要と，その職業に就いている人の体験談を写真入りで掲載する。巻末に全巻共通の職種名の索引がある。

**夢に近づく仕事の図鑑　2　スポーツが好き！**　仕事の図鑑編集委員会編　あかね書房　1996.4　79p　26cm　2800円　ⓣ4-251-00832-4

(目次)エアロビクスインストラクター，グラウンドキーパー，サッカー選手，審判(プロ野球)，水泳インストラクター，スポーツ学者，スポーツカメラマン，スポーツ記者，スポーツ誌編集者，スポーツ食品開発，スポーツドクター，スポーツ用品開発，選手サポート，体育教師，プロゴルファー，野球選手

(内容)様々な分野の仕事を児童向けに紹介したもの。全6巻構成で，134職種を収録する。本巻ではスポーツにかかわる職種について，仕事の

概要と、その職業に就いている人の体験談を写真入りで掲載する。巻末に全巻共通の職種名の索引がある。

夢に近づく仕事の図鑑 3 テレビやアニメが好き! 仕事の図鑑編集委員会編 あかね書房 1996.4 79p 26cm 2800円 ①4-251-00833-2

(目次)衣裳,大道具,音楽プロデューサー,音声技師,小道具,照明技師,テレビディレクター,テレビプロデューサー,放送作家,報道カメラマン,メイク,アニメ監督,音響監督,原画マン,作画監督,声優

(内容)様々な分野の仕事を児童向けに紹介したもの。全6巻構成で、134職種を収録する。本巻ではテレビ・アニメにかかわる職種について、仕事の概要と、その職業に就いている人の体験談を写真入りで掲載する。巻末に全巻共通の職種名の索引がある。

夢に近づく仕事の図鑑 4 健康な生活を守る! 仕事の図鑑編集委員会編 あかね書房 1996.4 79p 26cm 2800円 ①4-251-00834-0

(目次)医療ソーシャルワーカー,栄養士,介護福祉士,看護婦,義肢装具士,作業療法士,歯科医師,手話通訳,小児科の医師,診療放射線技師,はり師・きゅう師,病理科の医師,保健婦,薬剤師,理学療法士,臨床心理士

(内容)様々な分野の仕事を児童向けに紹介したもの。全6巻構成で、134職種を収録する。本巻では医療や福祉にかかわる職種について、仕事の概要と、その職業に就いている人の体験談を写真入りで掲載する。巻末に全巻共通の職種名の索引がある。

夢に近づく仕事の図鑑 5 未来の乗り物をつくりたい! 仕事の図鑑編集委員会編 あかね書房 1996.4 79p 26cm 2800円 ①4-251-00835-9

(目次)宇宙を開拓する人たち,ロケットをつくる,人工衛星を動かす,ロケットを打ちあげる,宇宙ステーションをつくる,宇宙旅行の乗り物をつくる,宇宙空間を利用する,宇宙飛行士,宇宙の最新技術をささえる,未来の鉄道をつくる人たち〔ほか〕

(内容)様々な分野の仕事を児童向けに紹介したもの。全6巻構成で、134職種を収録する。本巻では宇宙やリニアモーターカー等にかかわる職種について、仕事の概要と、その職業に就いている人の体験談を写真入りで掲載する。巻末に全巻共通の職種名の索引がある。

夢に近づく仕事の図鑑 6 世界を見たい! 仕事の図鑑編集委員会編 あかね書房 1996.4 79p 26cm 2800円 ①4-251-00836-7

(目次)映画翻訳家,音楽プロモーター,外交官,開発コンサルタント,航海士,航空管制官,国際協力事業団の職員,国際公務員,ジャーナリスト,商事会社の社員,スチュワーデス,ツアーコンダクター,通訳ガイド,日本語教師,パイロット,ホテルマン

(内容)様々な分野の仕事を児童向けに紹介したもの。全6巻構成で、134職種を収録する。本巻では国際的な活動を行う職種について、仕事の概要と、その職業に就いている人の体験談を写真入りで掲載する。巻末に全巻共通の職種名の索引がある。

◆福 祉

<事 典>

こども手話じてんセット 谷千春監修 ポプラ社 2004.4 2冊(セット) 29×22cm 〈付属資料:ビデオ1〉 9900円 ①4-591-99556-9

(目次)手話ソングブック(大きな古時計,故郷,ありがとうさようなら,翼をください,ぼくらの未来 ほか),こども手話じてん(手話の基本を覚えよう(基本編),「見る言葉」を覚えよう(じてん編),都道府県,いろいろな地域・国)

(内容)五十音順に約1400単語の手話を紹介。

幸せってどんなこと?福祉・介護のキーワード事典 助け合う気持ちを大切にしよう 高橋利一著 PHP研究所 2008.4 79p 29×22cm 2800円 ①978-4-569-68766-7 Ⓝ369

(目次)第1章 児童福祉のキーワード(児童養護施設で暮らすユウちゃん,児童福祉とはなんだろう,学校をめぐる福祉 ほか),第2章 障がい者福祉のキーワード(パラリンピックをめざすお兄さん,障がい者福祉とはなんだろう,障がい者の自立と労働 ほか),第3章 高齢者福祉のキーワード(おばあちゃんが認知症になっちゃった!,高齢者福祉とはなんだろう,年をとるってどんなこと? ほか)

NEWボランティア用語事典 体験学習に役立つ! 日比野正己監修,指導,長崎純心大学ボランティア研究会編著 学習研究社 2005.3 127p 29×22cm 4800円 ①4-05-202077-4

(目次)アールマーク,アイバンク,アイマスク体験,アニマルセラピー,エイズ問題,エコマネー,NGO,NPO,ODA,音楽ボランティア〔ほか〕

(内容)初の子ども向けボランティア用語事典。ボランティアの全体像が「見てわかる」。ボランティア活動の具体例がいっぱい。豊富な写真やイラストで楽しく学べる。ユニークな発想と視

点を学べるコラム。団体紹介や参考文献など貴重な情報源。

**ボランティア・ハンドブック　学校とボランティア活動**　東京ボランティア・センター編　東京都社会福祉協議会　1992.5　211p　21cm　1030円

(目次)第1部 考え方・進め方(学校とボランティア活動，学校でボランティア活動をどう進めるか，ボランティア活動ア・ラ・カ・ル・ト，利用できる資源，ボランティア活動Q&A)，第2部 どう進めたか―活動事例(小学校の事例，中学校の事例，高等学校の事例，盲・ろう・養護学校の事例，施設の事例，地域での事例，調査・研究)

## ＜辞　典＞

**子どものための手話事典**　全日本ろうあ連盟監修，イケガメシノ絵　汐文社　2008.4　182p　27cm　3000円　Ⓘ978-4-8113-8199-2　Ⓝ378.28

(目次)指文字，数，あいさつ，動き，人，スポーツ，食べ物，疑問詞，量，時〔ほか〕

**子どものための点字事典**　黒崎恵津子著，福田行宏イラスト　汐文社　2009.3　109p　27cm〔文献あり 索引あり〕　3200円　Ⓘ978-4-8113-8540-2　Ⓝ378.18

(目次)1 点字って何?(身のまわりの点字をさがしてみよう，音や，さわってわかる工夫，はっきりと見やすい表示も)，2 点字の文字(あいうえお…，点字でどう書く?，点字の50音 ほか)，3 点字の書き方(ふつうの文字の書き方とどこがちがう?，ポイント1 発音どおりに書くほか)，4 視覚障害に関する用語集(視覚障害とは?，視覚障害者と生活 ほか)，5 点字の歴史(世界で最初の盲学校，点字以前の文字，凸文字 ほか)，資料編

## ＜ハンドブック＞

**子どもと親のための心の相談室　2003年度版**　須田論一編，NPO法人21世紀教育研究所協力　本の泉社　2003.8　303p　19cm　1500円　Ⓘ4-88023-812-0

(目次)不登校(登校拒否)についての相談室，ひきこもりについての相談室，学習や進路についての相談室，対人関係についての相談室，個人的な悩みについての相談室，子育て・子どもの発達・障がいについての相談室，性や身体・健康・病気・生活習慣についての相談室，子どもの非行・犯罪・問題行動についての相談室，依存(薬物・アルコールほか)・摂食障がいについての相談室，自傷行為・自殺願望・自殺未遂についての相談室，学校や行政との関係について

の相談室，留学・帰国子女についての相談室，制度・法律(子どもの権利や人権に関するころを含む)についての相談室，国際交流・国際理解，在日外国人支援についての相談室，情報を求める方法についての相談室，その他の相談室

(内容)相談室を"選定しやすい"ように，不登校・ひきこもり・学習や進路・対人関係など相談の内容から，分類。実際に相談室に電話をするときの参考例を掲載した。自分の相談内容がより明確になるように，学習障がい・対人不安・子捨て・注意欠陥多動障がいなど"用語解説"を充実させた。家族の気持ちに立ったガイドブック。

**災害・状況別 防災絵事典 危険から身を守る**　山村武彦監修　PHP研究所　2005.9　79p　29×22cm　2800円　Ⓘ4-569-68562-5

(目次)第1章 日本の自然と災害(災害は大自然の活動，防災に関する日，自然災害にはこんなものがある)，第2章 これだけは知っておきたい―いざというときの身の守り方(地震ってなんだろう?，地震―揺れによる災害から身を守る，地震―二次火災から身を守る ほか)，第3章 災害に備えてわたしたちにできること(地域での取り組み，家族で話し合おう，災害に備えて準備したいもの ほか)

**中学生・高校生のためのボランティアガイド**　田中ひろし監修，こどもくらぶ編・著　同友館　2001.8　159p　21cm　1800円　Ⓘ4-496-03218-X　Ⓝ369.14

(目次)巻頭レポート・インタビュー 各地の中学生・高校生たちはいろいろやっています(文化祭収益金でフォスター・ペアレントを続ける女子校生たち，人権保護組織を作った12歳のカナダ人少年 ほか)，1 提案します!きみたちにもこんなことができます(NGOに参加しよう，「こどもエコクラブ」に参加しよう ほか)，2 考えてみよう!ボランティアって何?(マンガで考えよう「ボランティアって何?」，ボランティアについての7つの質問 ほか)，3 ガイドページ(国際ボランティア，環境ボランティア ほか)，4 資料ページ(集めてボランティア，募金でボランティア ほか)

(内容)中学生・高校生が参加できるボランティアのガイドブック。全国のボランティア団体から各分野ごとに代表的な団体，ユニークな活動をしている団体を紹介する。団体名，連絡先，設立年月，メンバー構成，会員制度，募金などの行き先，活動内容，参加方法，特色などを記載。巻末にボランティアガイド総索引がある。

**福祉・介護の仕事完全ガイド**　福祉ドアリサーチ編　誠文堂新光社　2005.10　359p　21cm　1600円　Ⓘ4-416-80532-2

(目次)第1章 福祉士の資格，第2章 介護系の資格，第3章 医療系の資格，第4章 リハビリの資

格、第5章 児童系の資格、第6章 任用・委嘱の資格、第7章 高齢者のための施設、第8章 障害者のための施設、第9章 子どものための施設、第10章 そのほかの福祉施設等、第11章 民間資格ほか

(内容)これから目指す人だけでなく、ステップアップを考えている人のための福祉・介護の資格・仕事・施設の情報源。資格+仕事+施設約200掲載。

## 福祉の「しごと」と資格まるごとガイド
田端光美監修　（京都）ミネルヴァ書房　2002.9　321p　21cm　1800円　Ⓝ4-623-03700-2　Ⓝ369.17

(目次)プロローグ、1 身近に接してケア（子どもにかかわる、高齢者や障害者にかかわる）、2 自立を支えるセラピー（リハビリで可能性を広げる、心をケアする）、3 必要なサービスを必要な人に（相談援助の専門家として、特に行政の窓口として）、4 よりよいサービスのために（専門的な技で、地域福祉の推進役として）、役立ち情報ページ

(内容)福祉関連の仕事、資格の種類と取り方についての情報を掲載ししたガイドブック。身近に接する、自立を支えるなど仕事の性質別に、99の職種、53の資格を収録。仕事は、概要、活躍の場、就職&キャリアアップの3項目で紹介するほか、その仕事につくまでのルートと関連する資格を重要度A・B・Cの判定とともに記載。養成校・講座案内、資格試験情報などの関連情報がある。

## 盲導犬ハンドブック
松井進著　文芸春秋　2002.5　190p　19cm　1667円　Ⓝ4-16-358570-2　Ⓝ369.275

(目次)第1章 盲導犬と歩く（盲導犬を育てる、盲導犬と歩く ほか）、第2章 盲導犬と暮らす（盲導犬を持つには、共同訓練 ほか）、第3章 盲導犬に関する資料集（盲導犬育成施設の状況、盲導犬の育成・活動の状況 ほか）、第4章 視覚障害について、付録 バリアフリーに関する基本的なキーワード集

(内容)盲導犬に関するガイドブック。全4章と付録に分けて資料を収録。盲導犬はどんなふうに交差点や階段を教えるの？ いつオシッコやウンチをするの？ など、実際に盲導犬を使用する視覚障害者の著者が、盲導犬に関する疑問に答える。

## ◆学校

### <事典>

### がっこう百科
岡崎勝編著　（熱海）ジャパンマシニスト社　2005.12　326p　21cm　1905円　Ⓝ4-88049-125-X

(目次)いろんな友だち、学校のモノたち、先生という人たち、学校と教育の問題、学校ぐらし、からだのこと、さあ、お勉強

(内容)技ありの先生たち、だからこそ書けた「とことん使える」生活・学びのアドバイス。

## ◆進学・転校

### <名簿>

### インターナショナルスクールガイド
ザー・イースト・パブリケイション編　ザー・イースト・パブリケイション、洋販〔発売〕　1999.12　227p　21cm 〈本文：日英両文〉　1800円　Ⓝ4-915645-18-5

(目次)北海道インターナショナルスクール、東北インターナショナルスクール、アメリカンスクールインジャパン、西町インターナショナルスクール、聖心インターナショナルスクール、ブリティッシュスクールイン東京、セントメリーズインターナショナルスクール、清泉インターナショナルスクール、青葉ジャパンインターナショナルスクール、ジャパンインターナショナルスクール〔ほか〕

(内容)インターナショナルスクールとは何かを知る手がかりとなる基本的な情報をまとめた学校ガイド。特に各校の教育理念とカリキュラムの紹介に多くの誌面を割いている。日本にありながら日本のそれとは大きく違った教育の在り方を知ることができる。

### 海外・帰国生のためのスクールガイド Biblos 2004年度版
JOBAビブロス編集部編　東京学参　2003.10　339p　26cm　3333円　Ⓝ4-8080-0023-7

(目次)1 海外・帰国生中学入試編（入試ガイダンス、入試要項、入試結果一覧、面接・作文データ一覧、編入試験実施中学校一覧、英語以外の外国語授業のある中学校一覧、寮設備のある中学校一覧、受験生からのメッセージ）、2 海外・帰国生高校入試編、3 海外・帰国生大学入試編、4 海外・帰国生小学校編、5 資料編

### 海外・帰国生のためのスクールガイド Biblos 2005年度版
JOBAビブロス編集部編　東京学参　2004.10　343p　26cm　3333円　Ⓝ4-8080-0024-5

(目次)1 海外・帰国生中学入試編、2 海外・帰国生高校入試編、3 海外・帰国生大学入試編、4 海外・帰国生小学校編、5 資料編

(内容)海外から帰国して希望する日本国内の小学校・中学校・高等学校・大学を目指す海外・帰国生のための進学資料集。資料は最新のデータにもとづき、海外および国内のネットワークによる豊富な情報を各対象別にまとめている。

海外・帰国生のためのスクールガイド
　　Biblos　2006年度版　東京学参　2005.7
　355p　26cm　3333円　ⓘ4-8080-0025-3
　[目次]1 海外・帰国生中学入試編，2 海外・帰国生高校入試編，3 海外・帰国生大学入試編，4 海外・帰国生小学校編，5 資料編
　[内容]海外から帰国して日本国内の小学校・中学校・高等学校・大学を目指す海外・帰国生のための進学資料集。

海外・帰国生のためのスクールガイド
　　Biblos　2007年度版　JOBAビブロス編集部編　東京学参　2006.7　374p　26cm　3333円　ⓘ4-8080-0026-1
　[目次]1 海外・帰国生中学入試編，2 海外・帰国生高校入試編，3 海外・帰国生大学入試編，4 海外・帰国生小学校編，5 資料編，6 帰国生受け入れ校からのメッセージ
　[内容]海外から帰国して日本国内の学校を目指す海外・帰国生のための進学資料集。「中学入試編」には、公立中高一貫校、英語以外の外国語の授業を実施している学校や、寮設備のある学校、「高校入試編」には、転・編入試験実施校一覧、在外私立学校や全国都道府県教育委員会の連絡先、「大学入試編」には、受験資格や出願書類・入試科目のほか、TOEFLやSATなどの国家統一試験の結果を提出する必要性の有無についても掲載。

海外・帰国生のためのスクールガイド
　　Biblos　2008年度版　東京学参　2007.7
　387p　26cm　3333円　ⓘ978-4-8080-0780-5
　[目次]1 海外・帰国生中学入試編，2 海外・帰国生高校入試編，3 海外・帰国生大学入試編，4 海外・帰国生小学校編，5 資料編，6 帰国生受け入れ校からのメッセージ

海外・帰国生のためのスクールガイド
　　Biblos　2009年度版　JOBAビブロス編集部編　東京学参　2008.7　351p　26cm　3333円　ⓘ978-4-8080-0823-9　Ⓝ376.8
　[目次]1 海外・帰国生中学入試編，2 海外・帰国生高校入試編，3 海外・帰国生大学入試編，4 海外・帰国生小学校編，5 資料編，6 帰国生受け入れ校からのメッセージ
　[内容]海外から帰国して日本国内の小学校・中学校・高等学校・大学を目指す海外・帰国生のためのスクールガイド(進学資料集)。資料はBiblos編集部独自の学校へのアンケートを中心に、学校が公表しているデータに基づいて、編集部が各対象別にまとめたもの。

海外・帰国生のためのスクールガイド
　　Biblos　2010年度版　JOBAビブロス編集部編　東京学参　2009.7　353p　26cm　3333円　ⓘ978-4-8080-1343-1　Ⓝ376.8

[目次]1 海外・帰国生中学入試編，2 海外・帰国生高校入試編，3 海外・帰国生大学入試編，4 海外・帰国生小学校編，5 資料編，6 帰国生受け入れ校からのメッセージ
　[内容]海外から帰国して日本国内の小学校・中学校・高等学校・大学を目指す海外・帰国生のための進学資料集。

海外・帰国生のためのスクールガイド
　　Biblos　2011年度版　JOBAビブロス編集部編　東京学参　2010.7　369p　26cm　3333円　ⓘ978-4-8080-2191-7
　[目次]1 海外・帰国生中学入試編，2 海外・帰国生高校入試編，3 海外・帰国生大学入試編，4 海外・帰国生小学校編，5 資料編，6 帰国生受け入れ校からのメッセージ

帰国子女のための学校便覧　2008　海外子女教育振興財団編　海外子女教育振興財団　2007.11　559p　21cm　3238円　ⓘ978-4-902799-10-1
　[目次]小学校・中学校・中等教育学校編(小学校(国立・私立)、中学校(国立・私立)、中等教育学校(国立・公立・私立))、高等学校編(帰国子女に対し、特別の受け入れ枠や受け入れ体制を持っている高等学校、帰国子女の受け入れに際し、特別な配慮をする私立の高等学校)、大学編、短期大学編、その他の学校
　[内容]2008年度版では、内容の充実に加え、帰国時の年齢の多様化にも対応できるよう、小学校から大学に至るすべての段階での受け入れ校を可能な限り網羅し合わせて1000校とした。

帰国子女のための学校便覧　2010　海外子女教育振興財団編　海外子女教育振興財団　2009.11　588p　21cm　3238円　ⓘ978-4-902799-14-9　Ⓝ370.35
　[目次]小学校・中学校・中等教育学校編(小学校(国立・私立)、中学校(国立・私立)、中等教育学校(国立・公立・私立))、高等学校編(A群(帰国子女に対し、特別の受け入れ枠や受け入れ体制を持っている高等学校)、B群(帰国子女の受け入れに際し、特別な配慮をする私立の高等学校))、大学編、短期大学編、その他の学校(国立・私立)
　[内容]小学校から大学までの入学・編入学ガイド。

帰国子女のための学校便覧　2011　海外子女教育振興財団編　海外子女教育振興財団　2010.11　593p　21cm　3238円　ⓘ978-4-902799-17-0　Ⓝ370.35
　[目次]小学校・中学校・中等教育学校編(小学校(国立・私立)、中学校(国立・私立)ほか)、高等学校編(A群(帰国子女に対し、特別の受け入れ枠や受け入れ体制を持っている高等学校)、B群(帰国子女の受け入れに際し、特別な配慮を

する私立の高等学校）），大学編（国立大学，公立大学 ほか），短期大学編（公立短期大学，私立短期大学），その他の学校—国立・私立（埼玉県，京都府 ほか）

**教育特区学校ガイド 2008年度版 学校設置会社がつくった学校はこんなにユニーク！** 学びリンク編集部編，学校設置会社連盟監修 学びリンク 2007.12 97p 26cm 1600円 Ⓟ978-4-902776-25-6

〔目次〕インタビュー編（スペシャルインタビュー 選択肢が多いほど人生は豊かになるから頑張っている特区の学校を応援します！（漫画家・北海道芸術高等学校エグゼクティブサポーター・里中満智子さん），「教育特区の学校」を知ろう！ 生徒インタビュー─最新のスクールライフ，学生インタビュー 最新のキャンパスライフ），解説編（「教育特区学校」のしくみ，小学校・中学校，高等学校 ほか），学校紹介編（LCA国際学園（仮称），朝日塾中学高等学校，相生学院高等学校 ほか）

〔内容〕全国の教育特区に次々に誕生する学校設置会社立の学校を案内。今までなかった，自由でユニークな"楽しい学校"の魅力を紹介。インタビューや解説も豊富に収録。

<ハンドブック>

**全国版インターナショナルスクール活用ガイド 第2版** 増田ユリヤ著 オクムラ書店 2003.8 306p 21cm 2000円 Ⓟ4-86053-015-2

〔目次〕第1章 インターナショナルスクールとは？（注目されるインターナショナルスクール，インターナショナルスクールとは ほか），第2章 インターナショナルスクールの実際（横浜インターナショナルスクール，西町インターナショナルスクール ほか），第3章 スクールガイド（インターナショナル山の手幼稚園，北海道インターナショナルスクール ほか），第4章 実際の手引き（入学に関して，卒業後の進路に関して），第5章 インターナショナルスクール情報

〔内容〕各インターナショナルスクールの最新詳細情報を掲載。

◆◆サポート校・高卒認定

<名 簿>

**個性派学校ガイド くちこみで生徒が集まる!! 2004年度版** 育文社編集部著 育文社 2003.11 209p 21cm 1000円 Ⓟ4-7524-2007-4

〔目次〕不登校生，中退者が選ぶ個性派学校のポイント，ジャンル別教育機関，本誌掲載機関・信頼できる，困ったときの「相談窓口一覧」，巻頭特集（大検合格への近道大宮予備校，精神科医が開設した総合サポート校サンライズ学園の誕生，名教育者が開設した「三つの全寮制学校」），通信制教育の仕組み 全国1学区NHK学園高等学校から，自分だけの高校生活 日出学園高等学校，人間が好き！技能連携校 横浜お茶の水学館高等部，最強のバックアップ・代々木ゼミナール方式，26年目に入った，白根開善学校，好きな自分を見つける，ECC高等学院〔ほか〕

〔内容〕既存の教育システムに対して，それを取り巻く個性的な教育機関と，個性的な学校群を紹介する学校案内。

**個性派学校ガイド くちこみで生徒が集まる 不登校・中退者・高校転編入 2005年度版** 育文社編集部著 育文社 2004.9 217p 21cm 1000円 Ⓟ4-7524-2011-2

〔目次〕巻頭特集・教育の軌道修正（大検合格への近道・大宮予備校，精神科医が開設した総合サポート校・サンライズ学園 ほか），通信制高等学校への誘い（NHK学園高等学校，キリスト教自然学園高等学校 ほか），大検プラス大学受験予備校への誘い（大宮予備校，神戸セミナー），自立教育・サポート校への誘い（栄光国際学院，ECC高等学院 ほか），全寮制高等学校への誘い（白根開善学校）

**個性派学校ガイド くちこみで生徒が集まる!! 2009年版 不登校・中退者・高校転編入 中高生ガイドbook** 育文社編集部著 育文社 2008.8 203p 21cm 1000円 Ⓟ978-4-7524-2029-3 Ⓝ376.8

〔目次〕巻頭特集 特別対談，巻頭特集 教育の軌道修正，通信制高校への誘い，大学受験予備校への誘い，自立教育・サポート校への誘い，山の学校と全寮制への誘い，巻末特集 不登校生を温かく迎え入れる全寮制高校

〔内容〕通信制高校，大学受験予備校，オルタナティブ・サポート校，山の学校と全寮制高校。既存の教育システムに対して，それを取り巻く個性的な，時代のニーズに対応した教育機関と，個性的な新しい学校群を紹介。

**個性派学校ガイド くちこみで生徒が集まる!! 2010年版 不登校・中退者・高校転編入 中高生ガイドbook** 育文社編集部著 育文社 2009.8 157p 21cm 1000円 Ⓟ978-4-7524-2033-0 Ⓝ376.8

〔目次〕巻頭特集 特別対談—サポート校の原点，巻頭特集 教育の軌道修正，通信制高校への誘い，自立教育・サポート校への誘い，山の学校と全寮制への誘い—白根開善学校，巻末特集 不登校生を温かく迎え入れる全寮制高校

**個性や能力にあわせた楽しく学べる学校選**

び　スクール・ナビ　2009年版　創芸社
2008.8　149p　21cm　1300円　Ⓘ978-4-88144-120-6　Ⓝ376.8

⦅目次⦆4人のナビゲーターと探そう!キミだけの道(単位制・通信制高校／サポート校、インターナショナルスクール、高等専修学校、全寮制高校)、あきらめないで!こんなにある"キミをまもる空間"(北海道・東北、関東1／東京都、関東2／7県、中部・北陸 ほか)

⦅内容⦆「ぶらぶら」してるのには理由がある。「人生は一度きり。このままじゃイケナイ」と感じているキミへ。「何かきっかけが欲しい」と思っているキミへ。この本の中にキミにぴったりの居場所がある。あなたを待っている学校がある。

**全国大検予備校・通信制高校サポート校ガイド**　晶文社出版編集部編　晶文社出版、昌文社〔発売〕　1998.10　158p　21cm　1800円　Ⓘ4-7949-9671-3

⦅目次⦆1 大検予備校、2 通信制高校サポート校、3 高校再受験予備校、4 海外高校留学支援機関

⦅内容⦆高卒資格・大学入学資格を取得するためのスクールガイド。全国の大検予備校、通信制高校サポート校、高校再受験予備校、海外高校留学支援機関の概要と募集要項を紹介。

**大検ガイドブック　受検手続きと試験問題　平成4年度版**　文部省生涯学習振興研究会編　日本加除出版　1992.5　398p　21cm　2000円　Ⓘ4-8178-2129-9

⦅目次⦆第1 大学入学資格検定とは、第2 大学入学資格検定について一問一答、第3 通信制高等学校、第4 定時制高等学校、第5 単位制高等学校、第6 平成3年度問題と解答、〔附録〕大学・短期大学の通信教育、大学・短期大学の夜間部、大学入学資格検定規程

＜ハンドブック＞

**居場所が見つかる!フリースクールガイド　2007〜2008年版**　学研編　学習研究社　2007.2　163p　21cm　(もうひとつの進路シリーズ)　1300円　Ⓘ978-4-05-302433-6

⦅目次⦆巻頭メッセージ、フリースクールってどんなとこ?、知りたい!フリースクールQ&A、聞きなれない用語解説、子どもの学習と人生のつよ〜い味方 サポート校、サポート校で見つけた生きてる実感 新しい自分に変われた日、フリースクールの学費いくらかかるの?、学園HOTニュース、不登校からの成功体験 不登校をこうしてのりきった!、個性にあった居場所を見つけよう〔ほか〕

**学校が合わないときの居場所探し　不登校からのフリースクールガイド　2000〜2001年版**　学研編　学習研究社　2000.2　159p　21cm　(もうひとつの進路シリーズ)　1200円　Ⓘ4-05-300811-5　Ⓝ376.8

⦅目次⦆レールは一本じゃない いっぱいあって、そこから好きな道を選べばいい、新しい「学びの場」を先取りするフリースクール、フリースクールってどんなとこ?、知りたい!フリースクールQ&A、本書を読んで、理解しやすくなるために―聞きなれない用語解説、フリースクールの学費 いくらかかるの?、きみの勉学と人生のつよ〜い味方―サポート校って何をしてくれるところ?、学園HOTニュース、フリースクール生100人に聞きました!―将来の夢は石油王!?、不登校からの成功体験、スクールを訪ねてみたら…、全国フリースクール一覧

⦅内容⦆不登校児のための全国のフリースクールガイド。フリースクールについての紹介やQ&A、学校及び公的機関をのぞいた全国の民間団体や市民グループを中心にした約630のスクールを地域別に分類し、各校の所在地、対象、教育方針・特色などを掲載した「全国フリースクール一覧」などを収録。

**学校が合わないときの学校探し　不登校・中退からの進学ガイド　2000〜2001年版**　学研編　学習研究社　2000.2　156p　21cm　(もうひとつの進路シリーズ)　1200円　Ⓘ4-05-300810-7　Ⓝ376.8

⦅目次⦆「自分」に出会う道はたくさんある、今、充実ライフを送ってま〜す!、学園HOTニュース、不登校・中退から、きみを生かす進路は?、高校生活から一歩前へ!転入・編入サクセスマニュアル、話題のスクールを訪問したら…「うちの学園こんなことやってます」、ランキング&データで見えてくる!!いまどきのサポート校生、全国スクール一覧―「学校がド〜モ合わない」ときの学園探しリスト、こまったときの相談窓口

⦅内容⦆不登校・中退からの進学ガイド。転入・編入のための特集や体験談、全国の通信制高等学校・サポート校・定時制高等学校・大検予備校・高等専修学校技能連携校・全寮制高等学校・インターナショナルスクールの所在地、募集人員、選抜方法について掲載。

**学校も生徒もふえていま大注目っ!全国通信制高校案内　2007〜2008年版**　学研編　学習研究社　2007.2　144p　21cm　(もうひとつの進路シリーズ)　1300円　Ⓘ978-4-05-302434-3

⦅目次⦆だれでもが自分のペースで学べる!!コレが通信制の魅力だ!、通信制の学習システム大図解、自分にあったパターンを探そう!通信制高校での学習の進め方、学習システム、単位修得システムを知ろう!通信制高校を理解するキーワード10、通学する学校によって大きな差が!通信制って学費はどれだけかかる?、だいじょうぶかなぁ…!

不安解消大作戦Q&A，自分だけのスタイルが通信制にはある!通信生スクールライフまるなまレポート，直撃アンケート!自分らしく学ぶことで次の夢が見えてくる，全国で急増中!!私立通信制高校じゃないMAP，編集部よりのメッセージ 通信制の学校選びのポイントはとにかく続けられそうな学校を選ぶこと〔ほか〕

**高校転入・編入ガイド 関東版 2008〜2009年** 学研編 学習研究社 2008.8 150p 21cm （もうひとつの進路シリーズ） 1300円 ①978-4-05-302772-6 Ⓝ376.8

(目次)第1部 ぜーんぶわかる!転入・編入に必要なこと（もうひとつの進路を考えるキミへのメッセージ，受験情報の集め方，私立・公立高校からの転入・編入試験 受験の条件 ほか），第2部 全日制高校じゃない進路もある（通信制高校，通信制高校在学生からの学校紹介，サポート校 ほか），第3部 転入・編入できる学校リスト（全日制私立高校，定時制・通信制高校，サポート校・技能連携校など）

(内容)転入・編入・再受験の制度や，受験のしかたなどをわかりやすく説明。巻末には，そういった生徒の募集を行っている学校のリストを掲載。

**高校転入・編入ガイド 別の学校でがんばりたい! 関東版 2009〜2010年** 学研編 学習研究社 2009.8 149p 21cm （もうひとつの進路シリーズ） 1300円 ①978-4-05-302986-7 Ⓝ376.8

(目次)転入と編入はここが違う!!，サクセス体験インタビュー やっぱり学校かわってよかった，転入・編入できて，高卒資格がとれるもうひとつの進路があった!，減る傾向?中途退学 高校中退者は全国で約7.3万人，第1部 ぜーんぶわかる! 転入・編入に必要なこと，第2部 全日制高校じゃない進路もある，第3部 転入・編入できる学校リスト

**高校転入・編入ガイド 2010〜2011年** 学研教育出版編 学研教育出版，学研マーケティング〔発売〕 2010.8 145p 21cm （もうひとつの進路シリーズ） 1300円 ①978-4-05-303201-0

(目次)第1部 ぜーんぶわかる!転入・編入に必要なこと（もうひとつの進路を考えるキミへのメッセージ，受験情報の集め方，私立・公立高校からの転入・編入試験 ほか），第2部 全日制高校じゃない進路もある（通信制高校，サポート校，定時制高校 ほか），第3部 転入・編入できる学校リスト（全日制私立高校，定時制高校，通信制高校 ほか）

(内容)別の学校でがんばりたい。転入，編入，再受験の制度や受験のしかたなどをわかりやすく説明。

**高等学校卒業程度認定試験ガイド 高認があるじゃん! 2007〜2008年版** 学びリンク編集部編 学びリンク 2007.5 135p 26cm 1800円 ①978-4-902776-19-5

(目次)巻頭特集 高卒認定で大学生になる!，笑顔が輝く次のステップへ!高卒認定・大検の先輩たち（生徒インタビュー），今，注目の高認予備校，高認合格完全マニュアル，大学・短大・専門学校に進んでみよう!，最新!詳細!高認予備校

**高認があるじゃん! 高等学校卒業程度認定試験ガイド 2005〜2006年版** 学びリンク編集部編 学びリンク 2005.6 159p 26cm 1800円 ①4-902776-07-3

(目次)大検／高卒認定から次のステップへ!，高卒認定の先生，2005年度の高認（高等学校卒業程度認定試験），インタビュー，高認からめざせ，キミにぴったりの進学先，高卒認定予備校

(内容)OB，受験生，高認指導の先生からの"生の声"を収録。2005年度高認のすべてがわかる。有力高認予備校の詳細な情報も満載。高認合格から大学・短大・専門学校への進路選びのポイント。大検合格者の自己推薦入試等実施大学・短大を完全網羅。

**高認があるじゃん! 高等学校卒業程度認定試験ガイド 2009〜2010年版** 学びリンク編集部編 学びリンク 2009.6 183p 26cm 1800円 ①978-4-902776-38-6 Ⓝ376.8

(目次)巻頭インタビュー雑誌『小悪魔ageha』編集長・中条寿子さん—「立ち止まって今しかできないこと悩んだり焦ったりして見えてくることがある」，いま注目の高認予備校第一高等学院，トピックス高認から難関大学へ，特集 高認試験って何?，インタビュー 高認に合格した先輩たち，教科別高認受験入門—わが校の合格大作戦，大学，短大，専門学校に進んでみよう!，これを読んだら合格ライン縞栗鼠の親方式高認最短合格法—最新!詳細!高認予備校

**最新教育システムガイド 不登校・中退もフォロー 2003** 田口教育研究所編 日本評論社 2002.10 354p 21cm 1600円 ①4-535-58343-9 Ⓝ376.8

(目次)1 自分の道を見つけた（2001年不登校・中退の体験発表会），2 創設・継承の想い（黄柳野高等学校校長・広林卓，リバースアカデミー師友塾塾長・大越俊夫 ほか），3 個性を磨く学びの場（星槎国際高等学校，代々木国際高等学院 ほか），4 全国スクールガイド（寮のある中学・高校，通信制高等学校 ほか）

(内容)不登校者の増加により見直されている寺子屋，塾を紹介するガイドブック。寺子屋・塾教育をたずねて，子どもたちの体験発表，創設者の想いを多数掲載する。また教育先端現場も

紹介。巻末に最新教育システム問い合わせ先一覧を付す。

**Theチャレンジャー　もうひとつの進学ガイド　2003～2004**　さんぽう編　さんぽう,星雲社〔発売〕　2002.10　91p　26cm　429円　Ⓓ4-434-02607-0　Ⓝ376.8

〔目次〕全日制,通信制高校,定時制高校,高等専修学校,技能教育連携校,留学＆インターナショナルスクール,大検予備校,通信制課程サポート校

〔内容〕中学生や高校中退者向けの進学情報誌。通信制高校,定時制高校,高等専修学校,技能教育連携校,留学・インターナショナルスクール・大検予備校などの基本データを介する。各校の校名,所在地,問い合わせ先,設置学科,願書受付,選抜方法,学費,特色などを記載。データは2003年度用のもの。この他に様々な学校に対するインタビューのが掲載されている。

**Theチャレンジャー　もうひとつの進学ガイド　2004～2005**　さんぽう編　さんぽう,星雲社〔発売〕　2003.9　97p　26cm　429円　Ⓓ4-434-03779-X

〔目次〕全日制―中学卒業者の96.8%が進学,豊富な専門学科も魅力,通信制高校―自分のペースで高校を卒業,働きながら学べる,定時制高校―夜間から昼間へ,新過程ぞくぞく誕生,高等専修学校―専門技術を身につけて,一歩早い自立をめざす,技能教育連携校―お互いの技術を生かしながら高校も卒業できる,留学＆インターナショナルスクール―海外の学校で学んでインターナショナルになる,大検予備校―試験の合格だけで,大学が受験できる,通信制過程サポート校―勉強だけじゃなく,生活面もしっかりサポート

〔内容〕進路変更,高校中退,不登校から考える新しい進学のカタチ。中学卒業からはじまるもうひとつの進学ガイド。

**Theチャレンジャー　もうひとつの進学ガイド　2005～2006**　さんぽう,星雲社〔発売〕　2004.9　93p　26cm　429円　Ⓓ4-434-05019-2

〔目次〕全日制,通信制高校,定時制高校,高等専修学校,技能教育連携校,留学＆インターナショナルスクール,大検予備校,通信制過程サポート校

**Theチャレンジャー　もうひとつの進学ガイド　2006～2007**　さんぽう編　さんぽう,星雲社〔発売〕　2005.10　73p　26cm　429円　Ⓓ4-434-07080-0

〔目次〕全日制,通信制高校,定時制高校,高等専修学校,技能教育連携校,留学＆インターナショナルスクール,高卒認定試験,通信制課程サポート校

**Theチャレンジャー　中学卒業からはじまるもうひとつの進学ガイド　2007～2008**　さんぽう編　さんぽう,星雲社〔発売〕　2006.9　118p　26cm　429円　Ⓓ4-434-08370-8

〔目次〕特集1 巻頭スペシャルインタビュー学校からのメッセージ,特集2 通信制サポート校制服コレクション,特集3 スクールライフの最前線,特集4 不登校への行政の取り組み／NPOのサポート,進路のネットワーク,全日制 中学卒業者の97.5%が進学,豊富な専門学科も魅力,通信制高校 自分のペースで高校を卒業,働きながら学べる,定時制高校 夜間から昼間へ,新過程ぞくぞく誕生,高等専修学校 専門技術を身につけて,一歩早い自立をめざす,技能教育連携校 お互いの技術を生かしながら高校も卒業できる〔ほか〕

**自分で決める進路　不登校・中退からの居場所探し　2005年版**　日本青少年育成協会編　学びリンク,りぃふ・しゅっぱん〔発売〕　2004.3　167p　26cm　1900円　Ⓓ4-947689-89-7

〔目次〕これは便利「全国訪問調査先100ヵ所の専門別一覧表」,教育方針から社会参加まですべてが分かる「全国訪問調査による100ヵ所」,アンケートで受入対象者が分かった「専門スタッフのいる教育機関57ヵ所」,問い合わせてみたい「スクールガイド34ヵ所」,今回調査対象とした「教育機関750ヵ所全リスト」,参考資料「全国ひきこもり・不登校援助団体レポート」掲載施設32ヵ所

〔内容〕自分の進路がつかめない人に「どこにどんな教育機関があり,どんな人を受け入れているか」を,ボランティアの人たちが各施設を訪問し,自分の目で見たありのままの姿をレポートして,確かな情報として提供する。

**小中学生・不登校生のためのフリースクールガイド　全国版**　第2版　日本フリースクール協会編集協力,オクムラ書店編　オクムラ書店　2002.2　310p　21cm　2000円　Ⓓ4-900320-15-3　Ⓝ370.35

〔目次〕第1章 ○○ってなあに―分類別解説,第2章 フリースクールへ行ってみたら―事例報告,第3章 主に子ども対象の施設・団体(北海道・東北編,関東(東京を除く)編,東京編,北陸・信越・東海編,近畿編,中国・四国・九州編),第4章 主に親・親子対象の施設・団体

〔内容〕フリースクールのガイドブック。全国の不登校に関連する公的施設・学校・民間施設・団体等約500ヵ所の情報を紹介する。全国6地方に区分し都道府県別に排列,各施設について,適応指導教室・フリースクール等の分類,対象,

人数、開設日、特色や理念、設置コースや活動内容、応募方法等の情報を、アンケート調査結果をもとにまとめている。専門家の有無、受講中、学校での出席扱いがどうなるか、の情報も明示。親や親子を対象とした施設の紹介もある。巻頭に各分類名称についての定義とそれぞれの施設の事例を紹介している。

小中高・不登校生の居場所探し 全国フリースクールガイド 2003〜2004年版
　学びリンク編　りいふ・しゅっぱん　2003.2
　351p 26cm 2500円 ①4-947689-67-6
(目次)私が選んだ"居場所"、新しいスクールのここが"魅力"、最新オール解説、聞いてみました"居場所"探しのPoint、新!詳細!スクール案内
(内容)民間のフリースクールならびに技能連携校、サポート校、大検予備校などを収録。それぞれの人に合った居場所や学びの場を見つけられるよう、各スクールの実状をできるだけわかりやすく、詳細に記載。取材調査は2002年8月から2002年12月下旬まで。

小中高・不登校生の居場所探し 全国フリースクールガイド 2004〜2005年版
　学びリンク、りいふ・しゅっぱん〔発売〕
　2004.2 319p 26cm 2500円 ①4-947689-87-0
(目次)自分らしく過ごせる"居場所"(生徒インタビュー1―学校中で一番あたたかい雰囲気の職員室。そこで学んだ人間の深さとは?、生徒インタビュー2―山村留学からフリースクールへ。やっと見つけた自分の"居場所"ほか)、寄稿(生徒寄稿―日本航空学園東京ウイングジュニアクラブ、保護者インタビュー―海外留学で自立した大人になってほしいほか)、インタビュー(先生インタビュー1―子どもたち一人ひとりに対応できる場所です、先生インタビュー2―混迷の時代だからこそ「医療」「福祉」「生活」のトータルケアで教育に臨みたい ほか)、解説("居場所"や"学びの場"としてのフリースクール、もう一つの学校"サポート校"ほか)、最新!詳細!スクール案内!!(フリースクール、フリースクール一覧 ほか)
(内容)民間のフリースクールならびに技能連携校、サポート校、大検予備校などを収録したスクールガイド。それぞれの人に合った居場所や学びの場を見つけてもらうため、各スクールの実状をできるだけわかりやすく、詳細に紹介。

小中高・不登校生の居場所探し 全国フリースクールガイド 2005〜2006年版
　学びリンク編集部編　学びリンク　2005.3
　247p 26cm 2500円 ①4-902776-06-5
(目次)生徒・保護者・先生・メンタルフレンドインタビュー――きっとある!自分らしくいられる"居場所"、特集:「教育特区」で広がる"居場所"、今、注目のスクール、解説、最新!詳細!スクール紹介、その他の"居場所"
(内容)フリースクールやサポート校、技能連携校の教育システムや最新の状況を解説。グループインタビューや個別インタビューなどにより、生徒や保護者、スクールの先生などの生の声を集めた。スクールの特色や教育方針、活動内容、どんな子供(人)に向いているかなど、それぞれのスクールを詳細に紹介。

小中高・不登校生の居場所探し 全国フリースクールガイド 2006〜2007年版
　学びリンク編集部編　学びリンク　2006.3
　255p 26cm 2500円 ①4-902776-11-1
(目次)生徒インタビュー、特集 軽度発達障害の子供の居場所、今、注目のスクール、解説、相談窓口リスト、最新!詳細!スクール案内

小中高・不登校生の居場所探し 全国フリースクールガイド 2007〜2008年版
　学びリンク編集部編　学びリンク　2007.3
　267p 26cm 2500円 ①978-4-902776-18-8
(目次)巻頭インタビュー、巻頭特集 高校生年齢の居場所探し、アニマルセラピー、生徒インタビュー、今、注目のスクール、みんなで支える学びの場、特集 軽度発達障害の子供の居場所、解説、相談窓口リスト、最新!詳細!スクール案内
(内容)フリースクールやサポート校、技能連携校の教育システムや最新の状況を解説。グループインタビューや個別インタビューなどにより、生徒や保護者の皆さん、スクールの先生などの生の声を集めた。スクールの特色や教育方針、活動内容、どんな子供(人)に向いているかなど、それぞれのスクールを詳細に案内。

ステップアップスクールガイド 中学卒・高校転編入からの進学 2003年度版
　学びリンク編　りいふ・しゅっぱん　2002.9
　495p 26cm 2800円 ①4-947689-62-5
　Ⓝ376.8
(目次)私の選択―新しいタイプの学びの場を生かした一人ひとりの"サクセスストーリー"(通信制・定時制・単位制高校で学ぶ、資格と技能を身に付けて学ぶ ほか)、個性的な学校が次々と開校 新しい学校のここが"魅力"(2002年開校の通信制・単位制高校の"魅力"、確実な高卒資格と創造力を引き出す「デジタルハイスクール」ほか)、ステップアップスクール 最新オール解説(高等学校と単位制、"通信制高校"の学習システム ほか)、最新!詳細!学校案内(通信制高校・定時制高校、技能連携校・高等専修学校 ほか)
(内容)通信制や定時制、大検、留学などの多様な教育機関と学習システムのガイドブック。約300校への直接取材とアンケート調査に基づいて作成され、取材・調査は、2002年4月から8月上旬までの期間に行われた。それぞれの教育機

関と学習システムの概要を生徒の声を交えて紹介した部分と、学校案内の部分で構成。学校案内は学校の種類別に構成し、学校名、所在地、問い合わせ先、沿革、特色、生徒の状況、募集要項と学費、進路などを記載する。主な技能連携校と大学入学資格付与指定校一覧など各種学校一覧がある。巻末に五十音順の学校名索引と都道府県別の学校名索引を付す。ホームページを開設。

**ステップアップスクールガイド 中学卒・高校転編入からの進学 2009** 学びリンク編集部編 学びリンク 2008.9 561p 26cm 2800円 ⓘ978-4-902776-34-8 Ⓝ376.8

(目次)巻頭インタビュー フリーライター＆エディター・今一生さん 世の中はもっとゆるいんだよ―その中で何がしたいのか、じっくり見つけよう、"来年開校の目玉校"＆"今、注目のスクール"、最新制服ガイド、生徒・卒業生インタビュー 見つけた!!私に合った学びの場、トピックス、解説編、高卒資格を取得したら大学・短大・専門学校に進んでみよう!、最新!詳細!学校案内、中学卒・高校転編入からの進学関連リスト

**ステップアップスクールガイド 中学卒・高校転編入からの進学 2010** 学びリンク 2009.9 585p 26cm 2800円 ⓘ978-4-902776-41-6 Ⓝ376.8

(目次)巻頭 ステップアップスクールMAP(都心部／東京近郊／大阪／東海／名古屋市中心部／福岡)、ステップアップスクールガイド2010の見方と利用法、巻頭インタビュー 元ラグビー選手・スポーツコメンテーターほか・大八木淳史さん―あるがままに生きるため今できることを学んで欲しい、"今注目のスクール"、クローズアップ!卒業をゴールにするのではなく、卒業後の進路を見据えたサポート、最新制服ガイド、生徒インタビュー「見つけた!!私に合った学びの場」、トピックス 通信制高校を知るための「最新キーワード」、解説編、高卒資格を取得したら大学・短大・専門学校に進んでみよう!〔ほか〕

**ステップアップスクールガイド 中学卒・高校転編入からの進学 高卒資格・転編入・高認のための学校選び! 2011** 学びリンク 2010.9 575p 26cm 〈他言語標題：STEPUP SCHOOL GUIDE 索引あり〉 2800円 ⓘ978-4-902776-51-5 Ⓝ376.8

(目次)巻頭インタビュー 井ノ原快彦さん(歌手・俳優・キャスター)―やりたいことが見つかれば、自分の居場所は自ずと付いてくる、インタビュー ルミカさん(歌手)―体にも異変が起きた「いじめ」 母に打ち明けたときから状況が動き始めました、親子でわかる!『ステップアップスクール』のしくみ、今、注目のスクール―話題の学校に聞いた"自慢のスクールライフ"、最新制服Guide、生徒・保護者インタビュー Before&After動き始めたきっかけとこれからのこと、解説編＆事例編、最新!詳細!学校案内、中学卒・高校転編入からの進学関連リスト＆さくいん

**全国 通信制高校案内 2004〜2005年版** 学研編 学習研究社 2004.2 164p 21cm (もうひとつの進路シリーズ) 1300円 ⓘ4-05-301641-X

(目次)コレが通信制の魅力だ!、学習システム大図解、通信制高校での学習の進め方、通信制高校を理解するキーワード10、通信制って学費はどれだけかかる?、不安解消大作戦Q&A、通信制高校NOW、自分らしく学べることで次の夢が見えてくる!、通信制の学校選びのポイントはとにかく続けられそうな学校を選ぶこと、学校別案内ページ(全国の通信制高校私立編、公立編)、「サポート校」にズームイン!

(内容)通信制の「魅力」完全解剖。学習システムのポイント10。在校生・先生が語る「通信制」。全138校学校紹介。

**全国通信制高校案内 学校も生徒もふえていま大注目っ! 2006〜2007年版** 学研編 学習研究社 2006.3 155p 21cm (もうひとつの進路シリーズ) 1300円 ⓘ4-05-302239-8

(目次)だれでもが自分のペースで学べる!!コレが通信制の魅力だ!、通信制の学習システム大図解、自分にあったパターンを探そう!通信制高校での学習の進め方、学習システム、単位修得システムを知ろう!通信制高校を理解するキーワード10、通学する高校によって大きな差が!通信制って学費はどれだけかかる?、だいじょうぶかなぁ…!不安解消大作戦Q&A、自分だけのスタイルが通信制にはある!通信生スクールライフまるななレポート、直撃アンケート!自分らしく学ぶことで次の夢で見えてくる、編集部よりのメッセージ 通信制の学校選びのポイントはとにかく続けられそうな学校を選ぶこと、全国の通信制高校 私立編、全国の通信制高校 公立編

**全国通信制高校案内 2008-2009年版** 学研編 学習研究社 2008.2 146p 21cm (もうひとつの進路シリーズ) 1300円 ⓘ978-4-05-302654-5 Ⓝ376.8

(目次)だれでもが自分のペースで学べる!!コレが通信制の魅力だ!、通信制の学習システム大図解、自分に合ったパターンを探そう!通信制高校での学習の進め方、学習システム、単位修得システムを知ろう!通信制高校を理解するキーワード10、「通学」する学校によって大きな差が!通信制って学費はどれだけかかる?、だいじょうぶか

なぁ…!不安解消大作戦Q&A,自分だけのスタイルが通信制にはある!通信生スクールライフまるなまレポート,直撃アンケート!自分らしく学べることで次の夢が見えてくる!,全国で急増中!!全国通信制高校マップ,編集部よりのメッセージ 通信制の学校選びのポイントはとにかく続けられそうな学校を選ぶこと,学校別案内ページ(全国の通信制高校私立編,全国の通信制高校公立編),通信制での単位修得の強力な味方「サポート校」にズームイン!

**全国通信制高校案内 2011～2012年版 「通信制」で見つけよう!** 学研教育出版,学研マーケティング(発売) 2010.11 153p 26cm (もうひとつの進路シリーズ) 〈索引あり〉 1300円 ⓘ978-4-05-303296-6 Ⓝ376.8

(目次)菅原裕子さんスペシャルインタビュー「子どもと向かいあうために親が心がけておきたいこと」,仲間と過ごす充実した時間がキミを待っている!!通信制高校ならこんなことが学べる!!,通信制高校授業レポート/生徒インタビュー,スポーツでがんばりたい!という人のための通信制高校,しっかり理解しよう!「通信制高校」のカタチとしくみ,在校生・卒業生がホンネで語る「通信制」,私立通信制高校・学校別紹介ページ,全国通信制高校一覧(私立編),サポート校・学校別紹介ページ,おもなサポート校一覧,全国通信制高校一覧(公立編),全国通信制高校所在地MAP,私立通信制高校・スクリーング会場/学習センター一覧,校名さくいん

(内容)通信制の魅力をクローズアップ。全国公立学校+私立学校,198校データ。

**全国 通信制高校サポート校・大検予備校ガイド 2002年度用** 晶文社出版編集部編 晶文社出版,晶文社〔発売〕 2000.10 173p 21cm 1800円 ⓘ4-7949-9673-X Ⓝ376.8

(目次)1 通信制高校サポート校(サポート校で高卒資格の短期取得をめざす,スクール紹介,自らのスタイルで学ぶ新しい教育のかたち ほか),2 大検予備校(大検予備校は合格への近道,スクール紹介),3 高校再受験予備校(高校再受験予備校のメリット,関東),4 私立在外教育施設(可能性が広がる海外留学,私立在外教育施設一覧)

**全国 通信制高校サポート校・大検予備校ガイド 2003年度用** 晶文社出版編集部編 晶文社出版,晶文社〔発売〕 2001.10 183p 21cm 1800円 ⓘ4-7949-9674-8 Ⓝ376.8

(目次)1 通信制高校サポート校,2 大検予備校,3 高校再受験予備校

(内容)高卒資格・大学入学資格を取得するためのスクールガイド。全国の「通信制サポート校」「大検予備校」「高校再受験予備校」の概要と募集要項を紹介し,さらに「通信制高校」の一覧を掲載。

**全国 通信制高校サポート校・大検予備校ガイド 2004年度用** 晶文社出版編集部編 晶文社出版,晶文社〔発売〕 2002.10 223p 21cm 1800円 ⓘ4-7949-9675-6 Ⓝ376.8

(目次)1 通信制高校,2 通信制高校サポート校,3 大検予備校,4 高校再受験予備校

(内容)高卒資格・大学入学資格を取得するためのスクールガイド。全国の通信制高校,通信制サポート校,大検予備校,高校再受験予備校をそれぞれ地方別に紹介し,学校名,所在地,問い合わせ先,概要(生徒数,沿革,特色,設置コース,各種行事,卒業後の進路など),募集要項を記載する。また,その他の通信制高校一覧があり,巻末に学校名索引を付す。

**全国版 個性派ハイスクールで学ぼう! 新設私立通信制高校ガイド 2005～2006年度** 学研編 学習研究社 2005.2 78p 21cm 950円 ⓘ4-05-301966-4

(目次)増える!変わる!通信制高校,ツーシン生の成功体験 夢かなったのは通信制を選んだから─通信制在学生&卒業生インタビュー(牧大輔さん/若林知美さん/高野圭さん/井上駿さん),ザ・通信→しくみ=魅力=活用術=選び方→マルチ解剖「通信制」ってカンタンに言うと?,入学は「新卒」でも「転編入」でもOK!,「学習手順」と「通学スタイル」は要確認! ほか),2004年,2005年開校「私立通信制」クローズアップ(あずさ第一高等学校,アットマーク国際高等学校,ウィザス高等学校 ほか)

**全国版 個性派ハイスクールで学ぼう! 新設私立通信制高校ガイド 2006～2007年度** 学研編 学習研究社 2006.2 88p 21cm 950円 ⓘ4-05-302236-3

(目次)増える!変わる!通信制高校,ツーシン生の成功体験 夢かなったのは通信制を選んだから…─通信制在学生&卒業生インタビュー,ザ・通信→しくみ＝魅力＝活用術＝学び方→マルチ解剖「通信制」ってカンタンに言うと?,入学は「新卒」でも「転編入」でもOK!,「学習手順」と「通学スタイル」は要確認!,学びかたいろいろ…「通信制」活用法,「通信制」…それぞれの「特徴」ってなんだろう?,「インターネット」を活用する通信制が激増中!,2005年,2006年開校「私立通信制」クローズアップ(学芸館高等学校,鹿島学園高等学校広域通信制過程,勇志国際高等学校,代々木高等学校,ルネサンス高等学校)

**全国フリースクールガイド 小中高・不登**

校生の居場所探し 2008-2009年版 学びリンク編集部編 学びリンク 2008.3 251p 26cm 2500円 ⓣ978-4-902776-27-0 Ⓝ376.8

(目次)「フリースクール」ってどんなところ?, 巻頭インタビュー, クローズアップ!, インタビュー, 今, 注目のスクール, 解説編, 相談窓口リスト, 最新!詳細!スクール案内

(内容)フリースクール・フリースペース、技能連携校、サポート校、適応指導教室、軽度発達障害の子供の居場所。

全国フリースクールガイド 小中高・不登校生の居場所探し 2009～2010年版 学びリンク編集部編 学びリンク 2009.3 267p 26cm 〈索引あり〉 2500円 ⓣ978-4-902776-37-9 Ⓝ376.8

(目次)「フリースクール」ってどんなところ?, 巻頭インタビュー, クローズアップ!, 特集 寮生活で元気になれる"フリースクール"―自立で見つけた、ほんとうの自分, インタビュー, 解説編, 相談窓口リスト, 最新!詳細!スクール案内, 巻末リスト

(内容)不登校や高校中退、ひきこもり、発達障害などそれぞれの理由で学校から遠ざかってしまった小・中・高生や、学校以外に自分の"居場所"や学びの場を探している人たち、ならびにその保護者のために、"居場所探し"の参考にしてもらうためのガイドブック。民間のフリースクールや技能連携校、サポート校などの実状を紹介する。

全国フリースクールガイド 小中高・不登校生の居場所探し 2010～2011年版 学びリンク 2010.3 279p 26cm 〈索引あり〉 2500円 ⓣ978-4-902776-46-1 Ⓝ376.8

(目次)巻頭インタビュー, 支え合い最前線!, 特集 不登校へのさまざまな取り組み, インタビュー, 特集 発達障がいの子どもたちの学びの場, 解説編, 相談窓口リスト, 最新!詳細!スクール案内, 巻末リスト

(内容)フリースクール、技能連携校、高等専修学校、サポート校、通信制高校。適応指導教室、軽度の発達障がいの子どもの居場所、中退からの再入学の道。

総ガイド 高校新入学・転編入 不登校・高校中退からの高校進学 02年度版 全国版 オクムラ書店編集部編 オクムラ書店 2001.4 577p 21cm 2000円 ⓣ4-900320-74-9 Ⓝ376.8

(目次)第1章 高校新入学, 第2章 高校転編入, 第3章 都道府県別高校新入学・転編入データ, 第4章 大学入学資格付与指定校への新入学・転編入, 第5章 高卒資格取得サポート校, 第6章 海外の高校への転編入校, 第7章 さまざまな学校紹介大検予備校・サポート校など

(内容)不登校・高校中退からの入学・転編入について、全国編5,000の高校に実施したアンケート調査結果を見やすく編集したもの。"条件なし"転編入受入れ高校の詳細な案内も収録。大学入学資格付指定校や海外の高校への転編入も掲載。

総ガイド 高校新入学・転編入 不登校・高校中退からの高校進学 07年度版 全国版 オクムラ書店企画・編 オクムラ書店 2006.6 466p 21cm 2000円 ⓣ4-86053-050-0

(目次)第1章 高校新入学, 第2章 高校転編入, 第3章 都道府県別高校新入学・転編入データ, 第4章 大学入学資格付与指定校への新入学・転編入, 第5章 高卒資格取得サポート校, 第6章 海外の高校への転編入, 第7章 さまざまなスタイルの学校紹介

大学入学資格検定ガイド 大検があるじゃん! '01-'02年版 山口経済出版・教育オムニバス編集部編集取材 りいふ・しゅっぱん 2001.7 143p 26cm 1800円 ⓣ4-947689-32-3 Ⓝ376.8

(目次)私の"大検物語", We're大検まっただ中!, "大検"の先生, 2001年度からの大検, 大検の傾向と対策ここがポイント, 最新解説―大検からのステップアップ, 大検合格者自己推薦入試初の大学・短大全調査!448大学・短大で実施!完全収録, 大検予備校紹介

(内容)大学入学資格検定のガイドブック。受検のための情報、勉強の仕方、大検OB・受検生などへのインタビュー、大検合格後の進路選びのポイントの解説、大検合格者に対する全大学・短大の自己推薦入試の実施状況、大検予備校の情報などを収録。内容は2001年6月現在。

大検があるじゃん! 大学入学資格検定ガイド '02-'03年版 山口経済出版・教育オムニバス編集部編 りいふ・しゅっぱん 2002.5 143p 26cm 1800円 ⓣ4-947689-58-7 Ⓝ376.8

(目次)「大検」ではじめよう!, "大検"の先生, 2002年度からの大検, 大検の傾向と対策, 大検合格の極意10箇条, 最新解説―大検からのステップアップ, 大検合格者自己推薦入試全国大学・短大全調査!, 大検予備校ガイド

(内容)大学入学資格検定ガイドブック。2002年1月中旬～2002年4月中旬の期間に取材調査を行った、大学入試資格検定(大検)の受験指導を中心とする予備校・学習塾、民間教育機関16校以上の学校情報、及び大検合格者を対象とした、大学・短大の自己推薦入試1200校の情報ほかを紹介する。大検OB、受験生、大検

児童書 レファレンスブック 135

の受験指導を行っている先生へのインタビュー等も掲載、大検合格のための勉強方法や参考書、合格後の進路となる大学・短大・専門学校選びのポイントを、実例に実例に基づきながら詳しく解説している。巻頭に大検予備校の50音順索引を付す。

**大検3年過去問 解説と対策 16年度用 2**
声の教育社編 声の教育社 2004.1 1冊
21cm 1800円 ⓘ4-7715-6282-2
(目次)大検Q&A座談会、出題傾向と今後への対策(現代社会、地理、日本史、世界史、家庭)、問題、解答と解説編、資料編
(内容)平成13〜15年度第1回(8月実施)試験問題収録。

**大検3年過去問 解説と対策 16年度用 3**
声の教育社編 声の教育社 2004.1 1冊
21cm 1800円 ⓘ4-7715-6283-0
(目次)大検Q&A座談会、出題傾向と今後への対策(総合理科、生物1、化学1、地学1、物理1)、問題、解答と解説編、資料編
(内容)平成13〜15年度第1回(8月実施)試験問題収録。

**中学卒・高校中退からの進学総ガイド**
'98年度版 オクムラ書店 1997.1 475p 21cm 2331円 ⓘ4-900320-91-9
(目次)第1章 大検、第2章 高校再受験、第3章 高卒資格取得を応援する教育機関(サポート校)、第4章 通信制高校、第5章 単位制高校、第6章 海外留学、第7章 大学通信教育、第8章 大学入学資格付与指定校、第9章 専修・各種学校、第10章 高校転編入、第11章 その他の教育機関

**中学卒・高校中退からの進学総ガイド**
'99 オクムラ書店企画・編 オクムラ書店 1998.1 493p 21cm 2400円 ⓘ4-900320-94-3
(目次)第1章 大検、第2章 高校再受験、第3章 高卒資格取得を応援する教育機関(サポート校)、第4章 通信制高校(高等学校通信制課程)、第5章 単位制高校、第6章 海外留学、第7章 大学通信教育、第8章 大学入学資格付与指定校、第9章 専修・各種学校、第10章 高校転編入、第11章 その他の教育機関

**中学卒・高校中退からの進学総ガイド**
2000年度版 オクムラ書店編 オクムラ書店 1998.12 557p 21cm 2400円 ⓘ4-900320-98-1
(目次)第1章 大検、第2章 高校再受験、第3章 高卒資格取得を応援する教育機関(サポート校)、第4章 通信制高校(高等学校通信制課程)、第5章 単位制高校、第6章 海外留学、第7章 大学通信教育、第8章 大学入学資格付与指定校、第9章 専修・各種学校、第10章 高校転編入、第11章 そ

の他の教育機関など
(内容)大検、高校再受験、資格取得(高卒資格含む)など、約2500校の情報を収録したガイド。掲載データは、所在地、連絡先、交通、沿革、特色、対象、学費など。

**中学卒・高校中退からの進学総ガイド**
'03年版 オクムラ書店編 オクムラ書店 2002.1 728p 21cm 2400円 ⓘ4-900320-05-6 Ⓝ376.8
(目次)大検、高校再受験、高卒資格取得を応援する教育機関(サポート校)、通信制高校(高等学校通信制課程)、単位制高校、海外留学、大学通信教育、大学入学資格付与指定校、専修・各種学校、高校転・編入、その他の教育機関など
(内容)中学卒業者、高校中退者向けの進学ガイド。2500校を収録。大検、高校再受験、高卒資格取得を応援する教育機関(サポート校)、通信制高校、単位制高校、海外留学、大学通信教育などで構成され、解説、学校紹介、学校体験記が掲載されている。学校紹介では名称、所在地、交通、沿革、特色、募集人員、学費などを記載している。

**中学卒・高校中退からの進学総ガイド**
'04年版 オクムラ書店企画・編 オクムラ書店 2003.1 690p 21cm 2400円 ⓘ4-86053-008-X
(目次)第1章 大検、第2章 高校再受験、第3章 高卒資格取得を応援する教育機関(サポート校)、第4章 通信制高校(高等学校通信制課程)、第5章 単位制高校、第6章 海外留学、第7章 大学通信教育、第8章 大学入学資格付与指定校、第9章 専修・各種学校、第10章 高校転編入、第11章 その他の教育機関
(内容)最大・最新の情報約2500校収録。

**中学卒・高校中退からの進学総ガイド**
'05年版 オクムラ書店企画・編 オクムラ書店 2004.1 630p 21cm 2400円 ⓘ4-86053-022-5
(目次)第1章 大検、第2章 高校再受験、第3章 高卒資格取得を応援する教育機関(サポート校)、第4章 通信制高校技能連携校/教育連携校、第5章 単位制高校、第6章 海外留学、第7章 大学通信教育、第8章 大学入学資格付与指定校、第9章 専修・各種学校、第10章 高校転・編入、第11章 その他の教育機関

**中学卒・高校中退からの進学総ガイド**
'06年版 オクムラ書店編 オクムラ書店 2005.1 632p 21cm 2400円 ⓘ4-86053-035-7
(目次)第1章 高認(高等学校卒業程度認定試験)、第2章 高校再受験、第3章 高卒資格取得を応援する教育機関(サポート校)、第4章 通信制高校

/技能連携校／教育連携校，第5章 単位制高校，第6章 海外留学，第7章 大学通信教育，第8章 大学入学資格付与指定校，第9章 専修・各種学校，第10章 高校転・編入，第11章 その他の教育機関
(内容)最大・最新の情報約2500校収録。高校転編入資料掲載。

中学卒・高校中退からの進学総ガイド
'07年版 オクムラ書店企画・編 オクムラ書店 2006.1 537p 21cm 2400円 ⓘ4-86053-045-4
(目次)第1章 高認（高等学校卒業程度認定試験），第2章 高校再受験，第3章 高卒資格取得を応援する教育機関（サポート校），第4章 通信制高校 技能連携校／教育連携校，第5章 単位制高校，第6章 海外留学，第7章 大学通信教育，第8章 大学入学資格付与指定校，第9章 専修・各種学校，第10章 高校転・編入，第11章 その他の教育機関
(内容)高校転編入資料掲載。最大・最新の情報約2500校収録。

中学卒・高校中退からの進学総ガイド
'08年度版 オクムラ書店企画・編 オクムラ書店 2007.1 529p 21cm 2400円 ⓘ978-4-86053-058-7
(目次)第1章 高認（高等学校卒業程度認定試験），第2章 高校再受験，第3章 高卒資格取得を応援する教育機関（サポート校），第4章 通信制高校―技能連携校，第5章 単位制高校，第6章 海外留学・インターナショナルスクール，第7章 大学通信教育，第8章 大学入学資格付与指定校，第9章 専修・各種学校，第10章 高校転・編入，第11章 その他の教育機関
(内容)高校転編入資料掲載。最大・最新の情報約2500校収録。

中学卒・高校中退からの進学総ガイド
2009年度版 オクムラ書店企画・編集 オクムラ書店 2008.1 545p 21cm 2400円 ⓘ978-4-86053-070-9 Ⓝ376.8
(目次)第1章 高認（高等学校卒業程度認定試験），第2章 高校再受験，第3章 高卒資格取得を応援する教育機関（サポート校），第4章 通信制高校 技能連携校／教育連携校，第5章 単位制高校，第6章 海外留学・インターナショナルスクール，第7章 大学通信教育，第8章 大学入学資格付与指定校，第9章 専修・各種学校，第10章 高校転・編入，第11章 その他の教育機関
(内容)最大・最新の情報約2500校収録、高校転編入資料掲載。

中学卒・高校中退からの進学総ガイド
'10年度版 オクムラ書店編 オクムラ書店 2009.1 551p 21cm 2400円 ⓘ978-4-86053-081-5 Ⓝ376.8
(目次)第1章 高認（高等学校卒業程度認定試験），第2章 高校再受験，第3章 高卒資格取得を応援する教育機関（サポート校），第4章 通信制高校／技能連携校，第5章 単位制高校，第6章 海外留学・インターナショナルスクール，第7章 大学通信教育，第8章 大学入学資格付与指定校，第9章 専修・各種学校，第10章 高校転・編入，第11章 その他の教育機関
(内容)最大・最新の情報約2500校収録。

中学卒・高校中退からの進学総ガイド
'11年度版 オクムラ書店編 オクムラ書店 2010.1 549p 21cm 2400円 ⓘ978-4-86053-093-8 Ⓝ376.8
(目次)第1章 高認（高等学校卒業程度認定試験），第2章 高校再受験，第3章 高卒資格取得を応援する教育機関（サポート校），第4章 通信制高校／技能連携校／教育連携校，第5章 単位制高校，第6章 海外留学・インターナショナルスクール，第7章 大学通信教育，第8章 大学入学資格付与指定校，第9章 専修・各種学校，第10章 高校転・編入，第11章 その他の教育機関
(内容)最大・最新の情報約2500校収録。

中学卒・高校転編入からの進学 ステップアップスクールガイド 2004年度版 学びリンク編・取材 学びリンク，りぃふ・しゅっぱん〔発売〕 2003.9 527p 26cm 2800円 ⓘ4-947689-81-1
(目次)見つけた！私の学びの場（通信性・定時制・単位制高校で学ぶ，資格と技能を身に付けて学ぶ，高卒資格プラスαの環境で学ぶ，大検への進路），ステップアップスクール最新オール解説，最新！詳細！学校案内
(内容)中学校を卒業する生徒、高校転編入を考えている人、また大検受検や留学などを考えている人に対し、多様な教育機関と学習システムをできるだけわかりやすく、しかも詳細に紹介。

中学卒・高校転編入からの進学 ステップアップスクールガイド 2005年度版 学びリンク編集部編 学びリンク 2004.9 543p 26cm 2800円 ⓘ4-902776-01-4
(目次)見つけた！私の学びの場―通信制・単位制高校で学ぶ（新しく自由なこの高校で、自分のペースでやっています。好きなパソコンを使った学習だから、焦らず、自分で決めてできるようになりました ほか），見つけた！私の学びの場―資格と技能を身につけて学ぶ（一流ホテルのシェフから本物の技術が学べる、部活にも力が入っている星槎学園は僕にとって本当によかった ほか），見つけた！私の学びの場―高校資格プラスαの環境で学ぶ（不登校を経験した人が多く通っています、大原高等学院で学んだ前向きな姿勢「悩むなら動け！」＆「考えるより行動しろ！」 ほか），見つけた！私の学びの場―大検からの進路（別れのつらさを知っているから仲間

は大事にしたい，大学生になった自分を想像してやり遂げた ほか），ステップアップスクール・最新オール解説（公立の定時制・通信制高校の動向，高等学校と単位制 ほか）

(内容)中学校を卒業する生徒や高校転編入を考えている人，また大検受検や留学などを考えている人を対象に，多様な教育機関と学習システムをできるだけわかりやすく，しかも詳細に紹介。各校への直接取材とアンケート調査に基づいて作成。取材・調査は2004年5月から7月下旬まで。収録校数は約280校。

**中学卒・高校転編入からの進学 ステップアップスクールガイド 高卒資格・転編入・高認・留学のための学校選び！ 2006年度版** 学びリンク編集部編 学びリンク 2005.9 525p 26cm 2800円 ⓘ4-902776-09-X

(目次)グラビア特集1 私にピッタリの学校，さがしてみよう!!，グラビア特集2 最新制服ガイド，生徒インタビュー――見つけた!!自分にぴったりの学びの場，TOPIX，スペシャルインタビュー予想以上の多彩な生徒が集まりました――東京都立六本木高校校長・富田正次先生，ステップアップスクール・最新オール解説，最新!詳細!学校案内，中学卒・高校転編入からの進学関連リスト

**中学卒・高校転編入からの進学 ステップアップスクールガイド 2007年度版** 学びリンク編集部編 学びリンク 2006.9 531p 26cm 2800円 ⓘ4-902776-16-2

(目次)グラビア特集1 あなたの個性がきっと輝く（ウィザス高校―将来設計教育 インターネット学習システム 体験学習・ボランティア，ウィッツ青山学園高校―僕たちの先生・施設・学校生活 在校生の生の声を満載 ほか），グラビア特集2（生徒・保護者インタビュー―見つけた!!私に合った学びの場，New wave―今，注目の学校），ステップアップスクール・最新オール解説（高校の3つの課程と単位制，通信制高校のABC ほか），最新!詳細!学校案内（通信制，技能連携校・高等専修学校 ほか），中学卒・高校転編入からの進学関連リスト（「通信制高校本校」一覧，「広域通信制高校の入学エリア」一覧 ほか）

(内容)通信制・定時制（多部，昼間），全寮制高校，技能連携校・高等専修学校，サポート校，高卒認定試験予備校，インターナショナルハイスクール。高卒資格，転編入・高認・留学のための学校選び。

**中学卒・高校転編入からの進学 ステップアップスクールガイド 2008年度版** 学びリンク編集部編 学びリンク 2007.9 575p 26cm 2800円 ⓘ978-4-902776-22-5

(目次)スペシャルインタビュー 悩んでいる時期，それは自分を知ることができるチャンス―元サッカー日本代表・北澤豪さん，グラビア特集1 こんな高校を待っていた!2008年4月開校の魅力いっぱいの通信制高校，グラビア特集2 私に合った通信制高校をさがしてみよう!，グラビア特集3 最新制服ガイド，生徒インタビュー 見つけた!!私に合った学びの場，TOPIX，ステップアップスクール最新オール解説，最新!詳細!学校案内，中学卒・高校転編入からの進学関連リスト

**通信制高校およびサポート校・大検予備校ガイド 2004-2005年度用** 晶文社出版編集部編 晶文社出版，晶文社〔発売〕 2003.10 229p 21cm 1800円 ⓘ4-7949-9676-4

(目次)通信制高校（北海道・東北，関東，中部・近畿，中国・四国・九州・沖縄），通信制高校サポート校，大検予備校

(内容)高卒資格・大学入学資格を確実に取得するための学校案内全国版。

**通信制高校およびサポート校・大検予備校ガイド 2005-2006年度用** 晶文社出版編集部編 晶文社出版，晶文社〔発売〕 2004.10 226p 21cm 1900円 ⓘ4-7949-9677-2

(目次)通信制高校（北海道・東北，関東，中部・近畿，中国・四国・九州・沖縄），通信制高校サポート校，大検予備校

**通信制高校があるじゃん！ 2002-2003年度版** 山口経済出版・教育オムニバス編集部編 りいふ・しゅっぱん 2002.2 271p 26cm 2000円 ⓘ4-947689-43-9 Ⓝ376.8

(目次)Be yourself!生徒＆卒業生インタビュー（通信制・単位制高校で学ぶ，「資格」と「技能」を身につけながら学ぶ，「高卒資格」プラスαの環境で学ぶ，卒業生インタビュー，通信制・単位制高校で学ぶ），通信制・単位制高校の最新オール解説（通信制・単位制高校のABC，高校の3つの課程と単位制 ほか），最新!詳細!学校案内（通信制・単位制高校，通信制高校一覧 ほか）

(内容)通信制・単位制高校のガイドブック。2001年10月～2002年1月中旬の期間に取材・調査を行った，通信制・単位制高校や，高卒資格が取得できる技能連携校，サポート校・ネットワーク系教育機関，大検予備校等，約120校について，所在地，沿革，学習状況やシステム等の特色に加え，学校案内や学校説明会の申込方法，2002年度の募集要項と学費，2001年3月卒業生の進路状況等を紹介する。巻頭では生徒や卒業生のインタビューを紹介し，通信制・単位制高校ほかの各学校のシステムについての解説を行っている。巻末に五十音別・都道府県別索引を付す。

**通信制高校があるじゃん！ 2003-2004年**

版 学びリンク, りいふ・しゅっぱん〔発売〕 2003.3 351p 26cm 2000円 ⓉⒹ4-947689-68-4

⦅目次⦆通信制だから『できること』（予想以上に高校生活を楽しめました, 学校に行く日が楽しみ。そんな生活にかわりました。ほか）, 先生からのメッセージ（生徒がつくりあげるから"教育環境"がよくなります, 通信制課程開設3年目は"進化"の年にします ほか）, 新しい学校の"ココ"が魅力（新しい通信制・単位制高校, あるじゃん!とびっくす（YKネット・システム（代々木国際高等学校）, インターネットでレポートが提出できる在宅コース（JIA日本国際学園高等部） ほか）

⦅内容⦆通信制高校101校を詳細に完全収録。それぞれの学校のことがじっくりわかる。通信制高校の知識がゼロからでもわかる。

**通信制高校があるじゃん! 2004‐2005年版** 学びリンク, りいふ・しゅっぱん〔発売〕 2004.3 367p 26cm 2000円 ⓉⒹ4-947689-88-9

⦅目次⦆通信制高校を選んだ「理由」（通信制高校を選んだ「理由」, ここはいろんな人との出会いの場 ほか）, 新しい学校の"ココ"が魅力（2004年4月に12校の新設通信制高校が本格スタート, 「ICASSネット」をフルに活用して, 自分だけのスクールライフを充実させよう（つくば開成高等学校） ほか）, あるじゃん!とびっくす（通信制高校スクーリングにインターネット活用が始まった, 新コースの開設"通信制高校" ほか）, 通信制・最新オール解説（通信制高校のABC, 高校の3つの課程と単位制 ほか）, 最新!詳細!学校紹介（通信制高校, 通信制高校一覧 ほか）

⦅内容⦆中学校を卒業する生徒, 高校転編入を考えている生徒のために, 通信制高校と関連教育機関の学習システムを紹介するガイドブック。できるだけわかりやすく, しかも詳細に紹介し, 自分に最も合った進路選びに役立つよう編集している。

**通信制高校があるじゃん! 2005‐2006年版** 学びリンク編集部編 学びリンク 2005.1 337p 26cm 2000円 ⓉⒹ4-902776-03-0

⦅目次⦆巻頭特集 新しい通信制高校はここが魅力!ーかなり違うぞ!新しい通信制高校, 生徒の学生生活と夢を支援する「将来設計指導」「特待生制度」, 体験授業が満載の本校スクーリング, グラビア特集 日本航空高等学校東京学習センター, 生徒・保護者インタビュー, 通信制・最新オール解説, あるじゃん!トピックス, 全国通信制高校関連教育機関リスト

⦅内容⦆通信制高校の特徴, 生徒インタビュー, 通信制高校の知識がゼロからでもわかる, わかりやすい最新解説付き。全国の通信制高校の詳細・

学校案内を完全収録。

**通信制高校があるじゃん! 2006‐2007年版** 学びリンク編集部編 学びリンク 2006.2 413p 26cm 2000円 ⓉⒹ4-902776-10-3

⦅目次⦆巻頭特集 教育特区に広がる学びの選択肢, 注目の学校 心の成長, 将来設計のきっかけ, 体験授業がいっぱい, 知ってた?通信制高校, 生徒インタビュー「通信制高校を選んだ理由」, あるじゃん!トピックス, 通信制高校・最新オール解説, 一校一校の学校情報「最新!詳細!学校案内」, 全国通信制高校関連教育機関リスト, 「通信制高校があるじゃん!MAP」

⦅内容⦆通信制高校151校を完全収録。通信制高校って何?疑問に応える丁寧な解説。将来への進路を開く今までにない高校が続々。

**通信制高校があるじゃん! 2007‐2008年版** 学びリンク編集部編 学びリンク 2007.2 449p 26cm 2000円 ⓉⒹ978-4-902776-17-1

⦅目次⦆巻頭インタビュー「目標が見つかれば夢に向かって進める」（新宅永灯至）, 注目の学校focus, 特集1 進学ー通信制高校からの多様な進路, 特集2 これが今の通信制高校だ!, 生徒インタビュー「通信制高校を選んだ理由」, トピックス, 最新オール解説, 一校一校の学校情報「最新!詳細!学校案内」, 全国通信制高校関連教育機関リスト

**通信制高校があるじゃん! 2008‐2009年版** 学びリンク編集部編 学びリンク 2008.2 441p 26cm 2000円 ⓉⒹ978-4-902776-26-3 ⓃⒹ376.8

⦅目次⦆通信制高校があるじゃん!の見方と利用法, 巻頭インタビュー 自分を合わせるんじゃなくて, 自分に合わせてくれるのが通信制高校。うまく甘えてしまおう。, 注目の学校focus, 特集1 イラスト体験ルポ, 特集2 まとめて解決!親の意見 子の意見, 生徒インタビュー「生徒に聞く通信制高校のスクールライフ」, トピックス, 最新オール解説

**通信制高校があるじゃん! 2009→2010年版** 学びリンク編集部編 学びリンク 2009.2 461p 26cm 〈索引あり〉 2000円 ⓉⒹ978-4-902776-36-2 ⓃⒹ376.8

⦅目次⦆巻頭インタビュー 目標を持ってがんばることが新しい一歩につながるー歌手・女優・加護亜依さん, 注目の学校focus, 生徒インタビュー 先輩たちの声を聞いてみよう!, トピックス, 最新オール解説, 一校一校の学校情報「最新!詳細!学校案内」, 全国通信制高校関連教育機関リスト

⦅内容⦆全国の通信制高校、技能連携校、サポー

児童書 レファレンスブック 139

ト校の情報を徹底収録。

**通信制高校があるじゃん! 2010～2011年度版** 学びリンク 2010.2 485p 26cm 〈索引あり〉 2000円 ⓘ978-4-902776-44-7 Ⓝ376.8

(目次)通信制高校があるじゃん!の見方と利用法,巻頭インタビュー 君は素晴らしい子だから、何でもできる―恩師の言葉が夢をかなえた私の原点!(シンガーソングライター・キナコさん)、注目の学校focus、ハロの現地レポート―さくら国際高校/ルネサンス高校、グラビア特集 通信制高校だから出逢える、こんな先生!、生徒インタビュー 先輩たちの声を聞いてみよう!、トピックス 通信制高校を知るための「最新キーワード」、解説編、きみの?はこれで解消学校のしくみ・中身Q&A

(内容)全国の通信制高校・技能連携校・サポート校の情報を徹底収録。

**通信制高校・サポート校・高卒認定予備校ガイド 2006-2007年度用** 晶文社出版編集部編 晶文社出版、晶文社〔発売〕 2005.10 223p 21cm 1900円 ⓘ4-7949-9678-0

(目次)通信制高校(北海道・東北, 関東, 中部・近畿, 中国・四国・九州・沖縄), 通信制高校サポート校, 高卒認定予備校

**通信制高校・サポート校・高卒認定予備校ガイド 2007-2008年度用** 晶文社学校案内編集部編 晶文社 2006.10 223p 21cm 1900円 ⓘ4-7949-9679-9

(目次)通信制高校(北海道・東北, 関東, 中部・近畿, 中国・四国・九州・沖縄), 通信制高校サポート校, 高卒認定予備校

(内容)高卒資格・大学入学資格を取得するための学校案内全国版。

**通信制高校・サポート校・高卒認定予備校ガイド 2008-2009年度用** 晶文社学校案内編集部編 晶文社 2007.10 219p 21cm 1900円 ⓘ978-4-7949-9680-0

(目次)通信制高校(北海道・東北, 関東, 中部・近畿, 中国・四国・九州・沖縄), 通信制高校サポート校(北海道・東北, 関東, 中部・近畿, 中国・四国・九州・沖縄), 高卒認定予備校(北海道・東北, 関東, 中部・近畿, 中国・四国・九州・沖縄, Webスクール(全国))

(内容)高卒資格・大学入試資格を取得するための学校案内全国版。

**通信制高校・サポート校・高卒認定予備校ガイド 2009-2010年度用** 晶文社学校案内編集部編 晶文社 2008.10 229p 21cm 1900円 ⓘ978-4-7949-9681-7 Ⓝ376.8

(目次)通信制高校(北海道・東北, 関東, 中部・近畿, 四国・中国・九州・沖縄), 通信制高校サポート校(北海道・東北, 関東, 中部・近畿, 中国・四国・九州・沖縄), 高卒認定予備校(北海道・東北, 関東, 中部・近畿, 中国・四国・九州・沖縄, Webスクール(全国))

**通信制高校・サポート校・高卒認定予備校ガイド 2010-2011年度用** 晶文社学校案内編集部編 晶文社 2009.9 229p 21cm 〈索引あり〉 1900円 ⓘ978-4-7949-9682-4 Ⓝ376.8

(目次)通信制高校(北海道・東北, 関東, 中部・近畿, 中国・四国・九州・沖縄), 通信制高校サポート校(北海道・東北, 関東, 中部・近畿, 中国・四国・九州・沖縄), 高卒認定予備校(北海道・東北, 関東, 中部・近畿, 中国・四国・九州・沖縄, Webスクール(全国))

(内容)高卒資格・大学入学資格を取得するための学校案内全国版。中学卒・高校中退からの第一歩。

**通信制高校・サポート校・高卒認定予備校ガイド 2011-2012年度用** 晶文社学校案内編集部編 晶文社 2010.9 223p 21cm 1900円 ⓘ978-4-7949-9683-1 Ⓝ376.8

(目次)通信制高校(池上学院高等学校―北海道・札幌市ほか、星槎国際高等学校―北海道・芦別市、青森山田高等学校―青森県・青森市ほか ほか)、通信制高校サポート校(札幌中央義塾高等学院―北海道・札幌市、国際高等学院―埼玉県・草加市、東京西武学館高等部―埼玉県・所沢市 ほか)、高卒認定予備校(ミヤギユースセンター―宮城県・仙台市、大宮予備校高認生コース―埼玉県・さいたま市ほか、アルファ総合カレッジ―東京都・品川区 ほか)

(内容)インタビュー「教えて!みんなのスクールライフ」。自分らしい学び方を探すためのQ&A。通信制高校サポート校ジャンル別一覧。技能連携校・大学入学資格付与指定校一覧。

**通信制高校レポート '99** 通信制高校レポート編集委員会編 学術企画 1998.11 137p 21cm 1200円 ⓘ4-87652-354-1

(目次)第1章 通信制高校徹底研究(これならよく分かる通信制高校のすべて、ここが知りたい通信制高校12のQ&A)、第2章 通信制高校総ガイド(NHK学園高等学校、科学技術学園高等学校、東海大学附属望星高等学校、クラーク記念国際高等学校 ほか)、第3章 通信制高校資料編―学習をバックアップするサポート校(青山国際学院、栄光国際学院、大原高等学院、お茶の水高等学院 ほか)

(内容)中学新卒、高校中退者、大検受験・生涯学習のための通信制高校ガイドブック。

発達障害・不登校・中退のための新しい学びの場 2008 田口教育研究所編 日本評論社 2007.11 297p 21cm 1800円
①978-4-535-58522-5

(目次)1 これからの民間教育—第四回民間教育学会シンポジウム、2 居場所を見つけ生き生きと—生徒と親の体験文集より、3 創設・継承の想い(ルネサンス高等学校校長・桃井隆良、バウムカウンセリングルーム代表・笹谷寛道、楠の木学園学園町・武藤啓司、渋谷高等学院学院長・長森修三、武蔵国際総合学園学園長・小椋龍郎)、4 個性を磨く学びの場(星槎国際高等学校、星槎学園高等部)、5 全国スクールガイド(寮のある高等学校、文部科学大臣認定校(全日制)、通信制高等学校、技能連携校、サポート校、フリースクール・オルタナティヴスクール、教育相談機関)

(内容)最新問い合わせ先800校収録。寺脇研vs民間教育者4人の討論。

不登校生・親・教師のためのもうひとつの進路と社会参加総ガイド '01〜'02全国版 日本青少年育成協会編・企画 オクムラ書店 2001.5 224p 21cm 2000円 ①4-900320-72-2 Ⓝ370.35

(目次)第1部「不登校生への対応」(「不登校生・中退の現状」(「データと行政の動き」)、「不登校生への対応」)、第2部「不登校生相談・受入機関(リベラルスクール)の実際」(リベラルスクールの種類と年齢別フローチャート、現場から(不登校受入機関から)、民間相談・受入機関ガイド(リベラルスクールなど)、公的相談・受入機関ガイド(適応指導教室など)、その他の相談・受入機関ガイド(児童相談所など))、第3部「不登校生の社会参加」(社会参加の道標、もうひとつの進路相談会)

(内容)フリースクールやカウンセリングなどの、不登校生のための公的・民間受入相談機関のガイドブック。不登校生の現状とそれへの対応、相談・受入機関の現状とガイド、不登校生の社会参加についての3部で構成。

不登校生・高校中退者のためのもうひとつの進路と社会参加全ガイド 最新版 日本青少年育成協会編 三省堂 2002.8 216p 21cm 1900円 ①4-385-36110-X Ⓝ376.8

(目次)第1章 不登校生の現状とその対応を考える(座談会 不登校生の進路と社会参加、不登校・中退の現状—データと行政の動き)、第2章 不登校生相談・受入機関の実際(取材 21校の指導方針・学校生活レポート)、北海道から沖縄までの全国のスクールガイド、公的不登校生受入機関名簿、巻末資料 日本青少年育成協会の活動、もうひとつの進路相談会2002

(内容)フリースクールやカウンセリングなどの、不登校生・高校中退者のための公的・民間受入相談機関のガイドブック。不登校生の現状とその対応、相談・受入機関の現状と全国のスクールガイド、不登校生の社会参加についての3部で構成。スクールガイドは、地方別に構成し、学校名、問い合わせ先、受入対象・活動内容・費用・設備などの概要、指導方針・特色などを記載。

不登校・中退からの学校探し 2004〜2005年版 学研編 学習研究社 2004.2 151p 21cm (もうひとつの進路シリーズ) 1300円 ①4-05-301642-8

(目次)こんなにある、不登校・中退からキミを生かす進路、自分に出会う道はたくさんある、不登校や中退をこうしてのりこえた!!、高校生活をとり戻す!!転入・編入サクセスマニュアル、学園取材企画 うちの学校ならこんなことができるよ!、HOTニュース、キミのもうひとつの進路はここ!—「学校が合わない」ときの学園探しリスト、こまったときの相談窓口

不登校・中退からの学校探し 2005〜2006年版 学研編 学習研究社 2005.2 151p 21cm (もうひとつの進路シリーズ) 1300円 ①4-05-301976-1

(目次)こんなにある、不登校・中退からキミを生かす進路、自分に出会う道はたくさんある 不登校や中退をこうしてのりこえた!!、高校生活をとり戻す!!転入・編入サクセスマニュアル、学園取材企画 うちの学校ならこんなことができるよ!、HOTニュース、キミのもうひとつの進路はここ!—「学校が合わない」ときの学園探しリスト、こまったときの相談窓口

不登校・中退からの学校探し 2006〜2007年版 学研編 学習研究社 2006.2 139p 21cm (もうひとつの進路シリーズ) 1300円 ①4-05-302238-X

(目次)こんなにある 不登校・中退からキミを生かす進路、自分に出会う道はたくさんある 不登校や中退をこうしてのりこえた!!、高校生活をとり戻す!!転入・編入サクセスマニュアル、学園取材企画 うちの学校ならこんなことができるよ!、キミのもうひとつの進路はここ!—「学校が合わない」ときの学園探しリスト

不登校・中退からの学校探し 学校が合わないときの進学ガイド 2007〜2008年版 学研編 学習研究社 2007.2 135p 21cm (もうひとつの進路シリーズ) 1300円 ①978-4-05-302432-9

(目次)こんなにある 不登校・中退からキミを生かす進路、自分に出会う道はたくさんある 不登校や中退をこうしてのりこえた!!、高校生活をとり戻す!!転入・編入サクセスマニュアル、学園取材企画 うちの学校ならこんなことができる

よ!, HOTニュース, キミのもうひとつの進路はここ!―「学校が合わない」ときの学園探しリスト, こまったときの相談窓口

**不登校・中退からの学校探し 2008～2009年版** 学研編 学習研究社 2008.2 129p 21cm (もうひとつの進路シリーズ) 1300円 ⓘ978-4-05-302655-2

(目次)こんなにある 不登校・中退からキミを生かす進路, 比べてみよう 不登校・中退からの進路(通信制高等学校, 定時制高等学校, 高卒認定予備校, 高等専修学校, 技能連携校, 全寮制高等学校, サポート校, インターナショナルスクール, インターネットスクール, 留学), 自分に出会う道はたくさんある 不登校や中退をこうしてのりこえた!!, 高校生活をとり戻す!!転入・編入サクセスマニュアル, 学園取材企画 うちの学校ならこんなことができるよ!, HOTニュース, キミのもうひとつの進路はここ!―「学校が合わない」ときの学園探しリスト, こまったときの相談窓口

**不登校・中退からの学校探し 2009～2010年版** 学研編 学習研究社 2009.2 123p 21cm (もうひとつの進路シリーズ) 1300円 ⓘ978-4-05-302879-2

(目次)こんなにある 不登校・中退からキミを生かす進路, 自分に出会う道はたくさんある 不登校や中退をこうしてのりこえた!!, 高校生活をとり戻す!!転入・編入サクセスマニュアル, 学園取材企画 うちの学校ならこんなことができるよ!, こまったときの相談窓口, HOTニュース, キミのもうひとつの進路はここ!―「学校が合わない」ときの学園探しリスト

**不登校・中退からの学校探し 2010～2011年版** 学研教育出版編 学研教育出版, 学研マーケティング〔発売〕 2010.2 125p 21cm (もうひとつの進路シリーズ) 1300円 ⓘ978-4-05-303095-5

(目次)こんなにある 不登校・中退からキミを生かす進路, 自分に出会う道はたくさんある 不登校や中退をこうしてのりこえた!, いろいろな疑問を徹底解説!よくわかる転入・編入Q&A, 学園取材企画 うちの学校ならこんなことができるよ!, こまったときの相談窓口, HOTニュース, キミのもうひとつの進路はここ!―「学校が合わない」ときの学園探しリスト

(内容)学校が合わない時の進学ガイド。

**不登校・中退者のための新しい学びの場 2001** 田口教育研究所編 日本評論社 2000.11 407p 21cm 1300円 ⓘ4-535-56171-0 Ⓝ376.8

(目次)1 不登校・中退などを脱した生徒の体験発表会(新しい学びの場体験発表会), 2 創設・継承の想い, 3 新しい学びの場訪問記, 4 全国スクールガイド(学びの場解説)

(内容)義務教育から高校, 大学への固定路線を離れた新しい学びの場のためのスクールガイド。日本全国の大学入学資格検定試験, 通信制高校, 通信制高校サポート校, フリースクールなどを分類掲載する。記載項目は学校名, 特徴, 問い合わせ先, 入試ガイド, 生徒の声, 先生の声など。新しい学びの場問い合わせ一覧付き。

**不登校・中退者のための新しい学びの場 2002** 田口教育研究所編 日本評論社 2001.11 324p 21cm 1600円 ⓘ4-535-56186-9 Ⓝ376.8

(目次)1 自分らしく生きる(「新しい学びの場」先輩たちの生き方), 2 創設・継承の想い(朝日新聞厚生文化事業団アサヒキャンプ担当, 学校法人日章学園理事長, NPO法人楠の木学園学園長 ほか);3 さまざまな「新しい学びの場」(河合塾, 代々木国際高等学院 ほか), 4 全国スクールガイド(寮のある中学・高校, 通信制高等学校, 技能連携校 ほか)

(内容)義務教育から高校, 大学への固定路線を離れた新しい学びの場のためのスクールガイド。日本全国の大学入学資格検定試験, 通信制高校, 通信制高校サポート校, フリースクールなどを分類掲載する。記載項目は学校名, 特徴, 問い合わせ先, 入試ガイド, 生徒の声, 先生の声など。

**不登校・中退者のための新しい学びの場 2004** 田口教育研究所編 日本評論社 2003.11 340p 21cm 1700円 ⓘ4-535-58383-8

(目次)1 生き方を見つけた(2003年親と子の体験発表会), 2 創設・継承の想い(クラーク記念国際高等学校校長(三浦雄一郎), 東京国際学園高等部校長(荒井裕司) ほか), 3 個性を磨く学びの場(星槎国際高等学校, 代々木国際高等学院 ほか), 4 全国スクールガイド(寮のある中学・高校, 高等専修学校 ほか)

(内容)古くより子孫や未来の子どもたちに, 責任を持とうとした人々がさまざまな「教育論」を唱えている。そして, 本書の中の「創設・継承の想い」でも述べられているように, いろいろな教育理念の元に実践されている。このどれもが, ある一定の方向性をもっていることを最近痛感している。言葉は違えども同じことを論じているのである。それは「個人の幸福追求」「自己実現の方法」「個人としての有限時間の満足形」などの方向性であろう。

**不登校・中退者のための新しい学びの場 2005** 田口教育研究所編 日本評論社 2004.11 310p 21cm 1700円 ⓘ4-535-58420-6

(目次)1 不登校を糧にして―2004年親, カウンセ

ラー、生徒の体験発表会（タートル学園で習ったこと、ひきこもりの子を持ち悩む多くの親御さんと関わって ほか）、2 創設・継承の想い（日本文理学院高等部理事長・村山徳和、東京YMCA新しいオープンスペース"liby"ディレクター・秋田正人 ほか）、3 個性を磨く学びの場（星槎国際高等学校、代々木国際高等学院、国際文化学園高等部、星槎学園高等部）、4 全国スクールガイド（寮のある中学・高校、高等専修学校 ほか）

(内容)問い合わせ先575校収録。ビジュアルで懇切なガイドブック。

**不登校・中退生のためのスクールガイド　2004年度版**　不登校情報センター編、あゆみ仕事クラブ編集協力　東京学参　2003.9　204p　21cm　1429円　①4-8080-0002-4

(目次)第1部 フリースクール・サポート校等（北海道、青森県 ほか）、第2部 高等学校（北星学園余市高等学校、聖ウルスラ学院中・高等学校 ほか）、第3部 専修学校高等課程（山形女子専門学校、郡山ドレスメーカー専門学校 ほか）、第4部 不登校・中退からの進路相談（高校進学後に再発した登校拒否、なぜ入学した後すぐ転校を望むのか ほか）

(内容)サポート校、大検予備校、フリースクール、学習塾、高等専修学校、技能連携校、教育連携校や高等学校などのスクール紹介と、相談記録（不登校からの進路）を最新情報と併せて掲載している。

**不登校・中退生のためのスクールガイド　2005年度版**　不登校情報センター編、あゆみ仕事クラブ編集協力　東京学参　2004.12　263p　21cm　1429円　①4-8080-0003-2

(目次)第1部 フリースクール・サポート校等（北海道、青森県、宮城県 ほか）、第2部 高等学校（小学校・中学校を含む）（北海道有朋高等学校、池上学院高等学校、北星学園余市高等学校 ほか）、第3部 専修学校高等課程（高等専修学校）（札幌科学技術専門学校高等課程、青森中央文化専門学校高等課程、東北外語学園高等学校 ほか）

(内容)サポート校、大検予備校、フリースクール、学習塾、高等専修学校、技能連携校、教育連携校や高等学校などのスクールを掲載している。

**不登校の子どものための居場所探し　2004～2005年版**　学研編　学習研究社　2004.2　159p　21cm　（もうひとつの進路シリーズ）　1300円　①4-05-301643-6

(目次)フリースクールってどんなとこ?、知りたい!フリースクールQ&A、聞きなれない用語解説、子どもの学習と人生のつよ～い味方、サポート校、サポート校で見つけた生きてる実感、新しい自分に変われた日、フリースクールの学費いくらかかるの?、学園HOTニュース、不登校からの成功体験、不登校をこうしてのりきった!、個性にあった居場所を見つけよう、こまったときの相談窓口、全国学校が合わないキミの居場所リスト、楽しい仲間はここにいるよ!

**不登校の子どものための居場所探し　2005～2006年版**　学研編　学習研究社　2005.2　159p　21cm　（もうひとつの進路シリーズ）　1300円　①4-05-301977-X

(目次)学歴よりも「人間力」のある人に魅力を感じます!、今はつらくても、いつか輝くときがくる、フリースクールってどんなとこ?、知りたい!フリースクールQ&A、聞きなれない用語解説、子どもの学習と人生のつよ～い味方 サポート校、サポート校で見つけた生きてる実感 新しい日本に変われた日、フリースクールの学費いくらかかるの?、学園HOTニュース、不登校からの成功体験 不登校をこうしてのりきった! 〔ほか〕

**不登校の子どものための居場所探し　2006～2007年版**　学研編　学習研究社　2006.2　163p　21cm　（もうひとつの進路シリーズ）　1300円　①4-05-302237-1

(目次)子どもには家が最大の居場所 社会の真実の姿を見せる努力も…、今はつらくても、いつか輝くときがくる、フリースクールってどんなとこ?、知りたい!フリースクールQ&A、聞きなれない用語解説、子どもの学習と人生のつよ～い味方 サポート校、サポート校で見つけた生きてる実感 新しい自分に変われた日、フリースクールの学費いくらかかるの?、学園HOTニュース、不登校からの成功体験 不登校をこうしてのりきった! 〔ほか〕

**もうひとつの学校案内　オルタナティブスクールガイド**　21世紀教育研究所編　新風舎　2004.10　286p　21cm　2000円　①4-7974-3717-0

(目次)巻頭メッセージ 常識にとらわれずに行動することが大切になる、第1章 先輩たちの教育に対する「思い」を聞く（小山内美江子さん―脚本家・NPO法人JHP・学校をつくる会代表、川合アユムさん―イーディーコントドライブ（株）創業者、浅見優次さん―TOHOシネマズ（株）エグゼクティブプロデューサー）、第2章 もうひとつの学校案内（新しい学びの発見へ、どんぐり向方塾―自治体との連携が新しい学びの場を生む、東京シュタイナーシューレ―保護者と教員が協働して子どもを育む、日本航空高等学校―毎日通える通信制高校 ほか）、第3章 都道府県別全国学びの場データベース

(内容)やりたいこと、行きたい学校、自分の居場所を自分で選ぶ。フリースクール・ホームスクーリング・サポート校・居場所・大検予備校・

親の会など…全国400団体の情報を掲載。し、願いの内容ごとに最適な神さまと願い方などを解説する。

◆民俗・くらし

<事典>

**衣食住の歴史** 西本豊弘監修 ポプラ社 2006.3 223p 29×22cm (ポプラディア情報館) 6800円 ①4-591-09042-6

(目次)原始・古代(旧石器時代のくらし、縄文時代のくらし ほか)、中世(鎌倉時代のくらし、室町時代のくらし)、近世(安土桃山時代のくらし、江戸時代のくらし)、近現代(明治時代以降のくらし)

(内容)「衣食住」をテーマに日本の歴史をたどる情報事典。「着る」「食べる」「住む」の3つをテーマに、旧石器時代から明治時代以降までの日本人の生活のうつりかわりをまとめる。カラーイラストや写真資料で、各時代の衣服や食事、住居の特徴を示す。貴族や武士など、身分の高い人ばかりでなく、できるかぎり庶民のくらしのようすがわかるよう編集している。

**国際理解に役立つ民族衣装絵事典 装いの文化をたずねてみよう** 高橋晴子監修、MCDプロジェクト編、国立民族学博物館協力 PHP研究所 2006.3 79p 29×22cm 2800円 ①4-569-68585-4

(目次)第1章 アジアの民族衣装(韓国、ベトナム ほか)、第2章 ヨーロッパの民族衣装(ロシア、ルーマニア、エストニア)、第3章 中東・アフリカの民族衣装(エジプト、カメルーン)、第4章 南北アメリカの民族衣装(カナダの極北地域、中央アンデス、グアテマラ)、第5章 オセアニアの民族衣装(インドネシア、ミクロネシア)、もっと知りたい民族衣装

**こまったときの神さま大図鑑** 那須正幹著 PHP研究所 2002.11 155p 21cm (未知へのとびらシリーズ) 1300円 ①4-569-68361-4 Ⓝ387

(目次)第1章 美と健康をつかさどる神さま(美人になりたい―ティロータマー、美男子になりたい―アドニス ほか)、第2章 人間関係を良くする神さま(家族が幸せに―ドモヴォーイ、両親が仲良く―シヴァとパールヴァティー ほか)、第3章 日常生活を快適にしてくれる神さま(すっきり目が覚める―人皇鶏、トイレラッシュ解消―トイレのハナコさん ほか)、第4章 強力なパワーをつかさどる神さま(ミュージックタレントになりたい―ムーサたち、字が上手になる―織女 ほか)

(内容)悩みや願い事を解決してくれる神さまを、世界の神話や伝説から見つけ紹介する小学上級以上向けの事典。神さまの性格別に4つに分類

**ニッポンの名前 和の暮らしモノ図鑑** 服部幸応、市田ひろみ、山本成一郎監修 (京都)淡交社 2006.2 167p 21cm 1600円 ①4-473-03279-5

(目次)食べる―和食の食材と器・道具(御節料理、懐石 ほか)、装う―和装と伝統芸能(着物、染織の種類 ほか)、住まう―和風建築と生活道具(京都の町家、町家の玄関 ほか)、祈る―神社仏閣と冠婚葬祭(鳥居、神社の境内 ほか)

(内容)日本の伝統的な衣食住・芸能・冠婚葬祭にかかわるモノと名前を解説する事典。伝統的なモノの名前は地域性が強く、とくに食生活や冠婚葬祭においては非常に多様なため、現在の東京で通行している標準的な名前にとどめて紹介する。

**日本のくらし絵事典 国際理解にもやくだつ 年中行事から伝統芸能まで** PHP研究所編 PHP研究所 2005.1 79p 29×22cm 2800円 ①4-569-68518-8

(目次)第1章 行事=春から夏へ(サクラがさいた、八十八夜 ほか)、第2章 行事=秋から冬へ(月見、七五三 ほか)、第3章 日本のくらし(日本の家、くらしのくふう ほか)、第4章 伝統芸能と文化(歌舞伎を見る、能と狂言 ほか)

**日本のくらしの知恵事典** 神野善治監修 岩崎書店 2008.9 175p 29cm 6000円 ①978-4-265-05958-4 Ⓝ382.1

(内容)昔の人びとがつくりあげて、歴史の中で代々伝えてきた知恵を解説する事典。「食べ物」「着る物」「建物」など、衣食住を中心に5つに分類し紹介する。マメちしきや参考資料、コラムなども掲載する。

**日本のしきたり絵事典 行事や儀式の「なぜ?」がわかる 衣食住から年中行事まで** 武光誠監修、深光富士男著 PHP研究所 2008.11 79p 29cm 2800円 ①978-4-569-68912-8 Ⓝ382.1

(目次)第1章 生活に根づいたしきたり(はしの長さの選び方と持ち方・つまみ方、畳のへをふまないで、気持ちが伝わるおじぎ、和服は右前が基本、神社のおまいりのしかた、大安の日仏滅の日、達磨大師がだるまになった!?、めでたいときの赤飯、おきよめの塩、土地の神様と地鎮祭、江戸時代に流行したまねき猫)、第2章 季節のしきたり(初日の出と初詣、縁起のいいおせち料理、胃をいたわる七草がゆ、節分の豆まき、彼岸とは、先祖の霊がいる「向こう岸」のこと:平安時代から行われていた衣がえ、お中元とお歳暮、土用の丑の日にウナギを食べるのは?、神輿をはげしくゆさぶるわけ、冬至は太陽がよみ

がえる日,除夜の鐘はなぜ108回つくの?),第3章 人生のしきたり(お祝いの行事が続く子どもの誕生,七五三で成長に感謝,二十歳で行う成人式,意外に新しい神前結婚式,男女でちがう厄年,長寿の祝いは「還暦」から,葬式のしきたり(仏式))

**日本の伝統文化・芸能事典　日本文化いろは事典プロジェクトスタッフ著　汐文社　2006.2　159p　27×19cm　2800円　①4-8113-8067-3**

(目次)第1章 年中行事(年中行事,慣習,二十四節気 ほか),第2章 生活・風俗(着物,食,住 ほか),第3章 伝統芸能・芸術(日本画,芸能,寄席芸・大道芸 ほか)

(内容)日本の文化を「年中行事」「生活・風俗」「伝統芸能・芸術」の3章に分け,計82項目について基本(いろは)を紹介。各項目について「い(意味)」「ろ(論理)」「は(ハウ・ツー)」の段落に分けて説明をする。同義・関連語や「マメ知識」も掲載。簡潔な年表,キーワード索引,参考文献,参考サイトを収載。

**日本まるごと事典　ジュニア版 対訳イラスト　インターナショナル・インターンシップ・プログラムス著　講談社インターナショナル　2003.10　238p　21cm　(講談社バイリンガル・ブックス)〈本文:日英両文〉1800円　①4-7700-2680-3**

(目次)1 これが日本だ(分県地図,日本の地形 ほか),2 日本人の生活をかいま見る(衣服,食生活 ほか),3 日本の文化にふれる(茶の湯,生け花 ほか),4 今日の日本の姿(人口,宗教 ほか)

(内容)イラストと簡潔な文章で,日本のすべてを紹介する小事典の決定版。自然,地理,衣・食・住,文化,風俗・習慣から政治,経済,社会,歴史まで,日本をまるごと簡潔な英語で説明できるようになる。さらに,外国の人との交流を深められるように,手巻き寿司の作り方,浴衣の着方,花の生け方,習字,俳句,折り紙,じゃんけん遊びなど,日本文化の教授法をわかりやすく図解した。

**民家の事典　北海道から沖縄まで　新版　川島宙次監修,島田アツヒト文・絵　小峰書店　2004.1　87p　30cm　(図説 日本の文化をさぐる)　2700円　①4-338-07507-4**

(目次)北海道—アイヌのチセ,コタンのカヤぶきの民家,青森県—しらし造りの家,津軽地方の中小農家,岩手県—南部の曲屋,秋田県—両中門造りの農家,山形県—たかはっぽう造り,宮城県—豪農の家,福島県—あづまや造り,群馬県—養蚕のさかんな農家,平かぶと造りの農家,栃木県—石造り農家,埼玉県—二階が蚕室の農家,名栗川ぞいの農家〔ほか〕

**昔のくらし　田中力監修　ポプラ社　2005.3　183p　30cm　(ポプラディア情報館)　6800円　①4-591-08451-5**

(目次)住まいとくらし(昔は,どんな家に住んでいたのだろう,戦争によって,住まいはどうかわっただろう ほか),食生活とくらし(昔の食事のようすは,どんなだっただろう,台所はどんなだっただろう,戦争中の食事は,どんなだっただろう),衣服とくらし(昔は,どんな服を着ていたのだろう,戦争中の衣服はどんなだっただろう),子どものくらし(昔の子どものようすは,どんなだっただろう),乗り物とくらし(どんな乗り物で,でかけたのだろう,どんな道路だったのだろう)

(内容)明治時代からあとの人びとのくらしをくわしく紹介。電気やガスがないくらしはどんなだったか,戦争中・戦後すぐはどうだったかが,豊富な写真とイラストでよくわかる。おじいさんやおばあさん,お父さんやお母さんのフキダシの言葉で,当時をすごした人の気持ちや感想を知ることができる。生活の中で生まれた,昔の人の知恵や工夫をたくさん集めた。「考えてみよう」のコーナーなどで,くわしく紹介している。充実した索引で,知りたいことがすぐに探せる。

**昔のくらしの道具事典　小林克監修　岩崎書店　2004.3　175p　29×22cm　5000円　①4-265-05953-8**

(目次)第1章 台所の道具(かまど,火打ち箱 ほか),第2章 食卓の道具—いろりのまわり(いろり,五徳 ほか),第3章 水まわりの道具—お風呂,トイレ,洗濯(井戸,洗濯板・たらい ほか),第4章 住まいの道具(石油ランプ,しょく台 ほか),第5章 夏の道具,冬の道具(蚊帳,蚊取器・蚊取線香 ほか),第6章 畑仕事の道具(くわ・すき,なた ほか)

(内容)明治,大正,昭和の時代につかわれていた,くらしの道具を図解で詳しく紹介。目次には物の名前とその写真があるので形がわかっているものはそのまま調べることができる。巻末に五十音順の索引がつく。

**昔の子どものくらし事典　本間昇監修　岩崎書店　2006.3　175p　29×22cm　5000円　①4-265-05956-2**

(目次)第1章 おはよう,第2章 学校,第3章 はらっぱ—外遊び,第4章 てるてるぼうず—家遊び,第5章 ただいま,第6章 一年の楽しみ—子どもの年中行事,第7章 戦争の時代

(内容)昭和30~40年代を中心に,少し前の時代の子どもたちが,どのようなくらしをしていたか,何をして遊んでいたかがわかるように,一般的なことがらを集めて紹介。

**結び方の絵事典　ものと心をつなげる　く**

らしに役立つ和の文化　小暮幹雄監修，ワン・ステップ編　PHP研究所　2008.2　79p　29×22cm　2800円　Ⓘ978-4-569-68762-9

⽬次第1章 知っておこう！日本の文化と結び（人と人をつなぐ結びって、なに?，「結」という漢字の意味を考えよう!，話や文章にも結びがあるの? ほか），第2章 学校や家で役立つ結び方をマスターしよう！（結び方の基本を知っておこう!，よく使われる5種類の結び方，基本の結び方をマスターしよう!），第3章 おしゃれやプレゼントに役立つ結び方をマスターしよう！（マフラーの結び方，スカーフの結び方，ネクタイの結び方（プレーン・ノット） ほか）

内容ひもやロープの結び方を紹介する事典。文化的な面での結びを取り上げ，「結」という文字の成り立ちや意味，伝統的な行事で目にする結びも解説する。

## <辞　典>

季節・暦・くらしのことば　江川清監修，スタジオVIC編　偕成社　2006.4　143p　21cm　（ことば絵事典 探検・発見 授業で活躍する日本語 1）　2000円　Ⓘ4-03-541310-0

⽬次植物の名前とことば，生き物の名前とことば，気象や天気の名前とことば，太陽や月や星の名前とことば，海や山や川の名前とことば，衣食住の季節の名前とことば，年中行事や暦の名前とことば

内容全5巻に集めた物の名前や成句（慣用句やことわざ）などは，国語だけでなく，算数，理科，社会科，音楽，体育などあらゆる教科に出てくる大事な古くて新しいことばばかり。それらのことばをこのシリーズでは，絵と文章で分かりやすく説明。小学中級から。

「和」の名前絵事典 身の回りのものを調べよう 由来から説き起こす！　三宮庄二監修　PHP研究所　2008.6　79p　29cm　2800円　Ⓘ978-4-569-68687-5　Ⓝ812

⽬次第1章 日本の「衣服」（特別な行事，仕事着，普段着，下着・持ち物，はきもの，おしゃれ，外来語），第2章 日本の「食べ物」（古名・和名，食材，調味料・香辛料，調理法，特別な食事，おやつ，外食・屋台，外来食），第3章 日本の「住まい」（外回り，座敷・居間，水まわり，食の道具，住まいの道具，季節の工夫・夏，季節の工夫・冬），付章 冠婚葬祭（冠，婚，葬，祭）

内容和のものに関することばを，衣食住，冠婚葬祭に分けて，日々のくらしに関係する名前の由来や使われ方などを紹介する絵辞典。

## <図　鑑>

衣服の歴史図鑑　L.ローランド＝ワーン著，川成洋日本語版監修　あすなろ書房　2005.1　63p　29×22cm　（「知」のビジュアル百科 14）〈『ビジュアル博物館 服飾』新装・改訂・改題書　原書名：Eyewitness‐Costume〉　2000円　Ⓘ4-7515-2314-7

⽬次なぜ衣服を着るのか?，涼しく，簡素に，美装を凝らして，暖かいチュニックとクローク，先の尖った帽子と靴，豪華，流麗，そしてずしりと重く!，雑貨いろいろ，スラッシュだらけ，釣り鐘形と箱形，靴のいろいろ，リボンとボウ，かつら大流行，絹とブロケード（にしき織り），おしろいとつけぼくろ，海辺の美女たち，小物あれこれ，万人向きの木綿，ミシンの発明，かごを身につけて，花嫁衣装，手軽な帽子，羽根とレース，新しい世界，下着の流行，戦前と戦後，ミニ，ブーツ，フレアー，男の子も女の子も一緒，ファッション・デザイン

内容子供向けの1冊1テーマの図解百科事典シリーズ。骨が折れるほどしめつけるコルセット。大きく重いカツラ。今となってはこっけいに感じられるファッションにもそれぞれの時代の大切な理由があった。衣服から，世界の文化，思想が見えてくる。

カウボーイ事典　デヴィッド・H.マードック著，高荷義之日本語版監修，ジェフ・ブライトリング写真　あすなろ書房　2007.10　63p　29×22cm　（「知」のビジュアル百科）〈原書名：Eyewitness‐Cowboy〉　2500円　Ⓘ978-4-7515-2450-3

⽬次カウボーイとは何か?，チャルロとバケーロ，最高の馬，新旧の鞍，馬に鞍をつける，北米のカウボーイ，カウボーイハット，カウボーイの服装，ブーツと拍車，オーバーズボン，牧場での生活，牛と焼き印，群れから牛を切り離す，峠のわが家，牛追いの旅，法と秩序，ガンとガンマン，六連発銃，南米のガウチョ，カマルグのガルディアン，オーストラリアのカウボーイ，カウガール，カウボーイ文化，ロデオのスリル

内容子供向けの1冊1テーマの図解百科事典シリーズ。西部劇のヒーロー，カウボーイ。しかし，実は彼らは，銀幕のイメージとはかけはなれた存在だった。アメリカでカウボーイが活躍した19世紀後半を中心に，「人と牛」，そして「人と馬」の歴史をビジュアルでたどる異色の歴史ガイド。貴重な馬具，銃も多数掲載。

ビジュアル博物館　35　服飾　L.ローランド・ワーン著，リリーフ・システムズ訳（京都）同朋舎出版　1992.12　63p　29×23cm　3500円　Ⓘ4-8104-1128-1

(目次)なぜ衣服を着るのか?, 涼しく, 簡素に, 美装を凝らして, 暖かいチュニックとクローク, 先の尖った帽子と靴, 豪華, 流麗, そしてずしりと重く!, 雑貨いろいろ, スラッシュだらけ, 釣り鐘形と箱形, 靴のいろいろ, リボンとボウ, カールの大流行, 絹とブロケード(にしき織り), おしろいとつけぼくろ, 海辺の美女たち, 小物あれこれ, 万人向きの木綿〔ほか〕
(内容)1冊1テーマ, 全88巻の博物図鑑シリーズ。ファッションの歴史をカラフルに紹介。男性や女性や子どもたちが実際に身につけていた各時代の衣装やアクセサリーや小物のカラー写真によって, 服飾の歴史を証言する。

**ビジュアル博物館 45 カウボーイ** デヴィッド.H.マードック著, リリーフ・システムズ訳 (京都)同朋舎出版 1994.4 63p 29×23cm 2800円 ⓘ4-8104-1837-5
(目次)カウボーイとは何か?, チャルロとバケーロ, 最高の馬, 新旧の鞍, 馬に鞍をつける, 北米のカウボーイ, カウボーイハット, カウボーイの服装, ブーツと拍車, オーバーズボン〔ほか〕
(内容)1冊1テーマ, 全88巻の博物図鑑シリーズ。カウボーイをテーマとし, カウボーイの生活, 馬, 牛, 銃, 投げ縄などを紹介する。

◆◆行事・祭

<事典>

**心をそだてる子ども歳時記12か月** 橋本裕之監修 講談社 2005.10 119p 26×21cm 2000円 ⓘ4-06-213143-9
(目次)一月, 二月, 三月, 四月, 五月, 六月, 七月, 八月, 九月, 十月, 十一月, 十二月
(内容)大人も意外と知らない, 先人たちから受けつがれてきた行事や風習, 言い伝えの理由や, そこにこめられた願い。家庭で, 学級で, 楽しみながら学べる歳時記。

**日本の祭り事典** 芳賀日出男著 汐文社 2008.2 103p 27cm 3000円 ⓘ978-4-8113-8490-0 Ⓝ386.1
(目次)お水取り(東大寺修二会), 日吉大社山王祭, 鹿島の祭頭祭, 藤守の田遊び, もちがせの流しびな, 日立さくらまつり, 一の宮けんか祭, 桜花祭, 長浜曳山まつり, 春と秋の高山祭〔ほか〕
(内容)その季節のよくわかる代表的な祭りをとりあげ, 写真と文章で説明。

**年中行事** 新谷尚紀監修 ポプラ社 2009.3 215p 30×23cm (ポプラディア情報館) 6800円 ⓘ978-4-591-10686-0
(目次)日本の暦と四季のくらし(暦と年中行事, 暦のしくみと歴史, 二十四節気と五節句・雑節 ほか), 日本の年中行事と祭り(1月, 2月, 3月 ほか), 人生の節目の行事としきたり(通過儀礼と冠婚葬祭, 子どもから大人へ, 結婚 ほか)
(内容)日本の伝統的な年中行事を, 12か月に分けて紹介する事典。行事の意味や由来がわかる。豊富なカラー写真を掲載。四季のうつりかわりを目で見て楽しむことができる。年中行事とかかわりのある, 全国各地の代表的な祭りを多数紹介。通過儀礼・冠婚葬祭についても, イラストとともにわかりやすく解説する。

**祭りの事典** 佐藤和彦, 保田博通編 東京堂出版 2006.6 21, 466p 19cm 2800円 ⓘ4-490-10695-5
(内容)平成の市町村合併後, 初めて成る日本の伝統的祭り・民俗芸能の事典。1100の祭り・民俗芸能を開催日順に並べ, 起源・由来・次第・扮装・演目などを解説。問い合わせ先・交通機関などを付す。巻頭に「都道府県別目次」, 巻末に「年号索引」を収録。

<図鑑>

**きせつ** 渡邉真一監修 学習研究社 2005.5 120p 30×23cm (ふしぎ・びっくり!?こども図鑑) 1900円 ⓘ4-05-202110-X
(目次)はる(春が来た!南から北へ日本中の入園式, きょうは入園式 ほか), なつ(プール開き, 夏をさがしに行こう・野山 ほか), あき(大すきおじいちゃん, おばあちゃん, 秋をさがしに行こう ほか), ふゆ(雪のきせつがやって来た!, 冬をさがしに行こう ほか)

**世界の祭り大図鑑 国際理解を深めよう! 知らない文化・伝統・行事もいっぱい** 芳賀日出男監修 PHP研究所 2006.12 79p 29×22cm 2800円 ⓘ4-569-68642-7
(目次)第1章 世界ではどんなふうに祝うの?(クリスマスの祝い方, 新年の祝い方 ほか), 第2章 自然と結びついた行事(季節のうつりかわりを感じる, 豊作・豊漁のために, 大人の仲間入りをする), 第3章 宗教に由来する行事(仏教に由来する行事, キリスト教に由来する行事, イスラム教に由来する行事, ヒンズー教に由来する行事, ユダヤ教に由来する行事, 死者や先祖を思う), 第4章 国や個人にかかわる行事(国の成り立ちにかかわるもの, 個人にちなんだ行事), 第5章 世界のおもしろ行事
(内容)身近なお祭りや行事から, 宗教に由来する行事やおもしろい行事, 珍しい行事などを, 絵と写真を使ってわかりやすく解説。

**はるなつあきふゆ 楽しく遊ぶ学ぶきせつの図鑑** 長谷川康男監修 小学館 2007.3 207p 27×22cm (小学館の子ども図鑑プレNEO) 〈付属資料:はがき, テスト〉

2800円　⑪978-4-09-213181-1
(目次)はる(ぎょうじとくらし, うた, ことば, いろ, しぜん), なつ, あき, ふゆ
(内容)生活科・国語の教科書, 受験問題からリストアップした豊富な項目。授業の理解が早くなる。小学校受験に強くなる。

## ◆◆妖怪・怪談

### <事典>

**学校の怪談大事典**　日本民話の会 学校の怪談編集委員会著, 前嶋昭人絵　ポプラ社　1996.4　211p　21cm　1380円　⑪4-591-04964-7
(目次)1 こわい話, 2 霊と幽霊, 3 妖怪, 4 ふしぎなもの, 5 ふしぎな空間, 6 人体, 7 ジンクスと占い
(内容)学校の怪談(学校やその周辺を舞台とし, 子どもたちによって語られる怪談)に登場する言葉の意味や背景を解説し, 例話を掲載した事典。「こわい話」「霊と幽霊」「妖怪」「ふしぎなもの」「ふしぎな空間」「人体」「ジンクスと占い」の7章構成。各章内の項目の排列は五十音順。巻末に五十音順の事項索引がある。児童向け。

**ゲゲゲの鬼太郎妖怪パーフェクトBOOK**
コミックボンボン特別編集編, 水木しげる監修　講談社 2007.4　139p　21cm　952円　⑪978-4-06-214036-2
(目次)鬼太郎となかまたち(鬼太郎, 目玉おやじ, ねずみ男, ネコ娘, 砂かけばばあ ほか), おぼえておきたい妖怪ファイル110(赤舌, あかなめ, 足長手長, 小豆洗い, 油すまし ほか)
(内容)妖怪118体大集合。新TVアニメシリーズに登場する主な妖怪たちを完全フィーチャーした最強の妖怪ガイド。原作者・水木しげるの妖しくも美しい原画を満載。人気絶好調。TVアニメの秘密も巻頭カラーでガッチリ解説。

**水木しげる妖怪大図解**　水木しげる著　小学館　2004.11　173p　19×15cm　1000円　⑪4-09-220323-3
(目次)タンコロリン, ぬらりひょん, ぶるぶる, 皿かぞえ, 牛鬼, 天邪鬼, 河童, 五徳猫, 二口女, がんぎ小僧〔ほか〕
(内容)85妖怪の身体を大解剖。妖怪たちの超能力の秘密に迫る。

**日本妖怪大事典**　水木しげる画, 村上健司編著　角川書店　2005.7　359p　21cm　2600円　⑪4-04-883926-8
(内容)水木しげるの"妖怪千体説"を基に, 古から現代まで全国の妖怪を収録。総項目数1592, 水木しげるの妖怪画641点を収録。本文は妖怪名の五十音順位排列。本文には特徴や出没地域を記載。

**水木しげる鬼太郎大百科**　水木しげる著, 小学館クリエイティブ編　小学館　2004.11　180p　19×15cm　〈『鬼太郎なんでも入門』新装・改題書〉　1000円　⑪4-09-220322-5
(目次)鬼太郎のふしぎな世界, 1 鬼太郎とその親しい仲間たちのひみつ, 2 鬼太郎のくらしのひみつ, 3 鬼太郎たちの社会のひみつ, 4 妖怪たちの住まいのひみつ, 5 鬼太郎をおびやかす妖怪たちのひみつ, 6 鬼太郎の戦いのひみつ
(内容)不滅の「名キャラ」ガイド。新装・復刻鬼太郎の全秘密を大公開。

**水木しげる妖怪大百科**　新装版　水木しげる著, 小学館クリエイティブ編　小学館　2004.11　182p　19×15cm　1000円　⑪4-09-220321-7
(目次)第1章 妖怪を知る7つのポイント, 第2章 人間の妖怪, 第3章 動物の妖怪, 第4章 人獣の妖怪, 第5章 百鬼夜行, 第6章 妖怪地図, 第7章 妖怪の歴史
(内容)数々の疑問に水木しげるが全面回答。水木妖怪学の原典が新装版で復刻。妖怪ってなに? どこに住んでる? 妖怪はなぜこわい? 妖怪も死ぬ? 妖怪はいまもいるの? 80妖怪の詳細プロフィール。日本妖怪地図。劇画『オベベ沼の妖怪』収録。

**妖怪大図鑑**　水木しげる著　講談社　1994.11　117p　21cm　(講談社まんが百科 8)　880円　⑪4-06-259008-5
(内容)日本の妖怪173体を分類順にイラストで紹介, 解説する図鑑。五十音で引く索引を付す。

### <図鑑>

**図鑑・世界の妖怪 ヨーロッパ編**　さこやん著　偕成社　1999.5　31p　29×24cm　1200円　⑪4-03-533080-9
(目次)ドラキュラ, 妖精, オオカミ男, ギリシア神話の怪物たち, 魔女, アラビアン・ナイトの魔神たち, ドラゴン, ふしぎの国の妖怪たち, 人魚, 悪魔
(内容)魔女や妖精, ドラキュラ, オオカミ男, ドラゴンなど, ヨーロッパの代表的な妖怪, 約60種を紹介する図鑑。それぞれの特徴やエピソードをまじえて, イラストと文で解説する。

## ◆軍事

### <図鑑>

**スパイ事典**　リチャード・プラット著, 川成洋訳　あすなろ書房　2006.5　55p　29×22cm　(「知」のビジュアル百科 27)　〈新装・改

訂・改題書〉 2000円 ⓘ4-7515-2327-9

(内容)子供向けの1冊1テーマの図解百科事典シリーズ。情報を制するものが、戦をも制す。紀元前から、時の支配者のために暗躍してきたスパイ。一般人には知りえないその歴史をたどり、スパイの実像に迫る。名立たるスパイも多数登場。

**ビジュアル博物館 63 戦闘 戦闘と戦争の歴史を知る 古代の戦闘から、第一次世界大戦まで** リチャード・ホームズ著，川成洋日本語版監修 （京都）同朋舎出版 1997.3 63p 30cm 2800円 ⓘ4-8104-2249-6

(目次)戦闘や戦争とは何か?、最前線の歩兵部隊、勇猛果敢な重騎兵、身を救う兵器の訓練、階級を表すもの、連隊旗をめぐって、多難な物資の補給と輸送、兵士の個人装備、機先を制する偵察、戦況を一変させた野砲〔ほか〕

(内容)1冊1テーマ、全88巻の博物図鑑シリーズ。長い歴史をもつ戦闘や戦争を、新しい切り口でいろいろな角度から語る。軍服、兵器、戦闘シーンなどの写真を通して、戦争にまつわるものすべてを再現。

**ビジュアル博物館 67 スパイ** リチャード・プラット著，川成洋訳 同朋舎 1998.3 59p 29×23cm 2800円 ⓘ4-8104-2466-9

(目次)スパイとは何か?、スパイのいろいろ、秘密の道具キット、見えぬものを見る、隠しマイクと盗聴器、落下するハト、極秘通信、コードとサイファー、傍受と暗号解読、隠匿と潜伏〔ほか〕

(内容)1冊1テーマ、全88巻の博物図鑑シリーズ。古今東西のスパイについて、その長い歴史と活動の実態、活動を支える秘密の道具キットを、豊富なカラー写真で紹介。

## 科学

### <書誌>

**しらべ学習の科学の本1000冊 しらべてみようやってみよう** 子どもの科学の本研究会編 連合出版 1999.4 187p 21cm 1500円 ⓘ4-89772-146-6

(目次)1 科学あそび、2 植物のふしぎ、3 動物いろいろ、4 ひとのからだと性・病気、5 宇宙・地球のなぞ、6 環境問題、7 たのしむ算数

(内容)子どもたちが身近なものを観察したり調べたりするときに役立つ科学の本1000冊を紹介したもの。1998年12月までの出版物(月刊誌を除く)の中から、幼児から中学生までの本をとり上げ、絶版でも図書館にそなえてある本は掲載。書名索引付き。

### <事典>

**大きさくらべ絵事典 一目でわかる 原子から生物・宇宙まで** クリエイティブ・スイート編集・構成，半田利弘監修 PHP研究所 2010.9 79p 29cm 〈文献あり 索引あり〉 2800円 ⓘ978-4-569-78078-8 Ⓝ400

(目次)1章 小さな世界の大きさくらべ(体をつくるもの，細菌とウイルス ほか)、2章 生き物の世界の大きさくらべ(昆虫，陸の生き物 ほか)、3章 地球上の大きさくらべ(山，国 ほか)、4章 大きな世界の大きさくらべ(地球と月・太陽，太陽系の惑星 ほか)、5章 人がつくったものの大きさくらべ(建物，船 ほか)

**おもしろ実験・ものづくり事典** 左巻健男，内村浩編著 東京書籍 2002.2 517p 21cm 3800円 ⓘ4-487-79701-2 Ⓝ407.5

(目次)1 主に物理的な実験・ものづくり(力と動きをさぐる，空気をとらえる ほか)、2 主に化学的な実験・ものづくり(冷やす・熱する，燃焼・爆発 ほか)、3 生物の観察と実験(生きものの世界，ヒトのからだと感覚 ほか)、4 地球についての観察と実験(水と大気，天体・岩石)

(内容)理科の実験・ものづくり実例マニュアルブック。学校の科学クラブ、理科等の選択授業や文化祭、科学館・児童館等での科学実験教室で取り組める実験・観察・ものづくりについて、物理、化学、生物、地学の4分野別に155例以上を紹介する。各実験・ものづくりについては、所要時間、特色、必要な材料や器具、過程・工程を順に追った実験・制作方法を、イラストを交えて紹介している。実験の豆知識等についてのコラムや実験事故例と対策についての説明もある。

**科学と技術の歩み 科学・技術用語事典／科学・技術史年表** ほるぷ出版 1992.3 145p 21cm （漫画人物科学の歴史 20） 1700円 ⓘ4-593-53150-0

(内容)小学校・中学校・高等学校の理科の教科書に出てくる科学・技術用語の中から、重要項目を561項目選んで掲載する事典。解説はできるだけくわしくわかりやすく記述する。また、理解をしやすくするため、必要に応じて写真・図版を入れている。

**カラー図説理科の辞典** 山崎昶編訳，太田次郎総監修 朝倉書店 2010.6 258p 26cm 〈索引あり〉 5600円 ⓘ978-4-254-10225-3 Ⓝ403.3

(内容)「図説 科学の百科事典」の「用語解説」の基本用語約3000語を再編集。配列は見出し語の50音順、見出し語、見出し語の英語、解説文からなる。巻末に英文索引が付く。

児童書 レファレンスブック 149

科学　　　　　　　　　　　　　児童書

**サイエンスワールド　学習科学百科**　アナベル・クレイグ，クリフ・ロズニー著，科学教育研究会訳　三省堂　1992.12　126p　26×21cm　〈原書名：THE USBORNE SCIENCE ENCYCLOPEDIA〉　3200円　Ⓘ4-385-15393-0

(目次)計算と数字，エネルギーって何?，熱と温度，惑星地球，代替エネルギー，どうして物体は動くの?，簡単な機械，光の反射，音の伝わり方，物体は何からできているの?，加熱と冷却，身のまわりの電気，いろいろな電磁波，コンピューター技術〔ほか〕

(内容)身のまわりから宇宙まで，53のテーマを楽しいイラストでわかりやすく解説。小学校上級以上。

**自然界は謎だらけ!「右と左」の不思議がわかる絵事典　鏡のしくみから宇宙の誕生まで**　富永裕久著　PHP研究所　2006.1　75p　29×22cm　2800円　Ⓘ4-569-68586-2

(目次)第1章 右と左の不思議な話(鏡のなかをのぞいてみよう，右と左について考えてみよう ほか)，第2章 右左，裏を返せば，左右(あらためて右左を定義してみる，右回りと左回り ほか)，第3章 人の体と文化の右左(人の体の右左，きき手，きき足の不思議 ほか)，第4章 鏡に映った像の不思議(鏡に映った像をよく見てみよう，『鏡像は左右が逆』は思いこみだ ほか)，試してみよう，調べてみよう(回文をつくってみよう，右左を使わず，東西南北で考えてみよう ほか)

(内容)「右と左」についての疑問に答える事典。どうして自動車は左を走り，人は右を歩くのか。なぜ，数字は左から右に書くのか。多くの人が，えんぴつやお箸を右手でもつのはどうしてなのか。そもそも，右と左の区別はなぜ生まれたのか…など。

**小学理科学習事典　新課程版　3訂版**　北野日出男，松本武夫共著　文英堂　2002.3　607p　21cm　(シグマベスト)　2380円　Ⓘ4-578-13085-1　Ⓝ400

(目次)植物の育ち方，動物の育ち方，植物のつくりとはたらき，動物のからだとくらし，生物のくらしとかんきょう，人のからだ，力のはたらき，熱・音・光，電気と磁石，物の変化，天気とその変化，太陽・月・星とその動き，大地のようす

(内容)小学校の理科を自習向けに解説した学習参考書。教科書の内容にそって要点，関連事項，図表・写真，練習問題などに分けて解説する。巻末付録はビューフォート風力階級，湿度表，実験器具の使い方に関する記事。五十音順の索引がある。

**スーパー理科事典　3訂版**　石井忠浩監修(大阪)受験研究社　2006.7　719p　26cm　6600円　Ⓘ4-424-63226-1

(目次)生物編，地学編，化学編，物理編，科学技術の進歩と環境の安全，資料編

(内容)中学生はもちろん，小学5・6年から高校1年まで，課題研究や宿題に役立つ学習事典。見て楽しいカラー写真や，図解・表解が3000点。図鑑としても便利に使える。DNA・光触媒・ナノテクノロジー・環境問題など，新しい科学の話題が満載。

**中学理科解法事典**　3訂版　奈須紀幸監修，旺文社編　旺文社　2002.2　675p　21cm　3200円　Ⓘ4-01-025090-9　Ⓝ400

(目次)第1分野 化学領域(身のまわりの物質，化学変化と原子・分子，物質と化学変化の利用)，第1分野 物理領域(身のまわりの現象，電流，運動とエネルギー，科学技術と人間)，第2分野 生物領域(植物の生活と種類，動物の生活と種類，生物の細胞とふえ方，自然と人間)，第2分野 地学領域(大地の変化，天気とその変化，地球と宇宙，自然と人間)

(内容)中学1年生から高校入試の準備までを対象にした理科の参考書。5社20冊の教科書内容に基づいて中学校で学習する内容を4領域15編に分類し，例題，解法，実戦問題を掲載する。巻末に問題分類索引と五十音順の語句索引がある。

**中学理科用語集**　旺文社編　旺文社　2010.9　239p　19cm　950円　Ⓘ978-4-01-021441-1　Ⓝ400

(目次)物理編(身近な物理現象，電流とその利用，運動とエネルギー，科学技術と人間)，化学編(身のまわりの物質，化学変化と原子・分子，化学変化とイオン)，生物編(植物の生活と種類，動物の生活と生物の変遷，生命の連続性，自然と人間)，地学編(大地の成り立ちと変化，気象とその変化，地球と宇宙，自然と人間)，資料編(科学史上の人物，おもな実験器具 ほか)

(内容)物理・化学・生物・地学の4分野から約1100語を収録。ピンポイントで用語の意味を解説。関連用語のページを掲載。ジャンプ機能で理解がさらに深まる。過去5年分の入試分析にもとづく"でる度"つき。

**21世紀こども百科　科学館**　小学館　1998.7　303p　30cm　4600円　Ⓘ4-09-221201-1

(目次)鏡と光，見える光と見えない光，音と波，気体・液体・固体，燃焼・熱とエネルギー，回せば電気?こすれば電気?，地球が引っぱる力・重力，物を動かす力・止める力，水の性質・塩，いろいろな素材，食品，宇宙と地球，生物の世界，目とさっ覚，科学館サイエンスガイド，科学用語事典

(内容)104のタイトルを16のテーマに分け，300の疑問と200の実験を収録した，理科の学習百

150　児童書 レファレンスブック

**身近な単位がわかる絵事典 観察・調べ学習にやくだつ あなたも単位博士になれる!** 村越正則監修 PHP研究所 2002.8 95p 31×22cm 2800円 ①4-569-68349-5 Ⓝ420.75

(目次)第1章 単位ってなんだろう(毎日の生活に、どうして単位は必要なのか、身のまわりにはたくさんの単位がある ほか)、第2章 基本単位をおぼえよう(長さの単位、重さの単位 ほか)、第3章 身のまわりの単位をしらべよう(宇宙をはかる、地球をはかる ほか)、第4章 単位の歴史をしらべてみよう(古代人は何を基準にしてはかっていたのか、どこの国でも使える共通単位が生まれた ほか)

(内容)小学生向けに単位について文とイラストで解説したもの。単位についての全体的な考え方、種類別の基本単位、いろいろな単位で表す方法、単位の歴史の4章で構成。巻末に、単位の『早見』小事典、五十音順索引がある。

**身近な単位がわかる絵事典 ものをはかるための基準 ミクロの世界から自然現象・宇宙まで** 改訂版 村越正則監修 PHP研究所 2010.2 79p 29cm 〈文献あり 索引あり〉 2800円 ①978-4-569-78019-1 Ⓝ400

(目次)第1章 単位ってなんだろう(毎日の生活に、どうして単位は必要なのか、身のまわりにはたくさんの単位がある ほか)、第2章 基本単位をおぼえよう(長さの単位、重さの単位 ほか)、第3章 身のまわりの単位をしらべよう(宇宙をはかる、地球・世界をはかる ほか)、第4章 単位の歴史をしらべてみよう(単位の歴史(1)古代人は何を基準にしてはかっていたのか、単位の歴史(2)どこの国でも使える共通単位が生まれた ほか)

**身の回りで見つける単位にくわしくなる絵事典 μmからGBまで** PHP研究所編 PHP研究所 2006.11 79p 30cm 2800円 ①4-569-68548-X

(目次)第1章 身の回りの単位(キッチンルームでつかわれる単位、リビングルームでつかわれる単位、家庭電化製品でつかわれる単位 ほか)、第2章 地球・宇宙の単位(地球にかんする単位、天体観測でつかわれる単位、公害・環境汚染をあらわす単位 ほか)、第3章 単位の小事典(単位の歴史1—共通単位がうまれるまで、単位の歴史2—世界共通の単位「メートル法」、単位の歴史3—国際単位系の誕生 ほか)

**理科実験に役立つ道具のつかい方事典** 石井雅幸監修 岩崎書店 2001.4 175p 30cm 5000円 ①4-265-05951-1 Ⓝ407

(目次)第1章 観察につかう道具(虫めがね(ルーペ)、顕微鏡、解剖顕微鏡、双眼実体顕微鏡 ほか)、第2章 測定につかう道具(体温計、気体検知管、温度計、ストップウォッチ ほか)、第3章 実験につかう道具(注射器、鏡・ハーフミラー、磁石、乾電池 ほか)

(内容)ビーカー、アルコールランプ、顕微鏡など、理科の実験道具の特徴や扱い方を写真やイラストで解説した道具事典。小学校教科書に登場するものを網羅。

<辞 典>

**理科・算数・生物のことば** 江川清監修 偕成社 2008.4 143p 22cm (ことば絵事典 探検・発見授業で活躍する日本語 10) 2000円 ①978-4-03-541400-1 Ⓝ814

(目次)生物のことば(生物の父類、生物の起源 ほか)、物理のことば(磁石の力、電磁石のしくみ ほか)、運動のことば(てこの働き、てこの種類 ほか)、物質のことば(物質の状態変化、物質の構成 ほか)、算数と数学のことば(算数と数学、自然数と整数 ほか)

(内容)日本人が培ってきたことばから、進歩し続けている科学の新しいことばまで、広い分野にわたる日本語を集成、絵と文章でわかりやすく説明した日本語絵事典。

<名 簿>

**科学と技術を創造した人々 科学・技術人物事典** ほるぷ出版 1992.3 144p 21cm (漫画人物科学の歴史 19) 1700円 ①4-593-53149-7

(内容)小学校・中学校・高等学校の理科の教科書に出てくる、科学・技術者の中から、重要人物を世界216人・日本65人選んで紹介する人物事典。科学技術に関する業績を中心に、その人物を理解するためのエピソードをふくめ、楽しく読めるように書かれている。

<ハンドブック>

**理科年表ジュニア 2002** 理科年表ジュニア編集委員会編 丸善 2001.11 184p 19cm 1000円 ①4-621-04929-1 Ⓝ403.6

(目次)暦部(カレンダーと星図、各地の日の出・日の入りの時刻、月・惑星の出、南中、入り ほか)、天文部(太陽系:惑星と月、太陽系:小天体、主な流星群の出現時期 ほか)、気象部(気象観測地点、気温・気圧の高度分布、日本と世界の日射量 ほか)

(内容)科学分野のデータ集である『理科年表』か

ら比較的基本的な項目を選んで平易に解説した便覧。図やグラフを多く使って視覚化。巻末には漢字にルビ入りの項目索引がある。

**理科年表ジュニア** 第2版 理科年表ジュニア編集委員会編 丸善 2003.3 249p 19cm 1400円 Ⓣ4-621-07214-5

[目次]暦部，天文部，気象部，物理／化学部，地球科学部，生命科学部

**理科のふしぎがわかる科学おもしろ絵事典 楽しく学べる原理・法則** 滝川洋二監修 PHP研究所 2006.4 79p 29×22cm 2800円 Ⓣ4-569-68600-1

[目次]生物の原理・法則（生物は細胞でできている―細胞の発見，形や性質は子孫に遺伝する―メンデルの法則 ほか），地球と宇宙の原理・法則（地球の自転の証明―フーコーのふりこ，地球の動きと天体の動き―地動説 ほか），物質の原理・法則（気体の温度と体積の関係―シャルルの法則，空気にも重さがある―大気圧の発見 ほか），運動とエネルギーの原理・法則（棒で重いものを持ち上げる―てこの原理，ふりこのふれ方の法則―ふりこの原理 ほか）

<図　鑑>

**科学の実験** 学習研究社 2009.3 144p 27cm （ジュニア学研の図鑑）〈索引あり〉 1500円 Ⓣ978-4-05-203055-0 Ⓝ407.5

[目次]光の実験，電気の実験，磁石の実験，磁石と電気の実験，力の実験，水の実験，空気の実験，生き物の実験，環境の実験，自由研究のまとめ方，実験をひろげるヒント，さくいん

[内容]おもしろ実験がいっぱい。やさしい100の実験で科学が楽しくわかる。

**科学の実験 あそび・工作・手品** 小学館 2009.8 167p 28×22cm （小学館の図鑑NEO 17）〈付属資料：DVD1〉 2000円 Ⓣ978-4-09-217217-3

[目次]光，音，温度と熱，燃焼，力，電気，磁石，水溶液，酸・アルカリ

[内容]幼児から小学校高学年向けの学習図鑑。カラー写真と精密な図版を掲載したシリーズ。本書では，学校の先生たちが選び，考えた実験・あそび・工作・手品を，約180紹介する。身近な物を使ったこれらの実験は，どれもおもしろいものばかり。また，かんたんでおもしろいのはもちろんですが，「ふしぎだなあ」「どうしてなんだろう」と，もっと学びたくなるような実験がたくさんある。自分で興味をもったものから，どんどんためして学べる。

**機械と生き物Q&A くらべる図鑑　3　つくる** 渡辺政隆監修 フレーベル館 1997.4
55p 27×22cm 1900円 Ⓣ4-577-01737-7

[目次]1 木かげのハンモックでゆっくりおひるね，2 水をせきとめてダムづくり，3 あたたかくてじょうぶな手づくり木製ハウス，4 大きなシャベルでザックザックトンネル建設中，5 これぞ名人芸!土でつくったみごとな形，6 シロアリの巨大住宅・完ぺきなエアコン設備，7 夏すずしく冬あたたかい かいてきな草の屋根，8 小えだでつくられた素敵なあずまやへようこそ，9 母鳥のかわり，ひきうけます，10 軽くてじょうぶ ふしぎな六角形の集まり，11 潮の満ち干もOK!長い足で支える，12 大きいものを細いもので支える

**機械と生き物Q&A くらべる図鑑　4　まもる** 渡辺政隆監修 フレーベル館 1997.4
56p 27×22cm 1900円 Ⓣ4-577-01738-5

[目次]1 強いぞ!固いからでしっかり守る，2 するどい歯も剣も手が出ない 完ぺきなよろい，3 水からニュキッ!体をかくして様子をさぐる，4 近づく敵をノックアウト!ガスをふき出し身を守る，5 やさしく包む赤ちゃんのベッド，6 いつでもいっしょ どこへでもラクラクつれて行く，7 安全，安心たくさんの子どもを一度に運ぶ，8 体を包んで 危険な夜ものりこえる，9 光は通して寒さシャットアウト，10 たいせつな物をしっかり守る 空気の泡の2つの効果，11 水の中でもあったかい 体にピッタリ水中スーツ，12 力強い走り ショックを吸いこむ足の裏

**原色ワイド図鑑** 学習研究社 2002.11 21冊 31cm Ⓝ403

[目次]昆虫1，昆虫2，動物，動物とえもの，恐竜，鳥，魚・貝，水中の生物，人体，飼育1（陸生動物），飼育2（水生動物），野草，花・作物，樹木・果実，海藻・菌類，栽培，顕微鏡の世界，天体・気象，地球と岩石・化石，科学の世界，別巻 総索引

[内容]小・中・高校生向けの学習科学図鑑セット。動物・植物を中心に地球・宇宙を含む自然分野を対象とする。30万点余の図版を掲載するほか，理解を深めるための，生態写真，精密図解，拡大写真，連続写真を特色とする。本編全20巻と別巻の総索引で構成する。

**自然とあそぶ図鑑　1　森のあそび** おくやまひさし著 大日本図書 1991.8 69p 21×22cm 2300円 Ⓣ4-477-00121-5

[目次]春の森にさく花，春の森の木の花，たのしい山菜の季節，山菜の採集ポイント，カタクリで，ほんもののカタクリ粉をつくろう，きみは，ギフチョウを見たか?，緑の森へ，たのしいバード・ウォッチング，巣ばこや，えさ台をつくろう，クワの実を食べよう／ジャムや果実酒をつくろう，野生のイチゴ，夏の森の花，高山にさく花，夏の森の虫，虫たちのすきな場所

〔ほか〕

㋐フィールド別に自然あそびを紹介する図鑑。小学中級以上向け。

**自然とあそぶ図鑑 2 川のあそび** おくやまひさし著 大日本図書 1991.8 69p 21×22cm 2300円 ⓘ4-477-00122-3

㋜春の小川、どろの川と石の川のちがい、ほら、こんなのつかまえたぞ、ザリガニはおいしいよ、エビもタニシもおいしい、ヤゴがトンボになる日、タガメをそだてよう、たのしいつり、ポイントはこんな所、ほら、こんなにつれた、魚によって、すむ場所がちがいます、里を流れる川では、ダム湖では、最上流の谷では、水辺の植物〔ほか〕

㋐フィールド別に自然あそびを紹介する図鑑。小学中級以上向け。

**自然とあそぶ図鑑 3 野のあそび** おくやまひさし著 大日本図書 1992.3 69p 21×22cm 2300円 ⓘ4-477-00123-1

㋜春の野の花、タンポポは、すてきな教材、たのしい草花あそび、アゲハが生まれた、夏の虫たち、秋の野の花、草の実や種、こんな落葉がひろえました、虫たちの冬越し〔ほか〕

㋐フィールド別に自然あそびを紹介する図鑑。小学中級以上向け。

**自然とあそぶ図鑑 4 海のあそび** おくやまひさし著 大日本図書 1992.3 70p 21×22cm 2300円 ⓘ4-477-00124-X

㋜海のふしぎ、潮の満ちひき、岩場で見つかる貝のなかま、食べられる海辺の野草、たのしい海辺のつり、手づくりのワナをつくってよう、たのしいなぎさのひろいもの〔ほか〕

㋐フィールド別に自然あそびを紹介する図鑑。小学中級以上向け。

**実験・自由研究** 鈴木寛一監修・指導 学習研究社 2001.7 168p 30cm （ニューワイド学研の図鑑） 2000円 ⓘ4-05-500425-7 Ⓝ407

㋜観察自由研究（家のまわりや公園での自由研究、野原や林、川での自由研究、海での自由研究）、実験・工作自由研究（実験自由研究、工作自由研究）

㋐自由研究に役立つ児童向け科学図鑑。自由研究を「観察」と「実験・工作」に大別し、それぞれのコツも記載。各項目で研究のねらい・しかた、用意するものやわかったことなどを解説する。巻末には自由研究についての情報と生物名や実験名などからも引ける索引が付く。

**自由研究図鑑 身近なふしぎを探検しよう** 有沢重雄文、月本佳代美絵 福音館書店 1998.6 383p 19cm 1600円 ⓘ4-8340-1548-3

㋜研究の基本―研究の進め方とまとめ方、飼育・栽培―飼い方と育て方、標本づくり―いろいろな標本づくりの基本、理科―自然の中のテーマ探し、社会―町や家の中のテーマ探し、役に立つテクニック

㋐3000点のイラスト、1000を越すヒントを収録した自由研究全書。五十音順の索引付き。

**超はっけん大図鑑 11 見つけよう！自然のふしぎ** 小泉伸夫監修 ポプラ社 2003.6 67p 22×22cm 780円 ⓘ4-591-07749-7

㋜やさいを育てよう、ダンゴムシと遊ぼう、自然地図をつくろう、身近な鳥をさがそう、植物で色水遊びをしよう、町の化石たんけん

㋐身近な生きものを通して自然にふれる6つのテーマをしょうかい。かんさつのこつや、まとめかたのアイデアも大公開。幼児～小学校低学年向き。

**比較大図鑑** ラッセル・アッシュ作、ラッセル・バーネット、リチャード・ボンソン絵、平間あや、入江礼子訳 偕成社 〔1997.4〕 63p 37cm 〈原書名：INCREDIBLE COMPARISONS〉 2400円 ⓘ4-03-531190-1

㋜この本の使い方、地球の表面、峡谷・洞窟・クレーター、地球から宇宙へ、太陽系、宇宙、海・川・湖・滝、世界の山、長さをくらべる、世界の気候、災害、動物の大きさ、重さをくらべる、動物の速さ、乗り物のスピード、陸上と水上の乗物の速さ、飛行機の速さ、体積を比較する、大きな建物、世界の人口、動・植物の成長、人間のからだ、からだの働き、動物オリンピック

**ふれあいしぜん図鑑 四季の歌・折り紙・工作・遊び・行事・図鑑 春** 学習研究社 1995.2 144p 26×21cm 2000円 ⓘ4-05-200338-1

㋐幼児を対象とした図鑑。四季別に編集され、季節ごとの自然をテーマにした屋外遊びや歌・折り紙を紹介。子供の疑問に答える「なぜ」のコーナーも掲載する。巻末に五十音順索引を付す。自然とのふれあいが生まれ、親と子のなごやかなふれあいが生まれ、四季折々の活発な活動、そして子どもの育ちのための基礎がしっかり作られることを願って編集されている。

**ふれあいしぜん図鑑 四季の歌・折り紙・工作・遊び・行事・図鑑 夏** 学習研究社 1994.5 144p 26×21cm 2000円 ⓘ4-05-200335-7

㋐幼児を対象とした図鑑。四季別に編集され、季節ごとの自然をテーマにした屋外遊びや歌・折り紙を紹介。子供の疑問に答える「なぜ」

科学　　　　　　　　　児童書

のコーナーも掲載する。巻末に五十音順索引を付す。本巻では夏(6～8月)を収録する。

**ふれあいしぜん図鑑　四季の歌・折り紙・工作・遊び・行事・図鑑　秋**　学習研究社　1994.9　144p　26cm　2000円　Ⓘ4-05-200336-5
(内容)幼児を対象とした図鑑。四季別に編集され、季節ごとの自然をテーマにした屋外遊びや歌・折り紙を紹介。子供の疑問に答える「なぜ」のコーナーも掲載する。巻末に五十音順索引を付す。本巻は秋(9～11月)を収録する。

**ふれあいしぜん図鑑　四季の歌・折り紙・工作・遊び・行事・図鑑　冬**　学習研究社　1994.11　144p　26×21cm　2000円　Ⓘ4-05-200337-3
(目次)ふゆのこよみ、ふゆがやってきた、ふゆのきのめ、くさばなのふゆごし、きたかぜがふいて、ふゆをこすむし、さざんか〔ほか〕
(内容)幼児を対象とした図鑑。四季別に編集され、季節ごとの自然をテーマにした屋外遊びや歌・折り紙を紹介。子供の疑問に答える「なぜ」のコーナーも掲載する。巻末に五十音順索引を付す。本巻では冬(12・1・2月)を収録する。

<地図帳>

**新「理科」の地図帳　ビジュアルで味わう!日本列島ウォッチング**　神奈川県立生命の星・地球博物館監修、イーメディア編　技術評論社　2006.12　143p　26cm　1680円　Ⓘ4-7741-2946-1
(目次)1 地形(火山国ニッポン噴火の可能性のある活火山を見る!,地震多発国ニッポン!なぜ、こんなに多く地震が発生するのか? ほか)、2 気象(日本の気候区と海流の関係をザッと見てみよう、米の出来、不出来を左右する「やませ」の正体とは? ほか)、3 生物(ニッポンの植生帯を見る。ハイマツ帯は高山帯ではない!!、ニッポンの森林(1)ブナ林、その豊富な植物相の特徴は? ほか)、4 環境(「四大公害」は今どうなっている?日本の環境問題、地球温暖化を過去の温暖期から推測する?! ほか
(内容)トンボ王国ニッポン!—あの特産種はどう分布しているか。誇れる日本の世界遺産!—白神、屋久島、そして知床。あなたも恐竜を発見できるかも!—日本の恐竜化石マップ。中央構造線を境に石が変わる!—日本の骨組みを解体する。日本の地形や自然を楽しむナルホド、マップ解説。

**「理科」の地図帳　ビジュアルで味わう!日本列島ウォッチング**　神奈川県立生命の星・地球博物館監修　技術評論社　2006.10　143p　26cm　1680円　Ⓘ4-7741-2868-6
(目次)1 地形(火山国ニッポン 噴火の可能性の

ある活火山を見る!,地震多発国ニッポン!なぜ、こんなに多く地震が発生するのか? ほか)、2 気象(日本の気候区と海流の関係をザッと見てみよう、米の出来、不出来を左右する「やませ」の正体とは? ほか)、3 生物(ニッポンの植生帯を見る。実は日本に高山帯はなかった!!、ニッポンの森林(1)ブナ林、その豊富な植物相の特徴は? ほか)、4 環境(「四大公害」は今どうなっている?日本の環境問題、地球温暖化を過去の温暖期から推測する?! ほか)
(内容)日本の地形や自然を楽しむナルホドマップ解説。

**理科の地図帳　1　環境**　浜口哲一監修　ポプラ社　2009.3　47p　28×22cm　2800円　Ⓘ978-4-591-10641-9
(目次)日本のごみ、世界のごみ、日本の温暖化—気温の上昇、地球温暖化—気温の上昇、地球温暖化—海面の上昇、日本の大気汚染、日本の酸性雨、日本のダイオキシン、世界の大気汚染、日本の水質汚染、世界の水質汚染、世界の海洋汚染、砂漠化、森林の減少、変わる地球環境、日本の国土と人口、日本の自然環境、サンゴ礁が危ない!、干潟を守る、日本の自然環境保全地域、世界自然遺産
(内容)日本の自然を学べる全5巻の地図資料集。第1巻の「環境」では、人間の活動がわたしたちの星である地球にどんな影響を与えているかが理解できる地図を収録。どこにどのくらいの数の人間が住んでいるのか、どれほどのゴミを出しているのか、大気や水はどのくらい汚れているのか、温暖化はどのくらい進んでいるのか、環境を守るために大切に保護されている場所はどこか、などがわかる。

**理科の地図帳　2　大地**　浜口哲一監修　ポプラ社　2009.3　47p　28×22cm　2800円　Ⓘ978-4-591-10642-6
(目次)日本のおもな山地・山脈、世界の山・山脈、日本の火山、世界の火山、日本の活断層、日本の地震、日本の地震予測地図、世界の地震とプレート運動、海水を取り去った日本周辺の地図、日本のおもな河川・湖・平野、日本のいろいろな地形、世界の河川・湖、世界のいろいろな地形、日本の地質と地下構造、日本の鉱物資源、日本のエネルギー資源、世界の鉱物資源、世界のエネルギー資源、日本の恐竜・大昔の生物の化石、世界の恐竜・大昔の生物の化石
(内容)日本の自然を学べる全5巻の地図資料集。第2巻の「大地」では、わたしたちの暮らしている日本という国、地球という星について、知っておかねばならない基本的な知識を収録。どこに山地や火山があるのか、どこで地震が起こりやすいのか、川や平野などの地形はどこで見られるのか、地下からどんな岩石や化石が見つかるのか、海の底はどうなっているのか、などが

わかる。

**理科の地図帳 3 気象** 浜口哲一監修 ポプラ社 2009.3 47p 28×22cm 2800円 ⓘ978-4-591-10643-3

(目次)日本の年間平均気温，世界の年間平均気温，日本の年間降水量，世界の年間降水量，日本の日照時間と湿度，世界の年間平均湿度，日本の春とサクラ，日本の梅雨とアジサイ，日本の夏とアブラゼミ，日本の秋と紅葉，日本の冬の日照時間，日本の降雪日数，日本の気候区分，世界の気候区分，地球上でふく3つの風，台風，世界の気象記録，日本の気象災害，世界の気象災害，天気図の見方

(内容)日本の自然を学べる全5巻の地図資料集。第3巻の「気象」では、毎日の暮らしに深くかかわっている天気のことが理解できるような地図を収録。日本の平均気温はどのくらいなのか、日本の四季と動植物の関係はどうなっているのか、世界には年間どのくらい降水量があるのか、日本の年間日照時間はどのくらいあるのか、台風はどこを通ってくるのか、などがわかる。

**理科の地図帳 4 植物** 浜口哲一監修 ポプラ社 2009.3 47p 28×22cm 2800円 ⓘ978-4-591-10644-0

(目次)タンポポの分布，スミレの分布，日本の巨樹・巨木，外来植物，日本の土地利用，日本の里地里山，日本の森林分布，日本の針葉樹人工林，日本のスギ，日本の広葉樹林，ブナの分布，世界の森林，世界の植生，日本の重要湿地，世界の重要湿地，日本の絶滅植物，世界の絶滅植物

(内容)日本の自然を学べる全5巻の地図資料集。第4巻の「植物」では、日本の植物の種類や、植生のようすなどを収録。日本の代表的な樹木であるブナやスギはどこに多く生えているか、常緑樹や針葉樹の分布はどうか、長生きした大木にはどんなものがあるか、身近な春の花であるスミレやタンポポの地域による種類のちがい、増えている外来植物、多くの植物の生える里地里山のようすなどがわかる。

**理科の地図帳 5 動物** 浜口哲一監修 ポプラ社 2009.3 47p 28×22cm 2800円 ⓘ978-4-591-10645-7

(目次)日本にいる甲虫の分布，日本で見られるセミの分布，日本にすむチョウの分布，メダカの分布，ブラックバスの分布の変化，サケ・ウナギの回遊地図，日本のカエルの分布，日本のサンショウウオの分布，日本のウミガメの産卵地，ニホンザルの生息分布，日本のクマの分布，日本のシカ・イノシシの分布，水鳥の主要飛来地，鳥のわたり，コウノトリ・アホウドリの分布，江戸時代の動物の分布，日本に入ってきた外来動物，絶滅のおそれのある日本の動物，絶滅のおそれのある世界の動物

(内容)日本の自然を学べる全5巻の地図資料集。第5巻の「動物」では、日本と世界の動物の種類や分布のようすを収録。チョウやクワガタムシのような虫、メダカのような魚、田んぼでくらすカエルなどの分布はどうなっているのか。外来生物として増えているブラックバスの分布の広がり、ウミガメの産卵場所、わたり鳥のわたりのコース、サルやクマのようなけものの分布についても地図をつくり掲載した。絶滅が心配される日本と世界の絶滅危惧動物についてもわかる。

◆数 学

<事 典>

**英和学習基本用語辞典数学 海外子女・留学生必携** 高橋伯也用語解説，藤沢皖用語監修 アルク 2009.4 295p 21cm 〈留学応援シリーズ〉〈他言語標題：English-Japanese the student's dictionary of mathematics 『英和数学学習基本用語辞典』(1994年刊)の新装版 索引あり〉 5800円 ⓘ978-4-7574-1572-0 Ⓝ410.33

(内容)英米の教科書に登場する数学用語を選定。英米の統一テストでの必須用語をカバー。用語の具体的な使用例、解法もあわせて記述。高校生レベルに合わせたわかりやすい解説。大学院留学試験GRE、GMAT受験にも対応。

**基本からわかる算数おもしろ絵事典 もう苦手なんていわないぞ!** 田中良重著，伊藤まさあき絵 PHP研究所 2005.1 79p 29×22cm 2800円 ⓘ4-569-68511-0

(目次)第1章「図形」のおもしろさ大発見!(100角形の内角の和は?―角度，東京から北海道の距離を求めよう―相似な図形，地図から実際の面積を求めよう―面積の比(1) ほか)，第2章 いろんな「計算」にチャレンジ!(かけ算を簡単に計算しよう―計算のくふう(1)，分配法則を使って計算しよう―計算のくふう(2)，ラクして計算しよう―計算のくふう(3)ほか)，第3章「文章題」でやわらかアタマをつくろう!(あめ玉は何個もらえるの?―和差算，お母さんの年齢の半分になるのはいつ?―年齢算，1個あたりの値段を出してみよう―消去算 ほか)

(内容)算数の基本を会話形式で解き明かした絵事典。日々の事例をもとに算数のおもしろさと不思議さを具体的に解説する。

**"疑問"に即座に答える算数数学学習小事(辞)典** 仲田紀夫著 (名古屋)黎明書房 2010.3 145p 21cm 〈年表あり 索引あり〉 1800円 ⓘ978-4-654-01838-3 Ⓝ410

**くもんのかず絵じてん** くもん出版 2000.8 95p 30cm 1800円 ⓘ4-7743-0401-8 Ⓝ410

(目次)かぞえてみよう(かぞえよう1、2、3…、1をかぞえてみよう、2をかぞえてみよう ほか)、もののかぞえかた(いえのなか(だいどころ・しょくたく、いま・わしつ、こどもべや・ようしつ、せんめんじょ・ふろば・トイレ)、いえのなかにあるもの、いえ・げんかん・にわ ほか)、すうじをさがそう(いえのなかのすうじ、スーパーマーケットのなかのすうじ、まちのなかのすうじ ほか)、かずのせかい(おおきなかず・ちいさなかず、いろいろなかたち、えいごでかぞえよう ほか)

(内容)児童用の数字の絵じてん。数の感覚を養う効果的な方法として日常生活のなかで子どもたちが"数"に親しめるよう、数かぞえができる話題や助数詞を収載。絵を指さしながら数を数えるかぞえてみよう、助数詞を約100語取り上げたもののかぞえかた、いろいろな場面で目にする数字の表示を取り上げたすうじをさがそう、数に関連した話題を取り上げたかずのせかいの4編で構成。巻末に索引を付す。

**高校数学体系 定理・公式の例解事典 証明と応用例で完全理解** 河田直樹著 聖文社 2001.6 414p 19cm 1429円 ⓘ4-7922-1038-0 Ⓝ410.38

(目次)第1部 代数編、第2部 関数編、第3部 幾何編、第4部 解析編、第5部 確率・統計編、第6部 コンピュータと数値計算編

(内容)高校数学の全分野にわたり、基本的な定理、公式、定石などを、数学本来の大系に即してコンパクトに整理・解説したもの。6部から構成され、さらに各部を全部で25の章に分けて部・章・節・小項目という流れの中で、重要項目を取り上げる。数学に興味をもってもらうための話しや進んだ内容も紹介。索引、数表付き。

**算数・数学用語辞典** 武藤徹、三浦基弘編著 東京堂出版 2010.6 286p 22cm 〈他言語標題：Dictionary of Mathematical Terms 索引あり〉 2900円 ⓘ978-4-490-10780-7 Ⓝ410.33

(内容)小学校から高校までの学習内容に加え、身の回りの数学的な事項などをとりあげて50音順に収録。身近な例とやさしい解説で理解しやすく、小学生から、もういちど学びなおしたい大人まで、総合的に学べる画期的な事典。学習段階に沿った解説や目的別索引で、進んで学べるように工夫。円周率・パズル・三角関数表などの付録つき。

**三省堂 こどもかずの絵じてん** 三省堂編修所編 三省堂 2000.3 95p 26cm 1400円 ⓘ4-385-15033-8 Ⓝ410

(目次)1〜5のかず、6〜10のかず、1〜10のかず、2けたのかずのおはなし、2けたのかずず、とけいとかず、カレンダーとかず、おかねとかず

(内容)小さな数についてひととおり基礎的な理解をしている子どもたち向けの、かずの基礎が理解できるようになる絵じてん。

**ジュニア数学百科** 馬場良和訳・監修、山崎昇編 大竹出版 1999.4 440p 26cm 9500円 ⓘ4-87186-045-0

(目次)若い読者諸君へ、原書編集部から、記号の約束、ロシア文字とギリシア文字、ア行、カ行、サ行、タ行、ナ行、ハ行、マ行、ヤ行、ラ行、数学者略伝、便覧、訳者補注、推薦・参考図書、索引

**小学算数事典** 5訂版 中村享史監修、旺文社編 旺文社 2002.2 487p 21cm 〈付属資料：別冊1〉 2500円 ⓘ4-01-010427-9 Ⓝ410

(目次)1年の問題(かずとけいさん、ながさ、かたち)、2年の問題(数と計算、数量関係、図形)、3年の問題(数と計算、図形、数量関係)、4年の問題(整数・小数・分数、数の計算 ほか)、5年の問題(小数と整数、小数のかけ算、わり算 ほか)、6年の問題(数とその性質、数の計算 ほか)

(内容)小学校の算数を習得するための学習参考書。6社による実際の教科書から要点、解法、練習問題などの内容を構成。別冊付録は教科書目次問題対照表。巻末に大切な用語の解説ページと五十音順語句索引がある。

**小学算数解き方事典** 3訂版 大須賀康宏、杉山吉茂著 文英堂 2002.3 567p 21cm (シグマベスト) 〈付属資料：別冊1〉 2380円 ⓘ4-578-13084-3 Ⓝ410

(目次)第1編 数と計算(整数・小数・分数、整数・小数の計算 ほか)、第2編 量と測定(量の単位とそのしくみ、単位量あたりと速さ ほか)、第3編 図形(位置関係、平面図形 ほか)、第4編 数量関係(割合と比、ともなって変わる量 ほか)、第5編 文章題(ことがらの関係から解く問題、和や差の関係から解く問題 ほか)

(内容)小学4年から6年までの算数について自習向けに解説した学習参考書。実際に使用されて

いる教科書内容に基づいて、分野別に要点、問題、解法、関連事項、ポイントを記載。巻末に語句索引と文章題索引がある。別冊付録は教科書との内容対照表。

**数学の小事典** 片山孝次, 大槻真, 神長幾子著 岩波書店 2000.9 297p 18cm （岩波ジュニア新書 事典シリーズ）〈索引あり〉1400円 ①4-00-500358-3 Ⓝ410

(内容)高校生の数学に必要な用語を解説する学習参考事典。「数」「式」などの基礎概念から「微積分」まで100項目を収録、全2色刷りで掲載する。事典シリーズの第4弾。

**中学数学解法事典** 3訂版 茂木勇監修, 旺文社編 旺文社 2002.2 767p 21cm〈付属資料：別冊1〉2800円 ①4-01-025089-5 Ⓝ410

(目次)数と式（正の数と負の数、文字式と式の計算 ほか）、関数（比例と反比例、1次関数 ほか）、図形（図形の基礎、図形の性質、合同 ほか）、確率

(内容)中学の数学を学習するための問題集。実際に使用されている6社18冊の教科書に基づいて1305問を選定し、4分野15編に分類。重要事項、基本・応用や学年の区分を示した問題、解法により構成する。巻末に問題分類索引、語句索引、数表がある。

◆物 理

<事 典>

**英和学習基本用語辞典物理 海外子女・留学生必携** 北村俊樹用語解説, 藤沢皖用語監修 アルク 2009.4 343p 21cm（留学応援シリーズ）〈他言語標題：English-Japanese the student's dictionary of physics『英和物理学習基本用語辞典』(1995年刊)の新装版 索引あり〉5800円 ①978-4-7574-1575-1 Ⓝ420.33

(内容)英米の教科書に登場する物理用語を選定。英米の統一テストでの必須用語をカバー。図やグラフを多用し、高校生レベルに合わせたわかりやすい解説。学部・大学院留学生の基礎学習にも活用可能。

**英和物理学習基本用語辞典** アルク 1995.12 364p 21cm 6000円 ①4-87234-495-2

(内容)英語による物理の学習に必要な用語を集めた辞典。見出し語は英文で、2210項目をアルファベット順に排列する。各語に訳語と日本語による解説を加える。巻末に五十音順の用語索引がある。英米の高校等で学ぶ学生向け。

**物理学 ぶつぶつ物質?** サイモン・バシャー, ダン・グリーン文, 藤田千枝訳 （町田）玉川大学出版部 2010.5 126p 18×18cm（科学キャラクター図鑑）〈原書名：PHYSICS〉1600円 ①978-4-472-05904-9

(目次)はじめに 物理とは、アインシュタインの式 E=mc², 第1章 昔なじみの顔ぶれ（ニュートン力学）、第2章 あついものたち（熱）、第3章 波乗り仲間（波動）、第4章 光たち（電磁波）、第5章 原子の一族（原子と素粒子）、第6章 核の荒くれもの（原子核）、第7章 愛らしい電気たち（電気・磁気）

(内容)質量、力、エネルギー、電流、ニュートリノなど、物理学のテーマをキャラクター化して紹介する事典。ポスター「電磁波」付き。

**物理の小事典** 小島昌夫, 鈴木皇著 岩波書店 2000.3 314p 18cm（岩波ジュニア新書 事典シリーズ）1400円 ①4-00-500345-1 Ⓝ420

(内容)物理学の事典。おもに高校生の内容をカバーした物理学の基本的な事項について約100項目を収録。内容は物理の基本的な用語、法則、定理などの重要な概念を取り上げて解説した本文と、本文の項目に出てくる人名を取り上げた人名項目で構成、各事項は歴史および解説を掲載する。ほかに付録として物理学の年表を収録。本文の項目・人名項目で項目名になっている用語の同義語や、項目内で解説している重要語の五十音順索引を掲載する。

◆化 学

<事 典>

**英和化学学習基本用語辞典** アルク 1995.11 451p 21cm 6500円 ①4-87234-494-4

(内容)英語で化学を学習する人々のために、英語の基本的な化学用語を集めた辞典。見出し語は英文で、2736項目をアルファベット順に排列する。各語に訳語と日本語による解説を加える。巻末に五十音順の用語索引がある。英米の高校等で学ぶ日本人学生向け。

**英和学習基本用語辞典化学 海外子女・留学生必携** 新井正明用語解説, 藤沢皖用語監修 アルク 2009.4 429p 21cm（留学応援シリーズ）〈他言語標題：English-Japanese the student's dictionary of chemistry『英和化学学習基本用語辞典』(1995年刊)の新装版 索引あり〉5800円 ①978-4-7574-1573-7 Ⓝ430.33

(内容)英米の教科書に登場する化学用語を選定。英米の統一テストでの必須用語をカバー。図やグラフを多用し、高校生レベルに合わせたわか

りやすい解説。学部・大学院留学生の基礎学習にも活用可能。

**化学物質の小事典** 伊東広, 岩村秀, 斎藤太郎, 渡辺範夫著 岩波書店 2000.12 276p 18cm 〈岩波ジュニア新書 事典シリーズ〉 1400円 ①4-00-500363-X ⓃR574.033

(目次)アクチノイド, アミノ酸, アルカリ金属とアルカリ金属化合物, アルカリ土類金属とアルカリ土類金属化合物, アルコール・フェノール, アルデヒドとケトン, 硫黄と硫化物, 異性体, ウイルス, うまみ物質〔ほか〕

(内容)農業やアレルギーの原因物質などの重要な化学物質を取り上げ、やさしく解説した事典。化学物質を紹介する本文と、本文の項目を補う約200の化学物質および関連の基本用語を解説する参照項目の2部から成る。本文と参照項目はいずれも五十音順。巻末に五十音順の索引付き。アルファベットやアルファベットと数字だけで構成された用語や化学式は五十音順の前にABC順で排列する。

**元素がわかる事典 世界は何からできている? 発見の歴史から特徴・用途まで** 宮村一夫監修 PHP研究所 2010.1 79p 29cm 〈文献あり 索引あり〉 2800円 ①978-4-569-78016-0 Ⓝ431.11

(目次)第1章 元素ってなんだろう?(この世界は何からできている?, 四元素説から原子論へ ほか), 第2章 元素はどのように生まれたのか(元素誕生の瞬間, 宇宙にある元素 ほか), 第3章 おもな元素(水素, 酸素 ほか), 第4章 身のまわりの元素(色で見る元素, 生き物をつくる元素 ほか), ふろく 元素111大集合

(内容)元素とは何か?どんな元素があるのか?元素はどのように利用されているのか?など元素の基本的なことを解説。

**$CO_2$がわかる事典 性質・はたらきから環境への影響まで もっとよく知りたい!** 栗岡誠司監修 PHP研究所 2010.3 79p 29cm 〈文献あり 索引あり〉 2800円 ①978-4-569-78038-2 Ⓝ435.6

(目次)第1章 $CO_2$ってどんなもの?($CO_2$ってなんのこと?, $CO_2$ができるとき, $CO_2$は色にもにおいもない, ドライアイスの正体は$CO_2$, $CO_2$を水にとかすと弱い酸性に, $CO_2$はどこにある?, $CO_2$のはたらき), 第2章 どんどん増えている$CO_2$($CO_2$はどこでつくられる?, わたしたちのからだと$CO_2$, 植物のはたらきと$CO_2$), 第3章 $CO_2$と地球環境(地球温暖化ってなあに?, なぜ$CO_2$が増えると温暖化になるの?, 温暖化で地球はどうなるの?, 温暖化をとめるために, $CO_2$削減への日本の取り組みは?さまざまな$CO_2$削減対策, 出てしまった$CO_2$, どうするの?, わたしにできることは?), 第4章 くらしに活用される$CO_2$(便利に使われている$CO_2$, $CO_2$とドライアイス, 食べ物と$CO_2$, 病院で使われる$CO_2$, $CO_2$で火事を防ぐ, 温度の調節と$CO_2$, こんなところにも$CO_2$が!), $CO_2$で実験しよう!

**周期表 ゆかいな元素たち!** サイモン・バシャー絵, エイドリアン・ディングル文, 藤田千枝訳 (町田)玉川大学出版部 2009.12 126p 18×18cm 〈科学キャラクター図鑑〉〈原書名: THE PERIODIC TABLE〉 1600円 ①978-4-472-05900-1

(目次)第1章 アルカリ金属元素, 第2章 アルカリ土類金属と2族(Be, Mg)の元素, 第3章 遷移元素と亜鉛のグループ, 第4章 ホウ素の仲間, 第5章 炭素の仲間, 第6章 窒素の仲間, 第7章 酸素の仲間, 第8章 ハロゲン元素, 第9章 希ガス元素, 第10章 ランタノイドとアクチノイド, 第11章 超アクチノイド元素

(内容)周期表の縦のグループごとに、元素をキャラクター化して紹介した本。ポスター付き。

<ハンドブック>

**サイエンスビュー化学総合資料 化学1・2／理科総合A対応 増補4訂版** 実教出版編修部編 実教出版 2010.3 288p 26cm 〈年表あり〉 762円 ①978-4-407-31890-6 Ⓝ430

(目次)序章 実験の基礎, 1章 物質の構造, 2章 物質の状態, 3章 物質の変化, 4章 無機物質, 5章 有機化合物, 6章 生活と化学, 巻末資料

**ビジュアルワイド 図説化学 改訂6版** 堀内和夫ほか編著 東京書籍 2000.2 194p 26×21cm 762円 ①4-487-68495-1 Ⓝ430

(目次)第1章 物質の構造, 第2章 物質の状態, 第3章 物質の化学変化, 第4章 無機物質, 第5章 有機化合物, 第6章 高分子化合物, 終章 生活と化学

(内容)化学の資料集。図や写真を中心とした構成で、複雑な物質の性質や変化の様子、教科書の実験などを解説、高校化学の全内容をカバーする。本文は物質の構造、物質の状態、物質の化学変化、無機物質、有機化合物、高分子化合物、生活と化学の7章で構成。巻頭に実験の基本操作、巻末にその他資料とテーマ別で考える科学の歴史を掲載。五十音順の事項索引を付す。

◆天文・宇宙

<事典>

**宇宙検定100 めざせ!スペースマスター 人類の宇宙活動事典 3 宇宙環境** こどもくらぶ編, 渡辺勝巳監修 星の環会 2009.2 31p 29cm 〈索引あり〉 2300円

児童書　科学

①978-4-89294-471-0　Ⓝ538.9
(目次)宇宙って、どのくらいの高さからをいう?, 地上とはちがって、宇宙には空気がありません。空気がないためにおこる現象はつぎのどれ?, 宇宙船のなかが無重力状態になる理由は、つぎのどれ?, 宇宙には、なにもない?, 太陽風って、なに?, 太陽風が地球の大気にぶつかるとどうなる?, 太陽の熱の伝わり方は、つぎのどれと同じ?, 宇宙では温度が高くなったり低くなったりがとてもはげしいです。どうして?, 宇宙では、日なたと日かげの温度差は、どのくらい?, 国際宇宙ステーション(ISS)の壁は、なにでできている?〔ほか〕
(内容)宇宙と地上の環境のちがいや、宇宙飛行士の活動、国際宇宙ステーションなどについての25問。

**地球と宇宙の小事典**　家正則〔ほか〕著　岩波書店　2000.5　315p　18cm　(岩波ジュニア新書　事典シリーズ)　〈索引あり〉　1400円　①4-00-500348-6　Ⓝ450
(内容)高校生の地学の基礎知識を解説する学習参考事典。「プレート」「オゾン層」などの基本的用語から「地球外文明」までの用語を、図版を多用して解説する。事典シリーズの第3弾。

**天体観測☆100年絵事典　未来の宇宙カレンダー　日食・すい星の観られる日が予測できる!**　渡部潤一監修　PHP研究所　2007.6　79p　29×22cm　2800円　①978-4-569-68686-8
(目次)1 日食と月食の発生を予測しよう!(21世紀日食カレンダー, 日食のしくみ, 日食の種類, 21世紀月食カレンダー, 日食時に見られる現象, 神話に出てくる日食・月食), 2 すい星の動きを予測しよう!(21世紀すい星カレンダー, すい星のしくみ, すい星の種類, ハレーすい星について, そのほかの周期すい星, すい星Q&A), 3 流星群の出現を予測しよう!(21世紀流星群カレンダー, 流星群のしくみ, おもな流星群, 流星雨について), 4 小惑星の接近を予測しよう!(21世紀小惑星カレンダー, 小惑星のある場所, 小惑星の種類, 小惑星が地球にぶつかる?, 地球にしょうとつした小惑星, 小惑星と準惑星), 5 そのほかの天文現象を予測しよう!(いん石落下, 土星の環が消える!?, 地球外生命体, 超新星ばく発)
(内容)今後起きる天文現象について解説した情報事典。その天文現象がどうして起きるのか、しくみをしょうかいするだけでなく、ある程度予測できるものについては、その日時や場所も示してある。

**天文学　きらめく世界!**　サイモン・バシャー絵, ダン・グリーン文, 原田佐和子訳　(町田)玉川大学出版部　2009.12　126p　18×18cm　(科学キャラクター図鑑)〈原書名:ASTRONOMY〉　1600円　①978-4-472-05901-8
(目次)第1章 太陽に近い仲間, 第2章 巨大惑星の仲間, 第3章 辺境をめぐる者たち, 第4章 スター誕生, 第5章 星たちの生き死に, 第6章 ご近所の銀河たち(局部銀河群), 第7章 深い宇宙の仲間(遠方銀河), 第8章 謎にせまる最新情報
(内容)天文学に登場する項目をキャラクター化して紹介する本。ポスター付き。

**21世紀こども百科 宇宙館**　増補版　小学館　2005.7　279p　29×22cm　4300円　①4-09-221222-4
(目次)0 宇宙のはじまりと、私たちのはじまり, 1 広がる宇宙, 2 星の誕生と死, 3 太陽のまわりを回る星たち, 4 生命の星・地球, 5 恐竜の時代からほ乳類の時代へ, 6 サルからヒトへ, 7 宇宙に挑む人類, 8 調べる学習ガイド
(内容)宇宙・地球・生命・人類, 137億年の物語を一冊で。

## ＜ハンドブック＞

**絵でわかる宇宙大地図**　ロバート・バーナム著, 的川泰宣日本語版監修　ネコ・パブリッシング　2005.8　128p　35×28cm　1900円　①4-7770-5101-3
(目次)太陽系(太陽系, 惑星, 太陽 ほか), 深宇宙(深宇宙, 星雲, 恒星 ほか), 星の観察(星の観察, 星座, 星図の使い方 ほか)
(内容)いろいろな国のサイエンスライターや専門家, 編集者, 画家, グラフィックデザイナーからなるチームが力を結集して編さん。ユニークな紹介方法で宇宙の謎を解き明かす。

**2001天文データノート**　天文ガイド編集部編　誠文堂新光社　2000.12　375p　17cm　1800円　①4-416-20018-8　Ⓝ440.59
(目次)2001年の主な天象, 週間スケジュール/主な天象&データ, 毎日の天文データ, 本ノートの使い方〜各種天文データ
(内容)2001年の天文現象を図と文でやさしく紹介するガイドブック。1月〜12月の月ごとにカレンダー風に掲載し、巻頭の目次は惑星、流星、日食などの分類別に掲載している。

**星空ガイド　2001**　藤井旭企画・構成　誠文堂新光社　2000.12　56p　30cm　940円　①4-416-20017-X　Ⓝ440
(目次)惑星, 小惑星, 流星群, 日食, 月食, 星食, 接近, 変光星, その他
(内容)2001年の天文現象を図と解説でやさしく徹底ガイドした目で見る天文ガイドブック。春夏秋冬の全天星座図, 2001年天体出没図, 2001

児童書 レファレンスブック　159

科学　　　　　　　　児童書

年北天星座図付き。

**星空ガイド　2002**　藤井旭企画・構成　誠
　文堂新光社　2001.12　56p　30cm　940円
　①4-416-20119-2　Ⓝ440
　(目次)惑星，惑星どうしの接近，小惑星，流星
　群，日食，月食，星食，変光星，彗星，その他
　(内容)2002年の天文現象を図と解説で紹介する
　天文ガイドブック。

**星空ガイド　2003**　藤井旭企画・構成　誠
　文堂新光社　2002.12　56p　30×23cm　952
　円　①4-416-20211-3　Ⓝ440
　(目次)惑星，惑星どうしの接近，小惑星，流星
　群，日食，星食，変光星，彗星，その他
　(内容)2003年の天文現象を図と解説で紹介する
　天文ガイドブック。カレンダーふうに月ごとに
　構成・紹介する。巻頭にテーマ別に再編成した
　目次がある。

## <図　鑑>

**アトラスキッズ宇宙地図　3Dしかけ図鑑**
　ロビン・スキャゲル著，椿正晴訳，渡部潤一
　日本語版監修　主婦の友社　2009.8　50p
　26×32cm　〈世界天文年2009日本委員会公
　認図書　ルーズリーフ　索引あり　原書名：
　The ultimate interactive atlas of space.〉
　2800円　①978-4-07-265454-5　Ⓝ440
　(目次)わたしたちの太陽系—太陽系の惑星と地
　球の衛星(太陽系，太陽，地球，金星，地球，
　月，火星，木製，土星，天王星と海王星)，その
　ほかの天体(冥王星と準惑星，彗星，流星，小
　惑星，銀河と銀河系，北半球の星空，南半球の
　星空，星雲，ブラックホール)，宇宙のなぞに
　挑む(天文学，宇宙旅行，宇宙ステーション，
　地球外生物はいるのか)
　(内容)子どもの好奇心を育てる，しかけいっぱ
　いのわくわく宇宙図鑑。ページをひらけば，宇
　宙がとびだしてくる。

**イクス宇宙図鑑　1　銀河と大宇宙　ビッグ
バンのなぞをさぐる**　小池義之著　国土社
　1992.4　47p　30cm　2950円　①4-337-
　29801-0
　(目次)1 天の川と銀河，2 宇宙のすがた，3 宇
　宙誕生，銀河と大宇宙がよくわかるデータボッ
　クス

**イクス宇宙図鑑　2　星の一生　ブラック
ホールのひみつにせまる**　小池義之著
　国土社　1992.3　47p　30cm　2950円　①4-
　337-29802-9
　(目次)1 太陽，2 星の誕生，3 星の進化，4 星の
　晩年，星の一生がよくわかるデータボックス

**イクス宇宙図鑑　3　太陽系　1　水星・金
星・地球・火星**　山田陽志郎著　国土社
　1992.2　47p　31×22cm　2950円　①4-337-
　29803-7
　(目次)1 太陽系，2 地球と月，3 水星—クレー
　ターにおおわれた惑星，4 金星—しゃく熱の惑
　星，5 火星—砂あらしのふく赤い惑星，太陽系
　がよくわかるデータボックス

**イクス宇宙図鑑　4　太陽系　2**　山田陽志
郎著　国土社　1992.3　47p　30cm　2950円
　①4-337-29804-5
　(目次)1 木星—太陽になりそこねた惑星，2 土
　星—美しいリングをもつ惑星，3 天王星—横だ
　おしの惑星，4 海王星—青い大気につつまれた
　惑星，5 冥王星—氷に閉ざされたさいはての惑
　星，6 小天体—太陽系の小さななかまたち，太
　陽系がよくわかるデータボックス

**イクス宇宙図鑑　5　生命の惑星・地球　太
陽系第3惑星46億年のドラマ**　高村郁夫
著　国土社　1992.3　45p　30cm　2950円
　①4-337-29805-3
　(目次)1 地球誕生，2 生命の誕生と進化，3 生き
　ている地球，4 危機に立つ地球，生命の惑星・
　地球がよくわかるデータボックス

**イクス宇宙図鑑　6　天体観測　星空のおも
しろガイドブック**　高村郁夫著　国土社
　1992.2　47p　30cm　2950円　①4-337-
　29806-1
　(目次)1 星座の観察，2 太陽の観測，3 月の観測，
　4 惑星の観測，5 流星・彗星の観測，6 星雲・星
　団の観測

**宇宙**　新訂版　学習研究社　1995.12　188p
　26cm　〈学研の図鑑〉　1500円　①4-05-
　200556-2
　(目次)宇宙をさぐる，太陽系，恒星と銀河系，
　宇宙のつくり，人間と宇宙，星を観察しよう
　(内容)宇宙の学習用図鑑。天体のしくみや人間
　による宇宙開発の歩みを写真とイラストで平易
　に解説する。巻末に五十音順の事項索引がある。
　児童向け。

**宇宙**　磯部琇三，吉川真監修　学習研究社
　2000.7　176p　30cm　〈ニューワイド学研の
　図鑑〉　2000円　①4-05-500415-X　Ⓝ440
　(目次)太陽系，太陽，地球，月，恒星，銀河系
　と銀河，宇宙の構造，天文観測，宇宙開発
　(内容)宇宙の構造や天体，各種現象や宇宙開発
　についてイラストをまじえて紹介した児童向け
　図鑑。太陽系の惑星、太陽、地球、月、その他
　の恒星、銀河系と銀河、宇宙の構造、天文観測
　と宇宙の構造、宇宙の開発について解説する。
　ほかに天文資料コーナーを収録。巻末に五十音
　順の事項索引を付す。

**宇宙** 池内了監修・執筆，半田利弘，大内正己，橋本樹明指導・執筆　小学館　2004.7　183p　29cm　（小学館の図鑑NEO 9）〈付属資料：2枚〉　2000円　Ⓘ4-09-217209-5　Ⓝ440

(内容)カラー写真と精密な図版を掲載した，就学前の幼児から小学校高学年までの子供向けのビジュアル図鑑。シリーズ第9巻では，太陽系惑星から恒星や銀河，宇宙開発の現状までを紹介。

**宇宙**　増補改訂版　吉川真監修　学習研究社　2007.12　184p　29×23cm　（ニューワイド学研の図鑑）　2000円　Ⓘ978-4-05-202822-9

(目次)太陽系，太陽，地球，月，恒星，銀河系と銀河，宇宙の構造，天文観測，宇宙開発

(内容)宇宙の最新情報満載。日本宇宙開発の歴史と最新情報がわかる。太陽系の新しい姿を図示。

**宇宙**　学習研究社　2008.12　148p　27cm　（ジュニア学研の図鑑）　1500円　Ⓘ978-4-05-203018-5　Ⓝ440

(目次)四季の星座（春の星座たち，夏の星座たち ほか），太陽系（太陽系はこうして生まれた，太陽ってどんな天体？ ほか），星の一生（星が生まれてから死ぬまで，なぜ赤い星や青い星があるの？ ほか），銀河と宇宙のつくり（天の川と銀河系，銀河の世界 ほか），宇宙をさぐる（宇宙をさぐる目，地上から宇宙を見る ほか）

(内容)冥王星・ケレス（セレス）・エリスにマケマケとハウメアが加わり準惑星が全部で五つになった。宇宙の最新情報がいっぱい。

**宇宙図鑑**　藤井旭写真・文　ポプラ社　2005.6　303p　21cm　1680円　Ⓘ4-591-08633-X

(目次)星の一生，輝く太陽，太陽系の旅，彗星と流星，銀河の世界，宇宙の姿

(内容)親子で楽しむ宇宙の旅。この一冊で宇宙のことがわかる。目で見る最新の天文学入門書。

**うちゅう せいざ**　フレーベル館　1994.3　116p　30×23cm　（ふしぎがわかるしぜん図鑑）　2000円　Ⓘ4-577-00060-1

(目次)太よう，月，地きゅう，わく星，星とぎんが，うちゅう，きせつの星ざ

**宇宙太陽系・銀河**　実業之日本社　1994.6　155p　19cm　（ジュニア自然図鑑 6）　1300円　Ⓘ4-408-36146-1

(目次)太陽系のすべて，恒星，宇宙のなぞにせまる，銀河系と宇宙

(内容)小中学生向きの天文図鑑。多数の図を掲載するほか，天文学の新しい知識をもりこんだ解説を示す。

**宇宙と天文**　改訂版　旺文社　1998.4　167p　19cm　（野外観察図鑑 8）　743円　Ⓘ4-01-072428-5

(目次)宇宙，月─地球に一番近い天体，太陽─生命のみなもと，太陽系─太陽の家族，星座─星のものがたり，こう星─夜空をかざる宝石，天の川宇宙─銀河系，小宇宙─よその宇宙，天体の観察

(内容)太陽，月，地球など太陽系の天体から銀河の星までのようすまでくわしく解説した天文図鑑。春夏秋冬の星座のようすやその見つけ方，星座の伝説，望遠鏡のつくり方や星の観察のし方，天体写真のとり方など，役に立つ情報を掲載。

**君もなれるかな？宇宙飛行士大図鑑**　装備から歴史まで　PHP研究所編　PHP研究所　2006.10　79p　29×22cm　2800円　Ⓘ4-569-68637-0

(目次)第1章 宇宙飛行士になる！（宇宙飛行士ってパイロット？，どうすればなれるの？ ほか），第2章 宇宙に行く！（宇宙で生活できるの？，宇宙で行ういろいろな実験 ほか），第3章 未来へ続く宇宙（再び月へ，火星へ広がる果てなき夢 ほか），第4章 歴史をつくった宇宙飛行士たち（偉大な一歩，オリジナル・セブン ほか）

**四季の星座図鑑**　藤井旭写真・文　ポプラ社　2005.11　303p　21cm　1680円　Ⓘ4-591-08912-6

(目次)星座の見つけ方，冬の星座を見つけよう，春の星座を見つけよう，夏の星座を見つけよう，秋の星座を見つけよう，南半球で見える星座たち，星座データ

(内容)親子で楽しむ四季の星座めぐり。全天88星座の見つけ方を全部紹介。星座ウォッチングの決定版入門書。

**四季の星座百科**　加賀谷穣絵・文，星の手帖編集部編　星の手帖，河出書房新社〔発売〕　1991.7　79p　26cm　1200円　Ⓘ4-309-90088-7

(目次)星の動き，星座ってなんだろう，星座をさがす前に，春の星座，夏の星座，秋の星座，冬の星座，黄道12星座の神話，七夕伝説の星，勇者ペルセウスの冒険，オリオンと月の女神，全天星座絵図，全天星座一覧表

(内容)イラストで楽しくわかる四季の星座の形と物語り。四季の星座を東南西北，天頂の5枚の絵図で解説だれにでも簡単にわかる星座の見つけ方ガイド。

**すぐにさがせる！光る星座図鑑**　えびなみつる絵と文，中西昭雄写真　旬報社　2010.7　71p　27cm　2300円　Ⓘ978-4-8451-1177-0　Ⓝ443.8

(目次)さそり座─7月中旬，こと座─8月中旬，いて座─8月中旬，わし座─8月下旬，はくちょう座─9月下旬，ペガスス座─10月下旬，カシオペヤ座─11月下旬，アンドロメダ座─11月下

旬，おうし座—1月中旬，オリオン座—1月下旬，おおいぬ座—2月下旬，ふたご座—2月下旬，しし座—4月下旬，おおぐま座—5月中旬，おとめ座—5月下旬，天の川
(内容)星空にかざして，星座をさがすことができる図鑑。暗いところでも見やすいように「光るインク」を使用。

**すぐに見つかる星座図鑑** 甲谷保和著 実業之日本社 2009.7 143p 21cm 〈索引あり〉 1200円 Ⓘ978-4-408-45222-7 Ⓝ443.8
(目次)夜空の星を見上げてみよう，春の星座を見つけよう!，夏の星座を見つけよう!，秋の星座を見つけよう!，冬の星座を見つけよう!，南天の星座，もっとくわしく 星座いろいろ豆知識
(内容)数えきれないくらいの星たちがかがやく満天の星空。ただながめるだけでも楽しいけれど，そこにえがかれた星座，その星座にまつわる物語がわかると星空の美しいながめが，いっそう楽しいものになる!88星座をすべて紹介。星たちが夜空にえがく星座の見つけ方がすぐにわかる。

**星座 知識をひろげるまなぶっく図鑑** 石川勝也著 メイツ出版 2006.7 167p 21cm （まなぶっく） 1500円 Ⓘ4-7804-0064-3
(目次)星を見るには，星座，星の動き方，北天の星座，おおぐま座，こぐま座，カシオペヤ座，ケフェウス座，りゅう座，きりん座〔ほか〕
(内容)日本で見られるすべての星座を美しい写真で紹介。

**大宇宙** 学習研究社 2005.3 240p 30cm （ニューワイドずかん百科）〈付属資料：星座早見1〉 3800円 Ⓘ4-05-202174-6
(目次)宇宙，太陽系，星と星座，宇宙開発，地球の歴史，地球の構造，天気・気象
(内容)宇宙の誕生から太陽系や地球や天気のことまで，この1冊ですべてがわかる。

**地球・宇宙** 増補改訂版 学研教育出版，学研マーケティング（発売） 2010.7 216p 19cm （新・ポケット版学研の図鑑 6）〈監修・指導：天野一男ほか 初版：学習研究社2002年刊 索引あり〉 960円 Ⓘ978-4-05-203208-0 Ⓝ440
(目次)わたしたちの地球，地球のすがた，生きている地球，地表のすがた，地殻のなりたち，エネルギー資源，地球のおいたち，大気のはたらき，気象観測，地球の将来，月のすがた，太陽のすがた，太陽系のすがた，星座をさがそう，太陽系外の宇宙，宇宙の広がり
(内容)最新情報満載。惑星の情報ページを充実。地球と宇宙のなぞがイラストと写真でよくわかる。

**地球・宇宙の図詳図鑑** 学習研究社 1994.7 160p 30cm （大自然のふしぎ） 3200円 Ⓘ4-05-500075-8
(目次)太陽系のふしぎ（誕生，天体の特徴，探査と開発），地球のふしぎ（地殻変動，海と大気，環境），宇宙のふしぎ（星，銀河系，銀河，宇宙の進化，観測，ET），資料編（太陽系の惑星と衛星のデータ表，地球の歴史はどのようにして知るのか，光学望遠鏡の400年史，地球・宇宙用語集，全国のおもな天文台とプラネタリウム）
(内容)最新の地球と宇宙の表情を特撮写真・精密イラストで示す図鑑。

**ビジュアル博物館 71 宇宙探検** キャロル・ストット著，的川泰宜日本語版監修，スティーヴ・ゴートン写真 同朋舎 1998.8 59p 30cm 2800円 Ⓘ4-8104-2502-9
(目次)宇宙への夢，宇宙とは?，宇宙に関わる国々，ロケットの科学，再使用可能なロケット，宇宙競争，宇宙飛行者，人類，月に立つ，宇宙飛行士の訓練，宇宙服の変遷〔ほか〕
(内容)1冊1テーマ，全88巻の博物図鑑シリーズ。宇宙探検にまつわるありとあらゆる知識を紹介する，居ながらにして宇宙探検を楽しめる一冊。宇宙開発の歩み，スペースシャトルやミール宇宙ステーションの構造から，宇宙飛行士の任務や無重力状態での生活，宇宙探査機や宇宙望遠鏡による最新の観測活動，21世紀のステーション計画，さらには宇宙研究がもたらした思いがけない副産物までを網羅。米航空宇宙局（NASA）や欧州宇宙機関（ESA）による特撮カラー写真も満載。

**ポケット版 学研の図鑑 6 地球・宇宙** 天野一男，村山貢司，吉川真監修 学習研究社 2002.4 192, 16p 19cm 960円 Ⓘ4-05-201490-1 Ⓝ450
(目次)わたしたちの地球，地球のすがた，生きている地球，地表のすがた，地殻のなりたち，エネルギー資源，地球のおいたち，大気のはたらき，気象観測，地球の将来〔ほか〕
(内容)子ども向けの地球・宇宙に関する図鑑。地球に関しては，地球のすがた，生きている地球，地表のすがた，地殻のなりたち，エネルギー資源，大気のはたらき，気象観測など。宇宙に関しては，月のすがたお，太陽のすがたお，太陽系のすがた，星座をさがそうなど，テーマごとに分類していて，それぞれ写真や図を用いて分かりやすく解説している。巻末に索引が付く。

**ポケット版 学研の図鑑 12 星・星座** 藤井旭著 学習研究社 2004.3 184, 16p 19cm 960円 Ⓘ4-05-201941-5
(目次)これがすべて全天88星座，星座について

知ろう，春の星座，夏の星座，秋の星座，冬の星座，南天の星座，太陽系の観測

**星・星座** 新訂版 堀源一郎，小林悦子，木村直人指導・著 学習研究社 1998.6 152p 26cm （学研の図鑑） 1460円 ⓘ4-05-201000-0

（目次）星と星座（天球と星の動き，星座とその動き，星座表，秋の星座，冬の星座，春の星座，夏の星座，南半球の星座）太陽系（太陽系の構造，月の表と裏，月の世界，月と地球，水星と金星，火星，木星，土星，天王星，海王星，めい王星，小惑星，すい星，流星といん石）太陽と恒星（太陽の構造，太陽面の現象，太陽と地球，恒星の固有運動，変光星，星の誕生，星の死，ブラックホール，恒星の一生）宇宙のつくり（天の川，銀河系の構造，銀河，宇宙の大構造，宇宙の誕生と歴史）

**星・星座** 藤井旭監修・執筆 学習研究社 2001.7 152p 30cm （ニューワイド学研の図鑑）〈付属資料：星座早見1〉 2000円 ⓘ4-05-500419-2 Ⓝ443.8

（目次）四季の星座，春の星座，夏の星座，秋の星座，冬の星座，南天の星座，全88星座図鑑，太陽・月・惑星の観測，星・銀河の観測，星・星座情報館

（内容）星と星座を知るための児童向け図鑑。四季で分類した各星座の解説のほか，歴史や観測についても図版をまじえて学習できる。巻頭では「ストーンヘンジ」「古代エジプト」など歴史のなかの星を紹介し，巻末に星・星座についての情報，星・星座名で引く索引と星座早見が付く。

**星・星座** 改訂版 藤井旭監修・執筆 学習研究社 2006.12 160p 29×23cm （ニューワイド学研の図鑑） 2000円 ⓘ4-05-202594-6

（目次）四季の星座，春の星座，夏の星座，秋の星座，冬の星座，南天の星座，全88星座図鑑，太陽・月・惑星の観測，星・銀河の観測，星・星座情報館

（内容）星と星座の物語を増ページ。2006年国際天文連合で惑星の基準が決められ冥王星は惑星から新たに決められたDwarf planetになるなど太陽系最新情報掲載。

**星・星座** 増補改訂版 学研教育出版，学研マーケティング（発売） 2010.9 208p 19cm （新・ポケット版学研の図鑑 12）〈監修・執筆：藤井旭 初版：学習研究社 2004年刊 索引あり〉 960円 ⓘ978-4-05-203214-1 Ⓝ440

（目次）星・星座の神話と伝説，これがすべて全天88星座，星座について知ろう，春の星座，夏の星座，秋の星座，冬の星座，南天の星座，太陽系の観測

（内容）星空観察に最適！星や星座の情報が満載。星座が見つかる、星の名前がわかる。

**星と宇宙の探検館** 浅田英夫監修 世界文化社 2002.7 183p 27×22cm （親と子の行動図鑑）〈『すごい!ふしぎだな?星と宇宙大図鑑』改訂・修正・改題書〉 1800円 ⓘ4-418-02810-2 Ⓝ440

（目次）宇宙を探検する，星空へのアプローチ，星座をさがそう，春の星座，夏の星座，スペースウオッチング入門，秋の星座，冬の星座，南天の星座

（内容）子ども向けの星と宇宙の図鑑。宇宙に関する様々な情報と星座の紹介が掲載されており，楽しく宇宙を学ぶことができる。星座は見られる季節ごとに分類し収録。星座の見つけ方，見分け方，星座にまつわる神話などを記載している。この他にスペースウォッチング入門も掲載。また関連する情報のホームページをそれぞれのページに記載している。巻末に索引が付く。

**星と星座** 渡部潤一，出雲晶子指導・執筆，牛山俊男ほか撮影 小学館 2003.7 159p 29cm （小学館の図鑑NEO 8）〈付属資料：星座早見1枚〉 2000円 ⓘ4-09-217208-7 Ⓝ443

（内容）幼児から小学校高学年向けの学習図鑑。カラー写真と精密な図版を掲載したシリーズ。シリーズ第8巻では，星空をいろどる全88星座を紹介。星と星座に関わる知識を幅広く解説する。

**星の神話・伝説図鑑** 藤井旭写真・文 ポプラ社 2004.9 301p 21cm 1680円 ⓘ4-591-08232-6

（目次）春の星座神話，夏の星座神話，秋の星座神話，冬の星座神話，太陽の伝説，月の伝説，惑星の物語，流れ星の物語，彗星の物語，星の誕生伝説，宇宙の始まり物語

（内容）親子でスターウォッチングを楽しみながら世界の神話と伝説を知ろう。星空の神話と伝説ガイドの決定版。

**見える!さがせる!星・星座 観察ブック** 藤井旭監修 学習研究社 2008.12 96p 26cm （ニューワイド学研の図鑑） 1200円 ⓘ978-4-05-203013-0 Ⓝ443.8

（目次）星と星座の世界へようこそ!，星を見るための基礎知識，自分の誕生星座を見つけよう，実際に星を見てみよう，太陽の観測，月の観測，惑星の動きの観測，水星の観測，金星の観測，火星の観測，木星の観測，土星の観測，天王星と海王星の観測，小惑星の観測，彗星の観測，流星の観測，星雲・星団の観測，二重星と変光星，人工衛星の観測，星座の歴史，春の星座を

見つけよう，夏の星座を見つけよう，秋の星座を見つけよう，冬の星座を見つけよう，日本の天文台とプラネタリウム，星・星座情報館，さくいん
(内容)夜空に広がる星・星座の見つけ方・さがし方が分かる。

## <年鑑・白書>

**藤井旭の天文年鑑　1990年度版**　藤井旭著
誠文堂新光社　1990.6　101p　19cm　530円
①4-416-29007-1
(目次)毎月の星空ガイド，星座を見つけよう，惑星，日食，月食，星食，流星群，彗星，変光星
(内容)1990年4月から1991年3月までに楽しめる天文現象をやさしく解説した天体観測ガイド。

**藤井旭の天文年鑑　1991年度版**　藤井旭著
誠文堂新光社　1991.4　101p　19cm　600円
①4-416-29105-1
(目次)4月の星空ガイド，5月の星空ガイド，6月の星空ガイド，7月の星空ガイド，8月の星空ガイド，9月の星空ガイド，10月の星空ガイド，11月の星空ガイド，12月の星空ガイド，1月の星空ガイド，2月の星空ガイド，3月の星空ガイド
(内容)1991年4月から1992年3月までに楽しめる天文現象をやさしく解説した天体観測ガイド。

**藤井旭の天文年鑑　1992年度版**　藤井旭著
誠文堂新光社　1992.3　100p　19cm　600円
①4-416-29204-X
(目次)毎月の星空ガイド，惑星，日食と月食，星食，変光星，彗星，流星群
(内容)1992年4月から1993年3月までに楽しめる天文現象をやさしく解説した天体観測ガイド。

**藤井旭の天文年鑑　1993年度版**　藤井旭著
誠文堂新光社　1993.3　101p　19cm　600円
①4-416-29314-3
(目次)毎月の星空ガイド，惑星，月食など，星食，変光星，彗星，流星群
(内容)1993年4月から1994年3月までに楽しめる天文現象をやさしく解説した天体観測ガイド。

**藤井旭の天文年鑑　1994年度版**　藤井旭著
誠文堂新光社　1994.3　101p　19cm　600円
①4-416-29413-1
(目次)毎月の星空ガイド，惑星，日食と月食など，星食，変光星，彗星，流星群
(内容)1994年4月から1995年3月までに楽しめる天文現象をやさしく解説した天体観測ガイド。

**藤井旭の天文年鑑　1995年版**　藤井旭著
誠文堂新光社　1994.12　99p　19cm　600円
①4-416-29437-9
(目次)毎月の星空ガイド，惑星，日食と月食，星食，変光星，彗星，流星群，そのほか
(内容)1995年中に見られる天文現象をまとめた天文ガイド。毎月の星空ガイドと惑星・日食と月食・星食・変光星・彗星・流星群・そのほかに分け，初めて星空をながめて星の名前や星座の姿をおぼえたい人にもわかるよう，星座図などの図解を用いている。

**藤井旭の天文年鑑　1996年版**　藤井旭著
誠文堂新光社　1995.12　103p　19cm　600円　①4-416-29526-X
(目次)毎月の星空ガイド，惑星，月食，星食，変光星，流星群，彗星

**藤井旭の天文年鑑　1997年版**　藤井旭著
誠文堂新光社　1996.12　103p　19cm　600円　①4-416-29622-3
(目次)毎月の星空ガイド，惑星，月食，日食，星食，流星群，彗星(ヘール・ボップ彗星)，解説

**藤井旭の天文年鑑　スターウォッチング完全ガイド　1998年版**　藤井旭著　誠文堂新光社　1997.12　99p　19cm　600円　①4-416-29712-2
(目次)毎月の星空ガイド，惑星，月食，日部，星食，流星群，彗星，変光星，観測ガイド・解説

**藤井旭の天文年鑑　スターウォッチング完全ガイド　1999年版**　藤井旭著　誠文堂新光社　1998.12　99p　19cm　600円　①4-416-29817-X
(目次)毎月の星空ガイド，惑星，月食と日食，星食，流星群，変光星，解説ガイド・解説

**藤井旭の天文年鑑　スターウォッチング完全ガイド　2000年版**　藤井旭著　誠文堂新光社　1999.12　99p　19cm　600円　①4-416-29918-4
(目次)毎月の星空ガイド，惑星，月食，星食，流星群，変光星，天体どうしの接近，リニアー彗星の予報

**藤井旭の天文年鑑　スターウォッチング完全ガイド　2001年版**　藤井旭著　誠文堂新光社　2000.12　99p　19cm　600円　①4-416-20016-1　Ⓝ440
(目次)毎月の星空ガイド，惑星，月食，星食，流星群，変光星，天体どうしの接近，日食，観測ガイド・解説

**藤井旭の天文年鑑　スターウォッチング完全ガイド　2002年版**　藤井旭著　誠文堂新光社　2001.12　99p　19cm　600円　①4-416-20118-4　Ⓝ440
(目次)毎月の星空ガイド，惑星，月食，星食，流星群，変光星，天体どうしの接近，観測ガイド

(内容)土星の食やしし座流星群など、2002年に発生する天体観測の見どころを平易にまとめたガイドブック。本文中の漢字にはルビ入り。

**藤井旭の天文年鑑 スターウォッチング完全ガイド 2003年版** 藤井旭著 誠文堂新光社 2002.12 99p 19cm 600円 ①4-416-20212-1 Ⓝ440

(目次)毎月の星空ガイド, 惑星, 星食, 流星群, 変光星, 天体どうしの接近, 観測ガイド(解説)
(内容)年ごとの天体観測の見どころを平易にまとめたガイドブック。今版では2003年に見られる天文事象のデータを掲載する。トピックは木星の衛星の相互食、水星の太陽面通過、火星の大接近など。月ごとに見どころ・天文現象暦などをまとめた星空ガイドと、天体や現象の種類別データで構成する。本文中の漢字にはルビ入り。

**藤井旭の天文年鑑 スターウォッチング完全ガイド 2004年版** 藤井旭著 誠文堂新光社 2003.12 103p 19cm 600円 ①4-416-20310-1

(目次)毎月の星空ガイド, 惑星, 星食, 流星群, 変光星, 天体どうしの接近, 彗星, 日食, 月食, 金星の太陽面通過, 観測ガイド(解説)

**藤井旭の天文年鑑 スターウォッチング完全ガイド 2005年版** 藤井旭著 誠文堂新光社 2004.12 103p 19cm 600円 ①4-416-20410-8

(目次)毎月の星空ガイド, 惑星, 星食, 流星群, 変光星, 彗星, 月食, 天体どうしの接近, 観測ガイド(解説)

**藤井旭の天文年鑑 スターウォッチング完全ガイド 2006年版** 藤井旭著 誠文堂新光社 2005.12 119p 19cm 650円 ①4-416-20522-8

(目次)毎月の星空ガイド, 惑星, 星食, 流星群, 変光星, 彗星, 日食, 月食, 太陽面通過, 観測ガイド

**藤井旭の天文年鑑 スターウォッチング完全ガイド 2007年版** 藤井旭著 誠文堂新光社 2006.12 119p 19cm 650円 ①4-416-20632-1

(目次)毎月の星空ガイド, 惑星, 星食, 流星群, 変光星, 日食, 月食, 観測ガイド
(内容)部分日食、皆既月食、火星の接近。今年も見ものがいっぱい。

**藤井旭の天文年鑑 スターウォッチング完全ガイド 2008年版** 藤井旭著 誠文堂新光社 2007.12 119p 19cm 650円 ①978-4-416-20722-2

(目次)毎月の星空ガイド, 惑星, 星食, 流星群, 変光星, 日食と月食, 彗星, 接近, 観測ガイド

**藤井旭の天文年鑑 スターウォッチング完全ガイド 2009年版** 藤井旭著 誠文堂新光社 2008.12 119p 19cm 700円 ①978-4-416-20820-5 Ⓝ440.59

(目次)毎月の星空ガイド, 惑星, 星食, 流星群, 変光星, 日食, 月食, 彗星, 接近, 衛星, 観測ガイド(解説)

**藤井旭の天文年鑑 スターウォッチング完全ガイド 2010年版** 藤井旭著 誠文堂新光社 2009.11 119p 19cm 700円 ①978-4-416-20936-3 Ⓝ440.59

(目次)毎月の星空ガイド, 惑星, 星食, 流星群, 変光星, 日食, 月食, 彗星, 接近, 観測ガイド(解説)

**藤井旭の天文年鑑 スターウォッチング完全ガイド 2011年版** 藤井旭著 誠文堂新光社 2010.11 119p 19cm 700円 ①978-4-416-21018-5 Ⓝ440.59

(目次)毎月の星空ガイド, 惑星, 星食, 流星群, 変光星, 日食, 月食, 彗星, 解説など

◆地 学

<事 典>

**岩石と鉱物 読む宝石!** サイモン・バシャー絵, ダン・グリーン文, 坂口美佳子訳 (町田)玉川大学出版部 2010.5 126p 18×18cm (科学キャラクター図鑑)〈原書名:ROCKS AND MINERALS〉 1600円 ①978-4-472-05903-2

(目次)はじめに 地質学とライエル、第1章 おしゃれな重ね着—堆積岩、第2章 アツい熱血漢—火成岩と隕石、第3章 ヘ〜ンシン—変成岩、第4章 ほりだせガツン—鉱石、第5章 ミネラルギャング—鉱物、第6章 ピュアな仲間—元素鉱物、第7章 小さなきらめき—宝石、第8章 のこすぞ記録—化石
(内容)地球のはじまりや、人類誕生の謎が秘められている岩石と鉱物をキャラクター化して紹介する本。ポスター、しおり付き。

**気象がわかる絵事典 天気の「なぜ?」にこたえる 環境問題の理解に役立つ** ワン・ステップ編, 日本気象協会監修 PHP研究所 2007.2 79p 29×22cm 2800円 ①978-4-569-68643-1

(目次)第1章 気象の基本を知ろう!(大気—空の高さは、どれくらい?, 気温—なぜ、空気はあたたかいの?, 気温—なぜ、気温は変化するの? ほか)、第2章 天気予報って、なんだろう?(気象予報士—どんな仕事をしているの?, 気象観測—どこでおこなわれているの?, 天気予報—どうやってつくられるの? ほか)、第3章 気象・気

候と地球の環境問題(世界の気候と海流,世界の気候の特色,日本の気候とその特色 ほか)
(内容)たくさんの説明図,グラフ,イラスト,写真などを使って,気象のことをわかりやすく解説。

**天気と気象**　武田康男監修　ポプラ社　2006.3　191p　29×22cm　(ポプラディア情報館)　6800円　①4-591-09049-3
(目次)1章 天気の要素,2章 天気と気象のいろいろ,3章 天気と気象を調べる,4章 天気と人びとのくらし,5章 異常気象と気象災害,6章 もっと調べてみよう

**日本の地形レッドデータブック　第1集　危機にある地形**　新装版　小泉武栄,青木賢人編　古今書院　2000.12　210p　26cm　4800円　①4-7722-1355-4　Ⓝ454.91
(目次)保存すべき地形の選定基準について,一覧表,リストアップされた地形についての解説(東北地方,関東地方,中部地方,近畿地方,中国・四国地方,九州・沖縄地方),優れた地形を保護するための提言
(内容)日本の自然を代表する地形や学術上貴重な存在でありながら,破壊が進められているか,そのおそれのある地形のデータを全国的にまとめたデータブック。1994年刊の新装版でその後に寄せられた情報は今後刊行予定の第2集に収録するとしている。地形は地域別に掲載し,破壊の進行の状況に応じて4段階にランクづけしている。掲載内容はランク,選定基準,保全状況,地形図幅,行政区分,地形の特性などのデータと写真,地図。巻頭に一覧表,巻末に索引付き。

<図　鑑>

**海辺の石ころ図鑑**　渡辺一夫著　ポプラ社　2005.6　207p　21cm　1500円　①4-591-08695-X
(目次)北海道地方(湧別の海岸 湧別側の黒曜石,ウトロの海岸 ほか),東北地方(網不知の海岸,傾り石の海岸 ほか),関東地方(酒匂の海岸 ほか),中部地方(菖蒲沢海岸,三保の松原海岸 ほか),近畿地方(天橋立の海岸,南浜の湖畔 ほか),中国地方(浦富の海岸 「鳴き砂」はどんな砂,桂島の海岸 ほか),四国地方(沖浦の海岸,蕪崎の海岸 関川の変成岩 ほか),九州地方(姉子浜,黒ヶ浜・白ヶ浜 ほか),沖縄地方(粟国島の海岸,石垣島の海岸 ほか)
(内容)海辺にでかけたらうちよせる波間をのぞいてみよう。うちかえす波の下におもいがけないきれいな石ころがみつかる。「これ,なんっていう石ころ?」石ころの楽しみはここからはじまる。地方別,海岸別になったユニークな石ころの図鑑。

**海洋**　ステファン・ハチンソン,ローレンス・E.ホーキンス著,出田興生,丸武志,武舎広幸訳　新樹社　2007.9　303p　24×24cm　(ダイナミック地球図鑑)〈原書名: OCEAN〉　4800円　①978-4-7875-8563-9
(目次)青い惑星,海の探検,海の生命,深海へ,海の縁,人間の影響
(内容)海の中には多雨林と沙漠の違いほども異なった生息環境が存在する。海岸線から最深の海溝にいたるまで,きわめて多くの海の生き物がいる。珍しい生き物もいれば,奇怪なものもあり,中には驚くほど美しいものもある。こうした生きものは,並はずれた,過酷な状況に適応しているのである。海についての科学である海洋学は,たかだか100年の歴史しかないが,この間にも,宇宙から海洋を調べる手段を発達させて,海水温や海流についての理解を深めてきた。また,潜水艇で潜水下降し,海底の地質を調査することもできる。この本は,海洋の成り立ちや海が育んでいる生き物,人間にとっての海洋の価値,さらには海洋が直面している脅威などを紹介し,海洋の図解案内書となっている。

**海洋**　ジョン・ウッドワード著,小島世津子,スマーテック訳,宮崎信之監修　ランダムハウス講談社　2009.7　96p　29cm　(見て読んで調べるビジュアル&アクセス大図鑑シリーズ 8)〈年表あり 索引あり　原書名: E.explore ocean.〉　2400円　①978-4-270-00483-8　Ⓝ452
(目次)特設ウェブサイトの使い方,海の惑星,海の開拓者たち,海洋学,深海探査,海洋底,海洋と大陸,中央海嶺,ホットスポットと海山,海溝,津波,海岸浸食,深海平原,変動する平均海面,海水,熱と光,サイクロンとハリケーン,風と波,潮汐と潮汐波,表層流,季節変動,深層流,栄養塩類と生命,海洋食物網,水中の生活,浅海の生物,潮間帯の生物,氷の海の生物,サンゴ礁と環礁,外洋,深海,熱水噴出孔,海の鉱物資源,海からのエネルギー,漁業と海洋養殖,乱獲と混獲,海洋貿易と観光産業,生息地の破壊,気候変動,海洋環境保全
(内容)海洋について知るべきことを41の項目に分け,すべて見開きで図説した分かりやすい構成。海洋に関する「年表」と「用語解説」も付与した便利な1冊。

**川原の石ころ図鑑**　渡辺一夫写真・文　ポプラ社　2002.7　183p　21cm　1400円　①4-591-07321-1　Ⓝ458.21
(目次)北海道地方(十勝川,猿留川 ほか),東北地方(橋野川,北上川 ほか),関東地方(久慈川,那珂川 ほか),中部地方(三面川,信濃川 ほか),近畿地方(姉川,芹川 ほか),中国地方(高梁川,太田川 ほか),四国地方(吉野川,仁

淀川 ほか)，九州・沖縄地方(筑後川，球磨川ほか)
(内容)河原で見られる石ころの図鑑。全国を地方ごとに分類し、さらに河川ごとに排列して、紹介している。各河川の説明と石ころの採集地とともに、そこで採集された様々な石ころの名前、種類、説明が写真とともに掲載されている。この他に、石ころの種類と見分け方、石ころひろいに便利なもの、石ころ調べのための博物館と参考書などが収録されている。

岩石・化石　ロバート・R.コンラーズ著，瀬戸口美恵子，瀬戸口烈司訳　新樹社　2007.9　303p　24×24cm　（ダイナミック地球図鑑）〈原書名：ROCKS & FOSSILS〉　4800円　①978-4-7875-8562-2
(目次)ダイナミックな地球、古代の世界、主要な特徴、風景の中の岩石と化石、鉱物、化石
(内容)岩石、鉱物、化石を手がかりに地球の歴史を示す図鑑。

岩石・鉱物図鑑　R.F.シムス著，舟木嘉浩日本語版監修，大英自然史博物館協力　あすなろ書房　2004.1　1冊　29×23cm　（「知」のビジュアル百科 1）　2000円　①4-7515-2301-5
(目次)地球、岩石とは、鉱物とは?、岩石はどのように形成されるか、風化と侵食、海岸の岩石、火成岩、火山岩、堆積岩、鍾乳洞、変成岩〔ほか〕
(内容)子供向けの1冊1テーマの図解百科事典シリーズ。岩石、化石、鉱物、結晶…地中に眠るものには地球の構造とその進化の歴史をかいまみることのできるさまざまな情報がきざまれている。岩石や鉱物に秘められた情報の読みとり方をはじめ、地質学の基礎を紹介し、地球の不思議に迫る。

気象　ブルース・バックリー，エドワード・J.ホプキンズ，リチャード・ウィッテッカー著，高崎さきの監訳　新樹社　2006.8　303p　24×24cm　（ダイナミック地球図鑑）〈原書名：WEATHER〉　4800円　①4-7875-8550-9
(目次)気象のダイナミズム、気象のメカニズム、激しい気象、気象を観測する、世界の気候、変化する気候、データ集、用語集
(内容)気象は、地球最後の未踏の領域である。予測することはできても、制御することはできない。気象は、文化、経済、生活に深くかかわる、もっとも身近な現象でもある。本書は、気象全般に関わるビジュアルガイドである。気象衛星やスペースシャトルの画像をふくむ豊富な図版と、簡潔な説明で、地球規模の気象のメカニズムを概観し、熱帯低気圧、竜巻、洪水、干ばつなどのしくみについても解説する。各地の気候や人類との長い関わり、さらには、地球温暖化などの気候変動についての最新の研究の成果も紹介する。訳出にあたっては、日本の事情も考慮し、高校、中学の理科や地理の学習過程にも配慮した。

気象　ジョン・ウッドワード著，吉田旬子，スマーテック訳，藤谷徳之助監修　ランダムハウス講談社　2009.7　96p　29cm　（見て読んで調べるビジュアル&アクセス大図鑑シリーズ 7）〈年表あり　索引あり　原書名：E.explore weather.〉　2400円　①978-4-270-00482-1　Ⓝ451
(目次)特設ウェブサイトの使い方、気象と気候、宇宙の中の地球、大気圏、太陽エネルギー、地球を暖める熱、暖気と寒気、コリオリ効果、卓越風、海洋と大陸、気団、前線、高気圧と低気圧、風の力、ジェット気流、水蒸気、雲の形成、上層雲、中層雲、下層雲、霧と霧、雨、雪、空に輝く光、移動する気象システム、嵐雲と雹、雷鳴と稲妻、竜巻、ハリケーン、モンスーン、局地風、洪水と干ばつ、氷、エルニーニョ現象、大気汚染とスモッグ、酸性雨とオゾン層破壊、気候変化、地球温暖化、気候の未来、気象観測、天気予報
(内容)気象について知るべきことを41の項目に分け、すべて見開きで図説した分かりやすい構成。気象に関する「年表」と「用語解説」も付与した便利な1冊。

結晶・宝石図鑑　R.F.シムス，R.R.ハーディング著，伊藤恵夫日本語版監修　あすなろ書房　2004.1　63p　29×23cm　（「知」のビジュアル百科 2）　2000円　①4-7515-2302-3
(目次)結晶とは何か、結晶の世界、天然の美、結晶(その外側、その内側)、結晶の色、結晶の鑑定、自然の成長、いろいろな集合体、採掘と精製、人工結晶〔ほか〕
(内容)子供向けの1冊1テーマの図解百科事典シリーズ。自然がつくりだすさまざまな色、さまざまな形の結晶。結晶を加工し、芸術まで高めた宝石。その神秘的な世界を知る図鑑。一般には公開されていない貴重な標本の写真も多数掲載。

鉱物・岩石　増補改訂版　学研教育出版，学研マーケティング(発売)　2010.9　188p　19cm　（新・ポケット版学研の図鑑 7）〈指導・執筆：白尾元理ほか　初版：学習研究社2002年刊　索引あり〉　960円　①978-4-05-203209-7　Ⓝ459.038
(目次)第1章 地球と地形(地球のすがた、地球の内部ほか)、第2章 鉱物(鉱物と岩石のちがい、鉱物図鑑)、第3章 岩石(岩石の種類、岩石のつくりほか)、第4章 化石(化石とは何か、いろいろな化石)
(内容)地球の誕生・川や火山のでき方から鉱物・岩石・化石まで大地のたからものがいっぱい！レ

科学　　　　　　　　　　　児童書

アメタル情報を充実。大地のなぞがイラストと写真でよくわかる。

**鉱物・岩石・化石**　学習研究社　2005.3　148p　30×23cm　(ニューワイド学研の図鑑)　2000円　ⓉⒹ4-05-202128-2

(目次)鉱物(金属をとるための鉱物、工業原料や材料になる鉱物、宝石や装飾品になる鉱物 ほか)、岩石(火成岩の種類、たい積岩の種類、変成岩の種類)、化石(無脊椎動物の化石、脊椎動物の化石、植物の化石)

(内容)鉱物—工業原料、宝石になるものなど、約200種。岩石—河原で見られる身近な石から、世界の奇岩まで。化石—最新情報とともに、世界最古の生命化石から人類まで。

**鉱物図鑑 美しい石のサイエンス**　青木正博著　誠文堂新光社　2008.7　143p　30cm　2800円　Ⓣ978-4-416-80851-1　Ⓝ459.038

(目次)鉱物とは何か、元素鉱物の世界、硫化鉱物の世界、酸化鉱物の世界、ハロゲン化鉱物の世界、炭酸塩／硼酸塩鉱物の世界、硫酸塩鉱物の世界、タングステン酸塩鉱物／モリブデン酸塩鉱物／クロム酸塩鉱物の世界、燐酸塩鉱物／砒酸塩鉱物／バナジン酸塩鉱物の世界、珪酸塩鉱物の世界

(内容)今日4500種を超える鉱物種が認識されている。本書ではそのうち基本的かつ典型的なもの、約200種類を取り上げた。

**こども鉱物図鑑**　八川シズエ著　中央アート出版　2007.11　111p　21cm　1600円　Ⓣ978-4-8136-0443-3

(目次)1 鉱物の色とかたち(鉱石鉱物、宝石鉱物、造岩鉱物、宇宙からきた鉱物)、2 鉱物の成り立ち(地球のこと、地殻のこと、岩石のこと、鉱物のこと)、3 鉱物百科(鉱石鉱物、宝石鉱物、造岩鉱物、宇宙からきた鉱物)

(内容)たのしく学んで「鉱物博士」になろう。鉱物って何?…どうやってできるの?…どうして色がちがうの?そんな疑問をもったら、この本を開いてみよう。私たちの生活の中にある身近な鉱物から、宝石、隕石まで、88種をセレクト。大きな写真と解説で、たのしく見て、読んで、鉱物のいろいろなことを知ろう。巻末付録 つくって学べる「結晶模型の展開図」つき。

**写真でみる異常気象**　ジャック・シャロナー著、平沼洋司日本語版監修　あすなろ書房　2007.8　54p　29×22cm　(「知」のビジュアル百科 39)　〈原書名：Eyewitness - Hurricane & Tornado〉　2500円　Ⓣ978-4-7515-2339-1

(目次)昔の人びとと天気への関心、初期の天気予報、異常気象とは?、異常気象の原因、暴風、雷雨、うねる竜巻、トルネードの威力、稲妻、

ひょう、台風・ハリケーン・サイクロン、ハリケーンの脅威、霧とスモッグ、津波・高潮・海面上昇、吹雪、なだれ、洪水と地すべり、干ばつの恐怖、極地方、気象観測、災害救助、大自然を生きぬく、変化する気候、エルニーニョ現象、不思議な自然現象、宇宙のかなたの気候、索引

(内容)子供向けの1冊1テーマの図解百科事典シリーズ。災害に直結する異常気象は、どのようにして起こるのか?そのメカニズムを紹介しながら、自然に立ち向かってきた人類の歴史をたどる。決定的瞬間をとらえた大迫力の写真も多数掲載。

**ちきゅう**　猪郷久義著　学習研究社　2005.6　112p　30×23cm　(ふしぎ・びっくり!?こども図鑑)　1900円　Ⓣ4-05-202113-4

(目次)ちきゅうと星(ちきゅうはどんな形をしているの?、空はどうして青いの?夕焼けはどうして赤いの? ほか)、ちきゅうの中(ちきゅうの中はどうなっているの?、せかいはずっと同じ形をしていたの? ほか)、むかしの生きもの(大むかしにはどんな生きものがいたの?、なぜむかしにいた生きものがわかるの? ほか)、天気(なぜ高原はすずしいの?、南の方があたたかいのはどうして? ほか)

**地球**　改訂版　旺文社　1998.4　175p　19cm　(野外観察図鑑 7)　743円　Ⓣ4-01-072427-7

(目次)地球のたんじょうとおいたち、地球のすがた、生きている地球、地表のようす、地かくのなりたち、エネルギー資源、大気のようす、大気のようす、地球のよごれと将来、地球ミニ科学史、気象の観測、天気図と天気予報、岩石鉱物の採取と調べかた、川原の石の観察、地層の観察、地球ミニ百科

**地球**　改訂版　力武常次、丸山茂徳、斎藤靖二監修　学習研究社　1998.10　184p　26cm　(学研の図鑑)　1460円　Ⓣ4-05-201001-9

(目次)第1部 生きている地球(地球ってどんな星?、地球内部の活動、地球の歴史、地球環境)、第2部 大地のようすと岩石・鉱物(水や熱や生物が変えていく大地、岩石と鉱物)

**ちきゅうかんきょう**　フレーベル館　1994.3　116p　30×23cm　(ふしぎがわかるしぜん図鑑)　2000円　Ⓣ4-577-00059-8

(目次)天気と気しょう、日本のかんきょうとくらし、せかいのかんきょうとくらし

(内容)地球の自然を写真、イラストで説明する図鑑。

**ちきゅうかんきょう**　無藤隆総監修、高橋日出男監修　フレーベル館　2005.11　128p　30×23cm　(フレーベル館の図鑑ナチュラ 10)　1900円　Ⓣ4-577-02846-8

(目次)生きている地球(地球のすがた,へんかする地球,地球をつつむ大気 ほか),世界のしぜんと日本のしぜん(世界の気こう,日本の気こう),かんきょうもんだい,もっと知りたい!地球環境
(内容)親子のコミュニケーションを育む,巻頭特集。4画面分の大パノラマページ。美しい撮りおろし標本写真の図鑑ページ。自然体験・観察活動に役立つ特集やコラム。幼稚園・保育園の体験活動,小学校の生活科,総合学習に最適。

**地球・気象** 猪郷久義,饒村曜監修・執筆 学習研究社 2001.12 168p 30×23cm (ニューワイド学研の図鑑 14) 2000円 ①4-05-500422-2 ⓃN450.38
(目次)地球の歴史,地球の構造,大地と海のすがた,地球をおおう大気,地球をめぐる大気,地球をめぐる水,地球環境,地球・気象情報館
(内容)子供向けの地球・気象について知る図鑑。巻末に五十音順の項目名索引がある。

**地球・気象** 増補改訂 学習研究社 2008.12 176p 30cm (ニューワイド学研の図鑑) 2000円 ①978-4-05-202997-4 Ⓝ440
(目次)地球の誕生と構造,地球の活動,地球の歴史,大地と海のすがた,地球をおおう大気,地球をめぐる大気,地球をめぐる水,地球環境,地球・気象情報館
(内容)火山活動,地震,大陸移動などを起こすプレートの活動をわかりやすく解説。雨,雪,雷,低気圧,高気圧,前線などのしくみやでき方をわかりやすく解説。

**地球と気象 地震・火山・異常気象** 実業之日本社 1994.5 168p 19cm (ジュニア自然図鑑 9) 1300円 ①4-408-36149-6
(目次)地球のつくり,地震,火山,地球は動いている,過去の地球の動きを探る,地表の変化,海洋,大気のつくりとはたらき,雲のつくりとはたらき,大気中のめずらしい現象,風はどうしてふくのか,台風,気団と天気,天気予報,日本の気象の特徴,異常気象

**天気のしくみ事典** ブライアン・コスグローブ著,平沼洋司日本語版監修 あすなろ書房 2007.7 62p 29×23cm (「知」のビジュアル百科 38) 〈原書名:Eyewitness・Weather〉 2500円 ①978-4-7515-2338-4
(目次)大気は常に動いている,自然の予兆,天気の科学,気象観測,天気予報,太陽の力,晴れた日,霧と雨,空気中の水,雲の誕生 (ほか)
(内容)子供向けの1冊1テーマの図解百科事典シリーズ。なぜ天気は変わるのか? 伝承から,科学の力を駆使した天気予報まで,天気のしくみと予測技術の歴史を紹介。わかりやすい立体模型や初期の観測器具の写真も,多数掲載。

**天文** マーク・A.ガーリック著,伊東昌市監訳 新樹社 2006.8 303p 24×24cm (ダイナミック地球図鑑) 〈原書名:ASTRONOMY〉 4800円 ①4-7875-8551-7
(目次)天体を調べる,太陽系,星,銀河そして天体の光,夜空,宇宙,データ集,用語集
(内容)人類は長らく宇宙に魅了されてきた。宇宙は多くの神話と謎の源であり,同時に科学的探求心の源泉でもあった。天文学は最も古くからの科学でありながら,現代における最も刺激的な科学でもある。本書は夜空を眺めて理解するための総合的なガイドとして作られた。本書によって,私たちの近くにある天体からはるか遠くに位置する星や銀河まで眺めることができ,燃える彗星や流れ星のこと,あるいは日食や月食からブラック・ホールにいたるまでも知ることができる。さらに宇宙に対する理解がどのように進んできたかをたどれると同時に,最新の宇宙探査機による成果も追っている。月ごとの夜空の詳しい天体図はアマチュア天文家にとってのよき手引きになり,また最新の迫力ある映像は宇宙の驚異と美しさをあますことなく示している。

**はる なつ あき ふゆ** フレーベル館 1994.3 116p 30×23cm (ふしぎがわかるしぜん図鑑) 2000円 ①4-577-00079-2
(内容)春,夏,秋,冬,それぞれの季節の植物,昆虫,動物,鳥などを収めた図鑑。

**はる なつ あき ふゆ** 無藤隆監修 フレーベル館 2006.2 128p 30×23cm (フレーベル館の図鑑ナチュラ 12) 1900円 ①4-577-02848-4
(目次)春(春のしぜん,春のくらし),夏(夏のしぜん,夏のくらし),秋(秋のしぜん,秋のくらし),冬(冬のしぜん,冬のくらし),もっと知りたい!春夏秋冬

**ビジュアル探検図鑑日本列島 地層・地形・岩石・化石** 猪郷久義著 岩崎書店 2009.3 175p 29cm 〈索引あり〉 6800円 ①978-4-265-05959-1 Ⓝ455.1
(目次)第1章 日本列島地質探険―大地のつくりと変化を知る(北の大地の火山と湖,北の大地の成り立ち ほか),第2章 日本列島の生い立ち(地層の構造と地球の運動,さまよう大陸 ほか),第3章 地震と火山を知る(地震とプレートの運動,日本の活断層 ほか),第4章 観察しよう―地層・岩石(地層の重なりと変形,地層ができるまで ほか)

**ビジュアル博物館 2 岩石と鉱物** R.F.サイメス著,リリーフ・システムズ訳 (京都)同朋舎出版 1990.3 63p 23×29cm 3500円 ①4-8104-0800-0 Ⓝ458.038

児童書 レファレンスブック **169**

科学　　　　　　　　　児童書

(目次)地球,岩石と鉱物とは何か,岩石はどのように形成されるか,風化と侵食,海岸の岩石,火成岩,堆積岩,鍾乳洞,変成岩,大理石,初期の火打ち石(石器類),道具に使われた岩石,建築用の石材,石炭ができるまで,化石,宇宙から来た岩石,岩石を形成する鉱物,結晶,成長する結晶,鉱物の性質,宝石用原石,装飾用の石,なじみの薄い宝石,貴金属,石のカッティングと研磨,岩石と鉱物の採集
(内容)1冊1テーマ,全88巻の博物図鑑シリーズ。岩石,化石,鉱物,貴金属,結晶,宝石,宝石原石などの実物の写真を豊富に使い,地球の進化と構造について解説。

ビジュアル博物館　25　結晶と宝石　(京都)同朋舎出版　1992.4　63p　29×23cm　3500円　①4-8104-1019-6
(目次)結晶とは何か,結晶の世界,天然の美,結晶(その外側,その内側),結晶の色,結晶の鑑定,自然の成長,いろいろな集合体,採掘と精製,種からの成長,工業製品における結晶の役割,安定した振動,石英,ダイヤモンド,コランダム(鋼玉石),ベリル(緑柱石),オパール,なじみの薄い宝石,収集家たちの宝石,彫刻用の石,貴金属,動物と植物,宝石の価値,輝きを出す,民話と伝説,身近にある結晶
(内容)1冊1テーマ,全88巻の博物図鑑シリーズ。興味深い結晶の世界の神秘を新しい角度から眺める。あらゆる色と大きさと形をもつ結晶,貴金属,宝石用原石の美しい実物写真で,美しさと多様性をビジュアルに紹介。

ビジュアル博物館　28　気象　(京都)同朋舎出版　1992.4　62p　29×23cm　3500円　①4-8104-1022-6
(目次)大気は常に動いている,自然の予兆,天気の科学,気象観測,天気予報,太陽の力,晴れた日,霜と氷,空気中の水,雲の誕生,曇った日,いろいろな雲,雨の日,前線と低気圧,雷と電光(稲妻),モンスーン(季節風),雪の日,風,台風,竜巻,霧ともや,1日の天気,山の天気,平原の天気,海辺の天気,空の色,気象の変化,家庭気象観測所
(内容)1冊1テーマ,全88巻の博物図鑑シリーズ。頭上に広がる空の世界をビジュアルにとらえる一冊。カラー写真と特製立体模型によって,穏やかな夏の日から激しい冬の嵐まで,天気のしくみを示す。

ビジュアル博物館　38　火山　スザンナ・ヴァン・ローズ著,リリーフ・システムズ訳　(京都)同朋舎出版　1993.6　61p　30cm　2800円　①4-8104-1290-3
(目次)気まぐれな地球,地中から火が噴き出す,プレートの上の世界,山が爆発するとき,火山灰,火成岩,ガスと電光,ホットスポット,広がる海底山脈,ベスビオ山の大噴火,現代のポンペイ サン・ピエール,世界の気象への影響,噴気孔(ふんきこう)と泡立つ泥,眠れる美女,溶岩に生命が戻る,火山学者,ほかの惑星の火山,地球が動くとき,震度とマグニチュード,地震波,地震波を測る,泥,洪水,なだれ,緊急事態,災害に備える,神の怒り
(内容)1冊1テーマ,全88巻の博物図鑑シリーズ。火山と地震をテーマとし,溶岩流や火山灰でできた雲の写真と立体模型などで示す。

ビジュアル博物館　81　台風と竜巻　なだれからエルニーニョ現象まで異常気象を一望する　ジャック・シャロナー著,平沼洋司日本語版監修　同朋舎,角川書店〔発売〕　2000.11　58p　29cm　〈索引あり〉　3400円　①4-8104-2651-3　Ⓝ403.8
(目次)昔の人びとと天気への関心,初期の天気予報,異常気象とは?,異常気象の原因,暴風,雷雨,うねる竜巻,トルネードの威力,稲妻,ひょう〔ほか〕
(内容)1冊1テーマ,全88巻の博物図鑑シリーズ。大英自然史博物館の監修のもと,同館収蔵品をカラー写真で紹介する。

ふれあいこどもずかん　春・夏・秋・冬　学習研究社　2005.7　291p　19cm　1400円　①4-05-202365-X
(目次)春のずかん(むしをさがそう,はなをさがそう,みずのいきものみつけよう,とりをみつけよう),夏のずかん(むしをさがそう,うみのいきものみつけよう,はなをさがそう),秋のずかん(きのみやくさのみをさがそう,なくむしをさがそう,のりものみてみよう,はっぱをさがそう,はなをさがそう),冬のずかん(こおり,どうぶつみてみよう,くさばなをさがそう,とりをみつけよう,むしをさがそう)
(内容)「見たい」「知りたい」「調べたい」を,この1冊で。全288ページに写真・イラスト・図版が1500点。自然とふれあうこどものずかん決定版。

ふれあいこどもずかん春夏秋冬　きせつのしぜん　幼児～低学年　第2版　学研教育出版,学研マーケティング(発売)　2010.4　291p　19cm　〈初版:学習研究社2005年刊索引あり〉　1400円　①978-4-05-203200-4　Ⓝ460.7
(目次)春のずかん(むしをさがそう,はなをさがそう,みずのいきものみつけよう,とりをみつけよう),夏のずかん(むしをさがそう,うみのいきものみつけよう,はなをさがそう),秋のずかん(きのみやくさのみをさがそう,なくむしをさがそう,のりものみてみよう,はっぱをさがそう,はなをさがそう),冬のずかん(こおり,どうぶつみてみよう,くわばなをさがそう,とりをみつけよう,むしをさがそう)

(内容)身近な昆虫や草花を中心に、約1200種の生き物を、四季に分けて紹介する図鑑。生態のひみつ解説も充実。「虫の飼い方」や「草花あそび」など、自然と触れ合うアイディアが満載。持ち歩きに便利な、ハンディサイズ。

**ポケット版 学研の図鑑 7 鉱物・岩石**
白尾元理、松原聡、千葉とき子、高桑祐司指導・著　学習研究社　2002.4　164, 16p　19cm　960円　①4-05-201491-X　Ⓝ459

(目次)第1章 地球と地形(地球のすがた、地球の内部 ほか)、第2章 鉱物(鉱物と岩石のちがい、鉱物図鑑 ほか)、第3章 岩石(岩石の種類、岩石のつくり ほか)、第4章 化石(化石とは何か、いろいろな化石 ほか)

(内容)子ども向けの鉱物岩石図鑑。地球と地形、鉱物、岩石、化石とテーマごとに分類していて、それぞれ写真や図を用いて分かりやすく解説している。その他に資料として、岩石・鉱物採取の仕方、鉱物・岩石・化石の産地、鉱物・岩石・化石標本のあるおもな博物館が掲載されている。巻末に索引が付く。

<地図帳>

**絵でみる地球大地図**　ズザンナ・ヴァン・ローズ、リチャード・ボンソン著、松田紘子翻訳　(京都)同朋舎出版　1995.5　64p　37cm　〈ピクチャーアトラスシリーズ〉　2980円　①4-8104-2116-3

(目次)ユニークな惑星、地球、隕石との衝突、地球史のはじまり、火山帯、移動する大地、爆発を起こす火山、溶岩の噴出、地震の発生、造山運動、大陸の衝突

<年鑑・白書>

**地震災害を究明せよ　まんが・未来をひらく夢への挑戦**　子ども科学技術白書編集委員会編、おがたたかはる、よしのえみこ漫画・脚本、文部科学省科学技術・学術政策局調査調整課監修　国立印刷局　2006.3　64p　21cm　〈子ども科学技術白書 7〉　477円　①4-17-196403-2

(内容)文部科学省編「平成17年版科学技術白書」などをもとに、自然災害からの被害の軽減・未然防止に役立つ防災科学技術について説明。"子ども科学研究隊"を主人公としたマンガで、子どもにもわかりやすく解説している。研究者のインタビューなどを収録したCD-ROM付き。

**神秘の海を解き明かせ　まんが・未来をひらく夢への挑戦**　子ども科学技術白書編集委員会編、文部科学省科学技術・学術政策局調査調整課監修　国立印刷局　2005.3　72p　21cm　〈子ども科学技術白書 6〉　〈付属資料：CD-ROM1〉　477円　①4-17-196402-4

(目次)第1章 海の誕生、第2章 地球環境と海の役割、第3章 深海、第4章 これからの地球

◆生　物

<事　典>

**英和学習基本用語辞典生物　海外子女・留学生必携**　津田稔用語解説、藤沢皖用語監修　アルク　2009.4　425p　21cm　〈留学応援シリーズ〉〈他言語標題：English-Japanese the student's dictionary of biology　『英和生物学習基本用語辞典』(1994年刊)の新装版　索引あり〉　5800円　①978-4-7574-1574-4　Ⓝ460.33

(内容)英米の教科書に登場する生物用語を選定。英米の統一テストでの必須用語をカバー。図やグラフを多用し、高校生レベルに合わせたわかりやすい解説。学部・大学院留学生の基礎学習にも活用可能。

**旺文社　生物事典**　4訂版　八杉貞雄、可知直毅監修　旺文社　2003.1　479p　19cm　1500円　①4-01-075143-6

(内容)日常学習から入試、一般教養までも使える本格的な生物小事典。学習項目・重要項目7300余を五十音順に収録。重要な見出しには印を付けたほか、学習上必要な項目は大項目として特別に解説。巻末の付録に分類表、系統図、生物学史年表を収録。

**解剖・観察・飼育大事典**　内山裕之、佐名川洋之編著　星の環会　2007.9　351p　26cm　3500円　①978-4-89294-437-6

(目次)動物編(アカフジツボの解剖と観察、アサリの解剖、アサリの水浄化作用実験、アシナガバチの巣を観察しよう ほか)、植物編(アルコール発酵の実験、オオカナダモの光合成実験、気孔の観察、茎の維管束の観察 ほか)

**環境と生態**　サリー・モーガン、マイク・アラビー著、ピーター・ムーア、ジェームズ・C.トレーガー監修、太田次郎監訳、薮忠綱訳　朝倉書店　2007.2　172p　30×23cm　〈図説 科学の百科事典 2〉〈原書第2版　原名：The New Encyclopedia of Science second edition, Volume 6.Ecology and Environment〉　6500円　①978-4-254-10622-0

(目次)1 生物が住む惑星、2 鎖と網、3 循環とエネルギー、4 自然環境、5 個体群研究、6 農業とその代償、7 人為的な影響

**サイエンスビュー生物総合資料　生物1・2理科総合B対応**　増補4訂版　長野敬、牛木

辰男ほか著　実教出版　2009.3　304p　26cm　781円　⑤978-4-407-31687-2　Ⓝ460

(目次)第1章 細胞，第2章 発生，第3章 遺伝，第4章 遺伝情報とその発現，第5章 反応と調節，第6章 代謝，第7章 生物の分類と系統，第8章 進化，第9章 生物の集団

**三省堂　生物小事典**　第4版　三省堂編修所編　三省堂　1994.2　458p　19cm　1200円　⑤4-385-24005-1

(内容)現行の高校教科書・大学入試問題・専門雑誌などから生物関連用語5600項目を収録する事典。生物の全分野の新しい重要術語を多数収録する。付録には分類表・系統図・生物学史年表などがある。

**生物学　生命ってすごい！**　サイモン・バシャー絵，ダン・グリーン文，新美景子訳（町田）玉川大学出版部　2010.3　126p　18×18cm　〈科学キャラクター図鑑〉〈原書名：BIOLOGY〉　1600円　⑤978-4-472-05902-5

(目次)第1章 体をつくる基本の単位，第2章 地球に生きる仲間たち，第3章 体の部品たち：ヒト，第4章 体の部品たち：植物

(内容)生物学に登場する細胞、タンパク質、DNAなどをキャラクター化して紹介する本。ポスター「体のシステム（系）」付き。

**生物事典**　改訂新版　旺文社　1994.9　440p　19×14cm　1500円　⑤4-01-075109-6

(内容)生物名約1500を含む、教科書や入試に頻出する項目約6800を収めた高校生物の学習事典。五十音順に排列。項目解説は定義を簡潔に記し、次に具体的な解説を加える2段階式。また重要度を記号で示し、特に重要な項目は大項目として特別解説する。図表400を記載。付録として生物分類表、生物の系統、生物学史年表がある。

**生物の小事典**　石浦章一，小林秀明，塚谷裕一著　岩波書店　2001.2　306p　18cm　〈岩波ジュニア新書 367 事典シリーズ〉〈索引あり〉　1400円　⑤4-00-500367-2　Ⓝ460

(内容)DNA、細胞、免疫、進化、性、生命など生物学の用語を収録、現代生物学の視点からやさしく解説する学習事典。

**世界遺産ガイド　生物多様性編**　古田陽久，古田真美監修，21世紀総合研究所企画・構成，世界遺産総合研究所編　（広島）シンクタンクせとうち総合研究機構　2004.1　128p　21cm　2000円　⑤4-916208-83-8

(目次)ユネスコ世界遺産の概要（ユネスコとは、世界遺産とは、ユネスコ世界遺産が準拠する国際条約、世界遺産条約成立の経緯、わが国の世界遺産条約の締結 ほか），世界遺産に登録されている主な生物多様性（カフジ・ビエガ国立公園（コンゴ民主共和国），オカピ野生動物保護区（コンゴ民主共和国），ニオコロ・コバ国立公園（セネガル），ベマラハ厳正自然保護区のチンギ（マダガスカル），オカシュランバ・ドラケンスバーグ公園（南アフリカ）ほか），生物多様性関連情報源

(内容)自然遺産の4つの登録基準の一つに「生物多様性の本来的保全にとって最も重要かつ意義深い自然生息地を含んでいるもの。これには、科学上、または、保全上の観点からすぐれて普遍的価値をもつ絶滅の恐れのある種が存在するものを含む」という基準がある。本書では、この登録基準を満たしている主な世界遺産を特集する。

**花と昆虫観察事典**　小田英智構成・文，北添伸夫写真　偕成社　2005.9　40p　28×23cm　〈自然の観察事典 33〉　2400円　⑤4-03-526530-6

(目次)花は誰のために咲くのか、花を訪れる昆虫たち、花の蜜を集める昆虫たち、蜜腺をさがしてみよう、受粉と昆虫の役割、雄花と雌花、花の色と形のメッセージ、蜜標という花の模様、風媒花の花たち、動くおしべをもつ花〔ほか〕

## <ハンドブック>

**ビジュアルワイド　図説生物**　改訂4版　水野丈夫，辻英夫監修　東京書籍　2000.2　242p　26×21cm　838円　⑤4-487-68496-X　Ⓝ460

(目次)第1章 生命の単位，第2章 代謝，第3章 生殖と発生，第4章 遺伝，第5章 刺激と反応，第6章 生体内の調節，第7章 生物の集団，第8章 進化と系統

(内容)生物の資料集。各種資料により生物の解説を行う。内容は生命の単位、代謝、生殖と発生、遺伝、刺激と反応、生体内の調節、生物の集団、進化と系統の全8章で構成。各項目は図説による解説と重要語句の説明、発展事項などを掲載。ほかに巻末に顕微鏡の使い方と細胞の観察、体細胞分裂の観察などの実験例を紹介、また化学の基礎知識、身体の数値などの資料と重要用語リストを収録する。五十音順の事項索引を付す。

## <図鑑>

**いきもの探検大図鑑　NATURE-PAL**　岡島秀治，小野展嗣，岸由二，小宮輝之，富田京一，長谷川博，増井光子，望月賢二，山田卓三，山本洋輔，羽田節子指導・監修　小学館　1997.7　303p　30cm　3790円　⑤4-09-213141-0

(目次)学習上大切な項目、生きもののグループ

をまとめた項目、生きもの全体がわかる項目
〔内容〕動物、植物から細菌まで、2千数百種の生物を掲載。排列は、見出し語の五十音順。巻末に、五十音順の索引がある。

**うみのいきもの** 改訂新版 (大阪)ひかりのくに 1997.7 63p 26×21cm (体験を広げるこどものずかん 5) 1000円 Ⓓ4-564-20075-5
〔目次〕ひろいうみ、いわいそのかんさつ、やどかり、いそぎんちゃく、うに・ひとで、いそのいきもの(図かん)、いそのかい(図かん)、たこ、たこ・いか、くらげのなかま(図かん)、かいそうのなかま(図かん)、べら(きゅうせん)、かつお、きしべやすなぞこのさかな(図かん)、いわいそやうちうみのさかな(図かん)〔ほか〕

**学研の大図鑑 危険・有毒生物** 小川賢一、篠永哲、野口玉雄監修 学習研究社 2003.3 240p 27×22cm 3500円 Ⓓ4-05-401675-8
〔目次〕海にすむ危険・有毒生物、陸にすむ危険・有毒生物、有毒・危険植物、有毒キノコ、動物由来感染症、危険・有毒生物による事故の際の安全マニュアル
〔内容〕海・陸にすむ危険・有害生物、危険・有害植物、有毒キノコ、動物由来感染症、危険・有害生物による事故の際の安全マニュアルについて説明した図鑑。巻末に五十音順の索引付き。付録として植物を調べるための主な用語解説図、主な用語解説を掲載。

**里山いきもの図鑑** 今森光彦写真・文・切り絵 童心社 2008.7 319p 19cm 2200円 Ⓓ978-4-494-01939-7 Ⓝ462.1
〔目次〕早春(早春の田んぼ、早春の雑木林 ほか)、春(春の田んぼ、春の雑木林 ほか)、夏(夏の田んぼ、夏の雑木林 ほか)、秋(秋の田んぼ、秋の雑木林)、冬(冬の田んぼ、冬の雑木林)
〔内容〕カブトムシやクワガタ、チョウ、カエル、ザリガニ、クサガメ、ヘビなどを中心に構成した、子どもむけ里山ガイドブック。昆虫採集や草花あそび、キノコとりやドングリひろい、農業・林業、年中行事まで、立体的に里山を紹介。

**里山図鑑** おくやまひさし著 ポプラ社 2001.3 303p 21cm 1680円 Ⓓ4-591-06664-9 Ⓝ460.7
〔目次〕春(けいちつのころ、早咲きの野の花、早咲きの木の花 ほか)、夏(野イチゴの季節、食べられる初夏の木の実、イモムシ・ケムシのおしゃれ ほか)、秋(秋の七草、野ギクの仲間、野の花 ほか)、冬(樹木の冬芽、ロゼットは冬の花、虫の冬越し ほか)
〔内容〕里山に見られる植物・生きもの図鑑。四季によって章を分け、各季節の特徴的な植物や生物

を写真とともにやさしく解説する。巻頭に里山についてのエッセイや用語解説、巻末に「野草・キノコ」「樹木」などで分類した索引がある。

**飼育・栽培** 増補改訂版 学研教育出版、学研マーケティング(発売) 2010.7 216p 19cm (新・ポケット版学研の図鑑 8)〈監修・指導:中山周平ほか 初版:学習研究社2002年刊 索引あり〉 960円 Ⓓ978-4-05-203210-3 Ⓝ480.76
〔目次〕昆虫(カブトムシ、アトラスオオカブト ほか)、動物(ハムスター、モルモット ほか)、水の生き物(キンギョ、メダカ ほか)、植物・コケ植物(ヒマワリ、コスモス ほか)
〔内容〕昆虫・動物・水の生き物・植物、生き物の育て方ガイド。写真やイラストで育ち方もよくわかる。

**飼育栽培図鑑 はじめて育てる・自分で育てる** 有沢重雄文、月本佳代美絵 福音館書店 2000.4 381p 19cm 1600円 Ⓓ4-8340-1664-1 Ⓝ480
〔目次〕飼育、イヌ・ネコと小さな動物、昆虫など、鳥、魚・カニなど、栽培、草花を育てる、野菜・ハーブを育てる
〔内容〕児童を対象とした生きものの飼育、植物の栽培図鑑。飼育、栽培に関する基本的な説明と方法とイヌ・ネコ、昆虫などと草花などの種類ごとに分類しての解説をしている。巻末に動植物名および事項の五十音順索引を付す。

**飼育と観察** 新訂版 大野正男監修 学習研究社 1996.2 199p 26cm (学研の図鑑) 1500円 Ⓓ4-05-200555-4
〔目次〕昆虫、水にすむ生き物、魚、海にすむ生き物、両生類・爬虫類、小型哺乳類と小鳥、イヌとネコ
〔内容〕身近な動物や生き物の飼育方法と観察研究を紹介した学習図鑑。昆虫・魚・爬虫類・犬・猫などの生態や特徴を写真とともに解説し、飼育方法やポイントを述べる。巻末に事項索引を付す。

**飼育と観察** 筒井学、萩原清司、相馬正人、樋口幸男指導・執筆・監修 小学館 2005.8 183p 29×22cm (小学館の図鑑NEO 15)〈付属資料:シール〉 2000円 Ⓓ4-09-217215-X
〔目次〕虫の飼い方(林の虫、川や池の虫 ほか)、水の生き物の飼い方(海の生き物、川や池の生き物)、鳥やペットの飼い方、植物の育て方(花を育てよう、作物を育てよう)
〔内容〕幼児から小学校高学年向けの学習図鑑。カラー写真と精密な図版を掲載したシリーズ。さまざまな生き物の飼い方や育て方を紹介。12～65ページではカブトムシなどの昆虫、66～101

ページでは魚やカニのような水の生き物、102～121ページでは小鳥やハムスターのようなペット、122～161ページではアサガオのような花や、ジャガイモなどの作物を紹介する。

**深海生物大図鑑 ふしぎがいっぱい! 暗黒の世界を探検しよう** 長沼毅監修 PHP研究所 2009.1 79p 29cm 〈文献あり 索引あり〉 2800円 ⓘ978-4-569-68927-2 Ⓝ481.74

(目次)第1章 深海の基礎知識(地球と海、海底にもある山脈、火山、平原、谷、川 ほか)、第2章 深海の生き物(深海の生物はいつも腹ペコ、エサが流れてくるのをじっと待つ ほか)、第3章 深海のオアシス(海底火山を中心にできた深海のオアシス、ふしぎな生き物、チューブワーム ほか)、第4章 人はなぜ深海に潜るのか(潜水技術の移り変わり、深海底から地震のメカニズムを探る ほか)

**生命のふしぎ** 大利昌久監修、小野直子訳 ほるぷ出版 1997.11 32p 28×22cm (学習図鑑からだのひみつ) 2800円 ⓘ4-593-59450-2

(目次)生命のはじまり、女の生殖器系、男の生殖器系、思春期、卵子はどのようにしてつくられるか、精子はどのようにしてつくられるか、受精、子宮、胚の発達、からだの形成、胎児の成長、胎盤、成長と遺伝

**干潟の図鑑** 日本自然保護協会編 ポプラ社 2007.4 207p 21cm 1600円 ⓘ978-4-591-09422-8

(目次)北海道・東北の干潟、関東の干潟、東海・近畿の干潟、中国・四国の干潟、九州・沖縄の干潟、干潟ってなんだろう

(内容)干潟のいきものを紹介する図鑑。干潟には、ドラマがいっぱい。あれれ、なんの穴?とじーっと待っていると、カニがぽっこり穴から顔をだして、泥を食べて、だんごにしたり、はさみをふりあげてけんかをしたり。そこに、鳥たちがやってきて、カニをぱくり。

**ビジュアル博物館 6 池と川の動植物** スティーブ・パーカー著、リリーフ・システムズ訳 (京都)同朋舎出版 1990.7 63p 29×23cm 3500円 ⓘ4-8104-0894-9

(目次)春の植物、春の動物、初夏の植物、初夏の動物、真夏の植物、真夏の動物、秋の池、冬の池、淡水の魚、マス、水鳥、水辺の鳥、イグサとアシ、アシ原、水辺の哺乳類、カエルとイモリ、水辺のハンターたち、池の水面の花、水に浮かぶ植物、水中の水草、トンボ、水中の昆虫、淡水の貝、川の上流、川岸の生物たち、河口、塩水の沼沢地、研究と自然保護

(内容)1冊1テーマ、全88巻の博物図鑑シリーズ。池と川の世界を紹介する1冊。魚、水生甲虫、カエル、水草などの写真によって、淡水中やその周辺にすむ植物および動物の生態を学べる。

**ビジュアル博物館 10 海辺の動植物** スティーブ・パーカー著、リリーフ・システムズ訳 (京都)同朋舎出版 1990.10 61p 24×19cm 3500円 ⓘ4-8104-0898-1 Ⓝ403.8

(目次)海辺の世界、海岸線をつくる、海岸の概観、陸地の端に生きる、海の植物、緑藻類、褐藻類、紅藻類、海藻をすみかとする、海辺の貝殻、岩にしっかりとしがみつく、潮だまりの中、潮だまりの魚、花のような動物、触手と針、海の星、穴を掘るもの、巣をつくるもの、硬い殻、興味深い協力関係、身を隠す、岩棚の生物たち、海でえものをとる、海辺にやってくる動物たち、海辺の宝探し、海辺を守る

(内容)1冊1テーマ、全88巻の博物図鑑シリーズ。海辺の動植物を紹介する1冊。カニ、ロブスター、磯の潮だまりの生物、魚、アザラシなどの生きている姿の写真によって、海辺の生物たちを紹介する。

**ビジュアル博物館 54 ジャングル 熱帯雨林に住む生物たち** テレサ・グリーナウェイ著、ジェフ・ダン写真 (京都)同朋舎出版 1995.5 63p 30cm 2800円 ⓘ4-8104-2132-5

(目次)ジャングルとは?、ジャングルの種類、森の最上層、林冠、森の地面、水の中、着生植物、つる植物、中央アメリカのジャングル、植物の作戦〔ほか〕

(内容)1冊1テーマ、全88巻の博物図鑑シリーズ。ジャングルの珍らしい植物や動物、昆虫の姿をカラー写真で紹介する。

**ポケット版 学研の図鑑 8 飼育・栽培** 中山周平、平井博監修・指導 学習研究社 2002.4 192, 16p 19cm 960円 ⓘ4-05-201492-8 Ⓝ480

(目次)昆虫(カブトムシ、アトラスオオカブト ほか)、動物(ハムスター、モルモット ほか)、水の生きもの(キンギョ、メダカ ほか)、植物(ヒマワリ、コスモス ほか)、資料館(観察日記のつけよう、標本のつくり方 ほか)

(内容)子ども向けに飼育・栽培方法を紹介する図鑑。昆虫、動物、水の生きもの、植物に分類して掲載。さまざまな生き物の飼育・栽培の方法とポイントを、実例を見せながらくわしく解説している。それぞれの生き物の全長、季節、幼虫の期間、さなぎの期間、成虫の期間などのデータや飼育難易度、注意点なども紹介されている。巻末に索引が付く。

**まるごと日本の生きもの 学研もちあるき**

**図鑑** 木村義志, 小宮輝之, 高橋秀男監修 学研教育出版, 学研マーケティング（発売） 2009.11 264p 20cm 〈索引あり〉 2000円 ①978-4-05-203108-3 Ⓝ462.1
〔目次〕第1章 まち, 第2章 田, 第3章 畑, 第4章 草原, 第5章 雑木林, 第6章 山, 第7章 川, 第8章 海辺
〔内容〕日本の生きものを収録した図鑑。場所別, なかま分け別に, 約1000種を紹介。すんでいる場所や大きさ, 見られる季節など, 基本情報を掲載。漢字名や英名から, 生きものと人とのかかわりもわかる。読んで楽しいコラムも40項目掲載。

**みずのいきもの** フレーベル館 1990.7 116p 30cm 〈ふしぎがわかるしぜん図鑑 4〉〈監修：水野丈夫, 武田正倫〉 1650円 ①4-577-00036-9 Ⓝ481
〔目次〕魚, かに・えびなどのなかま, 貝, かえる・かめのなかま

**水べの生きもの野外観察ずかん 3 川・池の昆虫・植物・むせきつい動物** 武田正倫監修, 企画室トリトン著 ポプラ社 2003.4 79p 26×21cm 3300円 ①4-591-07510-9
〔目次〕昆虫（トンボ, タガメ ほか）, むせきつい動物（カニ, ザリガニ ほか）, 植物（水べの環境と植物, アシ・イグサ ほか）, 野外観察ガイド（服装や道具を準備しよう, 気をつけよう！これをしてはいけない！ほか）
〔内容〕日本の海べや川, 池, 湖など, 水べでよくみられるさまざまな生きものを紹介しているので, 野外観察と生きものの情報あつめに最適。しらべやすいように, 「生態ガイド」と「ずかんコーナー」をわけて構成。生態的なとくちょうや分布など, 野外観察にやくだつ情報が満載。小学校中学年以上。

**やさしい日本の淡水プランクトン 図解ハンドブック** 滋賀県立衛生環境センター, 一瀬諭, 若林徹哉監修, 滋賀の理科教材研究委員会編 合同出版 2005.2 150p 26cm 3800円 ①4-7726-0330-1
〔目次〕植物プランクトン（藍藻のなかま, 珪藻のなかま, 鞭毛藻のなかま, 緑藻のなかま）, 動物プランクトン（原生動物のなかま, ワムシのなかま, 節足動物のなかま）
〔内容〕プランクトンの不思議な世界。211属260種写真・図版982点を掲載。小学生から使える日本で初めての図解ハンドブック。

**わくわくウオッチング図鑑 1 山と高原** 高原・高原のしつ原・山 学習研究社 1990.7 152p 19cm 〈監修：大野正男, 柴田敏隆〉 854円 ①4-05-104332-0 Ⓝ460
〔内容〕リスやウサギだけでなく鳥やカエル, 昆虫, 木や草まで。動物・植物の分類別ではなく, 環境別に様々な生きものを1冊に収めた新しい図鑑のシリーズ。

**わくわくウオッチング図鑑 2 川と川原** 上流・中流／川原・下流／河口 学習研究社 1990.7 152p 19cm 〈監修：大野正男, 柴田敏隆〉 854円 ①4-05-104333-9 Ⓝ460
〔目次〕第1章 上流（上流の沢すじにはえる木々, 水辺に咲く花を見にいこう, けい流にいこうチョウ ほか）, 第2章 中流・川原（広い川原でバードウオッチング, 川原をいろどる美しい花たち, 魚つりのおじさんのビクの中を見ると ほか）, 第3章 下流・河口（オギやヨシのジャングル, ヨシのジャングルにいる虫たち, カモやカモメが河口に群れているよ ほか）
〔内容〕川と川原の生物が1冊でわかる, 初めての子どものためのポケット図鑑。川にいるのは鳥やトンボだけではない。川原の草や木, ヘビやカエル, それに魚までふくめて紹介する。

**わくわくウオッチング図鑑 3 海辺や干がた** 干がた・砂はま・いそ 学習研究社 1990.7 152p 19cm 〈監修：大野正男, 柴田敏隆〉 854円 ①4-05-104334-7 Ⓝ460
〔目次〕第1章 干がた（干がたは旅する鳥の食堂だ, いろいろなカニがいっぱい, どろをほると貝がザックザック出るよ ほか）, 第2章 砂はま（海からのおくり物を探しにいこう, 塩や熱, 砂の動きにも負けない草たち, 風や砂をとめる林 ほか）, 第3章 いそ（潮風や日の照り返しにも強い植物, 打ち寄せられた海そうを調べてみよう, 大きな潮だまりには魚がいっぱい ほか）
〔内容〕海と海辺の生物が1冊でわかる, 初めての子どものためのポケット図鑑。海にいるのは魚や貝だけではない。海そうや浜辺の木や草。それに鳥までふくめて紹介する。

**わくわくウオッチング図鑑 4 草原や林** 草原・雑木林・ブナの林 学習研究社 1991.4 152p 19cm 〈監修：大野正男, 柴田敏隆〉 854円 ①4-05-104335-5 Ⓝ460
〔内容〕草原や林の生物が1冊でわかる, 初めての子どものためのポケット図鑑。動物・植物の分類別ではなく, 環境別に様々な生きものを1冊に収めた新しい図鑑のシリーズ。

**わくわくウオッチング図鑑 5 田や畑** 畑・水田や小川・ぬま 学習研究社 1991.4 152p 19cm 〈監修：大野正男, 柴田敏隆〉 854円 ①4-05-104336-3 Ⓝ460
〔目次〕第1章 畑（畑にはいつも食べている野菜があるよ, すごい早さで育つ畑の雑草たち, 野菜が大好きな虫たち, カキやクリの木に集まる虫たち, 畑の下にはミミズがいるよ ほか）, 第2章

水田や小川(春の田んぼはお花畑、ふまれたり、かり取られたりする草、秋の田んぼにはアカトンボがいっぱい、水田の上をトンボやシラサギがまっているよ、水草でおおわれたぬまは、水生動物の楽園だ ほか)、第3章 ぬま(ぬまの水辺は草のジャングルだ、ぬまの中には浮草や水草がいっぱい、ぬまを飛びかうトンボたち、ガスボンベやシュノーケルを使う虫たち、ぬまにはコイやフナが泳いでいる ほか)
(内容)田・畑や小川・ぬまの生物が1冊でわかる、初めての子どものためのポケット図鑑。田や畑にいるのはカエルだけではない。野草、作物から昆虫、魚、鳥、小動物までふくめて紹介する。

わくわくウオッチング図鑑 6 街の中 家のまわり・小さな林や空き地・ビル街 学習研究社 1991.4 152p 19cm 〈監修:大野正男、柴田敏隆〉 854円 ①4-05-104337-1 Ⓝ460
(目次)第1章 家のまわり(庭に出でみよう。生き物がいっぱい、庭やベランダのきれいな花、かわいい花を咲かせる雑草、庭の木や花には虫がいっぱい、地面や石の下の虫を見てみよう ほか)、第2章 小さな林や空き地(空き地の草のジャングル、空き地の草や花に集まる虫たち、小さな林で仲良しの木をつくろう、小さな林でセミのぬけがらを探そう、モグラやリスがいるよ ほか)、第3章 ビル街(街の安らぎ、緑の並木道、選びぬかれたシティの花たち、わずかな緑や土にも虫はいきる、ビルの谷間に生きる鳥たち)
(内容)街の中の生物が1冊でわかる、初めての子どものためのポケット図鑑。街にいるのはイヌやネコだけではない。ビル街や小さな林の草や木、昆虫、カエル、ヘビから鳥までふくめて紹介する。

わくわくウオッチング図鑑 7 カブトムシ・クワガタ 雑木林の昆虫観察 学習研究社 1991.4 152p 19cm 〈監修:須田孫七〉 854円 ①4-05-105559-0 Ⓝ460
(目次)わくわく体ウオッチング、わくわく林の生態ウオッチング、わくわく成長ウオッチング、世界のカブトムシ・クワガタウオッチング
(内容)カブトムシ・クワガタムシの体・生態・成長のようす・飼育の仕方などが1冊でわかるポケット図鑑。

◆植物

<事典>

アサガオ観察事典 小田英智構成・文、松山史郎写真 偕成社 2003.11 39p 28×23cm (自然の観察事典28) 2400円 ①4-03-527480-1

(目次)海をわたってきたアサガオ、種からの発芽、双葉から本葉への成長、本葉がそだつ緑のアサガオ、巻きのぼるアサガオのつる、葉のつけ根にそだつ花芽、花のつぼみの成長、アサガオの花がひらくとき、どんな花が咲きましたか、アサガオの受粉、暑さの夏をむかえて、変化アサガオの世界、野生のアサガオのなかま、アサガオを加害する昆虫たち、花のあとの実の成長、実のなかでの種の成長、晩秋をむかえたアサガオ、アサガオをそだててみよう

植物のかんさつ 矢野亮文、渡辺晴夫写真 講談社 1992.4 48p 25×22cm (講談社パノラマ図鑑16) 1200円 ①4-06-250016-7
(目次)スーパーアイ、春の野原、タンポポの観察、めだたない木の花、おばなとめばな、よい子孫をのこすためのくふう、いろいろな形の葉、かわった葉、夜ねる植物、昼ねる植物、まきつく植物、一年のうつりかわり、四季の草花、季節のうつりかわり、色づく葉のいろいろ、どんぐりあつめ、たねの旅、冬の草のようす、冬に木を見分ける、春をまつ芽、つくってあそぼう、もっと知りたい人のQ&A
(内容)植物のうつりかわりや、植物の美しさ、ふしぎさ、おもしろさなどを、写真を中心に紹介する図鑑。小学校中学年から。

タンポポ観察事典 小田英智構成・文、久保秀一写真 偕成社 1996.5 39p 28×23cm (自然の観察事典2) 2400円 ①4-03-527220-5
(目次)タンポポの名前の由来、タンポポの分類、冬のタンポポ―ロゼット、花のつぼみの観察、タンポポの花の開花、タンポポの花の日周運動、タンポポの花の舌状花の観察、花にくる昆虫と受粉、ひとつの花の連続観察、花茎の観察・実の生長〔ほか〕
(内容)タンポポの特徴や観察方法を「タンポポの分類」「花のつぼみの観察」「タンポポの花の日周運動」等、18のテーマ別に解説した学習用図鑑。巻末に索引がある。児童向け。

チューリップ観察事典 小田英智構成・文、松山史郎写真 偕成社 2003.3 39p 28×23cm (自然の観察事典27) 2400円 ①4-03-527470-4
(目次)春のチューリップ畑で…、球根からそだつチューリップ、チューリップの芽ぶき、緑のチューリップ畑、チューリップのつぼみ、チューリップの花の開花、5月のチューリップ畑、おしべとめしべの成長、野生のチューリップは…、チューリップの実と種、種からそだったチューリップ、花が咲くまでの年月、チューリップ畑の花摘み、花を失ったチューリップ畑で、球根の収穫、商品としての球根、夏のユリの季節に、

チューリップをそだててみよう
(内容)チューリップの品種は、3000種をこすといわれている。花の色も形も色々ある。まわりにどんな花が咲いているか調べてみよう。小学校中学年から。

どんぐりハンドブック 観察・工作・遊び
岩藤しおい,岩槻秀明著 いかだ社 2008.9
95p 21cm 1400円 ①978-4-87051-242-9
Ⓝ594
(目次)自然観察編(どんぐりひろいにでかけよう!、どんぐりのタイプ、どんぐりの芽生え、どんぐりと動物 ほか)、つくる・遊ぶ・かざる どんぐり工作編(どんぐりおもちゃ、どんぐり昆虫、どんぐりフラワー、どんぐり動物 ほか)

ヘチマ観察事典 小田英智構成・文,松山史郎写真 偕成社 2006.12 39p 28×23cm (自然の観察事典 38) 2400円 ①4-03-526580-2
(目次)緑のヘチマ棚の下で、土のなかでの種の発芽、双葉の芽生え、つぎつぎに芽生える本葉、茎を支える巻きひげ、ぐいぐいのびるヘチマの茎、花芽の成長、ヘチマの花の開花、ヘチマの花の受粉、ヘチマの花外蜜腺、青いヘチマの実の成長、大きくそだったヘチマの実、畑のウリ科植物のなかま、秋をむかえたヘチマ棚、赤い実のカラスウリ、枯れたヘチマの実、ヘチマ棚でヘチマをそだてよう

<図鑑>

あそびのおうさまずかん くさばな 学習研究社 2002.7 64p 26×24cm 780円 ①4-05-201770-6 Ⓝ031
(目次)かだんのはな(はるのはな、なつのはな、あきのはな、ふゆのはな)、のやまのはな、きのはな、み、ねえねえおしえてくさばなあそび、ねえねえおしえてはなことば
(内容)花壇や野山、木に咲く花を季節別に紹介する図鑑。草花遊びや花言葉も掲載する。

学習図鑑 植物 岩瀬徹著,鈴木庸夫写真 成美堂出版 1996.2 271p 21cm 1800円 ①4-415-08354-4
(目次)1 植物が支える日本の自然、2 日本の植物、3 植物はどのようにふえるのだろう、4 植物の成長とくらし、5 植物観察に出かけよう
(内容)野生の草木から栽培植物まで300種を収録した、児童向けの学習図鑑。5章から成り、第1章で日本全体の植物の様子を紹介、第2章で日本で見られる種々の植物の写真を掲載し、開花時期・分布・生育地・特徴を紹介する。3章、4章、5章では植物の増え方や成長、植物観察の方法を説明。巻末に五十音順の植物用語解説や植物園・自然園ガイドがある。

形とくらしの雑草図鑑 見分ける、280種
岩瀬徹著 全国農村教育協会 2007.10 223p 21cm (野外観察ハンドブック) 2400円 ①978-4-88137-135-0
(目次)トクサ科、クワ科、タデ科、ベンケイソウ科、ナデシコ科、スベリヒユ科、ヤマゴボウ科、アカザ科、ヒユ科、アブラナ科〔ほか〕
(内容)街なか、人里、畑の周辺など身近なところに普通に見られる雑草約280種をとりあげた雑草図鑑。種ごとに、全体の形、茎や葉、花や果実、群生するようすなどの写真を掲載。巻末に学名索引、和名索引が付く。

学研生物図鑑 特徴がすぐわかる 野草1 双子葉類 改訂版 山口昭彦編 学習研究社 1990.3 386p 22cm 〈監修:本田正次『学研中高生図鑑』の改題〉 4600円 ①4-05-103857-2 Ⓝ460.38
(内容)中学・高校生向けの生物の学習図鑑シリーズ。野草の部は「1 双子葉類」「2 単子葉類」の2冊で構成する。

学研生物図鑑 特徴がすぐわかる 野草2 単子葉類 改訂版 山口昭彦編 学習研究社 1990.3 330p 22cm 〈監修:本田正次『学研中高生図鑑』の改題〉 4600円 ①4-05-103858-0 Ⓝ460.38
(内容)中学・高校生向けの生物の学習図鑑シリーズ。野草の部は「1 双子葉類」「2 単子葉類」の2冊で構成する。

学研生物図鑑 特徴がすぐわかる 海藻 改訂版 学習研究社 1990.3 292p 22cm 〈監修:千原光雄 編集:小山能尚『学研中高生図鑑』の改題〉 4100円 ①4-05-103859-9 Ⓝ460.38
(内容)中学・高校生向けの生物の学習図鑑シリーズ。全12冊。

学研の図鑑 花 新訂版 学習研究社 1994.11 184p 26cm 1500円 ①4-05-200505-8
(内容)園芸植物と作物を620点のカラー写真で紹介する学習図鑑。季節ごとの「花」、穀物、野菜、果物に分けた「作物」、植物園ガイドや育て方などの「花とわたしたちのくらし」の3部構成。巻末に花ことばと索引を付す。

学校のまわりでさがせる植物図鑑 ハンディ版 春 平野隆久写真,近田文弘監修 金の星社 2009.2 127p 22cm 〈索引あり〉 2500円 ①978-4-323-05671-5 Ⓝ470.38
(目次)春の野原や空き地(特集・タンポポ、特集・スミレ、特集・レンゲソウ)、春の水辺、春の林や山、春の海辺、春の野草さくいん、野草の

さくいん，観察ノートを作ろう
(内容)身近で見られる植物を花が咲く季節ごとに紹介した図鑑。学校の行き帰りに出会う草花の名前がわかる。似ている植物の見分け方も掲載する。

**学校のまわりでさがせる植物図鑑 ハンディ版 夏** 平野隆久写真，近田文弘監修 金の星社 2009.3 127p 22cm 〈索引あり〉 2500円 ①978-4-323-05672-2
Ⓝ470.38
(目次)夏の野原や空き地，夏の水辺，夏の林や山，夏の海辺，夏の野草さくいん，野草のさくいん，観察ノートを作ろう
(内容)身近で見られる植物を花が咲く季節ごとに紹介した図鑑。似ている植物の見分け方も掲載。植物の名前や，特徴を調べるのに役立つ。

**学校のまわりでさがせる植物図鑑 ハンディ版 秋冬** 平野隆久写真，近田文弘監修 金の星社 2009.3 127p 22cm 〈索引あり〉 2500円 ①978-4-323-05673-9
Ⓝ470.38
(目次)秋冬の野原や空き地，特集 セイタカアワダチソウ，特集 オオオナモミ，特集 シロザ，特集 ススキ，特集 ヒガンバナ，秋冬の水辺，秋冬の林や山，秋冬の海辺
(内容)身近で見られる植物を花が咲く季節ごとに紹介した図鑑。この巻では，秋冬に花が咲く野草を全115種掲載。冬に見過ごされがちなススキが地面の下で冬越ししている姿なども紹介。

**学校のまわりでさがせる植物図鑑 ハンディ版 樹木** 平野隆久写真，近田文弘監修 金の星社 2009.3 127p 22cm 〈索引あり〉 2500円 ①978-4-323-05674-6
Ⓝ470.38
(目次)春の樹木，特集 サクラ，夏の樹木，特集 アジサイ，秋冬の樹木，特集 カエデ（モミジ），特集 ドングリ，特集 イチョウ
(内容)身近で見られる植物を紹介した図鑑。サクラ，アジサイ，カエデなど，近身な樹木を集め，全181種を掲載。花が咲いたり，果実をつけたり，葉が紅葉するなど，その植物の特徴がよくわかる季節ごとに紹介する。

**学校のまわりの植物ずかん 1 花の色でさがせる春の草花** おくやまひさし文・写真 ポプラ社 2005.3 71p 26×21cm 2600円 ①4-591-08460-4
(目次)野原の草花（球根でふえるスイセン，お株とめ株，春の七草，ナズナの昼と夜，セイヨウタンポポとカントウタンポポ，花のめがねや首かざり），田んぼや水辺の草花（カラスムギの種），雑木林や低い山の草花（カタクリの球根）
(内容)春をつげるツクシやフキノトウ，道ばたのタンポポ，野原のスミレ，田んぼのレンゲソウ，林の中にさくカタクリやフクジュソウなど。春の七草や，シロツメグサの首かざりづくりなども紹介。

**学校のまわりの植物ずかん 2 花の色でさがせる夏の草花** おくやまひさし文・写真 ポプラ社 2005.3 71p 26×21cm 2600円 ①4-591-08461-2
(目次)野原の草花（ヒルガオとコヒルガオの見わけ方，ヒメジョオンとハルジオン，ひとりで立てないつる性の草，カラスウリの花がさくまで），田んぼや水辺の草花（アレチマツヨイグサの花がさくまで，水にうく草，ホテイアオイ，食べられる根レンコン，オニバスの花のひみつ），雑木林や低い山の草花
(内容)フェンスにからみつくヒルガオ、道ばたのネジバナやエノコログサ、夜に開くカラスウリの花、池にさくハスやホテイアオイ、海辺のスカシユリやハマボウフウ、林でさきみだれるヤマユリなど。

**学校のまわりの植物ずかん 3 花の色でさがせる秋の草花** おくやまひさし文・写真 ポプラ社 2005.3 71p 26×21cm 2600円 ①4-591-08462-0
(目次)野原の草花（ヒガンバナの一年，服にくっつく種，秋の七草），田んぼや水辺の草花（ヤナギタデの葉でつくるタデ酢，ジュズダマのアクセサリー），雑木林や低い山の草花（ヤマノイモとオニドコロ，草の実と種，くっつく種 ほか）
(内容)野原をいろどるキキョウやナデシコ、ハギやススキなど秋の七草。川原に実るジュズダマの実、林の中にさくリンドウなど。服にくっつく種のあそびや、ヨウシュヤマゴボウの色水あそびも紹介。

**学校のまわりの植物ずかん 4 冬ごしのすがたでさがせる冬の草花** おくやまひさし文・写真 ポプラ社 2005.3 71p 26×21cm 2600円 ①4-591-08463-9
(目次)野原の草花（雪国の野山の草花，かんさつしよう根やイモで冬ごしする草花），田んぼや水辺の草花（ススキ，オギ，ヨシの見わけ方），雑木林や低い山の草花（ヤマノイモとオニドコロの見わけ方，自然のドライフラワー，草の種と芽ぶき，どんな芽が出るかな？）
(内容)雪の中でも花をさかせるノボロギクやホトケノザ、緑の葉をつけるヒガンバナやノビル、地面に葉をひろげるナズナやハルジオンのロゼット、根で冬をこすススキやヨモギなど。種や芽ぶきも紹介。

**学校のまわりの植物ずかん 5 葉の形でさがせるみぢかな木** おくやまひさし文・写真 ポプラ社 2005.3 71p 26×21cm

3300円　①4-591-08464-7

(目次)春（ウメの実がみのるまで、1年に2度、花をつけるサクラ）、夏（とげのある木、ムクゲの花は一日花）、秋（イチョウの四季、赤くなる木の葉 ほか）、冬（ほかの木に寄生するヤドリギ、常緑樹の葉もかれる ほか）

(内容)春をしらせるネコヤナギ、満開のウメ、モモ、サクラ、新緑のケヤキ、梅雨にぬれるアジサイ、夏の庭にさくバラやサルスベリ、秋色づくイチョウ、いろいろなドングリ、冬も緑のスギやマツなど。小学校低学年から。

**カビ図鑑　野外で探す微生物の不思議**　細矢剛，出川洋介，勝本謙著，伊沢正名写真　全国農村教育協会　2010.7　160p　26cm　〈文献あり 索引あり〉　2500円　①978-4-88137-153-4　Ⓝ465.8

(目次)第1章 カビの世界の扉を開ける（わっ…カビだ!、カビをよく見てみれば ほか）、第2章 カビを探してみよう（野外でくらすカビたち、サクラてんぐ巣病菌 ほか）、第3章 実験!カビを捕まえよう（水の中のカビを釣る、土の中からカビを呼び出す ほか）、第4章 カビと深くつきあうために（カビを集めてみよう、ルーペ・顕微鏡で観察しよう ほか）、まとめ 菌類への深い理解をめざして

(内容)野外のカビの美しさ、不思議さを紹介する図鑑。自然の一部としてのカビのはたらきを紹介、環境についての考えが広く深くなる。野外でカビを探すコツがつかめる。

**鑑定図鑑日本の樹木　枝・葉で見分ける540種**　三上常夫，川原田邦彦，吉沢信行著　柏書房　2009.5　476p　26cm　〈文献あり 索引あり〉　7800円　①978-4-7601-3555-4　Ⓝ653.21

(内容)よく見かける代表的な基本種はもちろん、生産、造園、園芸、緑地緑化に使われることの多い品種も幅広く網羅。各種樹木試験の対策に使えて、プロも納得の情報が満載の、樹木図鑑の新スタンダード。日本を代表する樹木540種をこの一冊に凝縮。

**木の図鑑**　長谷川哲雄著　岩崎書店　1999.8　48p　30cm　（絵本図鑑シリーズ 20）　1500円　①4-265-02920-5

(内容)四季折々の雑木林の樹木のみどころを紹介する図鑑。

**木の実・草の実**　甘中照雄著　（東大阪）保育社　1999.9　91p　21cm　（名まえしらべ）　1500円　①4-586-36502-1

(目次)木の実・草の実検索図、どんぐり図鑑、くだもの図鑑、いろいろな花、種子の移動、毒のある果実、植物の説明

(内容)木の実や草の実の名前や種類、しくみな

どを掲載した図鑑。巻末に索引がある。

**くさばな　新版**　高橋秀男、真室哲也監修　学習研究社　2004.10　120p　30×23cm　（ふしぎ・びっくり!?こども図鑑）　1900円　①4-05-202107-X

(目次)花だんの草花（春の花だん、夏の花だん、秋の花だん、にわや公園の木、へやで楽しむ草花）、野山の草花（道ばたや野原にさく草花、川原や水べの草花、高い山の草花、たけ・ささ、野山の木、草花あそび）、くだもの・野さい（くだもの、野さい、こくもつ、きのこ、草花をそだててみよう）

(内容)写真やスーパーイラストで好奇心をくぎづけ。テーマに合った発展内容やクイズで知識が身につく。おうちの方へのコーナーの詳しい情報で親子の会話が増える。幼児〜小学校低学年向き。

**草花遊び図鑑**　小林正明著，小林茉由絵　全国農村教育協会　2008.7　115p　26cm　1500円　①978-4-88137-138-1　Ⓝ384.55

(目次)タンポポ・シロツメクサの指輪、松葉で花かんざし・花かざり、タンポポのサイフォン、ヤエムグラのペンダント、つなぎめはどこ?、タンポポの茎の風車と水車、髪かざり、タンポポの人形、ナズナのからから、食べてあそぶ、食べられる花〔ほか〕

(内容)ただながめているだけの草花・植物と、もう少し深く付き合うための図鑑。身近な草花を使い、野外で遊びながら自然にふれる体験。昔、子どもだったお父さんお母さん、おじいちゃん・おばあちゃんも、「あっ、この遊び、やったやった!」となつかしい。そんな遊び100を紹介する。

**くさばな・き**　学習研究社　1993.5　132p　27cm　（学研のこども図鑑）　3090円　①4-05-104725-3

(内容)幼児向け・子どものための草花・樹木の図鑑。

**くだもの**　フレーベル館　1996.10　21p　20×21cm　（フレーベル館のこどもずかん 7）　780円　①4-577-01646-X

(内容)メロンやバナナ・リンゴといったくだものを絵で紹介した、子供向けの図鑑。それぞれの名称と特徴を記す。

**くもんのはじめてのずかん　はな・くだもの・やさい・かいそう**　あきびんご絵，山田卓三監修　くもん出版　2010.10　72p　19×19cm　〈索引あり〉　1200円　①978-4-7743-1762-5　Ⓝ460

(内容)子どもに身近なものを中心に、274種の、花・果物・野菜・海藻をあいうえお順で収録。人気絵本作家・あきびんごの魅力あふれるイラス

科学　　　　　　　　　児童書

トを掲載。親子でためになる、英語の名前・漢字の名前・大きさ・重さを掲載。楽しみながら子どもの興味を広げる、ずかんの使い方・遊び方を紹介。

**原色木材大事典170種　日本で手に入る木材の基礎知識を網羅した決定版　木目、色味、質感がひと目で分かる！**　村山忠親著，村山元春監修　誠文堂新光社　2008.9　240p　26cm　3800円　Ⓘ978-4-416-80861-0　Ⓝ657.2

(目次)針葉樹（イチョウ、イチイ、カヤ ほか），広葉樹（軟質広葉樹材，中硬質広葉樹材，硬質広葉樹材），木材製品以外で使用される有用樹種（コウゾ，ミツマタ，ガンピ ほか）

(内容)現在日本で入手可能な木材170種のデータをまとめた事典。分類別に構成し，各木材の樹木名，分類，学名，心材の色から，材料としての様々な特性データを掲載。木肌やインテリア作品などの写真も交えて紹介する。巻末には，樹種名索引，用語索引がある。

**校庭の花　野外観察ハンドブック**　並河治，岩瀬徹，川名興共著　全国農村教育協会　1995.10　136p　21cm　1960円　Ⓘ4-88137-058-8

(目次)花の「くらし」と「かたち」，校庭の花124種，学校や家庭での花栽培，分類別樹名一覧

**こどものずかんMio 7　くさばな・き**　(大阪)ひかりのくに　2005.8　64p　27×22cm　762円　Ⓘ4-564-20087-9

(目次)ここはジャングル？，のはらのじゅうたん，しろいボールみたいだね？，あちらこちらではながさいた！，とおくへいこう！，はるのくさばな，くさばなあそび，はるをさがしにしゅっぱつ！，はるのかだんのはな・きのはな，はやおきのはなだよ！〔ほか〕

**山菜と木の実の図鑑**　おくやまひさし著　ポプラ社　2003.3　255p　21cm　1500円　Ⓘ4-591-07662-8

(目次)里の山菜（早春の野の摘み草），山の山菜，おいしい木の芽，海辺の山菜，初夏の木の実，野生イチゴ，秋の木の実，山野に育つ根菜，有毒植物

(内容)おいしい山菜と木の実、採り方・食べ方。約150種を美しい写真と親しみやすい解説で紹介。

**樹木図鑑**　デヴィッド・バーニー著，中村武久日本語版監修，リリーフ・システムズ翻訳協力　あすなろ書房　2004.3　60p　29×22cm　（「知」のビジュアル百科 3）〈『ビジュアル博物館 樹木』新装・改訂・改題書　原書名：EYEWITNESS GUIDES, VOLUME 5-TREE〉　2000円　Ⓘ4-7515-2303-1

(目次)木とは何か，広葉樹，針葉樹，熱帯樹，木

の誕生，木はどのように生長するか，根を伸ばす，木の幹，樹皮─木の皮膚，芽から葉へ〔ほか〕

(内容)子供向けの1冊1テーマの図解百科事典シリーズ。樹木の種類から木が登場する伝説、木の活用法や酸性雨との関係までを紹介。生物学的な知識だけでなく、神話や環境問題など幅広い知識が身につく。70種の樹木、60種の葉を掲載。

**食虫植物ふしぎ図鑑　つかまえ方いろいろ！写真と図で見るおどろきの生態**　ワン・ステップ編，柴田千晶監修　PHP研究所　2009.11　79p　29cm〈索引あり〉2800円　Ⓘ978-4-569-78001-6　Ⓝ471.76

(目次)第1章 食虫植物を知ろう！（食虫植物って，どんな植物？，虫をつかまえるしくみ），第2章 食虫植物を見てみよう！（写真で見る食虫植物図鑑，世界の食虫植物，日本の食虫植物，食虫植物を観察しよう），第3章 食虫植物を育てよう！（食虫植物を育てる前に，育て方のポイント，食虫植物の育て方，食虫植物のふやし方，もっと知りたい食虫植物）

(内容)葉などで虫をつかまえて消化し、栄養を吸収する不思議な「食虫植物」の世界を紹介する図鑑。

**しょくぶつ**　フレーベル館　1990.7　116p　30cm　（ふしぎがわかるしぜん図鑑 3）〈監修：水野丈夫，浅山英一〉　1650円　Ⓘ4-577-00035-0　Ⓝ470

(内容)こどもが自然に触れ確かめるときの手びき書となる図鑑。写真や細密な絵により、自然の不思議や秘密がひとりでにわかるよう編集に工夫をこらしている。

**しょくぶつ**　無藤隆総監修，高橋秀男監修　フレーベル館　2004.6　128p　30×23cm（フレーベル館の図鑑 ナチュラ 2）　1900円　Ⓘ4-577-02838-7

(目次)草花（にわや公園の草花，野山の草花），木（にわや公園の木，野山の木），食べるしょくぶつ（くだもの，実を食べるやさい，葉や花を食べるやさい，根やくきを食べるやさい，こくもつ），もっと知りたい植物（植物のくらし，植物のからだ，植物が生きるしくみ，植物がふえるしくみ，高さによって，生える植物はちがう，外国から来た植物，観察日記をつけよう）

(内容)リアルなイラストや写真と解説とを組み合わせ、特徴や種類、観察ポイントなどを詳しく紹介した植物図鑑。巻末に五十音順索引が付く。

**植物**　改訂版　旺文社　1998.4　207p　19cm（野外観察図鑑 2）　743円　Ⓘ4-01-072422-6

(目次)春（サクラ，タンポポ ほか），夏（アサガオ，ヒマワリ ほか），秋（ドングリ，秋の花だん ほか），冬（冬の木の実と花，草木の冬ごし ほか），植物とわたしたち（植物の育ち方─観察と

実験，植物と人のくらし，植物のなかまわけ，植物に親しもう）

(内容)身の周りの植物を重点的に収録した植物図鑑。探しやすいように季節別と場所別に構成した仲間分けや，植物の特ちょうがひと目で分かるように引き出し線でポイントを説明。野外観察に便利なハンディーサイズ。

**植物** 学習研究社 2000.3 200p 30×23cm （ニューワイド学研の図鑑） 2000円 ⓘ4-05-500410-9 Ⓝ470

(目次)街・空き地の植物，田畑・野原の植物，里山の植物，深い山の植物，高い山の植物，水辺や川原の植物，海辺の植物，シダ植物，キノコ

(内容)草および木とシダ植物などの野外植物とキノコを収録した図鑑。街・空き地，田畑等の生息する場所に分類して排列。それぞれの植物には種名，別名，科名などと解説を掲載。各項目ごとの他にも巻末に植物の情報館としてさまざまな解説を載せている。植物の各名称からの索引を付す。

**植物** 門田裕一監修，畑中喜秋，和田浩志，岡田比呂実指導・執筆 小学館 2002.7 207p 30cm （小学館の図鑑NEO 2） 2000円 ⓘ4-09-217202-8 Ⓝ470.38

(目次)場所で植物を紹介するページ（身近な植物，山の植物，深い山の植物 ほか），なかまで植物を紹介するページ（裸子植物のなかま，シダのなかま，コケのなかま ほか），菌類などのページ（キノコのなかま，カビ・地衣類・変形菌類），植物の基本がわかる（植物の体と働き）

(内容)幼児から小学校高学年向けの学習図鑑。カラー写真と精密な図版を掲載したシリーズ。約1200種の植物とキノコ，カビ，変形菌などの仲間を収録。被子植物は生息環境と季節ごとに分類し，掲載。次に裸子植物，シダ，コケ，などを分類別に掲載している。各植物の種名，別名，科名，生活の仕方，草たけや樹高，花の時期，果実の時期，育つ地域や原産地，育つ場所などを記載。また，植物の特徴的な部分をイラストで紹介している。この他に，「もの知りコラム」や「やってみようコラム」など学習に役立つ記事も掲載している。巻末に索引が付く。

**植物** 改訂版 大場達之総合監修 学習研究社 2006.1 240p 30×23cm （ニューワイド学研の図鑑） 2000円 ⓘ4-05-202486-9

(目次)花だんの植物，室内・温室の植物，街・空き地の植物，田畑・野原の植物，里山の植物，深い山の植物，高い山の植物，水辺や川原の植物，海辺の植物，コケ植物，海藻，キノコ，こく物・豆類・油など，野菜，果物

(内容)花壇の植物やコケ植物，野菜など身の回りの植物約500種を収録。

**植物** 大場達之監修・指導 学習研究社 2007.6 148p 26cm （ジュニア学研の図鑑） 1500円 ⓘ978-4-05-202650-8

(目次)双子葉植物，海辺の植物，高い山の植物，単子葉植物，水生植物，しだ植物，こけ植物，地衣類，海そう，きのこ，ほかの植物について生活する植物，食虫植物，有毒植物

(内容)身近な植物をなかま分けで紹介。調べ学習にも役立つ植物図鑑。なかま分けの特ちょうをやさしく解説。約1000種掲載の生態写真図鑑。

**植物** 増補改訂版 学研教育出版，学研マーケティング（発売） 2010.4 232p 19cm （学研の図鑑 新・ポケット版2） 960円 ⓘ978-4-05-203204-2 Ⓝ470.38

(目次)植物ギャラリー，春の花だん，春の樹木，春の野草，初夏の花だん，初夏の樹木，初夏の野草，夏の花だん，夏の樹木，夏の野草〔ほか〕

(内容)野外観察に最適。収録数約1100種。植物の楽しみ方が広がる情報満載。

**植物** 和田浩志監修・執筆，岡田比呂実ほか指導・執筆，斎藤光一，松岡真澄ほか画，亀田竜吉，大作晃一ほか写真 小学館 2010.6 207p 19cm （小学館の図鑑NEO POCKET 2）〈文献あり 索引あり〉 950円 ⓘ978-4-09-217282-1 Ⓝ470

(目次)道ばたや公園の草，野山の草，道ばたや公園の木，野山の木，裸子植物，タケとササ，きのこ，深い山の植物，高山植物，海辺の植物，水辺の植物，亜熱帯の植物，野菜・果物

(内容)道ばたや公園から，亜熱帯のジャングルにある植物まで，日本でみられる植物約820種と，きのこ約40種を紹介。

**植物の生態図鑑** 学習研究社 1993.8 160p 30cm （大自然のふしぎ） 3200円 ⓘ4-05-200138-9

(目次)身近な植物のふしぎ，野原・雑木林の植物のふしぎ，森林・山地の植物のふしぎ，水辺のふしぎ，世界のふしぎ植物，からだのしくみのふしぎ，自然ウォッチング，資料編

(内容)植物の素顔を収めた大型図鑑。身近な植物たちの知られざる素顔，子孫を残すための驚くべき戦略，世界のふしぎ植物など，最新の研究結果を大判で収録するビジュアルブック。

**植物の生態図鑑** 改訂新版 学研教育出版，学研マーケティング（発売） 2010.4 168p 31cm （大自然のふしぎ 増補改訂） 3000円 ⓘ978-4-05-203130-4 Ⓝ471.7

(目次)身近な植物のふしぎ，野原・雑木林の植物のふしぎ，森林や山地の植物のふしぎ，水辺の植物のふしぎ，世界のふしぎ植物，からだのしくみのふしぎ，受粉のふしぎ，植物の増え方のふしぎ，自然ウォッチング，資料編

科 学　　　　　　　　　　児童書

**植物のふしぎ**　香取一文，渡辺晴夫写真　講談社　1993.3　48p　25×22cm　（講談社パノラマ図鑑 25）　1200円　ⓝ4-06-250024-8

目次 スーパーアイ，花の形と色，花のしくみ，外国のきれいな花，花粉の形のいろいろ，受粉のふしぎ，たねができるまで，食べられる果実〔ほか〕

内容 小さな生きものから宇宙まで，子どもの知りたいふしぎ・なぜに答える科学図鑑。小学校中学年から。

**世界のワイルドフラワー　1　地中海ヨーロッパ／アフリカ：マダガスカル編**　大場秀章監修，冨山稔著　学習研究社　2003.11　264p　27×22cm　（学研の大図鑑）　3800円　ⓝ4-05-201912-X

目次 1章 地中海ヨーロッパ（ポルトガル（アルガルベ地方），スペイン（アンダルシア地方），ピレネー山脈（スペイン／フランス），フランス（オーベルニュ地方）ほか），2章 アフリカ，マダガスカル（ケニア，タンザニア，ナミビア，南アフリカ（ケープ／ナマクワランド，ドラケンスベルク ほか））

**世界のワイルドフラワー　2　アジア／オセアニア／北・南アメリカ編**　冨山稔写真・著　学習研究社　2004.4　272p　27×22cm　（学研の大図鑑）　3800円　ⓝ4-05-201913-X

目次 1章 アジア（アルメニア，カザフスタン ほか），2章 オセアニア（オーストラリア，ニュージーランド），3章 北アメリカ（カナダ（カナディアンロッキー），カナダ（ニューファンドランド）ほか），4章 南アメリカ（ボリビア，チリ／アルゼンチン（アンデス山系）ほか）

**タネの大図鑑　色・形・大きさがよくわかる　身近な花・木から野菜・果物まで**　ワン・ステップ編，サカタのタネ監修　PHP研究所　2010.11　63p　29cm　〈文献あり　索引あり〉　2800円　ⓝ978-4-569-78091-7　Ⓝ471.1

目次 第1章 タネって，なんだろう？（タネをさがしてみよう，タネをくわしく知ろう，タネのいろいろな旅），第2章 写真で見るタネ図鑑（花と野菜のタネ，木と果物のタネ，タネの大きさをくらべよう―原寸タネ図鑑 ほか），第3章 タネ博士になろう！（タネの会社の仕事，新しい品種のタネをつくる，アサガオを育てよう ほか）

内容 身近な花や野菜，木や果物のタネを，花や果実の写真とともに紹介。

**採りたい食べたいキノコ**　七宮清著　旺文社　2000.4　256p　14×14cm　（アレコレ知りたいシリーズ 6）　1429円　ⓝ4-01-055058-9　Ⓝ474

目次 家のまわりのキノコ（オオホウライタケ，カラカサタケ，ヒトヨタケ ほか），広葉樹林のキノコ（スエヒロタケ，サクラシメジ，ホンシメジ ほか），針葉樹林のキノコ（マツオウジ，ホテイシメジ，サマツモドキ ほか），栽培されるキノコ（ヒラタケ，シイタケ，ハタケシメジ ほか）

内容 キノコの図鑑。家のまわりのキノコ、広葉樹林のキノコ、針葉樹林のキノコ、栽培されるキノコの4つに分類。それぞれのグループを原色日本新菌類図鑑の記載順にしたがい紹介。各キノコは特徴、見つけ方、人の生活との関係、同じ科や属の仲間のキノコ、育て方と毒の有無あるいは不明について記載。巻末に付録としてキノコのしくみ、キノコ狩りとキノコ生活・知っておきたいことを収録。キノコ名の索引を付す。

**名前といわれ 木の写真図鑑　1　早春から初夏まで**　杉村昇著　偕成社　1998.4　189p　19cm　1800円　ⓝ4-03-529460-8

目次 ロウバイ，カンヒザクラ，サンシュユ，マンサク：ヤドリギ，コリヤナギ，ネコヤナギ，ヤブツバキ，ハナノキ，オニシバリ〔ほか〕

内容 市街地や公園、ハイキングコースなどで見かける身近な木々の語源を写真付きで解説した植物図鑑。データ内容は語源のほかに別名、植物の科・目、分布、育成地、葉なの色、果実の色、葉の形などを記載。「早春から初夏まで」「初夏から初秋まで」「初秋から冬まで」の季節ごとに全3巻で構成、計482種を収録。

**名前といわれ 木の写真図鑑　2　初夏から初秋まで**　杉村昇著　偕成社　1998.4　189p　19cm　1800円　ⓝ4-03-529470-5

目次 ニガイチゴ，モミジイチゴ，ヤブサンザシ，ヤマモモ，ハナイカダ，ナギイカダ，ハリエンジュ，ツリガネカズラ，キハダ，ミツバウツギ〔ほか〕

内容 市街地や公園、ハイキングコースなどで見かける身近な木々の語源を写真付きで解説した植物図鑑。データ内容は語源のほかに別名、植物の科・目、分布、育成地、葉なの色、果実の色、葉の形などを記載。「早春から初夏まで」「初夏から初秋まで」「初秋から冬まで」の季節ごとに全3巻で構成、計482種を収録。

**名前といわれ 木の写真図鑑　3　初秋から冬まで**　杉村昇著　偕成社　1998.4　189p　19cm　1800円　ⓝ4-03-529480-2

目次 ハマナス，ハグマノキ，イチョウ，コクサギ，アオハダ，イヌビワ，ビワ，ノグルミ，ユズリハ，カクレミノ〔ほか〕

内容 市街地や公園、ハイキングコースなどで見かける身近な木々の語源を写真付きで解説した植物図鑑。データ内容は語源のほかに別名、

植物の科・目・分布・育成地・葉なの色・果実の色、葉の形などを記載。「早春から初夏まで」「初夏から初秋まで」「初秋から冬まで」の季節ごとに全3巻で構成、計482種を収録。

**名前といわれ 野の草花図鑑 4（続編2）**
杉村昇写真・文　偕成社　1990.6　184p
19cm　1400円　Ⓓ4-03-529120-X
(内容)草花の写真とその植物の語源の写真を見開き2ページに配した図鑑。2枚の写真を見くらべるだけで、植物名のいわれや語源がわかり、草花の名前を印象深くおぼえられるように編集されている。

**名前といわれ 野の草花図鑑 5（続編の3）**
杉村昇写真・文　偕成社　1992.4　186p
19cm　1400円　Ⓓ4-03-529180-3
(内容)草花の写真とその植物の語源の写真を見開き2ページに配した図鑑。2枚の写真を見くらべるだけで、植物名のいわれや語源がわかり、草花の名前を印象深くおぼえられるように編集されている。

**日本どんぐり大図鑑**　徳永桂子著　偕成社
2004.3　156p　29×24cm　4800円　Ⓓ4-03-971140-8
(目次)一年じゅう緑の葉をつけるどんぐりの木（常緑樹）（ウバメガシのなかま、カシのなかま、シイのなかま ほか）、冬に葉を落とすどんぐりの木（落葉樹）（ナラのなかま、クヌギのなかま、カシワのなかま ほか）、外国産のどんぐりの木（ヨーロッパ〜アジアのどんぐり、北アメリカのどんぐり）
(内容)樹形から芽生えまで日本で観察できるどんぐりの全種を精密に描く。実と葉が実物と同じ大きさなので検索しやすい。小学中級から一般向。

**日本の野草 春**　増補改訂　矢野亮監修　学習研究社　2009.1　264p　19cm　（フィールドベスト図鑑 vol.1）〈索引あり〉　1800円
Ⓓ978-4-05-403797-7　Ⓝ472.1
(目次)ピンク・赤・紫・青の花（平地、丘や山、水辺、海辺）、黄色やオレンジ色の花、白い花、緑や褐色の花
(内容)アイコン方式のフィールドベスト図鑑の増補改訂版。スミレ検索チャートなど、役に立ち使いやすい記事も掲載。

**日本の野草 夏**　増補改訂　矢野亮監修　学習研究社　2009.5　264p　19cm　（フィールドベスト図鑑 vol.2）〈索引あり〉　1800円
Ⓓ978-4-05-403842-4　Ⓝ472.1
(目次)ピンク・赤・紫・青の花（平地、丘や山、水辺、海辺）、黄色やオレンジ色の花、白い花、緑や褐色の花、日本のユリと仲間、野草を調べるための用語集

(内容)夏に咲く花235種。花の色、咲いている場所から花の名前がわかる。見分けるポイントを示すイラスト付き。巻末にユリとその仲間の検索ページ。

**庭と温室と海岸の花 花のつくりがよくわかる植物観察図鑑**　松原巌樹、浅井粂男絵、松原巌樹構成・文　旺文社　1998.4　207p　27cm　5000円　Ⓓ4-01-072478-1
(内容)自然の学習に役立つ図解による植物観察図鑑シリーズ。子どもになじみの深い、身近な植物を、大きな細密イラストや生態写真で紹介する。全2巻。第2巻では、庭や温室で育てることのできる花、海岸で見られる花などを収録。

**野山の植物**　牧野晩成著　小学館　2000.5
359p　21×13cm　（自然観察シリーズ）
2250円　Ⓓ4-09-214031-2　Ⓝ470
(目次)野の草、山の草、春の木、夏の木、秋の木、針葉樹・タケ・ササ、池やぬまの草、海岸の植物
(内容)草花および樹木のイラストによる図鑑。各植物は季節別に野の草、山の草および樹木、ほかに針葉樹・タケ・ササ、池やぬまの草、海岸の植物に分類して構成。各植物は全体および花などの細部のイラストと類および科、生育地、高さ、食用等と解説文を収録。巻末に類および植物名の五十音順索引と用語索引を付す。

**花**　中山周平監修　学習研究社　1998.4
144p　19cm　（新こどもポケットずかん 3）〈索引あり〉　800円　Ⓓ4-05-151967-8
(内容)生活科の調べ学習や体験学習に使える小型の学習図鑑シリーズ。(1)いきもの、(2)むし、(3)花の全3巻。

**花 知識をひろげるまなぶっく図鑑**　前田栄作解説、平田信写真　メイツ出版　2008.6　159p　21cm　（まなぶっく）　1500円
Ⓓ978-4-7804-0458-6　Ⓝ477
(目次)野山・低山（山野草）、高山（高山植物）、公園・花壇・庭（園芸種）、畑（農作物）
(内容)野草・高山植物から園芸種や農作物まで幅広く掲載した図鑑。花言葉付き。

**花と実の図鑑 花芽から花・実・たねまで 1 春に花が咲く木**　斎藤謙綱絵、三原道弘文　偕成社　1990.5　40p　29×25cm　2200円　Ⓓ4-03-971010-X　Ⓝ470
(目次)マンサク、ヒュウガミズキ トサミズキ、モモ、ボケ、ヒイラギナンテン、サクラ（ソメイヨシノ）、ハナズオウ、ハナミズキ、ドウダンツツジ、モクレン、ハナカイドウ、モミジイチゴ、ミツバアケビ アケビ、モミジ（イロハモミジ）トウカエデ、ヒメリンゴ、フジ、カルミア、キリ

科学　　　　　　　　児童書

(内容)花芽から花・実・たねまで、身ぢかな木の花の1年を、生き生きとした細密画で描く観察図鑑。

**花と実の図鑑　花芽から花・実・たねまで　2　夏・秋・冬に花が咲く木**　斎藤謙綱絵，三原道弘文　偕成社　1990.5　40p　29×25cm　2200円　Ⓘ4-03-971020-7　Ⓝ470

(目次)ユリノキ，エゴノキ，ハコネウツギ，ハクウンボク，マユミ，クチナシ，アジサイ，ザクロ，ヤマボウシ，リョウブ，ナツツバキ，エンジュ　ハリエンジュ，ノウゼンカズラ　アメリカノウゼンカズラ，サルスベリ，ムクゲ，ハギ(ミヤギノハギ)，ビワ，ツバキ

(内容)花芽から花・実・たねまで、身ぢかな木の花の1年を、生き生きと細密画で描く観察図鑑。

**花と実の図鑑　花芽から花・実・たねまで　3　公園や庭でみられる木**　斎藤謙綱絵，三原道弘文　偕成社　1992.6　40p　29×25cm　2200円　Ⓘ4-03-971030-4

(目次)キブシ，サンシュユ，アブラチャン，アセビ，エニシダ，ポポー，グミ，ヤマブキ，ニシキギ，シャリンバイ，ウツギ，ミツバウツギ，ホオノキ，ヒメシャラ，ネズミモチ，アオギリ，モッコク，クサギ

(内容)花芽から花・実・たねまで、身ぢかな木の花の1年を、生き生きとした細密画で描く観察図鑑。子どもから大人まで、自然を愛する人のための本。掲載した木の花は、どれも公園や庭で、ふつうに見られるものばかり。すこし注意すれば、かならずこの本に描かれているることができる。

**花と実の図鑑　花芽から花・実・たねまで　4　校庭や街路でみられる木**　斎藤謙綱絵，三原道弘文　偕成社　1993.7　40p　29cm　〈監修：菱山忠三郎〉　2200円　Ⓘ4-03-971040-1

(目次)ネコヤナギ，ユキヤナギ，ウグイスカグラ，シキミ，ニワウメ，モチノキ，ミズキ，コナラ，ツリバナ，キーウィフルーツ，スイカズラ，トチノキ，カキ，ネムノキ，ムラサキシキブ，ナンキンハゼ，アキニレ，サザンカ

(内容)花芽から花・実・たねまで、身ぢかな木の花の1年を、生き生きとした細密画で描く観察図鑑。子どもから大人まで、自然を愛する人のための本。

**花と実の図鑑　花芽から花・実・たねまで　5　散歩道でみられる木**　斎藤謙綱絵，三原道弘文　偕成社　1994.3　40p　29cm　〈監修：菱山忠三郎〉　2200円　Ⓘ4-03-971050-9

(内容)花芽から花・実・たねまで、身ぢかな木の花の1年を、生き生きとした細密画で描く観察図鑑。子どもから大人まで、自然を愛する人のための本。掲載した木の花は、どれも散歩道などで、ふつうに見られるものばかり。花だけではなく、花芽から花がひらき、実がそだってたねができるまでの＜一生＞を描いており、四季折々、それぞれの時期に見られる木の美しさを観察することができる。

**花と実の図鑑　花芽から花・実・たねまで　6　身近な樹木の1年**　斎藤謙綱絵，三原道弘文，菱山忠三郎監修　偕成社　1997.5　40p　24×28cm　2136円　Ⓘ4-03-971060-6

(目次)ロウバイ―ソシンロウバイ，ウメ，アオキ，プラタナス(モミジバスズカケノキ)，ライラック，ユズリハ，イスノキ，ムベ，コウゾ，ツルウメモドキ，ノイバラ―テリハノイバラ，ゴンズイ，トベラ〔ほか〕

(内容)花芽から花・実・たねまで、身ぢかな木の花の1年を、生き生きとした細密画で描く観察図鑑。子どもから大人まで、自然を愛する人のための本。花だけではなく、花芽から花がひらき、実がそだってたねができるまでの＜一生＞を描いており、四季折々、それぞれの時期に見られる木の美しさを観察することができる。

**花と実の図鑑　花芽から花・実・たねまで　7　身近な樹木の観察　1**　斎藤謙綱絵，三原道弘文，菱山忠三郎監修　偕成社　2000.12　40p　29cm　〈文献あり〉　2200円　Ⓘ4-03-971070-3　Ⓝ470

(目次)ミツマタ(ベニバナミツマタ)，ハンノキ，ヤマモモ，クワ，ナシ，ニワトコ，イチョウ，ケヤキ，タブノキ，ブドウ，ダイサンボク，ガマズミ，サンゴジュ，カクレミノ，ビナンカズラ(サネカズラ)，ヤツデ，チャ，シロダモ

**花と実の図鑑　花芽から花・実・たねまで　8　身近な樹木の観察　2**　斎藤謙綱，番場瑠美子絵，三原道弘文，菱山忠三郎監修　偕成社　2004.3　39p　29×24cm　2200円　Ⓘ4-03-971080-0

(目次)オウバイモドキ(ウンナンオウバイ)・オウバイキソケイ，オオバベニガシワ，カツラ，ヒサカキ・ハマヒサカキ，セイヨウシャクナゲ，ハナノキ(ハナカエデ)，カラタチ，ブラックベリー，イヌマキ，イイギリ〔ほか〕

(内容)花芽から花・実・たねまで、身ぢかな木の花の1年を、生き生きとした細密画で描く観察図鑑。

**花の色別　道ばたの草花図鑑　1　春～夏編**　杉村昇著　偕成社　2000.4　213p　19cm　〈索引あり〉　1800円　Ⓘ4-03-529490-X　Ⓝ470

(目次)黄色い花，白色の花，うす赤色の花，赤色の花，緑色の花，うす青紫色の花，青紫色の

花，茶色の花

**花の色別 道ばたの草花図鑑 2 夏〜秋・冬編** 杉村昇著 偕成社 2000.4 213p 19cm 1800円 ⓘ4-03-529500-0 Ⓝ470

(目次)黄色い花，白色の花，うす赤色の花，赤色の花，緑色の花，うす青紫色の花，青紫色の花，茶色の花

(内容)花の色別に構成した草花図鑑。身近にみることのできる草花674種を全2巻で紹介している図鑑の夏〜秋・冬編。花の色は8色に分けて構成。各植物は名前と分布・生育地、花期、草丈、花の径と名前の由来などの一口メモを収録。巻末に1・2巻共通の植物名索引を付す。

**花のつくりとしくみ観察図鑑 1 花のあるけしき** 松原巌樹著 小峰書店 2010.4 51p 29cm 〈文献あり 索引あり〉 3000円 ⓘ978-4-338-25301-7, 978-4-338-25300-0 Ⓝ471.1

(目次)高山，高山に咲く花，山と谷川，山に咲く花，川原，川原に咲く花、海辺、海辺に咲く花、里山、里山とくらし、里山と雑木林、里山と田畑、里山と果樹園・花栽培、まち、まちをいろどる花、植物の群落と分布、植物のはたらき 緑の魔法工場、生産者と消費者と分解者の循環、根・茎・葉のはたらき、花のつくりとはたらき、受粉のしかた、裸子植物と被子植物、花をもたない植物、花名さくいん

(内容)山・川・海、里山、まちに分けて、環境と花の関係を紹介。分布や光合成や受粉など植物の基本知識も解説する。

**花のつくりとしくみ観察図鑑 2 校庭の花** 松原巌樹著 小峰書店 2010.4 51p 29cm 〈文献あり 索引あり〉 3000円 ⓘ978-4-338-25302-4, 978-4-338-25300-0 Ⓝ471.1

(目次)春から夏へ(ソメイヨシノ、サトザクラ ほか)、夏から秋へ(ムクゲ、シマスズメノヒエ ほか)、秋から春へ(サザンカ、ヤブツバキ ほか)、花の役割とくらし、花名さくいん

(内容)校庭のヤエザクラの花、めしべが葉に化けているのが見つかるかもしれません。ムクゲ、クワクサほか44種の花のつくりを生態画で紹介する。

**花のつくりとしくみ観察図鑑 3 通学路の花** 松原巌樹著 小峰書店 2010.4 51p 29cm 〈文献あり 索引あり〉 3000円 ⓘ978-4-338-25303-1, 978-4-338-25300-0 Ⓝ471.1

(目次)春から夏へ(タンポポ、ノボロギク ほか)、夏から秋へ(アサガオ、メヒシバ ほか)、秋から春へ(エノコログサ・アキノエノコログサ、キンエノコロ ほか)、花の役割とくらし、花名さくいん

(内容)通学路に咲く、タンポポ、ヒマワリ、キクイモなど44種の花のつくりを生態画で紹介する。

**花のつくりとしくみ観察図鑑 4 公園・花だんの花** 松原巌樹著 小峰書店 2010.4 51p 29cm 〈文献あり 索引あり〉 3000円 ⓘ978-4-338-25304-8, 978-4-338-25300-0 Ⓝ471.1

(目次)春から夏へ(チューリップ、パンジー ほか)、夏から秋へ(ハナカンナ、タマスダレ ほか)、秋から春へ(ポインセチア、レンテンローズ ほか)、花の役割とくらし、花名さくいん

(内容)公園や花壇に咲く、ハナミズキ、パンジー、シュウメイギクなど四季折々の44種の花のつくりを生態画で紹介する。

**花のつくりとしくみ観察図鑑 5 花屋さんの花** 松原巌樹著 小峰書店 2010.4 51p 29cm 〈文献あり 索引あり〉 3000円 ⓘ978-4-338-25305-5, 978-4-338-25300-0 Ⓝ471.1

(目次)ニホンサクラソウ、ガーベラ、アネモネ、アイスランド・ポピー、オーニソガラム、シチフクジン、ネリネ、ビンカ(ニチニチソウ)、ヤグルマギク、ゼラニウム(ペラルゴニウム)〔ほか〕

(内容)花屋さんの店先をにぎわす、コスモス、アネモネ、ベニバナなど四季折々の44種の花のつくりを生態画で紹介する。

**花のつくりとしくみ観察図鑑 6 水辺・海辺の花** 松原巌樹著 小峰書店 2010.4 51p 29cm 〈文献あり 索引あり〉 3000円 ⓘ978-4-338-25306-2, 978-4-338-25300-0 Ⓝ471.1

(目次)春から夏へ(ユリワサビ、キツネノボタン ほか)、夏から秋へ(サギソウ、イヌゴマ ほか)、海辺の花(コウボウムギ、マルバシャリンバイ ほか)、花の役割とくらし、花名さくいん

(内容)ユリワサビやキツリフネのような水辺の花と、イソギクやハマナデシコなどの海辺の花、43種のつくりを生態画で紹介する。

**花のつくりとしくみ観察図鑑 7 山や野の花** 松原巌樹著 小峰書店 2010.4 51p 29cm 〈文献あり 索引あり〉 3000円 ⓘ978-4-338-25307-9, 978-4-338-25300-0 Ⓝ471.1

(目次)春から夏へ(ヤマルリソウ、イワウチワ ほか)、夏から秋へ(キツネノカミソリ、アオツヅラフジ ほか)、秋から春へ(シュンラン、ヒトリシズカ ほか)、花の役割とくらし、花名さくいん

(内容)山や野の花、エイザンスミレ、ワレモコウ、ニリンソウなど44種のつくりを生態画で紹介する。

花のつくりとしくみ観察図鑑 8 花のつくりの観察 松原巌樹著 小峰書店 2010.4 51p 29cm 〈文献あり 索引あり〉 3000円 ⓘ978-4-338-25308-6, 978-4-338-25300-0 Ⓝ471.1

(目次)花の観察(花のつくりの基本,花の観察入門,スケッチブックより),花の形のいろいろ(花の形を考える,キク・タンポポ形,ツリガネ形 ほか),花をつくろう(花の工作の前に,チューリップ,カーネーション ほか),花をながめるだけでなく,花名さくいん

(内容)花のつくりとしくみを調べる上で欠かせない基礎知識を図解。また、カーネーションやバラなどを紙工作でつくる方法を紹介する。

はな やさい くだもの 矢野亮指導 学習研究社 1993.8 32p 27cm (はじめてのえほん図鑑 7) 1000円 ⓘ4-05-200119-2

(内容)幼児向けの植物図鑑。道ばたの草や花、そして毎日食べている野菜や果物を多く取りあげ、カラー図で紹介する。

ビジュアル博物館 5 樹木 デビッド・バーニー著, リリーフ・システムズ訳 (京都)同朋舎出版 1990.7 63p 29×23cm 3500円 ⓘ4-8104-0893-0

(内容)1冊1テーマ、全88巻の博物図鑑シリーズ。樹木の世界を紹介する1冊。樹皮、葉、花、果実、幼木などの写真によって、葉の茂る枝から土の中の根まで、樹木の様々な姿を学べる。

ビジュアル博物館 11 植物 デビッド・バーニー著, リリーフ・システムズ訳 (京都)同朋舎出版 1990.10 61p 24×19cm 3500円 ⓘ4-8104-0899-X Ⓝ403.8

(目次)植物とはどんなものか、植物の体、植物の誕生、花が開く、光によって生きる、簡単な花の構造、複雑な花、花の種類、植物の受粉、花から果実へ、どのように種子をまき散らすか、風に乗って、種子なしで増える、生きている葉、自分の身を守る、地面をはう、ほかのものにつかまって上に伸びるもの、肉食性の植物、わなに捕らえられる、寄生植物、着生植物、水に適応する、雪線より上に生きる、水なしで生きる、食物となる植物、コムギの話、薬と毒、植物採集家、植物を調べる

(内容)植物の世界を紹介する博物図鑑。花、果実、種子、葉、そのほかの写真によって、植物の体のつくりや生長のしかたを知るガイドブック。

ひっつきむしの図鑑 フィールド版 伊藤ふくお写真, 丸山健一郎文, 北川尚史監修 (大阪)トンボ出版 2009.9 95p 21cm 〈文献あり 索引あり〉 1000円 ⓘ978-4-88716-169-6 Ⓝ471.1

(目次)ひっつきむしの生える環境、ひっつきむ

しの形で名を調べよう,オオオナモミ,イガオナモミ,オナモミ,トゲオナモミ,オヤブジラミ,ヤブジラミ,ウマノミツバ,ウマゴヤシ,コウマゴヤシ〔ほか〕

ポケット版 学研の図鑑 2 植物 高橋秀男監修・指導 学習研究社 2002.4 208, 16p 19cm 960円 ⓘ4-05-201486-3 Ⓝ470

(目次)春の花だん,春の樹木,春の野草,初夏の花だん,初夏の樹木,初夏の野草,夏の花だん,夏の樹木,夏の野草,高山の植物(木)〔ほか〕

(内容)子ども向けの植物図鑑。日本に自生している野外植物や花壇で栽培されている植物の主なものを取り上げている。樹木は自生しているもの、庭や公園にあるもの、街路樹も取り上げている。この他にシダ植物、コケ、作物、果物の一部も紹介している。花が咲く季節ごとに分類し、掲載。各種の種名、科名、花期、高さ、生育地、特徴などを記載している。巻末に索引が付く。

町の木公園の木図鑑 春・夏 おくやまひさし解説・写真 大日本図書 2001.12 160p 19cm 2429円 ⓘ4-477-01468-6 Ⓝ653

(目次)町の木、公園の木について、北国の木と南の地方の木、町の木や公園の木/春、町の木や公園の木/夏、夏の木の実

(内容)身近な樹木を取り上げ誰でも木の名前がわかるようにした図鑑。町の中、街路樹、公園、各個人の庭などに見られる身近な樹木を取り上げ、原産地、花期、分布、分類や木の特徴、見分け方のポイント、有毒か食用かの表示などもし、誰でも木の名前がわかるようにしている。本巻では、春・夏編の構成で、シナマンサク、モミジイチゴ、コナラ、オニグルミ、ニワトコをふくむ165種を収録。巻末に木の種類の五十音順索引を付す。

町の木公園の木図鑑 秋・冬 おくやまひさし解説・写真 大日本図書 2002.1 158p 19cm 2429円 ⓘ4-477-01469-4 Ⓝ653

(目次)町の木や公園の木/秋、木の実の季節、紅葉・黄葉、常緑の木、落葉樹の冬芽、町の木や公園の木の役目、せん定される町の木、冬芽の芽ぶき

(内容)街の中、街路樹、公園、各個人の庭などに見られる樹木を収録する図鑑。215種を収録。この秋・冬の巻では木の実や紅葉や黄葉する葉、それに落葉樹の冬芽などを中心に掲載している。原産地、花期、分布、分類や木の特徴、見分方けのポイント、有毒か食用かの表示などもし、だれでも木の名前がわかるようにしている。巻末に五十音順索引が付く。

身近な野草とキノコ 花のつくりがよくわ

かる植物観察図鑑　松原巌樹絵文　旺文社
1998.4　207p　27cm　5000円　①4-01-
072477-3
(内容)自然の学習に役立つ図解による植物観察図鑑シリーズ。子どもになじみの深い身近な植物を、大きな細密イラストや生態写真で紹介する。全2巻。第1巻では、四季ごとに見られる野草やキノコを収録。

見つけたい楽しみたい野の植物　近田文弘,
　清水建美著　旺文社　2000.4　272p　14×
　14cm　(アレコレ知りたいシリーズ 4)
　1429円　①4-01-055056-2　Ⓝ470
(目次)春の植物(セイヨウタンポポ,ハハコグサ,ハルジオン ほか),夏の植物(ホタルブクロ,ヘクソカズラ,タツナミソウ ほか),秋の植物(セイタカアワダチソウ,タウコギ,ヨメナ ほか),冬の植物(マンリョウ,ヤブツバキ,ヤドリギ ほか)
(内容)家のまわりや、町や村に近い里山の草花や樹木を利用法とともに解説した図鑑。植物を花の咲く季節により分類、それぞれのグループごとに高等とされるものから掲載している。各植物は特徴、見つけ方、人の生活との関係、同じ科や属の仲間について記載。巻末に付録として植物の分類としくみ、野山歩きと野草生活を収録。植物名の索引を付す。

ヤマケイジュニア図鑑　1　草花と木　企画
　室トリトン編著　山と渓谷社　2002.6　143p
　19cm　950円　①4-635-06236-8　Ⓝ470.38
(目次)庭や花壇の花,野山の草花,庭や公園の木・街路樹
(内容)子ども向けの草花と木の図鑑。身近な場所でよく見られる草花や木を、庭や花壇の花、身近な野草、身近な樹木に分けて紹介する。科の順番にそって排列。各種の種名、科名、大きさ、時期、原産地・分布、解説を記載している。各章の頭では、イラストを使って、代表的な植物の育ち方や基本的な形など、面白い話題を紹介している。巻末に索引が付く。

◆動　物

<事　典>

網をはるクモ観察事典　小田英智構成・文,
　難波由城雄写真　偕成社　1999.12　39p
　30cm　(自然の観察事典 21)　2400円　①4-
　03-527410-0
(目次)クモがきらいですか?,網をはるクモの観察,網のつくりを観察しよう,かわったクモの巣をさがそう,獲物を捕らえるクモの観察,クモが捕らえた獲物を調べよう,クモを襲う敵たち,脱皮して成長するクモ,オスグモの成熟,ジョロウグモのオスとメスの出あい,ジョロウグモの交接,ジョロウグモの産卵,冬を越すクモの観察,子グモの誕生,子グモの集団生活,空を飛ぶ子グモたち,最初の巣づくり,糸のつかい方を調べてみよう
(内容)網をはるクモの、ふしぎな生活を観察してみよう。最新の撮影技術と研究成果を基に、生きものたちの謎を詳しく解明。見て調べて、実際の飼育や栽培にも役立つ、本格的な観察事典。

海辺の生物観察事典　小田英智構成・文,川
　嶋一成写真　偕成社　2006.8　39p　28×
　23cm　(自然の観察事典 36)　2400円　①4-
　03-526560-8
(目次)海辺の海底探検,岩の表面をおおうカイメン,刺胞をもつイソギンチャク,刺胞動物の花園,クラゲも刺胞動物のなかま,ヒラムシのなかまたち,エビの体の観察,海岸のカニたち,巻貝を背おうヤドカリ,甲殻類のなかまのフジツボ,巻貝をはわせてみよう,貝殻を失った巻貝,二枚貝をさがしてみよう,二つの口をもつホヤのなかま,獲物を捕らえるヒトデ,藻類をたべるウニ,砂や泥をたべるナマコ,いのちを育む海辺で…

動物のふしぎ　今泉忠明監修　ポプラ社
　2008.3　207p　29×22cm　(ポプラディア
　情報館)　6800円　①978-4-591-10083-7
(目次)哺乳類のふしぎ(哺乳類の体,哺乳類の子育て,哺乳類のコミュニケーション ほか),爬虫類・両生類のふしぎ(爬虫類とは,爬虫類のくらしと育ち方,爬虫類のすむ場所 ほか),動物を観察しよう(動物園での観察,写真やビデオで撮影してみよう,インターネットで調べよう ほか)
(内容)動物たちのリアルな世界を豊富な写真とイラストで紹介する図鑑。哺乳類、爬虫類、両生類を「目」ごとに分類し、代表的な種の生態をくわしく紹介。動物の体のしくみ、食べ物の種類、子育ての方法など、図鑑だけではわからない知識も満載。巻末には、動物園での観察の方法と、全国のおもな動物園リストを掲載。

<ハンドブック>

動物の仕事につくには　さんぽう,星雲社
　〔発売〕　2000.6　82p　26cm　(つくには
　ブックス NO.2)　286円　①4-434-00367-4
　Ⓝ645.9
(目次)動物たちの仕事を学ぶ―スクールライフの最前線,よくわかる動物のお仕事ガイド,動物の仕事めざしています!スクールライフメッセージ,動物(関連)業界で活かせる主なライセンスと検定,動物関連のしごとをめざす人のための専門教育機関ガイド,スクールインフォメーション,動物に関係する仕事をめざすあなたにQ&A

科学　　　　　　　　児童書

(内容)動物の仕事とそのための教育機関を紹介する職業案内。仕事ガイド、主なライセンスと検定、専門教育機関ガイドで構成。仕事ガイドは種類別に仕事内容、資格の取得方法、就職状況および収入等について解説。専門教育機関ガイドでは所在地、連絡先等のデータと特色、取得資格、学費と就職状況を掲載。巻末に動物関連学校および動物関連団体・企業の一覧を掲載。

**動物の仕事につくには　2003年度用**　さんぽう編　さんぽう，星雲社〔発売〕　2002.7　115p　26cm　（つくにはブックス No.2）　286円　Ⓢ4-434-02316-0　Ⓝ645.9

(目次)動物たちの仕事を学ぶスクールライフの最前線、よくわかる動物のお仕事ガイド、パートナーは大好きな動物!アニマルライフメッセージ、コレでわかった!業界就職最前線、新聞・雑誌等でみる動物とペットの話題、動物関連「注目本」紹介一覧、動物関連のしごとをめざす人のための専門教育機関ガイド、スクールインフォメーション、動物に関係する仕事をめざすあなたにQ&A

(内容)動物の仕事とそのための教育機関を紹介する職業案内。動物の仕事ガイドではトリマー、動物看護士、動物飼育の技術者などの11件の仕事を紹介する。掲載校の五十音索引がある。

**動物の仕事につくには**　さんぽう編　さんぽう，星雲社〔発売〕　2004.9　120p　26cm　（つくにはブックス No.2）　286円　Ⓢ4-434-05009-5

(目次)動物たちの仕事を学ぶスクールライフの最前線、よくわかる動物のお仕事ガイド，(トリマー、動物看護士、動物飼育技術者、野生生物保護技術者・環境レンジャー、動物訓練士、獣医師、動物エンターテイナー、アニマルセラピスト&カウンセラー、ペットライフサポーター、水産技術者・アクアリウム技術者、畜産技術者)、パートナーは大好きな動物!アニマルライフメッセージ、動物とふれあうフィールドは広い!業界大研究、コレでわかった!業界就職最前線、新聞・雑誌等でみるニュース＆トピックス、動物関連のしごとをめざす人のための専門教育機関ガイド、動物に関係する仕事をめざすあなたにQ&A、スクールインフォメーション

**動物の仕事につくには　'04～'05年度用**　さんぽう編　さんぽう，星雲社〔発売〕　2004.2　121p　26cm　（つくにはブックス No.2）　286円　Ⓢ4-434-04227-0

(目次)動物たちの仕事を学ぶスクールライフの最前線、よくわかる動物のお仕事ガイド(トリマー、動物看護士 ほか)、パートナーは大好きな動物!アニマルライフメッセージ、動物とふれあうフィールドは広い!業界大研究、コレでわかった!業界就職最前線、新聞・雑誌等でみるニュー

ス＆トピックス、動物関連のしごとをめざす人のための専門教育機関ガイド、動物に関係する仕事をめざすあなたにQ&A、スクールインフォメーション

**動物の仕事につくには**　さんぽう編　さんぽう，星雲社〔発売〕　2006.2　118p　26cm　（つくにはブックス No.2）　286円　Ⓢ4-434-07460-1

(目次)動物たちの仕事を学ぶビジネスシーンへの最前線、よくわかる動物のお仕事ガイド（トリマー、動物看護士、動物飼育技術者、野生生物保護技術者・環境省レンジャー、動物訓練士ほか）、新聞・雑誌等でみるニュース＆トピックス、動物とふれあうフィールドは広い!業界大研究、コレでわかった!業界就職最前線、動物関連のしごとをめざす人のための専門教育機関ガイド、スクールインフォメーション

(内容)動物の仕事とそのための教育機関を紹介する職業案内。

**動物の仕事につくには**　さんぽう編　さんぽう，星雲社〔発売〕　2006.8　126p　26cm　（つくにはブックス No.2）　286円　Ⓢ4-434-08308-2

(目次)動物たちの仕事を学ぶビジネスシーンへの最前線、よくわかる動物のお仕事ガイド、動物とふれあうフィールドは広い!業界大研究、コレでわかった!業界就職最前線、新聞・雑誌等でみるニュース＆トピックス、動物関連のしごとをめざす人のための専門教育機関ガイド

**動物の仕事につくには　2008年度版**　さんぽう編　さんぽう，星雲社〔発売〕　2007.8　134p　26cm　（つくにはブックス No.2）　286円　Ⓢ978-4-434-11022-1

(目次)巻頭インタビュー 恩賜上野動物園園長・小宮輝之さん、企業フロントライン 株式会社コジマ、動物たちの仕事を学ぶビジネスシーンへの最前線、よくわかる動物のお仕事ガイド、動物とふれあうフィールドは広い!業界大研究、ペットは"家族の一員"の風潮があらわに!動物病院の求人増加 業界就職最前線、業界の将来性を探る!これがペット業界の最新動向、動物関連のしごとをめざす人のための専門教育機関ガイド、スクールインフォメーション

**動物の仕事につくには　'07～'08年度版**　さんぽう編　さんぽう，星雲社〔発売〕　2007.2　127p　26cm　（つくにはブックス No.2）　286円　Ⓢ978-4-434-10197-7

(目次)巻頭インタビュー 恩賜上野動物園園長・小宮輝之さん、企業フロントライン 株式会社コジマ、動物たちの仕事を学ぶ ビジネスシーンへの最前線、よくわかる動物のお仕事ガイド、動物とふれあうフィールドは広い!業界大研究、ペットは"家族の一員"の風潮があらわに!動

病院の求人増加 業界就職最前線，新聞・雑誌等でみるニュース＆トピックス，動物関連のしごとをめざす人のための専門教育機関ガイド，スクールインフォメーション

**動物の仕事につくには 2008-2009年度版** さんぽう編 さんぽう，星雲社（発売）2008.2 130p 26cm （つくにはブックス no.2） 286円 Ⓘ978-4-434-11685-8 Ⓝ366.29

〔目次〕よくわかる仕事ガイド（よくわかる動物のお仕事ガイド，"かわいさ"を演出するトリマー，動物医療の現場には欠かせない動物看護士，知識・感覚，そして愛情が大切 動物飼育技術者 ほか），プロフェッショナルをめざして資格・就職・進学（動物関連の職場と仕事のイメージマップ 業界大研究，停滞知らず!動物関連の求人状況，これでわかった!業界就職最前線，話題の情報からみえてくる動物業界の"いま" ほか），カンタン・得する学校資料の集め方

**動物の仕事につくには 2009** さんぽう編 さんぽう，星雲社（発売） 2008.9 130p 26cm （つくにはブックス no.2） 286円 Ⓘ978-4-434-12245-3 Ⓝ366.29

〔目次〕よくわかる仕事ガイド（"かわいさ"を演出するトリマー，動物医療の現場には欠かせない動物看護士，知識・感覚，そして愛情が大切 動物飼育技術者 ほか），プロフェッショナルをめざして資格・就職・進学（動物関連の職場と仕事のイメージマップ 業界大研究，これでわかった!業界就職最前線，話題の情報からみえてくる動物業界の"いま" ほか），カンタン・得する学校資料の集め方（資料請求方法，資料請求用FAXシート）

<図　鑑>

**あそびのおうさまずかん いきもの・くらし にっぽんのどうぶつたち** 今泉忠明監修 学習研究社 2002.7 64p 26×24cm 780円 Ⓘ4-05-201771-4 Ⓝ031

〔目次〕にっぽんのいきものちず，さるのくらし，きつねのくらし，たぬきのくらし，くまのくらし，かもしかのくらし，おこじょのくらし，ねずみのくらし，いるかのくらし，つるのくらし，からすのくらし，すずめのくらし，かえるのくらし，さけのくらし，ざりがにのくらし，ちょうのくらし，はちのくらし

〔内容〕日本全国に住む生き物たちの暮らしを写真で紹介する図鑑。

**あそびのおうさまずかん ペット** 今泉忠明監修 学習研究社 2002.7 64p 26×24cm 780円 Ⓘ4-05-201769-2 Ⓝ031

〔目次〕なにになるのかな?ペットのあかちゃん，ハムスター，うさぎ，かわいいどうぶつだいしゅうごう!，とり，さかな，みずのいきものだいしゅうごう!，いろんなはちゅうるい・りょうせいだいしゅうごう!，くわがたむしとかぶとむし，おもしろいむしだいしゅうごう!，びっくりペット ペンちゃんとおともだち

〔内容〕ハムスターやウサギ，魚，は虫類，両生類，クワガタムシ，カブトムシなど，ペットとして飼える動物を紹介する図鑑。

**いきもの** 今泉忠明監修 学習研究社 1998.4 168p 19cm （新こどもポケットずかん 1）〈索引あり〉 800円 Ⓘ4-05-151965-1

〔内容〕生活科の調べ学習や体験学習に使える小型の学習図鑑シリーズ。

**生きものの飼い方** 改訂版 旺文社 1998.4 167p 19cm （野外観察図鑑 9） 743円 Ⓘ4-01-072429-3

〔目次〕昆虫のなかま，クモのなかま，カタツムリのなかま，カメやカエルのなかま，飼い鳥のなかま，小動物のなかま，水にすむなかま，生きものの採集と観察

〔内容〕昆虫，魚，カエル，カタツムリやペットなど，身近な生きものの飼い方を掲載した図鑑。教科書に出てくる生きものはすべて収録されている。

**生き物のくらし 昆虫・水の生き物・魚** 岡島秀治，沖山宗雄，武田正倫監修 学習研究社 2007.3 140p 30×23cm （ニューワイド学研の図鑑） 2000円 Ⓘ978-4-05-202586-0

〔目次〕昆虫（カブトムシ，ゲンジボタル ほか），水の生き物（スナイソギンチャク，ホタテガイ ほか），魚（ホシザメ，ウナギ ほか），生き物のくらし情報館（生き物の食事，生き物の身の守り方 ほか）

〔内容〕のぞいてみよう!生き物たちのおどろきの世界。昆虫・水の生き物・魚27種を徹底解剖。

**生き物の飼育 がくしゅう大図鑑** 日高敏隆監修 世界文化社 2006.7 479p 26×21cm 3000円 Ⓘ4-418-06833-3

〔目次〕ほ乳類・両生類・は虫類（ニューフェイスのいもり，フェレット ほか），昆虫（アカトンボ，アゲハチョウ ほか），魚類・貝類（キンギョ，メダカ ほか），鳥類（アヒル，インコ・オウム ほか）

〔内容〕グッピーからポニーまで，圧倒的ボリューム。160種以上の飼育がこれでOK。小さな子どもでも読めるようにふりがな付き。観察力を伸ばし，学習に役立つおもしろ情報を満載。生き物との触れ合いが分かる。

**池や小川の生きもの** 秋山信彦文 講談社 1993.7 48p 25×22cm （講談社パノラマ

図鑑 32) 1200円 ①4-06-250029-9

〔目次〕スーパーアイ、のぞいてみよう、はこめがねで見てみよう、むれをつくる魚たち、池のぬしとハンターたち、かわった産卵、たまごをまもる魚たち、池や小川の移住者たち、池のなかのピラミッド、池のなかの生きもの―くう、くわれるの関係、エビのなかま、カニのなかま、両生類、水のなかのこん虫、ホタルの一生、とりにいこう、飼ってみよう、もっと知りたい人のQ&A

〔内容〕小さな生きものから宇宙まで、知りたいふしぎ・なぜに答える科学図鑑。精密イラスト・迫力写真、おどろきの「大パノラマ」ページで構成する。小学校中学年から。

**いろいろたまご図鑑** ポプラ社 2005.2 255p 21cm 1650円 ①4-591-08554-6

〔目次〕虫とクモ(アゲハ、モンシロチョウ ほか)、鳥(キジバト、ヨタカ ほか)、淡水の生きものと両生類、は虫類(サケ、タイリクバラタナゴ ほか)、海の生き物(ネコザメ、ナヌカザメ ほか)、土の中の生き物(シマミミズ、クロオオアリ ほか)

〔内容〕虫のたまご、鳥のたまご、魚のたまご、ふだん目にするものから、「まさかこれが、たまご?」とおどろくユニークなものまで約180種が登場。

**海の生き物の飼い方 カニやヤドカリだけじゃない 海にはいろんな生き物がいっぱい** 富田京一監修 成美堂出版 2000.7 143p 21cm 〈学習自然観察〉 850円 ①4-415-00976-X Ⓝ481

〔目次〕カニ・エビの仲間、貝・タコ・イカの仲間、ヒトデ・ウニの仲間、イソギンチャク・クラゲの仲間、その他、海の魚、海藻の仲間、Q&A

〔内容〕海の生き物の飼い方ハンドブック。タコやイカをはじめ、タツノオトシゴからサメまで、海の生きものたちの飼い方をイラストを交えて解説。生き物たちの見つけ方、つかまえ方も楽しいイラストで紹介。生き物はカニ・エビの仲間、貝・タコ・イカの仲間、ヒトデ・ウニの仲間、イソギンチャク・クラゲの仲間、その他、海の魚、海藻の仲間にわけ、それぞれの生き物の特徴、つかまえ方、飼い方について解説。巻末に生き物の名前による五十音順索引を付す。

**海の生きもののくらし** 小林安雅文・写真・映像 偕成社 2003.6 127p 30×24cm 〈生きものROM図鑑〉〈付属資料:CD-ROM1〉 4500円 ①4-03-527580-8

〔目次〕第1章 潮だまり(潮が満ちるまで、ホンヤドカリのカップル ほか)、第2章 岩礁(ナヌカザメの卵、オキノスジエビの大集団 ほか)、第3章 転石砂底(ゴンズイ玉のクリーニング、イソギンチャクをつけるヤドカリ ほか)、第4章 砂底(深い海からの訪問者、ツキヒガイの泳ぎ ほか)、第5章 表層(群れがつくる形、クラゲのなかま ほか)

〔内容〕海の生きものたちの「産卵」や「食べもの」や「交尾」や「一生」や「けんか」や「擬装」や「子そだて」や「結婚」や「共生」や「威嚇」を写真と動く映像でみてみよう。本と付属CD-ROMでみるまったく新しいタイプの生きもの図鑑、新登場。

**海べの生きもの** 武田正倫文、伊藤勝敏写真 講談社 1993.5 48p 25×22cm 〈講談社パノラマ図鑑 29〉 1200円 ①4-06-250033-7

〔目次〕スーパーアイ、海は自然のわくわくランド、生きものと潮の干満、わたしはだれでしょう、海べの生きものの大集合、潮だまりは小さな水族館、きゅうばんをもつなかまたち、こうらをもつなかま、貝のなかま、これも貝のなかま、みんな動物、海べの生きものずかん、もっと知りたい人のQ&A

**海辺の生物観察図鑑 海辺をまるごと楽しもう!** 阿部正之写真・文 誠文堂新光社 2008.5 135p 21cm 1600円 ①978-4-416-80832-0 Ⓝ481.72

〔目次〕1章 海辺の生物観察図鑑(カニ、エビ、ヤドカリなどの仲間、魚の仲間 ほか)、2章 海辺の生物観察ガイド(観察のための基礎知識、観察のための服装と道具 ほか)、3章 海辺で遊ぼう!(漂着物いろいろ図鑑、ビーチクラフトで遊ぼう! ほか)、4章 海辺の生物を飼ってみよう

**学研生物図鑑 特徴がすぐわかる 動物 ほ乳類・は虫類・両生類** 改訂版 学習研究社 1990.3 386p 22cm 〈監修:今泉吉典、岡田弥一郎 編集:本間三郎、伊藤年一〉 4300円 ①4-05-103851-3 Ⓝ460.38

〔内容〕中学・高校生向けの生物の学習図鑑シリーズ。全12冊。

**学校のまわりでさがせる生きもの図鑑 ハンディ版 水の生きもの** 桜井淳史ほか写真、武田正倫監修 金の星社 2010.2 127p 22cm 〈索引あり〉 2500円 ①978-4-323-05681-4 Ⓝ480.38

〔目次〕言葉の説明、魚の仲間、エビ・カニ・ヤドカリなどの仲間、貝・イカ・タコなどの仲間、ヒトデ・イソギンチャク・ウニ・クラゲなどの仲間、両生類の仲間、水の生きものさくいん、観察ノートを作ろう

〔内容〕身近で見られる水の生きものの特徴や飼い方を、生きものの種類ごとに紹介する図鑑。

**学校のまわりでさがせる生きもの図鑑 ハンディ版 昆虫 1** 新開孝ほか写真、岡島

秀治監修　金の星社　2010.3　127p　22cm　〈索引あり〉　2500円　Ⓘ978-4-323-05682-1　Ⓝ480.38

(目次)チョウの仲間（特集アゲハ，特集モンシロチョウ，特集ヤマトシジミ），バッタ・カマキリなどの仲間（特集ショウリョウバッタ，特集トノサマバッタ，特集オンブバッタ ほか），トンボなどの仲間（特集ギンヤンマ，特集シオカラトンボ），昆虫さくいん，観察ノートを作ろう

(内容)身近で見られる昆虫のくわしい特徴や飼い方を，昆虫の種類ごとに紹介する図鑑。

学校のまわりでさがせる生きもの図鑑　ハンディ版　昆虫 2　新開孝ほか写真，岡島秀治監修　金の星社　2010.3　127p　22cm　〈索引あり〉　2500円　Ⓘ978-4-323-05683-8　Ⓝ480.38

(目次)甲虫の仲間，セミ・カメムシなどの仲間，ハチ・アリの仲間，ハエ・アブなどの仲間，昆虫でない虫の仲間，観察ノートを作ろう

(内容)夏に雑木林へ行くと，カブトムシやクワガタムシに会えるかもしれません。形，くらしもさまざまな，甲虫，セミ，ハチ，アリなど，全174種を掲載。クモやダンゴムシも紹介。

学校のまわりでさがせる生きもの図鑑　ハンディ版　動物・鳥　吉野俊幸，中川雄三ほか写真，今泉忠明監修　金の星社　2010.3　127p　22cm　〈索引あり〉　2500円　Ⓘ978-4-323-05684-5　Ⓝ480.38

(目次)ほ乳類の仲間，鳥の仲間，は虫類の仲間，動物・鳥さくいん，観察ノートを作ろう

学校のまわりの生きものずかん　1　春　おくやまひさし文・写真　ポプラ社　2004.4　71p　26×22cm　2600円　Ⓘ4-591-08009-9

(目次)空き地や畑（テントウムシ，アリ，花にくる昆虫たち ほか），雑木林（林やその周辺でみられるチョウ，ギフチョウ，ナナフシ），池や小川（池や小川の魚，ザリガニ，エビや貝 ほか）

学校のまわりの生きものずかん　2　夏　おくやまひさし文・写真　ポプラ社　2004.4　1冊　26×22cm　2600円　Ⓘ4-591-08010-2

(目次)空き地や畑（セミのなかま，アブラゼミ，ウスバカゲロウ（アリジゴク），雑木林（カブトムシ，クワガタムシ，樹液やくち木にあつまる甲虫 ほか），池や小川（川で育つトンボ，池や沼で育つトンボ，アキアカネ ほか）

学校のまわりの生きものずかん　3　秋　おくやまひさし文・写真　ポプラ社　2004.4　71p　26×21cm　2600円　Ⓘ4-591-08011-0

(目次)空き地や畑（バッタのなかま，トノサマバッタ，イナゴ（コバネイナゴ）ほか），雑木林（花にあつまるチョウ，樹液にあつまるチョウ，キチョウ ほか），池や小川（秋のトンボ）

学校のまわりの生きものずかん　4　冬　おくやまひさし文・写真　ポプラ社　2004.4　71p　27×22cm　2600円　Ⓘ4-591-08012-9

(目次)空き地や畑（畑や家のまわりの昆虫，土の中で冬ごし ほか），雑木林（1本のエノキの下で，落ち葉をめくると… ほか），池や小川（水辺の生きもの，カモのなかま），沖縄地方（南の島の生きもの，甲虫やカメムシなど ほか）

くもんのはじめてのずかん　どうぶつ・とり　あきびんご絵，今泉忠明監修　くもん出版　2010.10　72p　19×19cm　〈索引あり〉　1200円　Ⓘ978-4-7743-1760-1　Ⓝ460

(内容)子どもに身近なものを中心に，259種の動物と鳥をあいうえお順で収録。人気絵本作家・あきびんごの魅力あふれるイラストを掲載。親子でためになる，英語の名前・漢字の名前・大きさ・重さを掲載。楽しみながら子どもの興味を広げる，ずかんの使い方・遊び方を紹介。

くもんのはじめてのずかん　さかな・みずのいきもの・こんちゅう　あきびんご絵，今泉忠明魚・水の生き物監修，岡島秀治昆虫監修　くもん出版　2010.10　72p　19×19cm　〈索引あり〉　1200円　Ⓘ978-4-7743-1761-8　Ⓝ460

(内容)子どもに身近なものを中心に，296種の魚・水の生き物・昆虫をあいうえお順で収録。人気絵本作家・あきびんごの魅力あふれるイラストを掲載。親子でためになる，英語の名前・漢字の名前・大きさなどを掲載。楽しみながら子どもの興味を広げる，ずかんの使い方・遊び方を紹介。

クローズアップ大図鑑　イゴール・ジヴァノヴィッツ著，渡辺政隆日本語版監修　ポプラ社　2009.12　95p　31cm　〈他言語標題：Close up encyclopedia　索引あり　原書名：Animals up close.〉　2500円　Ⓘ978-4-591-11157-4　Ⓝ480

(目次)小さな世界，動物の形，自然のなかへ，ゾウムシ，ホソロリス，マダラオンブバッタ，サバクツノトカゲ，ウニ，シチリアサソリ，ゴシキセイガイインコ〔ほか〕

(内容)てのひらにのるぐらいの大きさのさまざまな動物が，えものをつかまえ，食事をし，育っていくようすを大きく掲載した図鑑。

原寸大　どうぶつ館　前川貴行写真，成島悦雄監修　小学館　2008.7　48p　37×27cm　〈小学館の図鑑NEO　本物の大きさ絵本〉〈付属資料：初回限定 原寸大パンダの特大ポスター1〉　1500円　Ⓘ978-4-09-217252-4

(内容)さまざまな動物の写真を，本物の大きさで掲載する図鑑。毛の一本一本や，皮ふの質感，ひとみのかがやきなど，細かなところも，よ〜

科学　　　　　　　　　　　児童書

く見える。

**こども大図鑑動物**　リチャード・ウォーカー著, キム・ブライアン監修, 西田美緒子訳, ネイチャー・プロ編集室日本語版編集　河出書房新社　2010.11　123p　31cm　〈原書名：Wow!animal.〉　2362円　①978-4-309-61551-6　Ⓝ480

〔目次〕1 地球の生きもの(生命, 動物界, 分類, 無脊椎動物, 脊椎動物, 骨格, つりあいの取れたからだ, 寿命, 哺乳類, 鳥類, 爬虫類, 両生類, 魚類, 棘皮動物, 甲殻類, クモ形類, 昆虫, 軟体動物, ミミズやヒルのなかま, カイメン, クラゲ, サンゴ, 大昔の生きもの, 絶滅寸前の動物たち), 2 生きるための技(呼吸, 食事, 移動, 速度, からだの手入れ, 感覚, 視覚, 聴覚, 嗅覚と味覚, 伝達, 身を守る, カムフラージュ, 警告, 競争, 本能, 学習, オスとメス, 求愛, 卵, 成長, 子育て), 3 生きもののくらし(生息環境, すみか, 暗やみでくらす生きもの, 生態系, 食物網, ひと休み, 長距離の移動, 極限のくらし, 共生, 集団, 寄生, 画依頼主, 品種改良)
〔内容〕無脊椎動物から昆虫, 魚類, 哺乳類まで, 驚くほど多種多様な動物たちの世界をコンパクトに紹介する図鑑。躍動感あふれる写真を多用し, レイアウトに最大限の工夫。こどもたちの好奇心を刺激する。動物たちがどんなからだをもち, どんな関係をもちながら, きびしい環境をどうやって生きているのかがわかる。生態系や食物網, 外来種, 絶滅など, これからの時代を生きることもが知っておくべき問題を解説する。

**こどものずかんMio　3　いけ・かわのいきもの**　(大阪)ひかりのくに　2005.6　64p　27×22cm　762円　①4-564-20083-6

〔目次〕「ぽちゃん!」あれっなんのおと?, なんでふくれているの?, かいじゅうにはさまれる!?, あれっ?いしだとおもったら, ひかりのダンス, みずのなかでくらすむし, めだかのぼうけん, なにかがはねた!

**こどものずかんMio　4　うみのいきもの**　(大阪)ひかりのくに　2005.6　64p　27×22cm　762円　①4-564-20084-4

〔目次〕きしのちかくのさかな(いわいそ), きしのちかくのさかな(すなぞこ), おきやそとうみのさかな, さめ・えいのなかま, たこ・いか・くらげのなかま, うみのいろいろないきもの, えびのなかま, かにのなかま, いわいそのかい, すな(どろ)はまのかい〔ほか〕

**こどものずかんMio　8　いきもののかいかた**　(大阪)ひかりのくに　2005.7　64p　27×22cm　762円　①4-564-20088-7

〔目次〕すいそうからこえが?!, ほら, こっちもわすれないで!, おしりからながいひもが…?, すいそうをじゅんびしよう, こんなさかなもかってみたいな, ヒーターをつかえば, ふゆもポカポカ!, うみのみずをつくっていれよう!, ねったいぎょのなかま, まいにちみているとよくわかるね, だんだんすがたがかわっていくよ!〔ほか〕

**こどものずかんMio　12　きせつとしぜん**　(大阪)ひかりのくに　2005.9　64p　27×22cm　762円　①4-564-20092-5

〔目次〕きたかぜぴゅうぴゅう, はるかぜふわふわ, さむいふゆ しずかにしずかに…, だれのあしあと?, おなかがすいた…, パノラマワイドのやまのいきものたちは?, パズル だれのあしあと?, ずかん いろんなところがこおったよ, ずかん いけやかわでみられるとり, はるのはじまり はるいちばんをみつけた!〔ほか〕

**昆虫・両生類・爬虫類**　今泉吉典総監修, 今島実, 矢島稔, 松井孝爾監修　講談社　1997.6　207p　27×22cm　(講談社 動物図鑑 ウォンバット 1)　1700円　①4-06-267351-7

〔目次〕原生動物門, 海綿動物門, 刺胞動物門, 軟体動物門, 環形動物門, 節足動物門, 昆虫綱, シミ目 トビムシ目, カゲロウ目 カワゲラ目, トンボ目, カマキリ目, ゴキブリ目 ナナフシ目, シロアリ目, バッタ目, カメムシ目, アミメカゲロウ目 シリアゲムシ目 トビケラ目, チョウ目, ハチ目, 甲虫目, ハエ目 ノミ目 シラミ目 チャタテムシ目, 棘皮動物門, 原索動物門, 両生綱・無尾目, 両生綱・有尾目, 両生綱・無尾目, 爬虫綱・カメ目, 爬虫綱・ムカシトカゲ目, 爬虫綱・有鱗目, 爬虫綱・ワニ目, 小さな生きものの飼い方

**ザリガニ**　武田正倫監修　学習研究社　2005.7　48p　23×22cm　(学研わくわく観察図鑑)　1000円　①4-05-202334-X

〔目次〕ザリガニの体(体を観察してみよう, 体の中をのぞいてみよう), ザリガニの育ち方(親と子, おすとめすの出会い ほか), ザリガニのくらし(環境とくらし方, あらそい, あしやはさみの再生, ザリガニの食べ物, たくさんいる敵, ザリガニの1年), ザリガニは何のなかま?(エビのなかま, 日本のすんでいるザリガニ, いろいろな国のザリガニ), ザリガニを飼育しよう(ザリガニをつかまえよう, ザリガニを飼おう, 産卵させよう, 子エビを飼おう)
〔内容〕シリーズ最新刊。これ1冊ですべてがわかる。生態・飼育・観察・図鑑・自由研究, 5つのポイントを, 大きな写真とイラストで詳しく解説。自由研究に役立つヒントがいっぱい。

**飼育大図鑑 住まいづくり・えさやり・トイレ・ふやし方…**　世界文化社　1998.7　190p　27×22cm　1800円　①4-418-98803-3

192　児童書 レファレンスブック

(目次)ほ乳類(いぬ,うさぎ ほか),両生類・は虫類(あまがえる,いぐあなの仲間 ほか),こん虫類・くも・だんごむし(あげはちょう,うすばかげろう ほか),鳥類(あひる,うずら ほか),魚類・貝類・えび・かに(あかてがに・さわがに,かたつむり ほか),飼育の基6知識(「ほ乳類」基本のかい方,「両生類・は虫類」基本のかい方 ほか)
(内容)子供たちが飼うことの出来る身近な動物を集めて掲載した図鑑。索引付き。

**飼育と観察** 平井博,今泉忠明監修・執筆
学習研究社 2000.7 168p 30cm (ニューワイド学研の図鑑) 2000円 ⓘ4-05-500417-6 Ⓝ480

(目次)昆虫,動物・ペット,水の生き物(淡水,海水),大型動物
(内容)昆虫やペット,水の生き物など,さまざまな生き物の飼育の仕方と観察のポイントを紹介した図鑑。飼育する生き物ごとに飼育セットの全体を写真,またはイラストで解説,ほかに観察や実験のコラムを掲載する。ほかに飼育・観察情報館を収録。巻末に動物名の五十音順索引を付す。

**飼育と観察** 増補改訂 学習研究社 2009.2 176p 30cm (ニューワイド学研の図鑑9) 〈索引あり〉 2000円 ⓘ978-4-05-203008-6 Ⓝ480

(目次)季節の生き物を観察しよう,昆虫,動物・ペット,水の生き物(淡水),水の生き物(海水),大型動物—ライオン,コアラ,ゾウ,イルカ,ワシなど,飼育・観察情報館
(内容)昆虫やペット,水の生き物など,さまざまな生き物の飼育の仕方と観察のポイントを紹介。

**自然断面図鑑** リチャード・オー画,モイラ・バターフィールド著,岩井修一監修,原すみ,新井朋子,入江礼子訳 偕成社 1996.7 30p 37cm 〈原書名:NATURE CROSS-SECTIONS〉 2400円 ⓘ4-03-531160-X

(目次)ビーバーの巣,シロアリ塚,熱帯の水辺,熱帯雨林,森の生活,オークの木,南極の生活,北極の生活,いその生物,ミツバチの巣,アメリカの砂漠,うみのなか
(内容)さまざまな動物とその生息環境の断面図を描いた図鑑。「シロアリ塚」「熱帯の水辺」等動物や環境で分類して掲載。見開き2ページで地上から地中まで生息環境を断面で表し,生息環境の特徴・動物の特徴や生態・動物間の連鎖を解説する。巻末に動物名の五十音順索引がある。

**ゾウも飼いたいワニも飼いたい** 成島悦雄監修 旺文社 1999.7 272p 14×14cm (アレコレ知りたいシリーズ1) 1429円 ⓘ4-01-055061-9

(目次)哺乳類(カモノハシ,ハリモグラ,フクロモモンガ ほか),鳥類(ダチョウ,イワトビペンギン,カイツブリ ほか),は虫類(グリーンイグアナ,ニホンカナヘビ,ヒョウモントカゲモドキ ほか)
(内容)動物園で人気のある野生動物,動物園で飼われているが餌や習性が特殊で,飼育が困難なもの,家畜や家きんの仲間で飼いやすいものの3つの分類から,それぞれ代表的な動物を選んで飼い方を紹介した図鑑。巻末に索引がある。

**ちきゅうの どうぶつたち** 学習研究社 1993.7 1冊 37×26cm (学研 大パノラマずかん) 2300円 ⓘ4-05-200194-X

(内容)子ども向けの大型の学習図鑑。

**どうぶつ** フレーベル館 1990.7 116p 30cm (ふしぎがわかるしぜん図鑑2) 〈監修:水野丈夫,増井光子〉 1650円 ⓘ4-577-00034-2 Ⓝ480

(目次)陸にすむどうぶつ(コアラ,カンガルー,もぐら,ゴリラ,うさぎ,りす,いぬ,ラッコ ほか),水の中にすむどうぶつ,はちゅうるい

**どうぶつ** 学習研究社 1996.7 120p 30cm (ふしぎ・びっくり!?こども図鑑) 2000円 ⓘ4-05-200683-6

(目次)やせいのどうぶつ(肉を食べるどうぶつのなかま,ゴリラ・さるのなかま,かば・うしなどのなかま,さい・しまうまのなかま,ぞうなどのなかま,うさぎ・りすのなかま,なまけもの・こうもりのなかま,カンガルーなどのなかま,おっとせいのなかま,くじらのなかま),ペット・かちく(かいねこのなかま,かいいぬのなかま,うさぎなどのなかま,人にやくだつどうぶつ),はちゅうるい(かめ,とかげ・へび・わに,どうぶつ園のひみつ)
(内容)動物の世界を,迫力ある描きおろしイラストと,おどろきのある写真でみせる,幼児~小学校低学年向の図鑑。「ふしぎ・なぜ?」に答える生態ページと標本ページの2面構成。クイズ・ワーク的な展開は子どもに考えさせる頭脳開発図鑑。親子で対話し,楽しめる「おうちの方へ」を掲載。

**どうぶつ** フレーベル館 1996.10 229p 20×21cm (フレーベル館のこどもずかん6) 780円 ⓘ4-577-01645-1

(内容)ライオンやパンダ・ぞうといった動物を絵で紹介した,子供向けの図鑑。それぞれの名称と特徴を記す。

**どうぶつ** 今泉忠明監修 学習研究社 2002.11 99p 15cm (いつでもどこでもちいさなずかんポッケ) 550円 ⓘ4-05-201718-8 Ⓝ482

(目次)アフリカのどうぶつ,きたアメリカのど

うぶつ, みなみアメリカのどうぶつ, ヨーロッパのどうぶつ, アジアのどうぶつ, にっぽんのどうぶつ, オセアニアのどうぶつ, なんきょくやほっきょくのどうぶつ

(内容)子ども向けのポケット版動物図鑑。アフリカ, 北アメリカ, 南アメリカなど大陸別に構成。さらに住んでいる場所などにより分類し収録されている。巻末に索引が付く。

どうぶつ　無藤隆総監修, 今泉忠明監修　フレーベル館　2004.9　128p　30×23cm　（フレーベル館の図鑑 ナチュラ 3）　1900円　①4-577-02839-5

(目次)ほにゅうるい（ねこのグループ, さるのグループ, ぞうのグループ, うまのグループ ほか）, はちゅうるい（かめのグループ, わにのグループ, へびのグループ, とかげのグループ ほか）

(内容)リアルなイラストや写真と解説とを組み合わせて, 動植物などの様子を生き生きと描き出した。解説の記事は幼児にも小学生にもわかるよう記載。実際に子どもが自然に関わるためのヒントも列挙。初めて図鑑を見る小さな子どもの心に, 自然の不思議さを印象づけてくれる, まさに体験の世界と知識の学習を鮮やかにつないでくれる図鑑。

どうぶつ　新版　小宮輝之監修　学習研究社　2005.5　120p　30×23cm　（ふしぎ・びっくり!?こども図鑑）　1900円　①4-05-202111-8

(目次)やせいのどうぶつ（肉を食べるどうぶつのなかま, ごりら・さるのなかま, かば・うしなどのなかま ほか）, ペット・かちく（かいねこのなかま, かいいぬのなかま, うさぎなどのなかま, 人にやくだつどうぶつ）, はちゅうるい（かめ, とかげ・へび・わに, どうぶつ園のやくわり）

動物　改訂版　旺文社　1998.4　231p　19cm　（野外観察図鑑 3）　743円　①4-01-072423-4

(目次)絵でみる動物たちのくらし, 両生類のくらし, ハ虫類のくらし, ホ乳類のくらし, 動物のくらしと体, 解説編

(内容)世界中の動物約750種を収録した動物図鑑。名前調べがしやすい仲間分けや, 動物の特ちょうがひと目で分かるように引き出し線でポイントを説明。持ち運びに便利なハンディーサイズ。

動物　今泉忠明監修・執筆　学習研究社　1999.11　184p　30cm　（ニューワイド学研の図鑑）〈索引あり〉2000円　①4-05-500411-7

(内容)哺乳類, 爬虫類, 両生類を収録した学習図鑑。分類別に色々な生き物の珍しい生態を詳しく紹介。最新の写真を多用し, 動物データな

ど見やすく掲載する。

動物　小宮輝之監修　学習研究社　2007.3　144p　26cm　（ジュニア学研の図鑑）　1500円　①978-4-05-202651-5

(目次)世界の動物地図（ユーラシア大陸・オセアニア, アフリカ, 北アメリカ・南アメリカ ほか）, 哺乳類（カモノハシ・ハリモグラのなかま, カンガルー・コアラのなかま, モグラ・トガリネズミのなかま ほか）, 両生類・爬虫類（アシナシイモリ・サンショウウオ・イモリのなかま, カエルのなかま, ワニのなかま ほか）, 脊椎動物の進化

動物　増補改訂版　学研教育出版, 学研マーケティング（発売）　2010.4　240p　19cm　（学研の図鑑 新・ポケット版 3）　960円　①978-4-05-203205-9　Ⓝ489

(目次)動物たちのすみか大研究, ほ乳類, は虫類, は虫類と両生類のちがい, 両生類, 爬虫・家ちく, アニマル・ウォッチング, 絶滅危機動物

(内容)野外観察に最適。収録数約600種。最新の絶滅危機動物リスト掲載。

動物　増補改訂　学研教育出版, 学研マーケティング（発売）　2010.11　208p　30cm　（ニューワイド学研の図鑑 3）〈初版：学研研究社1999年刊　付(2枚)：しましまボード＆シート　索引あり〉2000円　①978-4-05-203333-9　Ⓝ489

(目次)動物の世界（地域別・動物たちのくらし）, ほ乳類（ネコのなかま, アザラシのなかま ほか）, は虫類・両生類（ワニのなかま, カメのなかま ほか）, 動物の情報館（動物ウォッチング, 昔話に出てくる動物たち ほか）

(内容)哺乳類700種, 両生・爬虫類200種を, 迫力ある写真・イラストで紹介!動物図鑑の決定版。

どうぶつ・とり　学習研究社　1993.5　140p　27cm　（学研のこども図鑑）　3090円　①4-05-104722-9

(内容)幼児向け・子どものための動物図鑑。

動物の「跡」図鑑　ジニー・ジョンソン著, 宮田摂子訳, 友国雅章, 西海功, 川田伸一郎日本語版監修　文溪堂　2009.2　192p　29cm　〈索引あり　原書名：Animal tracks and signs.〉2500円　①978-4-89423-612-7　Ⓝ481.7

(目次)哺乳類（大型のネコのなかま, 小型のネコのなかま ほか）, 両生類と爬虫類（カエル, イモリ, ワニ ほか）, 鳥類（カラス類, 鳥の羽毛 ほか）, 昆虫などの無脊椎動物（甲殻類, 環形動物, 軟体動物 ほか）

(内容)「足あと」や「食べあと」,「ふん」「かくれ場所」など, 動物たちが残す手がかりをもと

に、その行動やくらしぶりを紹介する図鑑。哺乳類、爬虫類、両生類、鳥類といった脊椎動物から、昆虫などの無脊椎動物まで400種類以上の動物を収録。およそ200個の実物大の足あとなど、600枚以上の写真とイラストも掲載。

**動物のくらし** 今泉忠明, 小宮輝之, 鳥羽通久著 学習研究社 2006.3 140p 30×23cm （ニューワイド学研の図鑑） 2000円 ①4-05-202331-5

(目次)ほ乳類（カモノハシ, コアラ, オオアリクイ ほか）, 鳥類（コウテイペンギン, カッショクペリカン, オオハクチョウ ほか）, 爬虫類・両生類（ミシシッピワニ, パンケーキガメ, セネガルカメレオン ほか）

(内容)迫力ある精密イラストで動物の体のつくりや特徴がよくわかる。くわしい解説と最新の情報で動物のくらしがよくわかる。

**動物の生態図鑑** 学習研究社 1993.9 159p 31×23cm （大自然のふしぎ） 3200円 ①4-05-200136-2

(目次)ウシ・ウマの仲間のふしぎ, イヌ・ネコの仲間のふしぎ, ネズミの仲間のふしぎ, サルの仲間のふしぎ, クジラの仲間のふしぎ, いろいろな動物のふしぎ, 両生・は虫類の仲間のふしぎ, 自然ウォッチング, 資料編

(内容)漁師顔負けのクジラの漁法, チンパンジーの会話術, ウンコをまき散らすカバの秘密など、最新の研究結果を大判で収録するビジュアルブック。

**動物の生態図鑑 改訂新版** 学研教育出版, 学研マーケティング（発売） 2009.10 176p 31cm （大自然のふしぎ 増補改訂）〈初版：学習研究社1993年刊 並列シリーズ名：Nature library 索引あり〉 3000円 ①978-4-05-203131-1 Ⓝ481.7

(目次)珍獣大図鑑, ウシ・ウマの仲間のふしぎ, イヌ・ネコの仲間のふしぎ, ネズミの仲間のふしぎ, サルの仲間のふしぎ, クジラの仲間のふしぎ, いろいろな動物のふしぎ, 両生・は虫類の仲間のふしぎ, 自然ウォッチング, 資料編

(内容)動物たちの「ふしぎ」に迫る図鑑。

**動物ワールド ジュニア図鑑** 平凡社 1996.7 201p 30cm 3600円 ①4-582-40717-X

(目次)動物―原生動物からほ乳類まで, ほ乳類, 鳥類, 両生爬虫類, 魚類, こん虫・クモ・エビ・カニ, 軟体動物と海の生きもの

(内容)2500種の動物について, その名前・姿・生態・分布をほにゅう類・鳥類・魚類などの分類別構成で紹介した動物図鑑。掲載する動物画はイラストレーターの手によるものでオールカラー。巻末に動物名の五十音順索引がある。小学生向け。

**どっちがオス？どっちがメス？ オスメスずかん** 高岡昌江文, 友永たろ絵, 今泉忠明監修 学研教育出版, 学研マーケティング（発売） 2010.3 79p 25cm （ニューワイドなるほど図鑑）〈索引あり〉 1200円 ①978-4-05-203090-1 Ⓝ481.35

(目次)ライオン―たてがみがあるものと, ないものがいるよ。, キリン―つののつけさきが, ちょっとちがう…?, アフリカゾウ―きばの太さがちがうみたい…?, コアラ―胸の色がちがうよ。, マウンテンゴリラ―背中の毛の色がちがうよ。, テングザル―鼻の形がちがうよ。, カピバラ―鼻の上が黒いのと, 黒くないのがいるなあ。, タテゴトアザラシ―背中のもようがちがうよ。, シャチ―背びれの形がちがうね。, カモノハシ―後ろあしにけづめがあるものと, ないのがいるよ。, いろんな家畜のオスとメス, いろんなペットのオスとメス, ダチョウ―羽の色がちがうね。, インドクジャク―おしりの羽の長さがちがうよ。, いろんな家きんのオスとメス, ペットの鳥のオスとメス, 野鳥のオスとメス, ちいさなオスメスずかん

(内容)オスとメスのちがいから生き物のくらしが見えてくる図鑑。

**熱帯探険図鑑 1 マレーシア 空中を飛ぶトビトカゲとジャングルに生きる動物たち** 松岡達英原案・絵, 鈴木良武構成・文 偕成社 1994.3 49p 31×23cm 3000円 ①4-03-527110-1

(内容)熱帯の自然や動・植物, 人びとの生活を描く読みもの図鑑。

**熱帯探険図鑑 2 ニューギニア 世界最大のチョウ・トリバネアゲハと熱帯雨林の動物たち** 松岡達英原案・絵, 鈴木良武構成・文 偕成社 1994.3 49p 31×23cm 3000円 ①4-03-527120-9

(内容)熱帯の自然や動・植物, 人びとの生活を描く読みもの図鑑。

**熱帯探険図鑑 3 メキシコ 大旅行をする二千万びきのオオカバマダラと砂漠や高原の動物たち** 松岡達英原案・絵, 鈴木良武構成・文 偕成社 1994.3 49p 31×23cm 3000円 ①4-03-527130-6

(内容)熱帯の自然や動・植物, 人びとの生活を描く読みもの図鑑。

**熱帯探険図鑑 4 アマゾン 巨大昆虫ネプチューンオオツノカブトと密林の動物たち** 松岡達英原案・絵, 鈴木良武構成・文 偕成社 1994.3 49p 31×23cm 3000円 ①4-03-527140-3

(内容)熱帯の自然や動・植物, 人びとの生活を

熱帯探険図鑑 5 アフリカ 二本あしで立ちあがる珍獣ジェレヌクとサバンナの動物たち 松岡達英原案・絵、鈴木良武構成・文 偕成社 1994.3 49p 31×23cm 3000円 ⓘ4-03-527150-0
(内容)熱帯の自然や動・植物、人びとの生活を描く読みもの図鑑。

ハローキティのどうぶつ図鑑 田中光常写真 サンリオ 2002.6 64p 26cm 1000円 ⓘ4-387-02050-4 Ⓝ480
(目次)りくにすむどうぶつ、みずのなかにすむどうぶつ、はちゅうるい、とりのなかま
(内容)子ども向けの動物図鑑。動物とその生態や習慣の一部を、イキイキとした写真で紹介している。動物の種類は、子どもたちがテレビや絵本、動物園、また普段の生活の中で見ることができるものを中心に集め、鳥やは虫類なども収録している。巻末に索引が付く。

ふしぎ動物大図鑑 デイビッド・ピーターズ作、小田英智訳 偕成社〔1994.4〕 48p 34×25cm 〈原書名：STRANGE CREATURES〉 2800円 ⓘ4-03-732070-3
(目次)ふしぎな無脊椎動物、おそろしいウミサソリ、重装備をした板皮類、奇妙な姿をしたサメ、かわった形の魚たち、魚を釣るアンコウの仲間、奇怪な姿をした深海魚〔ほか〕
(内容)ふしぎな無脊椎動物や恐しいウミサソリ、奇怪な深海魚、目に見えないほど小さい昆虫、巨大な恐竜など、ふだん目にしないような動物を原則として実物大で描く図鑑。ただし、本からはみ出るような大きな動物は小さく描き、本物の大きさが実感できるよう、身長150cmの人間を描きそえている。また、絶滅した動物には（絶滅）と注記している。

ポケット版 学研の図鑑 3 動物 今泉忠明監修・指導 学習研究社 2002.4 208, 16p 19cm 960円 ⓘ4-05-201487-1 Ⓝ480
(目次)ほ乳類、は虫類、ペット・家ちく、アニマル・ウォッチング、絶滅危機動物
(内容)子ども向けの動物図鑑。世界と日本の動物（ほ乳類、は虫類）を取り上げている。そのほか動物の生態のコラム、野外や動物園などに持っていったとき役立つウォッチングのページ、最新のワシントン条約やレッドデータブックにもとづく絶滅が心配される動物のリストもとり上げている。目名ごとに分類し、掲載。各種の種名、科名、体の大きさ、体重、分布、特徴などを記載している。巻末に索引が付く。

ポケット版 学研の図鑑 4 水の生き物 武田正倫監修・指導 学習研究社 2002.4 208, 16p 19cm 960円 ⓘ4-05-201488-X Ⓝ481
(目次)魚類、両生類、無脊椎動物、川や池の生き物、干潟や砂浜の生き物、磯の生き物、海の中の生き物、深海の生き物、水の生き物用語事典
(内容)子ども向けの水の生き物図鑑。主に日本や日本近海で見られる、水の中や水辺に住む生き物を取り上げている。魚類、両生類、無脊椎動物の3つのグループに分けて、代表的なものを掲載している。一部、ミミズ、ヒルの仲間やカタツムリの仲間のように、陸上に住む生き物も含まれている。各種の種名、科名、大きさ、分布、特徴などを記載。巻末に索引が付く。

ポケット版 学研の図鑑 9 フィールド動物観察 小宮輝之著 学習研究社 2004.3 152p 19cm 960円 ⓘ4-05-201938-5
(目次)足あと、食べあと、ふん、巣や通り道、海辺で見られるもの、ほねや羽根、地面に書かれた物語

ホネからわかる!動物ふしぎ大図鑑 1 日本の動物たち 富田京一監修 日本図書センター 2010.4 55p 31cm 〈文献あり〉 4000円 ⓘ978-4-284-20165-0, 978-4-284-20164-3 Ⓝ481.16
(目次)ホネってなんだろう?、草原をはねるように走る動物なあに!?、暗闇を自在に飛ぶ動物何だ!?、枝分かれした大きな角の動物は何!?、手足を広げて滑空する動物だれだ!?、シャベルのような前あしの動物は何!?、夜空にはばたくハンターはだれだ!?、池に浮く、平らなくちばしの動物は!?、体をくねらせて進む生きものは何!?、水辺が好きな、しっぽのない動物何だ?、水中にすむ尾の長い動物は何だ!?
(内容)日本列島で見られるほ乳類、鳥類、両生類など10種類の動物の骨格標本を取り上げ、各動物の骨のつくりとともに、その生態についてもわかりやすく解説する図鑑。

ホネからわかる!動物ふしぎ大図鑑 2 世界の動物たち 富田京一監修 日本図書センター 2010.4 55p 31cm 〈文献あり〉 4000円 ⓘ978-4-284-20166-7, 978-4-284-20164-3 Ⓝ481.16
(目次)ホネってなんだろう?、森にすむやさしい力もちはだれだ!?、タケが大好きな白黒模様の動物は!?、草原にすむ首の長い動物なあに!?、森にくらすしま模様のハンターはだれ!?、水辺でくらす大きな口の動物は何!?、長い鼻をもつ陸上最大の動物何だ!?、後ろあしでとびはねる動物だれだ!?、白黒のしましま模様の動物なあに!?、一番大きくて走るのが速い鳥は!?、長い体をくねらせて歩く動物は何?
(内容)世界各地に生息するほ乳類、鳥類、は虫類など10種類の動物の骨格標本を取り上げ、各

動物の骨のつくりとともに、その生態について
もわかりやすく解説する図鑑。

**ホネからわかる!動物ふしぎ大図鑑　3　海の動物たち**　富田京一監修　日本図書センター　2010.4　55p　31cm　〈文献あり〉　4000円　Ⓣ978-4-284-20167-4, 978-4-284-20164-3　Ⓝ481.16
(目次)ホネってなんだろう?, 陸でも水中でもすばやく動く動物は!?, 大きくて魚みたいなほ乳類は何だ!?, あおむけで海面に浮かぶ動物だれだ!?, 大海原を泳ぐ, 甲羅のある動物なあに!?, 風を上手に使って飛ぶ動物は何!?, 冷たい海中を飛ぶように泳ぐ鳥は!?, 大きな口の平たい魚だれだ!?, やわらかい骨をもった魚は何だ!?, 海底でつりをする魚はなあに!?, 広い海をぷかぷかただよう魚は何だ!?
(内容)世界各地の海や海辺で見られるほ乳類、鳥類、魚類など10種類の動物の骨格標本を取り上げ、各動物の骨のつくりとともに、その生態についてもわかりやすく解説する図鑑。

**滅びゆく世界の動物たち　絶滅危惧動物図鑑**　黒川光広作　ポプラ社　1996.6　31p　34×25cm　(ポプラ社の絵本図鑑 3)　2400円　Ⓣ4-591-04996-5
(内容)世界で絶滅の危機に瀕している動物を地域ごとにイラストで掲載した子供向けの図鑑。動物の名称・危機の度合い・生態や特徴・絶滅危機の原因を記載する。巻末に動物名の五十音順索引がある。

**ほんとのおおきさ水族館**　松橋利光写真, 柏原晃夫絵, 高岡昌江文, 小宮輝之監修　学研教育出版, 学研マーケティング(発売)　2010.3　48p　37cm　1500円　Ⓣ978-4-05-203091-8　Ⓝ481.72
(目次)リーフィーシードラゴン, ミノカサゴ, イルカ, ペンギン, メガネモチノウオ, ジュゴン, おたのしみ!すいそう, ナマズ, マンボウ, ウミガメ, クラゲ, シャチ, クマノミのなかま, タカアシガニ, オオサンショウウオ, ラッコ, ペルーガ, クリオネ, セイウチ
(内容)"水の妖精"クリオネから"海のギャング"シャチまで水の中でも実物大。実物大のいきもの図鑑。

**水の生き物**　奥谷喬司, 武田正倫監修・指導　学習研究社　2000.12　168p　30cm　(ニューワイド学研の図鑑)　2000円　Ⓣ4-05-500418-4　Ⓝ481
(目次)節足動物, 軟体動物, 棘皮動物, 刺胞動物, 海綿動物, 原索動物, 触手動物, 扁形動物, 環形動物, 水の生き物情報館
(内容)水の中に住む無脊椎動物を紹介する児童向けの図鑑。それぞれの動物について、分類、

大きさ、分布、主な特徴、毒の有無とカラー写真を掲載する。巻末に索引付き。

**水べの生きもの野外観察ずかん　1　海べの魚類・鳥類・植物・むせきつい動物**　武田正倫監修, 企画室トリトン著　ポプラ社　2003.4　87p　26×21cm　3300円　Ⓣ4-591-07508-7
(目次)魚類(イシダイ, クマノミ ほか), むせきつい動物(カニ, ヤドカリ ほか), 鳥類(カモメ, シギ), 植物(海草, 海藻 ほか)
(内容)日本の海べや川、池、湖など、水べでよくみられるさまざまな生きものを紹介しているので、野外観察と生きものの情報あつめに最適。しらべやすいように、「生態ガイド」と「ずかんコーナー」をわけて構成。生態的とくちょうや分布など、野外観察にやくだつ情報が満載。小学校中学年以上。

**水べの生きもの野外観察ずかん　2　川・池の魚類・両生類・はちゅう類・鳥類**　武田正倫監修, 企画室トリトン著　ポプラ社　2003.4　71p　26×21cm　3300円　Ⓣ4-591-07509-5
(目次)魚類(メダカ, コイ・フナ ほか), 両生類(カエル, イモリ), はちゅう類(カメ), 鳥類(ハクチョウ, カモ ほか)
(内容)日本の海べや川、池、湖など、水べでよくみられるさまざまな生きものを紹介しているので、野外観察と生きものの情報あつめに最適。しらべやすいように、「生態ガイド」と「ずかんコーナー」をわけて構成。生態的とくちょうや分布など、野外観察にやくだつ情報が満載。小学校中学年以上。

**ヤマケイジュニア図鑑　4　動物**　山と渓谷社　2002.7　143p　19cm　950円　Ⓣ4-635-06239-2　Ⓝ489.038
(目次)世界の動物(ネコやイヌの仲間, アシカやアザラシの仲間, クジラやイルカの仲間 ほか), 日本の動物(ネコやイヌの仲間, アシカやアザラシの仲間, クジラやイルカの仲間 ほか), ペット(飼いイヌの仲間, イエネコの仲間, 飼いウサギの仲間 ほか)
(内容)子ども向けの動物図鑑。動物園や日本の野山で見られる動物、家で飼っているペットなどの哺乳類を紹介している。世界の動物、日本の動物、ペットに分類し、それぞれ仲間ごとに掲載している。各動物の種名、科名、大きさ、生息環境、原産国、分布、解説、写真を収録。各章の頭では、イラストを使って、代表的な動物のくらしや繁殖の仕方、面白い話題などを紹介している。巻末に索引が付く。

**ヤマケイジュニア図鑑　5　水辺の生き物**　山と渓谷社　2002.7　143p　19cm　950円　Ⓣ4-635-06240-6　Ⓝ481.75

科学　　　　　　　　　　　　　　　児童書

(目次)池や川の魚(コイの仲間, ナマズの仲間, ダツの仲間 ほか), 池や川の両生類(カエルの仲間, イモリやサンショウウオの仲間), 池や川の甲殻類・貝類(ホウネンエビの仲間, カブトエビの仲間, エビの仲間 ほか)
(内容)子ども向けの水辺の生き物図鑑。池や沼, 水田, 湖, 川など身近な淡水の水辺でよく見られる生き物を紹介している。魚や両生類, 甲殻類, 貝類に分けて, さらに仲間ごとに分類し, 掲載している。各生き物の種名, 科名, 大きさ, 生息地, 分布, 解説, 写真を収録。各章の頭では, イラストを使って, 代表的な生き物のくらしや繁殖の仕方, 面白い話題などを紹介している。巻末に索引が付く。

**ヤマケイジュニア図鑑　6　海辺の生き物**
　山と溪谷社　2002.7　143p　19cm　950円
　Ⓣ4-635-06241-4　Ⓝ481.72
(目次)海の魚(スズキの仲間, カサゴの仲間 ほか), 海のエビやカニ(シャコの仲間, エビの仲間 ほか), 海の貝やイカ・タコ(ヒザラガイの仲間, 巻き貝の仲間 ほか), そのほかの海の生き物(カイメンの仲間, ヒドロ虫の仲間 ほか)
(内容)子ども向けの海辺の生き物図鑑。海辺で見られる魚やエビやカニの仲間, 貝やイカ・タコの仲間を紹介している。生き物の種類ごとに分類し, 掲載している。各生き物の種名, 科名, 大きさ, 分布, 生息域, 解説, 写真を収録。各章の頭では, イラストを使って, 代表的な生き物のくらしや繁殖の仕方, 面白い話題などを紹介している。巻末に索引が付く。

**陸と水の動物**　松原巌樹構成・文・絵, 浅井粂男, 梅田紀代志絵　旺文社　1999.4　208p　26cm　(からだのつくりがよくわかる生きもの観察図鑑)　5000円　Ⓣ4-01-072481-1
(目次)ほ乳類, 鳥類, は虫類, 両生類, 魚類, 無せきつい動物, バードウォッチングの楽しみ方
(内容)いろいろな動物を正確で大きな図を用いて紹介した図鑑。巻末には, 付録として「バードウォッチングの楽しみ方」を付す。

**リロ&スティッチいきものずかん**　斎藤勝監修　講談社　2010.8　64p　26cm　(ディズニー知育えほん　ディズニー知育百科)　1400円　Ⓣ978-4-06-265727-3　Ⓝ480
(目次)こんにちは, スティッチのイトコ, いぬとあそぼう, どうぶつえんにいこう, さむいところのどうぶつ, さかなのようなどうぶつ, みずべのいきもの, みぢかなとり, おおむかしのいきもの
(内容)100種以上の生き物と12の恐竜, 30のスティッチのイトコたちが登場。3～6歳。

**わくわくウオッチング図鑑　8　飼育・観察　部屋の中の動物園**　学習研究社　1991.4　140p　19cm　854円　Ⓣ4-05-105560-4　Ⓝ460
(内容)動物・植物の分類別ではなく, 環境別に様々な生きものを1冊に収めた新しい図鑑のシリーズ。8では, 昆虫やカタツムリ, エビ・カニ類, 魚類, 両生類, は虫類, 鳥類から, ほ乳類まで, いろいろな動物の飼育の仕方を紹介。チョウからウサギまで, いろいろな動物がペットにできる。

◆昆虫

<事典>

**アゲハチョウ観察事典**　藤丸篤夫構成・文・写真　偕成社　1999.6　39p　28×23cm　(自然の観察事典 20)　2400円　Ⓣ4-03-527400-3
(目次)求愛・交尾, アゲハの産卵, ふ化, 幼虫の成長, 4齢から終齢幼虫への脱皮, アゲハをさがしてみよう, 臭角と目玉模様, 蛹化・終齢幼虫から前蛹へ, 蛹化・前蛹からサナギへ, サナギの敵, 羽化, 花とアゲハ, 花粉をはこぶ, アゲハのなかまと食草, アゲハの一生

**アシナガバチ観察事典**　小田英智, 小川宏著　偕成社　2005.7　39p　28×23cm　(自然の観察事典 32)　2400円　Ⓣ4-03-526520-9
(目次)アシナガバチの春の目ざめ, 巣づくりをはじめた母バチ, 巣室づくりと産卵, 日増しに大きくなる巣, 巣を守る母バチ, 母バチのアオムシ狩り, えさをもらってそだつ幼虫たち, たくさんの仕事をこなす母バチ, 梅雨のなかで大きくそだつ巣, 蛹にそだつ幼虫, 働きバチの誕生, 緑のなかの小さな王国, 協力しあって働く働きバチ, 夏のアシナガバチの巣, アシナガバチの敵, オスバチと娘バチの誕生, アシナガバチの交尾の季節, 冬のアシナガバチ

**アメンボ観察事典**　小田英智構成, 中谷憲一文・写真　偕成社　1996.7　39p　28×23cm　(自然の観察事典 6)　2400円　Ⓣ4-03-527260-4
(目次)水の上のスケーター「アメンボ」, 水面は大きな捕虫網, アメンボは肉食性のカメムシのなかま, なぜ, 水に浮かんでいられるのか, アメンボの種類と生息環境, そのほかの両生カメムシ類, 水面を伝わる波の信号, アメンボの交尾, アメンボの産卵, アメンボの卵〔ほか〕
(内容)アメンボの体のしくみや生態, 飼育法等を19のテーマ別に解説した学習用図鑑。巻末に索引がある。児童向け。

**アリ観察事典**　小田英智構成・文, 藤丸篤夫写真　偕成社　1997.8　39p　28×23cm　(自然の観察事典 15)　2400円　Ⓣ4-03-

527350-3

(目次)春の巣づくり，花の蜜あつめ，アリマキの甘露あつめ，アリマキ牧場に通う行列，蜜胃はみんなの貯蔵庫，虫をはこぶアリたち，大きなえさの共同解体，巣のなかにあるものは，羽アリの結婚飛行，卵を産む女王アリ〔ほか〕

**オトシブミ観察事典** 桜井一彦文，藤丸篤夫写真 偕成社 1996.7 39p 28×23cm （自然の観察事典 10） 2400円 ⓘ4-03-527300-7

(内容)オトシブミの体のしくみ，生態，飼育法等を19のテーマ別に解説した学習用図鑑。巻末に索引がある。児童向け。

**カゲロウ観察事典** 小田英智構成，中瀬潤文・写真 偕成社 2006.10 39p 28×23cm （自然の観察事典 37） 2400円 ⓘ4-03-526570-5

(目次)カゲロウを知っていますか，たべずに活動する成虫たち，カゲロウの舞，ナミヒラタカゲロウの交尾，カゲロウの産卵，カゲロウの死，カゲロウの卵，川のなかのカゲロウの幼虫，幼虫のたべもの，水の流れとの戦い，脱皮をくりかえす幼虫，カゲロウに似たカワゲラ，水からの脱出，亜成虫への羽化，カゲロウに似せた毛ばり，カゲロウの大発生，カゲロウ，ゆたかな川の恵み，川でカゲロウを採集しよう

**カマキリ観察事典** 小田英智構成・文，草野慎二写真 偕成社 2000.9 39p 28×23cm （自然の観察事典 22） 2400円 ⓘ4-03-527420-8 Ⓝ486

(目次)草原の王者，カマキリの誕生，幼虫をまちうける危険，1令幼虫の狩り，脱皮して成長する幼虫，ビッグ・ハンターへの成長，梅雨の季節のカマキリ，オオカマキリの羽化，大きくそだった成虫の狩り，カマキリの獲物を調べてみよう，カマキリの身体検査，カマキリの威嚇とけんか，草むらを飛ぶカマキリ，オオカマキリの交尾，オオカマキリの産卵，カマキリのなかまたち，春を待つオオカマキリの卵，カマキリを飼ってみよう

(内容)カマキリの観察事典。最新の撮影技術と研究成果を基に，カマキリの謎を詳しく解説。見て調べて，実際の飼育や栽培にも役立つ，児童用の観察事典。カマキリのカマの特徴，カマキリの成長，獲物などを写真により紹介する。

**カリバチ観察事典** 小田英智構成・文，小川宏写真 偕成社 1996.5 39p 28×23cm （自然の観察事典 5） 2400円 ⓘ4-03-527250-7

(目次)ファーブルとカリバチ，ガの幼虫を狩るジガバチ，巣に獲物をはこぶジガバチ，獲物をたべるハチの幼虫，クモを狩るベッコウバチ，キリギリスを狩るクロアナバチ，朽ち木や茎のずいでの巣づくり，竹筒に巣をつくるドロバチ，竹筒のなかでそだつ幼虫，竹筒に集まるカリバチたち〔ほか〕

(内容)カリバチの体のしくみ，生態、飼育法等を18のテーマ別に解説した学習用図鑑。巻末に索引がある。児童向け。

**テントウムシ観察事典** 小田英智構成・文，久保秀一写真 偕成社 1996.5 39p 28×23cm （自然の観察事典 3） 2400円 ⓘ4-03-527230-2

(目次)春はテントウムシの季節，アブラムシのいる茂みをさがそう，ナミテントウの模様，アブラムシに集まるテントウムシ，テントウムシの交尾，テントウムシの産卵，幼虫たちの誕生，アブラムシをたべる幼虫，脱皮して成長する幼虫，テントウムシの蛹化〔ほか〕

(内容)テントウムシの体のしくみ，生態、飼育法等を18のテーマ別に解説した学習用図鑑。巻末に索引がある。児童向け。

**鳴く虫観察事典** 小田英智構成・文，松山史郎写真 偕成社 2007.3 39p 28×23cm （自然の観察事典 40） 2400円 ⓘ978-4-03-526600-6

(目次)鳴く虫をさがそう，キリギリス類の鳴き方，コオロギ類の鳴き方，鳴く虫の耳，羽が退化した鳴く虫，鳴き声のメッセージ，オスとメスとの出あい，交尾と精球，コオロギ類の産卵管，キリギリス類の産卵管，鳴く虫たちの敵，鳴く虫たちの冬，幼虫たちの誕生，鳴く虫たちの食物，成虫への羽化，めぐる季節と鳴く虫たち，鳴く虫を飼ってみよう

**ミツバチ観察事典** 小田英智構成・文，藤丸篤夫写真 偕成社 1996.5 39p 28×23cm （自然の観察事典 4） 2400円 ⓘ4-03-527240-X

(目次)ミツバチ王国への案内，花の蜜を集めるミツバチ，花粉を集めるミツバチ，ミツバチ王国の入口，ハチ蜜への加工と貯蔵，花粉の貯蔵，ロウで部屋をつくるミツバチ，ミツバチの女王，ミツバチのことば，女王バチの産卵〔ほか〕

(内容)ミツバチの体のしくみ，生態、飼育法等を18のテーマ別に解説した学習用図鑑。巻末に索引がある。児童向け。

**モンシロチョウ観察事典** 小田英智構成・文，北添伸夫写真 偕成社 1999.6 39p 28×23cm （自然の観察事典 19） 2400円 ⓘ4-03-527390-2

(目次)モンシロチョウを追いかけてみよう，メスをさがすモンシロチョウのオス，交尾と交尾拒否，モンシロチョウの産卵，卵からのふ化，1令幼虫の最初の食事，脱皮して成長する幼虫，アオムシの身体検査，アオムシの天敵，モンシ

ロチョウの蛹化,モンシロチョウの羽化,キャベツ畑の結婚式,花とモンシロチョウ,スジグロシロチョウ,シロチョウのなかま,成虫たちの死,モンシロチョウの冬越し,モンシロチョウの飼育

## <図鑑>

**今森光彦ネイチャーフォト・ギャラリー 不思議な生命に出会う旅・世界の昆虫**
今森光彦著 偕成社 2008.7 94p 26cm
1800円 ⓘ978-4-03-016510-6 Ⓝ748

(目次)彗星ランを訪れたキサントパンスズメガ,オオアカエリトリバネアゲハと少年,ランの花にとまるハナカマキリ,裸電球のまわりを飛ぶスラカヤママユガ,サバクワタリバッタの群れ,オオオニバスとスジコガネモドキ,アマゾン川とイリオネスフクロウチョウ,糞ボールをころがすスカラベ,威嚇するマノハナカマキリ,地面に隠れるイシバッタ〔ほか〕

(内容)世界の昆虫をテーマに写真家自らが選んだ22点の代表作。小学校高学年以上。

**学習図鑑 昆虫** 海野和男著 成美堂出版
1995.11 271p 21cm 1800円 ⓘ4-415-08304-8

(目次)1 昆虫ってどんな動物?,2 日本の昆虫,3 世界のめずらしい昆虫,4 昆虫の世界を探る,5 昆虫のとり方・飼い方

(内容)昆虫の学習用カラー図鑑。日本の昆虫280種,世界の昆虫40種を写真付きで収録する。各昆虫の分布,生育環境,体長等について解説する図鑑部分のほかに,「昆虫ってどんな動物」「昆虫の世界を探る」「昆虫のとり方,飼い方」がある。排列は昆虫の種別。巻末に五十音順索引がある。児童向け。

**学習図鑑 昆虫** 海野和男著 成美堂出版
2001.6 271p 21cm 1300円 ⓘ4-415-01753-3 Ⓝ486

(目次)1 昆虫ってどんな動物?(昆虫のたどった道,異次元の生き物 ほか),2 日本の昆虫(甲虫の仲間,チョウの仲間 ほか),3 世界のめずらしい昆虫,4 昆虫の世界を探る(昆虫とは何か一昆虫とほかの節足動物のちがい,昆虫の仲間 ほか),5 昆虫のとり方,飼い方(道具と服装,昆虫のつかまえ方 ほか)

(内容)日本の昆虫275種,世界の昆虫40種の計315種を紹介した児童向けの図鑑。ただ昆虫を並べるだけでなく,昆虫の世界をやさしく解説する。和名,分類,特徴などの解説とともに写真を記載。本文中の「日本版レッドデータブックの昆虫」のほか,巻末に「昆虫をよく知るための用語解説と図解」と索引がある。

**学研生物図鑑 特徴がすぐわかる 昆虫1 チョウ** 改訂版 本間三郎ほか編 学習研究社 1991.5 305p 22cm 〈監修:白水隆『学研中高生図鑑』の改題〉 4000円 ⓘ4-05-103848-3 Ⓝ460.38

(内容)中学・高校生向けの生物の学習図鑑シリーズ。全12冊。昆虫の部は「1 チョウ」「2 甲虫」「3 バッタ・ハチ・セミ・トンボほか」の3冊で構成する。

**学研生物図鑑 特徴がすぐわかる 昆虫2 甲虫** 改訂版 本間三郎ほか編 学習研究社 1991.5 445p 22cm 〈監修:中根猛彦『学研中高生図鑑』の改題〉 4300円 ⓘ4-05-103849-1 Ⓝ460.38

(内容)中学・高校生向けの生物の学習図鑑シリーズ。全12冊。昆虫の部は「1 チョウ」「2 甲虫」「3 バッタ・ハチ・セミ・トンボほか」の3冊で構成する。

**学研生物図鑑 特徴がすぐわかる 昆虫3 バッタ・ハチ・セミ・トンボほか** 改訂版 本間三郎,伊藤年一編 学習研究社 1990.3 402p 22cm 〈監修:石原保『学研中高生図鑑』の改題〉 4300円 ⓘ4-05-103850-5 Ⓝ460.38

(内容)中学・高校生向けの生物の学習図鑑シリーズ。全12冊。昆虫の部は「1 チョウ」「2 甲虫」「3 バッタ・ハチ・セミ・トンボほか」の3冊で構成する。

**学研の図鑑 昆虫** 新訂版 学習研究社 1994.11 199p 26cm 1500円 ⓘ4-05-200504-X

(内容)日本で見られる昆虫を12のなかまに分け,他に外国の昆虫,昆虫でない虫も収めた学習図鑑。それぞれの昆虫には標本図,大きさ,分布地,成虫が見られる時期,食草・幼虫の食べるもの,その昆虫の興味ある話を載せている。また巻末には,昆虫の生活,とり方,飼い方などを書いた「昆虫の世界」と索引を付す。

**かまきり** 林長閑指導,斎藤光一絵 フレーベル館 1995.2 28p 27×21cm (おおきなしぜん ちいさなしぜん こんちゅう8) 1000円 ⓘ4-577-01446-7

(内容)幼児向けの昆虫図鑑。かまきり。

**かんさつしようこん虫のへんしん** 松原巌樹絵・文 小峰書店 1999.7 27p 30cm (しぜんたんけんずかん4) 1300円 ⓘ4-338-14704-0

(目次)アゲハ(ナミアゲハ),キアゲハ,モンシロチョウ,オオムラサキ,カブトムシ,コクワガタ,キボシカミキリ,テントウムシ(ナミテントウ),ギンヤンマ,アブラゼミ,トノサマバッタ,オオカマキリ

(内容)昆虫の一生を細密画で紹介した図鑑。

**原寸大 昆虫館** 小池啓一監修, 横塚真己人写真　小学館　2010.6　48p　37×27cm　(小学館の図鑑NEO　本物の大きさ絵本)　1500円　Ⓘ978-4-09-217254-8

(内容)オオミツバチの巨大な巣、カミキリムシの標本箱、クワガタムシやカマキリ、トンボ、チョウ、ナナフシ、アリ…などなど、大集合。さまざまな昆虫の生態写真、標本写真を、すべて本物の大きさ(＝原寸大)の写真で紹介。

**原寸大!スーパー昆虫大事典**　井出勝久監修　成美堂出版　2005.7　111p　26×22cm　950円　Ⓘ4-415-03023-8

(目次)1 カブトムシ(ヘラクレスオオカブト、アクティオンゾウカブト ほか)、2 クワガタムシ(ギラファノコギリクワガタ、エラフスホソアカクワガタ ほか)、3 チョウ・ガ(ゴライアストリバネアゲハ、ツマキフクロウチョウ ほか)、4 その他の昆虫(オオキバウスバカミキリ、テナガカミキリ ほか)

(内容)世界一大きいカブトムシ、体と同じ長さのアゴを持つクワガタムシ、手のひらには収まらない巨大カミキリムシ、透明なハネを持つチョウ、人の顔をしたカメムシ、ワニのような頭を持ったセミなど大きさ、形、色など特徴のある世界のスーパー昆虫56種を大迫力マルチアングルで紹介。

**こどものずかんMio 1 むし**　(大阪)ひかりのくに　2005.6　64p　27×22cm　762円　Ⓘ4-564-20081-X

(目次)きみたちうちゅうじん?、キャベツもたべるの?、あっさかなだ!?、すっぱいにおいはどこだ?!、このちいさなあなあに?、くさむらでみつけた!

**こんちゅう**　フレーベル館　1990.5　116p　30cm　(ふしぎがわかるしぜん図鑑1)　〈監修：水野丈夫, 矢島稔〉　1650円　Ⓘ4-577-00033-4　Ⓝ486

(目次)ちょう、が、とんぼ、かぶとむし、せみ、はち、あり、ばった、水にすむ昆虫、家の中の虫、昆虫でない虫

**こんちゅう**　無藤隆総監修, 矢島稔監修　フレーベル館　2004.6　128p　30×23cm　(フレーベル館の図鑑 ナチュラ1)　1900円　Ⓘ4-577-02837-9

(目次)かぶとむし・くわがたむし・てんとうむしなど、ちょう・が、とんぼ、せみ・かめむし、はち・あり、ばった、水にすむこん虫、家の中のこん虫・こん虫ではない虫、もっと知りたい!昆虫

(内容)リアルなイラストや写真と解説とを組み合わせ、昆虫たちのからだのつくりやくらし、成長のようすなどを説明した昆虫図鑑。巻末に五十音順索引が付く。

**昆虫**　改訂版　旺文社　1998.4　223p　19cm　(野外観察図鑑1)　743円　Ⓘ4-01-072421-8

(目次)チョウ・ガのグループ、カブトムシのグループ、バッタ・トンボなどのグループ、セミ・カメムシのグループ、ハチ・アリ・その他のグループ、?なぜ?どうして、昆虫の飼い方

(内容)400を超える身近な昆虫を掲載した昆虫図鑑。名前調べが早くできる仲間分けや、昆虫の特ちょうがひと目で分かるよう引き出し線でポイントを説明。野外観察に便利なハンディーサイズ。

**昆虫**　改訂版　学習研究社　2006.6　232p　30cm　(ニューワイド学研の図鑑)　2000円　Ⓘ4-05-202587-3

(目次)チョウのなかま、カブトムシのなかま、ハチのなかま、トンボのなかま、セミ・カメムシのなかま、バッタなどのなかま、アブ・ハエなどのなかま、昆虫いがいの虫

**昆虫**　岡島秀治総合監修, 植村好延, 岸田泰則, 市川顕彦監修　学習研究社　2007.6　152p　26cm　(ジュニア学研の図鑑)　1500円　Ⓘ978-4-05-202720-8

(目次)昆虫ってなんだ、チョウのなかま、日本のいろいろな自然と昆虫、コウチュウのなかま、春の昆虫、ハチとハエのなかま、アミメカゲロウなどのなかま、昆虫の食べ物、さなぎにならない昆虫、世界の昆虫、昆虫の役割、クモのなかま、さあ昆虫を探しに出かけよう

(内容)どんなところにどんな昆虫がいるのかな?昆虫をさがそう、みつけよう。昆虫を身近に感じる図鑑、登場。

**昆虫**　増補改訂版　学研教育出版, 学研マーケティング(発売)　2010.4　232p　19cm　(学研の図鑑 新・ポケット版1)　960円　Ⓘ978-4-05-203203-5　Ⓝ486.038

(目次)チョウのなかま、コウチュウのなかま、ハチのなかま、トンボのなかま、セミ・カメムシのなかま、バッタなどのなかま、ハエ・アブのなかま、ウスバカゲロウなどのなかま、シロアリ・ノミなどのなかま、昆虫いがいの虫(クモなどのなかま)、昆虫の身の守り方・チョウの移動

(内容)昆虫の最新情報がいっぱい。収録数約800種。写真でわかるイラストでなっとく。これでキミも昆虫博士。

**昆虫**　小池啓一, 小野展嗣, 町田竜一郎, 田辺力指導・執筆, 森上信夫, 筒井学, 新開孝ほか写真, 水口哲二標本撮影　小学館　2010.6　207p　19cm　(小学館の図鑑NEO POCKET 1)　950円　Ⓘ978-4-09-217281-4

(目次)イシノミ目・シミ目,カゲロウ目,トンボ目,カワゲラ目・シロアリモドキ目,バッタ目,ナナフシ目,ガロアムシ目・ハサミムシ目,シロアリ目・ゴキブリ目,カマキリ目,チャタテムシ目・シラミ目・アザミウマ目〔ほか〕
(内容)昆虫のなかまを中心に,ムカデやヤスデ,クモ,サソリなどの陸生の節足動物のなかまを合わせて約850種を紹介。

**昆虫 3** 小池啓一指導・執筆・企画・構成,小野展嗣,町田竜一郎,田辺力指導・執筆,森上信夫,筒井学企画・構成 小学館 2002.7 207p 30cm (小学館の図鑑NEO 3) 2000円 ⓘ4-09-217203-6 Ⓝ486.038
(目次)イシノミ,シミのなかま,カゲロウのなかま,トンボのなかま,カワゲラ,シロアリモドキのなかま,キリギリス,バッタのなかま,ナナフシのなかま,ガロアムシ,ハサミムシ,シロアリ,ゴキブリのなかま,カマキリ,チャタテムシ,シラミ,アザミウマなどのなかま,セミ,ヨコバイのなかま,カメムシのなかま〔ほか〕
(内容)幼児から小学校高学年向けの学習図鑑。カラー写真と精密な図版を掲載したシリーズ。日本で見られる種類を中心に,約1400種の昆虫とムカデ・ヤスデなどの昆虫に近い仲間を収録。昆虫は大きなグループ(目)に分け,原始的なグループから順に掲載している。各昆虫の種名,別名,科名,体の大きさ,分布,成虫が見られる時期,幼虫の食べ物などを記載。この他に,「もの知りコラム」や「やってみようコラム」など学習に役立つ記事も掲載している。巻末に索引が付く。

**こんちゅうげんすんかくだい図鑑** 須田孫七監修 チャイルド本社 2001.5 117p 18×20cm (チャイルドブックこども百科) 1300円 ⓘ4-8054-2373-0 Ⓝ486
(目次)春の野原で出会う虫たち,夏の山や林で出会う虫たち,夏の水べで出会う虫たち,夏から秋の野原で出会う虫たち,秋のおわりから冬に出会う虫たち
(内容)自然のなかで出会う昆虫についての児童向け図鑑。虫が見られる季節と場所で章を分け,虫のくらしや体,出会い方を原寸大の虫のイラストで解説。各章末に季節・場所別の観察ポイントを掲載。

**昆虫図鑑 みぢかな虫たちのくらし** 長谷川哲雄絵・文 ハッピーオウル社 2004.5 47p 29×22cm 1580円 ⓘ4-902528-01-0
(内容)比較的身近に見られる昆虫を中心に,およそ600種あまりを,すんでいる環境と生活のしかたとのかかわりを軸にして紹介。ふだん見過ごしている小さな昆虫も,こちらから近づいていって,その気になって探したり,観察したり,飼育してみたりすると,今まで気づかなかっ

た,すばらしく豊かでおもしろい世界が見えてくる。

**昆虫図鑑 いろんな場所の虫さがし** 藤丸篤夫文・写真 福音館書店 1997.4 86p 30cm (みぢかなかがく) 1500円 ⓘ4-8340-1421-5
(目次)雑木林の虫さがし,草地の虫さがし,畑の虫さがし,田んぼと水辺の虫さがし,町の虫さがし

**昆虫 知識をひろげるまなぶっく図鑑** 前園泰徳著 メイツ出版 2005.7 143p 21cm (まなぶっく) 1500円 ⓘ4-89577-923-8
(目次)甲虫の仲間,チョウ・ガの仲間,トンボの仲間,セミ・カメムシの仲間,バッタ・コオロギ・キリギリスの仲間,ハチ・アリの仲間,ハエ・アブ・カの仲間,その他の仲間
(内容)きれいな写真と楽しい解説で昆虫が大好きになる。

**昆虫ナビずかん かならずみつかる!** 高家博成,三枝博幸監修,松原巌樹絵・文,松岡達英,今井桂三,中西章絵,川上洋一文 旺文社 2002.5 159p 21cm 952円 ⓘ4-01-071866-8 Ⓝ486
(目次)カブトムシナビ ぞうき林編(カブトムシの予習,ぞうき林たんけん),トノサマバッタナビ 草はら編(トノサマバッタの予習,草はらたんけん),アゲハチョウナビ 家のまわり編(アゲハの予習,まちの自然たんけん),ギンヤンマナビ 水辺編(ギンヤンマの予習,水辺たんけん),こん虫をつかまえたらチャレンジ!(こん虫の飼い方,ビオトープの作り方 ほか)
(内容)子ども向けの昆虫図鑑。探す虫がどこにいるか,どうしてとるか,どうして飼うか,どうしたら保存できるかが紹介されている。雑木林ならカブトムシ,草はらならトノサマバッタ,家のまわりならアゲハ,水辺ならギンヤンマといったように,4つの環境ごとに代表的な昆虫をとりあげている。ターゲットの昆虫をさがしだすまでの道のりを,環境の見分け方からやさしく解説。巻末では,4種の昆虫に関連して,飼い方・ビオトープの作り方・自由研究のテーマ・標本の作り方などを解説している。巻末に索引が付く。

**昆虫の生態図鑑** 川上親孝編 学習研究社 1993.7 160p 31×23cm (大自然のふしぎ) 3200円 ⓘ4-05-200134-6
(目次)昆虫とはどのような生きものか,チョウ・ガの仲間のふしぎ,甲虫の仲間のふしぎ,ハチ・アリの仲間のふしぎ,セミ・カメムシの仲間のふしぎ,バッタ・カマキリの仲間のふしぎ,アブ・ハエの仲間のふしぎ,いろいろな昆虫・ク

モなどのふしぎ，自然ウォッチング，資料編
(内容)チョウやガの忍法変身術，ホタルの方言ラブコール，世界の奇妙きてれつな昆虫たちなど，最新の研究結果を大判で収録するビジュアルブック。

**昆虫の生態図鑑** 改訂新版 学研教育出版，学研マーケティング（発売） 2010.6 176p 31cm （大自然のふしぎ 増補改訂）〈初版：学習研究社1993年刊 並列シリーズ名：NATURE LIBRARY 索引あり〉 3000円 ①978-4-05-203265-3 Ⓝ486.038
(目次)ハチ・アリの仲間のふしぎ，昆虫とはどのような生きものか，チョウ・ガの仲間のふしぎ，甲虫の仲間のふしぎ，セミ・カメムシの仲間のふしぎ，バッタ・カマキリの仲間のふしぎ，アブ・ハエの仲間のふしぎ，いろいろな昆虫・クモのふしぎ，自然ウォッチング，資料編
(内容)毒のあるチョウを食べた鳥はどうなるのか？ホタルはなぜ光るのか？外国の昆虫がどのようにして日本に運ばれたのか？昆虫たちの「ふしぎ」に迫る，よくわかる情報がギッシリつまった1冊。

**世界の昆虫** 岡島秀治総合監修 学習研究社 2004.3 168p 30×23cm （ニューワイド学研の図鑑） 2000円 ①4-05-500497-4
(目次)チョウのなかま（アゲハチョウのなかま，シロチョウのなかま，シジミチョウのなかま ほか），コウチュウのなかま（オサムシなどのなかま，ハンミョウのなかま，ゾウムシのなかま ほか），そのほかの昆虫（ハチのなかま，ハエのなかま，カメムシのなかま ほか）
(内容)収録種類数約1000種。最新の情報と学説を紹介。最近発見された珍種も登場。昆虫の不思議も詳しく紹介。

**世界の昆虫** 増補改訂 学習研究社 2009.6 192p 30cm （ニューワイド学研の図鑑 19）〈索引あり〉 2000円 ①978-4-05-203137-3 Ⓝ486.038
(目次)チョウのなかま（アゲハチョウのなかま，シロチョウのなかま ほか），コウチュウのなかま（オサムシなどのなかま，ハンミョウのなかま ほか），そのほかの昆虫（ハチのなかま，ハエのなかま ほか），昆虫以外の虫（クモやサソリのなかま，ムカデやヤスデのなかま）
(内容)チョウがたっぷり，人気のコガネムシがいっぱい，かっこいいカブトムシ・クワガタムシが満載。さらに充実，24ページ200種増，めずらしい種類がもりだくさん。世界の昆虫，約1200種掲載。

**世界の昆虫大百科** カラー版 山口進，山口就平，青木俊明共著，世界昆虫研究会編 勁文社 2001.4 341p 15cm （ケイブンシャ

の大百科 674） 820円 ①4-7669-3793-7 Ⓝ486
(内容)世界の昆虫845種を収録する図鑑。産地・特徴・体長を解説，写真とともに掲載する。また，図鑑の用語解説，世界の昆虫分布も収録する。1982年刊の一部改訂版。

**ちょう** 市川和夫指導，斎藤光一絵 フレーベル館 1995.2 28p 27×21cm （おおきなしぜん ちいさなしぜん こんちゅう 2） 1000円 ①4-577-01440-8
(内容)幼児向けの昆虫図鑑。チョウ。

**チョウも飼いたいサソリも飼いたい** 三枝博幸監修 旺文社 1999.7 256p 14×14cm （アレコレ知りたいシリーズ 2） 1429円 ①4-01-055062-7
(目次)家のまわりにすむ虫（セイヨウミツバチ，セグロアシナガバチ ほか），草原にすむ虫（コブハサミムシ，オオカマキリ ほか），森や林にすむ虫（オオゴキブリ，ヒナカマキリ ほか），水や水べにすむ虫（ヤエヤママダラゴキブリ，ツダナナフシ ほか）
(内容)飼う人が少ない珍しい虫や，飼うことの難しい虫，嫌われがちな虫を紹介した図鑑。巻末に索引がある。

**てんとうむし** 小島賢司指導，内藤貞夫絵 フレーベル館 1995.2 28p 27×21cm （おおきなしぜん ちいさなしぜん こんちゅう 1） 1000円 ①4-577-01439-4
(内容)幼児向けの昆虫図鑑。テントウムシ。

**とびだす昆虫たち 見て，聞いて，さわって，不思議いっぱい昆虫の世界を探検** 学習研究社 1995.4 1冊 31cm （究極のポップアップ図鑑）〈日本語版監修：矢島稔〉 2500円 ①4-05-200434-5
(内容)見て，聞いて，さわって，不思議いっぱい昆虫の世界を探検。

**トンボ** 杉村光俊文・写真 講談社 1993.7 48p 25×22cm （講談社パノラマ図鑑 31） 1200円 ①4-06-250032-9
(目次)スーパーアイ，四季のトンボ，トンボのくらし，トンボのなかま分け，世界のめずらしいトンボ，日本で見られるトンボ85種，トンボのいるかんきょう，もっと知りたい人のQ&A
(内容)小さな生きものから宇宙まで，子どもの知りたいふしぎ・なぜに答える科学図鑑。精密イラスト・迫力写真，おどろきの「大パノラマ」ページで構成する。小学校中学年から。

**日本産アリ類全種図鑑** アリ類データベースグループ（JADG）著 学習研究社 2003.6 196p 27×22cm （学研の大図鑑）〈付属資料：CD-ROM1〉 7000円 ①4-05-

401792-4
〔目次〕日本のアリの生態（アリの進化と日本のアリ，クロオオアリの生活史，クロオオアリの餌集めと縄張り争い ほか），日本のアリの亜科・属検索（アリのからだの名称，検索），日本産アリ類図鑑（ヤマアリ亜科，カタアリ亜科，フタフシ亜科 ほか）

**人気の昆虫図鑑** 岩淵けい子監修　日東書院本社　2006.6　191p　21cm　（いきものシリーズ）　1500円　Ⓘ4-528-01717-2
〔目次〕チョウ目（鱗翅目），トンボ目，コウチュウ目（鞘翅目），ハチ目（細腰亜目），カメムシ目（半翅目），バッタ目，その他の目，昆虫以外の生き物
〔内容〕日本で見られる257種類の虫たちをわかりやすく紹介。観察の仕方や自由研究のテーマもいっぱい。

**人気の昆虫図鑑ベスト257 日本で見られる虫たちを大紹介！ 観察の仕方がよくわかる** 主婦の友社編，岩淵けい子監修　主婦の友社　2009.7　191p　21cm　（主婦の友ベストbooks）〈索引あり〉　1400円　Ⓘ978-4-07-267565-6　Ⓝ486.038
〔目次〕チョウのなかま，トンボのなかま，コウチュウのなかま，ハチのなかま，カメムシのなかま，バッタのなかま，その他の昆虫のなかま，昆虫以外の生き物
〔内容〕日本で見られる260種類以上の虫を紹介する図鑑。クモやダンゴムシ，ゴキブリなど昆虫に近いなかまも紹介。主な昆虫の育ち方や卵の状態，さなぎの状態などのさまざまな生態も取り上げる。

**ビジュアル博物館 7 蝶と蛾** ポール・ウェイリー著，リリーフ・システムズ訳（京都）同朋舎出版　1990.7　63p　29×23cm　3500円　Ⓘ4-8104-0895-7
〔目次〕チョウとガの違い，チョウの一生，求愛行動と産卵，幼虫のふ化，幼虫，風変わりな幼虫，蛹化，さなぎ，羽化，チョウ，温帯にすむチョウ，山のチョウ，風変わりなチョウ，ガ，繭（まゆ），カイコガ，温帯にすむガ，風変わりなガ，日中に活動するガ，移動と冬眠，形，色，模様，擬態，擬態，そのほかの特殊行動，絶滅の危機にいる種属，チョウとガを観察する，チョウやガを飼育する
〔内容〕1冊1テーマ，全88巻の博物図鑑シリーズ。チョウとガの世界を紹介する1冊。美しいチョウとガの写真で，からだの構造，ライフサイクル，すみか，食べ物，防衛手段，擬態，交尾などを見ながら学べる。

**ビジュアル博物館 17 昆虫 魅惑に満ちた昆虫の体のつくり，生活史など にぎ**やかで興味深い昆虫の世界を探る　ローレンス・モード著，リリーフ・システムズ訳（京都）同朋舎出版　1991.7　63p　29cm〈監修：大英自然史博物館〉　3500円　Ⓘ4-8104-0963-5　Ⓝ486.1
〔内容〕1冊1テーマ，全88巻の博物図鑑シリーズ。大英博物館・大英自然史博物館の監修のもと，同館収蔵品をカラー写真で紹介する。

**ふしぎ・びっくり!?こども図鑑 むし** 新版　高家博成監修　学習研究社　2004.7　120p　30×23cm　1900円　Ⓘ4-05-202104-5
〔目次〕こん虫（こう虫のなかま，あぶ・か・はえのなかま，ばった・こおろぎのなかま，かまきりなどのなかま，せみ・かめむしのなかま，とんぼのなかま，そのほかのこん虫），くも・だんごむし（くも・だんごむしのなかま），虫のかいかた
〔内容〕庭や野山などで身近に見られる色々な昆虫と，くもやだんごむしなどを収録。本文内容は「こん虫」「くも・だんごむし」の2つに分かれている。

**ポケット版 学研の図鑑 1 昆虫** 岡島秀治監修・指導　学習研究社　2002.4　208,16p　19cm　960円　Ⓘ4-05-201485-5　Ⓝ486
〔目次〕チョウのなかま，コウチュウのなかま，ハチのなかま，トンボのなかま，セミ・カメムシのなかま，バッタなどのなかま，ハエ・アブのなかま，ウスバカゲロウなどのなかま，シロアリ・ノミなどのなかま，昆虫いがいの虫（クモなどのなかま）
〔内容〕子ども向けの昆虫図鑑。主に日本に住んでいる昆虫と，昆虫以外のクモやダンゴムシなどの代表的なものの種類を，標本などで10の仲間に分けて取り上げている。各種の種名，科名，大きさ，季節，分布，幼虫の食べ物，越冬態，特徴などを記載。この他に資料として危険な昆虫や絶滅が心配される主な昆虫，用語の解説なども掲載している。巻末に索引が付く。

**街の虫とりハンドブック 家族で見つける** 佐々木洋著，八戸さとこイラスト　岳陽舎　2005.8　46p　22×22cm　1800円　Ⓘ4-907737-67-X
〔目次〕カブトムシ，クワガタムシ，カミキリムシ，テントウムシ，バッタ，コオロギ，キリギリス，カマキリ，チョウ，トンボ，ダンゴムシ，カタツムリ，街の虫とり七つ道具，おかあさん，おとうさんへ
〔内容〕子どもたちが，小さないのちに親しむ第一歩として最適。おかあさん，おとうさんが，子どもたちに自慢できる虫の知識も満載。街で虫を見つけるポイントを，モダンでかわいい絵本形式で展開。およそ80種の写真図鑑，飼い方，楽し

いコラムも多彩に掲載。家族のコミュニケーションにもぴったりな新しい虫とりハンドブック。

**身近な昆虫** 松原巌樹絵・文 旺文社 1999.4 215p 26cm （からだのつくりがよくわかる生きもの観察図鑑） 5000円 ⓣ4-01-072480-3

(目次)チョウ・ガ，甲虫，ハチ・アブ，セミ・カメムシ，トンボ，バッタ・コオロギ，本物に見える昆虫の描き方

(内容)いろいろな昆虫を正確で大きな図を用いて紹介した図鑑。巻末に，付録として「本物に見える昆虫の描き方」を付す。

**見つけよう信州の昆虫たち　身近な自然の昆虫図鑑** 田下昌志，丸山潔，福本匡志，小野寺宏文編，信州昆虫学会監修　（長野）信濃毎日新聞社 2009.8 319p 19cm 〈文献あり 索引あり〉 2500円 ⓣ978-4-7840-7117-3 Ⓝ486.02152

(目次)第1部 昆虫を観察しよう!信州の昆虫生態（チョウやガのなかま，コウチュウのなかま，トンボのなかま，セミやカメムシのなかま ほか），第2部 昆虫の名前を調べよう!信州の昆虫標本（チョウのなかま，ガのなかま，コウチュウのなかま，トンボのなかま ほか）

(内容)見つけ方・捕まえ方・飼い方もわかりやすく。アカトンボはじめ身近な昆虫の見分け方もばっちり。長野県で見つかるチョウ・クワガタを完全収録。

**むし** 高家博成監修　学習研究社 1996.5 120p 30cm （ふしぎ・びっくり!?こども図鑑） 2000円 ⓣ4-05-200682-8

(目次)こん虫（こう虫のなかま，ちょう・がのなかま，はち・ありのなかま，はえ・あぶ・かのなかま，ばった・こおろぎのなかま，かまきりなどのなかま，せみ・かめむしのなかま，とんぼのなかま，そのほかのこん虫），くも・だんごむし（くも・だんごむしのなかま，こん虫のかいかた）

(内容)野山などに見られるさまざまな昆虫とクモなどをとりあげた，幼児から小学校低学年向けの図鑑。昆虫・クモについての「ふしぎ」に答える「なぜ・なぜのページ」と，生態について解説する「図かんのページ」から成る。巻末に五十音順の用語索引がある。

**むし** 矢島稔監修　学習研究社 1998.4 144p 19cm （新こどもポケットずかん 2）〈索引あり〉 800円 ⓣ4-05-151966-X

(内容)生活科の調べ学習や体験学習に使える小型の学習図鑑シリーズ。(1)いきもの、(2)むし、(3)花の全3巻。

**むし　ちいさなずかんポッケ** 須田孫七，須田研司監修　学習研究社 2002.8 99p

15cm 550円 ⓣ4-05-201716-1

(目次)のやまでみつけよう（はなでみつかるむし，はやしでみつかるむし，くさむらにいるむし，いけやぬま，かわにいるむし，じめんにいるむし），いえのちかくでみつけよう（かだんにやってくるむし，にわやはたけのきでみつかるむし，はたけのさくもつでみつかるむし，いえやいえのすぐちかくにいるむし），むしをかってみよう

**ヤマケイジュニア図鑑　2　昆虫** 山と渓谷社 2002.6 143p 19cm 950円 ⓣ4-635-06237-6 Ⓝ486.038

(目次)庭や公園・野原の昆虫，林や森の昆虫，水辺の昆虫

(内容)子ども向けの昆虫図鑑。日本でわりあいよく見られる昆虫たちを，庭や公園・野原の昆虫，林や森の昆虫，水辺の昆虫と，すみ場所でおおまかに分けて，紹介している。昆虫の種類ごとに収録。各昆虫の種名，科名，大きさ，時期，分布，解説，写真を掲載。各章の頭では，イラストを使って，代表的な昆虫のくらし方や面白い行動などを紹介している。巻末に索引が付く。

◆◆カブトムシ・クワガタ

〈事典〉

**カブトムシ観察事典** 小田英智構成・文，久保秀一写真　偕成社 1996.5 39p 28×23cm （自然の観察事典 1） 2400円 ⓣ4-03-527210-8

(目次)雑木林の樹液の食堂，夜の樹液に集まるカブトムシ，カブトムシの体のつくり，オスの角は戦いの武器，メスを得るための戦い，カブトムシの力のひみつ，カブトムシの交尾，カブトムシのメスのにおい，カブトムシの産卵，卵から幼虫への誕生〔ほか〕

(内容)カブトムシの体のしくみ、生態、飼育法等を18のテーマ別に解説した学習用図鑑。巻末に索引がある。児童向け。

**カブトムシの飼育徹底ガイドブック　飼育の基礎と繁殖テクニック** カブクワ編集チーム編　誠文堂新光社 2009.4 239p 26cm 〈文献あり〉 3000円 ⓣ978-4-416-70905-4 Ⓝ646.98

(目次)ダイナステス編（ダイナステス属，ヘラクレスヘラクレス ほか），ゴロファ編（ゴロファ属，エアクス ほか），メガソマ編（メガソマ属，エレファスゾウカブト ほか），飼育講座（世界のカブトムシの分布，世界のカブトムシ ほか）

(内容)カブトムシの特徴から飼育までがわかる事典。種の紹介ページにで，一般的な名称と学

科学　　　　　　　　　　児童書

名、難易度、産地の地図などを紹介。また、生態の特徴や実際に飼育するときのデータなども掲載。写真も多数掲載する。

**クワガタ＆カブト　甲虫ランキング大百科**
　ぽにーてーる編　カンゼン　2005.9　191p
　19cm　895円　Ⓘ4-901782-58-4

(目次)人気甲虫スペシャルランキングベスト5,甲虫の体のつくり、甲虫なんでもランキング カブト編、甲虫なんでもランキング クワガタ編、クワガタ＆カブトの世界分布

(内容)132種類のクワガタ＆カブトランキング。強さ!大きさ!かっこよさ!おもしろベスト10発表。

**昆虫キャラクター大百科**　ぽにーてーる編
　著　カンゼン　2005.12　191p　19cm
　（KANZENクワガタ＆カブトシリーズ）
　895円　Ⓘ4-901782-61-4

(目次)第1章 強いぞ!人気昆虫たち―立派なツノとアゴは憧れの的!, 第2章 ド迫力!大型昆虫たち―大きなからだが迫力満点!, 第3章 カッコいい!美形昆虫たち―色・すがた・かたちが人気のヒミツ, 第4章 へんしん!忍者昆虫たち―植物やほかの昆虫にすがたを変える, 第5章 必殺ワザ!王者昆虫たち―さまざまなコウゲキ方法で身を守る, 第6章 ビックリ!へんな昆虫たち―海外には珍しい昆虫がいっぱい!

(内容)生息・捕獲アイコンで昆虫を見つける、捕まえる楽しみ。昆虫113種類を徹底紹介。昆虫のもつすべての特徴がバッチリ。

**マンガでわかる!採りかた・飼いかた　クワガタ＆カブト大百科**　レッカ社編著　カンゼン　2006.6　191p　19cm　（KANZENクワガタQカブトシリーズ）　952円　Ⓘ4-901782-79-7

(目次)第1章 クワガタ・カブトってどんな虫?(クワガタ・カブトの体のとくちょう(成虫編)、クワガタ・カブトの体のとくちょう(幼虫編) ほか), 第2章 クワガタ・カブトを採りに行こう(レッツ・ゴー!クワガタ・カブトの森へ!, 採りに行く前に ほか), 第3章 クワガタ・カブトを飼おう(成虫の飼いかた、死んでしまったら?標本作り ほか), 第4章 クワガタ・カブト採集・飼育図鑑, 第5章 クワガタ・カブトなんでも相談室(クワガタ・カブトQ&A, クワガタ・カブト用語集 ほか)

<図　鑑>

**カブトムシ・クワガタムシ　学研の図鑑**
　学習研究社　1996.6　152p　26cm　1500円
　Ⓘ4-05-200690-9

(目次)日本のカブトムシ(カブトムシの体、カブトムシの一生)、日本のクワガタムシ(クワガタムシの体、クワガタムシの一生、クワガタ

のすむ林)、世界のカブトムシ、世界のクワガタムシ、採集と飼育、カブトムシクワガタムシなんでもQ&A

(内容)カブトムシ・クワガタムシを日本のものと世界のものとに分けて収めた学習図鑑。カブトムシ・クワガタムシの写真とともに和名・学名・分布・特徴を紹介するほか、採集・飼育方法を説明する。巻末に日本産カブトムシ・クワガタムシの種名一覧や五十音順の事項索引がある。

**カブトムシ・クワガタムシ**　岡島秀治総合監修　学習研究社　2001.7　144p　30cm（ニューワイド学研の図鑑）　2000円　Ⓘ4-05-500421-4　Ⓝ486.6

(目次)カブトムシ(日本のカブトムシ、アジアのカブトムシ、オセアニアのカブトムシ、アメリカのカブトムシ ほか)、クワガタムシ(日本のクワガタムシ、アジアのクワガタムシ、オセアニアのクワガタムシ、北アメリカのクワガタムシ ほか)

(内容)カブトムシとクワガタムシを知るための児童向け図鑑。標本の写真に和名、学名、特徴、分布データを添えたほか、なかま分けのマークや地域別の色分け、生態などの記事も掲載。巻頭に「世界のカブトムシの生活」と「世界のクワガタムシの生活」、巻末にカブトムシ・クワガタムシについての情報ページや種名で引く索引付き。

**カブトムシ・クワガタムシ**　小池啓一執筆・企画構成、新開孝、鈴木知之、筒井学、横塚眞己人撮影　小学館　2006.7　187p　30cm（小学館の図鑑NEO 16）〈付属資料あり〉2000円　Ⓘ4-09-217216-8

(目次)クワガタムシのなかま、クロツヤムシのなかま、ふんを食べるなかま、葉を食べるなかま、テナガコガネのなかま、カブトムシのなかま、ハナムグリのなかま

(内容)日本と世界のクワガタムシ、カブトムシ、コガネムシなど約850種を実物大で紹介。夜行性で、すき間に入るのが得意で、オスの大あごが発達したクワガタムシ、夜行性で、大きな角をもったカブトムシ、昼間活発に飛び回る美しいハナムグリ、葉を食べる丸い形のコガネムシ、動物のふんに集まるダイコクコガネなど、ふしぎな形といろいろな生活方法を、美しい写真と最新のデータで紹介。

**カブトムシ・クワガタムシ　増補改訂版**
　学習研究社　2008.6　180p　30cm（ニューワイド学研の図鑑）　2000円　Ⓘ978-4-05-202948-6　Ⓝ486

(目次)カブトムシ(カブトムシのからだ、カブトムシの生活(日本のカブトムシ)、世界のカブトムシ(分布地図)、日本のカブトムシ、アジアのカブトムシ ほか)、クワガタムシ(クワガタム

*206*　児童書 レファレンスブック

シのからだ，クワガタムシの生活（日本のクワガタムシ），世界のクワガタムシ（分布地図），日本のクワガタムシ，アジアのクワガタムシ ほか）

(内容)カブトムシ・クワガタムシの人気種せいぞろい!日本のカブトムシ・クワガタムシ，ほぼ全亜種掲載!稀種や最近発表の新種が満載。

**カブトムシ・クワガタムシスーパーカタログ** カブクワ編集チーム編 誠文堂新光社 2009.5 159p 30cm〈文献あり 索引あり〉2000円 Ⓟ978-4-416-70907-8 Ⓝ646.98

(目次)ダイナステス(Dynastes)属，ゴロファ(Golofa)属，メガソマ(Megasoma)属，サイカブト(Orictini)属，コフキカブト(Spodistes)属，タテヅノコフキカブト(Lycomedes)属，メンガタカブト(Trichogomphus)属，コツノヒナカブト(Mitracephala)属，カルコソマ(Chalcosoma)属，ゴホンヅノカブト(Eupatorus)属〔ほか〕

(内容)最新のデータ満載。憧れのヘラクレスを飼う。人気上昇中，フタマタクワガタ徹底特集。ギラファで120ミリオーバーを目指す。国産オオクワの入手から繁殖を極める。幻の伊豆諸島のクワガタたち。初心者にもできる標本作り。どっちが強い!?昆虫対決。200種類以上のカブトムシ，クワガタムシが大集結。

**カブトムシとクワガタ** 浜野栄次写真・文 実業之日本社 1993.8 159p 19cm（ジュニア自然図鑑 2） 1300円 Ⓟ4-408-36142-9

(内容)子どものための昆虫図鑑。カブトムシやクワガタムシ，そして同じ甲虫のなかまであるカミキリムシやタマムシなどを収める。虫たちの生きかたや成長のようす，体のつくりとしくみを紹介する。

**かぶとむしのなかま** 安永一正構成・絵 フレーベル館 1995.2 28p 27×21cm（おおきなしぜん ちいさなしぜん こんちゅう 10） 1000円 Ⓟ4-577-01448-3

(内容)幼児向けの昆虫図鑑。カブトムシやクワガタなど。

**観察ブック カブトムシ・クワガタムシのとり方・飼い方** 荒谷邦雄監修 学習研究社 2007.7 103p 26cm（NEW WIDE学研の図鑑） 1200円 Ⓟ978-4-05-202892-2

(目次)カブトムシ・クワガタムシは魅力いっぱい!，カブトムシってなんだ?，クワガタムシってなんだ?，日本のカブトムシ，日本のクワガタムシ，世界のカブトムシ，世界のクワガタムシ
(内容)世界のカブトムシ・クワガタムシの飼い方もわかる。

**くわがたむしとかぶとむし** 新版 今森光彦写真・監修 小学館 2003.7 31p 27×22cm （21世紀幼稚園百科 13） 1100円 Ⓟ4-09-224113-5

(内容)くわがたむしとかぶとむしは，子どもたちの人気者。シカのような見事なつのを持つくわがたむし。戦士のような姿をしたかぶとむし。力強く，けんか好きな，くわがたむしとかぶとむしの世界をのぞいてみよう。幼稚園児向け。

**世界のクワガタムシ** 今森光彦著 アリス館 2000.7 231p 22×19cm 3800円 Ⓟ4-7520-0167-5 Ⓝ486

(目次)クワガタムシ美術館（人気者，日本最小のクワガタムシ，ひょうきんな道化師，南国的な顔 ほか），クワガタムシの宝箱（クワガタムシの世界分布，日本，台湾，中華人民共和国 ほか）

(内容)実物大の標本写真339点を収録したクワガタムシの図鑑。

**人気のカブトムシクワガタの飼い方&図鑑 日本と世界のカブトムシ・クワガタ100種類を大紹介!** 主婦の友社編，岩淵けい子監修 主婦の友社 2009.7 127p 21cm（主婦の友ベストbooks）〈索引あり〉1000円 Ⓟ978-4-07-267571-7 Ⓝ486.6

(目次)海外のクワガタムシ（アンタエウスオオクワガタ，グランディスオオクワガタ ほか），海外のカブトムシ（ネプチューンオオカブト，ヘラクレスヘラクレス ほか），日本のクワガタムシ（オオクワガタ，ヒラタクワガタ ほか），日本のカブトムシ（カブトムシ，タイワンカブト（サイカブト）ほか），クワガタムシ・カブトムシの飼い方（クワガタムシやカブトムシを飼うこと，飼育用品 ほか）

(内容)絶大な人気を誇る，カブトムシとクワガタ。そのカブクワを，日本と世界合わせて100種類以上をオールカラーで紹介。また，カブトムシとクワガタの見つけ方，育て方，観察の仕方をわかりやすく解説。

**ポケット版 学研の図鑑 11 カブトムシ・クワガタムシ** 岡島秀治著 学習研究社 2004.3 172, 16p 19cm 960円 Ⓟ4-05-201940-7

(目次)カブトムシ（日本のカブトムシ，世界のカブトムシ，カブトムシの飼い方），ワクガタムシ（日本のクワガタムシ，世界のクワガタムシ，クワガタムシの飼い方），コウチュウのなかま

◆魚・貝

<事典>

**カニ観察事典** 小田英智構成・文，桜井淳史写真 偕成社 1996.7 39p 28×23cm

（自然の観察事典 9） 2400円　⑪4-03-527290-6

[目次]海はカニのふるさと，岩いそのカニの観察，干潟のカニの観察，大きなハサミをもつシオマネキ，干潟のカニのウェービング，陸でくらすアカテガニ，海岸に移動するアカテガニ，海に子どもを放つアカテガニ，海中でそだつカニの子どもたち，アカテガニの交尾〔ほか〕

[内容]カニの体のしくみや生態，飼育法等を18のテーマ別に解説した学習用図鑑。巻末に索引がある。児童向け。

**魚・水の生物のふしぎ**　井田斉,岩見哲夫監修　ポプラ社　2008.3　223p　29×22cm　（ポプラディア情報館）　6800円　⑪978-4-591-10084-4

[目次]魚のくらし（魚とは何か，魚のすみか，魚の大きさ ほか），水の生き物のくらし（無脊椎動物とは，水の生き物のからだ，ゾウリムシやアメーバのなかま（原生生物）ほか），もっと調べてみよう（おもしろ実験室 しらすパックは海のなかまでいっぱい，おもしろ実験室 二枚貝を調べよう，おもしろ実験室 魚の頭に石がある？ ほか）

[内容]海や川，湖にすむ魚のほか，イカやエビ，クラゲ，サンゴなど，水にすむさまざまな生物の生態を紹介する学習事典。魚や水の生物の体のしくみ，成長のしかたなど，図鑑だけではわからない知識も満載。巻末には，魚の観察や飼育の方法，学習の参考となる水族館の案内を掲載する。

**サケ観察事典**　小田英智構成・文，桜井淳史写真　偕成社　2006.6　39p　30cm　（自然の観察事典 34）　2400円　⑪4-03-526540-3

[目次]帰ってきたサケ，川をさかのぼるサケ，上流へと向かうサケ，サケの捕獲と人工ふ化，産卵場所をつくるサケ，サケの産卵，旅路の果ての死，川をのぼるカラフトマス，北アメリカのベニザケ，海の恵みをはこぶベニザケ，川で一生をすごすヤマメ，渓流でくらすイワナ，サケの稚魚のふ化，卵黄の袋зでそだつ稚魚，川をくだるサケの幼魚，海にでるサケの幼魚，日本のサケ科の分類

<図鑑>

**貝と水の生物**　改訂版　旺文社　1998.4　183p　19cm　（野外観察図鑑 6）　743円　⑪4-01-072426-9

[目次]貝のなかま，ヒザラガイ・ウミウシのなかま，イカ・タコのなかま，エビのなかま，カニのなかま，フジツボのなかま，アミ・ミジンコのなかま，昆虫のなかま，クラゲ・イソギンチャク・サンゴのなかま，ヒトデ・ウニ・ナマコのなかま〔ほか〕

[内容]日本の海や川・池にすむ，貝や動物，植物など水の生きものの図鑑。すんでいる場所による仲間わけや，引き出し線で特ちょうをしめし，ほかの動・植物とのちがいなどを説明している。

**貝のふしぎ図鑑　身近な生きものにしたしもう おどろきいっぱい！**　奥谷喬司監修　PHP研究所　2008.7　79p　29cm　2800円　⑪978-4-569-68555-7　Ⓝ484

[目次]序章 貝のふしぎ（こんな貝もいる！おどろきの貝たち），第1章 貝はどんなところにすんでいるの？（貝のすむ場所は？，あたたかい海にすむ貝，寒い海にすむ貝，いそにすむ貝，淡水や陸にすむ貝，深い海にすむ貝，干潟にすむ貝，潮干狩りに行こう，潮干狩りでとれる貝，マテガイのおもしのいつかまえた），第2章 貝ってどんな生きもの？（貝の体はどうなっているの？，貝は軟体動物のなかま貝，貝は何を食べるの？，貝はどんなたまごをうむの？，貝の赤ちゃんってどうなっているの？，貝殻でわかる貝の成長，貝の運動を見てみよう，貝の模様や形は，すむ場所によってかわる），第3章 わたしたちのくらしと貝（わたしたちが食べる貝，おいしい貝料理貝，お寿司の貝，貝の漁と養殖，真珠をつくる，貝のさまざまな利用，毒のある貝），第4章 貝についてもっと知りたい！（市場で見られるいろいろな貝，貝殻のいろいろな形，歴史の中の貝，貝と日本人，貝の名前の由来は？，50音順さくいん）

[内容]日本列島とそのまわりの海にすむ貝だけでも5000種以上の貝がある。世界では10万種以上ともいわれる。そんな貝の世界に目を向けてもらうために，一部の貝をとりあげて，そのくらしや，利用のされかたについて紹介する図鑑。

**学研わくわく観察図鑑 メダカ**　岩松鷹司監修　学習研究社　2006.5　48p　23×22cm　1000円　⑪4-05-202455-9

[目次]メダカの体（体を観察しよう，体の中を見てみよう ほか），メダカの育ち方（メダカのふる里，なわばりあらそい ほか），卵の中の大変身（卵のつくりと大変身の始まり，細胞がふえていく ほか），メダカのくらし（天敵の間で，メダカの一年 ほか），ヒメダカを飼育しよう（飼育水槽をつくろう，産卵のようすを観察しよう ほか）

[内容]生態，飼育，観察，図鑑，自由研究。5つのポイントを，大きな写真とイラストで詳しく解説。自由研究に役立つヒントがいっぱい。

**学研生物図鑑　特徴がすぐわかる　貝1　巻貝**　改訂版　小山能尚，築地正明編　学習研究社　1990.3　306p　22cm　〈監修：波部忠重，奥谷喬司　『学研中高生図鑑』の改題〉

4100円　Ⓘ4-05-103854-8　Ⓝ460.38

(内容)中学・高校生向けの生物の学習図鑑シリーズ。全12冊。貝の部は「1 巻貝」「2 二枚貝・陸貝・イカ・タコほか」の2冊で構成する。

**学研生物図鑑　特徴がすぐわかる　貝2
二枚貝・陸貝・イカ・タコほか　改訂版**
小山能尚, 築地正明編　学習研究社　1990.3
294p　22cm　〈監修：波部忠重, 奥谷喬司
『学研中高生図鑑』の改題〉　4100円　Ⓘ4-05-103855-6　Ⓝ460.38

(内容)中学・高校生向けの生物の学習図鑑シリーズ。全12冊。貝の部は「1 巻貝」「2 二枚貝・陸貝・イカ・タコほか」の2冊で構成する。

**学研生物図鑑　特徴がすぐわかる　魚類**
改訂版　学習研究社　1991.5　290p　22cm
〈監修：落合明　編集：小山能尚　『学研中高生図鑑』の改題〉　4100円　Ⓘ4-05-103853-X　Ⓝ460.38

(内容)中学・高校生向けの生物の学習図鑑シリーズ。全12冊。

**学研生物図鑑　特徴がすぐわかる　水生動物**　改訂版　学習研究社　1991.5　340p
22cm　〈監修：内海富士夫　編集：小山能尚
『学研中高生図鑑』の改題〉　4300円　Ⓘ4-05-103856-4　Ⓝ460.38

(内容)中学・高校生向けの生物の学習図鑑シリーズ。全12冊。

**くらべてわかる食品図鑑　4　魚と海そう**
家庭科教育研究者連盟編著, 田村孝絵　大月書店　2007.11　39p　21×22cm　1800円
Ⓘ978-4-272-40604-3

(目次)タイとキンメダイ, カレイとヒラメ, マダラとギンダラ, マアジとムロアジ, マグロとカジキマグロ, トロと赤身, シロザケ ベニザケ, サバとサンマ, キスとカマス, イワシとニシン〔ほか〕

(内容)タイとキンメダイ, カレイとヒラメ, イワナとヤマメ, コンブとワカメ, 黒いのりと青いのり…知っているようで答えられない食品知識を満載。

**原寸大すいぞく館**　さかなクン作, 松沢陽士写真　小学館　2010.3　48p　37cm　〈小学館の図鑑NEO　本物の大きさ絵本〉〈文献あり〉　1500円　Ⓘ978-4-09-217253-1
Ⓝ481.72

(目次)メガネモチノウオ, マンボウ, タマカイ, ミツクリザメ, ジンベエザメ, アカシュモクザメ, ギンザメ, マダラトビエイ, コモンカスベ／ネコザメ幼魚, サケ(卵・稚魚), フグのなかま, シャチ, シロイルカ, クラゲのなかま, タカアシガニ, ミズダコ, イカのなかま, ラッコ,

オウサマペンギン, ヒメウミガメ

(内容)世界最大のカニ, 人気者のラッコ, そのほかにも, マンボウ, シャチ, クラゲ, ウミガメなどなど。海のなかまたちが本物の大きさで見られる図鑑。

**さかな**　学習研究社　1993.6　31p　27×22cm　（はじめてのえほん図鑑 5）　1000円
Ⓘ4-05-200117-6

(内容)海や川で見られる水にすむ生物を紹介する図鑑。子どもたちがよく知っているものも, 名前は知っていても生態を知らないものなど, 水にすむたくさんの生物をとりあげている。

**さかな**　学習研究社　1996.6　120p　30cm
（ふしぎ・びっくり!?こども図鑑）　2000円
Ⓘ4-05-200685-2

(目次)さかな(いろいろな海の魚, 岩ぞこやすなぞこの魚, およぎまわる魚, さんごしょうの魚, ふかい海の魚 ほか), たこ・いか・貝, いろいろな水の生きもの(えび・かにのなかま, やどかりのなかま, ひとでやくらげのなかま, かえるやいもりのなかま, 水の生きものをかおう)

(内容)幼児～小学校低学年向きの魚の図鑑。魚はじっとしていてもなぜしずまないの？など, 子どもの素朴な疑問にていねいに答える。

**さかな**　沖山宗雄監修　学習研究社　2005.1
120p　20×23cm　（ふしぎ・びっくり!?こども図鑑）　1900円　Ⓘ4-05-202109-6

(目次)さかな(いろいろな海の魚, 岩ぞこやすなぞこの魚, およぎまわる魚 ほか), たこ・いか・貝(たこ・いかのなかま, 貝のなかま), いろいろな水の生きもの(えび・かにのなかま, やどかりのなかま, ひとでやくらげのなかま ほか)

(内容)写真やスーパーイラストで好奇心をくぎづけ。テーマに合った発展内容やクイズで知識が身につく。おうちの方へのコーナーの詳しい情報で親子の会話が増える。幼児～小学校低学年向き。

**魚**　新訂版　学習研究社　1995.11　208p
26cm　（学研の図鑑）　1500円　Ⓘ4-05-200553-8

(内容)魚の習用図鑑。魚の体の特徴や生態をイラストと写真で平易に解説する。図鑑の部分と, 「さかなの世界(実験と観察)」の部分で構成される。排列は魚の種別。巻末に五十音索引がある。児童向け。

**魚**　今泉吉典総監修, 杉浦宏監修　講談社
1997.6　191p　27×22cm　（講談社 動物図鑑 ウォンバット 2）　1700円　Ⓘ4-06-267352-5

(目次)無顎綱(ヤツメウナギ目, メクラウナギ目), 軟骨魚綱(ネズミザメ目・ツノザメ目・カグラザメ目・ネコザメ目, エイ目, ギンザメ目),

児童書 レファレンスブック　209

硬骨魚綱(シーラカンス目,サケ目,ナマズ目ほか)

**魚** 改訂版 旺文社 1998.4 207p 19cm (野外観察図鑑 4) 743円 ④4-01-072424-2
(目次)海の魚(岩礁や砂底にすむ魚,水面近くから,中層,深海にすむ魚,サンゴ礁にすむ魚 ほか),川や池の魚(川の上流から中流にすむ魚,川の下流にすむ魚,池や沼にすむ魚 ほか),世界の珍しい魚(世界各地の珍しい魚,北アメリカの魚,南アメリカの魚ほか)
(内容)身近な魚や世界のめずらしい魚を680種以上を収録した魚の図鑑。すむ場所や体型での仲間分けや,魚の特ちょうがひと目でわかるように引き出し線でポイントを説明。持ち運びに便利なハンディーサイズ。

**魚** 学習研究社 2000.3 184p 30×23cm (ニューワイド学研の図鑑) 2000円 ④4-05-500412-5 ⑭487
(目次)古代魚,サメのなかま,ウナギのなかま,ニシンのなかま,コイのなかま,サケのなかま,外国から来た魚たち,タラのなかま,ダツのなかま,アカマンボウのなかま,トゲウオのなかま,カサゴのなかま,スズキのなかま,カレイのなかま,フグのなかま,深海魚,魚の情報館
(内容)おもに日本国内と近海に生息する魚の代表的なものを取り上げた図鑑。14に分けた標本のページ,代表的な魚の一生や生態等で紹介したページ,魚の歴史や身体のつくり,飼い方などを紹介した魚の資料館の3部で構成。表記のなかまはおもに目で分けその中で科のレベルに分類。標本の各項目には標準和名と魚の写真,体長,分布,住みか,食性と特徴の解説を掲載。巻末に魚名の五十音順索引を付す。

**魚** 井田斉監修 小学館 2003.3 199p 29×22cm (小学館の図鑑NEO 4) 2000円 ④4-09-217204-4
(目次)メクラウナギ目,ヤツメウナギ目の魚,ギンザメ目,ネコザメ目の魚,テンジクザメ目,メジロザメ目の魚,ネズミザメ目,カグラザメ目の魚,ツノザメ目,ノコギリザメ目などの魚,エイ目の魚,シーラカンス目の魚,オーストラリアハイギョ目などの魚,チョウザメ目などの魚,アロワナ目の魚(観賞魚)〔ほか〕
(内容)幼児から小学校高学年向けの学習図鑑。カラー写真と精密な図版を掲載したシリーズ。日本の海と川・湖で見られる魚のほか,食用・観賞用として海外から入ってくる魚,生態の変わった魚など,約1100種の魚を紹介。

**魚** 増補改訂版 沖山宗雄総合監修 学習研究社 2006.7 210p 30cm (ニューワイド学研の図鑑) 2000円 ④4-05-202547-4
(目次)サメのなかま,古代魚,ウナギのなかま,ニシンなどのなかま,コイのなかま,サケのなかま,外国から来た魚たち,ヒメ・アカマンボウなどのなかま,タラ・アンコウなどのなかま,トゲウオ・タツノオトシゴのなかま,ボラ・ダツなどのなかま,カサゴのなかま,スズキのなかま,カレイのなかま,フグのなかま,魚の食べ方・食べ物図鑑,深海魚
(内容)おもに日本にすむ魚をまかまごとに紹介した魚の図鑑。約1180種を掲載。

**魚** 学習研究社 2008.2 142p 27cm (ジュニア学研の図鑑) 1500円 ④978-4-05-202855-7 ⑭487.5
(目次)魚のからだ,魚ってなんだろう?,サメ・エイのなかま,チョウザメのなかま,ウナギのなかま,ニシンのなかま,コイのなかまなど,サケのなかま,シャチブリ・ヒメのなかまなど,タラのなかまなど,キンメダイのなかま,トゲウオのなかま,ボラのなかまなど,ダツのなかま,カサゴのなかま,スズキのなかま,カレイのなかま,フグのなかま
(内容)魚の特ちょうを美しいカラー写真でくわしく解説。「魚はどこにすんでいるの?」「魚は何を食べるの?」「魚はどんなふうに成長するの?」…などなど,やさしく解説。本格図鑑の入門版。

**魚(さかな)** 井田斉監修・執筆,朝日田卓指導・執筆,松浦啓一〔ほか〕執筆,近江卓,松沢陽士ほか撮影 小学館 2010.6 207p 19cm (小学館の図鑑NEO POCKET 3) 〈タイトル:魚 文献あり 索引あり〉 950円 ④978-4-09-217283-8 ⑭487.5
(目次)ヌタウナギ目,ヤツメウナギ目,ギンザメ目・ネコザメ目・テンジクザメ目,ツノザメ目,メジロザメ目,ネズミザメ目,カグラザメ目,カスザメ目・ノコギリザメ目・エイ目,シーラカンス目,チョウザメ目・カライワシ目・ソトイワシ目〔ほか〕
(内容)日本で見ることのできる魚を中心に,海外から入ってくる観賞魚や食用魚,水族館などで見られる魚など約750種を紹介。

**魚(さかな)** 学研教育出版,学研マーケティング(発売) 2010.7 224p 19cm (新・ポケット版学研の図鑑 9) 〈タイトル:魚 監修・指導:沖山宗雄 索引あり〉 960円 ④978-4-05-203211-0 ⑭487.5
(目次)淡水魚(ヤツメウナギのなかま,ウナギのなかま,コイのなかま,ナマズのなかま,サケのなかま ほか),海水魚(サメのなかま,エイのなかま,チョウザメのなかま,ウナギのなかま,ニシンのなかま ほか)
(内容)魚の最新情報が満載。収録数約800種。野外観察に最適なハンディ図鑑。

**魚・貝の生態図鑑** 学習研究社 1993.6

160p 30cm （大自然のふしぎ）〈付：地図1〉 3200円 ①4-05-200137-0

(目次)魚の生態のふしぎ、魚の体のふしぎ、貝・そのほかの水生動物のふしぎ、自然ウォッチング、資料編

(内容)ルアー釣りをする魚、高速遊泳魚マグロの秘密、サメの超能力、秀才タコの問題解決能力ほか、最新の研究結果を大判で収録するビジュアルブック。

**さかなとみずのいきもの** 無藤隆総監修、武田正倫監修 フレーベル館 2005.2 128p 29×23cm （フレーベル館の図鑑 NATURA 6） 1900円 ①4-577-02842-5

(目次)魚（魚のからだ、海の岩場にすむ魚 ほか）、かに・えび・やどかりなど（かに・えび・やどかりのからだ、かにのなかま ほか）、たこ・いか・貝など（たこ・いかのからだ、たこのなかま ほか）、くらげ・いそぎんちゃく・さんごなど（くらげのなかま、いそぎんちゃくのなかま ほか）、かえる・さんしょううおなど（かえる・さんしょううおのからだ、かえるのなかま ほか）

(内容)図解、図鑑、特集の3種類のページで魚と海の生き物が詳しくわかる。

**さかなと水のいきもの** まつばらいわき、あさいくめお著 旺文社 2000.4 127p 20cm （ふしぎなぞときたんけんずかん 4）〈索引あり〉 762円 ①4-01-071784-X

(目次)魚類（魚のからだ、マイワシ、コノシロ ほか）、海辺の生き物（いろいろな海辺、潮だまりの生き物、アラレタマキビ ほか）、両生類（ニホンアカガエル、カエル、サンショウウオ）、は虫類（は虫類のからだ、クサガメ、ヤモリ ほか）

(内容)魚と水の生き物のふしぎをイラストとQ&Aでくわしく解説する学習図鑑。

**サメも飼いたいイカも飼いたい** 岩井修一、間正理恵監修 旺文社 1999.7 272p 14×14cm （アレコレ知りたいシリーズ 3） 1429円 ①4-01-055063-5

(目次)淡水魚（ポルカドットスティングレイ、オーストラリアハイギョ ほか）、海水魚（アカシュモクザメ、シーラカンス ほか）、無セキツイ動物（ニホンアワサンゴ、ウメボシイソギンチャク ほか）、水生セキツイ動物（トウキョウサンショウウオ、オオサンショウウオ ほか）

(内容)魚類をはじめ、水生の無脊椎動物、両生類、は虫類、は乳類の中から面白い生態をもつ種を中心に紹介した図鑑。巻末に索引がある。

**日本の海水魚** 増補改訂 木村義志著 学研教育出版、学研マーケティング（発売） 2009.12 268p 19cm （フィールドベスト図鑑 vol.7）〈初版：学習研究社2000年刊 索引あり〉 1800円 ①978-4-05-404371-8 Ⓝ4875

(目次)サメ目、エイ目、ニシン目、ヒメ目、ウナギ目、ナマズ目、ダツ目、ヨウジウオ目、キンメダイ目、マトウダイ目、スズキ目、フグ目、カサゴ目、カレイ目、タラ目、アンコウ目

(内容)日本の海水魚278種。水族館では見られない鮮魚店の魚、海中にいる状態の写真を中心に紹介。体の細部がわかる標本写真、料理や食材の写真も豊富に掲載。巻末に、日本近海では捕れない最近の食用魚図鑑付き。

**ビジュアル博物館 8 貝と甲殻** アレックス・アーサー著、リリーフ・システムズ訳 （京都）同朋舎出版 1990.7 60p 29×23cm 3500円 ①4-8104-0896-5

(目次)殻（外骨格）とは何か?、殻（外骨格）をもった動物、らせんの中でくらす、世界の巻き貝、ちょうつがいのついた家、変わった殻、ウニ、いろいろをつけた動物、10本の足をもった殻、カメ、成長する殻、グルメのための貝、真珠の誕生、化石の殻、すむ場所に合わせた殻、砂浜にすむ殻をもった動物たち、岩の上にすむ殻をもった動物たち、サンゴ礁にすむ殻をもった動物たち、深海にすむ殻をもった動物たち、淡水中にすむ殻をもった動物たち、陸地にすむ殻をもった動物たち、変わった場所で見られる殻をもった動物たち、貝の収集

(内容)1冊1テーマ、全88巻の博物図鑑シリーズ。貝殻や外骨格をもつ動物たちの世界を紹介する1冊。空の貝殻やその中で生きている動物たち写真による、これらの複雑で美しい動物たちの生活—何を食べ、どこにすみ、自らをどのように守っているのかがわかる。

**ビジュアル博物館 20 魚類 魚はいかに進化し、どんな習性があるのか その不思議な世界を探る** スティーブ・パーカー著、リリーフ・システムズ訳 （京都）同朋舎出版 1991.7 61p 29cm （監修：大英自然史博物館） 3500円 ①4-8104-0966-X Ⓝ487.5

(内容)1冊1テーマ、全88巻の博物図鑑シリーズ。大英博物館・大英自然史博物館の監修のもと、同館収蔵品をカラー写真で紹介する。

**ビジュアル博物館 40 鮫** ミランダ・マッキュイティ著、リリーフ・システムズ訳 （京都）同朋舎出版 1993.7 62p 29×23cm 2800円 ①4-8104-1292-X

(目次)サメとは何か?、サメの親戚、サメの体内、古代のサメ、優美な姿態、感覚、産卵、卵胎生と胎生、歯と食物、敵か、味方か、ホホジロザメ、おとなしい巨大ザメ、日光浴をする巨大ザメ、カスザメ、ホーン・シャーク、ハンマーのような頭、変わったサメ、不思議なサメ、サメの

工芸品、サメの襲撃、追いつめられたサメ、おりの内と外、サメの研究、サメに標識をつける、サメの過剰殺りく、利用と乱獲、サメを救おう！
(内容)1冊1テーマ、全88巻の博物図鑑シリーズ。大英博物館・大英自然史博物館の監修のもと、同館収蔵品をカラー写真で紹介する。第40巻ではサメをテーマとし、サメの行動と生息環境を写真で示す。

**水の生きもの**　学研教育出版、学研マーケティング（発売）　2009.12　136p　27cm（ジュニア学研の図鑑）〈索引あり〉　1500円　Ⓘ978-4-05-203109-0　Ⓝ481.72
(目次)節足動物、軟体動物、棘皮動物、刺胞動物、海綿動物、原索動物、腕足動物、外肛動物、環形動物、ゆむし動物、扁形動物、武田先生と学ぶ磯の生きもの観察
(内容)磯に行けば何かに出会える！水の生きもの約700種掲載。

**水の生き物**　増補改訂　学習研究社　2008.7　191p　30cm　（ニューワイド学研の図鑑）　2000円　Ⓘ978-4-05-202974-5　Ⓝ480
(目次)節足動物、軟体動物、棘皮動物、刺胞動物、海綿動物、扁形動物、環形動物、原索動物、水の生き物の採集、水の生き物情報館
(内容)へんな生き物大集合！この図鑑にはへんてこでふしぎなくらしの生き物がいっぱい。

**水の生き物**　学研教育出版、学研マーケティング（発売）　2010.7　208p　19cm（新・ポケット版学研の図鑑 4）〈監修・指導：奥谷喬司ほか〉〈索引あり〉　960円　Ⓘ978-4-05-203206-6　Ⓝ480
(目次)節足動物、軟体動物、棘皮動物、刺胞動物、外肛動物・腕足動物・ゆむし動物、海綿動物、環形動物、原索動物、扁形動物
(内容)収録数約850種。干潟・砂地・磯・沖合など、すみ場所別に分類。

**水の生物**　新訂版　学習研究社　1995.11　192p　26cm　（学研の図鑑）　1500円　Ⓘ4-05-200552-X
(内容)海や川に生息する生物（魚を除く）の学習用図鑑。生物の体の特徴や生態をイラストと写真で平易に解説する。図鑑の部分と、「研究と解説」の部分で構成される。排列は種別。巻末に五十音索引がある。児童向け。

**水の生物**　小学館　2005.3　191p　29×22cm（小学館の図鑑NEO 7）〈付属資料：ゲーム1、ポスター1〉　2000円　Ⓘ4-09-217207-9
(目次)原生生物、海綿動物、平板動物、刺胞動物、有櫛動物、扁形動物、中生動物、有顎動物、腹毛動物、内肛動物、外肛動物、有輪動物、ほうき虫動物、腕足動物、ひも動物、毛顎動物、

軟体動物、環形動物、星口動物、緩歩動物、有爪動物、有棘動物、線形動物、類線形動物、節足動物、棘皮動物、半索動物、脊索動物
(内容)水の環境に生活する生物のなかでも、特に背骨をもたない「無脊椎動物」とよばれるグループの図鑑。水にすむ無脊椎動物のうち、身近ななかまを中心にすべてのグループ（門）に属する動物を、分類順に紹介。あわせて、たった1つの細胞でできている「原生生物」とよばれるグループも紹介。幼児から小学校高学年向けの、カラー写真と精密な図版を掲載したシリーズ。

◆両生類・爬虫類

〈事 典〉

**カエル観察事典**　小田英智構成・文、桜井淳史写真　偕成社　1996.12　40p　28×23cm（自然の観察事典 8）　2400円　Ⓘ4-03-527280-9
(目次)カエルの進化、アカガエルの春のめざめ、ヒキガエルのカワヅ合戦、アマガエルのコーラス、あわにつつまれたカエルの卵、カエルの卵の発生、オタマジャクシの誕生、泳ぎだすオタマジャクシ、カエルへの変態、水から陸にあがるカエル〔ほか〕

〈図 鑑〉

**世界の爬虫類**　成美堂出版　1995.1　383p　15cm　（ポケット図鑑 23）　1300円　Ⓘ4-415-08090-1
(目次)トカゲの仲間、ヘビの仲間、カメの仲間、有尾類、無尾類
(内容)世界の爬虫類、両生類を写真と解説で紹介する図鑑。250種以上を収録し爬虫類と両生類に大別した上で、分類階級にしたがって排列。写真のほか、分布域、全長等を記載する。巻末に和名索引、爬虫類の飼い方、ワシントン条約についてがある。

**地球のカエル大集合！世界と日本のカエル大図鑑　世界のカエル156種類・日本のカエル全43種類**　松井正文監修、関慎太郎写真・文　PHP研究所　2004.7　79p　29×22cm　2800円　Ⓘ4-569-68485-8
(目次)世界のカエル（スズガエルのなかま、ピパのなかま、スキアシガエルのなかま ほか）、日本のカエル（ヒキガエルのなかま、アマガエルのなかま、アカガエルのなかま ほか）、解説（カエルってどんな動物?、世界のカエルと日本のカエル、カエルの一生 ほか）
(内容)世界と日本のカエル約200種を紹介したカエル図鑑。分類別に名称、分布、すみか、大きさ、特徴を記載。巻末にカエル名索引が付く。

**爬虫類・両生類** 鳥羽通久, 福山欣司, 草野
保監修・指導 学習研究社 2004.11 160p
30×23cm (ニューワイド学研の図鑑)
2000円 ⓘ4-05-202103-7

(目次)爬虫類(ワニのなかま,カメのなかま,トカゲのなかま,ミミズトカゲのなかま,ヘビのなかま,ムカシトカゲのなかま),両生類(カエルのなかま,サンショウウオのなかま,アシナシイモリのなかま),爬虫類・両生類情報館

(内容)爬虫類・両生類の不思議な生態を詳しく解説した図鑑。収録種類数は約600種、すべて写真で大きく掲載。巻末に五十音順のさくいんが付く。

**爬虫類・両生類ビジュアル大図鑑 1000種**
海老沼剛著 誠文堂新光社 2009.12 335p
26cm 〈飼育解説:八木厚昌 写真:川添宣広 文献あり 索引あり〉 4200円 ⓘ978-4-416-70931-3 Ⓝ487.9

(目次)爬虫類(カメ目,トカゲ亜目,ミミズトカゲ亜目 ほか),両生類(無尾目,有尾目,無足目),生息環境別爬虫類・両生類の飼育方法

**ビジュアル博物館 26 爬虫類** (京都)同朋舎出版 1992.4 63p 29×23cm 3500円
ⓘ4-8104-1020-X

(目次)爬虫類とは何か,爬虫類の時代,類縁関係,体の内側,冷血動物たち,特殊な感覚,求愛行動,卵を調べる,親子生き写し,うろこの話,ヘビのいろいろ,歯の多いトカゲ,カメ,ワニガメ,ワニの一族,生きている化石,えものをとる,ぎゅっと締めつける,毒の種類,タマゴヘビ,生き残る,カムフラージュ,さまざまな足,地上を歩く,樹上の生活,水中の生活,天敵,共存,未来に目を向ける

(内容)1冊1テーマ、全88巻の博物図鑑シリーズ。本巻では爬虫類の世界を紹介する。ヘビ、ワニ、トカゲ、カメなどの写真によって、これらの動物の特徴,変わった習性を知ることができる。

**ビジュアル博物館 41 両生類** バリー・クラーク著, リリーフ・システムズ訳 (京都)同朋舎出版 1993.12 63p 29×23cm 2800円 ⓘ4-8104-1763-8

(目次)両生類ってなに?, 太古の両生類, 骨だけの姿, 重要な水, 体色ともよう, 身を守る, 食物, かくれんぼ, 感覚と生存, とんだひとはねたり, 手足の指, カエルのおんぶ, 求愛のディスプレイ, 産卵と子どもの世話, 変態, 子どもからおとなへ, カエルとヒキガエル, 尾のある両生類, 木の上の生活, 穴を掘る, ヤドクガエルとマンテラ, 味方と敵, 絶滅の危機, 保護

(内容)1冊1テーマ、全88巻の博物図鑑シリーズ。大英博物館・大英自然史博物館の監修のもと、同館収蔵品をカラー写真で紹介する。第41巻では両生類をテーマとし、生活、行動、進化を紹介する。

**両生類・はちゅう類** 松井正文, 疋田努, 太田英利指導・執筆, 松橋利光, 前田憲男, 関慎太郎ほか撮影 小学館 2004.3 167p 29×22cm (小学館の図鑑NEO 6) 〈付属資料:CD1〉 2000円 ⓘ4-09-217206-0

(目次)両生類—水と陸が必要(有尾目のなかま, 無尾目のなかま, 無尾目のなかま), はちゅう類—陸のくらしに適した体(カメ目のなかま, ムカシトカゲ目のなかま, 有鱗目のなかま, ワニ目のなかま)

(内容)日本と世界の両生類約190種、はちゅう類約320種を紹介。幼児から小学校高学年向けの、カラー写真と精density な図版を掲載したシリーズ。

◆鳥 類

<事 典>

**ツバメ観察事典** 小田英智構成, 本若博次文・写真 偕成社 1997.9 39p 28×23cm (自然の観察事典 12) 2400円 ⓘ4-03-527320-1

(目次)ツバメがやってきた, つがいをつくる, 空中で虫を捕らえる, どろの巣づくりをはじめる, ツバメたちの住宅難, なかのよいツバメのつがい, ツバメの産卵, 卵をだくツバメ, ヒナ鳥の誕生, ヒナ鳥がそだつ, いそがしい親鳥たち, 大きく育ったヒナ鳥たち, 巣立ち, ひとりだちする若鳥, 水辺のツバメたち, 秋をむかえたツバメの群れ, 南の国への渡り, ツバメで調べよう, ツバメの保護

**とり 第2版** 浜口哲一文, 佐野裕彦絵 文一総合出版 1992.3 247p 19cm (自然ガイド) 1800円 ⓘ4-8299-3078-0

(目次)野山の鳥, 水辺の鳥, 北の鳥・南の鳥, バードウォッチング入門

**北海道の野鳥 フィールドウォッチングガイド 様々な野鳥に出会える北海道のフィールドへ出かけよう!** 門間敬行, 佐藤晶人共著 誠文堂新光社 2009.5 239p 21cm 〈文献あり 索引あり〉 2500円 ⓘ978-4-416-80956-3 Ⓝ488.211

(目次)タカ科, フクロウ科, キツツキ科, カッコウ科, ハト科, カラス科, シジュウカラ科, ゴジュウカラ科, エナガ科, キバシリ科〔ほか〕

(内容)北海道でよく見られる野鳥を中心に201種掲載。

<図 鑑>

**学研生物図鑑 特徴がすぐわかる 鳥類**

改訂版 学習研究社 1990.3 298p 22cm 〈監修:高野伸二 編集:本間三郎,築地正明 『学研中高生図鑑』の改題〉 4000円 ⓘ4-05-103852-1 Ⓝ460.38
(内容)中学・高校生向けの生物の学習図鑑シリーズ。全12冊。

**こどものずかんMio 5 とり** (大阪)ひかりのくに 2005.9 64p 27×22cm 762円 ⓘ4-564-20085-2
(目次)かえってきたよ!,げんきなこどもがうまれたよ,なんでもそらをとびながら!,おとうさん,おかあさんはおおいそがし,はなをたべるの?,ずかん まちでみられるとり,どこでないているの?,あめにぬれているよ,ずかん くさはらやたはたのまわりでみられるとり,くらべっこ たまごくらべ〔ほか〕

**とり 自然ガイド** 浜口哲一文,佐野裕彦絵 文一総合出版 1990.3 247p 19cm 1456円 ⓘ4-8299-3067-5 Ⓝ488
(内容)身近に見られる野鳥200種を載せる。書き込み方式の図鑑。

**とり** フレーベル館 1991.3 116p 30cm (ふしぎがわかるしぜん図鑑 5) 〈監修:水野丈夫,長谷川博〉 1942円 ⓘ4-577-00037-7 Ⓝ488
(目次)飼い鳥,庭や公園の鳥,野山の鳥,水べの鳥,世界の鳥

**とり** 志村英雄,池谷奉文監修・指導 学習研究社 1996.10 120p 30cm (ふしぎ・びっくり!?こども図鑑) 2000円 ⓘ4-05-200684-4
(目次)野山のとり,水べのとり,外国のとり,ペットのとり
(内容)野山や水辺に見られる鳥,国内外のさまざまな鳥,ペットとして飼われている鳥を紹介した,幼児から小学校低学年向けの図鑑。昆虫・クモについての「ふしぎ」に答える「なぜ・なぜのページ」と,生態について解説する「図かんのページ」から成る。巻末に五十音順の用語索引がある。

**とり** 新版 小宮輝之監修 学習研究社 2004.9 120p 30×23cm (ふしぎ・びっくり!?こども図鑑) 1900円 ⓘ4-05-202106-1
(目次)野山のとり(森や林のとり,草原のとり,高い山のとり,にわな公園のとり,水べのとり(川やみずうみのとり,ひがたやしっ地のとり,海がんのとり,海のとり,日本のめずらしいとり),外国のとり,ペットのとり(ペットのとり,小とりをかう)
(内容)野山や水辺に住む鳥,外国や国内の珍しい鳥のほかに,ペットとして飼われている鳥

を収録。

**とり** 無藤隆総監修,杉森文夫監修 フレーベル館 2005.1 128p 29×23cm (フレーベル館の図鑑 ナチュラ 5) 1900円 ⓘ4-577-02841-7
(目次)にわな公園の鳥,野山の鳥(田やはたけ,森や林,高原・草原,山),水べの鳥(川・みずうみ,ひがた・海),世界の鳥(森や林,田やはたけ,草原,水べ),人とくらす鳥(いんこ,にわとり)
(内容)鳥を,庭や公園,野山など生息するフィールドごとに分けて紹介。それぞれ,鳥のからだや暮らしがわかる「ずかい」,鳥の種類がわかる「図鑑」,鳥にさらに詳しくなれる「とくしゅう」で構成。「もっと知りたい!鳥」として,からだのしくみや飛び方などの情報も収載する。写真やリアルなイラストを豊富に掲載。鳥の名前から引く索引付き。

**鳥** 新訂版 千羽晋示,浦本昌紀,内田康夫,小林桂助,岡田泰明ほか指導 学習研究社 1995.11 248p 26cm (学研の図鑑) 1500円 ⓘ4-05-200554-6
(内容)日本の野鳥、世界の野鳥、飼い鳥を集めた学習用図鑑。カラーのイラスト頁と解説頁から成る。排列は鳥の種別。巻末に鳥名の五十音索引がある。

**鳥** 今泉吉典総監修,吉井正監修 講談社 1997.6 191p 27×22cm (講談社 動物図鑑 ウォンバット 3) 1700円 ⓘ4-06-267353-3
(目次)ダチョウ目,レア目,キーウィ目,ペンギン目,ワシタカ目,オウム目,スズメ目〔ほか〕

**鳥** 改訂版 旺文社エディタ編・制作 旺文社 1998.4 207p 19cm (野外観察図鑑 5) 743円 ⓘ4-01-072425-0
(目次)日本の鳥(アビのなかま,カイツブリのなかま ほか),世界の鳥(南アジアの鳥,北アジアの鳥 ほか),飼い鳥(オオム・インコのなかま,フィンチのなかま ほか),鳥の観察をしよう(日本の鳥の解説,世界の鳥の解説,飼い鳥の解説)
(内容)身近な鳥からめずらしい鳥まで640種を収録した鳥の図鑑。鳥の特ちょうがひと目でわかるように引き出し線でポイントを説明している。バードウォッチングにも携帯できるハンディーサイズ。

**鳥** 小宮輝之監修・指導 学習研究社 1999.11 184p 30cm (ニューワイド学研の図鑑 6) 〈索引あり〉 2000円 ⓘ4-05-500414-1
(内容)日本と世界の約800種の鳥を分類別に紹介する学習図鑑。求愛や身を守る行動,子育てな

ど，様々な鳥の珍しい生態を詳しく紹介する。保護や飼い方などの情報も掲載。

**鳥** 上田恵介監修，柚木修指導・執筆 小学館 2002.11 199p 29cm （小学館の図鑑NEO 5） 2000円 Ⓘ4-09-217205-2

(内容)幼児から小学校高学年向けの学習図鑑。カラー写真と精密な図版を掲載したシリーズ。第5巻では日本の鳥と世界の鳥を美しいイラストと写真で紹介する。

**鳥** 小宮輝之監修・指導 学習研究社 2007.12 152p 27×19cm （ジュニア学研の図鑑） 1500円 Ⓘ978-4-05-202829-8

(目次)鳥の体，鳥のくらし，日本の鳥（家のまわりや公園の鳥，里山や野原の鳥，森林の鳥，高い山の鳥，川の鳥，池・湖・湿地の鳥，干潟の鳥，海岸の鳥，沖合の鳥），世界の鳥（熱帯アジア（東洋区）の鳥，ユーラシア（旧北区）の鳥，アフリカ（旧熱帯区）の鳥，北アメリカ（新北区）の鳥，南アメリカ（新熱帯区）の鳥，オーストラリアの鳥，海洋島の鳥，極致の鳥，絶滅した鳥）

(内容)鳥類を「日本で見られる鳥」とそのほかの「世界の鳥」に大きく分け，世界の鳥は「熱帯アジア（東洋区）」「ユーラシア（旧北区）」など八つのブロックに分けた。さらに，各ブロックの鳥は「家のまわりや公園」や「草原」「森林」「高い山」「川」「海」などすんでいる場所ごとに分けて解説。

**鳥** 増補改訂 学研教育出版，学研マーケティング（発売） 2009.11 208p 30cm （ニューワイド学研の図鑑 6） 〈原版：学研研究社1999年刊 付属資料（CD1枚 12cm）：野鳥のさえずり 索引あり〉 2000円 Ⓘ978-4-05-203128-1 Ⓝ488.038

(目次)ダチョウ・シギダチョウなどのなかま，アホウドリ・ミズナギドリのなかま，ペンギンのなかま，アビ・カイツブリのなかま，ペリカンなどのなかま，サギ・トキ・コウノトリのなかま，フラミンゴのなかま，ハクチョウ・ガン・カモのなかま，ワシ・タカのなかま，キジ・ライチョウなどのなかま〔ほか〕

(内容)日本の鳥・世界の鳥を約800種掲載。66種の鳥の鳴き声CD付。

**鳥** 増補改訂版 学研教育出版，学研マーケティング（発売） 2010.9 216p 19cm （新・ポケット版学研の図鑑 5） 〈監修・指導：小宮輝之 初版：学習研究社2002年刊 索引あり〉 960円 Ⓘ978-4-05-203207-3 Ⓝ488.038

(目次)日本の鳥（ミズナギドリのなかま，アビ・カイツブリのなかま，ウのなかま，サギ・コウノトリのなかま ほか），世界の鳥・飼い鳥（ダチョウなどのなかま，ペンギンのなかま，ウ・ペリカンのなかま，サギ・コウノトリのなかま ほか），鳥の資料館（鳥とはどんな動物?，鳥の行動，鳥の保護，鳥の見られる場所）

(内容)最新情報を満載。日本の鳥から世界の鳥，飼い鳥まで約650種。鳥のいる場所・見られる季節がわかる，野外観察に最適なハンディ図鑑。

**鳥のくちばし図鑑** 国松俊英文，水谷高英絵 岩崎書店 2007.3 32p 29×22cm （ちしきのぽけっと 4） 1400円 Ⓘ978-4-265-04354-5

(目次)さまざまなくちばし，魚をつきさす，魚をはさむ，カニやゴカイをつまんでとらえる，肉をひきさく，巣材をはこぶ，ひなにえさをはこぶ，巣をつくる，木の幹で虫をとらえる，木の枝で虫をとらえる〔ほか〕

(内容)ながーいくちばし，みじかいくちばし，大きなくちばし，小さなくちばし，まがったくちばし，とがったくちばし，ふといくちばし，ひらたいくちばし…どんなふうに使うのだろう。

**鳥の形態図鑑** 赤勘兵衛著，岩井修一解説 偕成社 2008.7 179p 29cm 5800円 Ⓘ978-4-03-971150-2 Ⓝ488.038

(目次)カイツブリ，カンムリカイツブリ，オオミズナギドリ，オナガミズナギドリ，カワウ，ヨシゴイ，アマサギ，コサギ，オシドリ，コガモ〔ほか〕

(内容)保護された野鳥をモデルに，空を飛ぶための翼と尾，地上を歩いたり枝に止まるためのあし，獲物をみつけたり捕らえるための眼やくちばしの形態を細密画で克明に描く。実測のデータも付した鳥類図鑑の決定版。小学校高学年から一般向き。

**鳥の巣の本** 鈴木まもる著 岩崎書店 1999.4 40p 30cm （絵本図鑑シリーズ） 1500円 Ⓘ4-265-02919-1

(内容)鳥の巣の作り方や大きさ，卵のふ化日数など鳥の巣に関することをイラストで解説した図鑑。

**鳥の生態図鑑** 学習研究社 1993.10 160p 31×23cm （大自然のふしぎ） 3200円 Ⓘ4-05-200135-4

(目次)鳥の体のふしぎ，鳥の生態のふしぎ，自然ウォッチング，資料編

(内容)カッコウの戦略，天才建築家の鳥，人も驚くカラスの知恵，星座を知っている鳥など，最新の研究結果を大判で収録するビジュアルブック。

**日本の野鳥 巣と卵図鑑** 黒田長久監修，柿沢亮三，小海途銀次郎著 世界文化社 1999.5 238p 26cm 6800円 Ⓘ4-418-99404-1

(目次)カイツブリ（鳰），アホウドリ（信天翁），

オオミズナギドリ（大水薙鳥），カワウ（河鵜），ヨシゴイ（葭五位），ミゾゴイ（溝五位），ゴイサギ（五位鷺），ササゴイ（笹五位），アマサギ（猩猩鷺），チュウサギ（中鷺）〔ほか〕

(内容)鳥の卵150種600個、巣の標本120種を収載した図鑑。掲載項目は、鳥名、生態、繁殖、卵の特徴、巣の特徴、大きさ、似た巣との見分け方、私の見た巣など。巻末に、鳥名別索引を付す。

**野山の鳥** 国松俊英文、中野泰敬、吉野俊幸、堀田明写真 偕成社 1995.4 191p 19cm〈名前といわれ 日本の野鳥図鑑1〉 1800円 ①4-03-529360-1

(目次)人里の鳥、草原の鳥、低い山の鳥、高い山の鳥

(内容)野外観察用に作られた、野鳥の名前のいわれや語源を解説した図鑑。この巻では山里に生息する鳥を収録。排列は生息地別。語源・特徴・大きさ・生活・季語などについて記載する。学名の意味についても記載。子どもにも理解できるような平易な記述と総ルビが特徴。巻末に鳥名五十音順索引を付す。「水辺の鳥」編もある。

**ビジュアル博物館 1 鳥類** デビッド・バーニー著、リリーフ・システムズ訳 （京都)同朋舎出版 1990.3 63p 23×29cm 3500円 ①4-8104-0799-3

(目次)恐竜から鳥か、動物としての鳥、翼、巧みに飛ぶ、すばやく飛び立つ、飛行スピードと飛び続けられる時間、気流に乗って舞う、滑空する空中停止する、尾、羽の構造、羽、翼羽、体羽、綿羽、尾羽、求愛、カムフラージュ、足と足あと、感覚、くちばし、植物を食べる鳥、虫類を食べる鳥、小動物を捕らえる鳥、魚をとる鳥、雑食の鳥、ペリット、巣をつくる、カップ形の巣、変わった巣、水鳥と渉禽類の卵、陸上の鳥の卵、驚くべき卵、ふ化、成長、鳥を呼び寄せる、バードウォッチング

(内容)1冊1テーマ、全88巻の博物図鑑シリーズ。第1巻では鳥たちの世界を紹介する。羽、翼、骨格、卵、巣、生まれたばかりのひななどの実物写真で鳥たちの生活、行動、ライフサイクルを見るガイドブック。

**ビジュアル博物館 69 猛禽類** ジマイマ・パリー=ジョーンズ著、柿沢亮三監修、フランク・グリーナウェイ写真、リリーフ・システムズ訳 同朋舎 1998.6 59p 30cm 2800円 ①4-8104-2500-2

(目次)猛禽類とは?、猛禽類の分類、巣づくり、産卵、孵化、ヒナの成長、飛行、翼と羽、体の内部、足とかぎ爪、狩りの技術、獲物の食べ方〔ほか〕

(内容)1冊1テーマ、全88巻の博物図鑑シリーズ。大空に君臨する猛禽類の雄姿を写真で紹介し、その生態や身体構造、飛行や狩りの仕方をクローズアップで図解する。

**ポケット版 学研の図鑑 5 鳥** 小宮輝之監修・指導 学習研究社 2002.4 192, 16p 19cm 960円 ①4-05-201489-8 Ⓝ488

(目次)日本の鳥（ミズナギドリのなかま、アビ・カイツブリのなかま、ウのなかま ほか)、世界の鳥・飼い鳥（ダチョウなどのなかま、ペンギンのなかま、ウ・ペリカンのなかま ほか)、鳥の資料館（鳥とはどんな動物?、鳥の行動、鳥の保護 ほか)

(内容)子ども向けの鳥図鑑。日本に住んでいる鳥と世界の鳥・飼い鳥を取り上げている。目名ごとに分類し掲載している。各種の種名、科名、全長、翼開長、世界の分布、日本での分布、特徴・生態、鳴き声などを記載。巻末に索引が付く。

**身近な鳥の図鑑** 平野伸明著 ポプラ社 2009.4 239p 21cm 〈文献あり 索引あり〉 1600円 ①978-4-591-10767-6 Ⓝ488.21

(目次)海辺や干潟、宅地や公園、田んぼや畑、池や湖、雑木林や里山、川、山麓の森、高原、高山

(内容)家のまわりで、近所の公園で、すこし遠出をしたときちょっと見るとこんな鳥が…環境ごとに、身近な鳥を100種掲載。

**水辺の鳥** 国松俊英文、本若博次、堀田明写真 偕成社 1995.4 191p 19cm （名前といわれ 日本の野鳥図鑑2） 1800円 ①4-03-529370-9

(目次)川や池の鳥、水田や湿地の鳥、海岸や干潟の鳥、外洋の鳥

(内容)野外観察用に作られた、野鳥の名前のいわれや語源を解説した図鑑。この巻では水辺に生息する鳥を収録。排列は生息地別。語源・特徴・大きさ・生活・季語などについて記載する。学名の意味についても記載。子どもにも理解できるような平易な記述と総ルビが特徴。巻末に鳥名五十音順索引を付す。「野山の鳥」編もある。

**野鳥のくらし** 和田剛一文・写真・映像 偕成社 2004.9 124p 30×23cm （生きものROM図鑑） 〈付属資料：CD-ROM1〉 4500円 ①4-03-527660-X

(目次)第1章 山（高い山でくらす、「木つつき」はなんのため? ほか)、第2章 草原・人里（りっぱなかんむり、みんなでのんびり ほか)、第3章 川・池・湖（もぐりの名人、親しき仲にも礼儀あり ほか)、第4章 海（おしゃもじを振って、魚だけを食べるタカ ほか)

(内容)野鳥たちの「さえずり」や「狩り」や「擬態」や「求愛」や「食べもの」や「巣づくり」や「渡り」や「子そだて」や「抱卵」や「越冬」を写真と動く映像でみてみよう。小学中級から。

野鳥の図鑑 にわやこうえんの鳥からうみ
の鳥まで 藪内正幸作 福音館書店
1991.6 351p 21cm 3000円 Ⓝ4-8340-
0706-5 Ⓝ488

(目次)庭や公園にくる鳥、草原の鳥、山や森の
鳥、川や沼の鳥、海の鳥、鳥をみるときには
(内容)ロングセラー「日本の野鳥＜全6巻＞」を1
冊にまとめ、さらに28種をくわえた図鑑。バー
ドウォッチング用、また家庭用に、子どもから
大人まで。

ヤマケイジュニア図鑑 3 鳥 山と渓谷社
2002.6 143p 19cm 950円 Ⓝ4-635-
06238-4 Ⓝ488.038

(目次)庭や公園の鳥、畑や野原の鳥、林や森の
鳥、川や水田・河原の鳥、池や湖の鳥、海辺の鳥
(内容)子ども向けの鳥図鑑。日本でわりあいよ
く見られる鳥たちを、すみ場所でおおまかに分
けて、紹介している。スズメの仲間、シギやチ
ドリの仲間というように、種類ごとに掲載して
いる。各鳥の種名、科名、大きさ、時期、分布、
写真、解説を収録。各章の区切りでは、イラス
トを使って、代表的な鳥のくらし方や面白い行
動などを紹介している。巻末に索引が付く。

◆哺乳類

＜図 鑑＞

いぬ 今泉忠明監修 学習研究社 2006.10
48p 23×22cm (学研わくわく観察図鑑)
1200円 Ⓝ4-05-202616-0

(内容)シリーズ最新刊。これ1冊ですべてがわか
る。たくさんの写真でいろいろな犬を紹介。自
由研究にも飼育にも役立つヒントがいっぱい。

イヌ科の動物事典 ジュリエット・クラット
ン＝ブロック著、祖谷勝紀日本語版監修 あ
すなろ書房 2004.4 63p 29×22cm
(「知」のビジュアル百科 6)〈『ビジュアル
博物館 イヌ科の動物』新装・改訂・改題書〉
2000円 Ⓝ4-7515-2306-6

(目次)イヌとは何か、イヌ科の進化、イヌ科動
物の骨、被毛、頭、尻尾、視覚と聴覚、嗅覚、
行動、イヌ科の子どもたち、群れのリーダー、
ジャッカルとコヨーテ〔ほか〕
(内容)子供向けの1冊1テーマの図解百科事典シ
リーズ。盲導犬や介助犬などさまざまな場面で
活躍するイヌ。人とともに歩んできたその歴史
や、進化の過程、数多くの品種を写真とともに
紹介。

イヌとネコ 今泉忠明監修 学習研究社
1998.12 152p 26cm (学研の図鑑)
1460円 Ⓝ4-05-201002-7

(目次)世界のイヌ(日本のイヌ、使役犬、牧羊犬、
狩猟犬(鳥猟犬)、狩猟犬(獣猟犬)、テリア、愛
玩犬＆家庭犬、働くイヌ・警察犬、働くイヌ・
盲導犬、イヌ大活躍、イヌの体と能力、イヌの
気持ち、イヌの成長、ドッグショー)、世界のネ
コ(毛が短いネコ、毛が長いネコ、めずらしい
ネコ、ネコの体と能力、ネコの成長、仲間と比
べてみよう、ネコの気持ち、キャットショー)、
イヌの飼い方・ネコの飼い方

いぬねこ ハムスターそのほか 無藤隆総
監修、今泉忠明監修 フレーベル館 2005.7
128p 29×23cm (フレーベル館の図鑑ナ
チュラ 8) 1900円 Ⓝ4-577-02844-1

(目次)いぬ(いぬのからだ、いぬのひみつ ほか)、
ねこ(ねこのからだ、ねこのひみつ ほか)、ハム
スターなど(ハムスターのからだ、ハムスター
のなかま ほか)、きんぎょ・ねったい魚(きん
ぎょのからだ、きんぎょのなかま ほか)
(内容)親子のコミュニケーションを育む、巻頭
特集。4画面分の大パノラマページ。美しい撮り
おろし標本写真の図鑑ページ。自然体験・観察
活動に役立つ特集やコラム。幼稚園・保育園の
体験活動、小学校の生活科、総合学習に最適。
スーパーリアルイラストレーションによる図解。
最新情報・最新データ満載。

犬の写真図鑑 中島真理、山崎哲写真、金井
康枝文 金の星社 2005.3 64p 30×22cm
(犬とくらす犬と生きるまるごと犬百科 1)
3400円 Ⓝ4-323-05411-4

(目次)牧羊犬・牧畜犬、番犬・作業犬、穴にも
ぐる狩猟犬、嗅覚型ハウンド、視覚型ハウンド、
鳥猟犬、日本犬スピッツ系の犬など、伴侶犬・
愛玩犬
(内容)136犬種の犬の特徴、原産国などをカラー
写真で見て楽しめ、犬を飼うときの参考になる
写真図鑑。

イルカ、クジラ大図鑑 海にくらすほ乳類
おどろきの能力をさぐる! 中村庸夫監修
PHP研究所 2007.6 79p 29×22cm
2800円 Ⓝ978-4-569-68693-6

(目次)第1章 海に生きるイルカ、クジラ(世界最
大の動物・クジラ、イルカのジャンプ ほか)、
第2章 イルカ、クジラってどんな動物?(イルカ、
クジラはほ乳類のなかま、イルカ、クジラと魚
の違いは? ほか)、第3章 イルカ、クジラと日
本人(日本史のなかのイルカ、クジラ、日本の
捕鯨 ほか)、第4章 イルカ、クジラをとりまく
危機(イルカ、クジラのすむ海があぶない、イ
ルカやクジラを守るために、わたしたちにでき
ること ほか)、第5章 イルカ、クジラのなかま
たち(イルカ、クジラのなかまたち、川にすむ
イルカたち ほか)

児童書 レファレンスブック 217

科学　　　　　　　　　　　　　児童書

**馬の百科**　ジュリエット・クラットン=ブロック著，千葉幹夫日本語版監修　あすなろ書房　2008.9　63p　29×22cm　(「知」のビジュアル百科 49)　2500円　Ⓟ978-4-7515-2459-6
(目次)ウマの仲間，ウマの進化，骨と歯，感覚と行動，母ウマと子ウマ，野生のロバ，縞模様，ウマの祖先，歴史のなかのウマたち，働き者のロバ，ラバとケッテイ，蹄鉄，馬具，ウマに乗って探検，アメリカ大陸へ，荒野を走る，世界のウマ，品種と経路，戦争のウマたち，騎士道時代，ウマでの旅，馬車のいろいろ，大型馬，ウマの力強さ，軽い車を引く，北アメリカ大陸のウマ，スポーツ用のウマ，競走馬，役に立つポニー
(内容)子供向けの1冊1テーマの図解百科事典シリーズ。馬と，馬にまつわる文化をビジュアルで紹介。絶滅した品種から，優美なサラブレッドまで，馬について知っておきたい基礎知識を網羅。

**NHKはろ～!あにまる動物大図鑑　ほ乳類　アフリカ編**　NHK「はろ～!あにまる」制作班編　イースト・プレス　2008.12　111p　19cm　1000円　Ⓟ978-4-7816-0055-0　Ⓝ489.038
(目次)アフリカ/草原地帯(サバンナ)(ライオン，ヒョウ(アフリカヒョウ) ほか)，アフリカ/乾燥地帯(砂漠)(ミーアキャット，ケープアラゲジリス ほか)，アフリカ/熱帯ジャングル(ニシローランドゴリラ，マウンテンゴリラ ほか)，マダガスカル(ワオキツネザル，ゴールデンバンブーレムール ほか)
(内容)番組で紹介した200種類以上のほ乳類を，5つの地域にわけて詳しく紹介する図鑑(全5巻)。詳細なデータとオールカラー図版を掲載。この本では「アフリカ・マダガスカル」で暮らす動物を紹介。

**NHKはろ～!あにまる動物大図鑑　ほ乳類　日本編**　NHK「はろ～!あにまる」制作班編　イースト・プレス　2008.12　111p　19cm　1000円　Ⓟ978-4-7816-0056-7　Ⓝ489.038
(目次)北海道(ヒグマ(エゾヒグマ)，キツネ(キタキツネ・ホンドギツネ) ほか)，本州・四国・九州(ツキノワグマ，タヌキ(ホンドタヌキ) ほか)，九州・沖縄の島(ツシマヤマネコ，ニホンザル(ヤクシマザル) ほか)，海のほ乳類(ゴマフアザラシ，ゼニガタアザラシ ほか)，外来種(アライグマ，ヌートリア)
(内容)番組で紹介した200種類以上のほ乳類を，5つの地域にわけて詳しく紹介する図鑑(全5巻)。詳細なデータとオールカラー図版を掲載。この本では「日本」で暮らす動物を紹介。

**NHKはろ～!あにまる動物大図鑑　ほ乳類　オーストラリア・海洋編**　NHK「はろ～!あにまる」制作班編　イースト・プレス　2009.2　104p　19cm　〈索引あり〉　1000円　Ⓟ978-4-7816-0057-4　Ⓝ489.038
(目次)オーストラリア，海洋(南極海とその周辺，北極海とその周辺，北太平洋，温かな海，世界の海)
(内容)番組で紹介した200種類以上のほ乳類を，5つの地域にわけて詳しく紹介する図鑑(全5巻)。詳細なデータとオールカラー図版を掲載。この本では「オーストラリアと世界各地の海」で暮らす動物を紹介する。

**NHKはろ～!あにまる動物大図鑑　ほ乳類　アジア・ヨーロッパ編**　NHK「はろ～!あにまる」制作班編　イースト・プレス　2009.2　127p　19cm　〈索引あり〉　1000円　Ⓟ978-4-7816-0058-1　Ⓝ489.038
(目次)南アジア(インド・東南アジア・中国南部など)(アジアゾウ，インドライオン ほか)，ヒマラヤ山ろく(ユキヒョウ，ジャイアントパンダ ほか)，中央アジア(モウコノウマ，サイガ ほか)，ロシア東部(アムールトラ，アムールヒョウ ほか)，ヨーロッパ(オオヤマネコ，タイリクオオカミ ほか)
(内容)番組で紹介した200種類以上のほ乳類を，5つの地域にわけて詳しく紹介する図鑑(全5巻)。詳細なデータとオールカラー図版を掲載。この本ではアジアとヨーロッパに住む個性あふれる動物たちを収録。草原や湿地帯，山ろくなどの大自然を生きぬくために身につけた独特の「体つき」や「習慣」「生活のひみつ」「進化の過程」などの特徴を，取材班が現地で撮影した豊富なビジュアルや詳細なデータを通してわかりやすく紹介。

**NHKはろ～!あにまる動物大図鑑　ほ乳類　南北アメリカ編**　NHK「はろ～!あにまる」制作班編　イースト・プレス　2009.3　119p　19cm　〈索引あり〉　1000円　Ⓟ978-4-7816-0059-8　Ⓝ489.038
(目次)北極・海辺(ホッキョクグマ，ホッキョクギツネ ほか)，北米の山地・森林(グリズリー，アメリカクロクマ ほか)，北米の大平原(コヨーテ，スウィフトギツネ ほか)，中南米(シロミミオポッサム，オオアリクイ ほか)，中南米のサル(フサオマキザル，ノドジロオマキザル ほか)
(内容)番組で紹介した200種類以上のほ乳類を，5つの地域にわけて詳しく紹介する図鑑(全5巻)。詳細なデータとオールカラー図版を掲載。この本では南北アメリカに住むほ乳類が主人公。北極の動物から，ジャングルに住むユニークな動物までを紹介する。

**海獣図鑑　アシカセイウチアザラシ**　荒井一利文，田中豊美画　文渓堂　2010.2　63p　31cm　〈文献あり 索引あり〉　2500円

児童書　　　　　　　　　　　　　　　　科学

①978-4-89423-659-2　Ⓝ489.59
(目次)鰭脚類ってどんな動物?,水中生活に適した体,鰭脚類のくらし,海にくらすほ乳類,鰭脚類の仲間たち,野生のアシカやアザラシにであえるところ,海獣たちにせまる危機,海獣たちの保護活動
(内容)「鰭脚類」とよばれるアシカの仲間,セイウチ,アザラシの仲間を全種(35種類)とりあげ,それぞれの見分け方や生態,形態などを,詳しく解説。100点を超える写真と,精緻なイラストが満載。すべてオールカラーでの紹介。地球温暖化や異常気象,海洋汚染によって,生存をおびやかされている海獣たち―彼らがおかれている現状についても伝えている。

クジラ・イルカ　海の王者の生態と観察
　学習研究社　1993.3　140p　19cm　(わくわくウオッチング図鑑9)　880円　①4-05-106173-6
(目次)クジラのすべて―体と生活,ヒゲクジラの仲間―種類と生活,ハクジラの仲間―種類と生活
(内容)38種類のクジラ・イルカを解説した,ホエールウオッチングのガイドブック。

犬種大図鑑　ブルース・フォーグル著,福山英也監修　ペットライフ社,緑書房[発売]　1996.7　312p　30×25cm　6500円　①4-938396-33-5
(目次)第1章 犬の履歴,第2章 犬と人間,第3章 犬の解剖図,第4章 犬の言葉,第5章 家庭犬の種類,第6章 犬の育て方
(内容)世界各地の400の犬種の歴史,特徴や飼う際のアドバイスをカラー写真を用いて解説した図鑑。古代犬,スピッツタイプの犬,牧畜犬等に分類して掲載する。ほかに犬の履歴,犬と人間,犬の解剖図・犬の言葉・犬の育て方についても述べる。巻末に五十音順の犬名索引や犬種名索引を付す。

こどものずかんMio 2 どうぶつ　(大阪)ひかりのくに　2005.7　64p　27×22cm　762円　①4-564-20082-8
(目次)かわいいねあかちゃん,おかあさんのおっぱいおいしいね,ぞうさんどこへいくの?,ながいはな・おおきなみみ,なにをたべているの?,みずのなかではどうしているの?,くさをたべるどうぶつ(ぞうやさい,きりん,かばなど),くさをたべるどうぶつ(しかやひつじ,うしなど),いろいろなつのくらべ,あふりかのだいそうげん[ほか]

ゴリラ図鑑　山極寿一写真・文,田中豊美画
　文溪堂　2008.11　63p　31cm　2500円
　①978-4-89423-611-2　Ⓝ489.97
(目次)霊長類系統樹,ゴリラって,どんな動物?,上半身が大きいゴリラの体,アフリカの熱帯雨林にすむ,社会構造,森の暮らし,森の恵みを食べる,子育て,遊ぶ,けんかとなかなおり,会話,ドラミング,誤解されたゴリラ,類人―ゴリラの仲間たち,危機にある熱帯雨林とゴリラたち,ゴリラの保護活動,野生のゴリラに会いにいこう,ゴリラ用語ミニ事典,さくいん
(内容)われらが隣人,ゴリラのことがよくわかる図鑑。ゴリラ研究の第一人者が紹介する,最新のゴリラ情報が満載。ゴリラの生態と保護活動を150点以上の写真とイラストでわかりやすく解説。

図説 哺乳動物百科 1 総説・アフリカ・ヨーロッパ　遠藤秀紀監訳　朝倉書店　2007.6　86p　29×23cm　〈原書名:Mammal〉　4500円　①978-4-254-17731-2
(目次)総説(哺乳類とは,進化,人類の役割,哺乳類の分類),アフリカ(アフリカの生息環境,草原,砂漠,山地,湿地,森林),ヨーロッパ(ヨーロッパの生息環境,草原,山地,湿地,森林)

図説 哺乳動物百科 2 北アメリカ・南アメリカ　遠藤秀紀監訳　朝倉書店　2007.9　80p　29×23cm　4500円　①978-4-254-17732-9
(目次)第1巻(総説,アフリカ,ヨーロッパ),第2巻(北アメリカ,南アメリカ),第3巻(オーストラレーシア,アジア,海域)

図説 哺乳動物百科 3 オーストラレーシア・アジア・海域　スティーブ・パーカー,ジョナサン・エルフィック,デヴィッド・バーニー,クリス・ノリス著,遠藤秀紀監訳　朝倉書店　2007.11　82p　29×22cm　〈原書名:Mammal〉　4500円　①978-4-254-17733-6
(目次)オーストラレーシア(オーストラレーシアの生息環境,草原,砂漠,湿地,森林,島),アジア(アジアの生息環境,草原,山地,砂漠とステップ,湿地,森林),海域(海域の生息環境,沿岸域,外洋,極海)

ぜんぶわかる 動物ものしりずかん　内山晟監修　成美堂出版　2005.12　80p　22×22cm　850円　①4-415-03165-X
(目次)ネコのなかま,イヌのなかま,クマのなかま,パンダ,アライグマのなかま,ラッコのなかま,ゾウのなかま,シマウマのなかま,サイのなかま,キリンのなかま[ほか]
(内容)ライオン,ゾウ,パンダ,コアラ世界の動物が大集合。

どうぶつ　小学館　1994.4　31p　29×22cm　(21世紀幼稚園百科 3)　1000円　①4-09-224003-1

児童書 レファレンスブック　219

科学　　　　　　　　　児童書

(内容)地球にくらしている動物（ほ乳類）を、住んでいる環境とあわせて紹介する図鑑。

**動物**　新訂版　学習研究社　1993.6　176p　26cm　（学研の図鑑）　1500円　Ⓓ4-05-200097-8

(目次)哺乳類、両生類、爬虫類

**動物**　三浦慎悟〔ほか〕指導・執筆、横山正協力　小学館　2002.7　207p　29cm　（小学館の図鑑NEO 1)　2000円　Ⓓ4-09-217201-X

(内容)幼児から小学校高学年向けの学習図鑑。カラー写真と精密な図版を掲載したシリーズ。シリーズ第1巻では地球で暮らす様々なほ乳類を、美しいイラストと生き生きとした写真で紹介する。

**日本哺乳類大図鑑**　飯島正広写真・文、土屋公幸監修　偕成社　2010.7　179p　29cm　〈文献あり　索引あり〉　5200円　Ⓓ978-4-03-971170-0　Ⓝ489.038

(目次)里山（タヌキ、キツネ ほか)、奥山（ヤマネ、ニホンテン ほか)、北と南（エゾクロテン、エゾヒグマ ほか)、海（オットセイ、ゴマフアザラシ ほか）

(内容)日本にすむ哺乳類100余種を、くらす環境により4章に分け、豊富な写真で紹介。通常の図鑑としての体の特徴や雌雄・親子、夏毛・冬毛などがわかる内容に加えて、くらしや行動などの生態も、写真で紹介。さらに随所に、四季折々の日本の風土に動物が美しく映えて写る写真集のページも設置。図鑑、生態紹介のみならず、写真集まで、動物で見てみたいすべてが入った、日本の哺乳類図鑑。小学校中学年から。

**ねこあつまれ**　植木裕幸、福田豊文写真、今泉忠明監修　（大阪）ひかりのくに　1999.3　51p　25×21cm　（ものしりスーパー図鑑）880円　Ⓓ4-564-20253-7

(目次)ねこのしゅるい（とくちょうのあるねこ、みじかいけのねこ、にほんのねこ、ねがいけのねこ、ブラッシングのポイント)、ねこをかおう（ねこってどんなどうぶつ、けんこうでじょうぶなねこのからだ、せいかつのどうぐをようしよう、ねこのしつけとせわ、ねこのしょくじ、ねこのおいしゃさん、あかちゃんがうまれたよ、こねこのべんきょう、ひるねだいすき、ねことのつきあいかた)、ねことなかよく（ねこのしぐさ、ねこのなきごえ、ねこあそぼう)、ねこのひみつ（からだのひみつ、ねこのとくいなこと、ねことねこのおつきあい）

**ビジュアル博物館　9　哺乳類**　スティーブ・パーカー著、リリーフ・システムズ訳　（京都）同朋出版　1990.10　63p　24×19cm　3500円　Ⓓ4-8104-0897-3　Ⓝ403.8

(目次)哺乳類の世界、哺乳類とは何か、哺乳類の進化、多様化する哺乳類、哺乳類の感覚、空を飛ぶ哺乳類、体をおおう毛、開けた場所で身を隠す、体をおおうとげ、体を守るしかけ、尻尾はなんのためにあるか？、早い誕生、早い繁殖、たくましく生きるネコ、哺乳類に特有のもの、成長、生活のゲーム、清潔さを保つ、食物のとり方、噛みつく歯と噛み砕く歯、食物を蓄える、巣の中でくつろぐ、地下の生活、指は何本あるか？、足跡と歩いた跡、哺乳類を調べる

(内容)1冊1テーマ、全88巻の博物図鑑シリーズ。第9巻では哺乳類の世界を紹介する。ロリス、アナグマ、ワラビー、そのほかの写真によって、哺乳動物の行動や体のつくりを知ることができる。

**ビジュアル博物館　29　ネコ科の動物**　ジュリエット・クラットン・ブロック著、リリーフ・システムズ訳　（京都）同朋舎出版　1992.7　63p　29×33cm　3500円　Ⓓ4-8104-1088-9

(目次)ネコ科の動物とは、最初のネコ、いろいろなネコ科動物、骨格、体の内部、すぐれた感覚、すばらしい運動能力、毛づくろい、えものをなぶる、子ネコ、ネコ類の特性、ネコの王者ライオン、最大のネコ トラ、木登り名人 ヒョウ、水辺を好むネコ ジャガー、高地のネコ、平原のさすらい者、森林のネコ、スピードの王者 チーター、ネコの親せき、ネコの家畜化、神話と伝説、ネコの貴族、短毛種、長毛種、珍しいネコ、都会の生活、ネコの世話

(内容)1冊1テーマ、全88巻の博物図鑑シリーズ。第29では野生と家畜のネコたちの驚くべき世界を紹介。大小のネコ科動物のすばらしい実物写真、ネコを題材とした美術品や工芸品、ネコの歯から爪まで、ネコ科動物のすべてがわかる。

**ビジュアル博物館　32　イヌ科の動物**　ジュリエット・クラットン・ブロック著、リリーフ・システムズ訳　（京都）同朋舎出版　1992.7　63p　29×23cm　3500円　Ⓓ4-8104-1091-9

(目次)イヌとは何か、イヌ科の進化、イヌ科動物の骨、被毛、頭、尻尾（しっぽ)、視覚と聴覚、嗅覚（きゅうかく)、行動、イヌ科の子どもたち、群れのリーダー、ジャッカルとコヨーテ、アジア、アフリカのイヌ科動物、アカギツネとハイイロギツネ、暑い地方と寒い地方のキツネ、南米のさまざまなイヌ科動物、家畜化の始まり、野生のイヌ、新品種をつくる、狩猟犬、牧畜・牧羊犬、人間の手助けをする、スポーツとイヌ、ハウンド犬、銃猟犬、テリア犬、非猟犬、作業犬、小型愛玩犬（あいがんけん)、雑種犬、イヌの世話

(内容)1冊1テーマ、全88巻の博物図鑑シリーズ。第32巻ではイヌ科動物たちの魅惑に満ちた世界を紹介。イヌ、オオカミ、ジャッカル、キツネの実物写真が、イヌ科動物の生活と進化をビジュ

アルに示し、歴史を通じてイヌたちが多くの点で人間を助けてきたようすを明らかにする。

**ビジュアル博物館 33 馬** ジュリエット・クラットン・ブロック著, リリーフ・システムズ訳 （京都）同朋舎出版 1992.12 63p 29×23cm 3500円 ⓘ4-8104-1126-5

(目次)ウマの仲間, ウマの進化, 骨と歯, 感覚と行動, 母ウマと子ウマ, 野生のロバ, 縞模様, ウマの祖先, 歴史のなかのウマたち, 働き者のロバ, ラバとケッティ, 蹄鉄, 馬具, ウマに乗って探検, アメリカ大陸へ, 荒野を走る〔ほか〕
(内容)1冊1テーマ, 全88巻の博物図鑑シリーズ。第33巻では魅惑に満ちたウマとポニーの世界を紹介。ウマ, ポニー, ロバ, ラバ, ノロバ, シマウマ, さらには荷馬車, 四輪馬車, 馬具など, このすばらしい動物たちの歴史, 文明の中で果たしてきたその役割などを美しい写真で示す。

**ビジュアル博物館 42 象** イアン・レッドモンド著, リリーフ・システムズ訳 （京都）同朋舎出版 1994.1 63p 29×23cm 2800円 ⓘ4-8104-1764-6

(目次)ゾウはどんな動物?, ゾウの系統, マンモスとマストドン, ゾウの仲間, ゾウの骨格, つま先で立つゾウ, 手の働きをする鼻, 役に立つ牙, 特殊な歯, 休みなく食べる, 楽しい水浴び, 体を冷やす, お母さんがリーダー, 巨体のぶつかり〔ほか〕
(内容)1冊1テーマ, 全88巻の博物図鑑シリーズ。大英博物館・大英自然史博物館の監修のもと, 同館収蔵品をカラー写真で紹介する。第42巻ではゾウをテーマとし, ゾウの生活, 行動, 一生, 人間との関わりを紹介する。

**ビジュアル博物館 46 鯨** フランク・グリーナウェイ著, リリーフ・システムズ訳 （京都）同朋舎出版 1994.5 63p 29×23cm 2800円 ⓘ4-8104-1838-3

(目次)海の哺乳類, クジラの進化, 大小さまざまなクジラ, クジラの体内, アザラシとアシカ, 海の生活に適応して, 海の巨獣, エサを捕える鋭い歯, 濾すためのくじらひげ, クジラの歌, 求愛と出産, 社会生活, イルカとその仲間, "殺し屋"シャチ, 不思議なイッカク, マッコウクジラ, ゾウアザラシ, セイウチの素顔, 海の牛, 巨大なクジラ狩り, 20世紀の捕鯨, 油, ブラシ, コルセット, 肉, アザラシ狩り, 神話と伝説, 陸に乗り上げるクジラとホエールウォッチング, 漁業と汚染, 海の哺乳類の研究, クジラを救おう!
(内容)1冊1テーマ, 全88巻の博物図鑑シリーズ。大英博物館・大英自然史博物館の監修のもと, 同館収蔵品をカラー写真で紹介する図鑑。第46巻ではクジラをテーマとし, クジラ, アザラシ, シャチ, マナティーなど海の哺乳類の生態を紹介する。

**ビジュアル博物館 64 霊長類 人間の仲間 霊長類の生活や行動, 知能を探る** イアン・レッドモンド著, 斎藤勝日本語版監修, ピーター・アンダーソン, ジェフ・ブライトリング写真 （京都）同朋舎出版 1997.4 63p 30cm 2718円 ⓘ4-8104-2250-X

(目次)霊長類とは, 類人猿と人類, 原始的な霊長類, 夜行性の霊長類, マーモセットとタマリン, 新世界ザルの仲間, 木の上の生活, 頭がいいオマキザル, 旧世界ザルの仲間, 平原の生活, 適応能力の高いマカクの仲間, 小型の類人猿, 意思を伝え合う, 身を守る, 大型の類人猿, アジアの大型類人猿, 大食漢, 類人猿の王者, ゴリラの家族の生活, マウンテンゴリラ, 愛情豊かな親, チンパンジー, 社交的な類人猿, 器用に道具を使う, 情愛の深い類人猿, 伝説のサルたち, 人間と霊長類, 霊長類の危機
(内容)1冊1テーマ, 全88巻の博物図鑑シリーズ。第64巻では巨大なゴリラから小さなネズミキツネザルまで, 霊長類をカラー写真で紹介する。

**哺乳動物 1** 今泉吉典総監修, 今泉忠明監修 講談社 1997.6 191p 27×22cm （講談社 動物図鑑 ウォンバット 4） 1700円 ⓘ4-06-267354-1

(目次)単孔目, 有袋目, 貧歯目, 食虫目, ツバイ目, 皮翼目, 翼手目, 霊長目, 食肉目

**哺乳動物 2** 今泉吉典総監修, 今泉忠明監修 講談社 1997.6 191p 27×22cm （講談社 動物図鑑 ウォンバット 5） 1700円 ⓘ4-06-267355-X

(目次)食肉目 鰭脚亜目, クジラ目, 海牛目, 長鼻目, 奇蹄目, イワダヌキ目, 管歯目, 偶蹄目, 有鱗目, 齧歯目, 齧歯目 リス亜目, 齧歯目 ネズミ亜目, 齧歯目 ヤマアラシ亜目, ウサギ目, ハネジネズミ目

◆大昔の生き物・化石

<図鑑>

**大むかしの生物** 日本古生物学会監修 小学館 2004.12 183p 29×22cm （小学館の図鑑NEO 12）〈付属資料：ポスター〉 2000円 ⓘ4-09-217212-5

(目次)先カンブリア時代, 古生代（カンブリア紀, オルドビス紀, シルル紀, デボン紀, 石炭紀, ペルム紀）, 中生代（三畳紀, ジュラ紀, 白亜紀）, 新生代（第三紀, 第四紀）
(内容)幼児から小学校高学年向けの学習図鑑。カラー写真と精密な図版を掲載したシリーズ。本書では, 化石を通してしかうかがい知ることのできない絶滅してしまった生物たちを, 最新の研究にもとづいて復元し, 紹介している。

科学　　　　　　　　　　　　　児童書

**大むかしの動物**　新訂版　学習研究社
　1994.11　192p　26cm　（学研の図鑑）
　1500円　ⓘ4-05-200507-4
（目次）原始的な生物の時代，背骨のない動物の時代，魚類の時代，両生類の時代，爬虫類の時代，哺乳類の時代，生物の進化
（内容）古生物学の入門となる学習図鑑。原始的な生物，魚類，両生類，爬虫類（恐竜），哺乳類の5つの時代に分け，地球の太古の動物のくらしを描く。別に生物の進化として，生物の移りかわりと化石について説明する。巻末に索引を付す。

**大昔の動物**　今泉忠明，高橋文雄，松岡敬二，吉田彰監修・執筆　学習研究社　2000.12　168p　30cm　（ニューワイド学研の図鑑）　2000円　ⓘ4-05-500426-5　Ⓝ457
（目次）地球と生命・45億年の旅（先カンブリア時代・生命のたん生，古生代・海の中での進化，海から陸へ ほか），古生代―サンヨウチュウ，ウミサソリ，チョッカクガイ，甲冑魚，メガネウラなど（カンブリア紀，オルドビス紀，シルル紀 ほか），中生代―恐竜，翼竜，魚竜，始祖鳥，アンモナイトなど（三畳紀，ジュラ紀，白亜紀），新生代―デスモスチルス，サーベルタイガー，マンモス，リョコウバト，原始人類など（第三紀，第四紀，近年の絶滅，生きている化石），大昔の動物情報館
（内容）古生代・中生代・新生代に生息していた動物や近年絶滅した動物の主なものをまとめた，児童向けの図鑑。地質年代順に排列し，それぞれの項目について，分類，体の大きさ，体重，生息年代，分布，主な特徴とイラストを掲載。巻末に索引付き。

**大昔の動物**　増補改訂　学習研究社　2008.3　176p　30cm　（ニューワイド学研の図鑑）　2000円　ⓘ978-4-05-202891-5　Ⓝ457
（目次）化石の発見から分かる大昔の動物最新恐竜像，地球と生命・45億年の旅，古生代―サンヨウチュウ，ウミサソリ，チョッカクガイ，甲冑魚，メガネウラなど，中生代―恐竜，翼竜，魚竜，始祖鳥，アンモナイトなど，新生代―デスモスチルス，スミロドン，マンモス，原始人類，ドードー，ステラーダイカイギュウ，など，大昔の動物情報館
（内容）鳥は恐竜の生き残り？動物の進化の歴史の最新情報満載。

**化石図鑑**　ポール・テイラー著，伊藤恵夫日本語版監修，リリーフ・システムズ翻訳協力　あすなろ書房　2004.3　61p　29×22cm　（「知」のビジュアル百科 4）〈『ビジュアル博物館 化石』新装・改訂・改題版　原書名：EYEWITNESS GUIDES FOSSIL〉　2000円　ⓘ4-7515-2304-X

（目次）化石―本物と偽物，岩の成り立ち，石に変わる，変化する世界，初期の古生物学，化石の民間伝承，未来の化石，驚くべき遺骸，サンゴ，海底にすむ動物たち〔ほか〕
（内容）子供向けの1冊1テーマの図解百科事典シリーズ。化石にかくされた情報，その不思議な世界の読みとり方を，わかりやすく紹介。太古の動物や植物のようすが見えてくる。「化石とは何か」といった初歩的なことから，人類が魅せられてきた発掘のロマンまで，考古学の基礎が楽しく学べる図鑑。150種の化石を掲載。

**恐竜・大昔の生き物**　増補改訂版　学研教育出版，学研マーケティング（発売）　2010.4　232p　19cm　（学研の図鑑 新・ポケット版 10）　960円　ⓘ978-4-05-203212-7　Ⓝ457.87
（目次）戦う恐竜，地球の歴史と生物，脊椎動物の進化，魚類の進化，両生類の進化，爬虫類の進化，恐竜の進化，鳥類の進化，哺乳類の進化，化石資料館
（内容）最新情報満載。恐竜約220種収録。生き物の進化の歴史が最新の研究でわかる。

**きょうりゅうと おおむかしのいきもの**
　フレーベル館　1992.5　116p　30×23cm　（ふしぎがわかるしぜん図鑑）　2000円　ⓘ4-577-00039-3
（目次）きょうりゅう（きょうりゅう大しゅうごう!，きょうりゅうのせかい，かせきがおしえてくれること，ティラノサウルスのなかま，ストルティオミムスのなかま，イグアノドンのなかま ほか），おおむしかのいきもの（せぼねのない生きもののじだい，りょう生るいのじだい，りょう生るいのなかま，は虫るいのなかま，マンモス，サルのしんか ほか）

**絶滅した奇妙な動物**　川崎悟司著　ブックマン社　2009.12　181p　21cm　〈文献あり 索引あり〉　1500円　ⓘ978-4-89308-729-4　Ⓝ482
（目次）古生代（エオアンドロメダ―管状の腕が8本ある軟体動物，キンベレラ―2本の爪と殻を持った軟体動物，アノマロカリス―カンブリア紀の食物連鎖の頂点に立っていた海の王者 ほか），中生代（オドントケリス―甲羅が腹側にしかない世界最古のカメ，キュネオサウルス―皮膜を張り滑空した最も古いトカゲの1種，ゲロトラックス―全体的に扁平な体をした，2億4800万年前の両生類 ほか），新生代（アルシノイテリウム―大きな2本の角の内部は空洞で，意外に軽い，アンドリューサルクス―これまで地球に現れた陸生の肉食獣では最大，エオマニス―センザンコウの先祖にあたる生き物 ほか）
（内容）40億年の生命の歴史のなかで，確かに地球に生息した奇妙な動物総勢113頭，オールカ

ラーで大胆復元。

**太古の生物図鑑** ウイリアム・リンゼー著, 伊藤恵夫日本語版監修 あすなろ書房 2006.11 61p 29×22cm (「知」のビジュアル百科 33) 〈原書名：Eyewitness―Prehistoric Life〉 2500円 ⓃⒹ4-7515-2333-3

(目次)生命発達の各段階, 地球の変化, 生命の痕跡, 生命の多様性, 硬い殻, 体の内の骨, 海の怪物, 陸上に根を下ろす, 最初の四足動物, 湿地の森〔ほか〕

(内容)子供向けの1冊1テーマの図解百科事典シリーズ。地球に最初の生命体が誕生してから34億年。今なお, 神秘のベールにつつまれた「生命の歴史」の不思議に迫る。

**地球から消えた生物** 猪又敏男文 講談社 1993.8 48p 25×22cm (講談社パノラマ図鑑 33) 1200円 ⓃⒹ4-06-250025-6

(目次)スーパーアイ, ぜつめつのなぞふしぎ, 地球かんきょうの変化と生物, 大むかしの生きものと進化, 近代以降のぜつめつ, もっと知りたい人のQ&A

(内容)小さな生きものから宇宙まで, 知りたいふしぎ・なぜに答える科学図鑑。精密イラスト・迫力写真, おどろきの「大パノラマ」ページで構成する。小学校中学年から。

**ビジュアル博物館 19 化石 その起源, 形態, 驚くべき多様性など 謎に満ちた化石の世界を探る** ポール・D.テイラー著, リリーフ・システムズ訳 (京都)同朋舎出版 1991.7 61p 29cm (監修：大英自然史博物館) 3500円 ⓃⒹ4-8104-0965-1 Ⓝ457

(内容)1冊1テーマ, 全88巻の博物図鑑シリーズ。大英博物館・大英自然史博物館の監修のもと, 同館収蔵品をカラー写真で紹介する。

**ビジュアル博物館 52 先史時代 地球上の生命の起源を知る** フランク・グリーナウェイ著, リリーフ・システムズ訳 (京都)同朋舎出版 1995.2 63p 30cm 2800円 ⓃⒹ4-8104-2113-9

(目次)生命発達の各段階, 地球の変化, 生命の痕跡, 生命の多様性, 硬い殻, 体の内の骨, 海の怪物, 陸上に根を下ろす, 最初の四足動物, 湿地の森〔ほか〕

(内容)1冊1テーマ, 全88巻の博物図鑑シリーズ。大英博物館・大英自然史博物館の監修のもと, 同館収蔵品をカラー写真で紹介する。

**ポケット版 学研の図鑑 10 恐竜・大昔の生き物** 真鍋真著 学習研究社 2004.3 204, 16p 19cm 960円 ⓃⒹ4-05-201939-3

(目次)地球の歴史と生物, 脊椎動物の進化, 魚類の進化, 両生両の進化, 爬虫類の進化, 恐竜の進化, 鳥類の進化, 哺乳類の進化, 化石資料館

**マンモス探検図鑑** 松岡達英絵, 村田真一文 岩崎書店 1996.8 40p 30cm (絵本図鑑シリーズ 17) 1300円 ⓃⒹ4-265-02917-5

(内容)哺乳類の歴史を絵で説明する, 児童向けの絵本図鑑。見開き2ページで一時代の形をとり, その時代の主な哺乳類の体長・分布・特徴を簡潔に記す。巻末に動物名の五十音順索引がある。

**よみがえる恐竜・古生物 超ビジュアルCG版** ティム・ヘインズ, ポール・チェンバーズ著, 椿正晴訳, 群馬県立自然史博物館監修 ソフトバンククリエイティブ 2006.7 215p 28×23cm (BBC BOOKS) 〈原書名：THE COMPLETE GUIDE TO PREHISTORIC LIFE〉 2800円 ⓃⒹ4-7973-3547-5

(目次)第1部 生命の誕生と動物の進化(カンブリア紀, オルドビス紀, シルル紀, デボン紀, 石炭紀, ペルム紀), 第2部 爬虫類の時代(三畳紀, ジュラ紀, 白亜紀), 第3部 哺乳類の時代(暁新世, 始新世, 漸新世, 中新世, 鮮新世, 更新世)

(内容)10年間にも及ぶ期間を経て制作された, イギリスBBCの超人気科学番組『ウォーキングwithダイナソー』『ウォーキングwithビースト』『ウォーキングwithモンスター』の3シリーズを一冊にまとめた古生物図鑑。地球上での生命の進化という, 40億年にわたる壮大なストーリーを, この一冊で紙上体験することができる。

◆◆恐 竜

〈事 典〉

**恐竜キャラクター大百科** 平山廉監修, レッカ社編著 カンゼン 2006.3 191p 19cm 895円 ⓃⒹ4-901782-75-4

(目次)第1章 恐竜ワールドへGO!!, 第2章 肉食恐竜, 第3章 かみなり竜, 第4章 けん竜・よろい竜, 第5章 とり竜, 第6章 いし頭竜・角竜, 第7章 同じ時代に生きていた恐竜以外の動物たち

(内容)人気の恐竜から珍しい恐竜まで80種類の恐竜を大図解。恐竜時代に生きていたその他のは虫類たちや地球のようすがわかる。

**恐竜図解新事典** 黒川光広文・絵 小峰書店 1999.4 103p 30cm (恐竜の大陸) 2800円 ⓃⒹ4-338-10108-3

(内容)186種の恐竜, 26種の翼竜を掲載した恐竜事典。掲載データは, 名称, 大きさ, 分類・食性, 生息時代, 生息地域, カラーイラストなど。総さくいん付き。

科学　　　　　　　　　　　　　児童書

恐竜ファイル　先史時代の地球を闊歩した恐竜たちの驚くべき生態120種　リチャード・ムーディ著，東洋一，柴田正輝監修，東眞理子訳　ネコ・パブリッシング　2007.3　144p　20×19cm　〈原書名：DINOFILE〉　1714円　Ⓘ978-4-7770-5187-8

目次 古竜脚類，初期の竜脚類，竜脚類，獣脚類，ケラポッド類，装盾類，アンキロサウルス類，ステゴサウルス類，鳥脚類，イグアノドン類，ハドロサウルス類，とさかをもつハドロサウルス類，鳥類，ランフォリンクス類，プテロダティクス類，海生爬虫類，カメ類，ワニ類，モササウルス類

内容 恐竜生物120種の不思議に迫る詳細な解説。恐竜の生息地，生息年代，食物がひと目で分かる。驚くほど美しく正確なコンピューターグラフィックで再現。人間との大きさの比較を影絵で図示。

### <図　鑑>

おもしろ恐竜図鑑　関口たか広著・画　国土社　2009.3　79p　29cm　〈文献あり　索引あり〉　3800円　Ⓘ978-4-337-25152-6　Ⓝ457.87

目次 ティラノサウルス，ブラキオサウルス，トリケラトプス，エウオプロケファルス，ステゴサウルス，マイアサウラ，変わった頭の恐竜たち，プテラノドン，首長竜・魚竜・海トカゲ竜（海生爬虫類），日本の恐竜

きょうりゅう　学習研究社　1996.7　119p　30cm　（ふしぎ・びっくり!?こども図鑑）　2000円　Ⓘ4-05-200688-7

目次 きょうりゅうのなかま，肉食のきょうりゅう（大きな肉食きょうりゅう，小さな肉食きょうりゅう），しょくぶつ食のきょうりゅう（かみなりりゅう，イグアノドンのなかま　ほか），きょうりゅういがいの生きもの（よくりゅう，首長りゅう・魚りゅう　ほか）

内容 肉食の恐竜、植物食の恐竜、同じ時代に生きていたほかの生物の図鑑。幼児から小学校低学年向け。恐竜についての「ふしぎ」に答える「なぜ・なぜのページ」と、恐竜の生態について解説する「図かんのページ」から成る。巻末に五十音順の用語索引がある。

きょうりゅう　フレーベル館　1996.10　22p　20×21cm　（フレーベル館のこどもずかん8）　780円　Ⓘ4-577-01647-8

内容 ティラノサウルスやプテラノドンといった恐竜とそのなかまを絵で紹介した、子供向けの図鑑。それぞれの名称と特徴を記す。

きょうりゅう　みて，しらべて，あそぼ！　小畠郁生指導，今泉忠明監修　学習研究社　2002.7　97p　15cm　（いつでもどこでもちいさなずかんポッケ）　550円　Ⓘ4-05-201715-3　Ⓝ457

目次 きょうりゅうのくらし，えものをつかまえるきょうりゅう，きのはやくさをたべるきょうりゅう，からだじまんのきょうりゅう，うみやそらのきょうりゅう，きょうりゅうのあとにさかえたどうぶつ，つくってあそぼう

内容 子ども向けの恐竜図鑑。ポケット版。「えものをつかまえるきょうりゅう」、「きのはやくさをたべるきょうりゅう」などに分類して収録。写真やイラストとともに、恐竜に関する簡単な説明がついている。恐竜の種類の説明の他に、恐竜のくらしや恐竜の後に栄えた動物なども掲載している。巻末に索引がつく。

きょうりゅう　新版　小畠郁生監修，藤井康文恐竜イラスト　小学館　2003.7　31p　27×22cm　（21世紀幼稚園百科 9）　1100円　Ⓘ4-09-224109-7

内容 好きな恐竜の名前を覚え、恐竜について学ぶことは、子どもたちの想像力をつちかい、地球の歴史や生物への興味にもつながっていく。子どもといっしょにこの本をみて、恐竜や、恐竜が生きていたころの大昔の地球について、楽しい想像をはたらかせたい。幼稚園児向け。

きょうりゅう　新版　小畠郁生監修　学習研究社　2004.7　111p　30×23cm　（ふしぎ・びっくり!?こども図鑑）　1900円　Ⓘ4-05-202105-3

目次 きょうりゅうのなかま（きょうりゅうにはどんななかまがいたの？，きょうりゅうはどんな生きものだったの？　ほか），肉食のきょうりゅう（大きな肉食きょうりゅう，小さな肉食きょうりゅう），しょくぶつ食のきょうりゅう（かみなりりゅう，ヒプシロフォドン・イグアノドンのなかま　ほか），きょうりゅういがいの生きもの（よくりゅう，首長りゅう・魚りゅう　ほか）

内容 この『きょうりゅう』の図かんは、肉食のきょうりゅうとしょくぶつ食のきょうりゅう、そして同じ時だいに生きていたほかの生きものをとりあげている。

恐竜　真鍋真監修・指導　学習研究社　2000.7　168p　30cm　（ニューワイド学研の図鑑）　2000円　Ⓘ4-05-500416-8　Ⓝ457

目次 恐竜とは何か，恐竜の生態，獣脚類（けもの竜），竜脚形類（かみなり竜），原始的な鳥盤類，装盾類（剣竜・よろい竜），鳥脚類（とり竜），周飾頭類（けんとう竜・角竜）中生代について，恐竜はなぜ絶滅したのか，恐竜情報館

内容 恐竜の児童向け図鑑。恐竜の分類や生態、分類による解説、恐竜の繁栄した時代についてイラストとともに紹介。ほかに恐竜情報館を収録。巻末に恐竜の名称による五十音順索引を付す。

**恐竜** 冨田幸光監修, 舟木嘉浩指導・執筆 小学館 2002.7 183p 30cm （小学館の図鑑NEO 11） 2000円 ⓘ4-09-217211-7 Ⓝ457.87

(目次)竜盤目の恐竜たち（獣脚類, 竜脚形類）, 鳥盤目の恐竜たち（装盾類, 鳥脚類, 周飾頭類）, 恐竜以外の動物たち（翼竜のなかま, 首長竜のなかま, 魚竜のなかま, その他の動物たち）

(内容)幼児から小学校高学年向けの学習図鑑。カラー写真と精密な図版を掲載したシリーズ。中生代に生きていた様々恐竜たちと, 同じ時代に生きていた恐竜以外の動物たち約320種を紹介している。恐竜の種類ごとに収録。各恐竜の名前, 科名, 全長, 食性, 時代, 場所, シルエットなどとともに, イラストや豊富な化石の写真を掲載し, 説明している。この他に,「もの知りコラム」や「やってみようコラム」など学習に役立つ記事も掲載している。巻末に索引が付く。

**恐竜** 真鍋真監修, 小田隆イラスト 学習研究社 2006.7 48p 23×22cm （学研わくわく観察図鑑） 1000円 ⓘ4-05-202534-2

(目次)ティラノサウルスとヒトの骨をくらべてみよう, 恐竜の進化と謎の絶滅, トリケラトプス, パキケファロサウルス, コリトサウルス, エウオプロケファルス, ステゴサウルス, ディプロドクス, アロサウルス, ティラノサウルス, 始祖鳥（アルカエオプテリクス）

(内容)代表的な恐竜の骨格と, それからわかる恐竜の生態を紹介。

**恐竜** 真鍋真監修 学習研究社 2007.3 136p 26cm （ジュニア学研の図鑑） 1500円 ⓘ978-4-05-202649-2

(目次)これがティラノサウルスだ, 恐竜ってなんだろう, 恐竜とその特ちょう, 化石が恐竜を知る手がかり, 恐竜は鳥に進化した, 地球の歴史と恐竜の絶滅, 恐竜時代の生き物, 恐竜に会いに行こう

**恐竜** 増補改訂 学研教育出版, 学研マーケティング（発売） 2010.6 184p 29cm （ニューワイド学研の図鑑 8）〈初版：学習研究社2000年刊 索引あり〉 2000円 ⓘ978-4-05-203247-9 ⓃN457.87

(目次)恐竜は今でも生きている!?, 恐竜とは何か, 恐竜の生態, 獣脚類（けもの竜）, 竜脚形類（かみなり竜）, 原始的な鳥盤類（レソトサウルスなど）, 装盾類（剣竜・よろい竜など）, 鳥脚類（とり竜）, 周飾頭類（けんとう竜・角竜など）, 中生代について, 恐竜はなぜ絶滅したのか, 恐竜情報館

(内容)最新情報満載!最多収録数!恐竜図鑑の決定版。

**恐竜** 冨田幸光監修・執筆, 市川章三ほかイラスト 小学館 2010.6 207p 19cm （小学館の図鑑NEO POCKET 4）〈文献あり 索引あり〉 950円 ⓘ978-4-09-217284-5 ⓃN457

(目次)三畳紀―恐竜出現の時代, ジュラ紀―さまざまな恐竜が登場した時代, 白亜紀―恐竜が世界各地で進化した時代, 白亜紀―最も栄えた恐竜時代, そのほかの生き物―中生代のは虫類とほ乳類

(内容)中生代と呼ばれる時代（約2億5100万年前から6500万年前）の地上に見られた, 恐竜約250種と翼竜, 首長竜, 魚竜, そのほかのは虫類など約50種を紹介。

**恐竜解剖図鑑** デヴィッド・ランバート著, 瀬戸口美恵子, 月川和雄訳 （京都）同朋舎出版 1994.9 191p 29×24cm 3600円 ⓘ4-8104-1973-8

(目次)恐竜のすべて, 恐竜のプロフィール（獣脚亜目：竜脚亜目, 有甲恐竜亜目, 鳥脚亜目, 臀頭亜目）, 恐竜AtoZ

(内容)恐竜の生態・種類などを解説する事典。

**恐竜時代の図鑑 1 三畳紀** 理論社 1992.11 77p 21cm 1200円 ⓘ4-652-00607-1

(内容)コンピュータ作画のイラストによる恐竜図鑑。年代順の3分冊。それぞれの恐竜の特徴がひと目でわかる詳細な図と, 恐竜の大きさ, 重さ, 食べものなどの最新のデータと, やさしい解説で構成する。わかりやすくて読みやすい, 楽しくスマートな恐竜図鑑。おちびさんから, お年寄りまで, 家族みんなで楽しめる。

**恐竜時代の図鑑 2 ジュラ紀** あんぐりら制作 理論社 1993.2 98p 21cm 1300円 ⓘ4-652-00608-X

(内容)コンピュータ作画のイラストによる恐竜図鑑。年代順の3分冊。それぞれの恐竜の特徴がひと目でわかる詳細な図と, 恐竜の大きさ, 重さ, 食べものなどの最新のデータと, やさしい解説で構成する。

**恐竜時代の図鑑 3 白亜紀** あんぐりら制作 理論社 1993.4 127p 21cm 1400円 ⓘ4-652-00609-8

(目次)白亜紀―恐竜時代へ,（トリケラトプス, コリトサウルス, アルバートサウルス, カスモサウルス, エドモントサウルス, マイアサウラほか）, 新生代―獣時代へ

(内容)コンピュータ作画のイラストによる恐竜図鑑。年代順の3分冊。それぞれの恐竜の特徴がひと目でわかる詳細な図と, 恐竜の大きさ, 重さ, 食べものなどの最新のデータと, やさしい解説で構成する。

**恐竜事典** デビッド・ノーマン, アンジェラ・

ミルナー著，伊藤恵夫日本語版監修　あすなろ書房　2008.10　61p　29×22cm　（「知」のビジュアル百科 50）〈『ビジュアル博物館 恐竜』新装・改訂・改題書　原書名：Eyewitness‐Dinosaur〉　2500円　⑪978-4-7515-2460-2

(目次)恐竜とはどんな動物だったのだろう，初期の発見，恐竜の風景，小さい恐竜と大きい恐竜，頸の長い恐竜，防御のための尾，恐竜の食物，肉食性の恐竜，植物食の恐竜，変わった頭〔ほか〕

(内容)子供向けの1冊1テーマの図解百科事典シリーズ。1億5000万年にわたり，太古の地球に君臨してきた恐竜の生態をわかりやすく紹介し，生物進化の謎に迫る。

**恐竜図鑑**　サンリオ　1993.8　47p　30cm　1300円　⑪4-387-93108-6

(目次)1 生命の誕生，2 海から陸へ，3 両生類の誕生，4 爬虫類への進化，5 恐竜の分類・分布，6 中生代の海，7 中生代の空，8 日本の恐竜，9 絶滅した恐竜，10 化石で甦える恐竜

**恐竜3D図鑑**　泊明原画，インフォマックスCG制作　雷鳥社　2002.8　93p　24×17cm　2000円　⑪4-8441-3409-4　Ⓝ457.87

(目次)アナトティタン，アパトサウルス，アルバートサウルス，アルサウルス，アロサウルス，アンキケラトプス，アンキロサウルス，イグアノドン，イクチオサウルス，エドモントサウルス〔ほか〕

(内容)子ども向けの恐竜図鑑。50種の恐竜を紹介している。各恐竜のイラストと解説文が掲載されており，付属のレンズでイラストをのぞくと恐竜が飛び出して見えるようになっている。巻末に索引が付く。

**恐竜大図鑑　よみがえる太古の世界**　ポール・バレット著，ラウル・マーチンイラスト，ケビン・パディアン監修，椿正晴訳　日経ナショナルジオグラフィック社，日経BP出版センター〔発売〕　2002.7　191p　29×23cm　〈原書名：National Geographic dinosaurs〉　2800円　⑪4-931450-21-0　Ⓝ457.87

(目次)第1部 恐竜の世界を知るために（恐竜はどんな動物か，恐竜が生きた時代，世界各地にある恐竜化石の宝庫，恐竜の発見，恐竜の復元，恐竜の暮らし，恐竜の大きさ比べ，恐竜の移動方法），第2部 恐竜たちのプロフィール（"鳥の腰"をもつ恐竜たち，"トカゲの腰"をもつ恐竜たち，絶滅，恐竜映画）

(内容)300点以上のイラストと写真で恐竜を紹介する図鑑。最近発見された新種の恐竜や有名な恐竜50種以上の細かなプロフィールを掲載。これらの恐竜の起源，進化，生態，行動を詳しく解説している。恐竜のプロフィールの他に，恐竜はどんな動物か，恐竜の復元，恐竜のくらし，恐竜の大きさ比べなどが掲載されており，恐竜に関する理解を深めることができる。巻末に索引が付く。

**恐竜超百科 古代王者恐竜キング 恐竜大図鑑**　セガ監修　小学館　2007.3　61p　15×15cm　800円　⑪978-4-09-750833-5

(目次)ティラノサウルス，スピノサウルス，スティラコサウルス，サイカニア，パラサウロロフス，カルノタウルス，カルカロドントサウルス，アマルガサウルス，パキリノサウルス，ステゴサウルス〔ほか〕

(内容)地球史上最強の生物・恐竜をモチーフにした大人気カードゲーム「古代王者恐竜キング」。本書では，ゲームに登場する恐竜46体を，最新の研究・学説をベースに徹底解説。発掘化石をもとに再現された「恐竜キング」のリアルCGとともに，キミを6500万年前に誘う。さあ，ゲームにどっぷりハマりつつ恐竜のすべてを知ってしまおう。

**きょうりゅうとおおむかしのいきもの**　無藤隆総監修，浜田隆士監修　フレーベル館　2004.11　128p　29×23cm　（フレーベル館の図鑑NATURA 4）　1900円　⑪4-577-02840-9

(目次)きょうりゅう（じゅうきゃくるい，りゅうきゃくるい，けんりゅう，よろいりゅう，ちょうきゃくるい，石頭りゅう，角りゅう，よくりゅう，海にすんでいたはちゅうるい），大むかしの生きもの，もっと知りたい!恐竜と大昔の生きもの

(内容)親子のコミュニケーションを育む，巻頭特集。4画面分の大パノラマページ。美しい描きおろし標本写真の図鑑ページ。自然体験・観察活動に役立つ特集やコラム。幼稚園・保育園の体験活動，小学校の生活科，総合学習に最適。スーパーリアルイラストレーションによる図解。最新情報・最新データ満載。

**恐竜と古代生物**　小畠郁生執筆　実業之日本社　1993.10　159p　19cm　（ジュニア自然図鑑 8）　1300円　⑪4-408-36148-8

(目次)地球の歴史，大陸の移動と生物の進化，恐竜なぜ・なぞ百科

**恐竜の図鑑**　浜田隆士著　小学館　1990.7　158p　26cm　（小学館の学習百科図鑑 50）　1340円　⑪4-09-217050-5

(目次)恐竜以前，恐竜とは，竜盤目獣脚亜目，竜盤目古竜脚亜目，竜盤目竜脚亜目，鳥盤目鳥脚亜目，鳥盤目角竜亜目，鳥盤目石頭恐竜類，鳥盤目剣竜亜目，鳥盤目曲竜亜目，日本の恐竜，恐竜に近いなかま

(内容)ドキドキ恐竜王国。恐竜と恐竜に近いな

かま168種をカラーで紹介。日本産恐竜全20種ものっている恐竜図鑑。

**恐竜の探検館** 安生健監修　世界文化社　2002.7　199p　27×22cm　〈親と子の行動図鑑〉〈『おおむかし大図鑑・恐竜と絶滅した生き物』改訂・改題版〉　1800円　①4-418-02811-0　Ⓝ457.87

(目次)恐竜を探検する(恐竜を知ることは、地球を知ること、恐竜時代って、どれくらい古いの?、恐竜時代の日本をのぞいてみよう!　ほか)、恐竜(恐竜時代へようこそ!、恐竜の種類を知ろう、恐竜の家系図　ほか)、地球と化石(地球は46億さい、地球はとてもふしぎな星、もしも地球が、ほかの星だったら?!　ほか)

(内容)子ども向けの恐竜図鑑。最新の恐竜の情報を1冊に収録。恐竜の生活の様子がわかる46億年の地球の歴史も掲載している。また化石に関する情報も収録。イラスト、写真を多く掲載し、楽しく学ぶことができる。関連する情報のホームページをそれぞれのページに掲載している。巻末に索引が付く。

**恐竜野外博物館** ヘンリー・ジー、ルイス・V.レイ著、小畠郁生監訳、池田比佐子訳　朝倉書店　2006.1　144p　27×23cm　〈原書名：A FIELD GUIDE TO DINOSAURS〉　3800円　①4-254-16252-9

(目次)三畳紀(コエロフィシス、エオラプトル　ほか)、ジュラ紀(クリオロフォサウルス、マッソスポンディルス　ほか)、白亜紀前期からその中ほど(アクロカントサウルス、デイノニクス　ほか)、白亜紀後期(エドモントニア、パキケファロサウルス　ほか)

(内容)もし生きている恐竜を、ライオンやペンギンのように観察できたら…代表的な恐竜57種をとりあげたフィールドガイドブック。

**原寸大 恐竜館** 加藤愛一絵、冨田幸光監修　小学館　2008.7　48p　37×27cm　〈小学館の図鑑NEO　本物の大きさ絵本〉〈付属資料：ポスター1〉　1500円　①978-4-09-217251-7

(内容)君は恐竜がどんな生きものだか知っている?「こわい、大きい、強い?」もちろん、それだけじゃない。この本には、本物と同じ大きさ(=原寸大)の恐竜たちが登場する。生きていたときのすがたで出てくるものもいれば、化石のすがたでお目見えするものもいる。君がすでに知っているはずの恐竜でも、新しい発見があるにちがいない。ようこそ、原寸大・恐竜の世界へ。

**こどものずかんMio　6　きょうりゅう**（大阪）ひかりのくに　2005.6　64p　27×22cm　762円　①4-564-20086-0

(目次)にくしょくきょうりゅうのなかま(おおがた)、にくしょくきょうりゅうのなかま(こがた)、かみなりりゅうのなかま、けんりゅうのなかま、よろいりゅうのなかま、つのりゅうのなかま、いしあたまりゅうのなかま、とりあしりゅうのなかま、かものはしりゅうのなかま、もっとむかしのきょうりゅう〔ほか〕

**最新恐竜大事典** 市川章三イラスト、富田京一解説　小学館　1995.7　191p　21cm　1800円　①4-09-290121-6

(内容)恐竜のイラスト図鑑。排列は恐竜名の五十音順で、それぞれの名前、意味、記載者・記載年、分類、時代、分布、食性、全長、解説を記す。巻末に学名のアルファベット順索引がある。児童向けの雑誌『恐竜ランド』(季刊6冊)に連載された「最新恐竜イラスト大事典」をもとに加除訂正したもの。児童向け。

**実物大 恐竜図鑑** デヴィッド・ベルゲン著、真鍋真日本語版監修、藤田千枝訳　小峰書店　2006.5　48p　36×27cm　〈付属資料：ポスター1　原書名：LIFE-SIZE DINOSAURS〉　1800円　①4-338-01029-0

(目次)恐竜とは?、そもそものはじまりは…、恐竜の惑星、植物食恐竜、肉食恐竜、その他の生き物たち、あらそいにそなえて、恐竜のおしゃべり、とさかとつの、失われた世界の風景、生き残りをかけて、最後の恐竜たち、大量絶滅

(内容)幅1mを超える見開きいっぱいのティラノサウルスの口から、手のひらにのるぐらいの哺乳類の祖先・プルガトリウスまで、恐竜と、同時代のほかの生物計24種・27点の実物大イラストを収録。実物大ポスター付き。

**スーパーリアル恐竜大図鑑　精密なCG・イラストで代表的な32種を徹底解説** 富田京一監修　成美堂出版　2007.8　127p　26×22cm　1200円　①978-4-415-10446-1

(目次)第1章 驚異の恐竜たち(ティラノサウルス(獣脚類)―史上最強の肉食恐竜、スーパーサウルス(竜脚類)―史上最長の植物食恐竜　ほか)、第2章 恐竜の体と機能(獣脚類、竜脚類　ほか)、第3章 恐竜誕生までの道筋(アノマロカリス、三葉虫　ほか)、第4章 恐竜とともに生きた動物たち(イクチオサウルス、エラスモサウルス　ほか)

(内容)代表的な恐竜32種の骨格、筋肉、内臓など体の内部をCG、イラストで詳細に解説。

**ダイノキングバトル 恐竜大図鑑** 富田京一監修　角川クロスメディア、角川書店〔発売〕　2006.7　50p　26×22cm　933円　①4-04-707228-1

(内容)「ダイノキングバトル カードゲーム」の恐竜画像による図鑑。29種の恐竜のイラストとデータを収録。恐竜の名前から引く索引付き。

科学　　　　　　　　　　　児童書

国立科学博物館などを紹介する「恐竜に会える博物館」を収載。DVD付き。

**ディクソンの大恐竜図鑑**　D.ディクソン著　創美社, 集英社〔発売〕　1993.7　157p　29×22cm　2800円　ⓘ4-420-21001-X

(目次)1 恐竜の誕生と進化のなぞ, 2 巨大恐竜の世界, 3 小型恐竜の世界, 4 恐竜のからだと生活, 5 なぞをとく恐竜の化石, 博物館コーナー

(内容)恐竜の誕生から死亡まで、からだのしくみなどを描いた図鑑。恐竜の誕生から絶滅までを地球の歴史と結びつけて恐竜の進化のなぞを語る。また、恐竜のからだのしくみや生態、種類、科学者による恐竜の化石の発見などを解説する。

**なんでもわかる恐竜百科　人気の50頭大集合!!**　福田芳生監修　成美堂出版　2002.6　143p　19cm　800円　ⓘ4-415-01993-5　Ⓝ457.87

(目次)あの5大人気恐竜の秘密に迫る!, 恐竜なんでもランキング, 肉食恐竜, カミナリ竜, えりまき恐竜・トゲトゲ恐竜, カモノハシ竜, ヨロイ恐竜

(内容)子ども向けの恐竜図鑑。人気のある50頭を収録。恐竜の種類により分類し、それぞれ生息した年代順に排列。各恐竜を、大きなイラストと分かりやすい文章で解説している。この他に、名前の意味、大きさ、年代、食べ物などのデータも記載。また、強さ、大きさ、古さ、頭のよさ、足の速さなど、いろいろな一番がわかる恐竜何でもランキングも収録する。巻末に索引が付く。

**日本の恐竜　東アジアの恐竜時代**　学習研究社　1992.9　140p　19cm　（わくわくウオッチング図鑑 10）　880円　ⓘ4-05-106174-4

(目次)日本の恐竜時代, 日本の恐竜, 恐竜時代の日本の海, 中国の恐竜

(内容)恐竜と植物の化石が同時に出るのは、日本だけ。だから、日本では恐竜の生活がよくわかる。世界中から注目される日本の恐竜の決定版。

**はじめての恐竜大図鑑**　アンジェラ・ウィルクス著, 大坪奈保美訳　偕成社　1995.3　32p　37cm　〈原書名：THE BIG BOOK OF DINOSAURS〉　1800円　ⓘ4-03-531100-6

(目次)恐竜って、どんな動物？, 恐竜の顔, 足の速い肉食恐竜, 鳥ににた恐竜, いろいろな歯をもつ恐竜, 大きな肉食恐竜, 大きな草食恐竜, よろいをつけた恐竜, 2本足で歩く草食恐竜, カモのようなくちばしをもつ恐竜, 固い頭や角をもつ恐竜, 恐竜のたまごと子育て, 恐竜の大きさくらべ

(内容)児童対象の恐竜図鑑。53種を掲載、特徴別に排列する。体型の特徴・生態・食生活などの基本的な知識を解説。巻末に索引を付す。

**はじめてのポケット図鑑 恐竜**　本多成正著, 長谷川善和監修　日経ナショナルジオグラフィック社, 日経BP出版センター〔発売〕　2006.7　79p　15cm　（ナショナルジオグラフィック）　800円　ⓘ4-931450-64-4

(目次)竜盤目獣脚亜目（エオラプトル, コエロフィシス ほか）, 竜盤目竜脚形亜目（プラテオサウルス, シュノサウルス ほか）, 鳥盤目装盾亜目（スクテロサウルス, ファヤンゴサウルス, ステゴサウルス, ポラカントゥス, サイカニア）, 鳥盤目鳥脚亜目（ヘテロドントサウルス, ラエリナサウラ, イグアノドン, マイアサウラ, オロロティタン）, 鳥盤目周飾頭亜目（パキケファロサウルス, プシッタコサウルス, プロトケラトプス, トリケラトプス）

**ヒサクニヒコの恐竜図鑑**　ヒサクニヒコ著　ポプラ社　2004.3　231p　21cm　1500円　ⓘ4-591-07795-0

(目次)1 獣脚類, 2 古竜脚類, 3 竜脚類, 4 セグノサウルス類（テリジノサウルス類）, 5 鳥脚類, 6 剣竜類, 7 ヨロイ竜類, 8 堅頭竜類（パキケファロサウルス類）, 9 角竜類, 10 ハドロサウルス類（カモノハシ竜類）

(内容)1億7000万年も続いた恐竜時代に活躍した恐竜たちのほとんどを掲載。最近発見された羽のある恐竜も登場。

**ビジュアル博物館　12　恐竜**　デビッド・ノーマン, アンジェラ・ミルナー著, リリーフ・システムズ訳　(京都)同朋舎出版　1990.10　61p　24×19cm　3500円　ⓘ4-8104-0900-7　Ⓝ403.8

(目次)恐竜とはどんな動物だったのだろう, 初期の発見, 恐竜の風景, 小さい恐竜と大きい恐竜, 首の長い恐竜, 防御のための尾, 恐竜の食物, 肉食性の恐竜：草食性の恐竜, 変わった頭, 3本の角をもつ顔, 硬い皮膚, 骨板をつけた恐竜, 足の速い恐竜, 2本足か？4本足か？, 太古の足跡, 鉤爪の使い方, 卵と巣, 誕生と成長, 恐竜の死, 恐竜か？鳥か？, 恐竜を探す, 恐竜の復元, 時間の尺度, 恐竜時代の終わり, 神話と伝説

(内容)1冊1テーマ、全88巻の博物図鑑シリーズ。恐竜の骨、頭蓋骨、歯などを実写した写真を通して、この先史時代の動物たちがどのくらい大きかったか、どのように生活していたのか、どのような行動をしていたのかを紹介する。

**まんが恐竜図鑑事典**　新訂版　学習研究社　1994.11　200p　21cm　（学研まんが事典シリーズ 18）　980円　ⓘ4-05-200419-1

(目次)恐竜とはどんな動物か？, 恐竜大行進, 迫

力満点の恐竜模型を見に行こう!, 恐竜の新類たち
(内容)45の恐竜を収めた図鑑。それぞれ、名前・住んでいたところ・全長・体重・生きていた時代を示した表、カラーによる資料画、まんがによる生活・特徴の説明を収める。

**立体・恐竜図鑑** 大日本絵画 1990.8 64p 27cm 〈監修:小畠郁生 企画・編集:アートボックス〉 2136円 ⓘ4-499-20552-2 Ⓝ457
(内容)恐竜の歴史とともにエウパルケリア、プラテオサウルス、始祖鳥等の38種を収録。化石研究による原色想像図、化石図、分布、人間との大きさの比較、データのマーク表示、等を示して解説。博物館一覧を付す。

◆保健・医学

<書　誌>

**性と生を考える** 全国学校図書館協議会ブック・リスト委員会編　全国学校図書館協議会 1992.9 79p 21cm （未来を生きるためのブック・リスト 2） 800円 ⓘ4-7933-2231-X
(目次)人間らしく豊かな性を考えるために、1 あなたはどこからきたの、2 男女のからだ・成長、発達の違いを知る、3 人と人とのつながりの大切さを学ぶ、4 正しい性知識を培うために:5 文学作品から性と生を考える、性教育のためのビデオ

<事　典>

**赤ちゃんがわかる絵事典 いのちかがやく!5歳までの発達とよろこぶ遊び** 鈴木みゆき監修 PHP研究所 2008.9 79p 29×22cm 2800円 ⓘ978-4-569-68907-4
(目次)第1章 赤ちゃんはすごい!―お腹のなかの赤ちゃん（赤ちゃんはどうやってうまれてくるの?, お母さんのお腹のなかで、いのちが芽生えるほか）, 第2章 赤ちゃんの発達と遊び（赤ちゃんはどんなふうに大きくなるの?, うまれて3カ月ぐらいまでの赤ちゃん ほか）, 第3章 赤ちゃんのいるくらし（家族のなかの赤ちゃん, 妊娠、出産とお母さんの体 ほか）, 第4章 日本と世界の赤ちゃん事情―もっと知りたい赤ちゃんのこと（世界の赤ちゃん文化, 少子化って? ほか）
(内容)赤ちゃんについて、いのちのはじまりから一緒に楽しめる遊びまでをイラストで紹介する事典。

**頭をよくする本　川島隆太先生と100人の子どもたちが脳について考えてみた!** 川島隆太著 ベストセラーズ 2004.12 156p 21cm 1300円 ⓘ4-584-15985-8
(目次)第1章 脳の中はどうなっているの?（頭の中はどうなっているの?, 脳はどこにつながっているの? ほか）, 第2章 頭をよくするには、脳のどこを鍛えればいいの?（動物の脳と人間の脳はどう違うの?, 緊張すると、どうして動きがかたくなるの? ほか）, 第3章 前頭前野をもっと働かせるには、どうしたらいいの?（脳は1日のうち、どの時間帯にいちばん活発に働くの?, 脳を活性化させる食べ物とか、脳にいい食べ物ってあるの? ほか）, 第4章 脳はどうやって、ものを考えているの?（脳には何種類の役目があるの?, 男の人と女の人では脳の働きは違うの? ほか）, 第5章 脳も病気になるの?（年をとると、外国の本の登場人物の名前が覚えられなくなるのはなぜ?, 年をとって手や足が動かなくなるのは脳と関係あるの? ほか）
(内容)3000人の子どもたちから寄せられた質問の中から、とくに数が多かったものや興味深かったものを100問選んで、著者が答えたもの。

**かぜなんかひかないよ** 大津一義監修 少年写真新聞社 2009.2 47p 27cm （こども健康ずかん）〈文献あり 索引あり〉 2300円 ⓘ978-4-87981-288-9 Ⓝ493
(目次)健康って、いいね!, かぜをひくとパワーダウン, どんなときにかぜをひくの?, かぜをひく原因―病原体, かぜの病原体はどこにいるの?, かぜの予防（1）―病原体を体に入れない!, 正しく手を洗おう!, きれいに見えても手は細きんだらけ, うがいはブクブク・ガラガラ, かぜの予防（2）―体のていこう力を高める, かぜの予防（3）―よい生活習慣を心がける, かぜの予防（4）―体の温度を上手に調節する, かぜをひいてしまったら…, 病原体がもとになって起こる病気, 病原体をやっつける!, 活やくする細きん, 手洗いカレンダー うがいカレンダー
(内容)小学校3、4年生以上の保健の教科書に対応し、教科書だけでは伝えきれない大切な内容を、わかりやすいようにマンガやイラストを多用して学ぶシリーズ。本巻では、子どもたちに多いかぜを中心に感染症予防について学び、予防のための生活の工夫改善と実践を促す。

**カラー図解 からだのしくみ・はたらきがわかる事典** 森亨監修 西東社 2004.5 262p 21cm 1500円 ⓘ4-7916-1218-3
(目次)1 脳と神経, 2 骨格と筋肉, 3 歯と皮膚, 4 頭部の器官, 5 呼吸器, 6 心臓と血液, 7 免疫システム, 8 消化器, 9 泌尿器, 10 生殖器と生命の誕生, 11 細胞と遺伝子

**からだと脳のふしぎ事典** 坂井建雄監修, 小泉憲司, 野溝明子執筆, 林恵子漫画 集英社 2000.2 267p 21cm （集英社版・学習漫画）1500円 ⓘ4-08-288076-3 Ⓝ491

児童書 レファレンスブック　229

(目次)第1章 感じるからだと脳のしくみ(見るものをとらえる目,音を聞く耳 ほか),第2章 からだをつくる骨と筋肉(からだをささえ動かす骨と筋肉,スムーズに動くからだ),第3章 命を守るからだと脳のしくみ(からだを育てる栄養補給,命の原動力・心臓と肺のしくみ ほか),第4章 コントロールするからだと脳(脳の形,脳の働き),第5章 考える脳(ことばをあやつる脳,夢は心の日記帳)

**からだのしくみと病気がわかる事典 オール図解!** 高田明和監修 日本文芸社 2005.7 319p 21×19cm (実用BEST BOOKS) 1500円 ⓘ4-537-20384-6
(目次)生命誕生と進化,脳と神経,骨格,筋肉,心臓と循環,呼吸,消化,泌尿器,内分泌,感覚器,生殖器・妊娠・出産,細胞と遺伝
(内容)各部位のしくみと働きを精密なイラストとテキストでわかりやすく解説。からだのメカニズムだけでなく異常サインと病気に関しても紹介。また健康を維持するための日常生活の注意点もアドバイス。生命の神秘と進化の不思議にも言及。

**驚異の人体 不思議な「わたしたち」のしくみ** デビッド・マコーレイ,リチャード・ウォーカー著,堤理華訳 ほるぷ出版 2009.9 336p 29cm 〈索引あり 原書名:The way we work.〉 8000円 ⓘ978-4-593-53348-0 Ⓝ491.3
(目次)第1章 生命のなりたち,第2章 空気路の管制塔,第3章 さあ,食べよう,第4章 ここの責任者はだれ?,第5章 戦闘配置,第6章 前へ,進め,第7章 つなげていく道
(内容)人体の基本的な働きをたどる豪華な絵で紹介する図集。全体を大きく7つに分け,わたしたちの「もと」となる細胞から,その細胞が構築している個別の体系まで,読者を案内する。

**暮らしにひそむ化学毒物事典** 渡辺雄二著 家の光協会 2002.5 230p 19cm 1400円 ⓘ4-259-54619-8 Ⓝ498.4
(目次)第1章 食べ物・飲み物(食品添加物,農薬,抗生物質,環境ホルモン,遺伝子組み換え食品,クローン等),第2章 水(水道水,合成洗剤),第3章 室内空気(シックハウス,防虫・殺虫剤,抗菌グッズ),第4章 大気(排気ガス,地球環境)
(内容)身の回りにある化学毒物の性質や毒性を明らかにする事典。毒物が含まれるものによって4カテゴリに分類し,平易な文章で解説する。除去方法や摂取を減らす方法など,対策についての記載もある。巻末に参考文献一覧が付く。

**血液のふしぎ絵事典 はたらきがよくわかる!成分・型から検査でわかることまで** 梶原竜人監修 PHP研究所 2008.9 79p 29cm 2800円 ⓘ978-4-569-68901-2 Ⓝ491.32
(目次)第1章 血液ってなんだ?(血液とは?,血液のなかをのぞいてみよう,血液の主な成分 ほか),第2章 血液と健康(健康診断の風景,カサブタができるふしぎ,鼻血が出るふしぎ ほか),第3章 おもしろ血液雑学(いろいろな動物の血液,血,大好き!吸血動物,血液型世界地図 ほか)

**決定版 からだのしくみカラー事典 人体の構造と働き、病気の原因と症状が超精密イラストでよくわかる** 主婦の友社編,垣内義亨監修 主婦の友社 2007.10 271p 21cm (主婦の友ベストBOOKS) 1600円 ⓘ978-4-07-254083-1
(目次)第1章 脳と神経,第2章 骨格と筋肉,第3章 循環器と血液,第4章 呼吸器,第5章 感覚器,第6章 消化器,第7章 泌尿器,第8章 生殖器,第9章 細胞と遺伝子
(内容)精密イラストで、人体各部の構造をわかりやすく解説。免疫システムや遺伝のしくみなど、各部の働きもくわしく説明。各器官の主な病気について、原因と症状を解説。

**五感のふしぎ絵事典 感覚と脳のメカニズムがわかる あそびをつうじて楽しく学ぶ** 竹内修二監修 PHP研究所 2008.1 79p 29cm 2800円 ⓘ978-4-569-68749-0 Ⓝ491.37
(目次)第1章 五感ってなに?(人間の生活にかかせない5つの感覚,五感と脳のメカニズム,五感はごまかされやすい ほか),第2章 五感を知ろう(見る―視覚,聞く―聴覚,かぐ―嗅覚 ほか),第3章 五感のことをもっと知りたい!(五感のふしぎQ&A,五感にかかわることわざ・慣用句,五感がわかる用語集)
(内容)人間の目、耳、鼻といった感覚器と脳との関係を解説する事典。

**子どもの救急大事典 応急手当と体のしくみ 救急車が来るまえにみんなでわかるできる学校での応急手当** 窪田和弘著,浅井利夫監修 理論社 2009.3 169p 31cm 〈まんが:伊藤章夫 構成:添田由美 文献あり〉 5000円 ⓘ978-4-652-04409-4 Ⓝ598.5
(目次)第1章 登校時に,第2章 体育の時間に,第3章 給食の時間に,第4章 休み時間に,第5章 課外活動の時間に,資料編 応急手当の基礎知識と災害時の避難方法
(内容)学校での時系列的場面を想定して、その場で起こることが危惧されるけがや病気を取り上げ、応急手当と基礎知識を掲載。

**「こんなときどうする?」病気・けががよく**

**わかる事典 健康でじょうぶな体をつくろう!** 巷野悟郎監修 PHP研究所 2006.3 79p 29×22cm 2800円 ⓘ4-569-68590-0

(目次)1 よくわかる身近な病気(消化器の病気―おなかが痛い,消化器の病気―下痢 ほか), 2 こんなときどうする?けがや症状(皮ふの病気―きり傷・すり傷,皮ふの病気―やけど ほか), 3 目・鼻・口・耳の病気(細菌・ウイルスによる病気―むし歯,細菌・ウイルスによる病気―扁桃がはれる ほか), 4 そのほかの病気(生活・環境による病気,その他―視力低下,皮ふの病気―水ぼうそう ほか)
(内容)身近な病気やけがを41種類を紹介。そして,原因・症状・治療方法・予防方法を掲載。

**しくみと病気がわかるからだの事典** 田沼久美子,益田律子,三枝英人監修 成美堂出版 2006.5 191p 26cm 1600円 ⓘ4-415-03139-0

(目次)1 全身・手足―骨や筋,皮膚のしくみとはたらき, 2 頭部―脳や神経,目や耳などの感覚器について, 3 胸部―生命にかかわる肺と心臓, 4 上腹部―「食べる」に関係する各臓器, 5 背部―血液を濾過している腎臓, 6 下腹部―排泄と生殖に関係する臓器, 7 その他―遺伝子や細胞などの微小な組織
(内容)精密イラストでからだのしくみがよくわかる人体ビジュアル事典。部位ごとに構造やはたらきをわかりやすく解説。なぜ病気になるのか,年をとるとどう変化していくのかなど詳しく説明。

**すくすく育つ** 大津一義監修 少年写真新聞社 2009.2 47p 27cm (こども健康ずかん) 〈文献あり 索引あり〉 2300円 ⓘ978-4-87981-286-5 Ⓝ490

(目次)あまねちゃんの成長記録,大きくなるためには,大きくなるためのポイント(1)~よく動く,いろいろなスポーツ障害,大きくなるためのポイント(2)~よく食べる,大きくなるためのポイント(3)~よくねむる,骨,筋肉,変わり始める体,おとなに近づく体:心も変わり始める,心の成長,だれにだってある不安やなやみ,子どもからおとなへ,すくすく記録シート
(内容)小学校3,4年生以上の保健の教科書に対応し,教科書だけでは伝えきれない大切な内容を,わかりやすいようにマンガやイラストを多用して学ぶシリーズ。本巻では,児童期の最も大切な身体と心の成長について学び,すくすく育つための生活の工夫改善と実践を促す。

**セックス・ブック 十代からの心と体の辞典** ジェーン・パヴァネル著,冨永星訳 河出書房新社 2008.3 302p 19cm 〈原書名:The sex book.〉 1800円 ⓘ978-4-309-20482-6 Ⓝ367.99

(内容)安全なセックス、HIV、性感染症、コンドーム、オーラルセックス…性に関する190項目を、五十音順に網羅。

**脳と体のしくみ絵事典 夢をかなえるカギは脳にある スポーツも勉強ももっと得意になる!** 久恒辰博著 PHP研究所 2004.6 79p 29×22cm 2800円 ⓘ4-569-68479-3

(目次)第1章 脳とはいったい何だろう?(脳とはどんなもの?,脳の中はどうなっているの? ほか), 第2章 脳と体はどんな関係にあるのだろう?(脳と体をコントロールする自律神経,呼吸をコントロールする肺 ほか), 第3章 脳と心はどんな関係にあるのだろう?(脳の働きを見てみよう,どこでものを考えているの? ほか), 第4章 ここが知りたい!脳と体のQ&A(朝ご飯を食べるとかしこくなるって本当?, 好きな子ができた!この気持ちは何? ほか)

**歯の絵事典 大切さがよくわかる! 健康に保つための知識がいっぱい** 関口浩監修 PHP研究所 2009.7 79p 29cm 〈文献あり 索引あり〉 2800円 ⓘ978-4-569-68974-6 Ⓝ497

(目次)序章 オモシロイ!動物たちの歯(獲物をとらえるキバ,草木をすりつぶす臼状の歯 ほか), 第1章 フシギ!人間の歯(おとなの歯,子どもの歯,歯はかさなってできている ほか), 第2章 コワイ!歯と歯ぐきの病気(3つの要因がかさなると虫歯に,とけたり戻ったりしている歯 ほか), 第3章 歯に関するQ&A(歯列矯正はいつやるのが良い?,親知らずは抜く?残す? ほか)
(内容)歯の役割、歯の病気、虫歯予防、疑問など、歯に関するさまざまなことを4つの章で分かりやすく説明。

**ひとのからだ** フレーベル館 1992.5 114p 30×23cm (ふしぎがわかるしぜん図鑑) 2000円 ⓘ4-577-00038-5

(目次)たんけん・人の体、ひふ・ほね・きん肉、顔と頭、むねとおなか、人のせい長、元気にくらそう

**人のからだ** 講談社 1992.9 48p 25×22cm (講談社パノラマ図鑑 20) 1200円 ⓘ4-06-250020-5

(目次)スーパーアイ、からだを動かす筋肉、筋肉のつくり、骨格と関節、運動すると変化するからだのはたらき、肺のつくりと呼吸、肺のはたらき、からだのすみずみまで流れる血液、電気信号で動く心臓、1本の長いくだ―消化管、消化と吸収、いちばん大きな肝臓、体熱のバランス、尿をつくるじん臓、たいせつなホルモン、男女のちがい、生命のたんじょう、たいせつに守られている脳、大脳のはたらき、全身にはりめぐらされた神経、もっと知りたい人のQ&A

(内容)人のからだのしくみやはたらきを学べる図解事典。なぜボールが打てるのか、なぜご飯を食べると元気になるんだろうか? からだのしくみやはたらきは複雑で、ふしぎにみちている。からだについての子どもの"なぜ"が解ける1冊。

**人のからだ** 坂井建雄監修 ポプラ社 2006.3 207p 29×22cm (ポプラディア情報館) 6800円 Ⓘ4-591-09047-7

(目次)1章 人のからだ、2章 消化器、3章 呼吸器・循環器・泌尿器、4章 神経・脳・感覚器、5章 骨格・筋肉・皮ふ、6章 誕生から死まで、7章 免疫・内臓機能の調節、8章 病気と健康

(内容)人のからだのつくりがわかる情報事典。骨のつくりから、内臓器官のおのおののしくみとはたらきまで、イラストを使ってわかりやすく解説。男の子と女の子のちがいや、赤ちゃんが生まれるまでのようす、人の一生のからだの変化がわかる。病気にかからないように、からだはどうやって守っているのか、また、アレルギーとは何なのかがわかる。資料編には、健康に関してや今と昔のこどもがどうちがうのか、人間と動物のからだのちがいなどのデータを掲載。

**病気とたたかうからだ** 藤田和也著 アリス館 2003.1 39p 26cm (からだと心のふしぎシリーズ 第5巻) 2600円 Ⓘ4-7520-0229-9

(目次)病気のことを理解しよう、「かぜ」の原因を考えてみよう、病原体はなくても病気はおこる!、うつる病気、うつらない病気、病気をふせぐ力は、そなわってる!、「はくこと」「げり」もからだを守るしくみ、けがをなおす力。ほとんど、もとどおりになる!、きず口では、ばい菌とのたたかいが!、かぜをひいたとき、熱が出るのは…?、からだが病気の特効薬をつくる?〔ほか〕

(内容)「病気にまけない」強いからだづくりのヒミツがわかる。

**ポケットからだ事典** 平凡社編 平凡社 2001.12 379p 19cm 2500円 Ⓘ4-582-12718-5 Ⓝ491.3

(目次)事項編、誕生編、死編、人名編、付録 ことわざ編

(内容)人体の構造やはたらきを知るための図鑑事典。掲載内容は平凡社刊の百科事典を中心とする医学・科学関連図書に基づく。基本知識と身近な生理現象を項目ごとに解説する。イラスト500点を収録。巻末に人体名称の五十音順索引がある。

**むし歯バイバイ** 大津一義監修 少年写真新聞社 2009.2 47p 27cm (こども健康ずかん) 〈文献あり 索引あり〉 2300円 Ⓘ978-4-87981-287-2 Ⓝ497.7

(目次)おばあちゃんのじょうぶな歯、ぼくはむし歯がいっぱい、歯と口は何をするためにあるの?、歯をくわしく見てみよう!、子どもの歯、子どもの歯からおとなの歯、おとなの歯、むし歯はどうしてできるの?、ネバネバまくにはむし歯きんがいっぱい!、むし歯になりやすいところは?食べてすぐ歯みがかないと…、むし歯ができると…、歯ぐきの病気、むし歯の予防、正しい歯みがき、いろいろな動物の歯の形、きばを持つ動物たち、歯みがきカレンダー

(内容)小学校3、4年生以上の保健の教科書に対応し、教科書だけでは伝えきれない大切な内容を、わかりやすいようにマンガやイラストを多用して学ぶシリーズ。本巻では、児童期の生活習慣病で最も多いむし歯予防の大切さについて学び、予防のための生活の改善工夫と実践を促す。

**メリハリ生活** 大津一義監修 少年写真新聞社 2009.2 47p 27cm (こども健康ずかん) 〈索引あり〉 2300円 Ⓘ978-4-87981-285-8 Ⓝ498

(目次)みらいちゃんの1日、けん太君の1日、生活リズムをつくる朝の光、メリハリ生活と健康、大切なのは早起き!、1日の始まりは朝ご飯!、朝ご飯、何を食べる?、食べることは育つこと、世界のご飯、おやつを上手に食べよう!、外に出て遊ぼう!、「ねる子は育つ」ってホント!?、どうしてねなくちゃいけないの?、ついつい夜ふかし…なんでかな?、夜ふかしは体の毒!、動物のすいみん、メリハリウイークチェックシート

(内容)小学校3、4年生以上の保健の教科書に対応し、教科書だけでは伝えきれない大切な内容を、わかりやすいようにマンガやイラストを多用して学ぶシリーズ。本巻では、「早起き、早寝、朝ご飯」のメリハリがうのある生活の大切さを学び、子どもたちに多い遅くまで起きている、朝起きられない、朝ご飯を食べないという生活習慣の乱れを工夫改善し、実践を促す。

**予防に役立つ感染症の事典 目に見えない世界をのぞいてみよう** 北里研究所監修 PHP研究所 2008.3 79p 29cm 2800円 Ⓘ978-4-569-68765-0 Ⓝ493.8

(目次)第1部 感染症ってなんだろう(病原体の種類、感染のしくみ、体を守る働きと免疫、感染症との長い戦い、ナイチンゲール、ローベルト・コッホ、北里柴三郎、志賀潔・秦佐八郎、宮島幹之助・野口英世 公衆衛生の発達、予防接種、手洗い・うがい、家庭での消毒、外国旅行時の注意点)、第2部 感染症の種類を知ろう(飛まつによる感染、接触による感染、食中毒、ばい介物による感染、人から人への感染・市中感染、院内感染)、付録

(内容)病原体の種類、体を守る働きや免疫、また、人類と感染症の戦いの歴史、研究史の偉人などを紹介してほか、病原体の特徴と、それらがひき起こす感染症の予防法など感染症の世界

を、わかりやすく紹介。

**わたしたちの「女の子」レッスン はじめての生理ハンドブック 女子力UP!委員会** WILLこども知育研究所編著, 池下育子監修 金の星社 2010.8 143p 19cm 〈文献あり〉 1100円 ①978-4-323-05741-5 Ⓝ495

(目次)1 なるほど生理まるわかり(これってまさか, 生理ってめんどうくさい!?, なんだ!そうすればいいのか, 生理前も生理の日も快適快適), 2 かわいい「体」と「心」(恋をするのは大人のあかし?, やせていればかわいいの?, ツルツルしすぎは危険!?)

(内容)かわいいマンガとイラストで体のことがよくわかる。こまったときに役に立つ, アイデアがいっぱい。気になるダイエットやお肌, むだ毛の不安も解消。体のことがわかると不安な気持ちも消えて自分のことがもっと好きになる。

<辞典>

**人の体・心・動作のことば** 江川清監修 偕成社 2008.2 143p 22cm 〈ことば絵事典探検・発見授業で活躍する日本語 6〉 2000円 ①978-4-03-541360-8 Ⓝ814

(目次)体のことば(健康な体, 体の部分の名前 ほか), けがの治療(けがの治療, 体の病気の種類 ほか), 心のことば(健康な心, いろいろな心 ほか), 動作のことば(基本の動作, 手や指を中心にした動作 ほか)

<ハンドブック>

**あなたも柔道整復師になろう 柔道整復学校ガイド 2003年版** 医道の日本社編 (横須賀)医道の日本社 2002.7 281p 21cm 1800円 ①4-7529-5062-6 Ⓝ376.8

(目次)1 柔道整復師になるには?(柔道整復師とは, インタビュー"現役柔道整復師に聞いてみた!"), 2 柔道整復学校紹介(短期大学編, 短大以外の既設校編, 2000年度以降新設養成施設以外の新設校編), 3 入試問題集(赤門鍼灸柔整専門学校, 福島柔整鍼灸専門学校, 大東医学技術専門学校 ほか)

(内容)柔道整復師の仕事と養成機関を紹介した職業案内。柔道整復師の資格内容, 取得方法, 養成施設, 卒業後の進路などを解説。ついで, 全国の柔道整復師学校と最新入学情報(入学試験日, 願書受付期間, 入試科目, 学費, 入試のポイントなど)を紹介。最後に, 16校分の過去の入学試験問題を収録している。

**あなたも鍼灸マッサージ師になろう 東洋療法学校ガイド 2003年版** 医道の日本社編 (横須賀)医道の日本社 2002.7 363p 21cm 1800円 ①4-7529-5061-8 Ⓝ376.8

(目次)1 鍼灸マッサージ師になるには?(針灸マッサージ師とは, インタビュー"現役鍼灸マッサージ師に聞いてみた!"), 2 東洋療法学校紹介(大学・短大編, 大学・短大以外の養成施設編, 2000年度以降新設養成施設編), 3 入試問題集(明治鍼灸大学, 札幌青葉鍼灸専門学院, 赤門鍼灸柔整専門学校 ほか)

(内容)鍼灸マッサージ師の仕事と養成機関を紹介した職業案内。鍼灸マッサージ師の資格の内容, 取得方法, 養成施設, 卒業後の進路などを解説。ついで, 大学, 短大, 専門学校など, 全国の鍼灸マッサージ師養成施設(学校)と最新入学情報(入学試験日, 願書受付期間, 入試科目, 学費, 入試のポイントなど)を紹介。最後に, 21校分の過去の入学試験問題を収録している。

**癒し系の仕事 資格&スクールガイド 2011年版** 学研教育出版編 学研教育出版, 学研マーケティング〔発売〕 2009.10 147p 21cm 1500円 ①978-4-05-303060-3

(目次)癒し系の仕事のビジネス事情!, 夢を掴んだ癒しのプロに聞く!, 「癒し系」の仕事が知りたい!(キレイに癒す, カラダを癒す, 東洋医学で癒す, ココロを癒す), 「癒し系」で独立しよう, 「癒し系」の仕事で役立つ資格リスト, 専門学校&スクールで「癒し系」の仕事を学ぼう

(内容)エステティシャン, アロマセラピスト, ヨーガ指導者, カラーセラピストなどココロやカラダを癒し, 安らぎをあたえる仕事を紹介する職業ガイド。癒しのスペシャリストたちへのインタビューや役立つ資格リスト, 専門学校&スクールガイドなども収録する。

**医療の仕事なり方完全ガイド 改訂新版** 田村正晨監修 学習研究社 2004.12 173p 21cm (好きな仕事実現シリーズ) 1400円 ①4-05-402559-5

(目次)1 先輩に聞く医療の仕事(医師・東麻子さん, 薬剤師・山下由季恵さん ほか), 2 テストでわかる!キミに向いている医療の仕事(絵によるテスト, チャートテスト ほか), 3 医療の仕事完全ガイド(治療・リハビリに取り組む, 治療をサポートする ほか), 4 医療の仕事が学べる学校紹介, 5 資格試験の概要

(内容)医師, 薬剤師, 臨床検査技師, 診療放射線技師など, ココロとカラダの健康を支える44の仕事のなり方を掲載。

**子どもといっしょに読む新型インフルエンザハンドブック** 岡田晴恵著 岩崎書店 2009.12 79p 19cm 〈文献あり〉 800円 ①978-4-265-80191-6 Ⓝ493.87

(目次)1 知っておきたい!新型インフルエンザQ&A(新型インフルエンザとは, どんなもの?,

科学　　　　　　　　　児童書

毎年流行するインフルエンザとは、どうちがうの？ほか）、2 新型インフルエンザ 暮らしの中の予防対策（家族みんなで健康チェックをしよう!、正しい手洗いのしかたを知っておこう ほか）、3 新型インフルエンザ かかったときのホームケア（「かかったかな？」というときにすべきこと、おうちで看病するときに注意したいこと ほか）、4 知っておけば安心!新型インフルエンザ情報・問合せ先（参考にしたいHP・書籍、感染症指定医療機関リスト ほか）
(内容)読んだその日からすぐに役立つ!弱毒型から強毒型（H5N1型）まで予防＆ホームケア対策の決定版。

**スポーツマンのための膝障害ハンドブック**
山岸恒雄著　スキージャーナル　2005.11　175p　21cm　1600円　④4-7899-2097-6
(目次)第1章 膝の構造とスポーツ障害の発生メカニズム、第2章 スポーツマンの靱帯のケガについて—内・外側側副靱帯、前・後十字靱帯損傷の発生メカニズム、診断から手術まで、第3章 半月板のケガについて—発生メカニズム、診断から手術まで、第4章 スポーツマンのさまざまな膝障害—症状、診断、スポーツマンができる治療と医師の治療まで、第5章 リハビリテーション—スポーツ復帰をめざして、第6章 スポーツ障害を防ぐために—安全に楽しくスポーツを
(内容)スポーツマンの膝のケガを完全ガイド。発生メカニズム、痛みの特徴、症状、診断、治療、手術、リハビリまでをスポーツ膝障害の専門ドクターが解説。医師の治療とともに自分でできる治療も併記。

＜図　鑑＞

**いのち**　細谷亮太監修、ルーファス・ベラミー著　ほるぷ出版　2007.3　31p　28×22cm　（学習図鑑 からだのかがく）〈原書名：Body Science：The Human Lifecycle〉　2800円　①978-4-593-58516-8
(目次)誕生と生殖—いのちのつながり、女性の生殖器系は赤ちゃんを育てる場所、月経周期のあいだに排卵がおこる、男性の生殖器系は精子をつくる、性行為のあとに受精がおこる、赤ちゃんには両親から遺伝子情報が伝えられる、受精卵は分裂しながら子宮へむかう、胎芽から胎児へ成長して赤ちゃんになる、出産には、陣痛・分娩・後産がある、多胎妊娠でもっとも多いのは双子、赤ちゃんは姿を変えながら、どんどん成長していく、生殖器系は思春期から活発化する、おとなになっても、体は変化をつづける、言葉の成長
(内容)いのちがどのようなしくみで生まれるのか、成長していくかを、たくさんの写真やイラストを使ってたどる。受精にはじまる誕生から

死までの、人間の一生の物語。

**運動**　細谷亮太監修、ルーファス・ベラミー著　ほるぷ出版　2007.1　31p　28×22cm　（学習図鑑 からだのかがく）〈原書名：Body Science：How We Move〉　2800円　①978-4-593-58513-7
(目次)体は筋肉の引っぱる力で動く、体には数多くの動く関節がある、筋肉・骨・関節を使って動きが生まれる、動きの主役は骨格筋、縮んだり、ゆるんだりする筋肉、体の活動にはエネルギーが必要、神経インパルスが体の動きを管理する、動きをなめらかにするのは受容器と感覚、脚と足の歩くメカニズム、いろいろな動きをする腕と手、感情をあらわす顔の筋肉、運動は健康を保つ、体が動きを止めるとき
(内容)人のからだの動きのしくみを写真やイラストをとおして科学的に説明する図解事典。

**からだ**　阿部和厚監修　学習研究社　2004.12　120p　29×23cm　（ふしぎ・びっくり!?こども図鑑）　1900円　①4-05-202108-8
(目次)体ぜんたいを見てみよう、たんじょうとせいちょう、顔・頭、ひふ・きん肉・ほね、むねとおなか、びょう気とけんこう
(内容)好奇心に答える。写真やスーパーイラストで好奇心をくぎづけ。知識が広がる。テーマに合った発展内容やクイズで知識が身につく。家庭で会話が楽しめる。おうちの方へのコーナーの詳しい情報で親子の会話が増える。幼児～小学校低学年向き。

**からだとけんこう**　改訂新版　（大阪）ひかりのくに　1997.7　63p　26×21cm　（体験を広げるこどものずかん 9）　1000円　①4-564-20079-8
(目次)からだとくらし、かお、あたま、め、ねむりとゆめ、みみ、はな、くちとした、は、のど、ひふ、てとゆび、うで、あし、からだのなまえ（図かん）、ほね（図かん）、きんにく・しんけい（図かん）、ないぞう（むねとはら）（図かん）、いきをするしくみ、ちのながれるしくみ、しんぞう、じんぞう、からだをまもるしくみ、おなかのなか（たべもののたび）、からだとたべもの（図かん）、あたらしいいのち、せいちょう、こころとけんこう

**からだの不思議図鑑　人体のしくみがひと目でわかる!**　竹内修二監修　PHP研究所　2010.7　79p　30cm　1600円　①978-4-569-77972-0
(目次)第1章 からだに入った食べ物の旅 消化器系、第2章 からだの中のリサイクル工場 泌尿器系、第3章 吸って、はいて 呼吸器系、第4章 血液の通る道 心臓血管系、第5章 見る・聞く 感覚器、第6章 刺激の伝わる道 神経系、第7章 支

えて、守って、動かして 骨格系・筋系，第8章 人の誕生と遺伝 生殖器系
(内容)リアルで精緻なイラストが満載。最新の医学情報もていねいに解説。人体の驚異、生命の神秘への知識と興味が深まる。

**感覚** 細谷亮太監修，ルーファス・ベラミー著 ほるぶ出版 2007.3 31p 26×22cm （学習図鑑 からだのかがく）〈原書名：Body Science：The Senses〉 2800円 ①978-4-593-58518-2
(目次)わたしたちは感覚によって世界とつながる，感覚器からの情報は脳に送られる，神経インパルスを運ぶ神経系，触覚受容体が脳に情報を送る，痛みも触覚のひとつ，4種類の味受容体，鼻は空気中のにおい分子を感じる，音の波が空気を伝わって耳にとどく，耳が神経インパルスを脳に送る，耳は体の位置や動きも感じとる，目は光線を神経インパルスに変える，目は色と形を見る，見たものを理解するのが脳，言葉の説明
(内容)目や耳などが感じた情報を信号にして脳に送り，脳が情報処理すると、まわりのことを経験できる。この巻では、そうした感覚のはたらきを、たくさんの写真やイラストをとおして科学的に説明する。

**感覚器のしくみ** Jaime Ripoll, Marcel Socías著，大利昌久日本語版監修，小野直子訳 ほるぶ出版 1998.2 31p 28×22cm （学習図鑑 からだのひみつ）〈原書名：Cómo Funcionan Nuestros Sentidos〉 2800円 ①4-593-59458-8
(目次)感覚器官とは，そとの世界を見る，目のしくみ，「見る」しくみ，そとの世界を聞く，耳のしくみ，「聞く」しくみ，平衡感覚，においを知る，味を知る，皮膚で知る，さわって知る，実験してみよう
(内容)きく、みる、におう、味わう、ふれるといった5つの感覚はどのようなしくみなのか。からだのそとの世界とのコミュニケーションから、からだの平衡をたもつことまで、ヒトの感覚作用やそのいろいろな器官をイラスト図解で学習するからだの図鑑。

**筋肉のはたらき** 大利昌久日本語版監修，小野直子訳 ほるぶ出版 1997.12 31p 27×21cm （学習図鑑 からだのひみつ）〈原書名：El músculo, órgano de la fuerza〉 2800円 ①4-593-59453-7
(目次)筋肉のはたらきで、からだが動く，筋肉はなにからつくられているか，筋肉を動かす，筋肉のエネルギーは?，筋肉と骨と関節，手足を動かす筋肉，感情をあらわす筋肉，胴の中の筋肉，食物の消化をたすける筋肉，血液の循環を支える筋肉，いちばん大事な筋肉，運動と食事，筋肉のふしぎ

**血液のはたらき** 大利昌久日本語版監修，小野直子訳 ほるぶ出版 1997.12 31p 27×21cm （学習図鑑 からだのひみつ 4）〈原書名：Cómo circula nuestra sangre〉 2800円 ①4-593-59452-9
(目次)血液の循環システム，血液の成分，赤血球，白血球，傷をふさぐ，心臓，心臓の鼓動のしくみ，酸素の循環，からだに血液をおくる体循環，血管のしくみ，からだをまもるリンパ系，血液の循環をたすける，自分で調べてみよう

**呼吸** 細谷亮太監修，リチャード・ウォーカー著 ほるぶ出版 2007.1 31p 28×22cm （学習図鑑 からだのかがく）〈原書名：Body Science：How We Breathe〉 2800円 ①978-4-593-58512-0
(目次)生命に必要な酸素，体の細胞は酸素を使ってエネルギーを出す，体に酸素を取りこむ呼吸器系，吸った空気をあたためてきれいにする，空気の道のネットワーク，肺の構造，血液に入った酸素は体中の細胞へ運ばれる，筋肉の動きによって肺に空気が出入りする，運動中は呼吸の数が変化する，喉頭・舌・唇で音を作る，咳・くしゃみなどの呼吸運動，息苦しくなる原因、酸素が少ない場所で生きるには
(内容)呼吸のしくみを写真やイラストをとおして科学的に説明する図解事典。呼吸することによって、私たちの体は何をしているのだろうか。その呼吸のしくみを解説する。

**呼吸のしくみ** Núria Roca y Marta Serrano著，大利昌久監修，小野直子訳 ほるぶ出版 1998.1 30p 28×22cm （学習図鑑からだのひみつ）〈原書名：Aparato respiratorio, soplo de vida〉 2800円 ①4-593-59455-3
(目次)なぜ呼吸するのか，肺にいく空気を調節する，呼吸器系の入口，咽頭と喉頭，空気が話すことを可能にする，肺への道，わたしたちの肺，吸気と呼気，空気はどのくらい肺に入るか，ガスの交換，ガスの体内旅行，呼吸のコントロール，観察してみよう
(内容)からだに入った酸素の道筋をカラー図解でたどりながら、肺のこと、わたしたちの声を出すはたらきなど、呼吸のしくみを科学的に説明する図解事典。

**こどものずかんMio 9 ひとのからだ** （大阪）ひかりのくに 2005.10 64p 27×22cm 762円 ①4-564-20089-5
(目次)あかちゃんたちかわいいね!，おおきくなったね!，だれのほねかな?，ほらほらわたしたちだよ，パノラマワイド きみのなかにもほねはねがいこつ!，パノラマワイド いろんなものが

科学　　　　　　　　　　　　児童書

いっぱいつまってる!, たってあるけるようになった!, てがつかえるようになったよ, よくみてごらん?, まがるところ, まわるところ〔ほか〕

**細胞のはたらき**　Núria Roca y Marta Serrano, Antonio Muñoz Tenllado著　大利昌久日本語版監修, 小野直子訳　ほるぷ出版　1998.2　31p　28×22cm　〈学習図鑑からだのひみつ〉　〈原書名：La célula, el origen de la vida〉　2800円　①4-593-59456-1

(目次)大昔の地球, 生命のはじまり, 細胞のしくみ, 細胞の生活, 環境と細胞, あたらしい細胞をつくる, はたらきのことなる細胞, からだを支える細胞, からだをおおう細胞, 信号を伝える細胞, からだを動かす細胞, 細胞への補給, 観察してみよう

(内容)ヒトのからだをつくりあげているさまざまな細胞をイラスト図解で説明する事典。細胞・遺伝子・染色体をたどっていくと, 地球上に初めて生命があらわれたときまでさかのぼることができる。生物のいちばん単純な性質をもつ最小の生命体である細胞の魅力的でおもしろい世界を探る。

**実物大人体図鑑　2　骨**　野口賢司絵, 坂井建雄監修　ベースボール・マガジン社　2010.11　47p　29cm　〈文献あり　索引あり〉　3000円　①978-4-583-10272-6　Ⓝ491

(目次)頭蓋骨, 胸郭, 上肢帯, 上腕骨, 前腕骨, 手, 脊柱, 骨盤(男性), 骨盤(女性), 大腿骨, 下腿骨, 足

(内容)「骨」のようすを実物大のイラストで紹介し, どんな働きをしているか解説。

**消化**　細谷亮太監修, リチャード・ウォーカー著　ほるぷ出版　2006.12　31p　28×22cm　〈学習図鑑からだのかがく〉　〈原書名：Body Science：Digesting Food〉　2800円　①4-593-58511-2

(目次)体は食物を処理する, 食物はいろいろな栄養素でできている, 消化は体の役にたつ, 消化の仕事は歯から始まる, 食物を飲みこむ, 胃は食物を液状にする, 小腸で完全に消化される, 大腸で水分の吸収と「かす」の排泄をする, 食物は全身のエネルギー源, 食物で病気にならないために, 腎臓はいらないものや水分を体の外に出す, 膀胱は尿をためておく場所, 健康はバランスのよい食事から, 言葉の説明

(内容)消化のしくみを, たくさんの写真やイラストをとおして科学的に説明する図解事典。わたしたちは, 食べたものをどのようにして体の中にとりこみ, エネルギーとし, 使いおわったかす(うんち)を体の外に出すのだろうか。そのしくみがわかる。

**消化器のしくみ**　Mercè Parramón著, 大利昌久監修, 小野直子訳　ほるぷ出版　1998.1　31p　28×22cm　〈学習図鑑からだのひみつ〉　〈原書名：Nuestro Sistema Digestivo〉　2800円　①4-593-59454-5

(目次)栄養をとる, 代謝, 炭水化物, 脂肪, たんぱく質, 消化のはじまり, 口と食道, 胃のはたらき, 小腸のはたらき, 大腸のはたらき, 肝臓のはたらき, 膵臓のはたらき, 消化腺のはたらき, 排泄, かんたんな実験をしてみよう

(内容)栄養をとることから腎臓のはたらきまで, ヒトのからだで大切なやくわりをもつ消化器のしくみをイラスト図解で示す事典。食べ物は, わたしたちが食べたあとどうなるのだろうか。からだに必要な栄養はどのようにして取り入れられるのかがわかる

**神経のはたらき**　Núria Roca y Marta Serrano, Antonio Muñoz Tenllado著　大利昌久日本語版監修, 小野直子訳　ほるぷ出版　1998.2　31p　28×22cm　〈学習図鑑からだのひみつ〉　〈原書名：El sistema nervioso, nuestro proceso de datos〉　2800円　①4-593-59457-X

(目次)からだに情報を伝える, 神経細胞(ニューロン)のしくみ, 情報を伝えるしくみ, ニューロンからニューロンへ, 中枢神経, 情報を判断する, 情報をはこぶ, 末梢神経, そとの世界の情報をしる, 自律神経とは, 悩のはたらき, 神経系の特徴, 観察してみよう

(内容)神経のしくみをイラスト図解で示す事典。熱いと感じたり, 冷たいと感じるのはなぜだろうか。炎から指をひくのはなぜか。怖いと感じたときにからだの中でおこるのはどんなこと? わたしたちの身近で興味深い疑問から, 感情をつくりだす能力や脳のふしぎまでがわかる。

**心臓**　細谷亮太監修, リチャード・ウォーカー著　ほるぷ出版　2007.2　31p　28×22cm　〈学習図鑑 からだのかがく〉　〈原書名：Body Science The Heart in Action〉　2800円　①978-4-593-58515-1

(目次)心臓はくたびれを知らない生体ポンプ, 心臓は全身に血液を送る, 血液は血管系をまわる, 3種類の血管の仕事, 心臓の拍動にしたがって血液が押しだされる, 運動すると心拍数は増える, 心臓用の血液供給システム, 血液の細胞の種類, 酸素を運ぶ赤血球, 体を守る白血球, 出血を止める血小板, リンパ系は血液系を補助する, 血液系とリンパ系は感染から体を守る, 言葉の説明

(内容)心臓と血液のはたらきを, たくさんの写真やイラストをとおして科学的に説明。

**人体透視図鑑**　スティーブン・ビースティー画, リチャード・プラット文, 吉田秀樹訳　あすなろ書房　2000.2　32p　36cm　〈索引

236　児童書 レファレンスブック

あり　原書名：Stephen Biesty's incredible body.〉　2850円　①4-7515-1567-5　Ⓝ491

(目次)発見の旅に出発，目，耳，脳，脊髄と神経，骨と骨格，皮ふと筋肉，口と消化器，リンパ液と血液，腎臓と膀胱，生殖器，心臓，鼻と肺

**人間 いのちの歴史**　小学館　2006.3　183p　28×21cm　（小学館の図鑑NEO 13）〈付属資料あり〉　2000円　①4-09-217213-3

(目次)感じるための器官，情報をコントロールする器官，ものを取りこんですてる器官，体の中の流れ，体を動かすしくみ，体をつくる細胞，健康に生きる，ヒトの誕生，心と体の成長，大人って何?，さまざまな心

(内容)体と心のつくりと働き，成長のしかたを示す学習図鑑。

**脳**　細谷亮太監修，ルーファス・ベラミー著　ほるぷ出版　2007.1　31p　27×22cm　（学習図鑑からだのかがく）〈原書名：Body Science Inside the Brain〉　2800円　①978-4-593-58514-4

(目次)脳が体を管理する，神経系が脳と体をつなぐ，神経系は体の通信システム，脊髄は体の高速回線，脳は体の管理センター，脳は情報を受けとって処理する，動きは脳が調節する，神経系が体のはたらきを管理する，わたしたちは記憶し，判断し，意見をもつ，辺縁系は感情の中心，記憶の種類，脳と内分泌系のつながり，内分泌腺はホルモンをつくる，言葉の説明

(内容)脳の驚くべきはたらきを，たくさんの写真やイラストをとおして科学的に説明する図解事典。脳は、わたしたちの体の動きを管理し，コントロールし，外の世界を理解する。体の司令塔ともいえるわたしたちの小さな脳は、どんなコンピュータよりも高性能。そんな脳のしくみがわかる。

**ビジュアル博物館　3　骨格**　スティーブ・パーカー著，リリーフ・システムズ訳　（京都）同朋舎出版　1990.3　63p　23×29cm　3500円　①4-8104-0801-9　Ⓝ487.038

(目次)人間の骨格，骨から石へ，哺乳動物，鳥，魚，爬虫類，両生類，体の外にある骨格，海にすむ外骨格の動物，人間の頭蓋骨と歯，頭蓋骨はどのようにできているのだろうか，動物の頭蓋骨，動物の感覚，あごの形と食べ物，動物の歯，人間の脊椎，動物の背骨，胸郭，人間の腰骨，動物の腰骨，人間の腕と手，腕，翼，ひれ足，動物の肩甲骨，人間の脚，動物の脚，最大の骨と最小の骨，骨の構造と再生，骨の名前小辞典

(内容)1冊1テーマ，全88巻の博物図鑑シリーズ。第3巻では人間と動物の骨格のしくみを新しい目でとらえる。人間の骨格の実物写真を見ると，私たちの体がどのように動くかが手に取るようにわかる。鳥，爬虫類，両生類，魚，昆虫，哺乳動物などの骨格のさまざまな違いもはっきりわかる。

**ビジュアル博物館　84　感染症　黒死病や天然痘から現代の「スーパー細菌」まで**　ブライアン・ウォード著，ロブ・ドゥサーレ監修，唐木利朗日本語版監修　同朋舎，角川書店〔発売〕　2001.1　63p　29cm　〈索引あり　原書名：Epidemic〉　3400円　①4-8104-2654-8　Ⓝ403.8

(目次)感染症とは，広まる感染症，大陸規模の伝播，ペスト，感染との戦い，感染症と都市，食中毒，生水と生の食品，コレラ，結核，らい病，天然痘ウイルスの制圧，恐ろしい狂犬病，せきと寒気，インフルエンザ，脳への攻撃，子どもの病気，軽い疾病，死を招く害虫，寄生虫との戦い，マラリア，真菌の攻撃，友好的な真菌，天然の薬戸棚，動物の感染症，新興ウイルス，HIVとエイズ，殺菌戦争，戦いは続く

(内容)1冊1テーマ，全88巻の博物図鑑シリーズ。第84巻では感染症の歴史から最新知識までを紹介する。巻末に五十音順索引を付す。

**ビジュアル博物館　85　レスキュー　救命方法から最新の技術まで，勇気に満ちた救命・救助の世界を知る**　クレア・ウォッツ著，岡田真人日本語版監修　同朋舎，角川書店〔発売〕　2001.11　63p　29cm　〈索引あり　原書名：Rescue〉　3400円　①4-8104-2721-8　Ⓝ403.8

(目次)真っ先になすべき仕事，救難・救助の物語，昔の救難・救助，救難・救助の技術の進歩，消防活動，消防士の仕事，閉じこめられた人，救急ヘリコプター，救急用具，救急医療〔ほか〕

(内容)1冊1テーマ，全88巻の博物図鑑シリーズ。第85巻では救急活動のさまざまを紹介する。救助隊員の現場での活動，救急活動に用いられる装備・機器，救急技術などを写真によって紹介し，「レスキュー」の歴史とその仕事の内容を解説する。巻末に五十音索引を付す。

**人とからだ**　新訂版　学習研究社　1994.11　192p　26cm　（学研の図鑑）　1500円　①4-05-200506-6

(目次)第1章 からだのつくり，第2章 赤ちゃんから大人になるまで，第3章 からだと健康，第4章 すばらしい人間

(内容)からだのつくり，赤ちゃんから大人になるまで，からだと健康，すばらしい人間，の4章に分け，人のからだを描く学習図鑑。巻頭に骨と筋肉などの口絵を収めるほか，図解，MIP写真を多数掲載する。巻末に索引を付す。

**ひとのからだ**　無藤隆総監修，細谷亮太監修　フレーベル館　2005.9　130p　29×23cm

（フレーベル館の図鑑ナチュラ9） 1900円　①4-577-02845-X

(目次)うごく、食べる、いきをする、どきどきする、かんじる、うまれる、もっと知りたい!人のからだ

(内容)親子のコミュニケーションを育む、巻頭特集。4画面分の大パノラマページ。美しい撮りおろし標本写真の図鑑ページ。自然体験・観察活動に役立つ特集やコラム。幼稚園・保育園の体験活動、小学校の生活科、総合学習に最適。スーパーリアルイラストレーションによる図解。最新情報・最新データ満載。

**人のからだ**　阿部和厚監修　学習研究社　2000.12　168p　30cm　(ニューワイド学研の図鑑)　2000円　①4-05-500420-6　Ⓝ491

(目次)からだのつくり(からだのつくり、骨・筋肉・皮ふ、消化器、呼吸器、循環器、感覚器 ほか)、成長と健康(誕生・成長、免疫、病気と健康、人のからだ情報館)

(内容)人間の体の各部の構造やはたらきをまとめた、児童向けの図鑑。巻末に索引付き。

**人のからだ**　学習研究社　2008.2　140p　27cm　(ジュニア学研の図鑑)　1500円　①978-4-05-202830-4　Ⓝ490

(目次)感じる・考える(目のつくり、物を見るしくみ ほか)、からだを動かす(全身の骨、骨のつながり ほか)、食べる(口のつくりと働き(舌とだ液腺、歯とのど)、胃のつくりと働き ほか)、息をする・からだを守る(呼吸のしくみ、肺のしくみ ほか)、生まれて育つ(からだは細胞でできている、男のからだ女のからだ ほか)、健康にくらす(食べ物と栄養、かぜってどんな病気なの? ほか)

(内容)人体のつくりやしくみ働きがわかる入門図鑑。人体の基本をやさしく解説。精緻で美しい絵や表情豊かな絵で解説。電子顕微鏡写真で人体のミクロの世界を紹介。

**人のからだ**　増補改訂　学研教育出版, 学研マーケティング(発売)　2009.11　180p　30cm　(ニューワイド学研の図鑑 12)　〈初版:学習研究社2000年刊　索引あり〉　2000円　①978-4-05-203129-8　Ⓝ490

(目次)からだのつくり(からだのつくり、骨・筋肉・皮ふ、消化器、呼吸器、感覚器、脳・神経)、成長と健康(誕生・成長、免疫、病気と健康)、人のからだ情報館

**ホネ事典**　スティーブ・パーカー著, 伊藤恵夫訳　あすなろ書房　2006.6　63p　29×22cm　(「知」のビジュアル百科 28)　〈原書名:Eyewitness-Skeleton〉　2000円　①4-7515-2328-7

(目次)人間の骨格、骨から石へ、哺乳動物、鳥、魚、両生類、爬虫類、体の外にある骨格、海にすむ外骨格の動物、人間の頭蓋骨と歯、頭蓋骨はどのようにできているのだろうか、動物の頭蓋骨〔ほか〕

(内容)子供向けの1冊1テーマの図解百科事典シリーズ。頭のてっぺんから足の先まで。さまざまな動物と比較しながら、各部のホネの構造をわかりやすく紹介。人体の神秘に迫る。

**骨のやくわり**　大利昌久監修, 小野直子訳　ほるぷ出版　1997.11　31p　28×22cm　(学習図鑑からだのひみつ)　2800円　①4-593-59451-0

(目次)ヒトの骨組み、骨は何からできているか、血液細胞工場、からだを守る、骨の大きさと形、骨は生きている、骨とからだの運動、関節のはたらき、頭の骨、背骨、内臓を保護する、骨折と脱臼、自分で調べてみよう

◆食べもの・栄養

<事典>

**安全な食品の選び方・食べ方事典**　田島真, 佐藤達夫著　成美堂出版　2004.4　255p　21cm　1500円　①4-415-02505-6

(目次)1 早わかり食卓の不安&対策(輸入食品は本当に安全か?, 食中毒をあなどるな! ほか)、2 生鮮食品とその加工品(鮮魚と加工品、食肉と加工品 ほか)、3 スーパー・コンビニの加工食品&調理済み食品(乳製品、バター・マーガリン ほか)、4 表示とマークで安全・安心を選ぶ(品質表示で産地を確認、栄養表示で健康をゲット ほか)

(内容)食品表示の読み方がわかる、安全な食品と危険な食品の見分け方がわかる。

**食品添加物の危険度がわかる事典　天然・合成のすべてをチェック**　渡辺雄二著　ベストセラーズ　2005.3　255p　19cm　1500円　①4-584-18861-0

(目次)1 物質名で表示される化学合成添加物(防カビ剤、保存料 ほか)、2 用途名で表示される化学合成添加物(酸味料、pH調整剤 ほか)、3 表示が免除される化学合成添加物(殺菌料、栄養強化剤、製造用剤、その他)、4 物質名で表示される天然添加物(保存料、着色料 ほか)、5 用途名で表示される天然添加物(乳化剤、光沢剤 ほか)

(内容)食品添加物の用途と危険度がこの1冊ですべてわかる。

**図解 栄養の基本がよくわかる事典**　安田和人著　西東社　2006.12　239p　21cm　1400円　①4-7916-1330-9

(目次)第1章 栄養総論(栄養と体、食品と体)、

第2章 栄養素まるわかり事典(糖質, 脂質 ほか),第3章 今, 注目の栄養成分(機能性成分, ポリフェノール ほか), 第4章 ライフステージと栄養(乳幼児, 小学生 ほか), 第5章 こんなとき, こんな食べ方を(肥満や生活習慣病と栄養, 日ごろの不快症状と栄養 ほか)
(内容)基本の栄養素から注目の機能性成分まで丁寧に解説。症状・目的から摂りたい栄養がすぐわかる。

**バランスよく食べよう!栄養がわかる絵事典 食べ物の成分から体のしくみまで**
　金田雅代監修　PHP研究所　2008.12　79p
　29×22cm　2800円　①978-4-569-68759-9
　Ⓝ498.5
(目次)序章 まんがぼくたち内臓はグロッキー——こんな食生活はもうゴメン!!, 第1章 体に必要な栄養素はこれ!(栄養素はなぜ必要なのかな?, たんぱく質, 炭水化物, 脂質, 水溶性ビタミン, 脂溶性ビタミン, ミネラル, 食物せんい, ここが気になる小中学生の健康, 肥満, ダイエット), すぐつかれる, すぐキレる, 生活習慣病), 第2章 栄養をとりこむ消化器官(消化活動は共同作業, 口の中, 食道, 胃, 肝臓, 胆のう, すい臓, 小腸, 十二指腸, 大腸, 直腸, 肛門), 第3章 じょうぶな体をつくる食生活の工夫(+1で健康朝食, 残さず食べよう!昼の学校給食, 間食はいつ, 何を, どれくらいがいいの?, 給食を見本にした夕食こんだて, サプリメントの役割, 食生活の基本10か条)
(内容)食べ物の栄養, 消化吸収, どんな食べ方をしたらよいかなどの疑問や, 食に関する学習で興味・関心が深まり, もっともっと知りたいと思ったとき, すぐ役立つように, 具体的な絵にしてわかりやすく解説。

<ハンドブック>

**ビジュアルワイド 食品成分表 科学技術庁資源調査会編「五訂日本食品標準成分表」準拠　改訂10版　東京書籍編集部編**
　東京書籍　2003.2　324p　26cm　733円
　①4-487-37706-4
(目次)穀類, いもおよびでん粉類, 砂糖および甘味類, 豆類, 種実類, 野菜類, 果実類, きのこ類, 藻類, 魚介類, 肉類, 卵類, 乳類, 油脂類, 菓子類, し好飲料類, 調味料および香辛料類, 調理加工食品類

**ビジュアルワイド 食品成分表 文部科学省科学技術・学術審議会資源調査分科会報告「五訂増補日本食品標準成分表」**
　改訂13版　新井映子, 新山みつ枝, 柳沢幸江編著　東京書籍　2006.2　356p　26cm　733円　①4-487-37708-0
(目次)穀類, いもおよびでん粉類, 砂糖および甘味類, 豆類, 種実類, 野菜類, 果実類, きのこ類, 藻類, 魚介類, 肉類, 卵類, 乳類, 油脂類, 菓子類, し好飲料類, 調味料および香辛料類, 調理加工食品類, 主な食品の重量変化率, アミノ酸組成表, 食の外部化と私たちの食生活, 市販食品・調理食品成分表, 50音順調理の基礎知識, 資料編, 症状別栄養素のとり方
(内容)文部科学賞科学技術・学術審議会資源調査分科会報告「五訂増補日本食品標準成分表」の成分値を掲載。

## 技 術

<事典>

**日本の工業**　三沢一文監修　ポプラ社
　2008.3　215p　29×22cm　(ポプラディア情報館)　6800円　①978-4-591-10086-8
(目次)工業ってなんだろう, 1章 日本の工業の特色, 2章 自動車工業, 3章 機械工業, 4章 金属・石油化学工業, 5章 軽工業, 6章 輸送と貿易, 7章 これからの工業, 資料編
(内容)自動車をはじめとする機械, 石油化学, 金属, 食品など, 日本のさまざまな工業を解説する事典。工業製品の輸送, 世界との貿易についてもとりあげる。また, 日本の工業がかかえている問題, これからめざす工業のすがたや未来へのとりくみなど, 新しいテーマを積極的にとりあげる。

**私たちの大切な資源 エネルギー絵事典 未来の地球環境を考えよう!**　新田義孝監修　PHP研究所　2006.7　80p　29×22cm
　2800円　①4-569-68626-5
(目次)1章 私たちとエネルギー(自然はエネルギーの源, エネルギーって何だろう ほか), 2章 変わり始めた地球環境(化石エネルギーに頼るくらし, 地球の気温が上がっている, 酸性雨で森が枯れる, これからも地球に住み続けるために, 日本が置かれている立場と役割), 3章 環境にやさしいエネルギー(環境にやさしいエネルギー, 太陽電池 ほか), 4章 つくって試してエネルギー(ソーラーカーをつくろう, 紙の風車で風力発電に挑戦, 太陽温熱器で実験しよう, エネルギークイズ, かんたん!実行!省エネルギー)
(内容)私たち人類の営みを支えているエネルギーについて, イラストや写真をたくさん用いて解説する事典。

<辞典>

**先端科学・コンピュータのことば**　江川清監修　偕成社　2006.4　143p　21cm　(ことば絵事典 探検・発見 授業で活躍する日本語4)　2000円　①4-03-541340-2

⑬クリーンエネルギーの名前とことば,核融合の名前とことば,原子力発電の名前とことば,環境の名前とことば,バイオテクノロジーの名前とことば,ナノテクノロジーの名前とことば,ロボットの名前とことば,気象の名前とことば,海洋の名前とことば,宇宙開発の名前とことば,コンピュータの名前とことば

**道具・乗り物・建築のことば** 江川清監修
偕成社 2006.3 143p 21cm (ことば絵事典 探検・発見 授業で活躍する日本語 3) 2000円 ①4-03-541330-5

⑬道具の名前とことば,身につける物の名前とことば,持ち歩く物の名前とことば,建物や建造物の名前とことば,乗り物の名前とことば,人形やおもちゃの名前とことば,食べ物の名前とことば

<図 鑑>

**解剖断面図鑑** スティーブン・ビースティー絵,リチャード・プラット文,原まゆみ,新井朋子訳 偕成社 〔1997.3〕 32p 37cm 〈原書名:INCREDIBLE EXPLOSIONS〉 2400円 ①4-03-531180-4

⑬蒸気自動車,火災現場,宇宙ステーション,空港,風車,時代の移り変わり,南極基地,映画スタジオ,ベニス,タワーブリッジ,人間のからだ,グランド・キャニオン

**最先端技術の図詳図鑑** 学習研究社 1995.5 160p 30×23cm (大自然のふしぎ) 3000円 ①4-05-500097-9

⑬見る技術と調べる技術のふしぎ,ロボットとコンピュータの技術のふしぎ,映像と情報の技術のふしぎ,新しい材料と加工技術のふしぎ,巨大建造物を作る技術のふしぎ,病気をなおす技術のふしぎ,環境を守る技術のふしぎ,エネルギーに関する技術のふしぎ,宇宙を利用する技術のふしぎ,身近なものの技術のふしぎ,資料編

⑭児童向けに各種の疑問に答える形で最先端技術をイラストや写真を用いて解説する。巻末に全国の科学館等の紹介,五十音順の事項索引がある。

**写真でみる発明の歴史** ライオネル・ベンダー著,高橋昌義日本語版監修 あすなろ書房 2008.4 63p 29cm (「知」のビジュアル百科 46) 〈「発明」(同朋舎2001年刊)の新装・改訂 原書名:Eyewitness-invention.〉 2500円 ①978-4-7515-2456-5 Ⓝ507.1

⑬発明とは?,発明物語,道具,車輪,金属加工,ものをはかる,筆記具,照明,時計,動力の利用,印刷,光学機器の発明,計算,蒸気機関,航海術と測量術,紡績と織物,電池,写真,医学と発明,電話,録音と再生,内燃機関,映画,無線装置,身近な発明品,陰極線管(ブラウン管),飛行,プラスチック,シリコンチップ,索引

⑭子供向けの1冊1テーマの図解百科事典シリーズ。世界を変えた大発明の歴史がわかる。時計,電話,電気…暮らしにかかせないこれらのものは,どのようにして生み出されたのか。その経緯をわかりやすく紹介。

**発明・発見** 雀部晶監修・指導 学習研究社 2007.3 136p 29×23cm (ニューワイド学研の図鑑) 2000円 ①978-4-05-202617-1

⑬地球・宇宙,交通,磁石・電気・通信,光・音・記録,化学,運動・力,からだ,食品の保存

⑭宇宙・交通・電気・化学などの8分野。登場人物は350人以上。発明・発見のつながりがよくわかる。発明・発見のエピソードもいっぱい。

**ビジュアル博物館 27 発明** (京都)同朋舎出版 1992.4 63p 29×23cm 3500円 ①4-8104-1021-8

⑬発明とは?,発明物語,道具,車輪,金属加工,ものをはかる,筆記具,照明,時計,動力の利用,印刷,光学機器の発明,計算,蒸気機関,航海術と測量術,紡績と織物,電池,写真,医学と発明,電話,録音と再生,内燃機関,映画,無線装置,身近な発明品,陰極線管(ブラウン管),飛行,プラスチック,シリコンチップ

⑭1冊1テーマ、全88巻の博物館図鑑シリーズ。第27巻では発明の物語を紹介する。初期の望遠鏡、そして無線機や電話を初め、今日のマイクロコンピュータまで、発明のすべてを写真で知ることができる。

**ビジュアル分解大図鑑** クリス・ウッドフォード著,武田正紀訳 日経ナショナルジオグラフィック社,日経BP出版センター(発売) 2009.12 255p 31cm 〔索引あり 原書名:Cool stuff exploded.〕 6476円 ①978-4-86313-086-9 Ⓝ500

⑬陸と空の乗り物(すごい乗り物,ラリーカー ほか),生活を支える家電製品(電気の秘密,風力発電機 ほか),人生を楽しくする機械たち(余暇を楽しむ,手回し発電ラジオ ほか),デジタル技術(電子の工場,携帯電話 ほか)

⑭コンピューター・グラフィックスで描くリアルな完全分解図。詳細な完全分解図37点、イラスト67点と写真340点を掲載。最新テクノロジーのほか未来の技術、夢のマシンも登場。技術の発展と社会のかかわりをわかりやすく解説。

**見えない所がよくわかる断面図鑑 1 列車・駅** 岡田徹也絵 ポプラ社 1991.4 31p 29cm 2136円 ①4-591-03821-1

Ⓝ031

内容 首都圏の機能をささえる東京駅、東京駅の機能、自動化した駅の風景、新幹線システムの頭脳、電気機関車の種類とその構造、コンテナによる貨物輸送、日本列島をむすぶ大プロジェクト等を図解。

見えない所がよくわかる**断面図鑑** 2 自動車・高速道路 飯島満絵 ポプラ社 1991.4 31p 29cm 2136円 Ⓘ4-591-03822-X Ⓝ031

内容 インターチェンジは高速道路の出入口、立体交差と道路の構造、エンジンは車の心臓部、運転をたのしくさせる車のしくみ、6つの橋からなる瀬戸大橋等を断面図を中心に図解説明。

見えない所がよくわかる**断面図鑑** 3 飛行機・空港 中野朋彦絵 ポプラ社 1991.4 31p 29cm 2136円 Ⓘ4-591-03823-8 Ⓝ031

内容 空からみた新東京国際空港、ジャンボ・ジェット、外国から日本に到着した乗客、外国へいく人たちと手荷物のながれ、管制塔、整備作業、給水センターと機内食工場等を図解。

見えない所がよくわかる**断面図鑑** 4 船・港 谷井建三〔ほか〕絵 ポプラ社 1991.4 23p 29cm 2136円 Ⓘ4-591-03824-6 Ⓝ031

内容 船舶通航信号所、灯浮標、検疫・出入国管理・税関の仕事、穀物運搬船、自動車運搬船、タンカー、コンテナ船、大型帆船等を絵と文章で説明。

見えない所がよくわかる**断面図鑑** 5 放送局・新聞社 平久弥絵 ポプラ社 1991.4 27p 29cm 2136円 Ⓘ4-591-03825-4 Ⓝ031

内容 放送局、ニューススタジオ、テレビカメラと生放送のスタジオ、ドラマ収録スタジオ、テレビ中継車と東京ドームの放送施設、NHKホール、放送衛星、新聞社等の構造が一目でわかる図鑑。

見えない所がよくわかる**断面図鑑** 6 気象観測 中西章絵 ポプラ社 1991.4 31p 29cm 2136円 Ⓘ4-591-03826-2 Ⓝ031

内容 地球の大気の循環や台風、気象を観測する衛星、「H-1ロケット・ひまわり」、水の循環、いろいろな観測装置と気象庁、富士山測候所のレーダー観測、地震観測所等を図を中心に説明。

見えない所がよくわかる**断面図鑑** 7 浄水場・清掃工場 伊藤徹絵 ポプラ社 1991.4 30p 29cm 2136円 Ⓘ4-591-03827-0 Ⓝ031

内容 快適な生活を支えているいろいろな設備や施設を図解する。火力・原子力・水力等の発電所、浄水場、下水処理場、家庭用浄水槽、清掃車と清掃工場、ガス工場、郵便局の様子を図解。

見えない所がよくわかる**断面図鑑** 8 病院 吉谷昭憲、和地あつを絵 ポプラ社 1991.4 31p 29cm 2136円 Ⓘ4-591-03828-9 Ⓝ031

内容 全国で188ある総合病院を例に、そこで患者のために働いている医師、レントゲン技師、臨床検査技師、看護婦、薬剤師、栄養士、調理師、診療録管理士等がどんな仕事をしているかを図解。

見えない所がよくわかる**断面図鑑** 9 高層ビル 岡田徹也絵 ポプラ社 1991.4 23p 29cm 2136円 Ⓘ4-591-03829-7 Ⓝ031

内容 1968年に出来た147メートルの霞が関ビルをはじめとする高層ビルがどんな順序で建てられていくか、エレベーターや消化設備、防火体制、新しい東京都庁のビルを図解で紹介。

見えない所がよくわかる**断面図鑑** 10 東京タワー・東京ドーム 深井節子絵 ポプラ社 1991.4 23p 29cm 2136円 Ⓘ4-591-03830-0 Ⓝ031

内容 特徴がある表題の二つの建造物と超マンモスのJR新宿駅、地下鉄の大手町駅、歌舞伎座、新国技館、サンシャイン国際水族館、国会議事堂、東京証券取引所等の機能と内部を図解で示す。

モノづくり**断面図鑑** ドーナツから宇宙ロケットまで スティーブン・ビースティー絵、リチャード・プラット文、入江礼子、平間あや、新井朋子訳 偕成社 1998.2 32p 37cm 〈原書名：INCREDIBLE EVERYTHING〉 2400円 Ⓘ4-03-531610-5

目次 知られざる工程を解剖する。牛乳、合板、木造家屋、ドーナツ、コンパクトディスク、蒸気機関車、マッチ、ダイヤモンド・リング、つり橋、サターン5型ロケット、自動車、甲冑、ペットボトル、水道水、ボーイング777、石けん、アルミ箔、原子力発電、紙、パイプオルガン、レーシングカー、火薬、かつら、大聖堂、れんが、スポーツシューズ、チョコレート、くぎ、高層ビル、入れ歯、新聞、コピー機、ミイラ、地下鉄のトンネル、恐竜の骨格、ガス。

内容 新聞やペットボトルなどの身近なものから、宇宙ロケットやジェット機などの乗り物、そして橋や高層ビルなどの巨大建造物まで、その製作・製造工程をわかりやすく図解。

技術　　　　　　　　　児童書

◆工作

<事典>

工作のコツ絵事典　道具の使い方がよくわかる　霜野武志監修　PHP研究所　2003.11　79p　29×22cm　2800円　ⓘ4-569-68436-X

目次 第1章 紙で工作をしてみよう (箱からびっくり，こんにちは!，窓辺を飾る光の芸術 ほか)，第2章 粘土で物を形づくってみよう (粘土でつくる自分だけの置き物，色を楽しむ軽量紙粘土 ほか)，第3章 木で遊び道具をつくってみよう (世界最古の楽器，うなり木をつくろう!，玉ころがし台でビー玉遊び ほか)，第4章 版画でオリジナル作品をつくってみよう (ローラーでオリジナルの絵をかこう，紙でつくるかんたん版画 ほか)，第5章 画材・用具の基礎を知ろう (知っておきたい!のこぎりの基礎知識，知っておきたい!金づちとキリの基礎知識 ほか)

内容 折り紙，粘土，流木などの素材を使っての工作のコツを写真で示す事典。工作の難易度を示すため学年を表示，制作に必要な道具や素材を表示，作品完成までの時間を表示，工作に使う素材の違いと特徴を解説，道具の使い方を解説，を特色としている。

<ハンドブック>

電気機関車の作り方・蒸気機関車の作り方　少年技師ハンドブック　復刻版　山北藤一郎，田口武二郎著　誠文堂新光社　2003.2　2冊(セット)　19cm　5200円　ⓘ4-416-30303-3

目次 電気機関車の作り方 (模型電気機関車はどんな構造になっているか，線路のはばと模型の大きさ，製作材料のはなし，必要な工作道具とその使い方，B型電気機関車の作り方 ほか)，蒸気機関車の作り方 (総論，汽缶，エンジン，弁装置，フレーム及び車輌 ほか)

◆建設

<事典>

地下の活用がよくわかる事典　こんな空間があったんだ!　住まいから都市づくり・防災まで　青山やすし監修，造事務所編集・構成　PHP研究所　2008.9　79p　29cm　2800円　ⓘ978-4-569-68793-3　Ⓝ510

目次 1 地下活用のはじまり (いちばんはじめは人が住むために使われた，死んだ人のために地下にお墓がつくられた ほか)，2 地下とわたしたちの生活 (地下鉄の路線はゆるやかな坂道になっている，新しい地下鉄ほど地下深くを走っている ほか)，3 新しい地下の活用 (地下を流れている人工の大きな川，新しいライフラインはまとめて，より深くへ ほか)，4 地下の活用をよりくわしく知ろう (いまも地下の住まいでくらしている人たち，地球の歴史を知りたいときは地下を調べろう ほか)

◆環境問題

<書誌>

地球環境を考える　全国学校図書館協議会ブック・リスト委員会編　全国学校図書館協議会　1992.9　86p　21cm　(未来を生きるためのブック・リスト 1)　800円　ⓘ4-7933-2230-1

目次 未来の地球を考えるために，1 水質汚濁・海洋汚染・食，2 森林・熱帯雨林，野生生物，3 大気汚染・酸性雨・温暖化・オゾン層，4 資源・エネルギー，5 ごみ・リサイクル・廃棄物，6 総論・理念・運動，7 資料・事典・白書

<事典>

絵で見てわかるリサイクル事典　ペットボトルから自動車まで　エコビジネスネットワーク編　日本プラントメンテナンス協会　2000.3　147p　26cm　2000円　ⓘ4-88956-181-1　Ⓝ518.523

目次 資源循環型社会とリサイクル，絵で見てわかるリサイクル (古紙，難再生古紙，スチール缶，アルミ缶，ガラスびん ほか)，関連資料 (ごみ排出量および処理量の推移，産業廃棄物・業種別排出量，産業廃棄物・種類別排出量，産業廃棄物の種類別再生利用率，中間処理における減量化率および最終処分率排出量に対する割合，産業廃棄物の総排出量，再生利用量，減量化量，最終処分場の年間推移 ほか)

内容 リユース，リサイクルの取り組みを紹介した資料集。ペットボトル，自動車など代表的な30の廃棄物がリサイクル製品となるまでのプロセスについてイラストを交えて解説。各製品について環境問題からの背景もあわせて掲載している。巻末には関連資料を収録。

環境ことば事典　1　地球と自然現象　七尾純著　大日本図書　2001.12　63p　26cm　2800円　ⓘ4-477-01224-1　Ⓝ519

目次 たった一つの地球—地球は生きている，地球のことば，火山や地震のことば，気象のことば，天気予報のことば，さくいん

内容 言葉の解説により環境問題に対する理解を深めるための，子ども向けの用語事典。見出し語はテーマ別に排列，解説の他には解説中の重要語の解説，関連するトピックの紹介などがある。巻末に全巻を対象にした総合的な索引

を付しす。全4巻で、第2巻は地球と自然現象に関する言葉を扱う。

**環境ことば事典 2 環境破壊と保護** 七尾純著 大日本図書 2001.12 63p 26cm 2800円 ⓘ4-477-01225-X Ⓝ519

(目次)かけがえのない地球 地球が病んでいる,環境破壊のことば―環境を破壊したのはだれなのか?,環境と生物とのかかわり―生物はどんな環境で生きているのだろう?,環境のものさし―環境と生物に,どんな約束があるのだろう?,生物保護のことば―どんなとりくみをしているのだろう?

(内容)言葉の解説により環境問題に対する理解を深めるための、子ども向けの用語事典。見出し語ははテーマ別に排列、解説の他には解説中の重要語の解説、関連するトピックの紹介などがある。巻末に全巻を対象にした総合的な索引を付しす。全4巻で、第2巻は特に環境破壊と保護に関する言葉を扱う。

**京都議定書がわかる絵事典 地球の環境をまもる世界基準 数値目標から身近な取り組みまで** PHP研究所編 PHP研究所 2006.1 79p 29×22cm 2800円 ⓘ4-569-68578-1

(目次)第1章 「京都議定書」と京都メカニズム(これが京都会議だ!!,温暖化防止会議30年の歩み,生活の向上ですすむ温暖化 ほか),第2章 地球温暖化で何が起こるの?(地球はどんどん暑くなっている,いま地球は苦しんでいる,日本にも押し寄せる自然の変化 ほか),第3章 これからのエネルギーとわたしたちにできること(燃料電池への期待,太陽光電池はどこまで利用できるか,地熱発電のしくみ ほか)

(内容)地球温暖化を防ぐための約束をした「京都議定書」について、絵や写真を見ながら理解できる絵事典。

**国際環境を読む50のキーワード** 里深文彦著 東京書籍 2004.5 229p 19cm 1600円 ⓘ4-487-79972-4

(目次)序章 国際環境政策の現在―スウェーデンと日本を結ぶ目線から、1 国際環境政策入門(地球温暖化,生物多様性,人間中心システム ほか)、2 世界の環境政策―歴史と現在(国連人間環境会議と国連環境計画,環境と開発に関する世界委員会とグローバル・コモンズ,国連環境開発会議(地球サミット) ほか)、3 日本の環境政策―現在と未来(環境省,環境基本法,循環型社会形成推進基本法 ほか)

(内容)国際社会は環境問題にどう取り組んできたか?わたしたちに何ができるのか?ゼロ・エミッションからISOまで、50のキーワードで地球環境問題の過去・現在・未来がわかる。

**子どものための環境用語事典 環境用語編集委員会編** 汐文社 2009.4 77p 27cm 〈年表あり 索引あり〉 3200円 ⓘ978-4-8113-8564-8 Ⓝ519.033

(目次)アースデイ,IPCC,青潮,赤潮,悪臭,アスベスト,硫黄酸化物,異常気象,イタイイタイ病,一酸化炭素〔ほか〕

(内容)現在大きな問題となっている環境に関する学習のために、必要な用語を集めて解説。

**ごみとリサイクル** 安井至監修 ポプラ社 2006.3 215p 29×22cm (ポプラディア情報館) 6800円 ⓘ4-591-09048-5

(目次)1章 ごみってなんだろう?(ものがあふれた地球のいま,人が暮らすとごみがでる ほか),2章 ごみの処理のしかた(ごみはどこへいくの?,家庭からでるごみの分別 ほか),3章 ごみを減らすために(「ごみにしない」という考え方,海外のリデュース・リユース ほか),4章 ごみ問題の解決にむけて(リサイクルの成果とは,リサイクルの種類と現状 ほか)

(内容)ごみの歴史と問題点、リサイクルの最先端がわかる事典。リサイクルのしくみや最新の取り組みについて、素材ごとに写真とイラストで説明。ごみの問題をとおして、わたしたちがなにを考えなければいけないか、根本的な問いかけにこたえる。巻末に、ごみとリサイクルに関する学習の参考となる、施設やホームページも紹介する。

**世界遺産ガイド 自然遺産編** 古田陽久,古田真美監修,世界遺産研究センター編 (広島)シンクタンクせとうち総合研究機構 1999.5 126p 21cm (ザ・ワールド・ヘリティッジ) 1905円 ⓘ4-916208-20-X

(目次)ユネスコ世界遺産の概要,アジアの自然遺産,オセアニアの自然遺産,ヨーロッパの自然遺産,CISの自然遺産,アフリカの自然遺産,北アメリカの自然遺産,南アメリカの自然遺産,自然遺産の登録パターン,自然遺産関連の情報源,日本の自然遺産参考資料

(内容)ユネスコ世界遺産に登録されている自然遺産の全プロフィールを写真・地図・グラフ等を用いながら紹介する資料集。また、危機にさらされている世界遺産や自然遺産関連データも網羅。地球環境保全、国際平和、自然環境保護の大切さを学ぶガイドブックとしても使える。

**世界遺産ガイド 自然保護区編** 古田陽久監修,21世紀総合研究所企画・構成,世界遺産総合研究所編 (広島)シンクタンクせとうち総合研究機構 2003.5 128p 21cm (世界遺産シリーズ) 2000円 ⓘ4-916208-73-0

(目次)ユネスコの世界遺産の概要(ユネスコとは、世界遺産とは、ユネスコ世界遺産が準拠す

る国際条約，世界遺産条約の成立と経緯，わが国の世界遺産条約の締結 ほか），自然保護区とは（自然保護区について，本書で取り上げる自然保護区分布図），世界遺産に登録されている自然保護区（ニンバ山厳正自然保護区—ギニア，アイルとテネルの自然保護区—ニジェール，アルダブラ環礁—セイシェル，ベマラハ厳正自然保護区のチンギ—マダガスカル，オカシュランバ・ドラケンスバーグ公園—南アフリカ ほか），日本の保護地域関連データ，自然保護区関連情報源，自然保護区関連キーワード

（内容）世界自然遺産の評価機関でもあるIUCN（国際自然保護連合）が定義する自然保護地域の6つの管理カテゴリー（厳正自然保護区・原生保護地域，国立公園，天然記念物，種と生息地保護管理地域，景観保護地域，資源保護管理地域）のうち，「厳正自然保護区・原生保護地域」のカテゴリーの自然保護区を取り上げる。

地球環境カラーイラスト百科 森林・海・大気・河川・都市環境の基礎知識 Rosa Costa-Pau著，木村規子，中村浩美，林知世，炭田真由美，近藤千賀子訳 産調出版 1997.5 149p 27×21cm 3300円 ①4-88282-156-7

（目次）私たちの森と林，私たちの川と湖，海の自然保護，きれいな空気を守る，都市生活の影響

地球環境キーワード事典 5訂 地球環境研究会編 中央法規出版 2008.3 159p 21cm 〈年表あり〉 1500円 ①978-4-8058-4796-1 Ⓝ519

（目次）第1章 地球環境問題の見取り図，第2章 地球の温暖化，第3章 オゾン層の破壊，第4章 酸性雨，第5章 海洋汚染，第6章 有害廃棄物の越境移動，第7章 生物の多様性の減少，第8章 森林の減少，第9章 砂漠化，第10章 開発途上国等における環境問題，第11章 その他（南極，世界遺産，黄砂，漂流・漂着ゴミ，地球環境研究）

（内容）温暖化進行，生物多様性減少…人類は危機を乗り越えられるか。テーマ別解説をオールカラー化。地球環境問題が読んで，見て，さらによく分かる。

地球環境用語大事典 山口太一漫画 学習研究社 1991.10 216p 21cm （学研まんが事典シリーズ） 980円 ①4-05-105549-3

（目次）第1章 地球環境にかんする用語，第2章 地域環境にかんする用語，第3章 環境問題へのとりくみにかんする用語

（内容）世界的な大問題である環境破壊について，関係する重要な用語をとりあげ，説明。各ページに，まめちしきとして，環境問題に関連する重要な用語を入れている。上の欄には，大事な事柄の説明や，グラフ，地図などを記載。巻末には，重要な用語を集めた五十音順のさくいんがある。

ハンディー版 環境用語辞典 第2版 上田豊甫，赤間美文編 共立出版 2005.4 390p 19cm 3200円 ①4-320-00567-8

（内容）環境に関する用語を収録し，簡潔に解説。本文は五十音順に排列。巻末に海水中の主要成分および微量元素の濃度，水道水水質基準，検査方法略号などを収録。英語索引付き。巻頭に環境年表，随所に図版・表なども掲載。2000年刊の第2版。

## <ハンドブック>

環境を守る仕事 完全なり方ガイド 学習研究社 2004.12 159p 21cm （好きな仕事実現シリーズ） 1200円 ①4-05-402535-8

（目次）1「自然の観察・保護」を通じて環境を守る仕事（「自然の観察・保護」を通じて環境を守る仕事をするために，ビオトープ管理士 ほか），2「教育・伝える」を通じて環境を守る仕事（「教育・伝える」を通じて環境を守る仕事をするために，インタープリター（山）ほか），3「社会・企業」を通じて環境を守る仕事（「社会・企業」を通じて環境を守る仕事をするために，NGO・NPO ほか），4「サービス・モノ」を通じて環境を守る仕事（「サービス・モノ」を通じて環境を守る仕事をするために，太陽光発電 ほか），5 巻末データ集

（内容）自然と生きる36の職業。なり方&資格を完全網羅。

環境教育ガイドブック 学校の総合学習・企業研修用 芦沢宏生編著，熊谷真理子資料協力 高文堂出版社 2003.4 465p 26cm 〈付属資料：CD-ROM1〉 3333円 ①4-7707-0698-7

（内容）どうして，みんな，だれでも，環境を汚染するのか。どうやって，環境を汚染しないように学習したらいいのか。幼いうちに，小さい頃から環境教育を行ったら，汚染は少なくなるのではないか。本書は，みんなが環境教育をどうやって始めたらよいのかを考えるために刊行した。

地球環境データブック ワールドウォッチ研究所 2007-08 クリストファー・フレイヴィン編著，福岡克也監訳 ワールドウォッチジャパン 2007.12 252p 21cm 2600円 ①978-4-948754-29-4

（目次）第1部 主要基礎データ（食料と農業と水産業の動向，エネルギーと環境の動向，社会と経済の動向，運輸と通信の動向，軍事の動向），第2部 特別分析（食料・農業分野，環境分野，社会・経済分野，保健衛生分野），第3部 特別記事（中国のバイオ燃料と食糧）

**新データガイド地球環境** 本間慎編著 青木書店 2008.6 256p 21cm 2900円 ①978-4-250-20810-2 Ⓝ519

(目次)第1部 どうなる地球の未来(地球史の現在,止められないのか気候変動／地球温暖化,オゾン層破壊,深刻化する熱帯雨林破壊,止まらない土壌流出と砂漠化,失われゆく野生動物,国境を越え降り注ぐ酸性雨,広がる海洋汚染),第2部 人類の環境はどこへ(限りある資源,地球環境とエネルギー,増えつづける人口と食糧問題,世界の水問題,開発途上国の公害・環境問題,環境事故は避けられるか,軍事と環境,放射線ら原子力利用),第3部 足元から進む環境破壊(公害は過去のものか,汚れている大気,水の利用と汚染,土壌はよみがえるか,生活環境ストレス,廃棄物と循環型社会,失われる自然環境,都市のヒートアイランド現象,健康と有害物質),第4部 環境への模索(環境保全のための国際制度,環境保全のための国内制度,環境保全への自治体の取り組み,環境アセスメント,国際経済と環境問題,企業の環境への取り組み,環境問題と市民・NGOの役割,身近な環境教育)

(内容)私たちがつくる地球の未来。温暖化など32のトピックスから,最新データで見る地球環境の今。

**スローライフから学ぶ地球をまもる絵事典 できることからはじめてみよう** 辻信一監修 PHP研究所 2006.10 79p 28×22cm 2800円 ①4-569-68630-3

(目次)第1章 スローな世界を体験しよう(ゆっくりと自然にひたってみよう,ネイチャーゲーム「コウモリとガ」をやってみよう,"はだし"にならない?,遊ぼう,外で!! ほか),第2章 楽しいことが地球を救う!(ハチドリのひとしずく—い ま,わたしにできること,ズーニーランドへようこそ!!,食べるってなんだろう?,森林ってなんだろう? ほか)

**世界地図で読む環境破壊と再生** 伊藤正直編 旬報社 2004.11 119p 21cm 1200円 ①4-8451-0901-8

(目次)1 グローバル化と環境問題(人口増加と環境—地球の人口許容量は,地球温暖化—経済優先がもたらすもの,異常気象と自然災害—温暖化がもたらすもの ほか),2 環境問題の現状と産業経済(都市化と都市公害—悪化する都市の生活環境,農業と農村—自然破壊と農産物汚染,エネルギー—求められる新エネルギー ほか),3 環境の再生をめざして(環境政策—国家レベル・地球レベルの取り組み,環境問題への企業の取り組み—環境マネジメント,エコビジネス—環境問題を市場にどう埋め込むか ほか)

(内容)激増する異常気象,猛威を振るう自然災害,破壊される自然,砂漠化する大地,投棄される有害廃棄物…。環境と経済は両立できるのか?23の世界地図で描く地球環境の現在。

**地球温暖化サバイバルハンドブック 気候変動を防ぐための77の方法** デヴィッド・デ・ロスチャイルド著,枝廣淳子訳 ランダムハウス講談社 2007.9 160p 19cm 〈原書名:GLOBAL WARMING SURVIVAL HANDBOOK〉 1143円 ①978-4-270-00256-8

(目次)温暖化の解決策:地球温暖化とは,地球温暖化との闘いに役立つ,簡単な10の方策,77の方法,手を尽くしてもだめだったら

(内容)気候変動を生き延びる最善策は,そもそも気候変動を起こさせないこと。電球を変えたり,ゴミをミミズに食べさせたり,自家発電に挑戦したり…本書に書かれたベーシックスキルをみんなで実践すれば,大惨事を未然に防ぐことは不可能ではない。そして,それでもなお温暖化が止められなかった時には,ますます暑くなった地球で生き延びるための「10の秘策」が役立つだろう。全77のスキルを掲載した,温暖化時代の必携サバイバルツール。

**地球環境ハンドブック** 第2版 不破敬一郎,森田昌敏編著 朝倉書店 2002.10 1129p 21cm 35000円 ①4-254-18007-1 Ⓝ519.036

(目次)序論,地球環境問題,地球,資源・食糧・人類,地球の温暖化,オゾン層の破壊,酸性雨,海洋とその汚染,熱帯林の減少,生物多様性の減少,砂漠化,有害廃棄物の越境移動,開発途上国の環境問題,化学物質の管理,その他の環境問題,地球環境モニタリング,年表,国際・国内関係団体および国際条約

(内容)地球環境問題について解説したガイドブック。付録に,2002年の持続可能な開発に関する世界首脳会議に関する動向,略語一覧(おもな国際団体・法律など)を収録する。巻末に五十音順索引を付す。

**ネットで探す 最新環境データ情報源** エコビジネスネットワーク編 日本実業出版社 2004.7 366p 19cm 3200円 ①4-534-03770-8

(目次)環境データ必須サイト,環境政策・施策関連サイト,地方の環境行政サイト,環境ビジネス関連総合サイト,地球環境関連サイト,公害防止関連サイト,廃棄物処理・リサイクル関連サイト,エネルギー関連サイト,化学物質関連サイト,建設・建築関連サイト,中・下水道関連サイト,汚染浄化・環境修復関連サイト,持続可能な農業関連サイト,食の安全・安心,環境経営関連サイト,環境配慮型製品・サービス関連サイト,世界の環境関連機関・各国の関

連省庁サイト
(内容)日本を中心に膨大な環境関連サイトの中から有益な420サイトを厳選。どんなコンテンツが載っているのか、データベースが使えるのか、ファイルをダウンロードできるのか等、コンパクトかつ丁寧に解説。巻末に「都道府県別地方自治体環境関連サイト」と「環境を学べる大学・大学院サイト」を収録。

理科年表 環境編 第2版 国立天文台編 丸善 2006.1 373p 19cm 1600円 ①4-621-07641-8

(目次)1 地球環境変動の外部要因, 2 気候変動・地球温暖化, 3 オゾン層, 4 大気汚染, 5 水循環, 6 淡水・海洋環境, 7 陸域環境, 8 物質循環, 9 産業・生活環境, 10 環境保全に関する国際条約・国際会議

(内容)地球規模でのさまざまな「環境」変化がこの1冊でわかる。待望の、全面大改訂。外部要因による地球環境変動、気候変動・地球温暖化、オゾン層、大気汚染、水域・陸域環境、物質循環、産業・生活環境、環境保全に関する国際条約を網羅、環境データの集大成。

65億人の地球環境 過去・現在・未来の人間と地球の環境が見える世界地図 改訂版 ノーマン・マイヤーズ, ジェニファー・ケント監修・執筆, 竹田悦子, 藤本知代子, 桑平幸子訳 産調出版 2006.9 304p 33×24cm 14000円 ①4-88282-492-2

(目次)序論 こわれやすい奇跡・地球, 地球の大地, 地球の海洋, 地球の資源, 地球の進化, 地球の人類, 地球の文明, 地球の管理, エピローグ

(内容)全生物の生命維持システム(ガイア)を潜在的資源、地球の危機、代替的管理法の3つの視点から検証。

<図 鑑>

地球温暖化図鑑 布村明彦, 松尾一郎, 垣内ユカ里著 文渓堂 2010.5 64p 31cm 〈索引あり〉 2800円 ①978-4-89423-658-5 Ⓝ451.85

(目次)グラビア(ねむらない地球、地球温暖化でゲリラ豪雨がふえている? ほか), 第1章 地球温暖化が始まっている(大気に守られている地球、急激に温暖化しはじめている地球 ほか), 第2章 地球温暖化でふえる災害(世界的に強い雨がふり大洪水を引きおこす、あたたかくなる海は台風を凶暴にする ほか), 第3章 地球温暖化にそなえる(温暖化しないようにする、温暖化しても困らないようにする、ふえる集中豪雨にそなえる ほか), 第4章 社会的な取り組み(世界的な動き、試み、日本の政策 ほか)

(内容)地球温暖化とそれにともなう気候変動に

ついて、どうして起きるのか?その結果、わたしたちの生活にどんな影響が出るのか?また、どうしたら、問題が解決するのか?などを、豊富な資料と写真とでわかりやすく説明。特に、地球温暖化とそれにともなう気候変動によって新たに起こったり、またはそれまで以上に大きくなる災害について、さまざまな具体例をあげて説明した。

地球環境図鑑 わたしたちの星の過去・現在・未来 デヴィッド・デ・ロスチャイルド総監修, 枝広淳子監訳 ポプラ社 2009.9 256p 29cm 〈索引あり〉 原書名: Earth matters.〉 4750円 ①978-4-591-11028-7 Ⓝ519.8

(目次)生命の星のすがた、極地、亜寒帯・温帯林、砂漠、草原、熱帯林、山、淡水、海洋、地球を救おう

(内容)地球の環境問題を基礎から理解できる、画期的な環境図鑑。美しい写真とわかりやすい解説で、環境問題を地球の生命全体の問題として学び、考えることができる、グローバルな視点の環境図鑑。

地球の環境 学習研究社 2009.3 144p 27cm 〈ジュニア学研の図鑑〉〈索引あり〉 1500円 ①978-4-05-202976-9 Ⓝ519

(目次)地球と地球環境を考えるはじめの一歩、第1章 地球温暖化が人類をほろぼす!?, 第2章 46億年かけてつくられた地球環境、第3章 地球温暖化以外にも問題がいっぱい!, 第4章 くらしの中で向き合う環境問題、第5章 やればできる!地球環境は守れる!, 地球環境用語事典

(内容)地球を知り、地球の環境問題がよくわかる図鑑。

<年鑑・白書>

こども地球白書 1999 - 2000 レスター・R.ブラウン編著, 林良博監修 朔北社 1999.12 203p 21cm 2400円 ①4-931284-52-3

(目次)第1章 21世紀は環境の世紀、第2章 新しいエネルギー・システムへ、第3章 私たちは原料を大量に消費している、第4章 森林を守るために私たちができること、第5章 海の環境はここまで悪化している、第6章 植物の多様性がもたらすめぐみ、第7章 90億人をどうやって養うか、第8章 新しい都市のあり方をさぐる、第9章 次の世代に世界を残していくために

(内容)地球環境問題の現況について図表を交えて児童向けに解説する資料集。今版が初版。

こども地球白書 2000 - 2001 レスター・R.ブラウン編著, 林良博監修, 高畠純イラスト, 加島葵編訳 朔北社 2000.10 196p

21cm 〈原書名：STATE OF THE WORLD 2000〉 2400円 ⓘ4-931284-61-2 Ⓝ519

(目次)第1章 21世紀に取り組まなければならないこと、第2章 予想しなかった環境の変化が起こる、第3章 灌漑農業の今後、第4章 栄養のかたよった世界、第5章 残留性有機汚染物質（POPs）とたたかう、第6章 紙についてもっと知ろう、第7章 環境のための情報技術（IT）の活用、第8章 未来をになう小規模発電、第9章 環境を守る取り組みが雇用を生む、第10章 グローバル化する環境問題

(内容)地球環境問題の現況について図表を交えて児童向けに解説する資料集。

**こども地球白書 2001 - 2002** レスター・R.ブラウン編著、林良博監修、高畠純イラスト、加島葵編訳 朔北社 2001.10 211p 21cm 2400円 ⓘ4-931284-77-9 Ⓝ519

(目次)第1章 調和のとれた発展をめざして、第2章 地下水が汚染されている、第3章 地球から飢えをなくす、第4章 両生類からの警告、第5章 水素エネルギー経済へ、第6章 よりよい交通手段をえらぶ、第7章 人間の活動が災害の規模を大きくしている、第8章 借金に苦しむ途上国を救う、第9章 国際的な環境犯罪、第10章 持続可能な社会を早く実現するには

(内容)地球環境問題の現況について図表を交えて児童向けに解説する資料集。

**こども地球白書 2002 - 2003** クリストファー・フレイヴィン編著、林良博監修、高畠純イラスト、加島葵編訳 朔北社 2002.11 204p 21cm 〈原書名：STATE OF THE WORLD 2002〉 2400円 ⓘ4-931284-90-6

(目次)第1章 地球サミット―よりよい世界をつくり出すために、第2章 温暖化防止への取り組みをさらにすすめる、第3章 農業の方法を考えなおす、第4章 世界を汚染から解放する、第5章 新しい旅行のあり方、第6章 人口抑制と女性の地位向上、第7章 資源をめぐる紛争、第8章 新しい地球市民の時代

(内容)地球環境問題の現況について図表を交えて児童向けに解説する資料集。今版では「21世紀が子どもと女性の世紀」であるために何が問題なのか、その問題を克服するためにわたしたちは何をすればいいのか、を中心に据えている。イラストやコラム、図表を豊富にもりこみ、地球環境の「今」をわかりやすく解説。

**こども地球白書 2003 - 2004** クリストファー・フレイヴィン編著、林良博監修、高畠純イラスト、加島葵編訳 朔北社 2003.11 204p 21cm 〈原書名：STATE OF THE WORLD 2003〉 2400円 ⓘ4-86085-004-1

(目次)第1章 まず、わたしたちが変わる、第2章 鳥からの警告、第3章 女性の地位向上が生物多様性をまもる、第4章 マラリアとたたかう、第5章 新しいエネルギーの時代に向けて、第6章 鉱物資源をこれ以上ほりださないために、第7章 都市の貧しい地域を改善する、第8章 環境保護に宗教がはたす役割

(内容)地球環境問題の現況について図表を交えて児童向けに解説する資料集。身近で起きている環境問題を地球レベルで考えるための本。近年の目まぐるしい地球上の変化を毎年様々な角度から見つめる。イラストや図・表、さらに環境に関するコラムも満載。

**こども地球白書 2004 - 2005** クリストファー・フレイヴィン編著、林良博監修、高畠純イラスト、加島葵編訳 朔北社 2004.12 223p 21cm 〈原書名：STATE OF THE WORLD 2004〉 2400円 ⓘ4-86085-020-3

(目次)第1章 世界の消費の現状を見てみよう、第2章 エネルギーの使い方を考える、第3章 水を有効につかって生態系をまもる、第4章 わたしたちの「食」は今どうなっているか、第5章 大量消費社会からぬけだす、第6章 環境を大切にしている製品を買おう、第7章 消費と生産のよい関係を実現しよう、第8章「質の高い生活」についてもう一度考えてみよう

(内容)地球環境問題の現況について図表を交えて児童向けに解説する資料集。

**こども地球白書 2005 - 2006** クリストファー・フレイヴィン原本編著、林良博監修 ワールドウォッチジャパン 2005.12 221p 21cm 2400円 ⓘ4-948754-21-8

(目次)第1章「セキュリティー」について考えてみましょう、第2章 増加する人口と地域・国の安定、第3章 感染症にどう立ち向かうか、第4章 安全な食べ物を生産する、第5章 ますます不足する水をめぐる争いを協力して解決する、第6章 地球温暖化防止に活かす再生可能エネルギー、第7章 武器のない世界をつくるには、第8章 環境への取り組みを進めて平和な世界に、第9章 だれもが安心できる世界を築くためには

(内容)地球環境問題の現況について図表を交えて児童向けに解説する資料集。日本語版『地球白書2005 - 2006』を小学生の高学年から読めるように、やさしく書きあらためている。

**こども地球白書 2006 - 2007** クリストファー・フレイヴィン原本編著、林良博監修 ワールドウォッチジャパン 2006.12 221p 21cm 〈原書名：STATE OF THE WORLD2006〉 2400円 ⓘ4-948754-26-9, ISSN1881-4077

(目次)第1章 中国とインド―世界に大きな影響を

あたえる新たな大国, 第2章 工場式畜産—わたしたちが食べる肉について考えてみよう, 第3章 川と湖—生態系を守ることが水を守る, 第4章 バイオ燃料—石油に替わる再生可能エネルギーを開発する, 第5章 ナノテクノロジー—夢の技術の開発は市民に認められてから, 第6章 水銀—地球規模の汚染を防ぐために, 第7章 災害—不幸なでき事を平和を築くきっかけにする, 第8章 世界貿易機関—貿易と持続可能な発展を調和させるために改革を, 第9章 中国—環境NGOを中心に市民社会を育てる, 第10章 企業—二一世紀に求められる新しい社会的使命

〔内容〕地球環境問題の現況について図表を交えて児童向けに解説する資料集。日本語版『地球白書2006‐2007』を小学生の高学年から読めるように、やさしく書きあらためている。

**子ども地球白書 1992‐1993** レスター・R.ブラウン編著, 松村郡守編訳 リブリオ出版 1993.3 169p 26cm 〈原書名: STATE OF THE WORLD 1992: CHILDREN VERSION〉 3296円 ①4-89784-331-6

〔目次〕第1章 この10年に何が必要か, 第2章 生物の多様性を守ろう, 第3章 クリーンなエネルギーを使う時代へ, 第4章 放射能におおわれる世界, 第5章 肉中心の食生活の見直し, 第6章 むしばまれる母体の健康, 第7章 鉱物がもたらす破壊, 第8章 地球にやさしい都市づくり, 第9章 森林かフクロウか, 第10章 国際協力の高まり, 第11章 はじまった環境革命, 第12章 地球サミットから何を学ぶか, 環境と開発に関するリオ宣言, アジェンダ21

**ジュニア地球白書 ワールドウォッチ研究所 2007‐08 持続可能な都市をめざして** クリストファー・フレイヴィン原本編著, 林良博監修 ワールドウォッチジャパン 2008.7 221p 21cm 〈原書名: STATE OF THE WORLD 2007〉 2500円 ①978-4-948754-30-0, ISSN1882-9864 Ⓝ519

〔目次〕第1章 持続可能な都市—いよいよ世界の人口の半分が都市に住む, 第2章 衛生を改善する都市—水道とトイレがある生活を実現する, 第3章 農業を生かす都市—食料と環境と生きがいのために, 第4章 公共交通を生かす都市—歩行者と自転車を大切に, 第5章 再生可能エネルギーを生かす都市—会社や家庭で省エネに取り組む, 第6章 自然災害に強い都市—人の命と財産を守る都市づくり, 第7章 人間にふさわしい都市—安全で健康に暮らせる緑の空間に, 第8章 「地域の経済」を強くする都市—持続可能な生活をめざして, 第9章 すべての人に「公平な都市」—差別のない社会, 差別のない環境

**ジュニア地球白書 ワールドウォッチ研究所 2008‐09 持続可能な社会経済をめざして** クリストファー・フレイヴィン原本編著, 林良博監修 ワールドウォッチジャパン 2009.9 223p 21cm 〈原書名: STATE OF THE WORLD 2008〉 2500円 ①978-4-948754-33-1 Ⓝ519

〔目次〕環境の世紀にふさわしい社会経済, 「真の進歩」をめざす社会経済, エコな生産方法へ転換する社会経済, 生活の豊かさを見直す社会経済, 「肉と魚と環境」を理解する社会経済, 温暖防止に取り組む社会経済, 排出量取引市場を活かす社会経済, 水資源を大切に使う社会経済, 生物多様性を生息地ごと守る社会経済, コモンズの復活に取り組む社会経済, コミュニティを尊重する社会経済, 貧しさが発展のバネになる社会経済, 持続可能性に投資が向かう社会経済, 人類文明の未来と世界貿易機関

**つくろう いのちと環境優先の社会 大阪発市民の環境安全白書** 西川榮一監修, 大阪から公害をなくす会, 大阪自治体問題研究所編 自治体研究社 2006.5 139p 30cm 1714円 ①4-88037-459-8

〔目次〕大阪の基盤環境, 大阪の自然, 大阪湾, 農業林業, 温暖化・ヒートアイランド, エネルギーと環境, 防災・安全, アスベスト問題, 健康状況と保健行政, 食品の汚染と安全, 大阪の水と水質汚染, 化学物質汚染, 土壌・地下水汚染, 廃棄物問題, 大気汚染, 交通輸送問題, 自動車・道路環境問題, 大阪の環境と開発, 公害環境行政, 情報公開, 環境教育, 住民運動

◆建 築

<事 典>

**城のひみつ おもしろ大事典** 斎藤政秋著 小学館 1991.1 288p 19cm （小学館ビッグ・コロタンシリーズ 22） 780円 ①4-09-259022-9

〔内容〕日本全国の城をガイド。城の歴史, ひみつ, 見どころ, 見学メモなどを載せる。信長, 秀吉, 家康など9人の武将と城のエピソードをまんがで紹介。

<図 鑑>

**世界の建物事典** フィリップ・ウィルキンソン著, 鈴木博之監修 あすなろ書房 2005.2 61p 29×22cm （「知」のビジュアル百科 15） 2000円 ①4-7515-2315-5

〔目次〕建築物とは何か?, 木で建てる, 木造家屋, 土とその使い方, レンガ造りの建物, 石とその使い方, 石を彫る, 建物を建てる, 木骨造家屋, 屋根を支える〔ほか〕

(内容)子供向けの1冊1テーマの図解百科事典シリーズ。美と機能をかねそなえた歴史的建造物の特徴と歴史的背景をまとめた一冊。古代の建材、技法から現代の高層ビルに至るまで、建築様式の変遷を紹介。巻末に索引を収録。

**ビジュアル博物館 58 建築物の世界 なぜ建てられたのか、どんな技術が使われているのか** フィリップ・ウィルキンソン著 (京都)同朋舎出版 1995.9 61p 30cm 2800円 ⓘ4-8104-2140-6

(内容)1冊1テーマ、全88巻の博物図鑑シリーズ。第58巻では丸太小屋、藁葺き屋根の家から現代の超高層ビルまで、様々な建物の内外をカラー写真で紹介する。

**分解ずかん 3 いえのしくみ** もりのこぐ文、しもだともみ絵 岩崎書店 2002.3 39p 22×28cm 2200円 ⓘ4-265-04253-8 Ⓝ527

(目次)上からのものをふせぐやね、いえをささえるきそ、いえのほねはしら、外と内をくぎるかべ、上のおもさをささえるゆか、へやの上をしきるてんじょう、光や空気を入れるまど、いえのかおげんかん、かぞくがくつろぐ・へや(ようしつ、わしつ)、おいしいりょうりをつくるキッチン(台所)〔ほか〕

(内容)子ども(小学校低学年以上)向けに家の仕組を解説する絵本図鑑。家はどのようにつくられているのか、屋根、基礎、柱、壁など各パーツごとに分解、説明している。ひとつひとつの部品の役割や家が成り立っている様子、またそれをつくってきた人々のいろいろな工夫を説明している。巻末に用語索引が付く。

**分解ずかん 4 超高層ビルのしくみ** きよせそういち文、なつめよういちろう絵 岩崎書店 2002.3 39p 22×28cm 2200円 ⓘ4-265-04254-6 Ⓝ526.9

(目次)これが超高層ビルだ、ビルをささえるきそ、じょうぶなほねぐみ、ビルの血管でんき、ガス、水道、かいてきにする空気のながれ、外と中をくぎるがいへき、光や空気を入れるまど、がいへきとまどが合体したカーテンウォール、へやをくぎるないへき(ゆか、てんじょう)、ビルのげんかんロビー〔ほか〕

(内容)子ども(小学校低学年以上)向けに超高層ビルの仕組を解説する絵本図鑑。超高層ビルの中はどうなっていて、どのようにつくられているのか、基礎、骨組み、外壁、窓など各パーツごとに分解、説明している。ひとつひとつの部品の役割や超高層ビルが成り立っている様子、またそれをつくってきた人々のいろいろな工夫を説明している。巻末に用語索引が付く。

◆機 械

<図 鑑>

**道具・機械の図詳図鑑** 学習研究社 1995.3 160p 30cm (大自然のふしぎ) 3000円 ⓘ4-05-500096-0

(目次)機械の要素と働きのふしぎ、圧力・流体を利用した機械のふしぎ、熱を利用した機械のふしぎ、光を利用した機械のふしぎ、音を出す機械のふしぎ、電磁気を利用した機械のふしぎ、センサーをそなえた機械のふしぎ、情報を伝える機械のふしぎ

(内容)児童向けの道具・機械の図鑑。各種の機械についてそれぞれの疑問に答える形でイラストや写真を掲載。巻末には資料編として大工道具とその使い方、機械の博物館を紹介。五十音順索引を付す。

**分解ずかん 5 じどうはんばいきのしくみ** あきつきまくら文、うかいふゆか絵 岩崎書店 2002.3 39p 22×28cm 2200円 ⓘ4-265-04255-4 Ⓝ582.4

(目次)カンジュースがでてくるじどうはんばいき、お金を見わけるお金を入れるところ、カンをためておくラック、カンジュースをひやす・あたためるれいきゃくきとヒーター、ひやす・あたためるしくみれいきゃくきとヒーター、カップで、でてくるじどうはんばいき、でてくるしくみ(たんさんいんりょうのつくりかた、コーヒーのつくりかた)、エネルギーをたいせつにするあたらしいじどうはんばいき、きっぷをかくにんするじどうかいさつき、みじかい時間でいろいろなことをするさぎょうのながれ〔ほか〕

(内容)子ども(小学校低学年以上)向けに自動販売機の仕組を解説する絵本図鑑。ジュースの自動販売機や駅の自動改札の中はどうなっているのか、各パーツごとに分解、説明している。ひとつひとつの部品の役割や機械が成り立っている様子、またそれをつくってきた人々のいろいろな工夫を説明している。巻末に用語索引が付く。

**分解ずかん 7 カメラのしくみ** なかやまかえる文・絵 岩崎書店 2002.3 39p 22×28cm 2200円 ⓘ4-265-04257-0 Ⓝ535.85

(目次)しゃしんをうつすこれがカメラだ、フィルムやぶひんをおさめるボディ、フィルムをおくるまき上げ、光のあたるじかんをちょうせつするフォーカルプレインシャッター、うつすものを見やすくするファインダーとミラー、とりおわったフィルムをしまうまきもどし、明るさをはかるろしゅつけい、光をあつめて像をむすぶレンズ、はっきり見えるところ焦点、うつり方がかわるレンズの焦点きょり〔ほか〕

児童書 レファレンスブック 249

(内容)子ども(小学校低学年向け)向けにカメラの仕組を解説する絵本図鑑。カメラの中はどうなっていて、なぜ写すことができるのか、ボディ、ファインダー・ミラーなど各パーツごとに分解、説明している。ひとつひとつの部品の役割や機械が成り立っている様子、またそれをつくってきた人々のいろいろな工夫を説明している。巻末に用語索引が付く。

◆乗りもの

<事典>

**自動車** 竹内裕一監修 ポプラ社 2005.3 215p 30cm (ポプラディア情報館) 6800円 ⓘ4-591-08450-7

(目次)1章 自動車と社会、2章 自動車ができるまで、3章 世界の自動車、4章 自動車産業の歴史、5章 安全な社会をめざして、6章 自動車と環境、7章 自動車と未来の社会

(内容)わたしたちの生活になくてはならない「自動車」を、社会・産業・世界・歴史・環境問題・安全・未来など、7つのテーマにわけて徹底紹介。豊富な写真やイラスト、グラフ、図版など詳しいデータとともにわかりやすく解説。大事なところは、「ここがポイント」、「もっと知りたい」、「聞いてみよう」の3つのコラムでより深い理解をたすける。巻末に、自動車に関する学習の参考となる、施設やホームページも紹介。

<図鑑>

**あたらしい自動車ずかん** いのうえ・こーいち監修 成美堂出版 2009.1 64p 26cm (のりものの写真えほん6) 880円 ⓘ978-4-415-30521-9 Ⓝ537.9

(目次)日本の自動車(コンパクトカー、セダンほか)、はたらく自動車(消防自動車、警察の自動車 ほか)、外国の自動車(コンパクトカー、セダン ほか)、いろいろな自動車(レーシングカー、名車博物館)

(内容)身近なコンパクトカーやセダンから、外国の高級車やスポーツカー、ハイブリッドカーや燃料電池車まで、日本と世界の最新モデル160種類以上を紹介。楽しい写真とわかりやすい解説で、ますます自動車が好きになる一冊。

**自動車・飛行機** 高島鎮雄監修・指導 学習研究社 2001.7 152p 30cm (ニューワイド学研の図鑑) 2000円 ⓘ4-05-500423-0 Ⓝ537.038

(目次)自動車(人を運ぶ自動車、はたらく自動車、そのほかの自動車など、新しい自動車)、飛行機(旅客機など、いろいろな飛行機、世界の軍用機、空をとぶ乗り物 ほか)

(内容)自動車と飛行機を知るための児童向け図鑑。図版を使って自動車・飛行機を紹介する章と、しくみや背景などを解説した章で構成。巻頭に自動車と飛行機の「速さくらべ」「大きさくらべ」「歴史」を盛り込み、巻末には自動車・飛行機についての情報と索引を付す。

**自動車・飛行機** 改訂版 高島鎮雄監修・指導 学習研究社 2006.12 160p 29×23cm (ニューワイド学研の図鑑) 2000円 ⓘ4-05-202593-8

(目次)自動車(人を運ぶ自動車、はたらく自動車、そのほかの自動車など、新しい自動車)、飛行機(旅客機など、いろいろな飛行機、世界の軍用機、空をとぶ乗り物、近未来の飛行機)

(内容)自動車、飛行機のことがなんでもわかる。最新モデル、最新データに対応した増補改訂版。

**図解でよくわかる空の交通 空港大図鑑 人と物がこんなに飛んでいる** PHP研究所編 PHP研究所 2006.6 79p 29×22cm 2800円 ⓘ4-569-68623-0

(目次)はじめに のびる空論・増える空港(こんなに増えた旅客と貨物、地元の期待が集まる地方空港 ほか)、1 羽田空港へ行こう(羽田につながる交通機関、滑走路はこうなっている ほか)、2 空港と飛行機の安全につくす人々(飛行機の運航をささえる地上の仕事、保安検査場のきびしい検査 ほか)、3 空港からはじまる国際交流(国際線専用の成田国際空港、西日本の空の玄関・関西国際空港 ほか)

**大自然のふしぎ 乗り物の図詳図鑑** 学習研究社 1995.2 160p 31×23cm 3000円 ⓘ4-05-500094-4

(目次)電車のふしぎ、自動車のふしぎ、飛行機のふしぎ、船のふしぎ、資料編

(内容)児童向けの乗り物図鑑。電車・自動車・飛行機・船についてそれぞれの疑問に答える形でイラストや写真を掲載。巻末には資料編として乗り物の発達や世界記録、乗り物の博物館を紹介。五十音順索引を付す。

**鉄道・自動車** 新訂版 学習研究社 1993.6 196p 26cm (学研の図鑑) 1500円 ⓘ4-05-200098-6

(目次)新幹線、電車、ディーゼルカー、客車、機関車、とくしゅな車両、私鉄電車、地下鉄電車、新しい鉄道、路面電車、人を乗せる自動車、荷物を運ぶ自動車、とくしゅな自動車、むかしの自動車、話題の自動車

**鉄道・自動車** 改訂版 松沢正二、小口泰平監修 学習研究社 1998.12 197p 26cm (学研の図鑑) 1460円 ⓘ4-05-201003-5

(目次)新幹線、電車、ディーゼルカー、客車、機関車、とくしゅな車両、私鉄電車、地下鉄電

車，新しい鉄道，路面電車，しりょうのページ　鉄道，人を乗せる自動車，荷物を運ぶ自動車，とくしゅな自動車，むかしの自動車，リサイクル自動車，しりょうのページ　自動車

**鉄道・船**　原口隆行，山田廸生監修・指導　学習研究社　2001.12　152p　30×23cm　（ニューワイド学研の図鑑 16）　2000円　Ⓘ4-05-500424-9　Ⓝ680

(目次)鉄道（新幹線，特急，通勤電車など，いろいろな鉄道），船（旅を楽しむ船，人を運ぶ船，貨物を運ぶ船，いろいろな船），鉄道・船の情報館

(内容)子供向けの鉄道・船について知る図鑑。巻末に五十音順の項目名索引がある。

**鉄道・船**　増補改訂版　原口隆行，山田廸生監修　学習研究社　2007.12　160p　29×23cm　（ニューワイド学研の図鑑）　2000円　Ⓘ978-4-05-500515-9

(目次)鉄道（新幹線，特急，通勤電車など，いろいろな鉄道），船（旅を楽しむ船，人を運ぶ船，貨物を運ぶ船，いろいろな船），鉄道・船の情報館

(内容)新幹線や船の仕組み，走る仕組みなどを紹介。駅や港，造船所など，列車，船に関する秘密がわかる。

**乗りもの　鉄道・自動車・飛行機・船**　真島満秀，小賀野実，横倉潤，木津徹監修・指導　小学館　2003.12　191p　29×22cm　（小学館の図鑑NEO 14）　〈付属資料：ポスター〉　2000円　Ⓘ4-09-217214-1

(目次)鉄道―駅へ行ってみよう！（新幹線，世界の高速列車 ほか），自動車―町の自動車を見てみよう！（消防の自動車，警察の自動車 ほか），飛行機―空港へ行ってみよう！（旅客機，はたらく飛行機 ほか），船―港へ行ってみよう！（クルーズ客船，カーフェリー ほか）

(内容)鉄道・自動車・飛行機・船の4つの分野の乗り物を紹介する図鑑。人々が移動に利用したり，世界中から生活に必要な物を運んできたりと，乗り物は，毎日のくらしにとって，なくてはならないもの。最近では，快適な移動や地球の環境のことも考えて，乗り物はつくられている。

**乗りもの　鉄道・自動車・飛行機・船**　学習研究社　2008.12　136p　27cm　（ジュニア学研の図鑑）　1500円　Ⓘ978-4-05-202995-0　Ⓝ536

(目次)鉄道（速いぞ新幹線，特急，町を走る電車，いろいろな鉄道，鉄道を楽しむ人たち），自動車（はたらく自動車大活やく，人を運ぶ自動車，そのほかの自動車，自動車を楽しむ人たち），飛行機（大空を飛ぶ旅客機，はたらく飛行機，飛行機を楽しむ人たち），船（客船に乗って大海へ，はたらく船，いろいろな船，船を楽しむ人たち）

(内容)鉄道、自動車、飛行機、船などの乗りものを最新の情報とともに紹介する図鑑。乗りものにもっとくわしくなり、乗りものがもっとおもしろくなる。

**のりものいっぱい図鑑いろいろ501台**　松沢正二監修　チャイルド本社　2004.10　90p　28×23cm　（チャイルドブックこども百科）　1600円　Ⓘ4-8054-2608-X

(目次)きんきゅうじどう車，町ではたらくじどう車，こうじげんばのじどう車，とくべつなところではたらくじどう車，じょうよう車・オートバイなど，しんかんせん，とっきゅう，いろいろな電車・れっ車，ひこうき，船，みらいののりもの

(内容)乗り物に興味を持つことによって、子どもの、社会や科学への関心を育てる。幅広いジャンルの乗り物501台を鮮明な写真で掲載。目で見て楽しめる図鑑。スポーツカー、新幹線、消防自動車など子どもの大好きな乗り物を満載。通勤電車や自動車、自転車など子どもに身近な乗り物も満載。親子の話題作りにも最適。幼児から小学生になっても十分に役立つ図鑑。

**はたらく じどうしゃ**　フレーベル館　1996.10　22p　20×21cm　（フレーベル館のこどもずかん 9）　780円　Ⓘ4-577-01648-6

(内容)パトカーや消防車・トラクターといった特殊機能を持った自動車を写真で紹介した、子供向けの図鑑。それぞれの名称と特徴を記す。

**はたらくじどう車図鑑 いろいろ501台**　いのうえこーいち監修　チャイルド本社　2008.11　90p　28×23cm　（チャイルドブックこども百科）　1600円　Ⓘ978-4-8054-3142-9　Ⓝ536

(目次)きんきゅうじどう車（しょうぼうじどう車大しゅうごう！，しょうぼうのじどう車 ほか），こうじげんばのじどう車（ブルドーザーは力もち！，山などのこうじ用じどう車 ほか），人やものをはこぶじどう車（しんかんせんだってはこぶよ！大がたトレーラー，トレーラー，トラックのなかま ほか），町ではたらくじどう車（ごみしゅうしゅう車，町やどうろではたらくじどう車 ほか），そのほかのはたらくじどう車（ひこうきをうごかすよ！こうくうきけんいん車，ひこうじょうではたらくじどう車 ほか）

(内容)人気の消防車や工事車両、バス、トラック、あっと驚く特殊車両まで501台の働く自動車を満載。

**飛行機・ロケット・船**　新訂版　学習研究社　1993.6　199p　26cm　（学研の図鑑）　1500円　Ⓘ4-05-200099-4

ビジュアル博物館　21　自動車　リリーフ・システムズ訳　リチャード・サットン著　(京都)同朋舎出版　1991.11　63p　29cm　3398円　①4-8104-0979-1　Ⓝ403.8
(内容)1冊1テーマ、全88巻の博物図鑑シリーズ。ロンドン自然歴史博物館収蔵品を見開きカラー写真で紹介する。第21巻では自動車が発明されてから1世紀の開発の歴史からF1運転技術までを解説する。

ビジュアル博物館　22　航空機　リリーフ・システムズ訳　アンドリュー・ナハム著　(京都)同朋舎出版　1991.11　62p　29cm　〈監修：佐貫亦男〉　3398円　①4-8104-0980-5　Ⓝ403.8
(内容)1冊1テーマ、全88巻の博物図鑑シリーズ。ロンドン自然歴史博物館収蔵品を見開きカラー写真で紹介する。第22巻では1903年のライト兄弟の初飛行から最新鋭ジェット機までの航空機開発の歴史やエピソードを解説する。

ビジュアル博物館　36　船　エリック・ケントリー著，リリーフ・システムズ訳　(京都)同朋舎出版　1992.12　63p　29×23cm　3500円　①4-8104-1129-X
(目次)水上へ、さまざまないかだ、動物の皮を張ったボート、樹皮張りのカヌー、丸木舟とアウトリガー船、板張船、板張船の建造、オールの力、風に吹かれて、帆の様式、帆船の時代、クジラ発見!、色とりどりの飾り、内陸水路、蒸気船と外輪船の発達〔ほか〕
(内容)1冊1テーマ、全88巻の博物図鑑シリーズ。第36巻では魅惑に満ちたボートと船の物語を探る。アシや動物の皮でつくったボード、カバの樹皮でつくったカヌー、手彫りのアウトリガー船、さらには巨大な蒸気船、現代の外洋定期船、ディンギーなどの美しい写真で、世界中のボートや船を紹介。

船の百科　エリック・ケントリー著，英国国立海事博物館監修，野間恒日本語版監修　あすなろ書房　2008.2　63p　29×22cm　(「知」のビジュアル百科　43)　〈原書名：Eyewitness - Boat〉　2500円　①978-4-7515-2453-4
(目次)水の上へ、さまざまな筏、動物の皮を張ったボート、樹皮張りのカヌー、丸木舟とアウトリガー・ボート、板張りの船、板張り船の建造、オールの力、風のかたち、帆のかたち〔ほか〕
(内容)子供向けの1冊1テーマの図解百科事典シリーズ。古代の丸木舟から、現代の豪華客船まで、世界のさまざまな船を紹介。船の構造のほ

か、海に生きる男の生活など、当時の人々の暮らしぶりも伝える。

分解ずかん　1　じどうしゃのしくみ　あらいただし文，かとうひろや絵　岩崎書店　2002.3　39p　22×28cm　2200円　①4-265-04251-1　Ⓝ537
(目次)じぶんではしるためのタイヤをまわすしくみ、うごかす力を生みだすエンジン、エンジンのかいてんをちょうせつするトランスミッション(ギア)、エンジンの力をタイヤにつたえるいろいろなシャフト、じめんをけってすすむタイヤ、じどうしゃをとめるブレーキ、ショックをやわらげるサスペンション、むきをかえるステアリングホイール(ハンドル)、じどうしゃのごはんガソリン、明るくてらすランプ〔ほか〕
(内容)子ども(小学校低学年以上)向けに自動車の仕組を解説する絵本図鑑。自動車の中はどうなっていて、何故動くのか、エンジン、トランスミッション、タイヤなど各パーツごとに分解、説明している。ひとつひとつの部品の役割や機械が成り立っている様子、またそれをつくってきた人々のいろいろな工夫を説明している。巻末に用語索引が付く。

分解ずかん　2　ひこうきのしくみ　しもだのぶお文・絵　岩崎書店　2002.3　39p　22×28cm　2200円　①4-265-04252-X　Ⓝ538
(目次)ひこうきに、めいれいをだすきしゅ、かるくて、じょうぶなどうたい、かいてきなきゃくしつ、うき上がる力を生みだすしゅよく、はやさでかわるしゅよくのかたち、ひこうきをあんていさせるびよく、空をとんで、すすむジェットエンジン、プロペラをまわすプロペラきのエンジン、ひこうきをささえる前きゃくとしゅきゃく、くうこうでひこうきがとぶまで〔ほか〕
(内容)子ども(小学校低学年以上)向けに飛行機の仕組を解説する絵本図鑑。飛行機の中はどうなっていて、何故動くのか、胴体、客室、エンジンなど各パーツごとに分解、説明している。ひとつひとつの部品の役割や機械が成り立っている様子、またそれをつくってきた人々のいろいろな工夫を説明している。巻末に用語索引が付く。

◆◆鉄道

<事典>

鉄道ものしり百科　真島満秀写真，松尾定行構成　学習研究社　2006.8　48p　26×22cm　(乗り物ワイドBOOK)　980円　①4-05-202438-9
(目次)終点の近くまで行ってみたら…、スーパーパノラマ写真、この電車の名前はなーに?、最先端の車両技術、高度な運行システム　超高速鉄道

新幹線,朝から晩まで働き者 都市をいろどる電車,速さと設備のよさが自慢 鉄道のスーパースター特急列車,鉄道なんでも発見スペシャル
(内容)新幹線・特急・SLから駅のおもしろ情報,オリジナル・グッズまで,鉄道トリビアまんさい。350超の写真でナルホドなっとく。

**21世紀幼稚園百科 WONDER OF THE WORLD 〔12〕 とっきゅうでんしゃ** 新版 レイルウェイ・ピクチャーズ写真・監修 小学館 2010.7 32p 27cm 1200円 ⓘ978-4-09-224106-0 Ⓝ031
(内容)速く,格好良く,楽しい車両たち。この本にはそんな特急電車がたくさん登場する。

## <図 鑑>

**国鉄・JR特急のすべて** 曽根悟監修 学習研究社 2003.6 232p 27×22cm (学研の大図鑑) 3400円 ⓘ4-05-201825-7
(目次)戦前の特急,平和とともに復活した特急,電車特急の登場,新幹線の登場,「よんさんとお」の大改革,増加一方の特急列車,JRの発足と新しい特急
(内容)国鉄時代(鉄道院,鉄道省,運輸通信省鉄道総局時代も含む)から現在のJR各社によって運行されてきた特急列車および新幹線列車を掲載。また,第三セクター各社および私鉄との間で相互乗り入れを行ってきた,あるいは現在も行われている特急についても掲載。原則として定期列車,不定期列車,季節列車を取り上げ,臨時列車は掲載していない。ただし,トワイライトエクスプレスのような,定期列車にみなされている臨時列車は掲載している。収録の順序は,原則的には特急としての開業順。

**JR全線・全駅舎 西日本編** 学習研究社 2004.4 308p 27×22cm (学研の大図鑑) 4000円 ⓘ4-05-402147-6
(目次)東海道・関西線,中央・北陸・高山線,山陽・山陰線,四国各線,九州各線,第三セクター線
(内容)JR7社のうちJR東海,JR西日本,JR四国,JR九州の全路線,全駅について収録。掲載内容は平成16年4月1日現在。

**JR全線・全駅舎 東日本編** 曽根悟監修 学習研究社 2003.2 280p 27×22cm (学研の大図鑑) 4000円 ⓘ4-05-401816-5
(目次)函館・室蘭線,東北・奥羽線,総武・信越線,中央線,東海道線,第三セクター線
(内容)JR7社のうちJR北海道,JR東日本の全線路,全駅を収録。貨物線,貨物専用駅は掲載対象外。平成14年12月1日現在。

**しんかんせん** フレーベル館 1996.10 22p 20×21cm (フレーベル館のこどもずかん 10) 780円 ⓘ4-577-01649-4
(内容)新幹線とリニアモーターカーを写真で紹介した,子供向けの図鑑。それぞれの名称と特徴を記す。

**世界の鉄道事典** ジョン・コイリー著,英国国立鉄道博物館監修 あすなろ書房 2008.2 63p 29cm (「知」のビジュアル百科 44) 〈「列車」(同朋舎1997年刊)の新装・改訂 原書名:Eyewitness-train.〉 2500円 ⓘ978-4-7515-2454-1 Ⓝ536
(目次)鉄道とは?,最初の鉄道,蒸気機関車時代の夜明け,蒸気機関車の時代,蒸気機関車のしくみ,世界に広がる鉄道,アメリカの鉄道,鉄道の建設,障害を乗り越えて,線路づくり,貨物列車,1等車,2等車,3等車,豪華な旅,信号所,信号にしたがって,郵便列車,電車,ディーゼル機関車,長距離列車の旅,王室列車,記録破りの列車,駅,鉄道を動かす人々,現代の蒸気機関車,列車の装飾,地下を走る,空中を走る,鉄道模型,鉄道の未来,索引
(内容)子供向けの1冊1テーマの図解百科事典シリーズ。1804年,レールの上を走る蒸気機関車の誕生以来,200年のあいだに,急激な進化をとげてきた鉄道。その進化の過程をたどり,鉄道の世界をビジュアルで紹介。

**電車いっぱい図鑑 いろいろ400** 海老原美宜男監修 チャイルド本社 2006.10 90p 28×23cm (チャイルドブックこども百科) 1600円 ⓘ4-8054-2967-4
(目次)しんかんせん(風のように走るしんかんせん!,しんかんせん1~3),とっきゅうれっ車(とっきゅうれっ車でたびに出よう!,JRのとっきゅう1~9 ほか),いろいろな電車・れっ車(みんなをはこぶ電車・れっ車,JRの電車1~6 ほか),地下てつやモノレール(いろいろなところを走るよ!,地下てつ ほか)
(内容)JRから公営交通,私営交通まで,幅広いジャンルの車両400を鮮明な写真で紹介。目で見て楽しめる図鑑。新幹線や特急,蒸気機関車,リニアモーターカーなど,子どもが大好きな車両を満載。通勤電車や各地の私鉄,路面電車や新都市交通など,子どもに身近な車両も豊富。

**電車・列車** アミーカ編 メイツ出版 2005.6 128p 21cm (知識をひろげるまなぶっく図鑑) 1500円 ⓘ4-89577-888-6
(目次)第1章 新幹線大集合!,第2章 特急列車大集合!,第3章 私鉄特急列車大集合!,第4章 寝台車・はたらくのりもの・ディーゼルカー大集合!,第5章 通勤電車・近郊型電車大集合!,第6章 SL・トロッコ列車大集合!,第7章 地下鉄大集合!,第8章 楽しい電車・列車大集合!

技 術　　　　　　　　　児童書

⑭最新型からめずらしいモデルまで、日本全国の車輛を紹介する図鑑。

**日本の電車1500　全国完全版 ニューワイドずかん百科**　学習研究社　2009.1　288p　30cm　3500円　Ⓘ978-4-05-203022-2　Ⓝ546.5

⑮新幹線，東京の電車・列車，名古屋の電車・列車，京阪神の電車・列車，特急列車，夜行列車，北海道・東北地方の電車・列車，関東地方の電車・列車，中部地方の電車・列車，近畿地方の電車・列車，中国・四国地方の電車・列車，九州・沖縄地方の電車・列車，貨物列車，はたらく車両・機械，SL列車・トロッコ列車・観光列車，鋼索鉄道，筒堂資料編，スーパーパノラマ写真図解

⑭日本の鉄道車両のほとんどすべてを対象とし、最新撮影・取材のうえ、わかりやすく構成した写真図鑑。旅客列車を走らせている鉄道会社のほぼ全部、そして、JRグループの全線に目を向けた。平成21(2009)年初頭現在、全国を走る鉄道車両のほぼ全部を網羅して紹介している。超ロング・パノラマ電車とじこみポスターつき。

**ビジュアル博物館　39　列車**　ジョン・コイリー著，リリーフ・システムズ訳　(京都)同朋舎出版　1993.6　63p　29×23cm　2800円　Ⓘ4-8104-1291-1

⑮鉄道とは?，蒸気機関時代の夜明け，世界に広がる鉄道，鉄道の建設，線路づくり，貨物列車，豪華な旅，信号にしたがって，郵便列車，電車，ディーゼル機関車，長距離列車の旅，王室列車，記録破りの列車，駅，鉄道を動かす人々，列車の装備，地下を走る，空中を走る，鉄道模型，鉄道の未来〔ほか〕

⑭1冊1テーマ、全88巻の博物図鑑シリーズ。大英博物館・大英自然史博物館の監修のもと、同館収蔵品をカラー写真で紹介する。第39巻では、鉄道をテーマとし、初期の鉄道馬車から現代の高速列車、リニアモーターカーまでを収める。

◆電気

&lt;事典&gt;

**教科に役だつ実験・観察・ものづくり　1　電気のひみつ**　角屋重樹監修，村越昌昭著　岩崎書店　2002.3　44p　26cm　2400円　Ⓘ4-265-03611-2　Ⓝ407

⑮静電気も電気だよ，乾電池と豆電球でつくってみよう，導線を長くすると?，スイッチであそぼう，モーターぐるぐる，もっとはやくまわそう，豆電球をふたつにしたら，光電池ってどんなもの?，光電池vs乾電池，電磁石をつくろう〔ほか〕

⑭学校の理科で学ぶ学習内容をもとに執筆された小・中学生向きの学習事典。自分で観察や実験、ものづくりができるように編集。この第1巻では、電気の秘密ということで身近な現象を説明。五十音順索引あり。

**電気の大研究　光・熱・力に変わるふしぎなエネルギー　楽しい実験がいっぱい!**　川村康文監修　PHP研究所　2010.6　79p　29×22cm　2800円　Ⓘ978-4-569-78053-5

⑮1 そうだったのか!電気の正体(電気のもとは、小さな電子，電気の正体は、電子の流れほか)，2 ピカッとひらめく!電気のふしぎ(電気をつくるには?，発電所の発電方法は? ほか)，3 やってみよう!電気の実験(ブカブカ磁石、追いかけっこストロー ほか)，4 調べてみよう!電気の最前線(電気の入り口、コンセント、これならできる!おてがる節電 ほか)

⑭電気のものしり博士になりたいキミへ!テレビや冷蔵庫から、太陽光発電まで。くらしを支える「電気」のふしぎを調べよう。

**便利で身近な通信手段「けいたい電話」がよくわかる絵事典　しくみからルール・マナーまで**　PHP研究所編　PHP研究所　2006.7　79p　29×22cm　2800円　Ⓘ4-569-68612-5

⑮1 けいたい電話の楽しみ方(とっても便利なけいたいメール、楽しみ方が広がるインターネット、カメラやビデオにもなる! ほか)，2 電話が通じるしくみ(声やメールが伝わるしくみ、けいたい電話の命、電波のふしぎ、けいたい電話の中身をのぞいてみよう! ほか)，3 電話のマナーとトラブル(乗りものの中では使わない、公共の場所では、周りに注意して、電話に出るとき、かけるときのマナー ほか)

⑭子どもたちにも身近になった携帯電話について、電話が通じるしくみからマナーとトラブルまでをイラストや写真を使って解説する事典。

&lt;図鑑&gt;

**分解ずかん　6　テレビ・れいぞうこのしくみ**　あらいただし文，つかのこう絵　岩崎書店　2002.3　39p　22×28cm　2200円　Ⓘ4-265-04256-2　Ⓝ547.8

⑮たのしいっぱいこれがテレビだ，でんぱをキャッチするアンテナ，えいせいほうそうをキャッチするパラボラアンテナ，チャンネルをきりかえるリモコンとチューナー，ブラウンかんにとどくまでのでんきしんごうのへんか，えいぞうをうつすブラウンかん，がめんをよこぎるでんしビームのうごきそうさせん，あたらしいテレビえきしょうテレビ，たべものをひやし

てほぞんするれいぞうこ，れいぞうこの中をつめたくするれいきをつくるしくみ〔ほか〕
[内容]子ども(小学校低学年以上)向けにテレビ・冷蔵庫の仕組を解説する絵本図鑑。テレビ・冷蔵庫の中はどうなっていて，なぜ映ったり冷えたりするのか，各パーツごとに分解，説明している。ひとつひとつの部品の役割や機械が成り立っている様子，またそれをつくってきた人々のいろいろな工夫を説明している。巻末に用語索引が付く。

読んで楽しいロボット大図鑑 歴史から最新技術まで 門田和雄監修 PHP研究所 2007.4 79p 30cm 2800円 ⓘ978-4-569-68662-2
[目次]第1章 ロボットって何だ?(ロボットとは?，目ざすは自分で考え，行動できるロボットだ! ほか)，第2章 進化を続けるロボット(ASIMO—ヒューマノイドロボットの先がけ，wakamaru—ほっと一息なごみ系ロボット ほか)，第3章 くらしの中のロボット(よりそいifbot—君を一人にはさせないよ!人の心をいやすやさしいロボット，パーソナルロボットPaPeRo—個性が光る，かわいい自分だけのロボット ほか)，第4章 危険な場所で活やくするロボット(r2D4—深海のナゾに迫る!，COMET-3—地雷の被害を少しでもへらしたい平和へのいのりを込めて ほか)，第5章 もっと知りたい!ロボットのこと(空想の中にはすでにいた!，日本のロボットことはじめ ほか)

◆武器・兵器

<図 鑑>

世界の戦車・装甲車 竹内昭監修 学習研究社 2003.4 212p 27×22cm (学研の大図鑑) 4200円 ⓘ4-05-401696-0
[目次]戦車の技術(戦車の機能と構造，戦車の分類，装甲車の機能と構造，戦車部隊の編成と戦術)，戦車の歴史(戦車が生まれるまで，戦車の誕生，第一次世界大戦の戦車，第一次世界大戦の装甲車 ほか)
[内容]戦車・装甲車の内部のしくみや性能，種類，またその技術的な図解や解説を掲載した図鑑。その誕生から発展のみちすじにしたがって，各国の代表的な戦車・装甲車を収録する。

世界の戦闘機・爆撃機 小室克介監修 学習研究社 2003.4 232p 27×22cm (学研の大図鑑) 4200円 ⓘ4-05-401695-2
[目次]軍用機の発達，第1次世界大戦前期の軍用機，第1次世界大戦後期の軍用機，大戦間の軍用機，第2次世界大戦の軍用機，第2次世界大戦後の軍用機，現代の軍用機

ビジュアル博物館 4 武器と甲冑 マイケル・バイアム著，リリーフ・システムズ訳 (京都)同朋舎出版 1990.3 63p 23×29cm 3500円 ⓘ4-8104-0802-7
[目次]先史時代の武器，飛び道具，最初の戦士，古代ローマ軍団，暗黒時代の武器，ヨーロッパの剣，いし弓と長弓の戦い，斧，短剣，ナイフ，板金よろいと鎖かたびらのよろい，甲冑一式(よろいとかぶと)，かぶと(ヘルメット)，馬上槍試合の甲冑，インドの戦士，インドの武器，日本の侍(さむらい)，初期の小火器，フリントロック式の小火器，決闘用の剣，決闘用の拳銃，追いはぎの襲撃，珍しい手持ち武器，手榴弾兵と騎兵，法と秩序を守るために，パーカッション式リボルバー，拳銃，西部開拓時代の銃，アメリカインディアン
[内容]1冊1テーマ，全88巻の博物図鑑シリーズ。第4巻では武器と甲冑の歴史を時代の流れを通して示す。中世のいし弓から決闘用の拳銃まで，あらゆる武器の形や，構造，使い方を明らかにし，人類が最古の武器を手にして以来，戦いの方法がどのように変化してきたのか明らかにする。

武器の歴史図鑑 マイケル・バイアム著，川成洋日本語版監修 あすなろ書房 2005.8 63p 29×22cm (「知」のビジュアル百科 19)〈『ビジュアル博物館 武器と甲冑』新装・改訂・改題書 原書名:Eyewitness: Arms and Armour〉 2000円 ⓘ4-7515-2319-8
[目次]先史時代の武器，飛び道具，最初の戦士，古代ギリシャとローマ軍団，暗黒時代の武器，ヨーロッパの剣，いし弓と長弓の戦い，斧，短剣，ナイフ，鎖かたびらと板金よろい，甲冑一式(よろいとかぶと)〔ほか〕
[内容]子供向けの1冊1テーマの図解百科事典シリーズ。武器の歴史を知ることで，世界の歴史がわかる。美しくも危険な道具の数々を歴史の流れにそってわかりやすく紹介。美術的価値の高い貴重な武器も多数掲載。

◆化学工業

<図 鑑>

職人の技が光る花火の大図鑑 種類、作り方から歴史まで 泉谷玄作写真，日本煙火協会監修 PHP研究所 2009.7 79p 29cm 〈文献あり 年表あり 索引あり〉 2800円 ⓘ978-4-569-68964-7 Ⓝ575.98
[目次]花火写真館(神奈川新聞花火大会(神奈川県横浜市)，隅田川花火大会(東京都墨田区・台東区ほか) ほか)，第1章 打ち上げ花火・仕掛け花火(花火玉を調べよう，花火玉の大きさと高さほか)，第2章 おもちゃ花火(おもちゃ花火を

楽しむために，写真で見るおもちゃ花火），第3章 もっと知りたい花火の情報（伝統を伝える花火師，花火師の仕事—花火玉作り ほか）
(内容)花火の写真とともに、花火玉の作り方や打ち上げ方法、花火の歴史や鑑賞のポイントなど、花火のことをさまざまな角度から紹介。

**花火の図鑑**　泉谷玄作写真・文　ポプラ社
2007.7　286p　21cm　1680円　①978-4-591-09290-3
(目次)花火のひみつ（花火にはどんな種類があるの?，いろいろな打ち上げ花火，いろいろなおもちゃ花火，打ち上げ花火の大図解 ほか），花火の図鑑（昼花火，雷，変化菊，芯入菊 ほか）
(内容)はじめてみる花火の世界。

◆製造業

<事 典>

**紙のなんでも小事典　パピルスからステンレス紙まで**　紙の博物館編　講談社
2007.6　238p　18cm　（ブルーバックス）　880円　①978-4-06-257558-4
(目次)第1章「紙頼み」現代社会—ますます必要になる紙，第2章「漉き」こそ紙の上手なれ—伝統的な製紙法，第3章「紙技」を機械技へ—近代的な製紙法，第4章 紙は世につれ国につれ—紙の歴史，第5章 源紙物語—すばらしい和紙，第6章 紙をも恐れぬ使い道—意外な紙製品，第7章 紙ならぬ身—意外な素材の「紙」，第8章 捨てる紙あれば拾う紙あり—紙のリサイクル
(内容)作る、使う、リサイクルする「紙技」のすべて。

**最新モノの事典　身近なモノのしくみと歴史 カラー版**　最新モノの事典編集委員会編著　鈴木出版　2009.2　223p　31cm　〈文献あり 年表あり 索引あり〉　8800円　①978-4-7902-3220-9　Ⓝ589
(目次)アイスクリーム—食品，アイロン—電気製品，アコーディオン—楽器，薄型テレビ—電気製品，羽毛ふとん—その他，エアコン—電気製品，エコカー—乗り物，鉛筆—文房具，折りたたみ傘—日用品，オルゴール—玩具〔ほか〕
(内容)くらしに身近で、いまの社会をよく表すモノを100とりあげ、そのしくみと、誕生から現在までの移りかわりを中心に解説する事典。

◆家庭・生活

<ハンドブック>

**テーマスタディ 資料・家庭科　改訂6版**
篠塚英子ほか編著　東京書籍　2000.2　152p　26×21cm　733円　①4-487-68497-8　Ⓝ590
(目次)第1章 家族と家庭，第2章 経済と労働，第3章 保育，第4章 食生活，第5章 衣生活，第6章 住生活，第7章 資源・環境と生活，第8章 情報化社会と生活
(内容)家庭科の資料集。家族と課程、経済と労働、保育、食生活、衣生活、住生活、資源・環境と生活、情報化社会と生活の全8章で構成。各章では家庭、生活等に関する問題にテーマを立てて解説をする。ほかに巻頭特集として民法改正でどう変わる—結婚と家族、介護保険を考えるを収録。巻末に参考図書の紹介を掲載する。

<図 鑑>

**せいかつの図鑑 楽しく遊ぶ学ぶ**　流田直監修　小学館　2010.3　191p　27cm　（小学館の子ども図鑑プレNEO）〈文献あり〉
2800円　①978-4-09-213184-2　Ⓝ590
(目次)衣—きる（やったことがあるかな?，せんたくしよう，むすぼう ほか），食—たべる（やったことがあるかな?，しょくじのマナー，きせつのたべもの ほか），住—せいかつする（やったことがあるかな?，そうじをしよう，むだをなくそう ほか）
(内容)片づける、服をたたむ、料理をする…「せいかつ力」はつまりは「段取り力」。学力に直結する。

◆◆料 理

<事 典>

**郷土料理**　竜崎英子監修　ポプラ社　2009.3　223p　30×23cm　（ポプラディア情報館）　6800円　①978-4-591-10685-3
(目次)郷土料理って何?（風土が生みだした食材と郷土料理，全国から選ばれた「郷土料理百選」，郷土のうどん・そば，郷土のすし，郷土のもち ほか），全国の郷土料理（北海道，青森県，岩手県，宮城県，秋田県，山形県，福島県，茨城県，栃木県，群馬県，埼玉県，千葉県，東京都，神奈川県，新潟県，富山県，石川県，福井県，山梨県，長野県，岐阜県，静岡県，愛知県，三重県，滋賀県，京都府，大阪府，兵庫県，奈良県，和歌山県，鳥取県，島根県，岡山県，広島県，山口県，徳島県，香川県，愛媛県，高知県，福岡県，佐賀県，長崎県，熊本県，大分県，宮崎県，鹿児島県，沖縄県）
(内容)北海道から沖縄県まで、日本全国の郷土料理を都道府県別に紹介する事典。野菜や魚介類など、郷土の伝統的な食材も紹介。料理とあわせて、各地の食文化のちがいを学べる。豊富なカラー写真で、郷土の多彩な食文化を、目で

見て楽しむことができる。伝統的な郷土料理のほか、各地で人気の名物料理もとりあげている。

**郷土料理大図鑑 ふるさとの味がいっぱい! 食べて学ぼう"地域の食文化"** 向笠千恵子監修, ワン・ステップ編 PHP研究所 2008.12 79p 29cm 2800円 ⓘ978-4-569-68920-3 Ⓝ383.81

(目次)第1章 全国の郷土料理をみてみよう!(北海道―ジンギスカン、石狩鍋、ちゃんちゃん焼き、青森県―いちご煮、せんべい汁(八戸せんべい汁)、岩手県―わんこそば、ひっつみ、宮城県―ずんだもち、はらこ飯 ほか)、第2章 郷土料理をもっと知ろう!(郷土料理って、何だろう?、郷土料理の調理法を知ろう!、郷土料理と保存食の関係は?、郷土料理が見直されてきたよ!)

(内容)都道府県ごとに郷土料理を説明。おもな調理法、食材、調味料をマークで表示している。

**旬を味わう 魚の事典** 坂本一男監修 ナツメ社 2008.11 223p 21cm 1500円 ⓘ978-4-8163-4548-7

(目次)春SPRING(アイナメ―愛魚女、アサリ―浅蜊 ほか)、夏SUMMER(アジ―鯵、アナゴ―穴子 ほか)、秋AUTUMN(イワシ―鰯、イボダイ―疣鯛 ほか)、冬WINTER(アカガイ―赤貝、アマダイ―甘鯛 ほか)、その他OTHER(コンブ―昆布、ノリ―海苔 ほか)

(内容)うまい魚の見分け方・選び方を、目利きのプロが伝授。比較写真で、目利きのポイントが一目でわかる。上手な食べ方・調理のコツで、この一冊で完全網羅。

**食と健康** 豊川裕之監修 ポプラ社 2006.3 199p 29×22cm (ポプラディア情報館) 6800円 ⓘ4-591-09046-9

(目次)1章 わたしたちの食生活、2章 バランスのよい食事を考える、3章 体のしくみと食べ物、4章 食がつくる健康な体と心、5章 日本の食文化をみてみよう、6章 食の安全について考えよう

(内容)食と健康の基礎知識を紹介する情報事典。健康をたもつために欠かせない栄養素や、正しい食習慣の知識だけでなく、人間にとっての食事の大切さについても紹介。現代の子どもの体の変化、優れた日本の食文化、食の安全についてもわかる。重要点は「おしえて!」「知ってる?」「チェックしよう」の3つのコラムで紹介。わかりにくい言葉も「メモ」で理解をたすける。

**食べものの伝来がわかる絵事典 いつ・どこから来たの?「食」の知識を深めよう** 岡田哲監修 PHP研究所 2007.10 79p 29×22cm 2800円 ⓘ978-4-569-68738-4

(目次)第1章 食べものの伝来(食べもの伝来図、大陸からやってきたおもな栽培作物、コムギの食べかたはどんなふうに変化した?、発酵食品の伝来と定着、インド周辺からもたらされた香辛料、大航海によってもたらされた作物、各地の食文化をぬりかえたトウガラシ、中国から世界に広まったお茶、世界をめぐったコーヒー、アメリカ生まれの食品、日本から世界に広まった食べものは?)、第2章 日本の食べもの文化輸入史(日本の食べもの輸入年表、日本にもともとあった食べものは?、稲作の伝来、縄文~平安時代にもたらされたもの、室町~江戸時代にもたらされたもの、文明開化とともに広まった食べもの、太平洋戦争後に広まった食べもの、世界の食が日本にやってくる)、第3章 わたしたちの食卓(わたしたちの食卓、ごはん、とうふのみそ汁、つけもの、カレーライス、スパゲッティ、ハンバーガー・フライドポテト、チョコレート)、第4章 日本と世界の食文化について知ろう!(世界の料理、世界の主食、世界の食べかた、食べものの名前の由来を調べてみよう、食べものについての世界のことわざ・慣用句)

(内容)インスタントラーメン、コメなど、食べもののルーツをイラストを使って紹介する事典。

**「肉」「魚」がよくわかる絵事典 わたしたちの食と安全を考える 楽しく学んでおいしく食べよう!** 渡辺満利子監修 PHP研究所 2005.5 80p 29×22cm 2800円 ⓘ4-569-68539-0

(目次)序章 私たちの食たくにかかせない肉・魚(私たちが食べている肉・魚、肉・魚を食べると、体に良いことがたくさんある?)、1章「肉」について、どのくらい知ってるかな?(私たちの生活にかかせない動物たち、私たちがよく食べる肉―牛・豚・鶏 ほか)、2章「魚」について、どのくらい知ってるかな?(私たちが食べているいろんな魚 日本はお魚天国だ!、魚のボディチェック―魚の部位の名前はなに? ほか)、3章 私たちの食たくを支えてくれる人たち(動物を育て、おいしさを支える人たち、肉や魚が私たちの食たくに届くまで ほか)、付録(世界の肉と魚の料理マップ、食生活の変化による肉・魚の料理 ほか)

(内容)肉や魚の栄養や流通、料理や知識など、食に関するさまざまな疑問に応える本。

**料理のことば絵事典 知ってなっとく! 下ごしらえから調理道具まで** 枝元なほみ監修 PHP研究所 2009.6 79p 29cm 〈文献あり 索引あり〉 2800円 ⓘ978-4-569-68956-2 Ⓝ596

(目次)第1章 料理の方法を知ろう(計量する、ゆでる、炒める、煮る、焼く、蒸す、揚げる)、第2章 料理のことばを知ろう(野菜、魚介・肉、その他の材料、お菓子)、第3章 料理の道具を知ろう(包丁、鍋、そのほかの便利な道具)

(内容)「ニンジンは乱切り」「とろ火で煮こむ」「塩を適宜加える」…。よく使われる料理のこ

とばの意味とやりかたを図解で紹介。

**和菓子の絵事典 見て、知って、作ってみよう 五感で味わう「和の文化」** 俵屋吉富，ギルドハウス京菓子京菓子資料館監修 PHP研究所 2008.7 77p 29×22cm 2800円 ⓘ978-4-569-68795-7

(目次)第1章 行事と結びついた和菓子(ひなまつり，こどもの日 ほか)，第2章 身近な和菓子(まんじゅう，もち，だんご，せんべい，おかき，あられ ほか)，第3章 特別な和菓子(お茶と和菓子，名所と和菓子 ほか)，第4章 広がる和菓子のバリエーション(南蛮菓子，駄菓子 ほか)，第5章 和菓子の基礎知識(素材を知る，道具を知る ほか)

(内容)ひなまつりやこどもの日、七五三など、年中行事と和菓子の関係を図解で示す事典。日本ならではの四季の移りかわりを表現し、文化や風土がつまった和菓子の魅力を紹介。和菓子の歴史や名前の由来、作り方を収録。また、もっと和菓子を知りたい人のために、和菓子についての本や体験施設などを紹介する。

### <ハンドブック>

**食にかかわる仕事 完全なり方ガイド** 学習研究社 2004.12 159p 21cm （好きな仕事実現シリーズ） 1200円 ⓘ4-05-402477-7

(目次)第1章 食にかかわる仕事を知る，第2章 食を作る仕事，第3章 食についてアドバイスをする仕事，第4章 食の空間を演出する仕事，第5章 店舗オーナーの仕事，第6章 "食の魅力"を伝える仕事，第7章 食品メーカーで働く仕事，第8章 外食産業で働く仕事，第9章 さくいん&用語集

(内容)「おいしい」をつくりだす食の世界のエンターテイナー。「食」へのかかわり方で選ぶ28コの仕事ガイド。

**手作りの食べもの絵事典 おいしい、かんたんにできる 5色の食材がからだにいい!** 杉本恵子監修 PHP研究所 2008.6 79p 29cm 2800円 ⓘ978-4-569-68778-0 Ⓝ596

(目次)1 赤の食材でつくろう(イチゴ(イチゴジャム)，トマト(トマトゼリー) ほか)，2 白の食材でつくろう(ダイコン(たくあん)，タラ(かまぼこ) ほか)，3 黄の食材でつくろう(サツマイモ(茶きんしぼり)，カボチャ(カボチャアイス) ほか)，4 緑の食材でつくろう(ピーマン(らくちんピーマンボート)，ホウレンソウ(ごまあえ) ほか)，5 黒の食材でつくろう(ワカメ(ワカメふりかけ)，ひじき(ひじきの煮つけ) ほか)

(内容)自然のなかにある食べものは、赤、白、黄、緑、黒の5つの色に分けられる。5つの色の食材ごとに、「どこでつくられているのか」「どんな栄養があるのか」「どんな料理や加工品があるのか」を解説する。さらに、かんたんにできる「手づくり料理」の方法も、イラストつきで紹介。

**料理・栄養・食品の仕事をめざす本 食の世界で働くための仕事・資格ガイド** 成美堂出版編集部編 成美堂出版 2005.4 199p 21cm 1200円 ⓘ4-415-02924-8

(目次)Introduction 暮らしの真ん中に食卓がある!だから今、「食の仕事」がおもしろい!，1 栄養士とフードコーディネーター(栄養士・管理栄養士の仕事，フードコーディネーターの仕事)，2 食の仕事の現場(食のスペシャリスト，フードビジネス ほか)，3 食の資格ガイド(調理，食材 ほか)，4 食のスクールガイド

(内容)栄養士・管理栄養士・フードコーディネーター・パティシエ・料理研究家・ワインコーディネーター・自然食レストラン…などの仕事レシピ。

### <図鑑>

**切り身の図鑑 めざせ!切り身マイスター 2 肉** こどもくらぶ編 星の環会 2009.2 55p 29cm 〈索引あり〉 3200円 ⓘ978-4-89294-467-3 Ⓝ596.3

(目次)1 写真で見る切り身ともとの形(とり肉，とりの卵，ぶた肉，牛肉，はかにもこんな肉があるよ)，2 いのちをいただく(にわとりの飼育，とり肉の流通・加工，ぶたと牛の飼育，ぶた肉と牛肉の流通・加工，くじらの肉をいただく，肉はなにに加工されるの?)，3 もっと知ろう(肉はどれだけ食べられているの?，安全な肉を食べるために)

(内容)たいせつな食べ物に関心をもち、食べ物のありがたさを実感してほしいという願いをもって編集する、肉の切り身の図鑑。

**こどものずかんMio 10 たべもの** （大阪）ひかりのくに 2005.10 64p 27×22cm 762円 ⓘ4-564-20090-9

(目次)みんなでつくるとたのしいね!，みんなでたべるとおいしいね!，なにができるのかな?，どれもおいしそうだね!，パノラマワイド おかいものへいこう!，ほかほかごはんがたけたよ!，おもちがブク~!，ずかん こめでできたたべもの、やきたてパンのいいにおい!，ずかん むぎでできたたべもの〔ほか〕

**さかな食材絵事典 お寿司のネタもよくわかる さかなクンも解説しているよ!** 広崎芳次監修 PHP研究所 2004.3 79p 29×22cm 2800円 ⓘ4-569-68459-9

(内容)この事典では、食べられる魚をその旬の

季節ごとに分類し、それぞれの魚を料理法を中心に、大きさや分布場所、漁業方法、その魚に関する知識などを、ひと目でわかるアイコンを使って紹介。

**料理図鑑 『生きる底力』をつけよう** おちとよこ文，平野恵理子絵　福音館書店　2006.11　382p　19cm　1600円　①4-8340-2208-0

(目次)料理ことば110番，料理道具，食材入門，調味料，飲みもの，食の安全と健康，お楽しみクッキング，資料編

(内容)料理の知恵やコツ，レシピが盛りだくさんのこの本は、いわば親から子へのことばに代わる料理のアドバイス集。少年少女から大人まで。

# 産　業

## ＜統計集＞

**グラフで調べる日本の産業　1　国土と人口**　谷川彰英監修　小峰書店　2008.3　47p　29×22cm　3200円　①978-4-338-23401-6

(目次)緯度・経度ってなに?，日本の領土・領海，日本の国土と地形，日本の山地・山脈・火山，日本の川と湖，日本の平野と盆地，日本の島，国土の利用，日本の人口，都道府県の人口，人口が集まる地域，日本でくらす外国人，人口が多い世代・少ない世代，どれくらい長生きするの?，どれくらい子どもを産むの?，少子高齢化，これからの日本の人口

(内容)国の産業の基盤となる国土と人口について調べる。地形、土地利用、年齢別人口の変化など基本的なデータを紹介する。

**グラフで調べる日本の産業　2　気候と環境**　谷川彰英監修　小峰書店　2008.3　47p　29×22cm　3200円　①978-4-338-23402-3

(目次)日本の気候区分，日本の気候の特徴，北海道の気候，太平洋側の気候，日本海側の気候，中央高地の気候，瀬戸内の気候，南西諸島の気候，気象災害，国土と水資源，大量に出るゴミ，公害と環境問題，国境をこえる環境問題，都市の気候と環境，温暖化と異常気象，温室効果ガスの増加，温暖化を防ぐために，自然エネルギーの利用，環境を守る技術とくふう

(内容)くらしと産業に関わりの深い日本各地の気候を紹介。また、産業の未来を考えるうえで欠かせない環境問題についてもふれる。

**グラフで調べる日本の産業　3　米・野菜・くだもの**　谷川彰英監修　小峰書店　2008.3　47p　29×22cm　3200円　①978-4-338-23403-0

(目次)お米の産地は日本全国。でも…、広い田んぼは広い平野に、同じ広さでも収穫量がちがう，気温と米づくり，降水量・日照と米づくり，米づくりの知恵とくふう，災害によるイネの被害，米のあまる県、たりない県，米の消費量の変化，米の収穫量の変化，世界の米と穀物づくり，畑がたくさんあるところ，北と南の野菜，季節で産地がかわる野菜，おもな野菜の産地，くだものの産地，農業がさかんなところ，田畑の割合が多いところは?

(内容)農業の基本データを調べることで、なぜ北海道・東北地方が米どころなのかなどの疑問が解決。日本の食料生産のいまを知るための1冊。

**グラフで調べる日本の産業　4　漁業・畜産業・食料の未来**　谷川彰英監修　小峰書店　2008.3　47p　29×22cm　3200円　①978-4-338-23404-7

(目次)日本でとれる魚，日本の漁港，日本の漁港トップ10，焼津港で水あげされる魚，マグロがとれる海，各地の漁港で水あげされる魚介類，海流と魚，漁業の移りかわり，魚や貝の養殖，漁業資源の保護とさいばい漁業，魚の自給率，魚と肉の消費量の変化，食肉の生産量，とり肉とたまご，肉用牛と乳用牛，養豚，畜産物の生産量と自給率，食料の自給率，食料の未来

(内容)魚や肉のおもな産地など、基本データを紹介するほか、自給率の低下や世界の人口と穀物生産など、日本の食料生産の未来を考える。

**グラフで調べる日本の産業　5　工業**　谷川彰英監修　小峰書店　2008.3　47p　29×22cm　3200円　①978-4-338-23405-4

(目次)自動車の昔と今，自動車の値段は?，自動車の関連産業，自動車の種類と数，自動車の生産と輸出入，世界の自動車の生産，自動車の海外生産，いろいろな工業，工業は第二次産業，身近な食料品工業，糸や布，服をつくる

(内容)自動車工業を中心として、いろいろな工業を知ることで工業とは何かを知る本。工業の発達と国際化などから日本を考える。

**グラフで調べる日本の産業　6　商業・サービス業・情報通信**　谷川彰英監修　小峰書店　2008.3　47p　29×22cm　3200円　①978-4-338-23406-1

(目次)働く人の数からみた産業，第三次産業の仕事，商業，商品の流れと商業，商業がさかんなところ，小売店、大型小売店とスーパーマーケット，コンビニエンスストア，通信販売，観光・レジャー産業，外食産業，医療・保健，福祉，公務，金融・保険，いろいろなサービス業，出版と放送，郵便・電話，インターネット

(内容)大きく発展している情報通信をはじめとした第3次産業のすがたをグラフでわかりやすく解説。日本の産業を考えるうえでは欠かせない1冊。

産業　　　　　　　　　　児童書

**グラフで調べる日本の産業　7　貿易・運輸**　谷川彰英監修　小峰書店　2008.3　47p　29×22cm　3200円　Ⓘ978-4-338-23407-8
(目次)日本の輸出品と輸入品，貿易額の変化，貿易の仕組み，貿易の相手国，世界の地域別にみた貿易，アメリカ合衆国との貿易，ヨーロッパとの貿易，中国との貿易，輸出品と輸入品の変化，石油や石炭の輸入先，食料の輸入，世界の貿易と日本，貿易の黒字と赤字，くにぜんたいの収入と支出，運輸からみた貿易，国内の運輸，国内輸送量の変化，鉄道での人の輸送，トラックでの輸送，バスと乗用車での移動，船と港，飛行機と空港
(内容)日本の貿易の過去・現在をみることで日本を知ることができる。また重要な貿易相手であるアメリカ合衆国や台頭する中国との関係なども調べる。

**グラフで調べる日本の産業　8　世界のなかの日本**　谷川彰英監修　小峰書店　2008.3　51p　29×22cm　3200円　Ⓘ978-4-338-23408-5
(目次)世界と日本，世界の国々の面積，世界の国々の人口，世界の国々の豊かさ，日本のおもな貿易相手はどこ?，日本人が多くくらす国，日本にやってくる外国人，アメリカ合衆国，中国，韓国，ブラジル，サウジアラビアと西アジアの国ぐに，日本の近くの国々，おとなりの国との問題，日本と国際連合，貧困と世界の国々，世界の争いと難民，国を守る活動，日本の国際協力
(内容)日本と世界の関わり，近隣諸国との間で起きている問題などを解説。国際理解を深めることで，わたしたちの国を理解することができる。

◆農業

&lt;事典&gt;

**米**　石谷孝佑監修　ポプラ社　2006.3　223p　29×22cm　(ポプラディア情報館)　6800円　Ⓘ4-591-09045-0
(目次)米の世界へようこそ，1章 米をつくる，2章 米と流通，3章 米と環境，4章 米を食べる，5章 米と文化，6章 米と歴史，米に関する資料のページ
(内容)イネのしくみ，米づくりの1年など米のすべてがわかる情報事典。わたしたちの食生活をささえる米について，写真や図版を豊富にもちい，わかりやすく説明する。米づくりの1年や流通のしくみ，米の歴史・文化など，章ごとにさまざまな角度から米を解説。最新の統計データなど，米の調べ学習に役だつ資料も掲載。巻末には，米の資料館やホームページの紹介も掲載する。

**食料自給率がわかる事典　イラストでみる日本の「食」を考えよう!**　生源寺真一監修，深光富士男著　PHP研究所　2009.7　79p　29×22cm　2800円　Ⓘ978-4-569-68970-8　Ⓝ611.3
(目次)第1章 輸入が多くなった日本の食料(国内の食料には，国産と外国産がある，国内の食料のうち国産は約40%(=食料自給率) ほか)，第2章 食料自給率を，じっくり見てみよう(料理別食料自給率1―料理によって，食料自給率はこんなにちがう，料理別食料自給率2―和食は，食料自給率が高いとはかぎらない ほか)，第3章 食料自給率は，どのように計算するの?(食料自給率40%とは「カロリーベース総合食料自給率」のこと，豚肉のカロリーベース自給率は，たった5%!? ほか)，第4章 食料自給率が下がった原因と問題点(日本の食料自給率は，なぜ下がった?1―食生活が変化したから，日本の食料自給率は，なぜ下がった?2―農業が衰退したから ほか)，第5章 食料自給率を上げよう!(食料自給率を上げると，どんないいことがあるの?，食料自給率を上げるには?1―地元の生産物を地元で消費 ほか)
(内容)先進国の中で自給率が40%と最も低い水準にある日本。食べ物の種類別に詳しく分析し，さまざまな食べ物の自給率と今後の課題をくわしく解説。

&lt;ハンドブック&gt;

**地図絵本 世界の食べもの**　素朴社編　素朴社　2005.7　47p　29×22cm　2000円　Ⓘ4-915513-90-4
(内容)世界の地図を地域別に掲載し，192か国を紹介。国ごとに主食は何か，どんな農産物，魚介類がとれるか，どんな家畜が飼われているかを最新のデータとイラストで表示する。

**都道府県別 米データ集**　池田良一監修，高田裕文　金の星社　2002.3　63p　30cm (「米」で総合学習 みんなで調べて育てて食べよう! 4)　3200円　Ⓘ4-323-05484-X　Ⓝ616
(目次)全国では，どうやって米づくりをしているの?，日本の米，北海道・東北地方，関東地方，中部地方，近畿地方，中国・四国地方，九州地方，ここがおすすめ!「米」のホームページ
(内容)米に関する都道府県別データ集。主食である「米」を通じて，身近な食品がどのようになりたち，食べられているかを調べ，食と文化について考察するための資料集。稲作の起源から現在にいたるまでの歴史と，農家のとり組みや，さまざまな米に関する情報を掲載。耕地面積などのランキング，五十音順索引あり。

## ＜図鑑＞

**こどものずかんMio 11 やさい・くだもの** （大阪）ひかりのくに 2005.8 64p 27×22cm 762円 ⓘ4-564-20091-7

(目次)あれはなんのほし?, おひさまのこどもたち!, しろいはなからまっかなみ, はるからなつのくだもの, さあとりいれだ!, あきからふゆのくだもの, がいこくでつくられるくだもの, くだもののようなやさい, やさいってなに?くだものってなに?,「み」や「たね」をたべるやさい〔ほか〕

**写真でみる農耕と畜産の歴史** ネッド・ハリー著, 中村武久, 河野友宏日本語版監修 あすなろ書房 2007.11 63p 29×22cm (「知」のビジュアル百科 41)〈原書名：Eyewitness‐Farm〉2500円 ⓘ978-4-7515-2451-0

(目次)農業の始まり, 動物の力を利用する, トラクターの登場, プラウの歴史, 畑と土, 種まき, 作物を守る, 人力による収穫, 脱穀と選穀, 機械による脱穀, 機械による収穫, コムギからパンへ, イネと水田, トウモロコシとジャガイモ, 家畜の飼育, 市場園芸, 果樹農園, 農家とその庭, 納屋と貯蔵庫, 酪農, 乳製品, 肉牛の飼育, ヒツジの飼育, 羊毛の刈り取り, ヤギの飼育, 養豚, 養鶏, アヒルとガチョウ, 農業の将来

(内容)子供向けの1冊1テーマの図解百科事典シリーズ。人類は, 古代から何を育て, 何を食してきたのか? 暮らし, 経済, 環境に大きな影響を与える「食」の歴史が学べる。

**ビジュアル博物館 66 農業** ネッド・ハリー著, 中村武久, 河野友宏日本語監修, ジェフ・ブライトリング写真 同朋舎 1998.2 63p 29×23cm 2800円 ⓘ4-8104-2465-0

(目次)農業の始まり, 動物の力を利用する, トラクターの登場, プラウの歴史, 畑と土, 種まき, 作物を守る, 人力による収穫, 脱穀と選穀, 機械による脱穀〔ほか〕

(内容)1冊1テーマ, 全88巻の博物図鑑シリーズ。第66巻では農業の過去, 現在, 未来を見渡し, 農場の作物や家畜, 種まきや収穫のようす, 昔ながらの農機具から最新の設備まで, 豊富なカラー写真で紹介する。

## ◆園芸

### ＜図鑑＞

**栽培大図鑑 種まき・土づくり・水やり・とりいれ…** 世界文化社 1998.7 190p 27×22cm 1800円 ⓘ4-418-98802-5

(目次)野菜・果物（いちご, いんげんまめ, かぶ：さつまいも, とうもろこし ほか）, 草花（あいりす, あじさい, あねもね, かんな, ききょう ほか）, 部屋で育てる植物（さぼてん, しくらめん, ぜらにうむ, もうせんごけ, すいれん ほか）, 栽培の基そ知識

(内容)子供たちが庭に作った花壇で, また鉢植えで育てることの出来る身近な植物を収録した図鑑。

**自慢したい咲かせたい庭の植物** 伊丹清著 旺文社 2000.4 272p 14×14cm (アレコレ知りたいシリーズ 5) 1429円 ⓘ4-01-055057-0 Ⓝ627

(目次)春の植物（フクジュソウ, スノードロップ, ウメ ほか）, 夏の植物（ハナショウブ, アサガオ, スモークツリー（ハグマノキ）ほか）, 秋の植物（カンナ, ダリア, キンレンカ（ノウゼンハレン）ほか）, 冬の植物（ツバキ, ヤツデ, モチノキ ほか）

(内容)園芸植物を歴史や由来とともに紹介した図鑑。植物を花の咲く季節により分類して掲載。各植物は特徴と人の生活との関係, 同じ科や属の植物, 育て方の要点などを記載している。巻末に付録として植物の育て方・知っておきたいことを収録。植物名の索引を付す。

**植物の育て方** 改訂版 旺文社 1998.4 167p 19cm （野外観察図鑑 10）743円 ⓘ4-01-072430-7

(目次)春まきの草花, 春植えの球根, 秋まきの草花, 秋植えの球根, 宿根の草花, 花木, 食虫植物, 野菜, 観葉植物, 水草, 温室植物, サボテン, 育て方の知識とくふう

(内容)庭や窓辺を美しくかざる植物を中心に植物の育て方を掲載。植物を季節別に花、、木, 野菜などの育て方やポイントを図解入りでわかりやすく解説している。

**花** 学習研究社 2000.3 184p 30×23cm （ニューワイド学研の図鑑）2000円 ⓘ4-05-500413-3 Ⓝ627

(目次)草花, 花木, 温室植物, 作物, 花の情報館

(内容)園芸植物と花を集めた図鑑。草花, 花木, 温室植物, 作物に分類して排列。各植物には種名及び別名, なかまの名前, およその高さ, 開花時期, 原産地, 自生地などのデータと解説を掲載。巻末に花の情報館として園芸植物の育成等の解説などを収録している。巻末に植物の名称からの索引を付す。

**花・園芸の図詳図鑑** 学習研究社 1995.4 160p 30cm （大自然のふしぎ）3000円 ⓘ4-05-500095-2

(内容)児童向けの花と園芸の図鑑。花と園芸に関する各種の疑問に答える形でイラストや写真

を用いて解説する。巻末に全国の緑の相談所一覧、五十音順索引がある。

◆水産業

＜事典＞

日本の水産業　小松正之監修　ポプラ社
　2008.3　199p　29×22cm　（ポプラディア情報館）　6800円　Ⓝ978-4-591-10085-1

目次 水産業ってなんだろう、1章 魚をとる、2章 魚を育てる、3章 水産物がとどくまで、4章 水産物の加工、5章 魚と日本人、6章 これからの水産業、資料編

内容 沿岸漁業から遠洋漁業までのようす、養殖や栽培漁業のしくみについて、わかりやすく解説する情報事典。生産から加工、流通まで、幅広く水産業をとりあげ、豊富な写真、くわしい図解やグラフで示す。日本の水産業がかかえている問題、これからめざす水産業のすがたや未来へのとりくみなど、新しいテーマを積極的にとりあげている。

◆商業

＜事典＞

調べ学習にやくだつ市場がわかる絵事典
　魚・肉・野菜・花のマーケットが理解できる!　桑原利夫監修　PHP研究所　2003.9　95p　31×22cm　2800円　Ⓝ4-569-68417-3

目次 第1章 市場ってどんな仕事をしているのだろう（魚や野菜はどうやってわたしたちの食卓にとどくの?、魚屋さんの一日 ほか）、第2章 市場で働く人たち（生産地と市場をつなぐ卸売業者、市場と小売業者をむすぶ中卸業者 ほか）、第3章 市場にはどんな商品があつまるのだろう（市場で人気のある魚、何種類の魚やどのくらいの量をあつかっているの? ほか）、第4章 市場にもっと強くなろう（市場見学の楽しくなるマル得情報、魚の加工品にはどんなものがあるの? ほか）

内容 魚や肉、野菜などを扱う市場を図解で示す事典。生産者と消費者を結ぶしくみと、そこで働く人々の仕事がわかる。社会科見学の資料に役立つ1冊。

＜ハンドブック＞

生産と流通のしくみがわかる100円ショップ大図鑑　安さのヒミツを探ってみよう!
　PHP研究所編　PHP研究所　2005.9　79p　29×20cm　2800円　Ⓝ4-569-68558-7

目次 第1章 わたしたちのくらしと100円ショップ（100円ショップはどんな場所にあるんだろう?―お店の立地条件、お店のなかを探検してみよう!―店内は商品でいっぱい ほか）、第2章 なぜ100円で売ることができるの?（「いちどに、たくさん」が安さのひみつ―安く仕入れて、安く売る／いちどに、たくさんつくる、「大量生産」と「大量仕入れ」―大量生産ってなに?／大量生産だと、なぜ安くつくれるの?／大量仕入れってなに?、「海外生産」でより安く―海外生産ってなに?／海外生産だと、なぜ安くつくれるの?、商品のつくり方にも工夫がある―部品を組み合わせて種類をふやす）、第3章 店長さん・店員さんの仕事と工夫（店長さん・店員さんはどんな仕事をするの?―店長さんは責任重大／売り場の管理／お金の管理、在庫の管理と発注／人の管理／商品の管理／レジ・接客、店長さんの1日―いそがしいけれど、楽しい! ほか）、第4章 商品がわたしたちの手にとどくまで（商品企画ってどんな仕事?―商品企画という仕事／（1）調査をする（2）企画会議で話しあう（3）試作品をつくる（4）完成品を売る、いろんな人の声が新商品を生む―お客さんの声から／きっかけはいろいろ／店長さん・店員さんの声から／取引先からの提案 ほか）、第5章 100円ショップをもっとよく知るために（Q&A 店長さんに聞いてみよう!―100円ショップの仕事で、いちばんうれしいと思うことはなんですか?／100円ショップの仕事で、いちばんむずかしい仕事はなんですか?／どうすれば100円ショップで働くことができますか?、100円ショップの歴史―催事販売で好評／商品力もアップ、100円ショップのこれから―品ぞろえがますます豊富に／「100円コンビニ・スーパー」の誕生!?）

内容 100円ショップでは、「えっ!これが100円なの!?」とおどろくような商品がたくさん売られている。ほかの店で買うと数倍するかもしれないと思われるものまで。どうして100円ショップでは、すべての商品を100円で売ることができるの?この本ではそのひみつを探っていく。

◆交通

＜事典＞

図解 交通バリア・フリー百科　日比野正己編著　ティビーエス・ブリタニカ　2002.5　253p　26×21cm　2850円　Ⓝ4-484-02406-3　Ⓝ680

目次 カラーグラビア編 交通とバリア・フリー、第1編 交通バリアフリー法、第2編 交通バリアフリーのモデル事例、第3編 交通バリアフリーのガイドライン、第4編 交通バリア・フリーと人づくり、第5編 交通と地球環境（エコロジー）、第6編 交通権思想と交通バリア・フリー、資料編 交通バリアフリー法

262　児童書 レファレンスブック

(内容)交通におけるバリア・フリーに関する資料集。日比野正己氏が提唱する、「バリアフリー」と「ユニバーサルデザイン」を包含する概念「バリア・フリー」に基づき、交通環境の整備と福祉のまちづくりの思想・手法について解説し、日本、海外の実例を紹介する。2000年施行の「交通バリアフリー法」も掲載、交通バリア・フリーの手法と実例については、図面と写真を多数掲載しながら具体的な説明を加えている。車いす等の介助マニュアルや、エコロジー思想との関連についても紹介する。巻末に、交通バリアフリー法の関連法令等の関連資料と、索引を付す。

## 芸術

### <事典>

**茶道・華道・書道の絵事典 日本文化の基礎がわかる 初歩から学ぶ** PHP研究所編 PHP研究所 2006.6 79p 30cm 2800円 ①4-569-68606-0

(目次)序章 日本の文化を知ろう(説明できますか?わたしたちの国の文化、「道」ってどういう意味?)、第1章 茶道について学ぼう(「茶道」ってどんなもの?、茶道はいつからはじまった? ほか)、第2章 華道の基本を知ろう(「華道」の文化はどんなもの?、華道のはじまりはいつ? ほか)、第3章 書道を楽しもう(「書道」ってどんなもの?、書道はいつからはじまった? ほか)

**すぐわかる日本の国宝 絵画・彫刻・工芸の見かた** 岡本祐美著 東京美術 2010.4 159p 21cm 〈『すぐわかる日本の国宝の見かた』増補・改題書〉 2000円 ①978-4-8087-0884-9

(目次)第1章 絵画・書(吉祥天像―奈良・薬師寺、両界曼荼羅図(高雄曼荼羅)―京都・神護寺、十二天像―奈良・西大寺 ほか)、第2章 彫刻(観音菩薩立像(救世観音)―奈良・法隆寺、弥勒菩薩半跏像(宝冠弥勒)―京都・広隆寺、仏頭(興福寺旧東金堂本尊)―奈良・興福寺 ほか)、第3章 工芸(玉虫厨子―奈良・法隆寺、金銅灌頂幡―東京国立博物館、綴織当麻曼陀羅図―奈良・当麻寺 ほか)

(内容)各時代、各ジャンルを代表する国宝72件を取り上げた。国宝の見どころを、要点を3つに絞って手際よくまとめた。時代背景や技術、美意識など日本美術鑑賞の際に役立つ知識をコラムに整理。

### <辞典>

**音楽・芸術・スポーツのことば** 江川清監修 偕成社 2006.4 143p 21cm (ことば絵事典 探検・発見 授業で活躍する日本語 5) 2000円 ①4-03-541350-X

(目次)音楽の名前とことば、舞踊・演劇の名前とことば、映画の名前とことば、演芸の名前とことば、美術の名前とことば、文学の名前とことば、スポーツの名前とことば

### <図鑑>

**19世紀の美術** ジリアン・パウエル著、平間あや訳 偕成社 1995.4 47p 30cm (楽しい美術図鑑 4) 〈原書名:ART AND ARTISTS - ART IN THE NINETEENTH CENTURY〉 2500円 ①4-03-629340-0

(目次)新古典主義とロマン主義、イギリスの風景画、アメリカの美術、ラファエル前派、19世紀の彫刻、フランスの写実主義、日本の美術、版画と写真、19世紀末の芸術

**世界遺産ふしぎ探検大図鑑 WONDER-PAL** 増補版 小学館 2003.12 275p 30cm 4190円 ①4-09-213152-6

(目次)日本の世界遺産(法隆寺地域の仏教建造物(奈良県)、姫路城(兵庫県) ほか)、アジアの世界遺産(万里の長城、秦の始皇帝陵 ほか)、アフリカの世界遺産(メンフィス周辺のピラミッド地帯、アブ・シンベルからフィラエまでのヌビア遺跡群 ほか)、ヨーロッパの世界遺産(ストーンヘンジ、エーヴベリーと関連遺跡群、ウェストミンスター宮殿・大寺院、聖マーガレット教会 ほか)、南北アメリカの世界遺産(グランドキャニオン国立公園、イエローストーン国立公園 ほか)、オセアニアの世界遺産(グレート・バリア・リーフ、ウルル - カタ・ジュタ国立公園 ほか)

(内容)小・中学校の社会科、理科学習の関連項目がいっぱい。小・中学校の「総合的な学習」の資料として活用できる。写真、イラストが満載。見るだけで好奇心を刺激する。世界の地理・歴史に目が開かれ、自然に国際感覚が身につく。人気の遺産・重要な遺産は、複数のテーマでくわしく解説。

**世界のart図鑑** レベッカ・ライオンズ、エミリー・シュライナー総監修、松浦直美訳、青柳正規日本語版監修 ポプラ社 2010.9 139p 31cm 〈奥付・背のタイトル:世界のアート図鑑 索引あり 原書名:Children's book of art.〉 3800円 ①978-4-591-11864-1 Ⓝ702

(目次)1章 初期のアート(洞窟壁画、エジプトの画家、顔 ほか)、2章 発展するアート(印象主義、クロード・モネ、パステル画の描き方 ほか)、3章 立体のアート(石の彫刻、兵馬俑、木の彫刻のつくり方 ほか)

(内容)洞窟壁画から現代アートまで、国や時代

をこえて、さまざまなアートをとりあげ、豊富な写真と解説で紹介。アートにはじめて出会う人も、もっと深くアートを味わいたい人も、楽しめる1冊。

◆絵 画

<事 典>

合格デッサンの基礎　2011年度用　特集：立体感と奥行きを演出する、デッサン力強化のアイデア　学研教育出版, 学研マーケティング(発売)　2010.4　160p　26cm　(芸大・美大進学コース vol.1)　〈2010年度用までの出版者：学習研究社〉　1800円　①978-4-05-303168-6　Ⓝ700

(目次)特集 立体感と奥行きを演出する、デッサン力強化のアイデア、デッサンをはじめる前に―リンゴが描ければ、なんでも描ける、静物デッサン、手のデッサン、石膏デッサン、芸大・美大合格者のデッサン作品集

世界のマーク　由来や意味、英語が分かる353点　太田幸夫監修, 主婦の友社編　主婦の友社　2006.5　191p　17cm　900円　①4-07-249840-8

(目次)意味をあらわす(指示をあらわす, 注意をあらわす, 禁止をあらわす ほか), 特定の場所で見る(駅で見る, ホームで見る, 車両で見るほか), ものにつく(地球にやさしい, リサイクル, 商品につく ほか)

「マーク」の絵事典　社会のきまりがわかる　PHP研究所編　PHP研究所　2005.11　79p　29×22cm　2800円　①4-569-68567-6

(目次)第1章 ふだんの生活で目にするマーク(朝, 目がさめた, 朝ごはんを食べる, 着替えて出かける ほか), 第2章 特別な日に出会うマーク(電車にのる, デパートに出かける, ピクニックに行く ほか), 第3章 便利なマーク, やさしいマーク(なぜ, マークであらわすのか, 固有のものをあらわすマーク, 新しく生まれるマーク)

(内容)いろいろな場面ごとに、よく目にするマークを集めている。ひとつのシーンにつき、5～7個を選んで解説。

<図 鑑>

人・動物・自然・食べ物　村越愛策監修　あかね書房　2006.2　95p　17×13cm　(記号のポケット図鑑 1)　1200円　①4-251-07831-4

(内容)標識やシンボルマークなど、街でみつけた記号や、製品についている記号の、名前や意味を調べる本。

マークのずかん　鈴木出版　1998.3　48p　24×24cm　1600円　①4-7902-6097-6

(目次)道路標識, 案内標識, 環境を守るマーク, おもちゃに付いているマーク, 安全のためのマーク, 商品に付いているマーク, 車の中のマーク, 地図のマーク, 荷物のマーク, 暮らしの中のマーク

(内容)道路標識, 案内標識, 環境を守るマークなど身近にある188点のマークをテーマ別に収録。巻頭にはマークの名称から探せる五十音順索引, 巻末にはマーク解説が付く。

◆アニメ・テレビ

<事 典>

イヌやネコに教えてもらおう　月岡貞夫作・絵　偕成社　2002.3　31p　30×23cm　(月岡先生の楽しいアニメ教室 4)　2800円　①4-03-526040-1　Ⓝ778

(目次)ネコやライオン, イヌやオオカミ, ウマ, キリンやラクダ, ブタやゾウ, サルやコアラ, イルカやアシカ, 鳥やハチ, カエルや魚, 「ほのお」や「けむり」, 雪と落ち葉, 波のような動き, 風にそよぐ草花

(内容)アニメの作り方、アニメの仕事を紹介する小学中級からのガイドブックのシリーズ。第4巻では、人間以外のイヌやネコなどの動物、昆虫などのいきもののデータベースをつくる。また、風、海、木、雨など、自然にあるものの動きの秘密を学ぶ。

ウルトラ怪獣完全大図鑑　ウルトラ戦士と対決した全怪獣がわかる　講談社　1994.12　141p　23×16cm　(講談社まんが百科 14)　880円　①4-06-259014-X

(目次)ウルトラ怪獣総進撃, ウルトラマン対決怪獣, ウルトラセブン対決怪獣, ウルトラマンジャック対決怪獣, ウルトラマンA対決超獣〔ほか〕

(内容)円谷プロの初代ウルトラマンからウルトラマンパワードまでの全ウルトラ戦士が対決した全怪獣、ウルトラQ・ウルトラ映画・テレビ特番に登場した怪獣550体を紹介する写真図鑑。各怪獣の写真・説明と大きさ・重さ・生まれのデータを示す。五十音順の索引がある。

オールカラー版 ポケモン全キャラ大事典　小学館　2006.4　400p　19cm　(ビッグ・コロタン 99)　940円　①4-09-259099-7

(内容)全391ぴきのポケモンがここに大集合。かっこいいポケモンやく力満点のポケモンが、書きおろしのイラストで登場。ルカリオやマネネ、マニューラ、ウソハチのヒミツ情ほうもバッチリだ。

**ドラえもん最新ひみつ道具大事典** 藤子・F・不二雄監修・まんが 小学館 2008.9 495p 19cm （ビッグ・コロタン 111） 1000円 ⓘ978-4-09-259111-0 Ⓝ726.101

(目次)第1章 時空をさまようときには…，第2章 のぞみをかなえたいときには…，第3章 いたずらしたいときには…，第4章 変身するなら…，第5章 もっともっとあそびたいなら…

(内容)ドラえもんのひみつ道具の本：決定版!中にはたっぷり約1600こ。さぁ、めしあがれ。

◆工芸・デザイン

<事典>

**「色」の大研究 4 色のなまえ事典** 日本色彩研究所監修，岩崎書店編集部編 岩崎書店 2007.3 55p 26cm 2800円 ⓘ978-4-265-04264-7

(目次)ピンクのなかま，赤のなかま，オレンジのなかま，茶色のなかま，黄色のなかま，みどりのなかま，青のなかま，むらさきのなかま，白・灰色・黒のなかま，金・銀のなかま

(内容)子ども向きとしては画期的な200色を超える色名事典。「亜麻色」って，どんな色？「セピア」って何？小学校中学年〜。

**親子であそべるたのしいおりがみ事典** 山口真著 ナツメ社 1998.12 398p 21cm 1300円 ⓘ4-8163-2506-9

(目次)1 たのしいおみせやさんとゆかいなゆうえんち（おはなやさん，やおやさん，くだものやさん，ファーストフード ほか），2 むかしなつかしいでんしょうおりがみ（あじさい・あさがお，はすのはな，あやめ，ベルフラワー ほか）

**伝統工芸** 伝統的工芸品産業振興協会監修 ポプラ社 2006.3 215p 30cm （ポプラディア情報館） 6800円 ⓘ4-591-09050-7

(目次)1章 生活のなかでいきる伝統工芸，2章 伝統工芸の基礎知識，3章 種類別に見た伝統工芸，4章 地域の特色と伝統工芸，5章 伝統工芸をになう人びと，6章 産業のなかの伝統工芸，7章 伝統工芸のこれから，もっと調べてみよう!資料のページ

(内容)日本の伝統工芸がはぐくまれた歴史的な背景と現在つくられている伝統的工芸品を素材別・種類別に解説する情報事典。わたしたちがくらす都道府県ごとに，地域に伝わる伝統的工芸品の由来や製造工程などを紹介。現在の日本の伝統工芸産業のかかえる問題，明るい未来のためのとりくみなどを，データで分析。全国の伝統的工芸品の産地組合，産業会館などをまとめ，見学や体験学習に役立つ資料も掲載する。

**日本の伝統色配色とかさねの事典** 長崎巌監修 ナツメ社 2008.1 175p 21cm 2200円 ⓘ978-4-8163-4436-7 Ⓝ757.3

(目次)色合いから見る配色（赤色系，橙色系，茶色系，黄色系，緑色系，青色系，紫色系，鼠色系），時代から見る配色（飛鳥・奈良時代，平安時代，鎌倉・室町・桃山時代，江戸時代，明治・大正時代），平安の配色に四季を見る（春，夏，秋，冬）

(内容)日本に伝わる色の名前とその由来，配色パターンをまとめた資料集。各色の色見本，解説，色彩データを掲載する。巻末に全色一覧表，色名索引を付す。

<図鑑>

**はじめてのいろのずかん バナナインパジャマ** 木村光雄絵 講談社 1996.8 1冊 25×19cm （えくぼシェイプえほん） 480円 ⓘ4-06-338801-8

(内容)子どもになじみが深い身近な物をあか・あお・きいろなど色別に分類した絵本図鑑。見開き一ページで，一つの色とその色をもつ物とをカラーで紹介する。幼児向け。

◆音 楽

<事 典>

**おもしろ合唱事典 これを読めば合唱が変わる!!すべてのコーラスシンガーのための** 武田雅博著 音楽之友社 2006.5 151p 21cm 1700円 ⓘ4-276-32131-X

(内容)中学・高校の合唱に役立つ情報をまとめた事典。音楽之友社の月刊誌『教育音楽中学・高校版』に2000年4月号から2004年3月号まで連載された「合唱おもしろカタログ―若きコーラスシンガーのための」を加筆訂正の上，まとめたもの。

**音楽がたのしくなる世界の「楽器」絵事典 歴史から、音の出るしくみまで** PHP研究所編，浜松市楽器博物館協力 PHP研究所 2007.4 79p 29×22cm 2800円 ⓘ978-4-569-68676-9

(目次)第1章 楽器って何？―館長に聞いてみよう!，第2章 たたく楽器，第3章 ふく楽器，第4章 はじく楽器，第5章 こする楽器，付録

(内容)楽器の歴史や種類をわかりやすく解説。楽器の種類は、「たたく」「ふく」「はじく」など，音の鳴らし方別に分類。

**楽譜がすぐ読める名曲から学べる音楽記号事典** 斎藤純一郎監修 ナツメ社 2009.6 223p 24cm 〈『楽譜が読める!音楽記号事典』（2007年刊）の改訂新版 索引あり〉

芸術　　　　　　　児童書

1680円　①978-4-8163-4714-6　Ⓝ761.2
(目次)楽譜, 音部記号, 音譜と休符, 拍子記号, 変化記号, 調号, 速さに関する記号, 強弱に関する記号, 発想に関する記号, 反復記号, 奏法に関する記号, コード, 楽器・声域略号, 形式と曲種
(内容)音楽で使われる記号を解説する事典。コーラス, 楽器演奏, スコア・リーディングまで幅広いジャンルに対応。190曲の演奏例で音楽記号を理解できる。バッハ, モーツァルト, ベートーヴェン, ショパンなど名曲の譜例を多数掲載する。

楽譜が読める!音楽記号事典　名曲の譜例が満載!　齋藤純一郎著　ナツメ社　2007.10
207p　21cm　1800円　①978-4-8163-4400-8
(目次)楽譜, 音部記号, 音符と休符, 拍子記号, 変化記号, 調号, 速さに関する記号, 強弱に関する記号, 発想に関する記号, 反復記号, 奏法に関する記号, コード, 楽器・声域略号, 形式と曲種

楽器の事典　長尾泰, 川俣隆幸　ナツメ社　2009.8　255p　21cm　〈文献あり　索引あり〉　2000円　①978-4-8163-4744-3　Ⓝ763
(目次)第1章 弦楽器, 第2章 木管楽器, 第3章 金管楽器, 第4章 オーケストラと指揮者, 第5章 鍵盤楽器, 第6章 打楽器, 第7章 電気・電子楽器, 第8章 民族楽器・その他
(内容)楽器のしくみをカラーで紹介する事典。分類別に掲載し, 各楽器の構造, 特徴, 歴史を解説。インタビューも掲載。巻末に用語解説, 事項索引がある。

<図鑑>

楽器図鑑　ニール・アードレー著, リリーフ・システムズ翻訳協力　あすなろ書房　2004.3　63p　29×22cm　(「知」のビジュアル百科 5)　〈「ビジュアル博物館 音楽」新装・改訂・改題書　原書名:EYEWITNESS GUIDES MUSIC〉　2000円　①4-7515-2305-8
(目次)音を目で見る, 風のトンネル, 縦笛と横笛, 振動するリード, 生き続けるつぎ合わせの楽器, 音の出る袋, パイプを使った楽器, 金管楽器の前身, 輝かしい金管楽器, 渦巻き形のホルンと大きなチューバ〔ほか〕
(内容)子供向けの1冊1テーマの図解百科事典シリーズ。世界中に存在するさまざまな楽器の, そのルーツを紹介し, 演奏方法や, 音色の秘密をわかりやすく分析。「音」を, 視覚的に表すことも実現。身近なものから世にもめずらしい貴重なものまで120種の楽器を掲載。

ビジュアル博物館 15 音楽　ニール・アードレイ著, リリーフ・システムズ訳　(京都)同朋舎出版　1991.3　63p　29×23cm　3500円　①4-8104-0934-1
(目次)音を目で見る, 風のトンネル, 縦笛と横笛, 振動するリード, 生き延びたつぎ合わせの楽器, 音の出る袋, パイプを使った音楽, 金管楽器の前身, 輝かしい金管楽器, 渦巻き形のホルンと大きなチューバ, 静寂を破る, 昔の弦楽器, 珍しい弦楽器, バイオリンのなかま, バイオリンをつくる, ハープとリラ, 洋ナシから魚の形まで, ひょうたんから板まで, インドの弦楽器, ギターをつくる, キーノート(鍵盤), グランド・ピアノとアップライト・ピアノ, 音楽のなかの衝撃音, リズムと儀式, ビートに乗って, 打楽器の魅力, カラン, ガシャン, ドーン, 電気を使った音楽, ロック・ギター, 電子音楽
(内容)1冊1テーマ, 全88巻の博物図鑑シリーズ。音と音楽の魅惑的な世界を紹介する。チターやバーンの笛からエレキギターやシンセサイザーまで, さまざまな楽器の実物写真で, 古代音楽から現代音楽までの本物そのままの世界を紹介する。

◆舞踊

<図鑑>

写真でみる世界の舞踊　アンドレー・グロー著, 宮尾慈良日本語版監修　あすなろ書房　2007.12　55p　29×23cm　(「知」のビジュアル百科 42)　〈原書名:Eyewitness-Dance〉　2500円　①978-4-7515-2452-7
(目次)舞踊とは何か?, 舞踊を習う, バレエの練習, 舞踊の伴奏, リズムと間, 主題とメッセージ, 舞踊と物語, 美しさと力強さ, 履きもの, 化粧, 衣裳, 衣裳のデザイン, 仮面をつける, 舞踊と礼拝, 宮廷舞踊, 民族の遺産, 役割の転換, 伝統的な舞踊と新しい舞踊, 時代とともに変わる, 群舞のフォーメーション, 舞踊と地域社会, 舞台装置, 舞台の裏側, 有名な舞踊家, 振付, 舞踊の流行
(内容)子供向けの1冊1テーマの図解百科事典シリーズ。太古の昔から受け継がれてきた伝統舞踊。民が結束するために必要不可欠だった民族舞踊。あるきっかけから熱狂的に愛された流行のダンス…など世界各地の舞踊をビジュアルで解説。新たな好奇心の扉を開く, 異色の比較文化入門書。

ビジュアル博物館　舞楽からディスコまで世界の舞踊をビジュアルで紹介 75 舞踊　アンドレー・グロー著, 宮尾慈良日本語版監修　同朋舎, 角川書店〔発売〕　1999.3　59p　30cm　2800円　①4-8104-2531-2
(目次)舞踊とは何か?, 舞踊を習う, バレエの練習, 舞踊の伴奏, リズムと間, 主題とメッセー

ジ,舞踊と物語,美しさと力強さ,履きもの,化粧〔ほか〕
(内容)1冊1テーマ,全88巻の博物図鑑シリーズ。舞踊の魅力を美しいカラー写真で紹介。インド寺院の伝統舞踊からブラジルのカーニバルのサンバまで,古今東西の舞踊を取り上げる。ニジンスキーやパヴロワ,フレッド・アステアといった大スターも登場。さらに,踊り手たちが身につける衣裳のつくりや化粧の仕方,さまざまな舞台装置,裏方の仕事など,日頃は見られないところまで明らかにする。

◆演劇・映画

<事 典>

歌舞伎の事典 演目ガイド181選 カラー版「徹底図解」 藤田洋著 新星出版社 2008.2 191p 21cm 1700円 ①978-4-405-07107-0 Ⓝ774.036
(目次)第1章 純歌舞伎,義太夫狂言,新歌舞伎(妹背山婦女庭訓,仮名手本忠臣蔵,天衣紛上野初花 ほか),第2章 舞踊劇(色彩間苅豆,春興鏡獅子,京鹿子娘道成寺 ほか),第3章 歌舞伎のイ・ロ・ハ(「歌舞伎」とは?―その歴史を見てみよう,筋書きのパターン&キーワード―代表的なものを知っておこう,歌舞伎の基礎用語 ほか)
(内容)歌舞伎狂言の基本レパートリーを網羅。全作品に現代役者による臨場感あふれる舞台写真。収録作品は,純歌舞伎・義太夫狂言・新歌舞伎をとりまぜて一三七篇,歌舞伎舞踊四四編。表題には,本外題(正式な題名)と通称(一般的に親しまれている呼称)を併記し,別名題(その他の通称や呼び名)も付記した。各演目で取り上げた写真の場面を「名場面」として解説している。

観劇にやくだつ舞台芸術「表」「裏」絵事典 小道具から舞台装置まで 織田紘二監修 PHP研究所 2006.2 79p 29×22cm 2800円 ①4-569-68588-9
(目次)第1章 さまざまな舞台芸術(世界にあるいろいろな舞台芸術,日本の舞台はどうかわったの? ほか),第2章 日本の舞台芸術(歌舞伎ってどんなものだろう?,歌舞伎の舞台を見てみよう ほか),第3章 世界の舞台芸術(オーケストラってどんなものだろう?,楽器のならび方を見てみよう ほか),第4章 舞台芸術がわかる小事典(おもな日本の楽器,日本のおもな劇場 ほか)
(内容)「歌舞伎」「能・狂言」「文楽」「オーケストラ」「オペラ」「バレエ」の世界を知るための旅に出発。

<図 鑑>

ビジュアル博物館 34 映画 リチャード・プラット著,リリーフ・システムズ訳 (京都)同朋舎出版 1992.12 62p 29×23cm 3500円 ①4-8104-1127-3
(目次)光と影,回す,絵と絵の間を断ち切るシャッター,フィルムとは?,カメラ,明滅する幻影,サイレント時代のハリウッド,スターとスタジオ,トーキーの登場,ピクチャー・パレス,テクニカラー時代のハリウッド,映画の製作,スタジオでの撮影,ロケーション,メークアップ,衣装,セットと小道具,スタント・シーン〔ほか〕
(内容)1冊1テーマ,全88巻の博物図鑑シリーズ。第34巻では映画の歴史と魔術にスポットをあてる。カメラ,映写機,スター,スタジオなどの写真を通して,映画の発達や映画製作のようすを示す。

◆体育・スポーツ

<事 典>

NBA大事典 北舘洋一郎著 小学館 1993.12 239p 19cm (ビッグコロタン58) 880円 ①4-09-259058-X
(内容)アメリカのNBA(National Basketball Association)のシステム、ルール、用語、主要135選手、全コーチの写真名鑑、スーパースターのスーパープレイ紹介などの情報を収録した観戦ガイドブック。

格闘技がわかる絵事典 国が変わればルールも変わる!古武道から総合格闘技まで 近藤隆夫監修 PHP研究所 2007.4 79p 29×22cm 2800円 ①978-4-569-68675-2
(目次)第1章 柔道と柔術,第2章 空手と拳法,第3章 相撲とレスリング,第4章 剣道と武器術,第5章 リングの上で戦う格闘技,第6章 もっと知りたい!格闘技
(内容)格闘技を5つに分類し,それぞれ代表的なものを大きく取りあげて解説。代表的な格闘技と共通点のある格闘技,関連のある格闘技を小項目として取りあげた。その第6章として,オリンピックで行なわれる格闘技,格闘技とかかわりの深い人物,柔道や相撲の技を取りあげている。

感動のドラマの記録 オリンピック絵事典 オリンピックがよくわかって楽しめる! PHP研究所編 PHP研究所 2004.6 79p 29×22cm 2800円 ①4-569-68480-7
(目次)第1章 アテネオリンピックをのぞいてみよう(オリンピックの舞台となるアテネ,さま

ざまなドラマが待ち受けるオリンピック会場 ほか)、第2章 オリンピックの歴史と選手たちを見てみよう(古代オリンピックの発祥と近代オリンピックの誕生、1896年第1回アテネ大会 ほか)、第3章 オリンピックの競技を知ろう(陸上、水泳 ほか)、第4章 オリンピックなぜなにQ&A(オリンピックのときによく聞くIOC、JOCってなに?、五輪のマークってなにをあらわしているの? ほか)

**Q&A(エー)日本の武道事典 3 用具をつかう現代武道を調べよう!** ベースボール・マガジン社編 ベースボール・マガジン社 2010.2 31p 29cm 〈索引あり〉 2200円 ⓘ978-4-583-10206-1 Ⓝ789

(目次)Q1 剣道、弓道、なぎなた、銃剣道の共通点は?、Q2 剣道、弓道、なぎなた、銃剣道の形は?、Q3 剣道って、どんな武道?、Q4 弓道って、どんな武道?、Q5 なぎなたって、どんな武道?、Q6 銃剣道って、どんな武道?、Q7 用具をつかったほかの武術とは?

(内容)剣道、弓道、なぎなた、銃剣道の技やルールなど、用具をつかっておこなう現代武道について、くわしく解説。

**最新スポーツルール百科 2010** 大修館書店編集部編 大修館書店 2010.4 352p 21cm 〈年表あり〉 1600円 ⓘ978-4-469-26699-3 Ⓝ780

(目次)陸上競技、水泳競技、体操競技、バレーボール、バスケットボール、ハンドボール、サッカー、ラグビー、ソフトテニス、テニス〔ほか〕

**Jリーグ観戦大事典** 橋本孝幸編 小学館 1993.10 208p 19cm (ビッグコロタン 23) 820円 ⓘ4-09-259023-7

(目次)第1章 ベスト11完璧データ、第2章 カトリーヌあやこのザ・似顔SHOW!、第3章 めざせ!最強サポーター、第4章 クラブハウス潜入ルポ、第5章 目・耳・頭で楽しむサッカー情報、第6章 マル得語学講座、第7章 ルール&用語テスト、第8章 よくわかるワールドカップ講座、第9章 珍説サッカーことわざ・慣用句辞典

**スポーツなんでも事典 スキー・スケート** こどもくらぶ編 ほるぷ出版 2009.11 71p 29cm 〈文献あり 年表あり 索引あり〉 3200円 ⓘ978-4-593-58413-0 Ⓝ784.3

(目次)歴史、用具、ウェア、スキー場、スケート場、スキー(1)アルペン競技、スキー(2)ノルディック競技、スキー(3)フリースタイル競技、スノーボード(1)アルペン競技、スノーボード(2)ハーフパイプ・スノーボードクロス〔ほか〕

(内容)歴史、ウェアや用具、各種目の特徴、ルールなど、スキー・スケートについてさまざまなことがらをテーマごとにまとめて解説した、ビジュアル版子ども事典。選手の生活は?けがをしたら?引退したら?選手についての情報も多数掲載。スキー・スケートについて、何を、どのように調べたらよいかがわかる。

**スポーツなんでも事典 テニス** こどもくらぶ編 ほるぷ出版 2006.10 71p 29×22cm 3200円 ⓘ4-593-58404-3

(目次)歴史、コート、用具、ルール、ポジションとフォーメーション、ショット、審判、4大大会、世界プロツアー、日本の大会、記録、国別対抗戦、オリンピック、マナー、観客、ソフトテニス、いろいろなテニス、プロ選手への道

(内容)テニスの歴史や道具のことから、はなばなしく活躍するプロ選手や世界大会のしくみ、アマチュアレベルでたのしむ人まで。テニスにかかわるさまざまなことがらをテーマごとにまとめて解説、ヴィジュアル版子ども向けテニス事典。テニスについて、なにを、どのように調べたらよいかがわかる。

**スポーツなんでも事典 バレーボール** こどもくらぶ編 ほるぷ出版 2006.11 72p 30cm 3200円 ⓘ4-593-58406-X

(目次)歴史、ボール、ユニフォーム、コート、プレー、ポジションとローテーション、ルール、反則、審判、国際大会、オリンピック、海外のプロリーグ、Vリーグ、ビーチバレー、ソフトバレーボール、シッティングバレーボール、プロ選手への道

(内容)バレーボールの歴史や道具のことから、日本Vリーグや世界のバレーボールリーグ、そしてビーチバレーやシッティングバレーボールなどなど。バレーボールにかかわるさまざまなことがらをテーマごとにまとめて解説した、ヴィジュアル版子ども向けバレーボール事典。

**スポーツなんでも事典 武道** こどもくらぶ編 ほるぷ出版 2010.2 71p 29cm 〈文献あり 年表あり 索引あり〉 3200円 ⓘ978-4-593-58416-1 Ⓝ789

(目次)歴史、礼、道衣と袴、道具、道場と試合場、稽古、受け身、基本動作、技、柔道、空手道、合気道、少林寺拳法、剣道、弓道、なぎなた、銃剣道、相撲、形と演舞、世界の武道事情、国内大会、国際大会、武道選手への道

(内容)武道の知識をまとめた学習事典、歴史、道衣や袴、道場から、各武道の特徴、世界の武道事情などなど。テーマごとにまとめて解説する、ビジュアル版子ども向け事典。武道について、何を、どのように調べたらよいかがわかる。

**バドミントン** こどもくらぶ編 ほるぷ出版 2007.12 71p 29×22cm (スポーツなんでも事典) 3200円 ⓘ978-4-593-58408-6

(目次)歴史、シャトル、ラケット、ユニフォーム

とシューズ，コート，ルール，ショット，フォルトとレット，違反と罰則，審判，日本の大会，日本リーグ，世界のバドミントン，世界の大会，オリンピック，日本代表，いろいろなバドミントン，障害者バドミントン，ジュニアバドミントン，部活動，大学バドミントン，実業団選手への道

(内容) バドミントンの歴史やシャトルのつくられ方から，バドミントン大国のインドネシアや中国について，バドミントン選手の生活についてなどなど。バドミントンにかかわるさまざまなことがらをテーマごとにまとめて解説した，ヴィジュアル版子ども向けバドミントン事典。

**ヒカルくんのスポーツのコツ絵事典 体育が好きになる！** 田中光監修　PHP研究所　2003.7　79p　30cm　2800円　Ⓣ4-569-68408-4

(目次) 第1章 スポーツの基本をおさえよう，第2章 鉄棒がうまくなるコツ，第3章 とび箱がうまくなるコツ，第4章 マットがうまくなるコツ，第5章 なわとびがうまくなるコツ，第6章 水泳がうまくなるコツ，第7章 球技がうまくなるコツ，第8章 陸上が好きになるコツ

(内容) スポーツがもっともっと得意になるキーポイントを，アトランタオリンピック体操日本代表選手，田中光がアドバイスする，スポーツのコツ解説事典。

**プロレス大事典** 斎藤文彦編　小学館　1994.1　255p　19cm　（ビッグコロタン57）　880円　Ⓣ4-09-259057-1

(内容) 団体ガイド，レスラー名鑑，プロレス年表，プロレス・テクニックを掲載した事典。

**みんなで楽しむ体育あそび・ゲーム事典** 三宅邦夫著　（名古屋）黎明書房　1999.11　325p　26cm　（『つどいと仲間づくりの体育あそび・ゲーム事典』改題書）　5700円　Ⓣ4-654-07590-9

(目次) 準備のいらないゲーム，ボールを使って，ピンポン玉を使って，新聞紙を使って，紙を使って，紙テープを使って，紙袋を使って，タイヤ・チューブを使って，ふとんを使って，いすを使って〔ほか〕

(内容) 遊びを通じて子どもたちが心をふれあわせ，仲間づくりができ，精神的，身体的にきたえられる遊びとゲームなど631種収録した事典。掲載項目は，ゲーム名，用意するもの，遊び方，ねらいなど。巻末にねらい別さくいんがある。

**ワールドスポーツ大事典 世界の国ぐにのいろんな競技 新しいスポーツにチャレンジしよう！** 日本ワールドゲームズ協会監修，造事務所編・構成　PHP研究所　2007.2　79p　29×22cm　2800円　Ⓣ978-4-569-68664-6

(目次) 1 えっ，これも!?ワールドスポーツ入門（つな引き，スポーツチャンバラ ほか），2 これならできる!そっくりさんスポーツ（クリケット，スカッシュ ほか），3 うっとり見ちゃう!ビューティフルスポーツ（ダブルダッチ，トランポリン ほか），4 まだまだあるよ!ワールドスポーツ（カーリング，ペタンク ほか），5 きみもチャレンジ!ワールドスポーツ（ワールドスポーツをはじめよう!，準備運動，整理運動をしよう ほか）

## <名　簿>

**プロ野球全選手名鑑 ジュニア版 永久保存版 2010** ポプラ社　2010.4　215p　25cm　〈索引あり〉　2000円　Ⓣ978-4-591-11560-2　Ⓝ783.7

(目次) セントラル・リーグ（セ・リーグ）（読売ジャイアンツ，中日ドラゴンズ，東京ヤクルトスワローズ，阪神タイガース，広島東洋カープ，横浜ベイスターズ），集合!12球団マスコット，パシフィック・リーグ（パ・リーグ）（北海道日本ハムファイターズ，東北楽天ゴールデンイーグルス，福岡ソフトバンクホークス，埼玉西武ライオンズ，千葉ロッテマリーンズ，オリックス・バファローズ）

(内容) 全球団・全選手をカラー写真で紹介。昨シーズンの名シーンをダイジェスト。

## <図　鑑>

**オリンピック大百科** クリス・オクスレード，デーヴィッド・ボールハイマー著，成田十次郎日本語版監修　あすなろ書房　2008.3　55p　29cm　（『知』のビジュアル百科 45）〈原書名：Eyewitness-Olympics.〉　2500円　Ⓣ978-4-7515-2455-8　Ⓝ780.69

(目次) オリンピックの起源，古代オリンピック，古代オリンピックの終わり，オリンピック復活，伝統精神，大会の歴史，夏季オリンピック，冬季オリンピック，パラリンピック，新種目，旧種目〔ほか〕

(内容) 子供向けの1冊1テーマの図解百科事典シリーズ。古代ギリシャで，宗教の祭典のひとつとして開催されてきた古代オリンピック。そして，1896年に復活して以来，人びとの心に残るたくさんの名勝負を生み出してきた近代オリンピック。ふたつのオリンピックの歴史をビジュアルで紹介。

**ビジュアル博物館 13 スポーツ** ティム・ハモンド著，リリーフ・システムズ訳　（京都）同朋舎出版　1991.3　63p　29×23cm　3500円　Ⓣ4-8104-0932-5

(目次) サッカー，アメリカンフットボール，ラ

グビー，ホッケー，アイスホッケー，バスケットボール，野球，クリケット，テニス，卓球とバドミントン，スカッシュとラケットボール，陸上競技，体操，重量挙げ（ウェートリフティング），ボクシング，武道，フェンシング，アーチェリー，射撃，ボウリング，ゴルフ，プールとスヌーカー（ビリヤード）

(内容)1冊1テーマ，全88巻の博物図鑑シリーズ。第13巻では世界の主なスポーツの歴史とルールで紹介する。現代と昔のスポーツ用具の写真により，それぞれのゲームの発達，特徴，プレーヤーに必要とされる技術などを示す。

ビジュアル博物館　79　オリンピック　クリス・オクスレード，デーヴィッド・ボールハイマー著，成田十次郎日本語版監修　同朋舎，角川書店〔発売〕　1999.12　59p　30cm　〈原書名：EYEWITNESS GUIDES, VOLUME 103 - OLYMPICS〉　3400円　①4-8104-2580-0

(目次)オリンピックの起源，古代オリンピック，古代オリンピックの終わり，オリンピック復活，伝統精神，大会の歴史，夏季オリンピック，冬季オリンピック，パラリンピック，新種目，旧種目〔ほか〕

(内容)1冊1テーマ，全88巻の博物図鑑シリーズ。古代ギリシャから現代，未来に至るまで，オリンピックの伝統や歴史，競技種目の変遷を探る。歴史に残るオリンピック選手の紹介のほか，時代の流れとともにメダルや聖火トーチ，各種セレモニー，判定，選手の服装や用具がどのように進化していったかを，写真で紹介する。オリンピックの魅力のすべてを凝縮したガイドブック。

ビジュアル博物館　82　サッカー　サッカーの起源から最新のワールドカップ決勝戦まで　ヒュー・ホーンビー著，後藤健生日本語版監修　同朋舎，角川書店〔発売〕　2000.11　59p　29cm　〈写真：アンディ・クロフォード　索引あり〉　3400円　①4-8104-2652-1　Ⓝ403.8

(目次)世界的なスポーツ，サッカーの歴史，ルール，レフェリー，ピッチ，サッカーの技術，ゴールキーパー，戦術，けがとの戦い，サッカーボール，サッカーシューズ，サッカーウェア，その他の装身，有名選手，メダルとキャップ，有名チーム，ファン，決戦の日，スタジアム，ワールドカップ，カップとトロフィー，サッカーおもちゃ，記念グッズ，サッカービジネス

(内容)1冊1テーマ，全88巻の博物図鑑シリーズ。第82巻ではサッカーの歴史から用具，ルール，ワールドカップまで，サッカーの知識をテーマ別に紹介する。巻末に五十音順の索引あり。

ビジュアル博物館　83　大リーグ　野球の歴史，技術，ヒーローたちにビジュアル

で迫る　ジェームズ・ケリー著，池井優日本語版監修　同朋舎，角川書店〔発売〕　2001.1　59p　29cm　〈索引あり　原書名：Baseball〉　3400円　①4-8104-2653-X　Ⓝ403.8

(目次)野球の始まり，プロ野球の誕生，ベーブ・ルース，メジャーリーグ，ダイヤモンド，バットとボール，グラブとミット，帽子とヘルメット，ユニフォーム，ピッチャー，キャッチャー，内野と外野，バッティング，走塁，審判，数字と野球カード，世界の野球，黒人リーグ，女子野球，球場，野球の殿堂，ワールドシリーズの歴史，ヒーローたち，ホームラン

(内容)1冊1テーマ，全88巻の博物図鑑シリーズ。

＜年鑑・白書＞

スポーツ年鑑　2008　ポプラ社　2008.3　255p　25×19cm　2800円　①978-4-591-10111-7　Ⓝ780

(目次)第86回天皇杯決勝戦—浦和レッドダイヤモンズが優勝，箱根駅伝—順天堂大学が総合優勝，全国高校サッカー選手権大会—岩手，盛岡商業高校が優勝，ラグビー全国大学選手権大会—関東学院大学が6度めの優勝，大相撲初場所14日めー朝青竜が4場所連続20度めの優勝，全豪オープン女子シングルス—セレーナ・ウィリアムズが優勝，NFLスーパーボウル—インディアナポリス・コルツが優勝，東京マラソン—ダニエル・ジェンガが優勝，佐藤智之おしくも2位に，UEFAチャンピオンズリーグ—決勝トーナメントに突入，ゼロックス・スーパーカップ—ガンバ大阪が優勝〔ほか〕

(内容)2007年のおもなスポーツのできごと92本を選び，その背景や理由をわかりやすく説明。試合や競技にまつわる隠された感動のドラマも解説。

スポーツ年鑑　2009　小学館クリエイティブ，BBMアカデミー編　ポプラ社　2009.3　247p　26cm　2800円　①978-4-591-10813-0　Ⓝ780

(目次)箱根駅伝　駒沢大学が総合優勝，全日本バレーボール選手権大会　女子東レ，男子JTが初代王者に，ラグビー全国大学選手権大会　早稲田大学が2年ぶりの優勝，全国高校サッカー選手権大会　千葉・流通経済大付属柏高校が初優勝，レスリング国別対抗団体戦　吉田沙保里の連勝記録がストップ，全豪オープン女子シングル　マリア・シャラポワが優勝，大相撲初場所千秋楽　白鵬が3場所連続の優勝，ハンドボールオリンピック予選　男子日本代表が韓国代表に敗れる，サッカーワールドカップ3次予選　日本代表が，タイに勝利，日本カーリング選手権大会　チーム青森が長野に逆転勝ち〔ほか〕

(内容)2008年におこったスポーツのできごとを、92本選んで紹介。スポーツ界の一年間の流れを知り、さまざまな競技の新しい魅力を発見してください。

スポーツ年鑑　2010　ポプラ社　2010.2
　247p　26cm　2800円　①978-4-591-11563-3
　⑩780

(目次)1月、2月、3月、4月、5月、6月、7月、8月、9月、10月、11月、12月
(内容)浅田真央、菊池雄星からメッシまで、2009年のスポーツのできごとを90本と、それにまつわる記録やエピソードを紹介、わかりやすく解説する。杉山愛（元・テニスプレーヤー）、村上幸史（やり投げ選手）インタビュー掲載。

◆釣り

　　　　　　　　<図鑑>

海づりは最高！　おいしい魚がたくさんつれる　刈田敏著　偕成社　1999.3　39p
　25cm　（はじめてのつり図鑑3）　2800円
　①4-03-533330-1
(目次)海のしかけはこれだ、海づり用の道具をそろえよう、つる準備をしよう、さあ、海でつろう、海づりのマナーとルール、あれば便利なつりグッズ
(内容)海には魚がいっぱい。でも、魚にあったつり方と場所を選ぶことが大切。防波堤づりを中心に詳しく説明。

川づりは楽しい！　身近な川でどんどんつれる　刈田敏著　偕成社　1999.3　39p
　25cm　（はじめてのつり図鑑4）　2800円
　①4-03-533340-9
(目次)川のしかけはこれだ、つり道具をそろえよう、つる準備をしよう、さあ、川でつろう、いつかは、絶対やってみたい！、川づりのマナーとルール、便利なつりグッズ
(内容)場所によって魚の種類もちがう。ポケットつり法を中心に流し毛バリつり、ミャクづりなどを詳しく説明。

つれる魚・50種　海、川、湖の魚・つり方、調べ方図鑑　刈田敏著　偕成社
　1999.3　39p　25cm　（はじめてのつり図鑑6）　2800円　①4-03-533360-3
(内容)海・川・湖の人気の魚50種の特徴やつりのシーズン、つり方、美味しい料理法などをカラー写真を使って紹介・解説する。

はじめよう魚つり！　"ポケットつり法"ですぐつれる　刈田敏著　偕成社　1999.3
　39p　25cm　（はじめてのつり図鑑1）
　2800円　①4-03-533310-7

(目次)ポケットつり法をマスターしよう、つりにいく前におぼえよう、さあ、つりにいこう、つりの計画を立てよう、あると便利なつりグッズ、つり場のマナーとルール
(内容)道具・エサの選び方、魚の種類にあったつり方のポイントなどをカラー写真を使って解説する、子ども向けの図解ガイドブック。全6巻構成。1では、万能つり法のポケットつり法を紹介。道具の選び方、しかけの作り方、糸の結び方など、つりの基本を詳しく説明。

バスをつろう！　ルアーフィッシングも超かんたん　刈田敏著　偕成社　1999.3　39p
　25cm　（はじめてのつり図鑑2）　2800円
　①4-03-533320-4
(目次)バスフィッシングをはじめよう、タックルをそろえよう、タックルを組み立てよう、リグ（しかけ）をつくろう、キャスティングを練習しよう、さあ、バスをつりにいこう、バスフィッシングの極意とマナー、便利なグッズ
(内容)バスとの知恵くらべのバスつりのポイントをカラー写真を使って紹介。ルアーの選び方、キャスティングの上達法、バスの攻め方を詳しく説明。

湖で大物をつろう！　コイ・フナ・マスにチャレンジ　刈田敏著　偕成社　1999.3
　39p　25×20cm　（はじめてのつり図鑑5）
　2800円　①4-03-533350-6
(目次)湖のしかけはこれだ、つり糸の結び方、つる準備をしよう、さあ、湖でつろう、大物ねらいの極意はこれだ
(内容)湖釣りの基本から上級の釣り方を解説した図鑑。巻末に、湖つりのマナーとルール、湖つり用語解説、さくいん付き。

# 言語

　　　　　　　　<事典>

ジュニア記号の大事典　第2版　太田幸夫監修　くもん出版　2005.9　223p　28cm
　5000円　①4-7743-0874-9　⑩727
(内容)生活や社会で使われる記号を解説する事典。「くらしの記号」から「学習の記号」まで2000種以上を収録。それぞれの記号の名前や役割などを示す。生活場面別、テーマ別、教科別に分類収録する。

　　　　　　　　<辞典>

オールカラー・6か国語大図典　ジャン＝クロード・コルベイユ、アリアーヌ・アルシャンボ著、小学館外国語辞典編集部編　小学館　2004.7　1111p　29×23cm　〈原書名：The

New Visual Dictionary〉 9500円 ①4-09-505081-0

(目次)天文学, 地球, 植物, 動物, 人間, 食べ物と台所, 家屋, 日曜大工・園芸, 衣服, 装身具類や日用品, 芸術と建築, 情報伝達とオフィス・オートメーション, 交通と機械, エネルギー, 科学, 社会, スポーツとゲーム

(内容)物の内部構造・仕組みまで分かる高精細なイラスト約6000点。各国語大辞典で未収録の語まで広範に採集した約35000項目。日本語、英語、ドイツ語、フランス語、スペイン語、イタリア語。

<図 鑑>

ビジュアル博物館 48 文字と書物 世界の文字と書物の歴史を探る リリーフ・システムズ訳 カレン・ブルックフィールド著 (京都)同朋舎出版 1994.8 63p 29cm 〈日本語版監修:浅葉克己, 写真:Laurence Pordes〉 2718円 ①4-8104-1840-5

(内容)1冊1テーマ、全88巻の博物図鑑シリーズ。大英博物館・大英自然史博物館の監修のもと、同館収蔵品をカラー写真で紹介する。

文字と書の歴史 カレン・ブルックフィールド著, 浅葉克己日本語版監修 あすなろ書房 2004.12 63p 29×22cm (「知」のビジュアル百科 13) 〈原書名:Eyewitness・Writing〉 2000円 ①4-7515-2313-9

(内容)文字とは何か?, 最初の記号, 記号を使って書く, エジプトの文字, ABC, 紙の発明以前, 紙, 中世の詩篇, 手書き写本, アジアの本, イスラムの本, 印刷の準備, 植字, 印刷する, 初期の印刷本, 字体, 製本, 挿絵入りの本, 読み書きを学ぶ, 手書き文字, 子供の本, 仕事の場で, タイプライター, 書籍市場, 言葉を探す

(内容)子供向けの1冊1テーマの図解百科事典シリーズ。地球上に存在する言語は約3000種、文字は約400種といわれる。文字はどのようにして生まれ、変化をとげてきたのか。文字文化の歴史をたどりながら、その奥にかくされた謎に迫る。楔形文字から手書きの美しい写本まで、貴重な資料を掲載。

◆国 語

<事 典>

説明・スピーチの仕方 第2版 TOSS著 騒人社 2000.3 47p 26cm (新学習指導要領完全準拠 伝え合う能力を育てるじつれいじてん) 2500円 ①4-88290-028-9 Ⓝ375

(目次)基礎編(説明の順番, 説明に入れるもの, じょうずな説明の仕方, わかりやすい書き方, じょ

うずなスピーチ, 絵をかくように話す方法, ものを持ってスピーチ, 話にひきつけるスピーチ), 実例編(朝の会でスピーチ, 遊びに行った時のスピーチ, 「学級レク」の提案, 自由研究の発表, 昆虫観察の発表, 下級生への説明, パソコンの使い方の説明, 連絡の仕方, 自己しょうかいの仕方, 「もしも…だったら」のスピーチ, 事件のスピーチ, なりきりスピーチ, 宝物をもってスピーチ, 引きつける話し方, 楽しい失敗談)

つよしクンゆきチャンのはじめてのことば百科じてん 日本語文型教育研究会編著, 利根書房編 日本放送出版協会 1995.12 403p 21cm 1500円 ①4-14-011085-6

(目次)第1部 家での生活(朝が来る, 一日の始まり ほか), 第2部 学校での体験(四年生になる, 新しいクラス ほか), 第3部 広がる世界(四季, お花見 ほか)

(内容)日常よく使われる6000語を子供の生活の場面別に収録したもの。「家での生活」「学校での体験」「広がる世界」の3部構成。合計177の場面をイラストで示し、関連語、類語、慣用句等を例文とともに掲載する。巻末に五十音索引がある。

話し合い・討論の仕方 第2版 TOSS著 騒人社 2000.3 47p 26cm (新学習指導要領完全準拠 伝え合う能力を育てるじつれいじてん) 2500円 ①4-88290-030-0 Ⓝ375

(目次)基礎編(じょうずな話し方, じょうずな聞き方, 質問の仕方, 反対の仕方 ほか), 実例編(係、委員からの連絡, 近くの人との話し合い, 国語の授業(1、2年, 3、4年, 5、6年), 理科の授業(3、4年, 5、6年), 社会科の授業(3、4年, 5、6年), 総合学習の授業, 学級活動(1、2年, 3、4年, 5、6年), 代表委員会

<辞 典>

うごきのことばえじてん 田島信元監修, やまさきひであきえ (大阪)ひかりのくに 2009.10 167p 27×13cm 1500円 ①978-4-564-00892-4 Ⓝ814.3

(内容)幼児期に使われる「うごきやようすのことば」を中心に約1000語を収録。50音順で、調べたい「ことば」がすぐ見つかる。文字が読めないお子様も、絵本のように楽しめる。幼児にわかりやすい、やさしい説明。簡潔な例文で、「ことば」の使い方が身につく。反対語で「ことば」の理解がより深まる。ひらがな・かたかな表つき。

数え方の辞典 飯田朝子著, 町田健監修 小学館 2004.4 397p 21cm 2200円 ①4-09-505201-5

(目次)第1章 ものの数え方, 第2章 助数詞・単位

一覧

(内容)なんでも「1個」「1つ」と数えていませんか?箸は1膳、鱈子は1腹、長持は1棹、蚊帳は1張り、蔵は1戸前、屏風は1双、日本語の豊かな"数え方文化"に触れる。ジャンル別に数え方の特徴をまとめたカラー口絵や「助数詞・単位一覧」も掲載。

**かどかわ こども ことばえじてん** 新版
らくがき舎編著 角川書店 1995.11 447p 21cm 3900円 ⓘ4-04-020802-1
(内容)幼児が出会う4500語をイラストで説明した辞典。

**かどかわ こども ことばえじてん** 新装版
村石昭三監修, らくがき舎編著 角川学芸出版, 角川グループパブリッシング(発売) 2008.3 447p 22cm 3300円 ⓘ978-4-04-621960-2 Ⓝ814.3
(内容)幼児が出会う約4500語を楽しいイラストで説明。

**句読点、記号・符号活用辞典。** 小学館辞典編集部編 小学館 2007.9 305, 13p 21cm 2200円 ⓘ978-4-09-504176-6
(目次)くぎり符号、つなぎ符号、括弧類、くりかえし符号、音声符号、強調符号、矢印類、目印・装飾類、商用記号、音楽記号、数学・科学記号、単位記号、準文字
(内容)日常生活でよく目にする記号200項目、文学作品、話題の小説、芸名、広告コピーなど多ジャンルにわたる1000用例を収録した記号解説辞典。

**くもんのことば絵じてん** 改訂新版 公文公監修 くもん出版 2007.12 335p 26cm 2700円 ⓘ978-4-7743-1338-2
(目次)ばしょのことば(みんなのまち、いえのなか ほか)、なかまのことば(ひと、かぞく ほか)、はなすことば(どうさのことば、ようすのことば ほか)、いろいろなことば(ことば、ひらがな ほか)
(内容)幼児の日常生活の基本語、約1500語を収録。ことばをグループ分けして、楽しい場面別に構成。チェック欄で覚えたことばが確認できる。

**ことば絵事典 2 単位・数え方・色・形のことば** 江川清監修, スタジオVIC編 偕成社 2006.4 143p 21cm (探検・発見授業で活躍する日本語) 2000円 ⓘ4-03-541320-8
(目次)単位の名前とことば(時間、長さ ほか)、数え方と数える物の名前とことば(枚、個 ほか)、色の名前とことば(赤、黄 ほか)、形の名前とことば(三角形、四角形 ほか)
(内容)日本人が培ってきたことばから、進歩し続けている科学の新しいことばまで広い分野にわたる日本語を集成したシリーズ。全5巻に集めた物の名前や成句(慣用句やことわざ)を、このシリーズでは、絵と文章で分かりやすく説明。小学校中級から。

**ことばの図鑑 あいうえじてん** 小学館 1995.1 94p 27×22cm 1900円 ⓘ4-09-213031-7
(内容)毎日の生活のなかの身近な物事・表現を絵や写真で示した幼児向けの絵事典。見出し語・関連語併せて約2000語を五十音順に収録する。

**ことばの使い方辞典 3年生** 藤井圀彦, 寺井正憲共著 さ・え・ら書房 1992.4 223p 21cm 1300円 ⓘ4-378-00623-5
(内容)見出し語をもとに、なかまのことば、反対のことばを、を意味分類にもとづいて拾い出し示す辞典。学年別の構成。ことばのつながりが意識されて、知らず知らずのうちに、語彙が広がり、ことばの使い方への関心が高まる。書き表したい気持ちにぴったりのことばをさがし出せる。

**ことばの使い方辞典 4年生** 藤井圀彦, 白石範孝共著 さ・え・ら書房 1992.4 221p 21cm 1300円 ⓘ4-378-00624-3
(内容)見出し語をもとに、なかまのことば、反対のことばを、を意味分類にもとづいて拾い出し示す辞典。学年別の構成。

**ことばの使い方辞典 5年生** 藤井圀彦, 白石範孝共著 さ・え・ら書房 1992.4 224p 21cm 1300円 ⓘ4-378-00625-1
(内容)見出し語をもとに、なかまのことば、反対のことばを、を意味分類にもとづいて拾い出し示す辞典。学年別の構成。

**ことばの使い方辞典 6年生** 藤井圀彦著 さ・え・ら書房 1992.4 227p 21cm 1300円 ⓘ4-378-00626-X
(内容)見出し語をもとに、なかまのことば、反対のことばを、を意味分類にもとづいて拾い出し示す辞典。学年別の構成。

**ことばの使い方辞典 総さくいん** さ・え・ら書房 1992.4 80p 21cm 850円 ⓘ4-378-00627-8
(内容)見出し語をもとに、なかまのことば、反対のことばを、を意味分類にもとづいて拾い出し示す辞典。学年別構成の本文の総索引。

**ことばの森 小学生用** 改訂版 吉田瑞穂監修 中央教育図書研究所, 土屋書店〔発売〕 2004.9 531p 21cm 2200円 ⓘ4-8069-0723-5
(内容)小学校で学習する言葉1900語と、それらと意味の上でつながりのある言葉約6000語を収

# 言語

**こどもにほんごじてん　ことばはともだち**
〔カラー版〕　講談社　1998.3　223p　26cm　1900円　Ⓘ4-06-265311-7

(内容)小学校1年生から3年生までの教科書に出てくるたいせつなことばや、よくつかわれることばを集めた小学生低学年向けの辞典。

**三省堂ことばつかいかた絵じてん**　金田一春彦監修，三省堂編修所編　三省堂　1998.3　405，10p　26×21cm　3800円　Ⓘ4-385-15031-1

(目次)1 なにしているの?(いちにちのくらし，みんなであそぼう，たのしいようちえん ほか)，2 ひろがることば(うごきのことば，〜することば・〜されることば，おなじだけどちがうことば)，3 どんなかな?(どんないろ?，どんなかたち?，なんのおと? ほか)，4 くらべてみよう(はんたいのことば，ぶんをつくる，ことばであそぼう)

(内容)幼児が6歳までに習得するといわれる約2800語のなかから、動詞・形容詞を中心に、その活用形や派生語、類語、同音意義語など約3000語を収録。テーマ別にことばを集め絵本のように日常生活の場面をイラストにして絵を見ながら言葉を覚えることができる。

**三省堂ことばつかいかた絵じてん**　小型版　三省堂編修所編，金田一春彦監修　三省堂　2009.12　405，10p　22cm　〈索引あり〉　2800円　Ⓘ978-4-385-15018-5　Ⓝ814.3

(目次)1 なにしているの?(いちにちのくらし，みんなであそぼう，たのしいようちえん，おでかけだいすき，げんきなからだ)，2 ひろがることば(うごきのことば，〜することば・〜されることば，おなじだけどちがうことば)，3 どんなかな?(どんないろ?，どんなかたち?，どんなにおい?どんなあじ?，どんなかんじ?，どうみえる?，どんなきもち?)，4 くらべてみよう(はんたいのことば，ぶんをつくる，ことばであそぼう，かきじゅん，幼児のことばの発達)

(内容)動詞形容詞を中心に約3000語を収録。テーマ別にことばを集め日常生活のなかで実際に使えることばが身に付く絵じてん。

**三省堂こどもことば絵じてん**　金田一春彦監修，三省堂編修所編　三省堂　1996.12　403，12p　26×21cm　3900円　Ⓘ4-385-15028-1

(内容)幼児の基本語2904語を五十音順に収録、全てのことばにイラストをつけわかりやすく説明したほか、反対語や使用例、子どもに説明するときのヒントやキーワードもついている。

**三省堂こどもことば絵じてん**　小型版　三省堂編修所編，金田一春彦監修　三省堂　2009.12　403，12p　22cm　〈索引あり〉　2800円　Ⓘ978-4-385-15017-8　Ⓝ813.1

(目次)あいさつ，あじ，あそび，いえ，いちに，いちねん，いっしゅうかん，いぬ，いろ，うた〔ほか〕

(内容)幼児の基本語2904語を収録。配列は五十音順、身近な場面をイラストにして絵本のように楽しく構成した幼児の絵じてん小型版。

**三省堂こどもひらがな絵じてん**　三省堂編修所編　三省堂　2000.3　95p　26cm　1400円　Ⓘ4-385-15032-X　Ⓝ811

(目次)あ行のひらがな，か行のひらがな，さ行のひらがな，た行のひらがな，な行のひらがな，は行のひらがな，ま行のひらがな，や行のひらがな，ら行のひらがな，わ行のひらがな・ん，"のつくもじ，°のつくもじ，ちいさなもじ，もじであそぼう，いろいろなもじ

(内容)あそびうた、めいろ、アミダ、まちがいさがしで、遊びながらひらがな五十音を覚える絵じてん。話し言葉をほぼ習得した子どもたち向け。五十音表、書き順表付き。

**小学館ことばのえじてん　小学館の子ども辞典**　篠崎晃一監修，小学館国語辞典編集部編　小学館　2008.11　431p　26cm　3400円　Ⓘ978-4-09-501881-2　Ⓝ814.3

(内容)楽しく学んでことばをふやす!幼児の辞典で最大の3100語。英単語160語を掲載。3・4・5・6歳向け。

**小学生の新レインボーことばの結びつき辞典**　金田一秀穂監修　学習研究社　2009.4　287p　21cm　〈索引あり〉　1300円　Ⓘ978-4-05-302814-3　Ⓝ813.4

(内容)ことばはこんなにおもしろい!ことばの結びつき約2800項目!作文や発表での「書く・話す」力がアップ。用例とイラストでスッキリ明解。習熟度チェックができる赤フィルター付き。

**小学生のまんが敬語辞典**　山本真吾監修　学習研究社　2008.6　239p　21cm　1000円　Ⓘ978-4-05-302623-1　Ⓝ815.8

(目次)敬語って、なんだろう?，第1章 五つの敬語(尊敬語って、なんだろう?，謙譲語1って、なんだろう?，謙譲語2って、なんだろう?，丁寧語って、なんだろう?，美化語って、なんだろう?)，第2章 敬意表現(あいさつしよう、思いやり語を使おう)，第3章 敬語を使ってみよう(運動会の巻 敬語のいらない場面がある?，遠足の巻 正しい敬語のはずなのに…，社会科見学の巻 大人の敬語をまねしてみよう，クイズ番組の巻—敬語クイズに挑戦，デパートの巻—なくなる敬語、生まれる敬語、たくさん敬語を使いましょう—リプレイまとめ)

(内容)まんがでわかる正しい敬語の使い方!どこで、だれに、どんな言葉に。

**小学生のまんが方言辞典** 金田一春彦監修
学習研究社 2004.12 255p 21cm 1000円 ①4-05-301823-4

(目次)第1章 会話で使う方言(あいさつの方言、会話や文の最後につける方言 ほか)、第2章 人に関する方言(人の呼び方の方言、人の性格を言う方言 ほか)、第3章 さまざまなものの呼び名の方言(ものの名前の方言、生き物の名前の方言 ほか)、第4章 各地方別の方言(北海道・東北地方の方言、関東地方の方言 ほか)

(内容)まんがとイラストで、日本各地の方言が楽しくわかる。

**調べ学習にやくだつ もののかぞえ方絵辞典 きみも数博士になれる!** 村越正則監修 PHP研究所 2001.3 143p 30×21cm 2800円 ①4-569-68288-X Ⓝ815.2

(目次)第1章 もののかぞえ方に強くなろう、第2章 もののかぞえ方のいろいろ(自然と親しむ―里山に探検に行ってみよう、元気に遊ぶ―スポーツ競技の得点のかぞえ方、豊かに暮らす―自分の住んでいる地域を探検してかぞえてみよう、楽しく学ぶ―机にはどんなものが並んでる?、おいしく食べる―料理で使われるかぞえ方、おしゃれに着る―着物などに関するもののかぞえ方、心地よい住む―みんなの住んでいる家をしらべてみよう)、第3章 数博士になろう

(内容)小学生を対象にした、ものの単位や数え方をイラストを多用して解説した辞典。第1章でどんな数え方があるか、第2章でどう数えるか、第3章で数え方の決まり事や歴史について解説する。本文の構成とは違う観点から数え方にたどり着くための索引「知りたいことをしらべてみよう」のほか、巻末に五十音順索引を付す。

**新レインボーにほんご絵じてん** 金田一春彦監修,学研辞典編集部編 学習研究社 2002.4 288p 26cm 1600円 ①4-05-301163-9 Ⓝ813

(目次)早口ことば、なぞなぞ、回文、ごろ合わせ、かん字クイズ

(内容)子供向けに約3000語を解説した学習用の用語集。新学習指導要領準拠。童話・絵本・教科書から項目を選定。イラスト入りで、見出し語の意味、用例、意味、関連語などを記載する。「ことばのひろば」と題する記事や、早口ことば、回文などの「ことばあそび」も紹介。幼児から小学校低学年対象。

**新レインボー方言辞典** 学研辞典編集部編,金田一春彦監修 学習研究社 2002.10 295p 21cm 1000円 ①4-05-301342-9 Ⓝ818

(目次)あいさつの方言、行動やふるまいの方言、ものごとのようすを表す方言、ことばの最後につける方言、強調することばの方言、人のよび方の方言、人の性格をいう方言、天気・こよみの方言、気持ちを表す方言、ひとの体の名前の方言、遊びの方言、ものの名前の方言、食べものの方言、生きものの名前の方言、植物の名前の方言、行事の解説の方言

(内容)小学生向けに全国の方言を紹介するもの。過去に使用されていた方言または現在使用中の方言を、表現対象とするもののジャンル別に分類。イラスト入りで共通語での意味、同じ意味の各地の方言を記載する。巻末に五十音順索引が付く。

**「なぜ?」にこたえるかぞえ方絵事典 言葉の意味を調べよう** 村越正則監修 PHP研究所 2006.3 79p 29×22cm 2800円 ①4-569-68573-0

(目次)第1章 かぞえ方のなぜなぜ(たんすを1棹(竿)とよぶのは、手袋を1双とよぶのは ほか)、第2章 かぞえ方の表現いろいろ(雲のかぞえ方、光のかぞえ方 ほか)、第3章 一目瞭然 絵でわかるかぞえ方(ことがらをかぞえる一件、連続動作をかぞえる一回 ほか)、第4章 かぞえ方に強くなる小事典(動物のかぞえ方、植物のかぞえ方 ほか)

(内容)たんすは1棹(竿)、にぎり寿司は1貫、ごはんは1膳、飛行機雲は1筋、入道雲は1座など、かたちが変わればかぞえ方も変わる。かぞえ方の「なぜ?」にこたえる事典。

**なまえのことばえじてん** 田島信元監修,やまさきひであきえ (大阪)ひかりのくに 2009.10 167p 27×13cm 1500円 ①978-4-564-00891-7 Ⓝ814.3

(内容)幼児期に使われる「もののなまえ」を中心に約1000語を収録。50音順で、調べたい「ことば」がすぐ見つかる。幼児にわかりやすい、やさしい説明。文字が読めないお子様も、絵本のように楽しめる。簡潔な例文で、「ことば」の使い方が身につく。反対語で「ことば」の理解がより深まる。ひらがな・かたかな表つき。英語つき。

**にほんごのえじてん あいうえお** 友永たろイラスト,岡本一郎、山本省三文 世界文化社 2007.3 249p 21×17cm 〈『はじめてであうことばのえじてん あいうえおブック』改題書〉 1600円 ①978-4-418-07803-5

(目次)あいうえおのとびら、ことばのとしょかん、あいのずかん(あぎょうのずかん)、あいさつ123、どんなあじ?、いえ、いちにち、いっしゅうかん、いちねん、いろ・かたち、「おとな」を「こども」にかえるには?―ことばであそぼ〔ほか〕

言語　　　　　　　　　　　児童書

㋱2000語以上の言葉を、89のテーマ別に紹介。1つの言葉をコマ割りでていねいに説明するコーナーの「ことばのとしょかん」、かぞえうたやしゃれなど、子どもが大好きな言葉遊びのコーナー「ことばであそぼ」も随所に収録。3歳から。

**日本語の豊かさにふれる方言の絵事典　全国のことばを使ってみよう！**　真田信治監修　PHP研究所　2006.2　79p　29×22cm　2800円　Ⓘ4-569-68577-3

㋖第1章 あいさつの方言（朝のあいさつ・寝る前のあいさつ、人と会ったとき・別れるとき ほか）、第2章 気持ちを表す方言（しおからいものを食べたら、疲れたときはなんていう？ ほか）、第3章 動作を表す方言（走る、捨てる ほか）、第4章 名前を表す方言（「カタツムリ」をなんていう？,「カエル」のことをなんていう？ ほか）、第5章 方言ってなに？（日本語にはいろいろな種類がある、なぜ方言ができたのか？ ほか）

**ひと目でわかる方言大辞典　方言で感じる地方の個性**　篠崎晃一監修　あかね書房　2009.3　143p　31cm　〈文献あり 索引あり〉　4700円　Ⓘ978-4-251-06641-1　Ⓝ818

㋖1章 方言について知ろう（方言の歴史と現在、方言の特徴、方言の区画 ほか）、2章 共通語で引く五十音順方言辞典、3章 地方別 全国の方言の特徴を知ろう（北海道・東北地方の方言、北海道・東北地方の方言文化、関東地方の方言 ほか）、4章 方言について調べよう（方言調べを始める前に、実際に方言を調べる、記録した内容をまとめる）

㋱「地方で感じる地方の個性」─地域の「話し言葉」である方言について理解が深まる一冊。方言についての基礎知識、日常よく使われる言葉を集めた「五十音順方言辞典」、地方別・都道府県別の方言の特徴を詳しく解説、方言を使った歌詞や物語などを紹介した「方言の調べ方」を学ぶことができる。

**もののかぞえ方絵事典　身近なものから動植物・自然まで　日本語表現が豊かになる**　改訂版　村越正則監修　PHP研究所　2010.8　79p　30cm　2800円　Ⓘ978-4-569-78074-0

㋖第1章 もののかぞえ方に強くなろう（ものには、いろいろなかぞえ方がある、長さ、重さ、面積、時間の単位をおぼえよう、まとまった数のかぞえ方をおぼえよう ほか）、第2章 もののかぞえ方のいろいろ（住まいのかぞえ方、男性が身につけるもののかぞえ方、女性が身につけるもののかぞえ方 ほか）、第3章 かぞえ方にくわしくなろう（もののかぞえ方の基本、数をかぞえるのに便利な道具、ひとまとめのかぞえ方 ほか）

㋱1個、1本、1枚、1匹、1頭、1台、1足…身近な物から食べ物、動植物、乗り物など、いろいろなもののかぞえ方を絵とともに解説する事典。

**1さいでであうことばえじてん**　いしかわこうじ絵、小椋たみ子、綿巻徹監修　幻冬舎エデュケーション、幻冬舎（発売）　2010.1　40p　27cm　〈索引あり〉　1200円　Ⓘ978-4-344-97716-7　Ⓝ726.5

㋱1歳台の子どもが目にする食べ物や動物、人やおもちゃなど、全72語を集めた絵辞典。身近なものの名前を、えじてんでおぼえ、何度読み返してもあきない、絵本のような辞典。

**2さいでであうことばえじてん**　たちもとみちこ絵、小椋たみ子、綿巻徹監修　幻冬舎エデュケーション、幻冬舎（発売）　2010.1　55p　27cm　〈索引あり〉　1300円　Ⓘ978-4-344-97717-4　Ⓝ726.5

㋱2歳台で多く獲得するのは、動作のことば。「すわる」「はねる」「おんぶする」など、2歳の日常で経験する214語を、短いストーリー仕立てであらわした絵辞典。何度読み返してもあきない、絵本のような辞典。

**3さいでであうことばえじてん**　野口賢次絵、小椋たみ子、綿巻徹監修　幻冬舎エデュケーション、幻冬舎（発売）　2010.1　63p　27cm　〈索引あり〉　1400円　Ⓘ978-4-344-97718-1　Ⓝ726.5

㋱3歳台の子どもに必要な250語を集めた絵辞典。「熱い」「厚い」「暑い」。同じ音のことばでも、絵で見てみれば答えは一目瞭然。表現が豊かになり、何度読み返してもあきない、絵本のような辞典。

<図　鑑>

**こくごの図鑑　楽しく遊ぶ学ぶ**　青山由紀監修　小学館　2009.3　191p　27cm　（小学館の子ども図鑑プレNEO）〈文献あり 索引あり〉　2800円　Ⓘ978-4-09-213183-5　Ⓝ810.7

㋖ぶんをつくる（なまえことば、うごきことば、ようすことば ほか）、くらしとことば（きもちをつたえる、かんよう、ことわざ ほか）、もじであらわす（かんじ、ひらがな・かたかな、ローマじ ほか）

㋱「ぶんをつくる」「くらしとことば」「もじであらわす」の順に、いろいろなことばや文字をとりあげながら、国語の授業が楽しくなる体験・知識を紹介する。

## ◆◆国語辞典

### <辞 典>

**旺文社小学国語新辞典** 改訂版　旺文社編
　旺文社　1991.12　919p　21cm　1700円
　Ⓘ4-01-077551-3　Ⓝ813
　(内容)小学生の学習にじゅうぶん役だつ26,000語を収録。地名・人名・作品名、有名な短歌・俳句、慣用句もひける。小学生も使う外国語・外来語をわかりやすくせつめい。見出し語の品詞や原語名がわかり、説明・用例もていねい。

**旺文社小学国語新辞典**　第4版　旺文社編、宮腰賢監修　旺文社　2010.12　1311p　19cm　〈付(32p):国語辞典の使い方〉　1900円　Ⓘ978-4-01-077621-6　Ⓝ813.1
　(内容)関連語が満載!ことばが結びつくから覚えやすい。大きな見出し語／漢字にはふりがなつき。ことわざ・慣用句も充実の31000語収録。別冊「国語辞典の使い方」つき。

**旺文社小学国語新辞典**　第4版 ワイド版　旺文社編、宮腰賢監修　旺文社　2010.12　1311p　22cm　〈付(32p):国語辞典の使い方〉　2200円　Ⓘ978-4-01-077622-3　Ⓝ813.1
　(内容)関連語が満載!ことばが結びつくから覚えやすい。大きな見出し語／漢字にはふりがなつき。ことわざ・慣用句も充実の31000語収録。別冊「国語辞典の使い方」つき。

**旺文社標準国語辞典**　第6版　古田東朔監修、旺文社編　旺文社　2001.11　1151p　19cm　2300円　Ⓘ4-01-077606-4　Ⓝ813
　(内容)新語約2000語を加えた45000語を収録する中学生向けの2色刷り国語事典。新学習指導要領に合わせた全面改訂版。図版・イラスト690点を掲載する。巻末に国語表記の基準や漢字の筆順などの付録と漢字画引き索引がある。

**学習国語新辞典**　全訂第2版　金田一京助編
　小学館　2006.1　799p　22×15cm　1800円
　Ⓘ4-09-501822-4
　(内容)すべての漢字にふりがながついている。学習漢字1006字が、赤い見出しになっている。学習漢字1006字に、筆順がついている。熟語がさらに充実、漢字辞典としても使える。楽しみながら勉強できる「一行知識」が便利。

**学習 新国語辞典**　新装第2版　馬淵和夫著
　講談社　1991.11　886p　21cm　1500円
　Ⓘ4-06-123278-9
　(内容)小学生向き国語辞典として30,000語を収録、オール2色刷り。全項目品詞つき。理解に便利なさし絵、囲み記事も多い。教育漢字1006字を解説した漢字辞典、各教科の人名358人を解説した人名事典つき。

**学研 レインボー小学国語辞典**　改訂新版
　学習研究社　1994.12　1011p　21cm　1800円　Ⓘ4-05-300102-1
　(内容)小学生向けの学習国語辞典。小学校の教科書から選んだ用語・故事ことわざ・外来語・新語など25000語、学習漢字1006字を収録する。学校のテスト・入試によく出る重要語は赤文字で示す。また類語・対語や注意・参考事項の注記、囲み記事、ことば遊び・クイズなども収める。学習漢字学年別索引、学習漢字総画索引を付す。―教科書にぴったりの学習国語辞典。

**くもんの学習国語辞典**　改訂第3版　村石昭三監修　くもん出版　2002.2　1173p　21cm　〈付属資料:別冊1〉　1800円　Ⓘ4-7743-0603-7　Ⓝ813.1
　(内容)新学習指導要領に準拠した小学生向けの学習用国語辞典。1988年刊行の旧版に対して、情報や環境問題の関連用語など約700語を増補した第3版にあたる。そのほかことわざ約100語などを含む約2万4000語を収録。見出し語には調べ済みの印を付けるチェック欄が付く。小学生に身近だと思われる英単語も適宜併記する。巻末にことわざや四字熟語索引、教育漢字表が付く。別冊付録は「まんが・辞典に強くなる本」。

**くわしい小学国語辞典**　3訂新版　時枝誠記編　文英堂　19〔91.11〕　1039p　21cm　1650円　Ⓘ4-578-15009-7
　(内容)編集方針は、収録語数が多く、意味・内容の説明がわかりやすい、用例が豊富、ことばの生きた意味・使い方がわかる。イラスト・マンガが多い。漢字辞典としても使える。

**三省堂現代学習国語辞典**　特製版　三省堂編修所編　三省堂　2007.1　1364p　19cm　1500円　Ⓘ4-385-14013-8
　(内容)学習語句・日常生活用語を中心に、新語、外来語、俗語、専門語、略語、慣用句、ことわざ、常用漢字(1945字)など57000語を収録した国語辞典。「用法」「比較」などの欄で、ことばの意味と用法をていねいに解説。筆順と音訓の配当学年を明示。漢字学習に役立つ「まちがえやすい漢字の例」を付録に収録。

**三省堂こどもこくごじてん**　三省堂編修所編　三省堂　2002.3　263p　26×21cm　2000円　Ⓘ4-385-14300-5　Ⓝ813
　(内容)小学1年生から3年生を対象とした学習用の国語辞典。2002年新学習指導要領に準拠。約1200語を五十音順に排列して解説。用例と1000点以上のイラストを収載する。巻末に「文をつなぐことば」や「さししめすことば」などことばの知識を深めるテーマ別特集ページがある。

児童書 レファレンスブック　277

# 言語　児童書

**三省堂例解小学国語辞典**　田近洵一編　三省堂　1997.3　1060, 39p　21cm　2000円　Ⓝ4-385-13800-1
(内容)小学生向けの国語辞典。教科書に出てくることば、新しいことば、地名・人名・作品名など、3万2千語を収録。

**三省堂例解小学国語辞典**　田近洵一編　三省堂　1999.10　1060p　19cm　1800円　Ⓝ4-385-13798-6
(内容)教科書に出てくる言葉、新しい言葉、地名・人名・作品名など32000語を収録した小学生向けの国語辞典。50音順配列。付録として小学校で習う学習漢字一覧と学習漢字の画数順さくいんがある。

**三省堂例解小学国語辞典**　ワイド版　田近洵一編　三省堂　1999.10　1060p　21cm　2000円　Ⓝ4-385-13799-4
(内容)教科書に出てくる言葉、新しい言葉、地名・人名・作品名など32000語を収録した小学生向けの国語辞典のワイド版。50音順配列。付録として小学校で習う学習漢字一覧と学習漢字の画数順さくいんがある。

**三省堂例解小学国語辞典**　第2版　田近洵一編　三省堂　2002.1　1088, 39, 13p　19cm　1900円　Ⓝ4-385-13802-8　Ⓝ813
(内容)教科書などから選定した約3万3000語を収録する小学生向けの辞典。国語だけでなく他教科の範囲や地名・人名・作品名、コンピュータ関連語、メディアや日常生活で使用される項目も網羅。外来語には英語原綴または言語表示を付記。小学校の学習漢字全1006字は見出し項目として収録。そのほかことばについての各種コラムを収載。付録は「くらしのなかの英語」ポスター。

**三省堂例解小学国語辞典**　第2版 特製版　田近洵一編　三省堂　2002.1　1088, 39, 13p　19cm　1810円　Ⓝ4-385-13803-6　Ⓝ813
(内容)教科書などから選定した約3万3000語を収録する小学生向けの国語辞典。国語だけでなく他教科の範囲や地名・人名・作品名、コンピュータ関連語、メディアや日常生活で使用される項目も網羅。外来語には英語原綴または言語表示を付記。小学校の学習漢字全1006字は見出し項目として扱い、画数、部首名、学習学年、音訓、筆順、意味、熟語、用例、訓の使い方を示す。そのほかことばについての各種コラムを収載。付録「くらしのなかの英語」ポスター。

**三省堂例解小学国語辞典**　第2版 ワイド版　田近洵一編　三省堂　2002.1　1088, 39, 13p　21cm　2100円　Ⓝ4-385-13801-X　Ⓝ813

(内容)教科書などから選定した約3万3000語を収録する小学生向けの辞典。文字サイズを拡大したワイド版にあたる。国語だけでなく他教科の範囲や地名・人名・作品名、コンピュータ関連語、メディアや日常生活で使用される項目も網羅。外来語には英語原綴または言語表示を付記。小学校の学習漢字全1006字は見出し項目として収録。そのほかことばについての各種コラムを収載。付録は「くらしのなかの英語」ポスター。

**三省堂例解小学国語辞典**　第3版　田近洵一編　三省堂　2005.1　1146, 30, 12p　19cm　〈付属資料：ポスター1〉　1900円　Ⓝ4-385-13804-4
(内容)学習を助ける例解コラム─例解使い分け、例解ことばの窓、例解表現の広場、例解ことばの勉強室。ことばの世界を広げる特設コラム─遊びのいろいろ、慣用句、季語、擬声語と擬態語、ことば遊び、ことわざ、四字熟語、情報の収集と活用。記号でしめしたいろいろな知識。特別見出しの常用漢字1945字。画数・部首・音訓・熟語もわかる。学習漢字1006字は筆順と訓の使い方も明示。付録ポスター「くらしの中の英語」。

**三省堂例解小学国語辞典**　第3版 特製版　田近洵一編　三省堂　2005.1　1146, 12, 30p　19cm　1810円　Ⓝ4-385-13806-0
(内容)国語だけでなく他の教科もカバー。地名・人名や作品名まで、33000語を収録。3年生以上の漢字はふりがなつき。学習のための新しい工夫を満載。豊富なイラスト、わかりやすいコラム、多彩な付録。

**三省堂例解小学国語辞典**　第3版 ワイド版　田近洵一編　三省堂　2005.1　12, 30, 1146p　21cm　〈付属資料あり〉　2100円　Ⓝ4-385-13805-2
(内容)国語だけでなく他の教科もカバー。地名・人名や作品名まで、33,000語を収録。わかりやすく、ていねいな解説。3年生以上の漢字はふりがなつき。学習のための新しい工夫を満載。豊富なイラスト、わかりやすいコラム、多彩な付録。

**三省堂例解小学国語辞典**　第4版　田近洵一編　三省堂　2009.1　1176, 20, 10p　19cm　1900円　Ⓝ978-4-385-13821-3　Ⓝ810
(内容)わかりやすく丁寧な解説で、すべての漢字にふりがなを付けた国語辞典。国語だけでなく他の教科もカバーして、33000語を収録。

**三省堂例解小学国語辞典**　第4版 ワイド版　田近洵一編　三省堂　2009.1　1176, 20, 10p　22cm　2100円　Ⓝ978-4-385-13822-0　Ⓝ810
(内容)わかりやすく丁寧な解説で、すべての漢

**三省堂例解小学国語辞典** 第4版 特製版 田近洵一編 三省堂 2009.1 1冊 19cm 〈付属資料あり〉 1810円 ⓘ978-4-385-13823-7 Ⓝ810
(内容)わかりやすく丁寧な解説で、すべての漢字にふりがなを付けた国語辞典。国語だけでなく他の教科もカバーして、33000語を収録。

**下村式 小学国語学習辞典** 下村昇編著 偕成社 1994.3 1253p 21cm 2500円 ⓘ4-03-920150-7
(内容)見出し語約25000語の学習国語辞典。最新の教育漢字表・常用漢字表に準拠し、新語や外来語・カタカナ語も収録する。見出しは大活字、総ルビ付きで掲載し、熟語・例文・同義語・反対語・ことわざ・慣用句を数多く示す。

**ジュニア・アンカー国語辞典** 第3版 石森延男、林義雄、林史典編 学習研究社 1994.11 100p, 980p 19cm 2100円 ⓘ4-05-300106-4
(目次)序文、この本の使い方、本文、付録
(内容)教科書のことばや新聞・テレビに出ることばなどを収録した中学校学習用国語辞典。見出し語数4万のうち学習重要語2000語は色刷で示す。間違いやすい表現などを記した「ポイント」、ことばの使い方を解説する「用法」、雨の表現のいろいろなどの囲み記事「ミニ情報」がある。巻末付録には動詞活用表・常用漢字ミニ字典などを収める。

**小学国語学習辞典** 新版 石井庄司監修 日本標準 2003.1 1223, 17p 21cm 〈付属資料：別冊1，学年別漢字表1〉 1900円 ⓘ4-8208-0049-3
(内容)新学習指導要領に完全対応。全教科の最新教科書から重要語を精選。小学生用として日本最高の見出し語数35000語。最新用語が充実。小学校で習う1006字の漢字を豊富に収め、漢字辞典としても使える。3年生以上で学習する漢字にはルビつき。3年生から使える。約600名の人名辞典や「語源コラム」「漢字の使い分けコラム」などの資料が充実。学習に役立つ2大資料つき。

**小学国語辞典** 新版(第2版) 柴田武監修 教育同人社 2005.4 1192p 21cm 1714円 ⓘ4-87384-014-7
(内容)小学校の全教科・全学年の教科書から必要なことば32000語を収録した国語辞典。をふり仮名付きでひきやすく、用例も豊富に掲載したほか、ことわざ・慣用句・四字熟語・新語も多く収録。漢字字典・学習事典としても使える。17年度版の新しい教科書に対応。

**小学新国語辞典** 改訂版 甲斐睦朗監修 光村教育図書 2010.12 1303p 21cm 〈付属資料：別冊1〉 1714円 ⓘ978-4-89572-014-4 Ⓝ810
(内容)新版教科書の言葉を綿密に収録した国語辞典。身につけたい大切な言葉を色分け表示。百人一首・短歌・俳句・ことわざ・慣用句・四字熟語などが学べる。改定常用漢字表に完全対応。約33000語を収録。

**新レインボー小学国語辞典** 改訂新版 金田一春彦, 金田一秀穂監修 学習研究社 2001.4 1123p 21cm 〈付属資料：ポスター1〉 1900円 ⓘ4-05-300954-5 Ⓝ813.1
(内容)小学生向けの国語事典。約28000語を収録。漢字には部首・画数、筆順などを示し、漢字字典としての機能も持つ。「国語のちしき」などのコラムやクイズなどを掲載。新語・新教科書中の言葉3000語を追加、解説を書き改めたほか、巻頭にカラー口絵を付した改訂新版。

**新レインボー小学国語辞典** 改訂第3版小型版 金田一春彦, 金田一秀穂監修 学習研究社 2005.4 1367p 19cm 〈付属資料：漢字表, 別冊〉 1762円 ⓘ4-05-301793-9
(内容)小学1～6年生の全教科の教科書から集めた、必要十分の3万5000語を収録。ことわざ・慣用句・四字熟語を豊富に収め、その表示もした。新語・パソコン用語・スポーツ用語・アルファベット略語(「MO」など)を、たくさん収めた。「温かい・暖かい」「器械・機械」など、使い分けのむずかしいことばをイラストで解説。教育漢字1006字を巻末に収め、全画数表示のわかりやすい筆順や、意味・用例も掲載。漢字辞典として使える。

**新レインボー小学国語辞典** 改訂第3版 金田一春彦, 金田一秀穂監修 学習研究社 2005.4 1365p 21cm 〈付属資料：別冊1, 漢字表1〉 2000円 ⓘ4-05-301792-0
(内容)小学1～6年生の全教科の教科書から集めた、必要十分の3万5000語を収録。ことわざ・慣用句・四字熟語を豊富に収め、その表示もした。新語・パソコン用語・スポーツ用語・アルファベット略語(「MO」など)を、たくさん収めた。「温かい・暖かい」「器械・機械」など、使い分けのむずかしいことばをイラストで解説。教育漢字1006字を巻末に収め、全画数表示のわかりやすい筆順や、意味・用例も掲載。漢字辞典として使える。文学作品にみられる動植物などを、巻頭カラー口絵16ページに掲載。

**新レインボー小学国語辞典 小型版** 改訂新版 金田一春彦, 金田一秀穂監修, 学研辞典編集部編 学習研究社 2003.4 1121p 19cm 1714円 ⓘ4-05-301463-8

⦅内容⦆小学1～6年生の全教科の教科書から集めた2万8000語収録。ことわざ・慣用句・四字熟語・新語なども多数収録。教育漢字1006字を収め、漢字辞典としても使える。筆順は全画面表示でわかりやすい。パソコン入力に役立つローマ字の書き方をくわしく解説。

**チャレンジ国語辞典** 村石昭三編 福武書店 1991.10 1091, 93p 19cm 2000円 Ⓘ4-8288-0408-0 Ⓝ813

⦅内容⦆大きな活字で見やすく、漢字の字形もよくわかるようつくられている。学習・生活の基本語をことばと用例で解説。重要なポイントや注意事項はひと目でわかるよう2色刷。表現に役立つたくさんのコラム―使い分け、類語表現、チャレンジ表現講座を収録。巻末に常用漢字がマスターできるチャレンジ漢字百科を付ける。

**チャレンジ小学国語辞典** 改訂新版 福武書店 1990.1 872p 21cm 1450円 Ⓘ4-8288-0400-5 Ⓝ813

⦅内容⦆教科書に出てくる人名や新しいことばを収録。他教科にも役だつ用例を数多く採用。特別ページやコラムで国語の知識が広がる。新教育用漢字1,006字がよくわかる。楽しく作文が書けるポスターつき。新学習指導要領準拠。

**チャレンジ小学国語辞典** 第3版 福武書店 1994.2 901p 21cm 1700円 Ⓘ4-8288-0417-X

⦅内容⦆小学生の学習に必要な24000語を収録した国語辞典。第3版では、新しいことばや教科書のことばなど1500語を追加。小学校でならう漢字1006字には筆順を示す。

**チャレンジ小学国語辞典** 第4版 コンパクト版 湊吉正監修 (多摩)ベネッセコーポレーション 2004.2 1137p 19cm 1619円 Ⓘ4-8288-0457-9

⦅内容⦆1～6年生の新しい教科書に基づき見出し語を厳選、25000語を収録した国語辞典。どの学年でも使えるように全ての漢字にふりがながつき、小学生の理解しやすい言葉で解説。小学校6年間で習う教育漢字1006字も収録。

**チャレンジ小学国語辞典** 第4版 新デザイン版 湊吉正監修 (多摩)ベネッセコーポレーション 2008.1 1137p 22cm 2095円 Ⓘ978-4-8288-0477-4 Ⓝ813.1

⦅内容⦆1～6年生の教科書に基づき見出し語を厳選(25000語収録)。小学校6年間で習う教育漢字1006字も収録。50音順があやうでも引ける。全ページに"あ→ん"を表示。低学年から使えるよう、すべての漢字に"ふりがな"つき。「ガッテンことば教室」、「ことばのさんぽ道」など、楽しいコラムやイラストがいっぱい。「総合的な学習コラム」で調べ学習をサポート。「ことばにチャレンジ!」コラムで、作文に役立つ表現を紹介。

**つよしくんゆきちゃんの はじめての国語じてん** 新版 林四郎監修 日本放送出版協会 1999.1 610p 21cm 1600円 Ⓘ4-14-011113-5

⦅目次⦆本文、ことばの広場(自然、四季、天気を表すことば、気温・温度を表すことば、方向・位置を表すことば、ときを表すことば、家族、親せき ほか)

⦅内容⦆児童向けの国語辞典。2400語を収録し、約2100点の挿絵を掲載。

**文英堂小学国語辞典** 第4版 時枝誠記編 文英堂 2002.3 1056p 21cm (シグマベスト) 1900円 Ⓘ4-578-13081-9 Ⓝ813.1

⦅内容⦆小学生向けの学習用国語辞典。情報化や環境問題の関連語を中心に増補し、収録数は約3万項目を数える。3年生以上で学ぶ漢字にはすべて読み仮名入り。学習漢字のほか、常用漢字、人名用漢字、地名や歴史上の人物・事件、算数の用語、動植物名なども収録する。コラム記事では漢字の使い分け、慣用句の成り立ち、国語学習のポイントなどを紹介。英語学習に備え、350項目に英語を併載している。

**文英堂小学国語辞典 コンパクト版** 第4版 時枝誠記編 文英堂 2003.3 1056p 19cm (シグマベスト) 1800円 Ⓘ4-578-13094-0

⦅内容⦆新学習指導要領準拠。見出し語30000。新時代のことば、新しい教科書のことばを加えた。漢字の使い分けなど、国語の学習に役立つコラムも充実。英語の学習にそなえ、350語に英語を示した。漢字辞典にも使えるよう、学習漢字以外の常用漢字も全て掲載。低学年から使えるように、読みがなを大幅にふやした。

**ベネッセ新修国語辞典** 中道真木男編 (多摩)ベネッセコーポレーション 2006.2 1149, 82p 19cm 2500円 Ⓘ4-8288-0463-3

⦅内容⦆学習や日常生活に必要で十分な約47000語を収録した国語辞典。

**例解学習国語辞典** 第7版 金田一京助編 小学館 1999.1 1131p 19cm 1800円 Ⓘ4-09-501706-6

⦅内容⦆収録語数約32000語の小学生向けの国語辞典。小学校で習う学習漢字1006字を掲載した学年別漢字表付き。

**例解学習国語辞典** 第7版 ワイド版 金田一京助編 小学館 1999.1 1131p 21cm 2000円 Ⓘ4-09-501724-4

⦅内容⦆収録語約32000語の小学生向けの国語辞典。小学校で習う学習漢字1006字を掲載した学

年別漢字表付き。ワイド版。

**例解学習国語辞典 第8版 ワイド版** 金田一京助編 小学館 2004.1 1195p 21cm 〈付属資料：漢字表〉 2100円 ⓘ4-09-501725-2

(内容)1965年刊行の『例解学習国語辞典』第8版ワイド版。学習漢字1006字を含む約33000語を収録。付録には手紙の書き方・小倉百人一首・アルファベット略語集など多数収録。

**例解学習国語辞典 第8版** 金田一京助編 小学館 2004.1 1195p 19cm 〈付属資料：漢字表1〉 1800円 ⓘ4-09-501707-4

(内容)1965年刊行の『例解学習国語辞典』第8版。学習漢字1006字を含む約33000語を収録。付録には手紙の書き方・小倉百人一首・アルファベット略語集など多数収録。

**例解学習国語辞典 第8版** 金田一京助編 小学館 2009.8 1195p 19cm 〈第15刷付属資料（DVD-Video1枚 12cm）：深谷式辞書引きガイド 付（2枚 袋入）：カラー版学年別漢字表〉 2000円 ⓘ978-4-09-501748-8 Ⓝ813.1

(内容)収録語数33000語、学習漢字1006字の筆順・画数・読み方・意味などを完全収録した国語辞典。コラム・イラスト・図解などもたくさん載せてあり楽しく学べる。付録にアルファベット略語集・小倉百人一首・敬語・ものの数え方などを多数収録。

**例解学習国語辞典 第9版** 金田一京助編 小学館 2010.11 1265p 19cm 〈付属資料（DVD-Video1枚 12cm）：ドラえもんの辞書引き大冒険 付（1枚）：小学生で習う漢字1006字〉 1900円 ⓘ978-4-09-501708-2 Ⓝ813.1

(内容)すべての漢字にふりがながついて、低学年から中学生まで使える。新語や慣用句を2000語追加して、類書中最大級の35000語を収録。似たことばの使い分けがわかる表組み200点、豊富な図版と楽しいコラムを多数掲載。口絵は色にこだわって全面改訂／欄外は、47都道府県の一行情報とアルファベット略語。巻末ふろくの内容は、敬語（新しい5分類）、小倉百人一首、手紙の書き方など多数。

**例解学習国語辞典 第9版 例解学習漢字辞典 第7版 2冊セット** 金田一京助, 藤堂明保編 小学館 2010.11 2冊（セット） 19cm 〈付属資料：漢字表1, DVD1, ポスター1〉 3800円 ⓘ978-4-09-501931-4 Ⓝ813.1

(目次)例解学習国語辞典, 例解学習漢字辞典

(内容)新常用漢字表（案）・新学習指導要領全面準拠。収録語彙数35000語の新デザインの例解

学習国語辞典と慣用句・ことわざ・故事成語・四字熟語など熟語数25000語の例解学習漢字辞典の二冊セット。

**例解学習国語辞典 ドラえもん版 第7版** 金田一京助編 小学館 2002.1 1131p 19cm 〈付属資料：漢字表〉 1800円 ⓘ4-09-501741-4 Ⓝ813

(内容)学習指導要領に準拠した小中学生向けの国語辞典。1965年初版の「例解学習国語辞典」の第7版。約2500語の見出し項目を新たに追加すると共に、ことばの説明や用例文を大幅に改訂した3万2000項目を収録する。小学校における学習漢字での書き表し方を記載。そのほか中学校で学習する基本英単語約530語について欄外で読み方、意味、用例を示す。付録としてドラえもんのイラスト入りカラー版壁掛け教材の学年別漢字表がある。

**例解学習国語辞典 ドラえもん版 第7版 ワイド版** 金田一京助編 小学館 2002.4 1131p 21cm 〈付属資料：漢字表1〉 2000円 ⓘ4-09-501746-5 Ⓝ813

(内容)学習指導要領に準拠した小中学生向けの国語辞典。1965年初版の「例解学習国語辞典」の第7版。約2500語の見出し項目を新たに追加すると共に、ことばの説明や用例文を大幅に改訂した3万2000項目を収録する。判型が一回り大きいワイド版。

**例解学習国語辞典 ドラえもん版 第8版** 金田一京助編 小学館 2004.4 1195p 17cm 〈付属資料：漢字表1〉 1800円 ⓘ4-09-501742-2

(内容)小型で使いやすい大好評のドラえもん版新版登場。学習指導要領準拠。学習漢字1006字全面採用。収録語数33000語。

**例解学習国語辞典 ドラえもん版 第8版 ワイド版** 金田一京助著 小学館 2004.4 1195p 21cm 〈付属資料：漢字表1〉 2100円 ⓘ4-09-501747-3

(内容)教科書に密着した編集。語数が多い。言葉の使い分けがわかる表組200点。漢字字典としても使える。小学生国語辞典の決定版。

**例解新国語辞典 第4版** 林四郎, 野元菊雄, 南不二男, 国松昭編著 三省堂 1993.11 1078, 47p 19cm 2200円 ⓘ4-385-13319-0

(内容)中学生の学習に必要な5万語近くを収録した学習国語辞典。旧版に比べ一般四万項目を追加。新しい国語教科書のことばを調査してふつうの辞典にない項目も収録。表現欄、類語・対語を強化。漢字項目の例解を大幅増。ことばの用法を示す囲み記事を掲載。各ページに人名・国名の一行情報を収録。

言語　　　　　　　児童書

◆◆漢字辞典

<辞　典>

**旺文社小学漢字新辞典　改訂版　旺文社編**
旺文社　1991.12　879p　21cm　1700円
①4-01-077552-1

(内容)親字数2,229字。熟語数約13,500語。教科書中心に役だつ語句・文例を豊富に収録。学校での勉強や家庭での予習・復習にぴったり。新学習指導要領完全準拠、特別付録「絵で見る部首のいろいろ」ポスターつき。

**旺文社小学漢字新辞典　第4版　旺文社編、尾上兼英監修　旺文社　2010.12　1177p　19cm　〈付(32p)：漢字辞典の使い方〉　1900円　①978-4-01-077624-7　Ｎ813.2**

(内容)「なりたち」「意味」「ちがい」「熟語の構成」に加え「用例」を全面改訂。意味が結びつくから覚えやすい。すべての常用漢字に「なりたち」「筆順」「意味」を掲載。親字数は約3200字。熟語は約15000語収録。低学年から安心して使える。別冊「漢字辞典の使い方」つき。

**旺文社小学漢字新辞典　第4版　ワイド版　旺文社編、尾上兼英監修　旺文社　2010.12　1177p　22cm　〈付(32p)：漢字辞典の使い方〉　2200円　①978-4-01-077625-4　Ｎ813.2**

(内容)「なりたち」「意味」「ちがい」「熟語の構成」に加え「用例」を全面改訂。意味が結びつくから覚えやすい。すべての常用漢字に「なりたち」「筆順」「意味」を掲載。親字数は約3200字。熟語は約15000語収録。低学年から安心して使える。別冊「漢字辞典の使い方」つき。

**旺文社標準漢和辞典　第5版　遠藤哲夫、小和田顕監修、旺文社編　旺文社　2001.11　1003p　19cm　2300円　①4-01-077605-6　Ｎ813.2**

(内容)親字約6000字と語・句約4万件を収録する中学・高校生向けの学習用漢和事典。各親字にJISコードを付属する。漢字検定の2～4級で重視される同音・同訓異字、対義語・類義語、四字熟語を詳説。付録には「漢字の知識」や「中国文化史年表」などが付く。巻頭に音訓索引、総画索引、巻末に人名・書名索引、同訓異字・同音異義語索引、故事・成句索引、四字熟語索引、漢詩索引、字音かなづかい表がある。

**オールカラー学習漢字新辞典　加納喜光監修　小学館　2007.1　495p　21cm　1400円　①4-09-501854-2**

(目次)一年生で習う漢字、二年生で習う漢字、三年生で習う漢字、四年生で習う漢字、五年生で習う漢字、六年生で習う漢字

(内容)1年生からの漢字辞典。学習漢字1006字がたのしく学べる。

**学習 新漢字辞典　第2版　志村和久編　講談社　1991.11　649p　21cm　1450円　①4-06-123279-7　Ｎ813**

(内容)教育漢字1006字、常用漢字1945字、精選された12,000語の熟語を収録。漢字の意味・語例・使い方・字源などがわかる。書写の手引きになる筆順や毛筆つき。読めない漢字も引ける部首字形と総画索引つき。オール2色刷り。

**学研 漢和辞典　改訂新版　藤堂明保編　学習研究社　1994.4　740,44p　19cm　1800円　①4-05-103690-1**

(内容)中学生からの漢字・漢文学習用の漢和辞典。親字は約3700字、熟語は約28000語を収録。新人名用漢字、教育漢字の新配当学年をはじめ、JISコードなどの漢字資料も収める。重要な字には文字の成り立ちを解説、また筆順、行書体のペン字なども示す。付録にJIS漢字一覧表、故事成語索引などを収める。

**漢字絵じてん あいうえお　矢崎節夫文、黒井健絵　くもん出版　1996.11　96p　30cm　1545円　①4-7743-0060-8**

(内容)幼児の知っていることばを、874語、あいうえお順にならべ、漢字で表記した辞典。楽しい絵と文で、無理なく漢字にしたしめる。

**漢字に強くなる小学漢字学習辞典　石井勲編　三省堂　1992.3　998p　21cm　〈『常用漢字学習辞典』改題書〉　3600円　①4-385-15064-8**

(内容)小・中学校で習う常用漢字1945字を楽しいイラストに入れて解説。熟語を意味ごとに分けて解説し、ことばの生きた意味、使い方がわかる。漢字の読み、画数、筆順、書く上でのポイント、成り立ちなどが一目でわかる。見出し漢字の配列は"字の形のまとまり"と"意味のまとまり"を重視した定評ある石井方式。

**漢字の成立ち辞典　新装版　加納喜光著　東京堂出版　2009.6　380p　19cm　2800円　①978-4-490-10753-1　Ｎ821.2**

(目次)第1章 人間編(子供、女、老人、人間,)、第2章 身体編(頭部、手、足、体部)、第3章 自然編(動物、植物、天、地)、第4章 文化編(武器、農工具、家具、衣食住)、第5章 記号編(「わける」記号、「けずる」記号、「切れ目を入れる」記号、「まじわる記号」、「かみあう」記号、「くみあう」記号、「つきぬく」記号、「かさなる」記号、「かぶせる」記号、「まがる」記号、「そろう」記号、「まとめる」記号、「まわる」記号、「かこう」記号、「中にはいる」記号、「ぴんと張る」記号、「四角いわく」の記号、「目立つしるし」の記号、「上の方」を示す記

号，「下の方」を示す記号，「突き出る」記号，「へこむ」記号，「からげる」記号，「三本で合わせる」記号，「一本でまとめる」記号）

(内容)漢字の原点に帰り字源・語源を知ることで，形も意味もはっきり理解。漢字学習の効果絶大。漢字のイメージ分類辞典。

**漢字の森 小学生用** 改訂版 吉田瑞穂監修 中央教育図書研究所，土屋書店〔発売〕 2004.9 375p 21cm 1800円 ⓘ4-8069-0724-3

(内容)小学校で学習する漢字1006字全部を，一年から六年まで，学年ごとに，アイウエオ順に収録。絵を多くとり入れて，漢字を楽しく学び，よくおぼえられるようにくふうしている。

**くもんの学習 漢字字典** 改訂新版 くもん出版 1993.10 655p 21cm 1600円 ⓘ4-87576-812-5

(内容)小学一年から使いこなせる。読みやすい，ひきやすい，わかりやすい。学年配当漢字1006字をすべて収録。

**くもんの学習 漢字字典** 第3版 和泉新監修 くもん出版 2003.2 679p 21cm 1600円 ⓘ4-7743-0651-7

(内容)小学校配当漢字1006字が学年別になっているので、予習・復習に便利。すべての漢字の成り立ちを，絵入りでわかりやすく説明。漢字の書き方をくわしく説明。教科書や読み物に出ている熟語をたくさん掲載。四字熟語・同音異義語など，役立つ付録が充実。

**こどもかんじじてん ことばはともだち** 江川玟成監修 講談社 1999.11 236p 26cm 1900円 ⓘ4-06-265316-8

(内容)小学校1年生から3年生までに習う漢字440字を学年別にまとめた辞典。配列は50音順。280字に「かんじのなりたち」としてどのようにしてその漢字ができたかを説明したものがついている。索引として、音訓，部首別，総画の3つの索引がある。

**三省堂学習漢字図解辞典** 改訂版 三省堂編修所編 三省堂 1992.3 1040p 21cm 3900円 ⓘ4-385-15062-1

(内容)学習漢字1006字を、かかわりの深い順に1ページ1字を解説。見出し漢字は，部首・音訓・総画・学年のどれからでもすぐ引ける。学年当・筆順・なりたち・いみが一目でわかる。絵を見ながら漢字が楽しく学べる。説明はわかりやすく，いろいろな言葉の読み方や，さんすう事項・はんたい語も多数収録。

**三省堂こどもかんじじてん** 川嶋優編 三省堂 2002.3 243，12p 26×21cm 2000円 ⓘ4-385-14303-X Ⓝ813

(目次)一年生の漢字，二年生の漢字，三年生の漢字

(内容)小学1年生から3年生を対象とした学習用の漢字辞典。2002年新学習指導要領に準拠。学習漢字440字を学年別に排列。オールカラーのイラスト入り。巻末に「なかまの漢字」や「書き方の注意」など漢字への理解を深めるテーマ別特集ページがある。

**三省堂例解小学漢字辞典** 林四郎，大村はま編 三省堂 1997.3 1024，30p 21cm 2000円 ⓘ4-385-13810-9

(目次)この辞典の使い方，漢字の組み立て，漢字のなりたち，熟語の組み立て，その字が下につく熟語，総画さくいん，本文

(内容)漢字から日本語をとらえた，小学生向けの漢字辞典。

**三省堂例解小学漢字辞典** 林四郎，大村はま編 三省堂 1999.10 1016p 19cm 1800円 ⓘ4-385-13808-7

(内容)親字数2700字を収録した小学生用の漢字辞典。それぞれの熟語を親字の意味にあわせて分け，50音順に配列。付録として中国書名物語，中国の王朝と日本の時代，学年別漢字さくいん，音訓さくいん，同音・同訓異字の使い分けさくいんがある。

**三省堂例解小学漢字辞典** ワイド版 林四郎，大村はま編 三省堂 1999.10 1024p 21cm 2000円 ⓘ4-385-13809-5

(内容)親字数2700字を収録した小学生向けの漢字辞典のワイド版。それぞれの熟語を親字の意味にあわせて分け，50音順に配列。付録として中国書名物語，中国の王朝と日本の時代，学年別漢字さくいん，音訓さくいん，同音・同訓異字の使い分けさくいんがある。

**三省堂例解小学漢字辞典** 第2版 林四郎，大村はま編 三省堂 2002.1 1066，36p 19cm 1900円 ⓘ4-385-13812-5 Ⓝ813

(内容)小学生向けに作られた学習用の漢字辞典。2002年度新学習指導要領に準拠。親字2800項目を収録する。ページごとに部首のツメを明示。巻頭に物知り巻物索引や故事の話索引など各種の索引があり，巻末に付録として漢字の組み立て，なりたち，中国書名物語などがある。

**三省堂例解小学漢字辞典** 第2版 特製版 林四郎，大村はま編 三省堂 2002.1 1066，36p 19cm 1810円 ⓘ4-385-13813-3 Ⓝ813

(内容)小学生向けに作られた学習用の漢字辞典。2002年度新学習指導要領に準拠した内容。親字2800項目を収録する。ページごとに部首のツメを明示。巻頭に物知り巻物索引や故事の話索引

言語　　　　　　　　　　　児童書

など各種の索引があり、巻末に付録として漢字の組み立て、なりたち、中国書名物語などがある。

**三省堂例解小学漢字辞典**　第2版 ワイド版　林四郎, 大村はま編　三省堂　2002.1　1066, 36p　19cm　2100円　㉑4-385-13811-7　Ⓝ813

(内容)小学生向けに作られた学習用の漢字辞典。サイズを一回り大きくしたワイド版にあたる。2002年度新学習指導要領に準拠した内容。親字2800項目を収録する。ページごとに部首のツメを明示。巻頭に物知り巻物索引や故事の話索引など各種の索引があり、巻末に付録として漢字の組み立て、なりたち、中国書名物語などがある。

**三省堂例解小学漢字辞典**　第3版　林四郎, 大村はま編　三省堂　2005.1　1081, 37p　19cm　1900円　㉑4-385-13814-1

(内容)小学生用として最大の親字3000字。さらに、人名用漢字(平成16年9月27日施行)983字を収録。常用漢字1945字に筆順を明示。

**三省堂例解小学漢字辞典**　第3版 特製版　林四郎, 大村はま編　三省堂　2005.1　1081, 37p　19cm　1810円　㉑4-385-13816-8

(内容)小学生用漢字辞典で最大の3000字を収録。さらに、人名用漢字(平成16年9月27日施行)983字も収録。常用漢字1945字に筆順を明示し、漢字のはたらきをていねいに説明。

**三省堂例解小学漢字辞典**　第3版 ワイド版　林四郎編集主幹, 大村はま編　三省堂　2005.1　1081, 37p　21cm　2100円　㉑4-385-13815-X

(内容)小学生用漢字辞典で最大の3000字を収録。さらに、人名用漢字(平成16年9月27日施行)983字も収録。常用漢字1945字に筆順を明示。漢字のはたらきをていねいに説明。漢字を使った表現力がぐんぐん身につく。全ページに部首のツメをつけて引きやすい。各種さくいんも充実。

**三省堂例解小学漢字辞典**　第3版 新装版 特製版　林四郎, 大村はま編　三省堂　2009.1　1081, 37p　19cm　〈付属資料あり〉　1810円　㉑978-4-385-13819-0　Ⓝ810

(内容)小学生用漢字辞典で最大の3000字を収録。さらに、最新の人名用漢字983字も収録。

**三省堂例解小学漢字辞典**　第3版 新装版　林四郎, 大村はま編　三省堂　2009.1　30, 1081, 37p　19cm　1900円　㉑978-4-385-13817-6　Ⓝ810

(内容)小学生用漢字辞典で最大の3000字を収録。さらに、最新の人名用漢字983字も収録。

**三省堂例解小学漢字辞典**　第3版 新装版 ワイド版　林四郎, 大村はま編　三省堂　2009.1　30, 1081, 37p　22cm　2100円

㉑978-4-385-13818-3　Ⓝ810

(内容)小学生用漢字辞典で最大の3000字を収録。さらに、最新の人名用漢字983字も収録。

**辞書びきえほん漢字**　陰山英男監修　(大阪)ひかりのくに　2010.3　241p　27×13cm　1800円　㉑978-4-564-00845-0　Ⓝ813.2

(内容)小学校一年から三年で習う漢字440字について、読み方や部首、画数、筆順のほか、その意味、おもな使い方をイラストをまじえて解説する辞典。漢字は教科書で最初に習う読み方の五十音順になっている。

**下村式 漢字字泉 小学漢字学習辞典**　改訂版　下村昇編著　偕成社　1991.4　1239p　21cm　〈『下村式 小学漢字学習辞典』改題書〉　2500円　㉑4-03-920120-5　Ⓝ813

(内容)標準教科書体の大きな見出し活字。スッキリ整理された見やすい頁構成。100頁ごとの目じるし入り。<なりたち>は分かりやすい絵図入りで説明・意味は大もとから広がり・転用の順に示し、理解を深める。<書き順>は色分けで示しながら、下村式口唱法で、唱えながら書き覚えられるよう工夫。1年生から使えるはじめての辞典。読めなくても書けなくても漢字が引ける早繰りさくいん付き。

**下村式 小学漢字学習辞典**　新装改訂版　下村昇編著　偕成社　1993.12　1239p　21cm　2500円　㉑4-03-920130-2

(内容)小学校一年生から漢字辞典。すべての字にふりがなを付ける。読めなくても書けなくても漢字が引ける「早繰りさくいん」がある。

**下村式 小学漢字学習辞典**　改訂3版　下村昇編著　偕成社　1999.4　1239p　21cm　2500円　㉑4-03-920140-X

(目次)人体(人の全体の形からできた字, 人の頭や顔の形からできた字, 人の手の形からできた字, 人の足の形からできた字, 人のからだの中やうでの形からできた字), 動物(動物の形からできた字), 植物(草や木の形からできた字), 住居(建物や家の形からできた字), 自然(山や川など自然のすがたからできた字), 道具(道具や武器の形からできた字), 服飾(糸や布などからできた字), その他(数や点などをあらわす字)

(内容)小学校6年間で学習する教育漢字1006字を解説した漢和辞典。掲載項目は、親字、総画数、配当学年、部首名、漢字の読みかた、名のり、なりたち、かきじゅん、くみたて、親字の意味とその親字を含む熟語の意味など。下村式漢字早繰りさくいん、音訓さくいん、総画さくいん、部首さくいん、漢字ファミリー分類表、学年別漢字一覧・さくいん付き。

**小学漢字学習辞典**　新版　山田勝美, 石井庄司監修　日本標準　2003.1　998p　21cm

〈付属資料：学年別漢字表1〉　1900円　①4-8208-0051-5
(内容)小学生用として日本最高の、見出し漢字2800字、見出し熟語28000語。現代生活に合った収録熟語・用例文を掲載。部首で引く小学生からの本格的な漢字辞典。漢字への興味を引き出すくふうが満載(漢字の起源、なりたち、辞典の使い方・引き方などを、イラストで紹介)。学習に役立つ3大資料つき。

小学漢字1006字の書き方辞典　筆順・読み方・部首・総画数・なりたち　卯月啓子監修　小学館　2007.9　269p　19cm　800円　①978-4-09-501873-7
(目次)1年生で習う漢字, 2年生で習う漢字, 3年生で習う漢字, 4年生で習う漢字, 5年生で習う漢字, 6年生で習う漢字
(内容)小学校で学習する漢字、1006字の漢字一字一字について、字体、部首、音と訓、使い方や熟語、成り立ちと筆順が分かりやすく示されている。

小学 漢字の字典　改訂版　栗岩英雄監修　教育同人社　2004.12　400p　21cm　933円　①4-87384-015-5
(内容)小学校で習う1006字の漢字を、一年から六年まで学年ごとに分けて収録。巻末に部首さくいん、総画さくいん、音訓さくいんが付く。

小学漢字1006字の正しい書き方　3訂版　旺文社編　旺文社　2010.3　351p　15cm　600円　①978-4-01-010855-0　Ⓝ811.2
(内容)小学校で学ぶ漢字1006字の書き順を、省略せずに1画ずつ示した。

小学自由自在 漢字字典　1〜3年用　〔カラー版〕　小学教育研究会編著　(大阪)受験研究社　〔1997.11〕　192p　26cm　1100円　①4-424-21111-8
(目次)ひらがな・かたかなの正しい書き方, 1年でならうかん字, 2年で習う漢字, 3年で習う漢字
(内容)小学1年から3年のすべての学習漢字440字を配当学年順に編集した学習用字典。漢字の読み書き、筆順、意味や熟語、用例を解説。音訓さくいん、部首さくいん、総画さくいんが付く。

小学自由自在 漢字字典　1〜6年用　〔カラー版〕　小学教育研究会編著　(大阪)受験研究社　〔1997.11〕　463p　21cm　1600円　①4-424-21102-9
(目次)ひらがな・かたかなの正しい書き方, 1年でならうかん字, 2年で習う漢字, 3年で習う漢字, 4年で習う漢字, 5年で習う漢字, 6年で習う漢字
(内容)小学校での学習漢字1006字を配当学年順に編集した学習用字典。漢字の読み書き、筆順、意味や熟語、用例を解説。音訓さくいん、部首さくいん、総画さくいんが付く。

小学自由自在 漢字字典　改訂版　小学教育研究会編著　(大阪)受験研究社　2010.12　479p　21cm　1650円　①978-4-424-62332-8　Ⓝ810
(目次)ひらがな・かたかなの正しい書き方, 1年で習う漢字, 2年で習う漢字, 3年で習う漢字, 4年で習う漢字, 5年で習う漢字, 6年で習う漢字, 国語力を引き上げる 漢字 読み・書きのまとめ
(内容)小学校6年間で習う学習漢字1006字をすべてとりあげ、一字一字に筆順をはじめ、意味や熟語、用例などをくわしく解説。

小学新漢字辞典　改訂版　甲斐睦朗監修　光村教育図書　2010.12　1261p　21cm　1714円　①978-4-89572-015-1　Ⓝ810
(内容)漢字のなりたちがよくわかる漢字辞典。身につけたい大切な言葉を大きく表示。四字熟語や慣用句も学べる。字形を整えて書くポイントがわかる。改定常用漢字表に完全対応。おもしろくて役立つコラムも掲載。

小学生 漢字の達人になる辞典　川嶋優著　三省堂　1999.4　319p　21cm　1500円　①4-385-13582-7
(目次)1 漢字とは(漢字の成り立ち, 国字), 2 部首とは(部分と部首, 主な部首の呼び名), 3 正しく読む(音読みと訓読み, いろいろな読み, いろいろな訓読み, 音の部分で読む, 熟語の読み方, 読み方によって意味がちがう言葉, 発音が変わる, 特別な読み, かなのふり方, 難しい言葉を読む), 4 正しく書く(筆順, 画数, 正しい字画, 難しい漢字を書く), 5 熟語の成り立ち(二字熟語の成り立ち, 三字熟語の成り立ち, 四字熟語の成り立ち), 付録 送り仮名用例集
(内容)漢字の成り立ち、漢字の部首(へん・つくり)、漢字のいろいろな読み方、漢字の正しい書き方、熟語など、漢字に関する辞典。「送り仮名用例集」付き。

小学生の漢字早わかり辞典　1・2・3年　三省堂編修所編　三省堂　1996.11　175p　21cm　(ことば学習まんが)　880円　①4-385-13760-9
(目次)1 1年生の漢字—80字, 2 2年生の漢字—160字, 3 3年生の漢字—200字

小学生の漢字早わかり辞典　4・5・6年　三省堂編修所編　三省堂　1996.11　207p　21cm　(ことば学習まんが)　980円　①4-385-13765-X
(目次)1 4年生の漢字—200字, 2 5年生の漢字—185字, 3 6年生の漢字—181字

## 小学生の新レインボー漢字書き方辞典　氷田光風監修　学習研究社　2006.4　256p　21cm　1000円　①4-05-301967-2

(内容)正しく美しい字の書き方を図解。学習漢字1006字を学年別に収録。小学校で習う毛筆・こう筆のかい書体と、教科書体を明示。筆順は全画数表示。

## 小学生の新レインボー漢字つかい方辞典
加納喜光監修　学研教育出版，学研マーケティング(発売)　2010.4　495p　21cm　1400円　①978-4-05-302901-0　Ⓝ813.2

(目次)1年生で習う漢字，2年生で習う漢字，3年生で習う漢字，4年生で習う漢字，5年生で習う漢字，6年生で習う漢字

(内容)学習漢字1006字の意味がわかる漢字辞典。約5400の重要語は、漢字の意味ごとに分かれている。

## 小学生の新レインボー漢字読み書き辞典
改訂カラー版　学研辞典編集部編，石井庄司監修　学習研究社　2000.12　463p　21cm　1300円　①4-05-300933-2　Ⓝ811

(目次)ひらがなのよみかき，かたかなのよみかき，一年生でならう字，二年生でならう字，三年生で習う字，四年生で習う字，五年生で習う字，六年生で習う字，資料・さくいん

(内容)小学生向けの学習用漢字辞典。小学校で学習する漢字を学年別にまとめ、3年生以上では音読みの五十音順に排列。各字の総画数と部首、音読み・訓読み、筆順・硬筆模範例、意味、使い方のほか注意点や字の成り立ちも解説。巻末に資料として部首一覧、ローマ字の書き方などを付すほか、部首索引・総画索引・音訓索引を付す。

## 小学生の新レインボー「熟語」辞典　学研辞典編集部編　学習研究社　2005.4　287p　21cm　1000円　①4-05-301773-4

(内容)学習漢字を中心にした「熟語」だけの辞典。熟語のなりたち(組み立て)解説付き。三字熟語・四字熟語をふくめて約8500語収録。

## 小学生のための漢字をおぼえる辞典　第3版　川嶋優編，尾上兼英監修　旺文社　2001.8　415p　26cm　1300円　①4-01-077596-3　Ⓝ813.2

(目次)音訓さくいん、総画さくいん、部首別さくいん、一年で習う漢字、二年で習う漢字、三年で習う漢字、四年で習う漢字、五年で習う漢字、六年で習う漢字、学習漢字外の常用漢字、人名用漢字、付表

(内容)小学生のための漢字辞典。小学校で習う漢字1006字を収録し、学年ごとに排列する。音訓さくいん、総画さくいん、部首別さくいん、などがある。2色刷。

## 小学生のまんが漢字辞典　加納喜光監修　学習研究社　2004.12　271p　21cm　1000円　①4-05-301852-8

(目次)漢字ワールド(漢字の起こり、漢字の成り立ち、漢字の音と訓　ほか)、漢字ランド(漢字家族、部首家族)、漢字たんけん(同じ音読みの漢字、同じ訓読みの漢字、形のにている漢字　ほか)、漢字の資料室

(内容)まんがとイラストで、漢字や熟語を楽しくおぼえる辞典。

## 小学生のレインボー漢字読み書き字典　新版　学習研究社　1996.1　447p　21cm　1100円　①4-05-151743-8

(内容)小学校で習う学習漢字1006字の字典。漢字の読み、意味、筆順、用法、成立等を解説する。排列は学年別。一漢字を楽しく正しく学ぶための字典。

## 常用漢字ミラクルマスター辞典　加納喜光編　小学館　1998.4　1027p　21cm　2500円　①4-09-501861-5

(目次)人間(子ども、女、老人、人一般)、身体(頭部、手、足、体部)、自然(動物、植物、天地)、文化(武器、農工具、家具、衣食住)、記号

(内容)小・中9年間の教科書にも対応した1945字をあらゆる角度から調べられる漢字辞典。漢字を字源別に5つのグループに分類、読みや書き順、例文などを記載。巻末には音記号さくいん、意味記号さくいん、カタカナ字形分類さくいん、総画さくいん、書き出しパターン索引、学年別漢字索引が付く。

## 常用漢字読み書き辞典　氷田光風、渡辺富美雄編　学習研究社　2008.5　528p　22cm　1700円　①978-4-05-401444-2　Ⓝ813.2

(内容)常用漢字の行書の字形と、漢字の熟語例や使い方などを例示した辞典。楷書より行書に移行するための点画の長短や接し方及びはね、払いなどに配慮して、速書きに移行するための、段階的な運筆や字形を具体的に、分かり易く毛筆で示すことを基本方針とする。

## 新選漢和辞典　第6版　小林信明編　小学館　2000.1　1307, 109p　19cm　2400円　①4-09-501456-3　Ⓝ813.2

(内容)親字11350字、熟語64500語収録した中・高校生向けの学習漢和辞典。付録は、部首索引、総画索引、音訓索引、中国現代地図、中国現代・歴史地図地名索引、同訓異義覧、避諱一覧表、中国新旧字体対照表、行書・草書体一覧表、人名用漢字一覧表、人名に使える字体一覧表、中国学芸年表、日本年号索引、二十八宿略図、一百六韻一覧表(平水韻)、絶句・律詩の詩式など。別冊付録として、JIS第一水準・第二水準漢字コード表がある。

**新レインボーかんじ絵じてん**　金田一春彦監修，学研辞典編集部編　学習研究社　2002.4　247p　26cm　1600円　ⓘ4-05-301164-7　Ⓝ813

(目次)ひらがなのよみかき，かたかなのよみかき，漢字学習で大切なこと（おうちの方へ），一年生でならうかん字（80字），二年生でならうかん字（160字），三年生で習う漢字（200字），「漢字学習シート」を使ってみよう！

(内容)幼児から小学校低学年用の漢字辞典。小学校1～3年生で習う漢字440字を学年別に収録。漢字の成り立ち・読み・書き順・使い方などをまとめ，意味を絵で示す。漢字クイズや漢字遊びのページ，親のための漢字指導法のページもある。

**新レインボー漢字早おぼえ字典**　藤堂明保，加納喜光編　学習研究社　2009.5　334p　21cm　〈索引あり〉　1300円　ⓘ978-4-05-302866-2　Ⓝ813.2

(目次)この字典の使い方，絵からできた字をおぼえよう，漢字早おぼえ歌，漢字をなかまでおぼえよう，漢字を家族でおぼえよう，その他の漢字の家族，各学年の漢字，総画さくいん，音訓さくいん，部首さくいん

(内容)漢字のグループわけをくふうして，小学校で習う漢字をまとめて，たのしく学習する字典。漢字のおぼえ方にもいろいろありますが，共通する特徴をもつ字のグループごとにおぼえるのは，早くたくさんの漢字をおぼえるよい方法といえる。

**新レインボー小学漢字辞典**　改訂版　石井庄司監修　学習研究社　2001.4　691p　21cm　1700円　ⓘ4-05-300935-9　Ⓝ813.2

(内容)小学生向けの漢字辞典。2230字の漢字を収録。収録漢字を人名用漢字にまで広げ，故事成語・慣用句などの熟語を増補した全面改訂版。「ミニちしき」「漢字クイズ」などのコラムを掲載。

**新レインボー小学漢字辞典**　改訂最新版　小型版　石井庄司監修　学習研究社　2003.3　691p　19cm　1524円　ⓘ4-05-301462-X

(内容)小学校で習う1006字の学習漢字をふくむ，常用漢字の1945字と，人名用漢字の285字を収めているので，小学校から中学3年まで使える。熟語は，教科書の学習重要語から中学入試によく出る語，故事成語，四字熟語などを豊富に収めた。新しい説によるくわしい漢字のなりたちが収められているので，漢字の意味を深く理解することができる。学習漢字には硬筆・毛筆の手本をつけ，字形の注意点のくわしい説明があるので，正しい字・美しい字を書くのに役立つ。漢字の理解を深める囲み記事のほか，漢字クイズ・1行知識なども多数収めた。漢字辞典としては初めて，すべての漢字にふり仮名をつ

け，またふり仮名は漢字の横につけて見やすくした。

**新レインボー小学漢字辞典**　改訂第3版　加納喜光監修　学習研究社　2005.4　851p　21cm　〈付属資料：別冊1「漢字辞典の使い方」〉　1800円　ⓘ4-05-301729-7

(内容)小学校で習う学習漢字1006字をふくむ常用漢字1945字と，人名用漢字の中から295字を収めたので，中学まで使える。府県名も書ける。熟語を大幅に追加（約3800語）。中学入試や新聞によく出る語，故事成語，四字熟語などを豊富に収めた。新しい漢字理論で「なりたち」を解説。新設コラム「漢字グループ」で，各漢字に共通する意味がわかる。漢字辞典としては初めて毛筆・硬筆の手本をつけたので，正しく美しい字形が書ける。学習漢字には筆順を全面表示。また，すべての漢字にふり仮名をつけた。漢字の理解を深める囲み記事のほか，漢字クイズ・1行知識なども収めた。新しく認められた人名用漢字は，別表にまとめた。別冊付録に「漢字辞典の使い方」。

**新レインボー小学漢字辞典**　改訂第3版　小型版　加納喜光監修　学習研究社　2005.4　851p　19cm　〈付属資料：別冊1〉　1571円　ⓘ4-05-301730-0

(内容)小学校で習う学習漢字1006字をふくむ常用漢字1945字と，人名用漢字の中から259字を収めたので，中学まで使える。府県名も書ける。熟語を大幅に追加（約3800語）。中学入試や新聞によく出る語，故事成語，四字熟語などを豊富に収めた。新しい漢字理論で「なりたち」を解説。新設コラム「漢字グループ」で，各漢字に共通する意味がわかる。漢字辞典としては初めて毛筆・硬筆の手本をつけたので，正しく美しい字形が書ける。学習漢字には筆順を全面表示。また，すべての漢字にふり仮名をつけた。漢字の理解を深める囲み記事のほか，漢字クイズ・1行知識なども収めた。新しく認められた人名用漢字は，別表にまとめた。

**正しく書く読む小中学漢字　漢字検定にも役立つ「筆順」付き**　主婦の友社編　主婦の友社　2008.2　288p　19cm　1000円　ⓘ978-4-07-259123-9　Ⓝ811.2

(目次)1年生で習う漢字（80字），2年生で習う漢字（160字），3年生で習う漢字（200字），4年生で習う漢字（200字），5年生で習う漢字（185字），6年生で習う漢字（181字），中学校で習う漢字（939字）

(内容)常用漢字1945字をすべて掲載し，小中学校で学ぶ漢字を完全カバー。すべての漢字の正しい筆順を示すことで，正しい書き方がよくわかる。音訓の読みはもちろん，部首，総画数まで掲載。漢字検定にも役立つ。日常生活でよく

使うことばを中心に、漢字の使い方の例を豊富に収録。学習に便利な学年順の配列。音訓索引付きなので使いやすい。

**たのしくわかることばの辞典 3 小学生の漢字辞典 一・二年** 川嶋優著 小峰書店 2000.4 159p 26cm 3300円 ⑪4-338-16603-7 Ⓝ813

(内容)小学1・2年生で習う漢字を収録した辞典。総画数、書き方注意、読みと送りがな、部首、筆順、使い方、成り立ちなどを掲載する。音訓さくいん、総画さくいん付き。「たのしくわかることばの辞典」シリーズの第3巻。

**たのしくわかることばの辞典 4 小学生の漢字辞典 三・四年** 川嶋優著 小峰書店 2000.4 239p 26cm 3500円 ⑪4-338-16604-5 Ⓝ813

(内容)小学3・4年生で習う漢字を収録した辞典。総画数、書き方注意、読みと送りがな、部首、筆順、使い方、成り立ちなどを掲載する。音訓さくいん、総画さくいん付き。「たのしくわかることばの辞典」シリーズの第4巻。

**たのしくわかることばの辞典 5 小学生の漢字辞典 五・六年** 川嶋優著 小峰書店 2000.4 223p 26cm 3500円 ⑪4-338-16605-7 Ⓝ813

(内容)小学5・6年生で習う漢字を収録した辞典。総画数、書き方注意、読みと送りがな、部首、筆順、使い方、成り立ちなどを掲載する。音訓さくいん、総画さくいん付き。「たのしくわかることばの辞典」シリーズの第5巻。

**ちびまる子ちゃんのかん字じてん 1** さくらももこキャラクター原作、長野秀章監修 集英社 1999.6 213p 19cm （満点ゲットシリーズ） 760円 ⑪4-08-314002-X

(目次)一年生でならうかん字（かずにかんけいがあるかん字、ようびにかんけいがあるかん字、からだにかんけいがあるかん字、おおきさにかんけいがあるかん字、いろにかんけいがあるかん字、むきにかんけいがあるかん字、しぜんにかんけいがあるかん字 ほか）、二年生でならうかん字

(内容)まんが・辞典・解説が一つになった漢字辞典。小学校1、2年生で学習する漢字をまんがで解説する。巻末に、50音順の音訓索引を付す。

**ちびまる子ちゃんの漢字辞典 2** さくらももこキャラクター原作、長野秀章監修 集英社 2000.3 222p 19cm （満点ゲットシリーズ）〈索引あり〉 850円 ⑪4-08-314004-6 Ⓝ811.2

(内容)まんが・辞典・解説が一つになった漢字辞典。小学校2~4年の漢字を、まる子ちゃんと楽しく勉強しよう。巻末に、50音順の音訓索

引を付す。

**ちびまる子ちゃんの漢字辞典 3** さくらももこキャラクター原作、川嶋優著 集英社 2008.3 250p 19cm （満点ゲットシリーズ）〈小学校五、六年生の漢字を完全収録〉 850円 ⑪978-4-08-314043-3 Ⓝ811.2

(目次)第1章 五年生で習う漢字（圧・移、因、永・営、衛・易、益・液 ほか）、第2章 六年生で習う漢字（異・遺、域・字、映、延・沿、我・灰 ほか）

(内容)まんが・辞典・解説が一つになった漢字辞典。5・6年生で習う366字の「書き順」「使い方」「成り立ち」「チェックポイント」がよくわかる。

**チャレンジ漢和辞典** 新田大作、福井文雅編 福武書店 1991.10 1039p 19cm 2000円 ⑪4-8288-0409-9 Ⓝ813

(内容)大きな漢字と効果的な色づかいで見やすい、引きやすい。愉快な部首イラストと見やすい部首索引で漢字に親しめる。漢字学習のポイントのすべてがわかるコラム「漢字の知識」特集ページ「チャレンジ漢字講座」全ページ下欄の「漢字こぼれ話」で漢字を楽しく解説。JIS区点番号、新人名用漢字、新学年別漢字配当表など最新情報を掲載。

**チャレンジ小学漢字辞典** 改訂新版 福武書店 1990.1 824p 21cm 1450円 ⑪4-8288-0401-3 Ⓝ813

(内容)大きな漢字見出しで字形がよくわかる。新教育用漢字1,006字に書き順を注記つきで表示。「一字の用例」欄で豊かな表現力がつく。特別ページやコラムで漢字の知識が広がる。部首別に新教育用漢字がよくわかるポスターつき。新学習指導要領準拠。

**チャレンジ小学漢字辞典 第3版** 福武書店 1994.3 825p 21cm 1700円 ⑪4-8288-0418-8

(内容)小学生に必要な見出し漢字2229字、熟語14000語を収録した学習漢字辞典。小学校で習う漢字1006字には、筆順と、とめる、はねるなどの書き方の注意を赤で表示。巻頭の「漢字辞典の使い方」では引き方を説明する。主な部首20の前には「部首イラスト」でその部首のあらわす意味・性質を説明する。

**チャレンジ小学漢字辞典 第3版 新デザイン・コンパクト版** 湊吉正監修 （多摩）ベネッセコーポレーション 2004.2 825p 19cm 1524円 ⑪4-8288-0458-7

(内容)常用漢字1945字と人名用漢字285字の計2230字を収録。配列は部首ごとの画数順、よみ、画数、意味を記載したほか、熟語14000語を厳選収録。小学校6年間で習う教育漢字1006字に

**チャレンジ小学漢字辞典** 第4版 湊吉正監修 (多摩)ベネッセコーポレーション 2008.1 78, 993p 22cm 2095円 ⓘ978-4-8288-0475-0 Ⓝ813.2
(内容)親子2928字を収録した漢字辞典。小学校6年間で習う教育漢字1006字には筆順を表示、低学年からでも使えるよう、すべての漢字にふりがながついている。総画さくいん、音訓さくいん、学年別漢字さくいんがつく。

**New漢字字典 これで安心国語の力** 漢字教育研究会編 フレーベル館 1992.11 344p 21cm 900円 ⓘ4-577-81116-2
(内容)小学校の6年間で学習する漢字1006字を、学年別にまとめて掲載した漢字辞典。覚えやすさということに重点を置いて工夫を重ね、さらに、豊富な絵を見ながら楽しく学習できる、カラー版の画期的な漢字学習字典。

**New漢字字典 これで安心国語の力** 増補版 村石昭三監修、漢字教育研究会編 フレーベル館 2001.10 368p 21cm 980円 ⓘ4-577-81153-7 Ⓝ813
(内容)小学校の6年間で学習する漢字1006字を、学年別にまとめて収録した漢字辞典。音訓さくいん、部首さくいん、総画さくいん、がある。

**New漢字字典 これで安心国語の力** 増補版 村石昭三監修、漢字教育研究会編 フレーベル館 2005.10 368p 21cm 890円 ⓘ4-577-81172-3
(内容)小学校の6年間で学習する漢字1006字を、学年別にまとめて掲載した漢字辞典。覚えやすさということに重点を置いて工夫を重ね、さらに、豊富な絵を見ながら楽しく学習ができる、カラー版の漢字学習字典。

**New漢字字典 これで安心国語の力** 増補改訂版 村石昭三監修、漢字教育研究会編 フレーベル館 2007.10 368p 21cm 890円 ⓘ978-4-577-81219-8
(内容)小学校の6年間で学習する漢字1006字を、学年別にまとめて掲載した漢字辞典。覚えやすさということに重点を置いて工夫を重ね、さらに、豊富な絵を見ながら楽しく学習ができる、カラー版の画期的な漢字学習字典。

**はじめての漢字じてん** 林四郎監修 日本放送出版協会 2002.1 273, 20p 21cm 1500円 ⓘ4-14-011179-8 Ⓝ813
(目次)にた形(部首)から漢字を学ぶ(自然、家族、衣食住、体 ほか)、グループで漢字を学ぶ(数の漢字、四季、方角、一日 ほか)、そのほかの漢字
(内容)小学一年生から三年生までに習う漢字440字をまとめた学習用辞典。豊富な熟語例とイラストを収載。部首から学ぶ360字、グループで学ぶ57字、その他の漢字23字に分類。巻末に音訓索引、画数索引、部首索引がある。

**文英堂小学漢字辞典** 第3版 鎌田正監修、江連隆、青木五郎編著 文英堂 2002.3 992p 21cm (シグマベスト) 1900円 ⓘ4-578-13082-7 Ⓝ813.2
(内容)小学生向けの学習用漢字辞典。親子は学習漢字1006字、常用漢字939字を収録。囲み記事で同音異義語、同訓異字、故事成語・ことわざなどを紹介。音訓索引、部首索引、総画索引、学年別漢字索引あり。

**ベネッセ新修漢和辞典** 新田大作、福井文雅編 (多摩)ベネッセコーポレーション 2005.3 1033p 19cm 2500円 ⓘ4-8288-0462-5
(内容)漢検級数表示、新しい人名用漢字に対応した漢和辞典。常用漢字1945字、人名用漢字983字を含む約4600字の親子を収録。音訓索引、総画索引付き。付録として「漢字の話」「人名解説」「書名解説」を収載。1991年刊「チャレンジ漢和辞典」を全面的に改訂し、タイトルも変更した。

**まんがで学習 漢字事典 4年生** 改訂新版 北山竜著 あかね書房 1992.3 159p 21cm 1100円 ⓘ4-251-06593-X
(内容)小学校4年生で習う200字の漢字を、まんがで楽しく勉強できるように編集した辞典。

**まんがで学習 漢字事典 5年生** 改訂新版 田代しんたろう著 あかね書房 1992.3 143p 21cm 1100円 ⓘ4-251-06594-8
(内容)小学校5年生で習う185字の漢字を、まんがで楽しく勉強できるように編集した辞典。

**まんがで学習 漢字事典 6年生** 改訂新版 竹中らんこ著 あかね書房 1992.3 143p 21cm 1100円 ⓘ4-251-06595-6
(内容)小学校6年生で習う181字の漢字を、まんがで楽しく勉強できるように編集した辞典。

**マンガでわかる小学生のかんじじてん** 梅澤実監修 世界文化社 2006.3 351p 26cm 1900円 ⓘ4-418-06817-1
(目次)ようこそ漢字の世界へ、一年生の漢字、二年生の漢字、三年生の漢字、四年生の漢字、五年生の漢字、六年生の漢字
(内容)小学校でならう漢字が1006字。読み・書き・なりたちがすぐわかる。ローマ字つきで、パソコンもらくらく入力。関連する熟語や正しい使い方もていねいに紹介。

**まんが 難読漢字なんでも事典** 高橋秀治監

修・文, 関口たか広絵　金の星社　1998.2　143p　20×16cm　(まんが国語なんでも事典シリーズ)　1200円　Ⓘ4-323-06003-3

(目次)人や人の体に関する漢字, 人の心や状態に関する漢字, 衣服, 建物, 道具などに関する漢字, 自然に関する漢字, 文化, 芸能, 宗教などに関する漢字

(内容)大きなイラストで使い方や由来がわかる小学生向けの難読漢字事典。100語以上の言葉を人の体など身近なものに分けて収録。

**満点学習まんが 漢字とことば**　新訂版　山田繁雄監修　学習研究社　2007.2　576p　26cm　1700円　Ⓘ978-4-05-202620-1

(目次)第1章 漢字の読みと使い方(1年でならうかん字, 2年でならうかん字, 3年で習う漢字, 4年で習う漢字, 5年で習う漢字, 6年で習う漢字, 総画さくいん, 部首さくいん, 音訓さくいん)〔ほか〕

**みておぼえるはじめてのかんじ絵じてん**　高橋久子監修　旺文社　2005.3　280p　26cm　1700円　Ⓘ4-01-077780-X

(目次)ひらがな・カタカナ, 一年生でならうかんじ, からだのかんじ, ようびのかんじ, 二年生でならうかんじ, かんじのぎもん

(内容)小学校1・2年生で学習する240の漢字を収録。イラストや写真で漢字の意味を覚えられる、楽しい紙面。読み方・意味・部首・熟語・書き順など学習情報も充実。「ひらがな・かたかな」のページも掲載。はじめの一歩にぴったりのたのしいたのしいかんじじてん。幼児(4・5歳)〜小学校2年生。

**例解学習漢字辞典**　第4版　藤堂明保編　小学館　1990.1　991p　19cm　1400円　Ⓘ4-09-501754-6

(内容)小学生のための漢字辞典。漢字の「なりたち」がよくわかる。漢字の使い分けがよくわかる。故事・慣用句・ことわざがいっぱい。ワイド版もある。

**例解学習漢字辞典**　第4版 ワイド版　藤堂明保編　小学館　1990.1　991p　21cm　1700円　Ⓘ4-09-501772-4

(内容)小学生のための漢字辞典。漢字の「なりたち」がよくわかる。漢字の使い分けがよくわかる。故事・慣用句・ことわざがいっぱい。

**例解学習漢字辞典**　第6版　藤堂明保編　小学館　2004.1　1033p　19cm　1800円　Ⓘ4-09-501756-2

(内容)親字2898字、熟語24000語を収録した漢字辞典。配列は部首画数順、画数、読み、意味、熟語などを記載。部首索引、学年別漢字索引、音訓索引、総画索引などの豊富な索引が付く。

**例解学習漢字辞典**　第6版 ワイド版　藤堂明保編　小学館　2004.1　1033p　21cm　2100円　Ⓘ4-09-501774-0

(内容)1972年初版の第六版。学習漢字辞典としては、最多の2898字を取り上げた。学習指導要領に基づいた小学校の全教科書136冊の漢字語彙を調べるなどして、熟語項目を新しくした。今回の改訂で、約1400語の新項目を増補し、全体で約2万4000語の項目を収録している。欄外に501問の漢字クイズを新設し、楽しみながら学習できる要素を盛り込んだ。部首索引、学年別漢字索引、音訓索引、総画索引を付す。付録として「漢字の起こり」「漢字の組み立て」「熟語のでき方」などを説明。

**例解学習漢字辞典**　第7版　藤堂明保編　小学館　2010.11　1097p　19cm　1900円　Ⓘ978-4-09-501757-0　Ⓝ810

(内容)小学生用として十分な漢字数3000字(新常用漢字表の2136字も完全収録)に、読み方・筆順・なりたち・意味などをわかりやすく解説。類書中もっとも多い熟語数25000語。慣用句・ことわざ・故事成語・四字熟語も充実。

**例解学習漢字辞典**　第7版 ワイド版　藤堂明保編　小学館　2010.11　1097p　22cm　2200円　Ⓘ978-4-09-501775-4　Ⓝ810

(内容)小学生用として十分な漢字数3000字(新常用漢字表の2136字も完全収録)に、読み方・筆順・なりたち・意味などをわかりやすく解説。類書中もっとも多い熟語数25000語。慣用句・ことわざ・故事成語・四字熟語も充実。

**例解学習漢字辞典 ドラえもん版**　第5版 ワイド版　藤堂明保, 林大編　小学館　2002.4　1039p　21cm　2000円　Ⓘ4-09-501796-1　Ⓝ813

(目次)常用漢字「一」の部〜「鼻」の部, 人名用漢字, 常用漢字表にない重要な漢字

(内容)学習指導要領に準拠した小中学生向けの漢字辞典。常用漢字、人名用漢字、常用漢字表にない重要漢字などの親字2879字と熟語2万3000項目を収録。コラムでは漢字の使い分けなどを示す。部首索引、学年別漢字索引、音訓索引、総画索引が付く。

**例解学習漢字辞典 ドラえもん版**　第6版 ワイド版　藤堂明保編　小学館　2004.4　1033p　22×16cm　2100円　Ⓘ4-09-501797-X

(内容)常用漢字1945字、人名漢字285字、そのほか668字の計2898字の親字を収録した漢字辞典。学習指導要領に基づいた小学校の教科書から漢字語彙を調べ今回の改訂版で新たに1400語の熟語を追加、全体で24000語の項目を収録。学年別漢字索引、音訓索引、部首索引が付く。

**例解学習漢字辞典 ドラえもん版** 第6版
藤堂明保編 小学館 2004.4 1033p 17×12cm 1800円 ⓙ4-09-501792-9

内容 漢字のなりたち・意味・筆順・使い分けがわかる。「漢字クイズ」501問を欄外に新設。楽しみながら、学力ぐんぐん。調べたい漢字がすばやくさがせる「部首検索ナビゲーター」。熟語欄の学習漢字が一目でわかる配当学年表示。

**例解こども漢字じてん** 神鳥武彦編 三省堂 2004.3 1133, 20p 21cm 〈『三省堂こども漢字じてん』改訂・改題書〉 3200円 ⓙ4-385-14151-7

内容 国語の勉強をするときも、本をよんだり、作文を書くときもわかりやすく、楽しい、小学校低学年のためのはじめての漢字+熟語じてん。小学校1・2・3年が習う440字を完全収録。

◆◆古語辞典

<辞　典>

**旺文社 全訳学習古語辞典** 宮腰賢, 石井正己, 小田勝編 旺文社 2006.10 1087p 19×14cm 1900円 ⓙ4-01-077717-6

内容 上代(奈良時代)から近世(江戸時代)までの主要な古典から、教科書などに現れる頻度の高い語を中心に約12000語を収録。また、頻出の複合語・連語、人名・地名・作品名などの固有名詞、枕詞・文芸用語、および和歌・歌謡329首、俳句・川柳145句をも収録。

**旺文社 全訳古語辞典** 第3版 宮腰賢, 桜井満, 石井正己, 小田勝編 旺文社 2003.10 1343p 19×14cm 2600円 ⓙ4-01-077709-5

内容 上代から近代までの主要な古典から使用頻度の高い語を中心に22500語を収録した古語辞典。配列は見出し語のかな表記の五十音順、見出し語、漢字表記、品詞、活用表示、語釈および解説、用例などを記す。巻末には本文に掲載した和歌、俳句の索引が付く。

**旺文社 全訳古語辞典** 第3版 小型版 宮腰賢, 桜井満, 石井正己, 小田勝編 旺文社 2003.10 1343p 17cm 1900円 ⓙ4-01-077714-1

内容 上代から近代までの主要な古典から使用頻度の高い語を中心に22500語を収録した古語辞典。配列は見出し語のかな表記の五十音順、見出し語、漢字表記、品詞、活用表示、語釈および解説、用例などを記す。巻末には本文に掲載した和歌、俳句の索引が付く。

**学研全訳古語辞典** 金田一春彦監修, 小久保崇明編 学習研究社 2003.12 1267p 19cm 〈付属資料：別冊〉 2600円 ⓙ4-05-301514-6

内容 高等学校の国語の新教科書を中心に、大学入試によく出題される作品を含め、上代から江戸時代に至る約500の作品から2万6千語を厳選して収録した古語辞典。見出し語は仮名見出しで五十音順に配列、見出し語、見出し語の漢字表記、品詞、訳語等を記載。また学習上重要と思われる語には、見出し語の色や大きさを変えて目立つようになっている。

**学研全訳古語辞典 小型版** 金田一春彦監修, 小久保崇明編 学習研究社 2003.12 1267p 19cm 〈付属資料：別冊〉 2000円 ⓙ4-05-301515-4

内容 高等学校の国語の新教科書を中心に、大学入試によく出題される作品を含め、上代から江戸時代に至る約500の作品から2万6千語を厳選して収録した古語辞典。見出し語は仮名見出しで五十音順に配列、見出し語、見出し語の漢字表記、品詞、訳語等を記載。また学習上重要と思われる語には、見出し語の色や大きさを変えて目立つようになっている。

**三省堂全訳基本古語辞典** 第2版 鈴木一雄ほか編 三省堂 2000.1 1111p 19cm 1900円 ⓙ4-385-14133-9 Ⓝ813.6

内容 12000語を収録した高校生向けの古語辞典。歴史的かなづかいによる五十音順排列。重要語約450は色刷で表示。全用例に現代語訳を付す。

**三省堂全訳基本古語辞典** 第3版増補新装版 鈴木一雄著 三省堂 2007.12 1109p 19cm 1900円 ⓙ978-4-385-14135-0

内容 古文学習が楽しくなる「古文入門―古典の扉を開く―」を新設。収録語数は古文学習に必要十分な12000語。人名・地名・作品名・和歌(百人一首含む)・俳諧・枕詞もしっかり収録。連語見出しも多数収録。最重要語約450は色刷で指示。引きやすく探しやすい、本書独自の訳語方式を採用。用例をなるべく多く収録し、すべて現代語訳付き。訳語と用例の該当部分を一致させて、わかりやすく色刷で標示。助詞・助動詞・敬語動詞に、わかりやすい文法解説。

**小学館・全文全訳古語辞典** 北原保雄編 小学館 2004.1 1372p 19cm 2600円 ⓙ4-09-501554-3

内容 古典の有名場面を収録した「全文用例」に品詞分解と現代語訳をつけた画期的な古語辞典。収録語数25000語、重要度に応じて3段階(大項目962語、中項目682語、一般項目)に分類。巻頭に全文用例、百人一首、名歌鑑賞、名句鑑賞の各索引、助動詞、コラム、図表、まぎらわしい語の判別、最重要語コラムの一覧が付く。

**ベネッセ全訳古語辞典** 改訂版 中村幸弘編

ベネッセコーポレーション 2007.11 1407p
19×14cm 2667円 ⓘ978-4-8288-0473-6

(内容)最重要語364語・重要語508語のすべてに「要点語義欄」付き。基本義から各語義への派生を図解。読む前に"わかる"工夫が満載。識別表形式の識別情報。発展学習のポイントをピックアップしやすいタイトル付き。類語比較箇条書きで一目瞭然。引けば正しい見出し語に誘導してくれる9種類のヘルプ見出しを完備。

**読んで見て覚える重要古文単語315 改訂版** 武田博幸，鞆森祥悟著 桐原書店 2008.11 287p 19cm 800円 ⓘ978-4-342-32600-4 Ⓝ810

(目次)第1章（動詞，形容詞 ほか），第2章（動詞，形容詞 ほか），敬語の章（敬語動詞，重要敬語動詞と主な意味 ほか），附録の章（慣用句，和歌 ほか）

(内容)主要古典作品が読める厳選した315語。覚えやすさ最優先の分かりやすい解説。学習ポイントを形にしたイラスト。重要項目を整理した簡潔な図示。種々の情報を付加して一歩進んだ用例。古典の世界の理解を深める周辺情報。

## ◆◆ことわざ・慣用句

### <事典>

**ことわざ 慣用句・故事成語・四字熟語** 倉島節尚監修 ポプラ社 2008.3 215p 29×22cm （ポプラディア情報館） 6800円 ⓘ978-4-591-10087-5

(目次)1章 基礎編（失敗は成功のもと，ことわざとは，慣用句とは，故事成語とは，四字熟語とは，表現を豊かに），2章 ことわざ，3章 慣用句（からだ，生き物，植物，自然，数，気持ち，食べ物，もの・道具，その他），4章 故事成語・四字熟語（故事成語，四字熟語）

(内容)だれもが知っておきたいことわざ約500を，五十音順に収録し，イラストや写真資料とともに解説。日常で使う慣用句約600のほか，故事成語や四字熟語まで，幅広くとりあげる。にた意味のことばや，反対の意味のことばにどんなものがあるか，参照できる。五十音順のほか，キーワードでも探せる便利なさくいん付き。

**小学生のことわざ絵事典 教科書によく出る！** どりむ社編集部編 （京都）PHP研究所 2004.4 159p 18cm 1000円 ⓘ4-569-63426-5 Ⓝ814.4

(内容)ことわざを図解で示す事典。教科書によく出ることわざを中心に，その由来，意味，使い方を，絵や例文を交えてわかりやすく示す。類似・反対の意味のことわざも豊富に紹介。

### <辞典>

**絵でわかる「慣用句」 小学生のことば事典** どりむ社編著，たつみ都志監修 PHP研究所 2010.3 127p 22cm （索引あり） 1200円 ⓘ978-4-569-78034-4 Ⓝ814.4

(目次)あ行の慣用句（相づちを打つ，あごで使うほか），か行の慣用句（顔が広い，顔から火が出るほか），さ・た行の慣用句（さじを投げる，さばを読む ほか），な・は行の慣用句（二の足をふむ，二の句がつげない ほか），ま～わ行の慣用句（まゆをひそめる，水に流す ほか）

(内容)小学生が知っておきたい慣用句を厳選。大きなイラストで，慣用句の使い方を紹介。似た意味，反対の意味の慣用句なども掲載。

**絵でわかる「四字熟語」 小学生のことば事典** どりむ社編著，たつみ都志監修 PHP研究所 2010.1 127p 22cm （索引あり） 1200円 ⓘ978-4-569-78017-7 Ⓝ814.4

(内容)小学生が知っておきたい四字熟語を厳選！大きなイラストで，四字熟語の使い方を紹介！似た意味，反対の意味の四字熟語なども掲載。

**おぼえておきたいきまりことば「慣用句」事典** 内田玉男著 あかね書房 1992.10 127p 21cm （まんがで学習） 1200円 ⓘ4-251-06544-1

(目次)体に関係する慣用句，衣食住や道具に関係する慣用句，動植物に関係する慣用句，自然に関係する慣用句，ことばに関係する慣用句，文芸や娯楽に関係する慣用句，人間の動作や状態，感情などに関係する慣用句

(内容)テストによく出る慣用句重要102語。

**学習に役立つことわざ事典** 仲野和正文，毛利将範絵 小峰書店 1990.7 251p 18cm （てのり文庫C031 事典シリーズ） 550円 ⓘ4-338-07918-5

(内容)「犬も歩けば棒にあたる」―よく聞くことわざだけれど，わかっているようで，実はその言語の意味がよくわからないことはないだろうか。ことわざは言葉の技，読んで身につける事典。英語の諺ものっている。

**学生ことわざ辞典** 教学研究社編集部編 （大阪）教学研究社 19〔90.5〕 269p 19cm 630円 ⓘ4-318-02308-7 Ⓝ813

(内容)対象を小・中学生中心に考え，生活・学習の中で活用できることわざや故事成語を精選して，わかりやすく，おもしろく解説したもの。

**慣用句びっくりことば事典 ドラえもんの国語おもしろ攻略** 小学館 1995.7 191p 19cm （ドラえもんの学習シリーズ） 780

円　ⓘ4-09-253156-7

(内容)児童向けの慣用句辞典。日常使われる慣用句450語をテーマ別に収録し、各句に意味、例文、マンガ「ドラえもん」のキャラクターによる用例を示す。巻末に五十音索引がある。

**金田一先生と学ぶ小学生のためのまんがことわざ大辞典**　金田一秀穂監修　すばる舎　2009.12　175p　26cm　〈索引あり〉　1800円　ⓘ978-4-88399-868-5　Ⓝ813.4

(内容)小学生が知っておきたい1300のことわざが身に付く。楽しいまんがやクイズで、ことわざのほかに慣用句・故事成語・四字熟語を解説。

**グループでおぼえることわざ**　三省堂編修所編　三省堂　2001.1　191p　21cm　〈ことば学習まんが〉　1000円　ⓘ4-385-13764-1　Ⓝ814.4

(目次)1 からだの名前の出てくることわざ、2 動物・植物の名前の出てくることわざ、3 数字の出てくることわざ、4 自然に関する言葉の出てくることわざ、5 衣食住や物などに関することわざ、6 心・言葉・神などに関することわざ、7 人間関係に関することわざ

(内容)小学生向けにことわざの意味や使い方などをまんがを使って解説したもの。148のことわざを7つのグループに分けて収録。「五十音順さくいん」のほか、巻末に「ことわざにつよくなるふろく」がある。

**グループでおぼえる四字熟語**　三省堂編修所編　三省堂　2001.1　191p　21cm　〈ことば学習まんが〉　1000円　ⓘ4-385-13759-5　Ⓝ814.4

(目次)1 動物の名前のついた四字熟語、2 数字のついた四字熟語、3 同じ漢字が二度使われる四字熟語、4 反対の意味の漢字のつく四字熟語、5 に意味の言葉を重ねた四字熟語、6 気持ちに関する四字熟語、7 行動に関する四字熟語、8 自然に関する四字熟語

(内容)小学生向けに四字熟語の意味や使い方などをまんがを使って解説したもの。155の四字熟語を8つのグループに分けて収録。「五十音順さくいん」のほか、巻末に「意味のにた四字熟語さくいん」や「意味から引く四字熟語さくいん」などがある。

**クレヨンしんちゃんのまんがことばことわざ辞典**　永野重史監修　双葉社　1999.3　207p　19cm　〈クレヨンしんちゃんのなんでも百科シリーズ〉　800円　ⓘ4-575-28944-2

(目次)開いた口がふさがらない、愛のむち、青は藍より出でて藍より青し、あごで使う、足が棒になる、頭でっかち尻すぼみ、頭をかかえる、あちら立てればこちらが立たぬ、雨が降ろうと槍が降ろうと、過ってはすなわち改むるに〔ほか〕

(内容)195のことわざ、慣用句、四字熟語を解説した辞典。掲載項目は、ことばの意味、由来、使い方など。それぞれの見出し語に「クレヨンしんちゃん」のまんがが付き。

**クレヨンしんちゃんのまんが四字熟語辞典**　江口尚純監修、臼井儀人キャラクター原作、りんりん舎編・構成　双葉社　2007.6　207p　19cm　〈クレヨンしんちゃんのなんでも百科シリーズ〉　800円　ⓘ978-4-575-29970-0

(目次)あ行の四字熟語、か行の四字熟語、さ行の四字熟語、た行の四字熟語、な・は行の四字熟語、ま・や・ら行の四字熟語

(内容)『新明解四字熟語辞典』(三省堂)で校閲を担当した江口尚純の監修により、しんちゃんのまんがを用いながら四字熟語の正しい意味と使い方や、類語・対släの紹介、四字熟語の誕生秘話、エピソードの紹介、さらに理解を深めるクイズページの三部から構成されている。

**ことば学習まんが 知っておきたいことわざ ポケット版**　三省堂編修所編　三省堂　2001.10　191p　15cm　600円　ⓘ4-385-13771-4　Ⓝ814

(目次)青は藍より出でて藍より青し、秋の日はつるべ落とし、悪事千里を行く、悪銭身につかず、明日の百より今日の五十、頭隠して尻隠さず、頭でっかち尻すぼみ、あちら立てればこちらが立たぬ、暑さ寒さも彼岸まで、あつものにこりてなますを吹く〔ほか〕

(内容)小学校高学年向けに、158のことわざを取り上げ、意味、由来、ことばの解説をのせ、4コマまんがをそえて楽しく理解できるようにしたもの。関連したことわざの解説も加え、全部で焚く50のことわざを収録。

**ことば学習まんが 知っておきたい四字熟語 ポケット版**　三省堂編修所編　三省堂　2001.10　159p　15cm　600円　ⓘ4-385-13774-9　Ⓝ814

(目次)悪戦苦闘、意気投合、意気揚揚、異口同音、以心伝心、一意専心、一言半句、一日千秋、一部始終、一望千里〔ほか〕

(内容)小学校高学年向けに、四字熟語を取り上げ、意味、使い方、組み立てなどの解説をのせ、4コマまんがをそえて楽しく理解できるようにしたもの。

**ことばの学習 まんがで覚えることわざ**　新装版　三省堂編修所編　三省堂　2007.7　191p　21cm　〈『ことば学習まんが 知っておきたいことわざ』改題書〉　900円　ⓘ978-4-385-23814-2

(目次)青は藍より出でて藍より青し、秋の日はつるべ落とし、悪事千里を行く、悪銭身につかず、明日の百より今日の五十、頭隠して尻隠さ

ず,頭でっかち尻すぼみ,あちら立てればこちらが立たぬ,暑さ寒さも彼岸まで,あつものにこりてなますを吹く〔ほか〕
(内容)小学生に覚えてほしい一五八のことわざを取り上げ,意味,由来,ことばの解説ととも に,楽しい四コマまんががついている。入試にも役立つように,関連したことわざの解説も加え,全部で約450のことわざを収録。

## ことばの学習 まんがで覚える四字熟語
新装版 三省堂編修所編 三省堂 2007.7 159p 21cm (『ことば学習まんが 知っておきたい四字熟語』改題書) 900円 ①978-4-385-23813-5
(目次)悪戦苦闘,意気投合,意気揚揚,異口同音,以心伝心,一意専心,一言半句,一日千秋,一部始終,一望千里〔ほか〕
(内容)小学生としてぜひおぼえておきたい四字熟語62語と,中学入試・高校入試によく出される基礎的なもの150語を中心に,全部で500語を収録。

## 子どもことわざ辞典 ことばはともだち
庄司和晃監修 講談社 1999.11 220p 26cm 1900円 ①4-06-265317-6
(内容)小学校3年生から高学年までに知ってほしいことわざ約550を収録した辞典。配列は50音順。それぞれのことわざの表と裏の意味を説明し,そのことわざの意味をヒントに小学生が作った「創作ことわざ」を掲載。

## 子どもでもかんたん!「名言・格言」がわかる本 イラストでわかりやすく解説します!
国語学習研究会編 メイツ出版 2004.12 128p 21cm (まなぶっく) 1300円 ①4-89577-826-6
(目次)あの偉人のある名言,おぼえておきたい名言・格言(動物に関係ある名言・格言,植物・自然に関係ある名言・格言,勝負に関係ある名言・格言,神仏に関係ある名言・格言,生活・仕事に関係ある名言・格言,時間に関係ある名言・格言,行い・体に関係ある名言・格言,心に関係ある名言・格言,数に関係ある名言・格言)
(内容)イラストでわかりやすく解説した名言・格言の本。

## 子どもにもかんたん!『四字熟語』がわかる本
国語教育研究会著 メイツ出版 2004.12 128p 21cm (まなぶっく) 1300円 ①4-89577-816-9
(目次)異口同音,以心伝心,一日千秋,一心同体,一心不乱,一石二鳥,一朝一夕,一長一短,右往左往,四苦八苦〔ほか〕
(内容)イラストを使ってわかりやすく説明した四字熟語の本。例文や類義語も記載されている。

巻末に索引が付く。

## ことわざ絵事典 ことばと遊ぶ会編,すがわらけいこ絵 あすなろ書房 2007.3 79p 21cm (日本語おもしろ絵事典 3) 1500円 ①978-4-7515-2248-6
(目次)悪事千里を走る,浅い川も深くわたれ,足もとから鳥が立つ,頭かくして尻かくさず,暑さ寒さも彼岸まで,あとは野となれ山となれ,あぶはち取らず,雨だれ石をうがつ,雨降って地かたまる,ありの穴から堤もくずれる〔ほか〕
(内容)昔からつたわる生活に役立つ知恵や,人生の教えを説いたことばを「ことわざ」という。よく使われることばがでている。おぼえておいて使ってみよう。

## ことわざ辞典 時田昌瑞著 アリス館 2003.2 159p 19cm (ことわざの学校 5) 1200円 ①4-7520-0220-5
(内容)現代も使われていることわざについて書かれた子ども向けの辞典。約300語を収録し,五十音順に排列。ことわざの意味と解説を分けて記載。ことわざの生まれた歴史・背景・成り立ち,使われ方などを解説。ことわざをイメージしやすいように図を多用している。巻末に五十音順の索引付き。

## 三省堂こどもことわざじてん 三省堂編修所編 三省堂 2003.4 223p 26×21cm (SANSEIDOキッズ・セレクション) 2000円 ①4-385-14306-4
(内容)あいうえお順の配列で,ことわざ・慣用句・故事成語・四字熟語約1100項目を収録。巻末には,「なかまのことわざ」として,ことばの知識を深める,テーマ別さくいんを収録。

## 三省堂例解小学ことわざ辞典 川嶋優編 三省堂 2009.12 411p 19cm 〈索引あり〉 1500円 ①978-4-385-13955-5 Ⓝ813.4
(内容)ことわざ慣用句・故事成語・四字熟語など3500項目を収録。すべての漢字にふりがな付き。小学校1年生から使える。ていねいな意味説明,的確な用例,詳しい故事・語源説明,類義語・対義語や同義語で,幅広く奥深くことわざ学習ができる。意味説明を補う楽しいイラスト多数。

## 三省堂例解小学ことわざ辞典 ワイド版
川嶋優編 三省堂 2009.12 411p 22cm 〈索引あり〉 1700円 ①978-4-385-13956-2 Ⓝ813.4
(内容)ことわざ・慣用句・故事成語・四字熟語など3500項目を収録。すべての漢字にふりがな付き。小学校1年生から使える。ていねいな意味説明,的確な用例,詳しい故事・語源説明,類義語・対義語や同義語で,幅広く奥深くことわざ学習ができる。意味説明を補う楽しいイラス

**三省堂例解小学ことわざ辞典** 特製版 川嶋優編 三省堂 2009.12 411p 19cm 1429円 Ⓘ978-4-385-13957-9 Ⓝ813.4

(内容)ことわざ・慣用句・故事成語・四字熟語など3500項目を収録。すべての漢字にふりがな付き。小学校1年生から使える。ていねいな意味説明、的確な用例、詳しい故事・語源説明、類義語・対義語や同義語で、幅広く奥深くことわざ学習ができる。意味説明を補う楽しいイラスト多数。

**試験に役立つ まんがことわざ・慣用句事典** 国広功監修、岡本まさあき作画 成美堂出版 2000.11 143p 21cm 800円 Ⓘ4-415-01082-2 Ⓝ814

(内容)小学生向けのことわざ・慣用句事典。教科書などに頻出する130のことわざ・慣用句を選び、「動物」「暦・天気」「衣食住」など17分野に分類、一語1ページの形式でまんがを使って意味を解説する。一般的な意味の解説のほか、類句、反対句も記載。また発展学習として、同じジャンルの関連句やことわざを合わせて600項目掲載する。中学入試の出題頻度マーク付き。

**試験に役立つ まんが四字熟語事典** 国広功監修、麻生はじめ作画 成美堂出版 2000.11 143p 21cm 800円 Ⓘ4-415-01062-8 Ⓝ814

(内容)小学生向けの四字熟語事典。漢字検定3、4、5級向けに、教科書などで頻出する135の四字熟語を精選し、五十音順に収録。一語1ページの形式でまんがを使って意味を解説する。一般的な意味や語の解説のほか、似た言葉(同義語)、反対の言葉(対義語)、用例、誤記例なども記載。中学入試の出題頻度マーク付き。

**辞書びきえほんことわざ** 陰山英男監修 (大阪)ひかりのくに 2009.3 240p 27×13cm 〈文献あり 索引あり〉 1800円 Ⓘ978-4-564-00844-3 Ⓝ813.4

(内容)子どもたちがふだん本やテレビなどで見たり聞いたりしていたり、親子の会話などにもよくつかわれることわざを集めた辞典。ことわざのほかにも、慣用句、故事成語、四字熟語なども紹介している。6才から。

**小学生のまんが慣用句辞典** 金田一秀穂監修 学習研究社 2005.12 255p 21cm 1000円 Ⓘ4-05-302118-9

(目次)第1章 覚えておこう!よく使う慣用句(相づちを打つ、あおりを食う、あげ足を取る、あごで使う ほか)、第2章 まだまだあるよ!いろいろな慣用句(頭が上がらない、頭が固い、頭に来る、頭を痛める ほか)

(内容)まんがで慣用句を楽しくおぼえる辞典。小学生が知っておきたい約330語を選んで掲載。

**小学生のまんがことわざ辞典** 金田一春彦監修 学習研究社 2004.11 303p 21cm (小学生のまんが辞典シリーズ) 1000円 Ⓘ4-05-301821-8

(目次)開いた口がふさがらない、相づちを打つ、阿吽の呼吸、青菜に塩、悪事千里を走る、揚げ足をとる、あごが外れる、あごで使う、あごを出す、朝起きは三文の徳〔ほか〕

(内容)オールカラー。まんがで、ことわざ・慣用句・四字熟語を楽しくおぼえる辞典。小学生に必要な600語をえらんで掲載。中学入試にも役立つ。

**小学生のまんが四字熟語辞典** 金田一春彦監修 学習研究社 2005.2 255p 21cm 1000円 Ⓘ4-05-301822-6

(内容)まんがで四字熟語・三字熟語を楽しくおぼえる辞典。小学生が知っておきたい約250語をえらんで掲載。

**新レインボーことわざ絵じてん** 金田一春彦監修,学研辞典編集部編 学習研究社 2002.4 239p 26cm 1600円 Ⓘ4-05-301165-5 Ⓝ813

(目次)ことわざ絵じてん(まんがページ)、体のことわざ・かんようくのいろいろ、動物のことわざ・かんようくのいろいろ、ことわざ・まんがクイズ、かんようく・まんがクイズ、ことわざ・絵ときクイズ、ことわざ・動物クイズ、ことわざ・なぞなぞあそび、ことわざ・数字クイズ

(内容)小学生向けにことわざや慣用句、四字熟語などをやさしく解説した学習用辞典。漫画を中心として、約610項目の用法・用例、意味、参考、関連語句を記載。体または動物にまつわる表現を集めたページや、ことわざ・慣用句・四字熟語・故事成語をそれぞれ解説するページもある。巻末に項目索引付き。

**新レインボーことわざ辞典** オールカラー 学習研究社 2000.12 303p 21cm 1000円 Ⓘ4-05-300934-0 Ⓝ813

(内容)ことわざ、慣用句、故事成語、四字熟語を1800項目収録した児童向けのことわざ辞典。イラストを用いて意味や使い方を示している。また欄外や巻末におもしろいクイズを掲載する。1996年刊「レインボーことわざ辞典」の改訂最新版。

**新レインボー写真でわかることわざ辞典** 学習研究社 2009.4 87p 27cm 〈索引あり〉 1400円 Ⓘ978-4-05-302900-3 Ⓝ813.4

(目次)青菜に塩、一寸の虫にも五分のたましい、雨後のたけのこ、うり二つ、虎視眈々、五里霧中、コロンブスの卵、さんしょうは小つぶでも

ぴりりとからい，順風満帆，高ねの花〔ほか〕
[内容]ことわざ・慣用句・四字熟語・故事成語がよくわかる。『見る』ことわざ辞典。

## 新レインボー写真でわかる四字熟語辞典
学研教育出版，学研マーケティング（発売）
2010.9　87p　27cm　1400円　①978-4-05-303166-2　Ⓝ814.4
[目次]あつものにこりてなますをふく，異口同音，一期一会，一望千里，山紫水明，断崖絶壁，人跡未踏，一網打尽，一蓮托生，一刀両断〔ほか〕
[内容]四字熟語や故事成語を写真とともにわかりやすく説明。

## たのしく学ぶことわざ辞典　林四郎監修
日本放送出版協会　2000.1　280p　21cm　1400円　①4-14-011123-2　Ⓝ813.4
[目次]いざ鎌倉，石に立つ矢，一炊の夢，おごる平家は久しからず，小田原評定，臥薪嘗胆，株を守りてうさぎを待つ，画竜点睛，韓信のまたくぐり〔ほか〕
[内容]生活の中でよく使われる，ことわざ・慣用句・故事成語を約1200項目収録したことわざ辞典。約50項目におはなし欄を設ける。800以上のイラストを付す。

## たのしくわかることばの辞典　2　ことわざ辞典
川嶋優著　小峰書店　2000.4　199p　26cm　3500円　①4-338-16602-9　Ⓝ813
[目次]開いた口がふさがらない，相づちを打つ，青菜に塩，青は藍より出でて藍より青し，赤子の手をひねる，秋の日はつるべ落とし，悪事千里を走る，悪銭身につかず，朝飯前のお茶の子さいさい，当たるも八卦当たらぬも八卦〔ほか〕
[内容]小学生向けの，ことわざや学校で習う慣用句を収録した辞典。五十音順に排列し，巻末に「体のことわざ・慣用句」も収録。「たのしくわかることばの辞典」シリーズの第2巻。

## ちびまる子ちゃんの四字熟語教室　さくらももこキャラクター原作，川嶋優著　集英社
2001.6　203p　19cm　（満点ゲットシリーズ）　760円　①4-08-314014-3　Ⓝ814.4
[目次]悪戦苦闘，異口同音，以心伝心，一衣帯水，一騎当千，一期一会，一言半句，一日千秋，一念発起，一望千里〔ほか〕
[内容]小学生向けに，四字熟語220語を収録したもの。ことば遊び新聞を掲載。

## ドラえもんの国語おもしろ攻略　ことわざ辞典　改訂新版　栗岩英雄著　小学館
1999.8　211p　19cm　（ドラえもんの学習シリーズ）　760円　①4-09-253103-6
[内容]小学生にわかりやすいようにドラえもんのまんがで紹介したことわざ辞典。さくいん付き。

## なるほど!ことわざじてん　ことばハウス編
西東社　2010.1　159p　19cm　〈索引あり〉　680円　①978-4-7916-1743-2　Ⓝ814.4
[内容]150のことわざが面白いほどよくわかる辞典。

## まんが　慣用句なんでも事典　山田繁雄監修，北山竜絵　金の星社　1998.2　143p　20×16cm　（まんが国語なんでも事典シリーズ）　1200円　①4-323-06002-5
[内容]人の体に関係する慣用句，人の生活に関係する慣用句，人の気持ちや動作・状態に関係する慣用句，動物や植物に関係する慣用句，そのほかの慣用句
[内容]大きなイラストで慣用句の意味や使い方がわかる小学生向けの慣用句事典。100語以上の言葉を人の体など身近なものに分けて収録。

## まんが　ことわざ事典　新訂版　相田克太，関口たか広，横田とくお漫画　学習研究社
1992.7　144p　21cm　（学研まんが　ひみつシリーズ　36）　800円　①4-05-106291-0
[内容]犬も歩けば棒に当たる。さるも木から落ちる。ねこに小判など，全部で450以上のことわざを収録した漫画版学習辞典。

## マンガで覚える四字熟語字典　成美堂出版
1995.4　286p　19cm　980円　①4-415-08148-7
[内容]マスコミや一般に使用される頻度の高い語を選び，マンガ入りで解説した四字熟語の事典。排列は五十音順。意味・用例・類義語・反対語を記載し，イメージを深めるようなマンガを付す。意味を把握しやすいよう簡潔な記述にとめている。五十音順索引（目次）を巻末に付す。

## マンガでわかる小学生のことわざじてん
梅澤実監修　世界文化社　2006.3　287p　26cm　1800円　①4-418-06818-X
[目次]ようこそことわざの世界へ!，人にかかわることわざ・慣用句，気や心にかかわることわざ・慣用句，体の名前にかかわることわざ・慣用句—(1)顔・頭編，体の名前にかかわることわざ・慣用句—(2)その他の体編，動物にかかわることわざ・慣用句，植物にかかわることわざ・慣用句，数字にかかわることわざ・慣用句，神仏にかかわることわざ・慣用句，物にかかわることわざ・慣用句〔ほか〕
[内容]ことわざ・慣用句・四字熟語1000語。みぢかなエピソードや用法が満載で，正しい意味・使い方がすぐわかる。50音順で見やすく，すぐに調べられる。

## 用例でわかる四字熟語辞典　学習辞典編集部編　学習研究社　2005.8　740p　19cm　2000円　①4-05-301798-X

〔内容〕5000の四字熟語を幅広く収録。誤用がなくなる「注記」と「表記」。文学作品の「用例」が充実。歴史をひもとく「故事」と「出典」。使用漢字索引と書き下し文索引付き。類書初の2色刷で見やすい。

**例解学習ことわざ辞典** 小学館 1995.5 416p 19cm 1300円 ⓘ4-09-501651-5

〔内容〕ことわざ、慣用句、四字熟語、故事成語など約3300語を収録する小・中学生向きの辞典。語源・由来のほか用例も掲載する。巻末に「中学入試予想問題集」と「漢数字を含んだ語句索引」がある。

**レインボーことわざ辞典** 改訂新版 学習研究社 1996.1 303p 21cm 1000円 ⓘ4-05-300200-1

〔内容〕児童向けのことわざ辞典。小・中学校の教科書に頻出することわざ・慣用句・故事成語・四字熟語1800語の解説、用例を掲載する。イラスト多数。巻末に動物のことわざ、人体のことわざ・慣用句、似た意味のことわざ、反対の意味のことわざの一覧を掲載、索引としても利用できる。

◆◆語 源

<辞 典>

**絵でわかる「語源」 小学生のことば事典**
どりむ社編著, 丹羽哲也監修 PHP研究所 2010.4 127p 22cm 〈索引あり〉 1200円 ⓘ978-4-569-78045-0 Ⓝ812

〔目次〕あいぼう（相棒）、あげあしをとる（揚げ足を取る）、あとのまつり（後の祭り）、あまのじゃく（天の邪鬼）、あみだくじ（阿弥陀くじ）、いたちごっこ、いちかばちか（一か八か）、いっしょうけんめい（一生懸命）、いっちょうら（一張羅）〔ほか〕

〔内容〕小学生がよく知っていることば、知っておきたいことばを厳選。大きなイラストで、ことばの由来や変化をわかりやすく紹介。知っておくと得する語源や、おもしろい語源を満載。

**こども語源じてん ことばはともだち** 山口佳紀編 講談社 2004.11 208p 26cm 1900円 ⓘ4-06-211887-3

〔目次〕食べ物や飲み物に関係のあることば、衣類・道具・建築に関係のあることば、人間や人体に関係のあることば、動物や植物に関係のあることば、スポーツや娯楽に関係のあることば、熟語と成句

〔内容〕いつも使っていることばの中から、おもしろくてためになる約600語の語源を解説。語源がわかれば、ことばに興味がわいてきて、読書や国語がもっと楽しくなる。小学生が描いた楽しい絵を掲載。

**子どもとおとなのことば語源辞典** 東京私立学校言語研究会編 教育出版センター 1993.5 159p 19cm （子どもの近くにいる人たちへシリーズ） 1500円 ⓘ4-7632-2523-5

〔内容〕生活の中で使われていることばを中心に、どこからどのようにして、今使われているかを示す学習語源辞典。小学校4年生以上の漢字にはふりがなをつける。

**たのしくわかることばの辞典 1 語源辞典** 川嶋優監修 小峰書店 2000.4 172p 26cm 3300円 ⓘ4-338-16601-0 Ⓝ813

〔目次〕あいこ、あいづち、あいにく、赤、赤字、あかちゃん、あかつき、あかね、あかんべ、あきんど〔ほか〕

〔内容〕小学生向けの、語源を集めた辞典。五十音順に排列し、巻末に外来語の語源も収録。「たのしくわかることばの辞典」シリーズの第1巻。

**ふしぎびっくり語源博物館 ことばの調べ学習に役立つ 1 心とからだのことば** 江川清監修・文、山田えいし絵 ほるぷ出版 2000.2 135p 21cm 2200円 ⓘ4-593-57201-0 Ⓝ812

〔目次〕第1章 人のからだにかんすることば（からだ、おつむ ほか）、第2章 人の心をあらわすことば（あっけらかん、おっかなびっくり ほか）、第3章 態度やようすをあらわすことば（いっしょけんめい、がむしゃら ほか）、第4章 人の性質をあらわすことば（ざっくばらん、きさく ほか）

〔内容〕言葉の意味と語源についてイラストや写真で解説したもの。この巻では、心と体に関する言葉の中から身近な言葉、おもしろい言葉を取り上げている。

**ふしぎびっくり語源博物館 ことばの調べ学習に役立つ 2 衣・食・住のことば** 江川清監修、草刈めぐみ文、よこたとくお絵 ほるぷ出版 2000.2 135p 21cm 2200円 ⓘ4-593-57202-9 Ⓝ812

〔目次〕第1章 衣服にかんすることば（かみしも、かぶと ほか）、第2章 たべものにかんすることば（おやつ、かし ほか）、第3章 住まいにかんすることば（いえ、だいこくばしら ほか）、第4章 道具にかんすることば（どうぐ、そろばん ほか）

〔内容〕言葉の意味と語源についてイラストや写真で解説したもの。この巻では、衣食住に関する言葉の中から身近な言葉、伝統のある言葉を取り上げている。

**ふしぎびっくり語源博物館 ことばの調べ学習に役立つ 3 しごと・地名のことば** 江川清監修・文, 内田玉男絵 ほるぷ出

言 語　　　　　　　　　児童書

版 2000.2 135p 21cm 2200円 ⓘ4-593-57203-7 Ⓝ812
(目次)第1章 人のよび方やあいさつのことば(あだな,あなた ほか),第2章 しごとや商売・お金のことば(いたまえ,とうじ ほか),第3章 ものごとや事態をあらわすことば(あとのまつり,あべこべ ほか),第4章 地名のことば(さっぽろ,はこだて ほか)
(内容)言葉の意味と語源についてイラストや写真で解説したもの。この巻では,社会や経済に関する言葉,地名の言葉の中から,身近な言葉,知っているとためになる言葉を取り上げている。

ふしぎびっくり語源博物館 ことばの調べ学習に役立つ 4 歴史・芸能・遊びのことば　江川清監修,山下暁美文,関口たか広絵　ほるぷ出版 2000.2 135p 21cm 2200円 ⓘ4-593-57204-5 Ⓝ812
(目次)第1章 歴史にかんすることば(はにわ,てんのう ほか),第2章 文芸・伝説のことば(かしまだち,かな ほか),第3章 芝居・美術・音楽のことば(しばい,かぶき ほか),第4章 祭りや行事のことば(まつり,がんたん ほか),第5章 遊びやスポーツのことば(あそび,おもちゃ ほか)
(内容)言葉の意味と語源についてイラストや写真で解説したもの。この巻では,歴史や芸能,遊びに関する言葉の中から,身近な言葉,教科書にでてくる言葉を取り上げている。

ふしぎびっくり語源博物館 ことばの調べ学習に役立つ 5 動植物・自然のことば　江川清監修,山下暁美文,阿木二郎絵　ほるぷ出版 2000.2 135p 21cm 2200円 ⓘ4-593-57205-3 Ⓝ812
(目次)第1章 季節や自然現象のことば(はる,かげろう ほか),第2章 動物や鳥のことば(さる,いぬ ほか),第3章 魚や貝・虫のことば(さけ,かつお ほか),第4章 植物のことば(たんぽぽ,しゃくやく ほか)
(内容)言葉の意味と語源についてイラストや写真で解説したもの。この巻では,動植物や自然現象に関する言葉の中から,身近な言葉,観察に役立つ言葉などを取り上げている。

まんが 語源なんでも事典　山田繁雄監修,内田玉男絵　金の星社 1998.2 143p 20×16cm （まんが国語なんでも事典シリーズ） 1200円 ⓘ4-323-06001-7
(目次)人の心や状態を表す言葉(青二才,天の邪鬼,韋駄天 ほか),世の中や人間関係に関する言葉(あだ名,妹,うやむや ほか),生活でよく使われる言葉(あいさつ,あいにく,一張羅 ほか),自然や動物・植物を表す言葉(稲妻,稲,うなぎ ほか)

(内容)大きなイラスト言葉の語源や使い方がわかる小学生向けの語源事典。100語以上の言葉を人の体など身近なものにわけて収録。
身近なことばの語源辞典　西谷裕子著,米川明彦監修　小学館 2009.11 335p 18cm 1600円 ⓘ978-4-09-504178-0
(目次)1 生活,2 社会,3 文化,4 様相,5 人間,6 自然
(内容)食べ物・ファッション・道具・建築・音楽・演劇・スポーツ・風習・動植物など暮らしのことば約2000語を厳選し,ジャンル別に収録。ことばの背景がよくわかる辞典。

◆◆類 語

&lt;辞 典&gt;

絵でわかる「漢字使い分け」 小学生のことば事典　どりむ社編著,丹羽哲也監修　PHP研究所 2010.9 127p 22cm 1200円 ⓘ978-4-569-78081-8 Ⓝ814.5
(目次)あう(会う・合う),あける(明ける・開ける・空ける),あげる(上げる・挙げる),あたたかい(暖かい・温かい),あつい(暑い・熱い・厚い),あやまる(誤る・謝る),あらわす(現す・表す),いがい(意外・以外),いぎ(異異・異議・意義),いじょう(異常・異状)〔ほか〕
(内容)小学生が覚えておきたい,同音異義語・同訓異字を厳選。大きなイラストで,使い分ける場面を紹介。使い分けをするときに役立つ知識やヒントも掲載。

小学生の同音・同訓使い分け絵事典 教科書によく出る!　どりむ社編集部編 （京都）PHP研究所 2007.3 159p 18cm 1000円 ⓘ978-4-569-65747-9 Ⓝ814.5
(内容)「追求」と「追究」、「会う」と「合う」など、読み方は同じで意味のちがう同音異義語・同訓異字を絵や例文を交えて解説する辞典。教科書に出てくるものを中心に、使い分けに気をつけたい漢字と熟語を掲載。絵の例文から、意味や使い方を楽しく知ることができる。

小学生のまんが ことばの使い分け辞典　金田一秀穂監修　学習研究社 2007.4 255p 21cm 1000円 ⓘ978-4-05-302413-8
(目次)第1章 同音異義語・同訓異字(同音異義語・同訓異字ってなあに?,同音異義語・同訓異字クイズ!),第2章 類義語(類義語ってなあに?,類義語クイズ!),第3章 反対語(対義語)(反対語(対義語)ってなあに?,反対語(対義語)クイズ!),第4章 読み方がちがうと意味が変わることば(読み方がちがうと意味が変わるって,どういうこと?,読み方がちがうと意味が変わることばクイズ!)

反対語・対照語事典　高村忠範編　汐文社
　2006.3　170p　26cm　2800円　⑪4-8113-
　8080-0
　(内容)ふだん使われていることばの反対語と対
　照語を掲載。あわせて、ふだんあまり使われな
　いが、昔からあるおもしろいことば、美しいこと
　ばも収載。イラストを交えながら五十音順に収
　録した。

用例でわかる類語辞典　学研辞典編集室編
　学研教育出版,学研マーケティング(発売)
　2009.12　620p　19cm　〈索引あり〉　2000
　円　⑪978-4-05-302949-2　Ⓝ813.5
　(内容)手紙、メール、ビジネス文書から、詩歌
　や俳句、小説まで。必要十分な、正項目1万5300
　語、総収録項目2万1200語。充実のカタカナ語・
　新語で、ビジネスシーンにも対応。やってはい
　けない誤用例付き。見やすい2色刷り。

類語事典　高村忠範編、松田正監修　汐文社
　2009.4　191p　27cm　3200円　⑪978-4-
　8113-8588-4　Ⓝ813.5
　(目次)あい(愛)、あいさつ(挨拶)、あいする
　(愛する)、あいまい、あう(会う)、あおる、
　あかり(明かり)、あがる(上がる)、あかんぼ
　う(赤ん坊)、あきらか(明らか)〔ほか〕
　(内容)ふだん使われていることばを中心に、その
　「仲間」のことばである「類語」を集めて掲載。

例解学習類語辞典　似たことば・仲間のこ
　とば　深谷圭助監修　小学館　2009.1
　719p　21cm　1800円　⑪978-4-09-501661-0
　Ⓝ813.5
　(目次)第1章 体・人生(人間関係、人の体 ほか)、
　第2章 行動(体の動き、移動 ほか)、第3章 気
　持ち(表情、気持ち)、第4章 ようす(物のよう
　す)、第5章 自然(宇宙と地球、自然現象)
　(内容)ことばの微妙な違いをつかんで表現力が
　アップ。収録数9500、充実の似たことば辞典。
　小学校中・高学年向け。

◆◆外来語・カタカナ語

〈辞 典〉

外来語・カタカナ語おもしろイラスト事典
　第1巻　ア〜コ　桐生りか著、永井けいイ
　ラスト　汐文社　2004.3　95p　21cm　1800
　円　⑪4-8113-7826-1
　(目次)アイディー、アイテム、アイデンティテ
　ィー、アウト、アクション、アクセス、アップ、
　アトラクション、アバウト、アフター〔ほか〕
　(内容)身のまわりのカタカナ語をイラスト付き
　でわかりやすく解説。巻末にキーワード索引が
　付く。

外来語・カタカナ語おもしろイラスト事典
　第2巻　サ〜ハ　桐生りか著、永井けいイ
　ラスト　汐文社　2004.4　95p　21cm　1800
　円　⑪4-8113-7827-X
　(目次)サービス、サポート、シェア、シフト、ジャ
　スト、ショート、ジレンマ、ジンクス、スーパー、
　スタンス〔ほか〕

外来語・カタカナ語おもしろイラスト事典
　第3巻　ヒ〜ワ　桐生りか著、永井けいイ
　ラスト　汐文社　2004.4　95p　21cm　1800
　円　⑪4-8113-7828-8
　(目次)ヒーリング、ビジネス、ビジョン、フォー
　マル、ブッキング、プライド、プライバシー、
　ブランチ、フリー、フル〔ほか〕

カタカナ語・外来語事典　桐生りか著　汐文
　社　2006.2　159p　26cm　2800円　⑪4-
　8113-8082-7
　(目次)語句と解説(アイディア、アウト、アクシ
　デント、アクション、アクセス、アクセント、ア
　シスト ほか)、外来語ミニ情報(外来語ミニ情
　報、外来語の出身国(1)ポルトガル、外来語の
　出身国(2)オランダ ほか)、むずかしい?外来語
　をわかりやすく言い換えてみよう!(「外来語」言
　い換え提案(第1回〜第3回)より一分かりにくい
　外来語を分かりやすくするための言葉遣いの工
　夫)
　(内容)「ビュービュー」「ウサギ」「ニンジン」
　「ケータイ」「ネ」などのカタカナ語(和語・漢
　語)ではなく、「ノート」「デパート」のように
　ヨーロッパやアメリカなどから取り入れたカタ
　カナ語(外来語)を、紹介・解説する辞典。

学校では教えない カタカナ語6000　講談
　社,カタカナ語研究プロジェクト編　講談社
　1998.3　303p　21cm　1400円　⑪4-06-
　208051-6
　(目次)第1章 身のまわりの用具を中心に―マイ
　ホームで見かけるカタカナ語、第2章 政治・経
　済・時事用語など―マスコミでよくつかわれる
　カタカナ語(1)、第3章 芸術・芸能・映画・漫
　画・CMなど―マスコミでよくつかわれるカタ
　カナ語(2)、第4章 看板・建物から小売店の商
　品・サービスなど―街で見かける、外で出会う
　カタカナ語、第5章 スポーツ・ゲームのルール
　からホビーなど―アウトドア=ライフに関係の
　あるカタカナ語、第6章 食材から調理法、そし
　て飲料水まで―料理・メニューはカタカナ語の
　大行進、第7章 ファッションの世界は、外国語の
　百貨店!―着る・かざる、美容・健康に関係する
　カタカナ語、第8章 歌はハートフルなカタカナ
　語でいっぱい!―ポピュラー音楽に見られるカタ
　カナ語、第9章 科学と技術の世界は、日本語に
　しにくい―科学・工学・技術関係のカタカナ語、
　第10章 知っていると得をする、見直される―た

とえ・引用でよくつかわれるカタカナ語，付章 なんの略?どんな意味?―よくつかわれる外国語の略語

## ◆◆作 文

### <事典>

**そのまま使える小論文キーワード2500**
学研辞典編集部編　学習研究社　2007.7
400p　19cm　1400円　ⓘ978-4-05-302253-0

(目次)第1章 即解小論文書き方マニュアル，第2章 大事なことば小論文50音順キーワード（志望分野別チェックリスト，小論文50音順キーワード，アルファベット略語集），第3章 巻末付録（小論文ミニ人名辞典，言いたいことばが見つかる類語辞典）

(内容)知らなきゃ書けない試験頻出語を、50音順に約2500語収録。「着想」欄を読むだけで、書くべき内容がすぐに掴める。そのまま覚えて、引用できる太字フレーズも満載。巻頭に「書き方マニュアル」、巻末には「ミニ人名辞典&類語辞典」の付録付き。大学受験から、公務員・マスコミ試験などにまで使える本格派。見やすい2色刷り。

**手紙・はがきの書き方　第2版**　TOSS著　騒人社　2000.3　47p　26cm　〈新学習指導要領完全準拠 伝え合う能力を育てるじつわいじつ〉　2500円　ⓘ4-88290-027-0　Ⓝ375

(目次)基礎編（手紙とは、手紙の書き方、はがきの書き方、書き出しの文、月別季節のあいさつ、本文の書き方、結びの書き方、表書きの書き方）、実例編（先生への暑中見舞い、友だちへの暑中見舞い、暑中見舞いの返事、先生への年賀状、友達への年賀状(1, 2)、お礼状(1, 2)、お見舞い、案内状・招待状、しんせきへのお祝い、悩みや相談の手紙、悩みや相談の手紙への返事、旅先からの手紙、カードの書き方）

## ◆英 語

### <事典>

**英語の綜合的研究**　復刻版　赤尾好夫編　旺文社　2010.12　670p　19cm　〈他言語標題：AN EXTENSIVE STUDY OF ENGLISH　索引あり〉　3200円　ⓘ978-4-01-033914-5　Ⓝ830

(目次)1 PRONUNCIATION（発音）と SPELLING（綴り字）、2 SENTENCE（文）、3 NOUN（名詞）、4 ARTICLE（冠詞）、5 PRONOUN（代名詞）、6 ADJECTIVE（形容詞）、7 ADVERB（副詞）、8 VERB（動詞）、9 CONJUNCTION（接続詞）、10 PREPOSITION（前置詞）、11 SPECIAL CONSTRUCTIONS（特殊構文）、12 IDIOMATIC PHRASES（重要成句）、13 COLLOQUIALISM（口語表現）、英語入試問題の諸形式、合格答案作成指導（二色刷り）、付録 英語学習者に必須な常識

(内容)多くの受験生が学んだ名著。解釈、文法、作文とバランスのとれた良問が選択され、総合力がつくように工夫された伝説的な英語の参考書。旺文社創立80周年を記念して復刊。

### <辞典>

**アメリカンキッズ英語辞典**　日本英語教育協会編　日本英語教育協会　1991.3　311p　19cm　〈かんたん和英つき〉　1165円　ⓘ4-8177-2768-3　Ⓝ833

(内容)テレビ「アメリカンキッズ」を見ている人、英語を勉強しはじめたばかりの人のための辞典。

**アルク2000語絵じてん**　久埜百合監修　アルク　2000.5　255p　30cm　〈付属資料：CD2，別冊1〉　3600円　ⓘ4-7574-0241-4　Ⓝ834

(目次)アルファベット，色，形，数，家，学校，街の中で，週末，バケーション，時を表す言葉，わたしとそのまわり，いろいろな言葉

(内容)児童用のイラストを用いた英語の語彙集。公立小学校総合学習の英語教育に対応する語彙2000語を収録。内容は家、学校、街、週末、バケーションなど子どもに身近な10のトピック、合計63の場面で構成。単語のほかに日常会話や基本文型なども合わせて掲載。ほかに歌、ストーリー、リスニングクイズ等を収録したCD2枚とそれに対応する別冊を付した。巻末に例文付きの英日索引および日英索引を収録。

**アルクの2000語えいご絵じてん　For kids**　久埜百合監修　アルク　2009.11　207p　30cm　〈制作：アルクキッズ英語編集部　『アルク2000語絵じてん』(2000年刊)の新装版　付(56p)：CD音声スクリプト　索引あり〉　4200円　ⓘ978-4-7574-1817-2　Ⓝ834

(目次)アルファベット，色，形，数，家，学校，街の中，週末，バケーション，時を表す言葉，わたしとそのまわり，いろいろな言葉，WORD LIST

(内容)小学生のうちに身につけたい2000語を厳選。アメリカを舞台にした63の楽しい場面イラストで構成。単語の発音、歌、会話、クイズなど充実の音声が3枚のCDに。公立小学校の外国語活動で学ぶ単語のほとんどを網羅。対象レベルは幼児（4歳くらい）～小学校高学年。

**イラスト図解モノの呼び名事典　英文対訳**

付き Group 21編　日東書院本社　2009.10　223p　21cm　〈文献あり　索引あり〉　1500円　Ⓘ978-4-528-01001-7　Ⓝ031.3

(目次)1 住まいと暮らし編，2 衣・食・生活編，3 伝統文化編，4 乗り物編，5 スポーツ編，6 趣味・娯楽編

(内容)誰でも知っているモノの名前から、こんなモノにも名前があったのかと思うパーツの名前まで、様々な「モノの呼び名」を紹介する事典。身近な住まいや生活に密着したモノ、意外と知らない日本独自の伝統文化まで、モノの呼び名と共にそのルーツも紹介。それぞれの「モノの呼び名」には英訳も記載。

**イラストで学ぶ日常英単語 トムソンピクチャーディクショナリー**　ハインリー著　トムソンラーニング，日本出版貿易〔発売〕　2007.1　293p　28×22cm　〈原書名：The Heinle Picture Dictionary〉　2200円　Ⓘ978-4-88996-220-8

(目次)基本単語，学校，家族，人々，コミュニティー，住居，食物，衣服，交通，健康，仕事，地球と宇宙，動物，植物，生息地，学校の教科，芸術，レクリエーション

(内容)イラストや写真を用いながら、新しい語句を文脈の中で紹介し、さまざまな演習を通して語彙を学習・応用できるように工夫された、画期的な辞書。見出し語4000を、人間、食べ物、住宅、仕事、学校、娯楽、衣服など、テーマ別の16ユニットに分けて収録。カラフルでバラエティに富んだイラストや写真をふんだんに使って、語句を紹介。ユニットで扱う語句を組み込んだ短い読みものや、使用頻度の高いフレーズやコロケーション、演習などを掲載。

**えいご絵じてんABC**　村上勉作　あかね書房　2002.4　1冊　28×22cm　1400円　Ⓘ4-251-09829-3　Ⓝ833

(内容)多数のイラストからABCを学習するための幼児向けの絵本。apple、bird、catなど簡単な英単語のカナ表記による発音、和訳例を紹介する。

**えいごのえじてん ABC**　米山永一イラスト，ポール・スノードン監修　世界文化社　2007.3　223p　21×17cm　〈『はじめてであうえいごのえじてん ABCDブック』一部変更・改題書〉　1600円　Ⓘ978-4-418-07802-8

(目次)MORNING—あさ，AT SCHOOL—学校で，IN THE TOWN—町で，AT HOME—いえで，FAMILY AND PEOPLE—かぞくと人々，ON HOLIDAY—休日に，IN THE CITY—おおきなまちで，WORLD TRAVEL—せかいりょこう

(内容)2000以上の単語を、63のテーマにわけて収録。日常のシーンでそのまま使える、幼児レベルの英会話も多数収録。全編を飾る、イギリスをイメージしたイラストで絵本のような美しさ。おおさわぎのスクールライフ、ゆかいなホリデイ、宇宙人が現れたり、世界旅行へ出かけたり、トムとその仲間が繰り広げる毎日をたどりながら英語の世界へ。3歳から。

**英和じてん絵本**　アン・ヘリング監修，とだこうしろう作・絵　戸田デザイン研究室　1999.9　215p　24×12cm　2400円　Ⓘ4-924710-44-X

(内容)英語を学ぶための重要単語を全て含む1200以上のことばを掲載した絵本。配列はアルファベット順。発音は、カタカナと発音記号で表示している。

**絵でわかる 楽しい英語辞典 1 学校**　小峰書店　1991.4　39p　27cm　〈監修：平尾邦宏〉　1845円　Ⓘ4-338-09401-X　Ⓝ833

(内容)イラストで目からおぼえる英単語の辞典。小学校高学年以上向け。

**絵でわかる 楽しい英語辞典 2 家庭**　小峰書店　1991.4　39p　27cm　〈監修：平尾邦宏〉　1845円　Ⓘ4-338-09402-8　Ⓝ833

(目次)わたしの家族，カレンダー，一日の生活，近所，家，居間，台所，子ども部屋，バスルーム，食べ物，家事，女の子の生活，男の子の生活，お父さんとお母さん，やさしい英会話

**絵でわかる 楽しい英語辞典 3 町**　小峰書店　1991.4　39p　27cm　〈監修：平尾邦宏〉　1845円　Ⓘ4-338-09403-6　Ⓝ833

(目次)町，パン屋，八百屋，肉屋，くだもの屋，スーパーマーケット，洋服屋，美容院・理髪店，電気屋，カメラ屋，自動車販売店，公園，遊園地，教会，やさしい英会話

**絵でわかる 楽しい英語辞典 4 産業と社会**　小峰書店　1991.4　39p　27cm　〈監修：平尾邦宏〉　1845円　Ⓘ4-338-09404-4　Ⓝ833

(目次)町，職業，駅，港，空港，郵便局，テレビ局，病院，気象庁，消防署，警察，土木工事，農業，政治，やさしい英会話

**絵でわかる 楽しい英語辞典 5 自然**　小峰書店　1991.4　39p　27cm　〈監修：平尾邦宏〉　1845円　Ⓘ4-338-09405-2　Ⓝ833

(目次)宇宙，太陽と月，地球，世界地理，天気，山，森，花とこん虫，川，海と陸地，海の生物，草原，サバク，恐竜，やさしい英会話

**絵でわかる 楽しい英語辞典 6 スポーツ**　小峰書店　1991.4　39p　27cm　〈監修：平尾邦宏〉　1845円　Ⓘ4-338-09406-0　Ⓝ833

〔目次〕野球，サッカー，バレーボール，バスケットボール，テニス，卓球，トラック競技，フィールド競技，体操，いろいろなスポーツ，水泳，海辺のスポーツ，キャンプ，スキーとスケート，やさしい英会話

**旺文社オーロラ英和・和英辞典** 金谷憲編
旺文社 2002.1 1696p 19cm 〈付属資料：CD1〉 3000円 ④4-01-075207-6 Ⓝ833
〔内容〕新学習指導要領に準拠した中学生向けの学習用辞典。中学校から高校初級までの英語表現に必要な英和約1万2000語、和英約1万3000語を収録。英和では最重要語101語と重要語400語などに、和英では最重要語527語と重要語1100語にマークをつけて例文を示すほか、基本的な表現や英語スピーチのモデルを囲み記事にして紹介。アルファベット発音や基本会話を収録したCD付き。

**音と絵で覚える子ども英語絵じてん** 久埜百合，アーサー・ビナード編，ながたはるみ，村山鉢子絵 三省堂 2000.6 65p 26×21cm （三省堂ワードブック2）〈付属資料：CD1〉 2400円 ④4-385-10861-7 Ⓝ830
〔目次〕Shota's Room, Cleaning Up, Vegetables, Fruit, Fish and Flowers, Cooking, Relaxing in the Living Room, Shopping, At the Restaurant, Underground, The Post Office, Sending E-Mail〔ほか〕
〔内容〕身近な言葉により英語に慣れ親しむための児童用ワードブック。Shota'sRoom, CleaningUpなど場面を設定して小学生にとって身近な全28項目のテーマから英単語を紹介。附属資料としてCD2を枚収録。巻末にアルファベット順の単語索引を付す。

**オールカラー 英語ものしり図鑑 日本語-英語** ジャン＝クロード・コルベイユ，アリアーヌ・アルシャンボ著，小学館外国語辞典編集部編 小学館 2007.1 88p 28×22cm 1600円 ④4-09-505083-7
〔目次〕体，動いている体，衣類，家で，寝室，浴室，居間，遊戯室，台所，食事，菜園と野菜，果物，スーパーマーケット，身近な植物，農場，森，砂漠とサバンナ，海，山脈，宇宙，地球の地形，天気，水上交通，航空交通，陸上交通，都市，職業，学校，色と形，数と文字，音楽，スポーツ，キャンプ，パーティーと祝日，衣装と人物
〔内容〕英米の小・中学生や高校生の日常生活と常識を知ることができる身近な言葉を約1600語収載。見ていて楽しいオールカラーのイラストを約1,300点掲載。ものの名称を英語と日本語の2か国語で示している。英語には英米人の標準的な発音をカタカナで示し、強く発音するところは太字にしている。日本語のほとんどの漢字には読みがなを付す。巻末に大きめの文字で英語と日本語の索引を収録。

**キッズクラウン英和・和英辞典** 下薫，三省堂編修所編 三省堂 2004.4 279，286p 21cm 〈付属資料：CD2〉 3400円 ④4-385-10472-7
〔内容〕絵を見ながら、楽しく英単語を覚えられる英和・和英辞典。収録語数は2400語。実際に聞いたり話したりする際に役立つ用例を多く集め、日本語と英語の意味や使い方の違いをわかりやすく表示。歌やチャンツのほか会話の練習もできる、豊富なCD音源を2枚が付属する。

**教科書にピッタンゴ 中学和英＋英和「らく引き」辞典** 千田守編 文英堂 1999.2 431p 19cm （シグマベスト） 1200円 ④4-578-38019-X
〔内容〕中学生の英語の教科書全7社1年～3年に出てくる全ての単語や表現を収録した和英辞典。カタカナで発音を表記。教科書に出てくる単語だけを集めた英和編付き。

**くもんのはじめての英会話じてん** くもん出版 2001.8 191p 21cm 〈付属資料：CD1〉 1400円 ④4-7743-0470-0 Ⓝ837.8
〔目次〕第1部 基本的な会話（あいさつ・よびかけ、相手のことをたずねる、身のまわりのことについてたずねる ほか）、第2部 場面別会話（家の中で、学校で、誕生日 ほか）、第3部 キーワード別会話
〔内容〕小学生からつかえる、英会話の身近な日常表現をおさめた辞典。ネイティブ・スピーカーによる音声をおさめたCD1枚を付す。

**クラウン受験英語辞典** 古藤晃編 三省堂 2000.9 1527p 19cm 2800円 ④4-385-10037-3 Ⓝ833
〔内容〕大学入試受験のための受験英語辞典。入試頻出14000項目と入試実例16000余を掲載。辞典の見出し語は入試によくでる単語を選出し、約10000語を収録。各項目に、頻出ポイント・語法などなど入試に役立つ情報、語義、用例、成句等にくわえて誤文訂正・空所補充・適語句選択・和訳・英訳など各種問題形式を併載する。

**講談社ハウディ英和・和英辞典** 第2版 吉田正俊，中村義勝編 講談社 2002.2 701，573p 19cm 2900円 ④4-06-265327-3 Ⓝ833
〔内容〕中学生向きの英語辞典。英和辞典と和英辞典を合冊している。例文、イラスト、コラムを多数掲載、会話を重視し用例は日常会話文を多くしている点が特色。英和辞典は総収録語数12500語。基本語940語と次に重要な基本語780

語は目立つよう表示する。中学校の英語教科書全7種類の単語・成句・解説などを検討・収録。和英辞典は複合語をあわせて11500語。重要な見出し語527語・次に重要な913語を目立つよう表示する。

**講談社ハウディ英和・和英辞典** 第3版 吉田正俊, 中村義勝編 講談社 2005.11 1冊 19cm 2900円 ①4-06-265339-7

(内容)重要語は「英和」1700余、「和英」1440語。英検準2級までに出る語も収録し、新中学生が英語の「基礎と総合力」を身につけられる便利な1冊本。

**国際理解に役立つシーン別英語絵事典 家・学校で今日から使ってみよう！** PHP研究所編 PHP研究所 2006.2 79p 29×22cm 2800円 ①4-569-68596-X

(目次)第1章 ジョージが家にやってきた（おはよう!, 朝ごはんを食べよう!, 食べ物のあじ ほか）, 第2章 ジョージと学校へ行こう（学校に到着!, 学校を案内しよう!, 自己紹介をしよう! ほか）, 第3章 家族と過ごそう（ただいま!, 日本の遊び, おつかいに行こう! ほか）, こよみ

(内容)アメリカからやってきて、たけるくんの家にホームステイしているジョージの1日が、時間の経過にしたがって書かれている。朝起きてから夜眠るまでの様子を、見開きごとにイラストで表現しているので、家や学校で今すぐ使える身近な物の英語名や基本的な英会話が、ひと目で理解できる。日本特有の生活様式や楽器、スポーツなどを解説する英文も掲載されているので、日本と海外の国々との文化のちがいを比較する国際理解にも役立つ。

**こども英語辞典 Disney's Magic English** （大阪）NOVA, ノヴァ・エンタープライズ〔発売〕 2004.10 148p 31×25cm 〈付属資料：CD〉 3200円 ①4-86098-032-8

(内容)身の回りの英単語がぜんぶイラストといっしょに。ディズニーの仲間たちと英語をはじめよう。ネイティヴの音声CD付。小学生対象。

**こども英辞郎 親子で楽しむ、はじめての辞書** EDP監修 アルク 2003.3 64p 30cm 〈付属資料：CD-ROM2, 別冊1〉 3980円 ①4-7574-0703-3

(内容)CD-ROMには、「こどもモード」と「おとなモード」の対象別2つのモード。「こどもモード」では、単語（約1200語）すべてがイラストつき。「おとなモード」では、単語（約1200語）と、実用的な会話表現（約1000文）が、らくらく検索できる。400語絵辞書の内容は、主要400語を収録。絵で英単語が学べる。オリジナル絵本は、3歳〜8歳の英語プリスクールに通う日本人の

子どもたちが描いたオリジナルの絵本。6歳で英検2級を取得した子どもたちも、絵本の制作に参加。おどろきのハンドライティング・原画も掲載。対象4〜8歳から。

**三省堂ファースト英和・和英辞典** 中村敬, 森住衛編 三省堂 1990.3 585p 18cm 2500円 ①4-385-10784-X Ⓝ833

(内容)初めて英語を学ぶ人の身になって、見やすく、楽しい紙面に、学習に役立つ知識を収める。教科書と中学生の生活に密着した辞典。

**ジュニア・アンカー英和・和英辞典** 改訂新版 羽鳥博愛編 学習研究社 1993.4 688, 687p 19cm 2600円 ①4-05-300026-2

(内容)英和11000語、和英12000語、計23000語を収録した、中学生向けの英和・和英の合本辞典。イラスト、写真、図解を豊富に用い、視覚的なアプローチを強化。単語の正しい使い方や、文法上のミスを指導。中学生の日常生活レベルにあった身近な例文を収録。すぐ書ける、すぐしゃべれるよう、基本文型、表現をパターン化。

**ジュニア・アンカー英和・和英辞典** 第4版 羽鳥博愛編, 野田哲雄発音校閲 学習研究社 2002.4 816p, 736p 19cm 〈付属資料：CD1〉 2850円 ①4-05-300715-1 Ⓝ833

(内容)会話を重視した中学生向けの学習用辞典。新学習指導要領と教科書内容に準拠。英和約1万2800語、和英約1万4300語の計約2万7100語を収録。実際の高校入試・英検問題も収載。オールカラーの口絵あり。参考資料は辞書の引き方、手紙・電子メールの書き方、教室英語、自己表現の英語など。発音、身近な単語、会話表現、歌17曲を収めたCDが付く。

**ジュニア・アンカー英和・和英辞典 英単語表つき** 第4版B 羽鳥博愛編 学習研究社 2003.12 1冊 19cm 〈付属資料：英単語表〉 2840円 ①4-05-301660-6

(内容)「英和」と「和英」が一冊になって持ち運びにも便利な合本。「英和」約12800語、「和英」約14300語、計27100語を収録。イラスト、写真、図解を豊富に用い、視覚的にアプローチ。単語の正しい使い方や、おかしやすい文法上のミスを徹底指導。オールカラー口絵56ページを収録。英米の生活文化に対する理解を深められる。中学生の日常生活レベルにあった、身近な例文＋会話表現がいっぱい。基本文型、表現のパターン化によりすぐ書ける、すぐ話せる。オールカラー口絵32ページを収録。「トラベル英会話」「日本紹介」「英文手紙・カードの書き方」を紹介。中学の必修英単語表（100語）と、テーマ別にまとめた重要英単語表（200語）が付属。

**ジュニア プログレッシブ英和・和英辞典** 吉田研作編 小学館 1999.1 1, 318p

19cm　3000円　①4-09-510795-2
(内容)英和12,000語、和英16,000語を収録した、中学生のための英和・和英辞典。

**小学生からの英語絵辞典**　山田雄一郎, 長瀬慶来著, 座間陽子イラスト　研究社　2010.5　399p　22cm　〈索引あり〉　1900円　①978-4-7674-3465-0　Ⓝ833.3
(目次)名詞（動物, 植物, 食べ物と飲み物, 家族や友だち, スポーツ・芸能・職業, 家, 体, 身に付ける物, 建物, 乗り物, 自然, 時）, 前置詞, 形容詞, 動詞, 助動詞
(内容)小学生から英語指導者まで。イラスト満載。読んで楽しい初級英語辞典。

**新自修英文典**　復刻版　山崎貞著, 毛利可信増訂　研究社　2008.12　587p　19cm　〈他言語標題：A new English grammar self-taught　増訂新版（研究社出版昭和38年刊）の複製　索引あり〉　3000円　①978-4-327-75101-2　Ⓝ836
(目次)INTRODUCTION（序論）, 1 NOUN（名詞）, 2 PRONOUN（代名詞）, 3 ADJECTIVE（形容詞）, 4 ARTICLE（冠詞）, 5 VERB（動詞）, 6 ADVERB（副詞）, 7 PREPOSITION（前置詞）, 8 CONJUNCTION（接続詞）, 9 INTERJECTION（間投詞）
(内容)およそ大学受験に必要な英文法の知識は細大もらさず収録し、文法知識を英作文・英文解釈に応用した一千題を超える練習問題をはさんだ。入試突破に欠くことのできない参考書として、合格体験者はもとより、高校・大学の先生からも推薦され、初版発行以来百数十版を重ねた本書は、時に応じてたえず改訂を加えてきたが、今回、毛利教授により文例・用語・説明など全篇にわたって補筆加工を施し、名実ともに新しい時代の英文法参考書の決定版となった。

**セサミストリートのえいご絵じてん**　トム・リー絵, 岩倉千春訳　フレーベル館　1994.12　71p　37cm　〈原書名：The Sesame Street Word Book〉　2000円　①4-577-01299-5
(内容)セサミストリートの登場キャラクターとともに学ぶ英語絵本。日常のあらゆる場面のなかに、かんきり、えんとつ、すべり台、消防車など約900語の名詞、動詞、形容詞が紹介されている。

**チャレンジ英和・和英辞典**　改訂新版　橋本光郎, 小池生夫編　福武書店　1990.10　575p　19cm　2600円　①4-8288-0404-8
(内容)基本単語が目で見て理解できる中学生からの辞典。特集ページ47項目、コラム399、イラスト約1700点。全ページ下欄の語源ランド（英和）、カタカナランド（和英）などの読み物で米英の文化情報を紹介。

**チャレンジ英和・和英辞典**　第3版　橋本光郎, 小池生夫, 浅羽亮一編　福武書店　1993.10　687, 575p　19cm　2900円　①4-8288-0413-7
(内容)新しい指導要領に対応した、初学者（中学生）向けの英和・和英辞典の改訂新版。米英の文化情報などテーマ別、シーン別に会話表現や単語をまとめた大コラム60項目を掲載する。

**チャレンジ英和・和英辞典**　第5版　橋本光郎, 小池生夫, 浅羽亮一編　（多摩）ベネッセコーポレーション　2008.1　717, 557p　19cm　〈他言語標題：Challenge English<>Japanese dictionary〉　2800円　①978-4-8288-0481-1　Ⓝ833.3
(内容)英作文データベース、教科書、入試、検定などをベースに、見出し語と例文を収録。授業・部活・友達・趣味・家族など中学生に身近な表現がいっぱい。英文の組み立て方と展開がわかる別冊付録「チャレンジ英作文ガイド」。1～3年生の全教科書に基づき、24000語を収録。使い分け、プラスワン、ミニ情報など学習のポイントがわかるコラム220点以上。

**中学英語辞典　全教科書対応**　瀬谷広一著　講談社　2002.3　229p　21cm　1900円　①4-06-211218-3　Ⓝ833
(目次)第1部 英和辞典, 第2部 和英と語形変化辞典（グループ別ミニ和英辞典, 動詞の活用変化一覧, 形容詞の比較変化一覧, 副詞の比較変化一覧, 発音とつづり字, 数の表しかた, ローマ字表）
(内容)中学生向けの教科書6種類18冊に対応した英語辞典。新学習指導要領準拠。アルファベット順に単語・熟語を解説する英和辞典の部と、文法を解説する和英と語形変化辞典の部からなる。英和辞典の部では使用頻度の高い身近な口語表現による例文、熟語や慣用表現を記載。

**ドラえもん英語学習辞典**　五島正一郎, グレン・ファリア, アンナマリー・ファリア編　小学館　2001.4　281p　21cm　〈付属資料（CD1枚 12cm）〉　1300円　①4-09-510846-0　Ⓝ833
(目次)のび太くん、おはよう。, やぁ、しずかちゃん。元気?, あなたのお名前はなんですか。, のび太、ぼくのママだよ。, しずかちゃん、さようなら。, じゃ、また来週。, 楽しい週末をね、のび太さん。, 私たちの学校へようこそ。, 日本語が話せますか。, これはなんですか。, あなたは何をしたいの。〔ほか〕
(内容)「ドラえもん」のおもな登場人物が各ページで案内役として登場する、小学生向きの英語学習辞典。本編では小学校の英語授業で使われ

**ドラえもん 入門ABC英語辞典** 五島正一郎, グレン・ファリア編 小学館 2002.4 203p 21cm 〈付属資料：CD1〉 1300円 ⓃⒹ4-09-510842-8 Ⓝ833

(内容)中学生向けの英単語辞典。英和編では基本単語約640項目をABC順に収録。カナ表記での発音、品詞、意味、用例などを記載。中学校学習指導要領で定められた100語にはマークが付く。和英索引は英和編の見出し語訳約1000語を五十音順に排列。見出し語と例文の英語を収録したCD付き。

**ドラえもんのまんがで覚える英語辞典** 五島正一郎, グレン・R.ファリア編 小学館 1993.7 255p 19cm （ドラえもんの学習シリーズ） 950円 Ⓓ4-09-253121-4

(内容)中学校で必ず学習する「必修英単語」を身につけるために、解説とまんがで構成された英語辞典。

**ニューホライズン英和・和英辞典** 東京書籍 1990.11 579p 19cm 2300円 Ⓓ4-487-34271-6

(内容)中学生の教科書学習のための、英和辞典と和英辞典のハンディな合本。イラストと図解入り。

**ニューホライズン英和・和英辞典** 第4版 浅野博監修 東京書籍 2001.11 789, 665p 19cm 〈並列タイトル：New horizon English-Japanese Japanese-English dictionary 付(16p)：楽しく使えるニューホライズン英和辞典〉 2400円 Ⓓ4-487-34273-2 Ⓝ833

(内容)中学生向けの学習英語辞典。「ニューホライズン英和辞典」第5版と「ニューホライズン和英辞典」第4版の合本。教科書で学習する単語・語句、入試に良く出る単語などを選定収録する。最新の写真やイラスト、コミュニケーションページなどの付録がある。

**ニューホライズン英和・和英辞典** 第5版 浅野博監修 東京書籍 2005.11 1冊 19×13cm 〈付属資料：別冊1〉 2400円 Ⓓ4-487-34274-0

(内容)英和辞典(約10000項目)と和英辞典(約10000項目)がコンパクトに合体。英語からでも日本語からでも知りたい英語・使える英語がすぐわかる。英和と和英を互いに引き比べることで入門期の学習効果も飛躍的にアップ。教科書で学習する単語・語句はもとより、入試によく出る単語・表現や日常よく目にする・耳にする英語を精選して掲載。最良・最適な入門期用英語辞典。

**はじめて英単語じてん Let's Explore English! みぢかなもの** 学研辞典編集部編 学習研究社 2004.4 127p 26cm 〈付属資料：CD1〉 1300円 Ⓓ4-05-301564-2

(目次)アルファベット, 色, 形, 宇宙, 地球, 動物, 海の動物, 家畜, 鳥, 昆虫〔ほか〕

(内容)絵を見て、音を聞いて、物語でおぼえるみぢかな1000語。知っているようで、実は知らない英単語満載。

**はじめて英単語じてん Let's Explore English! ものごとのうごき** 学研辞典編集部編 学習研究社 2006.5 111p 26cm 〈付属資料：CD1〉 1300円 Ⓓ4-05-302127-8

(目次)PROLOGUE―プロローグ, Communicate―コミュニケーションをとる, Move―動く, Fight―争う, Fall―落ちる, Swim―泳ぐ, Check―確認する, Inhabit―生息する, Play―遊ぶ, Look―見る〔ほか〕

(内容)楽しいイラストとストーリーで英単語がどんどん身につく。CDでネイティブスピーカーの発音がわかる。キャラクターさがしや、パスワード集めで遊べる。WHAM!CLICK!ROAR!などの擬音語も満載。巻末付録に動詞ってなに?・動詞の不規則変化表つき。

**はじめて英単語じてん Let's Explore English! ものごとのようす** 学研辞典編集部編 学習研究社 2006.5 111p 26cm 〈付属資料：CD1〉 1300円 Ⓓ4-05-302128-6

(目次)PROLOGUE―プロローグ, Away―はなれて, Unique―個性的な, Numerous―たくさんの, Transformational―変身できる, Scenic―景色のよい, Wild―野生の, Castaway―漂流した, Ashore―浜辺へ, Colorful―色が豊かな〔ほか〕

(内容)楽しいイラストとストーリーで英単語がどんどん身につく。CDでネイティブスピーカーの発音がわかる。キャラクターさがしや、パスワード集めで遊べる。CLANG!RUMBLE!SWISH!などの擬音語も満載。巻末付録に形容詞・副詞ってなに?・テーマ別さくいんつき。

**はじめてのABC辞典 名詞500語** 桑原文子編, 阿曽沼一司イラスト 蝸牛新社 2001.8 74p 26cm 2000円 Ⓓ4-87800-155-0 Ⓝ834

(内容)絵を見ながら、ものの名前(名詞)をおぼえる英語絵辞典。ふだんの生活でよく見るものの名前約500語を収録する。

**ハローキティのはじめてのえいご絵じてん**

言語　　　　　　　　　　　　　　児童書

守誠監修　サンリオ　2000.11　96p　26cm　1400円　Ⓘ4-387-00078-3　Ⓝ830

(目次)えいごであいさつ，Aa，Bb，Cc，Dd，Ee，Ff，Gg，Hh，Ii〔ほか〕

(内容)幼児から小学生のための英語辞典。初めて英語を学習するのに必要な名詞296語，動詞68語，形容詞34語と，挨拶・熟語・文章を収録。発音はカナ表記で記す。1文字目のアルファベットごとと，Head - あたま，Body - からだ，Colors - いろ，など特定のテーマ別で単語を紹介する。巻末に「はんたいことば」「えいごさくいん」「にほんごさくいん」がある。

**ハローキティのはじめてのえいご絵じてん**
新版　守誠監修　サンリオ　2003.5　96p　26cm　1400円　Ⓘ4-387-03020-8

(内容)名詞293語，動詞68語，形容詞34語の合計395の単語とあいさつ，熟語や文章などをあつめた絵辞典。巻末に英語索引，日本語索引が付く。

**フレンド英和・和英辞典**　第3版　稲村松雄編　小学館　1991.1　633，583p　19cm　2300円　Ⓘ4-09-510793-6

(内容)英和と和英をたがいに参照しながら，立体的に英語が理解できる。これ一冊で中学英語の学習はOK。教科書の「全単語学習リスト」つき。理想の合本。

**まんがでおぼえる学習英語大事典　1**
ホップ　新星出版社　1993.5　158p　22cm　〈監修：清水かほる〉　845円　Ⓘ4-405-07049-0

(内容)児童向けの漫画英語辞典。「ホップ」「ステップ」「ジャンプ」「ゴール」の4冊で構成する。

**まんがでおぼえる学習英語大事典　2　ステップ**　新星出版社　1993.5　158p　21cm　870円　Ⓘ4-405-07053-9

(目次)1 アルファベットを書いてみよう！，2 スポーツの秋だ，ファイト！，3 秋晴れだ，バス旅行へ出発！，4 修学旅行だ，うれしいな，5 みんなあつまれ，たのしいクリスマス，6 大みそかはいそがしい，7 まんが英語クイズ，8 イラスト図解英単語，9 この巻の単語のまとめ

**まんがでおぼえる学習英語大事典　3　ジャンプ**　新星出版社　1993.5　158p　21cm　870円　Ⓘ4-405-07054-7

(目次)1 英語を話す国をみつけよう！，2 ア・ハッピー・ニュー・イヤー！，3 冬だ，雪だ，ウィンタースポーツだ！，4 たんじょう日おめでとう！，5 さようなら小学生時代！，6 春休みは海外旅行へ出かけよう！，7 まんが英語クイズ，8 イラスト図解英単語，9 この巻の単語のまとめ

**まんがでおぼえる学習英語大事典　4**
ゴール　新星出版社　1993.5　158p　22cm

〈監修：清水かほる〉　845円　Ⓘ4-405-07055-5

(内容)児童向けの漫画英語辞典。「ホップ」「ステップ」「ジャンプ」「ゴール」の4冊で構成する。

**マンガで楽しむ英語擬音語辞典**　新装コンパクト版　改田昌直，クロイワカズ画，『リーダーズ英和辞典』編集部編，松田徳一郎監修　研究社　2007.10　300p　19cm　1800円　Ⓘ978-4-7674-3201-4

(目次)マンガで楽しむ英語擬音語辞典AAAH～ZZZ，解説：擬音語の特徴，Sir Thomas UrquhartによるRabelais, Pantagruelの奔放訳（抄），動物の鳴き声，英語擬音語小辞典兼索引，和英索引

(内容)擬音語のおもしろさは非言語音をどのような言語音としてとらえるかというところにある。本書は音の出る場面をすべて漫画で描ききって辞書に仕立てた。

**マンガでわかる小学生のはじめての英語**
中山兼芳監修　世界文化社　2006.3　287p　26cm　1800円　Ⓘ4-418-06819-8

(目次)1 すぐに使える！あいさつ＆ものの名前辞典（英語のあいさつや短い会話を覚えよう！，ものの名前のよび方辞典），2 楽しく使える！英語のことば辞典（もののようすをあらわすことば，行動やふるまいをあらわすことば，人の性格をあらわすことば ほか），3 日常会話集英語で話そう（いい天気だね，歯みがきと着がえ，朝ごはんを食べよう ほか）

(内容)みぢかによく使う英語が1200語。学校・公園・家の中などの場面別に，かんたんな英会話ができるようになる。かんたんな英会話から自然に英単語に親しめる。

**ムーミンえいごじてん　ムーミンとえいごであそぼう！**　CD付き版　かさいたかゆき編　旺文社　2000.10　224p　26cm　〈付属資料：CD2〉　2800円　Ⓘ4-01-075211-4　Ⓝ833

(目次)じてん，ムーミンのおはなし（新しいお友だち，森へ行こう，ねがいごと，まほうのほうし ほか），なかまの単語（動物のなかま，野菜のなかま，建物のなかま，鳥のなかま ほか）

(内容)児童用の学習英和辞典。「小学校の英語教育」に対応し「児童英検1級」に相当する926語を収録。付属CDでは，アニメーション「ムーミン」のキャラクターが英語で話す。

**リトルスター英絵辞典**　島岡丘，鳥飼玖美子編，飯田貴子画　小学館　1993.4　213p　26cm　1800円　Ⓘ4-09-510831-2

(内容)会話文とイラストで学ぶ，小学生用英語辞典。

**レインボー英会話辞典** 学習研究社 1995.1 177p 21cm 1400円 ⓈⒹ4-05-300159-5

(内容)絵本形式で示す子供のための英会話辞典。計90の場面に分け、約800の会話表現をイラストとともに収録する。すべての文や単語に訳文とカタカナによる読みを記載。ページの下部にはQ&A方式で会話例、同じ表現方法などをまとめている。また177までの各ページの数字にはその英語訳と発音を記している。英文・和文の各索引を付す。

**レインボー英会話辞典** 改訂新版 羽鳥博愛監修 学習研究社 2004.4 177p 21cm 〈付属資料：CD2〉 1800円 Ⓓ4-05-301571-5

(内容)朝起きてから夜寝るまで、日常会話の決まり文句を約800収録。家庭、学校を90の場面に細かく分類。「そうじ」「洗たく」「ゴミ出し」「給食」「健康診断」「兄弟ゲンカ」など、これまでにないユニークな場面を設定。日米の「年中行事」紹介、「ホームステイ」、「海外旅行」の英会話も収録。「英米文化はどうなっているの」の疑問にズバリ答える「Q&A」つき。入試や英語検定試験に出題される、頻度の高い表現をすべて収録。

**レインボー英語図解百科** 羽鳥博愛監修 学習研究社 1996.4 256p 21cm 1600円 Ⓓ4-05-300251-6

(目次)Body―体、Family―家族、Clothing―衣料品、House―家、Food―食べもの、Town―町、School―学校、Animals―動物、Nature―自然〔ほか〕

(内容)絵を見ながら学ぶ形式の英語辞典。小学生・中学生向け。身近な単語を「学校」「動物」「花」など112の場面に分類し、4000語を収録する。すべての英単語・英文にカタカナで読み方を付す。英会話表現や英米生活情報、手紙・カードの書き方などの紹介に加え、英語あそびやクイズ・パズル・ゲームも掲載。巻末に和文索引・英文索引がある。

**レインボー英語の音じてん はじめての発音とつづり** 西久保弘道, Rohini Karen Deblaise監修 学習研究社 2004.4 145p 21cm 〈付属資料：CD2〉 1800円 Ⓓ4-05-301772-6

(目次)第1章 子音をあらわす文字(b, c ほか)、第2章 母音をあらわす文字(a, ai／ay ほか)、第3章 英語らしく発音しよう(アクセント、リズムとイントネーション ほか)、第4章 発音のまとめ(子音の発音、母音の発音)

**レインボーことば絵じてん 英語つき** 学習研究社 1995.1 352p 21cm (レインボーシリーズ) 1500円 Ⓓ4-05-300128-5

(内容)文字を覚えはじめる幼児から小学生を対象にしたことば辞典。見出し語2026語をすべてさし絵で表現し、漢字、例文、英語の訳と発音のカタカナを記す。欄外には、そのページに出てくる見出し語の漢字が何年生で習う漢字かを示す表、ことわざとその意味などがある。

**ロングマンピクチャーディクショナリー アメリカ英語版** ジュリー・アシュワース、ジョン・クラーク著 ロングマン・ジャパン、三善〔発売〕 1998.11 80p 28×23cm 〈付属資料：別冊1〉 1980円 Ⓓ4-943880-08-8

(目次)ALPHABET, COLORS, NUMBERS, SCHOOL, BODY, FAMILY, CLOTHES, ANIMALS, FOOD, HOMES〔ほか〕

(内容)小学生から中学生を対象とし、1500以上の単語をトピックごとにアルファベット順に排列した英英辞典。本文は英語でイラストを豊富に収録。別冊として日英単語索引付き。

**〈ハンドブック〉**

**英文法の要点整理 ハンドブック** 学研教育出版、学研マーケティング〔発売〕 2010.7 256p 19cm 950円 Ⓓ978-4-05-303053-5 Ⓝ835

(目次)第1部 品詞と文の基本(文の種類、動詞と文型 ほか)、第2部 動詞に関係する表現(助動詞、受動態 ほか)、第3部 語、句、節をつなぐ表現(前置詞、関係詞 ほか)、第4部 文の意味を深める表現(比較、仮定法 ほか)

**これだ!!留学必携ハンドブック** テツマロ・ハヤシ、高村博正著 (岡山)西日本法規出版、星雲社〔発売〕 1999.4 230p 21cm 2200円 Ⓓ4-7952-1898-6

(目次)1 Essays(私の英語修行―効果的な英語力のつけかた、英語のレポート・論文を書くコツ)、2 Vocabulary(American English and British English, Ancient Greek and Roman Gods and Goddesses, Animals and Their Young Collection ほか)

(内容)英文科の学生や英語を学ぶ学生のために書かれたハンドブック。

**〈図 鑑〉**

**これなぁに？ずかん えいごつき おうちへん** いちかわあきこえ、しもかおるえいご パイインターナショナル 2010.6 31p 21cm 1200円 Ⓓ978-4-7562-4033-0 Ⓝ830

(内容)台所や食べものなど「おうちで見かける」ものの名前の絵本。英語・発音併記で発音はひらがな表記で示す。

児童書

これなぁに?ずかん えいごつき おそと
へん いちかわあきこえ,しもかおるえい
ご パイインターナショナル 2010.6 31p
21cm 1200円 ①978-4-7562-4034-7 Ⓝ830

(内容)動物や乗り物など「外で見かける」もの
の名前の絵本。英語・発音併記で発音はひらが
な表記で示す。

◆◆英和辞典

<辞 典>

アルファ・フェイバリット英和辞典 浅野
博,緒方孝文,牧野勤編集委員 東京書籍
2003.11 1772p 19cm 〈付属資料:別冊
1〉 2700円 ①4-487-39516-X

(内容)見出し語、成句など46000項目を収録した
英和辞典。見出し語のうち重要語や使用頻度の
高い語など4200語には印を付け区別している。
配列はアルファベット順、見出し語、発音記号、
品詞、意味、文型、用例などを記載。イラスト
と写真を満載し、文化・日英比較・ルール・使
い分け・参考などのコラム記事などを充実。巻
末に和英小辞典が付く。

アルファ・フェイバリット英和辞典 2nd
ed. 浅野博編集代表 東京書籍 2008.11
1791p 19cm 〈他言語標題:Alpha
favorite English-Japanese dictionary〉
2762円 ①978-4-487-39517-0 Ⓝ833.3

(内容)英和46000語、用例豊富な和英8000語。カ
ナ表記で発音もわかる。用例も使える。会話の
コツもわかる。コラム記事も役立つ。和英もたっ
ぷり付いている。辞書の読み方もわかる。文法
の基礎もしっかり学べる。

エクスプレスEゲイト英和辞典 田中茂範,
武田修一,川出才紀編 (多摩)ベネッセ
コーポレーション 2007.3 1677p 19cm
2700円 ①978-4-8288-0466-8

(内容)コアイメージがわかる辞典。have, give,
get, on, in…などの基本語や多義語には、語の
中核的な意味=コアを、イメージイラストを掲
載。1700以上の基本構文を収録。カナ発音つき。
収録語48000語+巻末和英9000語収録。

エースクラウン英和辞典 投野由紀夫編
三省堂 2009.1 96, 1780p 19cm 〈他言
語標題:Ace crown English-Japanese
dictionary〉 2700円 ①978-4-385-10866-7
Ⓝ833.3

(内容)中学の復習もできる96ページの巻頭カ
ラーページ。最重要語を思い切って大きく、わ
かりやすく解説。教科書に載っている表現や用
例にぴったり。「イメージ図」「ワンポイント・ア
ドバイス」など、新工夫を満載。「和英小辞典」

にはイラスト・類語解説・機能別表現など豊富
なコラム。類書中最大の英和5万項目、和英2万
3千項目を収録。

旺文社オーロラ英和辞典 金谷憲編 旺文
社 2002.1 801p 19cm 〈付属資料:
CD1〉 1700円 ①4-01-075205-X Ⓝ833

(内容)新学習指導要領に準拠した中学生向けの
学習用英和辞典。中学校から高校初級までの英語表
現に必要な見出し語約1万2000項目と熟語2200
項目を収録。最重要語101語、重要語400語等は
マークをつけて例文を示すほか、基本的な表現や
英語スピーチのモデルを囲み記事にして紹介。
アルファベット発音や基本会話を収録したCD
付き。

くもんのグリーン英和辞典 くもん出版
1992.11 576p 19cm 1400円 ①4-87576-
738-2

(内容)中学生を対象とした学習用の英和辞典。中
学入学前からでも使える。収録語数は約5800語。
読解に必要な文法事項などがすぐに調べられる
「特別項目」つき。

くもんのグリーン英和辞典 改訂版 高橋
潔監修 くもん出版 2002.2 576p 19cm
1360円 ①4-7743-0604-5 Ⓝ833

(内容)中学生を対象とした学習用の英和辞典。新
学習指導要領に定められた100語を含む約5800
語を収録。重要語約500語にはマーク付き。記号
とカナ表記での発音を示して語義を解説。アメリ
カ人による例文を多数収載している。文法・
語法、会話表現、英米の生活・文化を紹介する
コラムがある。巻末に、「楽しく学べる英文法
プライベートレッスン」を付す。

グリーンライトハウス英和辞典 竹林滋,
小島義郎編 研究社 1994.11 1456p
19cm 2500円 ①4-7674-1520-9

(内容)中学・高校用の学習英和辞典。56000語を
収録、このうち中学用重要語1000、高校用重要
語1000は大活字・色刷と記号で識別、また新指
導要領の主旨に沿って「謝罪」「紹介」「提案」
など40種の基本会話例を囲み記事で掲載する。
巻末に1万余語の和英索引を付す。一基礎力を重
視した最新の学習英和。

講談社ハウディ英和辞典 第2版 吉田正俊,
中村義勝編 講談社 2002.2 735p 19cm
1500円 ①4-06-265325-7 Ⓝ833

(内容)中学生向けの学習用英和辞典。英検3級レ
ベルまでの基本語及び新教科書で学習する約940
語、IT関連用語を含めた約1万2500項目を収録。
英米式の発音記号や語形変化を示しながら、単
語の用例を平易に解説。使い方のポイントや単
語の文化的背景を紹介するコラムも掲載する。
巻頭に教室や町での初級会話例付き。

**講談社ハウディ英和辞典** 第3版 吉田正俊,中村義勝編 講談社 2005.11 735p 19cm 1500円 Ⓘ4-06-265337-0

㊤すべての新教科書に対応。「会話」例文は類書中最多の800余。色刷りの英語例文や楽しいイラスト・コラムなど、学習性を最重視した「中学英和」の決定版。

**ジャンプ英和辞典** 第3版 五島正一郎編 小学館 2004.1 591p 19×14cm 1500円 Ⓘ4-09-510805-3

㊤中学教科書に出ている語と成句を含む約8000項目を収録。カナ発音つき。オールカラーの写真やイラストが約500点。会話に役立つイラストつき英会話ページ。単語が身につく英語図解ページ。約5000項目のミニ和英つき。

**ジュニア・アンカー英和辞典** 改訂新版 羽鳥博愛編 学習研究社 1993.4 688p 19cm 1400円 Ⓘ4-05-300024-6

㊤教科書・高校入試に対応する11000語を収録した中学生向けの学習英和辞典。改訂新版では、教科書・入試問題の分析により1000語を追加する。オールカラー口絵32ページを新設、英米の生活文化や、日本人との考え方、感覚の違いなど、英語文化の知識も紹介する。

**ジュニア・アンカー英和辞典** 第4版 羽鳥博愛編, 野田哲雄発音校閲 学習研究社 2002.4 816p 19cm 〈付属資料：CD1〉 1600円 Ⓘ4-05-300713-5 Ⓝ833

㊤会話を重視した中学生向けの学習用辞典。新学習指導要領と教科書内容に準拠。約800語を加えた約1万2800語の単語・イディオムを収録。実際の高校入試・英検問題も収録。56ページにわたるオールカラーの口絵あり。参考資料は辞書の引き方、手紙・電子メールの書き方など。発音、身近な単語、会話表現、歌17曲を収めた約73分のCDが付く。

**ジュニア・アンカー英和辞典 英単語表つき** 第4版B 羽鳥博愛編 学習研究社 2003.12 816p 19cm 〈付属資料：英単語表〉 1590円 Ⓘ4-05-301659-2

㊤新しい指導要領に準拠。新教科書はもちろん、高校入試にも十分対応できる約12800語を収録。新教科書、入試問題を徹底追究し、約800語を追加。単語の正しい使い方や、おかしやすい文法上のミスを徹底指導。TRYを新設。約320収録。理解の徹底がはかれる。イラスト、写真、図解が豊富で視覚的にアプローチ。オールカラー口絵56ページを収録。英米の生活文化や、日本人との考え方の違いなど、知って得する情報を満載。ミニ会話コーナーを増強。約320収録。英会話に強くなる。中学の必修英単語表（100語）と、テーマ別にまとめた重要英単語表（200語）が付属。

**初級クラウン英和辞典** 第10版 特製版 田島伸悟, 三省堂編修所編 三省堂 2002.3 772p 19cm 1143円 Ⓘ4-385-10404-2 Ⓝ833

㊤会話に重点を置いた中学生の日常学習と高校入試に対応する英和辞典。新学習指導要領に基づき、見出し語やイディオム、用例を改訂。収録数は1万3000語。重要な意味が一目でわかる「box」、イラストで意味を探す「イラストレーション・ガイド」、「まちがえやすい英文法」なども収載。カラーページでは日常生活のなかの場面別会話例のほか、世界の文化を各国の中学生が英会話で紹介する。

**初級クラウン英和辞典** 第11版 田島伸悟, 三省堂編修所編 三省堂 2006.1 724p 19cm 1600円 Ⓘ4-385-10438-7

㊤新しい教科書を調査し、中学校での学習と高校入試に十分な1万4千項目を収録。最重要語の主要な意味は見出し語の下にまとめて表示。「POINT」「まちがえやすい文法」では、注意すべき文法事項をわかりやすく解説。類書をはるかに超えた豊富な用例と、ていねいな語法説明により、意味を調べるだけでなく、英語の基礎を身につけられる。マーク付きの会話用例・会話コラム、カラーページの「場面別」日常英会話など、実用的な英会話例を数多く収録。

**初級クラウン英和辞典** 第11版 特製版 田島伸悟, 三省堂編修所編 三省堂 2009.3 772p 19cm 〈付属資料：CD1〉 1200円 Ⓘ978-4-385-10432-4 Ⓝ833.3

㊤新しい教科書を調査し、中学校での学習と高校入試に十分な1万4千項目を収録。最重要語の主要な意味は見出し語の下にまとめて表示。「POINT」「まちがえやすい文法」では、注意すべき文法事項をわかりやすく解説。類書をはるかに超えた豊富な用例と、ていねいな語法説明により、意味を調べるだけでなく、英語の基礎を身につけられる。マーク付きの会話用例・会話コラム、カラーページの「場面別」日常英会話など、実用的な英会話例を数多く収録。「発音のしかた」とカラーページの「場面別」日常英会話をCDに収録。リスニングや発音学習に最適。

**セサミストリート英語大辞典** リンダ・ヘイワード著, ジョー・マシュー絵 偕成社 1995.5 268p 28×21cm 〈原書名：THE SESAME STREET DICTIONARY〉 3500円 Ⓘ4-03-347090-5

㊤アメリカの幼児テレビ番組「セサミストリート」のキャラクターを使った子供用の英和辞典。子供が日常生活でよく使う1318語を収録する。例文が多い。見出し語の発音はひらがな

言語　　　　　　　　　　　　児童書

表記。オールカラーイラスト入り。

**チャレンジ英和辞典　改訂新版　橋本光郎編**
福武書店　1990.10　671p　19cm　1400円
⓪4-8288-0402-1
(内容)基本単語が目で見て理解できる中学生からの英和辞典。特集ページ15項目、独自な表記のカナ発音、コラム206、イラスト約1000点。全ページ下欄に語源ランドがある。英米の文化情報をふんだんにのせ、楽しみながら学べる。

**チャレンジ英和辞典　第3版　橋本光郎編**
福武書店　1993.9　687p　19cm　〈別冊：中学必修語507〉　1500円　⓪4-8288-0411-0
(内容)新しい指導要領に対応した、初学者(中学生)向けの英和辞典の改訂新版。特色は、イラスト約1000点収録、ポイントがすぐに分かるコラム約250点掲載、など。

**チャレンジ英和辞典　第5版　橋本光郎編**
(多摩)ベネッセコーポレーション　2008.1　717p　19cm　〈他言語標題：Challenge English-Japanese dictionary〉　1600円　⓪978-4-8288-0479-8　833.3
(内容)1～3年生の全教科書に基づき、12000語を収録。使い分け、プラスワン、ミニ情報など学習のポイントがわかるコラム100点以上。

**中学カラークラウン英和辞典　田島伸悟監修、三省堂編修所編　三省堂　2003.4　597p　19cm　1900円　⓪4-385-10535-9**
(内容)上段に中学3年間に十分な6400語を収録、下段に重要600語をビジュアルに解説した画期的な2段構成。イラスト総数約1000。巻頭に特別ページ「絵で覚える英会話」、巻末に特別ページ「絵で見る英単語」。

**ニューヴィクトリーアンカー英和辞典　羽鳥博愛編　学習研究社　2000.10　1856p　20×14cm　〈付属資料：活用ガイド1〉　2680円　⓪4-05-300718-6　Ⓝ833**
(内容)高校生用の学習英和辞典。『ヴィクトリーアンカー英和辞典』の4年ぶりの改訂版にあたる。46000語(見出し語25300、成句5500、変化形・派生語など15200)を収録する。改訂に際し11億語のコーパスを活用して最新情報を採り入れている。発音は発音記号に加えカナ表記を記す。最新の大学入試問題を取り入れて入試準備に対応するほか、「ミニ会話」欄・「単語早覚え」欄で学習の便を図っている。参考資料として発音記号の読み方、口語表現一覧、手紙・電子メールの書き方、和英小辞典(1.4万語)などを併せて掲載する。

**ニューヴィクトリーアンカー英和辞典　羽鳥博愛編　学習研究社　2002.4　1856p　19cm　〈付属資料：別冊1、CD1〉　2700円**
⓪4-05-301397-6　Ⓝ833
(内容)高校生向けの学習用英和辞典。収録項目数は4万6000語。改訂に際し11億語のコーパスを活用して最新情報を充実させている。発音は記号とカナ表記を併記。大学入試問題の参照により入試準備に対応するほか、「ミニ会話」欄や「単語早覚え」欄を設けて学習の便をはかる。参考資料は発音記号の読み方、口語表現一覧、手紙・電子メールの書き方など。和英小辞典(1万4000項目)も併載。発音指導や口語表現を収録したCD付き。

**ニューヴィクトリーアンカー英和辞典　和英・活用ガイド・CDつき　第2版　羽鳥博愛編、野田哲雄発音校閲　学習研究社　2005.10　1856p　19cm　〈付属資料：CD1、別冊2〉　2700円　⓪4-05-301951-6**
(内容)「辞書＋参考書＋問題集」。英会話も充実。高校英語はこれ一冊で万全。高校英語の学習に必要な約6万語(英和4.6万＋和英1.4万)を収録。近年使用頻度の高い最新の一般用語・専門用語を厳選して収録。単語の代表的な使用例や頻出表現がひとめでわかる「意味ナビ」を新設。16のテーマをオールカラーのイラストで図解した「英語図解シソーラス」を収録。

**ニューサンシャイン英和辞典　開隆堂出版、開隆館出版販売〔発売〕　1994.2　716p　19cm　1500円　⓪4-304-04055-3**
(内容)中学生からの英語学習に必要な9000語を収録した学習英和辞典。単語を重要度に応じ3段階に分類。生活に密着した語句と用例を記載。風物・語法・文法について解説。中学生の疑問に答えるQ&Aコーナーがある。

**ニュースクール英和辞典　第2版　広瀬和清、伊部哲編　研究社　2009.10　1683p　19cm　〈他言語標題：Kenkyusha new school English-Japanese dictionary　索引あり〉　2700円　⓪978-4-7674-1304-4　Ⓝ833.3**
(内容)高校生の英語学習に充分な4万5千語を収録。巻末和英は最新のカタカナ語など1万2千語を収録。

**ニューホライズン英和辞典　新版　東京書籍　1990.10　661p　19cm　1200円　⓪4-487-34253-8**
(内容)英語学習に必要かつ十分な10,000語を収録。教科書学習のための用例・文法解説。引きやすい「訳ană一覧」。すぐに役立つ「ひとくち英会話」。中学生用英和辞典。

**ニューホライズン英和辞典　第5版　浅野博監修　東京書籍　2001.11　789p　19cm　〈並列タイトル：New horizon English-Japanese dictionary　付(16p)：楽しく使えるニューホライズン英和辞典〉　1400円　⓪4-

310　児童書 レファレンスブック

487-34257-0　Ⓝ833
（内容）約30000語を収録する中学生向けの学習英和辞典。発音をカタカナで示し、日本語の語義は見やすいよう代表語義を掲載する。また楽しく学習できる大判イラストの掲載、英語の基礎知識を示すコラム記事などを特色とする。新学習指導要領準拠。1996年刊に次ぐ第5版。

**ニューホライズン英和辞典　第6版**　浅野博監修　東京書籍　2005.11　774p　19×13cm　〈付属資料：別冊1〉　1400円　Ⓘ4-487-34260-0
（内容）教科書にでてくる単語・語句はもちろんのこと、入試に頻繁に出ることばや表現、日常よく目にする・耳にする英語など約10000項目を掲載。初めて英語を学習する人のために、単語・語句の意味だけでなく、基本的な文法・語法を特設コラムで具体的にわかりやすく解説。アルファベットの書き方から日常の会話表現、カードの書き方、eメールのマナーなど、英語の基本表現を巻頭に一挙掲載。巻末付録『和英小辞典』と併せて、英語の基本表現を網羅。

**はじめての英和じてん**　公文寛監修　くもん出版　2002.6　293p　21cm　1100円　Ⓘ4-7743-0637-1　Ⓝ833
（内容）小学生向けのやさしい英和辞典。基本的な単語約1000語をアルファベット順に排列して収録。英語表記、記号と仮名表記による発音、品詞、語形変化、意味、日常会話を主眼とした例文を記載する。小学校での英語学習・英語活動も想定した内容。

**ビーコン英和辞典　第2版**　宮井捷二監修，三省堂編修所編　三省堂　2006.1　19cm　2700円　Ⓘ4-385-10608-8
（内容）高校教科書から徹底採録して見出し語5万7千5百（英和4万7千3百、和英1万2百）。カナ発音併記の場面別英会話200。語源、日英比較を加えた単語力アップのための新式12種の工夫。大学入試に対応したセンター入試問題のチェックマーク、基本聞き取りの"リスニング"。英語学習上の豊富な注意マーク。スペルしない綴り部分を網文字で表示。カラーページでアメリカの高校の学園生活を紹介。

**ビーコン英和辞典　第2版 小型版**　宮井捷二監修，三省堂編修所編　三省堂　2008.1　10, 8, 1686p　18cm　〈他言語標題：The beacon English-Japanese dictionary〉　2200円　Ⓘ978-4-385-10609-0　Ⓝ833.3
（内容）高校英語教科書に密着した全面改訂。教科書から徹底採録した英和、和英の総項目57500。「単語力」「テスト!」「結びつき」など単語力アップのための工夫満載。

**ビッグ・アップル英和辞典　絵から英語が覚えられる**　学習研究社　1992.2　480p　21cm　2000円　Ⓘ4-05-105097-1
（内容）絵から英語がどんどん覚えられる楽しい英絵辞典。見て楽しく読んでおもしろく、英語がよくわかる辞典。英語はすべて発音カナつき、英語が苦手な人にもピッタリ。約3,500語収録。中学必修語は*で明示。中学3年間使える。付録を充実。「らくらく英会話」「発音記号の読み方」など多数。

**ビッグ・アップル英和辞典　絵から英語が覚えられる**　改訂版　羽鳥博愛監修　学習研究社　2003.6　480p　21cm　1800円　Ⓘ4-05-301398-4
（内容）絵から英語がどんどん覚えられる楽しい英絵辞典。約3500語収録。英語はすべて発音カナつき、英語が苦手な人にもピッタリ。中学必修語は*で明示。「らくらく英会話」「発音記号の読み方」など多数の付録を収録。

**ファースト英和辞典　第2版**　中村敬編　三省堂　1990.3　548p　18cm　1300円　Ⓘ4-385-10777-7
（内容）現在中学校で使われている英語の教科書に出て来るすべての単語と、初歩の学習者が知っておいた方が良いと考えられる単語が収められている。改訂版では、1990年4月から使われる中学校の英語の教科書に新たに登場する単語を追加してある。

**プラクティカル ジーニアス英和辞典**　小西友七，東森勲編集主幹　大修館書店　2004.11　1962p　19cm　2900円　Ⓘ4-469-04168-8
（内容）高校生のための新時代の情報満載型・発信型英和辞典。「ジーニアス＝ファミリー」を形成する『アクティブジーニアス英和辞典』(1999)の後継辞典。英語を読むときに使うだけでなく、海外に向けて発信するときにも使用できる英和辞典をめざしている。

**プレップ英和辞典**　開隆堂出版, 開隆館出版販売〔発売〕　1994.2　476p　19cm　950円　Ⓘ4-304-04054-5
（内容）英語を初めて勉強する人のための英和辞典。新指導要領準拠。読みやすさ重視の大きな文字を使用、中学生の生活に密着した例文を収録する。

**フレンド英和辞典　第3版**　稲村松雄編　小学館　1991.1　633p　19cm　1200円　Ⓘ4-09-510703-0
（内容）新指導要領に即応した最新の内容。文法・用法解説が豊富でていねい。文化的背景についての楽しい記述。図解・地図・写真・表なども豊富。教科書の「全単語学習リスト」つき。中学生の基本英和。

**ヤングジーニアス英和辞典** 小西友七〔ほか〕編 大修館書店 1992.4 1736p 19cm 〈背・表紙の書名：Taishukan's young genius English-Japanese dictionary〉 2400円 ①4-469-04107-6

(内容)中学上級生、高校生向けの英和辞典。引きやすく効果的な2色刷、見やすい紙面。見出しは学習に必要・十分な35000。基本的な語義・語の成立ちを図解。生き生きとした対話用例を掲載-英会話に強くなる。画期的なQ&A欄-君の疑問をQ&A（質問と答え）の形で説明。付録・索引も充実－「和英索引」「文法のまとめ」「発音のてびき」のほか、「囲み記事索引」、「コンピュータ用語一覧表」などを完備。

## ◆◆和英辞典

### <辞典>

**アメリカンキッズ英和辞典** 日本英語教育協会編 日本英語教育協会 1992.3 316p 19cm 1200円 ①4-8177-2770-5

(内容)この1冊で「英語」がもっともっと楽しくなりマス。

**旺文社オーロラ和英辞典** 金谷憲編 旺文社 2002.1 733p 19cm 1600円 ①4-01-075206-8 ⓃN833

(内容)新学習指導要領に準拠した中学生向けの学習用辞典。中学校から高校初級までの英語表現に必要な約1万3000項目を収録。最重要語527語、重要語1100語はマークをつけて例文を示すほか、基本的な表現や英語スピーチのモデルを囲み記事にして紹介する。

**キッズクラウン和英辞典** 下薫、三省堂編修所編 三省堂 2004.4 286p 21cm 〈付属資料：CD1〉 1900円 ①4-385-10476-X

(内容)絵を見ながら、楽しく英単語が覚えられる和英辞典。収録語数は約3500語。実際に聞いたり話したりする際に役立つ用例を多く集め、日本語と英語の意味や使い方の違いをわかりやすく表示。会話の練習ができる豊富なCD音源を付属。

**講談社ハウディ和英辞典** 第2版 吉田正俊、中村義勝編 講談社 2002.2 573p 19cm 1500円 ①4-06-265326-5 ⓃN833

(内容)中学生向けの学習用和英辞典。最重要語527語と重要語913語のほか、見出し語および派生語の収録総数は1万1500項目。使い方のポイントや単語の文化的背景を紹介するコラムも掲載。付録は日常会話200例と英文手紙の書き方。

**講談社ハウディ和英辞典** 第3版 吉田正俊、中村義勝編 講談社 2005.11 573p 19cm 1500円 ①4-06-265338-9

(内容)訳語に「発音記号＋カナ発音」、例文のイントネーション・カーブは、「会話」重視の「ハウディ」だけの工夫。豊富なイラスト・コラムなど、初学者に親切な辞典。

**こども和英じてん これって英語でなんていうの？** 田上善浩編 ポプラ社 2003.6 271p 28×21cm 2000円 ①4-591-07748-9

(内容)英単語約4500語がよくわかる。オールカラーのイラストが楽しい。英語の読みかたがひらがなでわかる。アルファベットさくいん付き。ものしりボックスであいさつや時間の言いかたがすぐわかる。楽しい英語ミニゲームを12こ紹介。

**サンライズクエスト和英辞典** 斎藤次郎、稲見芳勝、北山克彦、樺田真、堀内克明編 旺文社 2000.10 1706p 19cm 〈付属資料：CD1〉 2700円 ①4-01-075126-8 ⓃN833

(内容)高校生向けの和英辞典。高校の教科書・教材、大学入試問題を中心に語彙を選定、33000語を収録。見出し語は五十音順で排列、対応する訳語と合成語、語義、用例等、くわえて語法上の注意点を正誤量例文で示す正誤欄、日本独特の表現を英和式で解説した説明欄、そのほか複数の訳語テーブル、会話などについても併載する。巻末に付録として主要人名一覧、主要地名一覧、各国通貨一覧、動詞変化形一覧を収録。枠囲み索引と訳語テーブル・類語などに表示した英語の索引を付す。

**ジュニア・アンカー和英辞典** 改訂新版 羽鳥博愛編 学習研究社 1993.4 687p 19cm 1400円 ①4-05-300025-4

(内容)教科書・高校入試に対応する12000語を収録した中学生向けの学習和英辞典。改訂新版では実際に使う口語的な語を新たに1000語追加。中学生の日常生活レベルにあった例文を収録。オールカラー口絵16ページを新設。海外旅行に必要な会話や手紙の書き方などをくわしく紹介する。

**ジュニア・アンカー和英辞典** 第4版 羽鳥博愛編 学習研究社 2002.4 736p 19cm 1600円 ①4-05-300714-3 ⓃN833

(内容)会話を重視した中学生向けの学習用辞典。新学習指導要領と教科書内容に準拠。実際によく使う言葉や新語など800項目を加えた約1万4300語を収録。カナ表記での発音を記載。中学生の日常生活レベルにあった身近な用例、高校入試・英検問題、トラベル英会話、英文手紙・カードの書き方、日本を紹介する方法、教室英語、自己表現の英語等を紹介。32ページにわたるオールカラーの口絵あり。巻頭に会話表現索引が付く。

**ジュニア プログレッシブ和英辞典** 吉田研

作編　小学館　1999.1　607p　19cm　1600円　Ⓘ4-09-510755-3

内容 約16,000語を収録した中学生のための和英辞典。

**初級クラウン和英辞典　第9版**　田島伸悟、三省堂編修所編　三省堂　2006.1　581p　19cm　1600円　Ⓘ4-385-10435-2

内容 新しい教科書を調査し、中学校での学習と高校入試に十分な1万2500項目を収録。重要語の主要な訳語は見出し語の下にまとめて表示。「基本のかたち」「日英表現法のちがい」「文法・語法」「和製英語」で、英語で表現するときの注意点をていねいに解説。マーク付きの会話用例・会話コラム、カラーページの「表現別」日常英会話など、実用的な英会話例を数多く収録。

**スーパー・アンカー和英辞典　第2版**　山岸勝栄編集主幹、エドウィン・L.カーティー、Eve Nyren Okawa編集委員　学習研究社　2004.12　1853p　19cm　2860円　Ⓘ4-05-301939-7

内容 日常で用いられる基本語を中心に新語や俗語、コンピュータ関係の専門用語等も加え、約26000語を、複合名詞等を含めると37000語以上を収録した和英辞典。

**チャレンジ和英辞典**　改訂新版　小池生夫著　福武書店　1990.10　575p　19cm　1400円　Ⓘ4-8288-0403-X

内容 目で見て楽しみながら覚えられる辞典。英語の使い方がすばやくつかめるイラスト約700点。特集ページ32項目、コラム193、全ページ下欄のカタカナランドなど、興味深いたくさんの読みものを載せている。ぜんぶの見出し語に親しみやすい用例を入れている。付録に文法教室、英文手紙の書き方など多数。

**チャレンジ和英辞典　第3版**　小池生夫、浅羽亮一編　福武書店　1993.10　575p　19cm　1500円　Ⓘ4-8288-0412-9

内容 新しい指導要領に対応した、初学者（中学生）向けの和英辞典の改訂新版。生活のシーン別に単語や、そのまま使える会話表現をまとめた大コラム41項目を掲載する。

**チャレンジ和英辞典　第5版**　小池生夫、浅羽亮一編　ベネッセコーポレーション　2008.1　557p　19cm　1600円　Ⓘ978-4-8288-0480-4　Ⓝ833

内容 英作文データベース、教科書、入試、検定などをベースに、見出し語と例文を収録。授業・部活・友達・趣味・家族など中学生に身近な表現がいっぱい。英文の組み立て方と展開がわかる別冊付録『チャレンジ英作文ガイド』。

**中学ニューワールド和英辞典**　吉田正俊、中村義勝編　講談社　1990.2　602p　19cm　1240円　Ⓘ4-06-123133-2

内容 中学校の英語の学習に必要十分な例文を選んでいる。この例文で英語の基本が自然に覚えられ、また、会話・英作文・手紙にも役立つ。

**ニューホライズン和英辞典**　東京書籍　1990.10　579p　19cm　1200円　Ⓘ4-487-34261-9

内容 「理科室」「日直」「アニメ」などの中学生の日常語彙やカタカナ語を含め10,000語を収録。すぐに使える身近な用例を豊富に掲載。引きやすい「語義一覧」。すぐに役立つ「会話」コラム。中学生用和英辞典。

**ニューホライズン和英辞典　第4版**　浅野博監修　東京書籍　2001.11　665p　19cm　〈並列タイトル：New horizon Japanese-English dictionary〉　1400円　Ⓘ4-487-34263-5　Ⓝ833

内容 10000語を収録した中学生向けの学習和英辞典。中学生の日常語を豊富に収録、楽しく学習できるイラスト・写真・図版の掲載、入試に出やすいテーマを選んで英文の描き方を解説するコラム、カタカナ語一覧などを特色とする。新学習指導要領準拠。1996年刊に次ぐ第4版。

**ニューホライズン和英辞典**　新装版　浅野博監修　東京書籍　2005.11　665p　19×13cm　1400円　Ⓘ4-487-34264-3

内容 教科書で学習する表現はもとより、入試に出やすい単位・語句を精選して、約10000項目を掲載。自学自習に最適。テーマ別に表現例を集めた『Write Better』と場面別会話例を集めた『コミュニケーションページ』で英語の表現がさらに広がる。コラム『日本紹介』で日本の生活文化をやさしい英語を使った表現例を掲載。入試対策に最適。巻末資料『カタカナ語リスト』『略語リスト』で正しい英語の綴りが直ぐわかる。

**はじめての和英じてん　あいうえおで英語がすぐわかる**　田上善浩編　ポプラ社　2003.4　271p　31×22cm　6800円　Ⓘ4-591-07576-1

内容 生活の中でよく使う約4500語の英単語をしょうかい。英語の読みかたはすべてひらがなをので、だれでもすぐに読むことができる。英和じてんとしても使えるアルファベットさくいんつき。しらべたことばのなかまのことば（関連語）や反対のことば（反対語）もわかる。ものしりボックスでテーマごとに英語のことばや、英語を話す国の文化がわかる。巻末の12の英語ミニゲームで、しらべた英語をすぐに使うことができる。

**フレンド和英辞典　第3版**　稲村松雄編　小

学館 1991.1 583p 19cm 1200円 ⓘ4-09-510753-7

(内容)会話・作文に使える生きた用例を多数収録した、中学・高校生用の学習英和。

**和英じてん絵本** アン・ヘリング監修、とだこうしろう作・絵 戸田デザイン研究室 2002.2 247p 24cm 2500円 ⓘ4-924710-47-4 Ⓝ833

(内容)英語を初めて学ぶための最重要単語をイラスト入りでまとめたもの。子供向け。約1350項目を和訳語の五十音順に排列して紹介。英語の発音にはカナ表記を付し、和訳を示した簡単な用例を記載する。

◆◆英単語・熟語

&lt;辞典&gt;

**院単 大学院入試のための必須英単語1800** 安藤文人著 ナツメ社 2006.8 295p 18cm 1600円 ⓘ4-8163-4158-7

(目次)頻出単語1500、必修基礎単語300

**We can英単語** 水野卓監修 講談社 2009.4 411p 19cm 950円 ⓘ978-4-06-157857-9 Ⓝ833

(内容)ケータイで聴いて覚える1800語+α。全単語・全例文の音声（CD3枚に相当）が聴ける。これ1冊で受験攻略!センター試験と教科書を徹底解析。

**永久記憶の英単語 上 語源編** 青沼秀明著 日本実業出版社 2003.11 333p 19cm 1300円 ⓘ4-534-03658-2

(内容)単語に合った覚え方を選んでいるから、無理がなく効率的。749語を収録した「語源編」は単語の成り立ちから意味を解説、体系的に覚えられる力に強い。ユニークな七五調の語呂合わせ短文は、一度頭に入ったら忘れない。見出し語に加え、豊富な派生語、同系語を掲載、語彙がぐんぐん広がる。

**永久記憶の英単語 下 ストーリー記憶編** 青沼秀明著 日本実業出版社 2003.11 403p 19cm 1300円 ⓘ4-534-03659-0

(内容)単語に合った覚え方を選んでいるから、無理がなく効率的。1305語を収録した「ストーリー記憶編」は単語と意味を物語に織り込む覚え方、内容が想像がするする引き出せる。ユニークな七五調の語呂合わせ短文は、一度頭に入ったら忘れない。見出し語に加え、豊富な派生語、同系語を掲載、語彙がぐんぐん広がる。

**英語基本単語熟語集 復刻版** 赤尾好夫編 旺文社 2010.12 638p 13cm 〈他言語標題：A LIST OF FUNDAMENTAL ENGLISH WORDS & PHRASES〉 1500円 ⓘ978-4-01-033915-2 Ⓝ834

(内容)受験生に『赤尾の豆単』として親しまれた『英語基本単語熟語集』の復刻版。単語と熟語7768語を掲載。

**快速英単語 高校必修編 新装版** 小崎充、梶芳郎、ブルース原田著 文英堂 2009.3 447p 19cm（シグマベスト） 857円 ⓘ978-4-578-27121-5 Ⓝ830

(目次)第1章 中学必修語200、第2章 高校基礎語200、第3章 高校必修語(1)200、第4章 高校必修語(2)200、第5章 センター基本語200、第6章 センター頻出語220

(内容)基本語～センター試験最頻出。英単語攻略への最短コース。見出し1220語、派生語1124語、語法・句表現683の3000語レベル。

**カリスマ慶應生が教えるやばい!mini英単語** 梶田洋平著 ゴマブックス 2006.12 175p 19cm 952円 ⓘ4-7771-0527-X

(目次)大阪電通大、中央大、青山学院大、西南学院大、慶應義塾大、センター試験(2006)、関西外語大、大阪薬科大、立命館大、都留文科大〔ほか〕

(内容)『やばい!英語長文』の著者による、待望の"英単語"が登場。セットで勉強して、より効果的に偏差値が上がる。この勉強法で、偏差値が毎月10上がった。

**カリスマ慶應生が教えるやばい!mini英単語ハイパー** 梶田洋平著 ゴマブックス 2006.12 175p 19cm 952円 ⓘ4-7771-0528-8

(目次)センター試験(2005追試)、神戸海星女子学院大、武蔵大、センター試験(2002)、東京大、関西学院大、センター試験(2001追試)、松本歯科大、横浜市立大、聖泉大短大部〔ほか〕

(内容)テスト直前。受験カリスマの逆転合格テクニックで徹底強化。英語長文といっしょに覚えて、英単語を身につける。

**看護・医療系の英単語が楽々暗記できる本 看護医療系大学・短大・専門学校受験用** 英語教育メディア編 （上福岡）リフレ出版 2004.4 167p 19cm 1100円 ⓘ4-901880-30-6

(目次)1 看護・医療基本単語、2 看護・医療基本単語Check&Read、3 最重要キーワード

(内容)普通の単語集では覚えきれなかった試験に出るメディカル英単語+重要キーワードを簡単に覚えてしまう暗記ブック。付録の暗記カードで単語力はさらにパワーアップ。

**合格!ダジャレ英単語記憶術 TOEIC、TOEFL、大学受験** 熊谷茂樹著 主婦の

友社　2010.7　287p　19cm　〈他言語標題：Etymology Dictionary　索引あり〉　1200円　Ⓘ978-4-07-271549-9　Ⓝ830

目次 頻出の重要語幹，頻出の重要接頭語，頻出の重要接尾語

内容 暗記の決め手"ダジャレ"と英単語に隠された"語幹"の2つを知れば，語彙力は大学入試もTOEFLもパーフェクト。2300語が頭にスイスイ。初めての単語も意味がわかる。

**高校入試　短文で覚える英単語1700**　新装版　組田幸一郎著　文英堂　2009.10　319p　19cm　（シグマベスト）〈付属資料：CD1〉950円　Ⓘ978-4-578-22101-2　Ⓝ830

内容 短い例文で覚える中学英単語・熟語。260の短くやさしい例文で高校入試必勝1700の英熟語を使い方まで習得できる。全国高校入試問題・中学検定教科書徹底分析。入試必要度に応じて4段階にレベル表示。

**高校入試　フレーズで覚える英単語1400**　組田幸一郎著　文英堂　2009.10　263p　19cm　（シグマベスト）〈付属資料：CD1〉950円　Ⓘ978-4-578-22102-9　Ⓝ830

目次 第1章 名詞のまとまり1（「名詞＋名詞」型フレーズ，英語→日本語完成道場 ほか），第2章 名詞のまとまり2（「形容詞＋名詞」型フレーズ，英語→日本語完成道場 ほか），第3章 動詞＋名詞のまとまり（「動詞＋名詞」型フレーズ，英語→日本語完成道場 ほか），第4章 熟語編（英語→日本語完成道場，日本語→英語完成道場 ほか）

**極楽英単語　覚えておけば必ず救われる100語**　Dr.コルティエ著，さとうさやか，こたにあゆこイラスト　ポプラ社　2004.12　149p　19cm　952円　Ⓘ4-591-08361-6

目次 動詞編・50，名詞編・30，形容詞・副詞編・20

内容 いやでも頭にこびりつく，ヒマつぶし英単語集。

**試験によく出る難読難解英単語**　改訂版　ユニプレスイングリッシュプロジェクト編著（町田）ユニ出版社，星雲社（発売）　2009.6　69p　19cm　〈索引あり〉　800円　Ⓘ978-4-434-13253-7　Ⓝ830

目次 名詞，形容詞，動詞

**時事英単語1800**　城内出版編集部編　（大阪）城内出版　2009.12　83p　18cm　1200円　Ⓘ978-4-904534-01-4　Ⓝ830

目次 第1章 政治／行政／選挙／省庁，第2章 国際／外交／貿易／軍事，第3章 法律／裁判／犯罪／治安，第4章 経済／市場／景気／会計，第5章 産業／資源／製造，第6章 企業／経営／労働，第7章 都市／環境／社会／福祉，第8章 教育／芸術／メディア，第9章 その他

**ジーニアス英単語2200**　新版　ジーニアス英単語・英熟語編集委員会編　大修館書店　2008.3　486p　19cm　1000円　Ⓘ978-4-469-34271-0　Ⓝ834

目次 Build Up センター試験レベル900（動詞編，名詞編，形容詞・副詞編），Step Up 難関大レベル650，Jump Up 最難関大レベル650，Supplementary この単語には注意しよう！（要注意「基本単語」，副詞・接続詞（リンクワード））

内容 『ジーニアス英和辞典』から生まれた最強の英単語集!定表のある語法はコラムで確認！充実の同義語！見開きで10語、すべてに例文つき！紛らわしい語は"識別"で解説。

**ジーニアス英単語2200**　改訂新版　ジーニアス英単語・英熟語編集委員会編　大修館書店　2009.11　494p　19cm　1000円　Ⓘ978-4-469-34272-7　Ⓝ834

内容 最新の入試の過去問から厳選された例文。まとめて覚えるのに便利な同義語欄。クイズ感覚で語法の知識を強化できる"Genius Point"。見開きで10語，学習ペースを作りやすい。『ジーニアス英和辞典』から生まれた最強の英単語集。

**心理系大学院入試頻出英単語**　中央ゼミナールステップアップサポート部心理系スタッフ著　オクムラ書店　2008.5　182p　19cm　1800円　Ⓘ978-4-86053-074-7　Ⓝ830

目次 頻出英単語（感覚・知覚分野，認知分野，学習・行動分野，統計・研究法分野，社会分野，発達分野，臨床分野），重要単語一覧

**大学入試天下無敵の英単語最重要多義語300**　嶋田順行著　中経出版　2010.4　415p　21cm　1800円　Ⓘ978-4-8061-3685-9　Ⓝ830

内容 単語を暗記するのではなく，理解して覚える構成と受験で問われやすい多義語のみを300に厳選。

**Data base 4500「完成」英単語・熟語**　3rd edition　荻野治雄監修　桐原書店　2008.12　415p　19cm　990円　Ⓘ978-4-342-01280-8　Ⓝ830

目次 入試への足固め，センター試験重要語，国公立大2次・私立大対策

内容 正しい学習こそが，正しい力になる。本気で英語力を身につけたいあなたに贈る本物の英単語帳，DataBase4500。

**TOEIC、大学受験のためのカタカナ語で覚える英語語源200・重要単語1800**　小林一夫著　東京図書出版会，リフレ出版（発売）　2008.5　299p　18cm　1500円　Ⓘ978-4-86223-242-7　Ⓝ830

目次 ali・alt（別の・他の）─エイリアンは地球

人とは「別の」人，am・arme（愛する）―アマチュアはスポーツを「愛する」人，anim（生命・心）―アニメは絵が「生命」持つ，apt（合う）―アダプターで器具を「合わせる」，arch（政府・支配者）―アナキストに「政府」はいらない，aud・audi（聴く）―オーディオは「聴く」もの，オーディエンスは聴衆，ball（球）―バルーニングは大きな「球」に乗る，bar（棒・横木，邪魔する）―バーを置いて通行の「邪魔をする」，bat（棒，棒で打つ）―バット（棒）を振るえばバトル（戦い），コンバット（格闘），brace（腕）―ブレスレットは「腕」に巻く〔ほか〕

## ドラえもんで英単語 DORA-TAN DORAEMON ENGLISH WORD BOOK
藤子F・不二雄画，小学館クリエイティブ編，ジャレックス訳　小学館　2005.8　271p　19cm　880円　Ⓘ4-09-504336-9

<u>目次</u>ひみつ道具編，ドラえもん編，のび太編，しずか編，ジャイアン編，スネ夫編，なかま編，身近なもの編，行動編，ものようす編〔ほか〕

<u>内容</u>コミック感覚で英単語をスイスイ覚えよう。中学レベルの英単語1750語以上を28のジャンルに分類して収録したドラえもんの単語帳。

## 入試英単語の王道2000+50　改訂版
江本祐一，島田浩史，米山達郎共著，Karyn Ivory英文校閲　河合出版　2008.5　424p　19×12cm　〈河合塾SERIES〉　857円　Ⓘ978-4-7772-0720-6　Ⓝ830

<u>目次</u>Warm-Up スーパーベーシックレベル350語，1 ベーシックレベル300語+派生語240語，2 スタンダードレベル1200語+派生語960語，3 ハイレベル300語+派生語240語，4 トップレベル200語+派生語160語，5 多義語50語，6 特色語750語

<u>内容</u>圧倒的な掲載語数4750語。見出し語2000語+多義語50語には必要なすべての語義にフレーズを作成。暗記効率を考えた50語ごとのユニットによるダブルチェック方式。得点に直結する多義語50語は別枠で徹底的に学習。単語をグループ別にまとめた特色語750語で，暗記効果が倍増。単語に関する役立ち情報を37のコラムに満載。

## 80分で覚える中学全英単語1250　BRLM
高速学習アカデミー編著　コスモトゥーワン　2009.9　222p　26cm　〈付属資料：CD1〉　2800円　Ⓘ978-4-87795-170-2　Ⓝ830

<u>目次</u>第1部 記憶編（1年生の単語，2年生の単語，3年生の単語，受験の単語，語形が変化する単語），第2部 問題編1・英語から日本語，第3部 問題編2 日本語から英語

<u>内容</u>小学生・中学生・高校生・ビジネスマン・OL・主婦・熟年におすすめ!高速&リズムCDでラクラク暗記。

## 文法と一緒に覚える基本英単語3000　改訂版
阿部友直著　テイエス企画　2008.3　341p　19×14cm　〈付属資料：CD2〉　1900円　Ⓘ978-4-88784-097-3　Ⓝ830

<u>目次</u>1 基本単語と表現1500語レベル（文型と一緒に覚える基本動詞，英語の基本構造・構文で覚える動詞と名詞，動詞⟵→名詞のペアで覚える基本単語），2 必修単語と表現3000語レベル（文型と一緒に覚える形容詞・動詞・前置詞，文型と一緒に覚える必修動詞，状態動詞，句動詞，動詞⟵→名詞で覚える単語 ほか），Appendix 必須英会話フレーズ300（家と室内，日常生活，コミュニケーション ほか）

<u>内容</u>中学・高校単語を実戦力に。すぐに使える英会話フレーズ300付き。

## 満点をねらうセンター試験英語 単熟語
佐藤誠司，小池直己著　ジャパンタイムズ　2009.8　303p　19cm　1400円　Ⓘ978-4-7890-1363-5　Ⓝ830

<u>目次</u>1 文法・語彙問題の重要語句，2 絵や図表を含む素材の重要語句，3 情報提供型の素材の重要語句，4 意見交換型の素材の重要語句，5 説明文読解のための重要語句，6 会話・リスニング素材の重要語句

<u>内容</u>収録語数，単語約3700，熟語約800，最も新しいセンター対策用単語集。ロスがゼロの学習法。

## moetan2　上
三才ブックス　2004.12　293p　19cm　952円　Ⓘ4-915540-98-7

<u>内容</u>「もえたん」は，2次元美少女が受験勉強をナビゲートしてくれる，従来にはなかった新しい英単語集。17291投稿からエキセントリックな例文を厳選。発音・ヒアリング対策，デラックス巻末索引，英和併記のストーリー展開。

## moetan2　下
三才ブックス　2005.3　263p　19cm　〈付属資料：別冊1〉　952円　Ⓘ4-915540-99-5

<u>目次</u>Yuni，Touya

<u>内容</u>すべての受験生に捧げる次世代型英単語集がバージョンアップ!大増600ページ超，17291投稿からエキセントリックな例文を厳選。発音・ヒアリング対策，デラックス巻末索引，英和併記のストーリー展開。基本～重要ワード1600+派生語900+熟語/慣用表現1000収録。

## もえたん 3 魔法少女の帰還
もえたん製作委員会企画　三才ブックス　2006.6　223p　19cm　1143円　Ⓘ4-86199-047-5

<u>目次</u>人生いろいろ。，おごる者久しからず。，不在は思いを慕らせる。，大事なものは深みに。，お約束はお約束。，真実を語るべきとは限らぬ。，

外見信じるべからず。、郷に入りては郷に従え。、悪利栄えず。、再び見いだされた時。、出会いに別れはつきもの。、春遠からじ。
(内容)萌えて覚える英会話。シリーズ累計40万部のベストセラーに待望の新作。全イラスト描き下ろし。あの魔法少女が帰ってくる。世界で戦えるエキセントリックな表現を厳選。日常語からツンデレまで400例を超マスター。

**ユメタン　夢をかなえる英単語　0　中学修了～高校基礎レベル**　木村達哉監修・執筆　アルク　2009.11　293p　19cm　（英語の超人になる!アルク学参シリーズ）〈付属資料：CD2〉　1400円　①978-4-7574-1811-0　Ⓝ830
(内容)中学～高校基礎レベルの単語800語を収録した学習英単語集。1週間100語×8週間でマスターする構成。その週に学習するべき単語に1週間毎日違うアプローチで記憶の定着を図る編集方針。巻頭には、超基礎単語570語をグループ別にまとめて掲載。CDには単語とフレーズを＜日本語→英語＞の順番で収録する。

**ユメタン　1　センター試験レベル**　木村達哉監修・執筆, 高校教材編集部編　アルク　2008.10　310p　19cm　〈付属資料：CD2〉　1400円　①978-4-7574-1474-7
(目次)01 日常生活に関する100語, 02 政治と経済に関する100語, 03 感情と思考に関する100語, 04 ビジネスに関する100語, 05 旅と歴史に関する100語, 06 スポーツと医療に関する100語, 07 人間関係に関する100語, 08 芸術と表現に関する100語, 09 自然と科学に関する100語, 10 宗教と道徳に関する100語
(内容)志望大学合格への王道「キムタツ式語彙学習法」でセンター受験に必須の1000語を完全マスター。毎日同じ100語を1週間(=7日間)かけて叩き込む徹底反復方式だから、1度覚えたら忘れない。夢をかなえる英単語。

**ユメタン　夢をかなえる英単語　2　国公立大2次・難関私立大レベル**　木村達哉監修・執筆, アルク高校教材編集部企画　アルク　2009.2　309p　19cm　〈付属資料：CD2〉　1400円　①978-4-7574-1545-4　Ⓝ830
(目次)1 日常生活に関する100語, 2 政治と経済に関する100語, 3 人間関係に関する100語, 4 社会と法律に関する100語, 5 旅と歴史に関する100語, 6 健康と医療に関する100語, 7 自然と科学に関する100語, 8 形状と性質に関する100語, 9 スポーツと娯楽に関する100語, 10 思想と芸術に関する100語
(内容)同じ100語を1週間(=7日間)毎日徹底反復。CDには単語とフレーズを「日本語→英語」で収録。

**ユメタン　夢をかなえる英単語　3　東大・京大レベル**　木村達哉監修・著　アルク　2009.5　279p　19cm　（英語の超人になる!アルク学参シリーズ）〈付属資料：CD2〉　1400円　①978-4-7574-1598-0
(目次)01 日常生活・習慣に関する100語, 02 政治・経済・法律に関する100語, 03 性格・感情・思考に関する100語, 04 社会・ビジネス・職業に関する100語, 05 地理・歴史・文化に関する100語, 06 健康・医療・道徳に関する100語, 07 芸術・表現・学問に関する100語, 08 自然・科学・コンピューターに関する100語
(内容)東大・京大クラスのハイレベル単語800語を厳選。

## 文 学

### ＜書誌＞

**世界少年少女文学　リアリズム編**　定松正編著　自由国民社　2009.12　230p　21cm　（明快案内シリーズ）　1500円　①978-4-426-10832-8
(目次)リアリズム児童文学の道のり, 1 動物と子どもの成長, 2 歴史の流れを追って, 3 大人社会と子ども世界の葛藤, 4 多様性に富む冒険世界, 5 自己変革への道
(内容)本当に読みやすいダイジェスト編集版。読書の楽しさを教えてくれる名作・傑作ずらり精選50作品。

**世界少年少女文学　ファンタジー編**　定松正編著　自由国民社　2010.1　230p　21cm　（明快案内シリーズ　知の系譜）　1500円　①978-4-426-10831-1
(目次)1 日常世界から別世界へ(ガリヴァー旅行記(スウィフト), 水の子どもたち(キングズリー) ほか), 2 伝承世界の立体化(黄金の川の王さま(ラスキン), ロビン・フッドのゆかいな冒険(パイル) ほか), 3 日常世界に混入する別世界(クリスマス・キャロル(ディケンズ), 八十日間世界一周(ヴェルヌ) ほか), 4 動物たちの擬人化(ジャングル・ブック(キプリング), たのしい川べ(グレアム) ほか), 5 創造された現実世界(ほらふき男爵の冒険(ビュルガー), ホビットの冒険(トールキン) ほか)
(内容)世界の少年少女文学を50作品を紹介したファンタジー編。読書の楽しさを教えてくれる新感覚読書ガイド。

**ドイツ文学　名作と主人公**　保坂一夫編　自由国民社　2009.10　295p　21cm　（明快案内シリーズ）　1700円　①978-4-426-10823-6
(目次)1 ドイツ文学誕生から中世文学―宮廷世界と騎士文学, 2 バロック文学と近代文学の成

文 学　　　　　　　　　児童書

立—民衆文学とシュトルム・ウント・ドラング，3 十八世紀末から十九世紀初頭の文学—時代感情とロマン主義，4 新しいリアリズムを求めて—自己充実と芸術活動，5 自然主義の登場から第一次世界大戦—歴史的現実に直面する精神世界，6 ファシズムの影の下で—激動の時代を生きた精神の証言，7 戦後文学と戦争の傷跡—東西分裂の中の政治と実存，8 不確実な現実と生の不安—統一へのプロローグ

(内容)作者不詳「ニーベルゲンの歌」ゲーテ「若きヴェルテルの悩み」トーマス・マン「トーニオ・クレーガー」カフカ「変身」シュリンク「朗読者」etc。精選68作品を紹介。古典から歴史的大作・重要基本作品で教養がつく，読みやすいダイジェスト編集版。

**フランス文学 名作と主人公** 加藤民男編 自由国民社 2009.9 263p 21cm （明快案内シリーズ） 1600円 ⓘ978-4-426-10821-2

(目次)1 ルネサンスとバロックから古典主義，2 光明の世紀フランス革命前夜，3 ロマン主義と個人の運命，4 レアリスムと自然主義の隆盛，5 ベル・エポックの時代，6 世界大戦と個人と文学，7 人間と世界と実存主義，8 ヌーヴォー・ロマンとヌーヴォー・テアトロ

(内容)今さらすべては，読めない。だけども，全部，知りたい。本当に読みやすいダイジェスト編集版。

**ロシア文学 名作と主人公** 水野忠夫編 自由国民社 2009.12 269p 21cm （明快案内シリーズ） 1600円 ⓘ978-4-426-10822-9

(目次)1 十九世紀ロシア文学—プーシキンからツルゲーネフ，2 黄金期—トルストイとドストエフスキー，3 世紀末から十月革命—百花繚乱するイズム，4 粛正から戦争へ—スターリン時代，5 冷戦下の雪解けと停滞—限界と奔放とあらたな模索，6 ペレストロイカ以後—ソ連崩壊の序曲と展開

(内容)本当に読みやすいダイジェスト編集版。精選70作品を紹介。

◆日本文学

<書 誌>

**少年少女の名作案内 日本の文学 リアリズム編** 佐藤宗子，藤田のぼる編著 自由国民社 2010.2 228p 21cm （明快案内シリーズ 知の系譜）〈索引あり〉 1500円 ⓘ978-4-426-10833-5 Ⓝ909

(目次)1 童話から児童文学へ（一房の葡萄—有島武郎，風の又三郎—宮沢賢治 ほか），2 高度成長期の現実に生きて（とべたら本こ—山中恒，ぼくがぼくであること—山中恒 ほか），3 「子どもの時間」に別れを告げて（さらばハイウェイ—砂田弘，小説の書き方—吉田とし ほか），4 不確実な未来に向き合って（ぼくらは海へ—那須正幹，十二歳の合い言葉—薫くみこ ほか）

(内容)こころに響くダイジェスト。戦中，戦後，高度成長期，バブル崩壊…たくましく，けなげに生き抜く少年少女たち。幼い頃を思い出し，生きることを考えさせる，大人のための名作案内50選。

**少年少女の名作案内 日本の文学 ファンタジー編** 佐藤宗子，藤田のぼる編著 自由国民社 2010.3 228p 21cm （明快案内シリーズ 知の系譜）〈索引あり〉 1500円 ⓘ978-4-426-10834-2 Ⓝ909

(目次)1 不思議の織りなす味わい（蜘蛛の糸—芥川竜之介，赤い蝋燭と人魚—小川未明 ほか），2 新しいファンタジーの誕生（木かげの家の小人たち—いぬいとみこ，だれも知らない小さな国—佐藤さとる ほか），3 多彩に広がる空想の世界（風と木の歌—安房直子，でんでんむしの競馬—安藤美紀夫 ほか），4 となりの不思議，はるかな異世界（ひげよ，さらば—上野瞭，ぽたぽた—三木卓 ほか）

(内容)たくましく，けなげに生き抜く少年少女たち幼い頃を思い出し，生きることを考えさせる。とり戻そう!子どもの頃の想像力。リアリズムとあわせて100編。あらすじ，作品の背景，作家についてやさしく解説。さわり部分の引用で，作品の雰囲気も味わえる。

<事 典>

**教科書にでてくる詩や文の読みかた・つくりかた 10 作家事典** ポプラ社 1993.4 151p 26cm 1650円 ⓘ4-591-04436-X

(内容)小学校高学年向けの作家事典。小学校4年から6年の国語の教科書に登場する「物語」「詩」「短歌」「俳句」「説明文」の作者と，ぜひ知っていてほしい作家を取り上げる。それぞれの作家の生まれた年，（死んだ年），経歴やおもな作品を解説している。

**詩のわかる本 中学1年** 畑島喜久生編 国土社 1997.9 165p 21cm （中学校 教科書にでてくる詩の本） 1800円 ⓘ4-337-23801-8

(目次)1 「歌」って何のこと?，2 わたしたちの前に希望はあるか!?，3 自然は生きているんだ!，4 「形」とは何だろう…「物」とは何だろう，5 人間ってふしぎだね，6 わたしたちは，不安やあせりといっしょに生きている，7 今日という日，8 人はなぜ戦争をするのか，9 ある「古典」から

(内容)中学校の国語の教科書に掲載されている詩

と、現代を代表する少年詩を題材に、詩のもつ奥行きの深さや技法を解説。

**小学生の名作ガイド はかせ あらすじで読む名作案内** 宮津大蔵著 學燈社 2005.10 195p 21cm （はかせシリーズ） 1500円 Ⓘ4-312-56031-5

(目次)日本編（古事記，万葉集，竹取物語，源氏物語（紫式部），枕草子（清少納言）ほか），世界編（ギリシャ神話，聖書物語，アラビアン・ナイト，アーサー王と円卓の騎士，ロミオとジュリエット（W.シェイクスピア）ほか）

**日本の文学** 西本鶏介監修 ポプラ社 2008.3 207p 29×22cm （ポプラディア情報館） 6800円 Ⓘ978-4-591-10089-9

(目次)1章 奈良～平安時代，2章 鎌倉～安土桃山時代，3章 江戸時代，4章 明治～昭和時代前期，5章 昭和時代後期以降，児童文学の作家たち，資料編

(内容)日本の古典文学作品を，時代順に解説する事典。作品の成り立ちや内容がくわしくわかる。明治時代から現代までの作家を多数紹介。児童文学作家をふくめ，幅広くとりあげる。写真資料やコラムで，文学についての知識が，より深まる。巻末には，学習の参考になる文学館の案内を掲載する。

**百人一首大事典 完全絵図解説** 吉海直人監修 あかね書房 2006.12 143p 31cm 〈年表あり〉 5000円 Ⓘ4-251-07801-2 Ⓝ911.147

(目次)百人一首の成り立ち，百人一首の歌と歌人，貴族の暮らしと遊び，第1部 四季の歌，第2部 恋の歌，第3部 日々の思いの歌，かるたの歴史，かるたの遊び方，さくいん（上の句／下の句／人名）

(内容)百人一首の世界をビジュアルに示す学習事典。歌の内容，作者について，当時の風俗や暮らしなどがわかる。重要なテーマはコラムや特集ページで詳しく解説。目で見ても楽しめる美しい「光琳かるた」も紹介する。

<ハンドブック>

**原色シグマ新国語便覧** 増補改訂新版 国語教育プロジェクト編著 文英堂 2003.1 400p 26cm （シグマベスト） 838円 Ⓘ4-578-84078-6

(目次)古文編（図説資料，古典文学の流れ，神話ほか），現代文編（図説資料，近代文学の流れ，小説 ほか），漢文編（図説資料，漢文学の流れ，思想 ほか），言葉と表現編（文法，語句，漢字 ほか）

**原色シグマ新国語便覧 ビジュアル資料**
増補3訂版 国語教育プロジェクト編著 文英堂 〔2007.1〕 416p 26cm 838円 Ⓘ978-4-578-84184-5

(目次)古文編（図説資料，古典文学の流れ ほか），現代文編（図説資料，近代文学の流れ ほか），漢文編（図説資料，漢文学の流れ ほか），言葉と表現編（文法，語句 ほか）

(内容)古典文学・現代文学・文法・語句・漢字・文章表現―知識満載の国語百科。

**国語便覧** 〔カラー版〕 西原和夫，塚越和夫，加藤実，東京書籍編集部編著 東京書籍 1993.11 382p 26cm 1800円 Ⓘ4-487-79461-7

(目次)日本文学編（日本文学の流れ，事項解説，作家と作品，世界の文学と日本の文学，ビジュアル資料），漢文編（中国の文学と思想，漢文事項解説，人と思想，ビジュアル資料），基礎資料編（古文編，漢文編，現代語編，国語表現編）

◆◆俳句・歳時記

<事 典>

**現代子ども俳句歳時記** 金子兜太編 チクマ秀版社 1999.4 385, 27p 19cm 2800円 Ⓘ4-8050-0344-8

(目次)春（時候，天文，地理，生活，行事，動物，植物，覚えたいことば），夏（時候，天文，地理，生活，動物，植物，覚えたいことば），秋（時候，天文，地理，生活，行事，動物，植物，覚えたいことば），冬（時候，天文，地理，生活，動物，植物），冬―新年（時候，天文・地理・生活，行事，植物，覚えたいことば），無季（無季の俳句について，自然，学校・遊び，家族，人間，動物，文化・社会・生活，俳句の中のいのち），付録（二十四節季表，行事一覧，国民の祝日，月の満ち欠け，十二カ月の古い呼び名，索引）

(内容)季節の美しいことば（季語）を，春夏秋冬に分けて並べ，解説を加え，そのことばを使った俳句作品（例句）を加えた，子ども向けの俳句歳時記。索引付き。

**四季のことば絵事典 日本の春夏秋冬に親しもう！ 俳句づくり・鑑賞にも役立つ** 荒尾禎秀監修 PHP研究所 2009.1 79p 29cm 〈文献あり 索引あり〉 2800円 Ⓘ978-4-569-68933-3 Ⓝ911.307

(目次)春（春らしさをさがしてみよう，春の食卓で），夏（夏の風物を見てみよう，夏祭りで），秋（秋の気配を感じてみよう，秋の野山へ出かけよう），冬（冬を感じることばを見つけよう，年末の市場で），季節のことばをもっとさがそう（植物―花や草木にかかわることば，動物―鳥や虫，魚，動物にかかわることば ほか）

児童書 レファレンスブック 319

(内容)季語は、俳句のなかで春夏秋冬をあらわすことばで、日本人の四季に対する感覚を反映したものである。この本では、季語を通して、身のまわりの四季の風物を紹介する。

**ジュニア版 写真で見る俳句歳時記 1 春1** 長谷川秀一，原雅夫監修 小峰書店 2003.4 71p 26cm 4000円 ⓘ4-338-18801-4

(目次)第1章 三春(春全般)の季語(春、春暁―春の曙・春の朝、春昼―春の昼、春の暮―春夕べ ほか)、第2章 初春(二月ごろ)の季語(二月、睦月―むつみ月・太郎月、旧正月―旧正、立春―春立つ・春来る ほか)

**ジュニア版 写真で見る俳句歳時記 2 春2** 長谷川秀一，原雅夫監修 小峰書店 2003.4 79p 26cm 4000円 ⓘ4-338-18802-2

(目次)第1章 仲春(三月ごろ)の季語(三月、如月―梅見月・初花月，雪崩，残雪―雪残る・残雪・雪形 ほか)、第2章 晩春(四月ごろ)の季語(四月、弥生―桜月、復活祭―イースター・イースターエッグ、桃の花―花桃・緋桃・白桃、源平桃 ほか)

**ジュニア版 写真で見る俳句歳時記 3 夏1** 長谷川秀一，原雅夫監修 小峰書店 2003.4 79p 26cm 4000円 ⓘ4-338-18803-0

(目次)第1章 三夏(夏全般)の季語(夏―炎帝、暑し―暑さ・暑・暑気・暑き日、夏の日―夏日、夏の夕―夏夕べ・夏の暮 ほか)、第2章 初夏(五月ごろ)の季語(五月―五月来る、卯月―卯の花月・花残月、立夏―夏に入る・夏立つ・夏来る、夏めく―夏きざす・薄暑 ほか)

**ジュニア版 写真で見る俳句歳時記 4 夏2** 長谷川秀一，原雅夫監修 小峰書店 2003.4 71p 26cm 4000円 ⓘ4-338-18804-9

(目次)第1章 仲夏(六月ごろ)の季語(六月―六月来る・六月風，皐月―早苗月・橘月、梔子の花―梔子の香、杜若、あやめ、花菖蒲 ほか)、第2章 晩夏(七月ごろ)の季語(七月、水無月―風待月、梅雨明―梅雨あがる・梅雨の果、朝凪―朝凪ぐ ほか)

**ジュニア版 写真で見る俳句歳時記 5 秋** 長谷川秀一，原雅夫監修 小峰書店 2003.4 87p 26cm 4000円 ⓘ4-338-18805-7

(目次)第1章 三秋(秋全般)の季語(秋、秋の日―秋日・秋日影・秋日向 ほか)、第2章 初秋(八月ごろ)の季語(初秋―初秋・新秋、八月 ほか)、第3章 仲秋(九月ごろ)の季語(二百十日―二百二十日・厄日、九月 ほか)、第4章 晩秋(十月ごろ)の季語(十月、長月―菊月・紅葉月 ほか)

**ジュニア版 写真で見る俳句歳時記 6 冬** 長谷川秀一，原雅夫監修 小峰書店 2003.4 87p 26cm 4000円 ⓘ4-338-18806-5

(目次)第1章 三冬(冬全般)の季語(冬―玄冬・冬将軍、冬ざれ―冬され・冬ざるる ほか)、第2章 初冬(十一月ごろ)の季語(初冬―初冬・冬初め、十一月 ほか)、第3章 仲冬(十二月ごろ)の季語(十二月、霜月―霜降月・雪待月・雪見月 ほか)、第4章 晩冬(一月ごろ)の季語(師走―極月、一月 ほか)

**ジュニア版 写真で見る俳句歳時記 7 新年・総索引** 長谷川秀一，原雅夫監修 小峰書店 2003.4 87p 26cm 4000円 ⓘ4-338-18807-3

(目次)新年―新しき年・あらたまの年・年明く・年変る・初年・若き年・年頭・年立つ・年新た、正月―お正月、去年今年―去年・旧年・初昔・宵の年、初春―新春・迎春・明の春・今朝の春・家の春・おらが春、元日―お元日・年の始・月の始・日の始、鶏日・元旦・人日、初日―初日の出・初旭・初影・初日山・初明り、初空―初御空・初晴、初凪、初富士―初不二、若水―若水汲・若水迎え・初水・福水・若井〔ほか〕

(内容)冬とは別に新年の季語と俳句を紹介。巻末に7巻までの掲載季語総索引、掲載俳人総索引がつく。

**小学生のまんが俳句辞典** 藤井圀彦監修 学習研究社 2005.2 255p 21cm 1000円 ⓘ4-05-301853-6

(目次)俳句ってなあに、俳句四つの物語(松尾芭蕉―旅に生きた人、与謝蕪村―俳句に生きる画家の目、小林一茶―弱い者への温かいまなざし、正岡子規―俳句への情熱と生涯の友)、春・夏・秋・冬の名句(雪とけて村一ぱいの子かな(小林一茶)、残雪やごうごうと吹く松の風(村上鬼城)、梅が香にのつと日の出る山路かな(松尾芭蕉) ほか)、俳句をつくろう(五・七・五のリズムになれよう、発見や感動を言葉にしよう、句をつくってみよう、仕上げを大切に―推敲しよう、句を発表しよう)、俳句の資料室

(内容)まんがとイラストで、俳句を楽しく味わい、学ぶ辞典。

**短歌・俳句 季語辞典** 中村幸弘、藤井圀彦監修 ポプラ社 2008.3 227p 29×22cm (ポプラディア情報館) 6800円 ⓘ978-4-591-10088-2

(目次)第1章 短歌(短歌って何?、近・現代短歌―作者と作品、万葉集―作者と作品、古今和歌集―作者と作品、新古今和歌集―作者と作品、江戸時代の和歌―作者と作品、枕詞一覧、小倉百人一首)、第2章 俳句(俳句って何?、俳諧・俳句の歴史、俳句の作り方、川柳の世界、近・現代俳句―作者と作品、俳諧―作者と作品)、第3

章 季語辞典
(内容)教科書に出てくるものを中心に、短歌・俳句の有名作品を多数収録した、短歌・俳句の季語辞典。収録作品は、古典から現代作家の作品まで、幅広く収録。俳句に使う約500の季語を五十音順に配列し、豊富な写真とともに解説し、わかりやすい例句を示す。作品は五十音順に、季語は季節別に探せる便利なさくいん付き。

俳句・季語入門 1 春の季語事典 石田郷子著, 山田みづえ監修 国土社 2003.1
75p 27×22cm 2800円 ⑪4-337-16401-4
(内容)現在、歳時記に収められている季語は五千ほどであるが、本書では、みなさんの生活のなかで実際に見ることができるもの、体験できるものを中心に選んだ。また、なかなかふれる機会のないものでも、知っておいていただきたいと思った季語は残した。さらに、小中学生のみなさんの作品を、例句の中にできるだけたくさん取り上げた。

俳句・季語入門 2 夏の季語事典 石田郷子著, 山田みづえ監修 国土社 2003.1
79p 27×22cm 2800円 ⑪4-337-16402-2
(目次)巻頭名句, 監修のことば "子どもの歳時記" に祝福を, 著者のことば この本の特徴―凡例に代えて

俳句・季語入門 3 秋の季語事典 石田郷子著, 山田みづえ監修 国土社 2003.2
71p 27×22cm 2800円 ⑪4-337-16403-0
(内容)立秋(8月8日ごろ)から、立冬(11月8日ごろ)の前の日までの3カ月が秋。約360の秋の季語を解説、250名あまりの作者による400句を紹介。

俳句・季語入門 4 冬・新年の季語事典 石田郷子著, 山田みづえ監修 国土社 2003.2 79p 27×22cm 2800円 ⑪4-337-16404-9
(内容)立冬(11月8日ごろ)から、立春(2月4日ごろ)の前の日までの3カ月が冬。約470の冬・新年の季語を解説、290名あまりの作者による400句を紹介。

俳句・季語入門 5 入門俳句事典 石田郷子著, 山田みづえ監修 国土社 2003.3
71p 27×22cm 2800円 ⑪4-337-16405-7
(内容)俳句のなりたち、人物伝、二十四節気とは、俳句のつくりかた、俳句はじめの一歩―身近なところで季語を見つけて俳句をつくろう、句会の開きかた

◆中国文学

<事 典>

三国志早わかりハンドブック 渡辺仙州編著 偕成社 2005.4 104, 92p 19cm 1000円 ⑪4-03-744300-7
(目次)戦史でわかる「三国志」, 三国志あれこれ(中国と異民族, 三国時代の政治体制, 官職早わかり表, 十干十二支, 登場人物おもしろ組みあわせ), 「出師の表」, 三国志年表, 三国志英雄たちの系譜, 度量衡, 三国志人物事典(1)
(内容)偕成社版『三国志』(全4巻)に登場するすべての人物を紹介。その数500人余。そのうちの228人は佐竹美保画伯によるキャラクター画付き。三国志には丞相、都督、大将軍、執金吾などいろいろな官職がでくる。どのような地位でどんな役割をになっていたのか、でてくる官職を五十音順でわかりやすく説明。偕成社版『三国志』(全4巻)の戦いにそって物語の概略を紹介。諸葛孔明が蜀の天子劉禅にあてて上奏した「出師の表」を原文と日本語訳を対訳にして掲載。偕成社版『三国志』(全4巻)の物語の流れがすぐに検索できる『三国演義』をベースにした年表。

図解三国志大事典 1 天下争乱 羅吉甫文, ロバート・イングペン画, 鍾孟舜漫画, 二階堂善弘日本語版監修, 井上実, 戸田聖子, 藤原由希, 和泉裕子訳 金の星社 2008.3 165p 31×22cm 〈原書名: ThreeKingdoms Vol.1〉 5000円 ⑪978-4-323-06641-7
(目次)Focus特集 乱世の栄華―貴族, 庶民の生活した舞台, 第1編 混乱する後漢, 第2編 天子を迎え諸侯を支配する, 付録「短歌行」曹操
(内容)三国史の世界を深く掘り下げて理解するための解説事典。当時用いられた複雑な戦略や兵法をひとつひとつ解き明かし、兵士や武器の配置について解説。また、当時の政治制度や人々の暮らしぶり、使われていた道具などを紹介する。

図解三国志大事典 2 覇者曹操 羅吉甫文, ロバート・イングペン画, 鍾孟舜漫画, 二階堂善弘日本語版監修, 井上実, 戸田聖子, 藤原由希, 和泉裕子訳 金の星社 2008.3 135p 31×22cm 〈原書名: Three Kingdoms Vol.1〉 5000円 ⑪978-4-323-06642-4
(目次)Focus特集(野戦―軍のさまざまな連合作戦, 城をめぐる攻防戦―軍備と武器の競い合い), 第1編 官渡の大戦, 第2編 曹操の北伐, 付録・曹操による覇権争いの歩み

図解三国志大事典 3 群雄割拠 羅吉甫文, ロバート・イングペン画, 鍾孟舜漫画,

文 学　　　　　　　　　児童書

郝広才編，二階堂善弘日本語版監修，井上実，戸田聖子，藤原由希，和泉裕子訳　金の星社　2008.2　151p　31cm　5000円
①978-4-323-06643-1　Ⓝ222.043
目次 Focus特集（水上戦―いろいろな様式の軍船による共同作戦，三国時代の軍船―すぐれた機能性，赤壁の戦い―三つの軍の攻撃ルート ほか），第1編 赤壁の戦い，第2編 西進作戦

図解三国志大事典　4　天下三分　羅吉甫文，ロバート・イングペン画，鍾孟舜漫画，郝広才編，二階堂善弘日本語版監修，井上実，戸田聖子，藤原由希，和泉裕子訳　金の星社　2008.3　173p　31cm　〈年表あり〉　5000円　①978-4-323-06644-8　Ⓝ222.043
目次 第1編 襄樊の争奪戦，第2編 五度の北伐

◆英米文学

<書誌>

アメリカ文学　名作と主人公　北山克彦編　自由国民社　2009.9　287p　21cm　（明快案内シリーズ）　1700円　①978-4-426-10825-0
目次 19世紀―誕生と独立（スケッチ・ブック アーヴィング―リップ＝村中の人気者だが家では女房の尻に敷かれる好人物の典型，モヒカン族の最後 クーパー―ナッティー・バンボー＝「鷹の目」と呼ばれる射撃のうまい白人斥候 ほか），2 アメリカの経験と失われた世代（ハーグレイヴズの一人二役 O ヘンリー―ハーグレイヴズ＝迫真の扮装で退役軍人へ恩返しをした俳優，よみがえった改心 O ヘンリー―ジミー・ヴァレンタイン＝少女を救うため平穏を捨てる決意をする元金庫破り ほか），3 戦後の風景（結婚式のメンバー マッカラーズ―フランキー＝所属するところを持たず疎外感に悩む孤独な思春期の娘，欲望という名の電車 テネシー・ウィリアムズ―ブランチ＝崩れゆく過去の栄光にすがって生きる没落貴族の姉娘 ほか），4 想像力と現実と（ユニヴァーサル野球協会 ロバート・クーヴァー―ヘンリー＝架空の野球ゲームで空想を遊ばせる冴えない中年男，スローターハウス5 ヴォネガット―ビリー・ピルグリム＝戦争の不条理を目撃し宇宙人に誘拐される男 ほか）
内容 読んでいなければ，今，ここで読む。本当に読みやすいダイジェスト編集版。

イギリス文学　名作と主人公　加藤光也解説，立野正裕編　自由国民社　2009.11　313p　21cm　（明快案内シリーズ　知の系譜）　1800円　①978-4-426-10824-3
目次 1 古典劇場，2 傑作々々誕生，3 ビクトリア朝時代，4 二十世紀デビュー，5 世界大戦下文学，6 世界が揺れている，7 消せない点と見えない線
内容 シェイクスピア『ヘンリー四世』他，ディケンズ『二都物語』，H・G・ウェルズ『タイム・マシン』，ジョイス『ユリシーズ』，オーウェル『1984年』etc.精選74作品を紹介。古典から歴史的大作・重要基本作品で教養がつく。

<事典>

ハリー・ポッターが楽しくなるふしぎな生きもの図鑑　寺島久美子著，今井里砂絵　学習研究社　2004.9　64p　22×19cm　1300円　①4-05-202081-2
目次 妖精（フェアリー），小人妖精（エルフ），ヴィーラ，ニンフ，レプラコーン，巨人，庭小人（ノーム），小人（ドワーフ），トロール，鬼婆（ハッグ），赤帽鬼，まね妖怪，ドビー，死神犬，小鬼，悪霊（ボギー），ピクシー小妖精，泣き妖怪バンシー／バンシー，ポルターガイスト，水魔（ケルピー），人魚，水中人，水魔，ゴースト，マンドレイク（マンドラゴラ），おいでおいで妖精，ナギニ（ナーガ），雪男，火トカゲ，ドラゴン，バジリスク，キメア，マンティコア，グリフィン，コカトリス，ヒッポグリフ，不死鳥，天馬／セストラル（ペガサス），三頭犬（ケルベロス），ガーゴイル／怪獣，一角獣，ケンタウルス，巨大蜘蛛（アクロマンチュラ），大イカ（クラーケン），狼人間，吸血鬼／バンパイア，屋根裏お化け／グールお化け（グール），ゾンビ，ミイラ，人食い鬼（オーグル），河童
内容 ハリー・ポッター5作目までに登場するふしぎな生き物52種を「妖精・精霊」「幻獣」「妖怪」の3種に分けわかりやすく説明。名称，別名，ハリー・ポッターに登場する巻数などを記載，巻末に索引が付く。

# 書名索引

## 【あ】

愛知児童文化事典 ……………………… 36
「赤毛のアン」の生活事典 ……………… 28
赤ちゃん絵本ノート ……………………… 11
赤ちゃんがわかる絵事典 ……………… 229
あかちゃんの絵本箱 ……………………… 11
アゲハチョウ観察事典 ………………… 198
アサガオ観察事典 ……………………… 176
朝日学習年鑑 2000 ……………………… 53
朝日学習年鑑 2001 ……………………… 53
朝日学習年鑑 2002 ……………………… 53
朝日学習年鑑 2003 ……………………… 53
朝日学習年鑑 2004 ……………………… 54
朝日ジュニア学習年鑑 2009 …………… 54
朝日ジュニア学習年鑑 2010 …………… 54
朝日ジュニア百科年鑑 2005 …………… 54
朝日ジュニア百科年鑑 2006 …………… 54
朝日ジュニア百科年鑑 2007 …………… 54
朝日ジュニア百科年鑑 2008 …………… 54
アジア・太平洋戦争 ……………………… 71
アシナガバチ観察事典 ………………… 198
アステカ・マヤ・インカ文明事典 ……… 78
あそびのおうさまずかん いきもの・くらし にっぽんのどうぶつたち ………… 189
あそびのおうさまずかん くさばな …… 177
あそびのおうさまずかん ペット ……… 189
頭をよくする本 ………………………… 229
あたらしい自動車ずかん ……………… 250
アトラスキッズ宇宙地図 ……………… 160
アトラス世界地図絵本 …………………… 90
アトラス地球百科 1 …………………… 108
アトラス地球百科 2 …………………… 108
アトラス地球百科 3 …………………… 108
アトラス地球百科 4 …………………… 108
あなたのことが大好き!の絵本50冊 …… 11
あなたも柔道整復師になろう 2003年版 ……………………………………… 233
あなたも鍼灸マッサージ師になろう 2003年版 …………………………………… 233
網をはるクモ観察事典 ………………… 187
アメリカ文学 …………………………… 322
アメリカンキッズ英語辞典 …………… 300
アメリカンキッズ和英辞典 …………… 312
アメンボ観察事典 ……………………… 198
アラマタ人物伝 ………………………… 85
アリ観察事典 …………………………… 198
アルク2000語絵じてん ………………… 300

アルクの2000語えいご絵じてん ……… 300
アルファ・フェイバリット英和辞典 … 308
アルファ・フェイバリット英和辞典 2nd ed. ……………………………………… 308
安全な食品の選び方・食べ方事典 …… 238
アンソロジー内容総覧 児童文学 ……… 24

## 【い】

いきもの ………………………………… 189
いきもの探検大図鑑 …………………… 172
生きものの飼い方 改訂版 ……………… 189
生き物のくらし ………………………… 189
生き物の飼育 …………………………… 189
イギリス・アメリカ児童文学ガイド …… 24
イギリス文学 …………………………… 322
イクス宇宙図鑑 1 ……………………… 160
イクス宇宙図鑑 2 ……………………… 160
イクス宇宙図鑑 3 ……………………… 160
イクス宇宙図鑑 4 ……………………… 160
イクス宇宙図鑑 5 ……………………… 160
イクス宇宙図鑑 6 ……………………… 160
池や小川の生きもの …………………… 189
衣食住の歴史 …………………………… 144
1月のこども図鑑 ………………………… 50
1さいでであうことばえじてん ……… 276
一冊で親子で読み合う昔話100選を知る ………………………………………… 28
いぬ ……………………………………… 217
イヌ科の動物事典 ……………………… 217
イヌとネコ ……………………………… 217
いぬねこ ………………………………… 217
犬の写真図鑑 …………………………… 217
イヌやネコに教えてもらおう ………… 264
いのち …………………………………… 234
居場所が見つかる!フリースクールガイド 2007〜2008年版 ……………………… 129
衣服の歴史図鑑 ………………………… 146
今だから知っておきたい 戦争の本70 … 116
今森光彦ネイチャーフォト・ギャラリー ………………………………………… 200
癒し系の仕事 2011年版 ………………… 233
イラスト図解モノの呼び名事典 ……… 300
イラスト 世界まるごと絵地図 ………… 90
イラストで学ぶ日常英単語 トムソンピクチャーディクショナリー …………… 301
イラスト日本(にっぽん)まるごと事典 ジュニア版 改訂第2版 ………………… 99
医療の仕事なり方完全ガイド 改訂新版 ………………………………………… 233

| | |
|---|---|
| イルカ、クジラ大図鑑 | 217 |
| いろいろたまご図鑑 | 190 |
| 「色」の大研究 4 | 265 |
| インターナショナルスクールガイド | 126 |
| インターネット探検隊 | 41 |
| 院単 | 314 |

## 【う】

| | |
|---|---|
| ヴァイキング事典 | 78 |
| We can英単語 | 314 |
| うごきのことばえじてん | 272 |
| 宇宙 | 160, 161 |
| 宇宙 新訂版 | 160 |
| 宇宙 増補改訂版 | 161 |
| 宇宙検定100 3 | 158 |
| 宇宙図鑑 | 161 |
| うちゅう せいざ | 161 |
| 宇宙太陽系・銀河 | 161 |
| 宇宙と天文 改訂版 | 161 |
| 馬の百科 | 218 |
| 海づりは最高! | 271 |
| うみのいきもの 改訂新版 | 173 |
| 海の生き物の飼い方 | 190 |
| 海の生きもののくらし | 190 |
| 海べの生きもの | 190 |
| 海辺の石ころ図鑑 | 166 |
| 海辺の生物観察事典 | 187 |
| 海辺の生物観察図鑑 | 190 |
| ウルトラ怪獣完全大図鑑 | 264 |
| うれしいな一年生 | 1 |
| 運動 | 234 |

## 【え】

| | |
|---|---|
| 永久記憶の英単語 上 | 314 |
| 永久記憶の英単語 下 | 314 |
| えいご絵じてんABC | 301 |
| 英語基本単語熟語集 復刻版 | 314 |
| えいごのえじてん ABC | 301 |
| 英語の綜合的研究 復刻版 | 300 |
| 英語文学事典 | 28 |
| 英文法の要点整理 | 307 |
| 英米児童文学辞典 | 29 |
| 英和 欧州近代史学習基本用語辞典 | 77 |
| 英和化学学習基本用語辞典 | 157 |
| 英和学習基本用語辞典アメリカ史 | 78 |
| 英和学習基本用語辞典欧州近代史 | 78 |
| 英和学習基本用語辞典化学 | 157 |
| 英和学習基本用語辞典数学 | 155 |
| 英和学習基本用語辞典生物 | 171 |
| 英和学習基本用語辞典物理 | 157 |
| 英和じてん絵本 | 301 |
| 英和物理学習基本用語辞典 | 157 |
| エクスプレスEゲイト英和辞典 | 308 |
| エースクラウン英和辞典 | 308 |
| 絵で見てわかるリサイクル事典 | 242 |
| 絵でみる地球大地図 | 171 |
| 絵でわかる宇宙大地図 | 159 |
| 絵でわかる「漢字使い分け」 | 298 |
| 絵でわかる「慣用句」 | 292 |
| 絵でわかる「語源」 | 297 |
| 絵でわかる世界大地図 | 91 |
| 絵でわかる 楽しい英語辞典 1 | 301 |
| 絵でわかる 楽しい英語辞典 2 | 301 |
| 絵でわかる 楽しい英語辞典 3 | 301 |
| 絵でわかる 楽しい英語辞典 4 | 301 |
| 絵でわかる 楽しい英語辞典 5 | 301 |
| 絵でわかる 楽しい英語辞典 6 | 301 |
| 絵でわかる「四字熟語」 | 292 |
| 江戸のくらしがわかる絵事典 | 71 |
| NHKはろ〜!あにまる動物大図鑑 アフリカ編 | 218 |
| NHKはろ〜!あにまる動物大図鑑 日本編 | 218 |
| NHKはろ〜!あにまる動物大図鑑 オーストラリア・海洋編 | 218 |
| NHKはろ〜!あにまる動物大図鑑 アジア・ヨーロッパ編 | 218 |
| NHKはろ〜!あにまる動物大図鑑 南北アメリカ編 | 218 |
| NBA大事典 | 267 |
| 絵本カタログ | 11 |
| えほん 子どものための300冊 | 11 |
| えほん 子どものための140冊 | 11 |
| 絵本・子どもの本 総解説 | 11 |
| 絵本・子どもの本 総解説 第2版 | 12 |
| 絵本・子どもの本 総解説 第3版 | 12 |
| 絵本・子どもの本 総解説 第4版 | 12 |
| 絵本・子どもの本 総解説 第5版 | 12 |
| 絵本・子どもの本 総解説 第6版 | 12 |
| 絵本・子どもの本 総解説 第7版 | 12 |
| 絵本、大好き! | 12 |
| 絵本と絵本作家を知るための本 | 13 |

## 【お】

旺文社オーロラ英和辞典 ………………… 308
旺文社オーロラ英和・和英辞典 ………… 302
旺文社オーロラ和英辞典 ………………… 312
旺文社小学漢字新辞典 第4版 …………… 282
旺文社小学漢字新辞典 第4版 ワイド版
　…………………………………………… 282
旺文社小学漢字新辞典 改訂版 …………… 282
旺文社小学国語新辞典 第4版 …………… 277
旺文社小学国語新辞典 第4版 ワイド版
　…………………………………………… 277
旺文社小学国語新辞典 改訂版 …………… 277
旺文社 生物事典 4訂版 ………………… 171
旺文社世界史事典 3訂版 …………………… 67
旺文社 全訳学習古語辞典 ……………… 291
旺文社 全訳古語辞典 第3版 …………… 291
旺文社 全訳古語辞典 第3版 小型版 …… 291
旺文社日本史事典 3訂版 ………………… 71
旺文社標準漢和辞典 第5版 ……………… 282
旺文社標準国語辞典 第6版 ……………… 277
往来物解題辞典 …………………………… 22
大きさくらべ絵事典 ……………………… 149
大むかしの生物 …………………………… 221
大むかしの動物 新訂版 ………………… 222
大昔の動物 ………………………………… 222
大昔の動物 増補改訂 …………………… 222
オックスフォード世界児童文学百科 …… 29
オトシブミ観察事典 ……………………… 199
音と絵で覚える子ども英語絵じてん …… 302
大人だって、絵本! ………………………… 13
おぼえておきたいきまりことば「慣用句」
　事典 ……………………………………… 292
おもしろ合唱事典 ………………………… 265
おもしろ恐竜図鑑 ………………………… 224
おもしろ雑学事典 1 ……………………… 51
おもしろ雑学事典 2 ……………………… 51
おもしろ雑学事典 3 ……………………… 51
おもしろ雑学事典 4 ……………………… 51
おもしろ雑学事典 5 ……………………… 52
おもしろ雑学事典 6 ……………………… 52
おもしろ実験・ものづくり事典 ………… 149
おもしろたんけんずかん ………………… 48
親子であそべるたのしいおりがみ事典
　…………………………………………… 265
オリンピック大百科 ……………………… 269
オールカラー 英語ものしり図鑑 ……… 302
オールカラー学習漢字新辞典 …………… 282
オールカラー版 ポケモン全キャラ大事典
　…………………………………………… 264
オールカラー・6か国語大図典 ………… 271
音楽がたのしくなる世界の「楽器」絵事
　典 ………………………………………… 265
音楽・芸術・スポーツのことば ………… 263

## 【か】

海外・帰国生のためのスクールガイドBiblos
　2004年度版 ……………………………… 126
海外・帰国生のためのスクールガイドBiblos
　2005年度版 ……………………………… 126
海外・帰国生のためのスクールガイドBiblos
　2006年度版 ……………………………… 127
海外・帰国生のためのスクールガイドBiblos
　2007年度版 ……………………………… 127
海外・帰国生のためのスクールガイドBiblos
　2008年度版 ……………………………… 127
海外・帰国生のためのスクールガイドBiblos
　2009年度版 ……………………………… 127
海外・帰国生のためのスクールガイドBiblos
　2010年度版 ……………………………… 127
海外・帰国生のためのスクールガイドBiblos
　2011年度版 ……………………………… 127
海獣図鑑 …………………………………… 218
快速英単語 高校必修編 新装版 ………… 314
海賊事典 ……………………………………… 79
貝と水の生物 改訂版 …………………… 208
貝のふしぎ図鑑 …………………………… 208
解剖・観察・飼育大事典 ………………… 171
解剖断面図鑑 ……………………………… 240
海洋 ………………………………………… 166
外来語・カタカナ語おもしろイラスト事典
　第1巻 …………………………………… 299
外来語・カタカナ語おもしろイラスト事典
　第2巻 …………………………………… 299
外来語・カタカナ語おもしろイラスト事典
　第3巻 …………………………………… 299
カウボーイ事典 …………………………… 146
カエル観察事典 …………………………… 212
科学と技術を創造した人々 ……………… 151
科学と技術の歩み ………………………… 149
科学の実験 ………………………………… 152
化学物質の小事典 ………………………… 158
科学読物データバンク 98 ………………… 1
学研わくわく観察図鑑 メダカ ………… 208
学習カレンダー 365日今日はどんな日? 1
　月 ………………………………………… 59
学習カレンダー 365日今日はどんな日? 2

| | |
|---|---|
| 月 ‥‥‥‥‥‥‥‥‥‥‥‥‥‥‥‥ 59 | 学習百科大事典 ‥‥‥‥‥‥‥‥‥‥‥ 46 |
| 学習カレンダー 365日今日はどんな日? 3 | 学習漫画 世界の国旗事典 ‥‥‥‥‥ 105 |
| 月 ‥‥‥‥‥‥‥‥‥‥‥‥‥‥‥‥ 59 | 学習漫画 世界の歴史年表 ‥‥‥‥‥ 65 |
| 学習カレンダー 365日今日はどんな日? 4 | 学習漫画 日本の歴史年表 ‥‥‥‥‥ 69 |
| 月 ‥‥‥‥‥‥‥‥‥‥‥‥‥‥‥‥ 59 | 学生ことわざ辞典 ‥‥‥‥‥‥‥‥‥ 292 |
| 学習カレンダー 365日今日はどんな日? 5 | 学生のための世界人名事典 1992年版 ‥‥‥ 83 |
| 月 ‥‥‥‥‥‥‥‥‥‥‥‥‥‥‥‥ 59 | 学生のための世界人名事典 '91年版 ‥‥ 83 |
| 学習カレンダー 365日今日はどんな日? 6 | 学生のための世界人名事典 〔93年版〕 |
| 月 ‥‥‥‥‥‥‥‥‥‥‥‥‥‥‥‥ 59 | ‥‥‥‥‥‥‥‥‥‥‥‥‥‥‥‥ 83 |
| 学習カレンダー 365日今日はどんな日? 7 | 各地を訪ねて描いた戦国時代の道具図鑑 |
| 月 ‥‥‥‥‥‥‥‥‥‥‥‥‥‥‥‥ 59 | ‥‥‥‥‥‥‥‥‥‥‥‥‥‥‥‥ 74 |
| 学習カレンダー 365日今日はどんな日? 8 | 格闘技がわかる絵事典 ‥‥‥‥‥‥‥ 267 |
| 月 ‥‥‥‥‥‥‥‥‥‥‥‥‥‥‥‥ 60 | 楽譜がすぐ読める名曲から学べる音楽記号 |
| 学習カレンダー 365日今日はどんな日? 9 | 事典 ‥‥‥‥‥‥‥‥‥‥‥‥‥‥ 265 |
| 月 ‥‥‥‥‥‥‥‥‥‥‥‥‥‥‥‥ 60 | 楽譜が読める!音楽記号事典 ‥‥‥‥ 266 |
| 学習カレンダー 365日今日はどんな日? 10 | 学問の鉄人が贈る14歳と17歳のBOOKガ |
| 月 ‥‥‥‥‥‥‥‥‥‥‥‥‥‥‥‥ 60 | イド ‥‥‥‥‥‥‥‥‥‥‥‥‥‥ 43 |
| 学習カレンダー 365日今日はどんな日? 11 | カゲロウ観察事典 ‥‥‥‥‥‥‥‥‥ 199 |
| 月 ‥‥‥‥‥‥‥‥‥‥‥‥‥‥‥‥ 60 | 化石図鑑 ‥‥‥‥‥‥‥‥‥‥‥‥‥ 222 |
| 学習カレンダー 365日今日はどんな日? 12 | かぜなんかひかないよ ‥‥‥‥‥‥‥ 229 |
| 月 ‥‥‥‥‥‥‥‥‥‥‥‥‥‥‥‥ 60 | 数え方の辞典 ‥‥‥‥‥‥‥‥‥‥‥ 272 |
| 学習国語新辞典 全訂第2版 ‥‥‥‥‥ 277 | カタカナ語・外来語事典 ‥‥‥‥‥‥ 299 |
| 学習参考書総目録 2001年版 ‥‥‥‥ 22 | 形とくらしの雑草図鑑 ‥‥‥‥‥‥‥ 177 |
| 学習 新漢字辞典 第2版 ‥‥‥‥‥‥ 282 | 楽器図鑑 ‥‥‥‥‥‥‥‥‥‥‥‥‥ 266 |
| 学習 新国語辞典 新装第2版 ‥‥‥‥ 277 | 楽器の事典 ‥‥‥‥‥‥‥‥‥‥‥‥ 266 |
| 学習人名辞典 ‥‥‥‥‥‥‥‥‥‥‥ 83 | 学研 漢和辞典 改訂新版 ‥‥‥‥‥‥ 282 |
| 学習図鑑 昆虫 ‥‥‥‥‥‥‥‥‥‥‥ 200 | 学研生物図鑑 貝 1 改訂版 ‥‥‥‥‥ 208 |
| 学習図鑑 植物 ‥‥‥‥‥‥‥‥‥‥‥ 177 | 学研生物図鑑 貝 2 改訂版 ‥‥‥‥‥ 209 |
| 学習に役立つことわざ事典 ‥‥‥‥‥ 292 | 学研生物図鑑 海藻 改訂版 ‥‥‥‥‥ 177 |
| 学習に役立つものしり事典365日 1月 新 | 学研生物図鑑 魚類 改訂版 ‥‥‥‥‥ 209 |
| 版 ‥‥‥‥‥‥‥‥‥‥‥‥‥‥‥‥ 60 | 学研生物図鑑 昆虫 1 改訂版 ‥‥‥‥ 200 |
| 学習に役立つものしり事典365日 2月 新 | 学研生物図鑑 昆虫 2 改訂版 ‥‥‥‥ 200 |
| 版 ‥‥‥‥‥‥‥‥‥‥‥‥‥‥‥‥ 60 | 学研生物図鑑 昆虫 3 改訂版 ‥‥‥‥ 200 |
| 学習に役立つものしり事典365日 3月 新 | 学研生物図鑑 水生動物 改訂版 ‥‥‥ 209 |
| 版 ‥‥‥‥‥‥‥‥‥‥‥‥‥‥‥‥ 61 | 学研生物図鑑 鳥類 改訂版 ‥‥‥‥‥ 213 |
| 学習に役立つものしり事典365日 4月 新 | 学研生物図鑑 動物 改訂版 ‥‥‥‥‥ 190 |
| 版 ‥‥‥‥‥‥‥‥‥‥‥‥‥‥‥‥ 61 | 学研生物図鑑 野草 1 改訂版 ‥‥‥‥ 177 |
| 学習に役立つものしり事典365日 5月 新 | 学研生物図鑑 野草 2 改訂版 ‥‥‥‥ 177 |
| 版 ‥‥‥‥‥‥‥‥‥‥‥‥‥‥‥‥ 61 | 学研全訳古語辞典 ‥‥‥‥‥‥‥‥‥ 291 |
| 学習に役立つものしり事典365日 6月 新 | 学研全訳古語辞典 小型版 ‥‥‥‥‥ 291 |
| 版 ‥‥‥‥‥‥‥‥‥‥‥‥‥‥‥‥ 61 | 学研の図鑑 新訂版 ‥‥‥‥‥‥ 177, 200 |
| 学習に役立つものしり事典365日 7月 新 | 学研の大図鑑 危険・有毒生物 ‥‥‥ 173 |
| 版 ‥‥‥‥‥‥‥‥‥‥‥‥‥‥‥‥ 61 | 学研 レインボー小学国語辞典 改訂新版 |
| 学習に役立つものしり事典365日 8月 新 | ‥‥‥‥‥‥‥‥‥‥‥‥‥‥‥‥ 277 |
| 版 ‥‥‥‥‥‥‥‥‥‥‥‥‥‥‥‥ 61 | 学校が合わないときの居場所探し 2000〜 |
| 学習に役立つものしり事典365日 9月 新 | 2001年版 ‥‥‥‥‥‥‥‥‥‥‥‥ 129 |
| 版 ‥‥‥‥‥‥‥‥‥‥‥‥‥‥‥‥ 61 | 学校が合わないときの学校探し 2000〜 |
| 学習に役立つものしり事典365日 10月 新 | 2001年版 ‥‥‥‥‥‥‥‥‥‥‥‥ 129 |
| 版 ‥‥‥‥‥‥‥‥‥‥‥‥‥‥‥‥ 62 | 学校では教えない カタカナ語6000 ‥‥‥ 299 |
| 学習に役立つものしり事典365日 11月 新 | 学校図書館基本図書目録 1990年版 ‥‥ 18 |
| 版 ‥‥‥‥‥‥‥‥‥‥‥‥‥‥‥‥ 62 | 学校図書館基本図書目録 1991年版 ‥‥ 18 |
| 学習に役立つものしり事典365日 12月 新 | 学校図書館基本図書目録 1992年版 ‥‥ 18 |
| 版 ‥‥‥‥‥‥‥‥‥‥‥‥‥‥‥‥ 62 | |

| 書名 | ページ |
|---|---|
| 学校図書館基本図書目録 1993年版 | 18 |
| 学校図書館基本図書目録 1994年版 | 18 |
| 学校図書館基本図書目録 1995年版 | 18 |
| 学校図書館基本図書目録 1996年版 | 18 |
| 学校図書館基本図書目録 1997年版 | 18 |
| 学校図書館基本図書目録 1998年版 | 18 |
| 学校図書館基本図書目録 1999年版 | 19 |
| 学校図書館基本図書目録 2000年版 | 19 |
| 学校図書館基本図書目録 2001年版 | 19 |
| 学校図書館基本図書目録 2002年版 | 19 |
| 学校図書館基本図書目録 2003年版 | 19 |
| 学校図書館基本図書目録 2004年版 | 19 |
| 学校図書館基本図書目録 2005年版 | 19 |
| 学校図書館基本図書目録 2006年版 | 19 |
| 学校図書館基本図書目録 2007年版 | 20 |
| 学校図書館基本図書目録 2008年版 | 20 |
| 学校図書館基本図書目録 2009年版 | 20 |
| 学校図書館基本図書目録 2010年版 | 20 |
| 学校図書館50年史年表 | 20 |
| 学校の怪談大事典 | 148 |
| 学校のまわりでさがせる生きもの図鑑 水の生きもの | 190 |
| 学校のまわりでさがせる生きもの図鑑 昆虫 1 | 190 |
| 学校のまわりでさがせる生きもの図鑑 昆虫 2 | 191 |
| 学校のまわりでさがせる生きもの図鑑 動物・鳥 | 191 |
| 学校のまわりでさがせる植物図鑑 春 | 177 |
| 学校のまわりでさがせる植物図鑑 夏 | 178 |
| 学校のまわりでさがせる植物図鑑 秋冬 | 178 |
| 学校のまわりでさがせる植物図鑑 樹木 | 178 |
| 学校のまわりの生きものずかん 1 | 191 |
| 学校のまわりの生きものずかん 2 | 191 |
| 学校のまわりの生きものずかん 3 | 191 |
| 学校のまわりの生きものずかん 4 | 191 |
| 学校のまわりの植物ずかん 1 | 178 |
| 学校のまわりの植物ずかん 2 | 178 |
| 学校のまわりの植物ずかん 3 | 178 |
| 学校のまわりの植物ずかん 4 | 178 |
| 学校のまわりの植物ずかん 5 | 178 |
| がっこう百科 | 126 |
| 学校も生徒もふえていま大注目っ!全国通信制高校案内 2007〜2008年版 | 129 |
| かどかわ こども ことばえじてん 新版 | 273 |
| かどかわ こども ことばえじてん 新装版 | 273 |
| カニ観察事典 | 207 |
| カビ図鑑 | 179 |
| 歌舞伎の事典 | 267 |
| カブトムシ観察事典 | 205 |
| カブトムシ・クワガタムシ | 206 |
| カブトムシ・クワガタムシ 増補改訂版 | 206 |
| カブトムシ・クワガタムシスーパーカタログ | 207 |
| カブトムシとクワガタ | 207 |
| カブトムシの飼育徹底ガイドブック | 205 |
| かぶとむしのなかま | 207 |
| 株の絵事典 | 117 |
| かまきり | 200 |
| カマキリ観察事典 | 199 |
| 鎌倉・横浜がわかる事典 | 72 |
| 紙芝居登場人物索引 | 37 |
| 紙のなんでも小事典 | 256 |
| カラー図解 からだのしくみ・はたらきがわかる事典 | 229 |
| カラー図解哲学事典 | 56 |
| カラー図説理科の辞典 | 149 |
| からだ | 234 |
| からだとけんこう 改訂新版 | 234 |
| からだと脳のふしぎ事典 | 229 |
| からだのしくみと病気がわかる事典 | 230 |
| からだの不思議図鑑 | 234 |
| カリスマ慶應生が教えるやばい!mini英単語 | 314 |
| カリスマ慶應生が教えるやばい!mini英単語ハイパー | 314 |
| カリバチ観察事典 | 199 |
| 川づりは楽しい! | 271 |
| 川原の石ころ図鑑 | 166 |
| 感覚 | 235 |
| 感覚器のしくみ | 235 |
| 環境を守る仕事 完全なり方ガイド | 244 |
| 環境教育ガイドブック | 244 |
| 環境ことば事典 1 | 242 |
| 環境ことば事典 2 | 243 |
| 環境と生態 | 171 |
| 観劇にやくだつ舞台芸術「表」「裏」絵事典 | 267 |
| 看護・医療系の英単語が楽々暗記できる本 | 314 |
| かんこのミニミニ子どもの本案内 | 1 |
| かんさつしようこん虫のへんしん | 200 |
| 観察ブック カブトムシ・クワガタムシのとり方・飼い方 | 207 |
| 漢字絵じてん あいうえお | 282 |
| 漢字に強くなる小学漢字学習辞典 | 282 |
| 漢字の成り立ち辞典 新装版 | 282 |
| 漢字の森 改訂版 | 283 |
| 岩石・化石 | 167 |

岩石・鉱物図鑑 …………………… 167
岩石と鉱物 ………………………… 165
鑑定図鑑日本の樹木 ……………… 179
感動のドラマの記録 オリンピック絵事典
　………………………………………… 267
慣用句びっくりことば事典 ……… 292

## 【き】

機械と生き物Q&A くらべる図鑑 3 ……152
機械と生き物Q&A くらべる図鑑 4 ……152
帰国子女のための学校便覧 2008 ……… 127
帰国子女のための学校便覧 2010 ……… 127
帰国子女のための学校便覧 2011 ……… 127
気象 ………………………………… 167
気象がわかる絵事典 ……………… 165
きせつ ……………………………… 147
季節・暦・くらしのことば ……… 146
キッズクラウン英和・和英辞典 … 302
キッズクラウン和英辞典 ………… 312
きっずジャポニカ ………………… 46
ギネス世界記録 2004 ……………… 52
ギネス世界記録 2005 ……………… 52
ギネス世界記録 2006 ……………… 52
ギネス世界記録 2007 ……………… 52
ギネス世界記録 2008 ……………… 52
ギネス世界記録 2010 ……………… 52
ギネス世界記録 2011 ……………… 52
木の図鑑 …………………………… 179
木の実・草の実 …………………… 179
基本からわかる算数おもしろ絵事典 … 155
基本地図帳 2003-2004 ……………… 91
基本地図帳 2004-2005 ……………… 91
基本地図帳 2009-2010 ……………… 91
基本地図帳 2010-2011 ……………… 91
きみには関係ないことか ………… 116
君もなれるかな?宇宙飛行士大図鑑 … 161
"疑問"に即座に答える算数数学学習小事
　(辞)典 …………………………… 155
Q&A(エー)日本の武道事典 3 …… 268
地球環境データブック 2007-08 … 244
教育特区学校ガイド 2008年度版 … 128
驚異の人体 ………………………… 230
教科書掲載作品 小・中学校編 …… 22
教科書掲載作品13000 ……………… 22
教科書人物事典 …………………… 85
教科書対応版 世界の地図 ………… 91
教科書対応版 日本の地図 ………… 104
教科書にでてくる詩や文の読みかた・つく

りかた 10 …………………………… 318
教科書に出てくる歴史ビジュアル実物大図
　鑑 ………………………………… 74
教科書にピッタンゴ 中学和英+英和「ら
　く引き」辞典 …………………… 302
教科に役だつ実験・観察・ものづくり 1
　………………………………………… 254
郷土をつくった偉人事典 ………… 85
京都議定書がわかる絵事典 ……… 243
京都修学旅行ハンドブック ……… 102
郷土料理 …………………………… 256
郷土料理大図鑑 …………………… 257
きょうりゅう ……………………… 224
きょうりゅう 新版 ………………… 224
恐竜 …………………………… 224, 225
恐竜 増補改訂 ……………………… 225
恐竜・大昔の生き物 増補改訂版 … 222
恐竜解剖図鑑 ……………………… 225
恐竜キャラクター大百科 ………… 223
恐竜時代の図鑑 1 ………………… 225
恐竜時代の図鑑 2 ………………… 225
恐竜時代の図鑑 3 ………………… 225
恐竜事典 …………………………… 225
恐竜図解新事典 …………………… 223
恐竜図鑑 …………………………… 226
恐竜3D図鑑 ………………………… 226
恐竜大図鑑 ………………………… 226
恐竜超百科 古代王者恐竜キング 恐竜大図
　鑑 ………………………………… 226
きょうりゅうと おおむかしのいきもの
　………………………………………… 222
きょうりゅうとおおむかしのいきもの … 226
恐竜と古代生物 …………………… 226
恐竜の図鑑 ………………………… 226
恐竜の探検館 ……………………… 227
恐竜ファイル ……………………… 224
恐竜野外博物館 …………………… 227
きょうはこんな日365 1 …………… 62
きょうはこんな日365 2 …………… 62
きょうはこんな日365 3 …………… 62
きょうはこんな日365 4 …………… 62
切り身の図鑑 2 …………………… 258
記録・報告のまとめ方 第2版 …… 40
金田一先生と学ぶ小学生のためのまんがこ
　とわざ大辞典 …………………… 293
筋肉のはたらき …………………… 235

## 【く】

| | |
|---|---|
| 9月のこども図鑑 | 51 |
| くさばな 新版 | 179 |
| 草花遊び図鑑 | 179 |
| くさばな・き | 179 |
| クジラ・イルカ | 219 |
| くだもの | 179 |
| 句読点、記号・符号活用辞典。 | 273 |
| 国別大図解世界の地理 1 | 87 |
| 国別大図解世界の地理 2 | 87 |
| 国別大図解世界の地理 3 | 87 |
| 国別大図解世界の地理 4 | 87 |
| 国別大図解世界の地理 5 | 88 |
| 国別大図解世界の地理 6 | 88 |
| 国別大図解世界の地理 7 | 88 |
| 国別大図解世界の地理 8 | 88 |
| くもんの学習 漢字字典 第3版 | 283 |
| くもんの学習 漢字字典 改訂新版 | 283 |
| くもんの学習国語辞典 改訂第3版 | 277 |
| くもんのかず絵じてん | 156 |
| くもんのグリーン英和辞典 | 308 |
| くもんのグリーン英和辞典 改訂版 | 308 |
| くもんのことば絵じてん 改訂新版 | 273 |
| くもんのはじめての英会話じてん | 302 |
| くもんのはじめてのずかん どうぶつ・とり | 191 |
| くもんのはじめてのずかん さかな・みずのいきもの・こんちゅう | 191 |
| くもんのはじめてのずかん はな・くだもの・やさい・かいそう | 179 |
| クラウン受験英語辞典 | 302 |
| 暮らしにひそめる化学毒物事典 | 230 |
| グラフで調べる日本の産業 1 | 259 |
| グラフで調べる日本の産業 2 | 259 |
| グラフで調べる日本の産業 3 | 259 |
| グラフで調べる日本の産業 4 | 259 |
| グラフで調べる日本の産業 5 | 259 |
| グラフで調べる日本の産業 6 | 259 |
| グラフで調べる日本の産業 7 | 260 |
| グラフで調べる日本の産業 8 | 260 |
| くらべてわかる食品図鑑 4 | 209 |
| グリム童話を読む事典 | 29 |
| グリム童話・伝説・神話・文法小辞典 | 29 |
| グリーンライトハウス英和辞典 | 308 |
| グループでおぼえることわざ | 293 |
| グループでおぼえる四字熟語 | 293 |
| クレヨンしんちゃんのまんがことばとわざ辞典 | 293 |
| クレヨンしんちゃんのまんが四字熟語辞典 | 293 |
| クローズアップ大図鑑 | 191 |
| グローバルデータブック 1993 | 88 |
| グローバルデータブック 1994 | 88 |
| グローバルデータブック 1995 | 118 |
| クワガタ＆カブト 甲虫ランキング大百科 | 206 |
| くわがたむしとかぶとむし 新版 | 207 |
| くわしい小学国語辞典 3訂新版 | 277 |

## 【け】

| | |
|---|---|
| ゲゲゲの鬼太郎妖怪パーフェクトBOOK | 148 |
| 血液のはたらき | 235 |
| 血液のふしぎ絵事典 | 230 |
| 結晶・宝石図鑑 | 167 |
| 決定版 からだのしくみカラー事典 | 230 |
| 決定版 夢をそだてるみんなの仕事101 | 120 |
| 犬種大図鑑 | 219 |
| 原色シグマ新国語便覧 増補3訂版 | 319 |
| 原色シグマ新国語便覧 増補改訂新版 | 319 |
| 原色木材大事典170種 | 180 |
| 原色ワイド図鑑 | 152 |
| 原寸大 恐竜館 | 227 |
| 原寸大 昆虫館 | 201 |
| 原寸大すいぞく館 | 209 |
| 原寸大!スーパー昆虫大事典 | 201 |
| 原寸大 どうぶつ館 | 191 |
| 元素がわかる事典 | 158 |
| 現代子ども俳句歳時記 | 319 |
| 現代社会用語集 改訂版 | 109 |
| 現代社会ライブラリーへようこそ! 2009年版 | 113 |
| 現代社会ライブラリーへようこそ! 2010年版 | 113 |
| 現代社会ライブラリーへようこそ! 2011 | 113 |
| 現代社会ライブラリーへようこそ! 2012年版 | 113 |
| 現代地図帳 2004-2005 | 91 |
| 現代「手に職」ガイド | 120 |
| 現代日本児童文学作家事典〔保存版〕 | 37 |
| 現代日本児童文学詩人名鑑 | 37 |
| 現代用語の基礎知識 学習版 | 109 |
| 現代用語の基礎知識 学習版 2000 | 109 |
| 現代用語の基礎知識 学習版 2001 | 109 |

| | |
|---|---|
| 現代用語の基礎知識 学習版 2002 …… | 109 |
| 現代用語の基礎知識 学習版 '03 ……… | 109 |
| 現代用語の基礎知識 学習版 2004 …… | 109 |
| 現代用語の基礎知識 学習版 2005 …… | 110 |
| 現代用語の基礎知識 学習版 2006 …… | 110 |
| 現代用語の基礎知識 学習版 2007 …… | 110 |
| 現代用語の基礎知識 学習版 2008 …… | 110 |
| 現代用語の基礎知識 学習版 2009 …… | 110 |
| 現代用語の基礎知識 学習版 2010→2011 …… | 110 |

## 【こ】

| | |
|---|---|
| コインと紙幣の事典 ……………… | 117 |
| 合格!ダジャレ英単語記憶術 ………… | 314 |
| 合格デッサンの基礎 2011年度用 …… | 264 |
| 高校数学体系 定理・公式の例解事典 …… | 156 |
| 高校生のグローバルデータブック 1992 …… | 113 |
| 高校生のための参考書選びの本 平成13～14年版 16訂版 …………… | 39 |
| 高校生のための参考書選びの本 平成14～15年版 増補17訂版 ………… | 39 |
| 高校生のための評論文キーワード100 …… | 46 |
| 高校転入・編入ガイド 2008～2009年 …… | 130 |
| 高校転入・編入ガイド 2009～2010年 …… | 130 |
| 高校転入・編入ガイド 2010～2011年 …… | 130 |
| 高校入試 短文で覚える英単語1700 新装版 …………………… | 315 |
| 高校入試 フレーズで覚える英単語1400 …………………… | 315 |
| 考古学入門 ……………………… | 63 |
| 工作のコツ絵事典 ………………… | 242 |
| こうすれば子どもが育つ学校が変わる …… | 20 |
| 講談社ハウディ英和辞典 第2版 …… | 308 |
| 講談社ハウディ英和辞典 第3版 …… | 309 |
| 講談社ハウディ英和・和英辞典 第2版 …… | 302 |
| 講談社ハウディ英和・和英辞典 第3版 …… | 303 |
| 講談社ハウディ和英辞典 第2版 …… | 312 |
| 講談社ハウディ和英辞典 第3版 …… | 312 |
| 校庭の花 ………………………… | 180 |
| 高等学校卒業程度認定試験ガイド 高認があるじゃん! 2007～2008年版 …… | 130 |
| 高等地図帳 2003-2004 …………… | 91 |
| 高等地図帳 2004-2005 …………… | 91 |
| 高等地図帳 2010-2011 …………… | 91 |
| 高認があるじゃん! 2005～2006年版 …… | 130 |
| 高認があるじゃん! 2009～2010年版 …… | 130 |
| 鉱物・岩石 増補改訂版 …………… | 167 |
| 鉱物・岩石・化石 ………………… | 168 |
| 鉱物図鑑 ………………………… | 168 |
| 5月のこども図鑑 ………………… | 50 |
| 五感のふしぎ絵事典 ……………… | 230 |
| 呼吸 ……………………………… | 235 |
| 呼吸器のしくみ …………………… | 235 |
| 国語教育文献総合目録 …………… | 22 |
| こくごの図鑑 ……………………… | 276 |
| 国語便覧 〔カラー版〕 …………… | 319 |
| 国際環境を読む50のキーワード …… | 243 |
| 国際組織 ………………………… | 114 |
| 国際理解に役立つシーン別英語絵事典 …… | 303 |
| 国際理解に役立つ民族衣装絵事典 …… | 144 |
| 国鉄・JR特急のすべて …………… | 253 |
| 極楽英単語 ……………………… | 315 |
| 国立国会図書館所蔵児童図書目録 1987～1991 …………………… | 1 |
| 国立国会図書館所蔵児童図書目録 1992～1996 …………………… | 1 |
| 心をそだてる子ども歳時記12か月 …… | 147 |
| 心を育てるマンガ ………………… | 16 |
| 古城事典 ………………………… | 79 |
| 個性派学校ガイド 2004年度版 …… | 128 |
| 個性派学校ガイド 2005年度版 …… | 128 |
| 個性派学校ガイド 2009年度版 …… | 128 |
| 個性派学校ガイド 2010年度版 …… | 128 |
| 個性や能力にあわせた楽しく学べる学校選び 2009年版 ………………… | 128 |
| 古代エジプト入門 ………………… | 79 |
| 古代ギリシア入門 ………………… | 79 |
| 古代ローマ入門 …………………… | 79 |
| 国旗と地図 …………………… 105, 106 |
| 国旗のずかん …………………… | 107 |
| 国旗のずかん 改訂2版 …………… | 107 |
| 国旗のほん ……………………… | 106 |
| ことば絵事典 2 …………………… | 273 |
| ことば学習まんが 知っておきたいことわざ …………………… | 293 |
| ことば学習まんが 知っておきたい四字熟語 …………………… | 293 |
| ことばの学習 まんがで覚えることわざ 新装版 …………………… | 293 |
| ことばの学習 まんがで覚える四字熟語 新装版 …………………… | 294 |
| ことばの図鑑 あいうえじてん …… | 273 |
| ことばの使い方辞典 3年生 ……… | 273 |
| ことばの使い方辞典 4年生 ……… | 273 |
| ことばの使い方辞典 5年生 ……… | 273 |
| ことばの使い方辞典 6年生 ……… | 273 |
| ことばの使い方辞典 総さくいん …… | 273 |
| ことばの森 改訂版 ……………… | 273 |

書名索引　　　　　　　　　こども

| こども英語辞典 | 303 |
| --- | --- |
| こども英辞郎 | 303 |
| こども絵本ガイド | 13 |
| 子どもがよろこぶ!読み聞かせ絵本101冊ガイド | 13 |
| こどもかんじじてん | 283 |
| こども鉱物図鑑 | 168 |
| こども語源じてん | 297 |
| 子どもことわざ辞典 | 294 |
| こども10大ニュース 1985 | 64 |
| こども10大ニュース 1986 | 64 |
| こども10大ニュース 1987 | 64 |
| こども10大ニュース 1988 | 64 |
| こども10大ニュース 1989 | 64 |
| こども10大ニュース 1990 | 64 |
| こども10大ニュース 1991 | 64 |
| こども10大ニュース 1992 | 64 |
| こども10大ニュース 1993 | 64 |
| こども10大ニュース 1994 | 65 |
| こども10大ニュース 1995 | 65 |
| こども10大ニュース 1995-2 | 65 |
| こども10大ニュース 1996 | 65 |
| こども10大ニュース 1997 | 65 |
| こども手話じてんセット | 124 |
| こども世界国旗図鑑 | 107 |
| こども大図鑑 | 48 |
| こども大図鑑動物 | 192 |
| こども地球白書 1999 - 2000 | 246 |
| こども地球白書 2000 - 2001 | 246 |
| こども地球白書 2001 - 2002 | 247 |
| こども地球白書 2002 - 2003 | 247 |
| こども地球白書 2003 - 2004 | 247 |
| こども地球白書 2004 - 2005 | 247 |
| こども地球白書 2005 - 2006 | 247 |
| こども地球白書 2006 - 2007 | 247 |
| 子ども地球白書 1992 - 1993 | 248 |
| 子どもでもかんたん!「名言・格言」がわかる本 | 294 |
| 子どもといっしょに読む新型インフルエンザハンドブック | 233 |
| 子どもとおとなのことば語源辞典 | 297 |
| 子どもと親のための心の相談室 2003年度版 | 125 |
| 子どもと楽しむ はじめての文学 | 24 |
| 子どもと本をつなぐあなたへ | 1 |
| 子どもにおくるいっさつの本 | 1 |
| 子どもにすすめたいノンフィクション 1987～1996 | 21 |
| こどもにほんごじてん〔カラー版〕 | 274 |
| 子どもにもかんたん!『四字熟語』がわかる本 | 294 |

| 子供に読ませたい世界名作・童話100冊の本 | 2 |
| --- | --- |
| 子供に読ませたい100冊の本 | 2 |
| 子どもの救急大事典 | 230 |
| 子どもの権利ガイドブック | 116 |
| 「こどもの権利条約」絵事典 | 116 |
| こどものずかんMio 1 | 201 |
| こどものずかんMio 2 | 219 |
| こどものずかんMio 3 | 192 |
| こどものずかんMio 4 | 192 |
| こどものずかんMio 5 | 214 |
| こどものずかんMio 6 | 227 |
| こどものずかんMio 7 | 180 |
| こどものずかんMio 8 | 192 |
| こどものずかんMio 9 | 235 |
| こどものずかんMio 10 | 258 |
| こどものずかんMio 11 | 261 |
| こどものずかんMio 12 | 192 |
| こどもの世界地図 | 91 |
| 子どものための頭がよくなる読み薬 その2 | 40 |
| 子どものための環境用語事典 | 243 |
| 子どものための手話事典 | 125 |
| 子どものための点字事典 | 125 |
| 子どものためのパソコン・IT用語事典 | 40 |
| 子どもの本 2000年 | 2 |
| 子どもの本 2001年 | 2 |
| 子どもの本 2002年 | 2 |
| 子どもの本 2003年 | 2 |
| 子どもの本 2004年 | 2 |
| 子どもの本 2005年 | 2 |
| 子どもの本 2006年 | 2 |
| 子どもの本 2007年 | 2 |
| 子どもの本 2008年 | 3 |
| 子どもの本 2009年 | 3 |
| 子どもの本科学を楽しむ3000冊 | 3 |
| 子どもの本 現代日本の創作5000 | 34 |
| 子どもの本社会がわかる2000冊 | 3 |
| こどもの本 2 | 3 |
| 子どもの本 3 | 3 |
| 子どもの本 4 | 3 |
| 子どもの本 5 | 3 |
| 子どもの本 6 | 3 |
| 子どもの本 世界の児童文学7000 | 24 |
| 子どもの本伝記を調べる2000冊 | 4 |
| 子どもの本 日本の名作童話6000 | 34 |
| 子どもの本のカレンダー | 4 |
| 子どもの本ハンドブック | 4 |
| 子どもの本歴史にふれる2000冊 | 4 |
| 子どもの豊かさを求めて 3 | 17 |
| こども もののなまえ絵じてん | 46 |

児童書 レファレンスブック　333

| | |
|---|---|
| こども和英じてん | 312 |
| ことわざ | 292 |
| ことわざ絵事典 | 294 |
| ことわざ辞典 | 294 |
| この絵本が好き! 2004年版 | 13 |
| この絵本が好き! 2006年版 | 13 |
| この絵本が好き! 2008年版 | 13 |
| この辞書・事典が面白い! | 22 |
| こまったときの神さま大図鑑 | 144 |
| Comic catalog 2009 | 16 |
| Comic catalog 2010 | 16 |
| Comic catalog 2011 | 16 |
| ごみとリサイクル | 243 |
| 米 | 260 |
| ゴリラ図鑑 | 219 |
| これだ!!留学必携ハンドブック | 307 |
| これなぁに?ずかん おうちへん | 307 |
| これなぁに?ずかん おそとへん | 308 |
| こんちゅう | 201 |
| 昆虫 | 201 |
| 昆虫 改訂版 | 201 |
| 昆虫 増補改訂版 | 201 |
| 昆虫 3 | 202 |
| 昆虫キャラクター大百科 | 206 |
| こんちゅうげんすんかくだい図鑑 | 202 |
| 昆虫図鑑 | 202 |
| 昆虫図鑑 いろんな場所の虫さがし | 202 |
| 昆虫 | 202 |
| 昆虫ナビずかん | 202 |
| 昆虫の生態図鑑 | 202 |
| 昆虫の生態図鑑 改訂新版 | 203 |
| 昆虫・両生類・爬虫類 | 192 |
| こんなとき子どもにこの本を 第3版 | 13 |
| こんなときどうする?犯罪から身を守る絵事典 | 116 |
| 「こんなときどうする?」病気・けががよくわかる事典 | 230 |
| コンパクト地図帳 2009-2010 | 92 |
| コンパクト地図帳 2010-2011 | 92 |
| コンピュータの仕事&資格オールガイド 2007年度版 | 41 |

## 【さ】

| | |
|---|---|
| サイエンスビュー化学総合資料 増補4訂版 | 158 |
| サイエンスビュー生物総合資料 増補4訂版 | 171 |
| サイエンスワールド | 150 |
| 災害・状況別 防災絵事典 | 125 |
| 最新基本地図 世界・日本 35訂版 | 92 |
| 最新教育システムガイド 2003 | 130 |
| 最新恐竜大事典 | 227 |
| 最新スポーツルール百科 2010 | 268 |
| 最新 世界各国要覧 12訂版 | 113 |
| 最新版 中学校社会科地図 | 92 |
| 最新モノの事典 | 256 |
| 最先端技術の図詳図鑑 | 240 |
| 栽培大図鑑 | 261 |
| 細胞のはたらき | 236 |
| さかな | 209 |
| 魚 | 209, 210 |
| 魚 改訂版 | 210 |
| 魚 新訂版 | 209 |
| 魚 増補改訂版 | 210 |
| 魚(さかな) | 210 |
| 魚・貝の生態図鑑 | 210 |
| さかな食材絵事典 | 258 |
| さかなとみずのいきもの | 211 |
| さかなと水のいきもの | 211 |
| 魚・水の生物のふしぎ | 208 |
| 作品名から引ける 世界児童文学全集案内 | 24 |
| 作品名から引ける 日本児童文学全集案内 | 34 |
| サケ観察事典 | 208 |
| Theチャレンジャー 2003~2004 | 131 |
| Theチャレンジャー 2004~2005 | 131 |
| Theチャレンジャー 2005~2006 | 131 |
| Theチャレンジャー 2006~2007 | 131 |
| Theチャレンジャー 2007~2008 | 131 |
| 作家名から引ける世界児童文学全集案内 | 24 |
| 作家名から引ける日本児童文学全集案内 | 34 |
| 茶道・華道・書道の絵事典 | 263 |
| 里山いきもの図鑑 | 173 |
| 里山図鑑 | 173 |
| サメも飼いたいイカも飼いたい | 211 |
| ザリガニ | 192 |
| 3月のこども図鑑 | 50 |
| 参考図書研究ガイド 3訂版 | 22 |
| 三国志早わかりハンドブック | 321 |
| 3さいでであうことばえじてん | 276 |
| 山菜と木の実の図鑑 | 180 |
| 算数・数学用語辞典 | 156 |
| 三省堂学習漢字図解辞典 改訂版 | 283 |
| 三省堂現代学習国語辞典 特製版 | 277 |
| 三省堂ことばつかいかた絵じてん | 274 |
| 三省堂ことばつかいかた絵じてん 小型版 | 274 |

| | |
|---|---|
| 三省堂 こどもかずの絵じてん ………… | 156 |
| 三省堂こどもかんじじてん …………… | 283 |
| 三省堂こどもこくごじてん …………… | 277 |
| 三省堂こどもことば絵じてん ………… | 274 |
| 三省堂こどもことば絵じてん 小型版 … | 274 |
| 三省堂こどもことわざじてん ………… | 294 |
| 三省堂こどもひらがなの絵じてん …… | 274 |
| 三省堂 生物小事典 第4版 ……………… | 172 |
| 三省堂全訳基本古語辞典 第2版 ……… | 291 |
| 三省堂全訳基本古語辞典 第3版増補新装版 | 291 |
| 三省堂ファースト英和・和英辞典 …… | 303 |
| 三省堂例解小学漢字辞典 ……………… | 283 |
| 三省堂例解小学漢字辞典 第2版 ……… | 283 |
| 三省堂例解小学漢字辞典 第2版 特製版 | 283 |
| 三省堂例解小学漢字辞典 第2版 ワイド版 | 284 |
| 三省堂例解小学漢字辞典 第3版 ……… | 284 |
| 三省堂例解小学漢字辞典 第3版 特製版 | 284 |
| 三省堂例解小学漢字辞典 第3版 ワイド版 | 284 |
| 三省堂例解小学漢字辞典 第3版 新装版 特製版 | 284 |
| 三省堂例解小学漢字辞典 第3版 新装版 | 284 |
| 三省堂例解小学漢字辞典 第3版 新装版 ワイド版 | 284 |
| 三省堂例解小学漢字辞典 ワイド版 …… | 283 |
| 三省堂例解小学国語辞典 ……………… | 278 |
| 三省堂例解小学国語辞典 第2版 ……… | 278 |
| 三省堂例解小学国語辞典 第2版 特製版 | 278 |
| 三省堂例解小学国語辞典 第2版 ワイド版 | 278 |
| 三省堂例解小学国語辞典 第3版 ……… | 278 |
| 三省堂例解小学国語辞典 第3版 特製版 | 278 |
| 三省堂例解小学国語辞典 第3版 ワイド版 | 278 |
| 三省堂例解小学国語辞典 第4版 ……… | 278 |
| 三省堂例解小学国語辞典 第4版 ワイド版 | 278 |
| 三省堂例解小学国語辞典 第4版 特製版 | 279 |
| 三省堂例解小学国語辞典 ワイド版 …… | 278 |
| 三省堂例解小学ことわざ辞典 ………… | 294 |
| 三省堂例解小学ことわざ辞典 ワイド版 | 294 |
| 三省堂例解小学ことわざ辞典 特製版 … | 295 |
| 365日事典 …………………………………… | 62 |
| サンライズクエスト和英辞典 ………… | 312 |

## 【し】

| | |
|---|---|
| 幸せってどんなこと?福祉・介護のキーワード事典 ……………………… | 124 |
| 幸せの絵本 ……………………………… | 14 |
| 幸せの絵本 2 …………………………… | 14 |
| 飼育・栽培 増補改訂版 ……………… | 173 |
| 飼育栽培図鑑 …………………………… | 173 |
| 飼育大図鑑 ……………………………… | 192 |
| 飼育と観察 ………………………… 173, 193 |
| 飼育と観察 新訂版 …………………… | 173 |
| 飼育と観察 増補改訂 ………………… | 193 |
| JR全線・全駅舎 西日本編 …………… | 253 |
| JR全線・全駅舎 東日本編 …………… | 253 |
| Jリーグ観戦大事典 …………………… | 268 |
| C.S.ルイス文学案内事典 ……………… | 29 |
| $CO_2$がわかる事典 …………………… | 158 |
| 資格でハローワーク …………………… | 120 |
| 4月のこども図鑑 ……………………… | 50 |
| 四季のことば絵事典 …………………… | 319 |
| 四季の星座図鑑 ………………………… | 161 |
| 四季の星座百科 ………………………… | 161 |
| しくみと病気がわかるからだの事典 … | 231 |
| 試験に役立つ まんがことわざ・慣用句事典 | 295 |
| 試験に役立つ まんが四字熟語事典 …… | 295 |
| 試験によく出る難読難解英単語 改訂版 | 315 |
| 仕事の内容がよくわかる職業別ユニフォーム・制服絵事典 | 120 |
| 時事英単語1800 ………………………… | 315 |
| 辞書の図書館 …………………………… | 22 |
| 辞書びきえほん漢字 …………………… | 284 |
| 辞書びきえほん国旗 …………………… | 107 |
| 辞書びきえほんことわざ ……………… | 295 |
| 辞書びきえほん世界地図 ……………… | 87 |
| 辞書びきえほん日本地図 ……………… | 104 |
| 辞書びきえほんもののはじまり ……… | 46 |
| 地震災害を究明せよ …………………… | 171 |
| 自然界は謎だらけ!「右と左」の不思議がわかる絵事典 | 150 |
| 自然断面図鑑 …………………………… | 193 |
| 自然とあそぶ図鑑 1 …………………… | 152 |
| 自然とあそぶ図鑑 2 …………………… | 153 |
| 自然とあそぶ図鑑 3 …………………… | 153 |
| 自然とあそぶ図鑑 4 …………………… | 153 |
| 自然とかがくの絵本 …………………… | 14 |
| 7月のこども図鑑 ……………………… | 50 |

しつけ　　　　　　　書名索引

|  |  |
|---|---|
| 実験・自由研究 | 153 |
| 実物大 恐竜図鑑 | 227 |
| 実物大人体図鑑 2 | 236 |
| 辞典・資料がよくわかる事典 | 39 |
| 自動車 | 250 |
| 自動車・飛行機 | 250 |
| 自動車・飛行機 改訂版 | 250 |
| 児童図書総合目録 小学校用 1990 | 4 |
| 児童図書総合目録 小学校用 1991 | 4 |
| 児童図書総合目録 小学校用 1992 | 4 |
| 児童図書総合目録 小学校用 1993 | 4 |
| 児童図書総合目録 小学校用 1994 | 5 |
| 児童図書総合目録 中学校用 1990 | 5 |
| 児童図書総合目録 中学校用 1991 | 5 |
| 児童図書総合目録 中学校用 1992 | 5 |
| 児童図書総合目録 中学校用 1993 | 5 |
| 児童図書総合目録 中学校用 1994 | 5 |
| 児童図書総目録 小学校用 1995年度 | 5 |
| 児童図書総目録 小学校用 1996年度 | 5 |
| 児童図書総目録 小学校用 1997 | 5 |
| 児童図書総目録 小学校用 1998 | 5 |
| 児童図書総目録 小学校用 1999 | 5 |
| 児童図書総目録 小学校用 2000 | 5 |
| 児童図書総目録 小学校用 2001 | 6 |
| 児童図書総目録 小学校用 2002 | 6 |
| 児童図書総目録 小学校用 2003 | 6 |
| 児童図書総目録 小学校用 2004 | 6 |
| 児童図書総目録 小学校用 2005 | 6 |
| 児童図書総目録 小学校用 2006年度 | 6 |
| 児童図書総目録 小学校用 2007年度 | 6 |
| 児童図書総目録 小学校用 2008年度 | 6 |
| 児童図書総目録 小学校用 2009 | 6 |
| 児童図書総目録 小学校用 2010 | 6 |
| 児童図書総目録 中学校用 1995年度 | 6 |
| 児童図書総目録 中学校用 1996年度 | 6 |
| 児童図書総目録 中学校用 1997 | 7 |
| 児童図書総目録 中学校用 1998 | 7 |
| 児童図書総目録 中学校用 1999 | 7 |
| 児童図書総目録 中学校用 2000 | 7 |
| 児童図書総目録 中学校用 2001 | 7 |
| 児童図書総目録 中学校用 2002 | 7 |
| 児童図書総目録 中学校用 2003 | 7 |
| 児童図書総目録 中学校用 2004 | 7 |
| 児童図書総目録 中学校用 2005 | 7 |
| 児童図書総目録 中学校用 2006年度 | 7 |
| 児童図書総目録 中学校用 2007年度 | 7 |
| 児童図書総目録 中学校用 2008年度 | 8 |
| 児童図書総目録 中学校用 2009 | 8 |
| 児童図書総目録 中学校用 2010 | 8 |
| 児童の賞典 | 10 |
| 児童文学個人全集・作品名綜覧 | 34 |
| 児童文学個人全集・内容綜覧 | 34 |
| 児童文学個人全集・内容綜覧作品名綜覧 第2期 | 34 |
| 児童文学者人名事典 日本人編 上巻 | 37 |
| 児童文学者人名事典 日本人編 下巻 | 37 |
| 児童文学者人名事典 外国人作家編 | 31 |
| 児童文学者人名事典 外国人イラストレーター編 | 31 |
| 児童文学書全情報 51／90 | 24 |
| 児童文学書全情報 91／95 | 25 |
| 児童文学書全情報 1996-2000 | 25 |
| 児童文学書全情報 2001-2005 | 25 |
| 児童文学全集・作家名綜覧 | 34 |
| 児童文学全集・作家名綜覧第2期 | 34 |
| 児童文学全集・内容綜覧 作品名綜覧 | 34 |
| 児童文学全集・内容綜覧作品名総覧第2期 | 35 |
| 児童文学テーマ全集内容総覧 世界編 | 25 |
| 児童文学テーマ全集内容総覧 日本編 | 35 |
| 児童文学の魅力 | 35 |
| 児童文学翻訳作品総覧 | 25, 26 |
| 児童文学翻訳作品総覧 フランス・ドイツ編 | 26 |
| 児童文化人名事典 | 37 |
| ジーニアス英単語2200 改訂新版 | 315 |
| ジーニアス英単語2200 新版 | 315 |
| 詩のわかる本 中学1年 | 318 |
| 自分で決める進路 2005年版 | 131 |
| 自慢したい咲かせたい庭の植物 | 261 |
| 下村式 漢字泉 改訂版 | 284 |
| 下村式 小学漢字学習辞典 改訂3版 | 284 |
| 下村式 小学漢字学習辞典 新装改訂版 | 284 |
| 下村式 小学国語学習辞典 | 279 |
| 社会科地図帳 | 92 |
| 社会科読み物資料活用小事典 | 23 |
| 写真が語る第一次世界大戦 | 68 |
| 写真が語る第二次世界大戦 | 68 |
| 写真が語るベトナム戦争 | 77 |
| 写真でたどる中国の文化と歴史 | 77 |
| 写真でたどるロシアの文化と歴史 | 79 |
| 写真でみるアメリカ・インディアンの世界 | 80 |
| 写真でみる異常気象 | 168 |
| 写真でみる聖書の世界 | 58 |
| 写真でみる世界の舞踊 | 266 |
| 写真でみる探検の歴史 | 89 |
| 写真でみる農耕と畜産の歴史 | 261 |
| 写真でみる発明の歴史 | 240 |
| 写真ニュース年鑑 第1集 | 65 |
| 写真ニュース年鑑 第2集 | 65 |
| 写真ニュース年鑑 第3集 | 65 |

| | |
|---|---|
| 写真ニュース年鑑 第4集 ………… | 65 |
| 写真ニュース年鑑 第5集 ………… | 65 |
| 写真ニュース年鑑 別巻 ………… | 65 |
| ジャンプ英和辞典 第3版 ………… | 309 |
| 11月のこども図鑑 ……………… | 51 |
| 10月のこども図鑑 ……………… | 51 |
| 周期表 ……………………………… | 158 |
| 19世紀の美術 ……………………… | 263 |
| 自由研究図鑑 ……………………… | 153 |
| 12月のこども図鑑 ……………… | 51 |
| ジュニア朝日年鑑 1990年版 理科 … | 54 |
| ジュニア朝日年鑑 1991年版 社会 学習 | |
| …………………………………… | 54 |
| ジュニア朝日年鑑 1991年版 理科 … | 54 |
| ジュニア朝日年鑑 1992年版 社会 学習 | |
| …………………………………… | 55 |
| ジュニア朝日年鑑 1992年版 理科 … | 55 |
| ジュニア朝日年鑑 1993年版 社会 … | 55 |
| ジュニア朝日年鑑 1994年版 社会 … | 55 |
| ジュニア朝日年鑑 1995年版 社会 … | 55 |
| ジュニア朝日年鑑 1995-1996 社会 統計 | |
| …………………………………… | 55 |
| ジュニア朝日年鑑 1996-1997 社会 … | 55 |
| ジュニア朝日年鑑 1997-1998 社会 学習・統計 | |
| …………………………………… | 55 |
| ジュニア朝日年鑑 1998-1999 社会 … | 55 |
| ジュニア朝日年鑑 1999-2000 社会 学習・統計 | |
| …………………………………… | 56 |
| ジュニア・アンカー英和辞典 第4版 …… | 309 |
| ジュニア・アンカー英和辞典 改訂新版 … | 309 |
| ジュニア・アンカー英和辞典 英単語表つき 第4版B ……………………… | 309 |
| ジュニア・アンカー英和・和英辞典 第4版 …………………………… | 303 |
| ジュニア・アンカー英和・和英辞典 第4版B ……………………… | 303 |
| ジュニア・アンカー英和・和英辞典 改訂新版 …………………………… | 303 |
| ジュニア・アンカー国語辞典 第3版 …… | 279 |
| ジュニア・アンカー和英辞典 第4版 …… | 312 |
| ジュニア・アンカー和英辞典 改訂新版 …… | 312 |
| ジュニア記号の大事典 第2版 ………… | 271 |
| ジュニア数学百科 ………………… | 156 |
| ジュニア世界の国旗図鑑 ………… | 107 |
| ジュニア世界の国旗図鑑 新訂第3版 …… | 108 |
| ジュニア世界の国旗図鑑 増補改訂版 …… | 107 |
| ジュニア地球白書 2007-08 ……… | 248 |
| ジュニア地球白書 2008-09 ……… | 248 |
| ジュニア地図帳 新版 ……………… | 92 |
| ジュニア 日本の歴史辞典 ……… | 72 |
| ジュニア版 写真で見る俳句歳時記 1 …… | 320 |
| ジュニア版 写真で見る俳句歳時記 2 …… | 320 |
| ジュニア版 写真で見る俳句歳時記 3 …… | 320 |
| ジュニア版 写真で見る俳句歳時記 4 …… | 320 |
| ジュニア版 写真で見る俳句歳時記 5 …… | 320 |
| ジュニア版 写真で見る俳句歳時記 6 …… | 320 |
| ジュニア版 写真で見る俳句歳時記 7 …… | 320 |
| ジュニア版・地理学習の旅 1 ……… | 102 |
| ジュニア版・地理学習の旅 2 ……… | 102 |
| ジュニア プログレッシブ英和・和英辞典 …………………………… | 303 |
| ジュニア プログレッシブ和英辞典 …… | 312 |
| 樹木図鑑 ………………………… | 180 |
| 旬を味わう 魚の事典 ……………… | 257 |
| 賞をとった子どもの本 …………… | 10 |
| 消化 ……………………………… | 236 |
| 詳解現代地図 2003-2004 ………… | 92 |
| 詳解 世界史用語事典 …………… | 67 |
| 消化器のしくみ ………………… | 236 |
| 小学館ことばのえじてん ………… | 274 |
| 小学漢字学習辞典 新版 ………… | 284 |
| 小学漢字1006字の書き方辞典 …… | 285 |
| 小学 漢字の字典 改訂版 ………… | 285 |
| 小学漢字1006字の正しい書き方 3訂版 | |
| …………………………………… | 285 |
| 小学館・全文全訳古語辞典 ……… | 291 |
| 小学国語学習辞典 新版 ………… | 279 |
| 小学国語辞典 新版(第2版) ……… | 279 |
| 小学算数事典 5訂版 ……………… | 156 |
| 小学算数解き方事典 3訂版 ……… | 156 |
| 小学社会科学習事典 3訂版 ……… | 110 |
| 小学社会科事典 3訂版 …………… | 111 |
| 小学自由自在 漢字字典〔カラー版〕… | 285 |
| 小学自由自在 漢字字典 改訂版 …… | 285 |
| 小学新漢字辞典 改訂版 ………… | 285 |
| 小学新国語辞典 改訂版 ………… | 279 |
| 小学生が好きになるこんなに楽しい子どもの本 …………………………… | 8 |
| 小学生からの英語絵辞典 ………… | 304 |
| 小学生 漢字の達人になる辞典 …… | 285 |
| 小学生世界人名事典 '91年版 …… | 83 |
| 小学生世界人名事典〔93年版〕…… | 83 |
| 小学生世界人名事典 1992年版 …… | 83 |
| 小学生の漢字早わかり辞典 ……… | 285 |
| 小学生のことわざ絵事典 ………… | 292 |
| 小学生の新レインボー漢字書き方辞典 | |
| …………………………………… | 286 |
| 小学生の新レインボー漢字つかい方辞典 | |
| …………………………………… | 286 |
| 小学生の新レインボー漢字読み書き辞典 改訂カラー版 …………………… | 286 |
| 小学生の新レインボーことばの結びつき辞典 ………………………… | 274 |
| 小学生の新レインボー「熟語」辞典 …… | 286 |

| | |
|---|---|
| 小学生のためのおもしろ日本地図帳 …… | 104 |
| 小学生のための漢字をおぼえる辞典 第3版 …………………………………………… | 286 |
| 小学生のためのしごと大事典 …………… | 123 |
| 小学生の同音・同訓使い分け絵事典 …… | 298 |
| 小学生のまんが漢字辞典 ……………… | 286 |
| 小学生のまんが慣用句辞典 ……………… | 295 |
| 小学生のまんが敬語辞典 ……………… | 274 |
| 小学生のまんが ことばの使い分け辞典 …………………………………………… | 298 |
| 小学生のまんがことわざ辞典 ………… | 295 |
| 小学生のまんが俳句辞典 ……………… | 320 |
| 小学生のまんが方言辞典 ……………… | 275 |
| 小学生のまんが四字熟語辞典 ………… | 295 |
| 小学生の名作ガイドはかせ …………… | 319 |
| 小学生のレインボー漢字読み書き字典 新版 ………………………………………… | 286 |
| 小学生の歴史人物はかせ 改訂新版 …… | 83 |
| 小学・中学学習人物事典 ……………… | 84 |
| 小學讀本便覧 第8巻 …………………… | 23 |
| 小学理科学習事典 3訂版 ……………… | 150 |
| 小学校件名標目表 第2版 ……………… | 21 |
| 小学校総復習 社会科地図帳 ………… | 92 |
| 小学校総復習 社会科地図帳 初訂版 … | 92 |
| 小学校総復習 社会科地図帳 最新版 … | 93 |
| 小中学生からとれる資格と検定大事典! …………………………………………… | 120 |
| 小中学生・不登校生のためのフリースクールガイド 第2版 …………………… | 131 |
| 小中高・不登校生の居場所探し 2003〜2004年版 ………………………………… | 132 |
| 小中高・不登校生の居場所探し 2004〜2005年版 ………………………………… | 132 |
| 小中高・不登校生の居場所探し 2005〜2006年版 ………………………………… | 132 |
| 小中高・不登校生の居場所探し 2006〜2007年版 ………………………………… | 132 |
| 小中高・不登校生の居場所探し 2007〜2008年版 ………………………………… | 132 |
| 少年少女の名作案内 日本の文学 リアリズム編 ……………………………………… | 318 |
| 少年少女の名作案内 日本の文学 ファンタジー編 …………………………………… | 318 |
| 情報図鑑 ………………………………… | 49 |
| 常用漢字ミラクルマスター辞典 ……… | 286 |
| 常用漢字読み書き辞典 ………………… | 286 |
| 将来の仕事なり方完全ガイド ………… | 120 |
| 昭和25年版復刻版地図帳 復刻版 …… | 93 |
| 昭和48年版復刻版地図帳 復刻版 …… | 93 |
| 初級クラウン英和辞典 第10版 特製版 …………………………………………… | 309 |
| 初級クラウン英和辞典 第11版 ……… | 309 |
| 初級クラウン英和辞典 第11版 特製版 …………………………………………… | 309 |
| 初級クラウン和英辞典 第9版 ………… | 313 |
| 食虫植物ふしぎ図鑑 …………………… | 180 |
| 食と健康 ………………………………… | 257 |
| 食にかかわる仕事 完全なり方ガイド …… | 258 |
| 職人の技が光る花火の大図鑑 ………… | 255 |
| 食品添加物の危険度がわかる事典 …… | 238 |
| しょくぶつ ……………………………… | 180 |
| 植物 ……………………………………… | 181 |
| 植物 改訂版 ……………………… 180, 181 |
| 植物 増補改訂版 ………………………… | 181 |
| 植物のかんさつ ………………………… | 176 |
| 植物の生態図鑑 ………………………… | 181 |
| 植物の生態図鑑 改訂新版 …………… | 181 |
| 植物の育て方 改訂版 …………………… | 261 |
| 植物のふしぎ …………………………… | 182 |
| 食料自給率がわかる事典 ……………… | 260 |
| 初・中級者のためのパソコン・IT・ネット用語辞典基本+最新キーワード1100 …… | 40 |
| 調べ学習ガイドブック 2000‐2001 …… | 40 |
| 調べ学習ガイドブック 2004-2005 …… | 23 |
| 調べ学習にやくだつ市場がわかる絵事典 …………………………………………… | 262 |
| 調べ学習にやくだつ くらしの歴史図鑑 1 …………………………………………… | 75 |
| 調べ学習にやくだつ くらしの歴史図鑑 2 …………………………………………… | 75 |
| 調べ学習にやくだつ くらしの歴史図鑑 3 …………………………………………… | 75 |
| 調べ学習にやくだつ くらしの歴史図鑑 4 …………………………………………… | 75 |
| 調べ学習にやくだつ くらしの歴史図鑑 5 …………………………………………… | 75 |
| 調べ学習にやくだつ くらしの歴史図鑑 6 …………………………………………… | 76 |
| 調べ学習にやくだつ くらしの歴史図鑑 7 …………………………………………… | 76 |
| 調べ学習にやくだつ くらしの歴史図鑑 8 …………………………………………… | 76 |
| 調べ学習に役立つ 世界の地図 ……… | 93 |
| 調べ学習に役立つ 日本の地図 ……… | 105 |
| 調べ学習にやくだつ もののかぞえ方絵辞典 ……………………………………… | 275 |
| しらべ学習の科学の本1000冊 ……… | 149 |
| 知られざる難破船の世界 ……………… | 80 |
| 資料 政・経 2010 ……………………… | 113 |
| 城のひみつ おもしろ大事典 ………… | 248 |
| 深海生物大図鑑 ………………………… | 174 |
| 新課程 現代社会用語集 ……………… | 111 |
| しんかんせん …………………………… | 253 |
| 神経のはたらき ………………………… | 236 |
| 新・こどもの本と読書の事典 ………… | 10 |

| | |
|---|---|
| 新自修英文典 復刻版 | 304 |
| 神社とお寺がわかる事典 | 57 |
| 新詳高等社会科地図 5訂版 | 93 |
| 新詳高等地図 | 94 |
| 新詳高等地図 平成21年初訂版 | 94 |
| 新詳高等地図 平成22年初訂版 | 94 |
| 新詳高等地図 最新版 | 93, 94 |
| 新詳高等地図 最新版 | 94 |
| 新詳地理資料COMPLETE 2010 | 88 |
| 新資料・現社 '10 | 113 |
| 新・世界がわかる国旗の本 | 106 |
| 新世界史年表 | 66 |
| 新選漢和辞典 第6版 | 286 |
| 心臓 | 236 |
| 新総合資料 政治・経済 2000年版 改訂5版 | 113 |
| 人体透視図鑑 | 236 |
| 新データガイド地球環境 | 245 |
| 新・どの本で調べるか | 39 |
| 新・どの本で調べるか 2006年版 | 8 |
| 神秘の海を解き明かせ | 171 |
| 人物を調べる事典 | 84 |
| 人物事典 | 84 |
| 人物事典 増補版 | 86 |
| 新編中学校社会科地図 平成21年初訂版 | 94 |
| 新編中学校社会科地図 平成22年初訂版 | 94 |
| 新編 中学校社会科地図 初訂版 | 94 |
| 中学校社会科地図 新編 | 94 |
| 新編 中学校社会科地図 最新版 | 95 |
| 新編 標準高等地図 | 95 |
| 新・宮沢賢治語彙辞典 | 36 |
| 新「理科」の地図帳 | 154 |
| 心理系大学院入試頻出英単語 | 315 |
| 新レインボーかんじ絵じてん | 287 |
| 新レインボー漢字早おぼえ字典 | 287 |
| 新レインボーことわざ絵じてん | 295 |
| 新レインボーことわざ辞典 | 295 |
| 新レインボー写真でわかることわざ辞典 | 295 |
| 新レインボー写真でわかる四字熟語辞典 | 296 |
| 新レインボー小学漢字辞典 改訂版 | 287 |
| 新レインボー小学漢字辞典 改訂第3版 | 287 |
| 新レインボー小学漢字辞典 改訂最新版 小型版 | 287 |
| 新レインボー小学漢字辞典 改訂第3版 小型版 | 287 |
| 新レインボー小学国語辞典 改訂第3版 | 279 |
| 新レインボー小学国語辞典 改訂第3版小型版 | 279 |
| 新レインボー小学国語辞典 改訂新版 | 279 |
| 新レインボー小学国語辞典 小型版 改訂新版 | 279 |
| 新レインボーにほんご絵じてん | 275 |
| 新レインボー方言辞典 | 275 |
| 進路決定オール・ガイド '99 | 121 |
| 進路決定オール・ガイド 2000 | 121 |
| 神話入門 | 57 |

## 【す】

| | |
|---|---|
| 水木しげる妖怪大図解 | 148 |
| 数学の小事典 | 157 |
| 図解 栄養の基本がよくわかる事典 | 238 |
| 図解 交通バリア・フリー百科 | 262 |
| 図解 古代エジプト | 78 |
| 図解三国志大事典 1 | 321 |
| 図解三国志大事典 2 | 321 |
| 図解三国志大事典 3 | 321 |
| 図解三国志大事典 4 | 322 |
| 図解 地図資料 4訂版 | 95 |
| 図解 地図資料 6訂版 | 95 |
| 図解 地図資料 第13版 | 95 |
| 図解でよくわかる空の交通 空港大図鑑 | 250 |
| 図鑑・世界の妖怪 ヨーロッパ編 | 148 |
| すくすく育つ | 231 |
| すぐにさがせる!光る星図鑑 | 161 |
| すぐに見つかる星座図鑑 | 162 |
| すぐわかる日本の国宝 | 263 |
| 図説 絵本・挿絵大事典 全3巻 | 16 |
| 図説 子どもの本・翻訳の歩み事典 | 26 |
| 図説 哺乳動物百科 1 | 219 |
| 図説 哺乳動物百科 2 | 219 |
| 図説 哺乳動物百科 3 | 219 |
| 図説 ユニバーサル新世界史資料 3訂版 | 68 |
| ステップアップスクールガイド 2003年度版 | 132 |
| ステップアップスクールガイド 2009 | 133 |
| ステップアップスクールガイド 2010 | 133 |
| ステップアップスクールガイド 2011 | 133 |
| スーパー・アンカー和英辞典 第2版 | 313 |
| スパイ事典 | 148 |
| スーパーリアル恐竜大図鑑 | 227 |
| スーパー理科事典 3訂版 | 150 |
| スポーツなんでも事典 スキー・スケート | |

| | |
|---|---|
| スポーツなんでも事典 テニス | 268 |
| スポーツなんでも事典 バレーボール | 268 |
| スポーツなんでも事典 武道 | 268 |
| スポーツ年鑑 2008 | 270 |
| スポーツ年鑑 2009 | 270 |
| スポーツ年鑑 2010 | 271 |
| スポーツマンのための膝障害ハンドブック | 234 |
| スローライフから学ぶ地球をまもる絵事典 | 245 |

## 【せ】

| | |
|---|---|
| せいかつの図鑑 | 256 |
| 税金の絵事典 | 118 |
| 星座 | 162 |
| 生産と流通のしくみがわかる 100円ショップ大図鑑 | 262 |
| 政治・経済資料集 '93年度 | 113 |
| 政治・経済資料集 '94年度 | 113 |
| 政治・産業・社会のことば | 112 |
| 政治と経済がわかる事典 | 114 |
| 政治の現場が見える国会議事堂大図鑑 | 115 |
| 性と生を考える | 229 |
| 生物学 | 172 |
| 生物事典 改訂新版 | 172 |
| 生物の小事典 | 172 |
| 生命のふしぎ | 174 |
| 世界遺産ガイド 自然遺産編 | 243 |
| 世界遺産ガイド 自然保護区編 | 243 |
| 世界遺産ガイド 生物多様性編 | 172 |
| 世界遺産ふしぎ探検大図鑑 増補版 | 263 |
| 世界がよくわかる国旗図鑑 | 108 |
| 世界がわかる国旗の本 | 106 |
| 世界がわかる子ども図鑑 | 114 |
| 世界児童・青少年文学情報大事典 第1巻 | 31 |
| 世界児童・青少年文学情報大事典 第2巻 | 32 |
| 世界児童・青少年文学情報大事典 第3巻 | 32 |
| 世界児童・青少年文学情報大事典 第4巻 | 32 |
| 世界児童・青少年文学情報大事典 第5巻 | 32 |
| 世界児童・青少年文学情報大事典 第6巻 | 32 |
| 世界児童・青少年文学情報大事典 第7巻 | 32 |
| 世界児童・青少年文学情報大事典 第8巻 | 32 |
| 世界児童・青少年文学情報大事典 第9巻 | 32 |
| 世界児童・青少年文学情報大事典 第10巻 | 32 |
| 世界児童・青少年文学情報大事典 第11巻 | 32 |
| 世界児童・青少年文学情報大事典 第12巻 | 32 |
| 世界児童・青少年文学情報大事典 第13巻 | 32 |
| 世界児童・青少年文学情報大事典 第14巻 | 32 |
| 世界児童・青少年文学情報大事典 第15巻 | 33 |
| 世界児童・青少年文学情報大事典 第16巻 | 33 |
| 世界児童文学個人全集・作品名綜覧 | 26 |
| 世界児童文学個人全集・内容綜覧 | 26 |
| 世界児童文学全集・作品名綜覧 | 26 |
| 世界児童文学全集・作家名総覧 | 26 |
| 世界児童文学百科 現代編 | 29 |
| 世界史年表・地図 | 66 |
| 世界史年表・地図 第7版 | 66 |
| 世界史年表・地図 第8版 | 66 |
| 世界史年表・地図 第9版 | 66 |
| 世界史年表・地図 第10版 | 66 |
| 世界史年表・地図 第12版 | 66 |
| 世界史年表・地図 第14版 | 66 |
| 世界史年表・地図 第15版 | 66 |
| 世界史年表・地図 第16版 | 67 |
| 世界史のための人名辞典 新版 | 84 |
| 世界史の要点整理 | 68 |
| 世界史B用語集 | 67 |
| 世界史B用語集 改訂版 | 67 |
| 世界少年少女文学 リアリズム編 | 317 |
| 世界少年少女文学 ファンタジー編 | 317 |
| 世界商売往来用語索引 | 23 |
| 世界地図で読む環境破壊と再生 | 245 |
| 世界地理 | 87 |
| 世界なんでも情報館 | 88 |
| 世界・日本 児童文学登場人物辞典 | 33 |
| 世界のart図鑑 | 263 |
| 世界のお金事典 | 117 |
| 世界の海洋文学・総解説 | 26 |
| 世界の国ぐに 探検大図鑑 | 89 |
| 世界のクワガタムシ | 207 |
| 世界の国旗 | 106, 108 |
| 世界の国旗 改訂5版 | 106 |
| 世界の国旗 改訂新版 | 108 |
| せかいのこっきずかん | 106 |
| 世界の国旗図鑑 | 106 |

世界の国旗と国ぐに ……………… 106
世界の国旗ビジュアル大事典 ………… 107
世界の古典名著 総解説 改訂新版 ……… 21
世界の昆虫 ………………………… 203
世界の昆虫 増補改訂 ……………… 203
世界の昆虫大百科 ………………… 203
世界の児童文学登場人物索引 アンソロジーと民話・昔話集篇 …………… 33
世界の児童文学登場人物索引 単行本篇 …………………………………… 33
世界の宗教がわかる絵事典 ……… 57
世界の宗教入門 …………………… 57
世界の戦車・装甲車 ……………… 255
世界の戦闘機・爆撃機 …………… 255
世界の建物事典 …………………… 248
世界の鉄道事典 …………………… 253
世界の爬虫類 ……………………… 212
世界のマーク ……………………… 264
世界の祭り大図鑑 ………………… 147
世界の物語・お話絵本登場人物索引 … 33
世界の物語・お話絵本登場人物索引 1953-1986（ロングセラー絵本ほか） ……… 33
世界のワイルドフラワー 1 ……… 182
世界のワイルドフラワー 2 ……… 182
世界白地図作業帳 ………………… 95
世界文学の名作と主人公 総解説 改訂新版 ………………………………… 21
セサミストリート英語大辞典 …… 309
セサミストリートのえいご絵じてん … 304
セックス・ブック ………………… 231
説明・スピーチの仕方 第2版 …… 272
絶滅した奇妙な動物 ……………… 222
全国大検予備校・通信制高校サポート校ガイド ……………………………… 129
全国 通信制高校案内 2004〜2005年版 …………………………………… 133
全国通信制高校案内 2006〜2007年版 …………………………………… 133
全国通信制高校案内 2008-2009年版 …… 133
全国通信制高校案内 2011〜2012年版 …………………………………… 134
全国 通信制高校サポート校・大検予備校ガイド 2002年度用 …………… 134
全国 通信制高校サポート校・大検予備校ガイド 2003年度用 …………… 134
全国 通信制高校サポート校・大検予備校ガイド 2004年度用 …………… 134
全国版インターナショナルスクール活用ガイド 第2版 …………………… 128
全国版 個性派ハイスクールで学ぼう! 2005〜2006年度 ……………………… 134
全国版 個性派ハイスクールで学ぼう! 2006〜2007年版 ……………………… 134

全国フリースクールガイド 2008-2009年版 ………………………………… 134
全国フリースクールガイド 2009〜2010年版 ………………………………… 135
全国フリースクールガイド 2010〜2011年版 ………………………………… 135
先生と司書が選んだ調べるための本 … 23
戦争とくらしの事典 ……………… 72
先端科学・コンピュータのことば … 239
1800冊の「戦争」…………………… 8
ぜんぶわかる 動物ものしりずかん … 219
占領下の文壇作家と児童文学 索引 … 27

【そ】

総ガイド 高校新入学・転編入 02年度版 全国版 ………………………… 135
総ガイド 高校新入学・転編入 07年度版 全国版 ………………………… 135
綜合 地歴新地図 3訂版 …………… 95
ゾウも飼いたいワニも飼いたい …… 193
そのまま使える小論文キーワード2500 …………………………………… 300

【た】

大宇宙 ……………………………… 162
大学受験対策用 地理データファイル 2000年度版 ……………………… 88
大学入学資格検定ガイド 大検があるじゃん! '01-'02年版 ……………… 135
大学入試天下無敵の英単語最重要多義語300 ……………………………… 315
大検があるじゃん! '02 - '03年版 … 135
大検ガイドブック 平成4年度版 … 129
大検3年過去問 解説と対策 2 …… 136
大検3年過去問 解説と対策 3 …… 136
太古の生物図鑑 …………………… 223
大自然のふしぎ …………………… 250
大正の名著 ………………………… 43
ダイノキングバトル 恐竜大図鑑 … 227
正しく書く読む小中学漢字 ……… 287
タネの大図鑑 ……………………… 182
楽しい小学校社会科地図帳 ……… 96
楽しい小学校社会科地図帳 3訂版 … 96
たのしく学ぶことわざ辞典 ……… 296
楽しく学ぶ小学生の地図帳 ……… 96

楽しく学ぶ小学生の地図帳 平成21年初訂版 …………………………………… 96
楽しく学ぶ小学生の地図帳 平成22年初訂版 …………………………………… 97
楽しく学ぶ小学生の地図帳 最新版 …… 96
楽しく学ぶ小学生の地図帳 初訂版 …… 96
たのしく読める英米児童文学 …………… 27
たのしく読める日本児童文学 戦前編 …… 35
たのしく読める日本児童文学 戦後編 …… 35
たのしくわかることばの辞典 1 ……… 297
たのしくわかることばの辞典 2 ……… 296
たのしくわかることばの辞典 3 ……… 288
たのしくわかることばの辞典 4 ……… 288
たのしくわかることばの辞典 5 ……… 288
食べものの伝来がわかる絵事典 ……… 257
誰でも読める日本近世史年表 …………… 69
誰でも読める日本近代史年表 …………… 69
誰でも読める日本現代史年表 …………… 70
誰でも読める日本古代史年表 …………… 70
誰でも読める日本中世史年表 …………… 70
短歌・俳句 ……………………………… 320
タンポポ観察事典 ……………………… 176

【ち】

チェコへの扉 …………………………… 27
ちがいのわかる絵事典 ………………… 47
ちがいのわかる絵事典 改訂版 ………… 47
地下の活用がよくわかる事典 ………… 242
ちきゅう ………………………………… 168
地球 改訂版 …………………………… 168
地球・宇宙 増補改訂版 ……………… 162
地球・宇宙の図詳図鑑 ………………… 162
地球温暖化サバイバルハンドブック … 245
地球温暖化図鑑 ………………………… 246
地球から消えた生物 …………………… 223
ちきゅうかんきょう …………………… 168
地球環境を考える ……………………… 242
地球環境カラーイラスト百科 ………… 244
地球環境キーワード事典 5訂 ………… 244
地球環境図鑑 …………………………… 246
地球環境ハンドブック 第2版 ………… 245
地球環境用語大事典 …………………… 244
地球・気象 ……………………………… 169
地球・気象 増補改訂 ………………… 169
地球と宇宙の小事典 …………………… 159
地球と気象 ……………………………… 169
地球のカエル大集合!世界と日本のカエル大図鑑 ……………………………… 212

地球の環境 ……………………………… 246
ちきゅうの どうぶつたち …………… 193
地図絵本 世界の食べもの …………… 260
地図で知る世界の国ぐに ……………… 97
地図で知る世界の国ぐに 新訂第2版 …… 88
地図で知る世界の大都市 ……………… 97
地図で訪ねる歴史の舞台 世界 5版 …… 69
地図で訪ねる歴史の舞台 日本 6版 …… 77
地図の読みかた遊びかた絵事典 ……… 87
ちびまる子ちゃんのかん字じてん 1 … 288
ちびまる子ちゃんの漢字辞典 2 ……… 288
ちびまる子ちゃんの漢字辞典 3 ……… 288
ちびまる子ちゃんの四字熟語教室 …… 296
チャレンジ英和辞典 第3版 ………… 310
チャレンジ英和辞典 第5版 ………… 310
チャレンジ英和辞典 改訂新版 ……… 310
チャレンジ英和・和英辞典 第3版 …… 304
チャレンジ英和・和英辞典 第5版 …… 304
チャレンジ英和・和英辞典 改訂新版 …… 304
チャレンジ漢和辞典 ………………… 288
チャレンジ国語辞典 ………………… 280
チャレンジ小学漢字辞典 第3版 …… 288
チャレンジ小学漢字辞典 第3版 新デザイン・コンパクト版 ………………… 288
チャレンジ小学漢字辞典 第4版 …… 289
チャレンジ小学漢字辞典 改訂新版 …… 288
チャレンジ小学国語辞典 第3版 …… 280
チャレンジ小学国語辞典 第4版 コンパクト版 …………………………… 280
チャレンジ小学国語辞典 第4版 新デザイン版 ……………………………… 280
チャレンジ小学国語辞典 改訂新版 …… 280
チャレンジ和英辞典 第3版 ………… 313
チャレンジ和英辞典 第5版 ………… 313
チャレンジ和英辞典 改訂新版 ……… 313
中学英語辞典 ………………………… 304
中学カラークラウン英和辞典 ……… 310
中学・高校件名標目表 第3版 ……… 21
中学社会用語集 ……………………… 111
中学数学解法事典 3訂版 …………… 157
中学生・高校生の仕事ガイド ……… 121
中学生・高校生のための仕事ガイド 改訂新版 ……………………………… 121
中学生・高校生のための仕事ガイド 2002年版 ……………………………… 122
中学生・高校生のためのボランティアガイド …………………………………… 125
中学卒・高校中退からの進学総ガイド '98年度版 ……………………………… 136
中学卒・高校中退からの進学総ガイド '99 ……………………………………… 136
中学卒・高校中退からの進学総ガイド 2000

年度版 …………………………………… 136
中学卒・高校中退からの進学総ガイド '03
　年版 …………………………………… 136
中学卒・高校中退からの進学総ガイド '04
　年版 …………………………………… 136
中学卒・高校中退からの進学総ガイド '05
　年版 …………………………………… 136
中学卒・高校中退からの進学総ガイド '06
　年版 …………………………………… 136
中学卒・高校中退からの進学総ガイド '07
　年版 …………………………………… 137
中学卒・高校中退からの進学総ガイド '08
　年度版 ………………………………… 137
中学卒・高校中退からの進学総ガイド 2009
　年版 …………………………………… 137
中学卒・高校中退からの進学総ガイド '10
　年度版 ………………………………… 137
中学卒・高校中退からの進学総ガイド '11
　年版 …………………………………… 137
中学卒・高校転編入からの進学 2004年度
　版 ……………………………………… 137
中学卒・高校転編入からの進学 ステップ
　アップスクールガイド 2005年度版 … 137
中学卒・高校転編入からの進学 ステップ
　アップスクールガイド 2006年度版 … 138
中学卒・高校転編入からの進学 ステップ
　アップスクールガイド 2007年度版 … 138
中学卒・高校転編入からの進学 ステップ
　アップスクールガイド 2008年度版 … 138
中学ニューワールド和英辞典 ………… 313
中学理科解法事典 3訂版 ……………… 150
中学理科用語集 ………………………… 150
中学校社会科地図 ……………………… 97
中学校社会科地図 最新版 ……………… 97
中学校社会科地図 初訂版 ……………… 97
中高生のブック・トリップ …………… 44
中国の古典名著 総解説 改訂新版 …… 21
中世ヨーロッパ騎士事典 ……………… 78
中世ヨーロッパ入門 …………………… 80
チューリップ観察事典 ………………… 176
ちょう ………………………………… 203
調査研究・参考図書目録 本編, 索引 改訂
　新版 …………………………………… 23
超はっけん大図鑑 11 …………………… 153
チョウも飼いたいサソリも飼いたい … 203
地理・地図・環境のことば ……………… 87
地理データファイル 2002年度版 ……… 89
地歴高等地図 …………………………… 98
地歴高等地図 平成21年最新版 ………… 98
地歴高等地図 平成22年最新版 ………… 98
地歴高等地図 新訂版 ……………… 97, 98

## 【つ】

通信制高校およびサポート校・大検予備校
　ガイド 2004-2005年度用 …………… 138
通信制高校およびサポート校・大検予備校
　ガイド 2005-2006年度用 …………… 138
通信制高校があるじゃん！ 2002 - 2003年度
　版 ……………………………………… 138
通信制高校があるじゃん！ 2003 - 2004年
　版 ……………………………………… 138
通信制高校があるじゃん！ 2004 - 2005年
　版 ……………………………………… 139
通信制高校があるじゃん！ 2005 - 2006年
　版 ……………………………………… 139
通信制高校があるじゃん！ 2006 - 2007年
　版 ……………………………………… 139
通信制高校があるじゃん！ 2007 - 2008年
　版 ……………………………………… 139
通信制高校があるじゃん！ 2008 - 2009年
　版 ……………………………………… 139
通信制高校があるじゃん！ 2009→2010年
　版 ……………………………………… 139
通信制高校があるじゃん！ 2010～2011年度
　版 ……………………………………… 140
通信制高校・サポート校・高卒認定予備校
　ガイド 2006 - 2007年度用 ………… 140
通信制高校・サポート校・高卒認定予備校
　ガイド 2007 - 2008年度用 ………… 140
通信制高校・サポート校・高卒認定予備校
　ガイド 2008 - 2009年度用 ………… 140
通信制高校・サポート校・高卒認定予備校
　ガイド 2009 - 2010年度用 ………… 140
通信制高校・サポート校・高卒認定予備校
　ガイド 2010 - 2011年度用 ………… 140
通信制高校・サポート校・高卒認定予備校
　ガイド 2011 - 2012年度用 ………… 140
通信制高校レポート '99 ……………… 140
つくろう いのちと環境優先の社会 大阪発
　市民の環境安全白書 ………………… 248
ツバメ観察事典 ………………………… 213
壺井栄 …………………………………… 36
つよしくんゆきちゃんの はじめての国語
　じてん 新版 ………………………… 280
つよしクンゆきチャンのはじめてのことば
　百科じてん …………………………… 272
つれる魚・50種 ………………………… 271

## 【て】

| | |
|---|---|
| TRCDジュニア 2000 | 8 |
| ディクソンの大恐竜図鑑 | 228 |
| ディケンズ鑑賞大事典 | 29 |
| 手紙・はがきの書き方 第2版 | 300 |
| 手作りの食べもの絵事典 | 258 |
| データでくらべる1970年代の日本と今の日本 | 72 |
| データに見る今日の学校図書館 3 | 21 |
| データブック世界各国地理 第3版 | 89 |
| データブック世界各国地理 新版 | 89 |
| Data base 4500「完成」英単語・熟語 3rd edition | 315 |
| 徹底図解 世界の国旗 | 107 |
| 鉄道・自動車 改訂版 | 250 |
| 鉄道・自動車 新訂版 | 250 |
| 鉄道・船 | 251 |
| 鉄道・船 増補改訂版 | 251 |
| 鉄道ものしり百科 | 252 |
| テーマスタディ 資料・家庭科 改訂6版 | 256 |
| テーマで調べる日本の地理 7 | 102 |
| 電気機関車の作り方・蒸気機関車の作り方 復刻版 | 242 |
| 天気と気象 | 166 |
| 天気のしくみ事典 | 169 |
| 電気の大研究 | 254 |
| 電車いっぱい図鑑 いろいろ400 | 253 |
| 電車・列車 | 253 |
| 天職事典 | 122 |
| 天職事典 Ver.2 | 122 |
| 天体観測☆100年絵事典 | 159 |
| 伝統工芸 | 265 |
| てんとうむし | 203 |
| テントウムシ観察事典 | 199 |
| 天文 | 169 |
| 天文学 | 159 |

## 【と】

| | |
|---|---|
| TOEIC、大学受験のためのカタカナ語で覚える英語語源200・重要単語1800 | 315 |
| ドイツ文学 | 317 |
| 東京都立日比谷図書館児童図書目録 1991年10月15日現在 | 8 |
| 東京都立日比谷図書館児童図書目録 書名索引 1991 | 8 |
| 東京都立日比谷図書館児童図書目録 著者名索引 | 8 |
| 道具・機械の図詳図鑑 | 249 |
| 道具・乗り物・建築のことば | 240 |
| どうぶつ | 193, 194, 219 |
| どうぶつ 新版 | 194 |
| 動物 | 194, 220 |
| 動物 改訂版 | 194 |
| 動物 新訂版 | 220 |
| 動物 増補改訂版 | 194 |
| 動物 増補改訂 | 194 |
| どうぶつ・とり | 194 |
| 動物の「跡」図鑑 | 194 |
| 動物のくらし | 195 |
| 動物の仕事につくには | 187 |
| 動物の仕事につくには 2003年度用 | 188 |
| 動物の仕事につくには | 188 |
| 動物の仕事につくには '04〜'05年度用 | 188 |
| 動物の仕事につくには | 188 |
| 動物の仕事につくには 2008年度版 | 188 |
| 動物の仕事につくには '07〜'08年度版 | 188 |
| 動物の仕事につくには 2008-2009年度版 | 189 |
| 動物の仕事につくには 2009 | 189 |
| 動物の生態図鑑 | 195 |
| 動物の生態図鑑 改訂新版 | 195 |
| 動物のふしぎ | 187 |
| 動物ワールド | 195 |
| 都市の歴史が見えてくる 東京ドーム周辺まるわかり絵事典 | 99 |
| 図書館探検シリーズ 第1巻 | 41 |
| 図書館探検シリーズ 第2巻 | 41 |
| 図書館探検シリーズ 第3巻 | 41 |
| 図書館探検シリーズ 第4巻 | 41 |
| 図書館探検シリーズ 第5巻 | 42 |
| 図書館探検シリーズ 第6巻 | 42 |
| 図書館探検シリーズ 第7巻 | 42 |
| 図書館探検シリーズ 第8巻 | 42 |
| 図書館探検シリーズ 第9巻 | 42 |
| 図書館探検シリーズ 第10巻 | 42 |
| 図書館探検シリーズ 第11巻 | 42 |
| 図書館探検シリーズ 第12巻 | 42 |
| 図書館探検シリーズ 第13巻 | 42 |
| 図書館探検シリーズ 第14巻 | 42 |
| 図書館探検シリーズ 第15巻 | 42 |
| 図書館探検シリーズ 第16巻 | 42 |
| 図書館探検シリーズ 第17巻 | 43 |
| 図書館探検シリーズ 第18巻 | 43 |

| | |
|---|---|
| 図書館探検シリーズ 第19巻 ……… 43 | どの本よもうかな? 中学生版 海外編 … 44 |
| 図書館探検シリーズ 第20巻 ……… 43 | どの本よもうかな? 1900冊 続 ………… 44 |
| 図書館探検シリーズ 第21巻 ……… 43 | とびだす昆虫たち ………………… 203 |
| 図書館探検シリーズ 第22巻 ……… 43 | ドラえもん英語学習辞典 ………… 304 |
| 図書館探検シリーズ 第23巻 ……… 43 | ドラえもん最新ひみつ道具大事典 … 265 |
| 図書館探検シリーズ 第24巻 ……… 43 | ドラえもんで英単語 DORA-TAN …… 316 |
| どっちがオス?どっちがメス? ……… 195 | ドラえもん 入門ABC英語辞典 ……… 305 |
| 都道府県がわかる地理地名事典 1 …… 99 | ドラえもんの国語おもしろ攻略 ことわざ |
| 都道府県がわかる地理地名事典 2 …… 100 | 辞典 改訂新版 ………………… 296 |
| 都道府県がわかる地理地名事典 3 …… 100 | ドラえもんのまんがで覚える英語辞典 |
| 都道府県がわかる地理地名事典 4 …… 100 | ………………………………… 305 |
| 都道府県がわかる地理地名事典 5 …… 100 | とり ……………………………… 214 |
| 都道府県がわかる地理地名事典 6 …… 100 | とり 第2版 ……………………… 213 |
| 都道府県がわかる地理地名事典 7 …… 100 | とり 新版 ……………………… 214 |
| 都道府県がわかる地理地名事典 8 …… 100 | 鳥 …………………………… 214, 215 |
| 都道府県がわかる地理地名事典 9 …… 100 | 鳥 改訂版 ……………………… 214 |
| 都道府県がわかる地理地名事典 10 … 100 | 鳥 新訂版 ……………………… 214 |
| 都道府県がわかる地理地名事典 11 … 101 | 鳥 増補改訂 …………………… 215 |
| 都道府県別 米データ集 …………… 260 | 鳥 増補改訂版 ………………… 215 |
| 都道府県別日本地理 北海道・東北地方 | 採りたい食べたいキノコ ………… 182 |
| ………………………………… 101 | 鳥のくちばし図鑑 ………………… 215 |
| 都道府県別日本地理 関東地方 ……… 101 | 鳥の形態図鑑 …………………… 215 |
| 都道府県別日本地理 中部地方 ……… 101 | 鳥の巣の本 ……………………… 215 |
| 都道府県別日本地理 近畿地方 ……… 101 | 鳥の生態図鑑 …………………… 215 |
| 都道府県別日本地理 中国・四国地方 … 101 | どんぐりハンドブック …………… 177 |
| 都道府県別日本地理 九州地方 ……… 102 | トンボ ……………………………… 203 |
| 都道府県別日本なんでも情報館 …… 102 | |
| 都道府県別日本なんでも情報館 新訂版 | **【な】** |
| ………………………………… 103 | |
| 都道府県別日本の地理データマップ 1 | 鳴く虫観察事典 ………………… 199 |
| ………………………………… 103 | 「なぜ?」にこたえるかぞえ方絵事典 … 275 |
| 都道府県別日本の地理データマップ 2 | 名前といわれ 木の写真図鑑 1 …… 182 |
| ………………………………… 103 | 名前といわれ 木の写真図鑑 2 …… 182 |
| 都道府県別日本の地理データマップ 3 | 名前といわれ 木の写真図鑑 3 …… 182 |
| ………………………………… 103 | 名前といわれ 野の草花図鑑 4(続編2) |
| 都道府県別日本の地理データマップ 4 | ………………………………… 183 |
| ………………………………… 103 | 名前といわれ 野の草花図鑑 5(続編の3) |
| 都道府県別日本の地理データマップ 5 | ………………………………… 183 |
| ………………………………… 103 | なまえのことばえじてん …………… 275 |
| 都道府県別日本の地理データマップ 6 | 奈良がわかる絵事典 ……………… 102 |
| ………………………………… 103 | なるほど!ことわざじてん ………… 296 |
| 都道府県別日本の地理データマップ 7 | なるほど忍者大図鑑 ……………… 77 |
| ………………………………… 103 | なんでもわかる恐竜百科 ………… 228 |
| 都道府県別日本の地理データマップ 8 | |
| ………………………………… 104 | **【に】** |
| どの本で調べるか 小学校版 増補改訂版 | |
| ………………………………… 39 | 2月のこども図鑑 ………………… 50 |
| どの本で調べるか 中学校版 増補改訂版 | |
| ………………………………… 39 | |
| どの本よもうかな? 1・2年生 ……… 44 | |
| どの本よもうかな? 3・4年生 ……… 44 | |
| どの本よもうかな? 5・6年生 ……… 44 | |
| どの本よもうかな? 中学生版 日本編 … 44 | |

「肉」「魚」がよくわかる絵事典 ……… 257
2元方式による歴史年代記憶法日本史・世界史 …………………………………… 59
2さいででああうことばえじてん ………… 276
21世紀をつくる国際組織事典 1 ………… 115
21世紀をつくる国際組織事典 2 ………… 115
21世紀をつくる国際組織事典 3 ………… 115
21世紀をつくる国際組織事典 4 ………… 115
21世紀をつくる国際組織事典 5 ………… 115
21世紀をつくる国際組織事典 6 ………… 115
21世紀をつくる国際組織事典 7 ………… 115
21世紀こども地図館 ………………………… 98
21世紀こども百科 …………………………… 47
21世紀こども百科 第2版 増補版 ………… 47
21世紀こども百科 宇宙館 増補版 ……… 159
21世紀こども百科 科学館 ………………… 150
21世紀こども百科 大図解 ………………… 47
21世紀こども百科 もののはじまり館 …… 47
21世紀こども百科 歴史館 増補版 ………… 62
21世紀幼稚園百科〔12〕新版 ………… 253
2001天文データノート ………………… 159
2009年に出た子どもの本 ………………… 9
にっぽん探検大図鑑 ……………………… 104
ニッポンの名前 …………………………… 144
日本をつくった日本史有名人物事典 …… 86
日本考古学用語小辞典 …………………… 63
日本国憲法 ………………………………… 116
にほんごのえじてん あいうえお ……… 275
日本語の豊かさにふれる方言の絵事典 …………………………………………… 276
日本産アリ類全種図鑑 …………………… 203
日本児童図書研究文献目次総覧 1945-1999 …………………………………… 36
日本史年表・地図 ………………………… 70
日本史年表・地図 第7版 ……………… 70
日本史年表・地図 第8版 ……………… 70
日本史年表・地図 第9版 ……………… 70
日本史年表・地図 第10版 ……………… 70
日本史年表・地図 第12版 ……………… 70
日本史年表・地図 第14版 ……………… 71
日本史年表・地図 第15版 ……………… 71
日本史年表・地図 第16版 ……………… 71
日本史の要点整理 ………………………… 74
日本地理 …………………………………… 102
日本童謡事典 ……………………………… 36
日本と世界の365日なんでも大事典 …… 63
日本どんぐり大図鑑 …………………… 183
日本なんでも年表 ………………………… 71
日本におけるグレアム・グリーン書誌 … 27
日本の海水魚 増補改訂 ………………… 211
日本の恐竜 ……………………………… 228

日本のくらし絵事典 …………………… 144
日本のくらしの知恵事典 ……………… 144
日本の工業 ……………………………… 239
日本の古典名著 総解説 改訂新版 ……… 22
日本のしきたり絵事典 ………………… 144
日本の児童図書賞 1987年-1991年 …… 10
日本の児童図書賞 1992年-1996年 …… 10
日本の児童文学登場人物索引 単行本篇 …………………………………………… 37
日本の児童文学登場人物索引 民話・昔話集篇 ………………………………… 37
日本の水産業 …………………………… 262
日本のすがた 1990 改訂第21版 ……… 118
日本のすがた 1991 改訂第22版 ……… 118
日本のすがた 1992 改訂第23版 ……… 118
日本のすがた 1993 改訂第24版 ……… 118
日本のすがた 1994 改訂第25版 ……… 118
日本のすがた 1995 改訂第26版 ……… 118
日本のすがた 1996 改訂第27版 ……… 118
日本のすがた 1997 改訂第28版 ……… 118
日本のすがた 1998 改訂第29版 ……… 119
日本のすがた 1999 改訂第30版 ……… 119
日本のすがた 2000 改訂第31版 ……… 119
日本のすがた 2001 改訂第32版 ……… 119
日本のすがた 2002 改訂第33版 ……… 119
日本のすがた 2003 改訂第34版 ……… 119
日本のすがた 2004 改訂第35版 ……… 119
日本のすがた 2005 改訂第36版 ……… 119
日本のすがた 2006 改訂第37版 ……… 119
日本のすがた 2007 改訂第38版 ……… 119
日本のすがた 2008 改訂第39版 ……… 119
日本のすがた 2009 改訂第40版 ……… 119
日本のすがた 2010 改訂第41版 ……… 120
日本の地形レッドデータブック 第1集 新装版 …………………………………… 166
日本の電車1500 ……………………… 254
日本の伝統色配色とかさねの事典 …… 265
日本の伝統文化・芸能事典 …………… 145
日本の文学 ……………………………… 319
日本の祭り事典 ………………………… 147
日本の物語・お話絵本登場人物索引 … 37, 38
日本の野草 春 増補改訂 ……………… 183
日本の野草 夏 増補改訂 ……………… 183
日本の野鳥 巣と卵図鑑 ……………… 215
日本の歴史 1 ……………………………… 72
日本の歴史 2 ……………………………… 72
日本の歴史 3 ……………………………… 72
日本の歴史 4 ……………………………… 72
日本の歴史 5 ……………………………… 73
日本の歴史を学んでみよう 戦国武将がわかる絵事典 ……………………………… 85

日本の歴史人物 …………………… 86
日本の歴史人物事典 ……………… 86
日本の歴史できごと事典 ………… 73
日本の歴史年表事典 ……………… 71
日本白地図作業帳 ………………… 105
日本哺乳類大図鑑 ………………… 220
日本まるごと事典 ………………… 145
日本妖怪大事典 …………………… 148
ニューヴィクトリーアンカー英和辞典 … 310
ニューヴィクトリーアンカー英和辞典 第2版 …………………………… 310
入試英単語の王道2000+50 改訂版 …… 316
New漢字字典 ……………………… 289
New漢字字典 増補版 ……………… 289
New漢字字典 増補改訂版 ………… 289
ニューサンシャイン英和辞典 …… 310
ニュースを読みとくキーワード100 …… 111
ニュースクール英和辞典 第2版 … 310
ニュースに出てくる人物・用語事典 … 111
ニュース年鑑 2007 ……………… 56
ニュース年鑑 2008 ……………… 56
ニュース年鑑 2009 ……………… 56
ニュース年鑑 2010 ……………… 56
ニュースの言葉 …………………… 111
ニューホライズン英和辞典 第5版 …… 310
ニューホライズン英和辞典 第6版 …… 311
ニューホライズン英和辞典 新版 … 310
ニューホライズン英和・和英辞典 … 305
ニューホライズン英和・和英辞典 第4版 …………………………… 305
ニューホライズン英和・和英辞典 第5版 …………………………… 305
ニューホライズン和英辞典 ……… 313
ニューホライズン和英辞典 第4版 … 313
ニューホライズン和英辞典 新装版 … 313
NEWボランティア用語事典 …… 124
ニューワイド ずかん百科 ………… 49
庭と温室と海岸の花 ……………… 183
人気のカブトムシクワガタの飼い方&図鑑 …………………………… 207
人気の昆虫図鑑 …………………… 204
人気の昆虫図鑑ベスト257 ……… 204
人間 ………………………………… 237

## 【ね】

ねこあつまれ ……………………… 220
猫を愛する人のための猫絵本ガイド …… 14
熱帯探険図鑑 1 …………………… 195
熱帯探険図鑑 2 …………………… 195
熱帯探険図鑑 3 …………………… 195
熱帯探険図鑑 4 …………………… 195
熱帯探険図鑑 5 …………………… 196
ネットで探す 最新環境データ情報源 … 245
年代早覚え日本史まんが年表 …… 71
年中行事 …………………………… 147
年譜 宮沢賢治伝 ………………… 36
年報こどもの図書館1997-2001 2002年版 …………………………… 18

## 【の】

脳 …………………………………… 237
脳と体のしくみ絵事典 …………… 231
ノーベル賞がわかる事典 ………… 83
野山の植物 ………………………… 183
野山の鳥 …………………………… 216
乗りもの …………………………… 251
のりものいっぱい図鑑いろいろ501台 … 251

## 【は】

俳句・季語入門 1 ………………… 321
俳句・季語入門 2 ………………… 321
俳句・季語入門 3 ………………… 321
俳句・季語入門 4 ………………… 321
俳句・季語入門 5 ………………… 321
パイレーツ図鑑 …………………… 80
幕末維新の人物事典 ……………… 86
はじめて英単語じてん みぢかなもの … 305
はじめて英単語じてん ものごとのうごき …………………………… 305
はじめて英単語じてん ものごとのようす …………………………… 305
はじめて知るみんなの未来の仕事 … 122
はじめてのいろのずかん ………… 265
はじめてのABC辞典 ……………… 305
はじめての英和じてん …………… 311
はじめての漢字じてん …………… 289
はじめての恐竜大図鑑 …………… 228
はじめてのこっきえほん ………… 108
はじめてのポケット図鑑 恐竜 …… 228
はじめての和英じてん …………… 313
はじめよう魚つり! ……………… 271
バスをつくろう! ………………… 271
パソコン&インターネットまるわかり用語

| | | | |
|---|---|---|---|
| じてん | 40 | 反対語・対照語事典 | 299 |
| はたらく じどうしゃ | 251 | ハンディー版 環境用語辞典 第2版 | 244 |
| はたらくじどう車図鑑 いろいろ501台 | 251 | | |

【ひ】

| | | | |
|---|---|---|---|
| 8月のこども図鑑 | 50 | | |
| 80分で覚える中学全英単語1250 | 316 | | |
| 爬虫類・両生類 | 213 | | |
| 爬虫類・両生類ビジュアル大図鑑 | 213 | 比較大図鑑 | 153 |
| 発達障害・不登校・中退のための新しい学 | | 干潟の図鑑 | 174 |
| びの場 2008 | 141 | ヒカルくんのスポーツのコツ絵事典 | 269 |
| 発明・発見 | 240 | 飛行機・ロケット・船 新訂版 | 251 |
| バドミントン | 268 | ビーコン英和辞典 第2版 | 311 |
| 花 | 183, 261 | ビーコン英和辞典 第2版 小型版 | 311 |
| 花・園芸の図詳図鑑 | 261 | ヒサクニヒコの恐竜図鑑 | 228 |
| 話し合い・討論の仕方 第2版 | 272 | ビジュアル探検図鑑日本列島 | 169 |
| 花 | 183 | ビジュアル 日本の歴史 | 73 |
| 花と昆虫観察事典 | 172 | ビジュアル博物館 1 | 216 |
| 花と実の図鑑 1 | 183 | ビジュアル博物館 2 | 169 |
| 花と実の図鑑 2 | 184 | ビジュアル博物館 3 | 237 |
| 花と実の図鑑 3 | 184 | ビジュアル博物館 4 | 255 |
| 花と実の図鑑 4 | 184 | ビジュアル博物館 5 | 186 |
| 花と実の図鑑 5 | 184 | ビジュアル博物館 6 | 174 |
| 花と実の図鑑 6 | 184 | ビジュアル博物館 7 | 204 |
| 花と実の図鑑 7 | 184 | ビジュアル博物館 8 | 211 |
| 花と実の図鑑 8 | 184 | ビジュアル博物館 9 | 220 |
| 花の色別 道ばたの草花図鑑 1 | 184 | ビジュアル博物館 10 | 174 |
| 花の色別 道ばたの草花図鑑 2 | 185 | ビジュアル博物館 11 | 186 |
| 花のつくりとしくみ観察図鑑 1 | 185 | ビジュアル博物館 12 | 228 |
| 花のつくりとしくみ観察図鑑 2 | 185 | ビジュアル博物館 13 | 269 |
| 花のつくりとしくみ観察図鑑 3 | 185 | ビジュアル博物館 14 | 63 |
| 花のつくりとしくみ観察図鑑 4 | 185 | ビジュアル博物館 15 | 266 |
| 花のつくりとしくみ観察図鑑 5 | 185 | ビジュアル博物館 16 | 63 |
| 花のつくりとしくみ観察図鑑 6 | 185 | ビジュアル博物館 17 | 204 |
| 花のつくりとしくみ観察図鑑 7 | 185 | ビジュアル博物館 18 | 117 |
| 花のつくりとしくみ観察図鑑 8 | 186 | ビジュアル博物館 19 | 223 |
| 花火の図鑑 | 256 | ビジュアル博物館 20 | 211 |
| はな やさい くだもの | 186 | ビジュアル博物館 21 | 252 |
| 歯の絵事典 | 231 | ビジュアル博物館 22 | 252 |
| バランスよく食べよう!栄養がわかる絵事 | | ビジュアル博物館 23 | 80 |
| 典 | 239 | ビジュアル博物館 24 | 80 |
| ハリー・ポッターが楽しくなるふしぎな生 | | ビジュアル博物館 25 | 170 |
| きもの図鑑 | 322 | ビジュアル博物館 26 | 213 |
| ハリー・ポッター大事典 | 30 | ビジュアル博物館 27 | 240 |
| ハリー・ポッター大事典 2 | 30 | ビジュアル博物館 28 | 170 |
| はる なつ あき ふゆ | 169 | ビジュアル博物館 29 | 220 |
| はるなつあきふゆ 楽しく遊ぶ学ぶきせつ | | ビジュアル博物館 30 | 58 |
| の図鑑 | 147 | ビジュアル博物館 31 | 89 |
| ハローキティのどうぶつ図鑑 | 196 | ビジュアル博物館 32 | 220 |
| ハローキティのはじめてのえいご絵じて | | ビジュアル博物館 33 | 221 |
| ん | 305 | ビジュアル博物館 34 | 267 |
| ハローキティのはじめてのえいご絵じてん 新版 | 306 | ビジュアル博物館 35 | 146 |

| 書名 | ページ |
|---|---|
| ビジュアル博物館 36 | 252 |
| ビジュアル博物館 37 | 80 |
| ビジュアル博物館 38 | 170 |
| ビジュアル博物館 39 | 254 |
| ビジュアル博物館 40 | 211 |
| ビジュアル博物館 41 | 213 |
| ビジュアル博物館 42 | 221 |
| ビジュアル博物館 43 | 81 |
| ビジュアル博物館 44 | 81 |
| ビジュアル博物館 45 | 147 |
| ビジュアル博物館 46 | 221 |
| ビジュアル博物館 47 | 81 |
| ビジュアル博物館 48 | 272 |
| ビジュアル博物館 49 | 81 |
| ビジュアル博物館 50 | 81 |
| ビジュアル博物館 51 | 90 |
| ビジュアル博物館 52 | 223 |
| ビジュアル博物館 53 | 81 |
| ビジュアル博物館 54 | 174 |
| ビジュアル博物館 55 | 77 |
| ビジュアル博物館 56 | 64 |
| ビジュアル博物館 57 | 90 |
| ビジュアル博物館 58 | 249 |
| ビジュアル博物館 59 | 81 |
| ビジュアル博物館 60 | 81 |
| ビジュアル博物館 61 | 90 |
| ビジュアル博物館 62 | 90 |
| ビジュアル博物館 63 | 149 |
| ビジュアル博物館 64 | 221 |
| ビジュアル博物館 65 | 81 |
| ビジュアル博物館 66 | 261 |
| ビジュアル博物館 67 | 149 |
| ビジュアル博物館 68 | 57 |
| ビジュアル博物館 69 | 216 |
| ビジュアル博物館 70 | 58 |
| ビジュアル博物館 71 | 162 |
| ビジュアル博物館 72 | 82 |
| ビジュアル博物館 73 | 82 |
| ビジュアル博物館 74 | 117 |
| ビジュアル博物館 75 | 266 |
| ビジュアル博物館 76 | 114 |
| ビジュアル博物館 77 | 57 |
| ビジュアル博物館 78 | 82 |
| ビジュアル博物館 79 | 270 |
| ビジュアル博物館 80 | 114 |
| ビジュアル博物館 81 | 170 |
| ビジュアル博物館 82 | 270 |
| ビジュアル博物館 83 | 270 |
| ビジュアル博物館 84 | 237 |
| ビジュアル博物館 85 | 237 |
| ビジュアル博物館 87 | 69 |
| ビジュアル博物館 88 | 69 |
| ビジュアル版 世界を動かした世界史有名人物事典 | 84 |
| ビジュアル分解大図鑑 | 240 |
| ビジュアルワイド 現代社会 2000年版 改訂7版 | 114 |
| ビジュアルワイド 食品成分表 改訂10版 | 239 |
| ビジュアルワイド 食品成分表 改訂13版 | 239 |
| ビジュアルワイド 図説化学 改訂6版 | 158 |
| ビジュアルワイド 図説生物 改訂4版 | 172 |
| ビジュアルワイド 図説世界史 改訂4版 | 68 |
| ビジュアルワイド 図説日本史 改訂4版 | 74 |
| ビジュアルワイド 図説日本史 改訂新版 | 74 |
| ビッグ・アップル英和辞典 | 311 |
| ビッグ・アップル英和辞典 改訂版 | 311 |
| 必携世界史用語 3訂版 | 67 |
| 必携世界史用語 4訂 | 67 |
| 必携日本史用語 3訂版 | 73 |
| 必携日本史用語 4訂 | 73 |
| 必携日本史用語 新訂版 | 73 |
| ひっつきむしの図鑑 フィールド版 | 186 |
| 人・動物・自然・食べ物 | 264 |
| 人とからだ 新訂版 | 237 |
| 人と地球にやさしい仕事100 | 122 |
| ひとのからだ | 231, 237 |
| 人のからだ | 231, 232, 238 |
| 人のからだ 増補改訂 | 238 |
| 人の体・心・動作のことば | 233 |
| 一目でわかる地理ハンドブック 2009-2010 | 89 |
| ひと目でわかる方言大辞典 | 276 |
| 120の仕事なり方完全ガイド | 122 |
| 百人一首大事典 | 319 |
| 病気とたたかうからだ | 232 |
| 表・グラフのかき方事典 | 40 |
| 標準高等社会科地図 5訂版 | 98 |
| 標準高等地図 平成21年初訂版 | 99 |
| 標準高等地図 平成22年初訂版 | 99 |
| 標準高等地図 新訂版 | 98, 99 |
| 標準世界史地図 増補第43版 | 69 |
| 標準世界史地図 増補第44版 | 69 |
| 標準世界史年表 第45版 | 67 |
| 標準世界史年表 第46版 | 67 |
| 標準日本史地図 新修第42版 | 77 |
| 標準日本史地図 新修第43版 | 77 |
| 標準日本史年表 第51版 | 71 |
| 標準日本史年表 第52版 | 71 |

ピラミッド事典 ………………… 82

## 【ふ】

ファースト英和辞典 第2版 …………… 311
ファンタジーズキャラクター …………… 30
武器の歴史図鑑 ………………… 255
福祉・介護の仕事完全ガイド ……… 125
福祉の「しごと」と資格まるごとガイド
　………………………………… 126
藤井旭の天文年鑑 1990年度版 ………… 164
藤井旭の天文年鑑 1991年度版 ………… 164
藤井旭の天文年鑑 1992年度版 ………… 164
藤井旭の天文年鑑 1993年度版 ………… 164
藤井旭の天文年鑑 1994年度版 ………… 164
藤井旭の天文年鑑 1995年版 …………… 164
藤井旭の天文年鑑 1996年版 …………… 164
藤井旭の天文年鑑 1997年版 …………… 164
藤井旭の天文年鑑 1998年版 …………… 164
藤井旭の天文年鑑 1999年版 …………… 164
藤井旭の天文年鑑 2000年版 …………… 164
藤井旭の天文年鑑 2001年版 …………… 164
藤井旭の天文年鑑 2002年版 …………… 164
藤井旭の天文年鑑 2003年版 …………… 165
藤井旭の天文年鑑 2004年版 …………… 165
藤井旭の天文年鑑 2005年版 …………… 165
藤井旭の天文年鑑 2006年版 …………… 165
藤井旭の天文年鑑 2007年版 …………… 165
藤井旭の天文年鑑 2008年版 …………… 165
藤井旭の天文年鑑 2009年版 …………… 165
藤井旭の天文年鑑 2010年版 …………… 165
藤井旭の天文年鑑 2011年版 …………… 165
ふしぎ動物大図鑑 …………………… 196
ふしぎびっくり語源博物館 1 ……… 297
ふしぎびっくり語源博物館 2 ……… 297
ふしぎびっくり語源博物館 3 ……… 297
ふしぎびっくり語源博物館 4 ……… 298
ふしぎびっくり語源博物館 5 ……… 298
ふしぎ・びっくり⁉こども図鑑 むし 新版
　………………………………… 204
ぶっくす '94 ……………………… 17
ブックス ライブ ………………… 45
物理学 …………………………… 157
物理の小事典 …………………… 157
不登校生・親・教師のためのもうひとつの進路と社会参加総ガイド '01～'02全国版 ……………………………… 141
不登校生・高校中退者のためのもうひとつの進路と社会参加全ガイド 最新版 … 141

不登校・中退からの学校探し 2004～2005年版 ……………………… 141
不登校・中退からの学校探し 2005～2006年版 ……………………… 141
不登校・中退からの学校探し 2006～2007年版 ……………………… 141
不登校・中退からの学校探し 2007～2008年版 ……………………… 141
不登校・中退からの学校探し 2008～2009年版 ……………………… 142
不登校・中退からの学校探し 2009～2010年版 ……………………… 142
不登校・中退からの学校探し 2010～2011年版 ……………………… 142
不登校・中退者のための新しい学びの場 2001 ……………………… 142
不登校・中退者のための新しい学びの場 2002 ……………………… 142
不登校・中退者のための新しい学びの場 2004 ……………………… 142
不登校・中退者のための新しい学びの場 2005 ……………………… 142
不登校・中退生のためのスクールガイド 2004年度版 ……………… 143
不登校・中退生のためのスクールガイド 2005年度版 ……………… 143
不登校の子どものための居場所探し 2004～2005年版 …………… 143
不登校の子どものための居場所探し 2005～2006年版 …………… 143
不登校の子どものための居場所探し 2006～2007年版 …………… 143
船の百科 ………………………… 252
プラクティカル ジーニアス英和辞典 … 311
フランス文学 …………………… 318
ふれあいこどもずかん 春・夏・秋・冬 … 170
ふれあいこどもずかん春夏秋冬 第2版
　………………………………… 170
ふれあいしぜん図鑑 春 ………… 153
ふれあいしぜん図鑑 夏 ………… 153
ふれあいしぜん図鑑 秋 ………… 154
ふれあいしぜん図鑑 冬 ………… 154
プレップ英和辞典 ……………… 311
フレンド英和辞典 第3版 ……… 311
フレンド英和・和英辞典 第3版 ……… 306
フレンド和英辞典 第3版 ……… 313
プロ野球全選手名鑑 2010 ……… 269
プロレス大事典 ………………… 269
文英堂小学漢字辞典 第3版 …… 289
文英堂小学国語辞典 第4版 …… 280
分解ずかん 1 …………………… 252
分解ずかん 2 …………………… 252
分解ずかん 3 …………………… 249

| | |
|---|---|
| 分解ずかん 4 | 249 |
| 分解ずかん 5 | 249 |
| 分解ずかん 6 | 254 |
| 分解ずかん 7 | 249 |
| 分解ずかん 8 | 41 |
| 文学賞受賞作品目録 2005-2009 | 27 |
| 文法と一緒に覚える基本英単語3000 改訂版 | 316 |

## 【へ】

| | |
|---|---|
| ヘチマ観察事典 | 177 |
| 別冊21世紀こども百科 大疑問 | 47 |
| ベネッセ新修漢和辞典 | 289 |
| ベネッセ新修国語辞典 | 280 |
| ベネッセ全訳古語辞典 改訂版 | 291 |
| 便利で身近な通信手段「けいたい電話」がよくわかる絵事典 | 254 |

## 【ほ】

| | |
|---|---|
| 保育者と学生・親のための乳児の絵本・保育課題絵本ガイド | 14 |
| ポケットからだ事典 | 232 |
| ポケット版 学研の図鑑 1 | 204 |
| ポケット版 学研の図鑑 2 | 186 |
| ポケット版 学研の図鑑 3 | 196 |
| ポケット版 学研の図鑑 4 | 196 |
| ポケット版 学研の図鑑 5 | 216 |
| ポケット版 学研の図鑑 6 | 162 |
| ポケット版 学研の図鑑 7 | 171 |
| ポケット版 学研の図鑑 8 | 174 |
| ポケット版 学研の図鑑 9 | 196 |
| ポケット版 学研の図鑑 10 | 223 |
| ポケット版 学研の図鑑 11 | 207 |
| ポケット版 学研の図鑑 12 | 162 |
| 星・星座 | 163 |
| 星・星座 改訂版 | 163 |
| 星・星座 新訂版 | 163 |
| 星・星座 増補改訂版 | 163 |
| 星空ガイド 2001 | 159 |
| 星空ガイド 2002 | 160 |
| 星空ガイド 2003 | 160 |
| 星と宇宙の探検館 | 163 |
| 星と星座 | 163 |
| 「星の王子さま」事典 | 30 |
| 星の神話・伝説図鑑 | 163 |

| | |
|---|---|
| 北海道の野鳥 | 213 |
| 哺乳動物 1 | 221 |
| 哺乳動物 2 | 221 |
| ホネからわかる!動物ふしぎ大図鑑 1 | 196 |
| ホネからわかる!動物ふしぎ大図鑑 2 | 196 |
| ホネからわかる!動物ふしぎ大図鑑 3 | 197 |
| ホネ事典 | 238 |
| 骨のやくわり | 238 |
| ポプラディア 1 | 47 |
| ポプラディア 2 | 48 |
| ポプラディア 3 | 48 |
| ポプラディア 4 | 48 |
| ポプラディア 5 | 48 |
| ポプラディア 6 | 48 |
| ポプラディア 7 | 48 |
| ポプラディア 8 | 48 |
| ポプラディア 9 | 48 |
| ポプラディア 10 | 48 |
| ポプラディア 11 | 48 |
| ポプラディア 12 | 48 |
| ポプラディア プラス1 | 48 |
| ボランティア・ハンドブック | 125 |
| 掘りだしものカタログ 3 | 27 |
| 滅びゆく世界の動物たち | 197 |
| 本選び術 小学校版 | 45 |
| 本選び術 中学校版 | 45 |
| ほんとうに読みたい本が見つかった! | 27 |
| ほんとうはこんな本が読みたかった! | 28 |
| ほんとのおおきさ水族館 | 197 |
| 本の探偵事典 いろの手がかり編 | 45 |
| 本の探偵事典 ごちそうの手がかり編 | 45 |
| 本の探偵事典 どうぐの手がかり編 | 45 |
| 本の探偵事典 どうぶつの手がかり編 | 45 |
| 本・ほん '90 | 17 |
| 本・ほん '93 | 17 |
| 本・ほん '94 | 17 |
| 本・ほん '95 | 17 |
| 本・ほん '96 | 17 |

## 【ま】

| | |
|---|---|
| 「マーク」の絵事典 | 264 |
| マークのずかん | 264 |
| 魔術事典 | 58 |
| 町の木公園の木図鑑 春・夏 | 186 |
| 町の木公園の木図鑑 秋・冬 | 186 |
| 街の虫とりハンドブック | 204 |
| 祭りの事典 | 147 |
| まるごと日本の生きもの | 174 |

| | |
|---|---|
| 漫画家人名事典 | 16 |
| まんが 慣用句なんでも事典 | 296 |
| まんが恐竜図鑑事典 新訂版 | 228 |
| まんが 語源なんでも事典 | 298 |
| まんが ことわざ事典 新訂版 | 296 |
| まんがでおぼえる学習英語大事典 1 | 306 |
| まんがでおぼえる学習英語大事典 2 | 306 |
| まんがでおぼえる学習英語大事典 3 | 306 |
| まんがでおぼえる学習英語大事典 4 | 306 |
| マンガで覚える四字熟語字典 | 296 |
| まんがで学習 漢字事典 4年生 改訂新版 | 289 |
| まんがで学習 漢字事典 5年生 改訂新版 | 289 |
| まんがで学習 漢字事典 6年生 改訂新版 | 289 |
| マンガで楽しむ英語擬音語辞典 新装コンパクト版 | 306 |
| マンガでわかる小学生のかんじじてん | 289 |
| マンガでわかる小学生のことわざじてん | 296 |
| マンガでわかる小学生のはじめての英語 | 306 |
| マンガでわかる!採りかた・飼いかた クワガタ&カブト大百科 | 206 |
| まんが 難読漢字なんでも事典 | 289 |
| まんが日本の歴史人物事典 | 86 |
| 満点をねらうセンター試験英語 単熟語 | 316 |
| 満点学習まんが 漢字とことば 新訂版 | 290 |
| マンモス探検図鑑 | 223 |

## 【み】

| | |
|---|---|
| ミイラ事典 | 82 |
| 見えない所がよくわかる断面図鑑 1 | 240 |
| 見えない所がよくわかる断面図鑑 2 | 241 |
| 見えない所がよくわかる断面図鑑 3 | 241 |
| 見えない所がよくわかる断面図鑑 4 | 241 |
| 見えない所がよくわかる断面図鑑 5 | 241 |
| 見えない所がよくわかる断面図鑑 6 | 241 |
| 見えない所がよくわかる断面図鑑 7 | 241 |
| 見えない所がよくわかる断面図鑑 8 | 241 |
| 見えない所がよくわかる断面図鑑 9 | 241 |
| 見えない所がよくわかる断面図鑑 10 | 241 |
| 見える!さがせる!星・星座 | 163 |
| みぢかなぎもん図鑑 1月 | 49 |
| みぢかなぎもん図鑑 2月 | 49 |
| みぢかなぎもん図鑑 3月 | 49 |
| みぢかなぎもん図鑑 4月 | 49 |
| みぢかなぎもん図鑑 5月 | 49 |
| みぢかなぎもん図鑑 6月 | 49 |
| みぢかなぎもん図鑑 7月 | 49 |
| みぢかなぎもん図鑑 8月 | 49 |
| みぢかなぎもん図鑑 9月 | 49 |
| みぢかなぎもん図鑑 10月 | 50 |
| みぢかなぎもん図鑑 11月 | 50 |
| みぢかなぎもん図鑑 12月 | 50 |
| 身近なことばの語源辞典 | 298 |
| 身近な昆虫 | 205 |
| 身近な単位がわかる絵事典 | 151 |
| 身近な単位がわかる絵事典 改訂版 | 151 |
| 身近な鳥の図鑑 | 216 |
| 身近な野草とキノコ | 186 |
| 湖で大物をつろう! | 271 |
| 水木しげる鬼太郎大百科 | 148 |
| 水木しげる妖怪大百科 新装版 | 148 |
| みずのいきもの | 175 |
| 水の生きもの | 212 |
| 水の生き物 | 197, 212 |
| 水の生き物 増補改訂 | 212 |
| 水の生物 | 212 |
| 水の生物 新訂版 | 212 |
| 水べの生きもの野外観察ずかん 1 | 197 |
| 水べの生きもの野外観察ずかん 2 | 197 |
| 水べの生きもの野外観察ずかん 3 | 175 |
| 水辺の鳥 | 216 |
| 見つけたい楽しみたい野の植物 | 187 |
| 見つけよう信州の昆虫たち | 205 |
| ミツバチ観察事典 | 199 |
| みておぼえるはじめてのかんじ絵じてん | 290 |
| ミニミニずかん | 50 |
| 身の回りで見つける単位にくわしくなる絵事典 | 151 |
| 宮沢賢治大事典 | 36 |
| 宮沢賢治年譜 | 36 |
| 宮沢賢治の全童話を読む 改装版 | 36 |
| 民家の事典 新版 | 145 |
| みんなで楽しむ絵本 | 14 |
| みんなで楽しむ体育あそび・ゲーム事典 | 269 |
| 民話・昔話全情報 45/91 | 28 |
| 民話・昔話全情報 92/99 | 28 |
| 民話・昔話全情報 2000-2007 | 28 |

モンシロチョウ観察事典 ‥‥‥‥‥‥‥ 199

## 【む】

昔のくらし ‥‥‥‥‥‥‥‥‥‥‥‥‥ 145
昔のくらしの道具事典 ‥‥‥‥‥‥‥‥ 145
昔の子どものくらし事典 ‥‥‥‥‥‥‥ 145
むし ‥‥‥‥‥‥‥‥‥‥‥‥‥‥‥‥ 205
むし歯バイバイ ‥‥‥‥‥‥‥‥‥‥‥ 232
結び方の絵事典 ‥‥‥‥‥‥‥‥‥‥‥ 145
ムーミンえいごじてん CD付き版 ‥‥‥ 306
ムーミン童話の世界事典 ‥‥‥‥‥‥‥ 30
ムーミン童話の仲間事典 ‥‥‥‥‥‥‥ 30
ムーミン童話の百科事典 ‥‥‥‥‥‥‥ 31
無理なく身につく 文字・数・科学絵本ガ
　イド ‥‥‥‥‥‥‥‥‥‥‥‥‥‥‥ 45

## 【め】

明解世界史図説 エスカリエ 初訂版 ‥‥ 68
明治の名著 1 ‥‥‥‥‥‥‥‥‥‥‥‥ 45
明治の名著 2 ‥‥‥‥‥‥‥‥‥‥‥‥ 46
明治もののはじまり事典 ‥‥‥‥‥‥‥ 74
目で見る世界の国々 別巻 ‥‥‥‥‥‥ 89
メリハリ生活 ‥‥‥‥‥‥‥‥‥‥‥‥ 232
メルヘンに出会える ‥‥‥‥‥‥‥‥‥ 33

## 【も】

盲導犬ハンドブック ‥‥‥‥‥‥‥‥‥ 126
もうひとつの学校案内 ‥‥‥‥‥‥‥‥ 143
moetan2 上 ‥‥‥‥‥‥‥‥‥‥‥‥‥ 316
moetan2 下 ‥‥‥‥‥‥‥‥‥‥‥‥‥ 316
もえたん 3 ‥‥‥‥‥‥‥‥‥‥‥‥‥ 316
文字と書の歴史 ‥‥‥‥‥‥‥‥‥‥‥ 272
もっと知りたい!人物伝記事典 1 ‥‥‥‥ 84
もっと知りたい!人物伝記事典 2 ‥‥‥‥ 84
もっと知りたい!人物伝記事典 3 ‥‥‥‥ 84
もっと知りたい!人物伝記事典 4 ‥‥‥‥ 85
もっと知りたい!人物伝記事典 5 ‥‥‥‥ 85
もっと知りたい日本と世界のすがた ‥‥ 89
「もの」から読み解く世界児童文学事典
　‥‥‥‥‥‥‥‥‥‥‥‥‥‥‥‥‥ 31
モノづくり断面図鑑 ‥‥‥‥‥‥‥‥‥ 241
もののかぞえ方絵事典 改訂版 ‥‥‥‥ 276

## 【や】

やさしい日本の淡水プランクトン 図解ハ
　ンドブック ‥‥‥‥‥‥‥‥‥‥‥‥ 175
やさしさと出会う本 ‥‥‥‥‥‥‥‥‥ 28
野鳥のくらし ‥‥‥‥‥‥‥‥‥‥‥‥ 216
野鳥の図鑑 ‥‥‥‥‥‥‥‥‥‥‥‥‥ 217
やってみよう!こどもの資格&コンクール
　ガイド 2001年度版 ‥‥‥‥‥‥‥‥‥ 122
やってみよう!こどもの資格&コンクール
　ガイド 2002年度版 ‥‥‥‥‥‥‥‥‥ 123
やってみよう!こどもの資格&コンクール
　ガイド 2003年度版 ‥‥‥‥‥‥‥‥‥ 123
ビジュアル博物館 86 ‥‥‥‥‥‥‥‥‥ 90
山川詳説日本史図録 ‥‥‥‥‥‥‥‥‥ 74
山川詳説日本史図録 第2版 ‥‥‥‥‥‥ 74
山川詳説日本史図録 第3版 ‥‥‥‥‥‥ 74
山川世界史小辞典 改訂新版 ‥‥‥‥‥ 68
ヤマケイジュニア図鑑 1 ‥‥‥‥‥‥‥ 187
ヤマケイジュニア図鑑 2 ‥‥‥‥‥‥‥ 205
ヤマケイジュニア図鑑 3 ‥‥‥‥‥‥‥ 217
ヤマケイジュニア図鑑 4 ‥‥‥‥‥‥‥ 197
ヤマケイジュニア図鑑 5 ‥‥‥‥‥‥‥ 197
ヤマケイジュニア図鑑 6 ‥‥‥‥‥‥‥ 198
山の名著 明治・大正・昭和戦前編 ‥‥ 46
やりたい仕事がある! ‥‥‥‥‥‥‥‥ 123
YA(ヤングアダルト)人名事典 ‥‥‥‥ 10
ヤングアダルト図書総目録 2008年版 ‥‥ 9
ヤングアダルト図書総目録 2009年版 ‥‥ 9
ヤングアダルト図書総目録 2010年版 ‥‥ 9
ヤングアダルトの本 1 ‥‥‥‥‥‥‥‥ 9
ヤングアダルトの本 2 ‥‥‥‥‥‥‥‥ 9
ヤングアダルトの本 3 ‥‥‥‥‥‥‥‥ 9
ヤングジーニアス英和辞典 ‥‥‥‥‥‥ 312

## 【ゆ】

ユニボス21 '94年度版 ‥‥‥‥‥‥‥‥ 53
ユニボス21 '95年度版 ‥‥‥‥‥‥‥‥ 53
ユニボス21 '96 ‥‥‥‥‥‥‥‥‥‥‥ 53
ユメタン 0 ‥‥‥‥‥‥‥‥‥‥‥‥‥ 317
ユメタン 1 ‥‥‥‥‥‥‥‥‥‥‥‥‥ 317
ユメタン 2 ‥‥‥‥‥‥‥‥‥‥‥‥‥ 317
ユメタン 3 ‥‥‥‥‥‥‥‥‥‥‥‥‥ 317
夢に近づく仕事の図鑑 1 ‥‥‥‥‥‥‥ 123

夢に近づく仕事の図鑑 2 ……………… 123
夢に近づく仕事の図鑑 3 ……………… 124
夢に近づく仕事の図鑑 4 ……………… 124
夢に近づく仕事の図鑑 5 ……………… 124
夢に近づく仕事の図鑑 6 ……………… 124

## 【よ】

よい絵本 第16回 …………………………… 14
よい絵本 第17回 …………………………… 14
よい絵本 第18回 …………………………… 14
よい絵本 第19回 …………………………… 15
よい絵本 第20回 …………………………… 15
よい絵本 第21回 …………………………… 15
よい絵本 第22回 …………………………… 15
よい絵本 第23回 …………………………… 15
よい絵本 第24回 …………………………… 15
よい絵本 第25回 …………………………… 15
妖怪大図鑑 …………………………………… 148
用語集 現代社会+政治・経済 '08‐'09年版 ……………………………………………… 111
用語集 現代社会+政治・経済 '09‐'10年版 ……………………………………………… 112
用語集 現代社会+政治・経済 '10‐'11年版 ……………………………………………… 112
用語集 政治・経済 最新版 ………………… 112
用語集 政治・経済 最新第2版 …………… 112
用語集 政治・経済 最新第3版 …………… 112
用語集 倫理 最新版 …………………………… 56
用語でわかる! 経済かんたん解説 上巻 ……………………………………………… 117
用語でわかる! 経済かんたん解説 下巻 ……………………………………………… 117
妖精事典 ……………………………………… 58
妖精図鑑 ……………………………………… 58
妖精 Who's Who …………………………… 58
用例でわかる四字熟語辞典 ……………… 296
用例でわかる類語辞典 ……………………… 299
予防に役立つ感染症の事典 ……………… 232
よみがえる恐竜・古生物 ………………… 223
読み聞かせで育つ子どもたち ………………… 9
読み聞かせのための音のある英語絵本ガイド ………………………………………… 15
ヨムヨム王国 …………………………………… 9
47都道府県なるほどデータブック 上 …… 104
47都道府県なるほどデータブック 下 …… 104
読んで楽しいロボット大図鑑 …………… 255
読んで見て覚える重要古文単語315 改訂版 ……………………………………………… 292
読んで見て楽しむ日本地図帳 …………… 105

## 【り】

理科・算数・生物のことば ……………… 151
理科実験に役立つ道具のつかい方事典 ……………………………………………… 151
理科年表 環境編 第2版 …………………… 246
理科年表ジュニア 2002 …………………… 151
理科年表ジュニア 第2版 …………………… 152
「理科」の地図帳 …………………………… 154
理科の地図帳 1 ……………………………… 154
理科の地図帳 2 ……………………………… 154
理科の地図帳 3 ……………………………… 155
理科の地図帳 4 ……………………………… 155
理科の地図帳 5 ……………………………… 155
理科のふしぎがわかる科学おもしろ絵事典 ……………………………………………… 152
陸と水の動物 ………………………………… 198
立体・恐竜図鑑 ……………………………… 229
リトルスター英絵辞典 …………………… 306
両生類・はちゅう類 ……………………… 213
料理・栄養・食品の仕事をめざす本 …… 258
料理図鑑 ……………………………………… 259
料理のことば絵事典 ……………………… 257
リロ&スティッチいきものずかん ……… 198
倫理用語集 …………………………………… 56

## 【る】

類語事典 ……………………………………… 299
ルイザ・メイ・オルコット事典 …………… 31
ルイス・キャロル小事典 …………………… 31
ルネサンス入門 新装・改訂版 ……………… 82

## 【れ】

例解学習漢字辞典 第4版 ………………… 290
例解学習漢字辞典 第4版 ワイド版 …… 290
例解学習漢字辞典 第6版 ………………… 290
例解学習漢字辞典 第6版 ワイド版 …… 290
例解学習漢字辞典 第7版 ………………… 290
例解学習漢字辞典 第7版 ワイド版 …… 290
例解学習漢字辞典 ドラえもん版 第5版 ワ

イド版 ……………………………… 290
例解学習漢字辞典 ドラえもん版 第6版 ワイド版 ……………………………… 290
例解学習漢字辞典 ドラえもん版 第6版 ……………………………… 291
例解学習国語辞典 第7版 ……………… 280
例解学習国語辞典 第7版 ワイド版 …… 280
例解学習国語辞典 第8版 ワイド版 …… 281
例解学習国語辞典 第8版 ……………… 281
例解学習国語辞典 第9版 ……………… 281
例解学習国語辞典 第9版　例解学習漢字辞典 第7版 ……………………………… 281
例解学習国語辞典 ドラえもん版 第7版 ……………………………… 281
例解学習国語辞典 ドラえもん版 第7版 ワイド版 ……………………………… 281
例解学習国語辞典 ドラえもん版 第8版 ……………………………… 281
例解学習国語辞典 ドラえもん版 第8版 ワイド版 ……………………………… 281
例解学習ことわざ辞典 ………………… 297
例解学習類語辞典 ……………………… 299
例解こども漢字じてん ………………… 291
例解新国語辞典 第4版 ………………… 281
レインボー英会話辞典 ………………… 307
レインボー英会話辞典 改訂新版 ……… 307
レインボー英語図解百科 ……………… 307
レインボー英語の音じてん …………… 307
レインボーことば絵じてん …………… 307
レインボーことわざ辞典 改訂新版 …… 297
レインボー世界の旅じてん ……………… 87
歴史人物絵事典 …………………………… 85
歴史人物事典 ……………………………… 87
歴史・文化・行事のことば ……………… 63

## 【ろ】

6月のこども図鑑 ………………………… 50
65億人の地球環境 改訂版 ……………… 246
ロシア文学 ……………………………… 318
ロングマンピクチャーディクショナリー ……………………………… 307

## 【わ】

ワイド現社 2010 ……………………… 114
和英じてん絵本 ………………………… 314
わが子をひざにパパが読む絵本50選 …… 16
和菓子の絵事典 ………………………… 258
わくわくウオッチング図鑑 1 ………… 175
わくわくウオッチング図鑑 2 ………… 175
わくわくウオッチング図鑑 3 ………… 175
わくわくウオッチング図鑑 4 ………… 175
わくわくウオッチング図鑑 5 ………… 175
わくわくウオッチング図鑑 6 ………… 176
わくわくウオッチング図鑑 7 ………… 176
わくわくウオッチング図鑑 8 ………… 198
私が1ばん好きな絵本 改訂版 …………… 16
私たちの大切な資源 エネルギー絵事典 ……………………………… 239
わたしたちの「女の子」レッスン ……… 233
わたしと世界 ……………………………… 48
「和」の名前絵事典 …………………… 146
ワールドスポーツ大事典 ……………… 269

# 著編者名索引

## 【あ】

相沢 省三
　図書館探検シリーズ 第4巻 ……………… 41
　図書館探検シリーズ 第20巻 …………… 43
アイスレイン, グレゴリー
　ルイザ・メイ・オルコット事典 ……… 31
相田 克太
　まんが ことわざ事典 新訂版 ………… 296
青木 五郎
　文英堂小学漢字辞典 第3版 …………… 289
青木 賢人
　日本の地形レッドデータブック 第1集
　　新装版 ……………………………… 166
青木 俊明
　世界の昆虫大百科 …………………… 203
青木 正博
　鉱物図鑑 ……………………………… 168
青沼 秀明
　永久記憶の英単語 上 ………………… 314
　永久記憶の英単語 下 ………………… 314
青柳 正規
　世界のart図鑑 ………………………… 263
青山 佾
　地下の活用がよくわかる事典 ……… 242
青山 由紀
　こくごの図鑑 ………………………… 276
赤尾 秀子
　写真が語るベトナム戦争 ……………… 77
赤尾 好夫
　英語基本単語熟語集 復刻版 ………… 314
　英語の綜合的研究 復刻版 …………… 300
赤木 かん子
　あなたのことが大好き!の絵本50冊 … 11
　絵本・子どもの本 総解説 …………… 11
　絵本・子どもの本 総解説 第2版 …… 12
　絵本・子どもの本 総解説 第3版 …… 12
　絵本・子どもの本 総解説 第4版 …… 12
　絵本・子どもの本 総解説 第5版 …… 12
　絵本・子どもの本 総解説 第6版 …… 12
　絵本・子どもの本 総解説 第7版 …… 12
　かんこのミニミニ子どもの本案内 …… 1
　自然とかがくの絵本 …………………… 14
　本の探偵事典 いろの手がかり編 …… 45
　本の探偵事典 ごちそうの手がかり編
　……………………………………………… 45
　本の探偵事典 どうぐの手がかり編 … 45
　本の探偵事典 どうぶつの手がかり編
　……………………………………………… 45
赤間 美文
　ハンディー版 環境用語辞典 第2版 … 244
阿木 二郎
　ふしぎびっくり語源博物館 5 ……… 298
あき びんご
　くもんのはじめてのずかん どうぶつ・
　　とり ………………………………… 191
　くもんのはじめてのずかん さかな・み
　　ずのいきもの・こんちゅう ……… 191
　くもんのはじめてのずかん はな・くだ
　　もの・やさい・かいそう ………… 179
あきつき まくら
　分解ずかん 5 ………………………… 249
秋山 信彦
　池や小川の生きもの ………………… 189
アーサー, アレックス
　ビジュアル博物館 8 ………………… 211
浅井 粂男
　さかなと水のいきもの ……………… 211
　庭と温室と海岸の花 ………………… 183
　陸と水の動物 ………………………… 198
浅井 利夫
　子どもの救急大事典 ………………… 230
浅田 英夫
　星と宇宙の探検館 …………………… 163
浅野 博
　アルファ・フェイバリット英和辞典 … 308
　アルファ・フェイバリット英和辞典 2nd
　　ed. ………………………………… 308
　ニューホライズン英和辞典 第5版 … 310
　ニューホライズン英和辞典 第6版 … 311
　ニューホライズン英和・和英辞典 第4
　　版 …………………………………… 305
　ニューホライズン英和・和英辞典 第5
　　版 …………………………………… 305
　ニューホライズン和英辞典 第4版 … 313
　ニューホライズン和英辞典 新装版 … 313
浅葉 克己
　文字と書の歴史 ……………………… 272
浅羽 亮一
　チャレンジ英和・和英辞典 第3版 … 304
　チャレンジ英和・和英辞典 第5版 … 304
　チャレンジ和英辞典 第3版 ………… 313
朝日新聞社
　朝日ジュニア百科年鑑 2006 …………… 54
　朝日ジュニア百科年鑑 2007 …………… 54

朝日ジュニア百科年鑑 2008 ………… 54
ジュニア朝日年鑑 1991年版 理科 …… 54
ジュニア朝日年鑑 1994年版 社会 …… 55
ジュニア朝日年鑑 1995年版 社会 …… 55
朝日新聞社出版局事典編集部
　朝日学習年鑑 2001 ………………… 53
　朝日学習年鑑 2002 ………………… 53
朝日新聞出版
　朝日ジュニア学習年鑑 2010 ……… 54
朝日田 卓
　魚（さかな） ……………………… 210
朝比奈 一郎
　海賊事典 …………………………… 79
　ビジュアル博物館 59 ……………… 81
芦沢 宏生
　環境教育ガイドブック …………… 244
アシュワース, ジュリー
　ロングマンピクチャーディクショナ
　リー ………………………………… 307
アスキーメディアワークス
　初・中級者のためのパソコン・IT・ネ
　ット用語辞典基本+最新キーワード
　1100 ………………………………… 40
あすなろ文庫
　みんなで楽しむ絵本 ……………… 14
東 眞理子
　恐竜ファイル ……………………… 224
東 洋一
　恐竜ファイル ……………………… 224
麻生 はじめ
　試験に役立つ まんが四字熟語事典 … 295
阿曽沼 一司
　はじめてのABC辞典 ……………… 305
アダムズ, サイモン
　写真が語る第一次世界大戦 ……… 68
　写真が語る第二次世界大戦 ……… 68
　ビジュアル博物館 87 ……………… 69
　ビジュアル博物館 88 ……………… 69
アッシュ, ラッセル
　比較大図鑑 ………………………… 153
アードレイ, ニール
　楽器図鑑 …………………………… 266
　ビジュアル博物館 15 ……………… 266
阿部 和厚
　からだ ……………………………… 234
　人のからだ ………………………… 238
阿部 浩己
　国際組織 …………………………… 114

阿部 高明
　人物事典 …………………………… 84
　日本の歴史人物事典 ……………… 86
　日本の歴史できごと事典 ………… 73
阿部 友直
　文法と一緒に覚える基本英単語3000 改
　訂版 ………………………………… 316
阿部 正之
　海辺の生物観察図鑑 ……………… 190
あべ みちこ
　赤ちゃん絵本ノート ……………… 11
天野 一男
　ポケット版 学研の図鑑 6 ………… 162
アミーカ
　電車・列車 ………………………… 253
あゆみ仕事クラブ
　不登校・中退生のためのスクールガイド
　2004年度版 ………………………… 143
　不登校・中退生のためのスクールガイド
　2005年度版 ………………………… 143
アヨ, イボンヌ
　ビジュアル博物館 61 ……………… 90
新井 映子
　ビジュアルワイド 食品成分表 改訂13
　版 …………………………………… 239
荒井 一利
　海獣図鑑 …………………………… 218
あらい ただし
　分解ずかん 1 ……………………… 252
　分解ずかん 6 ……………………… 254
新井 朋子
　解剖断面図鑑 ……………………… 240
　自然断面図鑑 ……………………… 193
　モノづくり断面図鑑 ……………… 241
新井 正明
　英和学習基本用語辞典化学 ……… 157
荒尾 禎秀
　四季のことば絵事典 ……………… 319
アラビー, マイク
　環境と生態 ………………………… 171
荒俣 宏
　アラマタ人物伝 …………………… 85
　きっずジャポニカ ………………… 46
荒谷 邦雄
　観察ブック カブトムシ・クワガタムシ
　のとり方・飼い方 ………………… 207
有川 政秀
　都道府県別日本の地理データマップ 7

有沢 重雄
　飼育栽培図鑑 ……………………… 173
　自由研究図鑑 ……………………… 153
有田 和正
　小学社会科事典 3訂版 …………… 111
アリ類データベースグループ
　日本産アリ類全種図鑑 …………… 203
アルク高校教材編集部
　ユメタン 2 ………………………… 317
アルシャンボ, アリアーヌ
　オールカラー 英語ものしり図鑑 …… 302
　オールカラー・6か国語大図典 …… 271
アレン, ルース
　賞をとった子どもの本 ……………… 10
あわづ ひろこ
　わたしと世界 ………………………… 48
あんぐりら
　恐竜時代の図鑑 2 ………………… 225
　恐竜時代の図鑑 3 ………………… 225
安生 健
　恐竜の探検館 ……………………… 227
アンダーソン, ピーター
　ビジュアル博物館 64 ……………… 221
安藤 文人
　院単 ………………………………… 314
阿武 泉
　教科書掲載作品13000 ……………… 22

【い】

飯島 正広
　日本哺乳類大図鑑 ………………… 220
飯島 満
　見えない所がよくわかる断面図鑑 2
　　……………………………………… 241
飯田 朝子
　数え方の辞典 ……………………… 272
家 正則
　地球と宇宙の小事典 ……………… 159
イギリス国立鉄道博物館
　世界の鉄道事典 …………………… 253
育文社
　個性派学校ガイド 2004年度版 …… 128
　個性派学校ガイド 2005年度版 …… 128
　個性派学校ガイド 2009年版 ……… 128
……………………………………… 103
　個性派学校ガイド 2010年版 ……… 128
池井 優
　ビジュアル博物館 83 ……………… 270
池内 了
　宇宙 ………………………………… 161
池上 彰
　ニュース年鑑 2009 ………………… 56
　ニュース年鑑 2010 ………………… 56
　やりたい仕事がある! ……………… 123
池上 俊一
　中世ヨーロッパ入門 ………………… 80
　ビジュアル博物館 65 ……………… 81
池上 裕子
　日本の歴史人物事典 ………………… 86
　日本の歴史できごと事典 …………… 73
イケガメ シノ
　子どものための手話事典 ………… 125
池下 育子
　わたしたちの「女の子」レッスン …… 233
池田 比佐子
　恐竜野外博物館 …………………… 227
池田 良一
　都道府県別 米データ集 …………… 260
池谷 奉文
　とり ………………………………… 214
猪郷 久義
　ちきゅう …………………………… 168
　地球・気象 ………………………… 169
　ビジュアル探検図鑑日本列島 …… 169
伊沢 正名
　カビ図鑑 …………………………… 179
石井 勲
　漢字に強くなる小学漢字学習辞典 …… 282
石井 庄司
　小学漢字学習辞典 新版 …………… 284
　小学国語学習辞典 新版 …………… 279
　小学生の新レインボー漢字読み書き辞典
　　改訂カラー版 …………………… 286
　新レインボー小学漢字辞典 改訂版 …… 287
　新レインボー小学漢字辞典 改訂最新版
　　小型版 …………………………… 287
石井 進
　21世紀こども百科 歴史館 増補版 …… 62
石井 忠浩
　スーパー理科事典 3訂版 ………… 150
石井 正己
　旺文社 全訳学習古語辞典 ………… 291
　旺文社 全訳古語辞典 第3版 ……… 291

旺文社 全訳古語辞典 第3版 小型版 …… 291
石井 雅幸
　理科実験に役立つ道具のつかい方事典
　………………………………………… 151
石浦 章一
　生物の小事典 …………………… 172
石川 勝也
　星座 ……………………………… 162
石川 浩二
　1さいでであうことばえじてん …… 276
石川 松太郎
　往来物解題辞典 …………………… 22
石田 郷子
　俳句・季語入門 1 ……………… 321
　俳句・季語入門 2 ……………… 321
　俳句・季語入門 3 ……………… 321
　俳句・季語入門 4 ……………… 321
　俳句・季語入門 5 ……………… 321
石谷 孝佑
　米 ………………………………… 260
石森 延男
　ジュニア・アンカー国語辞典 第3版 … 279
和泉 新
　くもんの学習 漢字字典 第3版 …… 283
和泉 裕子
　図解三国志大事典 1 …………… 321
　図解三国志大事典 2 …………… 321
泉谷 玄作
　職人の技が光る花火の大図鑑 …… 255
　花火の図鑑 ……………………… 256
出雲 晶子
　星と星座 ………………………… 163
礒沢 淳子
　保育者と学生・親のための乳児の絵本・
　保育課題絵本ガイド …………… 14
磯部 琇三
　宇宙 ……………………………… 160
井田 斉
　魚 ………………………………… 210
　魚（さかな） …………………… 210
　魚・水の生物のふしぎ ………… 208
井田 仁康
　国別大図解世界の地理 1 ………… 87
　国別大図解世界の地理 2 ………… 87
　国別大図解世界の地理 3 ………… 87
　国別大図解世界の地理 4 ………… 87
　国別大図解世界の地理 5 ………… 88
　国別大図解世界の地理 6 ………… 88
　国別大図解世界の地理 7 ………… 88
　国別大図解世界の地理 8 ………… 88
　読んで見て楽しむ日本地図帳 …… 105
板倉 弘幸
　一冊で親子で読み合う昔話100選を知る
　…………………………………………… 28
伊丹 清
　自慢したい咲かせたい庭の植物 …… 261
いちかわ あきこ
　これなぁに?ずかん おうちへん …… 307
　これなぁに?ずかん おそとへん …… 308
市川 顕彦
　昆虫 ……………………………… 201
市川 和夫
　ちょう …………………………… 203
市川 章三
　恐竜 ……………………………… 225
　最新恐竜大事典 ………………… 227
市田 ひろみ
　ニッポンの名前 ………………… 144
一瀬 諭
　やさしい日本の淡水プランクトン 図解
　ハンドブック …………………… 175
井出 勝久
　原寸大!スーパー昆虫大事典 …… 201
出田 興生
　海洋 ……………………………… 166
伊藤 勝敏
　海べの生きもの ………………… 190
伊藤 幸司
　図書館探検シリーズ 第13巻 ……… 42
伊東 昌市
　天文 ……………………………… 169
伊藤 徹哉
　都道府県別日本地理 北海道・東北地方
　…………………………………………… 101
　都道府県別日本地理 関東地方 …… 101
　都道府県別日本地理 中部地方 …… 101
　都道府県別日本地理 近畿地方 …… 101
　都道府県別日本地理 中国・四国地方
　…………………………………………… 101
　都道府県別日本地理 九州地方 …… 102
伊藤 徹
　見えない所がよくわかる断面図鑑 7
　…………………………………………… 241
伊藤 年一
　学研生物図鑑 昆虫 3 改訂版 ……… 200
伊東 広
　化学物質の小事典 ……………… 158

## 伊藤 ふくお
ひっつきむしの図鑑 フィールド版 … 186
## 伊藤 まさあき
基本からわかる算数おもしろ絵事典 …………………………………… 155
## 伊藤 正直
世界地図で読む環境破壊と再生 …… 245
## 伊藤 恵夫
化石図鑑 …………………………… 222
恐竜事典 …………………………… 225
結晶・宝石図鑑 …………………… 167
太古の生物図鑑 …………………… 223
ビジュアル博物館 76 ……………… 114
ホネ事典 …………………………… 238
## 医道の日本社
あなたも柔道整復師になろう 2003年版 ……………………………… 233
あなたも鍼灸マッサージ師になろう 2003年版 ……………………………… 233
## 稲見 芳勝
サンライズクエスト和英辞典 ……… 312
## 稲村 哲也
ビジュアル博物館 86 ……………… 90
## 稲村 松雄
フレンド英和辞典 第3版 ………… 311
フレンド英和・和英辞典 第3版 … 306
フレンド和英辞典 第3版 ………… 313
## いのうえ こーいち
あたらしい自動車ずかん ………… 250
はたらくじどう車図鑑 いろいろ501台 …………………………………… 251
## 井上 大助
日本の歴史人物事典 ……………… 86
## 井上 智勝
神社とお寺がわかる事典 ………… 57
## 井上 順孝
世界の宗教がわかる絵事典 ……… 57
## 井上 実
図解三国志大事典 1 ……………… 321
図解三国志大事典 2 ……………… 321
図解三国志大事典 3 ……………… 321
図解三国志大事典 4 ……………… 322
## 猪口 邦子
写真が語る第一次世界大戦 ……… 68
写真が語る第二次世界大戦 ……… 68
ビジュアル博物館 87 ……………… 69
ビジュアル博物館 88 ……………… 69
## 猪又 敏男
地球から消えた生物 ……………… 223

## 伊部 哲
ニュースクール英和辞典 第2版 … 310
## 今井 桂三
昆虫ナビずかん …………………… 202
## 今井 夏彦
英和学習基本用語辞典アメリカ史 … 78
## 今井 里砂
ハリー・ポッターが楽しくなるふしぎな生きもの図鑑 ……………………… 322
## 今泉 忠明
あそびのおうさまずかん いきもの・くらし にっぽんのどうぶつたち … 189
あそびのおうさまずかん ペット … 189
いきもの …………………………… 189
いぬ ………………………………… 217
イヌとネコ ………………………… 217
いぬねこ …………………………… 217
大昔の動物 ………………………… 222
学校のまわりでさがせる生きもの図鑑 動物・鳥 …………………… 191
きょうりゅう ……………………… 224
くもんのはじめてのずかん どうぶつ・とり ……………………………… 191
くもんのはじめてのずかん さかな・みずのいきもの・こんちゅう … 191
飼育と観察 ………………………… 193
どうぶつ ……………………… 193, 194
動物 ………………………………… 194
動物のくらし ……………………… 195
動物のふしぎ ……………………… 187
図書館探検シリーズ 第3巻 ……… 41
図書館探検シリーズ 第14巻 …… 42
どっちがオス?どっちがメス? … 195
ねこあつまれ ……………………… 220
ポケット版 学研の図鑑 3 ……… 196
哺乳動物 1 ………………………… 221
哺乳動物 2 ………………………… 221
## 今泉 吉典
昆虫・両生類・爬虫類 …………… 192
魚 …………………………………… 209
鳥 …………………………………… 214
哺乳動物 1 ………………………… 221
哺乳動物 2 ………………………… 221
## 今島 実
昆虫・両生類・爬虫類 …………… 192
## 今森 光彦
今森光彦ネイチャーフォト・ギャラリー ……………………………… 200
くわがたむしとかぶとむし 新版 … 207
里山いきもの図鑑 ………………… 173

世界のクワガタムシ ………………… 207
井村 君江
　妖精事典 ……………………………… 58
　妖精 Who's Who ……………………… 58
イーメディア
　新「理科」の地図帳 ………………… 154
入江 礼子
　自然断面図鑑 ………………………… 193
　比較大図鑑 …………………………… 153
　モノづくり断面図鑑 ………………… 241
入間田 宣夫
　日本の歴史人物事典 ………………… 86
　日本の歴史できごと事典 …………… 73
岩井 渓
　学習漫画 日本の歴史年表 …………… 69
　人物事典 ……………………………… 84
　日本の歴史人物事典 ………………… 86
　日本の歴史できごと事典 …………… 73
岩井 修一
　サメも飼いたいイカも飼いたい …… 211
　自然断面図鑑 ………………………… 193
　鳥の形態図鑑 ………………………… 215
岩倉 千春
　セサミストリートのえいご絵じてん
　……………………………………………… 304
岩崎 正也
　日本におけるグレアム・グリーン書誌
　……………………………………………… 27
岩崎書店編集部
　「色」の大研究 4 …………………… 265
岩瀬 徹
　学習図鑑 植物 ………………………… 177
　形とくらしの雑草図鑑 ……………… 177
　校庭の花 ……………………………… 180
岩田 一彦
　学習漫画 世界の歴史年表 …………… 65
岩槻 秀明
　どんぐりハンドブック ……………… 177
岩藤 シオイ
　どんぐりハンドブック ……………… 177
岩淵 けい子
　人気のカブトムシクワガタの飼い方＆図
　鑑 ……………………………………… 207
　人気の昆虫図鑑 ……………………… 204
　人気の昆虫図鑑ベスト257 …………… 204
岩松 鷹司
　学研わくわく観察図鑑 メダカ ……… 208
岩見 哲夫
　魚・水の生物のふしぎ ……………… 208

岩村 秀
　化学物質の小事典 …………………… 158
イングペン, ロバート
　図解三国志大事典 1 ………………… 321
　図解三国志大事典 2 ………………… 321
　図解三国志大事典 3 ………………… 321
　図解三国志大事典 4 ………………… 322
インターナショナルインターンシッププログ
ラムス
　イラスト日本（にっぽん）まるごと事典
　ジュニア版 改訂第2版 ……………… 99
　日本まるごと事典 …………………… 145
インフォマックス
　恐竜3D図鑑 …………………………… 226

# 【う】

ヴァン・ローズ, ズザンナ
　絵でみる地球大地図 ………………… 171
ウィッテッカー, リチャード
　気象 …………………………………… 167
ウィルキンソン, フィリップ
　世界の建物事典 ……………………… 248
　ビジュアル博物館 58 ………………… 249
ウィルクス, アンジェラ
　はじめての恐竜大図鑑 ……………… 228
ウェイリー, ポール
　ビジュアル博物館 7 ………………… 204
植木 研介
　ディケンズ鑑賞大事典 ……………… 29
植木 裕幸
　ねこあつまれ ………………………… 220
上田 篤
　情報図鑑 ……………………………… 49
上田 絵理
　大人だって、絵本! ………………… 13
上田 恵介
　鳥 ……………………………………… 215
上田 孝俊
　郷土をつくった偉人事典 …………… 85
上田 信一郎
　現代「手に職」ガイド ……………… 120
上田 豊甫
　ハンディー版 環境用語辞典 第2版 …… 244
上原 行雄
　用語集 現代社会＋政治・経済 '10－'11

年版 ……………………………… 112
　　　用語集 政治・経済 最新版 ……… 112
　　　用語集 政治・経済 最新第2版 …… 112
　　　用語集 政治・経済 最新第3版 …… 112
上原 里佳
　　　ほんとうに読みたい本が見つかった!
　　　　…………………………………… 27
　　　ほんとうはこんな本が読みたかった!
　　　　…………………………………… 28
植松 勝
　　　都道府県別日本の地理データマップ 6
　　　　………………………………… 103
植村 好延
　　　昆虫 ……………………………… 201
ウォーカー, リチャード
　　　驚異の人体 ……………………… 230
　　　呼吸 ……………………………… 235
　　　こども大図鑑動物 ……………… 192
　　　消化 ……………………………… 236
　　　心臓 ……………………………… 236
ウォッツ, クレア
　　　ビジュアル博物館 85 …………… 237
ウォード, ブライアン
　　　ビジュアル博物館 84 …………… 237
うかい ふゆか
　　　分解ずかん 5 …………………… 249
牛木 辰男
　　　サイエンスビュー生物総合資料 増補4訂
　　　版 ………………………………… 171
牛山 俊男
　　　星と星座 ………………………… 163
臼井 儀人
　　　クレヨンしんちゃんのまんが四字熟語辞
　　　典 ………………………………… 293
卯月 啓子
　　　小学漢字1006字の書き方辞典 … 285
内田 かずひろ
　　　子どものためのパソコン・IT用語事典
　　　　…………………………………… 40
内田 玉男
　　　おぼえておきたいきまりことば「慣用
　　　句」事典 ………………………… 292
　　　ふしぎびっくり語源博物館 3 … 297
　　　まんが 語源なんでも事典 ……… 298
内田 康夫
　　　鳥 新訂版 ………………………… 214
内村 浩
　　　おもしろ実験・ものづくり事典 … 149

内山 晟
　　　ぜんぶわかる 動物ものしりずかん … 219
内山 裕之
　　　解剖・観察・飼育大事典 ……… 171
ウッドフォード, クリス
　　　ビジュアル分解大図鑑 ………… 240
ウッドワード, ジョン
　　　海洋 ……………………………… 166
　　　気象 ……………………………… 167
梅澤 実
　　　マンガでわかる小学生のかんじじてん
　　　　………………………………… 289
　　　マンガでわかる小学生のことわざじて
　　　ん ………………………………… 296
梅澤職業研究所
　　　小学生のためのしごと大事典 … 123
梅田 紀代志
　　　陸と水の動物 …………………… 198
浦本 昌紀
　　　鳥 新訂版 ………………………… 214
漆原 智良
　　　もっと知りたい!人物伝記事典 1 …… 84
　　　もっと知りたい!人物伝記事典 2 …… 84
　　　もっと知りたい!人物伝記事典 3 …… 84
　　　もっと知りたい!人物伝記事典 4 …… 85
　　　もっと知りたい!人物伝記事典 5 …… 85
海野 和男
　　　学習図鑑 昆虫 …………………… 200

## 【え】

英語教育メディア
　　　看護・医療系の英単語が楽々暗記できる
　　　本 ………………………………… 314
英国国立海事博物館
　　　船の百科 ………………………… 252
江川 清
　　　音楽・芸術・スポーツのことば … 263
　　　季節・暦・くらしのことば …… 146
　　　ことば絵事典 …………………… 273
　　　政治・産業・社会のことば …… 112
　　　先端科学・コンピュータのことば … 239
　　　地理・地図・環境のことば ……… 87
　　　道具・乗り物・建築のことば … 240
　　　人の体・心・動作のことば …… 233
　　　ふしぎびっくり語源博物館 1 … 297
　　　ふしぎびっくり語源博物館 2 … 297

ふしぎびっくり語源博物館 3 ……… 297
ふしぎびっくり語源博物館 4 ……… 298
ふしぎびっくり語源博物館 5 ……… 298
理科・算数・生物のことば ………… 151
歴史・文化・行事のことば ………… 63

江川 玟成
　こどもかんじじてん ……………… 283

江口 尚純
　クレヨンしんちゃんのまんが四字熟語辞
　典 …………………………………… 293

エコビジネスネットワーク
　絵で見てわかるリサイクル事典 …… 242
　ネットで探す 最新環境データ情報源
　 ……………………………………… 245

江崎 玲於奈
　きっずジャポニカ …………………… 46

江連 隆
　文英堂小学漢字辞典 第3版 ……… 289

枝廣 淳子
　地球温暖化サバイバルハンドブック ‥ 245
　地球環境図鑑 ……………………… 246

枝元 なほみ
　料理のことば絵事典 ……………… 257

江波戸 昭
　調べ学習に役立つ 世界の地図 …… 93
　調べ学習に役立つ 日本の地図 …… 105

えびな みつる
　すぐにさがせる!光る星座図鑑 …… 161

海老沼 剛
　爬虫類・両生類ビジュアル大図鑑 … 213

海老原 美宜男
　電車いっぱい図鑑 いろいろ400 …… 253

MCDプロジェクト
　国際理解に役立つ民族衣装絵事典 … 144

江本 祐一
　入試英単語の王道2000+50 改訂版 … 316

エルフィック, ジョナサン
　図説 哺乳動物百科 3 ……………… 219

遠藤 哲夫
　旺文社標準漢和辞典 第5版 ……… 282

遠藤 秀紀
　図説 哺乳動物百科 1 ……………… 219
　図説 哺乳動物百科 2 ……………… 219
　図説 哺乳動物百科 3 ……………… 219

## 【お】

オアー, リチャード
　自然断面図鑑 ……………………… 193

旺文社
　旺文社小学漢字新辞典 第4版 …… 282
　旺文社小学漢字新辞典 第4版 ワイド版
　 ……………………………………… 282
　旺文社小学漢字新辞典 改訂版 …… 282
　旺文社小学国語新辞典 第4版 …… 277
　旺文社小学国語新辞典 第4版 ワイド版
　 ……………………………………… 277
　旺文社小学国語新辞典 改訂版 …… 277
　旺文社世界史事典 3訂版 ………… 67
　旺文社日本史事典 3訂版 ………… 71
　旺文社標準漢和辞典 第5版 ……… 282
　旺文社標準国語辞典 第6版 ……… 277
　小学漢字1006字の正しい書き方 3訂版
　 ……………………………………… 285
　小学算数事典 5訂版 ……………… 156
　小学社会科事典 3訂版 …………… 111
　小学・中学学習人物事典 ………… 84
　進路決定オール・ガイド '99 ……… 121
　進路決定オール・ガイド 2000 …… 121
　中学社会用語集 …………………… 111
　中学数学解法事典 3訂版 ………… 157
　中学理科解法事典 3訂版 ………… 150
　中学理科用語集 …………………… 150

旺文社エディタ
　鳥 改訂版 …………………………… 214

近江 卓
　魚（さかな） ………………………… 210

大内 正己
　宇宙 ………………………………… 161

大阪から公害をなくす会
　つくろう いのちと環境優先の社会 大阪
　発市民の環境安全白書 …………… 248

大阪自治体問題研究所
　つくろう いのちと環境優先の社会 大阪
　発市民の環境安全白書 …………… 248

大作 晃一
　植物 ………………………………… 181

大芝 亮
　21世紀をつくる国際組織事典 1 … 115
　21世紀をつくる国際組織事典 2 … 115
　21世紀をつくる国際組織事典 3 … 115
　21世紀をつくる国際組織事典 4 … 115

21世紀をつくる国際組織事典 5 ……… 115
21世紀をつくる国際組織事典 6 ……… 115
21世紀をつくる国際組織事典 7 ……… 115
用語集 現代社会+政治・経済 '10 - '11
　年版 …………………………………… 112
用語集 政治・経済 最新版 ……………… 112
用語集 政治・経済 最新第2版 ………… 112
用語集 政治・経済 最新第3版 ………… 112

## 大須賀 康宏
小学算数解き方事典 3訂版 …………… 156

## 太田 次郎
カラー図説理科の辞典 ………………… 149
環境と生態 ……………………………… 171

## 太田 英利
両生類・はちゅう類 …………………… 213

## 太田 幸夫
ジュニア記号の大事典 第2版 ………… 271
世界のマーク …………………………… 264

## 大滝 雅之
用語でわかる! 経済かんたん解説 上
　巻 ……………………………………… 117

## 大津 一義
かぜなんかひかないよ ………………… 229
すくすく育つ …………………………… 231
むし歯バイバイ ………………………… 232
メリハリ生活 …………………………… 232

## 大塚 初重
21世紀こども百科 歴史館 増補版 …… 62

## 大槻 真
数学の小事典 …………………………… 157

## 大坪 奈保美
はじめての恐竜大図鑑 ………………… 228

## 大野 正男
飼育と観察 新訂版 …………………… 173

## 大場 達之
植物 ……………………………………… 181
植物 改訂版 …………………………… 181

## 大場 秀章
世界のワイルドフラワー 1 …………… 182

## 大村 はま
三省堂例解小学漢字辞典 ……………… 283
三省堂例解小学漢字辞典 第2版 ……… 283
三省堂例解小学漢字辞典 第2版 特製版
　………………………………………… 283
三省堂例解小学漢字辞典 第2版 ワイド
　版 ……………………………………… 284
三省堂例解小学漢字辞典 第3版 ……… 284
三省堂例解小学漢字辞典 第3版 特製版
　………………………………………… 284
三省堂例解小学漢字辞典 第3版 ワイド
　版 ……………………………………… 284
三省堂例解小学漢字辞典 第3版 新装版
　特製版 ………………………………… 284
三省堂例解小学漢字辞典 第3版 新装版
　………………………………………… 284
三省堂例解小学漢字辞典 第3版 新装版
　ワイド版 ……………………………… 284
三省堂例解小学漢字辞典 ワイド版 … 283

## 大利 昌久
感覚器のしくみ ………………………… 235
筋肉のはたらき ………………………… 235
血液のはたらき ………………………… 235
呼吸器のしくみ ………………………… 235
細胞のはたらき ………………………… 236
消化器のしくみ ………………………… 236
神経のはたらき ………………………… 236
生命のふしぎ …………………………… 174
骨のやくわり …………………………… 238

## 岡 美里
せかいのこっきずかん ………………… 106

## 岡崎 勝世
図説 ユニバーサル新世界史資料 3訂版
　…………………………………………… 68

## 岡崎 千鶴子
中高生のブック・トリップ ……………… 44

## 岡崎 勝
がっこう百科 …………………………… 126

## 岡島 秀治
いきもの探検大図鑑 …………………… 172
生き物のくらし ………………………… 189
学校のまわりでさがせる生きもの図鑑
　昆虫 1 ………………………………… 190
学校のまわりでさがせる生きもの図鑑
　昆虫 2 ………………………………… 191
カブトムシ・クワガタムシ …………… 206
くもんのはじめてのずかん さかな・み
　ずのいきもの・こんちゅう ………… 191
昆虫 ……………………………………… 201
世界の昆虫 ……………………………… 203
ポケット版 学研の図鑑 1 ……………… 204
ポケット版 学研の図鑑 11 …………… 207

## おがた たかはる
地震災害を究明せよ …………………… 171

## 緒方 孝文
アルファ・フェイバリット英和辞典 … 308

## 岡田 哲
食べものの伝来がわかる絵事典 ……… 257

## 岡田 徹也
見えない所がよくわかる断面図鑑 1

見えない所がよくわかる断面図鑑 9 ……… 240
　　　　　　　　　　　　　　　　　　　…………… 241
岡田 晴恵
　　　子どもといっしょに読む新型インフルエ
　　　ンザハンドブック ………………………… 233
岡田 比呂実
　　　植物 ………………………………………… 181
岡田 真人
　　　ビジュアル博物館 85 ……………………… 237
岡田 真理子
　　　こんなとき子どもにこの本を 第3版
　　　　　　　　　　　　　　　　　　　…………… 13
岡田 泰明
　　　鳥 新訂版 …………………………………… 214
岡田 好恵
　　　アトラス世界地図絵本 …………………… 90
小賀野 実
　　　乗りもの …………………………………… 251
岡村 道雄
　　　日本の歴史人物事典 ……………………… 86
　　　日本の歴史できごと事典 ………………… 73
岡本 一郎
　　　にほんごのえじてん あいうえお ……… 275
岡本 祐美
　　　すぐわかる日本の国宝 …………………… 263
岡本 まさあき
　　　試験に役立つ まんがことわざ・慣用句
　　　事典 ………………………………………… 295
小川 賢一
　　　学研の大図鑑 危険・有毒生物 ………… 173
小川 英雄
　　　写真でみる聖書の世界 …………………… 58
小川 宏
　　　アシナガバチ観察事典 …………………… 198
　　　カリバチ観察事典 ………………………… 199
荻野 治雄
　　　Data base 4500「完成」英単語・熟語 3rd
　　　edition ……………………………………… 315
沖山 宗雄
　　　生き物のくらし …………………………… 189
　　　さかな ……………………………………… 209
　　　魚 増補改訂版 ……………………………… 210
オクスレード, クリス
　　　オリンピック大百科 ……………………… 269
　　　ビジュアル博物館 79 ……………………… 270
奥谷 喬司
　　　貝のふしぎ図鑑 …………………………… 208
　　　水の生き物 ………………………………… 197

小口 泰平
　　　鉄道・自動車 改訂版 …………………… 250
オクムラ書店
　　　小中学生・不登校生のためのフリース
　　　クールガイド 第2版 …………………… 131
　　　総ガイド 高校新入学・転編入 07年度版
　　　全国版 ……………………………………… 135
　　　中学卒・高校中退からの進学総ガイド
　　　'99 …………………………………………… 136
　　　中学卒・高校中退からの進学総ガイド
　　　2000年度版 ………………………………… 136
　　　中学卒・高校中退からの進学総ガイド
　　　'03年版 ……………………………………… 136
　　　中学卒・高校中退からの進学総ガイド
　　　'04年版 ……………………………………… 136
　　　中学卒・高校中退からの進学総ガイド
　　　'05年版 ……………………………………… 136
　　　中学卒・高校中退からの進学総ガイド
　　　'06年版 ……………………………………… 136
　　　中学卒・高校中退からの進学総ガイド
　　　'07年版 ……………………………………… 137
　　　中学卒・高校中退からの進学総ガイド
　　　'08年度版 …………………………………… 137
　　　中学卒・高校中退からの進学総ガイド
　　　2009年度版 ………………………………… 137
　　　中学卒・高校中退からの進学総ガイド
　　　'10年度版 …………………………………… 137
　　　中学卒・高校中退からの進学総ガイド
　　　'11年度版 …………………………………… 137
オクムラ書店編集部
　　　総ガイド 高校新入学・転編入 02年度版
　　　全国版 ……………………………………… 135
おくやま ひさし
　　　学校のまわりの生きものずかん 1 …… 191
　　　学校のまわりの生きものずかん 2 …… 191
　　　学校のまわりの生きものずかん 3 …… 191
　　　学校のまわりの生きものずかん 4 …… 191
　　　学校のまわりの植物ずかん 1 ………… 178
　　　学校のまわりの植物ずかん 2 ………… 178
　　　学校のまわりの植物ずかん 3 ………… 178
　　　学校のまわりの植物ずかん 4 ………… 178
　　　学校のまわりの植物ずかん 5 ………… 178
　　　里山図鑑 …………………………………… 173
　　　山菜と木の実の図鑑 ……………………… 180
　　　自然とあそぶ図鑑 1 ……………………… 152
　　　自然とあそぶ図鑑 2 ……………………… 153
　　　自然とあそぶ図鑑 3 ……………………… 153
　　　自然とあそぶ図鑑 4 ……………………… 153
　　　町の木公園の木図鑑 春・夏 …………… 186
　　　町の木公園の木図鑑 秋・冬 …………… 186
小椋 たみ子
　　　1さいででであうことばえじてん ……… 276

2さいでであうことばえじてん ……… 276
3さいでであうことばえじてん ……… 276
小田 隆
　恐竜 ……………………………………… 225
おだ 辰夫
　まんが日本の歴史人物事典 …………… 86
小田 英智
　アサガオ観察事典 ……………………… 176
　アシナガバチ観察事典 ………………… 198
　網をはるクモ観察事典 ………………… 187
　アメンボ観察事典 ……………………… 198
　アリ観察事典 …………………………… 198
　海辺の生物観察事典 …………………… 187
　カエル観察事典 ………………………… 212
　カゲロウ観察事典 ……………………… 199
　カニ観察事典 …………………………… 207
　カブトムシ観察事典 …………………… 205
　カマキリ観察事典 ……………………… 199
　カリバチ観察事典 ……………………… 199
　サケ観察事典 …………………………… 208
　タンポポ観察事典 ……………………… 176
　チューリップ観察事典 ………………… 176
　ツバメ観察事典 ………………………… 213
　テントウムシ観察事典 ………………… 199
　図書館探検シリーズ 第1巻 …………… 41
　図書館探検シリーズ 第2巻 …………… 41
　図書館探検シリーズ 第6巻 …………… 42
　図書館探検シリーズ 第8巻 …………… 42
　鳴く虫観察事典 ………………………… 199
　花と昆虫観察事典 ……………………… 172
　ふしぎ動物大図鑑 ……………………… 196
　ヘチマ観察事典 ………………………… 177
　ミツバチ観察事典 ……………………… 199
　モンシロチョウ観察事典 ……………… 199
小田 勝
　旺文社 全訳学習古語辞典 ……………… 291
　旺文社 全訳古語辞典 第3版 …………… 291
　旺文社 全訳古語辞典 第3版 小型版 …… 291
小田切 秀雄
　明治の名著 1 …………………………… 45
おち とよこ
　料理図鑑 ………………………………… 259
小野 功生
　C.S.ルイス文学案内事典 ……………… 29
小野 直子
　感覚器のしくみ ………………………… 235
　筋肉のはたらき ………………………… 235
　血液のはたらき ………………………… 235
　呼吸器のしくみ ………………………… 235
　細胞のはたらき ………………………… 236

消化器のしくみ ………………………… 236
神経のはたらき ………………………… 236
生命のふしぎ …………………………… 174
骨のやくわり …………………………… 238
小野 展嗣
　いきもの探検大図鑑 …………………… 172
　昆虫 ……………………………………… 201
　昆虫 3 …………………………………… 202
尾上 兼英
　旺文社小学漢字新辞典 第4版 ………… 282
　旺文社小学漢字新辞典 第4版 ワイド版
　 …………………………………………… 282
　小学生のための漢字をおぼえる辞典 第
　3版 ……………………………………… 286
小畠 郁生
　きょうりゅう …………………………… 224
　きょうりゅう 新版 ……………………… 224
　恐竜と古代生物 ………………………… 226
　恐竜野外博物館 ………………………… 227
オバタ カズユキ
　小中学生からとれる資格と検定大事典!
　 …………………………………………… 120
オフィス加減
　初・中級者のためのパソコン・IT・ネ
　ット用語辞典基本＋最新キーワード
　1100 …………………………………… 40
朧谷 寿
　日本の歴史 1 …………………………… 72
織田 紘二
　観劇にやくだつ舞台芸術「表」「裏」絵
　事典 ……………………………………… 267
小和田 顕
　旺文社標準漢和辞典 第5版 …………… 282

## 【か】

甲斐 睦朗
　小学新漢字辞典 改訂版 ………………… 285
　小学新国語辞典 改訂版 ………………… 279
海外子女教育振興財団
　帰国子女のための学校便覧 2008 …… 127
　帰国子女のための学校便覧 2010 …… 127
　帰国子女のための学校便覧 2011 …… 127
改田 昌直
　マンガで楽しむ英語擬音語辞典 新装コ
　ンパクト版 ……………………………… 306
垣内 ユカ里
　地球温暖化図鑑 ………………………… 246

科学教育研究会
　サイエンスワールド ………………… 150
科学読物研究会
　科学読物データバンク 98 …………… 1
加賀谷 穣
　四季の星座百科 ………………… 161
垣内 義亨
　決定版 からだのしくみカラー事典 … 230
柿沢 亮三
　日本の野鳥 巣と卵図鑑 ……………… 215
　ビジュアル博物館 69 ………………… 216
郝 広才
　図解三国志大事典 3 …………… 321
　図解三国志大事典 4 …………… 322
学習研究社
　居場所が見つかる!フリースクールガイ
　　ド 2007～2008年版 ……………… 129
　学校が合わないときの居場所探し 2000
　　～2001年版 ………………………… 129
　学校が合わないときの学校探し 2000～
　　2001年版 …………………………… 129
　学校も生徒もふえていま大注目っ!全国通
　　信制高校案内 2007～2008年版 …… 129
　高校転入・編入ガイド 2008～2009年
　　………………………………………… 130
　高校転入・編入ガイド 2009～2010年
　　………………………………………… 130
　将来の仕事なり方完全ガイド ……… 120
　全国 通信制高校案内 2004～2005年版
　　………………………………………… 133
　全国通信制高校案内 2006～2007年版
　　………………………………………… 133
　全国通信制高校案内 2008-2009年版
　　………………………………………… 133
　全国版 個性派ハイスクールで学ぼう!
　　2005～2006年度 …………………… 134
　全国版 個性派ハイスクールで学ぼう!
　　2006～2007年版 …………………… 134
　120の仕事なり方完全ガイド ……… 122
　不登校・中退からの学校探し 2004～
　　2005年版 …………………………… 141
　不登校・中退からの学校探し 2005～
　　2006年版 …………………………… 141
　不登校・中退からの学校探し 2006～
　　2007年版 …………………………… 141
　不登校・中退からの学校探し 2007～
　　2008年版 …………………………… 141
　不登校・中退からの学校探し 2008～
　　2009年版 …………………………… 142
　不登校・中退からの学校探し 2009～
　　2010年版 …………………………… 142
　不登校の子どものための居場所探し
　　2004～2005年版 …………………… 143
　不登校の子どものための居場所探し
　　2005～2006年版 …………………… 143
　不登校の子どものための居場所探し
　　2006～2007年版 …………………… 143
学習辞典編集部
　用例でわかる四字熟語辞典 ………… 296
学習まんが「少年少女日本の歴史」編集部
　人物事典 増補版 ……………………… 86
陰山 英男
　きっずジャポニカ ……………………… 46
　辞書びきえほん漢字 ………………… 284
　辞書びきえほん国旗 ………………… 107
　辞書びきえほんことわざ …………… 295
　辞書びきえほん世界地図 ……………… 87
　辞書びきえほん日本地図 …………… 104
　辞書びきえほんもののはじまり ……… 46
かさい たかゆき
　ムーミンえいごじてん CD付き版 … 306
笠原 一男
　学習漫画 日本の歴史年表 …………… 69
梶 芳郎
　快速英単語 高校必修編 新装版 …… 314
梶井 貢
　小学生の歴史人物はかせ 改訂新版 … 83
梶田 洋平
　カリスマ慶應生が教えるやばい!mini英
　　単語 ………………………………… 314
　カリスマ慶應生が教えるやばい!mini英
　　単語ハイパー ……………………… 314
加島 葵
　こども 地球白書 2000・2001 …… 246
　こども 地球白書 2001・2002 …… 247
　こども 地球白書 2002・2003 …… 247
　こども 地球白書 2003・2004 …… 247
　こども 地球白書 2004・2005 …… 247
柏原 晃夫
　ほんとのおおきさ水族館 …………… 197
梶原 竜人
　血液のふしぎ絵事典 ………………… 230
春日井 明
　人物事典 ……………………………… 84
カタカナ語研究プロジェクト
　学校では教えない カタカナ語6000 … 299
片山 孝次
　数学の小事典 ………………………… 157
可知 直毅
　旺文社 生物事典 4訂版 …………… 171

学研教育出版
 癒し系の仕事 2011年版 ……………… 233
 高校転入・編入ガイド 2010～2011年
  ………………………………………… 130
 不登校・中退からの学校探し 2010～
  2011年版 ……………………………… 142
 用例でわかる類語辞典 ………………… 299
学研辞典編集部
 小学生の新レインボー漢字読み書き辞典
  改訂カラー版 ………………………… 286
 小学生の新レインボー「熟語」辞典 … 286
 新レインボーかんじ絵じてん ………… 287
 新レインボーことわざ絵じてん ……… 295
 新レインボー小学国語辞典 小型版 改訂
  新版 …………………………………… 279
 新レインボーにほんご絵じてん ……… 275
 新レインボー方言辞典 ………………… 275
 そのまま使える小論文キーワード 2500
  ………………………………………… 300
 はじめて英単語じてん みぢかなもの
  ………………………………………… 305
 はじめて英単語じてん ものごとのうご
  き ……………………………………… 305
 はじめて英単語じてん ものごとのよう
  す ……………………………………… 305
 レインボー世界の旅じてん …………… 87
学校設置会社連盟
 教育特区学校ガイド 2008年度版 …… 128
学校放送研究会
 きょうはこんな日 365 1 ……………… 62
 きょうはこんな日 365 2 ……………… 62
 きょうはこんな日 365 3 ……………… 62
 きょうはこんな日 365 4 ……………… 62
勝本 謙
 カビ図鑑 ………………………………… 179
桂 宥子
 たのしく読める英米児童文学 ………… 27
カーティー, エドウィン・L.
 スーパー・アンカー和英辞典 第2版 … 313
家庭科教育研究者連盟
 くらべてわかる食品図鑑 4 …………… 209
加藤 愛一
 原寸大 恐竜館 ………………………… 227
加藤 珪
 ビジュアル博物館 51 …………………… 90
加藤 民男
 フランス文学 …………………………… 318
かとう ひろや
 分解ずかん 1 ………………………… 252

加藤 光也
 イギリス文学 …………………………… 322
加藤 実
 国語便覧〔カラー版〕………………… 319
門田 和雄
 読んで楽しいロボット大図鑑 ………… 255
門田 裕一
 植物 …………………………………… 181
角屋 重樹
 教科に役だつ実験・観察・ものづくり
  1 ……………………………………… 254
香取 一
 植物のふしぎ ………………………… 182
金井 康枝
 犬の写真図鑑 ………………………… 217
金柿 秀幸
 幸せの絵本 …………………………… 14
 幸せの絵本 2 ………………………… 14
神奈川県教科研究会社会科地理部会
 グローバルデータブック 1993 ……… 88
 グローバルデータブック 1994 ……… 88
 グローバルデータブック 1995 ……… 118
神奈川県立生命の星地球博物館
 新「理科」の地図帳 ………………… 154
 「理科」の地図帳 …………………… 154
金谷 憲
 旺文社オーロラ英和辞典 …………… 308
 旺文社オーロラ英和・和英辞典 …… 302
 旺文社オーロラ和英辞典 …………… 312
金子 兜太
 現代子ども俳句歳時記 ……………… 319
金田 雅代
 バランスよく食べよう!栄養がわかる絵
  事典 …………………………………… 239
加納 喜光
 オールカラー学習漢字新辞典 ……… 282
 漢字の成立ち辞典 新装版 …………… 282
 小学生の新レインボー漢字つかい方辞
  典 ……………………………………… 286
 小学生のまんが漢字辞典 …………… 286
 常用漢字ミラクルマスター辞典 …… 286
 新レインボー漢字早おぼえ字典 …… 287
 新レインボー小学漢字辞典 改訂第3版
  ………………………………………… 287
 新レインボー小学漢字辞典 改訂第3版
  小型版 ………………………………… 287
カブクワ編集チーム
 カブトムシ・クワガタムシスーパーカタ
  ログ …………………………………… 207

| | | | |
|---|---|---|---|
| カブトムシの飼育徹底ガイドブック | 205 | 河合 敦 | |
| カーペンター，ハンフリー | | 歴史人物絵事典 | 85 |
| オックスフォード世界児童文学百科 | 29 | 河合 修治 | |
| かまた いくよ | | ビジュアル博物館 74 | 117 |
| こんなときどうする?犯罪から身を守る絵事典 | 116 | 河合塾 | |
| 鎌田 和宏 | | 学問の鉄人が贈る14歳と17歳のBOOKガイド | 43 |
| 先生と司書が選んだ調べるための本 | 23 | 図解 地図資料 第13版 | 95 |
| 鎌田 正 | | 川上 親孝 | |
| 文英堂小学漢字辞典 第3版 | 289 | 昆虫の生態図鑑 | 202 |
| 上 笙一郎 | | 川上 洋一 | |
| 日本童謡事典 | 36 | 昆虫ナビずかん | 202 |
| 神長 幾子 | | 川崎 佳代子 | |
| 数学の小事典 | 157 | C.S.ルイス文学案内事典 | 29 |
| 神野 善治 | | 川崎 堅二 | |
| 日本のくらしの知恵事典 | 144 | 人物事典 | 84 |
| 紙の博物館 | | 川崎 悟司 | |
| 紙のなんでも小事典 | 256 | 絶滅した奇妙な動物 | 222 |
| 亀井 高孝 | | 川嶋 一成 | |
| 世界史年表・地図 | 66 | 海辺の生物観察事典 | 187 |
| 世界史年表・地図 第7版 | 66 | 川島 宙次 | |
| 世界史年表・地図 第8版 | 66 | 民家の事典 新版 | 145 |
| 世界史年表・地図 第9版 | 66 | 川嶋 優 | |
| 世界史年表・地図 第10版 | 66 | 三省堂こどもかんじじてん | 283 |
| 世界史年表・地図 第12版 | 66 | 三省堂例解小学ことわざ辞典 | 294 |
| 世界史年表・地図 第14版 | 66 | 三省堂例解小学ことわざ辞典 ワイド版 | 294 |
| 世界史年表・地図 第15版 | 66 | 三省堂例解小学ことわざ辞典 特製版 | 295 |
| 世界史年表・地図 第16版 | 67 | 小学生 漢字の達人になる辞典 | 285 |
| 標準世界史地図 増補第43版 | 69 | 小学生のための漢字をおぼえる辞典 第3版 | 286 |
| 標準世界史地図 増補第44版 | 69 | たのしくわかることばの辞典 1 | 297 |
| 標準世界史年表 第45版 | 67 | たのしくわかることばの辞典 2 | 296 |
| 標準世界史年表 第46版 | 67 | たのしくわかることばの辞典 3 | 288 |
| 亀田 竜吉 | | たのしくわかることばの辞典 4 | 288 |
| 植物 | 181 | たのしくわかることばの辞典 5 | 288 |
| 唐木 利朗 | | ちびまる子ちゃんの漢字辞典 2 | 288 |
| ビジュアル博物館 84 | 237 | ちびまる子ちゃんの漢字辞典 3 | 288 |
| 刈田 敏 | | ちびまる子ちゃんの四字熟語教室 | 296 |
| 海づりは最高! | 271 | 川島 隆太 | |
| 川づりは楽しい! | 271 | 頭をよくする本 | 229 |
| つれる魚・50種 | 271 | 河添 恵子 | |
| はじめよう魚つり! | 271 | 世界がわかる子ども図鑑 | 114 |
| バスをつろう! | 271 | 川田 伸一郎 | |
| 湖で大物をつろう! | 271 | 動物の「跡」図鑑 | 194 |
| ガーリック，マーク・A. | | 河田 直樹 | |
| 天文 | 169 | 高校数学体系 定理・公式の例解事典 | 156 |
| 苅安 望 | | | |
| こども世界国旗図鑑 | 107 | | |
| 世界の国旗図鑑 | 106 | | |

川出 才紀
　エクスプレスEゲイト英和辞典 ……… 308
川戸 道昭
　児童文学翻訳作品総覧 ……………… 25, 26
　児童文学翻訳作品総覧 フランス・ドイツ編 …………………………………… 26
　図説 絵本・挿絵大事典 全3巻 ………… 16
川名 興
　校庭の花 ………………………………… 180
川成 洋
　アステカ・マヤ・インカ文明事典 ……… 78
　衣服の歴史図鑑 ………………………… 146
　ヴァイキング事典 ……………………… 78
　写真でみる探検の歴史 ………………… 89
　知られざる難破船の世界 ……………… 80
　スパイ事典 ……………………………… 148
　ビジュアル博物館 63 …………………… 149
　ビジュアル博物館 67 …………………… 149
　ビジュアル博物館 72 …………………… 82
　武器の歴史図鑑 ………………………… 255
川端 有子
　「もの」から読み解く世界児童文学事典 …………………………………………… 31
川俣 隆
　楽器の事典 ……………………………… 266
川村 康文
　電気の大研究 …………………………… 254
川原田 邦彦
　鑑定図鑑日本の樹木 …………………… 179
環境用語編集委員会
　子どものための環境用語事典 ………… 243
漢字教育研究会
　New漢字字典 …………………………… 289
　New漢字字典 増補版 …………………… 289
　New漢字字典 増補改訂版 ……………… 289
神鳥 武彦
　例解こども漢字じてん ………………… 291
甘中 照雄
　木の実・草の実 ………………………… 179
菅野 覚明
　用語集 現代社会+政治・経済 '10 - '11 年版 ………………………………………… 112
　用語集 倫理 最新版 …………………… 56
神林 照道
　調べ学習ガイドブック 2000 - 2001 …… 40
　調べ学習ガイドブック 2004-2005 ……… 23

## 【き】

企画室トリトン
　水べの生きもの野外観察ずかん 1 …… 197
　水べの生きもの野外観察ずかん 2 …… 197
　水べの生きもの野外観察ずかん 3 …… 175
　ヤマケイジュニア図鑑 1 ……………… 187
菊地 家達
　歴史人物事典 …………………………… 87
菊地 澄子
　やさしさと出会う本 …………………… 28
岸 由二
　いきもの探検大図鑑 …………………… 172
岸田 泰則
　昆虫 ……………………………………… 201
岸本 明子
　ファンタジーズキャラクター ………… 30
木津 徹
　乗りもの ………………………………… 251
木附 千晶
　「こどもの権利条約」絵事典 ………… 116
北影 雄幸
　今だから知っておきたい 戦争の本70 ……………………………………………… 116
北川 尚史
　ひっつきむしの図鑑 フィールド版 … 186
北里研究所
　予防に役立つ感染症の事典 …………… 232
北添 伸夫
　花と昆虫観察事典 ……………………… 172
　モンシロチョウ観察事典 ……………… 199
北代 省三
　図書館探検シリーズ 第22巻 …………… 43
北舘 洋一郎
　NBA大事典 ……………………………… 267
北野 日出男
　小学科学習事典 3訂版 ………………… 150
北原 保雄
　小学館・全文全訳古語辞典 …………… 291
北村 俊樹
　英和学習基本用語辞典物理 …………… 157
北山 克彦
　アメリカ文学 …………………………… 322
　サンライズクエスト和英辞典 ………… 312

北山 竜
  まんが 慣用句なんでも事典 ………… 296
  まんがで学習 漢字事典 4年生 改訂新版 ……………………………………… 289
木下 卓
  英語文学事典 ………………………… 28
ギフォート，クライブ
  ビジュアル博物館 80 ………………… 114
基本図書目録編集委員会
  学校図書館基本図書目録 1990年版 … 18
  学校図書館基本図書目録 1991年版 … 18
  学校図書館基本図書目録 1992年版 … 18
  学校図書館基本図書目録 1993年版 … 18
  学校図書館基本図書目録 1994年版 … 18
  学校図書館基本図書目録 1995年版 … 18
  学校図書館基本図書目録 1998年版 … 18
  学校図書館基本図書目録 2003年版 … 19
  学校図書館基本図書目録 2005年版 … 19
  学校図書館基本図書目録 2008年版 … 20
  学校図書館基本図書目録 2009年版 … 20
  学校図書館基本図書目録 2010年版 … 20
木村 茂光
  日本の歴史 2 …………………………… 72
木村 尚三郎
  新世界史年表 ………………………… 66
木村 達哉
  ユメタン 0 …………………………… 317
  ユメタン 1 …………………………… 317
  ユメタン 2 …………………………… 317
  ユメタン 3 …………………………… 317
木村 直人
  星・星座 新訂版 ……………………… 163
木村 規子
  地球環境カラーイラスト百科 ……… 244
木村 光雄
  はじめてのいろのずかん …………… 265
木村 義志
  日本の海水魚 増補改訂 ……………… 211
  まるごと日本の生きもの …………… 174
教育ジュニア編集部
  朝日ジュニア学習年鑑 2009 ………… 54
教学研究社
  学生のための世界人名事典 1992年版 ……………………………………… 83
  小学生世界人名事典 1992年版 …… 83
教学研究社編集部
  学生ことわざ辞典 …………………… 292
  学生のための世界人名事典 '91年版 ……………………………………… 83

  学生のための世界人名事典〔93年版〕 ……………………………………… 83
  小学生世界人名事典 '91年版 ……… 83
  小学生世界人名事典〔93年版〕…… 83
京都家庭文庫地域文庫連絡会
  きみには関係ないことか …………… 116
京都この本だいすきの会
  読み聞かせで育つ子どもたち ……… 9
京都平和国際教育研究会
  京都修学旅行ハンドブック ………… 102
教文館
  2009年に出た子どもの本 …………… 9
清久 尚美
  辞書の図書館 ………………………… 22
きよせ そういち
  分解ずかん 4 ………………………… 249
桐生 りか
  外来語・カタカナ語おもしろイラスト事典 第1巻 ………………………… 299
  外来語・カタカナ語おもしろイラスト事典 第2巻 ………………………… 299
  外来語・カタカナ語おもしろイラスト事典 第3巻 ………………………… 299
  カタカナ語・外来語事典 …………… 299
ギルドハウス京菓子京菓子資料館
  和菓子の絵事典 ……………………… 258
金田一 京助
  学習国語新辞典 全訂第2版 ………… 277
  例解学習国語辞典 第7版 …………… 280
  例解学習国語辞典 第7版 ワイド版 … 280
  例解学習国語辞典 第8版 ワイド版 … 281
  例解学習国語辞典 第8版 …………… 281
  例解学習国語辞典 第9版 …………… 281
  例解学習国語辞典 第9版 例解学習漢字辞典 第7版 ……………………… 281
  例解学習国語辞典 ドラえもん版 第7版 ……………………………………… 281
  例解学習国語辞典 ドラえもん版 第7版 ワイド版 …………………………… 281
  例解学習国語辞典 ドラえもん版 第8版 ……………………………………… 281
  例解学習国語辞典 ドラえもん版 第8版 ワイド版 …………………………… 281
金田一 春彦
  学研全訳古語辞典 …………………… 291
  学研全訳古語辞典 小型版 …………… 291
  三省堂ことばつかいかた絵じてん … 274
  三省堂ことばつかいかた絵じてん 小型版 ……………………………………… 274
  三省堂こどもことば絵じてん ……… 274

三省堂こどもことば絵じてん 小型版 …………………………………… 274
小学生のまんがことわざ辞典 ……… 295
小学生のまんが方言辞典 …………… 275
小学生のまんが四字熟語辞典 ……… 295
新レインボーかんじ絵じてん ……… 287
新レインボーことわざ絵じてん …… 295
新レインボー小学国語辞典 改訂第3版 …………………………………… 279
新レインボー小学国語辞典 改訂第3版 小型版 ……………………………… 279
新レインボー小学国語辞典 改訂新版 …………………………………… 279
新レインボー小学国語辞典 小型版 改訂新版 ……………………………… 279
新レインボーにほんご絵じてん …… 275
新レインボー方言辞典 ……………… 275

金田一 秀穂
　金田一先生と学ぶ小学生のためのまんがことわざ大辞典 …………… 293
　小学生の新レインボーことばの結びつき辞典 ……………………………… 274
　小学生のまんが慣用句辞典 ……… 295
　小学生のまんが ことばの使い分け辞典 ……………………………………… 298
　新レインボー小学国語辞典 改訂第3版 ………………………………………… 279
　新レインボー小学国語辞典 改訂第3版 小型版 ……………………………… 279
　新レインボー小学国語辞典 改訂新版 ………………………………………… 279
　新レインボー小学国語辞典 小型版 改訂新版 ……………………………… 279

キンダースリー, ドーリング
　ビジュアル博物館 14 ……………… 63

## 【く】

草刈 めぐみ
　ふしぎびっくり語源博物館 2 ……… 297
草野 慎二
　カマキリ観察事典 ………………… 199
草野 保
　爬虫類・両生類 …………………… 213
忽那 敬三
　カラー図解哲学事典 ……………… 56
工藤 隆
　都道府県別日本の地理データマップ 2 …………………………………… 103

国崎 信江
　こんなときどうする?犯罪から身を守る絵事典 ……………………………… 116
国広 功
　試験に役立つ まんがことわざ・慣用句事典 ……………………………………… 295
　試験に役立つ まんが四字熟語事典 … 295
国松 昭
　例解新国語辞典 第4版 …………… 281
国松 俊英
　鳥のくちばし図鑑 ………………… 215
　野山の鳥 …………………………… 216
　水辺の鳥 …………………………… 216
久埜 百合
　アルク2000語絵じてん …………… 300
　アルクの2000語えいご絵じてん … 300
　音と絵で覚える子ども英語絵じてん …………………………………… 302
クーパー, アリソン
　アトラス世界地図絵本 ……………… 90
久保 秀一
　カブトムシ観察事典 ……………… 205
　タンポポ観察事典 ………………… 176
　テントウムシ観察事典 …………… 199
久保 実
　ヴァイキング事典 …………………… 78
　ビジュアル博物館 50 ……………… 81
窪田 和弘
　子どもの救急大事典 ……………… 230
窪田 憲子
　英語文学事典 ……………………… 28
熊谷 鉱司
　おもしろ雑学事典 1 ………………… 51
　おもしろ雑学事典 2 ………………… 51
　おもしろ雑学事典 3 ………………… 51
　おもしろ雑学事典 4 ………………… 51
　おもしろ雑学事典 5 ………………… 52
　おもしろ雑学事典 6 ………………… 52
熊谷 茂樹
　合格!ダジャレ英単語記憶術 ……… 314
熊谷 淳子
　賞をとった子どもの本 ……………… 10
熊谷 真理子
　環境教育ガイドブック …………… 244
組田 幸一郎
　高校入試 短文で覚える英単語1700 新装版 ……………………………………… 315
　高校入試 フレーズで覚える英単語1400 …………………………………… 315

公文 公
　くもんのことば絵じてん 改訂新版 … 273
公文 寛
　はじめての英和じてん … 311
グラヴェット, クリストファー
　古城事典 … 79
　中世ヨーロッパ騎士事典 … 78
　ビジュアル博物館 43 … 81
　ビジュアル博物館 49 … 81
クラーク, ジョン
　ロングマンピクチャーディクショナリー … 307
クラーク, バリー
　ビジュアル博物館 41 … 213
倉島 節尚
　ことわざ … 292
倉嶋 雅人
　図解 古代エジプト … 78
クラットン=ブロック, ジュリエット
　イヌ科の動物事典 … 217
　馬の百科 … 218
　ビジュアル博物館 29 … 220
　ビジュアル博物館 32 … 220
　ビジュアル博物館 33 … 221
倉富 崇人
　小学社会科学習事典 3訂版 … 110
クランプトン, ウィリアム
　ビジュアル博物館 16 … 63
栗岩 英雄
　小学 漢字の字典 改訂版 … 285
　ドラえもんの国語おもしろ攻略 ことわざ辞典 改訂新版 … 296
クリエイティブスイート
　大きさくらべ絵事典 … 149
栗岡 誠司
　$CO_2$がわかる事典 … 158
グリーナウェイ, テレサ
　ビジュアル博物館 54 … 174
グリーナウェイ, フランク
　ビジュアル博物館 46 … 221
　ビジュアル博物館 52 … 223
　ビジュアル博物館 62 … 90
　ビジュアル博物館 69 … 216
栗原 成郎
　写真でたどるロシアの文化と歴史 … 79
　ビジュアル博物館 73 … 82
クリブ, ジョー
　コインと紙幣の事典 … 117

　ビジュアル博物館 18 … 117
グリーン, ダン
　岩石と鉱物 … 165
　生物学 … 172
　天文学 … 159
　物理学 … 157
Group 21
　イラスト図解モノの呼び名事典 … 300
クレイグ, アナベル
　サイエンスワールド … 150
グレンディ, クレイグ
　ギネス世界記録 2006 … 52
　ギネス世界記録 2007 … 52
　ギネス世界記録 2008 … 52
　ギネス世界記録 2010 … 52
　ギネス世界記録 2011 … 52
グロー, アンドレー
　写真でみる世界の舞踊 … 266
　ビジュアル博物館 75 … 266
黒井 健
　漢字絵じてん あいうえお … 282
クロイワ カズ
　マンガで楽しむ英語擬音語辞典 新装コンパクト版 … 306
黒川 光広
　恐竜図解新事典 … 223
　滅びゆく世界の動物たち … 197
黒崎 恵津子
　子どものための点字事典 … 125
黒沢 浩
　新・こどもの本と読書の事典 … 10
黒田 長久
　日本の野鳥 巣と卵図鑑 … 215
クロフォード, アンディ
　写真が語る第一次世界大戦 … 68
　ビジュアル博物館 87 … 69
　ビジュアル博物館 88 … 69
桑原 文子
　はじめてのABC辞典 … 305
桑原 聡
　わが子をひざにパパが読む絵本50選 … 16
桑原 利夫
　調べ学習にやくだつ市場がわかる絵事典 … 262
桑平 幸子
　65億人の地球環境 改訂版 … 246

群馬県立自然史博物館
　よみがえる恐竜・古生物 ……… 223

## 【け】

Kセキュリティー
　こんなときどうする?犯罪から身を守る
　　絵事典 ……………………………… 116
ケリー, ジェームズ
　ビジュアル博物館 83 ……………… 270
現代社会教科書研究会
　現代社会用語集 改訂版 …………… 109
　新課程 現代社会用語集 …………… 111
現代用語検定協会
　現代用語の基礎知識 学習版 ……… 109
　現代用語の基礎知識 学習版 2000 … 109
　現代用語の基礎知識 学習版 2001 … 109
　現代用語の基礎知識 学習版 2002 … 109
　現代用語の基礎知識 学習版 '03 …… 109
　現代用語の基礎知識 学習版 2004 … 109
　現代用語の基礎知識 学習版 2005 … 110
　現代用語の基礎知識 学習版 2006 … 110
　現代用語の基礎知識 学習版 2007 … 110
　現代用語の基礎知識 学習版 2008 … 110
　現代用語の基礎知識 学習版 2009 … 110
　現代用語の基礎知識 学習版 2010→
　　2011 ………………………………… 110
ケント, ジェニファー
　65億人の地球環境 改訂版 ………… 246
ケントリー, エリック
　ビジュアル博物館 36 ……………… 252
　船の百科 ……………………………… 252

## 【こ】

小池 生夫
　チャレンジ英和・和英辞典 第3版 … 304
　チャレンジ英和・和英辞典 第5版 … 304
　チャレンジ英和・和英辞典 改訂新版
　　……………………………………… 304
　チャレンジ和英辞典 第3版 ……… 313
　チャレンジ和英辞典 第5版 ……… 313
　チャレンジ和英辞典 改訂新版 …… 313
小池 啓一
　カブトムシ・クワガタムシ ………… 206
　原寸大 昆虫館 ……………………… 201

　昆虫 …………………………………… 201
　昆虫 3 ………………………………… 202
小池 直己
　満点をねらうセンター試験英語 単熟語
　　……………………………………… 316
小池 義之
　イクス宇宙図鑑 1 …………………… 160
　イクス宇宙図鑑 2 …………………… 160
小泉 憲司
　からだと脳のふしぎ事典 …………… 229
小泉 武栄
　日本の地形レッドデータブック 第1集
　　新装版 ……………………………… 166
小泉 伸夫
　超はっけん大図鑑 11 ……………… 153
小泉 吉永
　往来物解題辞典 ……………………… 22
小井土 繁
　日本の歴史人物事典 ………………… 86
コイリー, ジョン
　世界の鉄道事典 ……………………… 253
　ビジュアル博物館 39 ……………… 254
高校学習研究会
　高校生のための参考書選びの本 平成13
　　～14年版 16訂版 ………………… 39
　高校生のための参考書選びの本 平成14
　　～15年版 増補17訂版 …………… 39
高校教材編集部
　ユメタン 1 …………………………… 317
幸島 司郎
　ビジュアル博物館 57 ……………… 90
講談社
　学校では教えない カタカナ語6000 … 299
　世界がよくわかる国旗図鑑 ………… 108
　ニュースを読みとくキーワード100 … 111
神戸 万知
　ほんとうに読みたい本が見つかった!
　　……………………………………… 27
　ほんとうはこんな本が読みたかった!
　　……………………………………… 28
巷野 悟郎
　「こんなときどうする?」病気・けががよ
　　くわかる事典 ……………………… 230
河野 友宏
　写真でみる農耕と畜産の歴史 ……… 261
　ビジュアル博物館 66 ……………… 261
高野 尚好
　ニュースに出てくる人物・用語事典 … 111

甲谷 保和
　すぐに見つかる星座図鑑 ………… 162
声の教育社
　大検3年過去問 解説と対策 2 ……… 136
　大検3年過去問 解説と対策 3 ……… 136
郡山 誉世夫
　人物事典 ……………………………… 84
小海途 銀次郎
　日本の野鳥 巣と卵図鑑 …………… 215
国語学習研究会
　子どもでもかんたん!「名言・格言」が
　わかる本 …………………………… 294
国語教育研究会
　子どもにもかんたん!『四字熟語』がわ
　かる本 ……………………………… 294
国語教育プロジェクト
　原色シグマ新国語便覧 増補3訂版 … 319
　原色シグマ新国語便覧 増補改訂新版
　　………………………………………… 319
国土社編集部
　目で見る世界の国々 別巻 ………… 89
國文學編集部
　宮沢賢治の全童話を読む 改装版 …… 36
小久保 崇明
　学研全訳古語辞典 ………………… 291
　学研全訳古語辞典 小型版 ………… 291
国立国会図書館国際子ども図書館
　チェコへの扉 ………………………… 27
国立国会図書館収集部
　国立国会図書館所蔵児童図書目録 1987
　～1991 ………………………………… 1
　国立国会図書館所蔵児童図書目録 1992
　～1996 ………………………………… 1
国立天文台
　理科年表 環境編 第2版 …………… 246
国立民族学博物館
　国際理解に役立つ民族衣装絵事典 … 144
小暮 幹雄
　結び方の絵事典 …………………… 145
小崎 充
　快速英単語 高校必修編 新装版 …… 314
小島 敦夫
　世界の海洋文学・総解説 …………… 26
小島 賢司
　てんとうむし ……………………… 203
小島 世津子
　海洋 ………………………………… 166

小島 昌夫
　物理の小事典 ……………………… 157
小島 義郎
　グリーンライトハウス英和辞典 …… 308
コスグローブ, ブライアン
　天気のしくみ事典 ………………… 169
コスモピア株式会社
　読み聞かせのための音のある英語絵本ガ
　イド …………………………………… 15
こたに あゆこ
　極楽英単語 ………………………… 315
児玉 幸多
　人物事典 増補版 …………………… 86
　日本史年表・地図 第7版 …………… 70
　日本史年表・地図 第8版 …………… 70
　日本史年表・地図 第9版 …………… 70
　日本史年表・地図 第10版 ………… 70
　日本史年表・地図 第12版 ………… 70
　日本史年表・地図 第14版 ………… 71
　日本史年表・地図 第15版 ………… 71
　日本史年表・地図 第16版 ………… 71
　標準日本史地図 新修第42版 ……… 77
　標準日本史地図 新修第43版 ……… 77
　標準日本史年表 第51版 …………… 71
　標準日本史年表 第52版 …………… 71
小玉 知子
　賞をとった子どもの本 ……………… 10
　「もの」から読み解く世界児童文学事
　典 ……………………………………… 31
コットレル, アーサー
　写真でたどる中国の文化と歴史 …… 77
　ビジュアル博物館 55 ……………… 77
小寺 聡
　倫理用語集 ………………………… 56
古藤 晃
　クラウン受験英語辞典 …………… 302
五島 正一郎
　ジャンプ英和辞典 第3版 ………… 309
　ドラえもん英語学習辞典 ………… 304
　ドラえもん 入門ABC英語辞典 …… 305
　ドラえもんのまんがで覚える英語辞典
　　………………………………………… 305
後藤 健生
　ビジュアル博物館 82 ……………… 270
梧桐書院編集部
　資格でハローワーク ……………… 120
ことばと遊ぶ会
　ことわざ絵事典 …………………… 294

ことばハウス
　なるほど!ことわざじてん ……………… 296
子ども科学技術白書編集委員会
　地震災害を究明せよ ………………… 171
　神秘の海を解き明かせ ……………… 171
こどもくらぶ
　宇宙検定100 3 ……………………… 158
　ギネス世界記録 2006 ………………… 52
　ギネス世界記録 2008 ………………… 52
　切り身の図鑑 2 ……………………… 258
　調べ学習ガイドブック 2004-2005 …… 23
　スポーツなんでも事典 スキー・スケート ……………………………………… 268
　スポーツなんでも事典 テニス ……… 268
　スポーツなんでも事典 バレーボール ……………………………………… 268
　スポーツなんでも事典 武道 ………… 268
　中学生・高校生のためのボランティアガイド ………………………………… 125
　21世紀をつくる国際組織事典 1 …… 115
　21世紀をつくる国際組織事典 2 …… 115
　21世紀をつくる国際組織事典 3 …… 115
　21世紀をつくる国際組織事典 4 …… 115
　21世紀をつくる国際組織事典 5 …… 115
　21世紀をつくる国際組織事典 6 …… 115
　21世紀をつくる国際組織事典 7 …… 115
　ニュース年鑑 2007 …………………… 56
　ニュース年鑑 2009 …………………… 56
　バドミントン ………………………… 268
こどもと本・おかやま・「あかちゃんの絵本箱」編集委員会
　あかちゃんの絵本箱 ………………… 11
こどもニュース研究会
　こども10大ニュース 1985 …………… 64
　こども10大ニュース 1986 …………… 64
　こども10大ニュース 1987 …………… 64
　こども10大ニュース 1988 …………… 64
　こども10大ニュース 1989 …………… 64
　こども10大ニュース 1990 …………… 64
　こども10大ニュース 1991 …………… 64
　こども10大ニュース 1992 …………… 64
　こども10大ニュース 1993 …………… 64
　こども10大ニュース 1994 …………… 65
　こども10大ニュース 1995 …………… 65
　こども10大ニュース 1995-2 ………… 65
　こども10大ニュース 1996 …………… 65
　こども10大ニュース 1997 …………… 65
子どもの科学の本研究会
　しらべ学習の科学の本1000冊 ……… 149

子どもの本書評研究同人
　こどもの本 2 ………………………… 3
　こどもの本 3 ………………………… 3
　こどもの本 4 ………………………… 3
　こどもの本 5 ………………………… 3
　こどもの本 6 ………………………… 3
子どもの本翻訳の歩み研究会
　図説 子どもの本・翻訳の歩み事典 …… 26
ゴートン, スティーヴ
　ビジュアル博物館 71 ……………… 162
小西 聖一
　まんが日本の歴史人物事典 ………… 86
小西 友七
　プラクティカル ジーニアス英和辞典 ……………………………………… 311
　ヤングジーニアス英和辞典 ………… 312
小西 豊文
　表・グラフのかき方事典 …………… 40
小林 悦子
　星・星座 新訂版 …………………… 163
小林 一夫
　TOEIC、大学受験のためのカタカナ語で覚える英語語源200・重要単語1800 ……………………………… 315
小林 克
　昔のくらしの道具事典 ……………… 145
小林 桂助
　鳥 新訂版 …………………………… 214
小林 信明
　新選漢和辞典 第6版 ……………… 286
小林 隆
　日本の歴史人物事典 ………………… 86
小林 秀明
　生物の小事典 ………………………… 172
小林 正明
　草花遊び図鑑 ………………………… 179
小林 茉由
　草花遊び図鑑 ………………………… 179
小林 安雅
　海の生きもののくらし ……………… 190
小松 正之
　日本の水産業 ………………………… 262
小松 陽介
　都道府県別日本地理 北海道・東北地方 ……………………………………… 101
　都道府県別日本地理 関東地方 …… 101
　都道府県別日本地理 中部地方 …… 101
　都道府県別日本地理 近畿地方 …… 101
　都道府県別日本地理 中国・四国地方

　　　　　　　　　　　　　　　101
　都道府県別日本地理 九州地方 ……… 102
小松 亮一
　テーマで調べる日本の地理 7 ……… 102
コミックボンボン特別編集
　ゲゲゲの鬼太郎妖怪パーフェクト
　BOOK ………………………… 148
小峰 和子
　たのしく読める英米児童文学 ……… 27
小宮 輝之
　いきもの探検大図鑑 ……………… 172
　どうぶつ 新版 …………………… 194
　動物 ……………………………… 194
　動物のくらし …………………… 195
　とり 新版 ………………………… 214
　鳥 ………………………………… 215
　ポケット版 学研の図鑑 5 ………… 216
　ポケット版 学研の図鑑 9 ………… 196
　ほんとのおおきさ水族館 ………… 197
　まるごと日本の生きもの ………… 174
小室 克介
　世界の戦闘機・爆撃機 …………… 255
小山 能尚
　学研生物図鑑 貝 1 改訂版 ……… 208
　学研生物図鑑 貝 2 改訂版 ……… 209
こよみ研究会
　日本と世界の365日なんでも大事典 … 63
コルベイユ, ジャン＝クロード
　オールカラー 英語ものしり図鑑 … 302
　オールカラー・6か国語大図典 … 271
近田 文弘
　学校のまわりでさがせる植物図鑑 春
　……………………………………… 177
　学校のまわりでさがせる植物図鑑 夏
　……………………………………… 178
　学校のまわりでさがせる植物図鑑 秋冬
　……………………………………… 178
　学校のまわりでさがせる植物図鑑 樹木
　……………………………………… 178
　見つけたい楽しみたい野の植物 … 187
近藤 隆夫
　格闘技がわかる絵事典 …………… 267
近藤 千賀子
　地球環境カラーイラスト百科 …… 244
近藤 信行
　山の名著 明治・大正・昭和戦前編 … 46
コンラーズ, ロバート・R.
　岩石・化石 ………………………… 167

## 【さ】

三枝 博幸
　昆虫ナビずかん …………………… 202
　チョウも飼いたいサソリも飼いたい … 203
西條 隆雄
　ディケンズ鑑賞大事典 …………… 29
ザ・イーストパブリケイション
　インターナショナルスクールガイド … 126
斎藤 謙綱
　花と実の図鑑 1 …………………… 183
　花と実の図鑑 2 …………………… 184
　花と実の図鑑 3 …………………… 184
　花と実の図鑑 4 …………………… 184
　花と実の図鑑 5 …………………… 184
　花と実の図鑑 6 …………………… 184
　花と実の図鑑 7 …………………… 184
　花と実の図鑑 8 …………………… 184
斎藤 光一
　かまきり …………………………… 200
　植物 ……………………………… 181
　ちょう …………………………… 203
斎藤 純一郎
　楽譜がすぐ読める名曲から学べる音楽記
　号事典 …………………………… 265
　楽譜が読める!音楽記号事典 …… 266
斎藤 次郎
　サンライズクエスト和英辞典 …… 312
　ヨムヨム王国 ……………………… 9
斎藤 毅
　国旗のずかん 改訂2版 …………… 107
斎藤 忠
　日本考古学用語小辞典 …………… 63
斎藤 太郎
　化学物質の小事典 ………………… 158
斎藤 哲也
　小中学生からとれる資格と検定大事典!
　……………………………………… 120
斎藤 文彦
　プロレス大事典 …………………… 269
斎藤 政秋
　城のひみつ おもしろ大事典 …… 248
斎藤 勝
　ビジュアル博物館 64 …………… 221
　リロ&スティッチいきものずかん … 198

斎藤 靖二
 地球 改訂版 ………………… 168
サイメス, R.F.
 ビジュアル博物館 2 …………… 169
三枝 英人
 しくみと病気がわかるからだの事典
 …………………………………… 231
坂井 建雄
 からだと脳のふしぎ事典 ……… 229
 実物大人体図鑑 2 ……………… 236
 人のからだ ……………………… 232
榊原 貴教
 児童文学翻訳作品総覧 …… 25, 26
 児童文学翻訳作品総覧 フランス・ドイ
 ツ編 ……………………………… 26
 図説 絵本・挿絵大事典 全3巻 … 16
坂口 美佳子
 岩石と鉱物 ……………………… 165
坂田 稔
 日本の歴史人物事典 …………… 86
 日本の歴史できごと事典 ……… 73
サカタのタネ
 タネの大図鑑 …………………… 182
さかなクン
 原寸大すいぞく館 ……………… 209
坂本 一男
 旬を味わう魚の事典 …………… 257
坂本 憲一
 ビジュアル博物館 49 …………… 81
阪本 浩
 古代ローマ入門 ………………… 79
鷺 只雄
 壺井栄 …………………………… 36
さくら ももこ
 ちびまる子ちゃんのかん字じてん 1
 …………………………………… 288
 ちびまる子ちゃんの漢字辞典 2 … 288
 ちびまる子ちゃんの漢字辞典 3 … 288
 ちびまる子ちゃんの四字熟語教室 … 296
桜井 淳史
 カエル観察事典 ………………… 212
 学校のまわりでさがせる生きもの図鑑
 水の生きもの ………………… 190
 カニ観察事典 …………………… 207
 サケ観察事典 …………………… 208
桜井 一彦
 オトシブミ観察事典 …………… 199
桜井 満
 旺文社 全訳古語辞典 第3版 …… 291

旺文社 全訳古語辞典 第3版 小型版 … 291
さこやん
 図鑑・世界の妖怪 ヨーロッパ編 …… 148
佐々木 達夫
 写真でたどる中国の文化と歴史 …… 77
佐々木 徹
 ディケンズ鑑賞大事典 ………… 29
佐々木 花江
 考古学入門 ……………………… 63
 ビジュアル博物館 56 …………… 64
佐々木 洋
 街の虫とりハンドブック ……… 204
雀部 晶
 発明・発見 ……………………… 240
篠目 清美
 ルイザ・メイ・オルコット事典 … 31
定松 正
 イギリス・アメリカ児童文学ガイド …… 24
 英米児童文学辞典 ……………… 29
 世界少年少女文学 リアリズム編 … 317
 世界少年少女文学 ファンタジー編 … 317
 世界・日本 児童文学登場人物辞典 …… 33
 ルイス・キャロル小事典 ……… 31
サットン, リチャード
 ビジュアル博物館 21 …………… 252
佐藤 晶人
 北海道の野鳥 …………………… 213
佐藤 和彦
 日本の歴史人物 ………………… 86
 祭りの事典 ……………………… 147
さとう さやか
 極楽英単語 ……………………… 315
佐藤 誠司
 満点をねらうセンター試験英語 単熟語
 …………………………………… 316
佐藤 苑生
 日本児童図書研究文献目次総覧 1945-
 1999 ……………………………… 36
佐藤 達夫
 安全な食品の選び方・食べ方事典 …… 238
佐藤 英人
 世界のお金事典 ………………… 117
佐藤 宗子
 少年少女の名作案内 日本の文学 リアリ
 ズム編 ………………………… 318
 少年少女の名作案内 日本の文学 ファン
 タジー編 ……………………… 318
 新・こどもの本と読書の事典 …… 10

さとうち 藍
　情報図鑑 ………………………… 49
里深 文彦
　国際環境を読む50のキーワード … 243
佐名川 洋之
　解剖・観察・飼育大事典 ……… 171
真田 信治
　日本語の豊かさにふれる方言の絵事典
　………………………………… 276
佐野 裕彦
　とり ……………………………… 214
　とり 第2版 ……………………… 213
サバティエ, ロラン
　妖精図鑑 ………………………… 58
座間 陽子
　小学生からの英語絵辞典 ……… 304
左巻 健男
　おもしろ実験・ものづくり事典 … 149
座安 政侑
　都道府県別日本の地理データマップ 7
　………………………………… 103
佐和 隆光
　株の絵事典 ……………………… 117
さわだ さちこ
　こども絵本ガイド ……………… 13
　猫を愛する人のための猫絵本ガイド
　………………………………… 14
三省堂
　三省堂ことばつかいかた絵じてん 小型版
　………………………………… 274
　三省堂こどもことば絵じてん 小型版
　………………………………… 274
　ビーコン英和辞典 第2版 小型版 … 311
三省堂編修所
　キッズクラウン英和・和英辞典 … 302
　キッズクラウン和英辞典 ……… 312
　グループでおぼえることわざ … 293
　グループでおぼえる四字熟語 … 293
　ことば学習まんが 知っておきたいことわざ
　………………………………… 293
　ことば学習まんが 知っておきたい四字熟語
　………………………………… 293
　ことばの学習 まんがで覚えることわざ 新装版
　………………………………… 293
　ことばの学習 まんがで覚える四字熟語 新装版
　………………………………… 294
　こども もののなまえ絵じてん … 46
　三省堂学習漢字図解辞典 改訂版 … 283
　三省堂現代学習国語辞典 特製版 … 277
　三省堂ことばつかいかた絵じてん … 274

　三省堂 こどもかずの絵じてん … 156
　三省堂こどもこくごじてん …… 277
　三省堂こどもことば絵じてん … 274
　三省堂こどもことわざじてん … 294
　三省堂こどもひらがな絵じてん … 274
　三省堂 生物小事典 第4版 …… 172
　小学生の漢字早わかり辞典 …… 285
　初級クラウン英和辞典 第10版 特製版
　………………………………… 309
　初級クラウン英和辞典 第11版 … 309
　初級クラウン英和辞典 第11版 特製版
　………………………………… 309
　初級クラウン和英辞典 第9版 … 313
　中学カラークラウン英和辞典 … 310
　ビーコン英和辞典 第2版 ……… 311
三宮 庄二
　「和」の名前絵事典 …………… 146
さんぽう
　Theチャレンジャー 2003～2004 … 131
　Theチャレンジャー 2004～2005 … 131
　Theチャレンジャー 2006～2007 … 131
　Theチャレンジャー 2007～2008 … 131
　動物の仕事につくには 2003年度用 … 188
　動物の仕事につくには ………… 188
　動物の仕事につくには '04～'05年度用
　………………………………… 188
　動物の仕事につくには ………… 188
　動物の仕事につくには 2008年度版 … 188
　動物の仕事につくには '07～'08年度版
　………………………………… 188
　動物の仕事につくには 2008-2009年度版
　………………………………… 189
　動物の仕事につくには 2009 … 189

## 【し】

ジー, ヘンリー
　恐竜野外博物館 ………………… 227
しいや みつのり
　日本の歴史年表事典 …………… 71
ジヴァノヴィッツ, イゴール
　クローズアップ大図鑑 ………… 191
ジェイムズ, サイモン
　古代ローマ入門 ………………… 79
　ビジュアル博物館 24 …………… 80
しおざき のぼる
　分解ずかん 8 …………………… 41

資格試験研究会
　コンピュータの仕事＆資格オールガイド
　2007年度版 ………………………… 41
滋賀県立衛生環境センター
　やさしい日本の淡水プランクトン 図解
　ハンドブック …………………… 175
滋賀の理科教材研究委員会
　やさしい日本の淡水プランクトン 図解
　ハンドブック …………………… 175
仕事の図鑑編集委員会
　夢に近づく仕事の図鑑 1 ………… 123
　夢に近づく仕事の図鑑 2 ………… 123
　夢に近づく仕事の図鑑 3 ………… 124
　夢に近づく仕事の図鑑 4 ………… 124
　夢に近づく仕事の図鑑 5 ………… 124
　夢に近づく仕事の図鑑 6 ………… 124
実教出版株式会社
　サイエンスビュー化学総合資料 増補4訂
　版 ………………………………… 158
児童図書館研究会
　年報こどもの図書館1997-2001 2002年
　版 ………………………………… 18
児童図書総目録編集委員会
　児童図書総合目録 小学校用 1991 ……… 4
　児童図書総合目録 小学校用 1993 ……… 4
　児童図書総合目録 中学校用 1990 ……… 5
　児童図書総合目録 中学校用 1991 ……… 5
　児童図書総合目録 中学校用 1993 ……… 5
　児童図書総目録 小学校用 2006年度
　……………………………………… 6
　児童図書総目録 小学校用 2007年度
　……………………………………… 6
　児童図書総目録 中学校用 2006年度
　……………………………………… 7
篠崎 晃一
　小学館ことばのえじてん ………… 274
　ひと目でわかる方言大辞典 ……… 276
篠塚 英子
　テーマスタディ 資料・家庭科 改訂6版
　…………………………………… 256
篠永 哲
　学研の大図鑑 危険・有毒生物 … 173
柴田 武
　小学国語辞典 新版(第2版) ……… 279
柴田 千晶
　食虫植物ふしぎ図鑑 ……………… 180
柴田 弘子
　図書館探検シリーズ 第12巻 ……… 42
柴田 正輝
　恐竜ファイル ……………………… 224

渋井 哲也
　子どものためのパソコン・IT用語事典
　……………………………………… 40
渋沢 文隆
　都道府県がわかる地理地名事典 1 …… 99
　都道府県がわかる地理地名事典 2 … 100
　都道府県がわかる地理地名事典 3 … 100
　都道府県がわかる地理地名事典 4 … 100
　都道府県がわかる地理地名事典 5 … 100
　都道府県がわかる地理地名事典 6 … 100
　都道府県がわかる地理地名事典 7 … 100
　都道府県がわかる地理地名事典 8 … 100
　都道府県がわかる地理地名事典 9 … 100
　都道府県がわかる地理地名事典 10 … 100
　都道府県がわかる地理地名事典 11 … 101
島岡 丘
　リトルスター英絵辞典 …………… 306
島田 アツヒト
　民家の事典 新版 ………………… 145
嶋田 順行
　大学入試天下無敵の英単語最重要多義語
　300 ……………………………… 315
島田 浩史
　入試英単語の王道2000+50 改訂版 … 316
清水 建美
　見つけたい楽しみたい野の植物 … 187
清水 鉄郎
　読み聞かせで育つ子どもたち ……… 9
清水 靖夫
　地図の読みかた遊びかた絵事典 … 87
シムス, R.F.
　岩石・鉱物図鑑 …………………… 167
　結晶・宝石図鑑 …………………… 167
志村 和久
　学習 新漢字辞典 第2版 ………… 282
志村 英雄
　とり ……………………………… 214
下 薫
　キッズクラウン英和・和英辞典 … 302
　キッズクラウン和英辞典 ………… 312
　これなぁに?ずかん おうちへん … 307
　これなぁに?ずかん おそとへん … 308
しもだ ともみ
　分解ずかん 3 ……………………… 249
しもだ のぶお
　分解ずかん 2 ……………………… 252
霜野 武志
　工作のコツ絵事典 ………………… 242

下宮 忠雄
　グリム童話・伝説・神話・文法小辞典 …… 29
下村 昇
　こんなとき子どもにこの本を 第3版
　　…………………………………………… 13
　下村式 漢字字泉 改訂版 …………………… 284
　下村式 小学漢字学習辞典 改訂3版 ……… 284
　下村式 小学漢字学習辞典 新装改訂版
　　…………………………………………… 284
　下村式 小学国語学習辞典 ………………… 279
社会科地図研究会
　小学生のためのおもしろ日本地図帳
　　…………………………………………… 104
ジャレックス
　絵でわかる世界大地図 ……………………… 91
　ドラえもんで英単語 DORA-TAN ………… 316
シャロナー, ジャック
　写真でみる異常気象 ……………………… 168
　ビジュアル博物館 81 …………………… 170
年鑑・事典編集室
　ジュニア朝日年鑑 1991年版 社会 学習
　　……………………………………………… 54
　ジュニア朝日年鑑 1992年版 社会 学習
　　……………………………………………… 55
主婦の友社
　決定版 からだのしくみカラー事典 ……… 230
　こども絵本ガイド …………………………… 13
　世界のマーク ……………………………… 264
　正しく書く読む小中学漢字 ……………… 287
　人気のカブトムシクワガタの飼い方＆図
　　鑑 ………………………………………… 207
　人気の昆虫図鑑ベスト257 ……………… 204
シュライナー, エミリー
　世界のart図鑑 …………………………… 263
鍾 孟舜
　図解三国志大事典 1 ……………………… 321
　図解三国志大事典 2 ……………………… 321
　図解三国志大事典 3 ……………………… 321
　図解三国志大事典 4 ……………………… 322
小学館
　きっずジャポニカ …………………………… 46
　小学館ことばのえじてん ………………… 274
　世界の国ぐに 探検大図鑑 ………………… 89
小学館外国語辞典編集部
　オールカラー 英語ものしり図鑑 ………… 302
　オールカラー・6か国語大図典 ………… 271
小学館外国語編集部
　せかいのこっきずかん …………………… 106
小学館クリエイティブ
　スポーツ年鑑 2009 ……………………… 270

ドラえもんで英単語 DORA-TAN …… 316
水木しげる鬼太郎大百科 ……………… 148
水木しげる妖怪大百科 新装版 ……… 148
小学館辞典編集部
　句読点、記号・符号活用辞典。……… 273
小学教育研究会
　小学自由自在 漢字字典 〔カラー版〕
　　………………………………………… 285
　小学自由自在 漢字字典 改訂版 ……… 285
小学館ドラネット編集部
　パソコン＆インターネットまるわかり用
　　語じてん ……………………………… 40
生源寺 真一
　食料自給率がわかる事典 ……………… 260
庄司 和晃
　子どもことわざ辞典 …………………… 294
荘司 としお
　日本の歴史人物事典 …………………… 86
　日本の歴史できごと事典 ……………… 73
詳説日本史図録編集委員会
　山川詳説日本史図録 …………………… 74
城内出版編集部
　時事英単語1800 ……………………… 315
少年写真新聞社
　写真ニュース年鑑 第1集 ……………… 65
　写真ニュース年鑑 第2集 ……………… 65
　写真ニュース年鑑 第3集 ……………… 65
　写真ニュース年鑑 第4集 ……………… 65
　写真ニュース年鑑 第5集 ……………… 65
　写真ニュース年鑑 別巻 ………………… 65
晶文社
　通信制高校・サポート校・高卒認定予備
　　校ガイド 2009‐2010年度用 ……… 140
　通信制高校・サポート校・高卒認定予備
　　校ガイド 2010‐2011年度用 ……… 140
　通信制高校・サポート校・高卒認定予備
　　校ガイド 2011‐2012年度用 ……… 140
晶文社学校案内編集部
　通信制高校・サポート校・高卒認定予備
　　校ガイド 2007‐2008年度用 ……… 140
　通信制高校・サポート校・高卒認定予備
　　校ガイド 2008‐2009年度用 ……… 140
晶文社出版編集部
　全国大検予備校・通信制高校サポート校
　　ガイド ………………………………… 129
　全国 通信制高校サポート校・大検予備
　　校ガイド 2002年度用 ……………… 134
　全国 通信制高校サポート校・大検予備
　　校ガイド 2003年度用 ……………… 134
　全国 通信制高校サポート校・大検予備

校ガイド　2004年度用 ･･････････････ 134
　　通信制高校およびサポート校・大検予備
　　　校ガイド　2004-2005年度用 ･･････ 138
　　通信制高校およびサポート校・大検予備
　　　校ガイド　2005-2006年度用 ･･････ 138
　　通信制高校・サポート校・高卒認定予備
　　　校ガイド　2006・2007年度用 ････ 140
JOBAビブロス編集部
　　海外・帰国生のためのスクールガイド
　　　Biblos 2004年度版 ･････････････ 126
　　海外・帰国生のためのスクールガイド
　　　Biblos 2005年度版 ･････････････ 126
　　海外・帰国生のためのスクールガイド
　　　Biblos 2007年度版 ･････････････ 127
　　海外・帰国生のためのスクールガイド
　　　Biblos 2009年度版 ･････････････ 127
　　海外・帰国生のためのスクールガイド
　　　Biblos 2010年度版 ･････････････ 127
　　海外・帰国生のためのスクールガイド
　　　Biblos 2011年度版 ･････････････ 127
ジョンソン，ジニー
　　動物の「跡」図鑑 ････････････････ 194
白石　範孝
　　ことばの使い方辞典　4年生 ･･････ 273
　　ことばの使い方辞典　5年生 ･･････ 273
白尾　元理
　　ポケット版　学研の図鑑 7 ･･････ 171
新開　孝
　　学校のまわりでさがせる生きもの図鑑
　　　昆虫 1 ･････････････････････ 190
　　学校のまわりでさがせる生きもの図鑑
　　　昆虫 2 ･････････････････････ 191
　　カブトムシ・クワガタムシ ･･･････ 206
　　昆虫 ･･･････････････････････ 201
神宮　輝夫
　　オックスフォード世界児童文学百科 ･･･ 29
　　世界児童文学百科　現代編 ････････ 29
　　ほんとうはこんな本が読みたかった！
　　　･････････････････････････ 28
信州昆虫学会
　　見つけよう信州の昆虫たち ･･･････ 205
新谷　尚紀
　　年中行事 ･････････････････････ 147
進路就職研究会
　　中学生・高校生のための仕事ガイド　改
　　　訂新版 ･･････････････････････ 121
　　中学生・高校生のための仕事ガイド　2002
　　　年版 ････････････････････････ 122
進路情報研究会
　　中学生・高校生の仕事ガイド ･････ 121

## 【す】

菅野　則子
　　日本の歴史 3 ･･････････････････ 72
すがわら　けいこ
　　ことわざ絵事典 ･･･････････････ 294
杉浦　宏
　　魚 ･････････････････････････ 209
杉村　昇
　　名前といわれ　木の写真図鑑 1 ･･ 182
　　名前といわれ　木の写真図鑑 2 ･･ 182
　　名前といわれ　木の写真図鑑 3 ･･ 182
　　名前といわれ　野の草花図鑑 4（続編2）
　　　･････････････････････････ 183
　　名前といわれ　野の草花図鑑 5（続編の
　　　3） ･････････････････････ 183
　　花の色別　道ばたの草花図鑑 1 ･･ 184
　　花の色別　道ばたの草花図鑑 2 ･･ 185
杉村　光俊
　　トンボ ･････････････････････ 203
杉本　恵子
　　手作りの食べもの絵事典 ･･･････ 258
杉森　文夫
　　とり ･･･････････････････････ 214
スキャゲル，ロビン
　　アトラスキッズ宇宙地図 ････････ 160
杉山　きく子
　　日本児童図書研究文献目次総覧 1945-
　　　1999 ･･････････････････････ 36
杉山　吉茂
　　小学算数解き方事典 3訂版 ･･････ 156
鈴木　厚志
　　都道府県別日本地理　北海道・東北地方
　　　･････････････････････････ 101
　　都道府県別日本地理　関東地方 ･･ 101
　　都道府県別日本地理　中部地方 ･･ 101
　　都道府県別日本地理　近畿地方 ･･ 101
　　都道府県別日本地理　中国・四国地方
　　　･････････････････････････ 101
　　都道府県別日本地理　九州地方 ･･ 102
鈴木　庸夫
　　学習図鑑　植物 ･･･････････････ 177
鈴木　一雄
　　三省堂全訳基本古語辞典　第2版 ･････ 291
　　三省堂全訳基本古語辞典　第3版増補新
　　　装版 ･･････････････････････ 291

鈴木 寛一
　実験・自由研究 ……………………… 153
鈴木 喜代春
　子どもにおくるいっさつの本 ………… 1
鈴木 董
　図説 ユニバーサル新世界史資料 3訂版
　………………………………………… 68
鈴木 皇
　物理の小事典 ………………………… 157
鈴木 知之
　カブトムシ・クワガタムシ ………… 206
鈴木 八司
　ピラミッド事典 ……………………… 82
鈴木 宏枝
　ほんとうに読みたい本が見つかった!
　………………………………………… 27
　ほんとうはこんな本が読みたかった!
　………………………………………… 28
鈴木 博之
　世界の建物事典 ……………………… 248
鈴木 麻穂
　ビジュアル博物館 53 ………………… 81
鈴木 まもる
　鳥の巣の本 …………………………… 215
鈴木 みゆき
　赤ちゃんがわかる絵事典 …………… 229
鈴木 良武
　熱帯探険図鑑 1 ……………………… 195
　熱帯探険図鑑 2 ……………………… 195
　熱帯探険図鑑 3 ……………………… 195
　熱帯探険図鑑 4 ……………………… 195
　熱帯探険図鑑 5 ……………………… 196
須田 研司
　むし …………………………………… 205
須田 孫七
　こんちゅうげんすんかくだい図鑑 … 202
　むし …………………………………… 205
須田 諭一
　子どもと親のための心の相談室 2003年
　　度版 ………………………………… 125
スタジオVIC
　季節・暦・くらしのことば ………… 146
　ことば絵事典 2 ……………………… 273
スティーブンス, レベッカ
　ビジュアル博物館 86 ………………… 90
ストット, キャロル
　ビジュアル博物館 71 ……………… 162

砂田 武嗣
　都道府県別日本の地理データマップ 4
　………………………………………… 103
砂田 弘
　新・こどもの本と読書の事典 ……… 10
スノードン, ポール
　えいごのえじてん ABC …………… 301
スマーテック
　海洋 …………………………………… 166
　気象 …………………………………… 167
炭田 真由美
　地球環境カラーイラスト百科 ……… 244

## 【せ】

世界遺産研究センター
　世界遺産ガイド 自然遺産編 ……… 243
世界遺産総合研究所
　世界遺産ガイド 自然保護区編 …… 243
　世界遺産ガイド 生物多様性編 …… 172
「世界を動かした世界史有名人物事典」日本語
　版翻訳プロジェクトチーム
　ビジュアル版 世界を動かした世界史有
　　名人物事典 ………………………… 84
世界史小辞典編集委員会
　山川世界史小辞典 改訂新版 ………… 68
成美堂出版
　料理・栄養・食品の仕事をめざす本 … 258
セガ
　恐竜超百科 古代王者恐竜キング 恐竜大
　　図鑑 ………………………………… 226
世界昆虫研究会
　世界の昆虫大百科 …………………… 203
世界史用語研究会
　必携世界史用語 3訂版 ……………… 67
　必携世界史用語 4訂 ………………… 67
赤 勘兵衛
　鳥の形態図鑑 ………………………… 215
関 真興
　人物事典 ……………………………… 84
関 慎太郎
　地球のカエル大集合!世界と日本のカエ
　　ル大図鑑 …………………………… 212
　両生類・はちゅう類 ………………… 213
関口 たか広
　おもしろ恐竜図鑑 …………………… 224

ふしぎびっくり語源博物館 4 ……… 298
まんが ことわざ事典 新訂版 ……… 296
まんが 難読漢字なんでも事典 ……… 289

関口 浩
　歯の絵事典 …………………………… 231

瀬戸口 烈司
　岩石・化石 …………………………… 167

瀬戸口 美恵子
　岩石・化石 …………………………… 167
　恐竜解剖図鑑 ………………………… 225

瀬谷 広一
　中学英語辞典 ………………………… 304

セール, コリン
　絵でわかる世界大地図 ………………… 91

全国学校図書館協議会
　参考図書研究ガイド 3訂版 ………… 22
　小学校件名標目表 第2版 …………… 21
　中学・高校件名標目表 第3版 ……… 21
　データに見る今日の学校図書館 3 … 21
　よい絵本 第16回 …………………… 14
　よい絵本 第17回 …………………… 14
　よい絵本 第19回 …………………… 15
　よい絵本 第20回 …………………… 15
　よい絵本 第21回 …………………… 15
　よい絵本 第22回 …………………… 15
　よい絵本 第23回 …………………… 15
　よい絵本 第24回 …………………… 15
　よい絵本 第25回 …………………… 15

全国学校図書館協議会『学校図書館50年史年表』編集委員会
　学校図書館50年史年表 ……………… 20

全国学校図書館協議会基本図書目録編集委員会
　学校図書館基本図書目録 1999年版 … 19
　学校図書館基本図書目録 2001年版 … 19
　学校図書館基本図書目録 2002年版 … 19
　学校図書館基本図書目録 2004年版 … 19
　学校図書館基本図書目録 2006年版 … 19
　学校図書館基本図書目録 2007年版 … 20

全国学校図書館協議会ブックリスト委員会
　性と生を考える ……………………… 229
　地球環境を考える …………………… 242

全国歴史教育研究協議会
　世界史B用語集 ……………………… 67
　世界史B用語集 改訂版 ……………… 67

千田 守
　教科書にピッタンゴ 中学和英+英和「らく引き」辞典 …………………………… 302

全日本聾唖連盟
　子どものための手話事典 …………… 125

【そ】

造事務所
　地下の活用がよくわかる事典 ……… 242
　天職事典 ……………………………… 122
　天職事典 Ver.2 ……………………… 122
　ワールドスポーツ大事典 …………… 269

相馬 正人
　飼育と観察 …………………………… 173

祖谷 勝紀
　イヌ科の動物事典 …………………… 217

曽根 悟
　国鉄・JR特急のすべて ……………… 253
　JR全線・全駅舎 東日本編 ………… 253

素朴社
　地図絵本 世界の食べもの …………… 260

【た】

大英自然史博物館
　岩石・鉱物図鑑 ……………………… 167

大英博物館
　古代エジプト入門 …………………… 79
　古代ローマ入門 ……………………… 79

大修館書店
　最新スポーツルール百科 2010 …… 268
　ジーニアス英単語2200 改訂新版 … 315
　ジーニアス英単語2200 新版 ……… 315

平 久弥
　見えない所がよくわかる断面図鑑 5
　………………………………………… 241

高家 博成
　昆虫ナビずかん ……………………… 202
　ふしぎ・びっくり!?こども図鑑 むし 新版 ………………………………………… 204
　むし …………………………………… 205

高岡 昌江
　どっちがオス?どっちがメス? ……… 195
　ほんとのおおきさ水族館 …………… 197

高木 昌史
　グリム童話を読む事典 ……………… 29

高木 実
　ジュニア地図帳 新版 ………………… 92

高桑 祐司
　ポケット版 学研の図鑑 7 ……………… 171
高島 鎮雄
　自動車・飛行機 ……………………… 250
　自動車・飛行機 改訂版 ………………… 250
高田 明和
　からだのしくみと病気がわかる事典
　　………………………………………… 230
高田 賢一
　英語文学事典 …………………………… 28
高田 裕
　都道府県別 米データ集 ………………… 260
高荷 義之
　カウボーイ事典 ………………………… 146
高埜 利彦
　日本の歴史人物事典 …………………… 86
　日本の歴史できごと事典 ……………… 73
高橋 和明
　一目でわかる地理ハンドブック 2009-
　　2010 …………………………………… 89
高橋 潔
　くもんのグリーン英和辞典 改訂版 … 308
高橋 啓介
　中高生のブック・トリップ …………… 44
高橋 さきの
　気象 ……………………………………… 167
高橋 静男
　ムーミン童話の百科事典 ……………… 31
高橋 秀治
　まんが 難読漢字なんでも事典 ……… 289
高橋 利一
　幸せってどんなこと?福祉・介護のキー
　　ワード事典 …………………………… 124
高橋 伯也
　英和学習基本用語辞典数学 …………… 155
高橋 晴子
　国際理解に役立つ民族衣装絵事典 … 144
高橋 久子
　みておぼえるはじめてのかんじ絵じて
　　ん ……………………………………… 290
高橋 秀男
　くさばな 新版 ………………………… 179
　しょくぶつ ……………………………… 180
　ポケット版 学研の図鑑 2 …………… 186
　まるごと日本の生きもの ……………… 174
高橋 日出男
　ちきゅうかんきょう …………………… 168

高橋 文雄
　大昔の動物 ……………………………… 222
高橋 昌義
　写真でみる発明の歴史 ………………… 240
高畠 純
　こども地球白書 2000 - 2001 ………… 246
　こども地球白書 2001 - 2002 ………… 247
　こども地球白書 2002 - 2003 ………… 247
　こども地球白書 2003 - 2004 ………… 247
　こども地球白書 2004 - 2005 ………… 247
高村 郁夫
　イクス宇宙図鑑 5 ……………………… 160
　イクス宇宙図鑑 6 ……………………… 160
高村 忠範
　反対語・対照語事典 …………………… 299
　類語事典 ………………………………… 299
高村 博正
　これだ!!留学必携ハンドブック ……… 307
高山 宏
　ビジュアル博物館 70 …………………… 58
　魔術事典 ………………………………… 58
高鷲 忠美
　こうすれば子どもが育つ学校が変わる
　　…………………………………………… 20
たき ほがら
　おもしろ雑学事典 1 …………………… 51
　おもしろ雑学事典 2 …………………… 51
　おもしろ雑学事典 3 …………………… 51
　おもしろ雑学事典 4 …………………… 51
　おもしろ雑学事典 5 …………………… 52
　おもしろ雑学事典 6 …………………… 52
滝川 洋二
　理科のふしぎがわかる科学おもしろ絵事
　　典 ……………………………………… 152
滝浪 貞子
　日本の歴史 1 …………………………… 72
田口 武二郎
　電気機関車の作り方・蒸気機関車の作り
　　方 復刻版 …………………………… 242
田口教育研究所
　最新教育システムガイド 2003 ……… 130
　発達障害・不登校・中退のための新しい
　　学びの場 2008 ……………………… 141
　不登校・中退者のための新しい学びの場
　　2001 …………………………………… 142
　不登校・中退者のための新しい学びの場
　　2002 …………………………………… 142
　不登校・中退者のための新しい学びの場
　　2004 …………………………………… 142
　不登校・中退者のための新しい学びの場

2005 ………………………… 142
**竹内 昭**
　世界の戦車・装甲車 ………………… 255
**竹内 啓一**
　データブック世界各国地理 第3版 …… 89
　データブック世界各国地理 新版 …… 89
**竹内 修二**
　からだの不思議図鑑 ………………… 234
　五感のふしぎ絵事典 ………………… 230
**竹内 裕一**
　自動車 ………………………………… 250
**竹田 悦子**
　65億人の地球環境 改訂版 ………… 246
**武田 修一**
　エクスプレスEゲイト英和辞典 …… 308
**武田 利幸**
　子どものための頭がよくなる読み薬 その2 …………………………………… 40
**武田 博幸**
　読んで見て覚える重要古文単語315 改訂版 …………………………………… 292
**武田 正倫**
　生き物のくらし ……………………… 189
　海べの生きもの ……………………… 190
　学校のまわりでさがせる生きもの図鑑 水の生きもの ………………………… 190
　さかなとみずのいきもの …………… 211
　ザリガニ ……………………………… 192
　ポケット版 学研の図鑑 4 …………… 196
　水の生き物 …………………………… 197
　水べの生きもの野外観察ずかん 1 … 197
　水べの生きもの野外観察ずかん 2 … 197
　水べの生きもの野外観察ずかん 3 … 175
**武田 正紀**
　ビジュアル分解大図鑑 ……………… 240
**武田 雅博**
　おもしろ合唱事典 …………………… 265
**武田 康男**
　天気と気象 …………………………… 166
**武長 脩行**
　用語でわかる！ 経済かんたん解説 下巻 …………………………………… 117
**竹中 らんこ**
　まんがで学習 漢字事典 6年生 改訂新版 …………………………………… 289
**竹野 一雄**
　C.S.ルイス文学案内事典 …………… 29
**竹林 滋**
　グリーンライトハウス英和辞典 …… 308

**武光 誠**
　日本のしきたり絵事典 ……………… 144
**田近 洵一**
　三省堂例解小学国語辞典 …………… 278
　三省堂例解小学国語辞典 第2版 …… 278
　三省堂例解小学国語辞典 第2版 特製版 …………………………………… 278
　三省堂例解小学国語辞典 第2版 ワイド版 …………………………………… 278
　三省堂例解小学国語辞典 第3版 …… 278
　三省堂例解小学国語辞典 第3版 特製版 …………………………………… 278
　三省堂例解小学国語辞典 第3版 ワイド版 …………………………………… 278
　三省堂例解小学国語辞典 第4版 …… 278
　三省堂例解小学国語辞典 第4版 ワイド版 …………………………………… 278
　三省堂例解小学国語辞典 第4版 特製版 …………………………………… 279
　三省堂例解小学国語辞典 ワイド版 … 278
**田下 昌志**
　見つけよう信州の昆虫たち ………… 205
**田島 伸悟**
　初級クラウン英和辞典 第10版 特製版 …………………………………… 309
　初級クラウン英和辞典 第11版 …… 309
　初級クラウン英和辞典 第11版 特製版 …………………………………… 309
　初級クラウン和英辞典 第9版 ……… 313
　中学カラークラウン英和辞典 ……… 310
**田島 信元**
　うごきのことばえじてん …………… 272
　なまえのことばえじてん …………… 275
**田島 真**
　安全な食品の選び方・食べ方事典 … 238
**田代 しんたろう**
　365日事典 …………………………… 62
　まんがで学習 漢字事典 5年生 改訂新版 …………………………………… 289
**たちもと みちこ**
　2さいでであうことばえじてん …… 276
**辰巳 都志**
　絵でわかる「慣用句」 ……………… 292
　絵でわかる「四字熟語」 …………… 292
**立野 正裕**
　イギリス文学 ………………………… 322
**田中 光常**
　ハローキティのどうぶつ図鑑 ……… 196
**田中 茂範**
　エクスプレスEゲイト英和辞典 …… 308

田中 力
　昔のくらし ················· 145
田中 豊美
　海獣図鑑 ················· 218
　ゴリラ図鑑 ················· 219
田中 尚人
　赤ちゃん絵本ノート ············ 11
田中 光
　ヒカルくんのスポーツのコツ絵事典
　　··················· 269
田中 ひろし
　中学生・高校生のためのボランティアガ
　イド ··················· 125
田中 真知
　図書館探検シリーズ 第5巻 ······· 42
田中 三彦
　図書館探検シリーズ 第7巻 ······· 42
　図書館探検シリーズ 第15巻 ······ 42
田中 良重
　基本からわかる算数おもしろ絵事典
　　··················· 155
棚橋 美代子
　子どもと楽しむ はじめての文学 ····· 24
田辺 勝美
　考古学入門 ················· 63
田辺 力
　昆虫 ··················· 201
　昆虫 3 ··················· 202
田辺 裕
　世界地理 ················· 87
　世界なんでも情報館 ············ 88
谷 千春
　こども手話じてんセット ········· 124
谷井 建三
　見えない所がよくわかる断面図鑑 4
　　··················· 241
谷川 彰英
　グラフで調べる日本の産業 1 ······· 259
　グラフで調べる日本の産業 2 ······· 259
　グラフで調べる日本の産業 3 ······· 259
　グラフで調べる日本の産業 4 ······· 259
　グラフで調べる日本の産業 5 ······· 259
　グラフで調べる日本の産業 6 ······· 259
　グラフで調べる日本の産業 7 ······· 260
　グラフで調べる日本の産業 8 ······· 260
谷川 健一
　学習に役立つものしり事典365日 1月 新
　版 ··················· 60
　学習に役立つものしり事典365日 2月 新

版 ··················· 60
学習に役立つものしり事典365日 3月 新
版 ··················· 61
学習に役立つものしり事典365日 4月 新
版 ··················· 61
学習に役立つものしり事典365日 5月 新
版 ··················· 61
学習に役立つものしり事典365日 6月 新
版 ··················· 61
学習に役立つものしり事典365日 7月 新
版 ··················· 61
学習に役立つものしり事典365日 8月 新
版 ··················· 61
学習に役立つものしり事典365日 9月 新
版 ··················· 61
学習に役立つものしり事典365日 10月
新版 ··················· 62
学習に役立つものしり事典365日 11月
新版 ··················· 62
学習に役立つものしり事典365日 12月
新版 ··················· 62
田沼 久美子
　しくみと病気がわかるからだの事典
　　··················· 231
田上 善浩
　こども和英じてん ············ 312
　はじめての和英じてん ·········· 313
田端 光美
　福祉の「しごと」と資格まるごとガイ
　ド ··················· 126
タブ, ジョナサン・N.
　写真でみる聖書の世界 ··········· 58
　ビジュアル博物館 30 ··········· 58
田村 孝
　くらべてわかる食品図鑑 4 ········ 209
田村 正晨
　医療の仕事なり方完全ガイド 改訂新版
　　··················· 233
樽田 真
　サンライズクエスト和英辞典 ······ 312
俵屋吉富
　和菓子の絵事典 ············· 258
ダン, ジェフ
　ビジュアル博物館 54 ··········· 174
　ビジュアル博物館 61 ············ 90
タンビーニ, マイケル
　ビジュアル博物館 76 ··········· 114

## 【ち】

チェンバーズ，ポール
　よみがえる恐竜・古生物 ………… 223
地球環境研究会
　地球環境キーワード事典 5訂 …… 244
千羽 晋示
　鳥 新訂版 …………………………… 214
千葉 とき子
　ポケット版 学研の図鑑 7 ………… 171
千葉 幹夫
　馬の百科 …………………………… 218
チャンバース，ティナ
　海賊事典 …………………………… 79
　ビジュアル博物館 59 ……………… 81
中央ゼミナール
　心理系大学院入試頻出英単語 …… 315
中京大学文化科学研究所
　愛知児童文化事典 ………………… 36

## 【つ】

通信制高校レポート編集委員会
　通信制高校レポート '99 …………… 140
塚越 和夫
　国語便覧〔カラー版〕……………… 319
つかの こう
　分解ずかん 6 ……………………… 254
塚谷 裕一
　生物の小事典 ……………………… 172
月岡 貞夫
　イヌやネコに教えてもらおう …… 264
月川 和雄
　恐竜解剖図鑑 ……………………… 225
築地 正明
　学研生物図鑑 貝 1 改訂版 ………… 208
　学研生物図鑑 貝 2 改訂版 ………… 209
月本 佳代美
　飼育栽培図鑑 ……………………… 173
　自由研究図鑑 ……………………… 153
つじ かおり
　妖精図鑑 …………………………… 58

辻 信一
　スローライフから学ぶ地球をまもる絵事
　　典 ………………………………… 245
辻 英夫
　ビジュアルワイド 図説生物 改訂4版
　　…………………………………… 172
辻原 康夫
　世界の国旗 ………………… 106, 108
　徹底図解 世界の国旗 ……………… 107
津田 稔
　英和学習基本用語辞典生物 ……… 171
土屋 公幸
　日本哺乳類大図鑑 ………………… 220
筒井 学
　カブトムシ・クワガタムシ ……… 206
　昆虫 ………………………………… 201
　昆虫 3 ……………………………… 202
　飼育と観察 ………………………… 173
堤 理華
　驚異の人体 ………………………… 230
角替 晃
　日本国憲法 ………………………… 116
椿 正晴
　アトラスキッズ宇宙地図 ………… 160
　恐竜大図鑑 ………………………… 226
　よみがえる恐竜・古生物 ………… 223
坪井 賢一
　図書館探検シリーズ 第23巻 ……… 43

## 【て】

ディクソン，ドゥーガル
　ディクソンの大恐竜図鑑 ………… 228
帝国書院
　最新基本地図 世界・日本 35訂版 … 92
　社会科地図帳 ……………………… 92
　小学校総復習 社会科地図帳 ……… 92
　小学校総復習 社会科地図帳 初訂版
　　…………………………………… 92
　新詳高等社会科地図 5訂版 ………… 93
　新詳高等地図 ……………………… 94
　新詳高等地図 平成21年初訂版 …… 94
　新詳高等地図 平成22年初訂版 …… 94
　新詳高等地図 最新版 ……………… 93
　新詳高等地図 最新版 ……………… 94
　新詳地理資料COMPLETE 2010 …… 88
　新編中学校社会科地図 平成21年初訂版

## 【て】〜【と】

新編 中学校社会科地図 平成22年初訂版 ………………………………… 94
新編 中学校社会科地図 初訂版 ……… 94
中学校社会科地図 新編 ……………… 94
新編 中学校社会科地図 最新版 ……… 95
新編 標準高等地図 …………………… 95
図解 地図資料 4訂版 ………………… 95
図解 地図資料 6訂版 ………………… 95
図解 地図資料 第13版 ………………… 95
図説 ユニバーサル新世界史資料 3訂版 ………………………………… 68
大学受験対策用 地理データファイル 2000年度版 ……………………… 88
楽しい小学校社会科地図帳 …………… 96
楽しい小学校社会科地図帳 3訂版 …… 96
楽しく学ぶ小学生の地図帳 …………… 96
楽しく学ぶ小学生の地図帳 平成21年初訂版 ………………………………… 96
楽しく学ぶ小学生の地図帳 平成22年初訂版 ………………………………… 97
楽しく学ぶ小学生の地図帳 最新版 …… 96
楽しく学ぶ小学生の地図帳 初訂版 …… 96
地図で訪ねる歴史の舞台 世界 5版 …… 69
地図で訪ねる歴史の舞台 日本 6版 …… 77
中学校社会科地図 ……………………… 97
中学校社会科地図 最新版 …………… 97
中学校社会科地図 初訂版 …………… 97
地理データファイル 2002年度版 …… 89
地歴高等地図 …………………………… 98
地歴高等地図 平成21年最新版 ……… 98
地歴高等地図 平成22年最新版 ……… 98
地歴高等地図 新訂版 …………… 97, 98
標準高等社会科地図 5訂版 …………… 98
標準高等地図 平成21年初訂版 ……… 99
標準高等地図 平成22年初訂版 ……… 99
標準高等地図 新訂版 …………… 98, 99
明解世界史図説 エスカリエ 初訂版 ………………………………… 68
もっと知りたい日本と世界のすがた …… 89
DBジャパン
　紙芝居登場人物索引 ………………… 37
　世界の児童文学登場人物索引 アンソロジーと民話・昔話集篇 ………… 33
　世界の児童文学登場人物索引 単行本篇 ……………………………… 33
　世界の物語・お話絵本登場人物索引 … 33
　世界の物語・お話絵本登場人物索引 1953-1986 (ロングセラー絵本ほか) …… 33
　日本の児童文学登場人物索引 単行本篇 ……………………………… 37
　日本の児童文学登場人物索引 民話・昔話集篇 ……………………………… 37
　日本の物語・お話絵本登場人物索引 … 37, 38
テイラー, バーバラ
　ビジュアル博物館 57 ………………… 90
テイラー, ポール・D.
　化石図鑑 …………………………… 222
　ビジュアル博物館 19 ……………… 223
ディングル, エイドリアン
　周期表 ……………………………… 158
出川 洋介
　カビ図鑑 …………………………… 179
てづか あけみ
　はじめてのこっきえほん …………… 108
テツマロハヤシ
　これだ!!留学必携ハンドブック …… 307
デュボア, ピエール
　妖精図鑑 …………………………… 58
寺井 正憲
　ことばの使い方辞典 3年生 ………… 273
寺島 久美子
　ハリー・ポッターが楽しくなるふしぎな生きもの図鑑 …………………… 322
　ハリー・ポッター大事典 …………… 30
　ハリー・ポッター大事典 2 ………… 30
テリー神川
　「赤毛のアン」の生活事典 ………… 28
天井 勝海
　ジュニア版・地理学習の旅 1 ……… 102
　ジュニア版・地理学習の旅 2 ……… 102
伝統的工芸品産業振興協会
　伝統工芸 …………………………… 265
天文ガイド編集部
　2001天文データノート …………… 159

## 【と】

土肥 義治
　ノーベル賞がわかる事典 …………… 83
東京子ども図書館
　子どもと本をつなぐあなたへ ……… 1
　日本の児童図書賞 1987年‐1991年 … 10
　日本の児童図書賞 1992年‐1996年 … 10
東京書籍編集部
　国語便覧 〔カラー版〕 …………… 319
　新総合資料 政治・経済 2000年度 改訂5版 ……………………………… 113

ビジュアルワイド 現代社会 2000年版 改訂7版 …………………… 114
ビジュアルワイド 食品成分表 改訂10版 …………………………… 239
ビジュアルワイド 図説世界史 改訂4版 …………………………… 68
ビジュアルワイド 図説日本史 改訂4版 …………………………… 74
ビジュアルワイド 図説日本史 改訂新版 …………………………… 74

東京私立学校言語研究会
  子どもとおとなのことば語源辞典 …… 297
東京ドーム
  都市の歴史が見えてくる 東京ドーム周辺まるわかり絵事典 ………… 99
東京都立日比谷図書館
  東京都立日比谷図書館児童図書目録 1991年10月15日現在 ………… 8
  東京都立日比谷図書館児童図書目録 書名索引 1991 …………………… 8
  東京都立日比谷図書館児童図書目録 著者名索引 ……………………… 8
東京ボランティアセンター
  ボランティア・ハンドブック ………… 125
ドゥサーレ, ロブ
  ビジュアル博物館 84 ………………… 237
藤堂 明保
  学研 漢和辞典 改訂新版 …………… 282
  新レインボー漢字早おぼえ字典 …… 287
  例解学習漢字辞典 第4版 …………… 290
  例解学習漢字辞典 第4版 ワイド版 … 290
  例解学習漢字辞典 第6版 …………… 290
  例解学習漢字辞典 第6版 ワイド版 … 290
  例解学習漢字辞典 第7版 …………… 290
  例解学習漢字辞典 第7版 ワイド版 … 290
  例解学習漢字辞典 ドラえもん版 第5版 ワイド版 ……………………… 290
  例解学習漢字辞典 ドラえもん版 第6版 ワイド版 ……………………… 290
  例解学習漢字辞典 ドラえもん版 第6版 …………………………………… 291
  例解学習国語辞典 第9版 例解学習漢字辞典 第7版 ………………… 281
投野 由紀夫
  エースクラウン英和辞典 …………… 308
時枝 誠記
  くわしい小学国語辞典 3訂新版 …… 277
  文英堂学小学国語辞典 第4版 ……… 280
時田 昌瑞
  ことわざ辞典 ………………………… 294

読書研究会
  うれしいな一年生 …………………… 1
  1800冊の「戦争」 …………………… 8
Dr.コルティエ
  極楽英単語 …………………………… 315
德永 桂子
  日本どんぐり大図鑑 ………………… 183
徳丸 邦子
  みんなで楽しむ絵本 ………………… 14
図書館資料研究会
  どの本で調べるか 小学校版 増補改訂版 ……………………………………… 39
  どの本で調べるか 中学校版 増補改訂版 ……………………………………… 39
図書館の学校
  子どもの本 2000年 …………………… 2
  子どもの本 2001年 …………………… 2
  子どもの本 2002年 …………………… 2
  子どもの本 2003年 …………………… 2
  子どもの本 2004年 …………………… 2
  子どもの本 2005年 …………………… 2
  子どもの本 2006年 …………………… 2
  子どもの本 2007年 …………………… 2
  子どもの本 2008年 …………………… 3
  子どもの本 2009年 …………………… 3
図書館流通センター
  新・どの本で調べるか ……………… 39
  新・どの本で調べるか 2006年版 …… 8
  調査研究・参考図書目録 本編、索引 改訂新版 ……………………………… 23
  TRCDジュニア 2000 ………………… 8
とだ こうしろう
  英和じてん絵本 ……………………… 301
  和英じてん絵本 ……………………… 314
戸田 聖子
  図解三国志大事典 1 ………………… 321
  図解三国志大事典 2 ………………… 321
  図解三国志大事典 3 ………………… 321
  図解三国志大事典 4 ………………… 322
利根書房
  つよしクンゆきチャンのはじめてのことば百科じてん …………………… 272
泊 明
  恐竜3D図鑑 ………………………… 226
富田 京一
  いきもの探検大図鑑 ………………… 172
  海の生き物の飼い方 ………………… 190
  最新恐竜大事典 ……………………… 227
  スーパーリアル恐竜大図鑑 ………… 227

ダイノキングバトル 恐竜大図鑑 …… 227
ホネからわかる!動物ふしぎ大図鑑 1
　……………………………………… 196
ホネからわかる!動物ふしぎ大図鑑 2
　……………………………………… 196
ホネからわかる!動物ふしぎ大図鑑 3
　……………………………………… 197

富田 虎男
　写真でみるアメリカ・インディアンの世界 …………………………………… 80

冨田 幸光
　恐竜 ………………………………… 225
　原寸大 恐竜館 …………………… 227

富永 裕久
　自然界は謎だらけ!「右と左」の不思議がわかる絵事典 ………………… 150

冨永 星
　セックス・ブック ………………… 231

冨山 稔
　世界のワイルドフラワー 1 ……… 182
　世界のワイルドフラワー 2 ……… 182

友国 雅章
　動物の「跡」図鑑 ………………… 194

友永 たろ
　どっちがオス?どっちがメス? … 195
　にほんごのえじてん あいうえお … 275

鞆森 祥悟
　読んで見て覚える重要古文単語315 改訂版 ……………………………… 292

外山 節子
　読み聞かせのための音のある英語絵本ガイド ……………………………… 15

豊川 裕之
　食と健康 ………………………… 257

豊田 和二
　古代ギリシア入門 ………………… 79

鳥飼 玖美子
　リトルスター英絵辞典 …………… 306

鳥越 信
　子どもの本のカレンダー …………… 4
　たのしく読める日本児童文学 戦前編
　……………………………………… 35
　たのしく読める日本児童文学 戦後編
　……………………………………… 35

鳥羽 通久
　動物のくらし …………………… 195
　爬虫類・両生類 ………………… 213

どりむ社
　絵でわかる「漢字使い分け」…… 298
　絵でわかる「慣用句」…………… 292

絵でわかる「語源」………………… 297
絵でわかる「四字熟語」…………… 292
郷土をつくった偉人事典 ……………… 85
小学生のことわざ絵事典 ………… 292
小学生の同音・同訓使い分け絵事典 … 298
表・グラフのかき方事典 …………… 40

トレーガー, ジェームズ・C.
　環境と生態 ……………………… 171

【な】

内藤 貞夫
　てんとうむし …………………… 203

永井 けい
　外来語・カタカナ語おもしろイラスト事典 第1巻 ……………………… 299
　外来語・カタカナ語おもしろイラスト事典 第2巻 ……………………… 299
　外来語・カタカナ語おもしろイラスト事典 第3巻 ……………………… 299

中尾 セツ子
　C.S.ルイス文学案内事典 ………… 29

長尾 泰
　楽器の事典 ……………………… 266

中川 雄三
　学校のまわりでさがせる生きもの図鑑 動物・鳥 ……………………… 191

長崎 巌
　日本の伝統色配色とかさねの事典 … 265

長崎純心大学ボランティア研究会
　NEWボランティア用語事典 …… 124

中島 恵理子
　こども絵本ガイド ……………… 13

中島 真理
　犬の写真図鑑 …………………… 217

中瀬 潤
　カゲロウ観察事典 ……………… 199

長瀬 慶来
　小学生からの英語絵辞典 ……… 304

仲田 紀夫
　"疑問"に即座に答える算数数学学習小事(辞)典 ……………………… 155

ながた はるみ
　音と絵で覚える子ども英語絵じてん
　……………………………………… 302

中多 泰子
　新・こどもの本と読書の事典 …… 10

中谷 憲一
　アメンボ観察事典 ……………… 198
中西 昭雄
　すぐにさがせる!光る星座図鑑 … 161
中西 章
　昆虫ナビずかん ………………… 202
　見えない所がよくわかる断面図鑑 6
　　……………………………………… 241
中西 敏夫
　児童文学者人名事典 日本人編 上巻
　　………………………………………… 37
　児童文学者人名事典 日本人編 下巻
　　………………………………………… 37
　児童文学者人名事典 外国人作家編 … 31
　児童文学者人名事典 外国人イラスト
　　レーター編 ……………………… 31
　YA(ヤングアダルト)人名事典 … 10
長沼 毅
　深海生物大図鑑 ………………… 174
仲野 和正
　学習に役立つことわざ事典 …… 292
長野 敬
　サイエンスビュー生物総合資料 増補4訂
　　版 ……………………………… 171
永野 重史
　クレヨンしんちゃんのまんがことばこと
　　わざ辞典 ……………………… 293
中野 朋彦
　見えない所がよくわかる断面図鑑 3
　　……………………………………… 241
長野 秀章
　ちびまる子ちゃんのかん字じてん 1
　　……………………………………… 288
　ちびまる子ちゃんの漢字辞典 2 … 288
中野 泰敬
　野山の鳥 ………………………… 216
中道 真木男
　ベネッセ新修国語辞典 ………… 280
中村 敬
　三省堂ファースト英和・和英辞典 … 303
　ファースト英和辞典 第2版 …… 311
中村 慎一
　写真でたどる中国の文化と歴史 … 77
　ビジュアル博物館 55 …………… 77
中村 享史
　小学算数事典 5訂版 …………… 156
中村 武久
　写真でみる農耕と畜産の歴史 … 261
　樹木図鑑 ………………………… 180

　ビジュアル博物館 66 …………… 261
中村 庸夫
　イルカ、クジラ大図鑑 ………… 217
中村 浩美
　地球環境カラーイラスト百科 … 244
中村 幸弘
　短歌・俳句 ……………………… 320
　ベネッセ全訳古語辞典 改訂版 … 291
中村 義勝
　講談社ハウディ英和辞典 第2版 … 308
　講談社ハウディ英和辞典 第3版 … 309
　講談社ハウディ英和・和英辞典 第2版
　　……………………………………… 302
　講談社ハウディ英和・和英辞典 第3版
　　……………………………………… 303
　講談社ハウディ和英辞典 第2版 … 312
　講談社ハウディ和英辞典 第3版 … 312
　中学ニューワールド和英辞典 … 313
なかやま かえる
　分解ずかん 7 …………………… 249
中山 兼芳
　マンガでわかる小学生のはじめての英
　　語 ……………………………… 306
中山 元
　高校生のための評論文キーワード100
　　………………………………………… 46
中山 周平
　花 ………………………………… 183
　ポケット版 学研の図鑑 8 ……… 174
　1月のこども図鑑 ………………… 50
　2月のこども図鑑 ………………… 50
　3月のこども図鑑 ………………… 50
　5月のこども図鑑 ………………… 50
　6月のこども図鑑 ………………… 50
　7月のこども図鑑 ………………… 50
　9月のこども図鑑 ………………… 51
　12月のこども図鑑 ………………… 51
中山 美由紀
　先生と司書が選んだ調べるための本
　　………………………………………… 23
流田 直
　せいかつの図鑑 ………………… 256
奈須 紀幸
　中学理科解法事典 3訂版 ……… 150
那須 正幹
　こまったときの神さま大図鑑 … 144
なつめ よういちろう
　分解ずかん 4 …………………… 249

## 【な】

七尾 純
　環境ことば事典 1 ……………… 242
　環境ことば事典 2 ……………… 243
七宮 清
　採りたい食べたいキノコ ………… 182
並河 治
　校庭の花 ………………………… 180
並木 頼寿
　図説 ユニバーサル新世界史資料 3訂版
　………………………………………… 68
成田 喜一郎
　教科書対応版 世界の地図 ……… 91
　教科書対応版 日本の地図 ……… 104
成田 十次郎
　オリンピック大百科 ……………… 269
　ビジュアル博物館 79 …………… 270
成島 悦雄
　原寸大 どうぶつ館 ……………… 191
　ゾウも飼いたいワニも飼いたい … 193
難波 由城雄
　網をはるクモ観察事典 ………… 187

## 【に】

新美 景子
　生物学 …………………………… 172
新山 みつ枝
　ビジュアルワイド 食品成分表 改訂13
　版 ………………………………… 239
二階堂 善弘
　図解三国志大事典 1 …………… 321
　図解三国志大事典 2 …………… 321
　図解三国志大事典 3 …………… 321
　図解三国志大事典 4 …………… 322
西海 功
　動物の「跡」図鑑 ………………… 194
西川 榮一
　つくろう いのちと環境優先の社会 大阪
　発市民の環境安全白書 ………… 248
西久保 弘道
　レインボー英語の音じてん ……… 307
西田 美緒子
　こども大図鑑動物 ……………… 192
西田 美奈子
　日本児童図書研究文献目次総覧 1945-
　1999 ……………………………… 36

西谷 裕子
　身近なことばの語源辞典 ……… 298
西原 和夫
　国語便覧 〔カラー版〕 …………… 319
西本 鶏介
　子どもがよろこぶ!読み聞かせ絵本101冊
　ガイド ………………………………… 13
　子供に読ませたい世界名作・童話100冊
　の本 …………………………………… 2
　日本の文学 ……………………… 319
西本 豊弘
　衣食住の歴史 …………………… 144
21世紀教育研究所
　子どもと親のための心の相談室 2003年
　度版 ……………………………… 125
　もうひとつの学校案内 …………… 143
21世紀こども百科編集部
　別冊21世紀こども百科 大疑問 …… 47
21世紀総合研究所
　世界遺産ガイド 自然保護区編 … 243
　世界遺産ガイド 生物多様性編 … 172
日外アソシエーツ
　アンソロジー内容綜覧 児童文学 …… 24
　教科書掲載作品 小・中学校編 …… 22
　子どもの本科学を楽しむ3000冊 …… 3
　子どもの本 現代日本の創作5000 …… 34
　子どもの本社会がわかる2000冊 …… 3
　子どもの本 世界の児童文学7000 …… 24
　子どもの本伝記を調べる2000冊 …… 4
　子どもの本 日本の名作童話6000 …… 34
　子どもの本歴史にふれる2000冊 …… 4
　作品名から引ける 世界児童文学全集案
　内 ………………………………… 24
　作品名から引ける 日本児童文学全集案
　内 ………………………………… 34
　作家名から引ける世界児童文学全集案
　内 ………………………………… 24
　作家名から引ける日本児童文学全集案
　内 ………………………………… 34
　児童の賞事典 …………………… 10
　児童文学個人全集・内容綜覧作品名綜覧
　第2期 …………………………… 34
　児童文学書全情報 51/90 …… 24
　児童文学書全情報 91/95 …… 25
　児童文学書全情報 1996-2000 …… 25
　児童文学書全情報 2001-2005 …… 25
　児童文学全集・作家名綜覧第2期 …… 34
　児童文学全集・内容綜覧作品名綜覧第2
　期 ………………………………… 35
　児童文学テーマ全集内容綜覧 世界編
　……………………………………… 25

児童文学テーマ全集内容総覧 日本編
　　　　　　　　　　　　　　　　　　35
　世界児童文学個人全集・作品名綜覧 …… 26
　世界児童文学個人全集・内容綜覧 …… 26
　世界児童文学全集・作品名綜覧 ……… 26
　世界児童文学全集・作家名綜覧 ……… 26
　文学賞受賞作品目録 2005-2009 ……… 27
　漫画家人名事典 ………………………… 16
　民話・昔話全情報 45／91 …………… 28
　民話・昔話全情報 92／99 …………… 28
　民話・昔話全情報 2000-2007 ………… 28
　ヤングアダルトの本 1 ………………… 9
　ヤングアダルトの本 2 ………………… 9
　ヤングアダルトの本 3 ………………… 9
新田 大作
　チャレンジ漢和辞典 ………………… 288
　ベネッセ新修漢和辞典 ……………… 289
新田 義孝
　私たちの大切な資源 エネルギー絵事典
　　　　　　　　　　　　　　　　　239
二宮書店
　基本地図帳 2003-2004 ………………… 91
　基本地図帳 2004-2005 ………………… 91
　基本地図帳 2009-2010 ………………… 91
　基本地図帳 2010-2011 ………………… 91
　現代地図帳 2004-2005 ………………… 91
　高等地図帳 2003-2004 ………………… 91
　高等地図帳 2004-2005 ………………… 91
　高等地図帳 2010-2011 ………………… 91
　コンパクト地図帳 2009-2010 ………… 92
　コンパクト地図帳 2010-2011 ………… 92
　詳解現代地図 2003-2004 ……………… 92
日本英語教育協会
　アメリカンキッズ英語辞典 ………… 300
　アメリカンキッズ和英辞典 ………… 312
日本煙火協会
　職人の技が光る花火の大図鑑 ……… 255
日本気象協会
　気象がわかる絵事典 ………………… 165
日本古生物学会
　大むかしの生物 ……………………… 221
日本子どもの本研究会
　えほん 子どものための300冊 ………… 11
　えほん 子どものための140冊 ………… 11
　心を育てるマンガ ……………………… 16
　子どもにすすめたいノンフィクション
　　1987～1996 …………………………… 21
　どの本よもうかな？ 1・2年生 ……… 44
　どの本よもうかな？ 3・4年生 ……… 44
　どの本よもうかな？ 5・6年生 ……… 44

どの本よもうかな？ 中学生版 日本編
　　　　　　　　　　　　　　　　　　44
どの本よもうかな？ 中学生版 海外編
　　　　　　　　　　　　　　　　　　44
どの本よもうかな？ 1900冊 続 ……… 44
日本語文型教育研究会
　つよしクンゆきチャンのはじめてのこと
　　ば百科じてん ……………………… 272
日本色彩研究所
　「色」の大研究 4 …………………… 265
日本自然保護協会
　干潟の図鑑 …………………………… 174
日本児童図書出版協会
　児童図書総合目録 小学校用 1990 …… 4
　児童図書総合目録 小学校用 1992 …… 4
　児童図書総合目録 小学校用 1994 …… 5
　児童図書総合目録 中学校用 1992 …… 5
　児童図書総合目録 中学校用 1994 …… 5
　児童図書総目録 小学校用 1996年度
　　　　　　　　　　　　　　　　　　 5
　児童図書総目録 小学校用 1997 ……… 5
　児童図書総目録 小学校用 1998 ……… 5
　児童図書総目録 小学校用 1999 ……… 5
　児童図書総目録 小学校用 2000 ……… 5
　児童図書総目録 小学校用 2001 ……… 6
　児童図書総目録 小学校用 2002 ……… 6
　児童図書総目録 小学校用 2003 ……… 6
　児童図書総目録 小学校用 2004 ……… 6
　児童図書総目録 小学校用 2005 ……… 6
　児童図書総目録 小学校用 2008年度
　　　　　　　　　　　　　　　　　　 6
　児童図書総目録 小学校用 2009 ……… 6
　児童図書総目録 小学校用 2010 ……… 6
　児童図書総目録 中学校用 1996年度
　　　　　　　　　　　　　　　　　　 6
　児童図書総目録 中学校用 1997 ……… 7
　児童図書総目録 中学校用 1998 ……… 7
　児童図書総目録 中学校用 1999 ……… 7
　児童図書総目録 中学校用 2000 ……… 7
　児童図書総目録 中学校用 2001 ……… 7
　児童図書総目録 中学校用 2002 ……… 7
　児童図書総目録 中学校用 2003 ……… 7
　児童図書総目録 中学校用 2004 ……… 7
　児童図書総目録 中学校用 2005 ……… 7
　児童図書総目録 中学校用 2007年度
　　　　　　　　　　　　　　　　　　 7
　児童図書総目録 中学校用 2008年度
　　　　　　　　　　　　　　　　　　 8
　児童図書総目録 中学校用 2009 ……… 8
　児童図書総目録 中学校用 2010 ……… 8
日本児童文学者協会
　現代日本児童文学作家事典 〔保存版〕

　　　　　　............................. 37
　現代日本児童文学詩人名鑑 ............ 37
　児童文学の魅力 .................... 35
日本児童文芸家協会
　メルヘンに出会える ................ 33
日本史用語研究会
　必携日本史用語 3訂版 ............... 73
　必携日本史用語 4訂 ................. 73
　必携日本史用語 新訂版 .............. 73
日本青少年育成協会
　自分で決める進路 2005年版 .......... 131
　不登校生・親・教師のためのもうひとつ
　の進路と社会参加総ガイド '01〜'02
　全国版 ........................... 141
　不登校生・高校中退者のためのもうひ
　とつの進路と社会参加全ガイド 最新
　版 .............................. 141
日本なんでも年表編集委員会
　日本なんでも年表 .................. 71
日本フリースクール協会
　小中学生・不登校生のためのフリース
　クールガイド 第2版 ................. 131
日本文化いろは事典プロジェクトスタッフ
　日本の伝統文化・芸能事典 ........... 145
日本弁護士連合会
　子どもの権利ガイドブック ........... 116
日本放送協会
　NHKはろ〜!あにまる動物大図鑑 アフ
　リカ編 ........................... 218
　NHKはろ〜!あにまる動物大図鑑 日本
　編 ............................... 218
　NHKはろ〜!あにまる動物大図鑑 オー
　ストラリア・海洋編 ................ 218
　NHKはろ〜!あにまる動物大図鑑 アジ
　ア・ヨーロッパ編 .................. 218
　NHKはろ〜!あにまる動物大図鑑 南北
　アメリカ編 ....................... 218
日本民話の会 学校の怪談編集委員会
　学校の怪談大事典 .................. 148
日本ユニフォームセンター
　仕事の内容がよくわかる職業別ユニフ
　ォーム・制服絵事典 ................ 120
日本ワールドゲームズ協会
　ワールドスポーツ大事典 ............ 269
ニュース年鑑編集部
　ニュース年鑑 2008 ................. 56
饒村 曜
　地球・気象 ....................... 169
丹羽 哲也
　絵でわかる「漢字使い分け」 ........ 298

　絵でわかる「語源」 ................ 297

## 【ぬ】

布村 明彦
　地球温暖化図鑑 ................... 246

## 【ね】

ネイチャープロ編集室
　こども大図鑑動物 .................. 192
ネイハム，アンドルー
　ビジュアル博物館 22 ............... 252
根本 順吉
　学習に役立つものしり事典365日 1月 新
　版 ............................... 60
　学習に役立つものしり事典365日 2月 新
　版 ............................... 60
　学習に役立つものしり事典365日 3月 新
　版 ............................... 61
　学習に役立つものしり事典365日 4月 新
　版 ............................... 61
　学習に役立つものしり事典365日 5月 新
　版 ............................... 61
　学習に役立つものしり事典365日 6月 新
　版 ............................... 61
　学習に役立つものしり事典365日 7月 新
　版 ............................... 61
　学習に役立つものしり事典365日 8月 新
　版 ............................... 61
　学習に役立つものしり事典365日 9月 新
　版 ............................... 61
　学習に役立つものしり事典365日 10月
　新版 ............................. 62
　学習に役立つものしり事典365日 11月
　新版 ............................. 62
　学習に役立つものしり事典365日 12月
　新版 ............................. 62
根本 正義
　占領下の文壇作家と児童文学 索引 .... 27
年鑑事典編集部
　ジュニア朝日年鑑 1997・1998 社会 学
　習・統計 ......................... 55
　ジュニア朝日年鑑 1998・1999 社会 学
　習・統計 ......................... 55
　ジュニア朝日年鑑 1999・2000 社会 学
　習・統計 ......................... 56

## 【の】

能本 功
  図書館探検シリーズ 第23巻 ……… 43
野上 暁
  子どもの本ハンドブック ……… 4
野口 賢司
  実物大人体図鑑 2 ……………… 236
野口 賢次
  3さいでであうことばえじてん …… 276
野口 玉雄
  学研の大図鑑 危険・有毒生物 …… 173
野田 研一
  英語文学事典 ………………… 28
野田 哲雄
  ジュニア・アンカー英和辞典 第4版 ‥ 309
  ジュニア・アンカー英和・和英辞典 第4版 ………………… 303
  ニューヴィクトリーアンカー英和辞典 第2版 ……………………… 310
野間 恒
  船の百科 ……………………… 252
ノーマン、デビッド
  恐竜事典 ……………………… 225
  ビジュアル博物館 12 …………… 228
野溝 明子
  からだと脳のふしぎ事典 ……… 229
野元 菊雄
  例解新国語辞典 第4版 ………… 281
ノリス、クリス
  図説 哺乳動物百科 3 …………… 219
野呂 有子
  C.S.ルイス文学案内事典 ……… 29

## 【は】

バイアム、マイケル
  ビジュアル博物館 4 …………… 255
  武器の歴史図鑑 ……………… 255
ハインリー
  イラストで学ぶ日常英単語 トムソンピクチャーディクショナリー ……… 301

バヴァネル、ジェーン
  セックス・ブック ……………… 231
バウエル、ジリアン
  19世紀の美術 ………………… 263
パーカー、スティーブ
  図説 哺乳動物百科 3 …………… 219
  ビジュアル博物館 3 …………… 237
  ビジュアル博物館 6 …………… 174
  ビジュアル博物館 9 …………… 220
  ビジュアル博物館 10 ………… 174
  ビジュアル博物館 20 ………… 211
  ホネ事典 ……………………… 238
芳賀 日出男
  世界の祭り大図鑑 …………… 147
  日本の祭り事典 ……………… 147
萩原 清司
  飼育と観察 …………………… 173
バケダーノ、エリザベス
  アステカ・マヤ・インカ文明事典 … 78
  ビジュアル博物館 47 ………… 81
橋本 孝幸
  Jリーグ観戦大事典 …………… 268
橋本 樹明
  宇宙 …………………………… 161
橋本 裕之
  心をそだてる子ども歳時記12か月 … 147
橋本 光郎
  チャレンジ英和辞典 第3版 …… 310
  チャレンジ英和辞典 第5版 …… 310
  チャレンジ英和辞典 改訂新版 … 310
  チャレンジ英和・和英辞典 第3版 … 304
  チャレンジ英和・和英辞典 第5版 … 304
  チャレンジ英和・和英辞典 改訂新版
  ………………………………… 304
バシャー、サイモン
  岩石と鉱物 …………………… 165
  周期表 ………………………… 158
  生物学 ………………………… 172
  天文学 ………………………… 159
  物理学 ………………………… 157
羽豆 成二
  21世紀こども百科 第2版 増補版 ……… 47
長谷川 哲雄
  木の図鑑 ……………………… 179
  昆虫図鑑 ……………………… 202
長谷川 憲絵
  ビジュアル博物館 86 ………… 90

長谷川 秀一
　ジュニア版 写真で見る俳句歳時記 1
　　　　　　　　　　　　　　　　 320
　ジュニア版 写真で見る俳句歳時記 2
　　　　　　　　　　　　　　　　 320
　ジュニア版 写真で見る俳句歳時記 3
　　　　　　　　　　　　　　　　 320
　ジュニア版 写真で見る俳句歳時記 4
　　　　　　　　　　　　　　　　 320
　ジュニア版 写真で見る俳句歳時記 5
　　　　　　　　　　　　　　　　 320
　ジュニア版 写真で見る俳句歳時記 6
　　　　　　　　　　　　　　　　 320
　ジュニア版 写真で見る俳句歳時記 7
　　　　　　　　　　　　　　　　 320
長谷川 博
　いきもの探検大図鑑 ……………… 172
長谷川 康男
　はるなつあきふゆ 楽しく遊ぶ学ぶきせ
　つの図鑑 …………………………… 147
長谷川 善和
　はじめてのポケット図鑑 恐竜 …… 228
畑島 喜久生
　詩のわかる本 中学1年 …………… 318
畑中 喜秋
　植物 ………………………………… 181
バターフィールド, モイラ
　自然断面図鑑 ……………………… 193
八戸 さとこ
　街の虫とりハンドブック ………… 204
ハチンソン, ステファン
　海洋 ………………………………… 166
バックリー, ブルース
　気象 ………………………………… 167
バットナム, ジェームズ
　ビジュアル博物館 53 ……………… 81
服部 幸応
　ニッポンの名前 …………………… 144
バディアン, ケビン
　恐竜大図鑑 ………………………… 226
ハーディング, R.R.
　結晶・宝石図鑑 …………………… 167
ハート, ジョージ
　古代エジプト入門 ………………… 79
　ビジュアル博物館 23 ……………… 80
パトナム, ジェームズ
　ビジュアル博物館 44 ……………… 81
　ピラミッド事典 …………………… 82
　ミイラ事典 ………………………… 82

羽鳥 博愛
　ジュニア・アンカー英和辞典 第4版 ‥ 309
　ジュニア・アンカー英和辞典 改訂新版
　　　　　　　　　　　　　　　　 309
　ジュニア・アンカー英和辞典 英単語表
　つき 第4版B ……………………… 309
　ジュニア・アンカー英和・和英辞典 第
　4版 ………………………………… 303
　ジュニア・アンカー英和・和英辞典 第
　4版B ……………………………… 303
　ジュニア・アンカー英和・和英辞典 改
　訂新版 ……………………………… 303
　ジュニア・アンカー和英辞典 第4版 ‥ 312
　ジュニア・アンカー和英辞典 改訂新版
　　　　　　　　　　　　　　　　 312
　ニューヴィクトリーアンカー英和辞典
　　　　　　　　　　　　　　　　 310
　ニューヴィクトリーアンカー英和辞典
　第2版 ……………………………… 310
　ビッグ・アップル英和辞典 改訂版 ‥ 311
　レインボー英会話辞典 改訂新版 … 307
　レインボー英語図解百科 ………… 307
花沢 真一郎
　ジュニア地図帳 新版 ……………… 92
バーナム, ロバート
　絵でわかる宇宙大地図 …………… 159
埴 沙萠
　図書館探検シリーズ 第24巻 ……… 43
バーニー, デヴィッド
　樹木図鑑 …………………………… 180
　図説 哺乳動物百科 3 ……………… 219
　ビジュアル博物館 1 ……………… 216
　ビジュアル博物館 5 ……………… 186
　ビジュアル博物館 11 ……………… 186
羽田 節子
　いきもの探検大図鑑 ……………… 172
バーネット, ラッセル
　比較大図鑑 ………………………… 153
馬場 良和
　ジュニア数学百科 ………………… 156
浜井 修
　倫理用語集 ………………………… 56
浜口 哲一
　とり ………………………………… 214
　とり 第2版 ………………………… 213
　理科の地図帳 1 …………………… 154
　理科の地図帳 2 …………………… 154
　理科の地図帳 3 …………………… 155
　理科の地図帳 4 …………………… 155
　理科の地図帳 5 …………………… 155

浜田 隆士
　きょうりゅうとおおむかしのいきもの
　　　…………………………………… 226
　恐竜の図鑑 ……………………… 226
浜野 栄次
　カブトムシとクワガタ ………… 207
浜松市楽器博物館
　音楽がたのしくなる世界の「楽器」絵事
　典 ………………………………… 265
浜本 純逸
　国語教育文献総合目録 …………… 22
ハモンド, ティム
　ビジュアル博物館 13 …………… 269
林 大
　例解学習漢字辞典 ドラえもん版 第5版
　ワイド版 ………………………… 290
林 恵子
　からだと脳のふしぎ事典 ……… 229
林 健太郎
　世界史年表・地図 ………………… 66
　世界史年表・地図 第8版 ………… 66
　世界史年表・地図 第9版 ………… 66
　世界史年表・地図 第10版 ……… 66
　世界史年表・地図 第12版 ……… 66
　世界史年表・地図 第14版 ……… 66
　世界史年表・地図 第15版 ……… 66
　世界史年表・地図 第16版 ……… 67
　標準世界史地図 増補第44版 …… 69
　標準世界史年表 第45版 ………… 67
　標準世界史年表 第46版 ………… 67
林 四郎
　三省堂例解小学漢字辞典 ……… 283
　三省堂例解小学漢字辞典 第2版 … 283
　三省堂例解小学漢字辞典 第2版 特製版
　　……………………………………… 283
　三省堂例解小学漢字辞典 第2版 ワイド
　版 ………………………………… 284
　三省堂例解小学漢字辞典 第3版 … 284
　三省堂例解小学漢字辞典 第3版 特製版
　　……………………………………… 284
　三省堂例解小学漢字辞典 第3版 ワイド
　版 ………………………………… 284
　三省堂例解小学漢字辞典 第3版 新装版
　特製版 …………………………… 284
　三省堂例解小学漢字辞典 第3版 新装版
　　……………………………………… 284
　三省堂例解小学漢字辞典 第3版 新装版
　ワイド版 ………………………… 284
　三省堂例解小学漢字辞典 ワイド版 … 283
　たのしく学ぶことわざ辞典 …… 296
　つよしくんゆきちゃん はじめての国

　語じてん 新版 ………………… 280
　はじめての漢字じてん ………… 289
　例解新国語辞典 第4版 ………… 281
林 史典
　ジュニア・アンカー国語辞典 第3版 ‥ 279
林 知世
　地球環境カラーイラスト百科 ……… 244
林 長閑
　かまきり ………………………… 200
林 義雄
　ジュニア・アンカー国語辞典 第3版 ‥ 279
林 良博
　こども地球白書 1999‐2000 …… 246
　こども地球白書 2000‐2001 …… 246
　こども地球白書 2001‐2002 …… 247
　こども地球白書 2002‐2003 …… 247
　こども地球白書 2003‐2004 …… 247
　こども地球白書 2004‐2005 …… 247
　こども地球白書 2005‐2006 …… 247
　こども地球白書 2006‐2007 …… 247
　ジュニア地球白書 2007‐08 …… 248
　ジュニア地球白書 2008‐09 …… 248
原 英一
　ディケンズ鑑賞大事典 ………… 29
原 子朗
　新・宮沢賢治語彙辞典 ………… 36
原 雅夫
　ジュニア版 写真で見る俳句歳時記 1
　　……………………………………… 320
　ジュニア版 写真で見る俳句歳時記 2
　　……………………………………… 320
　ジュニア版 写真で見る俳句歳時記 3
　　……………………………………… 320
　ジュニア版 写真で見る俳句歳時記 4
　　……………………………………… 320
　ジュニア版 写真で見る俳句歳時記 5
　　……………………………………… 320
　ジュニア版 写真で見る俳句歳時記 6
　　……………………………………… 320
　ジュニア版 写真で見る俳句歳時記 7
　　……………………………………… 320
原 まゆみ
　解剖断面図鑑 …………………… 240
　自然断面図鑑 …………………… 193
原口 隆行
　鉄道・船 ………………………… 251
　鉄道・船 増補改訂版 …………… 251
原田 佐和子
　天文学 …………………………… 159

ハリー, ネッド
  写真でみる農耕と畜産の歴史 ……… 261
  ビジュアル博物館 66 ……………… 261
バリー＝ジョーンズ, ジマイマ
  ビジュアル博物館 69 ……………… 216
バレット, ポール
  恐竜大図鑑 ………………………… 226
飯田 貴子
  リトルスター英絵辞典 …………… 306
半田 利弘
  宇宙 ………………………………… 161
  大きさくらべ絵事典 ……………… 149
番場 瑠美子
  花と実の図鑑 8 …………………… 184

## 【ひ】

ピアソン, アン
  古代ギリシア入門 ………………… 79
  ビジュアル博物館 37 ……………… 80
PHP研究所
  音楽がたのしくなる世界の「楽器」絵事
   典 ………………………………… 265
  学習カレンダー 365日今日はどんな日?
   1月 ……………………………… 59
  学習カレンダー 365日今日はどんな日?
   2月 ……………………………… 59
  学習カレンダー 365日今日はどんな日?
   3月 ……………………………… 59
  学習カレンダー 365日今日はどんな日?
   4月 ……………………………… 59
  学習カレンダー 365日今日はどんな日?
   5月 ……………………………… 59
  学習カレンダー 365日今日はどんな日?
   6月 ……………………………… 59
  学習カレンダー 365日今日はどんな日?
   7月 ……………………………… 59
  学習カレンダー 365日今日はどんな日?
   8月 ……………………………… 60
  学習カレンダー 365日今日はどんな日?
   9月 ……………………………… 60
  学習カレンダー 365日今日はどんな日?
   10月 ……………………………… 60
  学習カレンダー 365日今日はどんな日?
   11月 ……………………………… 60
  学習カレンダー 365日今日はどんな日?
   12月 ……………………………… 60
  感動のドラマの記録 オリンピック絵事
   典 ………………………………… 267

  君もなれるかな?宇宙飛行士大図鑑 … 161
  京都議定書がわかる絵事典 ……… 243
  国際理解に役立つシーン別英語絵事典
    …………………………………… 303
  子供に読ませたい100冊の本 ……… 2
  茶道・華道・書道の絵事典 ……… 263
  図解でよくわかる空の交通 空港大図鑑
    …………………………………… 250
  税金の絵事典 ……………………… 118
  生産と流通のしくみがわかる100円ショッ
   プ大図鑑 ………………………… 262
  政治と経済がわかる事典 ………… 114
  政治の現場が見える国会議事堂大図鑑
    …………………………………… 115
  奈良がわかる絵事典 ……………… 102
  日本のくらし絵事典 ……………… 144
  便利で身近な通信手段「けいたい電話」
   がよくわかる絵事典 …………… 254
  「マーク」の絵事典 ……………… 264
  身の回りで見つける単位にくわしくなる
   絵事典 …………………………… 151
  やってみよう!こどもの資格＆コンクー
   ルガイド 2001年度版 ………… 122
  やってみよう!こどもの資格＆コンクー
   ルガイド 2002年度版 ………… 123
  やってみよう!こどもの資格＆コンクー
   ルガイド 2003年度版 ………… 123
PHP総合研究所
  データでくらべる1970年代の日本と今
   の日本 …………………………… 72
東森 勲
  プラクティカル ジーニアス英和辞典
    …………………………………… 311
疋田 努
  両生類・はちゅう類 ……………… 213
樋口 幸男
  飼育と観察 ………………………… 173
ひこ田中
  子どもの本ハンドブック ………… 4
ヒサ クニヒコ
  なるほど忍者大図鑑 ……………… 77
  ヒサクニヒコの恐竜図鑑 ………… 228
久恒 辰博
  脳と体のしくみ絵事典 …………… 231
久守 和子
  英語文学事典 ……………………… 28
菱山 忠三郎
  花と実の図鑑 6 …………………… 184
  花と実の図鑑 7 …………………… 184
  花と実の図鑑 8 …………………… 184

ビースティ, スティーヴン
　解剖断面図鑑 ……………………… 240
　人体透視図鑑 ……………………… 236
　図解 古代エジプト ………………… 78
　モノづくり断面図鑑 ……………… 241
氷田 光風
　小学生の新レインボー漢字書き方辞典
　　…………………………………… 286
　常用漢字読み書き辞典 …………… 286
飛田 良文
　世界商売往来用語索引 ……………… 23
日高 敏隆
　生き物の飼育 ……………………… 189
　21世紀こども百科 第2版 増補版 … 47
ピーターズ, デイビッド
　ふしぎ動物大図鑑 ………………… 196
人と地球にやさしい仕事100編集委員会
　人と地球にやさしい仕事100 …… 122
ビナード, アーサー
　音と絵で覚える子ども英語絵じてん
　　…………………………………… 302
日野 舜也
　ビジュアル博物館 61 ……………… 90
BBMアカデミー
　スポーツ年鑑 2009 ……………… 270
日比野 正己
　図解 交通バリア・フリー百科 …… 262
　NEWボランティア用語事典 …… 124
平井 博
　飼育と観察 ………………………… 193
　ポケット版 学研の図鑑 8 ……… 174
平井 美帆
　世界のお金事典 …………………… 117
平田 信
　花 …………………………………… 183
平沼 洋司
　写真でみる異常気象 ……………… 168
　天気のしくみ事典 ………………… 169
　ビジュアル博物館 81 …………… 170
平野 恵理子
　料理図鑑 …………………………… 259
平野 敬一
　妖精事典 ……………………………… 58
平野 隆久
　学校のまわりでさがせる植物図鑑 春
　　…………………………………… 177
　学校のまわりでさがせる植物図鑑 夏
　　…………………………………… 178
　学校のまわりでさがせる植物図鑑 秋冬
　　…………………………………… 178
　学校のまわりでさがせる植物図鑑 樹木
　　…………………………………… 178
平野 伸明
　身近な鳥の図鑑 …………………… 216
平間 あや
　19世紀の美術 ……………………… 263
　比較大図鑑 ………………………… 153
　モノづくり断面図鑑 ……………… 241
平見 修二
　図書館探検シリーズ 第11巻 …… 42
　図書館探検シリーズ 第17巻 …… 43
平山 廉
　恐竜キャラクター大百科 ………… 223
ヒル, ダグラス
　ビジュアル博物館 70 ……………… 58
　魔術事典 …………………………… 58
ヒルズ, アラン
　ビジュアル博物館 55 ……………… 77
広崎 芳次
　さかな食材絵事典 ………………… 258
広瀬 和清
　ニュースクール英和辞典 第2版 … 310
広瀬 恒子
　新・こどもの本と読書の事典 …… 10

【ふ】

ファリア, アンナーマリー
　ドラえもん英語学習辞典 ………… 304
ファリア, グレン
　ドラえもん英語学習辞典 ………… 304
　ドラえもん 入門ABC英語辞典 … 305
　ドラえもんのまんがで覚える英語辞典
　　…………………………………… 305
ファレ, マリー
　わたしと世界 ……………………… 48
フィリップ, ニール
　神話入門 …………………………… 57
　ビジュアル博物館 77 …………… 57
フィリップス, アン・K.
　ルイザ・メイ・オルコット事典 … 31
フェリス, ジュリー
　こども大図鑑 ……………………… 48
フォーグル, ブルース
　犬種大図鑑 ………………………… 219

## ふおる

**フォルカード，クレア**
　ギネス世界記録 2004 ………… 52
　ギネス世界記録 2005 ………… 52

**深井 節子**
　見えない所がよくわかる断面図鑑 10
　　……………………………… 241

**Pooka編集部**
　絵本カタログ ………………… 11

**深光 富士男**
　鎌倉・横浜がわかる事典 ……… 72
　食料自給率がわかる事典 …… 260
　日本のしきたり絵事典 ……… 144

**深谷 圭助**
　辞典・資料がよくわかる事典 … 39
　例解学習類語辞典 …………… 299

**吹浦 忠正**
　世界の国旗 改訂新版 ……… 108
　世界の国旗ビジュアル大事典 … 107

**福井 文雅**
　チャレンジ漢和辞典 ………… 288
　ベネッセ新修漢和辞典 ……… 289

**福岡 克也**
　地球環境データブック 2007-08 … 244

**福岡 貞子**
　保育者と学生・親のための乳児の絵本・
　保育課題絵本ガイド ………… 14

**福祉ドアリサーチ**
　福祉・介護の仕事完全ガイド … 125

**福田 豊文**
　ねこあつまれ ………………… 220

**福田 雅章**
　「こどもの権利条約」絵事典 … 116

**福田 行宏**
　子どものための点字事典 …… 125

**福田 芳生**
　なんでもわかる恐竜百科 …… 228

**福本 匡志**
　見つけよう信州の昆虫たち … 205

**福家書店**
　Comic catalog 2009 …………… 16
　Comic catalog 2010 …………… 16
　Comic catalog 2011 …………… 16

**福山 欣司**
　爬虫類・両生類 ……………… 213

**福山 英也**
　犬種大図鑑 …………………… 219

**藤井 旭**
　宇宙図鑑 ……………………… 161

## 著編者名索引

　四季の星座図鑑 ……………… 161
　藤井旭の天文年鑑 1990年度版 … 164
　藤井旭の天文年鑑 1991年度版 … 164
　藤井旭の天文年鑑 1992年度版 … 164
　藤井旭の天文年鑑 1993年度版 … 164
　藤井旭の天文年鑑 1994年度版 … 164
　藤井旭の天文年鑑 1995年版 … 164
　藤井旭の天文年鑑 1996年版 … 164
　藤井旭の天文年鑑 1997年版 … 164
　藤井旭の天文年鑑 1998年版 … 164
　藤井旭の天文年鑑 1999年版 … 164
　藤井旭の天文年鑑 2000年版 … 164
　藤井旭の天文年鑑 2001年版 … 164
　藤井旭の天文年鑑 2002年版 … 164
　藤井旭の天文年鑑 2003年版 … 165
　藤井旭の天文年鑑 2004年版 … 165
　藤井旭の天文年鑑 2005年版 … 165
　藤井旭の天文年鑑 2006年版 … 165
　藤井旭の天文年鑑 2007年版 … 165
　藤井旭の天文年鑑 2008年版 … 165
　藤井旭の天文年鑑 2009年版 … 165
　藤井旭の天文年鑑 2010年版 … 165
　藤井旭の天文年鑑 2011年版 … 165
　ポケット版 学研の図鑑 12 … 162
　星・星座 ……………………… 163
　星・星座 改訂版 …………… 163
　星空ガイド 2001 …………… 159
　星空ガイド 2002 …………… 160
　星空ガイド 2003 …………… 160
　星の神話・伝説図鑑 ………… 163
　見える!さがせる!星・星座 … 163

**藤井 圀彦**
　ことばの使い方辞典 3年生 … 273
　ことばの使い方辞典 4年生 … 273
　ことばの使い方辞典 5年生 … 273
　ことばの使い方辞典 6年生 … 273
　小学生のまんが俳句辞典 …… 320
　短歌・俳句 …………………… 320

**藤井 康文**
　きょうりゅう 新版 ………… 224

**藤子 F・不二雄**
　ドラえもん最新ひみつ道具大事典 … 265
　ドラえもんで英単語 DORA-TAN … 316

**藤沢 皖**
　英和学習基本用語辞典欧州近代史 … 78

**藤田 和也**
　病気とたたかうからだ ……… 232

**藤田 千枝**
　実物大 恐竜図鑑 …………… 227
　周期表 ………………………… 158

物理学 ……………………………… 157
藤田 のぼる
　少年少女の名作案内 日本の文学 リアリズム編 …………………………… 318
　少年少女の名作案内 日本の文学 ファンタジー編 …………………………… 318
藤田 洋
　歌舞伎の事典 ……………………… 267
藤谷 徳之助
　気象 ………………………………… 167
藤野 幸雄
　世界児童・青少年文学情報大事典 第1巻 …………………………………… 31
　世界児童・青少年文学情報大事典 第2巻 …………………………………… 32
　世界児童・青少年文学情報大事典 第3巻 …………………………………… 32
　世界児童・青少年文学情報大事典 第4巻 …………………………………… 32
　世界児童・青少年文学情報大事典 第5巻 …………………………………… 32
　世界児童・青少年文学情報大事典 第6巻 …………………………………… 32
　世界児童・青少年文学情報大事典 第7巻 …………………………………… 32
　世界児童・青少年文学情報大事典 第8巻 …………………………………… 32
　世界児童・青少年文学情報大事典 第9巻 …………………………………… 32
　世界児童・青少年文学情報大事典 第10巻 …………………………………… 32
　世界児童・青少年文学情報大事典 第11巻 …………………………………… 32
　世界児童・青少年文学情報大事典 第12巻 …………………………………… 32
　世界児童・青少年文学情報大事典 第13巻 …………………………………… 32
　世界児童・青少年文学情報大事典 第14巻 …………………………………… 32
　世界児童・青少年文学情報大事典 第15巻 …………………………………… 33
藤野 励一
　図書館探検シリーズ 第12巻 ……… 42
藤丸 篤夫
　アゲハチョウ観察事典 …………… 198
　アリ観察事典 ……………………… 198
　オトシブミ観察事典 ……………… 199
　昆虫図鑑 いろんな場所の虫さがし … 202
　ミツバチ観察事典 ………………… 199
藤本 知代子
　65億人の地球環境 改訂版 ………… 246

藤本 恵
　掘りだしものカタログ 3 …………… 27
藤原 由希
　図解三国志大事典 1 ……………… 321
　図解三国志大事典 2 ……………… 321
　図解三国志大事典 3 ……………… 321
　図解三国志大事典 4 ……………… 322
フソード, スタンリー・A.
　写真でみるアメリカ・インディアンの世界 …………………………………… 80
不登校情報センター
　不登校・中退生のためのスクールガイド 2004年度版 …………………… 143
　不登校・中退生のためのスクールガイド 2005年度版 …………………… 143
舟木 嘉浩
　岩石・鉱物図鑑 …………………… 167
　恐竜 ………………………………… 225
フーバー, ウォルター
　C.S.ルイス文学案内事典 …………… 29
ブライアン, キム
　こども大図鑑動物 ………………… 192
ブライトリング, ジェフ
　カウボーイ事典 …………………… 146
　ビジュアル博物館 55 ……………… 77
　ビジュアル博物館 57 ……………… 90
　ビジュアル博物館 64 …………… 221
　ビジュアル博物館 66 …………… 261
ブラウン, レスター・R.
　こども地球白書 1999-2000 ……… 246
　こども地球白書 2000-2001 ……… 246
　こども地球白書 2001-2002 ……… 247
　子ども地球白書 1992-1993 ……… 248
ブラット, リチャード
　海賊事典 …………………………… 79
　解剖断面図鑑 ……………………… 240
　知られざる難破船の世界 …………… 80
　人体透視図鑑 ……………………… 236
　スパイ事典 ………………………… 148
　ビジュアル博物館 34 …………… 267
　ビジュアル博物館 59 ……………… 81
　ビジュアル博物館 67 …………… 149
　ビジュアル博物館 72 ……………… 82
　モノづくり断面図鑑 ……………… 241
プリチャード, マリ
　オックスフォード世界児童文学百科 … 29
ブリッグズ, キャサリン
　妖精事典 …………………………… 58
　妖精 Who's Who …………………… 58

古川 隆久
　日本の歴史 5 ………………………… 73
ブルース原田
　快速英単語 高校必修編 新装版 …… 314
古田 東朔
　旺文社標準国語辞典 第6版 ………… 277
　小學讀本便覧 第8巻 ………………… 23
古田 陽久
　世界遺産ガイド 自然遺産編 ………… 243
　世界遺産ガイド 自然保護区編 ……… 243
　世界遺産ガイド 生物多様性編 ……… 172
古田 真美
　世界遺産ガイド 自然遺産編 ………… 243
　世界遺産ガイド 生物多様性編 ……… 172
ブルックフィールド, カレン
　ビジュアル博物館 48 ………………… 272
　文字と書の歴史 ……………………… 272
BRLM高速学習アカデミー
　80分で覚える中学全英単語1250 …… 316
フレイヴィン, クリストファー
　地球環境データブック 2007-08 …… 244
　こども地球白書 2002‐2003 ………… 247
　こども地球白書 2003‐2004 ………… 247
　こども地球白書 2004‐2005 ………… 247
　こども地球白書 2005‐2006 ………… 247
　こども地球白書 2006‐2007 ………… 247
　ジュニア地球白書 2007‐08 ………… 248
　ジュニア地球白書 2008‐09 ………… 248
フレッチャー, ジョアン
　図解 古代エジプト …………………… 78
不破 敬一郎
　地球環境ハンドブック 第2版 ……… 245

【へ】

平凡社
　ジュニア世界の国旗図鑑 新訂第3版
　　………………………………………… 108
　ジュニア世界の国旗図鑑 増補改訂版
　　………………………………………… 107
　ポケットからだ事典 ………………… 232
ヘイワード, リンダ
　セサミストリート英語大辞典 ……… 309
ヘインズ, ティム
　よみがえる恐竜・古生物 …………… 223
ベースボールマガジン社
　Q&A(エー)日本の武道事典 3 ……… 268

別冊太陽編集部
　この絵本が好き! 2004年版 ………… 13
　この絵本が好き! 2006年版 ………… 13
　この絵本が好き! 2008年版 ………… 13
ベラミー, ルーファス
　いのち ………………………………… 234
　運動 …………………………………… 234
　感覚 …………………………………… 235
　脳 ……………………………………… 237
ヘリング, アン
　英和じてん絵本 ……………………… 301
　和英じてん絵本 ……………………… 314
ベルゲン, デヴィッド
　実物大 恐竜図鑑 …………………… 227
ペロル, シルヴェーヌ
　わたしと世界 ………………………… 48
勉誠出版編集部
　世界児童・青少年文学情報大事典 第16
　巻 ……………………………………… 33
ベンダー, ライオネル
　写真でみる発明の歴史 ……………… 240
ペンバートン, デリア
　図解 古代エジプト …………………… 78

【ほ】

ホーキンス, ローレンス・E.
　海洋 …………………………………… 166
保坂 一夫
　ドイツ文学 …………………………… 317
保坂 俊司
　世界の宗教入門 ……………………… 57
　ビジュアル博物館 68 ………………… 57
星の手帖編集部
　四季の星座百科 ……………………… 161
細矢 剛
　カビ図鑑 ……………………………… 179
細谷 亮太
　いのち ………………………………… 234
　運動 …………………………………… 234
　感覚 …………………………………… 235
　呼吸 …………………………………… 235
　消化 …………………………………… 236
　心臓 …………………………………… 236
　脳 ……………………………………… 237
　ひとのからだ ………………………… 237

堀田 明
　野山の鳥 ………………………… 216
　水辺の鳥 ………………………… 216
ぽにーてーる
　クワガタ＆カブト 甲虫ランキング大百
　　科 ……………………………… 206
　昆虫キャラクター大百科 ………… 206
ホプキンズ，エドワード・J.
　気象 ……………………………… 167
ホームズ，リチャード
　ビジュアル博物館 63 …………… 149
堀 源一郎
　星・星座 新訂版 ………………… 163
堀内 和夫
　ビジュアルワイド 図説化学 改訂6版
　　 ………………………………… 158
堀内 克明
　サンライズクエスト和英辞典 …… 312
堀尾 青史
　年譜 宮沢賢治伝 ………………… 36
　宮沢賢治年譜 …………………… 36
堀米 庸三
　世界史年表・地図 ……………… 66
　世界史年表・地図 第8版 ……… 66
　世界史年表・地図 第9版 ……… 66
　世界史年表・地図 第10版 …… 66
　世界史年表・地図 第12版 …… 66
　世界史年表・地図 第14版 …… 66
　世界史年表・地図 第15版 …… 66
　標準世界史地図 増補第43版 … 69
堀之内 修
　都道府県別日本の地理データマップ 6
　　 ………………………………… 103
堀ノ内 雅一
　人物事典 ………………………… 84
ボールハイマー，デーヴィッド
　オリンピック大百科 ……………… 269
　ビジュアル博物館 79 …………… 270
ボンソン，リチャード
　絵でみる地球大地図 …………… 171
　比較大図鑑 ……………………… 153
本多 成正
　はじめてのポケット図鑑 恐竜 …… 228
本田 眈
　図書館探検シリーズ 第10巻 …… 42
　図書館探検シリーズ 第21巻 …… 43
本多 英明
　英米児童文学辞典 ……………… 29
　たのしく読める英米児童文学 …… 27

ホーンビー，ヒュー
　ビジュアル博物館 82 …………… 270
「本・ほん'90」編集委員会
　本・ほん '90 …………………… 17
「本・ほん'93」編集委員会
　本・ほん '93 …………………… 17
「本・ほん'94」編集委員会
　本・ほん '94 …………………… 17
「本・ほん'95」編集委員会
　本・ほん '95 …………………… 17
本間 三郎
　学研生物図鑑 昆虫1 改訂版 …… 200
　学研生物図鑑 昆虫2 改訂版 …… 200
　学研生物図鑑 昆虫3 改訂版 …… 200
本間 慎
　新データガイド地球環境 ………… 245
本間 昇
　昔の子どものくらし事典 ………… 145
本間 裕子
　賞をとった子どもの本 …………… 10

# 【ま】

毎日中学生新聞編集部
　ニュースの言葉 ………………… 111
マイヤーズ，ノーマン
　65億人の地球環境 改訂版 …… 246
前川 貴行
　原寸大 どうぶつ館 ……………… 191
前沢 明枝
　パイレーツ図鑑 ………………… 80
前嶋 昭人
　学校の怪談大事典 ……………… 148
前園 泰徳
　昆虫 ……………………………… 202
前田 栄作
　花 ………………………………… 183
前田 憲男
　両生類・はちゅう類 …………… 213
牧野 勤
　アルファ・フェイバリット英和辞典 … 308
牧野 晩성
　野山の植物 ……………………… 183
マーグソン，スーザン・M.
　ヴァイキング事典 ……………… 78

マクレー, アン
　アトラス世界地図絵本 ……………… 90
マコーレイ, デビッド
　驚異の人体 …………………………… 230
正井 泰夫
　地図で知る世界の国ぐに …………… 97
　地図で知る世界の国ぐに 新訂第2版
　　…………………………………………… 88
　地図で知る世界の大都市 …………… 97
マージソン, スザン・M.
　ビジュアル博物館 50 ……………… 81
真島 満秀
　鉄道ものしり百科 …………………… 252
　乗りもの ……………………………… 251
マシマレイルウェイピクチャーズ
　21世紀幼稚園百科〔12〕新版 …… 253
マシュー, ジョー
　セサミストリート英語大辞典 …… 309
マシューズ, ジョン
　パイレーツ図鑑 ……………………… 80
マシューズ, ルパート
　写真でみる探検の歴史 ……………… 89
　ビジュアル博物館 31 ……………… 89
間正 理恵
　サメも飼いたいイカも飼いたい … 211
増井 光子
　いきもの探検大図鑑 ………………… 172
増田 信一
　人物を調べる事典 …………………… 84
益田 宗
　小学社会科学習事典 3訂版 ……… 110
増田 ユリヤ
　全国版インターナショナルスクール活用
　　ガイド 第2版 …………………… 128
増田 喜昭
　ヨムヨム王国 ………………………… 9
益田 律子
　しくみと病気がわかるからだの事典
　　…………………………………………… 231
町田 健
　数え方の辞典 ………………………… 272
町田 竜一郎
　昆虫 …………………………………… 201
　昆虫 3 ……………………………… 202
マーチン, ラウル
　恐竜大図鑑 …………………………… 226
松井 進
　盲導犬ハンドブック ………………… 126

松井 孝爾
　昆虫・両生類・爬虫類 ……………… 192
松井 正文
　地球のカエル大集合!世界と日本のカエ
　　ル大図鑑 ………………………… 212
　両生類・はちゅう類 ………………… 213
松浦 啓一
　魚(さかな) …………………………… 210
松浦 順一
　都道府県別日本の地理データマップ 2
　　…………………………………………… 103
松浦 直美
　世界のart図鑑 ……………………… 263
松尾 一郎
　地球温暖化図鑑 ……………………… 246
松尾 定行
　鉄道ものしり百科 …………………… 252
松岡 敬二
　大昔の動物 …………………………… 222
松岡 達英
　昆虫ナビずかん ……………………… 202
　情報図鑑 ……………………………… 49
　熱帯探検図鑑 1 …………………… 195
　熱帯探検図鑑 2 …………………… 195
　熱帯探検図鑑 3 …………………… 195
　熱帯探検図鑑 4 …………………… 195
　熱帯探検図鑑 5 …………………… 196
　マンモス探検図鑑 …………………… 223
松岡 真澄
　植物 …………………………………… 181
松岡 光治
　ディケンズ鑑賞大事典 ……………… 29
マッキュイティ, ミランダ
　ビジュアル博物館 40 ……………… 211
　ビジュアル博物館 51 ……………… 90
　ビジュアル博物館 62 ……………… 90
マッキントッシュ, ジェーン
　考古学入門 …………………………… 63
　ビジュアル博物館 56 ……………… 64
松沢 正二
　鉄道・自動車 改訂版 ……………… 250
　のりものいっぱい図鑑いろいろ501台
　　…………………………………………… 251
松沢 陽士
　原寸大すいぞく館 …………………… 209
　魚(さかな) …………………………… 210
松田 正
　類語事典 ……………………………… 299

松田 徳一郎
　マンガで楽しむ英語擬音語辞典 新装コンパクト版 …………………………… 306
松田 紘子
　絵でみる地球大地図 ………………… 171
松橋 利光
　ほんとのおおきさ水族館 …………… 197
　両生類・はちゅう類 ………………… 213
松原 巌樹
　かんさつしようこん虫のへんしん …… 200
　昆虫ナビずかん ……………………… 202
　さかなと水のいきもの ……………… 211
　庭と温室と海岸の花 ………………… 183
　花のつくりとしくみ観察図鑑 1 …… 185
　花のつくりとしくみ観察図鑑 2 …… 185
　花のつくりとしくみ観察図鑑 3 …… 185
　花のつくりとしくみ観察図鑑 4 …… 185
　花のつくりとしくみ観察図鑑 5 …… 185
　花のつくりとしくみ観察図鑑 6 …… 185
　花のつくりとしくみ観察図鑑 7 …… 185
　花のつくりとしくみ観察図鑑 8 …… 186
　身近な昆虫 …………………………… 205
　身近な野草とキノコ ………………… 186
　陸と水の動物 ………………………… 198
松原 国師
　図解 古代エジプト ……………………… 78
松原 聡
　ポケット版 学研の図鑑 7 ………… 171
松村 一男
　神話入門 ………………………………… 57
　ビジュアル博物館 77 ………………… 57
松村 郡守
　子ども地球白書 1992 - 1993 ……… 248
松本 武夫
　小学理科学習事典 3訂版 …………… 150
松山 史郎
　アサガオ観察事典 …………………… 176
　チューリップ観察事典 ……………… 176
　鳴く虫観察事典 ……………………… 199
　ヘチマ観察事典 ……………………… 177
的川 泰宣
　絵でわかる宇宙大地図 ……………… 159
　ビジュアル博物館 71 ……………… 162
マードック, デヴィッド・H.
　カウボーイ事典 ……………………… 146
　写真でみるアメリカ・インディアンの世界 ……………………………………… 80
　ビジュアル博物館 45 ……………… 147
　ビジュアル博物館 60 ………………… 81

まとりょーしか
　小学生が好きになるこんなに楽しい子どもの本 ………………………………… 8
学びリンク
　教育特区学校ガイド 2008年度版 …… 128
　高等学校卒業程度認定試験ガイド 高認があるじゃん! 2007～2008年版 …… 130
　高認があるじゃん! 2005～2006年版 …………………………………………… 130
　高認があるじゃん! 2009～2010年版 …………………………………………… 130
　小中高・不登校生の居場所探し 2003～2004年版 …………………………… 132
　小中高・不登校生の居場所探し 2005～2006年版 …………………………… 132
　小中高・不登校生の居場所探し 2006～2007年版 …………………………… 132
　小中高・不登校生の居場所探し 2007～2008年版 …………………………… 132
　ステップアップスクールガイド 2003年度版 …………………………………… 132
　ステップアップスクールガイド 2009 …………………………………………… 133
　全国フリースクールガイド 2008-2009年版 …………………………………… 134
　全国フリースクールガイド 2009～2010年版 ………………………………… 135
　中学卒・高校転編入からの進学 2004年度版 …………………………………… 137
　中学卒・高校転編入からの進学 ステップアップスクールガイド 2005年度版 …………………………………………… 137
　中学卒・高校転編入からの進学 ステップアップスクールガイド 2006年度版 …………………………………………… 138
　中学卒・高校転編入からの進学 ステップアップスクールガイド 2007年度版 …………………………………………… 138
　中学卒・高校転編入からの進学 ステップアップスクールガイド 2008年度版 …………………………………………… 138
　通信制高校があるじゃん! 2005 - 2006年版 …………………………………… 139
　通信制高校があるじゃん! 2006 - 2007年版 …………………………………… 139
　通信制高校があるじゃん! 2007 - 2008年版 …………………………………… 139
　通信制高校があるじゃん! 2008 - 2009年版 …………………………………… 139
　通信制高校があるじゃん! 2009→2010年版 …………………………………… 139
真鍋 真
　恐竜 ……………………………… 224, 225

実物大 恐竜図鑑 ……………… 227
ポケット版 学研の図鑑 10 ………… 223

馬淵 和夫
　学習 新国語辞典 新装第2版 ………… 277

マーブルブックス
　絵本、大好き! ……………… 12
　絵本と絵本作家を知るための本 ……… 13
　私が1ばん好きな絵本 改訂版 ……… 16

真室 哲也
　くさばな 新版 ……………… 179

丸 武志
　海洋 ……………………………… 166

丸山 潔
　見つけよう信州の昆虫たち ……… 205

丸山 健一郎
　ひっつきむしの図鑑 フィールド版 … 186

丸山 茂徳
　地球 改訂版 ……………… 168

マレー、スチュアート
　写真が語るベトナム戦争 ……… 77

まんがseek
　漫画家人名事典 ……………… 16

【み】

三浦 慎悟
　動物 ……………………………… 220

三浦 啓義
　2元方式による歴史年代記憶法日本史・
　世界史 ……………………… 59

三浦 基弘
　算数・数学用語辞典 ……… 156

三上 次男
　世界史年表・地図 ……… 66
　世界史年表・地図 第8版 ……… 66
　世界史年表・地図 第9版 ……… 66
　世界史年表・地図 第10版 ……… 66
　世界史年表・地図 第12版 ……… 66
　世界史年表・地図 第14版 ……… 66
　世界史年表・地図 第15版 ……… 66
　世界史年表・地図 第16版 ……… 67
　標準世界史地図 増補第43版 ……… 69
　標準世界史地図 増補第44版 ……… 69
　標準世界史年表 第45版 ……… 67
　標準世界史年表 第46版 ……… 67

三上 常夫
　鑑定図鑑日本の樹木 ……… 179

三沢 一文
　日本の工業 ……………… 239

水木 しげる
　ゲゲゲの鬼太郎妖怪パーフェクト
　BOOK ……………………… 148
　水木しげる妖怪大図解 ……… 148
　日本妖怪大事典 ……………… 148
　水木しげる鬼太郎大百科 ……… 148
　水木しげる妖怪大百科 新装版 … 148
　妖怪大図鑑 ……………… 148

水口 哲二
　昆虫 ……………………………… 201

水越 伸
　ビジュアル博物館 80 ……… 114

水谷 高英
　鳥のくちばし図鑑 ……… 215

水谷 学
　都道府県別日本の地理データマップ 4
　……………………………………… 103

水野 卓
　We can英単語 ……………… 314

水野 丈夫
　ビジュアルワイド 図説生物 改訂4版
　……………………………………… 172

水野 忠夫
　ロシア文学 ……………… 318

水間 千恵
　「もの」から読み解く世界児童文学事
　典 ………………………………… 31

水村 光男
　世界史のための人名辞典 新版 ……… 84

湊 吉正
　チャレンジ小学漢字辞典 第3版 新デザ
　イン・コンパクト版 ……… 288
　チャレンジ小学漢字辞典 第4版 … 289
　チャレンジ小学国語辞典 第4版 コンパ
　クト版 ……………………… 280
　チャレンジ小学国語辞典 第4版 新デザ
　イン版 ……………………… 280

南 不二男
　例解新国語辞典 第4版 ……… 281

三野 博司
　「星の王子さま」事典 ……… 30

三原 道弘
　図書館探検シリーズ 第18巻 ……… 43
　花と実の図鑑 1 ……………… 183
　花と実の図鑑 2 ……………… 184

花と実の図鑑 3 ……………… 184
花と実の図鑑 4 ……………… 184
花と実の図鑑 5 ……………… 184
花と実の図鑑 6 ……………… 184
花と実の図鑑 7 ……………… 184
花と実の図鑑 8 ……………… 184
宮井 捷二
　ビーコン英和辞典 第2版 ……… 311
　ビーコン英和辞典 第2版 小型版 …… 311
宮尾 慈良
　写真でみる世界の舞踊 ……………… 266
　ビジュアル博物館 75 ……………… 266
宮川 健郎
　新・こどもの本と読書の事典 ……… 10
三宅 邦夫
　みんなで楽しむ体育あそび・ゲーム事典 ……………… 269
三宅 忠明
　妖精事典 ……………… 58
三宅 直人
　図書館探検シリーズ 第19巻 ……… 43
宮腰 賢
　旺文社小学国語新辞典 第4版 ……… 277
　旺文社小学国語新辞典 第4版 ワイド版 ……………… 277
　旺文社 全訳学習古語辞典 ……… 291
　旺文社 全訳古語辞典 第3版 ……… 291
　旺文社 全訳古語辞典 第3版 小型版 …… 291
宮崎 清
　無理なく身につく 文字・数・科学絵本ガイド ……………… 45
宮崎 信之
　海洋 ……………… 166
宮沢 嘉夫
　学習人名辞典 ……………… 83
宮下 いづみ
　読み聞かせのための音のある英語絵本ガイド ……………… 15
宮津 大蔵
　小学生の名作ガイドはかせ ……… 319
宮田 摂子
　動物の「跡」図鑑 ……………… 194
宮田 利幸
　都道府県別日本の地理データマップ 1 ……………… 103
　都道府県別日本の地理データマップ 3 ……………… 103
宮村 一夫
　元素がわかる事典 ……………… 158

宮本 袈裟雄
　江戸のくらしがわかる絵事典 ……… 71
ミューレル, キャスリーン・バートン
　写真でたどるロシアの文化と歴史 …… 79
　ビジュアル博物館 73 ……………… 82
ミルナー, アンジェラ
　恐竜事典 ……………… 225
　ビジュアル博物館 12 ……………… 228

## 【む】

ムーア, ピーター
　環境と生態 ……………… 171
向笠 千恵子
　郷土料理大図鑑 ……………… 257
向田 由紀子
　図書館探検シリーズ 第9巻 ……… 42
向山 洋一
　社会科読み物資料活用小事典 ……… 23
武舎 広幸
　海洋 ……………… 166
ムーディ, リチャード
　恐竜ファイル ……………… 224
無藤 隆
　いぬねこ ……………… 217
　きょうりゅうとおおむかしのいきもの ……………… 226
　こんちゅう ……………… 201
　さかなとみずのいきもの ……… 211
　しょくぶつ ……………… 180
　ちきゅうかんきょう ……………… 168
　どうぶつ ……………… 194
　とり ……………… 214
　はる なつ あき ふゆ ……………… 169
　ひとのからだ ……………… 237
武藤 徹
　算数・数学用語辞典 ……………… 156
村井 友秀
　写真が語るベトナム戦争 ……… 77
村石 昭三
　かどかわ こども ことばえじてん 新装版 ……………… 273
　くもんの学習国語辞典 改訂第3版 …… 277
　チャレンジ国語辞典 ……………… 280
　New漢字字典 増補版 ……………… 289
　New漢字字典 増補改訂版 ……… 289

村上 健司
　日本妖怪大事典 …………………… 148
村上 勉
　えいご絵じてんABC ……………… 301
村越 愛策
　人・動物・自然・食べ物 …………… 264
村越 昌昭
　教科に役だつ実験・観察・ものづくり
　　1 ……………………………………… 254
村越 正則
　調べ学習にやくだつ もののかぞえ方絵
　　辞典 ………………………………… 275
　ちがいのわかる絵事典 ………………… 47
　ちがいのわかる絵事典 改訂版 ……… 47
　「なぜ?」にこたえるかぞえ方絵事典 … 275
　身近な単位がわかる絵事典 ………… 151
　身近な単位がわかる絵事典 改訂版 … 151
　もののかぞえ方絵事典 改訂版 ……… 276
村田 真一
　マンモス探検図鑑 …………………… 223
村山 貢司
　ポケット版 学研の図鑑 6 ………… 162
村山 忠親
　原色木材大事典170種 ……………… 180
村山 鉢子
　音と絵で覚える子ども英語絵じてん
　　………………………………………… 302
村山 昌俊
　世界商売往来用語索引 ……………… 23
村山 元春
　原色木材大事典170種 ……………… 180
室伏 哲郎
　この辞書・事典が面白い! ………… 22

## 【も】

毛利 匡明
　ビジュアル博物館 62 ………………… 90
毛利 将範
　学習に役立つことわざ事典 ………… 292
もえたん製作委員会
　もえたん 3 ………………………… 316
モーガン, サリー
　環境と生態 …………………………… 171
茂木 勇
　中学数学解法事典 3訂版 …………… 157

望月 あきら
　日本の歴史できごと事典 …………… 73
望月 賢二
　いきもの探検大図鑑 ………………… 172
モード, ローレンス
　ビジュアル博物館 17 ……………… 204
本山 賢司
　各地を訪ねて描いた戦国時代の道具図
　　鑑 …………………………………… 74
本若 博次
　ツバメ観察事典 ……………………… 213
　水辺の鳥 ……………………………… 216
モラー, レイ
　ビジュアル博物館 61 ………………… 90
森 武麿
　アジア・太平洋戦争 ………………… 71
森 亨
　カラー図解 からだのしくみ・はたらき
　　がわかる事典 ……………………… 229
守 誠
　ハローキティのはじめてのえいご絵じて
　　ん …………………………………… 305
　ハローキティのはじめてのえいご絵じて
　　ん 新版 …………………………… 306
森上 信夫
　昆虫 …………………………………… 201
　昆虫 3 ………………………………… 202
森岡 敬一郎
　古城事典 ……………………………… 79
　中世ヨーロッパ騎士事典 …………… 78
森重 民造
　世界の国旗 改訂5版 ……………… 106
森住 衞
　三省堂ファースト英和・和英辞典 … 303
森田 昌敏
　地球環境ハンドブック 第2版 ……… 245
森田 義之
　ビジュアル博物館 78 ………………… 82
　ルネサンス入門 新装・改訂版 ……… 82
もりの こぐ
　分解ずかん 3 ……………………… 249
森野 さかな
　「こどもの権利条約」絵事典 ……… 116
文部科学省科学技術学術政策局調査調整課
　地震災害を究明せよ ………………… 171
　神秘の海を解き明かせ ……………… 171
文部省生涯学習振興研究会
　大検ガイドブック 平成4年度版 …… 129

門間 敬行
　北海道の野鳥 ……………………… 213

## 【や】

八川 シズエ
　こども鉱物図鑑 …………………… 168
矢崎 節夫
　漢字絵じてん あいうえお ………… 282
矢島 稔
　こんちゅう ………………………… 201
　昆虫・両生類・爬虫類 …………… 192
　むし ………………………………… 205
安井 至
　ごみとリサイクル ………………… 243
保岡 孝之
　都道府県別日本なんでも情報館 …… 102
　都道府県別日本なんでも情報館 新訂版
　　……………………………………… 103
　日本地理 …………………………… 102
八杉 貞雄
　旺文社 生物事典 4訂版 …………… 171
安田 和人
　図解 栄養の基本がよくわかる事典 … 238
安田 常雄
　日本の歴史 4 ……………………… 72
保田 博通
　祭りの事典 ………………………… 147
安永 一正
　かぶとむしのなかま ……………… 207
柳川 創造
　人物事典 …………………………… 84
　日本の歴史人物事典 ……………… 86
　日本の歴史できごと事典 ………… 73
柳沢 幸江
　ビジュアルワイド 食品成分表 改訂13
　　版 …………………………………… 239
矢野 亮
　植物のかんさつ …………………… 176
　日本の野草 春 増補改訂 ………… 183
　日本の野草 夏 増補改訂 ………… 183
　はな やさい くだもの …………… 186
矢野恒太記念会
　日本のすがた 1990 改訂第21版 …… 118
　日本のすがた 1991 改訂第22版 …… 118
　日本のすがた 1992 改訂第23版 …… 118
　日本のすがた 1993 改訂第24版 …… 118

日本のすがた 1994 改訂第25版 ……… 118
日本のすがた 1995 改訂第26版 ……… 118
日本のすがた 1998 改訂第29版 ……… 119
日本のすがた 1999 改訂第30版 ……… 119
日本のすがた 2000 改訂第31版 ……… 119
日本のすがた 2001 改訂第32版 ……… 119
日本のすがた 2002 改訂第33版 ……… 119
日本のすがた 2003 改訂第34版 ……… 119
日本のすがた 2004 改訂第35版 ……… 119
日本のすがた 2005 改訂第36版 ……… 119
日本のすがた 2006 改訂第37版 ……… 119
日本のすがた 2007 改訂第38版 ……… 119
日本のすがた 2008 改訂第39版 ……… 119
日本のすがた 2009 改訂第40版 ……… 119
日本のすがた 2010 改訂第41版 ……… 120
薮 忠綱
　環境と生態 ………………………… 171
藪内 正幸
　野鳥の図鑑 ………………………… 217
山岡 道男
　用語集 現代社会＋政治・経済 '10‐'11
　　年版 ………………………………… 112
　用語集 政治・経済 最新版 ……… 112
　用語集 政治・経済 最新第2版 …… 112
　用語集 政治・経済 最新第3版 …… 112
山岡 義昭
　都道府県別日本の地理データマップ 5
　　……………………………………… 103
山形 和美
　C.S.ルイス文学案内事典 …………… 29
山形県鶴岡市立朝暘第一小学校
　こうすれば子どもが育つ学校が変わる
　　………………………………………… 20
山川出版社
　山川詳説日本史図録 第2版 ……… 74
　山川詳説日本史図録 第3版 ……… 74
山岸 勝栄
　スーパー・アンカー和英辞典 第2版 ‥ 313
山岸 恒雄
　スポーツマンのための膝障害ハンドブッ
　　ク …………………………………… 234
山岸 良二
　日本の歴史 1 ……………………… 72
山北 藤一郎
　電気機関車の作り方・蒸気機関車の作り
　　方 復刻版 ………………………… 242
山極 寿一
　ゴリラ図鑑 ………………………… 219

山口 昭彦
　学研生物図鑑 野草1 改訂版 ………… 177
　学研生物図鑑 野草2 改訂版 ………… 177
山口 就平
　世界の昆虫大百科 ……………………… 203
山口 進
　世界の昆虫大百科 ……………………… 203
山口 太一
　地球環境用語大事典 …………………… 244
山口 真
　親子であそべるたのしいおりがみ事典
　　………………………………………… 265
山口 佳紀
　こども語源じてん ……………………… 297
山口経済出版教育オムニバス編集部
　大学入学資格検定ガイド 大検があるじゃ
　　ん! '01-'02年版 ……………………… 135
　大検があるじゃん! '02-'03年版 ……… 135
　通信制高校があるじゃん! 2002-2003年
　　度版 …………………………………… 138
山崎 昶
　カラー図説理科の辞典 ………………… 149
山崎 貞
　新自修英文典 復刻版 …………………… 304
山崎 哲
　犬の写真図鑑 …………………………… 217
山崎 昇
　ジュニア数学百科 ……………………… 156
山崎 秀昭
　うごきのことばえじてん ……………… 272
　なまえのことばえじてん ……………… 275
山下 暁美
　ふしぎびっくり語源博物館 4 ………… 298
　ふしぎびっくり語源博物館 5 ………… 298
山下 裕二
　教科書に出てくる歴史ビジュアル実物大
　　図鑑 …………………………………… 74
山田 えいし
　ふしぎびっくり語源博物館 1 ………… 297
山田 勝美
　小学漢字学習辞典 新版 ………………… 284
山田 繁雄
　まんが 慣用句なんでも事典 …………… 296
　まんが 語源なんでも事典 ……………… 298
　満点学習まんが 漢字とことば 新訂版
　　………………………………………… 290
山田 卓三
　いきもの探検大図鑑 …………………… 172
　くもんのはじめてのずかん はな・くだ

もの・やさい・かいそう ………… 179
　21世紀こども百科 第2版 増補版 ……… 47
山田 忠彰
　用語集 現代社会+政治・経済 '10・'11
　　年版 …………………………………… 112
　用語集 倫理 最新版 …………………… 56
山田 みづえ
　俳句・季語入門 1 ……………………… 321
　俳句・季語入門 2 ……………………… 321
　俳句・季語入門 3 ……………………… 321
　俳句・季語入門 4 ……………………… 321
　俳句・季語入門 5 ……………………… 321
山田 廸生
　鉄道・船 ………………………………… 251
　鉄道・船 増補改訂版 …………………… 251
山田 雄一郎
　小学生からの英語絵辞典 ……………… 304
山田 陽志郎
　イクス宇宙図鑑 3 ……………………… 160
　イクス宇宙図鑑 4 ……………………… 160
山辺 昭代
　図書館探検シリーズ 第16巻 …………… 42
山村 武彦
　災害・状況別 防災絵事典 ……………… 125
山村 竜也
　日本の歴史を学んでみよう 戦国武将が
　　わかる絵事典 ………………………… 85
山本 省三
　にほんごのえじてん あいうえお ……… 275
山本 真吾
　小学生のまんが敬語辞典 ……………… 274
山本 成一郎
　ニッポンの名前 ………………………… 144
山本 紀夫
　ビジュアル博物館 86 …………………… 90
山本 洋輔
　いきもの探検大図鑑 …………………… 172
ヤンソン, トーベ
　ムーミン童話の世界事典 ……………… 30
　ムーミン童話の仲間事典 ……………… 30

【ゆ】

ユニプレスイングリッシュプロジェクト
　試験によく出る難読難解英単語 改訂版
　　………………………………………… 315

柚木 修
　鳥 …………………………………… 215
湯本 豪一
　コインと紙幣の事典 ………………… 117
　明治もののはじまり事典 …………… 74

## 【よ】

用語集「現代社会」編集委員会
　用語集 現代社会＋政治・経済 '08 - '09
　　年版 ………………………………… 111
　用語集 現代社会＋政治・経済 '09 - '10
　　年版 ………………………………… 112
　用語集 現代社会＋政治・経済 '10 - '11
　　年版 ………………………………… 112
幼年文学選書の会
　子どもと楽しむ はじめての文学 …… 24
横倉 潤
　乗りもの …………………………… 251
横田 順子
　ほんとうはこんな本が読みたかった！
　 ……………………………………… 28
横田 とくお
　ふしぎびっくり語源博物館 2 ……… 297
　まんが ことわざ事典 新訂版 ……… 296
横塚 眞己人
　カブトムシ・クワガタムシ ………… 206
　原寸大 昆虫館 ……………………… 201
横山 験也
　インターネット探検隊 ……………… 41
横山 正
　動物 ………………………………… 220
吉井 正
　鳥 …………………………………… 214
吉枝 彰久
　写真でみるアメリカ・インディアンの世
　　界 ………………………………… 80
　ビジュアル博物館 60 ……………… 81
吉海 直人
　百人一首大事典 …………………… 319
吉川 真
　宇宙 ………………………………… 160
　宇宙 増補改訂版 …………………… 161
　ポケット版 学研の図鑑 6 ………… 162
吉川弘文館
　誰でも読める日本近世史年表 ……… 69
　誰でも読める日本近代史年表 ……… 69

誰でも読める日本現代史年表 ……… 70
誰でも読める日本古代史年表 ……… 70
誰でも読める日本中世史年表 ……… 70
吉沢 信行
　鑑定図鑑日本の樹木 ……………… 179
吉田 彰
　大昔の動物 ………………………… 222
吉田 研作
　ジュニア プログレッシブ英和・和英辞
　　典 ………………………………… 303
　ジュニア プログレッシブ和英辞典 … 312
吉田 旬子
　気象 ………………………………… 167
吉田 新一
　妖精事典 …………………………… 58
吉田 秀樹
　人体透視図鑑 ……………………… 236
吉田 正俊
　講談社ハウディ英和辞典 第2版 …… 308
　講談社ハウディ英和辞典 第3版 …… 309
　講談社ハウディ英和・和英辞典 第2版
　 ……………………………………… 302
　講談社ハウディ英和・和英辞典 第3版
　 ……………………………………… 303
　講談社ハウディ和英辞典 第2版 …… 312
　講談社ハウディ和英辞典 第3版 …… 312
　中学ニューワールド和英辞典 …… 313
吉田 瑞穂
　漢字の森 改訂版 …………………… 283
　ことばの森 改訂版 ………………… 273
吉谷 昭憲
　見えない所がよくわかる断面図鑑 8
　 ……………………………………… 241
よしの えみこ
　地震災害を究明せよ ……………… 171
吉野 俊幸
　学校のまわりでさがせる生きもの図鑑
　　動物・鳥 ………………………… 191
　野山の鳥 …………………………… 216
吉村 作治
　古代エジプト入門 ………………… 79
　ミイラ事典 ………………………… 82
吉村 武彦
　日本の歴史人物事典 ……………… 86
　日本の歴史できごと事典 ………… 73
米川 明彦
　身近なことばの語源辞典 ………… 298
米村 伝治郎
　こども大図鑑 ……………………… 48

児童書 レファレンスブック　415

米山 永一
　えいごのえじてん ABC ……………  301
米山 達郎
　入試英単語の王道2000+50 改訂版 ……  316

## 【ら】

羅 吉甫
　図解三国志大事典 1 ………………  321
　図解三国志大事典 2 ………………  321
　図解三国志大事典 3 ………………  321
　図解三国志大事典 4 ………………  322
ライオンズ, レベッカ
　世界のart図鑑 …………………  263
らくがき舎
　かどかわ こども ことばえじてん 新版
　………………………………………  273
　かどかわ こども ことばえじてん 新装
　版 ……………………………………  273
ラングリー, アンドリュー
　中世ヨーロッパ入門 …………………  80
　ビジュアル博物館 65 ………………  81
　ビジュアル博物館 78 ………………  82
　ルネサンス入門 新装・改訂版 ………  82
ラングリー, マートル
　世界の宗教入門 ………………………  57
　ビジュアル博物館 68 ………………  57
ランバート, デヴィッド
　恐竜解剖図鑑 …………………………  225

## 【り】

リー, トム
　セサミストリートのえいご絵じてん
　………………………………………  304
リーオウクム, アルカジイ
　おもしろ雑学事典 1 …………………  51
　おもしろ雑学事典 2 …………………  51
　おもしろ雑学事典 3 …………………  51
　おもしろ雑学事典 4 …………………  51
　おもしろ雑学事典 5 …………………  52
　おもしろ雑学事典 6 …………………  52
理科年表ジュニア編集委員会
　理科年表ジュニア 2002 ……………  151
　理科年表ジュニア 第2版 ……………  152

力武 常次
　地球 改訂版 …………………………  168
『リーダーズ英和辞典』編集部
　マンガで楽しむ英語擬音語辞典 新装コ
　ンパクト版 …………………………  306
竜崎 英子
　郷土料理 ……………………………  256
リリーフ・システムズ
　化石図鑑 ……………………………  222
　楽器図鑑 ……………………………  266
　古代エジプト入門 ……………………  79
　樹木図鑑 ……………………………  180
　中世ヨーロッパ騎士事典 ……………  78
　ビジュアル博物館 1 ………………  216
　ビジュアル博物館 2 ………………  169
　ビジュアル博物館 3 ………………  237
　ビジュアル博物館 4 ………………  255
　ビジュアル博物館 5 ………………  186
　ビジュアル博物館 6 ………………  174
　ビジュアル博物館 7 ………………  204
　ビジュアル博物館 8 ………………  211
　ビジュアル博物館 9 ………………  220
　ビジュアル博物館 10 ………………  174
　ビジュアル博物館 11 ………………  186
　ビジュアル博物館 12 ………………  228
　ビジュアル博物館 13 ………………  269
　ビジュアル博物館 14 …………………  63
　ビジュアル博物館 15 ………………  266
　ビジュアル博物館 16 …………………  63
　ビジュアル博物館 17 ………………  204
　ビジュアル博物館 18 ………………  117
　ビジュアル博物館 19 ………………  223
　ビジュアル博物館 20 ………………  211
　ビジュアル博物館 21 ………………  252
　ビジュアル博物館 22 ………………  252
　ビジュアル博物館 29 ………………  220
　ビジュアル博物館 30 …………………  58
　ビジュアル博物館 31 …………………  89
　ビジュアル博物館 32 ………………  220
　ビジュアル博物館 33 ………………  221
　ビジュアル博物館 34 ………………  267
　ビジュアル博物館 35 ………………  146
　ビジュアル博物館 36 ………………  252
　ビジュアル博物館 37 …………………  80
　ビジュアル博物館 38 ………………  170
　ビジュアル博物館 39 ………………  254
　ビジュアル博物館 40 ………………  211
　ビジュアル博物館 41 ………………  213
　ビジュアル博物館 42 ………………  221
　ビジュアル博物館 43 …………………  81
　ビジュアル博物館 44 …………………  81

ビジュアル博物館 45 ……………… 147
ビジュアル博物館 46 ……………… 221
ビジュアル博物館 47 ……………… 81
ビジュアル博物館 48 ……………… 272
ビジュアル博物館 52 ……………… 223
ビジュアル博物館 69 ……………… 216
ミイラ事典 ………………………… 82
リンゼー, ウイリアム
　太古の生物図鑑 …………………… 223
りんりん舎
　クレヨンしんちゃんのまんが四字熟語辞典 ……………………………… 293

【る】

ルカ, ダニエラ・デ
　アトラス世界地図絵本 …………… 90

【れ】

レイ, ルイス・V.
　恐竜野外博物館 …………………… 227
歴史教育者協議会
　ジュニア 日本の歴史辞典 ……… 72
歴史と文化研究会
　世界の国旗と国ぐに ……………… 106
レッカ社
　恐竜キャラクター大百科 ………… 223
　マンガでわかる!採りかた・飼いかた クワガタ＆カブト大百科 ……… 206
レッドモンド, イアン
　ビジュアル博物館 42 …………… 221
　ビジュアル博物館 64 …………… 221
レーン, ブライアン
　ビジュアル博物館 74 …………… 117

【ろ】

ローズ, スザンナ・ヴァン
　ビジュアル博物館 38 …………… 170
ロス, ステュワート
　図解 古代エジプト ……………… 78

ロスチャイルド, デヴィッド・デ
　地球温暖化サバイバルハンドブック ‥ 245
　地球環境図鑑 ……………………… 246
ロズニー, クリフ
　サイエンスワールド ……………… 150
ローランド・ワーン, L.
　衣服の歴史図鑑 …………………… 146
　ビジュアル博物館 35 …………… 146

【わ】

若林 徹哉
　やさしい日本の淡水プランクトン 図解ハンドブック ……………… 175
和田 剛一
　野鳥のくらし ……………………… 216
和田 浩志
　植物 ………………………………… 181
渡辺 一夫
　海辺の石ころ図鑑 ………………… 166
　川原の石ころ図鑑 ………………… 166
　地図の読みかた遊びかた絵事典 … 87
渡辺 勝巳
　宇宙検定100 3 …………………… 158
渡辺 潔
　学習漫画 世界の歴史年表 ……… 65
渡部 茂己
　国際組織 …………………………… 114
渡部 潤一
　アトラスキッズ宇宙地図 ………… 160
　天体観測☆100年絵事典 ………… 159
　星と星座 …………………………… 163
渡邉 真一
　きせつ ……………………………… 147
渡辺 澄子
　大正の名著 ………………………… 43
　明治の名著 1 …………………… 45
　明治の名著 2 …………………… 46
渡辺 仙州
　三国志早わかりハンドブック …… 321
渡辺 範夫
　化学物質の小事典 ………………… 158
渡辺 晴夫
　植物のかんさつ …………………… 176
　植物のふしぎ ……………………… 182

渡辺 富美雄
　常用漢字読み書き辞典 ……………… 286
渡辺 政隆
　機械と生き物Q&A くらべる図鑑 3
　　……………………………………… 152
　機械と生き物Q&A くらべる図鑑 4
　　……………………………………… 152
　クローズアップ大図鑑 ……………… 191
渡辺 満利子
　「肉」「魚」がよくわかる絵事典 ……… 257
渡部 翠
　ムーミン童話の世界事典 …………… 30
　ムーミン童話の仲間事典 …………… 30
　ムーミン童話の百科事典 …………… 31
渡辺 雄二
　暮らしにひそむ化学毒物事典 ……… 230
　食品添加物の危険度がわかる事典 … 238
渡部 芳紀
　宮沢賢治大事典 ……………………… 36
綿巻 徹
　1さいでであうことばえじてん …… 276
　2さいでであうことばえじてん …… 276
　3さいでであうことばえじてん …… 276
和地 あつを
　見えない所がよくわかる断面図鑑 8
　　……………………………………… 241
ワンステップ
　気象がわかる絵事典 ………………… 165
　郷土料理大図鑑 ……………………… 257
　食虫植物ふしぎ図鑑 ………………… 180
　タネの大図鑑 ………………………… 182
　結び方の絵事典 ……………………… 145

L's Voice
　ブックス ライブ …………………… 45
Okawa, Eve Nyren
　スーパー・アンカー和英辞典 第2版 ‥ 313
Parramón, Mercè
　消化器のしくみ ……………………… 236
Ripoll, Jaime
　感覚器のしくみ ……………………… 235
Roca, Núria
　呼吸器のしくみ ……………………… 235
　細胞のはたらき ……………………… 236
　神経のはたらき ……………………… 236
Serrano, Marta
　呼吸器のしくみ ……………………… 235
　細胞のはたらき ……………………… 236
　神経のはたらき ……………………… 236
Socías, Marcel
　感覚器のしくみ ……………………… 235
Tenllado, Antonio Muñoz
　細胞のはたらき ……………………… 236
　神経のはたらき ……………………… 236
TOSS
　記録・報告のまとめ方 第2版 ……… 40
　説明・スピーチの仕方 第2版 …… 272
　手紙・はがきの書き方 第2版 …… 300
　話し合い・討論の仕方 第2版 …… 272
Wiedmann, Franz
　カラー図解哲学事典 ………………… 56
WILL
　わたしたちの「女の子」レッスン …… 233

## 【ABC】

Burkard, Franz-Peter
　カラー図解哲学事典 ………………… 56
Costa-Pau, Rosa
　地球環境カラーイラスト百科 ……… 244
Deblaise, Rohini Karen
　レインボー英語の音じてん ………… 307
EDP
　こども英辞郎 ………………………… 303
Ivory, Karyn
　入試英単語の王道2000+50 改訂版 … 316
Kunzmann, Peter
　カラー図解哲学事典 ………………… 56

# 事項名索引

## 【あ】

赤毛のアン　→児童文学 …………… 24
アサガオ　→植物 ………………… 176
足あと　→動物 …………………… 187
アステカ文明　→西洋史 …………… 77
アニメ
　　→まんが ……………………… 16
　　→アニメ・テレビ …………… 264
アフリカ　→地理 ………………… 87
アメリカ　→西洋史 ……………… 77
アメリカ文学　→英米文学 ……… 322
アメンボ　→昆虫 ………………… 198
アリ　→昆虫 ……………………… 198
医学　→保健・医学 ……………… 229
生きもの　→生物 ………………… 171
イギリス文学　→英米文学 ……… 322
衣食住　→民俗・くらし ………… 144
イヌ　→哺乳類 …………………… 217
イルカ　→哺乳類 ………………… 217
色　→工芸・デザイン …………… 265
インカ文明　→西洋史 …………… 77
インターナショナルスクール　→進学・
　転校 …………………………… 126
インターネット　→コンピュータ … 40
インディアン　→西洋史 ………… 77
インフルエンザ　→保健・医学 … 229
ヴァイキング　→西洋史 ………… 77
宇宙　→天文・宇宙 ……………… 158
ウマ　→哺乳類 …………………… 217
海
　　→地理 ……………………… 87
　　→地学 ……………………… 165
映画　→演劇・映画 ……………… 267
英会話　→英語 …………………… 300
英語　→英語 ……………………… 300
英語絵本　→絵本 ………………… 11
英熟語　→英単語・熟語 ………… 314
英単語　→英単語・熟語 ………… 314
英米文学　→英米文学 …………… 322
栄養　→食べもの・栄養 ………… 238
英和辞典　→英和辞典 …………… 308
駅　→鉄道 ………………………… 252
エジプト　→西洋史 ……………… 77
NBA　→体育・スポーツ ………… 267
エネルギー　→技術 ……………… 239
絵本　→絵本 ……………………… 11
園芸　→園芸 ……………………… 261
演劇　→演劇・映画 ……………… 267
往来物　→学習・教科書 ………… 22
大きさ　→科学 …………………… 149
大昔の生き物　→大昔の生き物・化石 … 221
お金　→経済 ……………………… 117
お寺　→宗教・神話 ……………… 57
オトシブミ　→昆虫 ……………… 198
おりがみ　→工芸・デザイン …… 265
オリンピック　→体育・スポーツ … 267
オルコット，ルイザ・メイ　→児童文学 … 24
音楽　→音楽 ……………………… 265

## 【か】

貝　→魚・貝 ……………………… 207
絵画　→絵画 ……………………… 264
介護　→福祉 ……………………… 124
海藻　→植物 ……………………… 176
海賊　→西洋史 …………………… 77
怪談　→妖怪・怪談 ……………… 148
外来語　→外来語・カタカナ語 … 299
カウボーイ　→民俗・くらし …… 144
カエル　→両生類・爬虫類 ……… 212
化学　→化学 ……………………… 157
科学　→科学 ……………………… 149
科学読物　→児童書 ……………… 1
学習　→知識全般 ………………… 39
学習図鑑　→百科事典 …………… 46
学習年鑑　→学習年鑑 …………… 53
格闘技　→体育・スポーツ ……… 267
カゲロウ　→昆虫 ………………… 198
火山　→地学 ……………………… 165
化石　→大昔の生き物・化石 …… 221
数え方　→国語 …………………… 272
カタカナ語　→外来語・カタカナ語 … 299

| | | | |
|---|---|---|---|
| 楽器 →音楽 | 265 | 行事 →行事・祭 | 147 |
| 学校 →学校 | 126 | 京都 →日本地理 | 99 |
| 学校図書館 →学校図書館 | 18 | 京都議定書 →環境問題 | 242 |
| 合唱 →音楽 | 265 | 恐竜 →恐竜 | 223 |
| 家庭科 →家庭・生活 | 256 | 今日は何の日 →歴史 | 59 |
| 花道 →芸術 | 263 | 漁業 →水産業 | 262 |
| カニ →魚・貝 | 207 | ギリシア →西洋史 | 77 |
| カビ →植物 | 176 | キリスト教 →キリスト教 | 58 |
| 歌舞伎 →演劇・映画 | 267 | 草花 →植物 | 176 |
| 株式 →経済 | 117 | クジラ →哺乳類 | 217 |
| カブトムシ →カブトムシ・クワガタ | 205 | クモ →動物 | 187 |
| 貨幣 →経済 | 117 | くらし →民俗・くらし | 144 |
| カマキリ →昆虫 | 198 | グリム童話 →児童文学 | 24 |
| 紙 →製造業 | 256 | グリーン，グレアム →児童文学 | 24 |
| 神さま →民俗・くらし | 144 | クワガタムシ →カブトムシ・クワガタ | 205 |
| 紙芝居 →日本児童文学 | 34 | 軍事 →軍事 | 148 |
| カメラ →機械 | 249 | 敬語 →国語 | 272 |
| 環境問題 →環境問題 | 242 | 経済 →経済 | 117 |
| 冠婚葬祭 →民俗・くらし | 144 | 芸術 →芸術 | 263 |
| 観察 | | 携帯電話 →電気 | 254 |
| →科学 | 149 | ゲゲゲの鬼太郎 →妖怪・怪談 | 148 |
| →生物 | 171 | 言語 →言語 | 271 |
| 漢字 →漢字辞典 | 282 | 建設 →建設 | 242 |
| 岩石 →地学 | 165 | 元素 →化学 | 157 |
| 慣用句 →ことわざ・慣用句 | 292 | 現代社会 →社会 | 108 |
| 漢和辞典 →漢字辞典 | 282 | 現代文 →日本文学 | 318 |
| 木 →植物 | 176 | 建築 →建築 | 248 |
| 機械 →機械 | 249 | 憲法 →法律 | 116 |
| 季語 →俳句・歳時記 | 319 | 工業 →技術 | 239 |
| 記号 →言語 | 271 | 工業製品 →製造業 | 256 |
| 帰国子女 →進学・転校 | 126 | 工芸 →工芸・デザイン | 265 |
| 騎士 →西洋史 | 77 | 考古学 →歴史 | 59 |
| 技術家庭 →工作 | 242 | 工作 →工作 | 242 |
| 気象 →地学 | 165 | 公式 →数学 | 155 |
| 季節 | | 交通 →交通 | 262 |
| →行事・祭 | 147 | 高等学校卒業程度認定試験 →サポート校・高卒認定 | 128 |
| →地学 | 165 | 鉱物 →地学 | 165 |
| →俳句・歳時記 | 319 | 国語 →国語 | 272 |
| 記念日 →歴史 | 59 | 国語辞典 →国語辞典 | 277 |
| キノコ →植物 | 176 | 国際情勢 →社会 | 108 |
| キャロル，ルイス →児童文学 | 24 | 国際組織 →政治 | 114 |
| 教育特区 →進学・転校 | 126 | 国宝 →芸術 | 263 |
| 教科書 →学習・教科書 | 22 | 国連 →政治 | 114 |

| | |
|---|---|
| 語源　→語源 | 297 |
| 古語辞典　→古語辞典 | 291 |
| 故事成語　→ことわざ・慣用句 | 292 |
| 古生物　→大昔の生き物・化石 | 221 |
| 国会　→政治 | 114 |
| 国旗　→国旗 | 105 |
| 古典　→日本文学 | 318 |
| 古典名著　→読書指導 | 21 |
| こどもの権利条約　→法律 | 116 |
| 子どもの本　→児童書 | 1 |
| 子ども文庫　→児童図書館 | 17 |
| ことわざ　→ことわざ・慣用句 | 292 |
| 古文　→日本文学 | 318 |
| ごみ問題　→環境問題 | 242 |
| 米　→農業 | 260 |
| ゴリラ　→哺乳類 | 217 |
| 昆虫　→昆虫 | 198 |
| コンピュータ　→コンピュータ | 40 |

## 【さ】

| | |
|---|---|
| 災害　→福祉 | 124 |
| 歳時記　→俳句・歳時記 | 319 |
| 栽培　→園芸 | 261 |
| 細胞　→保健・医学 | 229 |
| 魚 | |
| 　→魚・貝 | 207 |
| 　→料理 | 256 |
| 作文　→作文 | 300 |
| サケ　→魚・貝 | 207 |
| サッカー　→体育・スポーツ | 267 |
| 雑学　→雑学 | 51 |
| 茶道　→芸術 | 263 |
| 里山　→生物 | 171 |
| 砂漠　→地理 | 87 |
| サポート校　→サポート校・高卒認定 | 128 |
| サメ　→魚・貝 | 207 |
| ザリガニ　→動物 | 187 |
| 産業　→産業 | 259 |
| 参考書　→知識全般 | 39 |
| 参考図書　→学習・教科書 | 22 |
| 三国志　→中国文学 | 321 |

| | |
|---|---|
| 算数　→数学 | 155 |
| 飼育　→動物 | 187 |
| 寺院　→宗教・神話 | 57 |
| Jリーグ　→体育・スポーツ | 267 |
| CO2　→化学 | 157 |
| 資格　→仕事・資格 | 120 |
| 仕事　→仕事・資格 | 120 |
| 時事英単語　→英単語・熟語 | 314 |
| 時事ニュース | |
| 　→学習年鑑 | 53 |
| 　→社会 | 108 |
| 市場　→商業 | 262 |
| 地震　→地学 | 165 |
| 自然　→科学 | 149 |
| 自然保護　→環境問題 | 242 |
| 思想　→哲学・思想 | 56 |
| 実験　→科学 | 149 |
| 辞典 | |
| 　→学習・教科書 | 22 |
| 　→知識全般 | 39 |
| 自動車　→乗りもの | 250 |
| 児童図書　→児童書 | 1 |
| 児童図書館　→児童図書館 | 17 |
| 児童の賞　→児童書 | 1 |
| 自動販売機　→機械 | 249 |
| 児童文学　→児童文学 | 24 |
| 社会　→社会 | 108 |
| 宗教　→宗教・神話 | 57 |
| 就職　→仕事・資格 | 120 |
| 熟語　→漢字辞典 | 282 |
| 樹木　→植物 | 176 |
| 手話　→福祉 | 124 |
| 商業　→商業 | 262 |
| 情報　→コンピュータ | 40 |
| 小論文　→作文 | 300 |
| 職業　→仕事・資格 | 120 |
| 食品　→食べもの・栄養 | 238 |
| 植物　→植物 | 176 |
| 食料自給率　→農業 | 260 |
| 書道　→芸術 | 263 |
| 城 | |
| 　→西洋史 | 77 |
| 　→建築 | 248 |

| 進学　→進学・転校 | 126 |
| 神社　→宗教・神話 | 57 |
| 人名事典　→人名事典 | 83 |
| 神話　→宗教・神話 | 57 |
| 水産業　→水産業 | 262 |
| 数学　→数学 | 155 |
| スキー　→体育・スポーツ | 267 |
| スケート　→体育・スポーツ | 267 |
| スパイ　→軍事 | 148 |
| スピーチ　→国語 | 272 |
| 性　→保健・医学 | 229 |
| 生活 | |
| 　→民俗・くらし | 144 |
| 　→家庭・生活 | 256 |
| 税金　→税金 | 118 |
| 星座　→天文・宇宙 | 158 |
| 政治　→政治 | 114 |
| 政治・経済　→社会 | 108 |
| 聖書　→キリスト教 | 58 |
| 生物　→生物 | 171 |
| 生物多様性　→生物 | 171 |
| 生命　→生物 | 171 |
| 西洋史　→西洋史 | 77 |
| 世界遺産　→芸術 | 263 |
| 世界一　→雑学 | 51 |
| 世界史　→世界史 | 65 |
| 世界商売往来　→学習・教科書 | 22 |
| 世界地図　→地理 | 87 |
| 世界地理　→地理 | 87 |
| 世界文学 | |
| 　→読書指導 | 21 |
| 　→文学 | 317 |
| セサミストリート　→英語 | 300 |
| 戦国武将　→日本人 | 85 |
| 先史時代　→歴史 | 59 |
| 戦車　→武器・兵器 | 255 |
| 戦争 | |
| 　→児童書 | 1 |
| 　→戦争と平和 | 116 |
| 先端技術　→技術 | 239 |
| 戦闘機　→武器・兵器 | 255 |
| ゾウ　→哺乳類 | 217 |

## 【た】

| 体育　→体育・スポーツ | 267 |
| 第一次世界大戦　→世界史 | 65 |
| 第二次世界大戦　→世界史 | 65 |
| 台風　→地学 | 165 |
| 太平洋戦争　→日本史 | 69 |
| 建物　→建築 | 248 |
| 食べもの　→食べもの・栄養 | 238 |
| 単位　→科学 | 149 |
| 探検　→地理 | 87 |
| タンポポ　→植物 | 176 |
| 地下　→建設 | 242 |
| 地学　→地学 | 165 |
| 地球　→地学 | 165 |
| 地球環境　→環境問題 | 242 |
| 地形　→地学 | 165 |
| 地図　→地理 | 87 |
| 中国　→東洋史 | 77 |
| 中国文学　→中国文学 | 321 |
| 中退者　→サポート校・高卒認定 | 128 |
| チューリップ　→植物 | 176 |
| チョウ　→昆虫 | 198 |
| 鳥類　→鳥類 | 213 |
| 地理　→地理 | 87 |
| 地理統計　→統計 | 118 |
| 通貨　→経済 | 117 |
| 通信制高校　→サポート校・高卒認定 | 128 |
| 壺井栄　→日本児童文学 | 34 |
| 釣り　→釣り | 271 |
| ディケンズ,C.　→児童文学 | 24 |
| 定理　→数学 | 155 |
| 手紙　→作文 | 300 |
| デザイン　→工芸・デザイン | 265 |
| 哲学　→哲学・思想 | 56 |
| 鉄道　→鉄道 | 252 |
| 鉄道模型　→工作 | 242 |
| テニス　→体育・スポーツ | 267 |
| テレビ　→アニメ・テレビ | 264 |
| 天気　→地学 | 165 |
| 電気　→電気 | 254 |

| | | |
|---|---|---|
| 転校 | →進学・転校 | 126 |
| 点字 | →福祉 | 124 |
| 電車 | →鉄道 | 252 |
| 伝統工芸 | →工芸・デザイン | 265 |
| 伝統文化 | →民俗・くらし | 144 |
| テントウムシ | →昆虫 | 198 |
| 天文学 | →天文・宇宙 | 158 |
| ドイツ文学 | →文学 | 317 |
| 同音異義語 | →類語 | 298 |
| 道具 | | |
| | →民俗・くらし | 144 |
| | →機械 | 249 |
| 動物 | →動物 | 187 |
| 童謡 | →日本児童文学 | 34 |
| 東洋史 | →東洋史 | 77 |
| 童話 | →児童文学 | 24 |
| 読書 | →読書 | 43 |
| 読書指導 | →読書指導 | 21 |
| 毒物 | →保健・医学 | 229 |
| 図書館 | →図書館 | 41 |
| 都道府県 | →日本地理 | 99 |
| 鳥 | →鳥類 | 213 |
| どんぐり | →植物 | 176 |
| トンボ | →昆虫 | 198 |

## 【な】

| | | |
|---|---|---|
| 奈良 | →日本地理 | 99 |
| 南極 | →地理 | 87 |
| 難破船 | →西洋史 | 77 |
| 二酸化炭素 | →化学 | 157 |
| 日本語 | →国語 | 272 |
| 日本国憲法 | →法律 | 116 |
| 日本国勢図会 | →統計 | 118 |
| 日本史 | →日本史 | 69 |
| 日本児童文学 | →日本児童文学 | 34 |
| 日本人名 | →日本人 | 85 |
| 日本地図 | →日本地理 | 99 |
| 日本地理 | →日本地理 | 99 |
| 日本文化 | →民俗・くらし | 144 |
| 日本文学 | →日本文学 | 318 |
| ニュース | →歴史 | 59 |

| | | |
|---|---|---|
| 忍者 | →日本史 | 69 |
| ネコ | →哺乳類 | 217 |
| 年鑑 | →学習年鑑 | 53 |
| 年中行事 | →行事・祭 | 147 |
| 農業 | →農業 | 260 |
| ノーベル賞 | →人名事典 | 83 |
| 乗りもの | →乗りもの | 250 |
| ノンフィクション | →読書指導 | 21 |

## 【は】

| | | |
|---|---|---|
| 歯 | →保健・医学 | 229 |
| 俳句 | →俳句・歳時記 | 319 |
| 幕末維新 | →日本人 | 85 |
| バスケットボール | →体育・スポーツ | 267 |
| パソコン | →コンピュータ | 40 |
| 旗 | →歴史 | 59 |
| ハチ | →昆虫 | 198 |
| 爬虫類 | →両生類・爬虫類 | 212 |
| 発明 | →技術 | 239 |
| バドミントン | →体育・スポーツ | 267 |
| 花 | →植物 | 176 |
| 花火 | →化学工業 | 255 |
| バリア・フリー | →交通 | 262 |
| ハリー・ポッター | | |
| | →児童文学 | 24 |
| | →英米文学 | 322 |
| バレーボール | →体育・スポーツ | 267 |
| 犯罪 | →犯罪 | 116 |
| 反対語 | →類語 | 298 |
| 干潟 | →生物 | 171 |
| 飛行機 | →乗りもの | 250 |
| 美術 | →芸術 | 263 |
| ひっつきむし | →植物 | 176 |
| 人のからだ | →保健・医学 | 229 |
| 百人一首 | →日本文学 | 318 |
| 百科事典 | →百科事典 | 46 |
| 病気 | →保健・医学 | 229 |
| ピラミッド | →西洋史 | 77 |
| ビル | →建築 | 248 |
| 武器 | →武器・兵器 | 255 |
| 福祉 | →福祉 | 124 |

| | |
|---|---|
| 服飾　→民俗・くらし ……………… 144 | 民族衣装　→民俗・くらし …………… 144 |
| 副読本　→学習・教科書 ……………… 22 | 民族舞踊　→舞踊 …………………… 266 |
| 不思議の国のアリス　→児童文学 …… 24 | 民話　→児童文学 ……………………… 24 |
| 物理　→物理 …………………………… 157 | 昔話　→児童文学 ……………………… 24 |
| 武道　→体育・スポーツ ……………… 267 | 虫　→昆虫 …………………………… 198 |
| 不登校　→サポート校・高卒認定 …… 128 | むし歯　→保健・医学 ………………… 229 |
| 船　→乗りもの ………………………… 250 | 結び方　→民俗・くらし ……………… 144 |
| 舞踊　→舞踊 …………………………… 266 | ムーミン童話　→児童文学 …………… 24 |
| プランクトン　→生物 ………………… 171 | 名著　→読書 …………………………… 43 |
| フランス文学　→文学 ………………… 317 | メダカ　→魚・貝 ……………………… 207 |
| フリースクール　→サポート校・高卒認定 ……………………………………… 128 | メディア　→社会 ……………………… 108 |
| プロ野球　→体育・スポーツ ………… 267 | 盲導犬　→福祉 ………………………… 124 |
| プロレス　→体育・スポーツ ………… 267 | 文字　→言語 …………………………… 271 |
| 兵器　→武器・兵器 …………………… 255 | ものづくり　→製造業 ………………… 256 |
| 平和　→戦争と平和 …………………… 116 | もののはじまり　→日本史 …………… 69 |
| ヘチマ　→植物 ………………………… 176 | |
| ペット　→動物 ………………………… 187 | **【や】** |
| ベトナム戦争　→東洋史 ……………… 77 | |
| 方言　→国語 …………………………… 272 | 野球　→体育・スポーツ ……………… 267 |
| 宝石　→地学 …………………………… 165 | 野草　→植物 …………………………… 176 |
| 法律　→法律 …………………………… 116 | 山　→地理 ……………………………… 87 |
| 保健　→保健・医学 …………………… 229 | ヤングアダルト　→児童書 …………… 1 |
| 星空　→天文・宇宙 …………………… 158 | 妖怪　→妖怪・怪談 …………………… 148 |
| 星の王子さま　→児童文学 …………… 24 | 妖精　→魔法・妖精 …………………… 58 |
| 北極　→地理 …………………………… 87 | 四字熟語　→ことわざ・慣用句 ……… 292 |
| 哺乳類　→哺乳類 ……………………… 217 | ヨーロッパ　→西洋史 ………………… 77 |
| ボランティア　→福祉 ………………… 124 | |
| | **【ら】** |
| **【ま】** | |
| | 理科　→科学 …………………………… 149 |
| マーク　→絵画 ………………………… 264 | 理科年表 |
| 祭り　→行事・祭 ……………………… 147 | 　→科学 ……………………………… 149 |
| 魔法　→魔法・妖精 …………………… 58 | 　→環境問題 ………………………… 242 |
| マヤ文明　→西洋史 …………………… 77 | リサイクル　→環境問題 ……………… 242 |
| まんが　→まんが ……………………… 16 | 流通　→商業 …………………………… 262 |
| マンモス　→大昔の生き物・化石 …… 221 | 両生類　→両生類・爬虫類 …………… 212 |
| ミイラ　→西洋史 ……………………… 77 | 料理　→料理 …………………………… 256 |
| 宮沢賢治　→日本児童文学 …………… 34 | 倫理　→哲学・思想 …………………… 56 |
| 未来　→社会 …………………………… 108 | 類語　→類語 …………………………… 298 |
| 民家　→民俗・くらし ………………… 144 | ルイス,C.S.　→児童文学 ……………… 24 |
| 民俗　→民俗・くらし ………………… 144 | ルネサンス　→西洋史 ………………… 77 |

歴史　→歴史 ......................................... 59
ロシア　→西洋史 ................................. 77
ロシア文学　→文学 ............................ 317
ロボット　→電気 ................................ 254
ローマ　→西洋史 ................................. 77

## 【わ】

和英辞典　→和英辞典 ........................ 312

## 児童書 レファレンスブック

2011年11月25日 第1刷発行

発 行 者／大高利夫
編集・発行／日外アソシエーツ株式会社
　　　　　〒143-8550 東京都大田区大森北1-23-8 第3下川ビル
　　　　　電話(03)3763-5241(代表)　FAX(03)3764-0845
　　　　　URL http://www.nichigai.co.jp/
発 売 元／株式会社紀伊國屋書店
　　　　　〒163-8636 東京都新宿区新宿3-17-7
　　　　　電話(03)3354-0131(代表)
　　　　　ホールセール部(営業) 電話(03)6910-0519

電算漢字処理／日外アソシエーツ株式会社
印刷・製本／株式会社平河工業社

不許複製・禁無断転載　　　　　《中性紙三菱クリームエレガ使用》
〈落丁・乱丁本はお取り替えいたします〉
ISBN978-4-8169-2345-6　　　Printed in Japan, 2011

本書はディジタルデータでご利用いただくことが
できます。詳細はお問い合わせください。

## 動植物・ペット・園芸 レファレンスブック

A5・440頁　定価9,240円(本体8,800円)　2011.10刊

1990〜2010年に刊行された、「動物」「植物」に関する参考図書を網羅した図書目録。統計集、ハンドブック、年鑑・白書、名簿、事典、法令集、辞典、カタログ・目録、書誌、図鑑など2,832点を収録。全てに内容情報を記載。

## 「食」と農業 レファレンスブック

A5・440頁　定価9,240円(本体8,800円)　2010.11刊

1990〜2009年に刊行された、「食」と農業・畜産業・水産業に関する参考図書を網羅した図書目録。統計集、ハンドブック、年鑑・白書、名簿、事典、法令集、辞典、カタログ・目録、書誌、図鑑など2,598点を収録。全てに内容情報を記載。

## ヤングアダルトの本
### 職業・仕事への理解を深める4000冊

A5・430頁　定価8,400円(本体8,000円)　2011.9刊

中高生を中心とするヤングアダルト世代のために、職業・仕事に関する図書を分野別に一覧できる目録。「モノづくり」「販売」「福祉・公務」「教育・研究」などについて、ノンフィクション・エッセイ、資格ガイドなど4,237点を収録。

### 歌い継がれる名曲案内
## 音楽教科書掲載作品10000

A5・1,060頁　定価12,915円(本体12,300円)　2011.1刊

1949〜2009年の小・中・高校の音楽教科書に掲載された楽曲を作詞家・作曲家ごとに一覧できる初のツール。世代を超えて歌い継がれる童謡・唱歌・クラシック、外国民謡から近年のポピュラー音楽まで全作品を掲載。作品名から引ける索引付き。

## 日本教育史事典 トピックス1868-2010

A5・500頁　定価14,910円(本体14,200円)　2011.5刊

1868〜2010年の、日本の教育に関するトピック3,776件を年月日順に掲載した記録事典。教育政策・制度、関連の法律、学校設立、教育現場の事件など幅広いテーマを収録。関連する事柄が一覧できる索引付き。

---

データベースカンパニー
**日外アソシエーツ**

〒143-8550　東京都大田区大森北1-23-8
TEL.(03)3763-5241　FAX.(03)3764-0845　http://www.nichigai.co.jp/